Diccionario Geográfico, Estadístico, Histórico De Las Islas Filipinas, Dedicado A S.m. El Rey, Volume 2...

Manuel Buzeta, Felipe Bravo

DICCIONARIO

GEOGRÁFICO-ESTADÍSTICO-HISTÓRICO

DE LAS ISLAS FILIPINAS.

aunque basta...
iéndose de ordinario otras ..
ólicos, disenterías, y regiona- | dos ..
..bio de las estaciones. Este | hombre. El
...s anejos, tiene | aquella par'
...ucilla | aguas; p'
.. | cándose
...an a'

MADRID, 1851.—Imprenta de D. José C. de la Peña, calle de Atocha n. 100

DICCIONARIO

GEOGRÁFICO-ESTADÍSTICO-HISTÓRICO

DE LAS ISLAS FILIPINAS.

DAAN: pueblo con gobernadorcillo, que forma jurisd. ecl. con los de Bantayan y Bagó, en la isla de Bantayan, prov. y dióc. de Cebú: se halla sit. en los 127° 20' long., 10° 52' lat., sobre la costa O. de la isla, 1 leg. dist. del r. *Gin Sampauan*. Disfruta de buena ventilacion, y clima, aunque bastante cálido, saludable; no padeciéndose de ordinario otras enfermedades que cólicos, disenterías, y regionales propias del cambio de las estaciones. Este pueblo, con inclusion de sus dos anejos, tiene como unas 2,513 casas, en general de sencilla construccion, distinguiéndose como mas notables la casa parroquial y la llamada tribunal, en la cual está la carcel; hay escuela de primeras letras muy concurrida, dotada de los fondos de comunidad; é igl. parr. de buena fábrica, servida por un cura secular. Próximo á esta se halla el cementerio, y es bastante capaz y ventilado. Se comunica éste con sus limítrofes por medio de buenos caminos en el interior de la isla, y por el mar con los de las demas, cuando lo permiten los vendavales: recibe de la cab.de la prov. el correo en dias indeterminados. El term. confina por N. con el mar; por E. con el pueblo de Bagó; por S. con el r. Gin Sampauan, y por O. con el mar.

La jurisd. se estiende con sus dos anejos por toda la isla; hallándose poblada de abundante arbolado de toda clase de maderas de construccion y ebanistería, de caza mayor y menor de javalíes, venados, tórtolas y multitud de otras aves, y muchos enjambres de abejas, que elaboran cera y miel en los troncos de los árboles, en los huecos de las rocas, y en todos los sitios abrigados sin ningun cuidado del hombre. El terreno es poco fértil, aun en aquella parte reducida á cultivo, por falta de aguas; pero sin embargo sus naturales, aplicándose con suma diligencia al trabajo, cosechan arroz, maiz, cacao, café, tabaco, algodon, legumbres y frutas. ind.: consiste en el beneficio de sus productos naturales y agrícolas, la pesca y algunos tejidos de telas ordinarias. pobl. 15,081 alm., 2,529 trib., que ascienden á 25,290 rs. plata, equivalentes á 63,225 rs. vn.

DAC

DACUER: (v. gabon, monte).

DACUTAN: barrio dependiente del pueblo de Magsingal, en la isla de Luzon, prov. de Ilocos-Sur, dióc. de Nueva-Segovia. pobl., prod. y trib. con la matriz (v.)

DAET: pueblo con cura y gobernadorcillo, en la isla de Luzon, capital ó cabecera de la prov. de Camarines-Norte (1), dióc. de Nueva-Cáceres, y residencia del alc. m. de la prov.: se halla SIT. en los 126° 39' long., 14° 5' lat., en terreno llano, entre el r. de su mismo nombre, y un afluente suyo, dist. ¼ leg. del mar; su CLIMA es templado y saludable. Tiene en el dia como unas 1,103 casas, en general de sencilla construccion, distinguiéndose entre ellas como mas notables, la casa parroquial y la llamada tribunal ó de comunidad, en la que se halla la carcel, como tambien la casa Real, donde habita el alc. m. Hay escuela de primeras letras, á la que concurren muchos alumnos, dotada de los fondos de comunidad; é igl. parr. de buena fábrica, servida por un cura secular. Próximo á ésta se halla el cementerio, que es bastante capaz y ventilado. Comunícase este pueblo con sus inmediatos por medio de caminos regulares, recibiendo el correo establecido en la isla, en dias indeterminados. Distante ¼ de leg. del pueblo en direccion al N., y sobre la costa, hay para la defensa de la misma dos guardias ó bantayes. El TERM. confina al N. con el mar; al E. con la bahía de San Miguel; al S. con la sierra de Colasi; al S. O. con el monte Laboo, llamado tetas de Polautuna, y al O. con Talisay, dist. 1 hora. El TERRENO es llano y bastante fertilizado por numerosos r. ó afluentes, y hácia la parte del S. abundan mucho los montes, que forman la cadena de la sierra Colasi; en ellos se crian buenas maderas de construccion, como el naga, el amuyon, el palo María, etc., muchas clases de caña, junquillos, palmas, etc. En el terreno reducido á cultivo sus principales PROD. son: el arroz y abacá, que se cosecha en mucha cantidad, añil, caña dulce, maíz, un poco de algodon, cacao, cocos, legumbres y frutas. IND.: el beneficio de sus productos naturales, y la fabricacion de sinamays

y otras telas. COMERCIO: esportacion del sobrante de sus productos naturales y fabriles. POBL. 7,722 alm., 1,181 ½ trib., que ascienden á 11,815 rs. plata, equivalentes á 3,862 ½ rs. vellon.

DAET: rio en la isla de Luzon, prov. de Camarines-Norte; tiene su orígen en las elevadas tierras de Indan y Daet, su denominante, en los 126° 33' 30" long., 14° 1' lat.; sigue en direccion al N. E., y desemboca en el mar á los 126° 39' 30" long., 14° 6' lat., bañando antes por la parte de N. el pueblo de Daet, cap. ó cabecera de la prov. Este r. es de bastante caudal y curso; y con sus aguas se fertilizan algunos territorios, aprovechándose al propio tiempo de ellas para los usos domésticos. Entre sus arenas arrastra algunas partículas de oro, que utilizan los naturales de sus inmediaciones por medio del lavado de sus arenas.

DAG

DAGACDAGATAN: r. de la isla de Luzon, en la prov. de Zambales; tiene su orígen en los 124° 5' long., 14° 52' lat., en la falda del monte llamado Malasimbo; corre cerca de una leg. de O. á E., y va á desaguar al r. de Orani, del cual es un pequeño afluente.

DAGAMI: pueblo con cura y gobernadorcillo, en la isla y prov. de Leyte, dióc. de Cebú; hállase SIT. en los 128° 24' long., 10° 59' lat., próximo á la orilla izq. del r. Maya, en terreno llano, dist. unas 5 leg. de la costa E. de la isla. Disfruta de muy buena ventilacion, y el CLIMA, aunque bastante cálido, es saludable, no padeciéndose en él de ordinario otras enfermedades, que las regionales propias de las estaciones. Tiene como unas 2,021 casas, en general de sencilla construccion, distinguiéndose como mas notables la casa parroquial y la llamada tribunal, en la cual está la carcel; hay escuela de primeras letras, á la cual concurren muchos alumnos, dotada de los fondos de comunidad; é igl. parr. de buena fábrica, servida por un cura regular. Próximo á ésta se halla el cementerio, que es bastante capaz y ventilado. Comunícase este pueblo con sus limítrofes por medio de caminos regulares, y recibe de Maasim, cab. de la prov., el correo

---

(1) En el estado de la prov. de Camarines-Norte que está impreso en la pájina 479, por equivocacion figura solamente este pueblo con 154 ½ trib., y en esta proporcion los rs. plata y rs. vn., siendo así que su número de trib., rs. plata y rs. vn. deben ser los mencionados en el final de este artículo.

en dias indeterminados. El TERM. confina por N. O. con Barauen ó Barauen (á ¼ leg.); por O. con Palompon (dist. unas 7 ¼ leg.); por S. E. con el lago de Bito, y por E. con el pueblo de Dulag (dist. unas 5 leg.) El TERRENO es montuoso, y está fertilizado por el rio Maya, que lo baña con sus aguas y algunos afluentes: está poblado de arbolado de maderas de construccion y ebanisteria, y hay caza mayor y menor de javalíes, búfalos, venados, tórtolas, gallos, etc.; y recogen sus hab. bastante cera y miel en los troncos de los árboles, en los huecos de las rocas y en todos los sitios abrigados. En las tierras reducidas á cultivo sus principales PROD. son: el arroz, maiz, lentejas, algodon, café, cacao, cocos, mangas y tabaco de buena calidad. IND.: el beneficio de sus prod. naturales y agrícolas, varios tejidos de telas de diferentes clases, y la cria de animales domésticos. POBL. 12,297 alm., 2,148 ½ trib., que ascienden á 21,485 rs. plata, equivalentes á 53,712 rs. vn.

DAGDAGUN: punta en la costa N. E. de la prov. de Camarines-Sur, isla de Luzon; se halla SIT. en los 127° 4' 30'' long., 14° 6' lat.

DAGOLOAN: r. de la isla de Mindanao, en el territorio de Illanos; tiene su orígen en los 127° 30' long., 7° 40' lat., y su desagüe en los 127° 33' long., 7° 35' lat., por la costa S. de la isla, en la gran bahía de Illanos.

DAGONDALAYON: pueblo fundado en 1849, en la isla de Mindanao, prov. de Misamis, dióc. de Cebú. Consta en el dia de 37 casas de sencilla construccion, entre las que hay 9 hechas, 7 techadas, 5 con materiales de arriba y 15 con harigues, siendo la llamada tribunal ó de comunidad la única que existe de mediana fábrica. Este pueblo, como de reciente creacion, y que en el dia se está formando, se halla exento de pagar trib. Sus naturales se dedican á la agricultura, á recoger oro de las minas que se encuentran en varios puntos de la prov., á la caza y á la pesca. Sus hab. se han convertido todos á la verdadera religion, y han recibido ya en su mayor parte el agua santa del bautismo. Se halla encargado de su administracion espiritual un cura regular.

DAGUAN: visita ó anejo, que forma jurisd. civil y ecl. con los de Bislig, Jinatuan, Lingui,

Manoligao, Caraga, Pundaguitan, Cateel, Quinablangan y Baganga, en la isla de Mindanao, prov. de Nueva-Guipúzcoa, dióc. de Cebú; hállase SIT. en la playa sobre la costa oriental de la prov., junto á un r. notable, en el cual pueden penetrar falúas que calen poca agua. Disfruta de buena ventilacion, y CLIMA, aunque muy cálido, saludable. Tiene muy pocas casas, y todas de sencillísima construccion, sirviendo á los hab. de este pueblo en lo espiritual el cura de Bislig. Sus naturales se dedican á la agricultura, cosechando un poco de cacao, y recogiendo cera y miel en los montes de su jurisd. Su IND. se reduce á la pesca, á la caza y á la estraccion del oro de las minas, aprovechando tambien este metal por medio del lavado de las arenas. POBL. 75 alm. Es de reciente fundacion, por cuya razon está exento de pagar trib. Dista de su colateral Quinablangan 5 leg.

DAGUPAN: pueblo con cura y gobernadorcillo, en la isla de Luzon, prov. de Pangasinan, aud. terr. y c. g. de Filipinas (de cuya cap. Manila dista 34 leg.), dióc. de Nueva-Segovia, cuya *sede* episcopal Vigan, dist. tanto como Manila; hállase SIT. en los 123° 58' long., 16° 2' lat., inmediato á la costa del seno de Lingayen, en terreno llano, y CLIMA templado y saludable; no padeciéndose de ordinario otras enfermedades, que cólicos y calenturas. Tiene 1,971 casas, en general de sencilla construccion, distinguiéndose como mas notables la casa parroquial y la llamada tribunal donde está la cárcel; hay dos escuelas de primeras letras para ambos sexos bastante concurridas, dotadas de los fondos de comunidad; é igl. parr. bajo la advocacion de San Juan Evangelista, servida por un cura regular. Hasta muy poco tiempo hace, delante de la entrada principal de esta se hallaba el cementerio, que era bastante capaz y ventilado; pero con arreglo á una disposicion superior, debe haberse construido ya, el que á menor dist. reuniese mejores condiciones de salubridad y capacidad. Comunícase este pueblo con sus limítrofes los de Calasiao, Bigmaley y Mangaldan por medio de caminos regulares, y recibe de la cabecera de la prov. Lingayen, dist. 2 leg., el correo semanal establecido en la isla, el cual saliendo de Manila los lunes á las dos de la tarde, llega hasta Ilocos-Norte, y desde este punto regresa á dicha cap., á donde llega los viernes. El TERM. confina por N. con el seno de Lingayen; por E. con Mangaldan, (dist. 2 leg.); por S. con Calasiao (1 leg.); y por O. con Binmaley; corren por esta jurisd. varios r. en direccion de E. á O. y penetran por ellos varios esteros, y en todos se encuentran buenos puentes de madera para cruzarlos. Todo el TERRENO es llano, y la parte de la costa la forma una hermosa playa, siendo por esta razon y la de bañarlo diferentes r., sumamente feraz y productivo. En las tierras reducidas á cultivo las principales prod. son arroz, azúcar, añil, maiz, cocos, con los cuales fabrican los naturales bastante aceite, legumbres y frutas; hay bastante caza de aves, y mucha pesca, tanto de r. como de mar. Se cria ganado vacuno, caballar, de cerda y búfalos. IND.: la principal ocupacion de estos hab. es el beneficio del azúcar, la elaboraciou de sombreros de palma, salacots de bejuco, de nito etc.; y sobre todo la fabricacion de aceite de coco, la pesca y la agricultura. COMERCIO: esportacion del sobrante de sus prod. naturales y fabriles, é importacion de los art. de que carecen. POBL. 11,824 alm., 2,015 ½ trib., que asciende á 20,155 rs. plata, equivalentes á 50,387 ½ rs. vn.

DAH

DAHALICAN ó DE BACOR: ensenada de la isla de Luzon, en la prov. de Cavite; hállase comprendida en la gran bahía de Manila, entre los 124° 53' long., 124° 35' id., 14° 27' 30" lat., y 14° 29' 30" id.; forma esta ensenada la lengua de tierra saliente en que se hallan el pueblo de San Roque y la plaza de Cavite, al N. de la misma; tiene una leg. de bogeo y desaguan en ella los r. de Ciran, Molave, Molamoc, Pasang y Binicayan.

DAI

DAIJAGAN: punta en la costa O. de la isla de Masbate, prov. de Masbate y Ticao; SIT. en los 126° 47' 30" long., 12° 32' lat.

DAJA: baluarte sobre la costa O. de la isla y prov. de Leyte; SIT. en los 127° 56' long., 11° 26' lat. Tiene por objeto defender los pueblos playeros de las irrupciones de los piratas moros.

DAL

DALAGUETE: pueblo con cura y gobernadorcillo, en la isla, prov. y dióc. de Cebú; se halla SIT. en los 127° 1' long., 9° 52' 30" lat., sobre la costa E. de la isla, en terreno llano, próximo á la desembocadura de un riach.; disfruta de buena ventilacion, y CLIMA, aunque cálido, saludable. Este pueblo se fundó en el año 1711, y en el dia tiene como unas 1,453 casas, en general de sencilla construccion, distinguiéndose entre ellas como mas notables la casa parroquial y la llamada tribunal, en lo cual está la cárcel; hay escuela de primeras letras dotada de los fondos de comunidad, á la que concurren muchos alumnos; é igl. parr. de buena fábrica, bajo la advocacion de San Guillermo, servida por un cura regular. A corta dist. de esta se halla el cementerio, que es bastante capaz y ventilado. Comunicase este pueblo con sus inmediatos por medio de buenas calzadas, y de caminos regulares; y posee telégrafos de correspondencia con sus colaterales á fin de poderse avisar con mas rapidez para defenderse de las invasiones de los piratas moros: recibe de la cabecera de la prov. el correo en dias indeterminados; tiene un largo muelle y el mas fuerte que se conoce fuera de Manila, con seis baluartes de piedra, que colocados en una proporcion conveniente, defienden todo el pueblo. El TERM. confina por N. con un pequeño r. que lo divide del pueblo de Argao (á 2 leg. cortas); por O. con Talamban (á 3 leg.); por S. con Boljoon ó Bol-ho-on (á 2 id.); riegan esta jurisd. algunos riach., que la fertilizan con sus aguas. Su TERRENO no es de la mejor calidad, y su suelo es estéril y quebrado; hallándose en la cordillera que atraviesa la isla de S. á N. á corta dist. del pueblo, bosques arbolados de todas clases de maderas de construccion y ebanistería. PROD. maiz, mijo, sibucao, muy poco arroz, algun cacao, bastante caña dulce, algodon, mucho añil que emplean las mugeres en el tinte; lentejas y frutas. IND.: la agrícola y la elaboracion de varias telas ordinarias que trabajan las mugeres, constituyendo esto y el beneficio del añil su principal riqueza. COMERCIO: esportacion de sus prod. naturales y fabriles, é importacion de los artículos de que carece el pueblo. POBL. 8,716 alm., 1,714 ½ trib., que ascienden á 17,145 rs. plata, equivalentes á 42,862 ½ rs. VD.

DALAPUAN: pueblo perteneciente al sultanato de Mindanao, en la isla de este nombre; se halla SIT. á la orilla izq. de un r., en los 128° 35' long., 7° 5' 30" lat. Hállase habitado por los moros sujetos al sultan de la isla.

DALAYAP: ranchería de infieles, dependiente en lo civil y ecl. del pueblo de Pidigan, en la isla de Luzon, prov. del Abra. POBL., prod. y trib. con la matriz.

DALDAGAN: barrio de infieles, SIT. en el territorio que comprende la jurisd. del pueblo de Candon, en la isla de Luzon, prov. de Ilocos-Sur, dióc. de Nueva-Seogvia; POBL., prod. y trib. con la matriz.

DALIPE: punta en la costa O. de la isla de Panay, prov. de Antique; se halla SIT. en los 125° 36' long., y 10° 43' lat.

DALUPIRI, conocida tambien con el nombre de PUERCOS: isla adscrita á la prov. de Samar; SIT. entre los 127° 52' 30", y 127° 56' long., 12° 22' 30", y 12° 30' lat.; tiene 2 y ½ leg. de N. á S., y 1 de E. á O., y unas 2 leg. cuadradas por un promedio, dist. como unos ½ de leg. al E. de la de Capul, y ½ leg. al O. de la de Samar. El TERRENO es montuoso y hay alguna caza, criándose tambien en sus montes varias clases de maderas, y caza mayor y menor de búfalos, javalíes, venados y una gran variedad de aves. Sus costas son por lo comun muy escarpadas y de difícil arribada, no hallándose en ellas surgideros ni ensenadas, capaces de dar abrigo á las mas pequeñas embarcaciones, por cuya razon aunque abundan de pescado, pocas veces se pesca en ellas.

DALUPIRI: una de las islas que forman el grupo de las llamadas *Babuyanes*, adscrita á la prov. civil de las islas Batanes, dist. de la costa N. de la isla de Luzon poco mas

de 6 leg.: SIT. entre los 124° 41' long., 124° 46' id., y 19° 1' lat., 19° 6' 30" id.; hállase al N. E. la isla de Calayan á unas 7 leg.; al E. la de Camiguin, unas 14 leg., y al S. E. de las de Baring, Manapa y Fuga, distante la que mas, 2 y ½ leg. Tiene esta isla una figura triangular; su mayor largura de N. á S. es de 2 leg. y su ancho ó sea de E. á O. de 1 ½. Su superficie viene á ser por un promedio de ½ leg. cuadrada. El TERRENO es montuoso; sin embargo, carece de arbolado, y en sus montes solo se encuentran varias clases de plantas, raices, pocos frutales y alguna caza. Sus costas, que son bastante irregulares, tienen algunas ensenadas y puertos, donde se guarecen las embarcaciones de las furiosas borrascas, que con tanta frecuencia ocurren en los mares de estas islas.

DAM

DAMALOC: rio de la isla de Mindanao, en la prov. de Zamboanga; tiene su origen en los 125° 41' long., 7° 9' lat., y su desagüe en el mar á los 125° 33' long., 6° 58' 30" lat. despues de haber corrido unas 5 leg. en direccion de N. E. á S. O. Este rio, aunque de escasa importancia, es notable por la utilidad que tanto de sus aguas como de las partículas de oro que ellas arrastran, sacan los naturales de sus inmediaciones.

DAMIAN (San): barrio ó anejo del pueblo de Gapan, en la isla de Luzon, prov. de Nueva-Ecija, dióc del arz. de Manila: se halla SIT. en los 124° 51' long., 15° 51' lat., en terreno llano, á la orilla de un rio, en el térm. del referido pueblo de Gapan, del cual dista ¼ de hora, y con el cual damos su POBL., prod. y trib.

DAMPALIT: (V. PULO, CALAMBA ó DAMPALIT.)

DAMPILASAN: pueblo fundado en 1849, en la isla de Mindanao, prov. de Misamis, dióc. de Cebú. Consta de 24 casas de sencilla construccion, de las cuales hay 4 hechas, 5 techadas y sobre soleras, 8 techadas y 7 con baratejas. Este pueblo, como de reciente creacion y que en la actualidad se está formando, se halla exento de pagar tributos. Sus hab. se dedican á la agricultura y al aprovechamiento de los productos naturales, que les proporciona su territorio, poblado de abundante arbolado de maderas de construccion y ebanistería de todas clases. Este pueblo poco ha sometido y convertido á la religion de Jesucristo, ha recibido ya en su mayor parte el agua del bautismo. Su administracion espiritual corre á cargo de un cura regular.

DAMPOL: visita con su teniente de justicia, en la isla de Luzon, prov. de Bulacan, dióc. del arz. de Manila, dependiente en lo civil y ecl. de San Isidro, del cual dista unas 2 leg. POBL., prod. y trib. con la matriz.

DAMPOL: visita ó anejo en la isla de Luzon, prov. de Bulacan (de cuya cab. dista 1 3/4 leg.), dióc. del arz. de Manila (á esta cap. 7), dependiente en lo civil y ecl. del pueblo de Quingua (á 1/2): SIT. en los 124° 55' long., 14° 51' 40" lat., á la orilla izq. del r. Quingua, en terreno llano sumamente feraz y pintoresco: le combaten todos los vientos reinantes, y el CLIMA es muy templado y saludable, de modo que concurren los enfermos de Manila y otros puntos á restablecer su salud por la ventajosa situacion que ocupa; siendo al propio tiempo uno de los sitios de recreo mas amenos y deliciosos que se conoce en la isla. Por esta razon es escogido este punto con predileccion, no solo por las altas dignidades de la colonia, sino tambien por todas las personas de distincion. En este anejo, que consta dn muy pocas casas, en general de sencilla construccion como todas las del pais, tienen los RR. PP. Agustinos Calzados una bonita y espaciosa casa de campo con su magnífica huerta, y una hacienda ó posesion contigua, que comprende cerca de 1 1/2 leg. cuadrada, que dichos PP. compraron por los años de 1854. En la huerta bañada por el r. antes mencionado, y fertilizada por sus cristalinas aguas, se crian en abundancia toda clase de árboles frutales, entre los que se distinguen por su hermosura los limoneros reales, una gran variedad de naranjos, las higueras mas escelentes, los perales, los plátanos, los cinamomos y otra multitud de especies de los que se cultivan en Europa y Asia: tambien produce en abundancia toda clase de verduras y hortalizas de ambos continentes;

y una asombrosa variedad de flores de todos matices y colores, que á la par que embellecen este sitio encantador, embalsama la atmósfera con sus delicados perfumes. La parte restante que comprende el territorio de esta hacienda ó posesion, que se estiende desde los 124° 29' long. hasta los 124° 53' 20" id.: y desde los 14° 49' 30" lat., hasta los 14° 53' 5" id., alcanzando cerca de 2 leg. de N. O. á S. E., y cosa de 3/4 de N. O. á S. O.; se halla dedicada al cultivo de todo género de producciones del pais, siendo las principales y mas notables el azúcar, añil, y maiz, de los cuales se cosecha en abundante cantidad, mucho ajonjoli y algun arroz, todo de superior calidad. Hállase cruzado este territorio por escelentes calzadas que conducen á los pueblos limítrofes. Confina esta hacienda por N. con el pueblo de Calumpit: por S. O. con el de Malalos; por S. con el de Guinguinto; por N. E. con el de San Isidro; y por el O. con el de Pinac de Hagonoy. IND.: existen mas de 50 ingenios ó molinos destinados á la elaboracion del azúcar; ocupándose en esta faena y en el cultivo de las tierras mas de 400 colonos, que pagan un tanto á los mencionados PP. Agustinos por el inquilinato de dicha hacienda. En esta se producen abundantes pastos con los cuales se cria mucho ganado lanar de buena calidad. El COMERCIO se reduce á la esportacion de todos los frutos sobrantes, que son en mucha cantidad. POBL. y trib. con la matriz.

DAN

DANAO: pueblo con cura y gobernadorcillo, en la isla, prov. y dióc. de Cebú; se halla SIT. en los 127° 25' long., 10° 28' 50" lat., junto á la costa E. de la isla, entre dos riachuelos que forman un paralelo de una 1/2 leg. de ancho, y que con sus aguas fertilizan las tierras de sus contornos. Disfruta de buena ventilacion, y CLIMA templado y saludable. Este pueblo, cuya fundacion data desde la época de la conquista, y que pasó al cargo espiritual de los PP. Recoletos en 1742, en el dia tiene como unas 1,255 casas, en general de sencilla construccion, distinguiéndose entre ellas l casa parroquial y la llamada tribunal ó de jus ticia, donde se halla la carcel. Hay escuela de primeras letras, concurrida por muchos alumnos dotada de los fondes de comunidad; é igl. parr. bajo la advocacion de Santo Tomás de Villanueva, servida por un cura regular. Próximo á ésta se halla el cementerio, que es bastante capaz y ventilado. Se comunica este pueblo con sus inmediatos por medio de caminos regulares, y recibe de la cab. de la prov. el correo en dias indeterminados. El TERM. confina por el N. con Catmon; por O. con los montes que se estienden á lo largo en el centro de la isla; por S. con el r. Coocos, y por E. con el mar. Dos leg. dist. al N. se halla la punta Bantuiguin, y una leg. mas allá la de Bauan; por esta parte riegan sus tierras diferentes riach., que hacen su TERRENO muy fértil y PRODUCTIVO de arroz, maiz, cocos, cacaos, legumbres y frutas; siendo la IND. de los naturales la agrícola, la caza, el corte de maderas, y fabricacion de buenos quesos, que se llevan á Cebú, como tambien las maderas, el maiz, arroz y algun cacao. POBL. 7,840 alm., 1,615 trib., que ascienden á 16,150 rs. plata, equivalentes á 40,375 rs. vn. Los naturales de este pueblo son belicosos y valientes.

DANCALAN: visita ó anejo, que forma jurisd. ecl. con los de Iloc, Guilamgan, Cauyan é Isiu, de la isla y prov. de Negros, dióc. de Cebú; SIT. en la costa occidental de la isla y prov., en terreno desigual: le combaten todos los vientos, y el CLIMA es templado y saludable. Este pueblo es de muy pocas casas, y éstas de sencilla construccion, no encontrándose en él nada notable digno de mencionarse. Su POBL., prod. y trib. se pueden ver en su matriz, que es Iloc, cuyo cura sirve en lo espiritual á los hab. de los anejos nombrados.

DANCALAN: punta en la costa E. de la prov. de Albay, isla de Luzon; SIT. en los 127° 49' long., 12° 57' 30" lat.

DANCALAO: r. en la isla de Luzon, prov. de Batangas; trae su orígen del monte de Batulao, en los 124° 23' long., 14° lat.; corre de N. á S. 1 ½ leg., y va á desaguar en el seno de Balayan, en los 124° 50' long., 13° 56' 30" lat. Su escasa importancia nos escusa de dar mayores detalles acerca de este pequeño r., que

sin embargo se hace de alguna consideracion en la estacion de las lluvias, arrastrando entre sus arenas algunas partículas de oro, que los naturales aprovechan por medio de lavaderos.

DANGLAS: barrio ó anejo del pueblo de Tayum, en la isla de Luzon, prov. del centro del Abra; SIT. en los 124° 16' long., 17° 52' 30" lat., en terreno montuoso, muy próximo á la orilla derecha de un r., que toma su mismo nombre, en el espacio de sus cercanías, dist. 2 leg. al N. E. del referido Tayum, en cuyo térm. se halla, y con el cual damos su POBL. prod. y trib.

DANLIG: visita ó anejo, dependiente en lo civil y ecl. del pueblo de Taytay, en la prov. de Calamianes, dióc. de Cebú. POBL., prod. y trib. con la matriz, de la cual se halla á mucha distancia.

DAÑGISEN: barrio de infieles, dependiente en lo civil y ecl. de Cabugao, en la isla de Luzon, prov. de Ilocos-Sur, dióc. de Nueva Segovia. POBL., prod. y trib. con la matriz.

DAO

DAO: pueblo con cura y gobernadorcillo, en la isla de Panay, prov. de Capiz, dióc. de Cebú; se halla SIT. en los 125° 22' long., 11° 26' lat., en terreno llano, á la orilla izq. del r. Panay, y su CLIMA es templado y saludable. Fué fundado en 1857, y en el dia tiene como unas 1,076 casas, en general de sencilla construccion, distinguiéndose entre ellas la casa parroquial y la del tribunal ó llamada de Justicia, donde se encuentra la carcel. Hay escuela de primeras letras, bastante concurrida, dotada de los fondos de comunidad; é igl. parr. bajo la advocacion de Santo Tomás de Villanueva, servida por un cura regular. Próximo á esta se halla el cementerio, el cual es bastante capaz y ventilado. Comunicase este pueblo con sus inmediatos por medio de caminos regulares, y recibe el correo de la cabecera de la prov. en dias indeterminados. El TERM. confina por el N. con el mar; por E. con Lugtugan (á 3 leg.); por S. con Dumalag (á 2 leg.); y con Dumarao por S. E. (á 2 ½); por O. con Sapian: como á igual dist.; de unas 5 leg. se halla la cabecera de la prov. (Capiz), en direccion al N. E. Su TERRENO es llano y muy fértil, por estar regado por algunas de las ramificaciones del r. Panay; en él se encuentra algun oro que los naturales estraen, aunque en corta cantidad, por medio del lavado de las arenas. PROD.: el arroz es el mayor de sus productos, y si se atiende al número de sus hab., es uno de los pueblos mas cosecheros de arroz; produce tambien en poca cantidad algunos otros granos, sin contar el algodon, abacá y algunas otras plantas, que les sirven para el consumo de la pobl. IND.: la agrícola y la fabricacion de varios tejidos de algodon y abacá en que se ocupan las mugeres; tambien forma parte de ella la ocupacion de los que por medio de lavaderos trabajan en la limpia de las arenas, para recoger el oro. COMERCIO: éste consiste en la importacion del arroz, que la efectúan en gran cantidad por el r. Panay, que navegable aun en los tiempos que lleva poca agua, les proporciona un medio de esportarlo muy cómodo y económico. POBL. 6,463 alm., 1,375 ½ trib., que ascienden á 13,735 rs. plata, equivalentes á 34,337 ½ rs. vellon.

DAO: pueblo con cura y gobernadorcillo, en la isla de Panay, prov. de Antique, dióc. de Cebú: se halla SIT. en los 125° 40' 30'' long., 10° 43' 30'' lat., en terreno llano, inmediato á la orilla del mar, y su CLIMA es templado y saludable. Se fundó este pueblo en 1798, y en el dia tiene como unas 769 casas, en general de sencilla construccion, distinguiéndose entre ellas la casa parroquial y la llamada tribunal ó de justicia, donde se halla la carcel. Hay una escuela de primeras letras, á la que concurren muchos alumnos, la cual está dotada de los fondos de comunidad; é igl. parr., bajo la advocacion de San Nicolás de Tolentino, servida por un cura regular: junto á la igl. se halla el cementerio, que es bastante capaz y ventilado, y contiene algunas galerías de nichos. Los CAMINOS no son muy buenos, en particular el que conduce á Anini, que es bastante malo. El TERM. confina con el del pueblo de Antique (á 3 leg.); con el de Anini (á 2 id.), y con el de San José de Buenavista, cap. ó cabecera de la prov. (á 4 leg.) El TERRENO es bastante fér-

til; pues se halla regado por varios riach. que se desprenden de los montes que cruzan por su término. PROD. arroz, maiz, cacao, tabaco, algodon, legumbres y frutas. La IND. consiste en la agricultura y en el tejido de algunas telas, que fabrican sus hab. aprovechando para ellas el añil, con el que las tiñen. El COMERCIO es de muy poca importancia, porque el arroz, que es lo principal en que comercian todos estos pueblos, no escede mucho de lo que necesita éste para su consumo; así es que todo consiste en la esportacion del corto sobrante de sus productos agrícolas y fabriles, y la importacion de aquellos artículos de que carecen. POBL. 4,615 alm., 1,065 trib., que ascienden á 10,650 rs. plata, equivalentes á 26,625 rs. vn.

DAONG ó DOONG: islote junto á la costa N. O. de la isla de Cebú: hállase al S. de la isla de Bantayan, y es de muy escasa importancia.

DAP

DAPA: pueblo, que forma jurisd. civil y ecl. con los de Cacub, Cabuntug y Sapao, en la isla de Mindanao, prov. de Caraga, dióc. de Cebú: se halla SIT. sobre la playa, al S. E. de la isla; disfruta de buena ventilacion, y CLIMA, aunque cálido, saludable. Tiene como unas 219 casas todas de sencilla construccion, distinguiéndose como mas notable la llamada tribunal: hay escuela de primeras letras bastante concurrida, dotada de los fondos de comunidad. Sus naturales se dedican á la agricultura, cosechando un poco de palay y abacá: IND.: recoleccion de cera, estraccion del oro de las minas de Placer y otros puntos de la prov., pesca del balate y tortugas. POBL. 1,315 alm., trib. (v. el estado general de la prov.) Dista de su colateral Cabuntug como unas 4 leg., y lo mismo de Cacub ó Siargao, que es la matriz, residencia del cura regular, que le administra en la parte espiritual. Dista de Cabuntug como unas 4 leg. y la misma dist. con corta diferencia hay á Cacub y Siargao.

DAPDAP: pueblo que forma jurisd. civil y ecl. con el de Bangajon ó Banaajon, en la isla y prov. de Samar, dióc. de Cebú; hállase sit. en los 129° 7' long., 12° 9' lat., inmediato á la costa E. de la isla, en terreno llano, y clima templado y saludable. Tiene con su adjunto Bangajon como unas 1,129 casas, en general de sencilla construccion, distinguiéndose como de mejor fábrica la casa parroquial y la llamada tribunal, donde está la carcel: hay escuela de primeras letras bastante frecuentada, dotada de los fondos de comunidad, é igl. parr. de mediana fábrica, asistida por un cura regular, quien asimismo sirve tambien en lo espiritual á su anejo arriba nombrado. Próximo á esta se halla el cementerio, y es bastante capaz y ventilado. Comunícase este pueblo con sus limítrofes por medio de buenos caminos, y recibe de la cab. de la prov. el correo de dentro y fuera de la misma en dias indeterminados. El term. confina por N. con la ensenada que se halla á la desembocadura del r. de Oras, formando la costa S. de esta; por O. con los montes que se estienden hácia el centro de la isla; y por S. con Bacod, anejo de Catubig, distante poco mas de ¼ leg.; el terreno es muy fértil y está regado por algunos riach.; abundan en él los montes donde se encuentran maderas de todas clases; caza mayor y menor de javalíes, venados, búfalos, tórtolas, gallos y multitud de aves; y cera y miel que depositan las abejas en los troncos de los árboles y en todos los sitios abrigados. La ocupacion principal de los naturales es la agricultura, y aunque su terreno es muy á propósito para todas las producciones del archipiélago, su cultivo se reduce al arroz, abacá, cacao y cocos. La ind. consiste en el beneficio de los productos naturales y agrícolas, y en muchos tejidos de algodon y abacá, en la caza y en la pesca. El comercio consiste en la esportacion de las telas de abacá sobrantes del consumo de la pobl., de la cera y del arroz, cuyos artículos de ordinario salen para Manila. pobl. 7,774 alm., 1,542 trib., que ascienden á 15,420 rs. plata, equivalentes á 38,550 rs. vn.

DAPDAP: barrio ó anejo del pueblo de Bangajon, en la isla y prov. de Samar; se halla sit. en los 129° 8' long., 12° 9' lat., sobre la costa E. de la isla, en terreno llano, y clima templado; pertenece al térm. del referido Bangajon, con el cual damos su pobl., prod. y trib.

DAPDAP: punta de la isla de Luzon, en la costa N. de la prov. de Tayabas; forma la boca de la ensenada de Sogod con la punta de Pilapinahuajan, y se halla sit. en los 125° 48' 50'' long., 14° 16' lat.

DAPDAP: barra en la costa S. de la prov. de Bulacan; se halla sit. en la bahia de Manila, á los 124° 31' 50'' long., 14° 44' lat.

DAPITAN: pueblo, que forma jurisd. civil y ecl. con los de Ilaya, Dipolog, Lubungan y Langaran, en la isla de Mindanao, prov. de Misamis, dióc. de Cebú; se halla sit. en los 126° 56' long., 8° 27' 30'' lat., sobre la costa O. de la prov., en la ensenada que forma la punta de Sicayap, y la de Taglo: le combaten todos los vientos reinantes, y el clima, aunque bastante cálido y húmedo, es saludable. Este pueblo de antigua fundacion pasó al cargo espiritual de los PP. Recoletos el año de 1769, y en la actualidad tiene como unas 724 casas, en general de sencillisima construccion, distinguiéndose como de mejor fábrica la casa parroquial y la llamada tribunal, en la cual está la cárcel; hay escuela de primeras letras frecuentada por muchos alumnos, dotada de los fondos de comunidad; é igl. parr. bajo la advocacion de Santiago Apostol, de mediana fábrica, servida por un cura regular. Dependen de esta prov. las visitas ó anejos llamadas San Lorenzo de Ilaya, dist. 4 leg., Taglimao á 1 ¼, y Langaran á 9. Próximo á la iglesia se halla el cementerio, y es bastante capaz y ventilado. Comunícase este pueblo con sus inmediatos por medio de caminos bastante malos, por cuya razon los del litoral lo verifican por el mar cuando lo permiten los vientos y las corrientes. Recibe el correo de la cabecera de la prov. (Cagayan) en dias indeterminados. Su term. confina por el N. con la punta Taglo; por E. con el r. Dicayo y Lubungan; por S. con el territorio de las tribus independientes; y por O. con la ensenada ya referida. El terreno es montuoso en su mayor parte; participa tambien de llano, hallándose en aquella, bosques arbolados de maderas de construccion, caza mayor y menor, y cera y miel que elaboran las abejas. En las tierras reducidas á cultivo las principales PRODUCCIONES son arroz, cacao, caña dulce, legumbres y frutas : se cria ganado vacuno, lanar y de cerda. Sus naturales que son quietos, pacíficos y muy amantes de los españoles, se dedican á la agricultura y á la estraccion del oro por medio del lavado de las arenas, cuya industria les proporciona utilidades tan notables para satisfacer sus escasas necesidades, que les hace mirar sin aprecio el cultivo de sus fertilísimas tierras : se ocupan tambien en el tejido de telas ordinarias para el consumo local, cuyo trabajo es por lo regular desempeñado por las mugeres. POBL. 6,357 alm., 667 trib., que ascienden á 6,670 rs. plata, equivalentes á 16,675 rs. vn.

DAPÑGAN : visita ó anejo, dependiente en lo civil y ecl. del pueblo de Bislig, en la isla de Mindanao, prov. de Nueva-Guipuzcoa, dióc. de Cebú. POBL., prod. y trib. con la matriz, de la cual se halla á mucha distancia.

DAPUSILAN : rio de la isla de Mindanao; tiene su origen en los 126° 58′ long., 7° 54′ lat., y su desagüe en el mar á los 127° 45′ long., 7° 20′ lat.: corre unas 8 leg. de N. O. á S. E., y divide el territorio de los Illanos del sultanato de Mindanao. Este r. merece alguna consideracion por la utilidad que de sus aguas podrian sacar los terrenos que baña, y por arrastrar entre sus arenas algunas pepitas de oro.

DAQ

DAQUIDAQUID : islita adscrita á la prov. de Masbate y Ticao; SIT. entre los 127° 29′ 30″, y 127° 30′ 30″ long., 12° 16′ 30″, y 12° 17′ 30″ lat.; tiene por un promedio ¼ leg. de larga y ¼ de ancha; dista ¼ leg. de la islita de Macaragui, que se halla al S. E., y 1 milla de Matabao, que está al N. O. Está inhabitada por efecto de su pequeñez y de la esterilidad de su territorio, no habiendo en ella nada que pueda atraer la atencion de los hab. de las islas vecinas. Sus costas son peligrosas por las corrientes y vientos que las combaten, y sobre todo por carecer de puertos ó surgideros para todo género de embarcaciones.

DARANGAN : pueblo formado en 1849, en la isla de Mindanao, prov. de Misamis, dióc. de Cebú. Consta en el dia de 14 casas de sencilla construccion, de las que hay 3 hechas, 3 techadas, cinco con materiales de arriba y dos con salagutines, siendo de todas la única regular por su mediana fábrica, la llamada tribunal ó de comunidad. Este pueblo, como de reciente creacion, y que en la actualidad se está formando, se halla exento de pagar tributos, aunque esto solamente hasta tanto que la pobl. y la agricultura hayan adquirido el desarrollo debidos. Todos sus hab. se han convertido á la verdadera religion de Jesucristo, habiendo recibido en su mayor parte el agua santa del bautismo. Se halla encargado de su administracion espiritual un cura regular.

DARIGALLOS : punta en la costa O. de la isla de Luzon, en la prov. de Ilocos-Sur; se halla SIT. en los 125° 52′ long., 16° 41′ 15″ lat.

DARIGAYO : barrio de la isla de Luzon, prov. de Ilocos-Sur, dioc. de Nueva-Segovia, dependiente en lo civil y ecl. de Namacpacan, en cuyo art. se comprende su POBL., prod. á trib (v.).

DARIGAYOS : puerto de la isla de Luzon, prov. de Ilocos-Sur; hállase SIT. su centro en los 123° long., 16° 41′ lat., dist. como á 3 leg. de Namacpacan. Era este puerto bastante regular y cómodo, pero en el dia casi ha llegado á inutilizarse por ser su entrada demasiado estrecha, lo que es muy sensible para todos los pueblos inmediatos, que tenian en él medio fácil de comunicacion para su comercio con los otros pueblos maritimos.

DARUANA : (v. REFUJIO, isla.)

DAS

DASAAN : isla adscrita á la prov. de Zamboanga, en el archipiélago de Joló. Esta pequeña isla se halla SIT. al O. del canal llamado de Pilas, y de la isla de este nombre; es de tan escasisima importancia geográfica y política, que apenas es digna de mencionarse.

DASOL : (v. DOZOL Ó DOSOL).

DAT

DATDALAYAC : monte en la isla de Lu

zon, prov. del centro del Abra; sit. en los 124° 17' long., 17° 26' lat., en el térm. de Tayum. Está poblado de abundantes maderas de construccion y ebanistería, y en él se cria mucha caza mayor y menor de javalies, búfalos, venados, tórtolas, gallos y multitud de aves. En los troncos de los árboles y en todos los sitios abrigados depositan las abejas rica cera y miel, que los naturales de la comarca aprovechan para atender á sus necesidades domésticas.

DAU

DAUILICAN: r. en la isla de Luzon, prov. de Nueva-Ecija; tiene su origen en los 125° 56' long., 16° 52' 40'' lat.; corre como 1 ½ leg. en direccion de N. O. á S. E., por terreno llano, y desagua en el puerto de Tumango á los 125° 37' 50'' long., 16° 50' lat. Este r. es de escasísima importancia.

DAUIN ó DAVIN: pueblo con cura y gobernadorcillo, en la isla y prov. de Negros, dióc. de Cebú; se halla sit. en el litoral de la isla, en terreno desigual, bastante resguardado de los vendavales, y su clima es cálido, muy húmedo y bastante saludable para los hijos del pais. Tiene como unas 317 casas, en general de sencilla construccion, distinguiéndose como mas notables la casa parroquial y la llamada tribunal ó de justicia. Hay escuela de primeras letras dotada de los fondos de comunidad, é igl. parroquial servida por un cura secular. El terreno no es llano, y en sus montes se crian buenas maderas de construccion, caza mayor y menor, y miel y cera que depositan las abejas en los lugares que encuentran á propósito para ello. prod. arroz, cocos, maiz, cacao, tabaco, legumbres y frutas. ind.: la agrícola y la fabricacion de varias telas. El comercio consiste en la esportacion del sobrante de sus prod., y la importacion de aquellos que necesitan. pobl. 1,903 alm., trib. con Dumaguete.

DAUIS: pueblo (v. DAVIS).

DAV

DAVAO: pueblo, cabecera de la prov.,

residencia del gobernador politico-militar y de un cura y gobernadorcillo, en la isla de Mindanao, prov. de Nueva-Guipúzcoa, dióc. de Cebú; se halla sit. en la costa meridional de la prov., en el seno de su nombre; disfruta de buena ventilacion, y clima, aunque bastante cálido, saludable. Tiene muy pocas casas y todas de sencilla construccion, distinguiéndose solo como mas notables la casa parroquial y la llamada real en la cual está la cárcel; hay escuela de primeras letras poco frecuentada, dotada de los fondos de comunidad; é igl. parr. de sencillísima fábrica, servida por un cura regular. Próximo á esta se halla el cementerio, que es bastante capaz y ventilado. Se comunica con sus inmediatos por mar, cuando lo permiten los vientos reinantes, y por tierra por medio de caminos que solo tienen este nombre, por ser mas bien unas malísimas veredas, recibiendo el correo de las restantes prov. del archipiélago en dias indeterminados. Este pueblo ha sido fundado en estos últimos años por el actual gefe de la prov., el cual ha hecho levantar una fortaleza para impedir las furiosas acometidas de los piratas moros, que en otro tiempo y aun en el dia, son el azote de la prov. El term. se estiende considerablemente, hallándose en su mayor parte poblado de arbolado de maderas de construccion y toda clase; caza mayor y menor de javalíes, búfalos, venados, tórtolas, gallos salvages y multitud de aves. En los troncos de los árboles y en todos los sitios abrigados depositan las abejas cera y miel, cuyos art. aprovechan sus hab. para atender á sus necesidades. Todo su terreno, aunque muy fértil, se halla en estado vírgen, habiendo tan solo roturado algunos pequeños trozos para dedicarlos al cultivo de arroz, cacao, maiz, legumbres y frutas. Su ind. se reduce al beneficio de sus prod. naturales y á la pesca. Como pueblo de reciente creacion, todavía se halla exento de pagar trib. El núm. de hab. puede verse en el estado de la prov.

DAVIN: pueblo, (v. DAUIN.

DAVIS: isla adscrita á la de Cebú, prov. y dióc. del mismo nombre; sit. entre los 127° 16', y 127° 18' long., 9° 42' y 9° 45' 30'' lat.:

tiene por un promedio 1 leg. de larga y ½ de ancha; siendo de unas 2 leg. en su mayor estension, y cerca de una en su mayor anchura, hallándose su centro en los 127° 17' long., 9° 45' 45" lat. El desarrollo de su superficie viene á ser como de unas 2 leg. cuadradas. Se halla sit. esta pequeña isla al S. E. de Bohol ó Bojol, y frente del pueblo de Tagbiliran, del cual dista como 2 millas; por lo cual forma un canal ó silanga en la tierra firme de Bojol, y es el que sirve de puerto á las pequeñas embarcaciones del espresado pueblo de Tagbiliran y de Davis. El territorio de esta isla, en general es estéril, sin embargo de hallarse en algunos parages inmediatos á las playas plantaciones de cocos. Sus naturales siembran bastante algodon y benefician con abundancia la raiz del *quinamanpay*, que es la mejor que se conoce de su clase, y les sirve de pan en todo tiempo; y aunque son bastante laboriosos, las tierras les corresponden con ingratitud á sus sudores y fatigas. En la parte reducida á cultivo, sus principales prod. son el arroz, algodon, cocos, legumbres y frutas, de todo en muy poca cantidad. En sus montes se crian buenas maderas y caza mayor y menor, hallándose en los troncos de los árboles y en los huecos de las rocas cera y miel, que depositan las abejas sin ningun cuidado del hombre. En las playas y bajos arenosos de esta isla se recogen muchas fanegas de sigeys ó sigays, que son una especie de caracolillos cuyo artículo venden á los comerciantes que trafican en la cabecera de la prov., para despues revenderlo á los estrangeros, quienes se lo llevan á la India donde lo usan como moneda corriente. Las mugeres se dedican á la elaboracion de tejidos de algodon, finas cambayas y muy especiales lompotes, y otros generos ordinarios con que trafican con otros pueblos.

DAVIS ó DAUIS: pueblo con cura y gobernadorcillo, en la isla del mismo nombre, prov. y dióc. de Cebú; sit. en los 127° 17' 50" long., 9° 45' 30" lat., junto á la costa O. de la isla, en terreno llano, distante 1 leg. de Baclayon, que se halla en la isla de Bohol. Disfruta de buena ventilacion, y clima, aunque bastante cálido, saludable. Fué fundado á prin-

cipios de la conquista, y pasó al cargo espiritual de los PP. Recoletos el año de 1769, y en el dia tiene como unas 1,102 casas, en general de sencilla construccion, distinguiéndose entre ellas como mas notables la casa parroquial y la llamada tribunal ó de justicia, donde se halla la cárcel. Hay escuela de primeras letras, á la que concurren muchos alumnos, dotada de los fondos de comunidad; é igl. parr. de buena fábrica, bajo la advocacion de la Asuncion de Nuestra Señora, servida por un cura regular. Comunícase este pueblo con los inmediatos, que se hallan en la isla de Bohol, por medio de pequeñas embarcaciones, y recibe el correo de la cab. de la prov. en dias indeterminados. El term. comprende toda la isla de su mismo nombre. (v.) El terreno por lo general es llano, y en la parte reducida á cultivo, las prod. son arroz, algodon, cacao, cocos, legumbres y frutas. La ind. consiste en la agricultura, la caza y la pesca; y el comercio en la esportacion del sobrante de estos productos y de bastante porcion de sigeys ó sigays, que compran los estrangeros para llevarlo á la India donde sirve de moneda. pobl. 6,608 alm., 1,386 ½ trib., que ascienden á 13,865 rs. plata, equivalentes á 34.662 ½ rs. vn.

DAY

DAYAGAN: punta de la costa E. en la isla y prov. de Mindoro; se halla sit. en los 125° 12' 10" long., 12° 57' 20" lat.

DAYAP: punta en la laguna de Bay, en la prov de este nombre; hállase sit. en los 125° long., 14° 11' lat., en el término del pueblo de Bay.

DAYAPAN: rio de la isla de Luzon, en la prov. de Batangas; tiene su orígen en los 124° 48' long., 13° 55' lat., viniendo del monte Macolog ó Macolot, en direccion al S. S. E., va á desaguar al rio de Calumpan. (v.)

DEL

DELGADA: punta en la costa E. de la isla de Luzon, prov. de Nueva-Ecija, una de las dos que forma la boca de la ensenada de Baler; se halla sɪᴛ. en los 125° 10′ 15″ long., 15° 57′ lat.

DELGADA: (v. ʙᴜɢᴜᴇʏ, punta.)

DEN

DENOWAN: punta en la costa S. O. de la isla de Mindanao, en el territorio del sultanato de esta isla; sɪᴛ. en los 127° 58′ long., 6° 55′ lat.

DENOWAN: islita perteneciente al sultanato de Mindanao, junto á la costa S. O. de la isla de este nombre; se halla sɪᴛ. ente los 127° 40′, y 127° 41′ long., 6° 29′, y 6° 50′ lat.; tiene por un promedio ¼ leg. en cuadro.

DES

DESPUNTAMIENTO: bahía en la costa E. de la isla de Mindanao, en el térm. del sultanato de esta isla; se halla sɪᴛ. entre los 129° 37′ long., 129° 42′ id., y los 6° 43′ lat., y 6° 47′ id.; tiene 1 leg. de bojeo, y en ella desagua el rio de Sancol. En la parte del S. se hallan 3 islitas, estando la mayor de ellas colocadas en la misma entrada de la bahía, junto á la costa del N.

DESTACADO: isla adscrita á la prov. de Masbate y Ticao; se halla sɪᴛ. entre los 127° 45′, y 127° 47′ 50″ long., 12° 16′, y 12° 18′ lat.; tiene por un promedio ½ leg. de larga, y ¼ leg. de ancha: su terreno es montuoso y bastante árido; dista unas 4 leg. de la costa N. E. de la isla de Masbate. Se halla inhabitada y sus costas son peligrosas y de difícil arribada por efecto de las corrientes y vientos que la combaten.

DIA

DIABLO (islote del): junto á la costa N. de la isla de Masbate, prov. de Masbate y Ticao; se halla sɪᴛ. en los 126° 51′ long., 12° 36′ 40″ lat., distante de la costa unas 500 brazas.

DIALIUANAN: punta de la isla de Luzon, en la costa E. de la misma y de la prov. de Nueva-Ecija: sɪᴛ. en los 126° long., 17° 45′ lat.

DIAMANTE: escollo sɪᴛ. en los 127° 50′ 30″ long., 12° 23′ lat., entre las islas de Puercos y Capul, á ¼ leg. de la primera, é igual distancia de la segunda.

DIAMI: con este nombre se conoce una isla que demora al Norte de las Babuyanes, y pertenece á la prov. civil de las islas Batanes á la cual está adscrita. Está poblada, y sus naturales están en guerra con los de las restantes islas Batanes, quienes no los reciben sino cuando alguna borrasca ó las corrientes los llevan á sus islas, y en este caso sin dejarlos pasar de las playas.

DIAMIS: con este nombre se conoce una roca casi cónica de unas 500 varas de altura, y próximo á ella otra de menor elevacion y mas pequeña, que pertenece al grupo de las islas Batanes, á cuya prov. civil está adscrita; hállase sɪᴛ. su centro en los 125° 37′ long, 20° 35′ lat.

DIAN: r. de poca consideracion, en la isla de Luzon, prov. de Tayabas; tiene su orígen en los 125° 26′ 40″ long., 14° 2′ lat.; y su desagüe por la costa N. E. de la prov. en los 125° 28′ long., 14° 6′ lat.; corre 1 ¼ leg. de S. á N.

DIAO: ensenada en la costa O. de la isla de Luzon y de la prov. de Ilocos-Sur; se halla sɪᴛ. su boca entre los 125° 58′ 45″ long., 17° 17′ 30″ lat., y los 125° 58′ 10″ long., 17° 19′ 30″ lat., (punta Agayayos), internándose en la tierra hasta los 125° 59′ long., en los 17° 19′ 50″ lat.

DIB

DIBAYABAY: punta, que forma con la de Dicapilarin la boca de la ensenada de Dibut y con la de Dicapinisan la de la ensenada de Ditioring, en la costa E. de la isla de Luzon, y de la prov. de Nueva Ecija; se halla sɪᴛ. en los 125° 16′ long., 15° 58′ lat.

DIBUT: ensenada en la costa E. de la isla de Luzon, en la prov. de Nueva-Ecija: su boca se halla sɪᴛ. entre la punta de Dicapilarin y la de Dibayabay, estando la primera en los 125° 14′ long., 15° 42′ 30″ lat., y la segunda en los 125° 16′ long., 15° 58′ lat.: intérnase en la tierra hasta los 125° 11′ 10″ long., en los 15° 40′ 10″ lat.

DICALAYO: monte en la isla de Luzon, prov. de Nueva-Ecija; sit. en los 125° 33′ 30″ long., 16° 50′ lat., distante 1 leg. al O. de la costa del puerto de Tumango. Hállase poblado de abundante arbolado de maderas de construccion y ebanistería, y en él hay bastante caza mayor y menor de búfalos, javalies, venados, tórtolas, gallos y multitud de aves. En los troncos de los árboles, en las quebradas y en todos los sitios abrigados, depósitan las abejas rica cera y miel, que los naturales de los pueblos inmediatos aprovechan para atender con dichos art. y con su producto á sus necesidades.

DICAPILARIN: punta en la costa E. de la isla de Luzon, prov. de Nueva-Ecija; se halla sit. en los 125° 14′ long., 15° 42′ 30″ lat.; es una de las dos, que forma la boca de la ensenada de Dibut.

DICAPINISAN: punta, que forma con la de Dibayabay la boca de la ensenada de Diotoring, en la costa E. de la isla de Luzon, y de la prov. de Nueva-Ecija; se halla sit. en los 125° 14′ 30″ long., 15° 30′ 30″ lat.

DICAYO: riach. en la isla de Mindanao, prov. de Misamis; tiene su origen en los 127° 12′ long., 8° 30′ lat., y su desagüe en el mar del N. de la isla, en los 127° 14′ long., 8° 32′ lat.

DICAYO: visita ó anejo, en la isla de Mindanao, prov. de Misamis, dióc. de Cebú, dependiente en lo civil y ecl. del pueblo de Lubungan del cual dista ¼ de leg. pobl., prod. y trib. con la matriz.

DID

DIBICA: llámase asi un bajo, baneo ó escollo, que se estiende desde los 19° 5′ lat., 19° 14′ id., en los 125° 41′, y 125° 46′ 30″ long. Rodean estos bajos cuatro islitas sit. entre las Babuyanes, á las cuales se les da el nombre de columnas del Norte.

DIP

DIPOLOG: pueblo, que forma jurisd. civil y ecl. con los de Dapitan, Ilaya, Lubungan y Langaran, en la isla de Mindanao, prov. de Misamis, dióc. de Cebú: se halla sit. en terreno llano á pesar de que abundan bastante los montes en su térm., y su clima es templado y saludable. pobl., prod. y trib. (v. dapitan, matriz.)

DIE

DIEGO (San): mision conocida con este nombre y la primera y principal que los PP. Agustinos establecieron en la prov. del Abra, isla de Luzon, y de la cual tomó origen el antiguo pueblo de Banguet ó Bangued.

DIEGO (San): baluarte sobre la costa O. de la prov. de Albay, isla de Luzon; sit. en los 127° 23′ long., y 12° 50′ lat. Se halla destinado á defender esta parte de la costa de las frecuentes incursiones, que en otro tiempo hacian los piratas moros á esta prov. y aun al resto del litoral de la isla.

DIEGO (San): punta de la isla de Luzon, en la prov. de Batangas: se halla sit. en los 124° 46′ 30″ long., 13° 58′ 20″ lat.

DIG

DIGOLLORIN: rio de la isla de Luzon, en la prov. de Nueva-Ecija; tiene su origen en los 125° 44′ long., 17° 6′ 15″ lat.; corre en direccion al E. haciendo una pequeña curva por un terreno llano y fertilizado por sus aguas, como unas 3 leg., y va á desaguar por la costa E. de la prov. á la ensenada de su mismo nombre, en los 125° 52′ 30″ long., 17° 5′ 20″ lat. Es de bastante importancia, no solo por la utilidad que de él se saca para el riego, sino es tambien por las partículas de oro que arrastra entre sus arenas. Sus aguas son cristalinas y de escelente calidad.

DIGOLLORIN: ensenada en la costa E. de la isla de Luzon, prov. de Nueva-Ecija; su boca se halla sit. entre los 125° 55′ long., 17° 4′ lat., y los 125° 54′ 50″ long., 17° 9′ 30″ lat., internándose hasta la embocadura del rio de su mismo nombre, en los 125° 52′ 30″ long., 17° 5′ 20″ lat.

DIGUIG: barrio ó anejo del pueblo de Caranglan, en la isla de Luzon, prov. de Nueva-Ecija; se halla sit. en los 124° 39′ long., 16° 2′ 30″ lat., en terreno montuoso, junto á la orilla izq. del r. *Imuan*, en una altura que forma la desigualdad del terreno., 1 leg. al O. del referido pueblo de Caranglan, de cuya jurisd. depende en lo civil y eclesiástico, con el cual damos su POBL., prod. y trib.

DIJ

DIJAO: pueblo, que forma jurisd. civil y ecl. con el de Goa, en la isla de Luzon, prov. de Camarines-Sur, dióc. de Nueva-Cáceres; SIT. en los 127° 11' 20'' long., 13° 14' lat., á la orilla der. del r. de Iraya, en terreno llano, y CLIMA templado y saludable. Tiene muy pocas casas, en general de sencilla construccion, distinguiéndose entre ellas la casa de comunidad ó de justicia donde se halla la cárcel. Hay escuela de primeras letras, á la que concurren muchos alumnos, dotada de los fondos de comunidad, y cementerio. Comunícase este pueblo por medio de caminos regulares con sus inmediatos; el de Guinobatan y el de Goa, que siguen la misma direccion del referido r. Recibe de la cabecera el correo semanal establecido en la isla en dias indeterminados. El TERM. confina por N. E. con el monte Masaraga (á 2 leg.) por E. con el volcan conocido con el nombre de Mayon (á 3 leg); por S. con la cordillera de montes que atraviesa de N. O. á S. E. esta prov., y por O. con estos mismos montes. El TERRENO es poco llano y muy montuoso; riéganlo el r. Paubug, el mencionado de Iraya y algun otro afluente. En sus montes se crian buenas maderas de construccion y ebanistería, varias clases de caña, mucha caza mayor y menor y abundante miel y cera, que depositan las abejas en los huecos de los troncos de los árboles y en las canteras. Las principales PROD. son arroz, abacá, añil, caña dulce, maiz, algodon, cacao, cocos, legumbres y frutas. La IND. consiste en el beneficio de sus productos naturales, en la fabricacion de algunas telas y en la caza; y el COMERCIO en la esportacion del sobrante de sus prod. POBL. y trib. con Goa.

DIL

DILAO: pueblo con cura y gobernadorci-
TOMO II.

llo, en la isla de Luzon, prov. de Tondo, dióc. del arz. de Manila (V. PACO).

DILIAN: una de las numerosas islas de Calamianes, adscrita á la prov. del mismo nombre; se halla SIT. entre los 124° 10', y 124° 12' 30'' long., 11° 45' 30'', y 11° 48' 50'' lat.; tiene por un promedio 1 leg. de larga y poco mas de ¼ de ancha. Se halla inhabitada por razon de que ademas de ser su terreno montuoso, es bastante estéril. Sus costas son peligrosas y de dificil arribada, hallándose en ellas mucha pesca, pero sin surgideros ni ensenadas capaces de dar abrigo ni á las mas pequeñas embarcaciones, en caso de temporal.

DIM

DIMAGAT: pequeña isla dist. como 4 leg. de la grande isla de Mindanao, en el archipiélago de Filipinas (V. DINAGAD O DINAGAT).

DIMASALANSAN: ensenada en la costa E. de la isla de Luzon y de la prov. de Nueva-Ecija; su boca está SIT. entre los 125° 59' 50'' long., 17° 42' 30'' lat., y los 126° long., 17° 45' lat., por la punta de Dialiuanan, internándose hasta los 125° 57' long., á los 17° 45' 20'' lat.

DIMATADNO: punta de la costa E. de la prov. de Nueva-Ecija, en la isla de Luzon; SIT. en los 125° 50' long., 16° 47' 30'' lat.

DIMIAO: pueblo con cura y gobernadorcillo, en la isla de Bohol, prov. y dióc. de Cebú; hállase SIT. en terreno llano no lejos de la playa; le combaten perfectamente todos los vientos reinantes, y el CLIMA, aunque bastante cálido, es saludable, dulcificando los ardientes rayos del sol, las brisas marítimas de una parte y la frondosidad de los árbolados que tiene á sus inmediaciones, de otra. Este pueblo se fundó en 1772, y en el dia tiene unas 1,757 casas, en general de sencilla construccion, distinguiéndose como mas notables la casa parroquial y la llamada tribunal, en la cual está la cárcel: hay escuela de primeras letras frecuentada por muchos alumnos, dotada de los fondos de comunidad: é igl. parr. bajo la advocacion de San Nicolás de Tolentino, servida por un cura regular. Esta iglesia es hermosa, bastante elevada y

2

de buena arquitectura, como asi mismo el cementerio tambien de muy buena fábrica con sus correspondientes galerias de nichos, su capillita, etc., el cual es bastante capaz y ventilado. Comunícase este pueblo con sus inmediatos por medio de buenos caminos, y recibe de la cab. de la prov., que es la ciudad de Cebú, el correo en dias indeterminados. El TERM. se estiende considerablemente en todas direcciones, y en él se cria bastante arbolado de toda clase de maderas, caza mayor y menor, y cera y miel, que depositan las abejas en todos los sitios abrigados. El TERRENO es bastante fértil y productivo, y sus hab. que son los mas pacíficos de la isla, se dedican al cultivo de las tierras, siendo sus principales PROD. arroz, algodon, cocos, con los cuales fabrican aceite para su uso, pocas legumbres y frutas. IND.: el beneficio de estas prod. y la elaboracion de telas de algodon y seda de mucha solidez; ocupándose ademas en algunas ocasiones en la pesca del balate, cuyos artículos constituyen su comercio. POBL. 11,192 almas, 2,178 trib., que ascienden á 21,780 rs. plata, equivalentes á 54,450 rs. vn.

DIN

DINAGAD ó DINAGAT: pueblo, que forma jurisd. civil y ecl. con los de Surigao, Jaganaan, Placer, Bacnag, Gigaquít y Nonoc, en la isla de su nombre, provincia de Caraga, dioc. de Cebú; POBL., prod. y trib. con Surigao: se halla SIT. al N. de la cab. de la prov. de la cual dista como unas 4 leg., en la playa del mar. Disfruta de buena ventilacion, y CLIMA, aunque muy cálido, saludable, á causa de las brisas marítimas, que dulcifican los ardientes rayos del sol, junto con el arbolado de que abundan sus inmediaciones, en los que los naturales recogen cera y miel, que depositan las abejas en todos los sitios abrigados. Sus naturales se dedican á la estraccion de oro de una mina, que existe en la isla, la que aunque produce poco es metal de escelente calidad; tambien se dedican los hab. de este anejo á la pesca, y al beneficio de sus productos naturales. POBL. 1,210 alm., trib. (v. el estado general de la prov.)

DINAGAT: una de las islas de Surigao, adscrita á la prov. de Caraga; se halla SIT. entre los 129° 12', y 129° 16' 50'' long., 10° 14' 30'', y 10° 25' lat.; tiene por un promedio 3 leg. de larga y 1 de ancha: de todos las de Surigao es la que avanza mas al N.; bastante inmediatas al O. tiene otras de menor consideracion, entre ellas la de Caburao ó Pasage, que dista 1 leg.

DINALUPIJAN (San Juan de): pueblo con cura y gobernadorcillo, en la isla de Luzon, prov. de Bataan (de cuya cab. Balanga dista 3 horas), dióc. del arzobispado de Manila (de cuya cap. dista como unas 11): se halla SIT. en los 124° 9' long., 14° 51' 30'' lat., en terreno llano, á la margen izq. del r., que frente á este pueblo toma su nombre: disfruta de buena ventilacion, y CLIMA templado y sano, no padeciéndose de ordinario otras enfermedades, que algunos cólicos en los meses de junio, julio y agosto. Tiene como unas 226 casas, en general de sencilla construccion, distinguiéndose como mas notables la casa parroquial y la llamada tribunal ó de justicia, en la cual está la cárcel. Hay escuela de primeras letras muy frecuentada, dotada de los fondos de comunidad; é igl. parr. bajo la advocacion de San Juan Bautista, servida interinamente por un cura secular. No lejos de esta se halla el cementerio, que es bastante capaz y ventilado. Comunícase este pueblo con sus inmediatos por medio de caminos regulares, pues un ramal principia en Hermosa, llega á Caongpavit, y de alli á Guagua, recibe de la cab. de la prov. Balanga, el correo semanal establecido en la isla, el cual llega á dicha pobl. los miércoles, y sale los martes. Los naturales de esta pobl. se proveen de agua para todos sus usos, de las del rio arriba nombrado, que son de buena calidad. Confina el TERM. por N. con el monte Taguan o Vigaa; por S. con Llana-hermosa ó Hermosa (á cosa de 1 leg.); por E. con varios afluentes del r. de Orani, y con este mismo; y por O. con los montes, que forman el límite divisorio entre esta prov. y la de Zambales. El TERRENO es fértil y de buena calidad, cosechándose en él en la parte reducida á cultivo arroz, añil, azucar, maiz y varias legumbres y frutas. En sus montes se erian varias clases de maderas de construccion y ebanistería, y caza mayor y menor de venados, javalíes, y una gran variedad de aves, hallándose en los troncos de los árboles y en todos los sitios abrigados cera y miel, que depositan las abejas sin ningun cuidado del hombre. IND.: la agrícola y el beneficio de sus prod. naturales. POBL. 1,361 alm., 260 trib., que ascienden á 2,600 rs. plata, equivalentes á 6,500 rs. vn.

DINAPASO: r. de la prov. de Albay, isla de Luzon; tiene su origen en los 127° 47' 50'' long., 12° 44' lat.; corre 1 leg. de N. á S. y desagua en el r. Juban, á los 127° 43' long., 12° 41' lat., formando un afluente de este.

DINAPIQUÍ: punta, que forma la boca del puerto de Tumango, en la costa E. de la isla de Luzon, en la prov. de Nueva-Ecija; SIT. en los 125° 40' long., 16° 41' lat.

DINAS: r. en la isla de Mindanao, en el territorio del sultanato de este nombre; tiene su origen en los 127° 1' long., 7° 18' lat., y su desagüe en el mar á los 127° 1' long., 7° 15' lat.

DINGALA: ensenada en la costa E. de la isla de Luzon, en la prov. de Nueva-Ecija; se halla SIT. su boca entre la punta Sua, en los 125° 12' 50'' long., 15° lat., y la de Pinagpandian en los 125° 15' long., 14° 55' lat.; penetra en la tierra hasta los 125° 10' long., en los 14° 59' lat.

DINGLE: pueblo, que forma jurisd. civil y ecl. con el de Laglag, en la isla de Panay, prov. de Iloilo, dióc. de Cebú; se halla SIT. en los 126° 27' 54'' long., 11° 5' 50'' lat., una hora dist. del mar, á la orilla der. del r. Jalaud, en terreno desigual. Disfruta de buena ventilacion y CLIMA templado y saludable. Se fundó en 1825, y en el dia tiene como unas 920 casas, en general de sencilla construccion, distinguiéndose entre ellas la casa parroquial y la llamada tribunal ó de justicia, donde se halla la cárcel. Hay escuela de primeras letras, dotada de los fondos del comun, á la que asisten bastantes alumnos; é igl. parr. bajo la advocacion de San Juan Bautista, servida por un cura regular: toda ella es de muy buena fábrica de piedra, que les proporciona las canteras, que abundan en los mon-

tes vecinos. El TERM. confina con el del pueblo de Pototan (á 1 leg.); con el de Barotac-Nuevo, dist. tambien 1 leg.; y el pueblo de Laglag, que está en su jurisd., dista unas 2 leg. Su TERRENO es muy fértil, en él abundan los montes, y lo bañan varios riach. ademas del r. Jalaud, que trae su origen desde la cordillera de montes, que separa la prov. de Antique de la de Iloilo: su corriente es pausada por tener bastante profundidad, lo que le hace navegable. La perspectiva que ofrece todo el término es grandiosa y agradable á la vista. El monte Dingle, que es de bastante elevacion, se encuentra á una milla del pueblo, y es admirable por lo caprichosa que se muestra allí la naturaleza. Entrando por una abertura que hay en el mismo monte se ve una espaciosa gruta, que presenta la figura de un templo ó de cualquier otro edificio fantástico, que cree uno verlo en realidad, al mirar el cristal de roca y las hermosas piedras de alabastro y mármol, que forman sus paredes; hallándose ademas otra tan dura como la berroqueña, que abunda mucho en todo el térm., en el que se encuentran tambien buenas canteras de alabastro. Hay algunas minas de oro, pero no se aprecia mucho este importante recurso por los naturales, por preferir el cultivo y beneficio de sus tierras, á la estraccion de este metal. PROD. bastante arroz, maiz, algodon, caña dulce, cacao, legumbres, buen tabaco y mucha fruta. IND.: la agrícola y la fabricacion de algunas telas de piña y abacá, en que generalmente se ocupan las mugeres. COMERCIO: este consiste en la esportacion del sobrante de sus prod. tanto agrícolas como fabriles, principalmente del arroz que cosechan en abundancia, y en la importacion de muchos de aquellos artículos de que ellos carecen. POBL. 5,515 alm., 940 trib., que ascienden á 9,400 rs. plata, equivalentes á 23,500 rs. vn.

DINGRAS: pueblo con cura y gobernadorcillo, en la isla de Luzon, prov. de Ilocos-Norte, (de cuya cabecera Laoag dist. 2 leg.), aud. terr. y c. g. de Filipinas (á Manila como unas 86), dióc. de Nueva-Segovia (á Vigan residencia del obispo 16): se halla SIT. en los 124° 19' long., 18° 7' lat., en medio de una gran llanura cercada de montes; de modo que parece este pueblo y sus colindantes colocados dentro de una caldera: le combaten de ordinario los vientos del O. y N. E., ocurriendo el primero en la estacion de las lluvias, que duran la mayor parte del año, y reinando solo el segundo unos tres meses, durante cuyo período se cubre toda la llanura de una espesísima niebla, tan densa y húmeda, que mas bien parece este pueblo una de nuestras pobl. de la Península donde ocurre esta particularidad, que una pobl. de la India, sit. entre los trópicos, y cuyo sol abrasador forma de esta porcion del globo un continente sumamente cálido. Dicha niebla que momentáneamente se estiende por toda la llanura dura á veces hasta las nueve y diez de la mañana, y se supone que su formacion es originada por el frio denominado *Mandupayas*. La situacion de este pueblo, resulta pues, que es sumamente baja, estando por esta razon espuesto á grandes inundaciones en tiempo de aguas, por reconcentrarse al rededor suyo todas las aguas de las vertientes de los montes que le circundan: no obstante, su CLIMA en general es bastante sano, padeciéndose solamente en los meses de noviembre y diciembre algunas calenturas intermitentes, á causa de las aguas que quedan estancadas en la llanura. Este pueblo fundado en 1598, y cuyo nombre primitivo conserva en el dia, fué matriz de las visitas de Piddig y Santiago, que en la actualidad figuran en la categoría de pueblos con jurisd. especial. Tiene como unas 1,924 casas, en general de sencillísima fábrica, como todas las demas del pais, es decir, de caña y nipa, cubiertas de cogon, habiendo solamente como unas 500 de tabla. Están distribuidas en anchas y cómodas calles y en dos plazas, una denominada de San Roque y la otra grande y hermosa en la que se encuentran los edficios públicos principales de la pobl. Dichos edficios públicos sufrieron en el año 1858 una horrorosa quema, asi como todo el pueblo, desde cuya época ha podido reedificarse solamente la casa Real ó tribunal y la iglesia, estando actualmente haciéndolo de la casa parroquial su cura párroco y la comunidad. La igl. parr.

fundada bajo la advocacion del patriarca San Jose, está servida por el respetable y celoso cura regular Fr. Damaso Vieytez. Existen en este pueblo dos escuelas para la enseñanza de los jóvenes de ambos sexos, dotadas, la de niños con 72 ps. de los fondos de cajas de comunidad, y la de niñas con 52 ps. y 10 manojos de arroz en rama, que dá el cura párroco de su asignacion. Contiguo á ella, pero fuera del pueblo, se halla el cementerio, que es muy capaz y ventilado. La salida del pueblo se verifica por tres anchas calzadas, la una que dirige al Oriente para las estancias y barrio de Bana, único anejo de este pueblo; otra que corre en direccion al N. hácia el pueblo de Santiago dist. media hora, y para el de Piddig á 1; la cual puede servir de paseo público por atravesar por en medio de huertas arboladas y sitios muy pintorescos: la tercera marcha por la banda de O. y dirigiéndose al monte denominado *Cunig*; baja por Sarrat hasta el pueblo de Laoag, cabecera de la prov. El correo sale desde el pueblo de Piddig y pasa por este pueblo, dirigiéndose á la cabecera, desde cuyo punto regresa para Manila. La jurisd. de este pueblo es muy estensa por la parte S. y E., y es tan sumamente feraz y abundante en todo género de prod., que con razon es llamado este pueblo por algunos el granero de la prov. Contiene dentro de sus límites las 17 estancias nombradas *Biding y Alabaan, Caribquib y San Agustin, Ragas, Ugmon, Namucaoan, Binacag, Paor ó Ambagsang, Caladdungan, Barbaracbac, Culao, Lanas y Naglayaan, Padong, Nagpatpatan, Talugtug, Malabaga, Cupariaan, Banggay y San Esteban*; en todas las cuales se cosecha abundante arroz, y se cria mucho y buen ganado vacuno, caballar, de cerda y búfalos, asi como numerosas aves domésticas y caza de javalies y venados, de cuya ind. sacan grandes utilidades los pueblos de Laoag, San Nicolás, Vintar, Pauay, Batac, Bacarra y Badoc; sit. todos en la hermosa llanura donde tiene su asiento el pueblo que nos ocupa. En la misma se encuentran muchas plantas y yerbas medicinales, como la caña fistula, la abutra, el mambujay (que tiene un amargor tan fuerte é intenso como el mismo de Inglaterra), la abelfa, la salvia, el tantandoc y otras muchas. Sus montes se hallan cubiertos de la mas frondosa vegetacion, y en todos se crian escelentes maderas de construccion y ebanistería, como el ébano, narra, tindalo, lanuti, abar, nasarno, molavin, mangasapuy y banaba, y otras varias. Por la mencionada llanura corren serpenteando muchos riach. de aguas de escelente calidad, tales son el llamado *Alabaan*, el *Bana*, el *Lading*, el *Bornay*, el *Cura*, el *Madupayas* y el *Nagsabaran*, reuniéndose casi todos al E. N. E. de este pueblo á formar el hermoso y caudaloso r., que toma el nombre de este pueblo, cuyas cristalinas aguas despues de pasar por Sarrat, San Nicólás y Laoag desembocan en la mar por la barra de este último pueblo. Tanto este r. como los pequeños afluentes que lo forman contienen buena pesca, aunque poco abundante; y si bien no presta á los naturales de sus orillas las ventajas de la navegacion por efecto de su escaso fondo, les es no obstante de suma utilidad para el riego, y para los demas usos domésticos, por surtirse de sus riquísimas aguas los hab. de esta comarca, lo cual contribuye no poco á su salubridad. Confina por N. con el de Piddig (á 1 leg.); por E. con el de Santiago (á ¼); por S. E. con los montes Tamandigan y Madungan, y por O. con Batac (á 1 ¼). El TERRENO es de lo mas fértil y productivo de toda la prov., cosechándose en él mucha abundancia de arroz, que por su superior calidad es acaso el que puede con mas ventajas esportarse para los mercados de China y aun de Europa; maiz, mongos, y otra infinidad de legumbres y hortalizas; mucha caña dulce, algun café y cacao en corta cantidad; criándose en las huertas muchos limones, naranjitas, nancas, rimas, sidras, chicos-zapotes, plátanos de muchas clases y otra multitud de frutas todas de superior calidad. Tambien se cosecharia en el territorio de esta jurisd. un tabaco igual en calidad al de Cagayan, y en mucha abundancia, si el superior gobierno permitiera su siembra y cultivo en este punto. Los montes mas notables que cercan la llanura de este pueblo por la parte del E. son conocidos por los naturales con los nombres de *Madongon*, Ba-

laycali, *Pisong, Camantarag, Alimano, Caladdungan, Talugtug, Birat, Ipel, Naung*, que son los mas elevados de la cordillera, que divide el pais de infieles de esta prov. y de la de Cagayan; por la banda del S. se encuentran los de *Binacag, Maboboos, Maoacoacar, Balay, Saoi, Barbarangay, Buris* y *Capariaan*, que se forman de otra cord., que divide esta prov. de la del Abra; por la banda del O. hállanse los de *Guoang, Biruco, Capasan* y *Panang*, que le dividen de los demas pueblos de esta prov., por cuyos puntos y por una cañada, que dirige hácia el pueblo de Batac, seria de mucha utilidad abrir una calzada para Currimao ó Corrimao, único puerto de esportacion que existe en toda la prov. Mas para esto seria muy conveniente que el superior gobierno de la colonia, bajo cuya proteccion debiera construirse este camino, ordenára, que todos los pueblos de la prov. quedaban obligados á concurrir á sus trabajos por los beneficios que á todos les traeria esta obra de pública utilidad. De este modo, las estancias arriba nombradas y todos los pueblos en general de la prov. recibirian ventajas considerables para la estraccion de todos sus frutos y ganados. Por la parte N. le cercan los montes que circunvalan el pueblo de Piddig y los llamados *Naboongan, Gasgas, Agmao, Cunig* y *Cavingquing*. En todos ellos se produce el bejuco y una especie de brea ó incienso llamado *ateng*, que estrae de ciertos árboles. IND.: la ocupacion principal de los hombres de este pueblo es la agricultura y el beneficio de sus prod.; y la de las mugeres es el tejido de ropas para sus usos y las demas labores propias de su sexo. El COMERCIO consiste en la esportacion del sobrante de sus prod. naturales, agricolas y fabriles; y en la importacion de todos aquellos géneros y artículos de que carecen. POBL. 11,804 alm., 2,751 trib., que ascienden á 27,515 rs. plata, equivalentes á 68,787 ¼ rs. vn.

DINLE: pueblo (v. DINGLE).

DINO: islote junto á la costa E. de la isla y prov. de Leyte; SIT. en los 128° 40' long., 11° 15' lat.

DIOTORING: ensenada en la costa E. de la isla de Luzon y de la prov. de Nueva-Ecija; se halla sit. su boca entre la punta Dibayabay y la de Dicapinisan; la primera está en los 125° 16' long., 15° 38' lat., y la segunda en los 125° 14' 30" long., 15° 30' 30" lat., internándose en la tierra hasta los 125° 12' long., en los 15° 34' lat. En esta ensenada hay una islita que toma el nombre de ella (v. DIOTORING isla).

DIOTORING: isla en la ensenada de su mismo nombre, adscrita á la prov. de Nueva-Ecija; se halla sit. entre los 125° 13' 40", y 125° 15' long., 15° 55' 45", y 15° 35' lat.: tiene por un promedio ½ leg. de larga y ¼ id. de ancha, distante ¾ de leg. al E. de la costa de dicha prov.: está rodeada por la parte del N. de algunos bajos ó escollos, que casi la hacen de todo punto impracticable.

DIP

DIPOLOG: visita ó anejo, en la isla de Mindanao, prov. de Misamis, dióc. de Cebú, dependiente en lo civil y ecl. del pueblo de Lubungan, del cual dista 2 leg. POBL., prod. y trib. con la matriz.

DIQ

DIQUEI: una pequeña isla del grupo de las llamadas *Batanes*, á cuya prov. está adscrita: tiene como unas 820 varas de larga por 410 de ancha, y su superficie viene á ser de unas 5,000 varas cuadradas. Es montuosa, y se halla inhabitada por esta razon; su escasa importancia nos escusa de dar mayores detalles sobre ella.

DIR

DIRIQUE: ensenada de la costa O. de la isla de Luzon, prov. de Ilocos-Norte: sit. su boca entre los 124° 12' 50" long., 18° 37' lat., por la punta Nagavicagan, y los 124° 16' 15" long., 18° 22' 30" lat., en el telégrafo de Dirique: intérnase en la tierra hasta los 124° 18' long., y 18° 27' lat.

DIRIQUE (telégrafo de): llámase así al que está sit. en una de las dos puntas, que forma la boca de la ensenada de que toma su nombre, en los 124° 16' 15" long., 18° 22' 30" lat.

DIS

DISUMANGIT: islote junto á la costa E. de la prov. de Nueva-Ecija; sit. entre los 126° 1', y 126° 2' long., 17° 16', y 17° 17' 30" lat.: tiene por un premedio ¼ leg. de largo y ¼ id. de ancho; al O. del mismo distante como un tiro de fusil, está la punta de su mismo nombre, en tierra firme.

DISUMANGIT: punta en la costa E. de la isla de Luzon, y de la prov. de Nueva-Ecija; sit. en los 126° 1' long., 17° 17' lat.

DIT

DITORCAN: con este nombre se conoce una pequeña isla que pertenece al grupo de las islas Batanes, mas al N. de estas, á cuya prov. civil está adscrita. Su escasísima importancia y el hallarse inhabitada nos escusa dar detalles acerca de ella.

DIV

DIVAIT: punta de la costa N. O. de la isla de Mindanao, en la prov. de Misamis: se halla sit. en los 126° 29' long., 8° 20' lat.

DIVATA: punta en la costa N. de la isla de Mindanao, prov. de Caraga: se halla sit. en los 128° 26' 30" long., 9° 6' 30" lat.

DIVINISA: punta en la costa E. de la isla de Luzon, en la prov. de Nueva-Ecija; sit. en los 125° 55' long., 16° 57' 30" lat.

DIVOT: punta en la costa N. O., en la isla de Mindanao, prov. de Misamis; se halla sit. en los 126° 29' long., 8° 20' lat.

DOC

DOCUG: punta en la costa O. de la isla de Luzon y en la N. de la prov. de Zambales; sit. en los 123° 27' long., y 16° 22' 30" lat.

DOL

DOLORES: pueblo con cura y gobernadorcillo, en la isla de Luzon, prov. de Tayabas, dióc. de Nueva-Cáceres; se halla SIT. en los 125° 6' long., 14° 10' lat., al pie del monte Majaijay, á la orilla derecha de un rio, y su CLIMA es bastante templado y saludable. Tiene como unas 205 casas, en general de sencilla construccion, distinguiéndose solamente como mas notables la casa parroquial y la llamada tribunal ó de justicia, donde se halla la cárcel. Hay escuela de primeras letras, á la que concurren bastantes alumnos, é igl. parroquial servida por un cura regular: inmediato á esta se halla el cementerio, que es bastante capaz y ventilado. Tambien tiene varios caminos regulares, por el que se comunica con los pueblos inmediatos. El TÉRM. confina por N. con el monte Majaijay (dist. 1 leg.); por E. con el pico Banajao (á 2 ½); por S. E. con Sariaga (á 2 ½), y por O. con Tiaon, (dist. 2 leg.) El TERRENO es muy montuoso y está bañado por un r. que baja del Majaijai; en sus montes se crian muy buenas maderas de construccion y ebanisteria, caza mayor y menor, y mucha miel y cera, que elaboran las abejas en los parajes que hallan á propósito para ello. En el terreno reducido á cultivo las PROD. son arroz, maiz, cacao, abacá, caña dulce, ajonjolí, algodon, añil, frutas y legumbres. La IND. consiste en el beneficio de las producciones naturales y en el tejido de varias telas, y el COM. en la esportacion del sobrante de sus productos. POBL. 1,231 alm. 350 trib., que ascienden á 3,500 rs. plata, equivalentes á 8,750 rs. vn.

DOM

DOMINGO (Santo): pueblo con cura y gobernadorcillo, en la isla de Luzon, prov. de Ilocos-Sur, dióc. del ob. de Nueva-Segovia: hállase SIT. en los 125° 58' long., 17° 51' lat., en terreno bastante llano y próximo á la orilla del mar: disfruta de muy buena ventilacion, y el CLIMA es bastante templado y saludable; no padeciéndose de ordinario otras enfermedades, que las regionales que producen los cambios de las estaciones. Tiene como unas 1,338 casas, en general de sencilla construccion, distinguiéndose como mas notables la casa parroquial y la llamada tribunal en la cual está la cárcel; hay escuela de primeras letras frecuentada por muchos alumnos, dotada de los fondos de comunidad; é igl. parr. de buena fábrica, servida por un cura secular. Próximo á esta se halla el cementerio, y es bastante capaz y ventilado. Comúnicase este pueblo con sus inmediatos por medio de caminos bastante buenos en tiempo de sequías, pero malos durante la estacion de las lluvias. Se recibe de la cab. de la prov. Vigan el correo semanal establecido en la isla. El TÉRM. confina por N. con el de Masingal (dist. 2 leg.); por E. con el monte Bulaga (1 ½); por S. con Bantay (1 ¼); y por el O. con el mar; el terreno es bastante montuoso hácia la parte del E., y su costa tiene muy buena playa, encontrándose en una punta saliente que forma la misma, un telégrafo destinado á su defensa. Los hab. de este pueblo carecen de rios en su jurisd. y de manantiales de aguas potables, teniendo que valerse por esta causa para poder atender á sus necesidades domésticas, de las de los pozos. En sus montes se crian muchas y preciosas maderas de construccion y ebanistería, aunque su aprovechamiento es muy difícil por su grande elevacion, que imposibilita su conduccion; bastante caza mayor y menor de venados, javalíes, tortolas, gallos y multitud de aves; y alguna cera y miel, que depositan las abejas en los troncos de los árboles, en los huecos de las rocas, y en todos los sitios abrigados. En territorios reducidos á cultivo se cosechan algun arroz, caña dulce, maiz, algodon, cacao, legumbres y frutas: se cria ganado caballar, vacuno y de cerda, y pesca de diferentes clases, que es el alimento principal de estos naturales. IND.: la principal ocupacion de los hombres de este pueblo es la agricultura; y la de las mugeres, el hilado y tejido de varias telas y dibujos, fabricándose por aquellos bastante aceite de coco para su uso, y aun para esportarlo á otros pueblos. COM.: se reduce á la venta del sobrante de sus prod. naturales y fabriles, y á comprar los art. de que carecen. POBL. 8,467 alm., 1,777 ½ trib., que ascienden á 17,775 rs. plata, equivalentes á 44,437 ½ rs. vn.

DOMINGO (Santo): rio de la isla de Luzon, en la prov. de Bataan; tiene su orígen en los 124° 9' 30" long., 14° 55' lat., al pie del elevado monte llamado Morro de Orion; toma su curso la direccion al E., y bañando el térm. del pueblo de Orion, va á desaguar en la bahía de Manila junto á la punta Masaca, despues de haber corrido unas 2 ½ leg.

DOMINGO (Santo): telégrafo sobre la costa O. de la isla de Luzon y de la prov. de Ilocos-Sur; sit. en los 123° 55' long., 17° 30' lat., en el térm. del pueblo de su mismo nombre. Está destinado á vigilar el litoral de dicha costa, y dar aviso de las novedades que en ella ocurran.

DON

DONGALO: barrio ó anejo del pueblo de Parañaque, en la isla de Luzon, prov. de Tondo, dióc. del arz. de Manila: dista de su matriz ¼ de leg. escasa. Tiene una ermita, y está bastante cerca de la costa de la bahía de Manila. Su popl., prod. y trib. (v. la matriz).

DONGAN: riach. en la isla y prov. de Samar; tiene su orígen en los 129° 5' long., 11° 45' lat., en el mar E. de la isla.

DONGAN: baluarte en la isla y prov. de Samar; se halla sit. sobre la costa E. de la misma en los 129° 4' long., 11° 46' lat.

DONGON: punta en la costa E. de la prov. de Albay, isla de Luzon; sit. en los 127° 50' long., 12° 44' lat.

DONLO: guardia ó bantay en la isla de Luzon, prov. de Albay; se halla sit. sobre la costa E. de la prov. en los 127° 49' long., 12° 55' lat. Tiene por objeto vigilar á los moros píratas, que en sus correrías suelen sorprender á los pueblos playeros, ocasionándoles con sus desastrosas irrupciones daños considerables, llevándose además muchos cautivos.

DONZOL: baluarte del pueblo de su mismo nombre; sit. sobre la costa S. O. de la prov. de Albay, en la isla de Luzon, en los 127° 15' 30" long., 12° 54' lat., dist. poco mas de ¼ de leg. del referido pueblo. Tiene por objeto defender los pueblos inmediatos de las acometidas de los piratas moros, pero muy especialmente el de su mismo nombre.

DONZOL ó DONSOL: pueblo, que forma jurisd. civil y ecl. con el de Quipia, en la isla de Luzon, prov. de Albay, dióc. de Nueva Cáceres: se halla sit. en los 127° 15' long., 12° 55' lat., en terreno llano, á la orilla izq. del r. de su mismo nombre; su clima es saludable, aunque sus naturales padecen por lo general, como todos los de esta prov., de una enfermedad cutánea, que sin duda es efecto del terreno que ocupan. En el dia tiene como unas 479 casas, en general de sencilla construccion, pudiéndose distinguir entre ellas, como mas notables, la casa parroquial y la de comunidad ó de justicia, donde se halla la cárcel. Hay escuela de primeras letras, á la que concurren muchos alumnos, dotada de los fondos del comun, é igl. parr. de buena fábrica, servida por un cura secular. Próximo á esta se halla el cementerio, que está bastante bien situado, y disfruta de buena ventilacion. Comunícase por el r. de su mismo nombre con Quipia, dist. 3 leguas, y recibe el correo semanal establecido en la isla, en dias indeterminados. El térm. confina por E. con el puerto de Sorsogon; por N. con el monte Quituinan (comprendiendo en este térm. y el del pueblo de Quipia); por O. con la prov. de Camarines-Sur, que se divide de la de Albay por esta parte con el r. Donzol; y por S. con el mar: dist. ¼ de leg. al S. de este pueblo, se encuentra su anejo Oged, á la orilla der. del r. Ugut, é inmediato á la izq. de la embocadura; ½ leg. dist. al E., á la entrada del puerto de Putiao y sobre la punta de Dumaguit, el baluarte llamado de Ugut. En este puerto, que es bastante seguro, desemboca el r. de Tuaurian, el cual recibe bastantes afluentes antes de desaguar en el puerto, que tambien recibe por el N. las aguas de otros riach., que se hallan al E. de Donzol: siguiendo la misma direccion y por la costa, se encuentra la ensenada de Palatuan, que forma la punta Cutcut á la der., y la de Bantique á la izq., sobre la cual se halla el baluarte del mismo nombre, y ¼ leg. dist. en la misma direccion al E. y unas 3 leg. de Donzol, en la costa, se halla Macalaga, guardia ó bantay, que está ya casi á la entrada del puerto de Sorsogon: estiéndese el térm. por esta parte hasta unas 5 leg. de Donzol, desde donde pertenece ya al pueblo de Bolabog; numerosos r. en tan corto espacio riegan el terreno, yendo todos en direccion recta al S. á desaguar en el mar. El principal que baña el térm. de este pueblo es el Tuaurian, que bajando de los montes Montugon se dirije hácia el S. O. recibiendo por la parte del N. numerosos afluentes, á cuyas orillas se encuentran los anejos de Dorogan, (dist. 2 ½ leg. de Donzol); Nasi (2 ¼); Inas (3); y Montugan (4); todos ellos al N. E. de dicho pueblo; 1 leg. al N. se halla Donzol el Viejo, á la orilla izq. del referido r. Donzol, á la der. del cual, y en su desagüe, está el baluarte de Donzol ¼ hora del pueblo, en la parte del S. y sobre la costa. El TERRENO es muy fértil, y como hemos dicho, está bañado por muchos r.; en él abundan los montes donde se crian buenas maderas de construccion, muchas raices alimenticias, frutas silvestres, caza mayor y menor, como búfalos, venados, javalíes, gallinas, palomas, etc.: tambien se coje mucha miel y cera, que depositan las abejas en los huecos de los troncos de los árboles, y en todos los parajes que hallan á propósito para ello. PROD. arroz en abundancia, maiz, algodon, trigo, pimienta, café, abaca, cacao, y muchas clases de frutas IND.: además de la agricultura se dedican los naturales á la fabricacion de tejidos finos de abaca, á la de los del algodon, y á la de unas esteras ó petates finos de palma. Tambien se ocupan en la estraccion de aceite del cacao, en la caza, y en la pesca. El COM. consiste en la venta que hacen en la cab. de la prov., de todas las prod. que esceden de la cantidad necesaria para su uso y consumo doméstico, como son especialmente, el arroz, la miel, la cera, el aceite, etc. POBL. 2,876 alm., 447 trib., que ascienden á 4,470 rs. plata, equivalentes á 11,150 rs. vn.

DONZOL VIEJO: barrio ó anejo de la isla de Luzon, prov. de Albay, dióc. de Nueva Cáceres; se halla SIT. en los 127° 15′ long., 12° 58′ lat., en terreno llano, rodeado por la parte de O. por el r. Donzon; hállase en el térm. del pueblo de este nombre, poco mas de 1 leg., dist. al N. de él, con el que damos su POBL., prod. y trib.

DOR

DORF: barrio ó anejo del pueblo de Se-Tappo, perteneciente al sultanato de Mindanao, en la isla de este nombre: se halla SIT. en los 126° 24′ long., 7° 24′ lat.

DOROGAN: barrio ó anejo del pueblo de Donzol, en la isla de Luzon, prov. de Albay: SIT. en los 127° 22′ long., 12° 59′ lat., en terreno llano, á la orilla der. de un r. que fertiliza sus tierras: hállase en el térm. del pueblo de Donzol, con el cual damos su POBL., prod. y trib.

DOZ

DOZOL ó DOSOL: visita ó anejo, que forma jurisd. civil y ecl. con los de Balingcaguing y San Isidro de Potot, en la isla de Luzon, prov. de Zambales, dióc. del arz. de Manila; se halla SIT. en terreno desigual en la parte litoral de la prov.; le combaten los vientos reinantes, y el CLIMA es bastante templado y saludable; no padeciéndose de ordinario otras enfermedades que las regionales, que producen los cambios de estaciones. Tiene como unas 260 casas, en general de sencilla construccion, distinguiéndose entre ellas como mas notables la casa de comunidad ó llamada de justicia, donde se halla la cárcel. Hay escuela de primeras letras, á la que concurren muchos alumnos, y está dotada de los fondos de comunidad. Depende en lo espiritual de Balincaguing, que es la matriz, y cuyo cura administra á los hab. de este pueblo, en el cual existe una pequeña igl. y muy próximo á ella un reducido cementerio. Se comunica este anejo con sus pueblos inmediatos por medio de caminos bastante buenos, y recibe de la cab. de la prov. el correo semanal establecido en la isla. Confina con su matriz Balincaguing y con su adjunto San Isidro. El TERRENO cultivado es bastante fértil, y sus principales PROD. son arroz, maiz, trigo, algodon, añil, caña dulce y todo género de legumbres y frutas del pais. IND.: consiste en el beneficio de sus productos naturales y agrícolas, la caza, la pesca y la elaboracion de varios tejidos. El COM. se reduce á la esportacion del sobrante de sus prod. naturales, agricolas y fabriles, y á la adquisicion de todos aquellos de que carecen. POBL. 1,610 alm., trib. (v. la matriz BALINCAGUING.)

DU

DU: pueblo perteneciente al sultanato de Mindanao, en la isla de este nombre, á la orilla der. de un r.; se halla SIT. en los 128° 22' long., 7° 6' lat. Es de escasísima importancia, sin embargo de que sus naturales son dueños de territorios sumamente feraces.

DUGAS: r. de la isla de Luzon, prov. de Albay: tiene su origen en los 127° 16' 15'' long., 13° 18' lat., en la prov. de Camarines-Sur; corre una leg. escasa en direccion al S. E., y formando una curva al mismo tiempo que toma un pequeño afluente por su izq., se dirige al N. E. atravesando antes el límite que forman estas dos prov.: luego que entra en la prov. de Albay, sigue siempre la misma direccion, y dejando próximos á su orilla der. los anejos de San Antonio y San Vicente, rodea por la parte del N. el pueblo de Tabaco para ir á desaguar en el seno del mismo nombre, á los 127° 23' long., 13° 22' lat., despues de haber corrido unas 4 leg.

DUL

DULAG: pueblo con cura y gobernadorcillo, en la isla y prov. de Leyte, dióc. de Cebú; se halla SIT. en los 128° 39' 20'' long., 10° 59' lat., á la orilla izq. de un riach., y sobre la costa E. de la isla, en terreno llano, y su CLIMA es bastante templado y saludable. Tiene como unas 955 casas, en general de sencilla construccion, distinguiéndose entre estas como mas notables, la casa parroquial y la llamada tribunal ó de comunidad, don-

de se halla la cárcel. Hay escuela de primeras letras, á la que concurren muchos alumnos, dotada de los fondos de comunidad, é igl. parroquial servida por un cura regular. Próximo á esta se halla el cementerio, que está muy ventilado y es bastante capaz. Comunicase este pueblo con los inmediatos de la costa, por medio de pequeñas embarcaciones, y recibe el correo de la cab. en dias indeterminados. El TERM. confina por N. con el pueblo de Tanaban (dist. unas 2 ½ leg.); por O. con Dagami (5 leg.); por S. con el r. Maya, y por E. con el mar; el TERRENO es quebrado, y está fertilizado por las aguas de un pequeño r., que corre por él de N. O. á S. E., hállandose en él bosques arbolados de maderas de construccion y ebanistería, caza mayor y menor de javalíes, venados, tórtolas, gallos salvajes, etc., y buena cera y miel, que depositan las abejas en los troncos de los árboles y en todos los sitios abrigados. En las tierras reducidas á cultivo las principales prod. son arroz, maiz, lentejas, algodon, café, cacao, cocos, tabaco, mangas, legumbres y frutas. IND.: el beneficio de sus prod. naturales y agrícolas, y varios tejidos de algodon. COMERCIO: esportacion del sobrante de sus cosechas é importacion de los art. de que carecen. POBL. 5,720 alm., 1,210 ½ trib., que asciendan á 12,105 rs. plata, equivalentes á 30,262 rs. vn.

DULANGAN: barrio dependiente en lo civil y ecl. de Panay, en la isla de este nombre, prov. de Capiz, dióc. de Cebú. POBL., prod. y trib. con la matriz (v.).

DULANGON: r. en la isla y prov. de Mindoro: tiene su orígen en los 124° 39' long., 13° 25' lat., y su desagüe en los 124° 40' 30'' long., 13° 27' 20'' lat.: corre unos ½ de leg. con direccion de S. O. á N. E., y desemboca en el mar del N. de la isla. Es de muy poca consideracion por su escaso caudal y curso.

DUM

DUMAGAS: r. en la prov. de Nueva-Ecija, isla de Luzon; tiene su origen en los 125° 5' long., 44° 53' lat.: toma su direccion al N. E. hasta 1 ½ leg. de curso, en cuyo punto recibe dos afluentes por lados opuestos, y se forma ya en una ancha ria, en cuyo centro se elevan dos islotes: toma entonces su giro hácia el E., y desagua en la ensenada de Dingala, á los 125° 41' long., 14° 57' 20'' lat.

DUMAGSAN: r. de la isla de Luzon, en la prov. de Batangas; nace en la cordillera de montes que se desprende del llamado Sungay al N. de esta prov., en los 124° 30' 30'' long., 14° 5' lat. Durante un pequeño trecho este r. sirve de límite á la prov. de Cavite con la de Batangas, llevando el nombre de Calo (v.), no tomando el de Dumagsan, hasta reunirse á un afluente por su izq., que se verifica al entrar ya en la prov. de Batangas. Despues recibe otro á muy corta distancia, en la misma direccion, y dirige su curso de E. á O. por la referida prov., dejando al N. el monte Cairirilao, á muy corta distancia, y ¼ leg. á su izq., y junto á la costa del pueblo de Nasugbu: verificándose por último su desagüe en la ensenada de este último pueblo, á los 124° 22' long., 14° 4' lat., despues de haber corrido por un llano cerrado á uno y otro lado, por montes y alturas, en un trecho como de unas 5 leg. Fertiliza algunos territorios, y sus aguas se aprovechan tambien por los pueblos por donde pasa para los usos domésticos. Las corrientes de este r. arrastran partículas de oro, que los naturales aprovechan por medio del lavado de las arenas.

DUMAGUETE: pueblo con cura y gobernadorcillo, en la isla y prov. de Negros, dióc. de Cebú: se halla sit. en los 126° 40' 30'' long., 9° 15' lat., sobre la costa S. E. de la isla, próximo á la desembocadura de un r., en terreno llano y dist. 1 leg. de la punta de su mismo nombre: disfruta de buena ventilacion, y clima, aunque muy cálido, saludable: dulcificando los ardientes rayos del sol, las brisas marítimas y la frondosidad del arbolado que existe en sus inmediaciones. Tiene como unas 896 casas, en general de sencilla construccion, distinguiéndose como mas notables la casa parroquial y la llamada tribunal, donde está la cárcel; hay escuela de primeras letras bastante concurrida, dotada de los fondos de comunidad, é igl. parr. de buena fábrica, servida por un cura secular. Próximo

á esta se halla el cementerio y es bastante capaz y ventilado. Comunícase con sus inmediatos por medio de caminos sumamente malos, y recibe de la cab. de la prov. el correo en dias indeterminados. El térm. comprende la parte saliente al S. E. de la isla, y confina por el N. O. con el térm. de Ayungon: se halla fertilizado el terreno por dos riach., que desaguan por la costa S. E., y en él se encuentra arbolado de todas clases, caza mayor y menor, y cera y miel en los sitios abrigados. Los hab. se dedican con especialidad á la agricultura, y al beneficio de sus prod., que generalmente son: cocos, bastante arroz, maiz, cacao, un poco de tabaco etc. ind.: algunos tejidos ordinarios, y pesca de varias clases. com.: esportacion de los productos agrícolas é industriales, sobrantes del consumo de sus hab. pobl. 18,261 alm., 4,095 ½ trib., que ascienden á 40,955 rs. plata, equivalentes á 102,587 ½ rs. vn.

DUMALAG: pueblo, que forma jurisd. civil y ecl. con el de Tapas, en la isla de Panay, prov. de Capiz, dióc. de Cebú; hállase sit. en los 125° 58' long., 11° 14' lat., á la orilla der. del r. Panay, en terreno llano y clima cálido y saludable. Fué fundado en 1595, y en el dia tiene como unas 1,587 casas, en general de sencilla construccion, distinguiéndose entre ellas la casa parroquial y la del tribunal ó de justicia, donde se halla la cárcel. Hay escuela de primeras letras, á la que concurren muchos alumnos, y está dotada de los fondos de comunidad; é igl. parr., bajo la advocacion de San Martin, servida por un cura regular. Inmediato á esta se encuentra el cementerio, que es bastante capaz y ventilado. Los caminos son regulares, comunicándose por medio de ellos y de algunas calzadas con los pueblos inmediatos, y recibiendo el correo de la cabecera (Capiz, de la que dista unas 8 leg.), en dias indeterminados. Su térm. confina por E. con el del pueblo de Dumarao, dist. 2 leg., y con el r. Panay; por N. con el térm. de Dao, cuyo pueblo dista tambien unas 2 leg.; por S. con los montes que forman el límite entre la prov. de Iloilo y la de Capiz, y por O. con el térm. de Mamburao, dist. unas 3 leg.

El TERRENO es bastante montuoso, aunque fértil y productivo; en él hay algunas minas de oro, pero estas dejan poca utilidad á los naturales, los que conociendo mejor que los de otros pueblos sus propios intereses, prefieren la labranza de las tierras y cultivo de sus granos y plantíos á la estraccion y beneficio de este metal seductor. La principal IND., por consiguiente, consiste en la agricultura. Además del corto número de los habitantes, que se emplean en labar las arenas para sacar el oro, hay otros que se dedican á la corta de las maderas, asi como las mujeres se dedican al tejido de telas de algodon y abaca, que les sirven para los usos domésticos. PROD. arroz en abundancia, maiz, algodon, tabaco, café, cacao, lentejas y frutas; en sus montes se cria escelente madera de construccion y caza mayor y menor, como búfalos, javalíes, etc. COM.: el r. Panay es de gran utilidad para los hab. de este pueblo, por él hacen una gran esportacion de arroz, y conducen tambien las maderas, que tanto abundan en sus montes, hasta el mismo puerto. Hay tambien alguna importacion de los art. de que carecen. POBL. 9,522 alm., y 2,185 trib., inclusos los de su anejo Tapaz, que ascienden á 21,850 rs. plata, equivalentes á 54,625 rs. vn.

DUMALANGIN: pueblo fundado en 1849, en la isla de Mindanao, prov. de Misamis, dióc. de Cebú. Consta de 28 casas de sencilla construccion, distinguiéndose solamente de todas la casa tribunal de mediana fábrica; las demás 5 techadas, una con materiales de arriba y 23 con harigues. Este pueblo, como de reciente creacion y que en la actualidad se está formando, se halla exento de pagar trib., para que por este medio adquiera la pobl. todo el desarrollo posible. Sus naturales se dedican á la agricultura y á la pesca, únicos ramos de IND. que conocen; sin embargo, en sus montes abundan las maderas de todas clases, y en los troncos de los árboles de los mismos, y en todos los sitios abrigados, depositan las abejas cera y miel. Los hab. que constituyen este pueblo, poco hace sometidos al dominio de España, y convertidos á la religion de Jesucristo, han recibido ya, merced al celoso esfuerzo de los misioneros regulares, el agua del bautismo. Su administracion espiritual se halla á cargo de un cura regular.

DUMALON: visita ó anejo, en la isla de Mindanao, prov. de Zamboanga, dióc. de Cebú, dependiente en lo civil y ecl. de la plaza de Zamboanga, de la cual dista como unas 4 leg. POBL. y prod. con la matriz.

DUMANGAS: pueblo con cura y gobernadorcillo, en la isla de Panay, prov. de Iloilo, dióc. del ob. de Cebú; se halla SIT. en los 126° 18' long., 10° 47' lat., á la orilla izq. del r. llamado Jalaur, que desde este punto toma ya el de Dumangas, dist. ¼ leg. del mar, en un llano cortado por el mismo r.; su CLIMA es bastante bueno y saludable. Este pueblo fué fundado en 1572, y en el dia tiene como unas 5,208 casas, en general de sencilla construccion, pudiendo distinguirse entre ellas, como mas notables, la casa parr., y la llamada de comunidad ó de justicia, donde se halla la cárcel: hay escuela de primeras letras, á la que concurren muchos alumnos, dotada de los fondos de comunidad, é igl. parr. bajo la advocacion de San Agustin, servida por un cura regular: junto á esta se halla el cementerio, que es bastante capaz y ventilado. Como ¼ de leg. del pueblo y en la playa hay un baluarte de piedra, que fué fabricado con el objeto de defender á los que se dedican á la pesca y elaboracion de la sal; sin embargo no se consiguió el objeto, en razon á que los moros siguen cogiendo alguna vez que otra indios que se llevan cautivos. Su TERM. confina por N. con los montes que se estienden hácia el centro de la isla; por N. E. con un r. que divide el térm. de Anilao de este; por E. con el mar á unas 2 leg.; por S. tambien con el mar dist. ¼ leg.; y por O. con el r. de su mismo nombre, que se estiende en igual direccion hasta unas 3 leg. de donde trae su origen: 1 leg. al S. E. se halla la punta de Talisay, á la boca de un canal ó estrecho que forma la isla de Guimaras, dist. una leg. de la costa. El TERRENO es fértil y muy productivo, á causa del mucho riego que recibe por numerosos esteros, ó Manglares, que llaman los naturales, por lo mucho que abunda en sus orillas el árbol llamado *mangle*. Esta multitud de esteros son de suma utilidad á los hab. de este pueblo, no solo porque por medio de sus inundaciones les proporciona una tierra muy feraz para el cultivo; sino tambien por ser en su mayor parte navegables á sus pequeñas embarcaciones: esta circunstancia les facilita ademas la estraccion de sus producciones con mucha economía. Todos ellos se hallan casi al nivel del mar, y esto hace que en las crecientes ó altas mareas penetren las aguas de éste hasta muy adentro de la isla, anegando los sitios mas bajos que en ella se encuentran. prod. bastante arroz, maiz, cacao, caña dulce, cocos, pimienta, varias legumbres y frutas, tabaco y algun algodon. ind.: la agricultura y la pesca forman la principal riqueza de este pueblo, en el que las muchas balsas que forma su terreno, contribuye á aumentar esta, pues sus naturales se dedican al cuaje y elaboracion de la sal, que se verifica en abundancia. Tambien las mujeres trabajan en piña, haciendo hermosas y delicadas telas, admirables por su blancura y dimensiones. com.: como es un pueblo de bastantes producciones, no deja de tener algun comercio, y en especialidad con los pueblos vecinos. La esportacion de sus granos, la de la sal, y la de todo lo que escede de lo necesario en el consumo de sus producciones, tanto agrícolas como fabriles, forma el comercio, asi como tambien la importacion de los géneros de que carece. pobl. 19,250 alm., 3,058 trib., que ascienden á 30,580 rs. plata, equivalentes á 76,450 rs. vn.

DUMAQUIT: punta en la costa S. de la prov. de Albay, en la isla de Luzon, sit. en los 127° 16′ 30″ long., 12° 52 lat.

DUMARAN: isla adscrita á la prov. civil de Calamianes, y dist. unas 5 y ½ leg. de la isla de Paragua; hállase sit. entre los 123° 27′ long., y los 123° 50′ id.; y los 10° 23′ lat., 10° 39′ id. El desarrollo de su superficie viene á ser de unas 13 leg. cuadradas por un promedio. Su estension de N. E. á S. O. es como de 6. leg. é igual distancia con corta diferencia de N. O. á S. O. En la parte N. O. de la isla, entre ella y la de Paragua, se encuentran una multitud de pequeños islotes, que casi imposibilitaban el paso á las pequeñas embarcaciones del pais, haciendo el canal que entre ambas se forma muy peligroso, por aquella circunstancia. Sus costas en general son muy escarpadas y difíciles de abordar, no encontrándose en ellas mas que pequeños puertos capaces apenas de ofrecer el necesario abrigo á las embarcaciones que los frecuentan, y esto solo en ciertas estaciones del año. Sus hab. son pobres, dedicándose con especialidad á la pesca del balate.

DUMARAN (Mision de): pueblo con cura y gobernadorcillo, en la isla del mismo nombre, adscrita á la prov. de Calamianes, dióc. de Cebú; se halla sit. en los 123° 30′ long., 10° 27′ lat., sobre la costa O. de la isla, en terreno llano, clima templado y saludable. Tiene muy pocas casas todas de sencilla construccion, distinguiéndose como mas notables la casa parroquial y la llamada tribunal, donde se halla la cárcel. Hay escuela de primeras letras poco frecuentada, dotada de los fondos de comunidad, é igl. parr. servida por un cura secular: próximo á esta se halla el cementerio, que es bastante capaz y ventilado. Comunicase este pueblo con sus inmediatos por el mar cuando lo permiten los vientos reinantes, y recibe el correo de la cabecera en dias indeterminados. Su term. está rodeado por S. E., S. O. y N. O. con el mar, y confina por N. E. con algunas rancherias de infieles, que habitan en casi la mitad de esta isla por la parte del N. E. Está poblada de arbolado de maderas de construccion, y hay bastante caza mayor y menor, como búfalos, javalíes, venados, y multitud de aves; hallándose en los troncos de los árboles, en los huecos de las rocas y en todos los sitios abrigados, cera y miel, que elaboran las abejas sin cuidado alguno del hombre. Sus naturales se dedican á la agricultura, á la pesca del balate, tortugas y perlas. Tambien se cria en ella el famoso nido de salanganes en las grandes concavidades de las rocas y otros sitios escabrosos y húmedos. Como pueblo que se está formando, aunque lleva ya algunos años de existencia, no podemos detallar con exactitud el núm. de hab. que tiene; pero se le puede calcular como muy probable unas 1,720 alm., y 386 trib., que ascienden á 3,860 rs. plata, equivalentes á 9,650 rs. vn.

DUMARAO: pueblo con cura y gobernadorcillo, en la isla de Panay, prov. de Capiz, dióc. de Cebú; se halla sit. en los 125° 55' long, 11° 6' 30" lat., á la orilla der. del r. de Panay, que en esta parte toma el nombre de Badbaran entre los montes que separan esta prov. de la de Iloilo, lo cual hace que su clima, aunque cálido, sea bastante húmedo, siendo seguramente el mas malo de toda la isla. Este pueblo se fundó en 1580, y en el dia tiene unas 1,690 casas todas ellas de muy sencilla construccion, distinguiéndose solamente la casa parroquial y la llamada tribunal ó de justicia, en la que se halla la cárcel. Hay escuela de primeras letras, á la que concurren muchos alumnos, dotada de los fondos de comunidad, é igl. parr. de muy buena fábrica, bajo la advocacion de Nuestra Señora de las Nieves, servida por un cura regular; inmediato á esta se halla el cementerio, que es bastante capaz y ventilado. Tiene algunos caminos y calzadas por medio de los cuales se comunica con los pueblos inmediatos, y recibe el correo de la cabecera (que dista unas 9 leg.) en dias indeterminados. Su term. confina por N. con el del pueblo de Dumalag, que dista unas 2 leg.; por S. y E. con los montes que forman el límite de la prov. de Iloilo y la de Capiz, y por O. con los que separan á esta de la de Antique: el terreno es bastante estenso, quebrado y pantanoso, y abundan mucho los montes, donde se crian escelentes maderas de construccion y ebanistería, y caza mayor y menor, como búfalos, venados, javalíes, tórtolas, etc.; hay algunas minas de oro y tambien de azogue. prod.: se cosecha arroz en abundancia por ser el terreno muy á propósito para esta clase de siembra; tambien se coje algun cacao, maiz y tabaco; en sus montes, como hemos dicho, abundan muchas clases de maderas, y entre ellas las hay á propósito para la construccion de edificios y embarcaciones. ind.: la agrícola es la principal de este pueblo la cual recibe gran beneficio en razon á la bondad del terreno para la siembra del arroz. Las mugeres se dedican al tejido de algunas telas ordinarias de algodon y abacá, que les sirven para los usos domésticos; tambien se ocupan en la fabricacion de sombreros de nito, que los hacen con bastante primor. El comercio consiste en la esportacion del arroz, que lo conducen por el r. en las estaciones de lluvias, cuando es navegable, como tambien en la del sobrante de sus demas prod. agrícolas. Asimismo llevan á los mercados de Iloilo los sombreros de nito que trabajan, donde tienen bastante venta de ellos, los cuales les reportan muchas utilidades. Del mismo modo ellos por su parte importan todos aquellos artículos de que carecen. pobl. 10,141 alm., 2,005 ½ trib., que ascienden á 20,055 rs. plata, equivalentes á 50,137 y ½ rs. vn.

DUMUN: monte en la isla de Luzon, prov. de Cagayan: sit. en los 125° 18' 30" long., 18° 3' lat., á la orilla izq. de uno de los afluentes del r. Grande de Cagayan. Es muy fragoso, y abunda en arbolado para maderas de construccion y ebanistería: en él se cria mucha caza mayor y menor de búfalos, javalíes, venados, tórtolas, gallos y multitud de aves; y en los troncos de los árboles y en todos los sitios abrigados, depositan las abejas mucha cera y miel, cuyos art. aprovechan los naturales de los pueblos inmediatos, para atender con sus prod. á sus primeras necesidades.

DUP

DUPAX: pueblo con cura y gobernadorcillo, en la isla de Luzon, prov. de Nueva-Vizcaya, (de cuya cab. Camarag dista 20 leg.), dióc. de Nueva-Segovia (á la silla episcopal 40), aud. terr. y c. g. de Filipinas (á Manila unas 60): se halla sit. en los 124° 45' long., 16° 20' lat., en dos pequeñas lomas cortadas por un riach. ó estero llamado Abannatan, y rodeado de montes de poca elevacion: le combaten los vientos de S. O. y N. O., el primero de los cuales es muy seco y bastante mal sano; pero sin embargo, el clima, de ordinario, es bastante templado y saludable; no padeciéndose por lo comun otras enfermedades, que algunas erupciones cutáneas producidas por efecto de su poco aseo y limpieza; algunas calenturas pútridas y mas frecuentemente tercianas y cuartanas en algunas estaciones del año, especialmente en los meses frios.

Las viruelas suelen tambien hacer alguna que otra vez sus estragos, pues en 1848 murieron de dicha enfermedad cerca de 300 personas, todas generalmente adultas. Tiene como unas 500 casas próximamente todas construidas sencillamente al uso del pais, pues todas estan formadas con cuatro, seis, ocho ó diez columnas de madera, que sostienen el techo y piso, hallándose fabricados los dingdines ó paredes, de un tejido de caña en sus dos terceras partes, y las restantes formadas de tablas. Por lo general ninguna comodidad ofrecen, por constar de una sola habitacion y esta pequeña y mal defendida de los rigores, que segun las estaciones ejerce el clima en estas islas: la pobl. se halla distribuida en 23 calles, 8 de las cuales son espaciosas y anchas, y las restantes estrechas; pero todas rectas y tiradas á cordel, y aunque ninguna de ellas está empedrada, su piso es bastante cómodo con relacion al pais. Los edificios mas notables de este pueblo son la casa llamada tribunal ó del ayuntamiento, sirviendo una habitacion baja de dicho edificio de cárcel; la casa parr., dos escuelas, una para niños y otra para niñas, á las que concurren como 100 alumnos en cada una; hallándose dotadas, la de niños con 24 pesos anuales de los fondos de las cajas de comunidad, y la de niñas con 12 y alguna ropa que dá voluntariamente el cura párroco á la maestra, de su corto estipendio: pues esta no tiene señalada dotacion ni por el gobierno ni por el pueblo, por ser los fondos de propios y arbitrios de este casi insignificantes: otro edificio notable es la igl. parr. bajo la advocacion de San Vicente Ferrer, bastante grande y espaciosa, servida por el ilustrado y benéfico cura Fr. Antonio Xabet. Todos estos edificios, aunque no son magníficos ni por su arquitectura ni por su mérito artístico, son con todo sólidos y construidos de ladrillo, para cuya fabricacion posee el pueblo un camarin y un horno, é igualmente otro para hacer cal. Las aguas de que se surten los hab. de este pueblo para beber y demás usos la toman del riach. ó estero arriba indicado, que corta el pueblo por medio, en el cual, para la comunicacion de una parte á otra, hay un puente de ladrillo de un solo

arco de mas de 12 varas de ancho: las aguas de dicho riach. son muy puras, cristalinas y saludables, procedentes de dos fuentes situadas en un monte dist. ½ hora del pueblo, las cuales corren en direccion de S. á N. O. Existen en este pueblo dos cementerios, uno contíguo á la igl. cercado de mampostería, y otro mandado hacer por disposicion del capitan general, conde de Manila, situado al O. del mismo, dist. 10 minutos, cercado por ahora de estacas. Las comunicaciones de este pueblo con sus inmediatos consisten en dos caminos ó calzadas principales, con varios puentes de cal y canto la mitad, y los restantes de madera, todo en bastante buen estado; una de dichas calzadas se dirije al pueblo de Bambang, y la otra al de Aritao, habiendo otra tercera mas estrecha, que corta por medio la sementera llamada *Yin* en la estension de ½ leg. Además hay varios senderos que dirigen á las huertas y montes, etc. Aunque este pueblo no es de tránsito para el correo semanal establecido en la isla, un peaton pasa á Aritao, donde lleva y recoje la correspondencia; en cuyo punto entra el correo los miércoles y sale los sábados. El TÉRM. de este pueblo se estiende de N. á S. 2 ½ leg., y 4 de E. á O. Confina por N. con el pueblo de Bambang (que dista 2 leg.); por E. con los montes que habitan los infieles Ibalaos (3 ½ leg.); por S. con un ramal del monte Caraballo (½ leg.); y por O. con el pueblo de Aritao (½ leg.) Los pueblos ó rancherías ant. con que se formó este pueblo son *Menba*, *Marian*, *Canan*, *Anting*, *Diangan*, *Limanab*, *Buyyan*, *Mayon* y *Bato*, los cuales se reunieron á mediados del siglo pasado. TERRENO: su calidad es generalmente buena y admite muy bien cualquier cosa que en él se plante, gozando todas sus sementeras del beneficio del riego. No se conocen en el terreno de esta jurisd. mas arr. de consideracion, que el mencionado que corta el pueblo, y un r. que corre al N. á poca dist. formado de los esteros de *Marian*, *Guinuijuyan*, *Anayu* y *Bayeit*, que bajan de los montes situados al Oriente, y cuyas aguas se utilizan para el riego de las sementeras, mediante una presa. Además hay otro r. que divide los térm. de este pueblo y el de Bambang, llamado

Apean, del cual podrian sacarse tambien ventajas notables para el riego si fuese necesario: tiene su origen ó nacimiento en los montes del E. de la jurisd. de este pueblo. Dichos montes son los mayores que se conocen en este distr., y abundan de escelentes maderas de construccion y ebanistería, pero las principales son el molave y la denominada duriao, cuyo árbol encarnado y muy duro es muy á propósito para columnas de las casas: tambien se encuentra en dichos montes abundancia de bejuco tan necesario para estos naturales; y en el monte sit. al O. se encuentra una especie de enredadera, que produce en vez de fruta una especie de jarrito, muy parecido al artificial en toda su forma, con su asa y tapadera, la cual de noche se levanta para recibir el rocío, y lleno ya de este licor el jarrito, al salir el sol vuelve á cubrir su boca la tapadera. Las producciones de este pueblo consisten en arroz, que es el principal alimento de los naturales, y de la cual se cosecha en mucha cantidad; maiz, camote, ubi ó ube, gave, mongos, judías, y otras varias legumbres: las frutas mas estimadas que se crian, son las mangas, ananas, naranjas de varias clases, limones reales y comunes, uvas de parra, cacao, caña dulce, albérchigos, higueras, papayas, bonga, hojas de buyo y guayabas, de las que existe gran abundancia sin cultivarlas. Hay ganado vacuno, caballar y de cerda, siendo el pri-

mero y los búfalos, que se emplean esclusivamente en el servicio de la agricultura los dos mas estimados en el pais. Las aves caseras se reducen á gallinas y algunas palomas; la caza es de venados, javalíes ó puercos silvestres, patos, palomas torcaces y tórtolas. IND.: la agrícola y el aprovechamiento de sus prod. naturales, que constituyen su principal riqueza; sosteniendo un pequeño com. con el sobrante de dichos art. POBL. 2,648 alm., 625 trib., que ascienden á 6,250 rs. plata, equivalentes á 15,625 rs. vn. Este pueblo ha conservado el nombre de una ranchería ant., á la que se agregaron otras varias como hemos dicho ya.

DUR

DURIEN: r. en la prov. de Ilocos-Sur, isla de Luzon; tiene su origen en los 124° 5' long., 17° 4' lat.; corre una legua de E. á O. pasando junto al pueblo de Candon, que lo deja á su izq. y desagua en el mar por la costa O. de la prov., en los 125° 59' 50" long., 17° 4' lat. Es de escasa importancia por su escaso caudal y curso, pero sus aguas son de escelente calidad.

DURUNGAO: punta de la isla de Luzon, en la prov. de Batangas; hállase SIT. en los 124° 28' 30" long., 13° 55' 30" lat., en la costa S. de la prov., y en el seno de Balayan.

E

EBU

EBUS: isla en la costa O. de la isla de Mindanao, del territorio de los Illanos; hállase SIT. entre los 127° 52', y 127° 50' long., 7° 29' 30", y 7° 50' 50" lat., y tiene 1 milla cuadrada.

ELE

ELEFANTE: islita en la costa S. de la isla de Marinduque, adscrita á la prov. de Min-

ENC

doro; está SIT. en los 125° 46' long., 13° 11' 15" lat.: tendrá como ¼ milla de larga y poco menos de ancha, siendo por consiguiente de muy poca consideracion.

ENC

ENCANTO (punta del): en la costa E. de la isla de Luzon, prov. de Nueva-Ecija; se halla sit. en los 125° 12' 25" long., 15° 48' lat., en el térm. de Baler.

ENG

ENGAÑO (cabo del): en la isla de Luzon, prov. de Cagayan; hállase sit. en los 125° 57' 30" long., 18° 37' 30" lat., en el estremo N. E. de la isla de Luzon, á la der. de la ensenada de Pagsamacanan.

ENGAÑOSO ó MONTAÑA ENGAÑOSA: monte de la isla de Burias, adscrita á la prov. de Camarines-Sur; se halla sit. en el centro de la isla y su cúspide en los 126° 48' long., 12° 52' 30" lat.; es muy fragoso y en él abundan varias clases de maderas: hay tambien bastante caza mayor y menor de javalies, venados, tórtolas, etc., y mucha cera y miel, que depositan las abejas en los troncos de los árboles, en los huecos de las rocas y en todos los sitios abrigados.

ENGAÑOSO: bajo en la costa de la isla de Burias, adscrita á la prov. de Camarines-Sur; hállase entre los 126° 49', y 126° 54' long., 12° 48', y 12° 59' lat., estendiéndose al S. E, del islote Gorrion, y distante ¼ de leg. de la referida isla.

ENT

ENTABLADO: anejo dependiente en lo civil y ecl. del pueblo de Cabiao, en la isla de Luzon; hállase sit. en los 124° 31' long., 15° 16' 30" lat., en terreno llano, á la orrilla der. de un rio y ¾ de leg. al N. de la matriz, con la que damos su pobl., prod. y trib.

ESC

ESCARCEO: punta de la isla y prov. de Mindoro: hállase sit. en los 124° 40' 30" long., 13° 31' 15" lat., en la costa N. de la isla, y en el térm. de Calapan.

ESCARPADA: isla adscrita á la comandancia político-militar de Masbate y Ticao; sit. entre los 127° 44', y 127° 45' long., 12° 36' 30", y 12° 38' lat.; tiene por un promedio ½ leg. de larga y ¼ de ancha; es sumamente quebrada, y en su terreno apenas se encuentran producciones de alguna clase, si se esceptúan

varias especies de maderas y cañas: está despoblada y hay alguna caza mayor y menor, cera y miel, que depositan las abejas en los troncos de los árboles y otros sitios abrigados.

ESCARPADA: punta de la costa S. O. de la isla de Ticao; hállase sit. en los 127° 15' 45" long., 12° 45' lat.: es sumamente escarpada la parte de la costa en que se encuentra, como lo demuestra su nombre.

ESCARPADA: punta de la isla de Paragua, en el territorio de las tribus independientes; hállase sit. en los 121° 52' long., 9°, 34' lat.

ESP

ESPIRITU SANTO (cabo del): promontorio notable que se halla en la costa N. de la isla y prov. de Samar; tocando en los 128° 53' 30" long., 12° 32' 30" lat., en el térm. de Palapag.

EST

ESTE (punta de): es la prominencia que forma el estremo oriental de la isla de Tablas, alcanzando á los 125° 46' 30" long., y 12° 29' 30" lat., cuyo paralelo setentrional es el mismo de la punta Apunan, que se halla unas 5 leg. al E. en la isla de Romblon.

ESTEBAN (San): puerto de la costa O. de la isla de Luzon, prov. de Ilocos-Sur; hállase su embocadura vuelta al N. N. O., entre los 123° 59' 30" y los 124° 10' long., en los 17° 12' lat.: es un seno que penetra en tierra hasta los 17° 11' lat.: el pueblo de su mismo nombre está como unos 10 minutos al S.

ESTEBAN (San): pueblo, que forma jurisd. civil y ecl. con el de Santiago, en la isla de Luzon, prov. de Ilocos-Sur, dióc. de Nueva-Segovia; se halla sit. en los 124° 40' long., 17° 10' 30" lat., en terreno llano, y muy arenoso, defendido del monzon del N. E. por una ramificacion de la cordillera de los montes igorrotes; está bastante ventilado y su clima es templado y saludable. Fué fundado en 1625, y en el dia tiene como unas 514 casas, en general de sencilla construccion, pudiéndose citar entre ellas como mas notables, la casa parroquial y la llamada tribunal ó de justicia, donde se halla la cárcel. Hay igl. parr. de buena fábrica, bajo la advocacion de San Esteban Proto-mártir, servida por un cura regular. Al celo de sus párrocos debe este pueblo un considerable incremento por la incesante reduccion de infieles que se han avecindado en él y en sus cercanias, y asimismo les debe desde el principio su notable cultura. Hay dos escuelas de primeras letras, dotada de los fondos de comunidad, y ademas otras particulares para niñas. El TERM. confina por N. con el de Santa María, cuyo pueblo dist. unas 2 leg. escasas, y con la ensenada de Nalbú; por E. con la mision de Coveta y los montes que dividen los territorios del centro del Abra y de la prov. de Ilocos-Sur, donde no hay amojonamientos: por allí pasan los caminos llamados *de Contrabandistas*: por Sur, confina con Santiago, su matriz, á ¼ leg., y con Candon á 2 ¼ id.; y por O. con el mar, hallándose el puerto de su mismo nombre 10 minutos al N. O. del pueblo. Su TERRENO es bastante montuoso, aunque playero; en sus montes se encuentran muchas clases de cañas, mimbres, etc., y tambien se cria mucha caza, como venados, javalíes, etc. PROD. arroz, maiz, ajonjolí, caña dulce, legumbres, frutas y con especialidad el algodon. IND.: la agrícola ó sea el cultivo de todos estos art., el hilado y varios tejidos de algodon en lo que se ejercitan por lo comun las mujeres, la cria de animales domésticos, la elaboracion del aceite de ajonjolí y la pesca. El COM. consiste en la esportacion del sobrante de estos art., y la importacion de los que faltan. POBL. 3,088 alm., 581 ½ trib., que ascienden á 5,815 rs. plata, equivalentes á 14,537 ½ rs. vn.

ESTERO: incursion que las aguas marítimas hacen, particularmente durante las altas mareas, en el litoral, penetrando por las bocas de los rios, ó por las tierras hondas. Tambien se llaman esteros en lo mediterráneo las incursiones, que las aguas de los grandes rios hacen con sus avenidas en los albeos de sus afluentes y en los valles.

EXE

EXENTOS: en el órden administrativo de estas islas son de gran consideracion los exentos, y tampoco carece de importante trascendencia para los demás ramos de gobierno su institucion, en cuanto no es por razon de edad ó enfermedad; por lo que se nos permitirán en este lugar algunas observaciones.

Son exentos cuantos no están obligados á pagar el tributo, que desde el principio de la conquista fue establecido para subvenir con su producto á los gastos de la Colonia, y no menos para promover la aplicacion entre los habitantes del pais; pues por su medio se conseguia que se dedicasen á ejercitar su genio industrioso mas allá de lo que se les exigian las escasas necesidades de su sobriedad y sencillez; debiendo satisfacerlo en metálico, del que carecian, ó en los productos de su trabajo que se les admitian conforme á un avaloramiento arreglado, tanto á lo que el pais y sus naturales prometian, como al interés que podia tener la Metrópoli en promover mas ó menos los diferentes ramos de industria á que se prestaba la Colonia. Túvose muy sábiamente al trabajo por el único representante de la riqueza de un pais, cuyas producciones podian elevarse con arreglo á él á una escala verdaderamente indeterminable: el trabajo debia ser asimismo tenido por el mas positivo y constante modificador de las costumbres, siendo el único fiador de la duracion de los efectos, que los esfuerzos de las misiones conseguian en el carácter impresionable y de poca estabilidad que es propio de los indios: fue por consiguiente genuina ó doble la razon del tributo sobre la base del trabajo. Conocido esto, no puede ignorarse tampoco que la misma razon, constitutiva de los tributantes, debia crear tambien los exentos: siendo su base el trabajo, no podia menos de establecerse con simultaneidad la exencion de aquellos en quienes se supusiera la falta de este, lo que podia ser especialmente por edad ó enfermedad, razones físicas é imprescindibles por su naturaleza.

Exentos por edad: están exentos por edad: 1.º Aquellos á quienes no se considera con la bastante á ser debidamente aptos para el trabajo, y capaces de formar por sí familia; para ello se han fijado los 20 años para los varones y los 25 para las mugeres. 2.° Los que por esceso de edad vienen á perder esta aptitud para el trabajo, ó al menos se les considera sin ella, lo que tiene lugar á los 60 años.

Ademas de estas razones de exencion propias de la base que al tributo se diera, se introdujeron otras de distinta naturaleza, cuales fueron las consideraciones por servicios prestados al pais ó á su gobierno.

Exentos por servicios: 1.° Los cabezas de barangay, sus mugeres é hijos primogénitos, y si no los tienen, la persona que en su lugar adoptan: los tres años que sirven su empleo disfrutan esta exencion. 2.° Los soldados que han servido cierto número de años. 3.° Los que han contraido algun mérito particular, fomentando la industria, y otros agraciados por causas análogas.

El número de los exentos por todas estas razones se calcula en un 5 por 100 sobre la poblacion de las islas que se halla reducida al dominio español.

A la exencion del tributo acompaña la de todo servicio personal, y las autoridades, penetradas de los inconvenientes que traen consigo estas exenciones grabando á las clases no privilegiadas, procuran disminuirlas en lo posible corrigiendo abusos introducidos en perjuicio de los vecindarios y de las cajas reales. No es poco atendible en algunas prov. este perjuicio por la baja de los tributos, correspondiente á los exentos y el recargo del trabajo perteneciente á estos, que viene á grabar á sus convecinos: la provincia de Tondo es en la que se hace mas visible, pues mas de 17,000 personas disfrutan en ella la exencion de servicios personales, y como las obras públicas de composicion de carreteras, calles, puentes, etc. se hace por servicio comunal, y los empleos de justicia se desempeñan en igual modo, resulta que ni pueden hacerse aquellos trabajos, ni hay personas de responsabilidad y garantias para llenar estos empleos, lo que es el mal de mayor consideracion y trascendencia, orígen en gran parte, ya de los defectos de que la recaudacion de tributos adolece en muchas provincias, y ya de los abusos á que suele dar ocasion esta, pues que, existiendo las exenciones, cualquiera que sea la importancia propia de los espresados cargos, por la cual comunmente se apetece su desempeño, es lo regular que éste no se ejerza por las personas que con mas dignidad y acierto debieran llenarlo, porque dicha exencion de que ya disfrutan, se les hace menos apetecible y les dispensa de sus incomodidades. En nuestro concepto la exencion de los servicios personales es perjudicial en todas las provincias no procediendo de las razones físicas primero espuestas: cuando se considera introducida por premio dá efectos que la rechazan, y la repugnancia con que estos hacen que se la mire, puede ocasionar tambien que no se la conceda siempre que una vez admitida por tal premio, debiera ser de justicia: por ello tendríamos por muy acertada la sustitucion de otra recompensa para los servicios indicados, dejando la exencion de los personales para los únicos casos de edad, enfermedad y desempeño de cargos municipales y de justicia.

F

FABIAN (San): pueblo con cura y gobernadorcillo, en la isla de Luzon, prov. de Pangasinan, dióc. de Nueva-Segovia; se halla sit. en los 124° 5' long., 16° 10' 30" lat., en terreno llano, á la orilla der. de un r. y muy próximo á la costa del golfo de Lingayen; su clima es templado y saludable. En el dia tiene como unas 1,916 casas, en general de sencilla construccion, distinguiéndose como mas notables, la casa parroquial y la llamada tribunal ó de comunidad, donde se halla la cárcel. Hay escuela de primeras letras, concurrida por muchos alumnos, y dotada de los fondos de comunidad; la igl. parr. es de buena fábrica, y está servida por un cura regular; próximo á esta se halla el cementerio, que es capaz y ventilado. Comunícase este pueblo con sus inmediatos por medio de caminos regulares, y recibe de la cab. el correo semanal establecido en la isla. El TERM. confina por N. con el de Santo Tomás (dist. 3 1/4 leg.); por S. con el del Santo Niño (á 2 ¾); por O. con el golfo de Lingayen, y por E. con la prov. del centro del Abra. El TERRENO por lo general es llano, aunque montuoso por la parte del E.; riéganle algunos r., que le fertilizan; en sus montes se crian buenas maderas de construccion, se recoje mucha miel y cera, que depositan las abejas en los huecos de los troncos de los árboles y en cuantos sitios encuentran á propósito para ello, y hay tambien caza mayor y menor. En la parte reducida á cultivo, las PRODUCCIONES principales son arroz, maiz, abacá, algodon, muchas frutas, legumbres, etc. IND.: la agricola, la fabricacion de varias telas de algodon y abacá, la caza y la pesca. El COM. consiste en la esportacion del sobrante de sus prod. naturales y fabriles. POBL. 11,498 alm., 2,395 trib., que ascienden á 23,950 rs. plata, equivalentes á 59,875 rs. vn.

FABIAN (San): monte de la isla de Luzon, en la prov. de Pangasinan; hállase su cúspide en los 124° 13' long., 16° 16' 40" lat.; es muy fragoso, y en él se crian buenas maderas de construccion, habiendo tambien mucha caza, tanto mayor como menor; corresponde al térm. del pueblo que le dá su nombre.

FAR

FARALLONES: islotes SIT. en la bahía de S. Miguel, próximos á la costa de la prov. de Camarines-Norte, entre esta y las islas de Calingo y Caton, entre los 126° 44' long., 126° 46' id., y los 14° 4' lat., y 14° 5' 50" id.

FE (Santa): pueblo, que forma jurisd. civil y ecl. con los de Alhambra y Banni, en la isla de Luzon, prov. de Zambales, dióc. del arz. de Manila; hállase SIT. en terreno desigual y no muy lejos de la costa; su CLIMA es muy templado y saludable. Tiene como unas 89 casas, todas de sencilla construccion; pertenece al TERM. de Alhambra, su matriz, en la cual damos las PROD. é ind. por ser iguales á las de aquella. POBL. 530 alm.

FEL

FELICES (islas): llámanse así tres islitas, que están SIT. sobre los 126° 16' long., y los 6° 38' lat.; la mayor de ellas tendrá ¼ leg. de larga y algo menos de ancha; hállanse en el archipiélago de Joló, al E. de la isla de Basilan, dist. unas 4 ¼ leg. de su costa.

FELIPE (San): pueblo, que forma jurisd. civil y ecl. con el de San Narciso, en la isla de Luzon, prov. de Zambales, dióc. del arz. de Manila; hállase SIT. en terreno llano, próximo á la costa; su CLIMA es templado y saludable. Tiene como unas 286 casas, en general de sencilla construccion, y dista 1 ¼ leg. de San Narciso, su matriz, á cuyo TERM. pertenece, y con la cual damos sus PROD., IND. y COM., por ser los mismos POBL. 1,718 alm.

FELIPE (San): pueblo, que forma jurisd. civil y ecl. con los de Santa Ana y San Juan del Monte, en la isla de Luzon, prov. de Tondo, dióc. del arz. de Manila. POBL., prod. y trib. con Santa Ana, que es la matriz.

FER

FERNANDO (San): punta de la isla de Luzon, en la prov. de Pangasinan; hállase SIT. en los 123° 49' long., 16° 30' 50" lat., en la costa O. de la isla, á la der. del golfo de Lingayen, formando su embocadura, y en el térm. del pueblo de su mismo nombre.

FERNANDO (San), llamado vulgarmente PINDANGAN: pueblo con cura y gobernadorcillo, cab. de la nueva prov. llamada de la Union (1), en la isla de Luzon, dióc. de Nueva-

---

(1) Este es el primer pueblo que adjudica-

Segovia , (dist. unas 27 leg. próximamente de la silla episcopal, y sobre 40 de Manila , cap., Archipiélago y residencia fija de la aud. terr. y c. g. del mismo): se halla sit. en la costa occidental de la isla, en los 125° 54' long., 16° 32' 20'' lat., en terreno montuoso aunque combátele el litoral, por hallarse á la falda del monte que forma en la costa la punta llamada tambien de San Fernando. El clima es bastante benigno; especialmente el viento N. O. Las enfermedades mas comunes son algunas tísis, calenturas intermitentes y tercianas, producidas por la contraccion que la frescura del N. O. produce en la porosidad, cortando la transpiracion que ordinariamente se esperimenta. Fué fundado en 1786, y erigido cab. de la prov. en 1850. Tiene como 870 casas, construidas á dist. de 3 y ½ brazas unas de otras: entre estas casas se cuentan bastantes de tabla; pero la mayor parte están cubiertas con la yerba llamada cogon. Hállanse formando varias calles angostas escepto aquellas por donde se hace la procesion cuadragesimal, que son mas anchas; hay una plaza bastante capaz, donde se celebra mercado diario aunque reducido á los art. necesarios al consumo del pueblo. Los edificios mas notables son la casa Real, que sirve de habitacion al jefe superior de la prov., la cárcel pública, la casa parroquial y la llamada tribunal, ó de comunidad, donde la municipalidad celebra sus juntas. El encargado de administrar justicia y fallar en ciertos negocios es el gobernadorcillo. Hay dos escuelas públicas una de niños y otra de niñas, y ambas son bastante concurridas; la de niños se paga con una insignificante dotacion de los fondos de comunidad, y la de niñas del fondo de la igl. parr., que está bajo la advocacion de San Guillermo, y aunque es de la adminis-

tracion de los RR. PP. Agustinos Calzados, en la actualidad está servida por un clérigo interino en razon de faltar religiosos de dicha órden. A corta distancia del pueblo al O., se halla el cementerio circuido de una estacada; es bastante capaz y ventilado. Las comunicaciones de este pueblo con sus inmediatos son el camino real, que se dirije al pueblo de San Juan en la parte setentrional, y el que por la del S. conduce á Bauang; ambos caminos son buenos en tiempo de secas, pero sumamente lodosos y malos durante la estacion de las aguas. Los restantes caminos son insignificantes, sin que pueda dárseles con propiedad este nombre; pues no son otra cosa en realidad, que veredas abiertas por los naturales para ir á sus sementeras y poder regresar al pueblo los que tienen cosechas fuera de la jurisd. El correo sale semanalmente de la administracion principal de Manila, y en este pueblo los miércoles suele recibirse como á las seis de la tarde durante el buen tiempo; y el jueves por la mañana en la época de las lluvias; despachándose á la misma hora para la prov. de Ilocos, despues de recogida la correspondencia. A su regreso para Manila pasa por esta cabecera el mártes entre 7 y 8 de la tarde. Además del correo general de que acabamos de hacer mérito, y que se halla establecido en toda la isla, hay correo diario en el gobierno ó juzgado de esta prov., pues uno se dirige al N. de la prov., hácia la de Ilocos-Sur, y vuelve al dia siguiente; otro va al S. hácia la de Pangasinan y tambien regresa al dia siguiente por la mañana. El term. se estiende ½ hora en direccion al N. y ½ hácia el S., siendo sus límites al O. el mar á menos de ¼, y al E. los montes de la prov. Confina por N. con San Juan (á cosa de 1 ¼ leg.); por S. con el de Bauang ó Baoang (á igual dist. que el anterior con cortísima diferencia); por O. con el mar (á menos de ¼): y por E. con los montes que forman el límite divisorio de esta prov. y la del Abra. A cosa de ¼ de hora del pueblo que describimos, se encuentra el barrio de Balanac, que antiguamente fué pueblo con jurisd. especial; y á los alrededores de este, los llamados de *San Vicente, Madayecdeg, Paratong*, (por este pa-

---

mos á esta nueva prov., creada cuando la publicacion de esta obra estaba ya empezada y pescritos algunos de los pueblos que han formado la de la Union como pertenecientes á la prov. de Pangasinan, de la que han sido segregados: por esta razon no figuran en su debida dependencia civil y política que se verá en la descripcion, especial de esta nueva prov.

saba en lo ant. el camino), y *Pagudpod*; y al Oriente se hallan los denominados *Sevilla*, *Balagposa*, *Surboc*, *Paayas*, *Sagayad* y *Tangquigan*; al N. E., á unos 300 pasos, el llamado *Dalangdang*, que tambien fue pueblo antiguamente; y á sus alrededores existen los nombrados *Santiago*, *Camance*, *Bato*, *Bangcosag*, *Dalumpinas*, *Viday*, *Possoac*; al N. los nombrados *Bulala*, *Bugbug*, y *Leugsar*; este último forma el límite divisorio entre este pueblo y el de San Juan: en el espresado de Bulala se halla el camarin, que sirve de depósito para la recoleccion de los tabacos. Los hab. de este pueblo se surten de agua para beber de varios pozos abiertos en la playa, y para los demás usos domésticos de otros pozos, que tienen en el mismo pueblo. El TERRENO, que es llano en las inmediaciones del pueblo, se presenta en parte arenisco, y en parte gredoso. En su parte oriental, á dist. de 7 horas de camino, que tramonta dos montañas elevadas, corre un r. caudaloso llamado *Picao*, despues del cual se encuentra un barrio denominado *Tundingan*, formado por una ranchería de Igorrotes, reducidos al cristianismo. El mencionado r. baña la izq. del pueblo de Naquilian, y desemboca en el mar junto al pueblo de Bauang: sus aguas no se utilizan para el riego por la profundidad de su cáuce; sin embargo, venciendo algunas dificultades, podrian aprovecharse. Antes de llegar á este r. como á 1 leg. de la pobl., se encuentran dos arr. llamados el primero Candaclan, que fertiliza las tierras del barrio *Camance*; y al N. de este, el de *Calaocan*, que abunda en pescado; ambos se reunen y desaguan juntos en el puente de *Carlatan*, y por su boca penetran bastante los esteros maritimos. Además de los espresados, á cosa de ¼ leg. del pueblo en direccion E., se encuentra otro estero de escasa importancia. Los montes que cruzan esta jurisd. son varios estribos occidentales de los montes igorrotes: los mas notables están como á ¼ hora de la pobl. y son dos cuya elevacion no es conocida todavía; mas por un cálculo prudente puede décirse, que para subir hasta la cumbre se tarda una hora poco mas ó menos: los declives de los montes que hay mas al interior de

estos son del todo desconocidos y se ignora el tiempo que se tarda en dominarlos. Los que tienen nombres peculiares son *Balongabin*, *Baraoas*, *Bangbangolan*, *Oaguioagan* y *Bolagan*; entre estos los nombrados *Oaguioagan* y *Baraoas* producen maderas de varias clases, como el molavin, narra, bacayao y banaba; entre ambos, brota un manantial de agua potable, y mas abajo al mediodia de Oaguioagan, otro tambien de buena calidad. Entre los espresados montes hay buenos valles, que forman estos entre sí, los cuales estan cultivados por los Igorrotes, así infieles como reducidos. Respecto á los bosques que se conocen en el territorio de este pueblo no son de mucha espesura como en otras partes; pues todos ellos son accesibles y practicables, hallándose poblados de árboles de mayor ó menor utilidad. Hay tambien canteras de piedra, de mala calidad por su poca solidez, é igualmente las hay de cal en todo el contorno. Al S. del pueblo, á ¼ de hora de él, hay una colina de poca elevacion, sobre la cual se encuentra yeso de inferior calidad. No hay prados artificiales ni dehesas naturales para pasto de ganados, y estos en el tiempo de la siembra se mantienen de las yerbas, que se encuentran al rededor de ellas, y en otras partes; y despues de la cosecha pastan la grama y otras yerbas que crecen en abundancia donde ha estado aquella. PROD.: las principales son el palay, que es abundante, y el mas necesario á la subsistencia de los hab., el cacao, maiz, sibucao, algodon, muchos cocales, plátanos, mangas, y otras varias producciones. Se cria, aunque no en gran número, ganado vacuno, caballar, de cerda y carabaos ó búfalos; estos se prefieren por su utilidad para el cultivo de las tierras; despues el mas estimado es el caballar. Hay caza de javalíes, venados y mucha volatería; pesca de diferentes clases, tanto en el mar como en los esteros arriba nombrados. IND.: la principal es la agrícola y luego la elaboracion de telas de algodon y de seda, pero esta es de escasa importancia, pues que es muy poco el sobrante de las que se trabajan para el consumo del pueblo: además pueden citarse la caza y la pesca. COM.: consiste en la esportacion del sobrante de sus prod. agrícolas, naturales y fabriles, siendo el palay el principal; las compras de lo que se carece, se hacen en una especie de feria ó mercado, que se celebra en la plaza todos los dias. POBL. 5,225 alm., 1,156 trib., que ascienden á 11,560 rs. plata, equivalentes á 28,900 rs. vn. Este pueblo tuvo principio despues del alzamiento de las prov. de Pangasinan é Ilocos ocurrido en el año 1763, en consecuencia del cual los antiguos pueblos llamados Dalangdang y Balanac se establecieron unidos en este punto llamado Pindangan y tomaron el nombre de San Fernando. Una de las razones que promovieron la pobl. de este punto fué el puerto que disfruta, del cual el Sr. D. Toribio Ruiz de la Escalera, gobernador político-militar de esta prov., ha levantado un plano, en el cual se marca los bajos que en él se encuentran, y su profundidad á fin de que los buques tengan la debida seguridad en sus entradas y fondeaderos.

FERNANDO (San): pueblo con cura y gobernadorcillo, en la isla de Luzon, prov. de Camarines-Sur, dióc. de Nueva-Cáceres; se halla SIT. en los 126° 51′ long., 13° 31′ lat., á la orilla de un riach., en terreno llano, y su CLIMA es bastante templado y saludable. En el dia tiene como unas 626 casas, en general de sencilla construccion, distinguiéndose entre ellas la parroquial y la llamada tribunal ó de comunidad, donde está la cárcel; hay escuela de primeras letras, á la que concurren muchos alumnos; está escasamente dotada de los fondos de comunidad; la igl. parr. es de buena fábrica, y está servida por un cura secular. Próximo á esta se halla el cementerio, que es capaz y ventilado. Este pueblo tiene caminos regulares, que se dirigen á sus inmediatos, y recibe de la cab. en dias indeterminados el correo semanal establecido en la isla. El TERM. confina por N. con Nueva-Cáceres, cap. ó cab. de la prov. (dist. 1 ¼ leg.); por S. E. el de Bula (á 2 ½ id.); por E. con el de Minalabag (½ leg.); y por O. con la cord. de montes que corre á lo largo de la prov. de N. O. á S. E. El TERRENO es muy fértil, y está regado de algunos riach.: en sus montes se crian buenas maderas de construccion y ebanistería, caza mayor y menor, y se coje tam-

bien mucha miel y cera, que depositan las abejas en los sitios que encuentran mas á propósito para ello: en la parte reducida á cultivo las PROD. son arroz, maiz, abacá, cacao, algodon, añil, legumbres, fruta, etc.; y la IND. se reduce á la agricultura, al tejido de varias telas y al corte de las escelentes maderas que, como ya hemos dicho, se crian en sus bosques. El COM. se reduce á la esportacion del sobrante de sus prod. naturales y fabriles. POBL. 3,753 alm., 572 ½ trib., que ascienden á 5,725 rs. plata, equivalentes á 14,312 ½ rs. vn.

FERNANDO (San): pueblo con cura y gobernadorcillo, en la isla de Luzon, prov. de la Pampanga, dióc. del arz. de Manila: se halla SIT. en los 124° 20′ long., 15° 5′ lat., sobre las orillas del r. llamado Betis, que en este punto toma el nombre de este pueblo, el cual tiene para la comunicacion de los cuerpos en que lo divide este rio un buen puente de piedra sobre él: su sit. es llana y el CLIMA templado y bastante saludable; disfrutándose en él hermosas y pintorescas vistas. Fué fundado en 1754, y en el dia tiene como unas 2,540 casas, inclusas las de sus 24 barrios, todas de sencilla construccion, distinguiéndose la parroquial y la llamada tribunal, en la cual está la cárcel. Hay escuela de primeras letras, bastante frecuentada, dotada de los fondos de comunidad aunque muy pobremente; la igl. parr. es de buena fábrica, bajo la advocacion de la Asuncion de Ntra. Sra., y está servida por un cura regular. Antiguamente perteneció á este pueblo el barrio de Culiat, que en el dia tiene jurisd. especial en lo civil y ecl. Próximo á la igl. se halla el cementerio, y es capaz y ventilado. Se comunica este pueblo con sus limítrofes por medio de caminos bastante buenos, y recibe de Bacolor, cab. de la prov. el correo semanal establecido en la isla. Sus hab. se surten de agua de las del r. llamado *Gogo*, que trae su orígen de los montes del N. E., y pasa por la jurisd. de este pueblo, aproximándose á él un pequeño brazo, que es del que se proveen para sus necesidades domésticas. El TERM. confina por N. con el de Méjico (á ½ leg.); por S. con Santo Tomás (á ¾ leg.); por S. S. O. con Bacolor, cab.

de la prov., (y dist. $^1/_4$ leg.); por E. con San Luis (á 2 leg.); y por O. con el térm. de Santa Rita (2 leg. al O. S. O.) El TERRENO es llano y muy fértil; hallándose regado por diferentes riach.: del r. de Bacolor sale un brazo, que estendiéndose por aquellos terrenos, y formando diferentes inflexiones y recodos al N. y S., recoje las aguas del elevado monte Arayat, y las de otros 4 arr. ó riach., que bajan de los montes del N. y N. E. En tiempo de sequías, esto es desde febrero hasta junio, queda cortada por agua la comunicacion de este pueblo con el de Bacolor, por los muchos bajos que se encuentran en dicho r. Las tierras que median desde este pueblo al de Culiat, ant. barrio que fue de esta jurisd., van elevándose con algunas pequeñas lomas; pero todas son muy feraces y de escelente calidad. Hay algunas clases de aves, singularmente una especie muy particular y rara, llamada Tabon, que se cria y pone los huevos en las playas del mar. Los PROD. de su agricultura son arroz para el consumo de los hab., y en bastante cantidad para el comercio, mucha y escelente azúcar, mucho maiz, bastante añil, algun cacao, muchas y ricas legumbres, y abundante fruta. Se cultiva tambien el árbol buri, la palma nipa, de que se hace el vino, y la enredadera llamada gogo, de la que se hace una especie de jabon y sirve tambien para separar las arenas y tierra del oro en granos y pajitas que arrastran las corrientes de los r. Sus abundantes pastos alimentan mucho ganado vacuno, caballar y de cerda. Su IND. se estiende á varias fábricas de vino, vinagre y aguardiente, de nipa y buri, y otras de aceite de ajonjolí, lumbang y tangantangan, en las cuales se ocupa mucha gente, asi como tambien en los ingenios de azúcar que son en número de mas de cuatrocientos: esta cosecha es muy abundante y de superior calidad; tambien trabajan muchos en el beneficio del añil, en la pesca y en el comercio que es tan notable como que se puede llamar un segundo parian ó una segunda escolta de Manila por los muchos chinos ó mestizos que hay establecidos en la pobl. en la cual tienen calles magníficas con hermosos edificios y grandes y muy surtidas tiendas: casi todo el pueblo se halla formado de estas

razas traficantes é industriosas y son pocas las pobl. que en su efecto presenta el movimiento de esta, el cual alcanza de un modo muy activo á los mercados de Manila, Tondo, Bulacan y otras prov. POBL. 15,242 alm., 2,530 y ¼ trib., que ascienden á 25,505 rs. plata equivalentes á 63,262 y ¼ rs. vn.

FIL

FILIPINAS (islas): Las islas cuya descripcion es objeto de este Diccionario, forman uno de los archipiélagos de la Malasia, que es una de las cuatro partes en que se divide la Oceanía, ó el mundo marítimo. Hállanse comprendidas entre los 120° 4' long., y los 130° 37' id., y los 5° 9' lat., 21° 3' id. del meridiano de Madrid. Parecen uno de los distritos mas elevados y robustecidos por los montes de un antiguo continente, que ocupára en otro tiempo el inmenso mar de la India: los puntos culminantes de aquel continente, que sucumbiera á uno de los grandes cataclismos sufridos por el globo, son los que forman el espresado mundo maritimo. Fernando de Magallanes las descubrió por el rumbo de Occidente, prescrito á la corona de Castilla sobre descubrimientos y conquistas, en el tratado de Fernando el Católico y el rey de Portugal, confirmado por el papa Alejandro VI. El sábado de Lázaro del año 1521 llegó á las llamadas hoy Marianas, y en memoria de aquel dia les dió el nombre de archipiélago de San Lázaro. Al descubrir las Visayas, por observar en sus hab. la costumbre de pintarse, las llamó islas de los Pintados. Magallanes reconoció las islas de Mindanao y Limasagua, y navegando por entre Bohol y Leyte, llegó á Cebú; terció en cierta guerra que tenian los cebuanos con sus vecinos los isleños de Mactan, y murió de una herida, que recibió en un combate. Las Filipinas se entendian entonces entre las islas de Poniente, adjudicadas á la conquista de España, y no se les daba otro nombre, por hallarse en este rumbo de los descubrimientos y conquistas: pero desde luego fué tambien muy general estender á estas islas el nombre de San Lázaro, impuesto á las Marianas. El general Rui Lopez de Villalobos les dió el nombre de Filipinas, por el año de 1543, en honor del entonces príncipe heredero de la corona, Felipe II: en 1564 fué confirmado este nombre por el adelantado Miguel Lopez de Legaspi, cuando fué encargado de la conquista y pacificacion de estas islas. Algunos, poco satisfechos con saber estos nombres, que han distinguido nuestras posesiones de la Oceania, han intentado averiguar qué nombre tendrian antes de ser conocidas por los españoles, deseo que sin contar con documento alguno en su apoyo, no debe ocuparnos ahora. Concretándonos en este art. á lo de mayor importancia sin descender á pormenores ni á conjeturas poco auténticas, empezaremos por reconocer rápidamente el conjunto de las islas, aunque hayamos de reproducir en cierto modo lo consignado en el preliminar de esta obra.

Ya hemos dicho hallarse las Filipinas comprendidas entre los 120° 40' long., 130° 37' id., y los 5° 9' lat., 21° 5' id. Tomadas por su estremo meridional se encuentran primero las pequeñas llamadas de *Serangan*, que son dos islitas, de las cuales la mas occidental tiene como unas 3 leg. cuadradas de superficie, y la oriental uuas 5 id. Sobre estas se halla la grande isla de Mindanao, que presenta una forma como triangular con 80 leg. de estension de S. á N., y otras 80 de E. á O. Hay muchas islitas sobre las costas de Mindanao, pero basta nombrar la isla de San Juan, que se halla al E. con unas 130 leg. cuadradas de superficie, y la de Siargao, que tendrá sobre 4 leg. Al N. N. O. de esta, se hallan las numerosas islitas llamadas de Surigao por su proximidad al estrecho y pueblo de este nombre, sit. al estremo N. E. de la isla de Mindanao. En este estrecho, formado entre dicha isla y la de Leyte, por el cual penetró Magallanes en el mar de Visayas, se hallan las islitas de Paraon y Limasagua, que es donde hizo su primer alianza. La espresada isla de Leyte, tiene de N. á S. como 36 leg., y mas de 13 de E. á O. Al S. O. se encuentra la isla de Siquijol, ó del Fuego, de unas 10 leg. cuadradas de superficie, y sobre ella al O. de Leyte, las de Bohol, Cebú, Negros, Guimaras, Panay y una multitud de otras menores;

hallándose todas separadas entre sí por estrechos canales, y aunque Cebú y Negros presentan la forma de dos fajas tendidas de N. á S., por su posicion general presentan entre todas una línea que se prolonga al N. O. por las islas de Simirara, Tablas, Sibuyan, Romblon, Maestre de Campo, Marinduque, otras innumerables menores, y la considerable isla de Mindoro, como á enlazarse con el estremo S. O. de la gran Luzon, de la cual se halla separada dicha isla de Mindoro por un estrecho, que lleva el mismo nombre de esta isla (v.). Al N. E., ó sobre esta línea, forman otra las de Leyte, Jomonjol, que se halla al E., Samar, al N. E., separada por el estrecho de San Juanico, Panamao, otras muchísimas menores, y las considerables de Masbate, Ticao y Burias, hasta dar frente á la parte oriental de la costa S. de Luzon: el estrecho de San Bernardino separa el estremo S. E. de esta isla, del N. O. de Samar. La gran Luzon es al N. de las Filipinas como la madre de todas estas islas. Decimos que se halla al N., porque si bien su situacion corresponde al N. N. O. de las espresadas, como la isla de Mindoro es tambien el punto á que viene á apoyarse otra línea formada al S. O. por las Calamianes, la Palawan ó Paragua, é innumerables islitas, Luzon que es donde se enlazan todas estas lineas, se halla al N. del sistema general de las Filipinas. Parte este sistema de N. á S., y el de las montañas de Luzon parece que rige todas las de las islas: al S. E. se apoya en Mindanao, y al S. O. en Palawan ó Paragua. Desde el estrecho de Balabac al S. de esta isla y sus pequeñas adyacentes, dejando al S. las que pertenecen al archipiélago de Borneo; desde el estrecho de Basilan, que separa el estremo S. O. de Mindanao del archipiélago de Joló, y desde las islas de Serangan, frente al térm. S. E. de la misma Mindanao, hasta las Baschi setentrionales, que se hallan al N. de las Batanes, y de las Babuyanes, cayendo unas y otras al N. de Luzon, todas las innumerables islas que se comprenden, vienen significadas bajo el nombre comun de Filipinas: aquellas que hemos podido conocer, tienen sus art. especiales en nuestra obra; por lo que nos limitamos.

á dar en este un nomenclator de todas y aun de los islotes, para que pueda quien guste buscar su descripcion en dichos art. Antes debemos advertir que los nombres que forman este catálogo, son en su mayor parte tomados de la muy apreciable hoja del mapa de Filipinas publicada por el laborioso Don Francisco Coello, y del que acompañó á su historia geográfica el Sr. Mallat.

A

Agdaan.
Aguada (isla de la)
Agutay, Agutaya ó Alutaya.
Alabat.
Alag.
Alibijauan.
Amantes (islas de los).
Ambilo.
Ambolon.
Amo Iguian.
Amuraon.
Anapuyan.
Andrés (San)
Anigaya.
Anima sola.
Apiton.
Apo.
Aporoo.

B

Babuyanes.
Bacan.
Bacos (Los)
Bagata.
Bagatan.
Bagatao.
Baguiguan.
Baguiolo.
Balegin.
Balicuatro.
Balincanabaj.
Bancalin.
Banog.
Bantaranan.
Bantoncillo.
Bapurapu.

Barin.
Barubaragna.
Basay.
Baschi.
Baschi-Norte.
Barchi-Setentrional.
Batag.
Batan.
Batanes.
Batayan.
Batyan.
Baujan.
Bayat ó Abaya.
Bernardino (San).
Bijuca.
Biliran.
Binarayan.
Bluf.
Bohol ó Bojol.
Bolinao.
Bontod.
Brujo.
Buad.
Bufites (islas de los).
Bugaon.
Bugos ó Ugos.
Bugsuk.
Bukkit.
Bulacabo.
Buloaan.
Bunwut.
Burias.
Busvagon.
Buyallao.

C

Cabacugun.
Cabaluyan.
Cabgan.
Cabra.
Cabugan.
Cabungeoan.
Cabuotug.
Caburao.
Cacraray.
Cagayan.
Cagayancillo.
Cagayanes.

Cagbalisay.
Cagbaulio.
Cabayagan.
Calagua.
Calaguas.
Calamianes.
Calavayan.
Calavite.
Calayan.
Calbalete.
Calingo.
Caluja.
Calumpang.
Calumpijan
Calsiguaran.
Camasuso.
Camiguin.
Camotes.
Cana.
Canabayon.
Canahajuan.
Canaring.
Candulo.
Canes (isla de los).
Canimo.
Canipo.
Canton.
Capul.
Capulan.
Carabao ó Ambilo.
Caragao.
Carandaga.
Carnasa.
Catabazas.
Catanaguan.
Catanduanes.
Cavili.
Cebú.
Cobrador.
Cocoro.
Cocos.
Cochinos (Los).
Colintan.
Confites (Los).
Coron.
Corregidor.
Cruz (Santa).
Culaya.
Culebra.

Curbulahan.
Cuyo.

CH

Chocolate.

D

Dalupiri.
Dalupiri ó de Puercos.
Dajalican.
Dampier.
Dancalan.
Daong.
Dapa.
Daquidaquid.
Darsena.
Davis ó Dauis.
Deloquetas.
Denovan.
Destacado.
Diablo.
Diamante.
Dibugha.
Dilian.
Dinagat.
Dino.
Disumangit.
Dumaran.
Dunavan.

E

Ebus.
Elefante.
Escarpada.

F

Felices.
Fortun.
Fraile (El).
Fuga.

G

Gabung.
Gallo (Cresta del)

Gap.

Garsa.

Gata.

Gato.

Gigantangan.

Gigantes.

Giguan.

Ginamoc.

Golo.

Gorrion.

Guimaras.

Guintinuan.

Gulutan.

H

Haute.

Haycock.

Hermas.

Hermana mayor.

Hermanas (Dos).

Hermanos.

Hiban.

Hummock.

I

Ibajay.

Iguicon.

Ilin.

Iloc.

Inaguran Chico.

Inaguran Grande.

Inilaguan.

Ingalan.

J

Jaulo.

Jintotolo.

Jitimbur.

Jomalig.

Jomoljon.

Juag.

Juan (San).

L

Laguan.

Lagui.

Lahuan.

Laja.

Lamit.

Larac.

Lantao.

Lavampa.

Leyte.

Libagao.

Libancabayan.

Libas.

Liebre (Las orejas de la).

Limasaguan.

Limbones.

Limbucan.

Linacapan.

Linagao.

Linao.

Linitan.

Lubang.

Lucsutun.

Luegas.

Lugban.

Lutangan.

Luzon.

M

Mababa.

Macalaba.

Macaragui.

Macatira.

Maestre de Campo.

Mahaba.

Maiduun.

Malacano.

Malacimbo.

Malaguinnan.

Malanipa.

Maliusuun.

Maloncon.

Mampin.

Manamoc.

Manapa.

Manhiro.

Manicani.

Manigile.

Maradison.

Maricaban.

Marinduque.	Palompon.
Maripipi.	Palompon.
Maririg.	Palumbanes.
Masbate.	Pambuan.
Masin.	Panahon.
Matabo.	Panamao.
Matala.	Panay.
Matagda.	Panay.
Matan.	Pandan.
Matandamaten.	Pandannau.
Matulai.	Pandatusan.
Matumahuan.	Pan de azúcar.
Medio (isla del).	Panglao.
Maulanat.	Panguiran.
Medio dia.	Panique.
Miguel (San).	Panjau.
Miguel (San).	Pantanonaguan.
Mindanao.	Panuctan.
Mindoro.	Paragua ó Palawan.
Mino.	Parasan.
Mogote.	Pasig.
Moleron	Patayan,
Mongol.	Payae.
Monja (La).	Pedruzco.
Montagula.	Pico.
	Pies (isla de los tres).
N	Pinaguapan.
	Pingüe.
Nabilog.	Pitogo.
Nagubat.	Plata.
Naguran.	Polillo.
Natimtungan.	Polo.
Nayayon.	Pono.
Negros.	Pores.
	Poro.
O	Poson.
	Pulo , Calamba ó Dampalit.
Olango.	Pulo caballo.
Orientales.	Pulo Raton.
Origon.	Pulumbato.
Otulaya.	Purra.
P	**Q.**
Pabillon.	Quimmatin.
Paculabo.	Quinabuyan.
Pagaguayan.	Quinamamuan.
Palabi.	Quinatancan.
Palmas.	Quinatansan.

Quiniluban.

R.

Basto.
Rijutan.
Rinuauan.
Rita (Santa).
Roca de Richmond ó Balintang.
Rocas de Auson.
Romblon.

S.

Sablouneuse.
Sacul.
Salomague.
Salvador.
Samar.
Sambabua.
Samur.
Sangay.
Sapao.
Saptan, ó Momnouth.
Selle.
Semera.
Serangani.
Siapa.
Siargao.
Sibago.
Sibauan.
Sibay.
Sibuyan.
Sicogen.
Sigtocay ó Siguicay.
Siluio.
Silonay.
Simara.
Siniloan.
Sipaisasay.
Siquijor ó Siquijol.
Sirangan.
Siruma.
Sitanan.
Sombrero.
Souang.
Soloan ó Suluan.
Sumilum.
Surigao.

T.

Taal.
Tabla.
Tablas.
Tacupan.
Taga Sipul.
Tahik Tahik.
Talaguir.
Talin.
Tambaron.
Tanaos.
Tanguingui.
Tarallores.
Tempestuosa.
Temple.
Terisan.
Ticao.
Ticlin.
Tielin.
Tinacos.
Tinagu.
Tincasan.
Tinilan.
Tres Reyes.
Tubabot.
Tulin.
Tumalaytay.

U.

Urajarao.

V.

Verde.
Verde.
Verde.
Viri.

Z.

Zapato mayor.
Zapato menor (1).

(1) El precedente catálogo es solo de
aquellas islas ó islotes mas considerables y
conocidas; pues ademas existen otras muy

Ya hemos dicho en el cap. II del preliminar de esta obra, como la exacta relacion geonómica, que guardan entre sí las principales de estas islas, patentiza su procedencia comun, atestiguando la primitiva existencia de un vasto continente, del cual solo las tierras mas altas y defendidas por la elevada trabazon de las montañas, pudieron resistir al ímpetu de las olas, desatadas por un admirable cataclismo. Aun en estas mesetas y cord. se apoderaron las olas de los lugares mas hondos y de muchas cañadas, con lo que vinieron á quedar entrecortadas, formando numerosas islas. Despues las erupciones volcánicas, los terremotos, las grandes avenidas, y tantos cataclismos parciales, á que se halla sujeto este pais, fueron aumentando su fraccionamiento, hasta dejarlo reducido al espresado sin número de islas. Las mayores de estas, cuyo centro se halla sostenido por grandes moles de granito, se presentan como originarias de muchas otras, que se han formado á sus espensas por las indicadas razones. Tambien las hay que no son mas que admirables hacinamientos de conchas, y otras formadas por asombrosas madreporas. Estas prodigiosas creaciones de poliperos son con frecuencia destruidas por la terrible accion subterránea, que generalmente trabaja por la destruccion hasta de aquellas moles graníticas, que parecen eternas. Las sustancias, que fermentan en

numerosas que no tienen nombres conocidos, y cuya escasa importancia, ya por hallarse inhabitadas, ya por no ser otra cosa que unos pequeños mogotes que sobresalen de flor de agua, apenas son dignas de mencionarse; sin embargo de que su existencia patentiza de un modo indubitable, el trastorno general habido en tiempos remotos en esta parte de la naturaleza, como hemos espuesto en otro lugar de esta obra.

Si de las islas é islotes que figuran en la lista anterior no apareciese alguna en su lugar, nuestros lectores podrán consultar el apéndice de esta obra, pues que no teniendo la redaccion la debida seguridad en los antecedentes que de ellas poseia, ha creido mas conveniente colocarlas en el apéndice para durante el curso de la publicacion cerciorarse mejor de la exactitud de los datos que han de servirle para redactarlas, y al propio tiempo para que sean mas completas sus descripciones.

el centro de la tierra sumergida, no pueden menos de producir un continuo cambio en la superficie, y aun en el número de estas islas. A veces se han hundido montes elevados, como sabemos haber sucedido en Luzon, y han volado otros á la accion de los volcanes, como en Mindanao: los cráteres aun humeantes del Taal, en la prov. de Batangas, y del Mayon, en la cúspide del monte de Albay, son célebres entre otros innumerables; pues la mayor parte de las montañas presentan una naturaleza volcánica. Ya hemos dicho cuál viene á ser el sistema general de las montañas de estas islas, y entre sus montes se distinguen los Caravallos en la isla de Luzon: todos los demas de esta isla son ramificaciones de estos; descollando los conocidos por los nombres de Tonglo, Culili, Tagudin, Teptep, Manacao, Tocadan, Cabunian, Lueren, Arayat, los Zambales, el Majayay, Banajao, Batulao, Loboo, Isarog, Albay, Bulusan, etc. Tambien las demás islas tienen montañas eminentes; pero ya parecen regidas por las de Luzon. De todas estas montañas se precipitan numerosos r., que cortan y riegan las islas en todas direcciones. El Tajo ó Cagayan, el de la Pampanga, el Pasig, el de Agno, el Abra, el Abulug, el Vicol, etc., son notables en la isla de Luzon; entre los de las demás islas los principales son el de Butuan en Mindanao y el de Panay en la isla de su mismo nombre. Hállanse tambien en estas islas numerosas lagunas muy considerables: las principales son las de Bay, Taal, Canaren, y Cagayan, en la isla de Luzon; la de Mindoro en la isla de su nombre; y en la de Mindanao los lagos de Lano, Sapongan, Linao, Buloan y Ligasin, el de Bito, etc. Además de estos grandes y permanentes depósitos de agua, hay otros muchos periódicos, que se forman en la estacion de las lluvias y son tambien muy considerables; estos se conocen con el nombre de *pinaces*, y los mas notables son los de Candava, Hagonoy y Mangahol, en Luzon.

Conocida es la influencia que tanto el sistema de montañas como el de r. y las lagunas tendrán en el CLIMA de estas islas, cuya influencia es mayor todavía que cuanta puede tener la distinta posicion de cada una de ellas; pues á pesar de la grande estension que ocupan, apenas basta á que se distinga la duracion de los dias y las noches en ellas, en razon de la zona á que pertenecen. Grande es constantemente la fuerza del sol en estas regiones: pero los vientos y las lluvias, que acuden de un modo periódico á mitigar sus ardores, hacen que se disfrute siempre una hermosa primavera en muchos puntos de estas islas. En las montañas de Luzon se siente frio muchos meses del año, mientras duran los fuertes vendavales del N. E.; en muchos paises montuosos visten entonces los curas ropa de paño como en Europa, y el agua está casi siempre fresca. Aunque se suele decir que en Filipinas reina una constante primavera, hay tres estaciones bien marcadas, que se modifican segun las diferentes localidades. El monzon del N. E. suele empezar por noviembre, y mientras domina este viento, que contrae los poros y suprime ó suspende la abundante transpiracion, que se tiene durante la mayor parte del año, y cuyo defecto ocasiona muchas enfermedades, es la estacion seca y fria; y aunque siempre se acostumbra á usar un traje semejante, suele gustar algun chaleco de abrigo, y aun hay dias en que es preciso á muchos vestir ropa interior de franela: en Manila suspenden las señoras el paseo de las tardes en la Calzada, por los grandes constipados que cojen en esta estacion. Por marzo sucede la llamada de secas, que es calurosísima: en ella empieza la fuerza del calor desde mediados de abril, y hasta mediados ó fines de junio es insufrible. Sigue á esta la estacion de aguas, en la que cesan los calores, se inundan los campos y se hacen las siembras. Los caminos se ponen intransitables con los lodos, y la humedad penetra en todas partes. Estas son las tres estaciones que pueden considerarse en Filipinas, una fria y seca, otra calurosa y seca, y otra templada y escesivamente húmeda. Esta última es la de mas duracion, de modo que en diciembre, aunque los nortes están en toda su fuerza, llueve tambien, no obstante ser menos seguido que en setiembre y octubre.

Conocido es que la influencia especial de cada una de estas estaciones, presenta en es-tas islas la suma variedad que ofrece la topografía; pues aunque los vientos y los calores y lluvias que les acompañan se hallan bastante regularizados, no todas las localidades se hallan espuestas á su rigor con igualdad. Los vientos periódicos del N. E. y S. O. suelen regir durante la mayor parte del año, cambiándose entre si en épocas como determinadas. Este cambio se prepara con grandes chubascos, y se asegura con una colla, que á veces no cesa en un mes, aunque en otras es de una ó dos semanas. Cuando el monzon del N. E. domina con toda su fuerza, la parte de las islas que le recibe de frente, es tanto su rigor sobre esta parte, que casi llega á destruir la gran vejetacion propia de todos los montes del archipiélago, y entretanto la banda opuesta y resguardada por estos mismos montes, disfruta la estacion mas apacible y deliciosa, llamada invierno, aunque en febrero, que es su mes mas frio, el termómetro no baja en las llanuras á mas del 17 del cmo: en enero suele marcar de 19 á 20, aunque al mediodia sube á 30, á 32 y á veces á 35. Los vientos del E., que reemplazan á los del N. E., ya tienen una influencia mas general, pues presiden á la segunda estacion que hemos mencionado, cuya ardorosa sequía no perdona ni á las costas occidentales, de modo que los habitantes de Manila suelen salir en gran número á ocupar sus casas de vacaciones, se componen los baños, y todos escusan en lo posible salir de casa, temiendo vestirse con ropa de calle y esponerse al ardor que todo se hace sentir, aun en carruaje: el agua del Pasig se descompone y toma cierto verdin llamado lia, muy insalubre. Algunos años ocurren ya en mayo grandes chubascos, que suelen continuar en junio, aunque otras veces vuelven los calores y el E., lo cual se acostumbra á llamar veranillo de San Juan. En julio suele presentarse la primer colla del S. O., y una vez asegurado este viento, que nunca es tan vigoroso como el N. E. y le acompañan las grandes lluvias, sucede con frecuencia, que en la parte de Luzon mas espuesta á su dominio son ya insufribles estas lluvias; en la contraria se disfruta un cielo sereno y despejado. Cuando ha de cesar este monzon para ser reemplazado por el del N. E chocan fuertemente los vientos, sin que ha ya punto en estas islas, á donde no alcance el ímpetu de este choque, y donde no produzcan grandes tempestades: á veces se esperimentan huracanes y baguios de una fuerza increible: dáse en el pais el nombre de baguios á los huracanes, que además de formar impetuosos remolinos, recorren los vientos durante su fuerza, todos los puntos de la brújula: suele conocerse su proximidad por el cambio de los vientos, cuando una atmósfera presenta los síntomas de un temporal. El mes de octubre es el en que ocurren los baguios con mas frecuencia; despues de noviembre son ya bastante raros por lo restante del año, mayormente si han faltado en estos dos meses.

No obstante la espresada variedad de vientos, la direccion de los montes y otras circunstancias semejantes, hacen que haya puntos en que se reciban siempre de una parte; por ejemplo, en la laguna de Bay es casi constante el viento Este por la mayor parte del año.

En el preliminar de esta obra, desde la páj. 16 á la 43, puede verse cuan grande es la riqueza natural de este pais donde aparecen sus habitantes como destinados á disfrutar toda la prodigalidad de la naturaleza; por lo que prescindiremos de su descripcion en este lugar; pasando desde luego á ocuparnos en lo concerniente á la pobl., aunque con la concision necesaria para no incurrir en repeticiones sobre lo dicho igualmente en el preliminar citado.

Mucho se ha hecho por investigar los orígenes de la pobl. del archipiélago, pero con poco resultado, habiendo presidido á todos estos trabajos las preocupaciones, que apenas han faltado nunca, cuando se ha querido averiguar los orígenes de los pueblos mas antiguos, supliendo por medio de conjeturas, la falta de documentos por incalculables siglos. En nuestro concepto la pobl. de Filipinas puede blasonar de tanta antigüedad como cada una de las naciones, que se le dan por originarias. La raza negrita ó aeta es indudablemente la primitiva, probándolo su especial fisonomía, que responde esencialmente á las circunstancias propias del pais,

cuya influencia se manifiesta siempre en todo pueblo advenedizo, haciéndole participante de cierto rasgo característico de la espresada raza. Asaltada esta en sus posesiones por un pueblo procedente de otra gran demarcacion del mundo marítimo, fué despojada de una estensa parte del litoral de sus islas, y obligada á remontarse en lo interior para conservar su independencia: cual fuese el estado moral de ambos pueblos en aquella época quedó para siempre desconocido, aunque uno y otro han conservado algunas tradiciones con cierto carácter, que no dejan de presentar la preexistencia de una especial civilizacion al estado de barbarie en que hemos llegado á conocerlos. Esta misma barbarie, y sobre todo el ódio encarnizado, que perpétuamente han profesado los negritos á los indios, acreditan que solo despues de la mas sangrienta y obstinada lucha les abandonaron sus primitivos asientos, pasando á ocupar las montañas. Otros pueblos advenedizos, quizá arrojados por las tempestades y baguios á las costas de Filipinas, ora tomando asiento entre los tágalos, y cruzándose sus respectivas castas, ora siendo obligados por estos á remontarse y establecerse con los negritos, cruzándose con ellos, dieron orígen á gran variedad de razas, que se han ido multiplicando segun las diferencias locales del pais han ido imprimiendo en ellas rasgos característicos especiales. Pueden citarse como las mas notables las de los Adamitas, Alaguetes, Allabanes, Apayaos, Balanes, Balogas, Buriks, Busaos, Calanasanes, Calauas, Calingas, Carolanos, Catalanganes, Catatangas, Cimarrones, Gaddanes, Guinaanes, Iliabanes, Ibilaos, Ifugaos ó Mayoyaos, Igorrotes, Ilongotes, Isinayes, Italones, Itetapanes, Mundos, Quianganes, Silipanes y Tinguianes ó Ileneis. La mayor parte de estos pueblos se esterminaban mútuamente en frecuentes guerras unos con otros, y aun entre si mimos, mientras que algunos de los espresados advenedizos, consiguiendo regresar á sus paises, daban principio á ciertas relaciones entre ellos y las Filipinas, cuyas relaciones se fueron elevando con el tiempo á establecer un antiquísimo comercio entre estas islas y todas las Malayas, con el Japon y la China : los tágalos filipinos recibian de Nangasaki sederia, algodon y utensilios domésticos, cuando los vientos del N. traian á sus puertos los navegantes japones, para regresar á favor del cambio de vientos. Cada uno de dichos pueblos al establecerse en el pais, traia consigo los usos, costumbres y religion de su respectiva patria, todo lo que tomaba cierta naturaleza especial propia de las localidades: sobre la idea de un Ser supremo, se estableció así una infinidad de objetos de cierta adoracion subalterna, sumamente varia en sus formas. En el preliminar de esta obra puede verse detalladamente lo mas notable de la religion de los indígenas. Borneo es el pais, que sabemos haber intentado de mas antiguo introducir la unidad religiosa en estas islas; pero entretanto se preparaba en Europa el grande acontecimiento, que no solo habia de oponerse á su pensamiento, sino que debia cambiar en todo la faz del archipiélago filipino. Despues de cuestionarse por muchos siglos la existencia ó habilitabilidad de estas rejiones, las coronas de España y Portugal se convinieron sobre la propiedad de los paises, que á favor de las asombrosas espediciones de la época, pudieran descubrirse, y Alejandro VI aprobó su tratado en 4 de mayo de 1493; quedando en los límites marcados á las adquisiciones de Castilla, este archipiélago. Gama abrió las puertas de los mares de Oriente á Europa en 1497, y Magallanes buscándolos por rumbo opuesto, halló la union del Pacífico y el Atlántico en el estrecho, á que dió su nombre; en 1.° de noviembre de 1520 entró por él en el Pacífico, despues de 15 meses de la navegacion mas azarosa: ya hemos dicho cómo llegó despues á Filipinas, donde murió en 26 de agosto de 1521. Tambien se hallará en el preliminar una reseña histórica suficiente, aunque sucinta, para dar la necesaria idea de aquellos acontecimientos, y demás de mayor interés, cuya descripcion nos hubiera hecho en este lugar demasiado difusos. Por ello nos limitamos á decir ahora, que desde aquella época el archipiélago filipino fué reconocido por una importantísima propiedad de la monarquía española, cuya propiedad para ser

real, necesitaba todavía los mas grandes y numerosos sacrificios en hombres é intereses de la madre patria, que habia de sostener un gobierno costosísimo, mientras sus virtuosos y ejemplares misioneros, acudian á la evangelizacion de los indígenas, y los progresos de la civilizacion proporcionaban recursos propios á la colonia. Los PP. agustinos fueron los primeros en arrojarse á tan trabajosa empresa, en términos que estos fueron los que no solo acompañaron á Legaspi en su espedicion emprendida el 21 de noviembre de 1564, sino que fueron los grandes promovedores de aquella espedicion, y á cuyo infatigable celo se debieron mayormente sus asombrosos resultados. Los sacrificios de estos misioneros fueron mas tarde secundados por los de otras órdenes. Legaspi, acompañado siempre del prudentísimo é ilustrado P. Urdaneta se ocupaba sin descanso en preparar por todos los medios posibles el porvenir de las Filipinas, mientras el prudente militar Juan de Salcedo y los RR. misioneros, llevaban la conquista por todas partes. Estos hombres ejemplares, consagrados al servicio de Dios y al bien de sus semejantes, con total abnegacion de sí mismos, penetraron hasta las últimas escabrosidades de las islas, y acudiendo á todas las necesidades de aquellos desgraciados, los fueron reuniendo en vida civil; cubrieron su desnudez; los instruyeron en las verdades de la religion; les enseñaron á aprovechar las ventajas de su suelo por medio de la agricultura y de las artes; viniendo así á ser los mas solícitos PP. de muy numerosos pueblos, que fueron encabezados por Manila; no sin que cada una de dichas órdenes pueda presentar un numeroso catálogo de mártires, sacrificados por la superstision y la barbarie, en premio de su virtud y su constancia apostólica. En el mismo preliminar, á que nos referimos con frecuencia, hemos visto tambien cuanto pudiera convenir á este lugar, por lo que hace al desarrollo en que ha venido la civilizacion de este pais, seguido por el de su industria agrícola, comercial y fabril. Es tanto mas asombroso el progreso en que desde luego se presentó la colonia, por cuanto los desvelos del gobierno de la metrópoli y de los misioneros no dejaron de hallar obstáculos, quizá insuperables á menor constancia. Rivalidades europeas, que se desarrollaron activamente, trabajando no poco al lado de los indígenas para desvirtuar los sacrificios consagrados á su civilizacion por sostenerlos; las continuas piraterías de los moros trastornando las poblaciones nacientes y diezmando con frecuencia sus vecindarios; varios desembarcos de corsarios chinos, que pusieran en conflicto tanto á los indígenas como al gobierno colonial, en razon de las escasas fuerzas que contaba en su apoyo; la ambicion de muchos empleados, que tratáran de convertir en provecho propio los buenos resultados obtenidos y comprometer el porvenir, abusando de su posicion sobre los indios, hasta ser la causa de que el gobierno de la madre patria dictase varias disposiciones en favor de estos; el carácter sumamente impresionable de los indígenas, supersticiosos como es consiguiente de esta condicion; la postracion física, propia del natural de un pais cálido y cuya fertilidad provee espontáneamente las escasas necesidades del hombre de la naturaleza, todo contrariaba los esfuerzos del cristianismo y de la virtud evangélica. Pero sobre todo prevalecieron estos esfuerzos: el gobierno de la metrópoli, á solicitud de los PP. misioneros, puso los indígenas á cubierto de los abusos, que si bien fueron renaciendo bajo distintas formas, tambien han ido siendo destruidos y atajados por la autoridad benéfica de la madre patria. Los piratas chinos fueron destrozados y obligados á huir furtivamente á su patria, ó á las peligrosas escalas de sus correrías, ó á remontarse y establecerse entre los mas bárbaros de los indígenas, formando con ellos nuevas razas de las que pueblan las montañas de Luzon. Las piraterías de los moros fueron tambien repetidas veces castigadas y conquistadas las islas de Mindanao y de Joló, de donde procedieran, aunque nada bastó á darles término, pues no habiéndose podido conservar estas conquistas, volvieron siempre los filipinos á deplorar los antiguos desastres ocasionados por los bárbaros de ambas islas, mayormente de Joló, cuya conquista acaba de repetir el digno capitan general gobernador del archipiélago Don Antonio Urbiztondo, marqués de la Solana, acreditando nuevamente su ejemplar valor y distinguidos conocimientos militares (1).

El infatigable celo de los misioneros, y la especial tendencia de la sábia legislacion de Indias á promover el trabajo entre los indígenas, multiplicaron y acrecentaron los productos del pais. Con esto abriéndose y roturándose muchos de los casi impenetrables bosques vírgenes para dedicar los terrenos á varias producciones; dándose salida á muchas aguas detenidas, que antes fueran nocivas por sus emanaciones y despues dieron grande utilidad, aprovechadas para el riego de hermosas sementeras; sobre el grande incremento que tomó la riqueza del pais, recibió este una salubridad de que antes carecia, pues sus aires se purificaron y los frutos llegaron á mayor sazon. El desarrollo de la poblacion fué una consecuencia necesaria de todas estas ventajas, en términos que, en 1735 las cuatro órdenes religiosas de San Agustin, Santo Domingo, Recoletos y San Francisco, administraban 535,903 alm.; la estinguida compañía de Jesus lo hacia con otras 170,000, y el clero secular tenia á su cargo 131,279: era por consiguiente 837,182 el total de alm., entre los cuales habia 336,872 que tributaban, ascendiendo á 168,436 el número de los trib. que presentaban en aquella época los empadronamientos de Filipinas. El importe de estos trib. ascendia á 1.684,360 rs. plata, equivalentes á 4.210,900 rs. vn., cuya cantidad se hallaba tan lejos de poder cubrir los gastos de la colonia, que esta gravaba á la metrópoli en 250,000 p. fs., consignados sobre las cajas de Méjico, pues la hacienda pública de estas islas, aunque empezó con la conquista, fue de un modo verdaderamente negativo, de cuyo estado no habia de salir hasta que el aumento de tributos habido con el desarrollo de la po-

---

(1) Al describir el archipiélago de Joló nos ocuparemos con alguna detencion de los pormenores y detalles que han dado por resultado esta conquista, donde se han distinguido muchos beneméritos, entre cuyo número se cuentan algunos misioneros, que por su arrojo se han señalado en esta espedicion.

blacion; el establecimiento de la aduana de Manila; la apertura de su puerto al pabellon estrangero, que facilitó la estraccion de los prod. indígenas y la importacion de los efectos, que los adelantos de la civilizacion hacian apetecer, y sobre todo las nuevas rentas, resultivas de la estancacion del tabaco y del vino, cambiaron enteramente el aspecto econó- mico de Filipinas. Merced á estos adelantos las rentas de la colonia, no solo bastaron luego á cubrir todas las atenciones y necesidades locales, sino que empezaron á dejar un considerable sobrante en el tesoro : á fines del siglo pasado y principios del actual era ya tan ventajosa la situacion de la colonia, como aparece en el siguiente

ESTADO DE LA POBLACION DEL ARCHIPIÉLAGO FILIPINO EN 1799.

PROVINCIAS.	ALMAS.	TRIBUTOS.	RS. PLATA.	RS. VELLON.
Tondo.	88,092	18,065 ½	180,655	451,637 ½
Cavite.	32,093	6,583 ½	65,835	164,587 ½
Batangas.	75,581	15,465	154,650	386,625
La Laguna.	71,801	14,728 ½	147,285	368,212 ½
Tayabas.	36,119	7,408 ½	74,085	185,212 ½
Camarines.	96,775	19,841	198,410	496,025
Albay.	60,867	12,485 ½	124,855	312,137 ½
Bulacan.	90,645	18,593 ½	185,935	464,837 ½
Pampanga.	93,822	19,245 ½	192,455	481,137 ½
Bataan.	18,005	3,701	37,010	92,525
Zambales.	5,919	1,209	12,090	30,225
Pangasinan.	100,461	20,556	205,560	513,900
Ilocos.	221,432	45,485 ½	454,835	1.137,087 ½
Cagayan.	48,204	9,888	98,880	247,200
Mindoro.	15,448	3,169	51,690	79,225
Capiz.	56,297	11,548	115,480	288,700
Iloilo.	145,709	29,889	298,890	747,225
Antique.	45,179	9,288	92,880	232,200
Cebú.	104,508	21,437 ½	214,375	535,937 ½
Samar.	15,332	3,145	31,450	78,625
Leyte.	37,613	7,715 ½	77,155	192,887 ½
Calamianes.	11,159	2,289	22,890	57,225
Iligan.	6,231	1,278	12,780	31,950
Caraga.	17,048	3,497	34,970	87,425
Isla de Negros.	27,988	5,741	57,410	143,525
TOTAL.	1.522,224	312,251	3.122,510	7.806,275

De aqui resulta que solamente con los tributos se cubrian las cargas fijas de las 25 prov. en que á la sazon se hallaba dividido el archipiélago, y quedaba un residuo de 249,787 ps. fs. 3 reales plata 11 mrs.: debe aun advertirse que en algunas provincias se pagaban ademas varias cantidades en especie para cubrir los estipendios. Los naturales de Zambales daban 2,500 cabanes de palay en este concepto y para racionar la tropa: con lo cual quedaba un sobrante como de 500 cabanes. En las prov. de Pangasinan y Cagayan se hacia lo mismo: la última pagaba 6,600 cabanes de arroz-cáscara, con lo que venian á quedar sobrantes como unos 1,000 cabanes.

Pero lo mas considerable sobre esta base ya de suyo tan ventajosa, eran las rentas estancadas, pues la del vino en el mismo año de su establecimiento (1712) empezó rindiendo un producto de 10,000 ps. fs. cuyo producto se aumentó luego considerablemente; la del tabaco creada en 1781 dejó ya en 1808 una utilidad líquida de mas de 500,000 ps. fs. El producto de la aduana de Manila era tambien considerable. En el artículo de aquella capital veremos mas particularmente cual fuera este desarrollo de la riqueza de la Colonia, limitándonos ya al de su poblacion por ahora.

Ya hemos visto como en los últimos años del siglo próximo pasado y primeros de este, el estado político de Filipinas presentaba en 25 prov. 1.522,221 almas, y 312,251 tributos, y segun los estados de poblacion publicados de órden del Excmo. Ayuntamiento de Manila esta poblacion fué acrecentándose, de modo, que en 1805 el número de almas ascendia á 1.741,234; en 1812, á 1.933,331; en 1815, á 2.502,992; en 1817, á 2.062,805; y en 1818, á 2.106,836; hallándose divididas estas islas en 31 jurisdicciones, alcaldías mayores, corregimientos y gobiernos, con inclusion de la ciudad y plaza de Manila. Los tributos siguieron el mismo incremento que la poblacion, pues en 1805, habian ascendido á 547,841; en 1812, á 582,507; en 1815, á 585,568; en 1817, á 412,679 y en 1818, á 436,047. Varios antecedentes que tenemos á la vista, y de cuya exactitud no respondemos, fechan en 1829 una pobl. de 2.593,287, y en 1833, la de 3.153,290. La guia de Manila del año de 1840 presenta una pobl. de 3.209,077 alm., y comparada con la que hemos visto se contaba en 1735, aparece que las 837,182 alm. de aquella época eran á las de 1840 como 1 á 5 $^7/_8$, proporcion que representa un 284 $\frac{1}{2}$ por 100 en los 105 años. En los 5 años sucesivos se presenta la poblacion de Filipinas elevándose en un 1 $^5/_7$ por 100 al año, de modo que en 1845 era de 3.488,258 el número de sus almas. En la misma época eran 697,056 sus tributos, que hacian á aquellas como 1 á 5 $^1/_{26}$, y habiendo continuado elevándose, han venido á ser aquellas 3.815,878, segun resulta de la Guia correspondiente al año 1850.

Vista ya la poblacion general de Filipinas por lo que resulta de los empadronamientos de sus prov. y el órden por que se ha ido elevando á su situacion actual, réstanos hacer ahora una ligera clasificacion de ella. En el número de almas resultivo del cuadro anterior segun los antecedentes mas modernos que poseemos, se hallan comprendidos mas de 400 españoles radicados en varias prov., sin que exista alguno en otras, como en las de Samar, Antique, Laguna y Nueva-Vizcaya. Con arreglo á los mismos antecedentes se comprenden tambien 8,584 mestizos de españoles establecidos particularmente en las prov. de Tondo, Cebú, Bulacan, Albay, Iloilo, Cavite, Pampanga é Ilocos-Sur. Tambien hay 180,173, entre los cuales hay 62,669 tributantes, que representan 31,534 $\frac{1}{2}$ tributos, los cuales son á las almas como 1 á 5 $^3/_4$: la mayor parte de estos mestizos tienen su residencia en la prov. de Tondo, y despues sigue gradualmente de mas á menos en las de Bulacan, Pampanga, Cavite, Cebú, Batangas, Bataan y Nueva-Ecija. Asi mismo deben citarse los chinos ó sangleyes, que son en número de 9,901, de los cuales 8,540 estan en la prov. de Tondo sin los que haya en la de Capiz, Albay, Caraga, Samar, Camarines-Norte, Mindoro, Abra, ni en la comandancia de Ticao y Masbate. Las franquicias concedidas por el gobierno superior de las islas en 5 de agosto de 1850 á los hacenderos y labradores, que introduzcan colonias de chinos y la capitacion determinada á toda clase de estos, ha dado ya un notable aumento al número de los establecidos en el pais. Aun pudieran nombrarse varios estrangeros radicados en esta prov.; pero son en muy escaso número. Los demas son indigenas, los cuales sobre el aumento producido, que constantemente presentan por el desarrollo de la poblacion en que se hallan estas islas, se acrecientan á favor de las nuevas adquisiciones, que la civilizacion va realizando por cada dia sobre los pueblos independientes; los datos mas modernos que sobre el número de estos, que segun se han podido calcular ó empadronar, tenemos á la vista, cuales son los suministrados por el Sr. Nuñez Arenas en sus Memorias, producen el siguiente estado.

PROVINCIAS.	PUEBLOS Ó DISTRITOS.	NOMBRES DE LAS TRIBUS.	NÚMERO DE ALMAS.	OBSERVACIONES.
ILOCOS-NORTE...	Montañas interiores de la prov.	Tinguianes.	1,400	Infieles reducidos.
		Negritos.	115	
		Id..	23	Nuevos cristianos que no tributan.
ILOCOS-SUR......	La mayor parte en los pueblos de Narvacan, Candon, Sta. Cruz, Santiago y Sta. María.	Igorrotes.	4,354	Infieles reducidos.
		Tinguianes.	1,889	
		Negritos.	145	
		Id..	675	
DEL ABRA.......	En las montañas interiores.	Igorrotes.	6,950	Infieles reducidos y alzados.
		Tinguianes.	5,456	
		Guinaanes.	170	
		Alzados de todas clases.	5,000	
PANGASINAN.....	En la cordillera grande.	Igorrotes.	11,000	No son mas que infieles calculados.
	En los montes limítrofes con Zambales..	Aetas.	4,000	
	Cerca de San Miguel de Camiling.	Id.	52	
NUEVA-VIZCAYA.	En los montes y en el nuevo pueblo del Alamo que se ha formado de la tribu de los.	Quianganes.	2,500	Empadronados.
		Diversas castas.	22,192	Infieles calculados.
		Id.	535	Infieles reducidos.
NUEVA-ECIJA.....	En las montañas.		441	Id.
ZAMBALES........	En los montes.	Diversas castas.	2,155	Id.
	Y los pueblos de la Alhambra.	Id.	460	Empadronados en la Alhambra.
	Y Sta. Fé.	Id.	375	Id. en Sta. Fé.
		Buquiles, Aetas y Abunlones.	600	No reducidos.
PAMPANGA.......	En las misiones de Capas y Mabalacat.		100	Infieles reducidos.
BATAAN.........	En Abucay, cabecera, y los montes de los demas pueblos.	Negritos.	1,096	Id.
TAYABAS.........	En la cabecera, Mauban y Gumaca..	Negritos.	632	Reducidos.
CAMARINES-SUR..	En los montes próximos á las poblaciones..		4,886	Infieles reducidos.
	En el Isaroc..	Cimarrones.	8,000	Infieles calculados.
	En la Iriga.	Id.	500	Id.
	En el Buhí.	Id.	300	Id.
	En la cordillera de Caramuan..	Id.	4,000	Id.
ALBAY...........	En los montes.	Negritos.	516	Id.

MISAMIS.........		Moros.	18,595	Reducidos.
		Id.	51,150	Calculados.
		Monteses. . . .	1,355	Reducidos.
		Id.	5,755	Calculados.
CARAGA..........			252	Infieles reducidos.
ZAMBOANGA......	Montes centrales.		67	Id.
	Cerca de la punta de Balotampon. . .		125	Moros calculados.
SAMAR.............		Cimarrones y monteses.	25,964	Calculados.
DE NEGROS......	En varios puntos. . .	De varias castas. . .	735	Infieles reducidos.
	En la cordillera que va desde la cabecera á Cauayan.	Carolanos.	2,322	Calculados.
	En los montes que dividen la isla.	Otra raza semejante á la anterior. . .	2,045	Id.
	Al N. y S. de la prov. y aun en el centro de la misma.	Negros.	3,475	Id.
ANTIQUE.........		De raza indeterminada.	1,962	Infieles reducidos.
		Negritos y Mundos. .	4,905	Calculados.
ILOILO..........	En varios puntos. .	De raza indeterminada.. .	533	Infieles reducidos
	En las cordilleras. .	Negritos. . . .	500	Infieles calculados.
		Mundos.	5,000	Id.
CEBÚ	En varios puntos.		4,905	Infieles reducidos.

FILIPINO (archipiélago): (v. FILIPINAS islas).

FILIPINO: el natural de Filipinas; el que ha nacido en estas islas.—Todo lo perteneciente á ellas.

FILOMENA (Santa): barrio del pueblo de Bacarra, en la isla de Luzon, prov. de Ilocos-Norte; hállase SIT. en la costa, á muy corta distancia de su matriz, con la que damos su POBL., prod. y trib.

FLE

FLECHAS (punta de las): hállase en la costa S. E. de la isla de Paragua, prov. de Calamianes; SIT. en los 125° 10' 30'' long., 10° 14' 10'' lat., en el término de Barbacan.

FLECHAS (punta de las): prominencia que se halla en la costa S. de Mindanao, en el territorio del sultanato de esta isla; SIT. en los 126° 50' long., 7° 6' lat., á la izq. de la entrada de la bahía de Illanos.

FOR

FORTUN: islote adscrito á la prov. de Batangas; SIT. en los 124° 10' long., 14° 3' lat.; tiene una milla de largo y ⅛ leg. de ancho, siendo por consiguiente de muy poca consideracion.

FRA

FRAILE (el): islote que se halla á la entrada de la bahía de Manila; SIT. en los 124° 18' 30'' long., 14° 20' 10'' lat., ¾ leg. al N. de la costa de la prov. de Cavite.

FUE

FUEGO (punta del): hállase en la isla de Luzon, prov. de Batangas; SIT. en los 124° 14'

50″ long., 14° 7′ 30″ lat., en la costa O. de la prov. y en el térm. de Nasugbu.

FUG

FUGAY: punta de la costa N. de la isla de Luzon, prov. de Cagayan; hállase sɪᴛ. en los 125° 32′ long., 18° 17′ 30″ lat., en el térm. de Buguey.

FUL

FULAY: rio de la isla de Luzon, en la prov. de Cagayan; tiene su origen al pie de la gran cordillera, que divide la prov. de Nueva-Ecija de la de Cagayan y Nueva-Vizcaya, en los 125° 34′ long., 17° 52′ 30″ lat., dirige su curso hácia el O. y recibiendo un afluente por la derecha, va á desaguar al rio grande de Cagayan, junto al pueblo de Alcalá, en los 125° 17′ 30″ long., 17° 55′ lat., despues de haber corrido unas 8 leg. Este rio de bastante caudal y curso es importante, porque sus aguas se aprovechan para el riego de varias tierras, y para atender á las necesidades demésticas del pueblo de Alcalá. Entre sus arenas arrastra algunas partículas de oro, que los naturales de sus inmediaciones aprovechan por medio del lavado de las arenas.

FUR

FURAO; pueblo, que forma jurisd. civil y ecl. con el de Gamu, en la isla de Luzon, prov. de Nueva-Vizcaya, dióc. de Nueva-Segovia; hállase sɪᴛ. en los 125° 13′ 50″ long., 17° 3′ 50″ lat., á la orilla izq. del rio Magat, en terreno llano, y su cʟɪᴍᴀ es templado y saludable. Tiene como unas 92 casas, en general de sencilla construccion, distinguiéndose la casa parroquial y la llamada tribunal ó de justicia. Hay cementerio que es bastante capaz y ventilado, y tiene caminos regulares por medio de los cuales se comunica con los pueblos inmediatos. El térm. es lo mismo que el de Gamu (su matriz) de donde dista 1 ½ leg.: en Gamu damos la descripcion del terreno, prod., ind. y com.; pues son iguales las de este pueblo á las de aquel su matriz: ᴘᴏʙʟ. 555 alm., 147 trib., que ascienden á 1,870 rs. plata, equivalentes á 5,675 rs. vn.

G

GAB

GABAO: nuevo barrio de cristianos, dependiente en lo civil y ecl. de Santiago, en la isla de Luzon, prov. de Ilocos-Sur, dióc. de Nueva-Segovia. Ha sido fundado en estos últimos años por el actual cura párroco de la matriz, Fr. Dámaso Bieytez. ᴘᴏʙʟ., prod. y trib. con la matriz (v).

GABON Ó DACUER: monte de la isla de Luzon, en la prov. de Ilocos-Norte; su cúspide viene á estar en los 124° 28′ long., 18° 18′ 30″ lat., es de bastante elevacion y muy fragroso; encuéntranse en los bosques de que abunda, muy buenas maderas de construccion, mucha caza de diferentes clases y bastante miel y cera, que depositan las abejas en los huecos de los troncos de los árboes. Se halla en el tém. de Pasuquin, de cuyo pueblo dista unas 4 leg. al E.

GABOT: ensenada en la costa O. de la isla de Luzon, prov. de Ilocos-Norte; hállase su embocadura entre los 17° 56′ 30″ lat. (punta Gabot), 18° 3′ id. (punta Manglanis), por los 124° 8′ 50″ long., y penetra en tierra hasta los 124° 11′ long., en los 17° 59′ 50″ lat.; en el estremo N. de esta ensenada se halla el puerto de Currimao; sus costas están llenas de escollos, y por ellas desembocan 2 riach.; su centro se halla unas 2 leg. al N. del pueblo de Badoc.

GABOT: punta de la costa O. de la isla de

Luzon, prov. de Ilocos-Norte; hállase sit. en los 124° 8′ 30″ long., 17° 56′ 30″ lat.: á su der. está la ensenada de su mismo nombre y á la izq. el puerto de Lazo; dista 1 leg. al N. del pueblo de Badoc.

GABRIEL (San): barrio del pueblo de Binondo, prov. de Tondo, extramuros de la capital; hállase sit. á la orilla der. del r. Pasig y próximo á la matriz, de la que distará unas 200 varas. Tiene una espaciosa plaza y una iglesia, con su casa parr. de piedra, destinada para los chinos convertidos al cristianismo: suele estar servida por un cura regular de la órden de Sto. Domingo, que para el efecto está perfectamente instruido en el idioma de aquellos. Ultimamente, por decreto del diocesano, con aprobacion del vice-patrono, se ha mandado que los chinos cristianos esten sujetos á los curas donde residen; y al de Binondo se le previene que un coadjutor pagado por él, administre el pasto espiritual á los chinos en la espresada iglesia de San Gabriel.

GABRIEL (San): barrio del pueblo de Narvacan, en la isla de Luzon, prov. de Ilocos-Sur; hállase sit. á corta dist. de este pueblo, en terreno llano, y clima templado y saludable. pobl., prod. y trib. (v. la matriz.)

GABRIEL (San): barrio del pueblo de Macaveve, en la isla de Luzon, prov. de la Pampanga; sit. en terreno llano á muy corta dist. de su matriz, con la cual damos su pobl., prod. y trib.

GABUNG: islita al S. O. de la de Bugsuk; se halla sit. su centro en los 120° 51 long., 9° 30′ lat., tiene cerca de una leg. de larga y poco mas de ¼ leg. de ancha; pertenece al sultanato de Joló.

GAG

GAGALAÑGIN: barrio del pueblo de Tondo, en la prov. de este mismo nombre: hállase en terreno llano, no muy lejos de su matriz, con la cual damos su pobl., prod. y trib.

GAJ

GAJO: punta de la isla de Luzon, en la

prov. de Albay: hállase sit. en los 127° 41′ 40″ long., 15° 4′ 30″ lat., en el seno de Albay y térm. de Bacon.

GAL

GALBAN: (v. baliraco, punta.)

GALERA (puerto): es uno de los de la isla y prov. de Mindoro; hállase comprendida su boca entre los 13° 28′ 30″ long., 13° 31′ 30″ id., en los 124° 40 long., y penetra en la costa hasta los 124° 38′ long., en los 13° 29′ 30″ lat.; muy próximo á la costa se halla el pueblo, que tomando este mismo nombre, se llama puerto galera (v).

GALERA (punta): hállase en la isla de Mindanao, en la costa N. del territorio de las tribus independientes; sit. en los 126° 6′ long., 8° 5′ lat.

GALERA pueblo: (v. puerto galera).

GAM

GAMU: pueblo con cura y gobernadorcillo, en la isla de Luzon, prov. de Nueva-Vizcaya, dióc. de Nueva-Segovia; sit. en los 125° 20′ long., 17° 4′ 30″ lat., próximo á las orillas de los rios Magat y grande de Cagayan, en un valle que se estiende al S. y al N. N. O.: los lodazales que en él se forman hacen que su clima sea húmedo en el otoño; y tambien es cálido en el verano, por la falta de bosques y arbolados. Las enfermedades mas comunes son diarreas, tercianas, viruelas, calenturas intermitentes y sarna. Tiene con su visita ó anejo Furao como unas 214 casas, 12 de ellas de tablas y las restantes de caña y nipa; pero estas últimas parece se van estinguiendo conforme van sustituyéndose por las de tablas. La igl. parr. que es de buena fábrica, se fundó bajo la advocacion de Sta. Rosa de Lima, y se halla servida por un cura regular; es matriz de Furao. Hay casa llamada tribunal ó de justicia, que sirve tambien de cárcel en algunas ocasiones: la corporacion nombrada tribunal ó ayuntamiento se compone de un gobernadorcillo, un teniente mayor de justicia, teniente del barrio de Furao, un alguacil, un juez de palmas y otro de sementeras. Cada tributo tiene obligacion de pagar una mano de tabaco al común, lo cual constituye el presupuesto de este, añadiéndose ademas la cantidad de 90 pesos que pagan por reservarse de servicios personales, 2 tributos por cada cabeceria; viniendo á componer todo lo que se recauda en ambos conceptos, como unos 160 ps. Con estos fondos se atiende á la dotacion (aunque esta no es fija) de las dos escuelas que hay, una para niñas y otra para niños. El piso de las calles no es bueno, pero estas son anchas y tiradas á cordel. El cementerio se halla fuera del pueblo, el cual es bastante capaz y ventilado. Pasa por este pueblo la carretera general de la isla, que viniendo de Tuguegarao al N., se dirige á Manila por Cauayan, Camarag etc., al S., de donde recibe el correo semanal establecido en la isla. El TERM. confina por N. con el de Ilagan, (dist. 2 leg. al N. N. E.); por S. con el de Cauayan, (á 2 ¼ leg.); por O. con los montes habitados por negros salvages; y por E. con las rancherías de infieles de Catalangan. El TERR. en general es llano y muy fertil, hallándose bañado por los rios Magat y Cagayan. Puede decirse muy bien que este terr. se halla casi todo rodeado de montes, los cuales forman los límites de su térm. En ellos abundan escelentes maderas de construccion, caza mayor y menor, como búfalos, venados, jabalíes etc.; muchas clases de bejucos y varias de cañas. Encuéntrase todo esto en los montes mas retirados; pero los mas cercanos como el Bunnay, el Ballucu y el Alecú, solo producen cogon, carrizales, bonga y varias clases de cañas. PROD.: la principal de todas es el tabaco, despues maiz, poco arroz, ajos, cebollas, frijoles etc. IND.: casi toda consiste en la agricultura. COM.: la esportacion del tabaco que es en en gran cantidad y ademas algun maiz, cerdos etc.; y la importacion de aguardiente, mantas ordinarias, y herramientas para la labranza. POBL. 1,288 almas., 309 ½ trib., que ascienden á 3,095 rs. plata, equivalentes á 7,757 ½ rs. vn.

GAMU: punta en la isla de Luzon, en la prov. de Tayabas: hállase SIT. en los 125° 39' long., 13° 58' 10" lat., en la bahia de Lamon y en el térm. de Gumaca.

GAPAN ó GAPANG: pueblo con cura y gobernadorcillo, en la isla de Luzon, prov. de Nueva-Ecija, dióc. del arz. de Manila; hállase SIT. en los 124° 39' 10" long., 15° 21' lat., en terreno llano, orilla izq. del r. que toma el nombre del pueblo: su CLIMA es templado y saludable. Fué fundado en 1595, y en el dia tiene como unas 2,900 casas, en general de sencilla construccion, aunque la importancia que ha dado á este pueblo la considerable factoria de tabacos establecida en él, ha hecho que se hayan construido bastantes de piedra y tabla. La casa Factoría es un buen edificio de piedra, grande y cómodo, en el cual viven el factor y sus dependencias: con motivo de este establecimiento suele haber bastantes españoles, cuyo gusto ha contribuido no poco á la mejora del pueblo. Tambien son notables entre los edificios de éste, la casa parroquial y la llamada tribunal ó de justicia, en la cual está la cárcel. Hay escuela de primeras letras, dotada de los fondos de comunidad, y es bastante concurrida; la igl. parr. es de buena fábrica, está bajo la advocacion de los Santos Reyes, y se halla servida por un cura regular. Dependen de esta parr. los barrios llamados de San Nicolás, Santo Cristo, Santa Cruz, San Roque, San Vicente, San Lorenzo, Paombong, Mapisong, Rio-Chico, Calim, Papaya, Manicling, Tambó, Nieves, San Anton, Castellano y Manhanuang, el que mas á dist. de dos horas. Próximo á la igl. se halla el cementerio, en buena situacion y ventilado. Comunícase este pueblo con sus inmediatos por medio de caminos regulares, y recibe de Cabanatuan, cab. de la prov., el correo semanal establecido en la isla. El TERM. confina por N. con el de Cabanatuan (dist. 2 ¾ leg.); por S. con San Miguel de Mayumo (dist. 4 leg.); por O. con la prov. de la Pampanga; y por E. con la gran cord. de montes, que se estiende de N. á S. por la prov. de Nueva-Ecija. El TERRENO es llano hácia el O., y muy montuoso por la parte del E.; hallándose bañado por el r. arriba mencionado, que fertiliza una parte de sus tierras. En los montes de esta jurisd. se cria mucho arbolado; de ellos se sacan maderas de construccion y ebanisteria, como molave, narra y ébano; hay caza, como búfalos, jabalíes, venados, etc., y tórtolas, gallos, etc.; en los huecos de los troncos de los árboles y demás parajes abrigados depositan las abejas buena cera y miel. En la parte reducida á cultivo la principal es la prod. del tabaco, cuya calicad es escelente, y los naturales lo cultivan con esmero; se compra en la factoría, donde se acopia en gran cantidad. Tambien se coge abundancia de arroz y bastante azúcar. IND.: la principal ocupacion de los hab. de este pueblo, además de la agricultura y beneficio de sus productos, y la caza, consiste en la estraccion del oro de que abundan los montes de sus inmediaciones; aprovechando además las partículas de este precioso metal, que arrastran los r. entre sus arenas, por medio del lavado de las mismas. POBL. 17,403 alm., 3,048 trib., que ascienden á 30,480 rs. plata, equivalentes á 76,200 rs. vn. El nombre de este pueblo es muy notable por encabezar un distrito tan feraz como lo es el suyo en tabaco, y de cuyo art. se sacan cantidades considerables. Tambien es célebre por varios hechos históricos, entre los cuales debe citarse la sublevacion ocurrida el año 1646. Sus naturales se alborotaron, y durante mucho tiempo tuvieron alarmados todos los pueblos de la comarca por las fechorías que cometieron con varios indios de los que se mantuvieron fieles, y solo despues de mucho tiempo, merced á los esfuerzos y celo verdaderamente apostólico de los RR. PP. Fray Juan de Abarca, cura á la sazon de este pueblo, y Fr. Diego Tamayo, que penetraron en la fragosidad de los montes donde aquellos se hallaban refugiados, y pudieron reducirlos de nuevo á la vida civil.

GAR

GARLIT: visita ó anejo del pueblo de La Paz, en la isla de Luzon, prov. de la Pampanga: hállase SIT. en terreno llano, en los 124° 46' long., 15° 28' 30'' lat.; dist. una leg. al O. de su matriz, con la cual damos su POBL., prod. y trib.

GARTAN: r. de la isla de Luzon, prov. de la Pampanga: tiene su origen en los 124° 47' long., 15° 6' 20'' lat., al pie de los montes, que dividen esta prov. de la de Nueva-Ecija; corre en direccion al O. unas 4 leg., y va á desaguar en el Pinac de Candava, á los 124° 38' long., 15° 5' 10'' lat.; bañando en su curso el pueblo de San Miguel. Este r. aunque de escaso caudal, es de bastante utilidad á los hab. de sus orillas; pues ademas de las ventajas que les proporciona para el riego, aprovechan sus aguas para beber y demás usos domésticos; tambien sacan de entre las arenas que arrastra en su curso, alguna cantidad de oro.

GARZA (punta de la): hállase en la costa S. O. de la isla de Marinduque, adscrita á la prov. de Mindoro: SIT. en los 125° 35' long., 13° 15' lat.; en el térm. del pueblo de Gazan.

GAS

GASAKAN: pueblo de la isla de Mindanao, perteneciente al sultanato de esta isla; se halla SIT. en los 125° 53' long., 7° 43' lat., sobre la costa S. de la isla, en una ensenada que se forma á la derecha de la entrada de la bahía llamada de Illanos.

GASAN ó GAZAN: pueblo con cura y gobernadorcillo, en la isla de Marinduque, adscrita á la prov. de Mindoro, dióc. del arz. de Manila; SIT. en los 125° 36' 20'' long., 13° 18 lat., en terreno llano, sobre la costa O. de la isla, á la orilla izq. de un r.: disfruta de buena ventilacion, y su CLIMA es templado y saludable. Tiene unas 277 casas, en general de sencilla construccion, distinguiéndose la casa parroquial, y la llamada tribunal ó de justicia, donde está la cárcel. Hay escuela de primeras letras, dotada de los fondos de comunidad, y es bastante frecuentada; tiene igl. parr. de mediana construccion, y está servida por un cura secular. No lejos de la igl. se halla el cementerio, en buena situacion y ventilado. Comunícase este pueblo con sus inmediatos por medio de caminos regulares, y en dias indeterminados recibe de Calapan, cab. de la prov., el correo semanal establecido en la isla de Luzon. El TÉRM. confina por N. con el de Boag, por O. y S. con el mar, y por E. con los montes del centro de la isla, que separan este térm. del de Santa Cruz de Napo. El TERRENO es bastante montuoso, muy fértil y se halla regado por algunos riachuelos; encuéntranse en él bosques donde se cria toda clase de maderas, y árboles frutales; tambien hay caza de jabalíes, venados, tórtolas, gallos, etc., y en los troncos de los árboles y sitios abrigados depositan las abejas bastante cera y miel. En la parte reducida á cultivo cosechan estos naturales arroz, cacao, café, pimienta y todo género de frutas y legumbres, que produce el pais. IND.: la de los hab. de este pueblo consiste solo en el beneficio de sus producciones agricolas, en la caza y en el tejido de algunas telas ordinarias. POBL. 1667 alm., 323 trib., que ascienden á 3,230 rs. plata, equivalentes á 8,075 rs. vn.

GASGAS: monte de la isla de Luzon, en la prov. de Ilocos-Norte; su cúspide se halla en los 124° 28' 30'' long., 18° 5' lat.; es bastante elevado y muy fragoso; en él se crian muy buenas maderas de construccion; muchas clases de cañas, y tambien abundante caza; encuéntrase en el térm. de Santiago, de cuyo pueblo se halla á unas 2 ½ leg. al S. E.

GAT

GATA: islita al O. de la prov. de Leyte; SIT. entre esta y la de Panay, dist. unas 6 leg. al O. de la bahía de Daja.

GATARAN: pueblo, que forma jurisd. ecl. con el de Nasiping, en la isla de Luzon, prov. de Cagayan, dióc. de Nueva-Segovia; hállase SIT. en los 125° 13' long., 18° 6' 20'' lat., en terreno llano, á la orilla izq. del rio grande de Cagayan, defendido de los vientos N. O. por los montes que se elevan hácia esta parte de su término. Su CLIMA es templado y saludable. En el dia tiene 1,863 casas, en general de sencilla construccion, distinguiéndose como mas notables la casa parroquial y la llamada tribunal ó de justicia, donde está la cárcel. Hay escuela de primeras letras dotada de los fondos de comunidad, á la que concurren varios alumnos; é igl. parr. de buena fábrica, servida por el cura regular, que reside en Nasiping. No lejos de la igl. se halla el ce-

menterio en buena situacion y ventilado. Se comunica con sus inmediatos por medio de caminos regulares, y recibe de Tuguegarao, cab. de la prov., el correo semanal establecido en la isla. El TERM. confina por N. con el de Lallo (dist. unas 2 leg.); por S. con el de Nasiping (á tres leg.); por E. con la laguna de Cagayan (á 7 ¼ leg.); por O. con la tribu que habita en los montes que se estienden de N. á S. de esta prov., llamada de Calingas. El TERRENO es muy fertil y llano, por las cercanias del referido rio grande de Cagayan, y montuoso por la parte del E. y O.: riégalo el referido rio, y otro afluente del mismo. En sus montes se crian maderas de todas clases y mucha caza mayor y menor, depositando las abejas bastante cera en los troncos de los árboles y en todos los sitios abrigados. PROD. arroz, maiz, algodon, y tabaco, á cuyo cultivo se dedican con especialidad sus hab.: se cria ganado vacuno, caballar y de cerda: IND. y COM.: la primera se reduce á la agricultura y beneficio de sus productos, y á la pesca, y el segundo consiste en la venta del sobrante de sus productos naturales y agricolas: POBL. 11,180 alm., 504 trib., que ascienden á 5,040 rs. plata, equivalentes á 7,600 rs. vn.

GATBUCA: barrio del pueblo de Calumpit, en la isla de Luzon, prov. de Bulacan; SIT. en terreno llano; le combaten los vientos reinantes en la isla, y el CLIMA es templado y saludable. Hállase próximo á la orilla de un rio, y poco distante de su matriz, con la cual damos su POBL., prod. y trib.

GATE: visita ó anejo del pueblo de Bulan, en la isla de Luzon, prov. de Albay; hállase SIT. en terreno llano, á la orilla derecha de un rio, en los 127° 37' 30'' long., 12° 40' 30'' lat., dist. 1 ¼ legua al E. de Bulan, su matriz, con la que damos su POBL., prod. y trib.

GATIMUYUD: rancheria de infieles, en el térm. del pueblo de Candon, en la isla de Luzon, prov. de Ilocos; se halla SIT. en terreno llano, y dista unas 2 leg. de dicho pueblo.

GATO Ó SUMANCABIBI: islote próximo á la costa O. de la isla y prov. de Masbate: SIT.

entre los 126° 46' 30" long., 126° 47' 30" id., y 12° 30' lat., y 12° 32' lat.; hállase frente á la punta de Daijagan ¼ de leg. distante de esta.

GAU

GAUI: barrio dependiente en lo civil y ecl. de Boljoon, en la isla, prov. y dióc. de Cebú: POBL., prod. y trib. con la matriz, de la que dist. 1 leg. larga. (v.)

GAUMASAN: visita ó anejo del pueblo de Tuao, en la isla de Luzon, prov. de Cagayan; hállase SIT. en los 124° 58' 30" long., 17° 32' lat.; á la orilla izq. de un r., en terreno quebrado, dist. 2 ½ leg. al N. O. de Tuao, su matriz (v.), con la cual damos su POBL., prod. y trib.

GAY

GAYO: isla, en el archipiélago de Joló, perteneciente al sultanato de este nombre; se halla SIT entre los 123° 20' long., 23° 26' id., y 4° 49' lat., 4° 54' id.

GER

GERONA, llamado antiguamente BARUG: pueblo con cura y gobernadorcillo, en la isla de Luzon, prov. de Pangasinan (de cuya cab. Lingayen dista 11 leg.); dióc. de Nueva-Segovia (á Vigan residencia del obispo 41); aud. terr. y c. g. de Filipinas (á Manila 25): se halla SIT en los 124° 9' 30" long., 15° 42' 50" lat., á la orilla der. del r. *Tarlac*, en terreno llano: le combaten comunmente los vientos de N. S. y los generales de la isla, y el CLIMA es templado y saludable; no padeciéndose de ordinario otras enfermedades, que cólicos, disenterias y calenturas intermitentes. Tiene 741 casas, en general de sencilla construccion, distinguiéndose como mas notables por su mejor fábrica la casa parroquial y la llamada tribunal ó de justicia, donde está la cárcel. Hay dos escuelas de primeras letras para ambos sexos, dotadas de los fondos de comunidad, á las que concurren muchos niños de ambos sexos; é igl. parr. bajo la advocacion de Santa Catalina, vírgen y mártir, servida por un cura regular. Al lado de esta se halla el cementerio, en buena situacion y ventilado. Comunícase este pueblo con sus inmediatos por medio de caminos bastante buenos, escepto en la temporada que duran las aguas, que se inundan por algunas partes, pero la inundacion por fortuna dura poco. Los dos principales dirigen á los pueblos de Tarlac y Paniqui. El correo se recibe del general que va á Ilocos-Norte y regresa á Manila. Los hab. de este pueblo se surten de agua para sus usos domésticos de las del rio Tarlac o Chico de la Pampanga. El TERM. confina por N. con el de Paniqui; por E. con el de Nueva-Ecija; por S. con el de Tarlac; y por O. con el de San Miguel y Binaca. Corre por esta jurisd. y baña su territorio el mencionado r. Tarlac ó Chico de la Pampanga, que cruza en direccion de S. á N., y tiene un puente de madera en la parte que corta el camino que dirige á Tarlac. El TERRENO en general es de buena calidad, hallándose fertilizado en parte por el r. arriba espresado. Las principales PROD. son arroz, maiz, añil, legumbres y frutas; se cria ganado vacuno, caballar, de cerda y búfalos; hay caza mayor y menor, esta es de aves de varias clases y aquella de venados; hay pesca del llamado dalag y otros. IND.: la agricultura y el beneficio de sus prod., la caza, la pesca y la cria de animales. POBL. 4,444 alm. 1,030 trib., que ascienden á 10,300 rs. plata, equivalentes á 25,750 rs. vn.

GIB

GIBON: visita ó anejo, que forma jurisd. civil y ecl. con los pueblos de Butuan, Talacogon, Linao, Tubay, Mainit, Jabonga y Gingoo ó Pingoog, en la isla de Mindanao, prov. de Caraga, dióc. de Cebú: se halla SIT. á orilla de un afluente ó brazo de r., que se reune de Butuan, en terreno llano: le combaten los vientos reinantes, y el CLIMA, aunque bastante cálido, es saludable. Tiene como unas 82 casas de sencilla construccion, no habiendo entre ellas otra de mejor fábrica, que la llamada tribunal ó de comunidad. La administracion espiritual de este pequeño pueblo, que se calcula como de 495 alm., corre á cargo del cura regular de su matriz Butuan. Sus hab. se dedican al comercio, y á la recoleccion de cera, que depositan las abejas en los troncos de los árboles y en todos los sitios abrigados. La pobl. y trib. se incluyen en el estado general de la prov. (v.) Este pueblo dista de su colateral Talacogon como unas 4 leg., con el cual se comunica por medio de un camino en malísimo estado.

GIG

GIGANTAUGAU : islote al N. O. de la isla y prov. de Leyte, dist. de su costa una leg. y se halla sit. su centro en los 127° 51′ long., 11° 34′ 30″ lat.; tiene una milla de ancho y poco mas de largo. Como punto inhabitado y de ninguna importancia geográfica y política, apenas es digno de mencionarse.

GIGANTES : pequeño grupo de islas conocidas con este nombre, en el archipiélago filipino, al N. E. de la isla de Panay, á muy corta dist.: hállanse sit. entre los 126° 57′ long., mas 4′ id. al N. E., y los 11° 29′ 30″ lat., mas 6′ id al N., son poco conocidas y se hallan despobladas.

GIGAQUIT : pueblo, que forma jurisd. civil y ecl. con los de Surigao, Jaganaan, Placer, Bacnag, Nonoc, y Dinagat, en la isla de Mindanao, prov. de Caraga, dióc. de Cebú: se halla sit. en la playa, al E. de la prov., junto á un r. abordable á embarcaciones pequeñas y que calen poca agua ; tiene muy mala barra: le combaten los vientos reinantes, y el clima, aunque cálido, es bastante saludable. Cuenta en la actualidad esta visita como unas 348 casas, en general de sencillísima construccion, distinguiéndose como de mejor fábrica la casa llamada tribunal. Estos naturales se hallan asistidos en lo espiritual por el cura regular de Surigao, que es la cab. de la prov.: se dedican al cultivo de muy pocas tierras; pues su principal ind. consiste en la fabricacion del vino de nipa, en la cosecha de cocos, que venden á la cab. de la prov. y pueblos inmediatos: tambien se ocupan en la pesca. Este pequeño anejo, cuya pobl. se calcula en unas 2,085 alm., lo mismo que los trib. que estas

pagan, se incluyen en Surigao, que es la matriz. Dista de su colateral Bacuag como cosa de una leg.

GIGUAN : isla adscrita á la prov. de Samar; hállase sit. al S. E. de ella entre los 129° 23′ long., 129° 27′ id., 10° 57′ lat., y 11° 2′ id.; tiene como unas 2 leg. de larga y poco mas de ¼ de ancha, viniendo á ser por un promedio 1 leg. cuadrada lo que tiene esta isla. En su parte interior tiene bosques arbolados de diferentes clases de maderas de construccion, y caza mayor y menor ; encontrándose en los troncos de los árboles y en los huecos de las rocas cera y miel, que depositan las abejas. Sus costas abundan en pescado, pero son peligrosas y de difícil arribada.

GIGUASAYAN : r. de la isla de Luzon, en la prov. de Tayabas; tiene su orígen en los 126° 1′ long., 13° 50′ lat., al pie de los montes que se estienden por el centro de la isla: se dirije en direccion al E. y despues de haber corrido unas 2 ¼ leg., va á desaguar en el seno de Guinayangan, por la costa E. de la prov., en los 126° 8′ 30″ long., 13° 49′ 50″ lat., atravesando por el térm. de Guinayangan. Este r., aunque muy poco caudaloso en tiempo de secas, se presenta bastante notable en la época de las lluvias, siendo en general sus aguas de poquísima utilidad á los hab. de sus inmediaciones, ni para el beneficio de las tierras, ni para los usos domésticos.

GIL

GILLANG : pueblo de la isla de Mindanao, perteneciente al sultanato de esta isla ; hállase sit. en los 128° 48′ long., 7° 14′ 30″ lat., á la orilla derecha de un riachuelo.

GIM

GIMALALUD : visita ó anejo, en la isla y prov. de Negros, dióc. de Cebú, dependiente en lo civil y ecl. de Tayasan, con el cual damos su pobl., prod. y trib. Hállase á larga dist. de su matriz.

GIMENEZ : pueblo fundado en 1849, en la isla de Mindanao, prov. de Misamis, dióc.

de Cebú. Consta de 56 casas de sencilla construccion, distinguiéndose como mas notables la casa tribunal y la iglesia. Sus naturales han fabricado un baluarte de madera para defenderse de las bárbaras acometidas de los piratas moros. Como pueblo de reciente creacion se halla exento de pagar tributos, con el fin de que por este medio pueda adquirir la pobl. todo el desarrollo de que es susceptible por la ventajosa situacion que ocupa, y los elementos de riqueza y prosperidad que encierra el territorio de su demarcacion. IND.: los naturales de este pueblo se dedican á la estraccion del oro, no solamente de las minas inmediatas, sino tambien de los rios, por medio del lavado de las arenas que arrastran en sus corrientes; siendo este artículo la pesca, y una sencillisima agricultura, los únicos ramos de industria que se conoce entre estos hab., quienes aunque poco tiempo hace se hallan sometidos al dominio de España y convertidos al cristianismo, ya casi todos están bautizados. Se hallan asistidos en lo espiritual por un cura regular. POBL. (v. el estado general de la prov.)

GIMENO: pueblo, fundado en 1849, en la isla de Mindanao, prov de Misamis, dióc. de Cebú. Consta solo en el dia de 38 casas de sencilla construccion, entre las cuales hay 8 hechas, 10 techadas, 12 con salanguntines, 7 con hariguez y la llamada tribunal, que es la de mejor fábrica. Este pueblo como de reciente creacion está exento todavia de pagar tributos, con el fin de que por este medio adquiera la pobl. todo el desarrollo de que es susceptible; aprovechando las ventajas del terreno y los elementos de riqueza que encierra su jurisd. IND.: sus naturales se dedican á la agricultura, á la pesca y á la estraccion del oro por medio del lavado de las arenas, aprovechándose ademas de las minas que existen en la prov. Los hab. de este pueblo, poco hace, sometidos y convertidos á la religion de Jesucristo, han recibido ya en su mayor parte el agua del bautismo. Se hallan asistidos en lo espiritual por un cura regular. POBL. (v. el estado general de la prov.)

GINAMOC: islote junto á la costa S. de la isla y prov. de Samar; es muy pequeño y su centro se halla SIT. en los 128° 43' long., 11° 15' 30" lat., dist. ¼ leg. de la costa. Su escasísima importancia geográfica y política nos escusa dar acerca de él mayores detalles.

GINATILAN: (v. JINATILAN.)

GINATUAN: visita ó anejo en la isla de Mindanao, prov. de Nueva-Guipúzcoa, dióc. de Cebú, dependiente en lo civil y ecl. del pueblo de Bislig, con el cual damos su POBL., prod. y trib. Hállase SIT. á larga dist. de su matriz.

GINATUAN: (v. JINATUAN.)

GINGOO: (v. PINGOOG.)

GLA

GLANG: pueblo de la isla de Mindanao, perteneciente al sultanato de esta isla; se halla SIT. en la costa S. de la misma, en terreno llano, á los 128° 28' 30" long., y 5° 51' lat.

GOA

GOA: pueblo, que forma jurisd. civil y ecl. con el de Dijao, teniendo entre ambos un cura y un gobernadorcillo, en la isla de Luzon, prov. de Camarines-Sur, dióc. de Nueva-Cáceres; se halla SIT. en los 127° 11' 30" long., 13° 15' lat., á la orilla der. de un r., en terreno llano, y CLIMA templado y saludable. Tiene como unas 408 casas, en general de sencilla construccion, distinguiéndose como mas notables la casa parroquial y la llamada tribunal ó de justicia, donde está la cárcel. Hay escuela de primeras letras dotada de los fondos de comunidad, á la que concurren muchos alumnos; é igl. parr. de mediana fábrica, servida por un cura regular. Poco dist. de esta se halla el cementerio en buena situacion y ventilado. Comunícase este pueblo con sus inmediatos por medio de caminos regulares, y recibe de Nueva-Cáceres, cab. de la prov., el correo semanal establecido en la isla. El TERM. comprendido el de Dijao, que se halla á ¾ leg. al S. E., confina por S. con Guinobatan (dist. 3 leg. al S. E.); por N. con el de Polangui (á 1 leg.); por O. con el de Libon (1 ¼ leg. al N. O.); y por E. con el volcan de Albay, y el límite de la prov. de este nombre con la de Camarines-Sur. El TERRENO en su mayor parte es montuoso, pero en la parte llana se halla regado por diferentes r. que lo fertilizan, y le hacen sumamente feraz y productivo: cosechándose en la parte reducida al cultivo, arroz en abundancia, maiz, abacá, algodon, legumbres y frutas. En los montes se crian maderas de todas clases, caza mayor y menor, y cera, que depositan las abejas en todos los parajes que encuentran el necesario abrigo. IND.: la agricultura es la principal ocupacion de estos naturales, y la fabricacion de telas de algodon y abacá. COM.: esportacion de sus prod. agrícolas y fabriles, especialmente el arroz y los tejidos mencionados, esceptuando aquella parte que necesitan los naturales para sus usos ordinarios de vestir, y en la importacion de los art. de que carecen. POBL. 2,448 alm., 701 trib., que ascienden á 7,010 rs. plata, equivalentes á 17,525 rs. vn.

GOG

GOGO: árbol conocido con este nombre en el archipiélago filipino, y que se cria en la mayor parte de sus prov. Este árbol contiene una especie de filamentos, de los cuales se estrae una espuma jabonosa, que es de mucho uso en la Colonia para el lavado de las ropas. Tambien se emplea la espuma de esta sustancia, para precipitar el oro que contienen las arenas de los r., para cuyo objeto es de gran consumo en todo el pais.

GOL

GOLO: isla adscrita á la prov. de Batangas: hállase SIT. entre los 123° 58' 50" long., 124° 6' id., 13° 54' 30" lat., y 13° 53' 30" id.; tiene unas 3 leg. de estension N. O. á S. E. ó sea en su mayor largura, y ¼ leg. en su mayor anchura; es muy montuosa y en ella se crian diferentes clases de maderas; está al S. E. de la de Lubang, dist. ¼ milla, y se halla muy inhabitada. Sus costas son muy peligrosas por hallarse rodeadas de escollos y bajíos.

GORDA: punta de la isla de Mindanao, en la costa O. del territorio de las tribus independientes; hállase SIT. en los 125° 1' long., 7° 56' 10" lat.

GORDA: (v. PUSGO, punta.)

GORRION: islote junto á la costa S. O. de la isla de Burias; es muy pequeño y su centro se halla en los 126° 50' long., 12° 47' 30" lat.: de él se desprende, formando un círculo prolongado hácia el S. E., el bajo llamado Engañoso: dista de la costa ¼ de leg.

GRA

GRANDE: r. de la isla de Luzon, en la prov. de Albay; tiene su origen en los 127° 45' long., 12° 58' lat., al pie de los montes que se estienden por todo el centro de la prov.: sin embargo del nombre que lleva es bastante pequeño y de muy poca consideracion; corre po comas de 1 leg. de N. O. á S. E., y va á desaguar en el mar á los 127° 45' 10" long., 12° 35' lat., despues de pasar por la inmediacion del pueblo de Manog, que está muy próximo á la costa, y cuyos hab. le llaman r. Grande, relativamente á otro que desagua por la der. del mismo pueblo, que es un riach. muy pequeño.

GRANJA (La): barrio en la isla de Panay, prov. de Antique, dióc. de Cebú, dependiente en lo civil y ecl. de Antique, dist. 1 leg. corta. En este barrio se encuentran señales de la existencia de minas de oro, cuyo beneficio aprovechan sus naturales. POBL., prod. y trib. con la matriz (v).

GRE

GREGORIO (San): mision, que forma jurisd. ecl. con la de la Paz; tiene un gobernadorcillo; en la isla de Luzon, prov. del Abra, dióc. de Nueva-Segovia; hállase SIT. en los 124° 7' long., 17° 50' lat., en terreno llano, á la orilla izq. del rio Soot; disfruta de buena ventilacion, y su CLIMA, aunque cálido, es saludable. Esta mision llamada en otro tiempo Magpala, fué fundada por el M. R. P. Fr. Bernardo Lago poco despues que la de Paz. La igl. se fundó bajo la advocacion de San Gregorio, y se halla servida por el mismo misionero de la Paz. Tiene esta mision unas 112 casas todas de muy sencilla construccion. Como todo pueblo que empieza á formarse, es todavia de muy escasa importancia, y careciendo, como carece, de un obrero evangélico, que asista de cerca á sus hab., sus adelantos son muy escasos, asi en la parte intelectual como en la material. Al N. de la igl. se halla el cementerio, que es bastante capaz y disfruta de buena ventilacion; al O. de la misma está sit. el barrio llamado de Palay, que comprende unas 13 casas. Baña el TERR. el referido rio Soot y el del Abra; confina al N. con el monte Balbal-loco (á 1 leg); al O. con el de Toan (á ¼ id.); al E. con la Paz, y al S. con dicho rio Abra. El TERRENO se halla todavia en su mayor parte sin desmontar, siendo este en algunos parages de tierra gredosa y colorada. Abundan en él los montes, en los que se crian buenas maderas de construccion, como molavin, banaba, narra, panurapin, sasalugen etc. Aplicándose sus naturales á la agricultura van logrando algun beneficio de estas tierras; las que en el dia se hallan reducidas al cultivo, dan como principales PROD. maiz, mijo, ajonjoli, camote, caña dulce, algodon etc. IND.: la agricola constituye casi toda la de este pueblo ó mision, ocupándose tambien las mugeres en la fabricacion de telas de algodon para los usos domésticos, y el sobrante lo llevan á la Paz, desde donde se esporta para Bucay y otros pueblos; consistiendo en esto y en la estraccion del palay todo su com. Es sensible que este y otros pueblos semejantes á él, pudiendo adquirir un gran desarrollo por las circunstancias especiales que en ellos concurren, no tengan un misionero para cuidar de la educacion de estos pueblos. En San Gregorio hay tan solo una escuela para los niños, y esta se halla sin dotacion por carecer de fondos el comun. Si hubiese un ministro evangélico, dedicado esclusivamente á la educacion moral de sus feligreses, trabajando con celo y actividad por adelantar su civilizacion inspirándoles al propio tiempo un grande amor al trabajo, es indudable que podria adquirir esta poblacion todo el desarrollo de

que es susceptible; pues hallándose rodeado de rancherias de infieles de diferentes castas, cada dia aumentaria su poblacion, con todos aquellos que, conociendo la luz del evangelio, y participando de los innumerables beneficios que proporciona, vendrian á aumentar la gran familia del cristianismo y el número de los leales súbditos de S. M. católica la reina de las Españas.

En la actualidad cuenta esta mision 651 almas y paga 58 trib., que ascienden á 580 rs. plata, equivalentes á 1,450 rs. vn.

GUA

GUADALUPE: santuario SIT. á 2 leg. E. S. E. de Manila, sobre un gran peñasco que se eleva á la orilla izq. del r. Pasig; su altura es tan notable, que para llegar á él se suben algunos centenares de escaleras, formadas en la misma piedra. Desde allí domina toda la prov. de Tondo y la bahía, siendo por consiguiente uno de los puntos mas pintorescos del archipiélago. Combátenle todos los vientos, y su CLIMA es templado y saludable. Fué fundado en el año 1601: es un buen convento á cargo de los PP. Agustinos calzados, quienes tienen siempre en él un prior, que suele ser de aquellos ya envejecidos en el servicio espiritual de las misiones. Su fábrica es de piedra y la igl. es de bóveda muy notable. La sanidad de este punto, la comodidad del edificio, y la instruccion que suele adornar al R. P. Prior, que lo tiene á su cuidado, son circunstancias que lo hacen muy concurrido de enfermos que vienen á restablecerse en este santuario, y de jóvenes, que en él hacen sus estudios, circunstancias que la dan una grande importancia, y la hacen muy útil á la Colonia. Es tambien sumamente notable por la famosa fiesta de San Nicolás, que el dia de este santo (10 de setiembre) celebran en este santuario los chinos infieles establecidos en Manila, atrayendo toda la poblacion de aquella ciudad. Asombra por cierto, y es muy significativo para el hombre pensador, que sabe apreciar en lo que valen las costumbres de los pueblos, ver como en el espresado dia, aquellos infieles votan al santuario sus embarcaciones engalonadas, llevando en ellas las músicas de la guarnicion y mil preparativos para el festejo, y suben por el Pasig, formando una procesion espresiva de un sentimiento religioso á lo patriarcal, celebrando con su alegría la veneracion que profesan al santo. En su igl. le ofrece cada uno una gruesa vela encarnada, misas y otras muestras de una fé, que por una parte es doloroso ver que se halla sin su verdadera base, y por otra anuncia como este pueblo está llamado á adquirirla y acrecentar la república cristiana. Es admirable la animacion de este punto en aquel dia; grande el gasto que hacen los chinos mencionados, y no pocos los que, movidos por esta festividad, han abrazado el Evangelio. Todos llevan consigo la estampa de San Nicolás, y apenas hay un chino infiel en Manila, que no la tenga en su casa colocada con gran veneracion al lado de Confucio. Atribúyese el orígen de esta devocion, á que en el principio de la conquista del pais por los españoles, algunos chinos tuvieron noticia de la veneracion que profesamos á San Nicolás, y viéndose un dia muy espuestos en su champan, se acordaron del santo, é invocaron su nombre, y habiendo salido del peligro, lo atribuyeron á su mediacion.

GUADALUPE: barrio y pueblo de San Nicolas, en la isla y prov. de Cebú; hállase SIT. en terreno llano, á muy corta distancia de su matriz, con la cual damos su POBL., prod. y trib.

GUAGUA: pueblo con cura y gobernadorcillo, en la isla de Luzon, prov. de la Pampanga (de cuya cab. Bacolor dista 20 minutos), dióc. del arz. de Manila; se halla SIT. en los 124° 17' long., 14° 58' lat., á la orilla der. del r. de su nombre, en terreno llano, y CLIMA templado y saludable. Fué fundado en 1590, y en el dia tiene como unas 1,450 casas, en general de sencilla construccion, distinguiéndose particularmente la casa parroquial y la llamada tribunal, en la cual está la cárcel; la colectoría del vino que se compra por cuenta de la Real Hacienda; este es un edificio de piedra, bastante capaz para habitacion del colector y la administracion general: las casas de los empleados de este ramo son tambien

bastante buenas y entre ellas las hay de comodidad y gusto. Hay escuela de primeras letras, bastante frecuentada, dotada de los fondos de comunidad; la iglesia parr. fue edificada por el P. Fr. José ¡Duque y es de buena fábrica; está bajo la advocacion de Nuestra Señora y actualmente la sirve un clérigo secular; pero perteneciendo á la administracion de los RR. PP. Agustinos Calzados, como lo acreditaron en juicio contradictorio y en su consecuencia se mandó por Real órden de 8 de junio de 1826 que al vacar volviese al cargo de estos, la administracion secular es solo por los dias del que la desempeña Próximo á esta se halla el cementerio, el cual es capaz y ventilado: en 1660 se sublevó contra la Metrópoli debiendo su pacificacion al espresado religioso. Se comunica con sus inmediatos por medio de buenos caminos, y recibe el correo semanal, establecido en la isla, de la cab. de la prov. Los hab. de este pueblo se proveen de agua para sus usos domésticos del arr. llamado *Sapangtua*, que trae su curso de los montes de la parte del N.; pues las del r. no pueden utilizarse para este objeto, en razon á que en las crecientes ó altas mareas penetran en él las aguas del mar, y son salobres. El TERM. confina por N. con el de Betis (dist. ¼ leg.); por S. con el de Cesmoan (á ¾ leg.); por E. con el de Minalin (á 1 ¾ leg. al E. N. E.); y por O. con el de Caongpavit. El TERRENO es generalmente llano. En la parte reducida á cultivo las principales PROD. son arroz, maiz, caña dulce, añil, tuba para la fabricacion del vino de nipa, algunas legumbres y poca fruta. IND.: beneficio del azúcar, añil y vino de nipa, y elaboracion de telas ordinarias. COM.: los naturales de este pueblo sostienen un tráfico bastante activo con los demás pueblos del interior de la prov., por medio de los prod. de su ind. agrícola y fabril: facilitándoles en este punto el r. arriba citado un pequeño puerto, donde concurren los Cascos, Paraos, y Bancas, así de los pueblos de la banda del Norte, como los de la bahía de Manila, entrando por las barras de Pasag, y Badbod de la espresada bahía. POBL. 8,638 alm., 1,790 trib., que ascienden á 17,900 rs. plata, equivalentes á 44,750 rs. vn.

GUAY: punta de la isla de Luzon, en la costa S. de la prov. de Bataan: hállase sit. en los 124° 5' long., 14° 27' lat.

GUB

GUBAN (punta baja de): en la isla de Luzon, prov. de Albay; hállase sit. en los 127° 35' 30'' long., 13° 53' lat., en el puerto de Sorsogon, al O. de la isla de Poro, en el térm. de Juban, de cuyo pueblo se halla dist. 1 ½ leg. al O.

GUBAT: pueblo con cura y gobernadorcillo, en la isla de Luzon, prov. de Albay, dióc. de Nueva-Cáceres; hállase sit. en los 127° 49' long., 12° 56' 20'' lat., sobre la costa E. de la prov., en terreno llano, y clima templado y saludable. En la actualidad tiene unas 1,596 casas de sencilla construccion, distinguiéndose tan solo entre ellas como mas notables la casa parroquial y la de comunidad, llamada tambien tribunal ó de justicia, en la que se halla la cárcel. La igl. es de buena fábrica y se halla servida por un cura secular; inmediato á esta se halla el cementerio, que es bastante capaz y ventilado. Hay tambien una escuela de primeras letras, á la que concurren muchos alumnos, la cual está dotada de los fondos del comun. Tiene caminos regulares que comunican con los pueblos inmediatos, y en este se recibe el correo semanal de la cab. de la prov. en dias indeterminados. El term. confina por N. con Sugod; por S. con el de Bulusan; por O. con el de Sorsogon, y por E. con el mar. El terreno es bastante montuoso y se halla fertilizado por diferentes riach., que proporcionan á este pueblo buenas cosechas de arroz, maiz, y otros granos. Además de estas prod. hay caña dulce, cacao, pimienta, algodon, abacá, legumbres y muchas clases de frutas, entre las que, muchas son silvestres. En los montes abundan las maderas de varias clases, la caza, y la miel y cera, que depositan las abejas en los parajes que encuentran mas á propósito para ello. La ind. consiste en el beneficio de sus tierras, la fabricacion de varias telas, la caza y la pesca. El comercio se reduce á la esportacion del sobrante de estos art. y á la importacion de

otros de que carecen. pobl. 9,579 alm., 1,333 trib., que ascienden á 13,330 rs. plata, equivalentes á 33,325 rs. vn.

GUI

GUIUAN: pueblo, que forma jurisd. civil y ecl. con los de Balangiga y Quinapundan, en la isla y prov. de Samar, dióc. de Cebú: se halla sit. en los 129° long., 11° 6' lat., sobre la costa S. de la isla, en terreno llano, y clima templado y saludable. Tiene unas 2,223 casas, en general de sencilla construccion, distinguiéndose entre ellas como mas notables la casa parroquial y la de comunidad, llamada tambien de justicia ó tribunal, donde se halla la cárcel. Hay escuela de primeras letras, á la que concurren muchos alumnos, la cual está dotada de los fondos del comun; é igl. parroquial de buena fábrica, servida por un cura regular: próximo á esta se halla el cementerio, que es bastante capaz y ventilado. Recibe de la cab. de la prov. el correo en dias indeterminados. El term. confina por N. con Balangiga; por S. y O. con el mar; y por E. con Hipudios. El terreno es fertil y muy productivo; en sus montes se crian buenas maderas de diferentes clases y mucha caza mayor y menor, como búfalos, javalíes, venados, gallos, palomas etc. Tambien se recoje mucha miel y cera, que depositan las abejas en los bosques y canteras. El terreno reducido á cultivo prod. arroz, maiz, trigo, ajonjoli, caña dulce, abacá, cacao, legumbres y frutas: la estraccion del aceite del coco forma parte de la ind. de estos naturales, que tambien se dedican á la caza, á la pesca y principalmente al cultivo de sus tierras. Hacen el comercio con el sobrante de los productos, tanto naturales como agrícolas y fabriles, esportando una parte de estos artículos, é importando otros de aquellos de que carecen. Su pobl., inclusa la de Balangiga y Quinapundan, asciende á 16,485 almas, y los tributos á 3,139, que ascienden á 31,390 rs. plata, equivalente á 78,475 rs. vn.

GUIGUAN: isla del archipiélago de las Filipinas, al S. E de la isla y prov. de Samar. Se le calculan 2 ¼ leg. de larga; es sumamente angosta, y está ceñida de rocas, lo cual hace que sus costas sean muy peligrosas. Está inhabitada, y tanto por esta razon, cuanto por su poca consideracion geográfica y política, nos creemos escusados de dar acerca de ella mayores detalles.

GUIGUINTO: pueblo con cura y gobernadorcillo, en la isla de Luzon, prov. de Bulacan (de cuya cab. dista como unos 20 minutos en carruaje), dióc. del arz. de Manila; se halla SIT. en los 124° 53′ 30″ long., 14° 48′ lat., en las orillas de un rio, que pasa por el frente de su igl., y sobre el cual hay un puente de madera bien construido, que sirve á la comunicacion de los dos cuerpos en que se halla dividida la pobl. la SIT. es llana y el CLIMA templado y saludable. Fué fundado en 1641, y en el dia tiene como unas 885 casas, en general de sencilla construccion, distinguiéndose ademas de la casa parroquial y la llamada tribunal ó de comunidad, alguna otra de particulares. Hay escuela de primeras letras para ambos sexos bastante concurrida, dotada de los fondos de comunidad; igl. parr. de bonita fábrica, bajo la advocacion de San Ildefonso, servida por un cura regular, cuyo desempeño ha estado por algunos años á cargo del R. P. Fr. Manuel Buzeta, autor de esta obra: á corta dist. de la igl. se halla el nuevo cementerio, fabricado por él mismo en 1848; es obra sólida á cal y canto, con nichos, muy capaz y ventilado. Se comunica este pueblo con sus inmediatos por medio de buenos caminos y escelentes calzadas, con especialidad la que se dirige desde el puente al pueblo de Biga su colateral, que tambien fue construida en el año 1848 á espensas del espresado autor de este Diccionario, y del alcalde mayor de la prov. D. Joaquin Venancio de Berminghan; en la cual hay un buen puente de piedra para facilitar en todas estaciones el paso de un punto á donde en tiempo de lluvias acude gran afluencia de aguas: tambien se hizo esta obra á espensas de los mencionados señores; y se recibe de Bulacan, cabecera de la prov., el correo semanal establecido en la isla: dependen de la igl. parr. los 9 barrios denominados Pulungubat, Tiaong, Bacoor, Tuctucan, Pangi-

nayg, Malis, Santa Rita, Tabaug y Alanğilang, distante el que mas una hora de la matriz. El TERM. confina por N. con el de Quingua, (dist. 1 leg.); por S. con Bulacan, cap. ó cab. de la prov. (á ¼ leg.); por E. con Bigaa (dist. ¼ leg.); y por O. con Malolos (á 1 ¼ leg.) El TERRENO es llano y muy fertil, y sus principales prod. son: azúcar, añil, y arroz en bastante abundancia, maiz, legumbres y mucha fruta. IND.: los naturales de este pueblo se ocupan, los hombres en la agricultura, y las mugeres en el hilado y tejido de telas de algodon. El COM. se reduce á la venta del sobrante de sus producciones agrícolas y fabriles, cuyos articulos conducen al mercado de Manila y pueblos limítrofes. POBL. 5,307 alm. 1,129 trib., que ascienden á 11,290 rs. plata, equivalentes á 28,225 rs. vn.

GUIJULUÑGAN: pueblo, que forma jurisd. civil y ecl. con varias misiones que se hallan en sus cercanias; tiene cura y gobernadorcillo; hállase en la isla y prov. de Negros, dióc. de Cebú: SIT. en la costa oriental de la isla, inmediato á la playa del mar, en terreno desigual, y CLIMA, aunque bastante calido, saludable. Tiene solo como unas 22 casas de sencillísima construccion, casa parroquial y la llamada tribunal ó de justicia, en la cual está la cárcel. Hay escuela dotada de los fondos de comunidad, frecuentada por muy pocos alumnos, y una pequeña igl. servida por un cura secular. A corta dist. de esta se halla el cementerio en buena situacion y ventilado. Comunícase este pueblo con sus limítrofes por medio de caminos bastante malos, y recibe de Jimamailan, cab. de la prov., el correo en dias indeterminados. El TERM. se estiende considerablemente y confina por E. con el mar, y por O. con los montes del interior de la prov., cubiertos de frondosos bosques, en los cuales se cria abundante caza mayor y menor de búfalos, jabalíes, venados, tórtolas, gallos etc., y cera y miel, que depositan las abejas en los troncos de los árboles y en todos los sitios abrigados En el TERRENO reducido á cultivo, las principales PROD. son: mucho arroz, cacao, café, caña dulce, cocos, legumbres y frutas. IND.: el recurso de mayor consideracion de sus hab. despues de la agricultura, es la pesca; siendo el beneficio de sus prod., la fabricacion del aceite de coco, la elaboracion de telas ordinarias por las mugeres, la caza y la venta del sobrante de sus prod. naturales, agrícolas y fabriles la riqueza de estos naturales. POBL. 132 alm., 52 trib., que ascienden á 520 rs. plata, equivalentes á 1,300 rs. vn.

GUILAMGAN: pueblo, que forma jurisd. civil y ecl. con los de Dancalan, Ilog, Cauayan é Isiu, en la isla y prov. de Negros, dióc. de Cebú; se halla SIT. en el litoral de la isla, en terreno llano, y CLIMA templado y saludable. Está comprendido en el térm. de Ilog, y su TERRENO es montuoso y muy fértil; en sus bosques se crian buenas maderas de construccion y ebanistería, caza mayor y menor, como búfalos, jabalíes, tórtolas, gallos, etc. La parte reducida á cultivo PRODUCE arroz, maiz, caña dulce, cacao, tabaco, algodon, abacá, frutas y legumbres. La IND. consiste en el beneficio de las tierras, la caza, la pesca y la fabricacion de varios tejidos de algodon y abacá, que hacen las mugeres para los usos domésticos. COM.: este se reduce á la esportacion del sobrante de sus prod., y á la importacion de algunos art. de los que carece. Su POBL. y trib. (v. ILOG, matriz.)

GUIMAMPAG: punta de la costa E. de la isla y prov. de Negros; SIT. en los 126° 35' long., 9° 51' lat., en el térm. de Tanjay.

GUIMARAS: isla adscrita á la prov. de Iloilo; SIT. entre los 126° 7' long., 126° 22' id., y 10° 25 lat., 10° 43' id.; tiene como unas 8 leg. de larga y unas 3 de ancha, siendo por un promedio unas 18 leg. cuadradas las que tiene esta isla; es bastante montuosa, y en ella se halla el pueblo de su mismo nombre. En sus montes se crian escelentes maderas de construccion y ebanistería, caza mayor y menor, varias clases de cañas y bejucos; y se coje tambien mucha miel y cera, que depositan las abejas. Además en el terreno reducido á cultivo se cojen otras prod., además de las frutas, y otras plantas naturales del pais. (v. GUIMARAS, pueblo.) El territorio de esta isla se halla fertilizado por varios r., y esta circunstancia, y la del arbolado que contiene, constituyen un CLIMA templado y salu-

dable. Dista como unas 2 leg. por la parte del E. de la de Negros, y por O. forma con la prov. de Iloilo un canal de unas 4 leg. de largo, y de 3/4 leg. de ancho. POBL. y trib. (v. GUIMARAS, pueblo.)

GUIMARAS: pueblo con cura y gobernadorcillo, en la isla de Panay, prov. de Iloilo, dióc. de Cebú: SIT. en la costa occidental de la isla de su propio nombre, en terreno llano y contiguo á un pequeño riach. Disfruta de buena ventilacion, y CLIMA templado y saludable. Tiene como unas 994 casas, en general de sencilla construccion, distinguiéndose entre ellas la parroquial y la llamada tribunal ó de justicia, en la cual está la cárcel. Hay escuela de primeras letras dotada de los fondos de comunidad, é igl. parr. de mediana fábrica, servida por un cura secular. Próximo á esta se halla el cementerio en buena situacion, y es bastante capaz y ventilado. Recibe de Iloilo, cab. de la prov., el correo en dias indeterminados. El TERM. se estiende por toda la isla y sus confines, por tanto son marítimos en todas direcciones. Esta isla denominante del pueblo que nos ocupa, es la mayor de las que dependen de la prov. civil de Iloilo, de cuya costa oriental dista por algunos puntos tan solo una leg. escasa; por el lado del medio dia forma una especie de golfo, pero en realidad no es otra cosa que un estrecho canal. El TERRENO de esta isla es fértil y productivo; hallándose regado en varias partes por diferentes r. y riach. Sus montes se hallan cubiertos de la mas frondosa vejetacion, y en ellos se cria caza mayor y menor, y cera que depositan las abejas en los troncos de los árboles, y en todos los sitios abrigados. PROD. arroz, abacá, algodon, maiz, cacao, cocos y tambien tabaco, aunque en muy poca cantidad. IND.: la agrícola y beneficio de sus prod., la caza, la pesca y la elaboracion de telas finas y ordinarias. POBL. 5,964 alm., 933 ½ trib., que ascienden á 9,335 rs. plata, equivalentes á 23,337 ½ rs. vn.

GUIMBA (San Juan de): barrio del pueblo de Tarlac, en la isla de Luzon, prov. de la Pampanga; SIT. en terreno llano, próximo á la orilla de un r., y no muy dist. de su matriz, con la cual damos su POBL., prod. y trib.

GUIMBAL: pueblo con cura y gobernadorcillo, en la isla de Panay, prov. de Iloilo, dióc. de Cebú; hállase sit. en los 125° 57′ long., 10° 39′ lat., entre dos r. llamados de *Igbaras* y *Tubungan*, que unidos pasan bañando este pueblo; sobre la costa S. de la prov. y próximo al mar en terreno llano y pintoresco: le combaten los vientos reinantes, y el clima es templado y saludable. Fué fundado en 1590 y en el dia tiene como 2,223 casas, en general de sencilla construccion, hallándose tendido la mayor parte del caserío sobre las calzadas que se dirijen á los pueblos colaterales, distinguiéndose solo entre aquellas la casa parroquial y la llamada tribunal ó de justicia, donde está la cárcel. Hay escuela de primeras letras frecuentada por muchos alumnos, dotada de los fondos de comunidad; la igl. parr., aunque reducida, es de piedra calcárea bien labrada y se halla dedicada á la advocacion de San Nicolás de Tolentino, servida por un cura regular. Su fabricacion se debe á la actividad y celo del R. P. Fr. Juan Campos. No lejos de esta se halla el cementerio, en buena situacion y ventilado. Se comunica este pueblo con sus inmediatos por medio de buenos caminos y calzadas, y recibe de Iloilo, cab. de la prov., el correo en dias indeterminados. Esta pobl. tiene para su defensa algunos baluartes de piedra, que le ponen á cubierto de las acometidas de los piratas moros. El term. confina por N. con Igbaras; por S. con el mar; por E. con Tigbauang; y por O. con Miagao. El terreno es muy fértil, y se halla regado por dos riach., que le hacen productivo en arroz, maiz, cacao, pimienta, algodon, legumbres y frutas; siendo este pueblo el que puede considerarse como el mercado general del sibucao ó palo de tinte de toda la prov., con cuyo art. dá ocupacion á las muchas embarcaciones que tiene. Hay varios plantios de cocos, de que se saca aceite para el alumbrado. ind.: los naturales de este pueblo son acaso los mas industriosos, laboriosos y activos de toda la isla; pues además de la ocupacion ordinaria de los hombres, que es la agricultura, y la de las mugeres la elaboracion de tejidos de todas clases, estas se dedican ademas á los tintes; siendo unos y otros los mayores traficantes de la isla: entre las mujeres, las de este pueblo son las que visten mejor y con mas gracia de toda la prov. popl. 15,340 alm., 2,288 trib., que ascienden á 22,880 rs. plata, equivalentes á 57,200 rs. vn.

GUIMBAL: punta de la isla de Panay, en la costa S. de la prov. de Iloilo: hállase sit. en los 125° 57′ long., 10° 38′ lat., junto al pueblo del mismo nombre, formando por uno de sus lados la embocadura del puerto llamado tambien Guimbal.

GUIMBAL: puerto de la isla de Panay, en la costa S. de la prov. de Iloilo; su centro se halla sit. en los 125° 57′ 10″ long., 10° 37′ 30″ lat.; en su costa se halla sit. el pueblo de su mismo nombre.

GUIMPUNNAN: punta de la costa E. de la isla y prov. de Samar; hállase sit. en los 129° 22′ long., 11° 7′ 30″ lat.

GUINAGDAN: punta de la costa N. de la isla y prov. de Masbate; hállase sit. en los 126° 54′ long., 12° 35′ 20″ lat., en el térm. del pueblo ó anejo llamado Aroroy, dist. unas 3 ½ leg. al S. E.

GUINAMBAL: bajo, que rodea la costa N. de la isla de San Miguel, adscrita á la prov. de Albay; hállase entre los 127° 25′ 30″ long., 127° 31′ id., y 13° 22′ lat.

GUINAYANGAN: pueblo con cura y gobernadorcillo, en la isla de Luzon, prov. de Tayabas, dióc. de Nueva-Cáceres; se halla sit. en los 126° 5′ 30″ long., 13° 57′ 30″ lat., en terreno llano, á la orilla der. de un riach., sobre la costa E. de la prov., y la O. del seno Guinayangan; disfruta de buena ventilacion, y clima templado y saludable. Tiene como unas 115 casas de sencilla construccion, distinguiéndose como mas notables la casa parroquial y la llamada tribunal ó de justicia, donde está la carcel. Hay escuela de primeras letras, dotada de los fondos de comunidad, á la que asisten varios alumnos; é igl. parr. de mediana fábrica, servida por un cura secular. Próximo á esta se halla el cementerio en buena situacion y ventilado. Se comunica este pueblo con sus inmediatos por medio de caminos regulares, y recibe de Tayabas, cab. de la prov., el correo semanal establecido en la isla. El term. confina por N. E. con el referido seno del mismo nombre de este pueblo y el rio de Cabibijan, que forma el límite de la prov. de Tayabas con la de Camarines-Norte; por S. con la ensenada de Piris y rio del mismo nombre (dist. 4 ½ leg.); por S. O. con los montes que se elevan en el centro de la prov.; y por O. tambien con estos mismos montes. El TERRENO es muy fertil, y está bañado por muchos riach.; en él se encuentran muchos montes, donde se crian buenas maderas de construccion y ebanisteria; habiendo entre dichos árboles uno denominado *Manungal*, cuya madera es poco menos ligera que el corcho, amarilla y muy amarga, asegurándose entre los naturales, que es un remedio heróico como la quina, para las calenturas intermitentes; con la madera de este árbol se hacen jarros para agua con el fin de que estando en ellos tome el gusto de la madera y algunas de sus particulas amargas, que se aseguran hacen mucho provecho á los enfermos que la beben. Se ha dicho que las culebras huian de este árbol, pero esto parece inesacto; y en verdad que no comprenderiamos la influencia de semejante fenómeno si fuese cierto esto. Hay caza mayor y menor de búfalos, jabalíes, venados, tórtolas, patos, palomas, ticlines y gallos silvestres etc.; y en los troncos de los árboles, en los huecos de las rocas y en todos los sitios abrigados depositan las abejas cera y miel. Tambien sacan de estos montes pez, brea, alquitran, etc., y en los mismos cazan los naturales con perros unas ranas tan grandes como gazapos, cuyos animales los hab. de la prov. de la Laguna llevan á vender á Manila, en cuya pobl. los que las comen aseguran, que es un vocado esquisito. Se cria ganado vacuno y caballar y ambos son muy estimados. En las tierras reducidas á cultivo se PRODUCE bastante arroz, trigo, azucar, añil, café, algodon cacao, pimienta y legumbres. Ademas de las mencionadas producciones, se encuentran toda clase de árboles, frutas y hortalizas comunes á estas islas en los territorios cultivados; y ademas cocos, y todo género de palmas en los montes, de cuyos árboles se saca vino, aceite, bonote y brea. IND.: la ocupacion principal de estos naturales es la agricultura y el beneficio de sus productos, asi naturales como agricolas,

consistiendo su COM. en el sobrante de los mismos. POBL. 692 alm., 222 trib., que ascienden á 2,220 rs. plata, equivalentes á 5,550 rs. vn.

GUINAYANGAN (Seno de): conocido tambien con el nombre de RAGAY: hállase en la isla de Luzon; SIT. entre las costas de las prov. de Tayabas al O., Camarines-Norte al N. E., y Camarines-Sur al E. Su boca la forman las puntas Pusgo ó Gorda, en los 126° 21′ 30″ long., y la de Bantuin, en los 126° 50′ 30″ long., ambas á igual lat. de 13° 42′ 40″: avanza hasta los 126° 4′ 40″ long., y los 13° 56′ 30″ lat. con la direccion al N. O., ó sea unas 10 ½ leg. que se interna en la tierra: el punto de su mayor anchura es de unas 3 ½ leg., desde el cual empieza ya disminuyendo progresivamente, hasta llegar á la ria de Cabibijan. En sus orillas se hallan situados diferentes pueblos, los de Guinayangan, Piris y Obuyon, y varios anejos.

GUINDULMAN: pueblo, que forma jurisd. civil y ecl. con los de Batuan y Candijay, teniendo entre los tres un cura y un gobernadorcillo, en la isla de Bohol, adscrita á la prov. y dióc. de Cebú: se halla SIT. en terreno llano, inmediato á la mar; disfruta de buena ventilacion, y CLIMA, aunque bastante calido, saludable; mitigando los ardientes rayos del sol, las brisas marítimas, y la frondosidad de los bosques, que tiene en todas direcciones. Este pueblo con sus visitas ó anejos, tiene como unas 1,560 casas, en general de sencilla construccion, distinguiéndose como de mejor fábrica la casa parroquial y la llamada tribunal ó de justicia, donde está la cárcel. Hay escuela de primeras letras, dotada de los fondos de comunidad, y es bastante concurrida; é igl. parroquial de mediana fábrica, bajo la advocacion de la Consolacion de Ntra. Señora, servida por un cura regular. Dependen de esta parroquia las visitas ó anejos denominados Cuton ó Coutong, Quinale ó Quimale, Candijay y Tugas, dist. como unas 2 leg. de su matriz los 5 primeros, y 1 el último. A corta dist. de esta se halla el cementerio en buena situacion, y es bastante capaz y ventilado. Se comunica este pueblo con sus limitrofes por medio de caminos regulares, y recibe de la ciudad de Cebú, cab. de la prov., el correo en dias indeterminados. El TERM., que es de bastante estension, confina con los anejos antes nombrados; y su territorio, sin embargo de ser en su mayor parte montuoso y pedregoso, tiene algunos pequeños llanos fértiles y productivos, cosechándose en la parte reducida á cultivo, cacao, algun tabaco, algodon, camote, etc., y abunda en cocales y otros árboles frutales. Sus naturales se dedican á la agricultura y á la pesca, y las mujeres á la elaboracion de telas de algodon y abacá. POBL. 10,010 alm., 1,247 trib., que asciende á 12,470 rs. plata, equivalentes á 31,175 rs. vn.

GUINGUI: monte de la isla de Luzon, en la cord. central de dicha isla, que sirve de límite á las prov. del Abra y Nueva-Vizcaya; es bastante elevado, viniendo á estar su cúspide en los 124° 58' 10'' long., 16° 46' lat.; es muy fragoso, y en los bosques de que abunda, se crian muy buenas maderas de construccion, varias clases de cañas, y se coje tambien mucha miel y cera, que depositan las abejas en los troncos de los árboles.

GUINOBATANG: pueblo, que forma jurisd. civil y ecl. con los de Maoraro y Polangui, en la isla de Luzon, prov. de Albay, dióc. de Nueva-Cáceres; hállase SIT. en los 127° 16' 15'' long., 13° 10' 50'' lat., á la orilla izq. de un r., en terreno llano, y CLIMA templado y saludable. En el dia tiene como unas 2,223 casas de sencilla construccion, distinguiéndose solo entre ellas como mas notables, la casa parroquial y la de comunidad, llamada tambien tribunal ó casa de justicia; hay escuela de primeras letras, dotada de los fondos de comunidad, á la que asisten muchos alumnos. La iglesia es de mediana fábrica, y se halla servida por un cura regular; próximo á esta se halla el cementerio, que es bastante capaz y ventilado. Hay buenos caminos, que conducen á los pueblos inmediatos, y en este se recibe en dias indeterminados el correo semanal, establecido en la isla, de la cab. de la prov. El TERM. confina por N. O. con el de Dijao de la prov. de Camarines-Sur (á 2 leg.); por N. E. con el volcan llamado el Mayon á igual distancia; por S. O. con los montes que se estienden por el centro de la prov. de Camarines-Sur, y por S. E. con Ca-

malig (dist. 1 leg.). El TERRENO es llano en las inmediaciones de la pobl. y montuoso hácia sus confines por E. y O.: hállase bañado por algunos riach. que lo fertilizan. En sus montes se crian buenas maderas de construccion; encuéntranse en los bosques el molavin, el nito, el banaba, el ébano, etc.: hay muchas clases de palmas y bejucos, y tambien se recoje en abundancia miel y cera, que depositan las abejas en los huecos de los troncos de los árboles y en cuantos parajes hallan á propósito para ello. En el terreno reducido á cultivo las principales PROD. son arroz, maiz, cacao, caña dulce, ajonjoli, legumbres y diferentes clases de frutas. La IND. se reduce al beneficio de las tierras, y á la caza, que se cria en los montes, como búfalos, venados, jabalies, gallos, palomas, etc. El COM. consiste en la esportacion del arroz, y el sobrante de algunos otros art., y en la importacion de otros de que ellos carecen. POBL. 13,370 alm., 2,616 trib., que ascienden á 26,160 rs. plata, equivalentes á 65,400 rs. vn.

GUINSILIBAN: visita ó anejo, que forma jurisd. civil y ecl. con los de Mahinog y Sagay, en la isla de Camiguin, adscrita á la prov. de Misamis, dióc. de Cebú: se halla SIT. en los 128° 6' long., 9° 4' lat., en terreno llano, sobre la costa S. E. de la isla; su CLIMA es templado y saludable. En el dia tiene como unas 119 casas, en general de sencilla construccion; distinguiéndose solo como mas notable la casa llamada tribunal ó de justicia, donde se halla la cárcel. Hay escuela de primeras letras, concurrida por varios alumnos, dotada de los fondos de comunidad: inmediato al pueblo se halla el cementerio, que es bastante capaz y disfruta de buena ventilacion. El TERM. ó jurisd. de este pueblo, y los de Mahinog y Sagay, se estiende al N. O. de la isla hasta el de Catarman, del que dista 1 leg.; todo lo demás del térm. confina con el mar. El TERRENO es montuoso, y en sus bosques se crian varias clases de maderas, palmas, cañas y bejucos. En sus montes abunda la caza, y se recoje tambien alguna miel y cera, que depositan las abejas en todos los sitios que encuentran mas á propósito. PROD. bastante arroz, cacao, maiz, tabaco, legumbres y frutas. Su IND. consiste en el beneficio de sus tierras, en la caza y en la pesca. COMERCIO: se reduce á la esportacion del sobrante de los prod. naturales é industriales, y á la importacion de otros art. de que carecen. POBL. 895 alm.; trib. con SAGAY que es la matriz. (v.).

GUINTIGUAN: ensenada de la isla de Tablas, en la costa E. de esta: hállase su embocadura entre los 12° 55′, y 12° 36′ lat., por los 125° 47′ long., penetrando en la tierra hasta los 125° 46′ long., en los 13° 56′ 30″ lat.

GUINTIGUIAN: visita ó anejo en la isla de Tablas, adscrita á la prov. de Capiz; hállase SIT. en los 125° 47′ long.. 12° 36′ lat., en la costa E. de la isla: depende del pueblo de Romblon, en la isla de este mismo nombre, y con el cual damos su POBL., prod. y trib.

GUINTO: riach. de la isla de Luzon, en la prov. de Batangas; tiene su origen en los 124° 50′ long., 13° 59′ lat., y su desagüe en el mar por la costa S. de la prov. á los 124° 59′ long., 13° 35′ 30″; hállase en el térm. de Batangas, cap. ó cab. de la prov.

GUINULAUAN: pueblo con cura y gobernadorcillo, en la isla, prov. y dióc. de Cebú; SIT. en la parte litoral de la isla, en su costa occidental, en terreno llano, y de CLIMA, aunque cálido, saludable, efecto de las brisas marítimas, que reinan la mayor parte del año, y del frondoso arbolado que tiene á sus inmediaciones, que dulcifican los ardientes rayos del sol. Tiene como unas 594 casas de sencilla construccion, distinguiéndose entre ellas la casa parroquial y la llamada tribunal, donde está la cárcel. Hay escuela de primeras letras, dotada de los fondos de comunidad, á la cual concurren muchos alumnos; é igl. parr. de mediana fábrica, servida por un cura secular. Próximo á esta se halla el cementerio en buena situacion y ventilado. Comunícase este pueblo con sus inmediatos por medio de caminos regulares, y recibe de la ciudad de Cebú, cab. de la prov., el correo en dias indeterminados. El TERM. se estiende considerablemente hácia el interior de la prov., donde se encuentran muchos montes cubiertos de arbolado de toda clase de maderas de construccion y ebanistería, y bastante

caza mayor y menor de búfalos, jabalíes, venados, tórtolas, gallos, etc. y cera y miel, que depositan las abejas en los troncos de los árboles y en todos los sitios abrigados. El TERRENO es poco fértil y productivo, por efecto de las escasez de aguas, y de ser las tierras areniscas ó calizas; sin embargo en aquellas que se dedican al cultivo se cosecha maiz, algodon, palay, azúcar y abacá, con cuyo filacco elaboran las mugeres telas para sus usos domésticos. Su IND. se reduce á la agricultura y beneficio de sus prod., tanto naturales como industriales y fabriles, á la caza y á la pesca. POBL. 5,566 alm., 785 trib., que ascienden á 7,830 rs. plata, equivalentes á 19,575 rs. vn.

GUION (Establecimiento militar de): pueblo en la isla de Masbate, comandancia militar y política de la isla del mismo nombre, dióc. de Nueva-Cáceres. Este pueblo de moderna creacion, es de bastante importancia militar y política, aunque de escasísima consideracion por lo que respecta á producciones; por aquella razon se ha colocado en él un destacamento militar, que pueda protejer á los naturales de esta isla contra las piraterías de los moros.

GUISGUIS: r. de la isla de Luzon, prov. de Tayabas; tiene su orígen en los 125° 9′ long., 13° 59′ lat., al pie de la cordillera de montes, que se estiende por el N. de esta prov. sirviéndole de límites con la de la Laguna; dirige su curso hácia el S. recibiendo en una direccion casi paralela á él varios afluentes, hasta desagüar por la costa S. de la prov., en el mar á los 125° 12′ long., 13° 52′ lat., despues de haber corrido unas 3 leg.

GUISIJAN: visita ó anejo, que forma jurisd. civil y ecl. con el pueblo de Bugason, en la isla de Panay, prov. de Antique, dióc. de Cebú; SIT. en el litoral de la prov., en la costa occidental de la misma, en terreno llano, y CLIMA, aunque algo cálido, saludable. Tiene como unas 158 casas de sencilla construccion, dependiendo en todos conceptos de Bugason. POBL., prod. y trib. con la matriz.

GUISSAN: islita á la entrada de la bahía de Labuk, perteneciente al sultanato de Joló; es muy pequeña, y su centro se halla SIT. en los 121° 43′ long., 6° 10′ lat., entre las de

Silingan y Libarrau, la primera al N. y la segunda al S. O.

GUL

GULANYALAN; monte de la isla de Luzon, en la prov. de Albay; su cúspide se halla en los 127° 56' long., 12° 45' lat.; estiéndese de N. á S. mas de $1/2$ leg.; es muy fragoso, está cubierto de arbolado del que se sacan escelentes maderas de construccion y muchas clases de cañas y bejucos, se halla en él caza mayor y menor, miel y cera: pertenece al término de Bulan, de cuyo pueblo dist. poco mas de 1 leg.

GULUTAN: islote junto á la costa S. de la isla de Panamao, que está adscrita á la prov de Negros; es muy pequeño y se halla SIT. en los 127° 57' long., 11° 55' lat.; su escasa importancia geográfica y política nos escusa el dar mayores detalles acerca de él.

GUM

GUMACA: pueblo con cura y gobernadorcillo, en la isla de Luzon, prov. de Tayabas, dióc. de Nueva-Cáceres; se halla SIT. en los 125° 41' long., 15° 57' 30" lat., sobre la costa N. E. de la prov., en la bahía de Lamon, en terreno llano y arenisco, y su CLIMA es templado y saludable. Tiene como unas 1,654 casas, en general de sencilla construccion, distinguiéndose entre ellas como mas notables la casa parroquial y la llamada tribunal ó de justicia, donde está la cárcel. Hay escuela de primeras letras, dotada de los fondos de comunidad, bastante concurrida, é igl. parroquial de mediana fábrica, servida por un cura regular. A corta distancia de esta se encuentra el cementerio, el cual es bastante capaz y ventilado. Se comunica este pueblo con sus inmediatos por medio de caminos regulares, y recibe de Tayabas, cab. de la prov., el correo semanal establecido en la isla. El TERM. confina por N. con la referida bahía de Lamon; por S. se estiende el término hasta el mar de esta parte de la isla; por E. con el rio Talolon (dist. 2 leg.); y por O. con el término de Atimonan (dista 1 $1/2$ leg. al N. O.),

también sobre la costa de la bahía de Lamon. El TERRENO es muy fertil, montuoso en su mayor parte, y se halla bañado por algunos rios. En sus montes se crian escelentes maderas de construccion y ebanisteria, y caza mayor y menor de búfalos, jabalíes, venados, tórtolas, gallos, etc.; y en los troncos de los árboles y en todos los sitios abrigados depositan las abejas cera en bastante cantidad. Tambien sacan de los mismos pez, brea, y alquitran. En las tierras reducidas á cultivo, las principales PRODUCCIONES que cosechan son arroz, trigo, azucar, añil, café, algodon, cacao, pimienta y legumbres. Ademas de los citados productos se encuentra muchos árboles frutales y palmas, de las que se saca vino, aceite, honote y brea. IND.: la ocupacion principal de estos naturales es la agricultura y el beneficio de sus productos, la caza y la pesca. El COM. consiste en la venta del sobrante de los mismos. POBL. 9,927 alm., 2,120 trib., que ascienden á 21,200 rs. plata, equivalentes á 53,000 rs. vn.

GUMAY: visita ó anejo del pueblo de Catubig, en la isla y prov. de Samar; SIT. en los 128° 53' 40" long., 12° 25' lat., á la orilla derecha de un rio, en terreno llano, dist. unas 4 $1/2$ leg. al E. de la matriz, con la cual damos su POBL., prod. y trib.

GUN

GUNALINAO: r. de la isla de Luzon, en la prov. de Tayabas; tiene su orígen en los 126° 7' long., 15° 59' 30" lat., al pie de los montes que se estienden por el centro de esta prov., toma la direccion al E. y va á desaguar á muy corta dist. de su nacimiento por la costa E., en el seno de Guinayangan, en los 126° 10' long., 15° 40' 10" lat.

GUNILO: visita ó anejo, dependiente del pueblo de Taytay: SIT. á larga dist. de su matriz, en la prov. de Calamianes, dióc. de Cebú. POBL., prod. y trib. con la matriz.

GUNITIGUIAN: visita ó anejo, dependiente del pueblo de Romblon; en la isla de Panay, prov. de Capiz, dióc. de Cebú, dist. como unas 5 leg. de su matriz, con la cual damos su POBL., prod. y trib.

GUNOT: pueblo de la isla de Mindanao, perteneciente al sultanato de esta isla; se halla sit. en los 128° 13' long., y 6° 49' 50" lat., en terreno llano, á la orilla izq. del r. llamado Tumbu, y una leg. al N. del de Salatan.

GUZ

GUZA: pueblo, que forma jurisd. civil y ecl. con los de Cagayan, Ipanan y Aguzan, en la isla de Mindanao, prov. de Misamis, dióc. de Cebú: hállase sit. no muy lejos de la costa N. O. de la isla, y próximo á la orilla del r. de Cagayan, en terreno llano, y clima templado y saludable. Su pobl., prod. y trib. (v. cagayan, matriz.)

H

HAGNA: (v. jagna).

HAGONOY: pueblo con cura y gobernadorcillo, en la isla de Luzon, prov. de Bulacan, de cuya cab. dista cerca de 4 horas, dióc. del arz. de Manila; se halla sit. en los 124° 26' 15" long., 14° 50' lat., á la orilla izq. del rio á que dá nombre, en terreno llano, y clima húmedo y templado. Fué fundado en 1581, y en el dia cuenta como unas 2,919 casas, por lo general de sencilla construccion, aunque tampoco faltan bastantes de buena fábrica de piedra y tabla que son de los muchos mestizos que hay en esta pobl.: la casa parroquial es magnífica y tambien es buena la llamada tribunal, en la cual está la cárcel. Hay escuela de primeras letras para niños, muy concurrida, dotada de los fondos de comunidad, y otra para niñas sostenida por el actual cura párroco. La igl. parr. que está bajo la advocacion de Santa Ana, y se halla servida por un cura regular, es de magnífica fábrica: poco dist. de ella se encuentra el cementerio, el cual ademas de ser muy capaz está bien ventilado. Este pueblo se comunica con el de Calumbit por medio de un buen camino que sigue la orilla der. del rio Grande subiendo hácia su origen, y tiene mas de 25 puentes sobre otras tantas corta-duras formadas para el riego de las sementeras: sus demas comunicaciones son por agua. El correo se recibe semanalmente de la cabecera de la prov. El term. 'confina por N. con Calumpit, (dist. 1 ¾ leg.); por S. con la bahía de Manila; por E. con Paombong que dist. 1 leg. y con el cual se comunica por medio de un canal conocido con el nombre de Sapan Pare hecho por el muy respetable religioso Agustino calzado Fr. Gaspar Folgar, á cuyo venerable y celoso misionero se nos permitirá tributemos una obacion de respetuosa memoria, tanto por los beneficios que dispensó al pais como por habernos distinguido con su particular amistad. Por O. confina con la prov. de la Pampanga. El terreno es llano, bajo y muy fértil; hallándose regado por el r. Grande de la Pampanga, sus numerosas sangrías y muchos esteros del mar. 'prod. arroz, maiz, café, caña dulce, añil, legumbres y mucha fruta: se cria ganado vacuno, búfalos para el cultivo de las tierras; y alguno aunque no muy bueno caballar. ind.: aunque la principal es la agricultura, sus hab. se dedican al tráfico de leña, al cultivo de la planta llamada nipa, con la que frabrican el vino de este nombre, muchos telares, siendo la ocupacion principal de la mayor parte de las mugeres la elaboracion de toda clase de tejidos de seda y algodon, ocupándose ademas algunas en bordar. com.: estraccion y venta de los productos sobrantes de su agricultura é industria, é importacion de todos aquellos artículos de que se carece. pobl. 17,515 alm., 3,528 trib., que ascienden á 35,280 rs. plata, equivalentes á 88,200 rs. vn.

HAGONOY (Pinac de): en la isla de Luzon, prov. de Bulacan; se halla sit. entre los 124°

27' long., y 124° 28' 40'' id., 14° 51' lat., y 14° 51' id.; tiene poco mas de ¹/₂ leg. de largo y ¹/₄ id. de ancho; hállase entre el térm. del pueblo de Hagonoy y el de Calumpit. Este estenso lago, que se hace muy considerable en tiempo de lluvias, cuando recibe las fuertes avenidas del rio de la Pampanga, llega á quedar casi enteramente seco durante los calores, transformándose en una grande y rica pradera, cubierta de una asombrosa vejetacion, donde se ven pastar numerosos ganados de todas clases de los pueblos de sus inmediaciones.

HAGONOY (rio Grande de): en la isla de Luzon, prov. de Bulacan; este rio, que es la continuacion del Grande de la Pampanga, desde que entra en la referida prov. de Bulacan, á los 124° 27' long., 14° 55' 40'' lat., hasta su desagüe en el mar de la bahía de Manila por la costa N. de la misma, en los 124° 25' 30'' long., 14° 45' 50'' lat., corre con direccion al S. unas 4 leg., pasando junto á los pueblos de Calumpit y Hagonoy. Sus aguas son de bastante utilidad por las ventajas que de ellas reportan los hab. de los pueblos situados á sus orillas, no solo para el riego, sino para atender á sus usos domésticos.

HAGONOY: barrio dependiente en lo civil y ecl. del pueblo de Taguig, en la isla de Luzon, prov. de Tondo; se halla sit. á muy corta distancia del referido pueblo; tiene su ermita, en la cual se dice misa todos los años por el dia de su titular. POBL., prod. y trib. (V. la matriz).

HAU

HAUTE: islita, ¹/₂ leg. dist. de la costa O. de la isla de Paragua; su centro está sit. en los 122° 45' 30'' long., 10° 28' 30'' lat.; pertenece al territorio de las tribus independientes; pero es tan pequeña é insignificante, que se halla inhabitada.

HAY

HAYCOCK: islita junto á la costa O. de la isla de Busvagon; es bastante pequeña, y su centro se halla sit. en los 123° 25' long., 12° 9' lat.

HERALD: bajo en el mar O. de la isla de Mindoro, dist. unas 10½ leg. de la punta Pandan, de esta misma isla; se halla sit. en los 123° 58' long., 12° 46' 15'' lat.

HERMANA MAYOR: isla adscrita á la prov. de Zambales, dist. ¼ leg. de la costa O. de la misma; esta isla y la de Macatira se llaman islas Hermanas Esta, como lo espresa su nombre, es la mayor, y se halla sit. entre los 123° 25' long., 123° 27' id., 15° 46' lat., y 15° 48' 30'' id., á la entrada del seno llamado de Bazol, y al N. de la de Macatira (dist. 1 leg.) Está toda rodeada de escollos, é inhabitada, sin embargo que su terreno es bastante fértil. Sus costas son muy fragosas y de dificil arribada.

HERMANAS: islas junto á la costa O. de la prov. de Zambales; son dos, la una llamada Hermana mayor, y la otra Macatira; distan de la costa la primera 1 ¼ leg. y la segunda ¼ leg., y ambas entre sí de N. á S. 1 leg.: su sit. etc. (v. estas dos islas.)

HERMANAS (Dos): llámanse así á dos islitas que se hallan al E. de la isla de Mindoro y al N. de la de Tablas; distan poco mas de ¼ leg. una de otra en direccion de N. O. á S. E. y son muy pequeñas. La que está al N. O. se halla su centro sit. en los 123° 57' 30'' long., 13° 10'' lat., y la del S., en los 123° 59' long., y 12° 59' lat.

HERMITA: pueblo con cura y gobernadorcillo, en la isla de Luzon, prov. de Tondo, dióc. del arz. de Manila; se halla sit. en los 124° 58' long., 14° 35' lat., en terreno llano, sobre la costa de la bahía de Manila; disfruta de buena ventilacion, y el clima es templado y saludable. Tiene como 1,892 casas, en general de sencilla construccion, distinguiéndose la casa parroquial y la de comunidad, llamada tambien tribunal ó de justicia, donde se halla la cárcel; habiendo además algunas de piedra y tabla de buena fábrica, formando varias calles rectas y de piso regular. Hay escuela de primeras letras, dotada de los fondos de comunidad, y es bastante concurrida: la igl. parr. no corresponde á la pobl. y está servida por un cura secular. Antes perteneció á la administracion de los PP. misioneros Agustinos calzados, cuya

Orden la cedió por los años de 1610 al arz. D. Diego Gomez de Mercado. En ella se venera con gran devocion la imagen de su tutelar nuestra señora de la Guia, á cuya santa imagen se encomendaban particularmente en lo antiguo las naves de nueva España; le hacian grandes ofrendas en sus peligros, se le hacian suntuosas rogativas cuando no se recibian noticias de ellas con oportunidad, y la fe le atribuia muy frecuentes milagros. Separa este pueblo de Manila el campo de Bagumbayan, donde se halla el baluarte llamado Luneta de Isabel II. El cementerio, que está próximo á la igl., es bastante capaz y ventilado. Comunícase con sus limitrofes por medio de escelentes caminos y calzadas, y recibe de Tondo, cab. de la prov., un correo diario establecido en la prov. El TÉRM. confina por N. N. O. con el de Manila, del que lo separa el campo de Bagumbayan, como hemos dicho, cuya dist. viene á ser de unas 540 varas; por N. E. con esta misma cap. (Manila); por S. S. E. con Malate; y por O. con la bahía de Manila. El TERRENO es llano pero muy arenisco, casi sin produccion, pues todas consisten en alguna huerta y varios jardines. IND.: la principal consiste en escribientes que se ocupan en las oficinas de la cap., bordadoras, tejedores que fabrican varias telas de algodon y abacá, y la pesca. Con estos art. hacen su COM. con Manila. POBL. 11,355 alm., 2,011 ½ trib., que ascienden á 20,115 rs. plata, equivalentes á 50,287 ½ rs. vn.

HERMITA: visita, dependiente en lo civil y ecl. del pueblo de Piat, en la isla de Luzon, prov. de Cagayan, dióc. de Nueva-Segovia: se halla SIT. en los 125° 20'' long., 17° 40' 30'' lat., en terreno llano, á la orilla der. de un r.: disfruta de buena ventilacion, y su CLIMA es bastante benigno y saludable. Tiene una ermita, y se halla dist. una leg. al S. de Piat, con el cual damos su POBL., prod. y trib.

HERMOSA: pueblo, (v. LLANA HERMOSA.)

HIA

HIABONG: (v. JIABONG.)

HIAMLONG: r. de la isla de Catanduanes, adscrita á la prov. de Albay: tiene su origen

en los 127° 58' long., 14° 52' 30'' lat., en la falda de los montes, que se elevan por el centro de esta isla; toma su direccion al O., por cuya costa va á desaguar, despues de haber corrido 1 ¼ leg. por el térm. de Caramoran, y de bañar este mismo pueblo poco antes de su desembocadura, que está en los 127° 52' 30'' long., 14° 52' 30'' lat.

HIG

HIGUNUM: islita junto la costa E. de la isla y prov. de Samar; es bastante pequeña y su centro se halla SIT. en los 129° 4' long., 12° 23' 30'' lat., poco mas de ¼ leg. al S. E. de la punta Silá, á la entrada del puerto de Pasanjan.

HIL

HILABAN: isla próxima á la costa E. de la de Samar; se halla SIT. entre los 129° 13' 50'' long., 129° 15' id.; 12° 9' 30'' lat., y 12° 11' id., al S. E. de la punta llamada Binugayan; tiene ¾ leg. de larga y ¼ id. de ancha: su terreno es montuoso, y en sus bosques se crian diferentes maderas de muy buenas clases, encontrándose tambien alguna caza mayor y menor, como búfalos, jabalíes, gallos, venados, tórtolas, etc., y miel y cera, que depositan las abejas en los troncos de los árboles, en los huecos de las rocas y en todos los sitios abrigados.

HILONGOS: pueblo, que forma jurisd. civil y ecl. con los de Indang, Bato, Maalon, y Cajagnaan, en la isla y prov. de Leyte, dióc. de Cebú; hállase SIT. en los 128° 19' long., 10° 19' 30'' lat., en terreno llano, sobre la costa O. de la isla: disfruta de buena ventilacion, y CLIMA templado y saludable. Tiene con sus barrios y anejos como unas 2,076 casas, en general de sencilla construccion, distinguiéndose, como mas notables, la casa parroquial y la de comunidad, llamada tambien tribunal ó de justicia, donde se halla la cárcel. Hay escuela de primeras letras, dotada de los fondos de comunidad, á la cual concurren muchos alumnos; é igl. parr. de buena fábrica, servida por un cura secular. Próximo á esta se halla el cementerio, el cual es bastante capaz y ventilado. Comunícase este pueblo con sus inmediatos por medio de caminos bastante descuidados, y recibe de Catbalogan, cab. de la prov., el correo de dentro y fuera de la isla en dias indeterminados. El TERM. confina por N. con el de Palompon (á 8 ¼ leg.); por S. con el de Maasin (á 7 leg.); por E. con el mar (á 10 leg.), y por O. tambien con el mar sobre cuya costa se halla. El TERRENO es montuoso y muy fértil; hallándose regado por varios riach., que le hacen aun mas productivo. Sus montes abundan en maderas de varias clases; y en los mismos se recoje miel, cera y brea; habiendo ademas mucha caza mayor y menor. En la parte reducida á cultivo las principales PROD. son arroz, maiz, abacá, cacao, pimienta, tabaco, algodon, etc. IND.: la agrícola, la fabricacion de algunas telas de algodon y abacá, la caza y la pesca. El COM. consiste en la esportacion del sobrante de estas prod., despues del necesario consumo de sus naturales, y la importacion de algunos de los que carecen. POBL. 12,457 alm. 2,370 trib., que ascienden á 23,700 rs. plata, equivalentes á 59,250 rs. vn.

HILONGOS: punta de la costa O. de la isla y prov. de Leyte; hállase SIT. en los 128° 11' 20'' long., 10° 22' lat.

HIM

HIMAGAAN: baluarte ó fuerte, en la isla de Luzon, prov. de Albay; hállase SIT. en los 127° 10' long., 12° 55' lat., en el térm. del pueblo de Donzol, dist. 1 ¼ leg. al O. del mismo, sobre la costa S. de la prov. Está destinado á la defensa y resguardo de dicha costa, contra las incursiones de los piratas moros, que han solido asaltarla en muchas ocasiones.

HIMARAYA: punta de la costa N. de la prov. de Albay, á la izq. de la entrada de la ensenada de Sogod; se halla SIT. en los 127° 46' long., 13° 4' lat.

HIN

HINUNANGAN: pueblo, que forma jurisd. civil y ecl. con los de Abuyog é Hinundayan, en la isla y prov. de Leyte, dióc. de Cebú;

hállase SIT. junto á la costa oriental de la isla, próximo á la orilla de un rio, en terreno llano: disfruta de buena ventilacion, y CLIMA templado y saludable. El TERMINO confina con los de Abuyog é Hinundayan, siendo el TERRENO llano por junto á la costa, pero quebrado y montuoso por el centro. Las principales PROD. son arroz, maiz, cacao, abaca, etc. IND.: la agricultura, la caza, la pesca y la fabricacion de algunas telas de algodon, que hacen para los usos domésticos. El COM. se reduce á la esportacion de sus productos, despues de cubiertas las necesidades precisas de sus naturales, y á la importacion de algunos de los artículos de que carecen. POBL. y trib. (v. ABUYOG, matriz).

HINUNDAYAN: pueblo, que forma jurisd. civil y ecl. con los de Abuyog é Hinunangan, en la isla y prov. de Leyte, dióc. de Cebú. Se halla SIT. no muy lejos de la costa oriental de la isla, y á corta distancia de Abuyog, su matriz; siendo las PROD. é IND. iguales á esta. El TERRENO es tambien desigual, encontrándose en sus montes caza mayor y menor, miel, cera y brea. POBL. y trib. (v. la matriz).

HIÑ

HIÑGOOG: visita ó anejo dependiente del pueblo de Butuan: SIT. á larga dist. de su matriz, prov. de Caraga, dióc. de Cebú. POBL., prod. y trib. con la matriz.

HIP

HIPAPAD: visita, dependiente en lo civil y ecl. del pueblo de Catubig, en la isla y prov. de Samar; hállase SIT. en los 128° 50' long., 12° 17' 30'' lat., á la orilla izquierda de un rio, en terreno llano, y CLIMA templado y saludable; dista unas 5 leg. de Catubig, con el que se comunica por medio de un camino que atraviesa por Binuntuan. Su POBL., prod. y trib. con la matriz.

HIR

HIRUNCAN: rio de la isla y prov. de Samar; tiene su origen en los 128° 22' 30'' long.,

12° 27' 30'' lat., corre en direccion al N. poco mas de 1 leg., y va á desaguar en el mar, á los 128° 22' long., 12° 31' 10'' lat. Este rio arrastra en su corriente algunas pepitas y partículas de oro, que los habitantes de las cercanias estraen por medio del lavado de las arenas.

HOR

HORCAPILOTOS: islote, que se halla rodeado de bajos ó escollos, próximo á la punta Balete, en la costa N. de la isla de Mindoro, y en el térm de Calapan; hállase sit. en los 124° 52' 30'' long., 13° 27' lat.; es de muy corta estension.

HORNOS (punta de): en la costa de la prov. de Bataan; hállase sit. en los 124° 9' 10'' long., 14° 25' lat., en el término del pueblo de Mariveles.

HOS

HOSTIONES: se conocen con este nombre en Filipinas, una especie de mariscos, á que los naturales son bastante aficionados. Este pescado constituye en algunas prov. un art. de com. de bastante importancia, por el considerable consumo que de él se verifica.

HUB

HUBAG: punta de la costa E. de la prov. de Albay, en la isla de Luzon; hállase sit. en los 127° 49' long., 12° 42 lat., en el térm. de Bulusan.

HUE

HUERTA (La): visita del pueblo de Parañaque, del cual depende en lo civil y ecl., en la isla de Luzon, prov. de Tondo, dióc. del arz. de Manila; hállase ¼ leg. dist. de dicho pueblo, y tiene una pequeña ermita, en la que se acostumbra á decir misa el dia de su santo titular. Su pobl., prod. y trib. (v. la matriz.)

HUM

HUM: islita del archipiélago de Joló; es muy pequeña y su punto céntrico se halla sit. en los 121° 39' 30'' long., 6° 6' lat.; al N. de esta islita está la de Libarran, y al S. la de Liberan; dista 1 ¼ leg. de la costa N. E. de Borneo.

I

IBA

IBA: pueblo con cura y gobernadorcillo del que depende en lo civil y ecl. el de Palauit, en la isla de Luzon, prov. de Zambales, de la cual es cap. ó cab., dióc. del arz. de Manila; hállase sit. en los 123° 57' 30'' long., 15° 19' 45'' lat., á la orilla izq. de un rio que le circunda por la parte occidental, en terreno llano distante ¼ leg. de la costa E. de la prov.; su clima es templado y saludable. Se halla defendido de los vientos del N. E., por la gran cordillera que divide esta prov. de las de la Pampanga y Bulacan. En el dia tiene como unas 1,025 casas todas de muy sencilla construccion, si se esceptúan como mas notables la casa Real, que sirve de habitacion al alc. m. de la prov., la parroquial y la de comunidad, llamada tambien tribunal ó de justicia, donde se halla la cárcel. Hay escuela de primeras letras, dotada de los fondos de comunidad, á la cual concurren muchos alumnos; é igl. parroquial de buena fábrica, servida por un cura regular. Próximo á esta se halla el cementerio, que es bastante capaz y ventilado. No tiene este pueblo muy buenos caminos, pues por lo regular son maritimas sus comunicaciones con los inmediatos por medio de un puerto ó surgidero, que tiene á distancia de unos ³/₄ leg. y al cual conduce el rio antes referido, que es navegable á pequeñas embarcaciones. El termino confina por N. con el de Masingloc (dist. 5 leg.); por S. S. E. con el de Botolan y el monte de este mismo nombre (á 2 leg.); por E. con la gran cordillera de esta prov., y por O. con el mar. El terreno es muy montuoso, quedando sin embargo por las inmediaciones de la costa bastantes espacios llanos y suficientes para la siembra de granos, frutas, verduras, etc. En los montes se encuentra mucha cera, miel, brea, caza mayor y menor, como búfalos, jabalíes, venados, gallos, tórtolas etc., y en los mismos se cria mucho y escelente arbolado para maderas de construccion, entre las cuales la hay muy á propósito para la fabricacion de casas, embarcaciones, carpintería y ebanistería: hállase en ellos el apreciable ébano, el molavin, el banaba y otras diversas especies muy estimadas. prod.: entre las naturales que se crian en los montes nombrados, se conocen muchas clases de árboles frutales silvestres, y raices alimenticias; en el terreno reducido á cultivo se coje mucho arroz, maiz, abacá, alguna pimienta, trigo, añil, algodon, ajonjoli, legumbres y frutas. La ind. consiste principalmente en el beneficio de las tierras, y tambien en la caza, la pesca, la cria de animales, como vacas, búfalos, caballos y puercos; y hay algunos que se dedican á recoger el ambar, que se suele encontrar en la costa. Hacen el com. con todos estos artículos, llevándolos al mercado de Manila, de donde traen tambien algunos otros que compran en él. Hasta pocos años hace los naturales de este pueblo vendian sus mercancias al alc. m., en razon á que no querian ir á Manila á venderlas, por miedo de caer con ellas en poder de los piratas moros, como sucedia con harta frecuencia; pero en el dia llegan, como hemos dicho, á Manila sus embarcaciones, y sostienen con esta cap. un tráfico bastante considerable. pobl. 6,155 alm., 1,555 trib., que ascienden á 15,550 rs. plata, equivalentes á 55,875 rs. vn.

IBA: punta de la costa E. de la prov. de Tayabas, en la isla de Luzon: hállase sit. en los 126° 10' long., 15° 49' lat., en el seno de Guinayangan y térm. del pueblo de este mismo nombre.

IBAAN: pueblo con cura y gobernadorcillo, en la isla de Luzon, prov. de Batangas, dióc. del arz. de Manila; se halla sit. en los 124° 48' 50" long., 15° 48' 40" lat., en terreno llano, entre dos rios afluentes del rio Calampan, que corre 1/2 leg. al S. de la poblacion; disfruta esta de buena ventilacion, y su clima es templado y saludable. Fue fundado en 1832 por el Excmo., Illmo. y Rmo. ob. Fr. Manuel Grijalvo. En el dia tiene como unas 1,214 casas, en general de sencilla construccion, entre las que se distinguen por su buena fábrica, la casa parroquial y la de comunidad, llamada tambien de justicia ó tribunal: hay escuela de primeras letras, dotada de los fondos de comunidad, á la que concurren muchos alumnos; la igl. parroquial es de buena fábrica, y está administrada por un misionero agustino calzado. Próximo á esta se halla el cementerio, el cual es bastante capaz y ventilado. Comunicase este pueblo con sus inmediatos por medio de caminos de herradura, y recibe de Batangas, cab. de la prov., el correo semanal establecido en la isla. El termino confina por N. N. E. con el del Rosario (á 2 leg.); por N. S. O. con el de San José (á 1 1/2; por O. con el de Bauang (á 5); por S. S. O. con el de Batangas, de cuya cap. ó cab. dista 2 leg., y por E. se estiende el término considerablemente, llegando hasta la elevada cordillera, que se descubre hácia esta parte de Oriente. El terreno es bastante desigual y lo bañan varios rios que lo fertilizan. En sus montes se crian buenas maderas de construccion y ebanistería; abunda en sus bosques el molavin, el banaba, el palo Maria, el palo tinte, el apreciable ébano etc., hay muchas clases de palmas y bejucos, y se recoge bastante miel y cera, que depositan las abejas en los huecos de los troncos de los árboles y en cuantos sitios encuentran á propósito para ello. En la parte reducida á cultivo, las principales prod. son, arroz, maiz, cacao, caña dulce, algodon, abacá, pimienta, añil, ajonjoli, cocos y otras varias clases de frutas, como tambien algunas legumbres. Ademas de todas estas producciones, tienen tambien muchos frutales sil-

vestres y un gran número de raices alimenticias. La IND. de sus habitantes consiste en el
beneficio de sus tierras, la caza, el corte de
maderas, que utilizan para diferentes usos, y la
fabricacion de algunas telas ordinarias á cuyo
trabajo se dedican especialmente las mugeres.
El COM. se reduce á esportar del sobrante de
sus producciones naturales é industriales y á
la importacion de algunos de los que carecen.
POBL. 7,226 alm., 1,551 trib., que ascienden á 15,510 rs. plata, equivalentes á 58,275
rs. vn.

IBAJAY: pueblo con cura y gobernadorcillo; encabeza en lo ecl. las visitas de Vu-
ranga. Se halla en la isla de Panay, prov. de
Capiz, dióc. de Cebú; SIT. en los 125° 56'
long., 11° 40' lat., como 5 leg. tierra adentro
de la punta de Potol que descuella en la costa N. de la isla, en terreno llano, resguardado de los vientos del S. O. por los montes que separan esta prov. de la de Antique;
á la orilla de un r. llamado Ibahay que fue su
denominante, y no lejos de la barra del mar:
disfruta buena ventilacion, y su CLIMA es templado y saludable. En lo antiguo tuvo su
asiento en la misma punta de Potol y tenia
por visitas las islas de Romblon, Tablas y Sa-
buyan, de modo que su parroquia administraba mas de dos mil tributantes. Las irrupciones de los piratas joloanos y de Mindanao trabajaban tanto esta pobl., que la obligaron á
internarse y ocupar su sit. actual. En el dia
tiene como unas 1,828 casas, en general de
sencilla construccion, distinguiéndose la
parroquial y la de comunidad, llamada tambien tribunal ó de justicia, donde se halla
la cárcel. Hay escuela de primeras letras, dotada de los fondos de comunidad; la igl. parr.
es de buena fábrica; su administracion perteneció á los PP. misioneros Agustinos Calzados hasta el año 1614 en que se les pidió el
arz. de Cebú y desde entonces se halla servida por un cura secular; su titular es S. Pedro
apóstol: próximo á esta se halla el cementerio,
bastante bien situado, muy cápaz y de buena
ventilacion. Se comunica este pueblo con sus
limítrofes por medio de caminos regulares, y
recibe de Capiz, cab. de la prov., el correo
tanto de dentro como de fuera de la isla en

dias indeterminados. El TERM. confina por N.
con el mar; por S. E. con Tangalit; por E.
con el de Malmao, y por O. con la prov. de Antique. El TERRENO es llano escepto por la parte de su confin occidental que es montuoso,
y en sus bosques se crian escelentes maderas;
búfalos, jabalíes, venados, gallos, tórtolas, ect. mucha miel, cera y algalia.

El progreso de la civilizacion fue bastante tardo en estos montes y la reduccion de
sus naturales costó mucho trabajo particularmente á los PP. Fr. Manuel de Sigüenza,
Fr. Alonso de Méntrida, Fr. Juan de Medina
y últimamente un principal del pueblo de Batang llamado el Maestre de Campo D. Nicolás
Parohinog á quien se premió consignándole
algunos tributarios por via de encomienda.

Es notable el r. llamado Panacuya por la
bondad de sus aguas, particularmente para los
que padecen afecciones sifilíticas. Siguiendo la
playa hácia la punta de Potol, se halla otro r.
llamado Tuyas que dió nombre á una visita:
aun hay otros varios r. En la punta de Potol
se coje mucho ambar por ser punto muy com-
batido del mar. En el terreno reducido á cultivo las principales PROD. son arroz, maiz,
tabaco, caña dulce, algodon, cacao, pimienta, ajonjolí, abacá y varias clases de frutas.
IND.: la agrícola, la fabricacion de algunas telas de algodon y abacá, la caza y la pesca.
COMERCIO: este se reduce á la esportacion del
sobrante de sus prod., y á la importacion de
algunos artículos de los que se carece. POBL.
13,815 alm., 1,657 ½ trib., que ascienden á
16,575 rs. plata, equivalentes á 43,937 ½
rs. vn.

IBI

IBISAN: pueblo con gobernadorcillo, que
con el de Loctugan, dependen en lo civil
y ecl. de Capiz, cap. ó cab. de la prov.
del mismo nombre, en la isla de Panay, dióc.
de Cebú; se halla SIT. en terreno llano, próximo á la orilla del r. Panay; disfruta de buena ventilacion, y su CLIMA es templado y saludable. Tiene como unas 416 casas, en general de sencilla construccion, distinguiéndose
entre ellas la casa de comunidad, llamada

6

tambien tribunal ó de justicia, donde se halla la cárcel. Confina el TERM. con los pueblos de Capiz, Loctugan y Dao. El TERRENO es llano y SUS PROD. é IND. son las mismas que las de Capiz su matriz, con la cual damos su pobl. y trib.

IBU

IBULAO: r. de la isla de Luzon, en la prov. de Nueva-Vizcaya; tiene su orígen en los 124° 42' 30" long., 16° 47' 30" lat.; al pie del monte Guingui, que se halla en la gran cord. de esta isla, sirviendo de límite á las prov. del Abra y la referida de Nueva-Vizcaya. Toma en un principio este r. su direccion al E.; pero cambiándola á poco trecho; se dirije hácia el S. E. por terreno rodeado de montes, á desaguar en el r. de Magat, á los 124° 55' 30" long., 16° 42' 30" lat., despues de haber corrido unas 5 leg. Aunque ordinariamente es poco caudaloso, sus aguas son de bastante utilidad, no solo para el riego de las tierras de los pueblos que recorre, sino tambien para los demás usos domésticos.

IGB

IGBARAS: pueblo con cura y gobernadorcillo, en la isla de Panay, prov. de Iloilo, dióc. de Cebú; se halla SIT. en el litoral de la prov., en terreno llano; su CLIMA es templado y saludable. Fué fundado en 1750, y en el dia tiene como unas 2,443 casas de muy sencilla construccion, distinguiéndose solo la parroquial y la de comunidad, donde se halla la cárcel. Hay una igl. parr., bajo la advocacion de San Juan Bautista, de buena fábrica, servida por un cura regular: próximo á esta se encuentra el cementerio, que es muy capaz y disfruta de buena ventilacion, por estar bastante bien situado. Además hay una escuela de primera enseñanza para los niños, que se halla muy concurrida, teniendo esta su dotacion de los fondos del comun. Comunicase este pueblo con sus limítrofes por medio de caminos regulares, y recibe de Iloilo, cab. de la prov., el correo asi de dentro como fuera de la isla, en dias indeterminados. El TERM. confina por N. O. con los montes que dividen esta prov.

de la de Antique; por N. con Tubungan (dist. 2 leg.), y por S. con Guimbal (á 2 id.). Encierra en su térm. el barrio de Borney, que dista una milla de la igl. El TERRENO es bastante montuoso, y aunque no dá en sus PROD. el suficiente arroz para el consumo, tiene en cambio gran abundancia de sibucao. Hay además otros varios art., como maiz, cocos, abacá, algodon, legumbres, frutas, etc. Es pueblo muy INDUSTRIAL, y se fabrican en él varias clases de tejidos, á cuya labor se dedican con especialidad las mugeres; con los que sostienen un COMERCIO que les es de bastante utilidad. POBL. 7,492 alm., 1,279 trib., que ascienden á 12,790 rs. plata, equivalentes á 51,975 rs. vn.

IGBARAS: r. en la isla de Panay, prov. de Iloilo: nace en los montes que divide esta prov. de la de Antique y se une con el denominado *Tubungan*, que pasa bañando el pueblo de este nombre, y á corto trecho entra en el mar. Este r. es de bastante caudal, y sus aguas se utilizan para las necesidades domésticas y el riego. Sus corrientes arrastran pequeñas partículas de oro, que los hab. de los pueblos de sus orillas recogen por medio del lavado de las arenas.

IGU

IGUICON: islas al E. de la de Polillo; son dos las llamadas asi, y se hallan SIT. entre los 125° 47' 30", y 125° 50' long., y los 14° 42' lat., y 14° 43' id.; son muy pequeñas y distan solamente ¼ de leg. al E. la una de la otra; ¼ leg. al N. O. se halla la isla de Pantanonaguan, y poco mas de 1 ¼ id. al O., la costa E. de la isla de Polillo.

IGUIG: pueblo, que forma jurisd. civil y ecl. con el de Amulung, en la isla de Luzon, prov. de Cagayan, dióc. de Nueva-Segovia; hállase SIT. en los 125° 13' 30" long., 17° 44' 30" lat., á la orilla der. del r. Grande de Cagayan, en terreno llano: disfruta de buena ventilacion, y CLIMA bastante benigno y saludable; no padeciéndose en él por lo comun otras enfermedades, que las regionales propias del cambio de las estaciones. Tiene este pueblo unas 110 casas, las cuales se hallan comprendidas en el número que damos al pueblo de Amulug. Hay una escuela de primera enseñanza de niños, la cual se halla dotada de los fondos de comunidad. El TÉRM. confina por N. con Amulung (matriz) á 2 leg.; por S. con Tuguegarao, cap. de la prov.; por E. con el mismo térm. de Tuguegarao, y por O. con el de Piat (á 4 leg.). El TERRENO es montuoso y muy fértil; bañándolo algunos afluentes del r. Grande de Cagayan, en cuyas cercanías cultivan la tierra. Sus PROD., IND., POBL. y trib. (v. la matriz.)

ILA

ILACAONG: punta de la costa O. de la isla de Catanduanes, adscrita á la prov. de Albay; hállase en los 127° 50' long., 13° 57' 10'' lat., en el térm. del pueblo de Caramoran ó Caramuran.

ILAGAON: visita ó anejo de la isla y prov. de Negros, dióc. de Cebú, dependiente en lo civil y ecl. de Siaton, en cuya matriz damos su POBL., prod. y trib.

ILANOD: r. de la isla de Luzon, en la prov. de Nueva-Vizcaya; tiene su origen al pie de la gran cordillera, que se estiende desde los Caraballos-Norte á los Caraballos-Sur, en los 124° 42' long., 16° 37' 45'' lat.; corre en su principio con direccion al E., y cambiando ésta despues al S. E., viene á desaguar en el r. de Magat, en los 124° 53' long., 16° 55' lat.; tiene unas 4 leg. de curso.

ILAYA (San Lorenzo de): pueblo, que forma jurisd. civil y ecl. con los de Dapitan, su matriz, Taglimao y Langarán, en la isla de Mindanao, prov. de Misamis, dióc. de Cebú; hállase en el litoral de la isla en su costa N., próximo á un r., en terreno llano, y CLIMA cálido y saludable. PROD. ó IND. (v. la matriz): POBL. y trib. (v. el estado de poblacion de la prov.)

ILD

ILDEFONSO (San): pueblo con gobernadorcillo, dependiente en lo ecl. del pueblo de Bantay su matriz, en la isla de Luzon, prov. de Ilocos-Sur, dióc. de Nueva-Segovia: se ha-

lla SIT. en los 123° 57' long., 17° 28' lat., en terreno llano y ½ hora dist. de Bantay, en direccion N.: le combaten los vientos del N., S. y N. E., llamado este dugudug por los naturales, y el CLIMA es húmedo y poco sano; padeciéndose de ordinario muchas tercianas, algunas tisis, sarna, viruelas, cólera, sarampion y tabardillos. Tiene este pueblo para su administracion civil, además del gobernadorcillo otros dependientes de justicia, como tenientes que son una especie de regidores, alguaciles, testigos acompañados, jueces de policía, sementeras y palmas, en el mismo número y bajo el mismo sistema que en Bantay. El pueblo que describimos se fundó por los años de 1769, y en el dia tiene como 596 casas, en general de sencilla construccion, distinguiéndose como mas notables por su buena fábrica, la casa parroquial, la igl. y la casa llamada tribunal ó de justicia, donde está la cárcel, cuyo edificio es de cal y canto, aunque no se halla todavía del todo concluida. La igl. parr. bajo la advocacion de San Ildefonso, ofrece ser uno de los mejores templos de la prov. cuando esté concluida: se halla servida por un cura regular que reside en Bantay por hallarse la igl. matriz en este pueblo. Poco dist. de esta se encuentra el cementerio en buena situacion y ventilado. Hay dos escuelas de primeras letras, la una en el centro de la pobl. y la otra en uno de los barrios dependientes de la misma, á las cuales concurren muchos alumnos de ambos sexos: la primera está dotada de los fondos de comunidad, y la segunda por una pequeña gratificacion semanal, que los alumnos abonan á un maestro particular por enseñarles á leer, escribir y doctrina cristiana. Los que asisten á esta que son los de los barrios, acuden sin embargo á la del pueblo los viernes y los domingos. Los hab. de este pueblo se surten de agua para sus usos domésticos de las de pozo, las que además de ser gruesas, son de mala calidad. Dependen de la jurisd. de este pueblo los barrios denominados Arnap, Sagnep, Belen, Nambaran, Bungro, Simaay, Patut, Sagsagat, Utol, Busiing y Usboy, barrios de infieles, los cuales se les calcula como 400 vecinos. Este térm. se estiende como cosa de ½ leg. en direccion de N. á S., y 5 de E. á O.; confinando por N. con Santo Domingo (á 15 minutos de dist.); por S. con este mismo; y por O. con San Vicente Ferrer, ambos á igual dist. que el primero con corta diferencia. Corre por esta jurisd. un r. llamado *Bantanay*, que tiene su origen en tres manantiales, que brotan el primero á la falda del monte Bulagao, de la jurisd. del pueblo de Santo Domingo, y los otros dos en los sitios llamados *Burayoc* y *Savit*, de la demarcacion del pueblo de Bantay, todos en direccion al Oriente. Sus aguas sirven para el riego, y bañan marchando de E. á O. los pueblos de Santo Domingo, el que nos ocupa y San Vicente, desembocando en la mar, en las inmediaciones del último pueblo. Para cruzar este r. hay un magnífico puente, apellidado de Isabel II, todo de mampostería, construido el año de 1847 por los naturales, asi de este pueblo como de Bantay, quienes además facilitaron los materiales para su fábrica. La utilidad de este hermoso puente es grande, no solo para los hab. de las prov. de Ilocos-Norte y Sur, sino tambien para cuantos tienen que transitar por ellas. Su coste fué de 9,000 duros, y en su construccion desplegaron una actividad y celo dignos del mayor elogio el benemérito alc. m. Don Gabriel de Llamas, y el dignísimo cura párroco actual. Además del citado puente, hay otros dos tambien de mampostería al S. del nombrado de Isabel II, y varias alcantarillas para dar salida á las aguas que se desprenden de las vertientes de las sementeras, debidas al R. P. Fr. Francisco Alvarez, cura que fué de este pueblo. Comunicase este pueblo con sus inmediatos por medio de un camino real que dirige de S. á N. en muy buen estado; así como tambien por una calzada, abierta últimamente de E. á O., que comunica con San Vicente Ferrer: hay establecido en este pueblo un correo diario, lo mismo que en la matriz, para comunicarse estos dos pueblos entre sí; recibiéndose una vez á la semana el general de la isla. El TERRENO en general es llano, aunque por la parte de poniente es bastante arenisco; sin embargo es fértil y productivo, cosechándose en la parte reducida á cultivo arroz, maiz, caña dulce, añil, algodon y una planta llamada *maguey*, de la que hacen cordeles, y los venden para esportarlos á Manila; pero su principal cosecha es la del arroz. Se cojen tambien hermosas y abundantes naranjitas, cageles, limones, suas, mangas, piñas y cocos. Se cria mucho ganado de varias clases, como búfalos, caballos, vacas y puercos, pero el mas estimado es el primero, porque sin él sus hab. no podrian dedicarse al cultivo de las tierras. Hay caza de palomas torcaces, patos y garzas; y en el r. mencionado y esteros inmediatos se pescan anguilas, dalag, paltat, cangrejos y otros pescaditos que venden en la plaza del pueblo por las tardes, lo mismo que varias legumbres. IND.: esta consiste en la elaboracion de telas que tejen las mugeres para su uso; en varias maquinillas para hacer cordeles de la planta maguey, y en el beneficio del añil, caña dulce y demás art. de su ind. agricola. Los carpinteros que se encuentran en este pueblo son bastante buenos, y cada dia hacen las obras con mas perfeccion, de suerte, que sin necesidad de acudir á Manila, se pueden comprar muebles buenos y baratos: tambien hay bastante buenos albañiles, así es que se encuentran casas bien hechas de piedra y teja; otras de tabla, pero la mayor parte son todavía de caña y el tejado de una yerba llamada panao. POBL. 4,565 alm., 916 trib., que ascienden á 9,160 rs. plata, equivalentes á 22,900 rs. vn.

ILDEFONSO (Cabo de San): en la isla de Luzon, prov. de Nueva-Ecija; hállase SIT. en los 125° 19' long., 16° 1' 10'' lat., en la costa E. de dicha isla, sin embargo de que está mirando hácia el S., á causa de la irregularidad de las costas, formando de este modo el seno llamado de Casiguran.

ILI

ILIGAN: pueblo con cura y gobernadorcillo, en la isla de Luzon, prov. de Nueva-Vizcaya, dióc. de Nueva-Segovia; sit. en los 125° 1' long., 17° 9' 10'' lat., en la falda de una colina ó meseta, á la orilla derecha del r. Grande de Cagayan; tiene buena ventilacion, y su CLIMA es templado y saludable. Tiene como unas 500 casas, en general de sencilla construccion, distinguiéndose solo la parroquial y la de comunidad, donde se halla la cárcel; tambien es notable el almacen de la renta del tabaco. Hay escuela de primeras letras, concurrida por muchos alumnos, dotada de los fondos de comunidad; la igl. parr. es de mediana fábrica, y está servida por un cura regular: próximo á esta se halla el cementerio, el cual es bastante capaz y ventilado. Comunícase este pueblo con sus inmediatos por medio de caminos regulares en la estacion de secas, y recibe de la cab. de la prov. el correo semanal establecido en la isla. El TERM. confina por el N. con el de Tumauini, en la prov. de Cagayan (á 2 ½ leg.); por S. con el de Furao (á 2); por E. con las rancherías de infieles de Catalangan, que habitan en las montañas de la cordillera de Sierra-madre; y por O. con los encumbrados montes que se elevan por el centro de la prov. El TERRENO es montuoso y muy fértil; hallándose bañado por diferentes r.: tiene canteras de cal y en sus montes se cria escelente madera de construccion y carpintería, como el banaba, el molavin, el tindalo, etc. Hay muchas clases de palmas y bejucos, y un gran número de frutales silvestres, además de las muchas raices alimenticias de que se aprovechan los hab. de este pueblo. De los bosques y canteras recojen bastante miel y cera, que depositan las abejas en los huecos de los troncos de los árboles y en otros parajes. En la parte del terreno que se halla reducida al cultivo, las principales PROD. son arroz, tabaco, maiz, caña dulce, pimienta, abacá, algodon, legumbres y frutas. La IND. consiste principalmente en el beneficio de sus tierras, la caza y la fabricacion de algunas telas, en lo que comunmente se emplean las mugeres. Hay tambien algunos que se dedican á la pesca, en el r. ya mencionado, y otros en la estraccion del oro, que algunos riach. suelen arrastrar en pequeñas partículas ó pepitas entre sus arenas. El COM. se reduce principalmente á la venta del tabaco y algunos otros art. que esportan. POBL. 2,856 alm., 771 trib., que ascienden á 7,710 rs. plata, equivalentes á 19,275 rs. vn.

ILIGAN: pueblo con cura y gobernadorcillo y del cual dependen en lo civil y ecl. los de Initao, Nanuan, Alubijid, Molugan y Pictan, en la isla de Mindanao, prov. de Misamis, dióc. de Cebú; hállase SIT. en los 127° 54' 30" long., 8° 24' 30" lat., en terreno llano á la orilla derecha de un r., y junto á la costa N. de la isla; disfruta de buena ventilacion, y su CLIMA es cálido pero saludable. Tiene con sus visitas ó anejos unas 914 casas, en general de sencilla construccion, distinguiéndose como mas notables la casa parroquial y la llamada tribunal ó de justicia, donde se halla la carcel. Hay escuela de primeras letras concurrida por muchos alumnos y dotada de los fondos de comunidad; é igl. parr. bajo la advocacion de San Miguel, servida por un cura regular: próximo á esta se halla el cementerio, el cual es bastante capaz y ventilado. Confina el TERM. por N. O. con el mar; por N. E. con Cagayan, y por O. con Misamis, cabecera de la prov. dist. unas 8 leg. El TERRENO es algo montuoso y sus principales PROD. son cacao, cera y arroz. IND.: la agrícola, la caza, la pesca y la fabricacion de algunos tejidos ordinarios. Los moros hacen el COMERCIO con los naturales de este pueblo una vez á la semana. POBL. 5,486 alm., 929 trib., que ascienden á 9,290 rs. plata, equivalentes á 23,225 rs. vn.

ILIGAN: visita ó anejo dependiente en lo civil y ecl. de la isla y pueblo de Dumaran, en la prov. de Calamianes, dióc. de Cebú POBL., prod. y trib. con la matriz, de la cual dista como unas 4 leg.

ILIM: isla adscrita á la prov. de Mindoro; se halla SIT. al S. de la misma, entre los 124° 41' long., 124° 47' id., y 12° 7' 30" lat., 12° 17' id.; tiene en su mayor estension 2 ³/₄ leg. y 1 de ancha, viniendo á ser el término medio de 2 ½ leg. cuadradas: la separa un canal de unas 2 leg. de largo y ¹/₄ id. de ancho de la costa S. O. de Mindoro, y otro de una leg. de largo é igual anchura de la isla de Ambolon, que se halla al S. O. Forma dos ensenadas con la isla de Mindoro, la de Panican al E. y la de Mangarin al N. En esta isla está situado el pueblo de su mismo nombre sobre la costa O., en el fondo de una pequeña rada que forman sus costas. El TERRENO de esta isla es por lo regular montuoso; mas sin embargo de esto, abunda poco el arbolado. Sus prod. agrícolas son las mismas que damos en ILIM (v.)

ILING: visita ó anejo dependiente en lo civil y ecl. del pueblo de Mangarin, en la isla y prov. de Mindoro, dióc. del arz. de Manila: se halla SIT. en continente distinto al de su matriz, de la que dist. como 2 leg., y en cuyo artículo comprendemos su POBL., prod. y trib.

ILO

ILOC: una de los islas Calamianes; SIT. al S. de la de Linacapan y al N. E. de la de Paragua, entre los 125° 27' long., 125° 34' id., y los 11° 25' lat., 11° 54' 30" id.; tiene unas 3 leg. de larga y 1 ½ de ancha, siendo su promedio de unas 3 leg. cuadradas. Se halla toda rodeada de otras islitas mas pequeñas, particularmente por la parte de O., donde hay un número muy crecido de ellas. El TERRENO de esta isla es montuoso y está regado por algunos riach., hallándose en sus montes maderas de diferentes clases, como tambien caza en abundancia, y cera y miel, que depositan las abejas en los troncos de los árboles, en los huecos de las rocas y en todos los sitios abrigados. Sus costas aunque abundan en pescado de todas clases son poco frecuentadas, por ser muy peligrosas y de difícil arribada.

ILOCOS: prov. de la antigua division política de la isla de Luzon; fue creada al principio de la conquista de esta isla; sus límites orientales estaban indeterminados, alcanzando á los montes igorrotes que todavía no eran objeto de la conquista, y sobre la costa abrazaba todo el territorio que hoy pertenece á las dos prov. que con el mismo nombre de Ilocos se distinguen entre sí por su respectiva situacion geográfica; aun cabe decir, que no llegó á tener mayor estension real, pues al adquirirla con el progreso de la civilizacion, fué tambien cercenada su antigua estension, y recibió límites orientales. Perteneció en lo ecl. al ob. de Nueva-Segovia desde que se erijió su sede, y habiéndose establecido esta en Vigan, cap. ó cabecera de la prov., fue bas-

tante comun dar tambien al ob. el título de Ilocos. El territorio de esta prov. se hallaba comprendido entre los 125° 47' 30" long. de la punta Namacpacan, que es su punto mas occidental en los 16° 27' 30" lat., y los 124° 45' long. de la punta Pata, que en la costa N. O. de la isla es el punto mas oriental de la prov.; y entre los 18° 43' 30" lat. de esta misma punta, y los 16° 39' id., donde la cordillera de montes que va á formar la referida punta de Namacpacan marca su término meridional. Contenia una costa de 50 leg., y al principio era tan estrecha, que en algunos puntos solo tenia unas tres leg. de ancha sin pasar de 6 donde mas, teniendo al Oriente los montes Igorrotes, cuya cordillera corre de Norte á Sur desde los Caraballos hasta la prov. de la Pampanga, y dando al O. con el mar de la China. Habiendo de presentar la descripcion de este territorio en los respectivos artículos de las dos prov. en que hoy se halla dividido, prescindiremos de ella en este lugar, limitándonos á recorrer ligeramente su historia.

Juan de Salcedo renonoció esta costa en la famosa espedicion en que recorrió todo el Norte de la isla. Halló aquí muy poca gente, y esta en constante guerra, donde se esterminaban unas tribus á otras, sin que esto consistiese en la diferencia de razas como en muchos distritos del archipiélago; pues desde luego se presentó la poblacion de Ilocos como una poblacion especial: estos indios tenian una completa semejanza con los tágalos, teniendo como estos el pelo lacio, los ojos grandes, el color de aceituna, y siendo chatos y barbilampiños: sin embargo se diferenciaban de ellos en el idioma, pues aunque ambas lenguas son deribadas de una madre comun, han recibido ciertas modificaciones del idiotismo local, que han llegado á establecer bastante diferencia entre ellas. Salcedo redujo desde luego algunos pueblos á la obediencia de la corona española, y despues fué enviado á esta prov. por Guido de Labezares, para gobernarla y dar posesion de las encomiendas que repartió á los beneméritos, entre los cuales cupo tambien una al mismo Salcedo. Los PP. Agustinos que acompañaban á éste en sus espediciones, procediendo á la conquista espiritual de esta prov., en poco tiempo redujeron á la fé católica todos los indios, que vivian entre los montes y el mar. Mientras esto se realizaba, vió Salcedo 62 champanes que seguian el rumbo de Manila y suponiendo que fuesen contra ella, como sucedió en efecto, recogió todos los españoles y se embarcó para acudir á su defensa: llegó tan á tiempo, que sin su socorro, hubiera caido la capital en poder del corsario Limahon. El gobernador en premio de este interesante servicio, le nombró maestre de campo, por muerte de Martin de Goiti que lo era. Con esto volvió á Ilocos y perfeccionó la villa llamada Fernandina, que poco antes habia fundado en Vigan; salió á visitar su encomienda, y acometido de una disentería murió en pocas horas. No obstante la pérdida de aquel insigne apoyo, con que contaban los esfuerzos de los misioneros para la propagacion de la fé y la civilizacion en el pais, sus trabajos siguieron dilatándose por todas partes mas ó menos protejidos por los sucesivos gobernadores de las prov. Bajo sus cuidados se crearon las nuevas pobl. indias, siendo de notar, que mientras en otras prov. solian tomar una estension considerable los pueblos y aun era frecuente que las casas apareciesen diseminadas por establecerse cada uno al frente de sus haciendas, aqui sucedia lo contrario, pues se formaban los pueblos sumamente agrupados, influyendo de un modo considerable en ello la vecindad de los pueblos enemigos, que aun conservaban su independencia en las fragosidades, y no repugnándolo la mayor benignidad de los calores en esta prov., donde alguna vez ha granizado, de modo que los naturales conocen y dan el nombre de uraro al granizo. La falta de pobl. que se notaba en el pais hacia tambien, que esta una vez reducida á vida civil diese mas reunidos los vecindarios en un pais quebrado y fragoso, donde las comunicaciones terrestres eran muy difíciles en separándose algo de la costa. La misma falta de pobl. causaba á la vez que los trabajos de las misiones no obtuviesen desde luego tantos resultados como en otros distritos de la isla, por lo que hace al número de almas

traidas al cristianismo. Asi fué que en 1735 solo contaba esta prov. 48,950 hab. entre indios y mestizos de sangley, y pagaba 10,041 trib., lo que suponia la existencia de 20,082 personas en estado de tributar, las cuales eran á las exentas como 1 á 2 $^7/_{16}$. Pero no tardaron ya en aparecer los benéficos resultados de la civilizacion, que habian dado término á las antiguas guerras, y haciendo estensas roturaciones en los montes que hasta entonces se conserváran vírgenes, para reducirlos á cultivo, y aprovechando las aguas para el riego de las sementeras y plantaciones, se vió aumentada la salubridad del pais al paso que se multiplicaban sus productos. Fué tanto el incremento que tomó la pobl., que en los 65 años restantes del siglo pasado, llegó á contar 221,625 alm. y 45,461 ¼ trib., cuyo aumento supone nada menos que el de un 5 $^6/_{13}$ por 100 al año tanto en tributos como en almas, siendo asi que en el año 1800 eran estos á aquellas como 1 á 4 $^7/_8$ segun habian sido en el de 1735. Hasta el año 1817 se elevó al número de 255,040 alm. y 57,404 trib., que eran á aquellas como 1 á 4 $^8/_{11}$, sin contar entre las alm. las que sumaban las reducciones de Igorrotes, nuevos cristianos y catecúmenos de las misiones de Ronda y Sevilla. En el siguiente año 1818 el total de poblacion segun los empadronamientos, era de 282,843 almas, y pagaba 58,487 trib., que eran como 1 á 4 $^6/_7$ á aquellas. Habia adquirido esta prov. en 83 años una pobl. que era á la que habia tenido en 1735 como 5 $^7/_9$ á 1; los trib. eran tambien como 5 $^3/_5$ á 1. Este grande aumento de poblacion llegó á dificultar la administracion del pais que se hallaba á cargo de un alc. m.: ademas habia un administrador del tabaco, otro del vino y un factor de la compañia de indias, dedicado á fomentar los tejidos y las siembras de algodon. Se hizo conocer la necesidad de dividir esta prov. en dos jurisd. alcaldías mayores ó partidos, con la calificacion de Norte y Sur, como se dispuso por Real cédula de 2 de febrero del espresado año 1818, creándose los dos partidos ó alcaldías mayores, que hoy forman las dos prov. siguientes.

ILOCOS-NORTE: una de las 20 prov. de

la actual division politica de la isla de Luzon; hállase en el estremo N. O. de esta isla, confinando por E. con la prov. de Cagayan, y por S. con la de Ilocos-Sur; sus confines O. y N. son marítimos. Gobiérnala un alc. m. de término, que reside en Laoag, cab. de la prov., y está encargado de la administracion de justicia y demas ramos civiles y políticos: en lo ecl. pertenece á la dioc. de Nueva-Segovia. La gran cordillera de los montes Caraballos llamada del Norte, forma su término oriental desde los 124° 28' long., 17° 50' lat., donde descuella el monte llamado Bimungan del Sur, hasta las vertientes orientales de otro monte del mismo nombre, en los 124° 37' 50'' long., 18° 19' lat., desde cuyo punto sigue describiendo estos límites al N. el rio llamado Cabacungan hasta su boca ó desagüe en la costa setentrional de la isla á los 124° 44' long., 18° 40' lat.; aqui sigue en la misma long. con poca diferencia la gran prominencia formada por el monte llamado Calvario y la punta Pata, cuyo término se halla en los 18° 43' lat. Al Occidente de esta punta corre la costa N. de la prov. y en ella se van encontrando la boca del r. Pasalen, el estero Patapat, la punta del mismo nombre ó Caraballo, el camarin de Obug, el estero Bugtun, la punta Buaoan, el estero Boloay y la punta Mereira, que se halla en los 124° 29' 10'' long., 18° 43' lat. Desde esta punta empieza la costa N. O. y en ella son notables la boca del r. Cauayan, la punta Caparispisan, el puerto de Bangui, la ensenada de Burang, la punta Savit, la boca del rio Balbalon, la ensenada de Buraan, y por último el cabo Bojeador, que da principio á la costa O. por la parte superior, en los 124° 12' long., 18° 26' 15'' lat. Al S. de este cabo se hallan la punta Nagavicagan, la ensenada de Dirique, la punta de Casiliang, el telégrafo de Pasuquin, el de Bacarra, la barra de San Rafael, la de Cauit, la punta Culili, la de Manglauis, el puerto de Currimao, la ensenada y punta de Gabot, el puerto de Labo y la punta de Solotsolot que se encuentra en los 124° 5' long., 17° 52' 30'' lat.: 2° 30'' al S. de esta punta termina la costa occidental, empezando la perteneciente á la prov. de Ilocos-Sur. Desde este punto parte la linea que deslinda la prov. que describimos de la del Sur y de la del Abra, hasta el mencionado monte Bimungan donde hemos dicho estar el término meridional de los confines orientales. Estos confines vienen á tener como unas 17 leg. y 7 ½ los meridionales, de modo que los confines terrestres de la prov. vienen á ser de unas 24 ½ leg.: los maritimos pasan de 26 leg.; la estension de los confines orientales es la estension de la prov. de N. á S. De E. á O. tiene como unas 7 leg. por un promedio, de modo que el desarrollo de la superficie viene á dar como unas 119 leg. cuadradas. El suelo de esta prov. es muy fragoso y quebrado; elévanse en él encumbrados montes, siendo los mas notables los que descuellan en sus estremos S. y N. Dos grandes cordilleras ocupan el centro de su parte meridional, tendidas y paralelas entre sí de N. á S. Al N. de estas se hallan sobre la costa los montes llamados Pan de azucar, cerca de Paoay, Calutit, Asud, Pasuquin y Gabon al N.; por el centro los que habitan los Apayaos y cerca de la cordillera, que forma el término oriental los de Maribali, Gasgas, Aganmamala, Linuay etc. En la parte N. de la prov. descuellan considerablemente el fragoso Adang, en cuyas escabrosidades habitadas por el antiguo pueblo del mismo nombre, introdujo la luz evanjélica y la civilizacion el P. Fr. José Herice el año 1720; é igualmente penetró en el Caraballo-Norte y otros menores, como el Patapat al N. del Caraballo y el Caburlanga al S. O. del Adang. Todos estos montes se hallan cubiertos de corpulentos y espesísimos árboles, cañaverales y palmas, cuyas innumerables especies seria difícil dar á conocer; el cedro, el molavin, el banaba, el tindalo, el palo Maria, el palo campeche, y otros innumerables árboles de que los indios sacan grande utilidad en diferentes usos, crecen por todas partes con una pujanza asombrosa; apenas falta artículo alguno propio de la grande vejetacion de este archipiélago, en los bosques de Ilocos-Norte, donde se reunen todas las ventajas apetecibles con un clima menos cálido y mas agradable que en las prov. meridionales: se asegura que en estas montañas el termómetro de Reaumour baja algunas veces á 8°, y los naturales conocen el granizo:

puede decirse que rigiendo los vientos del N. se suele sentir algun frio. En varios puntos, con especialidad en los pueblos de Batag, y demas del valle de Dingras, se acostumbran á levantar espesas é incómodas nieblas, á lo que contribuye no poco la grande espesura de los bosques en un pais tan húmedo como este. Tambien hay en estos montes minas y lavaderos de oro y otros metales preciosos. De los mismos montes se saca brea, mucha miel y cera. Encuéntrase igualmente caza de búfalos, jabalíes, venados, gallos, tórtolas y otros muchos animales y aves. Las aguas que brotan de estas montañas forman numerosos rios, que despues de regar muy fértiles y estensos territorios, desembocan en el mar por las barras que ya hemos mencionado al describir las costas. Los valles y llanuras son sumamente feraces, y producen arroz, trigo, algodon, añil, ajonjoli, caña dulce, cafe, cacao, cocos y cuantos frutos hay conocidos en el archipiélago: las legumbres son abundantes y buenas.

Tiene esta prov. buenas comunicaciones interiores y esteriores, tanto por mar como por tierra, lo que es sumamente interesante al desarrollo de la industria y del comercio. Corriendo esta prov. en ambos ramos á una con la de Ilocos-Sur, escusamos ocuparnos de ellos en este lugar, pudiéndolo hacer en el artículo de dicha prov., donde se presenten con otros pormenores que son comunes á las dos Ilocos, por ser la del Sur la mas estensa y populosa. Bástenos manifestar aqui que ambas prov. son agricolas, comerciales y sobre todo manufactureras, sobresaliendo sus naturales en los tejidos ordinarios, pues con el algodon de sus cosechas fabrican toda clase de telas, que tambien tiñen de varios colores, aunque nunca se llega á dar á estos trabajos la finura de los de Bulacan, Tondo, Camarines é Iloilo. Mucho ha influido en la prosperidad de los pueblos de ambas prov. la division de la antigua Ilocos en que hemos visto corrieron unidas hasta el año 1818; pues con ello pudo tomar su administracion una energia de que antes careciera, debiendo acudir á pobl. tan numerosa y tan vasto territorio. En el siguiente estado puede verse cual fué esta prov. de Ilocos-Norte al crearse por real cédula de 2 de febrero de dicho año de 1818.

ESTADO DEMOSTRATIVO DE LA PROVINCIA DE ILOCOS-NORTE EN 1818.

PUEBLOS.	Indivíduos contribuyentes de naturales y mestizos.	Solteros y solteras — Reservados.	Solteros y solteras de naturales y mest.	Escuelas y párvulos.	Españoles.	Nuevos cristianos.	Catecúmenos	Chinos cristianos.	Número de almas según los padrones.	Bautizados.	Casados.	Difuntos.	Familias contribuyentes.	CURAS que administran.
Bangui.	1,449	224	473	490					2,641	118	43	49	724	Clérigo presbítero.
Nagpartian.	423	93	124	462					802	25	3	14	211	id.
Pasuquin.	1,550	232	358	550					3,450	139	42	112	765	id.
Bacarra.	4,901	648	1,666	5,035					12,250	543	214	227	2,450	Agustino descalzo
Vintar.	2,064	474	884	1,738		29			5,160	206	59	110	1,032	id.
Sarrat ó San Miguel de Cuning.	2,755	705	958	2,485	5	11			6,885	226	57	159	1,577	id.
Pigdig y su visita Santiago.	4,015	924	1,342	3,745		2			10,035	269	155	187	2,007	id.
Dingras.	4,559	772	1,497	4,538		3			11,395	512	98	255	2,207	id.
Laoag.	12,055	1,942	3,181	12,957					30,435	1,082	246	632	6,027	id.
San Nicolás.	3,498	971	951	3,522					11,395	284	73	242	1,749	id.
Bataac.	7,026	1,130	1,843	7,566		20			17,565	588	269	286	3,513	id.
Paoay.	7,447	932	2,187	8,049					18,615	646	140	790	3,723	id.
Badoc.	3,356	442	1,726	2,846					8,390	337	87	226	1,678	id.
TOTAL.	55,078	9,489	17,650	53,461	5	65			135,740	4,775	1,446	3,197	27,539	

En esta situacion empezó la prov. que nos ocupa. Eran los tributos á las almas como 1 á 4 $^{23}/_{27}$. Sin que se aumentase el número de pueblos que todavia es el mismo, con la única diferencia de haber adquirido el caracter de tal pueblo independiente, la visita de Piddig, llamada Santiago, hasta el año 1845, ascendieron á 157,559 las almas y á 34,512 ½ los trib.; conservando casi la misma proporcion en que se hallaban estos números en 1848, pues eran los trib. á las alm. como 1 á 4 $^{30}/_{31}$ lo que determina solo la diferencia de un $^2/_{63}$ entre ambas proporciones, con lo que parece haber seguido un mismo incremento los tributos y las almas, cuyo incremento debió ser en este caso de $^3/_5$ por 100 al año. En este número de almas se contaban 205 mestizos y 10,791 que pagaban diezmos de reservados, los cuales importaron 674 ps. 6 rs. plata 17 mrs. Ademas

del espresado número de alm. estaban los Tinguianes infieles divididos en varias rancherias, correspondientes á los pueblos de Badog, Dingras, Piddig, Santiago, Vintar y Bacarra, con cuyos vecindarios pagaban 475 trib., que importaron 128 ps. 6 rs.; el reconocimiento de Tinguianes no está sujeto á una regla fija como los tributos de indios. Ademas del importe de todos estos trib., el donativo de Zamboanga importó en aquel año 1,876 ps. fs., 1 real plata, y habiendo un chino radicado en la prov. pagó 24 ps. fs. por ser de 5.ª clase. Los derechos de títulos de ministros de justicia ascendieron á 556 pesos: los de nombramientos de cabezas de barangay y empleados en las galleras, á 295 ps. fs. 4 rs. plata.

Desde el año 1845 al 50 ha sido insignificante el aumento de pobl. recibido por esta prov. Véase el estado de aquella época:

PROVINCIA DE ILOCOS-NORTE.

PUEBLOS.	ALMAS.	TRIBUTOS.	RS. PLATA.	RS. VELLON.
Laoag.	34,560	6,912	69,112	172,800
San Nicolás.	11,717	2,343 ½	23,435	58,587 ½
Batac.	17,850	3,570	35,700	89,250
Paoay.	15,587	3,117 ½	31,175	77,937 ½
Badoc.	8,777	1,755 ½	17,555	43,887 ½
Sarrat.	7,650	1,530	15,300	38,250
Dingras.	11,672	2,334 ½	23,345	58,362 ½
Santiago.	3,237	647 ½	6,475	16,187 ½
Pid-dig.	8,780	1,756	17,560	43,900
Vintar.	7,830	1,566	15,660	39,150
Bacarra.	16,690	3,338	33,380	83,450
Pasuquin.	5,195	1,039	10,390	25,975
Nagpartian.	4,007	801 ½	8,015	20,037 ½
Bangui.	4,007	801 ½	8,015	20,037 ½
TOTAL.	157,559	31,512 ½	315,125	787,812 ½

ILOCOS-SUR: una de las prov. de la actual division política de la isla de Luzon, dióc. de Nueva-Segovia, que tambien es llamada de Ilocos por hallarse establecida su sede en la cab. de esta prov. La administracion de justicia y gobierno se hallan á cargo de un alc. m. que reside en la espresa-

da cab.; esta alcaldía mayor es considerada de término. En el siguiente estado pueden verse los pueblos que contiene, el número de alm. de cada uno de ellos en el año 1847, último documento oficial que ha comunicado, los tributos que paga y el importe de estos.

PROVINCIA DE ILOCOS-SUR.

PUEBLOS.	ALMAS.	TRIBUTOS.	RS. PLATA.	RS. VELLON.
Vigan.	16,680	3,336	33,360	83,400
Cauayan.	5,757	1,265	12,650	31,625
Santa Catalina V. y M.	10,810	2,062	20,620	51,550
Narvacan.	16,550	3,270	32,700	81,750
Santa María.	11,900	2,380	23,800	59,500
San Esteban.	2,772	554 ½	5,545	13,862 ½
Santiago.	2,842	563 ½	5,635	14,087 ½
Candon.	16,347	3,268 ½	32,685	81,712 ½
Santa Lucía.	9,590	1,918	19,180	47,950
Santa Cruz.	4,720	944	9,440	23,600
Tagudin.	7,207	1,441	14,410	36,025
Bangar.	8,105	1,621	16,210	40,525
Namacpacan.	7,397	1,479	14,790	36,975
Balauan.	7,572	1,514	15,140	37,850
Santa Catalina de Baba.	6,090	1,218	12,180	30,450
San Vicente.	6,520	1,305	13,050	32,625
Bantay.	5,587	1,117	11,170	27,925
San Ildefonso. . . .	4,365	875	8,750	21,825
Santo Domingo. . . .	8,467	1,693 ½	16,935	42,337 ½
Magsingal.	6,992	1,362 ½	13,625	34,062 ½
Lapo.	4,937	987 ½	9,875	24,687 ½
Cabugao.	9,627	1,925 ½	19,255	48,137 ½
Sinait.	12,095	2,419	24,190	60,475
TOTAL. . . .	192,272	38,517 ½	385,175	962,937 ½

Casi todos estos pueblos están sit. en la costa, y los pocos que hay mas mediterráneos como Balauan, la mision de Coveta etc., tambien distan muy poco de ella, siendo toda la prov. una faja bastante estrecha tendida de N. á S., entre las aguas del mar de la China y los montes que corren de S. á N. paralelos á la costa, de los cuales se desprenden numerosos rios, que van á desaguar en ella. El confin marítimo, que es todo el occidental de la prov. tomado de N. á S., empieza al Mediodia de la punta llamada Solotsolot, que pertenece á la prov. de Ilocos-Norte: los límites de ambas prov. sobre la costa se hallan en los 124° 20' long., 17° 51' lat. Desde este punto avanza progresivamente la costa mar adentro, for-mándose en ella varias puntas y ensenadas y apareciendo como cortadas de la misma algunas islitas: entre estos lugares geográficos, deben mencionarse por el mismo órden de N. á S. la ensenada de Topeng, la isla de Salomague, el puerto del mismo nombre, la ensenada de Solotsolot, la isla Pingüe, y el telégrafo de Santo Domingo que se halla sit. en los 123° 55' long., 17° 30' lat. Todavia se hallan 1' mas al O. la barra y punta de Dile en los 17°' 35 lat. Desde aqui se retira la costa y en ella se hallan las bocas del caudaloso Abra, el monte y ensenada de Sobobolo, la punta Agayayos, la ensenada de Diao, la de Nalbú, el puerto de San Esteban, la boca del rio de Santiago, el puerto de este mismo nombre·

la embocadura del r. Namamaguía, la punta Tamurung, la boca del r. Durien y del de Santa Lucia, el seno de Tagudin en los 16° 47' 30'' lat., penetra hasta los 124° 4' long., y la punta de Namacpacan que cierra por el S. O. el espresado seno, internándose mar adentro hasta los 123° 50' long., en los 16° 46' lat. Esta punta, estribo occidental de la cordillera de los montes Igorrotes que cruzan de E. á O. la prov. del Abra, es el estremo S. O. de la prov. de Ilocos-Sur y la espresada cordillera de los Igorrotes: cierra por el S. esta prov. desde la referida punta de Namacpacan, hasta los 124° 7' 30'' long., en los 16° 39' lat., donde casi se enlaza con esta cordillera, otra que corre de S. á N. formando el limite oriental de toda la prov. Entre la mencionada cordillera de los Igorrotes y esta, solo queda una angostura ó puerto, que dá paso á la parte del pais del Abra, habitada por infieles. Esta cordillera corre desde los 124° 10' long., 16° 42' lat., hasta los 124° 5' 50'' long., 17° 25' 30'' lat., donde se interrumpe, abriendo paso al r. Abra que entra en esta prov. para llevar sus aguas al mar de la China como hemos visto. Luego despues de esta interrupcion reaparece levantándose una nueva cordillera, que hasta los 124° 15' long., 17° 50' 30'' continúa separándola de la del Abra y desde alli se interna en la de Ilocos-Norte, pues desde el espresado punto geográfico al que hemos dicho encabezar sus confines marítimos, se hallan los límites de ambas prov. Los confines marítimos de Ilocos-Sur vienen á tener sobre unas 25 leg. de estension. Los terrestres cuentan como unas cuatro al S., 24 al E. y 3 al N., formando todos sus confines una suma de 56 leg.; su estension de S. á N. es de unas 23 ½, y la de E. a O. tomada por un promedio no pasa de 2 ½, con lo que se la puede suponer una superficie de unas 58 leg. cuadradas. Esta superficie es generalmente quebrada como formada por los estribos y ramificaciones occidentales de la cordillera que cierra por E. la prov., como el mar la estrecha por O.; los valles y cañadas, que forman dichos desprendimientos, y las cuencas de los numerosos r. que nacen en los mismos montes y generalmente por la corta estension de su curso, llevan al mar un caudal de agua escaso fuera del tiempo de lluvias en que ninguno se vadea sin el ausilio de balsas; sin embargo no son asi todos estos r., entre los cuales tambien se cuentan el caudaloso Abra, y los considerables de Tagudin, Laoag y Sarrat, que bastaron á dar nombre á la antigua prov. de Ilocos, de que se formaron despues las actuales Norte y Sur, siendo la palabra *Ilog*, en tágalo, equivalente á la nuestra *rio*. En el artículo especial de aquella antigua prov. prescindimos de la descripcion detallada de muchos ramos que pudieran haber figurado en ella por convenir mas particularmente á la descripcion de las actuales prov. de Ilocos. Al ocuparnos en la citada prov. del Abra vimos ya la parte que le perteneciera, aunque tambien sin menoscabar lo que pudiese convenir mejor á otro punto. En el art. de Ilocos-Norte hemos reservado igualmente la mayor consideracion para el del Sur, porque esta es en cierto modo la antigua prov. de Ilocos: la que primero fué reducida, la que desde un principio tuvo en su centro la cap. ó cabecera; la que conservó siempre esta cab., puede considerarse que conservó asimismo su caracter primitivo, y en la creacion de la de Ilocos-Norte, como en la del Abra, no vió mas que desprendimientos de su demarcacion antigua. Por esto es aqui donde mas particularmente conviene cuanto hemos creido deber escusar en los citados artículos.

Ya hemos visto en estos cuatro artículos la geografía de todo el territorio que comprendió la primitiva prov. de Ilocos, y que habiéndose dilatado los límites de la civilizacion y conquista comprenden hoy la de Ilocos-Sur, núcleo de aquella, y las del Norte y del Abra, que se han formado como dos desprendimientos de la misma. Tambien hemos visto en el articulo de Ilocos, como Juan de Salcedo, sobrino del general Legaspi, fue el primero que reconoció este pais, obtuvo su gobierno, y bajo la proteccion de aquel distinguido militar, emprendieron su conquista moral los PP. agustinos, que no tardaron en reducir á vida civil y á la fé católica los habitantes del territorio comprendido entre los montes y el mar. Igualmente indicamos en el art. de la prov. del Abra los numerosísimos esfuerzos que los misioneros hicieron por conseguir estos resultados entre los habitantes de las montañas, hasta que el ardiente celo religioso del P. Fr. José Herice, logró en 1720 introducir la luz evangélica en las escabrosidades del Adang (prov. de Ilocos-Norte), reduciendo á vida civil sus habitantes; los PP. Fr. Jacinto Rivera, Fr. Nicolás Fabro y Fr. Manuel de Madariaga lograron lo mismo entre otros numerosos pueblos indigenas. Tambien hemos indicado en el mismo artículo, que al estenderse el dominio español hácia las montañas del Abra, se creó en ellas una autoridad jurisd., titulada: *Comandancia general del pais de gentiles.* Sin embargo de haber empezado á obtenerse desde aquella fecha estos grandes resultados de los trabajos de las misiones, á últimos del siglo pasado todavía era tán estrecha la prov. de Ilocos á que se adjudicaban estas adquisiciones, que apenas alcanzaba 6 leg. por donde mas se había dilatado. El CLIMA de esta prov. era entonces vario como la topografía: en la parte perteneciente hoy al Abra, ya hemos visto en su artículo cual fuera; lo mismo por lo que hace á la parte actual de Ilocos-Norte: en el territorio conservado por la de Ilocos-Sur es templado como en los otros, sin tan escesivas humedades como en el Abra, ni tantas nieblas como en Ilocos-Norte. En casi todo este vasto territorio defendido del monzon del N. E. por la gran cordillera de los Caraballos, se disfruta una hermosa estacion, mientras sufren la mas rigurosa otros puntos de la isla. Todas las montañas de la antigua demarcacion de Ilocos, se hallaban cubiertas de dilatados y casi impenetrables bosques, formados por tanta variedad de árboles, que difícil seria dar á conocer todas sus especies; una clase de cedro llamada Calantas, por los tágalos (Cedrela Odorata); el molave (Vitex Geniculata), conocido en el pais con el nombre de Lagundi; el Mangachapoi (Vatica Mangachapoi); el Guiso ó Guijo (Mocanera Guiso); el llamado en el pais Naga y Asana (Pterocarpus Pallidus); el Tindalo, el Ebano, el Balamiagas, el Sasaluyen y el Anaguep; el Lumban (Aleurites Lobata); el Banaba (Munchausia Speciosa); el Ulis, el Taculao, el Parunapin, el Ga-

tasan, el Abao, el Abuit, el Bulala, el Daeng, el Casabang, el Candarona, el Bacalao, el Canaren, el Aro ó Arangen, el Marumpir, el Maraquitel, el Salinayen, el Bio, el Diran, el Lanuti, el Barangoan, el Taracatad, el Pacae, el Palo Maria, el Paga-Paluten, la Cañafistula, el Calisac, el Talisay, el Lilisen, el Baticilung (Milingtonia Pinnata), en tagalo Banaibanai, y algunos le llaman tambien Botongmanoc, por parecerse las ramillas á los huesos de gallina en la figura; el Subrut, el Dignee, el Mabolo, el Anunang, el Ibbey ó Higuera silvestre, el Barincocorong, el Lavan, el Auteng, el Bacaoan, el Adaan, el Amboynan, el Saquiat, el Oplas, el Balete, el Bagao, árbol magestuoso, al que los indios en otro tiempo tributaban un culto religioso: el Baroan, el Bansanga, el Bataano, el Camaring, el Aniqui, llamado su fruto Pilis; el Balanac, del que se cuenta que cuando se quema despide un humo mortal para cuantos se acercan á 4 ó 5 varas de distancia. Separadamente de los árboles nombrados hay otros muchos, cuyas raices y cortezas tienen virtudes medicinales. Entre los de este número hay muchos solo conocidos de los infieles y de algunos cristianos, que se sirven de ellos con un éxito admirable, trasmitiendo tradicionalmente sus virtudes de padres á hijos. Las hojas del Coscosipa puestas en maceracion y aplicadas sobre los tumores, los curan instantáneamente; á las del Bani mezcladas con vinagre, se atribuye la propiedad de ser un preservativo contra el contagio de las viruelas, etc.; se usan frotándose bien el cuerpo con su infusion; el Bang es un remedio sumamente eficaz, conocido en todo el pais para la curacion de las bubas; el Macabujay es una enredadera cuya corteza está llena de tubérculos; tomando el cocimiento de su corteza cura las calenturas mas pertinaces y las afecciones del estómago; seca esta corteza en una estufa y pulverizada, cierra las úlceras del paladar con el mas feliz éxito; el Aranio, especie de betel, se emplea como un tónico escelente; las hojas del Ampiag curan los dolores mas rebeldes. La raiz del agapalo es muy buena contra la tos: las hojas del calachuchi curan las cefalalgias mas pertinaces, aplicándolas sobre la cabeza; el aroo, especie de pino de una escelente madera para utensilios de carpintería, se emplea contra las afecciones escorbúticas; con igual éxito se propina la corteza que la raiz. El tronco del bitaog, llamado palo María, segrega una resina, con la que se hace un ungüento que cura á la mayor brevedad los carbúnculos malignos y otras afecciones de su género; el caribusao posee las mismas virtudes; el bagbagatol apresura la época de la denticion y sana las inflamaciones de las encías.

Entre los vejetales que proporcionan medicamentos preciosos debe citarse el Saleng, el fruto del sanguiat, la erbaaca ó yerba de Santa María, especie de artemisa, la corteza del banaag, la del galatgat, la del candaroma, etc.; las hojas del cacupies, las del tisao, la raiz del disol y otras numerosas que seria dificil nombrar, pero de las que se cuentan en el pais curas milagrosas. No es dable dudar de las prodigiosas virtudes que el largo catálogo de los remedios nombrados proporcionan á la humanidad; pero desde luego se puede asegurar que no se puede dar igual crédito acerca de sus propiedades y su aplicacion para las enfermedades á que se suministran. Hemos nombrado en otro lugar de esta obra algunos árboles usados en tintorería, pero en ninguna parte de las islas abundan como en estos montes; entre los mas notables deben citarse la raiz del apalud, las hojas del candon, la lejia del calunay, las hojas del manguey y las del patani, el fruto del prias ó camias y el del canuyao y la corteza del dongon.

Cuando existia solo una prov. de Ilocos, que comprendiera todos estos montes, no se conocian sus prod. aqui descritas con arreglo á las noticias adquiridas hasta el presente. Eran tan escasas las que se tenian á principios de este siglo, que entonces solo se sabia haber diferentes géneros de madera y muchos pinos propios para la construccion de embarcaciones y de los cuales se sacaba alquitran.

No siendo menos rico en ellos el reino mineral que el vejetal, solo se conocia la existencia de sus minas de oro por el que bajaban á vender los igorrotes á los pueblos cristia-

nos. Las muchas pajitas de este precioso metal que arrastran las aguas de los r. entre sus arenas, acreditan lo abundante que debe ser en estas montañas este precioso metal. Cerca del pueblo de Sta. María se hallan sustancias ferruginosas, y al S. de este mismo pueblo corre un manantial sulfuroso. Apenas se hablaba de sus r. cuyo gran número hemos visto al describir la estensa prov. del Abra, y las costas de las dos Ilocos, donde tienen sus bocas. Entre tanto se cuestionaba mucho sobre la existencia de una gran laguna en el centro de estos montes, laguna que indudablemente ha sido fabulosa. Tambien se aseguraba la existencia de un volcan lo cual es mas probable atendida la naturaleza volcánica del pais, y sabiéndose los grandes terremotos que en otro tiempo se han esperimentado en Ilocos.

Ya hemos visto en los referidos artículos lo abundantes que tambien son estas montañas en caza de todas clases, búfalos, jabalíes, venados, gallos, tórtolas, ect. Asimismo hemos visto como los indios primeramente reducidos en la parte comprendida entre los montes y el mar eran del todo semejantes á los tágalos, atribuyendo la diferencia de sus lenguas á inflexiones recibidas del idiotismo local por la lengua madre de ambos dialectos. Réstanos en este lugar ocuparnos de sus costumbres aunque sea de un modo mas breve. Tambien visten estos indios como los tagalos, mas por lo comun viven en mayor miseria; su alimento diario consiste en el arroz aderezado solo con algo de sal ó de vinagre; la gente acomodada suele añadir un poco de bagoon; este se hace de camarones pequeños puestos en salmuera y dejados alli largo tiempo para que se puedan comer sin cocerlos; á veces se les echa un poco de vino de nipa y se les dá un color morado; el bagoon preparado asi es el mejor, pero nunca se puede tomar sino por via de salsa para abrir el apetito. Estos indios, al establecerse en cuerpos de poblacion, pusieron las casas tan juntas, que no les queda lugar para tener sus huertas junto á ellas, lo que es contra la general costumbre de los indios inclinados á vivir aisladamente en los campos junto á sus sementeras: en la antigua prov. de Ilocos se establecieron apiñados, habiendo pueblo de mas de 20,000 alm., como era el de Laoag, que vivian mas de 2 leg. distantes del lugar de sus sementeras. Fuera del pueblo construyeron sus tambobones que son los sitios donde se guarda el arroz con la misma espiga, y hay tanta honradez entre estos naturales, que los dueños lo consideran allí tan seguro como si lo tuvieran en sus casas. Este aglomeramiento de la pobl. era y es todavía mayor en el distrito del Norte donde el espresado Laoag cuenta 29,095 alm., y despues de este eran los mas considerables los de Paoay y Batac, pertenecientes al mismo distrito. Varios alzamientos ocurridos en esta prov. comunmente ocasionados por motivos leves, bastantes solo en razon de lo impresionables que son los indios, quienes á lo mejor se exaltan por un movimiento de su carácter naturalmente supersticioso que por las razones de mayor gravedad y mas influencia sobre su posicion, hicieron conocer que este acomodamiento de la posicion era un mal considerable para la tranquilidad del pais, porque alzándose cualquiera de los mencionados pueblos era bastante para arrastrar consigo todos los demas de la prov. Con esto se pensó dividir estos pueblos: los indios solo pidieron para secundar este pensamiento que se les eximiese del tributo por algunos años en razon del trabajo, que debia costarles la traslacion de sus casas; pero nada se hizo, no obstante la espresada ventaja que se consideraba en ello, con la cual concurrian otras varias, y mayormente la de que habiendo en todos estos pueblos muchos cabezas de barangay que estaban prontos á trasladarse con sus tributantes á las faldas de los montes, si se les dispensaba el trib. por solo 3 ó 4 años para poder en este tiempo construir la igl., la casa parroquial y otras obras públicas, y trasladar sus casas: no era poco atendible para que desde luego se les hubiese hecho esta pequeña y justa concesion, el conocimiento de que con ello se iban á utilizar dilatados territorios incultos, y se facilitarian las comunicaciones, no solo entre los pueblos de la prov., sino tambien con las naciones independientes é infieles que habitaban los montes, lo cual debia apreciarse como de sumo interés al pensamiento de su reduccion.

Las naciones de infieles que habitan estos montes, son varias: las principales son las lamadas de los Tinguianes é Igorrotes.

Los Tinguianes son sumamente infelices: viven en unas chozas miserables y se mantienen de la caza, del camote y de otras raices que cultivan. En su aspecto manifiestan su poca civilizacion, aun entre aquellos que han bajado de los montes, y han formado rancherías cerca de los pueblos cristianos, pagando tributo y recibiendo un gobernadorcillo del alc. m. A últimos del siglo pasado entre todas estas rancherias, que reconocian cierta dependencia del pueblo cristiano mas inmediato, concurriendo á la fábrica de la igl. y casa parroquial, venian á componer como unas 4,000 alm. Muchas anédoctas se cuentan de la repugnancia de estos indios á recibir el cristianismo, pero en ello nunca ha habido mas, que un estraordinario apego á sus costumbres particulares, y la falta de doctrineros, que se ocupasen esclusivamente de su conversion, aprovechando las ocasiones que á favor de lo impresionable del carácter indígena, se presentan con facilidad.

Los Igorrotes son muy distintos de los Tinguianes; viven en bastante buenas casas, cultivan el maiz, el camote y otras raices, y sacan mucho oro de las minas y lavaderos, que abundan en sus montes. El vestido de las mugeres consiste en una saya, que les llega á la rodilla y una camisa corta, que no pasa de la cintura: los hombres llevan un calzon ó un taparabo y una manta sobre los hombros atada por las dos puntas sobre el pecho. No se quitan esta manta hasta que se hace pedazos, reduciéndose á esto los gastos que hacen en vestir; todo lo demás que tienen lo invierten en comer. Es muy notable su costumbre de no enterrar al que muere de ellos, hasta que cuanto tenia se ha consumido en comilonas: en ocasiones han durado estas un mes entero, y lo han pasado contentos y alegres, junto al cadáver, sin cuidarse de sus terribles emanaciones: la abundante caza que hay en sus montes; las correrías que se hacen unas tribus contra otras, y sobre todo el abundante oro de sus minas y lavaderos, que les facilita el poder acudir por bacas, búfalos y puercos á los pueblos cristianos, les proporcionan los medios de satisfacer estas costumbres bárbaras. En la descripcion particular de estas gentes, bajo el nombre de Igorrotes, pueden verse con varios de sus rasgos característicos otras costumbres notables. Tambien bajaron de los montes algunos Igorrotes á establecerse y formar rancherías cerca de los pueblos cristianos de la ant. prov. de Ilocos, pero lejos de negarse á la luz evangélica como los Tinguianes, todos se hicieron cristianos. Mas pudiendo verse lo relativo á las naciones infieles en el preliminar de esta obra, y en sus artículos particulares, volvamos ahora á ocuparnos en lo concerniente á los pueblos que pertenecieron á aquella ant. prov. El superior gobierno de la Colonia determinó á principios del presente siglo la formacion de nuevos pueblos en los territorios ocupados por numerosas estancias de ganado vacuno, las cuales venian á ser ciertas porciones de tierra sin dueño, cedidas por el gobierno, por una ó mas generaciones, á varios indios, para que criasen vacas en ella, concediéndoseles además 24 indios tributantes, con la reserva de todo cargo concegil, para la guarda de los ganados, cuyo dueño debia pagar los tributos por ellos. El gran desarrollo que iba tomando la poblacion de Ilocos, facilitaba mucho este pensamiento de crear nuevos vecindarios. Este desarrollo era prodigioso; debiendo advertirse, que no consistia en que acudiesen gentes de otras prov. y en adquisiciones que se hicieron sobre los infieles, sino en su prosperidad propia. La robustez de estos naturales habia fijado la edad regular para sus matrimonios de 12 á 16 años para las mugeres, y de 14 á 18 para los hombres, sin que esto fuese prematuro como lo han pensado algunos, ni perjudicase á la robustez de la procreacion, siendo bien distintos los resultados de esta costumbre. Aun se hubiesen presentado estos resultados mucho mas ventajosos, sin la costumbre del pais sobre matrimonios, obligando al baron á que dote á la muger, y á que haga un considerable gasto supérfluo en las bodas, con lo que mu-

chos que no pueden sufrir estos dispendios, se ven condenados al celibatismo: al dividirse la antigua prov. en las dos actuales, se contaban tantos solteros en ella, que calculaba fácil sacar de la misma 19,000 hombres para el servicio de las armas, sin perjudicar á la agricultura, comercio y artes; y se daba como razon de tanto célibe, la que dejamos espresada: en lo que no asentimos, atribuyéndolo mejor á la falta de territorios en muchas poblaciones, para que puedan establecerse en ellas nuevas familias; siendo una misma la causa de este mal, y la de los que presenta la existencia de muchos naturales de Ilocos, que nada tienen, y que por fin se ven obligados á la emigracion. Conocido el grande incremento de los vecindarios, no es de admirar que no derramándose proporcionalmente á disfrutar otros territorios, fuera de los que se les hubiesen adjudicado, como ha sucedido en otras prov., empezase por desarrollarse mas que en estas la agricultura, para hacer rendir á sus posesiones todo el producto posible; se acudiese luego á los diferentes ramos de la industria, para suplir con ellos el defecto de aquella, y por último haya aparecido esta emigracion hácia diversos puntos, saliendo de la prov. muchos de sus naturales, especialmente para la capital del archipiélago, á donde acuden á ejercer distintos oficios.

La prov. de Ilocos se elevó á ser la mas populosa del archipiélago; pero al decir que muchos de sus hijos salen de ella por no alcanzar á mantenerlos aquellos recursos con que pueden contar en sus respectivos pueblos, no se supone que todos sus territorios hayan sido reducidos á cultivo, pues ya hemos dicho que aun pudieran crearse nuevas poblaciones, pues al paso que algunos pueblos carecen de tierras, otros tienen una estensa jurisd., con lo que es necesaria la emigracion en aquellos, mientras estos tienen estensos y fértiles territorios incultos. Cuando los indios de las poblaciones inmediatas intentan aprovechar estos eriales, se les impide, si no se avecindan en los pueblos á cuya jurisd. pertenecen las tierras, lo que basta para que estas permanezcan incultas entre unos indios que sienten sobre todo desamparar el pueblo de su naturaleza. Los que lo hacen saliendo de la prov. como hemos dicho, son aquellos que nada tienen, y que por consiguiente tampoco podrian arrostrar los gastos de la roturacion y desmonte.

El progreso de la agricultura hizo rendir á las tierras de esta prov. abundante arroz de varias especies, algodon, añil, maiz, trigo, ajonjoli, azucar, cacao, café, cocos y cuantas frutas se conocen en el archipiélago, todo en abundancia y de escelente calidad, lo mismo que las legumbres y hortalizas. Tambien hay parras en varios pueblos y son buenas, corpulentas, y su fruto de delicado gusto; advirtiendo que no estan sujetas á darlo una vez al año como en España, sino que lo producen cuantas veces se podan con arreglo al tiempo que necesita para su sazon. La IND. descolló luego en los tejidos de algodon y otras manufacturas; se acreditaron sus terlingas, que son especies de cortinas y piezas de diversas labores y lisas; sus mantas, lonas para velas de embarcaciones; sus medias de algodon etc.; sin embargo, los géneros de Ilocos presentaban cierta aspereza que no tenian otros de aquellas islas. Con el tiempo se perfeccionaron y aumentaron estas manufacturas, como luego veremos. Tambien acudiendo en beneficio de la agricultura el genio industrioso de los naturales, consiguió beneficiar como el algodon los demas efectos del pais, se aprendió la elaboracion del azucar, del añil, del ajonjoli, etc. La pesca fué otro ramo de interés que por abundar en sus costas y rios, pudieron aprovechar los naturales con arreglo á sus necesidades. En todos los pueblos se crian distintas clases de animales domésticos; en la parte del N. fueron desde luego de mayor interés los ganados caballar y vacuno, por la abundancia y finura de sus pastos. La sal para el consumo de la prov. se hubo de sacar del agua del mar, por medio del fuego, y la cal para la construccion de sus edificios se presentó á su industria en una clase de piedra sumamente á propósito para su fabricacion. El comercio interior y esterior á que se prestaban los abundantes productos industriales y fabriles, halló la comodidad de las comunicaciones mayormente en la parte

S.; cuyos caminos son llanos y en todo tiempo buenos para ir por ellos á caballo, admitiendo carruages en la estacion de secas. Lo mas quebrado del terreno en el distrito del N., los hace mas dificiles, aunque los naturales los transitan en todo el año á pié y á caballo. El viaje por tierra de Vigan á Manila es regularmente de 7 dias, y á Sarrat de 9 lo mas en tiempo de secas, y en el de lluvias de 20 á 22, siendo el mejor tiempo para estos viajes de diciembre á junio. La estacion mas segura para navegar por la costa de Ilocos, es de enero á junio, aunque por los meses de octubre, noviembre y diciembre verifican muchos este viaje maritimo, y aun los hay que lo hacen por agosto, no obstante ser estos últimos meses los mas peligrosos por los temporales y baguios. Los puertos mas notables de estos distritos para todo género de buques, son el de Darigayos en la jurisd. del pueblo de Balaoang ó Balauan; el de Santiago al poniente del pueblo del mismo nombre y del cual dista ¾ de hora; el de San Esteban tambien al O. de este pueblo y muy inmediato; el de Cauayan próximo á la poblacion del mismo nombre, que es visita de Vigan; en este puerto hay varias barras que se llaman de Niog, Pungol, Butao y Dili, y aunque en todas fondean los Pontines, resulta que la boca ó entrada se cierra por el mes de diciembre, y asi, si las embarcaciones que estan dentro del rio no se sacan con anticipacion, es indispensable abrir la barra causándose no pocos gastos y dilaciones. El puerto de Salomague en la jurisd. de Cabugao, es el mayor, mas limpio y abrigado de los Nortes; el de Currimao en el término de Paoay es igualmente seguro y resguardado del monzon N. Tanto en este puerto como en el precedente de Salomague, pueden fondear hasta fragatas. Entre Pasuquin y Nagpartian, al S. E. del segundo, hay una ensenada bastante capaz llamada Dirique y en ella fondean Pontines. Al N. de Dirique se encuentra otro puerto nombrado Buraan: todavia se halla otro llamado Burang.

Al mercado de Manila se llevan en grandes cantidades arroz, trigo, azucar, algodon manufacturado y en rama, la cera que se recoge en los montes, el vinagre de azuear, muy conocido con el nombre de vinagre de llocos, las maderas de tintorerias, cueros, ganados vacuno y caballar, tejidos de varias clases, como son el garit de seda y algodon, buenas cotonias, terlingas, quinumit, sinugudan, mantelerias, rayadillos, mantas dobles y sencillas etc. A este estado de prosperidad se habia elevado la prov. de llocos en el año de 1818, época en que ascendia su poblacion al núm. de 285,843 alm., y pagaba 58,457 trib. No podia menos de ofrecer mil dificultades la administracion de una prov. tan estensa, populosa, agrícola, manufacturera, comercial, en suma tan rica. Por ello se le segregó el distrito del Norte, cuya demarcacion hemos visto en su artículo particular, habiéndose formado con él una nueva prov. Desde entonces habo de unir á su nombre esta el distintivo Sur, para no confundirse con la de nueva creacion que conservó tambien el nombre de llocos por ser comun á toda la costa comprendida en la antigua demarcacion de esta prov. llocos-Sur quedó entonces reducida á la situacion que manifiesta el estado núm. 1.

Eran en aquella época los trib. á las alm. como 1 á 4 ³/₄. Los resultados correspondieron en ambos distritos al acierto de esta disposicion. Los pueblos antiguos recibieron un impulso con la mayor actividad administrativa; se acrecentó la accion que desarrollaba sus elementos de riqueza, se aumentó la pobl. y apareció mayor esactitud en los empadronamientos y en la cobranza de trib. El infatigable celo religioso de los PP. misioneros pudo contar al mismo tiempo con otro apoyo al irse internando en las fragosidades del Abra: en 1825 apareció la mision de Pidigan; en 1832 la Paz, poco despues la de San Gregorio. En la de 1845 este desarrollo de la pobl. habia elevado la prov. á un total de 275,591 alm., y 55,748 trib. Eran por consiguiente estos á aquellas como 1 á 5. En el número de almas se contaban 5,395 mestizos segun los empadronamientos de aquel año, y ademas de los referidos trib. el reconocimiento de Tinguianes é Igorrotes, que fué de 4,517 trib. ascendió á 3,584 ps. fs., 5 rs., 28 mrs. Los diezmos de reservados importaron 967 ps. fs.,

6 rs., 17 mrs. El donativo de Zamboanga ascendió 2,446 ps. fs., 4 rs., 17 mrs. Los derechos de títulos de ministros de justicia 895 ps. fs., 7 rs. 17 mrs. Los de nombramientos de cabezas de Balangay y empleados en las galleras á 117 ps. fs. En esta sit. volvió á sentirse la necesidad de segregarse de la estensa demarcacion de esta prov. un dilatado territorio bastante á formar por sí una gran prov., y por decreto de 8 de octubre de 1846, se creó á sus espensas la nueva prov. del Abra, como puede verse en su artículo. Desde entonces quedó reducida la de llocos-Sur á sus límites actuales descritos á la cabeza de este artículo, y el número de sus pueblos, alm. y trib. presentó la situacion que manifiesta el estado inserto igualmente en aquel lugar, siendo los trib. á las alm. como 1 á 5, lo que manifiesta el desarrollo de la pobl. por el esceso de exentos y reservados, que esta proporcion supone sobre las anteriormente consideradas. El progreso de la pobl. se ha esplicado igualmente en todos los ramos de prosperidad pública ya examinados. Réstanos solo decir, que en el actual número de alm. de la prov. se cuentan como unos 100 españoles, 471 mestizos de estos, 15 chinos radicados en Vigan y 2,118 tributantes mestizos de sangley. Tambien se cuentan ademas de los referidos naturales 4,354 Igorrotes, 1,898 Tinguianes y 145 Negritos: todos estos infieles se hallan reducidos y empadronados y tienen la mayor parte de sus rancherías en los distritos de los pueblos de Candon, Narvacan, Santa Cruz, Santiago y Santa María.

ILOG: pueblo con cura y gobernadorcillo, que forma jurisd. civil y ecl. con los de Dancalan, Isiu ó Isuy, Guilamgan ó Guiljungan, y Cauayan ó Caoayan, en la isla y prov. de Negros, dióc. de Cebú; se halla sir. en los 126° 28′ long., 10° 17′ lat., en terreno llano sobre la costa occidental de la isla; disfruta buena ventilacion, y su clima es templado y saludable. Este pueblo, inclusos sus anejos, tiene como unas 1,274 casas de sencilla construccion, entre las que se distingue la parroquial y la llamada tribunal ó de comunidad, donde se halla la cárcel. Hay una escuela de primeras letras dotada de los fondos de comunidad, concurrida de bastantes alumnos, é igl. parr. de mediana fábrica, servida por un cura regular. A corta dist. de esta se halla el cementerio, el cual es bastante capaz y ventilado. Se comunica este pueblo con sus inmediatos por medio de malos caminos, y recibe el correo de la cabecera de la prov. en dias indeterminados. El TERM. confina por N. con el de Jimamailan, cap. ó cabecera de la prov. (dist. 4 ½ leg): por S. con Cauayan, (á 3 leg.); y por O. con el mar. El TERRENO, aunque montuoso en mucha parte, no carece de buenas y estensas llanuras, donde tiene sus sementeras. En los montes se producen buenas maderas de construccion, ebanistería y carpinteria, como el ébano, el molavin, el banaba, etc.; hay muchas clases de bejucos y cañas. Criase en ellos caza mayor y menor, como búfalos, jabalíes, venados, tórtolas, gallos, etc.; en los troncos de los árboles y en todos los parages abrigados, depositan las abejas cera y miel en bastante cantidad. En la parte del terreno reducida á cultivo las principales PROD. son arroz, maiz, tabaco, caña dulce, algodon, abacá, cacao y muchas clases de frutas. IND.: la agrícola, la fabricacion de varias telas de algodon y abacá, la caza y la pesca. POBL. 7,643 alm., 1,791 trib., que ascienden á 17,910 rs. plata, equivalentes á 44,775 rs. vn.

ILOILO: una de las prov. de la actual division política de las islas Visayas: en las crónicas figura tambien con el nombre de Ogtong; está á cargo de un gobernador político militar, de la clase de coronel, quien conoce en la adm. de justicia, y la cobranza de trib.; tiene su residencia en Iloilo, cab. denominante de la prov.: en lo ecl. pertenece á la dióc. de Cebú. Comprende el ángulo S. E. de la isla de Panay, cuya isla elevándose en su centro una alta montaña, figura una pirámide triangular, pues desde su espresado centro, que viene á hallarse en los 126° 10′ long., 11° 10′ lat., corre una cord. en direccion al N. O., á terminar en el mar, formando la punta Potol; otra se dirige al S. O. y termina con la punta Naso, en los 125° 41′ long., 10° 25′ lat.: otra tercer cord. corre al N. E., y forma la punta Bulacabi, en los 126° 50′ long., 11° 35′ lat. Contiene esta prov. el territorio S. E. de estas dos cord., que en cierto modo parecen continuacion una de otra, cortando una faja de tierra bañada por el mar en la parte contrapuesta, y que siendo ancha como de mas de unas 7 leg. en su centro, termina en punta por ambos lados con las dos prominencias espresadas, distantes entre sí mas de 33 leg. Todo este distrito se halla cruzado por considerables y numerosos esteros marítimos, que en las altas mareas se internan mezclados con las aguas de muchos r., hasta cerca del nacimiento, de estos la falda de las montañas: la parte N. E. es mas alta, por cuya razon son en ella mucho menores estas incursiones de las aguas marítimas. En este distrito se hallan los pueblos de la prov., cuyo número, asi como el de las alm. que contienen, y el de trib. que pagan, segun la guia del año 1847 con relacion al de 1845 con el importe de estos reducidos á rs. plata y rs. vn., puede verse en el siguiente estado:

ESTADO DE LA POBLACION DE LA PROVINCIA DE ILOILO EN 1845.

PUEBLOS.	ALMAS.	TRIBUTOS.	RS. PLATA.	RS. VELLON.
Iloilo..	3,875	956	9,560	23,400
Guimaras.	3,514	889 ½	8,895	22,237 ½
Molo.	7,788	1,813 ½	18,155	45,337 ½
Arevalo..	3,948	943	9,430	23,575
Manduriao.	5,028	1,308 ½	13,085	32,712 ½
Barotac Ajui.	7,355	1,886 ½	18,865	47,162 ½
Alimodian.	8,943	1,779	17,790	44,475
Anilao.	6,600	1,100	11,000	27,500
Barotac Nuevo.. . . .	7,860	1,600	16,000	40,000
Cabatuan.	14,886	3,235	32,350	80,825
Calinog.	4,897	1,308	13,080	32,700
Camando.	9,590	1,918	19,180	47,950
Dingle.	3,747	845	8,450	21,125
Dumangas.	15,948	2,912	29,120	72,800
Guimbal..	10,650	1,935	19,350	48,375
Igbaras.	10,931	2,470	24,700	61,750
Janiuay..	14,129	2,256	22,560	55,900
Jaro.	25,457	4,400	44,000	110,000
Laglag.	4,314	868	8,680	21,700
Lambunao.	7,597	1,471	14,710	36,775
Maasin.	5,566	1,260	12,600	31,500
Miagao.	14,462	2,901	29,010	72,525
Oton..	13,000	2,600	26,000	65,000
Passi..	5,981	1,492	14,920	37,300
Pototan..	15,938	3,025	30,250	76,625
Sta. Bárbara.	16,461	2,598	25,980	64,950
San Joaquin.	6,430	1,170	11,700	29,250
San Miguel.	6,423	1,375 ½	13,755	34,387 ½
Tigbauan.	12,350	2,507	25,070	62,675
Tubungan..	4,423	967 ½	9,675	24,187 ½
TOTAL.	277,571	55,748	557,480	1.393,700

Es una de las prov. mas populosas del archipiélago, pues contando con unas 155 leg. cuadradas de superficie en el continente de Panay, y unas 30 en la isla de Guimaras, adscrita á esta prov. con otras islitas como las llamadas Culebra, Apiton, Pan de Azúcar, etc., que no obstante ser su suelo escelente, apenas se hallan pobladas, en razon de lo trabajadas que siempre han sido de los piratas: corresponden á 1,950 alm. por cada leg. Aunque en general es montuosa esta prov., no deja de contener muy hermosas llanuras, que desde las montañas de sus lindes se contemplan, ofreciendo un golpe de vista de lo mas agradable. Su CLIMA es templado y sano; hay pocas prov. en que se disfrute tan apetecible frescura, sobre todo cuando reinan los vientos del N. y N. O., que llegan á ella quebrados por las montañas del interior de la isla. Sus comunicaciones interiores son cómodas: tiene muchos caminos en buena disposicion para el tránsito de carruajes. Los rios son tambien un gran recurso para estas comunicaciones y para los trasportes, prestándose igualmente al tráfico esterior, pues se forman en sus bocas numerosas radas de bastante comodidad y abrigo: la isla de Guimaras, frente á la costa de Panay, de la que se halla separada por un canal estrecho, contribuye á formar en la parte meridional de dicha costa una especie de golfo. Los islotes conocidos con el nombre de Los siete pecados se hallan á la entrada del estrecho, que conduce al puerto de Iloilo, haciendo que la navegacion sea dificultosa. Es rica por las prod. de su suelo, tanto naturales como industriales, y no menos como manufacturera segun luego veremos. Sus elevadas montañas se hallan cubiertas de la mas hermosa y robusta vegetacion, creciendo en sus bosques el banaba, el molavin, el tindalo, el palo María, y casi toda clase de árboles, cañas y bejucos propios del archipiélago. Asimismo se hallan en dichos bosques cuantas especies de caza mayor y menor pueblan los de las otras prov., abundando en particular los jabalies y venados. Tambien hay minas de oro y otros metales preciosos, y canteras de piedra fina de diferentes clases. Los principales r. que riegan esta prov. son los de Iloilo. Janibay, Iglo, Tubungan y Cabatuan: este último está lleno de cocodrilos y todos son muy abundantes en pesca: apenas se anda por la costa el trecho de ½ leg. sin hallar algun rio notable. Los hermosos territorios que se estienden desde la falda de estos montes hasta la costas, beneficiados por las aguas de sus abundantes rios, favorecidos por la benignidad de su clima, y por lo general bien cultivados, producen muy abundante arroz, trigo, maiz, cacao, pimienta, toda clase de frutas, legumbres y menestras, escelente tabaco, añil, algodon y abacá. Teniendo abundantes y muy buenos pastos para la cria de ganados, todos los pueblos crian caballos, vacas, carabaos y carneros. Los caballos de Iloilo son tenidos por los mejores de las islas, aunque no se conducen á Manila como artículos de comercio, en razon del coste de los trasportes, por lo que solo se llevan algunos de regalo. Las vacas son tambien muy buenas; cerca de la punta de Bulacabi hay una hacienda llamada de Aguilar, donde se crian las mejores, pero tampoco se conducen á Manila, porque ademas del costo, pierden mucho en la navegacion. Los carneros son igualmente muy buenos y prosperan mucho, aunque no se hace por conseguirlo cuanto se pudiera por la falta de esportacion. Los industriosos naturales de esta prov. tambien se ocupan en la fabricacion de sal, la caza y la

pesca, con especialidad de la tortuga y el balate ó quipang, que les produce grande utilidad. Pero el ramo de mayor riqueza para Iloilo, consiste en la fabricacion de sus famosas telas llamadas nipis y sinamayes, debidas á las infatigables y prodigiosas laboriosidad y paciencia de las mugeres, mientras los hombres se ocupan en las demás tareas indicadas. No se hace en Europa tejido alguno que pueda compararse con estos por su hermosura. Estas telas y otras muchas como rayadillos, terlingas, pañuelos, mantelerías, etc., forman un considerable ramo de comercio, sobre el sobrante de los demás prod., que se estrae en mucha abundancia para otras prov., como son el arroz, café, cacao, etc. y no pocos ganados. La venta del balate es tambien de bastante consideracion: la cera que se recoje en los montes donde la elaboran las abejas, que abundan en ellos, se vende en el mercado de Manila, á donde se llevan igualmente la brea, y otros art. El desarrollo de la agricultura, la industria y el comercio de esta prov., la elevaron á una consideracion muy superior á otras muchas del archipiélago. Este desarrollo tampoco ha sido tan moderno como el que se presenta en otros puntos, pues el padre Murillo decia en su geografía histórica hablando de esta prov.: «Los naturales son »grandes labradores y comerciantes y hacen »un género de mantas de algodon, que lla-»man lompotes, de mucha dura y estima, de »que antiguamente se cargaba mucho para »Acapulco. Hoy está esto muy deteriorado »por la diligencia de los estranjeros y nues-»tra mala policia.» Tambien comerciaban desde muy ant. en otros art. como cera, aceite, brea, cacao, etc.; ya en el siglo pasado eran afamadas las telas de nipis de Iloilo, aunque las señoras de Manila y las indias de las cercanias, que las compraban para hacerse camisas, se quejaban de no hallarlas de tanta duracion como las de Camarines, cuyo defecto se remedió despues. Asimismo eran estimadas en aquella época ciertas telas mas gruesas que se compraban muy bien en Manila y en Nueva-España, para hacer pabellones de cama. Se distinguió de tan ant. el genio manufacturero y comerciante de esta prov.», que sus afamadas remesas de *lompotes* deben fecharse en una época en que apenas contaba 48,875 alm., perteneciendo á Iloilo todo el territorio con que despues se formó la prov. de Antique.

Al llegar los españoles á esta prov. hallaron el territorio comprendido entre el mar y las cordilleras centrales, ocupado por los indios Visayas. Pintábanse estos el cuerpo, y tenian por lo demas un lenguage muy semejante al de los tágalos, y sus usos, costumbres y religion, eran tambien casi lo mismo. Ni su conversion al cristianismo debida á los PP. Agustinos que la consiguieron desde principios de la conquista, ni los hábitos adquiridos con su nueva vida civil, han podido destruir todavía de un modo absoluto algunas de sus antiguas supersticiones, de las que de tiempo en tiempo han presentado siempre ciertos ejemplares, mayormente cuando el carácter impresionable de estos indios se halla escitado por alguna calamidad. Son sanos, corpulentos, de buen semblante, y desde luego acreditaron sus ventajosas disposiciones para todo trabajo, contestando del modo mas satisfactorio á los desvelos de los misioneros, que recorrieron los dos ángulos que presenta la isla al S. E. y al O., con los cuales vino á formarse la prov. de Iloilo; el ángulo que mira al N. formó siempre la de Capiz, tambien llamada antes Panay. Tienen por muy cierto que el P. Fr. Martin de Bada fundó el convento de Otong por los años de 1570; este convento se quemó y fue reedificado. Los PP. misioneros habian hallado en esta prov.(como en toda la isla) la lengua Visaya, llamada *Iligueyna* por los naturales de la isla; en las montañas las visitas encontraron un dialecto mas bárbaro llamado *Halayo*. Los visayas en fuerza de su mismo natural impresionable se presentaron desde luego fáciles á la luz evangélica, comprendieron las ventajas de la vida civil, y la abrazaron para obtener con ella los mas grandes resultados, sin embargo de que habiéndose obtenido en 1566 la pacificacion y redencion de mas de 50,000 familias, nada bastó aun para impedir que el azote del hambre á que estaba muy sujeta por aquel tiempo esta prov., trabajada especialmente por la langosta, disminuyese por aquel mismo año y los dos siguientes en mas de la mitad la pobl. No se presentó tan fácil la conversion y reduccion de las diferentes rancherías de negritos que se hallaron en las montañas de este dilatado distrito: el carácter indómito de aquellas rancherías aun las conserva en su estado salvaje. En aquel tiempo eran estos los únicos dueños de las fragosidades donde sin duda se retiráran en mayor antigüedad para conservar su natural independencia indígena, siendo despojados de las llanuras por la invasion de los visayas, que no presentan el carácter originario del pais esclusivo de la raza negrita. Despues, recibieron aun otra clase de hab. las montañas, remontándose en ellas los indios que por sus crímenes huyeran de las pobl. Estos indios se conocen con el nombre de *mundos*, formado sin duda de vagamundos, siguiendo la costumbre del pais en cercenar las palabras castellanas, que se resisten á la pronunciacion india por ser largas. La procreacion de los mundos ha llegado á formar un verdadero pueblo salvaje. En varios tiempos han asaltado algunos pueblos cristianos de la antigua prov. de Iloilo; pero habiendo sido escarmentados por los vecindarios armados contra ellos, desistieron de sus robos y abrieron cierto comercio con los indios cultos, vendiéndoles la cera y brea recogidas en los montes, á trueque de arroz y ropas: los esfuerzos de los misioneros han ido desde entonces consiguiendo mayores resultdos sobre su estupidez, minorándose por cada dia el número de aquellos desdichados, que aun cuando formaban rancherías numerosas, si permanecian fuera del cristianismo, era por no haber en la isla los doctrineros necesarios que se remontasen á vivir entre ellos. Quizá no fuese dificil conseguirlo tambien de los negritos, por medio de sacrificios semejantes, pues largo tiempo hace que acreditan su gran consideracion á los misioneros: viven diseminados en rancherias; cada una tiene su gefe que la rige y gobierna, y cuando falta éste, si no pueden avenirse para nombrarle sucesor, envian á los pueblos en busca de los misioneros, á quienes piden que les nombren rey. Los misioneros á quienes se dirigen ven quién es el mas á propósito, lo eligen y le autorizan para el ejercicio, dándole una bula vieja ú otro cualquier papel, con cuyo título es tenido por rey y respetado en toda la ranchería. Data de bastante fecha la repeticion de estos actos, que manifiestan una accesibilidad en los infieles de que no se ha sacado aun todo el partido posible en el archipiélago, solo por falta de religiosos doctrineros que estableciéndose entre ellos, en las casi inaccesibles fragosidades que habitan, hayan emprendido con la indispensable constancia su conquista moral: con esto, largo tiempo haria que la religion y los empadronamientos de las prov. habrian alcanzado un considerable aumento allegándose el número de alm., que todavía se hallan en estado salvaje, aunque no han dejado de irse minorando progresivamente á la accion de los trabajos apostólicos; sin embargo, el aspecto que presentan aquellas tribus en el dia, dan suficientes razones para poder esperar que aun sea mayor esta disminucion de los que yacen en la barbarie. Si se considera el penoso, grande y delicado deber que supieron llenar los primeros misioneros que llegaron á esta prov., cuando tenian que atender á la adquisicion y conversion de todo el centro de la isla; si se consideran tambien los grandes adelantos que se han hecho en la civilizacion, y por último si se considera como ya hemos dicho el aumento progresivo con que se ha ido efectuando la conversion, mayormente desde que esto mismo les va descargando de las antiguas atenciones que aquellos infelices les exigian, tanto por el desórden que á veces introducian en las feligresias, asaltándolas para robar las ropas y los abastecimientos (pues no acostumbraban hacer otros daños), como porque naturalmente eran estos el primer objeto de sus esfuerzos civilizadores; si se considera todo esto, repetimos, la total reduccion de los mundos, se presenta realizable; y esperamos fundadamente que los esfuerzos de los misioneros pronto acabarán de completarla, con lo cual sobre el gran beneficio que esta raza recibiria entrando en el estado social, se aumentaria el número de la gran familia del

cristianismo. Mas deplorables y temibles que los referidos atentados, fueron desde el principio de la conquista las irrupciones de los piratas, que con frecuencia trajeran la asolacion y el esterminio á nuestras poblaciones, lo que obligó á construir en ellas algunas fortificaciones, que enfrenase las acometidas de los bárbaros. La villa de Arévalo fundada por D. Gonzalo Ronquillo en memoria de su patria el año 1581, fué la primera que se distinguió por esta fortificacion construida en el puerto de Iloilo, dist. como 1 leg. escasa del pueblo. Era Ronquillo gobernador de esta prov., y como él residieron en Arévalo sus sucesores, siendo ademas castellanos de Iloilo, cuyo caracter iba unido al de capitan de la infantería española, justicia mayor de la villa de Arévalo, y proveedor general de pintados. Despues quedó despoblada esta villa por efecto de las vicisitudes que cruzaba el pais; y gobernó la prov. un alc. m. establecido en el puerto de Iloilo, de donde procede la actual cab. de la prov., residiendo en ella su gobernador político-militar no obstante haberse restablecido la antigua Arévalo. El actual fuerte de Iloilo se empezó á construir en el año 1616 por haber atacado esta prov. los holandeses, que llegaron contra ella con 10 buques. Diego Quiñones, cabo superior de pintados fortificó la punta de Iloilo con una trinchera de maderos y terraplenes, un reducto, un foso, varias cortaduras y estacadas, y colocó 4 cañoncitos de hierro. Con esta débil fortaleza y 60 soldados se puso en defensa. El 29 de setiembre de 1716 empezaron los holandeses á batir el fuertecillo, mataron 6 españoles y rompieron la trinchera. Quiñones reparó durante la noche cuanto le fué posible este daño, y preparó su gente para resistir al asalto que no dudó le esperaba al dia siguiente. Los buques holandeses echaron en tierra mas de 500 hombres en 15 lanchas, y acometieron repetidas veces al fuertecillo, pero siempre fueron rechazados, y se retiraron á la playa, donde se atrincheráron para descansar y volver al asalto como lo verificaron. Quiñones se hallaba herido en una ingle, y no pudiendo andar, se hizo cargar en una silla por dos negros y asistió á la resistencia de todos los asaltos, inspirando tanto valor á los suyos, que los holandeses hubieron de retirarse, contando mas de 80 hombres muertos y 100 heridos de su parte. En el mismo dia llegó el socorro de Manila con 8 piezas de artillería gruesa, y órden de que se fortificase aquella punta: al año siguiente 1617 estaba concluido el castillo todo de piedra con buenos baluartes y almacenes, y guarnecido de artillería gruesa. Las demas fortificaciones de la prov. han sido siempre insignificantes, como destinadas solo á proteger los pueblos contra los ataques de los piratas: su construccion y defensa ha consistido en la necesidad y fuerzas de los propios vecindarios.

A pesar del freno que estas pequeñas fuerzas ponian á los piratas, la prov. no dejaba de sufrir bastante de sus acometidas, lo que unido á ciertos defectos de administracion, acreditados sobre todo por una considerable emigracion de los naturales, que despues de haber tenido lugar de esperimentar las ventajas de la religion y de la vida civil, renunciaban á uno y otro para acrecentar en los montes el número de los mundos, de quienes hemos hablado, entorpecian los efectos del celo de los misioneros, y el desarrollo de la pobl. y riqueza de la prov. Asi es que en 1735, comprendiendo esta ademas de su demarcacion actual la que se desprendió para formar la prov. de Antique y aun varios habitantes de la isla de Negros, contaba solo 68,708 alm., y 11,695 trib., que eran á aquellas como 1 á 4 7/8, y estendiéndose á la sazon la superficie de la prov. á mas de 257 leg. cuadradas, apenas correspondian á 265 por cada una de esta. Sin embargo, habianse empezado á corregir ya los antiguos defectos de administracion, que no habian permitido en otro tiempo desplegarse cual debiera los grandes elementos de prosperidad propios de la prov., y pronto se esperimentaron los mas satisfactorios resultados. Fueron tan grandes estos, que á últimos del siglo se habia aumentado la poblacion en términos que llegó á hacerse su administracion casi imposible en una sola prov., pues la autoridad de Iloilo no podia atender cual era debido á la pobl. que le estaba adscrita en la isla de Negros, ni á la que tenia en

la parte contrapuesta á los montes centrales para la exactitud de los empadronamientos, la recaudacion de tributos, etc. Con esto se determinó la segregacion de los pueblos que tenia en la isla de Negros, y de la espresada parte que cae al occidente de los montes, con la cual se creó la prov. de Antique. En 1798 contaba ya solo aquella prov. creada con esta parte 39,525 alm., y pagaba 9,288 trib., como puede verse en su artículo, donde tambien se examina el mayor desarrollo que aquella nueva prov. fué tomando en lo sucesivo. La de Iloilo, que desde entonces quedó reducida á su demarcacion actual, contaba en 1799, no obstante el gran menoscabo sufrido en sus antiguos territorios, 175.926 indios y 975 mestizos, componiendo entre unos y otros 176,901 alm.: el número de trib. ascendia á 29,889, y eran á aquellas como 1 á 4 7/8 aprobando la misma proporcion en que habian figurado el año 1735 el número de los exentos y reservados, y el de los tributantes. La pobl. que tenia Iloilo en 1799 con mas de 72 leg. cuadradas menos en superficie, era á la que habia contado en 1735 como 2 10/11 á 1, y agregada la que ya contaba separadamente Antique, resulta que las 68,708 alm. del año 1735 se habian aumentado en los 64 años en un 214 4/7 por 100. Un desarrollo tan asombroso en la poblacion no podia menos de elevar la agricultura, y todos los ramos de la industria al grado de esplendor que hemos visto. Hasta el año 1818 permaneció estacionado aquel número de alm. y la situacion de la prov. se conservaba en el siguiente estado: (v. el cuadro núm. 2.)

Eran los tributos á las almas como 1 á 4 7/8 lo mismo que venian en las épocas consideradas: pero un nuevo impulso que se esplicára en el desarrollo de la prov., vino pronto á alterar esta proporcion, y á elevar rápidamente la pobl. y la riqueza de Iloilo á la situacion mas aventajada segun se ha bosquejado.

Réstanos advertir ahora que en el número de almas que hoy cuenta la prov. hay 15 españoles, de los cuales 14 se hallan radicados en la cab.; 470 mestizos de españoles; 11 chinos ó sangleyes y 665 mestizos de estos. Deben contarse ademas y como no comprendidos en el espresado número de almas sobre 1,000 familias remontadas pertenecientes á los mundos de que hemos hablado, y unas 100 de negritos infieles, que á 5 por familia componen el número de 5,500 alm.: fuera de todas estas se cuentan aun otras 555 de infieles reducidos.

ILOILO (puerto de): sit. en la costa S. E. de la isla de Panay, y en la prov. que tiene su mismo nombre. Es el mas notable de la prov., y á él concurren embarcaciones de casi todas las prov. de la colonia, en busca de arroz y otros efectos.

ILOILO: pueblo con cura y gobernadorcillo, cap. ó cab. de la prov. del mismo nombre, residencia del gobernador politico-militar á cuyo cargo se halla esta prov., en la isla de Panay, dióc. de Cebú; sit. en los 126° 12' long., 10° 31' lat., en la costa S. E. de la isla de Panay, entre los rios de Tigbauan y Jaroc ó Iloilo, terreno llano, y clima templado y saludable. Tiene un buen puerto, para embarcaciones de alto porte en el estrecho que se forma entre su costa y la de Guimaras, cuyo estrecho viene á tener la anchura de ¼ leg. En la punta del mismo nombre de la pobl. avanzándose desde esta al mar, en el mencionado estrecho, hay una hermosa y sólida fuerza de cal y canto, cuadrada, con cuatro caballeros, bien artillada y guarnecida. Tambien habia en otro tiempo maestranza para reparacion de embarcaciones y construccion de Champanes. El castellano de esta fuerza se estableció capitan de la infantería española y con el caracter de proveedor general y justicia mayor de la villa de Arévalo como puede verse en el art. de la prov. Tiene este pueblo como unas 989 casas, en general de sencilla construccion, distinguiéndose la parroquial, la de comunidad donde está la cárcel, y la casa keal que es donde habita el gobernador de la prov. Hay escuela de primeras letras dotada de los fondos de comunidad y concurrida de muchos alumnos: igl. parroquial de buena fábrica, servida por un cura secular. No muy lejos de esta se halla el cementerio, que es bastante capaz y ventilado. Las comunicaciones de este pueblo con sus inmediatos son generalmente por mar, pues casi todos se hallan en la costa. Recibe el correo en dias indeterminados. El term. confina por N. con el de Jaroc; por S. con el mar; por E. tambien con el mar ó sea el canal que forma la isla de Guimaras, muy próxima á la costa por esta parte; y por O. con Molo. El terreno es llano, y sus prod. son arroz, maiz, caña dulce, cacao, algodon, abacá, legumbres, frutas etc. La ind. se reduce principalmente á la agrícola y á la fabricacion de varias telas de algodon y abacá, en la que generalmente se ocupan las mugeres; unos se dedican á la caza, otros á la pesca, á la fabricacion de sombreros de nito, y petates. Todos estos art. son objetos de su com. para el que presenta una gran ventaja su cómodo puerto, asi como el rio Jaro lo es para comunicarse con los pueblos vecinos y trasportar por él en sus pequeñas embarcaciones los efectos de su tráfico. pobl. 5,954 alm., 982 trib., que ascienden á 9,820 rs. plata, equivalentes á 24,550 rs. vn.

ILOQUEÑAS: (v. tetas de santa.)

IMB

IMBAYA: visita ó anejo, dependiente del pueblo de Vilad, en la isla, prov. y dióc. de Cebú. pobl., prod. y trib. con la matriz de la que dist. 5. leg.

IMU

IMUS: pueblo con cura y gobernadorcillo, en la isla de Luzon, prov. de Cavite, dióc. del arz. de Manila; se halla sit. en los 124° 37' 10" long., 14° 25' 10" lat., en terreno llano, á la orilla de un rio; disfruta buena ventilacion, y clima templado y saludable, siendo el punto elejido por muchos enfermos para buscar en él su restablecimiento y no menos donde se retiran otros por recreo en vacaciones. Fué fundado este pueblo en 1795, y en el dia tiene como unas 2,624 casas, en general de sencilla construccion, distinguiéndose la parroquial, la de comunidad, llamada tambien de justicia ó tribunal, donde se halla la carcel, y otras varias de piedra y tabla, y sobre todo la casa de la hacienda del nombre de esta pobl. que es magnífica y sólida con su hermoso oratorio público. Hay escuela de primeras letras, á la que concurren muchos alumnos, dotada de los fondos de comunidad. La igl. parroquial que es de buena fábrica, está bajo la advocacion de Nuestra Señora del Pilar, y se halla servida por un cura regular: sus procesiones son notables por sus magníficos pasos, de los cuales algunos son conducidos en carros triunfales. Próximo á esta se encuentra el cementerio que es bastante capaz y ventilado. Comunícase este pueblo con sus inmediatos por medio de caminos regulares, y recibe de la cap. ó cab. un correo diario. El TERM. confina por N. con el de Bacor (á 1 leg.) y Cavite viejo; por S. O. con el de San Francisco de Malabon (á 3); por E. con el de San Pedro de Tunasan (de la Laguna á 2); y por S. E. con los de Indan y Silan. El TERRENO es llano en general, y se halla regado por varios rios que le fertilizan y hacen PRODUCTIVO en arroz, maiz, algodon, cacao, añil, caña dulce, cocos, las mas esquisitas y mas tempranas mangas, legumbres, frutas de otras muchas clases etc. Tambien tiene buenos pastos y se crian ganados caballar y vacuno. La IND. se reduce casi toda á la agrícola y á la fabricacion de varios tejidos, en los que se ocupan principalmente las mugeres. El COM. consiste en la esportacion del sobrante de sus productos agrícolas y fabriles, y en la importacion de algunos de los artículos de que se carece. POBL. 15,744 alm., 2,888 trib., que ascienden á 28,880 rs. plata, equivalentes á 72,200 rs. vn.

INA

INABAGAN: pueblo con cura y gobernadorcillo, en la isla de Bohol, que está adscrita á la prov. de Cebú, dióc. del mismo nombre; se halla SIT. al N. de la isla en [los 127° 55' long., 10° 7' 30'' lat., terreno llano, como á 1 hora del mar, y á la marg. de un r. caudaloso que le da nombre; está bastante ventilado, y su CLIMA es templado y saludable. Tiene como unas 1,059 casas, en general de sencilla construccion, siendo las mas notables la casa parroquial y la de co-

munidad, donde se halla la carcel. Hay una escuela de primeras letras dotada de los fondos de comunidad, é igl. parr. de buena fábrica; está bajo la advocacion de San Pablo apóstol y pasó á la administracion de los PP. Agustinos descalzos, á quienes pertenece. Tiene esta igl. las visitas de Ambacon, Canogon Pampag. No muy lejos de la igl. se halla el cementerio, que es bastante capaz y ventilado. Se comunica este pueblo con sus inmediatos por medio de caminos regulares, y recibe el correo en dias indeterminados. El TERMINO confina con el de sus colaterales Calape, Guindulman, del que dista como unas 10 horas, Talibong y Malabohoc. El TERRENO es montuoso y bastante fértil; en sus bosques se crian buenas maderas de construccion y carpintería, como el molavin, el banaba, el apreciable ébano, etc. Tambien hay caza mayor y menor, y se coje miel y cera. En la parte reducida á cultivo, las principales PROD. son arroz, maiz, cacao, camotes, frutas y legumbres. IND.: la agrícola, la caza, y la fabricacion de algunos tejidos, cuyo último trabajo es el en que generalmente se ocupan las mugeres: los naturales de las visitas, que en lo general imitan á los de la matriz, les aventajan en la pesca del balate, concha y carey. El COM. se reduce á la esportacion del sobrante de sus prod., y á la importacion de algunos de los artículos de que carecen. Hasta hace pocos años no tributaban estos indios sino [en muy corto número por ser recientemente reducidos y establecidos en los vecindarios de la matriz y sus visitas: han sido considerados como de un natural inquieto y muy propensos á alzarse, como lo han verificado repetidas veces. Hoy tiene su POBL. 6,556 alm., 1,012 trib., que ascienden á 10,120 rs. plata. equivalentes á 25 500 rs. vn.

INARAJAN: pueblo, que forma jurisd. civil y ecl. con los de Merizo, Rota y Saipan, en la isla de Guajan, prov. de las islas Marianas, dióc. de Cebú: hállase SIT. en terreno llano, no muy lejos de la costa; disfruta buena ventilacion, y su CLIMA es templado y saludable. Tiene como unas 58 casas de sencilla construccion, y casa llamada tribunal ó de justicia, donde está la cárcel. Está servido en lo espiritual por el cura regular que reside en Merizo, donde está la igl. parroquial. El TERRENO es poco llano y por tanto escasa la parte de él, que se halla cultivada. Las PROD. naturales se encuentran sin embargo en bastante abundancia, especialmente muchas clases de frutas, caña dulce, añil, etc. La IND. consiste en la fabricacion de varias telas que hacen los naturales para su uso, la caza y la pesca. POBL. 546 alm. Este pueblo, como todos los demás de la prov., se halla exento de pagar trib., y á pesar de esta ventaja sus hab. son en general bastante miserables.

INAYAUAN: barrio dependiente en lo civil y ecl. de San Nicolás, en la isla, prov. y dióc. de Cebú: se halla SIT. á muy corta dist. de la matriz, con la cual damos su POBL., prod. y trib. (v.)

IND

INDANG: pueblo con cura y gobernadorcillo, en la isla de Luzon, prov. de Cavite, dióc. del arz. de Manila; SIT. en los 124° 34' 50" long., 14° 15' lat., en terreno llano, á la orilla de un r., que pasa al E. del pueblo, y no lejos de otro que corre al O.; tiene buena ventilacion, y su CLIMA es templado y saludable. Cuenta como unas 2,809 casas, en general de sencilla construccion, siendo solo notables la casa parroquial y la de comunidad, donde se halla la cárcel. Hay escuela de primeras letras, á la que concurren muchos alumnos, dotada de los fondos de comunidad, é igl. parr. servida por un cura secular: próximo á esta se halla el cementerio, que es bastante capaz y ventilado. Comunicase este pueblo con sus inmediatos por medio de buenos caminos, y recibe de la cab. el correo semanal establecido en la isla. El TERM. confina por N. con el del Rosario (á 4 leg.); por S. con los montes que dividen á esta prov. de la de Batangas; por E. con el de Silan (á 2 leg.), y por O. con el térm. del pueblo de Marigondon (5 ½ leg. al O. N. O.). El TERRENO es muy fértil, aunque montuoso, y se halla regado por un gran número de r. En sus montes se crian

buenas maderas de construccion y ebanistería, caza mayor y menor, y se coje tambien mucha miel y cera. PROD. arroz, maiz, algodon, abacá, caña dulce, pimienta, cacao, cocos, legumbres, frutas, etc. IND.: la agrícola y la fabricacion de varias telas de algodon y abacá. El COM. se reduce á la esportacion del sobrante de sus prod., y á la importacion de algunos art. de que carecen. POBL. 16,855 alm. 2,699 trib., que ascienden á 26,990 rs. plata, equivalentes á 67,475 rs. vn.

INDANG: visita ó anejo, que forma jurisd. civil y ecl. con los de Hilongos, ó Jilongos, Bato, Matalon y Cajaguaan, en la isla y prov. de Leyte, dióc. de Cebú: SIT. sobre la costa occidental de la isla, en terreno llano, ventilado, y CLIMA templado y saludable. El TERM. confina con los de Hilongos y Bato, siendo el TERRENO algo montuoso. Sus principales PROD. son arroz, maiz, cacao, abacá, algodon, tabaco, etc. De sus montes se saca bastante brea, miel y cera. La IND. consiste en la fabricacion de algunas telas ordinarias, la caza, la pesca, y el beneficio de las tierras. Su POBL. y trib. (v. HILONGOS, matriz.)

INE

INÉS (Santa): barrio con teniente de justicia, dependiente en lo ecl. del pueblo de Bulacan, cap. ó cab. de la prov. del mismo nombre, en la isla de Luzon: hállase á muy corta distancia de la matriz, en la cual damos su POBL., prod y trib.

ING

INGALAN: islita, que se comprende en el número de las Calaguas; SIT. entre los 126° 36' 15" long., 126° 37' 50" id., y 14° 20' 50" lat. mas 50" id.; tiene como ¼ leg. de larga ó sea de E. á O. y ½ leg. de ancha. Su TERRENO es montuoso y estéril, pues apenas se encuentran árboles en ninguna de ellas. Está inhabitada, y sus costas son peligrosas y de difícil arribada.

INIGUARAN GRANDE: islote, al N. O. de la isla de Temple; se halla sit. su centro en los 126° 29' 30" long., 13° 10' 40" lat.

INITAO: pueblo, que forma jurisd. civil y ecl. con los de Iligan, Nanuan, Alubijid, Molugan y Pictan, en la isla de Mindanao, prov. de Misamis, dióc. de Cebú; sit. á la orilla de un rio no muy lejos de la costa N. de la isla, en terreno llano, y clima, aunque cálido, saludable. Sus prod. é ind. pueden verse en el art. de iligan matriz, y la pobl. y trib. en el estado de pobl. de la prov.

IOT

IOT: punta N. de la isla de Catanduanes, adscrita á la prov. de Albay; hállase sit. en los 127° 56' long., 14° 7' 30" lat., en el térm. del pueblo de Pandan.

IPA

IPANAN: pueblo, que forma jurisd. civil y ecl. con los de Cagayan, Guza, y Aguzan, en la isla de Mindanao, prov. de Misamis, dióc. de Cebú; se halla sit. en los 129° 1' long., 8° 32' lat., á la orilla izq. de un rio, en terreno llano; disfruta de buena ventilacion, y clima, aunque calido, saludable. El terreno es llano, y sus prod. é ind. pueden verse en cagatan matriz. pobl. y trib. (v. el estado de pobl. de la prov.)

IPI

IPIL: islita ó anejo, dependiente del pueblo de Talibong, en la isla, prov. y dióc. de Cebú. pobl., prod. y trib. con la matriz, de la que dista unas 2 leg.

IRI

IRIGA: pueblo con cura y gobernadorcillo, en la isla de Luzon, prov. de Camarines-Sur, dióc. de Nueva-Cáceres; sit. en los 127° 4' 30" long., 13° 23' 30" lat., en terreno llano, á la orilla derecha del rio de Buhi, defendido de los vientos del N. y N. E. por el monte *Tigaon*, y los de Caramoan, y su clima es templado y saludable. Tiene como unas 1,033 casas, en general de sencilla construccion, distinguiéndose únicamente la casa parroquial y la de comunidad, en la cual se halla la cárcel. Tiene una igl. de bastante buena fábrica, servida por un cura regular, y una escuela de primeras letras dotada de los fondos de comunidad. El cementerio se halla contiguo á la igl., está muy bien situado y ventilado. Comunícase este pueblo con sus inmediatos por medio de caminos regulares en tiempo de secas, pero se hacen casi intransitables en la época de las lluvias. El término confina por N. con los Pantanos de Baao y el pueblo de este mismo nombre al N. O. (dist. 1 ¼ leg.); por S. S. O. con Bato, (á 1 ¾); por O. S. O. con Nabua (á ½ leg.); y por E. con Buhi á 2 ¼ id.) El terreno es bastante desigual, y se halla bañado por varios rios que lo fertilizan. En sus montes se crian escelentes maderas de construccion y carpintería; como el ébano, el molavin, el banaba, el tindalo, etc.; hay muchas clases de palmas y bejucos, y abundante caza mayor y menor, como búfalos, jabalies, venados, gallos, tórtolas, etc. Tambien se coje mucha miel y cera. En el terreno reducido á cultivo las principales prod. son arroz, maiz, caña dulce, pimienta, ajonjoli, cacao, algodon, abacá, tabaco, cocos, legumbres, frutas etc. ind.: la agricola, la fabricacion de varias telas de algodon y abacá, y la caza; empleándose tambien algunos en la estraccion de las pepitas de oro de entre las arenas que arrastra el rio inmediato. com.: este consiste en la esportacion del sobrante de los referidos art., y en la importacion de algunos de los que carecen. pobl. 6,189 alm., 1,583 trib., que ascienden á 15,830 rs. plata, equivalentes á 39,575 rs. vellon.

IRIRUM: pueblo, que forma jurisd. civil y ecl. con el de Sablayan, en la isla y prov. de Mindoro, dióc. del arz. de Manila; hállase sit. en los 124° 37' long., 12° 53' 30" lat., á la orilla der. de un r., en terreno montuoso, sobre la costa occidental de la isla, resguardado de los vientos del N. E. por los cerros que se elevan hácia esta parte del terreno; disfruta, sin embargo, buena ventilacion, y su

CLIMA es templado y saludable. Éste pueblo, ó mision, creado en 1849, tiene muy pocas casas y todas de sencilla construccion, como tambien su casa tribunal donde está la cárcel; esta casa es tambien la parroquial ó convento: hay escuela de primeras letras, dotada de los fondos de comunidad, y es bastante concurrida; tiene su igl., aunque reducida á un camarin de caña, y en ella se observa con suma curiosidad por los viageros, la particularidad de ser los cepos de sus ciriales formados de tres huesos del espinazo de una ballena y de una magnitud asombrosa. El cementerio se halla bien situado á corta dist. del pueblo; pertenece á la adm. espiritual de los PP. Recoletos. En lo antiguo fue un pueblo de consideracion, matriz denominante de los demas de la mision de la contra-costa de la isla, y se despobló en fuerza de los daños que le ocasionaron las irrupciones de los moros, quedando solo el convento ó casa parroquial y como dos edificios mas muy mal tratados. Con esta despoblacion ha estado por muchos años reducido á la insignificancia hasta que el infatigable celo del muy R. P. Fr. Guillermo Agudo, actual comisario y procurador general de sus misiones en esta córte, restauró la mision y el dominio de la metrópoli en aquella contra-costa: el impulso que este benemérito religioso le diera como á todos los pueblos de la mision estando á su cargo, ha hecho que al presente vuelva á hallarse una pobl. en este punto. Confina el TERM. por N. con Sablayan (matriz) á 4 ¼ leg.; por S. con Mangarin (á 5 ½ leg.); por O. con el mar; y por E. se estiende el terreno hasta las escabrosidades de los montes que se elevan por esta parte. El TERRENO es montuoso, muy fértil, y se halla bañado por varios riach. Sus PROD., IND. y COM. son iguales á las de la matriz, en la cual tambien comprendemos su número de casas, alm. y trib. (v. SABLAYAN.)

ISA

ISABEL (Santa): pueblo, fundado en 1849 en la isla de Mindanao, prov. de Misamis, dióc. de Cebú. Este pueblo que en el dia se es-

tá formando consta de 68 casas de sencillisima construccion, entre las cuales hay 29 hechas, 15 techadas y 24 con harigues. Está exento de pagar trib. en la actualidad, con el objeto de que su pobl. pueda adquirir el mayor desarrollo posible. Los hab. de este pueblo, que poco hace se hallan sometidos al dominio de España, y convertidos en su mayor parte á la religion de Jesucristo, han recibido en su mayor parte el agua del bautismo. Su adm. espiritual corre á cargo de un cura regular.

ISI

ISIDRO (San): pueblo con cura y gobernadorcillo, en la isla de Luzon, prov. de Pangasinan, dióc. de Nueva-Segovia; se halla SIT. en los 123° 47' 10'' long., 16° 2' 6'' lat., en terreno llano, á la orilla izq. del r. Agno Grande, sobre la costa S. del seno de Lingayen, defendido de los vientos de O. por el monte de su mismo nombre; su CLIMA es templado y saludable, aunque se padecen bastantes cólicos, disenterías y calenturas intermitentes. Tiene como unas 574 casas, en general de sencilla construccion, distinguiéndose la casa parroquial y la de comunidad, donde se halla la cárcel. Hay una escuela de primeras letras de niños y otra de niñas, pagándose de los fondos de la parr., igl. parr. de buena fábrica, bajo la advocacion de San Isidro labrador; el cementerio está al lado de la igl. servida por un cura regular. Tiene buenas aguas de fuentes. Comunícase este pueblo con sus inmediatos por medio de caminos regulares en tiempo de secas, y recibe de la cap. ó cab. de la prov. el correo semanal establecido en la isla. El TERM. confina por N. con montes donde no se han hecho los amojonamientos; por E. con el térm. de Sual (á 1 leg.): por S. con el mar; por O. con el de Salasa. El TERRENO es bastante montuoso; la parte llana se halla regada por algunos r., siendo muy fértil. En los montes se cria buena madera de construccion y ebanisteria: abundan en ellos el molavin, el banaba, tindalo, etc. miel y cera. Hay mucha caza de jabalíes, venados, tórtolas, gallos, etc. Hay tambien escelentes pastos con los que se crian ganados vacuno, caballar y de cerda. En la parte reducida á cultivo las principales PROD. son arroz y maiz. La IND. consiste en la agricultura, la caza, la pesca y la fabricacion de algunos tejidos de algodon y abacá, en lo que generalmente se ocupan las mugeres. El COMERCIO que se hace en este pueblo es muy poco; consistiendo este en la esportacion del sobrante de sus prod. naturales y fabriles, y en la importacion de algunos otros art. de que se carece. POBL. 2,275 alm. , 506 trib., que ascienden á 5,360 rs. plata, equivalentes á 12,650 rs. vn.

ISIDRO (San): pueblo con cura y gobernadorcillo, en la isla de Luzon, prov. de Bulacan (de cuya cab. dista 2 leg.), dióc. del arz. de Manila; se halla SIT. en los 124° 52' 20'' long., 143 52' 40'' lat., á la orilla derecha del rio Quingua, en terreno llano; disfruta buena ventilacion, y CLIMA tan templado y saludable, que es muy concurrida esta pobl. como punto de recreo en tiempo de vacaciones. Fué fundado en 1749, y en el dia tiene como unas 1,608 casas, en general de sencilla construccion, distinguiéndose la parroquial y la llamada tribunal, en la cual está la carcel, y algunas otras de piedra y de tabla. Hay escuela de primeras letras bastante concurrida, dotada de los fondos de comunidad, é igl. parroquial de buena fábrica, que aun está por concluir, bajo la advocacion de San Isidro labrador, servida por un cura regular. Su fábrica fué empezada y dirigida por el M. R. P. L. Fr. Juan Rico. Dependen de ella los cinco barrios denominados Loñgos, Pulilan, Taal, Balatong y Dampol, con su visita, que dista 2 leg. de la matriz; hállase el nombrado Balatong, que es el mas distante, como á 2 ¼ leg. Frente de la igl. se halla el cementerio, el cual es bastante capaz y ventilado. Se comunica este pueblo con sus inmediatos por medio de buenos caminos y calzadas, en especial las que se dirigen al pueblo de Baliuag, que estan cubiertas de frondosos árboles, y reciben sus hab. el correo semanal establecido en la isla, de la cab. de la prov. TERMINO: confina por N. E. con el de Baliuag (á 1 leg.); por O. con Calumpit (á 1 ¼); y por S. con Quingoa, distante ¼ leg. El TERRENO de esta jurisd. en general es llano y productivo. En la parte reducida á cultivo sus principales PROD. son mucho maiz, arroz, ajonjoli, mongos, caña dulce, añil, legumbres, hortalizas y escelentes frutas. IND.: la agricola es la principal ocupacion de sus hab., siendo el beneficio de la caña dulce y del añil los dos artículos mas importantes de su industria; tambien se fabrica aceite de ajonjoli, y las mugeres se ocupan en la costura, y en la elaboracion de sombreros. COM.: este se reduce á la venta ó cambio de sus productos agricolas é industriales en los pueblos inmediatos, y en el mercado de Manila. POBL. 9,645 alm., 1,845 trib., que ascienden á 18,450 rs. plata, equivalentes á 46,075 rs. vn.

ISIDRO (San): pueblo con cura y gobernadorcillo, en la isla de Luzon, prov. de Nueva-Ecija, dióc. del arz. de Manila: SIT. en TERRENO llano, á la orilla de un rio; disfruta de buena ventilacion, y su CLIMA es templado y saludable. Se fundó este pueblo como matriz en 1843, y en el dia tiene como unas 1,500 casas de muy sencilla construccion, siendo las mejores la casa parroquial y la de comunidad, llamada tambien tribunal ó de justicia, donde se halla la cárcel. Hay escuela de primeras letras, á la que concurren bastantes alumnos, dotada de los fondos de comunidad. La iglesia parroquial de este pueblo bajo la advocacion de San Isidro, es de buena fábrica, y se halla servida por un cura regular. No muy lejos de esta se encuentra el cementerio, muy bien situado, capaz y con buena ventilacion. Comunícase este pueblo con sus inmediatos por medio de caminos regulares en tiempo de secas, pero intransitables en tiempo de lluvias. Tiene 6 barrios ó anejos y son Mangá, Tabon, Ticay, Calaba, Alua y San Isidrong-malapit, distante el que mas 1 leg. de la matriz. El TERMINO confina con el de Gapan, al N. E.; con el de Cabiao, al S.; con el de San Miguel de Mayumo, al S. E.; y con el rio chico de la Pampanga al O. El TERRENO es llano y muy fértil; sus PROD. son mucho tabaco, maiz, palay, etc. La IND. consiste principalmente en la agricola, ocupándose muchos en el plantio de las hojas de buyo y de las de tabaco, lo que constituye despues todo su COM. POBL. 7,805 alm.,

1,266 trib., que ascienden á 12,660 rs. plata, equivalentes á 31,650 rs. vn.

ISIDRO (San): pueblo que forma jurisd. civil y ecl. con los de Balingcaguin y Dosol, en la isla de Luzon, prov. de Zambales, dióc. del arz. de Manila; se halla sit. en terreno llano, junto á la playa del mar, y no muy lejos del rio que baña sus tierras. El TERRENO por lo general es montuoso, muy fértil y productivo en arroz, maiz, abacá, caña dulce, añil, algodon, etc. La IND. se reduce al cultivo de sus tierras, la caza, la pesca y la cria de caballos, búfalos, vacas y otros animales. Algunos se dedican al corte de maderas, que abundan en los montes, y con las que hacen sus casas ó chozas y algunas embarcaciones. El COM. consiste en la esportacion del sobrante de sus artículos naturales é industriales, y en la importacion de algunos de los que carecen. POBL. y trib. (v. BALINCAGUIN, matriz.)

ISIDRO (San): barrio dependiente en lo civil y ecl. del pueblo de Macabebe, en la isla de Luzon, prov. de la Pampanga, dióc. del arz. de Manila: dista ½ de leg. de la matriz, con la cual damos su POBL., prod. y trib.

ISIDRO (San): barrio dependiente en lo civil y ecl. del pueblo de Bacolor, en la isla de Luzon, prov. de la Pampanga; dista poco mas de ¼ leg. de la matriz, con la cual damos su POBL., prod. y trib.

ISIDRO (San): barrio dependiente en lo civil y ecl. del pueblo de Hagonoy, del cual dista ¼ leg., en la isla de Luzon, prov. de Bulacan, dióc. del arz. de Manila: hállase en terreno llano, y su CLIMA es como el de la matriz, con la cual damos su POBL., prod. y trib.

ISIDRO (San): barra, en el golfo de Lingayen, en la costa N. de la prov. de Pangasinan; sit. á la der. del desagüe del r. Agno Grande, en los 16° 2' 30" lat., y 123° 47' 30" long., 1' mas hácia el E.

ISIDRONG-MALAPIT (San): barrio dependiente en lo civil y ecl. del pueblo de San Isidro, en la isla de Luzon, prov. de Nueva-Ecija; dista de su matriz una leg.: se halla sit. en terreno llano. Su POBL., prod. y trib. (v. SAN ISIDRO.)

ISIU: pueblo con gobernadorcillo, que forma jurisd. ecl. con los de Dancalan, Ilog, Guilamgan y Cauayan, en la isla y prov. de Negros, dióc. de Cebú; hállase sit. en el litoral occidental de la isla, terreno llano, y CLIMA templado y saludable. Entre las casas que tiene se distingue, como mas notable, la de comunidad, llamada tambien tribunal ó de justicia, donde se halla la cárcel. Hay una escuela de primeras letras, concurrida por bastantes alumnos y dotada de los fondos de comunidad. El TERRENO es montuoso, aunque no faltan buenas llanadas, donde tienen los naturales sus sementeras. En los montes se cria caza mayor y menor, como búfalos, venados, jabalíes, tórtolas, gallos, etc.: tambien hay escelentes maderas de construccion y carpintería y mucha miel y cera. Las principales PROD. son arroz, maiz, tabaco, algodon, abacá, cocos y muchas clases de frutas. IND.: la agrícola, la fabricacion de algunas telas ordinarias, la caza y la pesca. POBL. y trib. (v. DANCALAN.)

IVI

IVISAN: visita ó anejo, dependiente en lo civil y ecl. de Capiz, cap. ó cab. de la prov. de su nombre, en la isla de Panay, dióc. de Cebú: se halla sit. como á una leg. de su matriz, á la orilla del r. Panay. POBL., prod. y trib. con CAPIZ (v.)

J

JABONGA: con este nombre figura en la guia de Filipinas la visita ó anejo de Butuan, que en otros documentos tambien bastante

autorizados y atenidos al uso del pais, se lee Tabonga. Hállase en la isla de Mindanao, prov. de Caraga, dióc. de Cebú: sit. próximo al lago de *Sapongan*, llamado tambien de *Maynit*, á la orilla de un rio de corriente muy rápida, que desemboca junto á Tubay: le combaten todos los vientos, y el CLIMA, aunque bastante cálido, es saludable. Tiene como unas 152 casas de sencilla construccion, distinguiéndose solo la de comunidad. Sus hab. se dedican á la agricultura, cosechando en la pequeña parte de TERRENO reducida á cultivo, algun cacao: su IND. consiste en la pesca y algun otro ramo insignificante: se recoje bastante miel y cera en sus montes. La pobl. se calcula en 918 alm., y los trib. se incluyen en el estado general de la prov. (v.)

JAC

JACINTO (San): pueblo que forma jurisd. civil y ecl. con el de Claris, teniendo entre ambos un cura y un gobernadorcillo, en la isla de Luzon, prov. de Pangasinan, dióc. de Nueva-Segovia; SIT. en los 124° 6′ 30″ long., 16° 4′ 8″ lat., en terreno llano, á la márgen izq. de un r., en el camino que viene de Manaoag, y se dirige al N. de la prov. Combátenle todos los vientos, y su CLIMA es templado y saludable; padeciéndose sin embargo cólicos, disenterías y calenturas intermitentes. Tiene como unas 1,276 casas, en general de sencilla construccion; distinguense la parroquial y de comunidad, en la cual está la cárcel. Hay escuela de primeras letras para niños y otra de niñas bastante concurridas, y dotadas de los fondos de la igl. parr.: esta se halla bajo la advocacion de San Jacinto y está servida por un cura regular. Junto á la misma se encuentra el cementerio en buena situacion. Comunícase este pueblo con los de Magaldan, Manaoag y la visita denominada Claris dependiente de esta parroquia, por medio de buenos caminos, y se recibe de la cabecera de la prov. el correo semanal establecido en la isla. Los hab. se proveen de agua para los usos domésticos de las del rio *Añgañgalacan* que es de buena calidad; sobre este rio tiene un puente de madera: hay otros arroyos y varios esteros tambien con puentes de madera para su paso; las aguas á que no alcanzan las marítimas se utilizan para

el riego. TERM.: confina por N. con Claris su visita y los montes Igorrotes; por E. con Manaoag; por S. O. con Santa Bárbara; por S. E. con Villasis, y por O. S. O. con Magaldan. El TERRENO en general es de buena calidad; hay algunos prados naturales con buenos pastos para ganado de todas clases. En la parte reducida á cultivo las principales PROD. son el arroz, el maiz y varias legumbres y frutas. Se cria ganado vacuno, caballar, de cerda y búfalos; hay caza de venados, aves de varias clases, y alguna pesca. IND.: consiste principalmente en la cria de ganados y en la pesca. POBL. 7,385 alm., 1609 trib., que ascienden á 16,090 rs. plata, equivalentes á 40,225 rs. vn.

JACINTO (San): pueblo con cura y gobernadorcillo, en la isla de Ticao, comandancia político-militar titulada de Masbate y Ticao, dióc. de Nueva-Cáceres; SIT. en los 127° 22′ 54″ long., 12° 27′ 56″ lat., en la costa oriental de la isla, terreno llano, junto al puerto de su nombre, ventilado, y CLIMA templado y saludable. Tiene como unas 542 casas, en general de sencilla construccion, distinguiéndose la parroquial y la de justicia, donde se encuentra la cárcel. Hay escuela de primeras letras dotada de los fondos de comunidad, y es muy concurrida de alumnos de ambos sexos; la igl. parr. es de mediana fábrica y está bajo la advocacion de San Jacinto denominante del pueblo, la sirve un cura secular. Próximo á esta se halla el cementerio en buena situacion. El correo se recibe de Masbate en dias indeterminados. El TERM. se estiende por toda la isla, siendo por tanto sus confines marítimos en todas direcciones. El puerto que tiene el mismo nombre del pueblo es bastante capaz y abrigado, pudiendo fondear en él embarcaciones de alto porte, de modo que antiguamente era el punto de escala de los buques, que viniendo de Nueva-España, no podian cruzar el estrecho de San Bernardino por temor á los vendavales y corrientes, que en ciertas estaciones reinan en dicho estrecho: en el dia este puerto es menos frecuentado en razon á que ahora las embarcaciones atraviesan el estrecho en todas las épocas del año, aunque algunas veces no sin un riesgo eminente. El TERRENO en general es montuoso; tiene arbolado de todas clases, caza mayor y menor, miel y cera: en la parte reducida á cultivo se cosecha arroz, maiz, trigo, cacao, caña dulce, algodon, abacá, cocos, mangas y toda clase de legumbres y frutas. IND.: se halla reducida al beneficio de sus prod. naturales y agrícolas, á la estraccion del oro por medio del lavado de las arenas, á la caza y á la pesca, que es el ramo mas notable. Las mugeres se ocupan en la elaboracion de varias telas de algodon y abacá. COM.: consiste en la esportacion del sobrante de sus productos naturales, agricolas y fabriles, siendo uno de los principales la cera, que se lleva al mercado de Manila, donde compran sus hab. todos aquellos art. que faltan en el pueblo para hacer frente á sus necesidades. POBL. 2,051 alm.: se halla exento este pueblo y todos los de esta comandancia del pago de trib

JACINTO (San): puerto de la isla de Ticao; hállase SIT. entre los 127° 21′ 30″, y 127° 25′ long., y los 42° 55′ 50″ y 42° 34′ 15″ lat., en la costa N. E. de la isla; es muy cómodo y abrigado de los vientos del S. y O.; tiene por la costa bastante leña y algunos pozos de agua dulce, por lo cual sucede que van muchos buques á reponerla en este puerto.

JAG

JAGNA ó HAGNA, pues que en ningun dialecto son tan permutables las aspirales j y h como en los de las Filipinas: pueblo con cura y gobernadorcillo, en la isla de Bohol, adscrita á la prov. y dióc. de Cebú: SIT. en terreno llano, en la costa S. E. de la isla, junto á una ensenada. Tiene muy buena ventilacion, y CLIMA, aunque cálido, saludable, efecto de las brisas marítimas y de la frondosidad del arbolado de sus inmediaciones. Este pueblo fundado desde muy ant., pasó á cargo de los PP. Recoletos por los años de 1769, y en el dia cuenta como 2,003 casas, en general de sencilla construccion, distinguiéndose la parroquial y la de comunidad, en la cual está la cárcel. Hay escuela de primeras letras para ambos sexos, bastante concurrida, dotada de los fondos de comunidad;

la igl. parr. es de magnífica fábrica y hermosa arquitectura, bajo la advocacion de San Miguel arcángel, servida por un cura regular. Próximo á esta se halla el cementerio, bastante capaz y ventilado. Comunicase este pueblo con sus inmediatos por medio de caminos regulares, y recibe de Cebú, cab. de la prov., el correo en dias indeterminados. Confina el TERM. con el de sus colaterales Guindulman y sus anejos, Dimiao y Loboc, y en toda la parte E. con el mar. El TERRENO en general es llano, bastante fértil; hállanse buenos bosques donde se cria toda clase de maderas de construccion, caza mayor y menor, y muchas abejas, que dan abundante cera y miel. En las tierras reducidas á cultivo las PROD. son arroz, maiz, cacao, algodon, abacá, camotes y algunas legumbres. IND.: los hab. de este pueblo se dedican con especialidad á la agricultura, á la pesca y á la elaboracion de algunas telas de algodon y abacá. COM.: consiste en el tráfico que sostiene con los monteses, en la esportacion de sus prod. agrícolas, despues de cubiertas las atenciones de la pobl., y en la compra de los art. de que se carece. POBL. 12,316 alm., 2,453 ½ trib., que asciende á 24,535 rs. plata, equivalentes á 61,337 ½ rs. vn.

JAGNA: punta de la costa E. de la isla de Bohol; hállase en los 128° 2′ long., 9° 47′ lat., en el térm. del pueblo de su mismo nombre.

JAGNAYA: visita de Mambusao, en la isla de Panay, prov. de Capiz, dióc. de Cebú; SIT. en la costa setentrional de la prov., en terreno llano y poco dist. de un r. de bastante caudal: está ventilada, y su CLIMA es templado y saludable. Cuenta unas 153 casas, en general de sencilla construccion, distinguiéndose la llamada tribunal donde está la cárcel: tiene una escuela bastante concurrida, dotada de los fondos de comunidad. PROD. y trib. (v. la matriz.) POBL. 918 alm.

JAL

JALAJALA: pueblo con cura y gobernadorcillo, en la isla de Luzon, prov. de la Laguna, dióc. del arz. de Manila; SIT. en los 125° 2′ long., 14° 21′ 50″ lat., á la orilla de la gran laguna denominante de la prov., en la avanzada punta que forma uno de los montes del N. de esta que penetra en la laguna avanzando en direccion de la islita de Tagui: está defendido de los vientos del N. O., tiene buena ventilacion, su CLIMA es templado y saludable. Cuenta como unas 212 casas, en general de sencilla construccion, distinguiéndose la parroquial y la de justicia, en la cual está la cárcel. Hay escuelas de primeras letras para ambos sexos, dotadas de los fondos de comunidad, é igl. parr. de mediana fábrica servida por un cura secular. Comunícase este pueblo con sus inmediatos por medio de la laguna, y recibe de Pagsanjan, cab. de la prov., el correo semanal establecido en la isla. Confina el TERM. que se estiende considerablemente, por N. con el de Pililla y por E., S. y O. con las aguas de la Laguna. La hermosa y dilatada hacienda de este pueblo, de la propiedad de los señores Vidie, comprende estensos bosques, en los cuales hay abundante caza de ciervos, jabalíes y multitud de aves de todas clases. Se crian buenos bueyes y caballos, que forman un importante artículo de comercio en el mercado de Manila. El TERRENO es en general fértil y delicioso; en él se encuentran diversos árboles frutales, y en los bosques se recoje cera y miel en abundancia. En las tierras reducidas á cultivo las PROD. son arroz, caña dulce, un poco de trigo, mongos, patami, judías, pimienta, cacao, café, y toda especie de frutas del pais. IND.: consiste en el beneficio de sus prod. naturales y agricolas, algunos tejidos ordinarios, en cuyo trabajo se ocupan las mugeres, la caza, la pesca y el aprovechamiento de las maderas que se llevan á vender á Manila, así como tambien la miel y la cera, formando con dichos art. un notable comercio. Con motivo de la notable prod. del azucar hay cinco máquinas con hornos económicos, impulsadas por caballos, para su beneficio; estas máquinas pertenecen á la propiedad de los señores Vidie y compañía. POBL. 1,275 alm., 267 trib., que ascienden á 2,670 rs. plata, equivalentes á 6,675 rs. vn.

JALAJALA: punta de la costa N. E. de la Laguna de Bay, en la prov. del mismo nom-

bre; SIT. en los 125° 10'' long., 14° 47' lat.

JALAUD: rio de la isla de Panay, prov. de Iloilo: tiene su origen en la cord. de montes que divide esta prov. de la de Capiz, en el sitio llamado *Alibonan* donde se halla un corpulento árbol, al pie del cual tienen su nacimiento este rio y el de Panay. El Jalaud sigue su curso al E. y volviéndose luego al S., va á desaguar en el mar al S. O. del pueblo de Dumangas. Este rio recibe durante su curso, que es como de unas 5 leg., varios afluentes, con los cuales adquiere un caudal bastante notable, pudiendo navegar por él las pequeñas embarcaciones del pais: sus aguas se aprovechan por los pueblos de ambas orillas, ya para el riego, ya tambien para los usos domésticos; es ademas interesante por las partículas de oro que arrastra entre sus arenas, cuyas partículas se estraen por medio del lavado.

JALIGDUJUY: cascada, en la isla y prov. de Samar; hállase próxima á la boca del rio Ulut, al S. E. del monte Barayan.

JAM

JAMBUJAN: barrio del pueblo de Dolores, en la isla de Luzon, prov. de Tayabas; SIT. en los 125° 7' long., 14° 1' lat., á la orilla derecha del rio de Lagnas; terreno llano, ventilado, defendido de los vientos del E. por el monte Majaijay, y CLIMA templado y saludable. POBL., prod. y trib. (v. la matriz).

JAMINDAN ó JAMIDAN: visita de Mambusao, en la isla de Panay, prov. de Capiz, dióc. de Cebú; SIT. en la parte setentrional de la isla y prov., poco distante de un rio de bastante caudal, terreno llano, ventilado, y CLIMA templado y saludable. Tiene como unas 211 casas, en general de sencilla construccion, distinguiéndose solo la de justicia, donde está la cárcel: hay escuela frecuentada de varios alumnos, dotada de los fondos de comunidad. PROD. y trib. (v. la matriz.) POBL. 1,270 alm.

JAN

JANAOJANAO: punta N. E. de la isla de

Maricaban, adscrita á la prov. de Batangas; sit. en los 124° 56' 50" long., 13° 38' 50" lat.

JANIPAAN: ria en la isla de Panay, prov. de Iloilo: tiene su entrada en los 126° 29' 54" long., 10° 54' lat., y penetra como de 2 1/2 á 3 leg. Por ella se estrae una considerable cantidad de arroz del pueblo de Pototan, que es acaso el que lo produce en mayor cantidad entre todos los de la prov. Abunda en pescado de varias clases, que son un gran recurso para los naturales de sus orillas.

JANIUAY ó JANIVAY, llamado antiguamente MATAGUB: pueblo con cura y gobernadorcillo, en la isla de Panay, prov. de Iloilo, dióc. de Cebú; sit. en los 126° 24' 6" long., 11° 15' lat., en una hermosa vega, á la orilla der. del r. Luague: combátenle todos los vientos, y el clima es templado y saludable. Fué fundado por los años de 1578, y en el dia cuenta como unas 2,658 casas, en general de sencilla construccion, distinguiéndose la de comunidad, donde está la cárcel, la parroquial y la igl. que está bajo la advocacion de San Julian obispo, servida por un cura regular; estos dos últimos edificios están colocados en un declive á la entrada del pueblo, yendo á este desde Cabatuan, lo que contribuye á realzar en ambos lo agradable de las vistas de esta pobl. Hay una escuela de primeras letras para ambos sexos bastante concurrida, dotada de los fondos de comunidad. El cementerio se halla próximo á la igl., y es bastante capaz y ventilado. Comunícase este pueblo con sus limítrofes por medio de escelentes caminos y calzadas, pobladas de bastantes casas, y recibe de Iloilo, cab. de la prov., el correo en dias indeterminados. Confina el term. con sus colaterales Lam-bunao, Laglag y Dingle (que distan unas 3 leg.); con Pototan (como á 2), y se halla como á 4 leg. de la cab. de la prov. El terreno, aunque montuoso en su mayor estension, presenta hermosas vegas sumamente fértiles. En lo reducido á cultivo las prod. son arroz en abundante cantidad, trigo, cacao, azúcar, tabaco, ajos y cebollas para casi toda la prov. ind.: la agricola es la principal; las mugeres se dedican á los tejidos de piña, seda, algodon y abacá para su uso, resultando de esta fabri-

cacion los rayadillos, terliugas, pañuelos, sobrecamas, tapis, mantelería fina, y otras varias telas. com.: éste se reduce á la esportacion del sobrante de sus productos agricolas y fabriles, y á la importacion de los géneros y art. de que carece. pobl. 16,008 alm., 2,724 trib., que ascienden á 27,240 rs. plata, equivalentes á 68,100 rs. vn.

JAP

JAPUNAN: visita ó anejo del pueblo de Catubig, en la isla y prov. de Samar; sit. en los 129° 8' long., 12° 15' lat., en la costa N. E. de la isla, terreno llano, ventilado, y clima templado y saludable. Las prod., pobl. y trib. (v. la matriz.)

JAR

JARO: rio de la isla de Panay, prov. de Iloilo. (v. jaro, pueblo.)

JARO: pueblo con cura y gobernadorcillo, en la isla de Panay, prov. de Iloilo, dióc. de Cebú; sit. en los 126° 24' 24" long., 10° 9' 30" lat., en terreno llano, á la orilla der. del caudaloso r. Jaro, navegable hasta para pontines y barcos de cruz, con un puerto que casi es el mejor de la prov. Sus vistas son muy pintorescas, y su clima templado y saludable. Fué fundado por los años de 1584 ó 1585, y en el dia tiene como unas 1,700 casas, en general de sencilla construccion, distinguiéndose la parroquial y la de justicia, donde se halla la cárcel. Hay escuela de primeras letras muy frecuentada de alumnos de ambos sexos, y dotada de los fondos de comunidad; la igl. parr. es de buena fábrica, está bajo la advocacion de Ntra. Sra. de la Candelaria, y la sirve un cura regular. Poco dist. de la igl. se halla el cementerio en buena situacion y ventilado. Comunícase este pueblo con sus inmediatos por medio de buenos caminos y calzadas, y recibe el correo de Iloilo, cab. de la prov., en dias indeterminados. Confina el term. con sus colaterales los pueblos de Santa Bárbara y San Miguel, dist. 2 leg., y con los de Molo, puerto de Iloilo y Mandurriao á ¼ del primero y menos todavía de los dos últimos. Este es el primer pueblo de la isla de Panay, considerado geográfica y aun políticamente; pues para ello le favorece no solo su hermosa situación, sino el ser dueño además de un estenso y hermoso territorio, bañado por el r. arriba citado, y del que los hab. sacan grandes utilidades. Sobre el espresado r. se encuentra un famoso puente con pilares de piedra, de 128 brazas de largo, 6 de ancho y 8 de alto, de una utilidad inesplicable para todos los pueblos del Norte de la prov. Este importante edificio y las buenas calzadas se deben al celo y actividad del actual cura párroco Fr. José Alvarez, caballero comendador de Isabel la Católica, quien además de sus conocimientos, ha empleado otros medios y sacrificios para poder llevar á cabo estas obras de pública utilidad; esta sola circunstancia lo hace digno de la consideración y munificencia de S. M. la Reina. El TERRENO en general es llano, y sumamente fértil; cosechándose en la parte reducida á cultivo, mucho arroz, pimienta, tabaco, añil, caña dulce, algodon, café, maiz, legumbres y frutas. Con sus pastos, que son abundantes y escelentes, se cria mucho ganado vacuno. IND.: la principal es la agrícola; se cuentan en este pueblo para el beneficio del azúcar mas de 80 trapiches: además se elabora tanta abundancia de sal, que no solo abastece á sus circunvecinos, sino á muchos de la isla de Negros: también hay fábricas de aceite de coco para el alumbrado, y otras de cal. Las mugeres se ocupan en la fabricacion de tejidos finos de algodon, piña y seda, que ejecutan con sumo primor y gusto, para venderlos luego á muy buen precio en su propia feria ó mercado, que celebran todos los jueves, y al que concurren los hab. de casi todos los pueblos de la prov., por ser el mas rico de las islas. COM.: la esportacion de un considerable sobrante de sus prod. agrícolas y fabriles, y la importacion de aquellos géneros y art. de que se carece. POBL. 30,037 alm., 4,714 trib., que ascienden á 47,140 rs. plata, equivalentes á 117,850 rs. vn.

JARO: anejo del pueblo de Barugo, en la isla y prov. de Leyte, dióc. de Cebú; SIT. en

los 128° 18' 40'' long., 11° 8' 30'' lat., en la parte setentrional de la isla, en terreno desigual: combatenle todos los vientos, y el CLIMA es, aunque cálido, saludable. Este anejo, se compone de pocas casas, todas de sencilla construccion. POBL., prod. y trib. (v. la matriz.)

JAS

JASAAN: r. de la isla de Luzon, en la prov. de Cavite; tiene su orígen en los 124° 38' 30'' long., 14° 14' 30'' lat.; diríjese al N. y junta sus aguas con las del r. de San Agustin.

JASAAN: pueblo, que forma jurisd. civil y ecl. con sus visitas de Tagolan y Santa Ana, en la isla de Mindanao, prov. de Misamis, dióc. de Cebú: SIT. en la parte setentrional de la prov., en terreno desigual: le combaten todos los vientos, y el CLIMA, aunque sumamente cálido, es bastante saludable, efecto de las brisas marítimas y la frondosidad del arbolado. Tiene como unas 390 casas, en general de sencilla construccion, distinguiéndose la parroquial y la de justicia, donde se halla la cárcel. Hay escuela de primeras letras para ambos sexos, dotada de los fondos de comunidad; la igl. parr. es de mediana fábrica, y está servida por un cura regular. Poco dist. de esta se encuentra el cementerio, en buena situacion. Comunícase este pueblo con sus limítrofes por medio de caminos demasiado malos, y recibe el correo de Cagayan, cab. de la prov. Su TERM. se estiende considerablemente hácia el interior de la prov., y en él se encuentra toda clase de árboles, búfalos, jabalíes, venados, tórtolas, gallos y otra multitud de aves. El TERRENO es bastante fértil, cosechándose en la parte reducida á cultivo arroz, cacao, caña dulce, legumbres y frutas; en los montes se recoge mucha cera y miel. IND.: sus naturales se dedican á la agricultura y beneficio de sus prod.; sin embargo su principal riqueza consiste en la estraccion del oro de varias minas, y por medio del lavado de las arenas que arrastran los rios; siendo esta ind. casi suficiente á subvenir á sus escasas necesidades, les hace mirar sin aprecio el cultivo de sus fertilísimas tierras. Tambien se dedican á la cria del gana-do vacuno, lanar y de cerda. POBL. 2,651 alm. inclusas las de sus anejos, 616 trib., que ascienden á 6,160 rs. plata, equivalentes á 15,400 rs. vellon.

JAU

JAULO: islote junto á la costa setentrio-nal de la prov. de Camarines-Norte; es muy pequeño é insignificante; su centro se halla en los 126° 4' 30" long., 14° 19' 40" lat.

JES

JESUS (puerto de): hállase en la costa N. E. de la prov. de Albay (isla de Luzon), en la parte S. O. del seno de este nombre en-tre los 127° 39' 30", y 127° 40' 50" long., y en los 13° 5' y 13° 6' lat., término del pueblo de Bacon, del cual dista unas 2 leg. escasas.

JESUS (punta de): está en la costa N. de la isla de Luzon, prov. de Camarines-Norte, término del pueblo de Capalonga; SIT. en los 126° 11' long., 14° 20' 30" lat.

JIA

JIABONG ó HIABONG: visita con teniente de justicia del pueblo de Paranas, en la is-la y prov. de Samar, dióc. de Cebú; SIT. en los 128° 34' long., 11° 46' lat., á la orilla izq. de la desembocadura de un rio, sobre la costa S. O. de dicha isla, en terreno lla-no, CLIMA templado y saludable. Defiéndelo de los vientos del N. E. el elevado monte Mungajun que está á 1 leg. Consta de unas 361 casas, en general de sencilla construc-cion, distinguiéndose la tribunal, donde es-tá la cárcel. Se comunica con sus inme-diatos por medio de caminos regulares. Con-fina el TÉRMINO por N. con los montes del interior de la isla, hácia donde se estiende considerablemente; por E. con Catbalogan (á 1 ½ leg.); por O. con Paranas (á ¾ leg.), y por el S. con el mar. El TERRENO es bas-tante llano y productivo, cosechándose en él las mismas producciones que en Paranas, con cuyo pueblo damos su POBL. y trib. (v.)

JIGUSO: punta de la costa S. de la isla y prov. de Samar; SIT. en los 129° 11' long., 11° 4' lat.

JIM

JIMALA: rio de la isla de Luzon, en la prov. de Batangas; tiene su origen en los 124° 27' long., 13° 59' 30" lat.; corre en direccion al S. poco mas de 1 leg., y va á desaguar pasan-do al E. de Balayan, en el seno de este mis-mo nombre, á los 124° 25' long., 13° 56' 20' lat.

JIMALALOT: visita del pueblo de Tanjay, en la isla y prov. de Negros, dióc. de Cebú: SIT. en la costa oriental de la isla y prov., en terreno desigual, y CLIMA, aunque bastante cálido, saludable, merced á las frescas brisas marítimas y á la frondosidad del arbolado que se encuentra en sus inmediaciones. Este anejo consta de unas 65 casas de sencilla construc-cion, distinguiéndose solo como de mejor fá-brica la tribunal donde está la cárcel. POBL. prod. y trib. (v. la matriz.)

JIMAMAILAN: pueblo con cura y gober-nadorcillo, cabecera de la prov., é isla de Negros, dióc. de Cebú; SIT. en los 126° 26' long., 10° 29' lat., en la costa occidental de la isla y prov., terreno llano, y CLIMA salu-dable, templado por las brisas marítimas y la frondosidad del arbolado. Cuenta unas 730 casas, en general de sencilla construc-cion, distinguiéndose la real que sirve de habitacion al alc. m. de la prov., la par-roquial y la de justicia, en la cual está la cár-cel. Hay escuela de primeras letras bastante concurrida, dotada de los fondos de comuni-dad; la igl. parroquial es de mediana cons-truccion, y está servida por un cura regular: próximo á esta se halla el cementerio, capaz y ventilado. Dependen de esta parr. las visitas de Talabang y Suay. Comunícase con sus li-mítrofes por medio de caminos regulares en la estacion seca, pero bastante malos en la época de las lluvias. Se recibe el correo en dias inde-terminados. El TÉRMINO se estiende considera-blemente hácia el interior de la isla, donde se encuentra arbolado de toda clase, caza mayor y menor, cera y miel. En la parte reducida á cultivo, se coje bastante arroz, cacao, abacá, y cabo negro, que se emplea en la fabricacion de cables; tambien hay cocos y otras frutas. IND.: consiste en el beneficio de sus productos agrícolas, en la fabricacion del aceite de coco, algunos tejidos llamados sinamays, guinaras, etc., la caza, y sobre todo la pesca, que deja grandes utilidades. COM.: esportacion del arroz sobrante, particularmente para la isla de Cebú, cacao, y cera para Manila, y algunas telas, con cuyos artículos se adquieren los géneros y efectos de que carecen. POBL., inclusa la de sus dos visitas, 4,580 alm., 927 ½ trib., que ascienden á 9,275 rs. plata, equivalentes á 23,187 ½ rs. vn.

JIMONINI: visita ó anejo del pueblo de Catarman, en la isla y prov. de Samar; SIT. en los 128° 49' long., 12° 11' 30'' lat.; á la orilla izq. de un rio, terreno llano, ventilado, y CLIMA bastante templado. POBL., prod. y trib. (v. la matriz.

JIMOTO: rio de la isla de Catanduanes, adscrita á la prov. de Albay; nace en los 127° 59' long., 13° 49' lat., en las vertientes de los montes que forman el centro de la isla: su primer direccion es al N. E., y cambia al E. despues de unas 4 leg. de curso; tiene su boca en la costa E. de la isla en los 128° 6' long., 13° 54' lat., formando una pequeña ensenada á que da nombre.

JIMOTO: ensenada de la costa oriental de la isla de Catanduanes, adscrita á la prov. de Albay; hállase entre los 128° 7' 50'' long., 128° 9' id., y los 13° 44' 50'' lat., 15° 45' 30'' id.; en ella desagua el rio Jimoto, que le da nombre, habiendo facilitado la incursion de las aguas marítimas que la forman: tendrá una media leg. de bogeo, y á su entrada se encuentran una islita y algunos islotes y bajos.

JIN

JINAGDANAN: anejo del pueblo de Catarman, en la isla y prov de Samar; SIT. en los 128° 49' 40'' long., 12 49' lat., en terreno llano, á la orilla izq. de un rio, cerca de su nacimiento; tiene buena ventilacion, y su CLIMA es bastante benigno. POBL., prod. y trib. con la matriz.

JINATILAN, GINATILAN ó INATILAN: pueblo con cura y gobernadorcillo, en la isla, prov. y dióc. de Cebú; SIT. en los 126° 49' long., 10° 1' lat., en la costa occidental de la isla, TERRENO llano, despejado, y CLIMA saludable. Consta de unas 649 casas, en general de sencilla construccion, entre las cuales se distinguen la parroquial y la llamada tribunal, donde está la cárcel. Hay escuela de primeras letras bastante concurrida, dotada de los fondos de comunidad; la igl. parr. es de mediana fábrica, y está servida por un cura secular. Próximo á esta se halla el cementerio, capaz y ventilado. Comunícase con sus colaterales por medio de caminos regulares. Se recibe el correo de la cab. de la isla y prov. en dias indeterminados. Confina el TERM. por N. con Tamblan; por E. con la cordillera de montes que atraviesa la isla en direccion de N. á S.; por S. con Sambuan ó Samboang; y por O. con el mar. El TERRENO generalmente es bajo, arenisco y pedregoso; sin embargo en algunas partes presenta mejor calidad y una vegetacion lozana que se mantiene todo el año, á pesar de la escasez de aguas propia de la isla. En los bosques de la jurisd. se crian árboles de todas clases, de donde se sacan escelentes maderas, entre las que hay una incorruptible, que sin embargo de su dureza admite el mas delicado pulimento. Tambien se encuentran diferentes plantas medicinales, varias especies de palmas, la caña fistula, gomas y resinas; mucha caza mayor y menor, distinguiéndose en la de esta clase una multitud de aves notables por la hermosura y brillantez de sus colores. Las tierras reducidas á cultivo producen algun arroz, bastante maiz, abundante mijo, que es el alimento principal de los hab. de este pueblo, algun cacao, caña dulce, sibucao, tabaco, algodon, abacá, añil, varias legumbres, raices farinaceas y borona. IND.: la principal es la agrícola; tambien se elaboran algunas telas para el consumo de la pobl.; la caza, la pesca, y las minas de oro producen tambien bastante utilidad. COM.: esportacion del sobrante de sus productos é importacion de los géneros y artículos de que se carece. POBL. 3,892 alm., trib. con Sambuan.

JINATUAN ó GINATUAN: anejo del pueblo de Bislig, en la isla de Mindanao. prov. de Nueva-Guipuzcoa, dióc. de Cebú: sit. en la costa oriental de la prov., junto á un rio de bastante caudal, navegable para falúas que calen poca agua; combátenle los vientos, y el clima, no obstante ser cálido, es saludable. Tiene unas 159 casas de sencilla construccion, distinguiéndose solo la llamada tribunal y su pequeña igl., que se halla asistida por el cura secular de Bislig. Próximo á la mencionada igl. se halla el cementerio, capaz y ventilado. Se comunica esta visita con la matriz y pueblos inmediatos, por medio de malísimos caminos, apenas practicables, pero mas comunmente por el mar cuando lo permiten las corrientes y vendavales que reinan en las costas de esta prov. Confina el termino por N. con el de Lianga; por S. con el de Bislig; por E. con el mar; y por O. con los montes del interior de la prov. donde se hallan indeterminados sus limites. Estos montes se hallan cubiertos de todas clases de árboles; hay caza, miel y cera. El terreno reducido á cultivo es sumamente escaso, y su principal produccion consiste en muy poco cacao. Sus hab. trabajan una mina de oro que tienen en su teritorio, siendo este y la pesca los dos únicos ramos de ind. que entre ellos se conoce. pobl. y trib. (v. el estado general de la prov.)

JINAY: barrio ó anejo del pueblo de Bulan, en la isla de Luzon, prov. de Albay; sit. en los 127° 40' 30'' long., 12° 42' lat., en terreno llano; tiene un r. al S. y otro al E. llamado Camau. Está resguardado de los vientos del N. por el monte Bulusan, en cuya cima se halla el cráter del volcan de este nombre, y su clima es templado y saludable. pobl., prod. y trib. (v. la matriz).

JINOBOAN: anejo de Tanjay, en la isla y prov. de Negros, dióc. de Cebú; sit. en la costa oriental de la isla y prov., en los 126° 57' long., 10° 39' lat., en terreno llano, ventilado, y clima templado por las brisas marítimas y la frondosidad del arbolado. Tiene muy pocas casas y todas de sencilla construccion. pobl., prod. y trib. con la matriz.

JINTOTOLO: islita adscrita á la prov. de Capiz, en el mar de Visayas; hállase su centro en los 126° 44' long., 11° 48' lat.; tiene una leg. de largo y ¼ de ancho; dista unas 3 ¼ leg. de la costa de la referida prov.

JIT

JITIMBUR: punta de la costa occidental de la isla y prov. de Masbate; sit. en los 126° 49' 50'' long., 12° 25' 40'' lat.

JITUMBUR: islita próxima á la costa occidental de la isla de Masbate; sit. entre los 126° 49' long., y 126° 49' 40'' id.; 12° 25' 40'' lat., y 12° 26' 40'' id.

JOA

JOAQUIN (San): pueblo con cura y gobernadorcillo, en la isla de Panay. prov. de Iloilo, dióc. de Cebú; sit. en los 127° 49' 24' long., 10° 31' lat., en un espacioso llano, sobre la costa, muy pintoresco, y un clima saludable y templado por las brisas marítimas y la frondosidad del arbolado de las inmediaciones, lo cual hace que acaso sea este pueblo el de mejor temperamento de la prov. Fué fundado por los años de 1793 segun unos, ó de 1767 segun otros; y consta en el dia de 929 casas, en general de sencilla construccion, distinguiéndose entre ellas la parroquial y la llamada tribunal, en la que está la cárcel. Hay escuela de primeras letras concurrida de muchos alumnos, y dotada de los fondos de comunidad; la igl. parr. es de mediana fábrica; está bajo la advocacion del Dulce nombre de Jesus, y la sirve un cura regular. Próximo á esta se halla el cementerio bastante capaz y ventilado. Comunicase este pueblo con sus inmediatos por medio de caminos regulares, y recibe de la cab. Iloilo el correo en dias indeterminados. Confina el term. por N. E. con Miagao, y por los demas puntos con el mar. La punta Naso que forma el límite divisorio de las prov. de Antique é Iloilo está como á 4 leguas S. O., en las cuales se encuentran las rancherías denominadas de Cataan, Lavigan y Sinubuhan, que como apartadas de toda autoridad, suelen molestar á los pastores que cuidan el ganado vacuno de este y otros pueblos. Tiene buenos baluartes para su defensa. El TERRENO en general es de mediana calidad; la parte reducida á cultivo es escasa: PROD. algun arroz, (aunque no el suficiente para el consumo del pueblo) maiz, legumbres, algodon y frutas, siendo la cosecha mas importante la del sibucao ó palo tinte, cuya estraccion es de bastante consideracion y utilidad para el pueblo. Todavia es susceptible de aumento esta produccion con solo adoptar el riego para ella, como se hace para muchos arrozales, aprovechando las aguas de los r. *Bayonan* y *Sauragan* que aislan el pueblo como hemos dicho, pasando muy cerca de él. IND.: la agrícola, que es la principal faena de los hombres; y el hilado y fabricacion de telas del poco algodon que produce su suelo es la ocupacion de las mugeres. COMERCIO: esportacion del sobrante de los productos agrícolas, especialmente del palo tinte, é importacion de los géneros y artículos de que se carece. POBL. 7,492 alm., 1,170 trib., que importan 11,700 rs. plata, equivalentes á 29,290. rs. vn.

JOL

JOLÓ: isla denominante del archipiélago comprendido entre el estremo S. O. de Mindanao y el N. E. de Borneo; su centro se halla en los 125° 21' long., 6° lat.; dista de Mindanao y Basilan como unas 15 leguas; su posicion es prolongada de E. N. E. á O. S. O.; tiene como 50 leg. de bojeo y la superficie de unas 50 leg. cuadradas. Su topografía es fuerte, con posiciones de bastante resistencia natural, que la hicieron el punto principal de las guaridas de los piratas que desde muy antiguo han infestado aquellos mares. En 'ella tiene su asiento el sultan que gobierna y protege en sus piraterías no solo á los naturales de la isla y á los advenedizos que buscaron en ella un abrigo, sino á las demas del archipiélago encabezado por esta y descrito en su artículo especial.

Desde el establecimiento de nuestra colonia asiática se conoció la necesidad de enfrenar la osadía de los piratas joloanos particularmente en vista de lo que hostilizaban las provincias de Visayas, y en su consecuencia, en febrero de 1602, salió contra estos bárbaros el sargento mayor Juan Xuarez Gallinato con 200 españoles de guerra bien pertrechados y abastecidos para 4 meses. Llegado á Joló, saltó en tierra con la gente que pudo, dejando en las embarcaciones la fuerza necesaria para su defensa. Como prudente militar, buscó el centro del poder joloano, y hallando al sultan en un fuerte construido sobre un eminente cerro, bien prevenido y esperando socorros de Mindanao, Ternate y Borneo, pensó ante todo en afianzar su seguridad, y se fortificó en el sitio mas acomodado, tanto á este fin como para hostilizar al enemigo: desde allí intimó la rendicion al bárbaro; éste le entretuvo políticamente mientras disponian una salida, que por fin realizó, arrojando sobre los españoles mas de 4,000 hombres armados que se lanzaron al ataque con un valor estraordinario: Gallinato lo recibió bien apercibido con su artillería y demas armas de fuego; lo rechazó con muerte de muchos, y siguiéndoles el alcance, consiguió apoderarse de las primeras lineas con que habian fortificado el cerro: no intentó el asalto del fuerte por creerlo temerario mientras no fatigase mas las fuerzas enemigas y se hubiese asegurado mejor contra las consecuencias de un mal suceso. Al efecto dispuso la construccion de dos fuertes para defensa de la armada y otro á ¼ leg. de la costa para proteger las correrias que se debian practicar sobre el pais acosando los pueblos. Sin embargo, sus recursos eran demasiado escasos, y no habiendo recibido socorros de Manila, hubo de retirarse abandonando la empresa, con lo que volvieron los joloanos á trabajar nuestras posesiones. Varias veces se establecieron negociaciones de paz con el sultan, pero nunca tuvieron un resultado favorable á pesar de que produjesen tratados solemnes, pues no bastaban á contener las piraterías, escusándose el mismo bárbaro con que tampoco alcanzaba su poder á ello. Por esto en 1638 dispuso el Sr. Corcuera, gobernador de la colonia, una nueva espedicion dirigida por él mismo: practicó el desembarco en Joló y avanzó una fuerza escogida contra el famoso cerro que tambien se hallaba bien fortificado. Tres meses transcurrieron sin ventaja notable, y en vista de la obstinada resistencia que se le oponia, resuelto á no levantar mano de la empresa sin conseguir su objeto, construyó unos baluartes que dominasen las fortificaciones de los moros y estrechó el sitio y los ataques, de modo que venciendo todas las dificultades y el natural valor de los joloanos, se apoderó de la posicion, ocupándoles sus municiones y riquezas y haciendo prisioneros á la reina y á un sobrino suyo llamado Tacun; logrado esto, se retiró el general, dejando alli una guarnicion de 200 españoles y algunos PP. de la compañía, que despues de algun tiempo hubieron de retirarse igualmente, abandonando la empresa de la evangelizacion de esta isla donde apenas podian tener resultados sus trabajos, para atender al pasto espiritual de otras provincias ya sujetas al dominio español. La guarnicion se retiró tambien por las dificultades que se oponian á la conservacion de un punto tan distante del centro de la colonia cuando los recursos de esta eran harto limitados todavía. Por otra parte tampoco era suficiente este presidio para libertar nuestras provincias de los estragos de los piratas, pues desde sus numerosas guaridas seguian practicando sus correrías sin que necesitasen para ello el apoyo central de Joló, aunque con su restauracion no dejaron de tomar otra energía, y los indios filipinos volvieron á sufrir males sin cuento que habian de prolongarse por siglos: Los joloanos sacaban inmensas ventajas de sus correrías atesorando en esta isla el fruto del trabajo de nuestros pueblos asaltados y saqueados, y numerosos cautivos. Entre tanto no obstaba esto para que cultivasen el comercio de la colonia española que tambien les era sumamente útil. Por ello se hallaban siempre accesibles á las proposiciones de tratados de paz que solo tenian efecto en cuanto les era útil, sin que perjudicasen á la continuacion de sus rapiñas de las que se escusaba el sultan alegando no alcanzar su poder á contener ni castigar á los que las practicaban por hallarse estos fuera de su dominio en una vida errante y proscrita. Al abrigo de estos tratados, y aun á veces

sin ellos, el comercio de Manila mandaba siempre barcos al cambio de los productos de la isla: comunmente iban estos barcos bien pertrechados y apercibidos para la defensa, y sin embargo, mas de una vez han sido victimas de aquellos bárbaros por su demasiada confianza.

El gobernador D. Pedro Antonio Salazar solemnizó uno de dichos tratados con el sultan por los años de 1836, pero tambien fué de muy poca duracion, y los joloanos siguieron robando, cautivando y matando por todas las provincias maritimas de nuestro archipiélago. Ya hemos dicho en su lugar que el capitan general gobernador D. Francisco de Paula Alcalá ocupó al sultan la isla de Basilan que debia ser un bien situado depósito para las sucesivas empresas, por ofrecer mas comodidad que el de Zamboanga. El Excmo. Sr. D. Narciso Clavería conquistó la isla de Balanguingui á principios de 1848 y obligó al sultan á un nuevo tratado que tampoco produjo mas resultado que los anteriores. Por fin el Excmo. Sr. D. Antonio de Urbiztondo á principios de 1851 acometió la isla de Joló echando en ella algunos miles de soldados y visayas, tomó por asalto sus fortificaciones, habiendo sido víctima en una de estas acometidas el P. Fr. Pascual Ibañez de Santa Filomena, agustino recoleto, que se distinguió por su arrojo entre los diferentes religiosos que, conociendo cuanto su presencia debia avalorar á los indigenas auxiliares de las tropas, se espontanearon á acaudillarlos en esta importante empresa, que pudo ser muy funesta á la colonia y aun á la metrópoli, de no haber sido coronada por el éxito debido á los grandes conocimientos militares y bien acreditado valor del general, secundado por el arrojo y disciplina de sus tropas entre cuyos dignos jefes se distinguió tambien el teniente coronel graduado, comandante D. Nicolas Enrile, secretario del superior gobierno de la colonia, quien asaltó los fuertes: Joló quedó ocupada por el digno gobernador de nuestras posesiones asiáticas.

Despues de la definitiva conquista de la isla, conoceremos la importancia de esta adquisicion, por medio de la noticia de su

ROBL. y prod.; calcúlase la primera en unas 60,000 alm. El TERRENO es muy fertil y produce el mejor arroz que se conoce en aquellos archipiélagos; sin embargo su cultivo apenas ha sido atendido, porque los naturales contando con los recursos de sus piraterías no se ocupan en aprovechar los propios de su suelo; por la misma razon no son de importancia otras muchas producciones para las que es muy propia esta isla. Debe sin embargo citarse entre sus muchas y buenas frutas la comunmente llamada del paraiso, conocida en toda la india con el nombre de *mangostan* y á la que los españoles llamaron fruta del Rey, porque solo este y su linage la comian guardando las cáscaras para repartirlas al pueblo como reliquias. Esta fruta fué introducida en la isla por un cazique ó maestro de los que trajeron á ella el mahometismo: segun la historia de los jesuitas al pronto solo prosperaron 2 árboles plantados en la cumbre del cerro de Joló sobre la sepultura del indicado cazique á quien se veneró como á Santo. Tiénese esta fruta por la mejor del mundo; es como una manzana de color morado, contiene dentro de la cáscara unos gajos blancos colocados como los granos de una cabeza de ajo; estos se hallan cubiertos de una piel doble de color rosado, la cual se quita para comer la almendra. Ya hemos dicho en el preliminar como los artículos que principalmente puedan sostener un importante comercio de esportacion en esta isla consisten en las perlas, balate, concha, nacar, carey, taclobo, aletas de tiburon y el nido blanco y de pluma tan apreciado, especialmente de los chinos.

JOLÓ (archipiélago): uno de los en que se divide la Malasia ó sea la 4.ª parte de la Océania ó mundo marítimo; hállase comprendido entre el filipino y el de Borneo; consta de mas de 150 islas, formando 4 grupos: el central se halla encabezado por la isla denominante del archipiélago y es el mas considerable; entre esta fraccion y la isla de Mindanao por su parte S. O., se halla el grupo llamado de Bisilan por la principal de sus islas. Entre el grupo de Joló y la grande isla de Borneo, está el encabezado por la isla

de Tawi-Tawi. Muy inferior á los 3 anteriores es el encabezado por la isla llamada Cagayan de Joló que esta al N. de la de Tawi-Tawi. En los articulos especiales de las islas que encabezan estos 4 grupos, puede verse determinada la puntual situacion de cada uno de ellos: en los mismos artículos se hallarán las noticias concernientes á las prod., pobl. y demas que les sea propio. Considerando aquí solamente lo que hace en general á todas estas islas, bástenos decir que su CLIMA es el cálido propio de la zona, sin que deje de hallarse favorecido por los vientos regulares y brisas maritimas que lo templan periódicamente.

La naturaleza de estas islas ó su geonomía manifiesta como en todas las de la Océania, el gran trastorno sufrido en algun tiempo por esta parte del globo, siendo aquellos puntos de un vasto continente que prevalecieron al impulso de las olas del Océano, quizá para ceder mas tarde á nuevos cataclismos parciales, como los que en Europa recuerdan las tradiciones de los diluvios de Ogiges y Deucalion, y alli se atestiguan por muchos islotes que asoman á flor de agua y otros mas profundos que forman peligrosos bajos.

Al tratar de inquirir el origen de la pobl. joloana, seria hacer á este pais aplicacion de las doctrinas convenientes á cualquier otro, si atenidos á un principio filosófico nos elevásemos á la época desconocida en que debe atribuirse al estremo oriente el principio del género humano cuyos restos, segun las tradiciones de los indígenas de estos mares, pudieron tambien salvarse cuando suponen que el atlas de oriente fatigado por el peso del mundo hizo un movimiento, al que se fraccionó la tierra y quedaron solo para habitacion de los hombres, islas diseminadas; ó si ateniéndonos á los testos sagrados, quisiéramos probar que pudo ser poblado este pais por Jafet comprendiéndolo en la espresion *insulæ gentium*. Descendiendo por tanto á época mas reciente, y combinando la razon resultiva del estudio filológico hecho sobre los joloanos, y la historia del gran pueblo que desarrollándose en Oriente llevó el islamismo hasta el Occidente estremo de los antiguos, podemos ya congeturar un nuevo origen (tal vez reproduccion) peculiar de este pueblo. Sabemos que los islamitas ó el califato de Damasco dominó por largo tiempo las grandes islas de Sumatra y Java; son conocidas las guerras y persecuciones que agitaron aquella denominacion, al impulso de las sectas de unitarios y trinitarios; lo que produjo que muchos se emancipáran de toda autoridad y creencia, é infestasen los mares entregándose á la piratería. Estas islas pudieron presentárseles desde luego como un escelente asilo, ofreciéndoles los recursos propios de su fertilidad, las ventajas de su fortaleza natural y una proporcionada situacion para sus correrías. Es bastante comun el atribuir á los joloanos la procedencia de aquellas islas. Tambien se les suponen orígenes del Japon, y aunque no es disputable que los azares de la navegacion pudiesen traerlos á este archipiélago, nada consta ni basta por prueba hallar en su dialecto algunas palabras bastante análogas al de aquel pais. Siguiendo este principio, mejor pudiera decirse que el origen de los joloanos es el de los visayas, pues todavia es mayor la analogia de sus idiomas y es bastante idéntica la fisonomia de ambos pueblos; pero en nuestro concepto se debe esto á la identidad de las leyes tópicas á que se hallan sujetos uno y otro.

La poblacion de estas islas se calcula por algunos en unas 200,000 alm.; su religion es el islamismo; su política la de un pueblo esencialmente pirata, habiéndose perpetuado en él la naturaleza de su orígen, con lo que se le vé sujeto á un sultan, cuyo poder, al paso que la reunion de sus súbditos fué radicando y tomando el caracter de nacion, decayó gradualmente, parando en manos de sus magnates, conocidos por el título de Dattos, quienes llegaron á formar su especie de Cámara compuesta de 15 de ellos, la cual, á pesar de hallarse presidida por el sultan acompañado del presunto heredero, consiguió cercenar sus atribuciones y no menos las de otras dos asambleas ó cámaras que tiene el pueblo, de orígen indudablemente mas antiguo, las cuales se componen de los elegidos por éste: cabe decir que el gobierno de Joló vino á ser una oligarquia feudal. Su historia es la de un pueblo bárbaro en casi constante guerra con sus vecinos; su poder ha sido siempre el determinado por el éxito de sus empresas, dominando á veces bastante estension en la isla de Borneo, perdiéndola otras, y dilatándola en la de Mindanao. Los pueblos filipinos, particularmente los visayas y de la parte meridional de Luzon, han sido con frecuencia saqueados y diezmados por sus piratas. Se dice que el sultan de Joló ha podido en varias ocasiones contar con una fuerza de 50,000 hombres de guerra. Sin embargo de esto y á pesar de los estraordinarios valor y arrojo de los joloanos á quienes mas de una vez se ha visto atacar con sus pancos los buques de guerra europeos, y no obstante las buenas fortificaciones de que apercibieran sus islas, siendo hasta la construccion de sus pueblos á propósito para la resistencia, pues sus casas se hallan generalmente empotradas y con unos cuatro ó cinco pies bajo tierra, apenas se elevan otro tanto sobre la superficie, en diferentes ocasiones han sido bien castigados por las fuerzas españolas de la colonia. La misma Joló ha sido no una vez solo invadida y conquistada por nuestras tropas, como puede verse en su artículo especial: el digno gobernador general Alcalá ocupó la isla de Basilan que despues se fortificó por el Sr. Clavería segun el proyecto propuesto por el mismo Sr. Alcalá y aprobado por el gobierno, con lo que Basilan no volvió ya al dominio joloano y vino a ser una escelente escala de la conquista del archipiélago: el conde de Manila tomó la isla de Balanguingui, y el marqués de la Solana acaba de triunfar de la metrópoli del archipiélago.

JOM

JOMOLJON ó JOMONJOL: islita adyacente á la de Leyte y adscrita á la prov. de esta; SIT. entre los 129° 18' long., 129° 27' id., y los 10° 37' lat., 10° 48' id.; tiene de N. O. á S. E. unas 4 leg. y como 2 de N. E. á S. O. Su costa oriental es de muy dificil arribo por los muchos bajos y escollos que se hallan en sus aguas.

JOROAN: visita ó anejo del pueblo de Tibi, en la isla de Luzon, prov. de Albay; sit. en los 127° 18' long., 13° 28' 10" lat., en la costa N. E. de la prov., terreno llano, ventilado, y clima muy benigno. La pobl., prod. y trib. se incluyen en el artículo de la matriz.

JOS

JOSÉ (San): ensenada que se forma en la costa de la gran laguna de Taal, prov. de Batangas; hállase entre los 124° 41' 30" long., y los 124° 42' 30" id.,13° 54' 30" lat., y los 13° 55' 50" id.

JOSÉ (San): rio de la isla de Luzon, en la prov. de Bulacan; nace en la falda de los montes orientales de la prov. á los 124° 50' long., 14° 50' lat.; corre al O. hasta al pueblo de San José, y dejándolo al N. vuelve su direccion al S. O.; baña los pueblos de Santa Maria y Bocave, y desagua en la bahía de Manila, á los 124° 34' 30" long., 14° 44' 30" lat. habiendo corrido unas 4 leg.

JOSÉ (San): barrio del pueblo de Bacarra, en la isla de Luzon, prov. de Ilocos-Norte, dióc. de Nueva-Segovia; sit. cerca de la matriz, en cuyo art. incluimos su pobl., prod. y trib.

JOSÉ (San): barrio del pueblo de Batac, en la isla de Luzon, prov. de Ilocos-Norte, dióc. de Nueva-Segovia. pobl., prod y trib. con los de la matriz.

JOSÉ (San): visita del pueblo de Arayat, en la isla de Luzon, prov. de la Pampanga, dióc. del arz. de Manila; tiene un teniente de justicia dependiente del gobernadorcillo de la matriz; en el art. de esta se incluyen su pobl., prod. y trib.

JOSÉ (San): barrio del pueblo de San Miguel de Mayumo, en la isla de Luzon, prov. de Bulacan, dióc. del arz. de Manila. La pobl., prod. y trib. se incluyen en el art. de la matriz.

JOSÉ (San): mision del pueblo de Tayasan, en la isla y prov. de Negros, dióc. de Cebú. pobl., prod. y trib. con los de la matriz.

JOSÉ (San): barrio del pueblo de Santa Cruz, en la isla de Luzon, prov. de Ilocos-Sur, dióc. de Nueva-Segovia; este barrio es de reciente creacion y su vecindario se compone de cristianos nuevos y catecúmenos: el número de almas, los prod. y trib. se incluyen en el art. de la matriz.

JOSÉ (San): anejo del pueblo de Lagonoy, en la isla de Luzon, prov. de Camarines-Sur, dióc. de Nueva-Cáceres; sit. en los 126° 56' long., 13° 31' 30" lat., á la orilla izq. de un r. que tiene su nacimiento en el monte Isaroc, en terreno montuoso resguardado de los vientos del N. E.; su clima es bastante benigno y saludable. Tiene como unas 648 casas, en general de sencilla construccion, distinguiéndose la llamada tribunal, donde se halla la cárcel. Hay escuela de primeras letras dotada de los fondos de comunidad, y una pequeña igl. dependiente de la de Lagonoy, servida por el cura secular de este pueblo. Comunícase con sus inmediatos por medio de caminos regulares en tiempo de secas, y bastante malos para la época de las lluvias. pobl., prod. y trib. con los de la matriz.

JOSÉ (San): pueblo con cura y gobernadorcillo, en la isla de Luzon, prov. de Batangas, (de cuya cabecera dista unas 2 horas), dióc. del arz. de Manila; sit. en los 124° 45' 50" long., 13° 51' lat., en terreno montuoso, comprendido entre dos r. que se desprenden del monte llamado Macolot: el clima es templado y saludable. Este pueblo, fundado por los años de 1768, cuenta como unas 1,861 casas, en general de sencilla construccion, distinguiéndose la parroquial y la llamada tribunal, donde está la cárcel. Hay escuela de primeras letras dotada de los fondos de comunidad, y es frecuentada de muchos alumnos; la igl. parr. está bajo la advocacion de San José, y la sirve un cura regular. Depenpen de esta parr. hasta 27 barrios, de los cuales el mas dist. está como á 2 horas de la igl. y convento matriz. Próximo á esta se halla el cementerio, capaz y ventilado. Comunícase este pueblo con sus inmediatos por medio de caminos regulares, y recibe de Batangas, cabecera de la prov., el correo semanal establecido en la isla. Estiéndese el term. por N. al mencionado monte Macolot, y confina por S. E. con el de Ibaan; por S. O. con el de Bauang; por

O. con el de Taal, y por E. N. E. con el del Rosario. En esta jurisd., hácia el nacimiento del riach. llamado Malaquiug-Tubig, se encuentran masas enormes de piedra pomez, lavas piritas que tienen alcaparrosa y otras que pulverizadas y mezcladas con el vidrio de las botellas, le hacen tomar en el fuego un color de porcelana. En el elevado monte Macolot hay mucha piedra granito y de la que en el pais se llamada de china. El TERRENO en su mayor parte es montuoso, y en sus bosques se crian el ébano, el sibucao, el sándalo y otras muchas y preciosas maderas; hay búfalos, jabalies, venados, puerco-espines, monos, zorras, tórtolas, gallos, etc.; miel y cera. Hay escelentes pastos para la cria de ganados. En las tierras reducidas á cultivo se coge trigo en abundancia, arroz, café, maiz, cacao, algodon, añil, pimienta, abacá, lentejas, cebollas, otras varias legumbres y frutas. IND.: la cria de ganados vacuno, bufalar, caballar y de cerda: el beneficio del algodon y del añil, y cantidad considerable de tejidos de algodon y abacá. Hay fábricas de escelentes tintes, y aceite de ajonjolí, muchos artesanos. COM.: esportacion del sobrante de sus producciones agrícolas y fabriles, é importacion de los géneros y artículos de que carecen. POBL. 11,479 alm., 2,520 trib., que ascienden á 23,200 rs. plata, equivalentes á 58.000 rs. vn.

JOSÉ (San): pueblo con cura y gobernadorcillo, en la isla de Luzon, prov. de Nueva-Ecija, dióc. del arz. de Manila; SIT. en los 124° 38' 30" long. 15° 47' lat., á la orilla der. del r. de su mismo nombre, que es uno de los numerosos afluentes del r. grande de la Pampanga, en terr. llano y ventilado, CLIMA templado y saludable. Consta de unas 431 casas, en general de sencilla construccion, distinguiéndose la parroquial y la de justicia, en la cual está la cárcel. Hay escuela de primeras letras para ambos sexos, bastante concurrida, dotada de los fondos de comunidad; é igl. parr. bajo la advocacion de San José, denominante del pueblo, servida por un clérigo interino. Dependen de esta parr. dos visitas llamadas Lupao y Palusapis, con las cuales se comunica por medio de caminos bastante regulares. El cementerio se halla poco distante de la igl. y es capaz y ventilado. Se recibe el correo de Cabanatuan, su colateral y cab. de la prov. Confina el TERM. por el N. E. con su anejo Palusapis; por N. O. con el de Lupao, por E. N. E. con Patabangan, y por S. S. E. con la cab. El r. nombrado corre en direccion de S. á N., y fertiliza una parte de sus tierras; las aguas de este r. son potables y de las que se sirve el pueblo para beber y demas usos domésticos. El TERRENO es montuoso y en sus bosques se crian buenas maderas de construccion y ebanistería, jabalíes, venados, tórtolas, gallos, etc.; tambien se recoge cera y miel. En la parte llana reducida á cultivo las PROD. son arroz, maiz, caña dulce y tabaco, que se vende en la factoría de Gapang, buri y otras frutas. El buri suple especialmente la falta de los demas productos, cuando se pierden las cosechas. IND.: esta consiste en el beneficio de los productos naturales, en la fabricacion de varios tejidos ordinarios, en la caza y en la pesca. COM.: especialmente la venta del tabaco. POBL. inclusa la de sus dos anejos Palusapis y Lupao, 2,726 alm., 786 ½ trib., que ascienden á 7,865 rs. plata, equivalentes á 19,662 ½ rs. vn.

JOSÉ (San): pueblo con cura y gobernadorcillo, en la isla de Luzon, prov. de Bulacan, dióc. del arz. de Manila; SIT. en los 124° 44' long., 14° 50' lat., á la orilla izq. de un r. de escaso caudal, que corre de N. E. á S. O. en terreno desigual y CLIMA templado y saludable. Consta de unas 504 casas, en general de sencilla construccion, distinguiéndose la parroquial y la llamada tribunal donde está la cárcel. Hay escuela de primeras letras dotada de los fondos de comunidad; é igl. parr. de mediana arquitectura, servida por un cura regular. Poco distante de esta se halla el cementerio bien situado. Las aguas de su rio son buenas, de ellas se sirve el pueblo para beber, demas usos domésticos y el riego. Comunicase con sus limítrofes por medio de caminos regulares, y recibe de Bulacan, cabecera de la prov., el correo semanal establecido en la isla. TERM.: confina por N. con Angat (cuyo pueblo dista 1 ½ leg.); por S. O. con Santa María (á igual dist. que el anterior); por E. no se halla acotado en la cord. de montes que dividen esta prov. de la de Nueva-Ecija; y por O. con Pandi (á cosa de 2 leg.) El TERRENO, aunque es quebrado en su mayor parte, contiene algun llano y es fértil; en la parte reducida á cultivo las prod. son arroz, caña dulce, legumbres, ricas mangas y otras frutas. IND.: la agricultura y beneficio de sus prod.; las mugeres se ocupan en el hilado y tejido de varias telas de algodon. POBL. 1,827 alm., 385 trib., que ascienden á 3,850 rs. plata, equivalentes á 9,625 rs. vn.

JOSÉ (San): (v. MANABO San José de).

JOSÉ DE BUENAVISTA (San): pueblo cab. de la prov. de Antique, en la isla de Panay (v. BUENAVISTA San José de). La SIT. de este pueblo, que segun el plano de que se tomó aparece en los 125° 38' long., y los 10° 42' lat., como se dijo en aquel artículo, conforme á otro plano que tenemos á la vista, y que creemos mas esacto y mejor trazado, la SIT. es en los 125° 43' 54'' long., 10° 57' lat.: en los demas pormenores no hemos notado diferencia alguna.

JUA

JUAG: islita adscrita á la prov. de Albay, junto á la costa S. E. de esta prov.; SIT. en el estrecho de San Bernardino, entre los 127° 46' long., y 127° 46' 30'' id., los 12° 32' 40'' lat., y los 12° 33' 40'' id.

JUAN (San): GUAJAN ó GUAN: isla del Océano Pacifico la mas considerable y meridional de las Marianas. Hállase su centro en los 148° 59' 36'' long., 13° 57' 51'' lat. Se le calculan unas 35 leg. de circunferencia, y está enteramente rodeada de bancos de corral, siendo la misma isla por su parte setentrional una de estas prodigiosas madréporas, la cual se levanta perpendicularmente sobre las aguas y mas que por su propia naturaleza, es asombrosa por hallarse en medio de tan colosal polipero un pequeño volcan de figura cónica, cuyas esplosiones no han bastado á destruir esta construccion natural de incalculables siglos.

La propia accion volcánica que así parece haber obrado contra la parte N. de la isla, se presenta como progenitora de la meridional, pues su tierra es rojiza y quemada con otras señales de una combustion sufrida. El centro de la isla es montuoso, de bastante elevacion, cubierto de arbolado de todas clases; de los montes núcleo de la isla, acrecida al N. por el admirable hacinamiento de animales microscópicos, y al S. en perjuicio de los puntos mediterráneos cercenados por las irrupciones volcánicas, corren varios r. y arroyos á desaguar en el mar. Las costas presentan muchas bahías; la llamada Calderon de Apra, ofrece un escelente surgidero. El CLIMA es sumamente delicioso; el TERRENO muy fértil; la vejetacion frondosa y lozana; las principales PROD. arroz, maiz, cacao, caña dulce, añil, algodon, etc.; abundan en sus bosques los cocales, bananos, naranjos y limas. La alcaparra es indigena de este suelo, en el cual conocieron los europeos por primera vez el burí llamado árbol del pan, tan interesante en las islas del Océano Pacifico. En esta isla se aclimató toda clase de animales domésticos europeos, pero la mayor parte se han conservado solo remontados y hechos silvestres.

Magallanes descubrió esta isla como veremos en el art. MARIANAS; su pobl. era escasa y todavía la minoraron varios contratiempos naturales hasta últimos del siglo próximo pasado: algunas relaciones de dicho último tiempo, le atribuyen 1,500 alm.; pero hoy cuenta 7,421; hállanse exentas de tributos. Sus principales ocupaciones son la agricultura y la pesca.

Estos naturales son afables y hospitalarios, aficionados á la música y á los combates de gallos. Son célebres por su especial habilidad en todos los trabajos mecánicos, y sobresalen en la construccion de canoas, cuya ingeniosa estructura es muy notable. En sus demas cualidades se parecen á los restantes de las islas Marianas. La cap. de esta isla es San Ignacio de Agaña, cuya descripcion puede verse en su respectivo lugar; tiene una magnífica rada defendida por dos fuertes bien artillados, en la que solian antiguamente tocar los galeones de Manila para renovar sus bastimentos.

JUAN (San): isla adyacante á la costa oriental de Mindanao, de la que la separa un canal que en su menor anchura tiene como unas 5 ¼ leg.; hállase entre los 129° 36', y los 130° 20' long., los 7° 51' y 8° 57' 30'' lat. Es la mas oriental del archipiélago; tiene sobre 22 leg. de N. á S. y cerca de 15 de E. á O. Sus costas orientales y setentrionales son sumamente escarpadas; en la occidental se hallan buenas radas defendidas de los vientos del N. E. y S. O. El interior de la isla es muy escabroso, con bosques, donde se encuentran árboles de muchas clases, caza de diferentes especies y algunos animales feroces: está inhabitada, y solo en la estacion en que los vientos del N. E. y E. permiten la navegacion de las aguas orientales del archipiélago, se establecen algunos pescadores en sus playas occidentales.

JUAN (San): pueblo con cura y gobernadorcillo, en la isla de Luzon, prov. de la Union, dióc. de Nueva-Segovia; sit. en los 123° 54' 30'' long., 16° 35' 30'' lat., en la costa O. de la isla, á la orilla de un rio que corre por el N. del pueblo, en la falda setentrional del monte llamado Calvario. El clima es templado, pero no muy sano, pues se padecen algunas tisis, calenturas y tercianas. Tiene como unas 608 casas, algunas de ellas de tablas y las otras de caña techadas de cogon, ó de caña boja; las calles son angostas y con el piso terrizo; la mas ancha es aquella por la cual se hace la procesion cuadragésimal. Tiene una plaza, donde se celebra un mercado: entre sus edificios se distinguen el tribunal, que es de cal y canto; en el piso bajo de este edificio se halla la cárcel y en el mismo estan al presente las dos escuelas que hay en la pobl., una de niños y otra de niñas; la de niños tenia un edificio particular, era de caña, y ha sido destruido por un fuerte baguio; la casa parroquial es tambien de muy buena fábrica. La igl. es de piedra, con su torre y sacristía; se fundó bajo la advocacion de San Juan Bautista, y en el dia se halla interinamente servida por un cura secular. No muy lejos está el cementerio que es de cal y canto, muy capaz y bastante bien sit. Al O. del pueblo y en la misma costa hay un fuerte que

se mandó construir por el superior gobierno de la colonia, en el año de 1847. El presupuesto del pueblo asciende á unos 60 ps., y los fondos son segun el número de reservados de polos y servicios personales, cuyos fondos son los que recauda é invierte el gobernadorcillo en los gastos del tribunal, fiestas del Patron, dotacion del maestro de la escuela, etc. Por este pueblo pasa la carretera que se dirije desde Lingayen á Vigan, teniendo dos buenas calzadas con hormigones y cascajos, sin lodazales ni pantanos en tiempo de lluvias. Recibe el miércoles el correo semanal establecido en la isla, y sale los martes entre 9 y 10 de la noche; ademas tiene un correo diario, que es el de baligero; este sale del juzgado principal todos los dias á las dos de la tarde, y pasa por este pueblo á las 3 de la misma, para la prov. de Ilocos-Sur, y regresa el mismo dia. Antiguamente era San Juan anejo de Bagnotan, y en el año de 1807 fué erigido en jurisdiccion particular. Confina el término por N. con dicho pueblo de Bagnotan, (que dista 1 leg.); por S. con el de San Fernando cab. de la prov. (á 1 ¼); por E. con la prov. del Abra, y por O. con el mar. Comprende esta jurisd. 37 barrios, á saber: Panicsican ¼ milla al S. S. O.; Lubing poco mas de ¼ leg. al S. E, Bongro, Cacappian, Sinapangan, Calay-al, Santo Rosario y Caculangan al N. E. distante el que mas 1 milla; Taboc al N. ⅛ de leg.; Gasud, Santa Rosa, Coamian, Quidem, Nangalsungan, Lubong, Dangdanglo, Sabbaguit, Cadamortisan, Caarusipan, Cabugnayan y San Felipe, todos al E. de la poblacion distantes unos ¼ leg y otros ½, y el que mas una. En la parte S. del rio y despues de Gasud, se encuentran los de Oaquing ó Belen, Catdungan, Bambanay, Nagsaag, Saracat, Pacpacac, Lipay, Bugbugcao, Alangigan, Capacuan ó San Isidro, Bornotan, Bumbuneg, Quilat, Duplas y Nagyubuyubau; todos los cuales se hallan sit. en las orillas del rio que baña el pueblo, escepto los dos últimos, que estan al pié de los montes inmediatos á las rancherías de los igorrotes, orilla del riachuelo llamado de Nagyubuyuban. El terreno es arenisco y se riega bastante parte con las aguas de los rios del Santo Rosario que nace al pié del monte Dugadug distante 3 ½ leg.; pasa un cuarto leg. al N. del pueblo y por el O. va á desembocar en el mar por el barrio de Baruru, térm. del pueblo de Bagnotan. Este rio se cruza en tiempo de verano por un puente de madera y caña. Al S. O. del mismo monte, tiene origen otro riach. llamado Cabassitan, que se une al anterior junto al bosque de Carabara. Al S. del referido monte que se halla en el territorio de las rancherias de infieles, reconocimientos de Lipay, nace un arroyo llamado Dayacus en la falda occidental de otro monte llamado Bilagan, térm. de Bagnotan; únese al referido rio Santo Rosario 4 leg. distante al S. O. del barrio Cabugnayan. Viene tambien por esta parte á distancia de unas 4 leg. un arroyo que trayendo su origen del monte Bantnagui corre por medio de las sementeras del barrio Lubong, y se une al espresado r. junto al barrio de Dangdangla. Traen otros riach. su curso del S. E., viniendo á desaguar cerca del pueb.; el de Lipay, que nace al pié del monte de su mismo nombre, dista 4 leg., riega las sementeras que hay desde Bugbugcao hasta Oaquing, donde se confunden sus aguas con las del r. El Dinamun nace en el monte del mismo nombre, y corre por las semeteras desde Lubing á Malapalapa, para ir á desembocar al puerto ó rada de Taboc. Tiene dos puentes, el uno al S. E. del pueblo, muy próximo á él; son de cal y canto los pilares y el piso de madera : el otro se halla al N. de Taboc y es todo de madera. Los naturales no se aprovechan de estas aguas mas que para el riego de sus tierras, pues para beber y demas usos domésticos, la toman de unos pozos que hacen junto al mar, en la misma playa; los que viven en las sementeras hacen estos pozos en las orillas de los arroyos, y los que hay en el pueblo, en los sitios donde se encuentra barro, sirven para los demas usos domésticos. Estas aguas son muy dulces y cristalinas, especialmente la de los pozos que se hallan en la playa del mar, siendo tambien buenas las de aquellos que estan en la orilla de los rios, aunque no tan dulces como estas. Las de los pozos que estan dentro del pueblo son las peores por ser un poco salobres. Los montes comprendidos en el

término son el de Quimmallogong al S. O. (dist. ¼ leg.); el de Darangan al E.; el llamado monte Calvario, muy próximo á la igl., en la cima del cual hay una cruz; el de Bantay-quimmal-logong que es de bastante elevacion, al S. S. E. distante unas 5 leg., el cual se halla en parte comprendido en el término de Igorrotes reconocimientos de Ansasadi; el de Pagseccaan á ½ leg.; el de Dangdangla, á ¼ id.; el de Naugalsongan á ¼ milla; el de Alodaid, á 1 leg.; el de Tinoon al E.; el de Bacsayan, el Balay-buaya y otros. Todos estos montes se hallan cubiertos de sibucaos y algunos de buyos. Entre las muchas maderas que producen estos montes son las mas apreciadas el banaba, molavin, narra, yaca y calautit, las cuales abundan mas en los montes Balay-buaya Bantay-quimmal-logong y Baraoas de San Fernando. Tambien hay en ellos cañas bojas, verales y varias clases de arbustos, canteras de una clase de piedra bastante buena, y otras de cal; búfalos, jabalies, venados, gallos, palomas, etc. PROD. arroz, maiz, cacao, café, cocos, bongos, mangas, y otras frutas. Las principales cosechas son las de arroz y maiz, que es el alimento mas comun de los naturales. Su IND. consiste en la agricultura, la cria de ganados, la caza y la pesca; las mujeres se ocupan en la fabricacion de algunos tejidos que les sirven para vestir y para otros usos domésticos. El COM. se reduce á la esportacion de arroz y sibucao para el mercado de Manila, la del palay ó arroz cáscara para el de Vigan, y la importacion de algunos de los artículos de que se carece. POBL. 5,405 alm., 909 trib., que ascienden á 9,900 rs. plata, equivalentes á 24,750 rs. vn.

JUAN (San): visita del pueblo de Tandag, en la isla de Mindanao, prov. de Nueva-Guipúzcoa, dióc. de Cebú; SIT. en la costa oriental de la isla y prov., terreno llano, ventilado, y CLIMA, aunque cálido, saludable. Este anejo es de muy pocas casas y todas de sencilla construccion; tiene un hermoso puerto con mas de 15 brazas de fondo, capaz de embarcaciones de alto porte. Los naturales de este anejo comercian con los monteses, los cuales les proporcionan arroz y cera en cambio de otros artículos. POBL. 1,420 alm.,

67 trib., que ascienden á 670 rs. plata, equivalentes á 4,575 rs. vn.

JUAN DEL MONTE (San): famoso santuario perteneciente á las misiones de Sto. Domingo, en la isla de Luzon, prov. de Tondo; SIT. en los 124° 39' 30" long., 14° 35' lat., en un cerro elevado y peñascoso, bañado por un pequeño afluente de uno de los que el r. Pasig recibe por la der. de su curso; este afluente riega la hermosa hacienda de Mandaloya. El CLIMA de este punto es tan saludable y la posicion tan hermosa, que si bien los PP. Dominicos no suelen tener en él mas que algun religioso anciano para que atienda á su cuidado, es sumamente concurrido como punto de recreo para muchas personas acomodadas, en tiempo de vacaciones, y de convalecencia para numerosos enfermos: considerado bajo este aspecto reune ademas la importantísima circunstancia de tener cerca un precioso manantial de aguas minerales tan acreditadas por las frecuentes esperiencias de sus virtudes medicinales, que son muy apreciadas en Manila de donde se suben á buscar por el Pasig y su afluente en pequeñas barquillas ó canoas. El santuario es de piedra, muy espacioso y de hermosa y sólida arquitectura. A corta distancia de este hay un grande almacen de pólvora.

JUAN (San): barrio del pueblo de Narvacan, en la isla de Luzon, prov. de Ilocos-Sur, dióc. de Nueva-Segovia, POBL., prod. y trib. con los de la matriz.

JUAN (San): barrio del pueblo de Bangui, del cual se halla muy próximo, en la isla de Luzon, prov. de Ilocos-Norte, dióc. de Nueva-Segovia. POBL., prod. y trib. con los de la matriz.

JUAN (San): barrio del pueblo de Macabebe, en la isla de Luzon, prov. de la Pampanga, dióc. del arz. de Manila. POBL., prod. y trib. con los de la matriz.

JUAN (San): barrio del pueblo de Hagonoy, en la isla de Luzon, prov. de Bulacan, dióc. del arz. de Manila, SIT. á corta dist. de la matriz, en cuyo art. comprendemos su POBL., prod. y trib.

JUAN (San): barrio del pueblo de San Miguel de Mayumo, en la isla de Luzon, prov. de Bulacan, dióc. del arz. de Manila. POBL., prod. y trib. con los de la matriz.

JUAN (San): punta de la costa occidental de la isla de Luzon, en la prov. de la Union; hállase en los 125° 53' 30" long., 16° 56' 30" lat.

JUAN (San): punta de la costa N. de la isla de Luzon, en la prov. de Cagayan; SIT. en los 124° 48' 30" long., 18° 34' lat.

JUAN (San): rio de la isla de Luzon, en la prov. de Batangas; tiene su origen en los 124° 48' long., 13° 56' 30" lat.; corre por el térm. de Lipa en direccion al S. E. y va á desaguar al rio de Calumpan en los 124° 50' 30" long., 13° 52' lat.

JUAN (San): punta de la isla de Ticao; SIT. en el puerto de San Jacinto, en la costa S. del mismo.

JUAN (San): barra de la costa N. de la isla de Luzon; hállase en los 125° long., 18° 29' 30" lat.

JUAN DE BOCBOC (San): (v. BOCBOC San Juan de).

JUANICO: estrecho formado en el mar de Visayas, entre las islas de Leyte y de Samar; la primera lo cierra por el N. E., y la segunda por el S. O. La boca esterior ó S. E. se halla en los 128° 39' long., 11° 15' lat., y la interior ó N. O. en los 128° 26' long., 11° 25' lat. Al N. de este estrecho se encuentran las islitas de Anajao, Santa Rita, é Inabuag, y bajando hácia el mediodia las de Bagasumbul, despues del islote de Legaspi, luego las de Bical, Bagacais y Aniban, todas estas en el mismo estrecho.

JUB

JUBAN: pueblo con cura y gobernadorcillo, en la isla de Luzon, prov. de Albay, dióc. de Nueva-Cáceres; SIT. en los 127° 39' 50" long., 12° 55' 20" lat., á la orilla der. de la boca de un rio, en la costa S. del puerto de Sorsogon, en terreno llano, ventilado, y CLIMA templado y saludable. Tiene como unas 408 casas, en general de sencilla construccion, distinguiéndose la parroquial y la llamada tribunal, donde está la cárcel. Hay escuela de primeras letras para ambos sexos muy concurrida , dotada de los fondos de comunidad; é igl. parr. de mediana arquitectura, servida por un cura secular. A corta distancia de esta se halla el cementerio en buena situacion. Comunicase este pueblo con sus limítrofes por medio de camiuos regulares, y recibe de Albay, cab. de la prov. , el correo semanal establecido en la isla. Confina el TERM. por N. con el puerto de Sorsogon; por S. se estiende al monte de Bulusan (á ¼ leg.); por E. con el de Casiguran (á ¼ leg.); y por O. con el mar. El TERRENO en general es montuoso y se halla regado por varios rios que lo fertilizan. Se encuentran en su jurisd. bosques donde se cria toda clase de maderas de construccion y ebanisteria, caza mayor y menor, y cera y miel. En estos montes se hacen grandes roturaciones que se destinan al cultivo del abacá; en los llanos y playas se hacen buenas sementeras de arroz. Tambien se cultiva abundante ajonjolí, bastante caña dulce, maiz, cocos, mougos, buri y añil , siendo ademas el terreno muy á propósito para el café, la pimienta y todas aquellas producciones que son propias de estas feracísimas islas. IND.: la principal es la agricultura y el beneficio de sus productos , la fabricacion de algunas telas llamadas sinamays, esteras ó petates finos de palma, la elaboracion del ajonjoli etc., y especialmente la caza y la pesca. COM.: esportacion de sus productos naturales, agrícolas y fabriles , siendo sus principales artículos la cera y la miel que se recogen en los montes, el abacá en rama y tejido, ó sean los men-cionados sinamays, las esterillas de palma, el aceite y algo de cacao, todo lo cual se lleva al mercado de Manila. POBL. 1,879 alm., 502 ½ trib. , que ascienden á 5,025 rs. plata, equivalentes á 12,562 ½ rs. vn.

JUL

JULAN : rio de la isla de Luzon, en la prov. de Cavite; tiene su origen en los 124° 39' long. , 14° 44' lat.; toma su direccion al N. y por el E. de los pueblos de Malobon y Rosario , va á desaguar en los 124° 54' 10', long., 14° 27' 20'' lat., despues de unas 6 leg. de curso.

' JULIAN : rio de la isla de Luzon, en la prov. de Cavite; nace en los 124° 37' long., 14° 22' lat.; se dirige al N. pasando al O. del pueblo del Imus, y va á desaguar en el r. de Binicayan, á los 124° 56' 30'' long., 14° 27' 30'' lat.

JULIAN (San): barrio del pueblo de Bantay, en la isla de Luzon, prov. de Ilocos-Sur, dióc. de Nueva-Segovia. POBL., prod. y trib. con los de la matriz.

JUNOJO : barrio ó anejo del pueblo de Tibi , en la isla de Luzon, prov. de Albay; SIT. en los 127° 21' 30'' long. , 13° 26' 40'' lat. , costa N. E. de la prov., terreno llano, despejado , y CLIMA bastante templado y saludable. Dista como ³/₄ leg. al S. E. de su matriz, en cuyo art. incluimos su POBL., PROD. y trib. (V. TIBI).

K

KA

KA: pueblo de la isla de Mindanao; SIT. en los 128° 32' long., 7° 4' lat., á la márgen izq. de un r. caudaloso; es pueblo bárbaro, sujeto al sultan que domina parte de la isla.

KAK

KAKATAAN: islita del sultanato de Joló;

KAL

SIT. en los 124° 2' long., 5° 33' lat., entre las islas Mammanok que tiene al N. O., Babawan al S. E., y la de Sigboye al S. O.; dist. de la isla de Tawi-Tawi unas 6 ¼ leg. S. O.

KAL

KALAGAN: terr. de la isla de Mindanao,

en su parte S. E. dominada por el sultan; su centro se halla en los 129° 12' long., 6° 43' lat.

KALUBLUB: bajíos ó escollos del archipiélago de Joló; sit. al N. O. del canal de Pilas, en los 125° 15' long., 6° 42' lat.; hállanse entre las islas de Dasaan al S. O., Teinga al N.. y Lampinigan al E.

KAM

KAMALADAN: bahía de la costa S. de la isla de Mindanao, entre los 126° 21', 126° 31' long., y los 7° 13' lat., 7° 29' 30'' id.; su estension es de unas 5 ¼ leg. de N. á S. y poco menos de 3 ½ de E. á O.; hay en diferentes puntos de ella, con especialidad en el centro, varios bajíos ó escollos. En la parte O. de su embocadura está la isla de Lutangan, y en la del E. el islote de Malebegas. En la playa de esta bahía hay un pueblo bárbaro llamado Tappo, sujeto al sultan que domina parte de la isla.

KAR

KARANGAN: pequeño islote del archipiélago de Joló; sit. en los 123° 40' long., 5° 53' 30'' lat., dist. unas 10 ¾ leg. N. de la isla de Tawi-Tawi.

KARKARLAN: islita dist. unas 24 ¼ leg. S. E. de la isla de Mindanao.

KARKAROTTANG: islita dist. unas 25 leg. S. E. de la isla de Mindanao.

KAROTTA: isla dist. unas 20 ¼ leg. S. E. de la isla de Mindanao.

KAT

KATIBON: ensenada de la costa S. E. de la isla de Mindano, en el territorio de los Illanos; sit. entre los 127° 27', 127° 28' long., y los 7° 31', 7° 33' 30'' lat.

KATINGAL: islita dist. unas 14 ¼ leg. S. E. de la isla de Mindanao.

KATISSU: pueblo de la isla de Mindanao; sit. á unas 6 leg. de la costa S. O. en los 128° 14' long., 6° 25' lat.; es pueblo bárbaro, sujeto al sultan que domina parte de la isla;

al O. se halla el fondeadero de Tuna, al S. E. el pueblo de Marra y al N. O. el de Panabahau.

KATUNGI: pueblo de la isla de Mindanao; sit. en la márgen der. del rio que sale de la laguna Liguassin, entre los 128° 25' long., 6° 53' 30'' lat.; es pueblo bárbaro, perteneciente al sultanato de la parte S. de la isla.

KRA

KRANG: pueblo de la isla de Mindanao, sit. en la costa S. O., entre la punta de Denowan al N., y la de Tuna al S., entre los 127° 43' long., 6° 29' lat.; es pueblo bárbaro, perteneciente al sultanato.

KIN

KINAPUSSAN: islote del archipiélago de Joló, en los 124° 3' long., 5° 15' lat., entre las islas de Bubuan que está al N. E., Tabawad al S., y Bintowlan al O., dist. de la costa de Tawi-Tawi unas 6 leg.

KINKEHAN: islote del archipiélago de Joló; sit. á unas 10 ¼ leg. N. de la isla de Tawi-Tawi, y como 7 ¼ S. O. de la islita de Maleputbas, en los 123° 44' long., 5° 54' lat.

KUH

KUHANGAN: isla del archipiélago de Joló; sit. entre los 125° 30'' long., 6° 2' lat.; tiene como ¾ leg. de estension de E. á O., y otro tanto poco mas ó menos de N. á S., resultando por consiguiente ½ leg. cuadrada de superficie; dist. de Joló 1 ¼ leg.

KUL

KULASSIAN: bajíos ó escollos sit. entre las islas del archipiélago de Joló, en los 124° 22' long., 6° 22' lat.; hállanse al N. de la isla de Panducan, de cuya costa distan como cosa de 1 leg.

KULIMPAPAHAN: islita del archipiélago de Joló; sit. al O. de la de Obian, S. E de la de Tandu-Bato, y N. de la de Sikibum, en los 123° 52' long., 5° 4' lat.

KUNILAAN: islote del archipiélago de Joló; sit. entre el de Basbas que está al S. O., y el de Usadda que se encuentra al N. E.; hállase en los 124° 11' long., 6° 5' lat.

L

LA

LA: pueblo bárbaro del sultanato de Mindanao; sit. en la costa S. de la grande isla de este nombre, en el territorio conocido por el de *Beswan*, á la orilla der. de uno de los numerosos esteros marítimos que forma el caudaloso r. llamado Selangan, desaguando en la espaciosa bahía de Bongo, á los 127° 51' long., 7° 4' lat., en terreno llano, despejado, clima cálido, pero bien asistido de las brisas marítimas, y saludable: su posicion es muy ventajosa y posee un territorio de suma fertilidad.

LAAL: monte de la isla de Luzon, en la prov. de la Pampanga; es de una elevacion bastante considerable, y su cúspide se halla en los 124° 4' 30" long., 15° 13' lat.; en sus espesos bosques se encuentran muchas clases de maderas y bastante caza.

LAB

LABANGAO: islita adyacente á la costa N. de la isla de Samar, de cuya punta llamada Oot ó Lauigan, dista como unos 3/4 leg. al N. N. O. contestándole en el órden geonómico, pues asoma sobre las aguas entre varios bajos que se prolongan al N.; indicando esto como la posicion y naturaleza de la islita, la antigua union de esta con la de Samar, cuya union vino á quedar sumergida; su centro se halla en los 128° 28' 50" long., 12° 38' lat.; es de corta estension, muy estrecha, el viento N. E. la rige con violencia en su estacion, y está desierta.

LABANGON: ensenada de la costa S. de la isla de Mindanao.

LABO: pueblo con cura y gobernadorcillo, en la isla de Luzon, prov. de Camarines-Norte, dióc. de Nueva-Cáceres; sit. en los 126° 30' 20" long., 14° 8' 30" lat., á la orilla izq. del r. de su nombre, junto á su confluencia con el Bangan, en un espacioso valle, donde se dilatan considerablemente las cañadas setentrionales del encumbrado monte Laboo y de la cordillera central que lo resguarda del viento S. O.; la sierra de Bagacay que se eleva al N. O. lo proteje tambien por esta parte: el clima es templado y saludable. Consta de unas 400 casas entre las cuales se distinguen por ser de piedra y tabla, la parroquial, la de comunidad, en la que está la cárcel, y la escuela de primeras letras que es bastante concurrida aunque se halla escasamente dotada de los fondos de comunidad: la igl. parr. es de mediana construccion y está servida por un clérigo secular: el cementerio es bastante capaz y ventilado. Tiene dos caminos para la cap. de la prov. (Daet): el uno pasa por San Vicente y Talisay, y por este dista unas 5 leg.; el otro se desvia algo yendo á buscar á Indang en vez de tocar en San Vicente: ambos caminos son bastante regulares y por el primero recibe el correo de la cabecera. El térm. no está acotado en los montes centrales de la prov., donde viven errantes algunas rancherias de negritos, y en la sierra de Bagacay á cuya vuelta se halla el de Paracale; por E. confina con los mencionados pueblos de Indang y San Vicente que distan 1 1/4 leg. el primero y 1 1/2 leg. el segundo. En sus montes crecen numerosas clases de árboles, cañas y bejucos; hay caza mayor y menor y muchas abejas. La parte reducida á cultivo produce arroz, abacá, añil, caña dulce, maiz, algodon, cacao y legumbres: tambien se cojen buenos cocos y otras frutas. ind.: el beneficio del añil y demas producciones mencionadas, varios telares que son la principal ocupacion de las mugeres, quienes fabrican buenos sinamays. pobl. 2,404 alm.;

598 ¼ trib., que importan 5,985 rs. plata, ó scan 14,962 ½ rs. vn.

LABO: pueblo de la isla de Mindanao, en la prov. de Misamis, dióc. de Cebú; se empezó á formar en el año 1849, y en la actualidad tiene tribunal y 44 casas de las cuales no todas se hallan completas.

LABO: monte de la isla de Luzon, prov. de Camarines-Norte; su punta mas elevada se halla en los 126° 28' 30'' long., 13° 59' 50'' lat.; tiene mas al S. O. otra prominencia; de modo que propiamente dicho son dos montes muy próximo el uno al otro y se conocen indistintamente con el nombre de *Labo* y el de *Tetas de Polantuna*. Limita los térm. de los dos pueblos conocidos con estos nombres, Labo y Polantuna.

LABO: rio de la isla de Luzon, prov. de Camarines-Norte; nace en los 126° 28' long., 14° 10'' lat., en la falda del monte de su nombre, y despues de unas 3 leg. de curso en direccion al N., pasa al E. del pueblo de Labo, y formando una curva, se dirige hácia el E. para desaguar en el mar por la costa N. E. de la prov. y formar la barra de su mismo nombre, bañando antes el térm. de Indang.

LABO: puerto de la costa O. de la isla de Luzon, prov. de Ilocos-Norte, térm. del pueblo de Badog, al S. de la punta Gabot, en los 124° 6' long., y los 18° 56' lat.; es muy insignificante y sin fondeadero, á no ser para las pequeñas embarcaciones del pais.

LABO (barra de): en la costa N. E. de la prov. de Camarines-Norte, isla de Luzon; fórmala el r. de su mismo nombre y se halla hácia los 126° 37' long., 14' 9' 30'' lat.

LABUYO: punta de la costa E. de la isla de Talin, que se halla en el centro de la gran laguna de Bay; encuéntrase esta punta en los 124° 57' long., 14° 22' lat.

LAC

LACAGAN; visita del pueblo de Tayasan, en la isla y prov. de Negros, dióc. de Cebú; su POBL. prod. y trib. se hallan incluidos en el artículo de la matriz.

LA CALA: guardia ó bantay en el térm. del pueblo de Tayabas, cap. de la prov. de su mismo nombre, en la isla de Luzon; hállase á la orilla de un r., en los 125° 17' 30'' long., 13° 55' lat.

LACUNG: pueblo de la comandancia político-militar de Igorrotes, en la isla de Luzon; SIT. en la parte que linda con la prov. de Pangasinan; es de nuevos cristianos y de tan reciente creacion que en 1849 solo pagaba todavia 2 trib.

LAG

LAGAILAGAYAN: monte de la isla de Luzon, prov. de Tondo; su cumbre se halla en los 124° 59' 30'' long., 14° 43' lat.; es muy elevado y está cubierto de espesos bosques donde se crian buenas maderas.

LAGALIT: barrio del pueblo de San Ildefonso, en la isla de Luzon, prov. de Ilocos-Sur, dióc. de Nueva-Segovia; SIT. en terreno llano, orilla de un r. y no muy lejos de su matriz en cuyo artículo damos su pobl. y trib.

LAGAN: punta de la costa N. E. de la isla de Ticao; hállase en los 127° 25' long., 12° 29' 30'' lat., al S. E. del puerto de San Jacinto.

LAGASNALILA: punta S. de la isla de Burias, adscrita á la prov. de Camarines-Sur: hállase en los 127° 2' long., y los 12° 40' lat., al N. de la boca del puerto de Barreras.

LAGAYAN: visita ó anejo del pueblo de Banguet, en la isla de Luzon, prov. del Abra; SIT. en los 124° 6' 25'' long., 16° 28' lat., en terreno llano, y próximo á la orilla der. del r. del Abra; disfruta de un CLIMA bastante benigno, y sus escasas prod., pobl. etc. figuran con las de la matriz (v.), de la cual dista unas 2 millas al O.

LAGLAG: pueblo con cura y gobernadorcillo, en la isla de Panay, prov. de Iloilo, dióc. de Cebú; SIT. á la orilla del r. Olian, en terreno desigual, y CLIMA templado y saludable. Fue fundado por los años de 1610 y llegó á ser de bastante consideracion, aunque en la actualidad no consta mas que de unas 761 casas. La igl. parr. es bastante buena, está bajo la advocacion de San Gerónimo, y la sirve un clérigo regular. El cementerio es capaz y ventilado. La casa parroquial es tambien un mediano edificio y asimismo el tribunal, en el cual está la cárcel. La escuela de primeras letras está á cargo de un maestro del pais, dotado de los fondos de comunidad. Las aguas de que se sirve este pueblo para beber y demas usos domésticos son las del r. en cuya márgen se halla y son bastante buenas y saludables. Comunícase con sus colaterales por medio de caminos regulares y recibe el correo de Iloilo en dias indeterminados. En su jurisd. tiene un anejo llamado *Dinle* como 1 leg. al S. O. El TERM. confina por N. con el de Calinog, cuyo pueblo dista sobre 1 leg., y por S. con el de Lambunao, pueblo dist. unas 2 leg. El mencionado r. Olian y el Jalaud que se le une á corta distancia de la pobl., fertilizan algunas tierras de este distrito proporcionándoles el beneficio del riego: estos r. arrastran cantidad notable de pajitas de oro entre sus arenas. Los montes de que se desprenden están cubiertos de árboles de diferentes clases, buenos pastos, y en los mismos se halla bastante caza. Las PROD. son arroz, buen tabaco, algodon, algun cacao, legumbres y diferentes frutas. La IND. de los naturales consiste en la recoleccion de algun oro por medio del lavado de las arenas de los r., la cria de algunos ganados y animales domésticos, y varios tejidos ordinarios. En 1845 era su POBL. 4,314 alm., y sus trib. 868, que importaban 8,680 rs. plata. ó sean 21,700 rs. vn.

LAGLAGAN: ranchería de infieles, en la isla de Luzon, comandancia politico-militar de Igorrotes, en la parte que de esta confina con la prov. de Ilocos-Sur: su reconocimiento en 1849 presentó 203 trib., 507 alm.

LAGNAS: rio de la isla de Luzon, prov. de Tayabas: nace en los 125° 7' long., 14° 2' 20" lat., al pié del elevado monte de S. Cristobal; corre en direccion al S. hasta una leg. de su origen, recibe un afluente que baja del monte Majayjay, despues se convierte al S.O., pasa por el S. del pueblo de Dolores bañando su térm., y siguiendo luego en la misma direccion desagua en el r. Purin á los 125° 30' long., 13° 54' 50" lat.

LAGONGLONG: visitita del pueblo de Balingasay, en la isla de Mindanao, prov. de Misamis, dióc. de Cebú; dista unas 2 leg. de la matriz, en cuyo art. se incluyen su POBL., prod y trib.

LAGONOY: pueblo con cura y gobernadorcillo, en la isla de Luzon, prov. de Camarines-Sur, dióc. de Nueva-Cáceres; SIT. en los 127° 9' 20" long., 13° 42' lat., en la parte oriental de la prov., como 1 ¼ leg. del mar, aunque denomina un espacioso seno en la costa, á la der. de un r. que lleva el mismo nombre, en terreno desigual, defendido de los vientos del O. y N. por el encumbrado monte Isaroc y las montañas de Caramuan, que presentan un semicírculo sobre este pueblo; su CLIMA es templado y saludable. Este pueblo es debido á los trabajos apostólicos de los PP. Franciscanos, quienes entregaron su administracion á los clérigos seculares en el año 1636; despues lo tuvieron como encomienda los PP. Recoletos y por fin volvió á ser administrado por el clero secular. Perteneció á la prov. de Albay hasta el año 1846 en que se dió á la de Camarines-Sur contando á la sazon con sus anejos 6,156 alm., de las cuales 1846 eran tributantes. En la actualidad tiene unas 682 casas; la parroquial, la igl. parr. y el tribunal en el que está la cárcel, son bastante buenos edificios. Hay escuela de primeras letras dotada de los fondos de comunidad. Las aguas del r. del nombre de la pobl. y sus numerosos afluentes que se desprenden del monte Isaroc son potables y sirven á las necesidades del vecindario. Comunícase con sus colaterales, Goa, que se halla como ½ leg. al S. O., y S. José á igual dist. al S. E., por medio de caminos regulares; el que se dirige á la cabecera de la prov. tiene que ir á tomar al N. O. una de las gargantas que presenta la cordillera de montañas de Caramuan, lo que le hace ser escabroso y largo, pues asi viene á distar como unas 9 leg., hallándose por la visual á unas 6 ½ escasas; con este rodeo recibe el correo semanal de la cabecera. El TERM. confina por S. con los de sus mencionados colaterales Goa y San José; al E. tiene el dilatado seno del mismo nombre, y al O. y N. se halla sin amojonamiento en el monte Isaroc y en las montañas de Caramuan cuyo pueblo tiene su térm. en la parte contrapuesta, pudiendo decirse que es su colateral no obstante su larga distancia. En este distrito ó jurisdiccion tiene Lagonoy una visita llamada S. José, cuya pobl. incluimos en la de la matriz. En los estensos montes de esta jurisd. hay espesos bosques donde se hallan muchas clases de árboles cuya madera es apreciada para toda construccion; hay asi mismo numerosas especies de cañas, bejucos, resinas, caza mayor y menor, muchas abejas, escelentes pastos y en las cañadas que se han roturado como en la parte mas llana que se estiende desde la pobl. á la costa, se cultivan el arroz, abacá, caña dulce, añil y ajonjolí. IND.: la fabricacion de aceite de ajonjolí, y beneficio de los demas productos de la agricultura, varios tejidos de algodon y abacá, la pesca y la cria de ganados vacuno, caballar y de cerda. POBL. 7,922 almas, 969 trib. que importan 9,690 rs. plata ó sean 24,225 rs. vn.

LAGONOY (seno de): en la costa E. de la isla de Luzon y de la prov. de Camarines-Sur; comprendido entre el cabo que forma la cordillera de montañas de Caramoan, al N. y la isla de San Miguel al S., cuya isla corresponde á la prov. de Albay como adyacente á la costa de Luzon, perteneciente á esta prov. La línea que forman las islas de Cacraray, Batan y Bapurapu á continuacion de la de San Miguel con una pequeña proyeccion al E. S. E. determinada ya antes por la misma forma de la costa de Luzon, y la isla de Catanduanes al frente del cabo de Caramoan, determinan la entrada de este seno: entre la misma isla de Catanduanes y el cabo de Caramoan resulta un canal espacioso aunque con numerosos escollos próximos á la costa de Luzon y varias islitas que estrechan esta boca superior del seno. La boca inferior y esterior se halla comprendida entre la costa S. de Catanduanes y la N. de la espresada linea de islitas que siguen la direccion de la costa de Luzon; en esta parte dicha boca mira al E. con una pequeña proyeccion al S. E.; la boca interior se halla estrechada por la punta Minso al N. y la Sibauan al S. que se hallan la primera en los 127° 26' long., 13° 39' 50" lat., y la se-

gunda en los 127° 18' 10" long., 13° 30' lat. En este seno desaguan el r. de Lagonoy que le da nombre el de Cainalansan, el de San Miguel, el de Sapan y el de Sangay cuyas bocas se hallan en la costa interior del seno, cuyo punto mas retirado está en los 127° 13' 30" long., 13° 40' lat. Este espacioso seno es un verdadero mar entre los confines litorales de las prov. de Albay y Camarines-Sur.

LAGONOY: rio de la isla de Luzon, prov. de Camarines-Sur; fórmase de varios manantiales y arroyos que salen de las cañadas de la cordillera de Caramoan; pasa junto al pueblo de Logonoy y desagua en el gran seno de este nombre: v. LAGONOY (barra de).

LAGONOY (barra de): hállase en los 127° 15' long., 13° 40' 30" lat.

LAGSIG: monte de la isla de Luzon; uno de los que forman la cadena de montañas del Caraballo-Sur; deslinda las prov. de Nueva-Écija y Nueva-Vizcaya, y es de una altura bastante considerable; hállase su cúspide en los 124° 36' long., 16° 5' lat.

LAGUAN: islita adyacente á la costa N. de Samar; hállase entre los 128° 58' 30" long., 128° 45' id., 12° 54' 40" lat., 12° 59' id.; parece un desprendimiento de la isla de Samar en cuyo continente se encuentra el pueblo de Palapag, que tiene una visita en la parte S. de esta islita, cuya visita se llama tambien Laguan.

LAGUAN: ensenada de la costa N. de la isla de Samar, al S. de la islita Laguan que le da nombre.

LAGUAN: visita del pueblo de Palapag, que se halla en la isla y prov. de Samar, dióc. de Cebú, y tiene esta dependencia en continente distinto, en la islita de su nombre Laguan, en cuya parte S. se halla sobre la ensenada que tambien se llama de Laguan.

LAGUAS: rio de la isla de Luzon, prov. de Batangas; nace en los 124° 42' 40" long., 13° 49' 30" lat.; se dirige al S. corriendo paralelo al r. de Maquinao que está al O.; pasa al E. de Bauang, bañando el térm. de este pueblo, y desagua en la ensenada de Batangas á los 124° 41' 30" long., 13° 41' 30" lat. despues de haber corrido 1 ½ leg.

LAGUI: isla adyacente á la costa E. de

la isla de Luzon y N. E. de la prov. de Camarines-Sur; sit. como á 1 ¼ leg. de dicha costa entre los 127° 28' 30" long., 127° 51' 30" id., 13° 55' 30" lat., 14° 1' 30" id.

LAGUIMANOC (puerto de): sit. en la costa S. de la isla de Luzon, prov. de Tayabas, entre los 125° 29' 30" long., 125° 51' id., 13° 52' lat., y 13° 55' id.; su entrada es bastante peligrosa por estar llena de escollos y bajos.

LAGUIO: riach. de la isla de Luzon, prov. de Tayabas; nace al O. del pueblo de Gumaca; corre ½ leg. en direccion al N. y desagua en la bahia de Lamon á los 125° 39' long., 13° 58' lat.

LAGUISIT: rio de la isla de Luzon, provincia de Pangasinan; tiene su orígen en los 124° 15' 30" long., 15° 52' lat., y su desagüe en el r. de Agno Grande á los 124° 12' long., 15° 54' 40" lat.

LAGUNA (La): provincia de la isla de Luzon, arz. de Manila; gobiérnala un alc. m. de término, encargado de la adm. de justicia y de la recaudacion de trib. y rentas públicas; su cap. ó cabecera es Pagsanjan, cuyo punto tiene toda la centralidad que permite la gran laguna de Bay denominante de la prov. Por E. su confin es marítimo; por S. linda con las prov. de Tayabas y Batangas; por O. con la de Cavite y por N. con las de Tondo y Nueva-Ecija. Su costa ó confin oriental empieza por la parte inferior en la boca del r. Casay, á la entrada de la bahia de Lamon en los 125° 25' long. 14° 14' lat., y elevándose al N. se van encontrando la punta Salig, la de Piapi y la boca del r. Quinabaguijan sin otras puntas y r. menores, hasta los 125° 15' 30" long. 14° 55' lat, donde empieza la costa de Nueva-Ecija. Confina con esta prov. por N. en la misma lat. hasta los 125° 4' long., donde empieza la de Tondo cuyo limite presenta alguna irregularidad inclinándose al S. O. hasta dar con las aguas de la Laguna en los 124° 50' long., 14° 32' lat.: la costa O. N. O. de la laguna pertenece tambien á Tondo, hasta los 124° 42' 30" long., 14° 24' lat. donde dicha costa cambia de direccion mirando al S. O. y pertence á la prov. de la Laguna. El confin de esta con la de Cavite empieza por su parte superior donde cesa el de Tondo, al N. de Tunasan, pueblo de la Laguna, se desvia algun tanto de la costa de esta, y vá á buscar el curso del r. Tunasan en los 124° 41' long., 14° 25' lat. para subir por este r. hasta su orígen en las vertientes setentrionales del monte Sungay á los 124° 40' long., 14° 41' lat.: todavia siguen confinando ambas prov. por la misma cañada en que nace este r. hasta la cumbre del espresado monte Sungay. En esta cumbre se apoya por O. la linea divisoria de la prov. de la Laguna y de Batangas, cuya linea cruza la barranca llamada de Piran que se forma entre dicho monte Sungay al O. y el Maquiling al E. Sigue por la cresta de este monte hasta los 125° 2' 30" long., 14° 7' 30" lat., desde donde terminando el Maquiling desciende al S. S. E. á buscar la elevada prominencia del Majayjay, en los 125° 13' long., 14° 2' 30" lat. Este monte deslinda las provincias de la Laguna y de Tayabas hasta los 125° 12' 30" long., 14° 2' lat., donde se encumbra el pico Banajao desde el cual la linea divisoria de ambas prov. sigue de S. á N. el curso de uno de los numerosos r. que nacen en las vertientes setentrionales del espresado monte Majayjay, hasta los 14° 9' lat. en la misma long. del espresado pico Banajao: desde este punto se dirije al E. N. E., á buscar la cordillera oriental de la isla, y tramontándola va á terminar en la boca del Casay donde hemos empezado la corografia de la prov. El confin oriental ó marítimo de esta viene á tener como unas 7 ¼ leg. de estension; el meridional como unas 18 en su desarrollo, el occidental sobre 8, y poco mas de otras 8 el N.; el promedio de su estension de E. á O. como unas 12. y 9 de S. á N. El desarrollo de la superficie comprendiendo la estensa laguna de Bay puede calcularse en 108 leg. cuadradas. El clima de esta prov. es bastante templado; el termómetre de Reaumur se halla á veces en los 18° al aire libre. El aire es sano en casi toda ella y generalmente lo recibe del E. por ser esta la direccion que imponen tambien á los del N. y N. E. y aun del S. y S. O., los montes orientales y meridionales de la prov. que describiendo varias curvas casi opuestas, se cruzan dejándoles paso entre si por el E.; así es que llegando á ella quebrantados por estos montes, no son tan violentos como en otros puntos de la isla, y resulta que esta prov. es donde soplan mas regularizados, constantes y con mayor benignidad. Sin embargo, no dejan de ocurrir algunos baguios en la Laguna, y varios puntos donde no corren con libertad los vientos son poco sanos y muy propensos á tercianas, como Calamba en su situacion primitiva mas desviado que hoy de la playa de la Laguna; lo que sucedía en razon de su proximidad al monte Maquiling que le privaba de los vientos que debian purificar su atmósfera cargada por las emanaciones de los cenagales y de los bosques donde las hojas desprendidas se corrompen por la escesiva humedad. La estacion de las lluvias es la peor en esta prov. por los desbordamientos de sus numerosos rios contribuyendo la laguna á que las inundaciones sean mas considerables. Esta laguna que en el centro de la prov. presenta una superficie poco menor que la terrestre tiene mas de 36 leg. de bojeo: en ella desaguan 13 r., siendo los mas notables los de Biñan, Santa Rosa, Santa Cruz, Baras, Tanay, Santa María y Calamba; algunos han creido que en esta laguna tenia su origen el r. que en la costa de Nueva-Ecija forma la barra de Lampong, dando motivo con esto á que otros pensasen ya en la union de los mares orientales y occidentales de la isla por medio de este r., la laguna y el Pasig; pero dicho r. no nace fuera de la prov. en que tiene su boca marítima. El Pasig es el único desagüe que tiene esta laguna, de la que sale por 6 bocas en la demarcacion de la prov. de Tondo por donde corre 6 leg. hasta bañar á Manila y desaguar en su bahía. La profundidad de esta laguna es de 15 á 16 brazas por lo general, aunque hay sitios en que no se encuentra fondo y otros de muy poca agua. Hay en esta laguna numerosas islitas, siendo la principal la llamada Talin que tiene 2 leg. de N. á S. y 1 de E. á O. Está casi al medio del lago y al S. E. de la embocadura del Pasig, formando el estrecho de Quinabutasan, por donde se pasa para comunicarse entre sí el

pueblo de Santa Cruz y la hermosa posesion de Jalajala. Entre este punto y la costa de Pila hay otro estrecho de unas 2 leg. de largo, el cual conduce á la parte conocida por la rinconada de Siniloan que no se debe confundir con la de Moron, cuyo nombre recibe otra de un pueblo asi llamado. Las aguas de esta laguna son dulces y potables, abunda en pesca y sus orillas están infestadas de cocodrilos entre los que se hallan algunos muy grandes: el estrecho de Quinabutasan es donde mas abundan estos terribles anfibios. Cerca del pueblo de Los Baños hay una islita donde se halla un profundo lago que sin duda fue crater de un volcan en otro tiempo y los muchos caimanes que alli se encuentran han dado ocasion á denominarla de los Caimanes. La isla de Talin abunda en una especie de murciélagos sumamente grandes; esta isla es un monte alto que produce mucha madera y buenos pastos; tambien se cria abundante caza de venados, jabalíes, búfalos y palomas. Al N. de la laguna se encumbran los montes de San Mateo, que corren de N. á S. hasta llegar á ésta, donde parece han sido cortados por algunos de los grandes trastornos que ha sufrido la superficie de la isla y dejan un corto trecho de tierra entre ellas y la laguna donde está la punta de Jalajala y una buena hacienda. Al N. E. están los montes de Caboan y Daraaetan; al E. corren de N. á S. paralelas á la costa, y á poco mas de una leg. de ella, las montañas que forman la gran cord. de los Caraballos de Baler; al S. E. y S. se elevan los montes de Lilio, Nagcarlang y Majayjay; al S. O. y O. se hallan los desprendimientos del monte Sungay. Todos estos montes se hallan cubiertos de la mas robusta vejetacion, estendiéndose por todas partes casi impenetrables bosques donde crecen numerosas clases de maderas escelentes para construccion naval y ebanisteria, como son el molavin, el banaba, el tindalo, etc., muchas cañas de diferentes especies, gran variedad de bejucos ó enredaderas, etc. Estos espesos bosques cubren ú ocultan en su seno numerosos minerales; en diferentes puntos se hallan muestras de la existencia del hierro y en otros se encuentra cobre, piedras de yeso, alumbre y abundante azufre. En las canteras, en los troncos de los árboles y en las espesuras de las enramadas elaboran las abejas ricos panales que luego recoge el indio, siendo este ramo una de las grandes utilidades que saca de sus montes, ademas de las maderas, la brea, el alquitran, etc. que estrae de los mismos. Tambien es notable la abundante caza que hay en ellos, poblándolo numerosos búfalos, jabalíes, venados, monos de diferentes clases, gallos, tórtolas, etc. Las cercanías de la Laguna son tambien muy abundantes en caza de toda especie y el mismo lago está cubierto de ánades. La hermosa hacienda de Jalajala comprende estensos bosques en que se cazan ciervos y jabalíes. Tambien hay por todos estos contornos bueyes y caballos cuyos dueños hacen un buen comercio de ellos en el mercado de Manila. Ademas de la citada hacienda de Jalajala perteneciente en la actualidad á los Sres. Vidie que la han comprado al Sr. de la Gironniere, y perteneció en lo antiguo á los condes de Avilés. Son muy notables tambien la famosa de Calauang, de la propiedad de D. Iñigo de Azaola y la de Calamba, que es de los religiosos de Santo Domingo. Sobre esta posesion en el confin S. O. de la prov., sobre la barranca llamada de Bigan perteneciente á la prov. de Batangas, hay una de las situaciones mas hermosas del archipiélago. Es una espaciosa llanada en un sitio muy alto desde la cual se presentan al O. á corta distancia el monte Sungay, y al E. el Maquiling cubriendo un poco los objetos por ambos lados; pero al S. se ve el volcan de Taal y toda la prov. de Batangas, y al N. la estensa laguna de Bay y los pueblos que las circundan. En esta gran llanada hay una pequeña poblacion diseminada, que á su simple vista indica bastante cuál es su miseria, siendo esto sensible, porque si se reuniese y aumentase esta poblacion que consiste en un corto número de chozas, podria servir de gran comodidad á los viajeros que se dirigen desde Batangas por Sto. Tomas á la Laguna, y les ofreceria la debida seguridad contra los tulisanes ó malhechores. Al bajar la cuesta del N. por la prov. de la Laguna, no se encuentra cosa notable hasta llegar á su falda, donde hubo un polvorin que se quemó en el último tercio del siglo pasado, y no se volvió á edificar por ser el terreno mal sano, y padecer en él los españoles frecuentes tercianas. Modernamente el mismo propietario D. Domingo de Rojas ha establecido en esta prov. otra buena fábrica de pólvora. Desde el sitio del antiguo polvorin á Calamba hay mas de una milla de camino por medio de un terreno llano que en otro tiempo estuvo ya cubierto de arrozales, y despues quedó reducido á producir solo guayabas y otros arbustos. La guayaba es un árbol introducido de Nueva-España y da una fruta como una pera llena de huesecitos; no es de gusto muy delicado, pero la comen bien los indios y se hace de ella un escelente dulce: por los meses de agosto, setiembre, octubre y parte de noviembre que dura esta fruta, es un gran recurso para los indios, comiéndola ellos y dándola á sus animales. Al concluir estos guayabales, se hallan las hermosas sementeras y huertas del pueblo de Calamba: esta hacienda perteneció en lo antiguo á los jesuitas; por espulsion de estos pasó á la Corona y por fin para en el dominio de los PP. Dominicos. Calamba, ademas de sus abundantes tierras beneficiables con el riego, por medio del r. de Tanaban, cuyas tierras son las mas á propósito para las sementeras de arroz, tiene escelentes distritos para el cultivo del trigo, maiz, mongos, legumbres, patani, pimienta, cacao, y todo género de frutas; abunda en escelentes maderas y pastos para ganado mayor. Embarcándose en la playa de Calamba, á una leg. de navegacion al S. S. E. se halla el pueblo de Los Baños, para cuyo pueblo hay tambien un buen camino por tierra. Los indios llaman á este sitio *Mainit* que quiere decir caliente, por las aguas termales que hay en él, las que son muy célebres por los grandes efectos que han producido en varias enfermedades. En esta parte se hallan muy cerca las aguas de la Laguna y el monte Maquiling, de modo que solo en las faldas del monte hay algunos pequeños llanos cultivables, capaces de sostener una muy escasa poblacion. Los principales recursos de esta consisten en sus montes de donde saca algunas maderas, miel, cera, varios géneros de palmas y raices alimenticias para los indios, como camote, gabe, uvi y otras. Hay tambien una tierra blanca semejante al yeso mate de España, cuya tierra se usa en Manila para blanquear y pintar. El temperamento de este pueblo es mucho mas sano que el de Calamba, por hallarse mas despejado á los vientos de la Laguna. Por todo su monte hay varios pozos de agua hirviendo, el pequeño arroyo que hace ó forma los baños, á pesar de correr espuesto al viento, llega á la Laguna en un grado de calor muy activo. Pero dejando estos detalles para la descripcion particular de las respectivas localidades que encierra esta prov., volvamos á la consideracion general que es propia de este art. Ademas de estos baños termales, en el centro del pueblo de Pagsanjan hay un manantial ferruginoso y otro termal al lado opuesto del r.: estas aguas son sumamente apreciadas. A orillas del lago hay otro manantial hidrosulfuroso. Casi todos los pueblos de esta prov. estan en la playa de la Laguna, pudiendo esceptuarse solo los de Lilio, Majayjay, Nagcarlang, Magdalena, Cavinti, San Antonio, Santa Maria y Calaoan, pues fuera de estos los mas distantes se hallan bastante cerca de ella. Todas las pobl. se comunican entre sí por medio de buenos caminos especialmente las situadas en la playa de la Laguna, aunque no dejan de ser difíciles á los carruages en tiempo de secas, por los efectos que en ellos dejan las innundaciones, que los hacen intransitables en la estacion de lluvias. La capital (Pagsanjan) tiene un buen medio de comunicacion con Manila por el r. de su propio nombre Pagsanjan, la Laguna y el r. Pasig, que es el único que sale de esta. El Pasig es el gran recurso de comunicacion de esta prov. con la de Tondo por los pueblos de Pasig y Taguig en cuyas bocas se han formado dos barras que ya dificultan mucho la navegacion y crecen continuamente amenazando imposibilitarla, lo que si llegara á suceder produciría perjuicios de mucha consideracion, no solo á esta prov. sino tambien á la de Tondo y á

las rentas de tabacos y vinos, al comercio de Manila y á la pobl. entera de la cap. y estramuros. Antiguamente, y aun no muchos años hace, los *paraos* llegaban hasta el puente de piedra que comunica los estramuros con la cap. y hoy se quedan á $^3/_4$ de hora de Pasig. Los cascos navegaban libremente, y ahora para el paso de las barras es preciso descargarlos pasándolos á remolque asi como las falúas. La prov. de la Laguna es la cosechera de vino de nipa que está estancado y forma una de las rentas de las islas; produce asi mismo en gran abundancia el aceite de coco de mejor calidad y que con preferencia se consume en la cap. y estramuros. Interceptada la navegacion, la renta del vino tendria que sufrir muchos perjuicios por el mayor gasto que causaría traerlo por tierra á los almacenes generales por malos caminos y con un rodeo de tres dias. La del tabaco sufriría los mismos perjuicios para el envio de él á las administraciones de la Laguna, y el aceite tomaría un gran aumento de precio con perjuicio de los mismos cosecheros y de la agricultura de esta prov. que habria de dedicar al trasporte por malos caminos, hombres y caballerías que le son necesarias para otros objetos y que en tiempo de lluvias acaso no podrian hacer la travesia. Todo esto se hizo presente por el benemérito alc. m. de Tondo Encina al gobernador Clavería que pasó su comunicacion al jefe de ingenieros; pero no se obtuvo resultado alguno, por haber pedido éste fondos para la compra de instrumentos, gratificacion al oficial que practicára el reconocimiento y demas empleados subalternos que debieran acompañarle, careciendo el gobernador de ellos y siendo de alguna consideracion los que se pedian. Entre las embarcaciones que recorren la Laguna se distinguen las bancas que son de diversos tamaños, formadas como las de Manila de una sola pieza de madera muy ligera. Las mas pequeñas son las que trasportan el pescado á la capital y son sumamente ligeras. Otras conducen varios vejetales y frutos, con especialidad racimos de bananas. Hay algunas llamadas de Pasig por ser en este pueblo donde se resguardan. Tambien las hay con una pequeña vela que alivia el trabajo de los remeros; los guilalos son barcos de bastante porte y hacen la navegacion á vela y remo. Los cascos tienen velas mayores todavia y su porte es de 10 á 20 toneladas. Estos sirven para la esportacion de los diferentes artículos que se conducen á Manila, con especialidad el vino de coco elaborado por cuenta del gobierno. Pero las embarcaciones mas notables que hay en esta laguna son las llamadas paraos que no salen nunca de ella por calar demasiada agua para cruzar las barras del Pasig; sus dimensiones son las de los mas gruesos bricks y trasportan de una á otra parte del lago los pasageros y géneros del mercado de Santa Cruz. Todas estas embarcaciones presentan en la laguna un hermoso espectáculo animado por la satisfactoria idea del movimiento industrial y mercantil en que se halla la prov. Sus tierras estan en general bien cultivadas, y por todas partes se ven frondosos cocales de cuyo fruto se fabrica gran cantidad de vino y aguardiente que se venden esclusivamente al gobierno por ser artículos estancados. Particularmente en los pueblos de Biñan, Santa Rosa, Tunasan y Cabullao, se hacen muy hermosas y estensas sementeras de arroz. Asi mismo produce mucho añil, que se tiene por el de mejor calidad. El azucar es tambien muy abundante y hay hermosos ingenios para su elaboracion. Ademas produce bastantes bongas, cacao, trigo, algodon, abacá, etc. Abundan mucho los lansones y el chicoy, cuyas frutas son bastante sabrosas y tienen buen despacho en Manila. La ind. de esta prov., despues del espresado beneficio de los productos naturales, consiste principalmente en la fabricacion de buenos sombreros de burí, preciosas esteras, entre las cuales se distinguen las muy estimadas de Morong, las afamadas medias de Binangonan, sillas, camas y otros efectos semejantes. El pueblo de Paete y otros florecen de un modo muy considerable en ebanistería. Con todos estos productos de su industria, con las buenas maderas que saca de sus montes, como el tindalo, narra, molavin, ébano, anovin, banaba, vaticulin, tanguili, palo maría y otras muchas especies; con las cañas, palmas y bejucos, las diferentes gomas y resinas, la miel y cera que se recoge en los mismos, con las frutas, animales, entre los que es preciso citar sus valientes gallos tan apreciados en las galleras ó en las riñas; con la tapa de venado, los nervios de este animal muy estimados de los chinos; con el vino, la bonga y el buyo, hace esta prov. un considerable comercio en Manila. A últimos del siglo pasado se regulaban los productos de la esportacion en unos 80,000 ps. fs. cuya cantidad se creia tambien ser la necesaria para la compra de géneros de costa y china y el pago del tributo, el vino, tabaco y bonga que compran en los estancos. Pero despues se ha desarrollado muy considerablemente la ind. agrícola, comercial y fabril de esta prov. y hoy ocupa una situacion muy distinta. El mercado semanal de Santa Cruz presenta un movimiento asombroso; haciendo casi todo su comercio los mestizos de la cabecera El movimiento mercantil que se presenta en la Laguna mientras dura el buen tiempo, manifiesta claramente el desarrollo en que se halla la prosperidad de la prov.: está siempre surcada de numerosas embarcaciones; gran parte de estas entran en los rios que desaguan en la misma y de los cuales recibe otras muchas. Esta prov. es una de las mas pobladas de las Filipinas y su pobl. es ciertamente la mas hermosa del archipiélago. Véase en el siguiente estado su actual número de pueblos, el de sus alm. segun la guia de Filipinas del año 1850, el de los trib. que paga conforme á lo resultivo de la guia de 1846 y el importe de estos.

ESTADO *de la poblacion de la prov. de la Laguna en 1850 y trib. que pagaba en 1845.*

PUEBLOS.	ALMAS.	TRIBUTOS.	RS. PLATA.	RS. VELLON.
Pagsanjan.	5,686	1,104	11,040	27,600
Lumban.	5,511	1,186	11,860	29,650
Longos.	1,536	346 ½	3,465	8,662 ½
San Antonio.	1,823	502	5,020	7,550
Paete.	3,023	641 ½	6,415	16,057 ½
Paquil.	1,620	430	4,300	10,750
Panguil.	2,658	637 ½	6,375	15,937 ½
Siniloan.	5,885	1,199	11,990	29,975
Mavitac.	1,290	368	3,680	9,200
Santa María.	818	244	2,440	6,100
Santa Cruz.	9,024	1,180	11,800	29,500
Pila.	3,611	1,021	10,210	25,525
Calauan.	1,158	379	3,790	9,475
Bay.	2,195	550 ½	5,505	13,762 ½
Los Baños.	1,859	345	5,450	8,625
Calamba.	5,660	896 ½	8,965	22,412 ½
Cabuyao.	5,710	1,326	13,260	33,150
Santa Rosa.	4,941	1,180	11,800	29,500
Biñan.	9,350	1,878	18,780	46,950
S. Pedro Tunasan.. . . .	5,678	1,195 ½	11,955	29,887 ½
Jalajala.	1,221	245	2,450	6,125
Pililla.	3,238	657	6,570	16,425
Tanay.	5,642	992	9,920	24,800
Baras..	1,252	261	2,610	6,525
Moron.	6,497	1,347	13,470	33,675
Binagonan.	5,881	1,144	11,440	28,600
Angono.	1,453	250	2,500	6,250
Cavinti.	3,268	673	6,730	16,825
Majayjay.	10,518	2,950	29,500	73,750
Luciana.				
Lilio.	5,704	1,452	14,520	36,300
Nagcarlan.	8,817	1813 ½	18,135	45,337 ½
Magdalena.	2,567	726	7,260	18,150
Binagouan de Lampoug. . .	4,975	»	»	»
Polilio.	1,214	»	»	»
TOTAL.	137,083	28,920 ½ (*)	289,205	723,012 ½

(*) Sin embargo de lo que aqui aparece, el presupuesto general de valores correspondiente al mismo año 1847, no presenta mas que 24,914 ½ trib.

Esta numerosa pobl. en su parte indigena ó india es verdaderamente tágala, y segun parece probable, descendiente de los primeros establecimientos de esta alcurnia que se fijáran en la costa de Manila perteneciendo por consiguiente á la misma ralea que la pobl. de las prov. de Tondo, Batangas y Mindoro, por lo cual tiene las supersticiones, los usos domésticos, comidas y vestidos y las costumbres en los casamientos y funerales que son comunes á todas estas gentes. En las comidas son algun tanto menos sóbrios que los de Batangas, teniendo sobre estos la abundancia de pescado que les proporciona su hermosa laguna. Fue una de las prov. de Luzon que primero se redujeron al reconocimiento de la autoridad española y las pacificó Juan de Salcedo, poco despues que los españoles tomaron posesion de Manila. Iba en su compañía el agustino Fr. Alonso Albarado que habia acompañado en su espedicion á Rui Lopez de Villalobos. Este insigne religioso acababa de llegar por segunda vez á Filipinas cuando Juan de Salcedo emprendió la conquista de Taitai y Cainta. Sujetos estos dos pueblos por las armas, pasó á la Laguna y por la mediacion del P. Fr. Alonso se entregaron los indios de Bay y de los demas pueblos sin ser necesario valerse de la fuerza. Salcedo pasó á Majayjay; los indios se hicieron fuertes en el célebre cerro de este pueblo, mas fueron sorprendidos en su natural descuido y derrotados huyeron á los montes. Este es el cerro que una opinion poco fundada en los principios militares consideró como el punto mas estratégico y propio para fortificarse los españoles en caso de invasion y defender en él sus caudales: en la guerra con los ingleses, cuando tomaron estos á Manila, se dió una órden conducente á la realizacion de este erróneo concepto; mas por fortuna no se cumplió, evitándose con esto que la plata cayese en manos del comandante Becus que se hallaba dispuesto en la prov. de Batangas para apresarla en el momento en que se hallase en un cerro como éste de fácil acceso en diferentes puntos y sin circunstancia alguna de cuantas se deben tener presentes para resolverse á sostener una empeñada defensa. A esto concurria hasta la escasez de víveres que es propia de una prov. que cuenta una pobl. tan numerosa como ésta, estrechada entre los montes que la limitan á una con los fuertes mares del Pacífico por su parte esterior y las aguas de la Laguna que ocupa su centro: apenas pueden regulársele 54 leg. cuadradas de superficie comprendiendo en ella los montes que carecen de tierras de labor, y siendo su pobl. de 137,083 alm. corresponden á 2,536 alm. por leg. cuadrada. Visto esto, no debe estrañarse que en toda la prov. no haya un vecindario que pueda decirse considerable, hallándose los hab. diseminados en numerosos pueblecitos de corta entidad dispuestos en la mejor forma para aprovechar el escaso término de su

pertenencia y los beneficios de la Laguna que tanto por sus pescados como por la facilidad que ofrece al comercio, es el gran recurso de la prov. Tampoco es de admirar que escaseando el recurso de la agricultura, hayan florecido las artes y el comercio en ellas y que haya pueblos como Paete y otros cuyos naturales se ocupan casi esclusivamente en el aprovechamiento de las maderas de sus montes, haciendo con ellas numerosos y finos muebles que por la Laguna y el Pasig se llevan á vender á Manila. Al considerar asi la laguna como la razon no solo de la prosperidad de esta prov., sino aun del sustento de sus hab., debemos decir tambien que algunos de sus pueblos han sido enteramente sumergidos en sus olas, y la fuerza de las mismas ha llegado á dominar y destruir buenos distritos que en otro tiempo se veian cubiertos de hermosas sementeras. Todo esto ha consistido en que no solo no se ha tenido el necesario cuidado en facilitar su desagüe por el Pasig sino que se tomó la poco premeditada resolucion de echar á fondo unos champanes en la boca de Tagli para impedir á los ingleses cuando se hubieron posesionado de Manila, el entrar en la Laguna. Cuando Bacus quiso ir á Batangas, retiró un poco estos champanes y entró con facilidad por la barra; de modo que sin perjudicar á los enemigos y conseguir el objeto propuesto, se colocaron en esta barra unos obstáculos sobre los cuales se fue juntando tanta tierra que no solo presentó el mal de hacer que en ocasiones esta barra sea navegable únicamente á pequeñas bancas, sino que faltando el preciso desagüe á la laguna haya inundado en parte sus costas. Las demas bocas se hallan aun mas cerradas y son menos considerables, ya porque nunca han dado tanta agua, como por los obstáculos que tambien ha producido en ellas la tierra y arena detenidas sobre los corrales que se suelen disponer para la pesca. Todos estos obstáculos opuestos á la navegacion han obligado á las aguas de la Laguna á absorver parte de sus mejores territorios y amenazar á gran número de los pueblos de sus orillas. Algunos, observando el aumento de poblacion recibido por esta prov. y comparándolo con el que desde cierta época se ha visto en la prov. de Batangas, dicen ser aquel mucho mas considerable y que no aciertan con la causa de la diferencia; pero es por no haber apreciado cual debieran todas estas razones que limitan su desarrollo en la Laguna y la reducen á un grado muy inferior al que cabe obtenerse en Batangas, pues aquella prov., muy superior en estension y territorios, á pesar de haber recibido mayor incremento en la pobl. que la Laguna, apreciado en ambas desde una época dada, todavía está lejos de presentarla en una situacion tan elevada, proporcionalmente á su demarcacion y recursos naturales, como la que hemos visto ocupar la pobl. de la Laguna.

En el año 1735 tenia esta 40,610 alm. y pagaba 8,122 trib., que eran á aquellas como 1 á 5 y hasta el 1799 ascendió á 71,799 el número de alm., y á 14,728 el de los trib., que fueron á ellas como 1 á 4 7/8. En aquellos 64 años recibió la pobl. un aumento de un 76 10/12 por 100 en las alm., y un 81 ½ id. en los trib., todo esto sin contar el pueblo de San Pablo que se le habia segregado y concedido á Batangas con 7,313 alm. y 1,500 trib.; lo que unido al núm. de aquellas y estos que contaba en 1799, hubiera probado un aumento de 94 5/6 por 100 en las almas y un 100 por 100 en los trib. Pero fijándonos en lo perteneciente á la Laguna en aquel tiempo, vemos que este desarrollo en la pobl. y en los trib. facilitó ya á las rentas del Estado un residuo considerable despues de cubiertas las cargas fijas de la prov. De los 14,728 trib. que pagaba, los 14,392 eran de naturales ó indios; los 336 de mestizos, su importe ascendia á 21,579 ps. fs., 7 rs. plata, 3 mrs.; las cargas fijas eran 8,357—3—2 y por consiguiente el residuo formaba 13,222 ps. fs., 4 rs. plata y 1 maravedí. Por aquel tiempo los naturales de esta prov., ademas de contribuir al Erario con sus trib., estaban grabados con otras cargas y servicios personales llamados polos que les hacian sufrir considerablemente. Tambien se atribuye á estas vejaciones el que el desarrollo de la pobl. de la prov. por aquel tiempo no aparezca paralelo al de Batangas; pero se pensaba esto por no observar que si bien Batangas adquirió mayor número de alm., era por lo menos tan considerable el desarrollo que se presentaba en la Laguna tomados ambos progresos relativamente á las demarcaciones en que se esplicaban. Despues de aquella época ha sido cuando el progreso moral de la prov., elevando su ind., las artes y el comercio, ha ido multiplicando los recursos de los naturales y facilitando el movimiento de la pobl. hasta elevarla á un grado en que no cede á otra del archipiélago.

En 1818 tenia 86,680 alm. y pagaba 20,144 trib., que eran á aquellas como 1 á 4 1/3. En los 18 años transcurridos desde la fecha anterior se habian aumentado en 4,881 las alm. y en 5,556 los trib., como se ve por el estado núm. 3.

El esceso que durante aquellos 18 años aparece habido en el aumento de los tributos sobre el de las almas prueba una época de transicion para el desarrollo de la pobl. que se ha presentado en esta prov., pues paralizándose en cierto modo no se remplazaba por este desarrollo en la clase de exentos el número de naturales que iban pasando á la de tributantes. Desde la primera fecha que hemos tomado en consideracion aparece mas ó menos esto mismo, pues en 1735 eran los tributos á las almas como 1 á 5; en 1799 como 1 á 4 7/8, y en 1818 como 1 á 4 1/3. Mas siendo asi que la pobl. de la prov. lejos de minorarse y aun llegar á su aniquilamiento, como hubiera sucedido si no hubiese mediado otra causa muy distinta y á la cual debe atribuirse en su totalidad esta circunstancia, hoy se ve que gradualmente ha ido elevándose á contar un número de almas que es al que tenia en 1735 como 3 1/3 á 1; es preciso reconocer que el esceso de movimientos en los trib. sobre el de las alm., esceso innegable, supuesto que estos se iban elevando á aminorar la diferencia que mediaba entre ellos y aquellas, procede tanto ya de las alternativas que correrian ambos números en los empadronamientos de los 83 años, ó ya que ademas de que el natural desarrollo de la poblacion de la prov. la trajese á su elevacion en un progreso regular y proporcionado con el de los trib., esta prov. por su amenidad y su genio industrial y mercantil se atraia de diferentes puntos una nueva pobl. que desde luego figuraba en las matriculas de tributantes. Comprueba esta idea lo constante que ha ido viniendo siempre el esceso de movimiento en los trib., al paso que se ha ido elevando el número de las alm. y la casi paralizacion que sufrió en los últimos 18 años, la marcha progresiva del número de estas sin que por ello sucediese lo mismo con el incremento de los trib.: ya hemos dicho que en los 18 años solo se aumentó la pobl. de la prov. en 4,881 alm., aumento, bien escaso por cierto, para el que es preciso reconocer como propio y general del país, y entre tanto se acrecentaron en 5,356 los trib., siendo indudable que las 10,712 personas tributantes significadas en este número habian figurado antes en la clase de exentas por lo menos para esta provincia. No sucedió lo mismo en los años siguientes habiendo vuelto á toda su actividad la accion que desarrollaba simultáneamente, la pobl. y los trib., haciendo aun prevalecer el movimiento en estos por medio de los naturales de otras prov. que daba como tributantes á sus empadronamientos. Asi es que en 1845 tenia esta prov. 126,445 alm. y pagaba 28,920 ½ trib. segun la guia, que eran á aquellas como 1 á 4 ³/₇. Estos trib. importaban 31,938 ps. fs., 4 rs. pl.

Ademas pagaba la prov. 516 ps. fs. por diezmos de reservados; por diezmos prediales 4,353—3—5; por el donativo de Zamboanga 1,554 ps. fs., 17 mrs., y por capitacion de chinos, de los cuales radicaban en ella 33 de 3.ª clase y 67 de 4.ª, 1,596 ps. fs.; los derechos de títulos de ministros de justicia ascendieron á 440 ps. fs., 3 rs. pl. 17 mrs. y los de nombramientos de Cabezas de barangay y empleados en las galleras 587 ps. fs. Desde aquel año ha seguido en la misma progresion hasta el presente, con lo que hemos visto contar 137,083 alm. En esta notable poblacion se comprenden 161 mestizos de españoles, 2,067 mestizos de sangleyes ó chinos y 122 de estos.

LAHUAN: islita adyacente á la costa S. de la isla de Samar, al E. de la punta Alipata.

LAJ

LAJA: islita adyacente á la costa N. E. de la prov. de Camarines-Sur; sit. en los 127° 21' 20" long., 14° 20" lat.; tiene ¼ milla de larga y poco menos de ancha.

LAL

LALABUAN: pueblo del sultanato de Mindanao; sit. en la playa de la gran bahía de Illano.

LALAQUIHUAN: barrio del pueblo de Samar, en la isla de Luzon, prov. de Bataan, arz. de Manila; sit. en los 124° 13' long., 14° 48' lat.; consiste en algunas casas colocadas á cierta distancia unas de otras y próximas á la orilla de la bahía de Manila. Los habitantes se ocupan solamente en el beneficio de sus tierras. La pobl. y los trib. figuran con los de la matriz.

LALAUIGAN: islita adyacente á la de Samar; hállase junto á la costa S. E. de la misma, entre la isla de Masisingi al N. E. y la de Puapunan al S. O.; su centro está en los 129° 81' 40" long., 11° 13' 30" lat.; tiene una superficie como de ¼ leg. cuadrada; su arribo es peligroso, particularmente por el E. cuya parte está llena de escollos y bajos.

LALAUIGAN: ensenada de la costa N. de la isla de Samar, térm. del pueblo de Pambujan; hállase su centro en los 128° 52' long., 12° 52' lat.; tiene 1 leg. de bojeo.

LALAUIGAN: punta de la costa oriental de la isla y prov. de Samar; hállase en los 129° 7' long., 11° 38' lat.

LALIG: rio de la isla de Luzon, prov. de Tayabas; nace en los 125° 31' 30" long., 14° 1' lat. y se dirige al S. O. para entregar sus aguas al r. Tiaon, en los 125° 30' long., 13° 59' 40" lat., al N. del pueblo de este nombre cuyo térm. baña. Tiene de curso poco mas de 1 ½ leg.

LALLO: pueblo con cura y gobernadorcillo, en la isla de Luzon, prov. de Cagayan, dióc. de Nueva-Segovia; sit. en los 125° 17' 40'' long., 18° 12' 40'' lat., á la orilla der. del caudaloso r. de Cagayan ó Tajo, como á unas 4 leg. de su boca, donde su cuenca es espaciosa y su fondo capaz de buenas embarcaciones; el clima es templado y saludable; la posicion en todos conceptos muy á propósito para una pobl. considerable, como fue pensamiento del gobernador de la colonia, D. Gonzalo Ronquillo de Peñalosa, que por los años 1581 fundó la ciudad de Nueva-Segovia 2' 40'' mas al N. para ser la metrópoli no solo de la prov. sino del estenso obispado que todavía conserva su nombre (v. Nueva-Segovia). Esta fundacion dió lugar á que en este punto se fuese formando un barrio que á la accion del tiempo tan poderosa para levantar unas pobl. mientras deja otras desiertas, llegó á prevalecer á su cap. y vino á encabezar la prov.; despues se trasladó esta capitalidad á Tuguegarao donde hoy reside el alc. m. que la gobierna, con cuya traslacion ha desmerecido el pueblo que nos ocupa. En la actualidad cuenta unas 362 casas, en general de sencilla construccion, habiendo algunas de piedra y tabla, como son la parroquial, el tribunal, en cuyo edificio está la cárcel y la escuela de primeras letras que es bastante concurrida; la dotacion del maestro está consignada en los fondos de comunidad y es bastante escasa: la igl. parr. es de buena fábrica y está servida por un cura regular. El cementerio se halla en buena situacion y es capaz. El presupuesto de este pueblo se reduce á la indicada dotacion del maestro y el alumbrado, se cubre con los referidos fondos de comunidad. Tiene buenos caminos, ademas del general de la prov., que sigue el curso del Tajo, por cuyo camino recibe la correspondencia de la cabecera (dist. 13 leg.) y se comunica con sus colaterales Cattaran (á 2 ½ leg.) Camalaniugan (1 ½ leg.); tiene otro que va á Bugay (3 leg.) por la falda de los montes que limitan por la der. la cuenca del r. El term. confiña por N. con el de Camalaniugan; por S. con el de Cattaran, y por los demas puntos se halla indeterminado corriendo por el E. los fragosos desprendimientos y enriscadas

ramificaciones de la gran cordillera de los Caraballos orientales, y al O. pasado el Tajo las montañas habitadas por los Calingas. En estos montes se crian innumerables clases de árboles cuyas maderas son muy apreciadas, muchas cañas, bejucos etc.; búfalos, jabalies, venados, gallos, tórtolas y muchas abejas por lo que se halla abundante miel y cera. Se cultivan con especialidad el arroz, maiz, tabaco y algodon. La ind., fuera del cultivo de las indicadas sementeras y plantaciones, se reduce al lavado de las arenas por cuyo medio se estrae alguna cantidad de oro, la caza, la pesca, y la elaboracion de algunas telas ordinarias. El principal articulo de com. es el tabaco que se vende al Gobierno. pobl. 3,564 alm., 785 ½ trib., que importan 7,855 rs. plata, ó sean 19,637 ½ rs. vn.

LAM

LAMBUNAO: pueblo con cura y gobernadorcillo, en la isla de Panay, prov. de Iloilo, dióc. de Cebú; sit. en los 126° 18' 54'' long., 11° 8' lat., junto á un r., en un llano que se forma al pie de la cord. que deslinda las prov. de Iloilo y Antique; su clima es algun tanto destemplado por su mucha humedad y los rocíos, de lo cual suelen resentirse las naturalezas que no están acostumbradas á ello. Fue fundado en el año 1752 y tiene como unas 1,231 casas entre las que se distinguen la parroquial y el tribunal en cuyo edificio está la cárcel. La igl. parr. está dedicada á San Nicolás de Tolentino y pertenece á la administracion de los RR. PP. Agustinos calzados. Hay escuela de instruccion primaria con un maestro dotado de los fondos de comunidad. Las aguas del r. son potables y de ellas se toman por el pueblo para beber y los usos domésticos. Los caminos son regulares y se recibe el correo de Iloilo, cabecera de la prov., en dias indeterminados. El term. confiña por N. con el de Calinog, cuyo pueblo dista 4 leg.; por E. con el de Laglag que se halla á 1 ½ leg., y al O. tiene la prov. de Antique á la vuelta de la cord. mencionada, en la cual hay espesos bosques donde se hallan diferentes clases de robustos árboles.

cañas y enredaderas, caza mayor y menor, y numerosas abejas. Los naturales cultivan especialmente el arroz, el maiz y el tabaco, y se fabrican varias telas que son la principal ocupacion de las mugeres. POBL. 8,667 alm., en 1845 pagaba 1,471 trib., que importaban 14,710 rs. plata, ó sean 36,780 rs. vn.

LAMINGAO: islita adyacente á la costa O. de Samar, al O. del pueblo de Pinabacdao, que se halla en la espresada costa. Su centro se encuentra en los 128° 33' long., 11° 56' 30'' lat.; tiene ¼ leg. de larga y es muy estrecha.

LAMINTAO: punta de la costa S. O. de la isla de Mindoro; hállase en el térm. de Iririm á los 124° 56' long., 12° 27' 10'' lat.,

LAMIT: isla adyacente á la costa N. E. de la prov. de Camarines-Sur, isla de Luzon; SIT. entre los 127° 14' long., 127° 17' 40'' id., 13° 57' lat., y 14° 2' 10'' id.; tiene de larga ó sea de N. á S., cerca de 3 leg. y de E. á O. unos ½.

LAMON (bahía de): hállase en la costa N. de la parte inferior de la isla de Luzon, ó sea en la parte interior de la vuelta que toma en la prov. de Tayabas figurando como han dicho algunos un brazo doblado. Esta bahía estrecha la isla en la mencionada prov. en términos que la deja reducida á un verdadero istmo que une el gran cuerpo superior de la Luzonia con el inferior en que están las prov. de Camarines y Albay. Tiene 2 bocas: la mayor se halla siguiendo la costa oriental de la isla de N. á S. donde viene como á terminar esta línea. En la parte esterior de esta boca se encuentra la isla llamada Calbalete. La punta Salig que se halla en la espresada costa oriental y en el confin de las provincias de la Laguna y Tayabas en los 125° 25' 20'' long., 14° 15' 7'' lat., forma el lado occidental de esta boca que mira al N. y el estremo N. de la isla Alabat es la parte oriental. Esta isla que por su geonomía manifiesta su no muy antigua union con la montaña continental que forma la punta Roma, corresponde paralelamente lo mismo que la espresada punta, á la costa occidental de la bahía, que á poco de su espresada boca describe una línea de N. O. á S. E. hasta su punto inferior y mas mediterráneo: y ambas isla y punta forman la costa occidental que contrapuesta á la anterior mira al S. O. La otra boca indicada es el canal que se ha formado entre la isla Alabat y la punta Roma, cediendo al impulso de las aguas el istmo que las uniera: de aqui procede que esta boca es de escasísimo fondo. La indicada parte inferior ó mas mediterránea de la bahía está en los 124° 45' long., 13° 57' 20', lat., distante de su boca unas 6 leg., y tiene sobre 2 leg. de ancho por un promedio. En su costa continental ú occidental tomada desde su mayor altura se hallan la boca del rio Casay, la punta Malazor, las bocas de los rios Napon, Suyaluya, Ligan, Dian, las puntas Petisan, Majabibujaguin, Pangao, Maguitig, Minanuean, Gamu y la boca del r. Laguio. En la playa se ven los pueblos de Mauban, Atimonan y Gumaca; tiene bastante fondo y está bien resguardada de los vientos; ofrece ventajas considerables á las espresadas pobl.

LAMONTAÑA: visita del pueblo de Tayasan, en la isla y prov. de Negros, dióc. de Cebú; sus PROD., POBL. y trib. se incluyen en el artículo de la matriz.

LAMPINIGAN: islita adyacente á la costa O. de la isla de Basilan, en el archipiélago de Joló.

LAMPON: puerto de la costa E. de la isla de Luzon, prov. de Nueva-Ecija; SIT. entre los 125° 13' long., 125° 46' id. 14° 44' lat.; es bastante abrigado aunque no muy capaz y de escaso fondo.

LAMPONG: lago de la isla de Luzon, prov. de la Luguna, térm. del pueblo de Baras; su centro se halla en los 125° 4' 20'' long., 14° 34' 30'' lat.; tiene de bojeo cerca de una leg.

LAN

LANAD: monte de la isla de Luzon, en la cord. que deslinda las prov. de Pangasinan y Zambales; su cumbre se halla en los 123° 43' 30'' long., 15° 38' lat.; crianse en él buenas maderas para la construccion de casas y embarcaciones, y en sus espesuras se halla caza mayor y menor, y muchas abejas.

LANAN: punta de la costa N. E. de la isla de Masbate: hállase en los 127° long., 12°

32' lat., estrechando por el N. la boca de puerto de Barreras.

LANANG: anejo del pueblo de Boriñgan, en la isla y prov. de Samar, dióc. de Cebú; SIT. en la costa de la isla, TERRENO llano, despejado, y CLIMA templado por las brisas marítimas y la frondosidad del arbolado; no es muy sano, pues se padecen con alguna frecuencia cólicos, calenturas intermitentes y gástricas á causa de las muchas humedades. Tiene unas 412 casas; el tribunal, aunque sencillo, es el edificio mas notable; en él está la cárcel. Hay escuela de primeras letras dotada de los fondos de comunidad; una pequeña igl. y como á 300 varas de ella el cementerio, que es capaz y ventilado. Comunícase este anejo con su matriz y colaterales por medio de un camino regular que sigue la costa, y recibe el correo de la cabecera en dias indeterminados. El TERM. confina por N. con el de su matriz, en cuyo artículo incluimos su POBL. y trib.; el TERRENO es bastante fértil; PROD. arroz, abacá, cacao, cocos, etc.

LANANG: (v. BARRERAS, puerto).

LANAO: en el año 1849 reconocieron al gobierno español en la prov. de Misamis, isla de Mindanao, el sultan Amirol uno de los dos principales de Lanao y otros varios sultanes y dattos, súbditos suyos con un crecido número de sacupes.

LANATIN (valle de): en la isla de Luzon, prov. de Tondo; estiéndese desde el pié del monte Pongío hasta la orilla der. del rio de San Mateo, por donde se dilata hácia el S. E. hasta cerca del lago de Lampong, donde tiene su origen dicho rio.

LANAVAN: islote inmediato á la costa S. de la isla de Basilan en el archipiélago de Joló.

LANAY: r. de la isla de Luzon, prov. de Batangas; nace en los 424° 56' 30" long., 13° 42' lat., en la falda del monte llamado Bartolino; corre en direccion al N. N. E. por unas 3 leg. y vuelve su curso al E. para llevar sus aguas al r. del Rosario, sobre los 125° 4' 25" long., y los 13° 50' lat.

LANGARAN: visita ó anejo del pueblo de Dapitan, en la isla de Mindanao, prov. de Mi-samis, dióc. de Cebú; SIT. á 9 leg. de su matriz, en cuyo artículo incluimos sus prod., pobl. y trib.

LANGASSMATE: islote inmediato á la costa S. de la isla de Basilan, en el archipiélago de Joló.

LANGIDEN: guardia ó bantay, en la isla de Luzon, prov. del Abra; á los 124° 12' 40" long., 17° 32' lat.

LANGIDEN: monte de la isla de Luzon, en la prov. del Abra; hállase en el térm. de la Paz, y su mayor elevacion está en los 124° 9' long., 17° 31' 30" lat.; abunda en buenas maderas, y caza.

LANGLA: barrio del pueblo de Gapan, en la isla de Luzon, prov. de Nueva-Ecija; SIT. en los 124° 36' long., 15° 21' lat., en terreno llano, y á la orilla der. del r. de Cabanatuan; su CLIMA es templado, su POBL. y TRIB. se incluye en el artículo de la matriz, cuya pobl. dista 1 leg.

LANGLAD: rancheria de infieles, en la isla y prov. de Cebú, térm. del pueblo de Naga; desconocemos el reconocimiento que paga.

LANOW: pueblo del sultanato de Mindanao; SIT. en la parte S. de la grande isla de este nombre.

LANTAG: guardia ó bantayan, en la isla de Luzon, prov. del Abra; SIT. en los 124° 13' 30" long., 17° 35' lat., entre los rios Pusulguan y Tineg, que van á reunirse al S. de este punto.

LANTAO: islita adyacente á la costa N. de la prov. de Camarines-Norte, SIT. al N. de la isla Maulanat, y al S. E. de la de Jomalig, dist. ¼ leg. de la primera, y 1 de la segunda; su centro se halla en los 125° 56' 50" long., 14° 29' 40" lat., y su superficie es de como 1 milla cuadrada.

LAO

LAOANG: pueblo con cura y gobernadorcillo, en la isla de Calamutang, adscrita á la prov. de Samar, dióc. de Cebú; SIT. en los 128° 34' long., 12° 53' 30" lat., en la costa meridional de la referida isla, en terreno llano y CLIMA cálido. Tiene unas 700 casas de particulares; la parroquial y la de comunidad, donde se halla la cárcel, son las dos mejores. Hay una escuela de primeras letras, cuyo maestro tiene una corta asignacion sobre los fondos de comunidad. El cementerio está fuera de la pobl., bien sit. La igl. parr. es de mediana fábrica, y está servida por un cura regular. El TERM. comprende el territorio de toda la isla en que se halla sit. La tierra es fértil y PRODUCE arroz, abacá, cocos, algunas otras frutas y varias legumbres. IND.: la agrícola, la caza y la pesca, ocupándose las mugeres en la fabricacion de algunas telas. La POBL. y los trib. figuran en el estado general de la prov.

LAOANG: r. de la isla de Samar; nace en los 129° 4' long., 12° lat.; corre ¼ leg. al N. E. y su boca se halla en la costa oriental de la isla.

LAOANG: r. de la isla de Samar; nace en los 128° 39' long., 11° 21' lat.; dirígese al S., y corriendo una leg. va á desaguar en la costa S. O. de la isla, al N. del pueblo de Basey, cuyo térm. baña.

LAOANG: visita ó anejo del pueblo de Balangiga, en la isla y prov. de Samar; SIT. en los 128° 49' 40" long., 11° 7' lat., en la costa S. O. de la referida isla, terreno despejado, y CLIMA, aunque cálido, saludable. El TERRENO es todo montuoso, y sus PROD. como las de la matriz, que se halla 2 ½ leg. al S. E., y en cuyo art. se incluyen la POBL. y TRIB. de esta dependencia.

LAOAÑGAN: r. de la isla de Samar; nace en los 128° 30' 30" long., 12° 29' lat.; se dirige al N., recibe varios afluentes, y tiene su boca en la costa N. de la isla, despues de haber corrido cerca de 1 leg.

LAOG: barrio del pueblo de Angat, en la isla de Luzon, prov. de Bulacan, arz. de Manila; hállase á muy corta dist. de la matriz, en cuyo art. se incluyen los prod., la POBL. y los trib. de este.

LAOIS: pequeño barrio del pueblo de Santo Tomás, en la isla de Luzon, prov. de Pangasinan, dióc. de Nueva-Segovia; sus naturales se ocupan solo en la agricultura. POBL. y trib. se incluyen en el art. de la matriz.

LAPINIG ó LAPINIT: punta de la costa N. E. de la isla de Samar; hállase en los 129° 1' 30" long., 12° 20' lat.

LAPO ó LAPOG: pueblo con cura y gobernadorcillo, en la isla de Luzon, prov. de Ilocos-Sur, dióc. de Nueva-Segovia; SIT. en los 124° 4' long., 17° 38' 20" lat., á la orilla der. de un r. que corre por el S. de la pobl., en la costa que en este punto es bastante árida, y CLIMA, aunque templado, no muy sano, pues se padecen algunas tísis y calenturas malignas. Combátenle los vientos segun las alternativas propias del pais, esto es, desde noviembre hasta febrero los de N. E., llamados por los naturales Dugudug; desde febrero hasta julio el O., y desde julio hasta noviembre el S. O. Se fundó este pueblo en el año 1711, como anejo de Cabugao, y en el año 1795 fué separado para formar jurisd. por sí solo. En el dia tiene como unas 822 casas, entre las cuales hay algunas de tablas que son mas cómodas por ser un poco mayores que las otras: las calles son angostas y el piso terrizo. La igl. es de cal y canto; tiene 81 varas de larga y 16 de ancha, con su torre y sacristía: hállase bajo la advocacion de San Juan Bautista, y está servida por un cura secular. Próximo á esta se halla el cementerio que está bien situado y es bastante capaz. Hay otros edificios dentro de la misma pobl., que se distinguen por ser algo mejores que los demas, como son: la casa parroquial, el tribunal, donde está la cárcel, y la escuela pública, á la que concurren unos 140 niños; cuyo maestro tiene la dotacion de 36 pesos al año, pagados de los fondos de comunidad. Pasa por este pueblo la carretera que conduce desde Vigan á Lonag, y se recibe de la cab. el correo semanal establecido en la isla. El TERM. confina por N. con el de Cabugao, cuyo pueblo dista 1 ½ leg.; por el S. con el de Masingal (á 1); al E. tiene el mar, y por O. no se halla acotado en los montes que separan la prov. de Ilocos-Sur de la del Abra: hállase dentro del mismo un barrio de nuevos cristianos, que está casi en el mismo estremo de la pobl. por la parte de Oriente. Tambien comprende esta jurisd., que se estiende de N. á S. 1 ½ leg., y de E. á O. cerca de 2, una ranchería de Tinguianes que se halla al S. E.

del pueblo. Llámase esta ranchería Asilang, y el barrio que hemos dicho mas arriba Santa Mónica, por estar bajo la advocacion de esta Santa. Tiene este pueblo dos pequeños puertos ó radas, la una al N. O. del mismo, y la otra por la parte del S. O.: la primera es propia solamente para las embarcaciones cuyo porte no pase de 30 toneladas, y la segunda que es una especie de canal formado por dos arrecifes, tiene de profundidad 14 brazas y unas 40 de ancho; pero ninguno de estos dos puertos ofrecen mucha seguridad en tiempo de invierno, pues no tienen ningun abrigo. El TERRENO es bastante llano por toda la parte de la costa, pero en lo demas montuoso y quebrado. Riéganlo dos r. que corren por la parte del S.; el uno fuera ya de la jurisd.; pero se aprovechan sus aguas por medio de presas y zanjas; y el otro corre junto á la misma pobl., regando las tierras á der. é izq. por los mismos medios. Sin embargo de ser todas estas tierras de regadío, sucede muchas veces que se pierden las cosechas cuando faltan las lluvias, pues regularmente en la época del estío, ó se secan estos r., ó traen muy poca agua. Los hab. toman de varios pozos el agua para beber y demas usos domésticos, sirviéndose poco de las del r. Las aguas que beben son algo pesadas, por lo que hacen daño á los que no están acostumbrados á ellas. Al E. del pueblo se halla la cordillera que separa la prov. del Abra de la de Ilocos, y está cubierta de bosques, donde se crian muchas clases de maderas, como el palochina, casilasan, aniquet, bio, pameclaten, candaroma, abitong, pañgalonaehien, maraeatud, callos, taculao, adaan, dampra, cadir, etc.; algunos de estos no son muy buenos para los edificios de cal y canto por tener poca resistencia á la fuerza de la cal, pero regularmente todos ellos sirven para la construccion de las otras casas. Tambien se halla en estos bosques el árbol llamado *ateng*, del cual se saca la brea; el *ananggui*, del que se estrae una especie de incienso, y el *malapaco*, que da cierta clase de resina que aprovechan los naturales. Nacen de esta cordillera tres arroyos; el uno va á unirse al r. de Cabuao, cuyas aguas se dirigen á los dos esteros que se hallan en los sitios llamados Quinmarayan y Lapung, por la parte del N. y N. O.: los otros dos son afluentes de los r. mas arriba mencionados. El Banig es el principal de todos los montes que se elevan por esta parte; junto á este hay un gran número de colinas ó montecillos apiñados unos con otros: la cima de todos estos se llama Tapao, todos están cubiertos de cañas bojas que pertenecen á la comunidad y á algunos particulares. Al S. del pueblo hay otro montecillo que tiene mas de ¼ leg. de largo; á este se llevan á pastar los ganados en tiempo de invierno. Sigue hácia el N. la cordillera del E. y con su ramificacion al O., forma un ángulo que llaman Darao; ofrece tambien buenos pastos para tiempo de lluvias. En todos estos montes se encuentra abundante caza mayor y menor, como búfalos, jabalíes, venados, gallos, tórtolas, etc. PROD. arroz, maiz, trigo, mijo, algodon, almojadas, mangas, camachiles, lomboyes, naranjas, etc.; las principales cosechas son las de arroz y maiz; el primero vale en el puerto de 8 á 12 reales el caban, y el segundo, en tiempo de cosecha, de 4 á 6 rs. el millar de mazorcas. IND.: la mas comun es la agrícola, dedicándose casi todos á trabajar la tierra; por cuyos jornales pagan 22 cuartos si llevan de suyo el carabao, y 12 si no lo tienen: los que se dedican á la fabricacion de tejidos ganan de 12 á 2 cuartos, pero estos son pocos, porque generalmente son las mugeres las que hacen el hilado y los tejidos de algodon; algunos se ocupan en la caza y mas particularmente en la pesca y cria de ganados; siendo los animales preferidos las vacas y carabaos. Hay feria en este pueblo; pero en ella no se vende mas que arroz, verduras y otros art. de primera necesidad. El COMERCIO se reduce casi todo á la esportacion del arroz, maiz, á la venta del ganado y diferentes clases de telas; importándose en cambio algunos de los art. de que se carece. POBL. 4,937 alm., trib. 1,070 ½, que ascienden á 10,703 rs. plata, equivalentes á 26,762 ½ rs. vn.

LAPOGAN ó SIBUG: visita ó anejo del pueblo de Tumauini, en la isla de Luzon, prov. de Cagayan; hállase en los 125° 11' long.· 17° 15' 10" lat., á la orilla del r. á que da nombre, terreno llano, y CLIMA templado.

POBL., PROD. y trib. se incluyen en el artículo de la matriz.

LAPOGAN ó SIBUG: r. de la isla de Luzon, prov. de Cagayan: nace en los 125° long., 17° 17' lat.; dirígese al E., y pasando próximo al barrio de que toma nombre, desagua al N. del mismo, en el r. grande de Cagayan, á los 125° 11' 30'' long., 17° 14' lat., despues de haber corrido unas 4 leg.

LAPPAO: barrio del pueblo de Camarag, cab. de la prov. de Nueva-Vizcaya, en la isla de Luzon: en la relacion de la fuga de dos apóstatas de Iguig, pueblo de la prov. de Cagayan que se incorporaron con los gaddanes el uno y con los negros de Ududan el otro, se dice que les siguieron algunos malos cristianos del pueblo de Lappao y de los de Camarag y Paddad. Incluimos este barrio en la descripcion de su matriz.

LAPOLAPO: barrio del pueblo de Ibaan, en la isla de Luzon, prov. de Batangas, arz. de Manila; tiene muy pocas casas y es puramente agricultor. PROD., POBL. y trib. se incluyen en el art. de la matriz.

LAR

LARAC: islita adyacente á la isla de Mindanao.

LARASIN: r. de la isla de Luzon, prov. de Tayabas; nace en los 125° 3' long., 14° 2' lat., al pie del monte de San Cristobal, en el térm. de Tiaon; dirígese al S. O. y desagua en el rio de Tiaon á los 125° 30' long., 13° 59' 50'' lat., despues de haber corrido 1 ½ leg.

LAS

LAS PIÑAS: pueblo con cura y gobernadorcillo, en la isla de Luzon, prov. de Tondo, dióc. de Manila; SIT. en los 124° 39' 10'' long., 14° 29' lat., en la playa de la bahía de Manila, de cuya ciudad dista 2 ½ leg. al S.; el CLIMA es templado y saludable. Tiene unas 684 casas, entre las que se cuentan el tribunal, donde está la cárcel, y la parroquial, que son los mejores edificios, escepto la igl. parr.; esta fué erigida en tal parroquia el año 1797, se halla bajo la advocacion de San José, y la sirve un cura regular. Hay escuela de primeras letras, dotada de los fondos de comunidad. La calle principal es la calzada que atraviesa por el mismo en direccion de Parañaque á Bacor; hácia este último pueblo tiene el de Las Piñas dos puentes; el uno á la salida del pueblo por la parte S., este es de sillería y bóvedas; tiene dos arcos de figura elíptica, de 7 varas de diámetro y 2 varas 6 pulgadas de sagita, y se halla sobre el riach. llamado *Tripa de gallina*, habiendo sido construido en el año 1809; el otro sit. al S. O. del pueblo en el mismo camino, á 1 milla sobre el r. Zapote, que determina por esta parte los límites de la prov. de Tondo y Cavite, es tambien de sillería y tiene 3 arcos rebajados; el del medio de 12 varas de olaro, y los otros dos de 6 varas y 2 pies cada uno: fué construido en los años 1817 y 18. El TÉRM. confina con los referidos pueblos de Parañaque al N. (½ leg.), y Bacor al S. O., (½ leg.); al O. con la bahía de Manila, y al E. no está determinado su límite. El TERRENO en general es llano, y su principal PROD. es el arroz, que da lo bastante para la manutencion de los naturales. IND.: la fabricacion de algunas telas; la de la sal y de la cal, fácil por la abundancia de piedra buga que se encuentra en la playa; tambien hay algunos artistas, aunque son muy pocos, en cuanto lo exigen las necesidades del pueblo. POBL. 3,276 alm., trib. 775, que ascienden á 7,750 rs. plata, equivalentes á 19,375 rs. vn.

LAT

LATAG: fuerte del pueblo de Santiago, á 1 leg. del mismo, en la isla de Luzon, prov. de Ilocos Norte; hállase SIT. en los 124° 24' long., 18° 8' 30'' lat., á la orilla izq. de un r., y en sitio á propósito para la defensa de estas tierras y del pueblo.

LAU

LAUAG ó LAOAG: pueblo con cura y gobernadorcillo, cab. de la prov. de Ilocos-Norte, en la isla de Luzon, dióc. de Nueva-Segovia, residencia del alc. m. de la prov. que administra justicia; la gobierna y recauda los trib. y rentas de la misma. Se halla srr. en los 124° 44' long., 18° 12' lat., á 1 leg. del mar, á la orilla de un r. que pasa tambien por los pueblos de Dingras, Sarrat y San Nicolás, antes de llegar al de Laoag, que es donde toma su nombre; en terreno llano y arenisco, despejado, y CLIMA de los mas sanos, por no tener laguna ni pantano alguno en sus inmediaciones, y disfrutar una atmósfera limpia que presenta un hermoso cielo; por lo que sin duda le dieron este nombre de Lauag, que quiere decir CLARIDAD. Está libre á los vientos del O., ó sea del mar, cuyo viento suele acudir á templar el rigor del sol por las 4 heras que se halla este mas próximo al meridiano de este pueblo, esto es, de 10 á 2, lo que se esplica fácilmente por la mayor densidad que recibe durante el dia la atmósfera marítima, con lo que viene á gravitar sobre la terrestre mas enrarecida que aquella; lo mismo que sucede durante la noche en razon inversa; pues entonces es mas densa la atmósfera de la tierra que la del mar. Tambien se esplica por otras razones físicas, como en los meses desde noviembre á mayo suelen reinar mas los vientos del E., alternando con los del N., y en los meses restantes los del S. Las enfermedades mas comunes son los espasmos, dolores de costado y algunos casos de tisis: parece tambien que de pocos años á esta parte se han desarrollado algunas afecciones sifilíticas, enfermedades que no se conocian antes; pero de estas se libran pronto los naturales con las muchas medicinas y específicos que tienen para curarlas. Se fundó este pueblo en el año de 1586, y en el dia tiene unas 4,000 casas, entre las cuales hay algunas de tabla; estas casas son de 10 á 12 varas de largas y unas 7 de anchas; las restantes son de caña, construidas sencillamente, como casi todas las de los indios; tienen de 6 á 7 varas de largas y unas 4 de anchas: las calles son rectas, el piso terraplenado con cascajo y teja, y el ancho de todas ellas viene á ser de unas 8 varas. No hay mas que una plaza, donde está el mercado, y una de sus fachadas es la de la Casa Real, donde habita el alc. m.; este edificio es de piedra y ladrillo, y de buena fábrica, siendo uno de los mas notables. No lo es menos

el de la casa parroquial por lo elegante de su construccion y solidez de su fábrica: hállase esta aun por concluir, pero en la actualidad se presenta ya como el mejor edificio de todo el pueblo, y aun de teda la prov. La cárcel se halla en la misma casa Real, que viene á ser lo que llaman tribunal ó casa de comunidad en otros pueblos, titulándose en este solo Casa Real, por habitar en ella el alc. m., como y ahemos dicho. Hay una escuela de primeras letras para los niños, á la que concurren unos 500 de estos, y tienen dos maestros, dotados cada uno de ellos con el sueldo de 36 pesos al año: ademas hay algunas otras de particulares. La igl. parr. que se fundó bajo la advocacion de San Guillermo, es de muy buena fábrica, y se halla servida por un cura regular y 4 coadjutores del clero secular; todos los feligreses se hallan bajo campana, no habiendo barrio alguno fuera de la pobl. Tiene tambien este pueblo en sus afueras un hospital de lazarinos, sostenido por el cura párroco y algunas limosnas que se hacen de las multas que imponen los alc. m. á los naturales. Fué su fundador el P. Fr. Vicente Febres, agustino calzado, á cuyas espensas se construyó este edificio en el año de 1814: es todo de caña, de unas 30 varas de largo y 9 de ancho, y un teniente del tribunal con dos polistas está encargado de la administracion y cuidado de este benéfico establecimiento. Tambien se halla el cementerio fuera de la pobl., por la parte del N., sit. en un llano con buena ventilacion y bastante capaz. No hay ferias determinadas en ninguna época, pero sí un mercado diario en que se venden los art. de primera necesidad, el cual está en la plaza. Las aguas de que se sirven los naturales para el consumo doméstico, se sacan del r. arriba mencionado, que son muy buenas y delgadas: pues vienen ya desde gran distancia, entre montes y por cascadas, llegando á este punto bastante purificadas y batidas. Comunícase este pueblo con los inmediatos Bacarra, Vintar, San Nicolás y Sarrat, por medio de buenos cáminos y calzadas magníficas, pudiéndose ir por ellas en carruaje, con comodidad y breve tiempo; están todas tiradas á cordel y con árboles en ambos lados, de modo que son unos amenos paseos. El correo de Manila se recibe por lo regular todos los jueves, y sale de esta cab. los lunes á las 6 de la tarde. El TÉRM. confina por N. con el de Bacarra y Vintar cuyos pueblos distan 1 ¼ leg.; por S. con el de San Nicolás (á ¼ leg.); por E. con el de Sarrat (á 1 ¼ id.); y por el O. con el mar, dist. 1 leg. Esta jurisd. comprende solamente de N. á S. ½ leg., y de E. á O. poco mas de 1 ½ El TERRENO en general es de una tierra negra, de una fertilidad asombrosa; pero la falta de aguas á su debido tiempo hace á veces que se pierda la cosecha: carece de tierras de regadío, y los naturales, no pudiendo estraer las aguas del r. inmediato por estar este mucho mas bajo que lo demas del terreno, y no pasando otro alguno por el término, se ven de continuo espuestos á las malas consecuencias de las sequias, y casi á la completa pérdida de sus cosechas. Hay algunos cerrillos ó lomas, las cuales no tienen tanta fragosidad como lo demas del terreno; en esta parte no siembran mas que caña boja; encontrándose asimismo espesos bosques, donde se crian escelentes maderas y caza mayor y menor. Hay tambien otros sitios muy á propósito para la cria de ganados, que es muy comun, no solo en este pueblo, sino en toda la prov. Las principales PROD. son el arroz, que es tan apreciado allí, como en España el de la huerta de Valencia: los chinos lo prefieren al de las otras prov. del archipiélago, y es muy estimado en su mercado, para donde se hace toda la estraccion; tambien se coge bastante algodon, muy buen añil, caña dulce, menestras, mangas, plátanos, letondal y otras muchas clases de frutas. IND.: ocúpanse generalmente los naturales en el beneficio de las tierras, y en la cria de ganados vacuno, caballar y lanar, prefiriendo el primero á los demas. Algunos vecinos de este pueblo tienen á corta distancia del mismo por la parte O., una grande hacienda de ganado mayor. Ocúpanse otros en la caza de venados y jabalíes, usando para ello de armas que no les estén prohibidas, pues á la de aves no pueden dedicarse por no poder tener escopeta sin licencia espresa del gobernador, y otros varios requisitos, que les hacen preferible dedicarse á la pesca. Tambien saben beneficiar la caña dulce, con lo que hacen

luego parte de su comercio. Las mugeres se dedican al hilado y manufacturas de seda y algodon, haciendo unos tejidos primorosos; y es en verdad lamentable la poca salida de estos géneros y su decadencia, por la mucha importacion de los estrangeros en la prov. Siendo cura de este pueblo el Ilmo. y Rmo. Sr. D. Fr. Vicente Barreiro, introdujo los telares de lanzadera volante, en los que se tejen magníficas mantelerías de á 2 ½ varas de ancho y de mucho gusto. El COMERCIO que hacen los naturales se reduce á la esportacion de arroz, vinagre, algodon, azúcar, cueros de carabaos y géneros que llevan á Manila y otras prov., ya para cambiarlos por otros art., ó por metálico.

Antiguamente eran visitas de este pueblo S. Nicolás, S. Juan de Sahagun y Sarrat, pero el aumento siempre progresivo de la pobl., hizo necesario dividirlas y formar 3 pueblos separados. Lauag, que siempre ha tenido una pobl. considerable, ha merecido mas que ningun otro una particular atencion por ser sus naturales algo inquietos. Desde los primeros tiempos de la conquista demostró ya su propension á los levantamientos, y aun en nuestros dias, no hace muchos años, hubo una revuelta promovida por el cailyanismo, (indios que no pertenecen á la principalía), y fué necesaria para calmarla, la presencia del Ilmo. y Rmo. Sr. obispo de la dióc. D. Fr. Vicente Barreiro, cura que fué de este pueblo, y en el cual dejó un grato recuerdo por sus desvelos y afanes en bien de sus feligreses. Los usos y costumbres de estos naturales son como se puede ver en el art. general de la prov., muy parecidos á los de los tágalos; sin embargo, desde hace algunos años se han relajado bastante á causa de la mayor concurrencia y roce con diversas gentes. Si no estuviéramos convencidos de cuanto es el indestructible influjo del incansable celo que han desplegado todos los curas párrocos que han administrado este pueblo, y de lo que puede esperarse del que dignamente lo tiene á su cargo, mucho recelariamos no viniesen á resentirse de un modo lamentable su prosperidad y adelantos en la civilizacion. Pero afortunadamente no será asi, pues aunque el mal ejemplo ha sido imitado por algunos naturales, el benéfico ascendiente de su párroco, la rectitud y celo de las autoridades, la mano activa y bienhechora del superior gobierno de la colonia, velan de continuo contra los abusos.

Conserva este pueblo los restos de los insignes PP. Fr. Antonio Mixia, célebre escritor, y el venerable Fr. Manuel Mariaga, fundador del pueblo de Santiago, que es célebre por los hechos admirables que de él se refieren en la conversion de infieles de aquellas cercanías y las de Cagayan. Tambien han sido curas párrocos de este mismo pueblo los Ilmos. Sres. obispos de Nueva-Segovia D. Fr. Agustin Pedro Blaquier, y D. Fr. Vicente Barreiro, como ya hemos dicho, que tan dignamente ocupa la silla en la actualidad. En el dia la POBL. es de 54,560 alm., paga 7,430 trib., que ascienden á 74,300 rs. plata, equivalentes á 185,750 rs. vn.

LAUAN: visita ó anejo del pueblo de Baleno de cuyo pueblo dista como 2 ¼ leg. al N. E., en la isla de Masbate, comandancia militar de esta isla y de la de Ticao; SIT. en los 127° 1' 50'' long., 12° 24' 55'' lat., á la orilla izq. de un r., en TERRENO llano, despejado, y CLIMA saludable y templado por las brisas marítimas. El TERM. es llano hacia el O. ó sea hacia el puerto de Barreras, y montuoso en todo lo demas. En sus montes se crian escelentes maderas, caza y abejas que dan buena miel; las otras PROD. asi como la POBL. y trib., se comprenden en el art. de la matriz.

LAUAN: visita ó anejo del pueblo de Romblon, en la isla de Tablas; SIT. en los 125° 42' 10'' long., 12° 15' lat., á la orilla izq. de un r., próximo á su boca, en la playa de la ensenada de su mismo nombre. El TERRENO donde se encuentra SIT. es llano, pero se halla rodeado de montes, sin que por eso deje de ser bastante ventilado; su CLIMA es templado y saludable. Dista de su matriz, que se halla en continente distinto, unas 9 leg. y en su art. comprendemos la POBL. y los trib. de esta dependencia.

LAUAN ó LABAN: visita del pueblo de Banton, prov. de Capiz, dióc. de Cebú; hállase en continente distinto del de su matriz, pues esta se encuentra en la isla de su mismo nombre y Laban en la de Tablas. PROD.:

las propias de la isla. POBL. y trib., inclúyese en el art. de la matriz.

LAUAN: ensenada de la costa E. de la isla de Tablas; hállase entre los 125° 45' long. 125° 47' id., y los 12° 15' lat., 12° 21' id.: tiene un buen fondeadero, pero se halla poco abrigado del monzon del N. E. Cerca de la playa de esta ensenada se halla la visita que le da nombre.

LAUEG: guardia ó bantay, en la isla de Luzon, prov. del Abra; SIT. en los 124° 30' 30'' long., 16° 42' 30'' lat., á la orilla de un r., y al pié de los montes de la cordillera Central, que la defienden de los monzones del E., y el monte Guingui de los del N. E.

LAUIGA: punta de la isla y prov. de Mindoro; SIT. en la costa meridional de la misma, á los 124° 48' long., 12° 42' lat.

LAUIS: (v. PINAMONTUGAN).

LAURIGAN: punta de la costa S. de la isla de Mindoro; SIT. en los 124° 58' 40'' long., 12° 15' 40'' lat., en la ensenada de Bulacan.

LAV

LAVAGUIN CHICO: bajo ó escollo próximo á la costa S. E. de la isla y prov. de Mindoro, al N. O. de otro escollo mayor que se conoce con el mismo nombre de este, y el calificativo de Grande; SIT. en los 125° 8' 50'' long., 12° 34' 30'' lat.

LAVAGUIN GRANDE: bajo ó escollo próximo á la costa S. E. de la isla y prov. de Mindoro; SIT. en los 125° 9' 30'' long., 12° 34' lat.

LAVIBIAN Ó BASAAL: r. de la isla de Luzon, en la prov. de la Laguna: nace en la falda N. del monte Sungay, en los 124° 42' long., 14° 12' lat.; dirígese al N. E. y pasando por el O. de Cabugao, va á desaguar en la Laguna de Bay, al S. del pueblo de Sta. Rosa en los 124° 47' 30'' long., 14° 18' 30'' lat.; corre unas 4 leg.

LAVIGAN: ranchería de infieles, en la isla de Panay, prov. de Iloilo, TÉRM. del pueblo de San Joaquin; desconocemos el reconocimiento que paga.

LAYA: pueblo de nuevos cristianos, en la isla de Luzon, comandancia político-militar de Igorrotes, en la parte que linda con la prov. de Ilocos Sur. En 1849 solo pagaba aun 7 trib.

LAYAG: monte de la isla de Masbate; hállase en el centro de la isla, al S. del puerto de Barreras, y su cúspide en los 127° 1' long., 120° 19' 30" lat. Este monte, que es de bastante elevacion, se halla cubierto de espesos bosques donde se crian buenas maderas de diferentes clases, caza mayor y menor, y muchas abejas que dan buena miel y cera.

LAYANLAYANG: pequeño barrio del pueblo de Angat, en la isla de Luzon, prov. de Bulacan, arz. de Manila; sus naturales se dedican al cultivo de sus tierras; PROD. POBL. y trib. van incluidos en el articulo de la matriz.

LAYAUAN: pueblo de la isla de Mindanao, en la prov. de Misamis, dióc. de Cebú; empezó á formarse en el año 1849, y en el dia tiene ya la casa tribunal y otras 20 de particulares, entre las cuales hay algunas que no estan concluidas.

LEA

LEAUGAN: pueblo del sultanato de Mindanao, en el distrito llamado de los Illanos.

LEB

LEBANG: ranchería de infieles, en la isla de Luzon, prov. de la Union; SIT. en la falda del monte de su mismo nombre, en los 124° 18' long., 16° 12' 40" lat.

LEBANG: monte de la isla de Luzon, en la prov. del Abra; hállase su cumbre en los 124° 17' long., 16° 12' 40" lat., y en su falda por la parte N. E. está SIT. el pueblo de Igorrotes que se espresa en el anterior articulo

LED

LEDAC: ranchería de Igorrotes, en la isla de Luzon, comandancia político-militar de Igorrotes, en la parte que linda con la prov. de Ilocos-Sur; en 1849 presentó su reconocimiento 220 trib. 550 almas.

LEGASPI: islote adyacente á la costa S. O. de la isla de Samar; SIT. en el estrecho de San Juanico, en los 128° 34' 40" long., 11° 24' lat.

LEY

LEYTE: una de las islas visayas en el archipiélago Filipino; formó antiguamente con la de Samar una sola prov. (V. SAMAR, isla); se halla SIT. al S. O. de la de Samar, al E. de las de Bohol y Cebú, y al N. de la de Mindanao, compendida entre los 127° 53' y los 128° 53' long., 9° 49' lat. 11° 34' id. Presenta una figura cuadrilonga bastante irregular, cuyo largo se estiende de N. á S. por unas 30 leg. en linea recta, con unas 14 en su mayor anchura, las cuales por un promedio, atendiendo á la configuracion de la isla, dan á esta una superficie de 312 leg. cuadradas. Tiene unas 100 leg. de costas en las que se encuentran buenos puertos y varias ensenadas. Desde la punta Gigantangan (cab. N. de la isla) hasta la de Pogotos se halla la costa N. junto á la cual se encuentra la isla de Panamao, frente á una ensenada donde está el puerto de Leyte, muy seguro y defendido de los vientos de N. E. y N. por la referida isla; en él pueden surgir las embarcaciones de mediano porte; al E. de esta ensenada y en la misma costa N., hay otra aun mucho mayor que la primera, y en la que se encuentran los pueblos de Canigara y de Barugo y la punta de San Miguel; sigue despues el estrecho de San Juanico, que se forma con la costa S. O. de la isla de Samar, y la del E. de la que describimos. En la boca del estrecho por esta parte del E. se halla el pueblo de Taclovan; luego en direccion al S. el pueblo de Palos, la batería de Cominis, los pueblos de Tanavan, Vigia, Inapuson y Dulag, la punta Labiranan, el desagüe del rio Maya, el del rio Bito, el pueblo de Abullo ó Abullog, la punta Taytay, y la de Maragusan, donde principia la costa S. E. en la que están el pueblo de Cabalian, el puerto y pueblo de Sogod y como término, la punta Ninipo, estremo S. de la isla; desde esta punta hasta la de Masi se comprende la costa S. O., donde se halla el pueblo de Ma-asin y la desembocadura del rio Masi; principia luego la costa O. formando una ensenada desde esta punta Masi hasta la de Hilongos donde se hallan el pueblo de Hilongos y dos visitas de él; hay despues otra ensenada de unas 20 leg. de bojeo al O. de la cual estan sit. las islas Lamotes, y sobre la misma costa los pueblos de Jalobon, Pangsangajau y Ogmug; siguiendo la misma costa se encuentran el pueblo de Siapon, la punta Aguombo, el pueblo y puerto de Palompon, y la batería de Daja en la cabeza N. de la isla. El CLIMA de esta isla, aunque cálido, es saludable y se halla muy sujeta á los huracanes. En sus montañas, que estan bien cubiertas de la gran vejetacion propia del archipiélago, se encuentran varios cráteres de volcanes apagados, y contienen gran cantidad de conchas, que brillando con los mas variados colores manifiestan los grandes trastornos físicos que ha sufrido la isla, habiendo llegado las aguas á dominar sus montañas y probablemente á separarla de la de Samar, con la que formaria en lo antiguo un solo continente. Sus volcanes han podido dar ocasion á todo esto, asi como han hecho que estos montes abunden en azufre y otras muestras de su ignicion. Tambien hay minas de oro, iman etc. En las selvas se halla mucha miel y cera que elaboran las abejas. Hay la caza que en todos los bosques del archipiélago, escepto búfalos que no se hallan en estos montes. Habítanlos bastantes indios llamados montescos; no hay negritos ni otra casta que difiera de la pobl. culta de la isla. De estas montañas nacen varios rios de alguna consideracion, como son el Maya, que corre unas 8 leg. de O. á E. y viene á desaguar en esta costa; el Barugo, que baña el pueblo de su mismo nombre, y el de Alangalang, cuyo nombre toma tambien al pasar junto á él; el de Leyte, que nace de un lago que hay una leg. al O. de Jaro, riega las tierras del pueblo de su mismo nombre y va á desaguar por la costa N. de la isla; el Bito, que tambien nace de un lago que tiene su mismo nombre, es muy caudaloso aunque apenas tiene 5 leg. de curso; el Masi nace al pie de los montes del S. de la isla, corre unas 6 leg., bañando el térm. del pueblo de Ma-asin, y va

á desaguar junto á la punta de su mismo nombre al S. O. de la isla. Hay además de estos otros de no menos importancia, que regando las llanadas de la isla, prepara el terreno á las prod. y le fertiliza. Tambien hay en esta isla dos lagos que ya hemos nombrado, y son, el de Bito, sit. entre los 128° 27' long., 128° 32' id., y 10° 47' lat. 10° 51' id; tiene de bojeo 5 ½ leg. y su distancia de la costa E. de la isla es de unas 2 ½ leg.; este lago tiene comunicacion con el mar por medio del rio Bito que ya hemos citado. El otro lago que se encuentra en el término de Jaro es de menos bojeo, pues vendrá á tener tan solo 4 ½ leg., comunicándose tambien con el mar por el rio de Leyte que desagua en el puerto de su mismo nombre. Dista unas 3 ½ leg. de la costa O. de la isla y está sit. entre los 128° 12' long., 128° 16' id., y 11° 7' lat. 11° 9' id. El monte Mondiuin que se halla en el térm. de Palompon es de una elevacion considerable; está cubierto de espesos bosques que producen varias clases de madera para construccion de embarcaciones etc. El TERRENO en general es montuoso, aunque no deja de haber grandes valles que los naturales cultivan y forman en ellos sus sementeras de arroz y trigo, plantando tambien algodon, abacá, añil, pimienta, cacao, café, caña dulce, etc. En sus montes se coje mucha brea, que es uno de los renglones que constituye el comercio de estos isleños; pues desde los primeros tiempos de la conquista era ya muy considerable la estraccion de este artículo que se hacia de esta isla.

Estando aun en Cebú el general Legaspi envió á Pedro de Herra á Leyte en busca de brea. Fue notable en aquella espedicion que los soldados confiados en la amistad de los indios dejaron las armas en las embarcaciones para salir á recibir la brea, y viéndolo los isleños cayeron sobre ellos en términos que los pusieron en grande aprieto, y consiguieron salvarse en la fuga muriendo uno de sus compañeros.

La miel y la cera se cojen en abundancia y forman otro de los productos que la enriquecen, habiendo pagado por largo tiempo sus tributos en esta especie. Además se crian muchas clases de palmas y bejucos, diferentes frutales silvestres y algunas raices alimenticias. Los naturales cultivan el coco con gran esmero, y es muy apreciada por ellos esta planta por la utilidad que les reporta la estraccion del aceite que hacen de esta fruta. Los huracanes suelen destruir con alguna frecuencia los hermosos cocales de esta isla. Igualmente se esmeran en el cultivo del tabaco y el abacá. A últimos del siglo pasado y principios del actual, un alc. m. trató de fomentar la produccion del añil, pero la prov. pareció contraria ante la superioridad, entablándole pleito por estorsiones, y aunque ganó este pleito, perdió las ventajas que podia haber conseguido por medio de la espresada produccion que ya no volvió á promoverse. La caza les proporciona otro alimento á los naturales, como tambien la pesca; de la primera la hay tanto mayor como menor, y la segunda la hallan no solamente en sus costas que les suministran sobre todo balate, sino tambien en sus rios y lagos. Además se hallan en varias concabidades y simas algunos nidos de

salanganes, tan estimados de los chinos. La IND. de los naturales, además del aprovechamiento de todos estos productos y elementos de riqueza, consiste en la fabricacion de varios tejidos muy apreciables, que aumentan el número de los artículos de COMERCIO: el de esportacion es notable, pues posee esta isla todos los elementos mas propios para su elevacion, y el de importacion consiste en varios géneros de costa y China, y azúcar, pues aunque se tiene caña dule no se fabrica. POBL. (v. LEYTE, prov.)

LEITE ó LEYTE: una de las prov. visayas, formada por la isla de su nombre y sus adyacentes Panamao, Maripipi, Pantahon, Bilirán y las pequeñas Camotes. La capital ó cabecera Taclovan se halla en el continente de Leite sobre la boca esterior ó S. E. del estrecho de San Juanico; es la residencia de un alc. m. de ascenso encargado de la administracion de justicia y recaudacion de las rentas públicas: en lo eclesiástico pertenece esta prov. al ob. de Cebú. Su pobl. y trib. son como figuran en el siguiente estado.

PROVINCIA DE LEYTE.

PUEBLOS.	ALMAS.	TRIBUTOS.	RS. PLATA.	RS. VELLON.
Maasim.	13,169	2,839 ½	28,395	70,987 ½
Hilongos ó Jilongos.	12,457	2,370	23,700	59,250
Baybay.	2,779	886 ½	8,865	22,162 ½
Palompon y Ormoc.	8,569	2,181 ½	21,815	54,357 ½
Bilaran, Maripipi y Caibiran. . .	1,973	470 ½	4,705	11,762 ½
Carigara y sus visitas Capaocan y Leyte..	11,407	2,313 ½	23,135	57,857 ½
Barugo.	12,240	3,045	30,450	76,125
Tacloban.	2,494	472	4,720	11,800
Paló.	8,325	1,715	17,150	42,875
Tanauan.	10,121	2,535	25,350	63,375
Dagami..	12,297	2,148 ½	21,485	53,712 ½
Barauen.	5,316	1,189 ½	11,895	29,757 ½
Dulag.	5,720	1,210 ½	12,105	30,262 ½
Abuyog.	6,070	1,539	15,390	38,475
TOTAL.	112,937	24,916	249,160	622,900

Esta es una de las prov. en que mas se ha esplicado el gran movimiento progresivo de la pobl. del archipiélago en los últimos tiempos, pues data de pocos años la consideracion del número de sus almas y tributos que desde la conquista de la prov. se conservaba reducido por los continuos rebatos y desgracias que recibia de los moros, quienes ocultos en sus muchas ensenadas acechaban constantemente la ocasion de hacer los mayores estragos en todos los pueblos, diezmando con la mayor frecuencia los vecindarios. La poblacion de Leite no solo es de la misma ralea de la de Samar, sino que ni ha recibido distintivo característico alguno de las diferentes localidades : el carácter de esta pobl. se ha presentado como muy recomendable desde el principio de la conquista, aunque no ha dejado de tener sus desvíos momentáneos como ha sucedido en todos los paises. Entre las dos puntas de Cabalian y Nanguipo, que hacen la parte mas meridional de Leite, y la parte mas setentrional de Mindanao, hay varias islas que forman algunos estrechos, por donde pasaron Magallanes y Miguel Lopez de Legaspi con sus respectivas escuadras. Una de estas islas se llama Dimassaoa ó Limasava, tiene 4 leg. de larga y 2 de ancha. Su reyezuelo recibió á Magallanes con mucho agasajo y contrajo amistad con los españoles á quienes acompañó á Cebú y se bautizó. Probablemente renunció á su bautismo como lo hizo el rey de Cebú despues de la muerte de Magallanes, y así fue que Legaspi le halló con el nombre de Bangear. Tambien recibió á Legaspi y le agasajó, acompañándole; volvió á cristianarse y en su consecuencia el rey D. Felipe II le espidió cédula en que le concedia muchos privilegios. Despues ya en su vejez, viendo que los naturales de la isla de Bohol se sublevaron el año 1623, siguió su ejemplo y promovió un alzamiento contra el que hubo de acudir una armadilla que derrotó los indios, muriendo Bangear en la refriega atravesado de una lanza ; su cabeza fue puesta al público suspendida de una escarpia. El territorio de Leite comprendido desde Concavato hasta la punta de Cabalian, con bastante estension en lo mediterráneo, formaba el antiguo reino de Tangdaya de que hacen mencion muchas historias, porque su reyezuelo llamado Tangdaya recibió á la armada de Villalobos en 1543 y le manifestó muy particular aprecio. Legaspi pasó

tambien por esta comarca. Los jesuitas instruyeron á los naturales en la religion; despues de la espulsion de estos quedaron á cargo de los agustinos, y siendo algunos párrocos cautivados por los moros sin que el personal de la órden pudiese acudir á su oportuna reposicion, se vió esta precisada á ceder á los clérigos seglares la mitad de estos ministerios. En 1735 comprendia esta prov. la isla de Samar, y á pesar de ello no contaba mas que 55,259 alm. y pagaba 11,331 trib., que eran estas á aquellas como 1 á 4 ⁷/₈. Las irrupciones y piraterías de los moros trabajaban de tal modo esta prov., que en 1798 lejos de haberse aumentado su pobl. aunque ya se habia separado la isla de Samar y formaba otra prov., se habian disminuido en bastante número, pues entre ambas prov. solo tenian 52.955 alm. y pagaban 10,860 trib., que eran á aquellas como 1 á 4 ⁷/₈. Leite contaba entonces 37,433 alm. y 7,678 trib., que importaban 10,011 ps. f. 6 rs. pta., y siendo 6,334 ps. f. 6 rs. pta. 2 mrs. las cargas fijas, quedaba un residuo de 3,680 ps. f. 5 mrs. Desde aquella época empezó á manifestarse en incremento aunque de un modo muy pausado, pues hasta el año 1818 solo se aumentaron en 3,190 las alm., y en 446 los trib. Eran entonces estos á aquellos como 1 á 5 y se hallaban formando los vecindarios que se manifiestan en el estado núm. 4.

Despues llegó á tomar tal movimiento el desarrollo de la pobl. de la prov., que en los 37 años siguientes ascendió á mas del duplo, pues en 1845 tenia 89,322 alm. y pagaba 18,438 trib., siendo estos á aquellas como 1 á 4 ⁵/₈ lo que acreditaba el grande aumento que habian de recibir pronto los trib., al paso que los exentos por falta de edad fuesen llegando á la de tributar. Desde entonces, segun la guia de 1850 se han aumentado las alm. en el número de 16,368. La pobl. actual de la prov. es por consiguiente á la que tenia en 1798 como 2 ⁵/₈ á 1.

LEYTE: visita ó anejo del pueblo de Carigara (á poco mas de 2 leg.), en la isla y prov. de Leyte, dióc. de Cebú; sit. en la costa N. de la isla, á los 128° 5′ 30″ long., 11° 19′ 30″ lat., á la orilla de un r., terreno despejado, y CLIMA, aunque cálido, bastante saludable. Tiene muy pocas casas, y todas de sencilla construccion. (V. CARIGARA).

LIA

LIAN (ensenada de): SIT. en los 124° 16' 40'', y 124° 18' 30'' long., 13° 57' 30'', y 14° 1' 30'' lat., en la costa O. de la isla de Luzon, prov. de Batangas; penetra como ¼ leg. en la costa al S. E., y tiene unas 2 leg. de bojeo; es de muy escaso fondo, particularmente junto á la costa y hácia el centro de la ensenada. Está resguardada del viento N. E. por la parte de tierra, y la punta de San Diego la defiende por el S. O.; pero se halla sin fondeadero, á no ser para pequeñas embarcaciones.

LIAN: punta de la costa oriental de la prov. de Tayabas, isla de Luzon, en el seno de Gui-aayangan; SIT. en los 126° 16' long., 15° 44' lat.

LIAN ó LIANG: pueblo con cura y gobernadorcillo, en la isla de Luzon, prov. de Batangas, dióc. de Manila; SIT. en los 124° 21' long., 14° 2' lat., á la orilla izq. del r. á que da nombre, en terreno desigual y resguardado de los vientos del E. por el monte Batulao; su CLIMA es templado y saludable. Tiene 372 casas, inclusas la parroquial y la de comunidad, que son las mejores. El único edificio notable es la igl.; se halla servida por un cura secular. Hay escuela de primeras letras, dotada de los fondos de comunidad. El cementerio está sit. á corta dist. de la pobl., en terreno ventilado. Ademas de la calzada real que atraviesa por este pueblo, tiene otro camino bueno con direccion al E., que conduce á Caitinga. El TERM. confina por el N. O. con Nasugbu, cuyo pueblo dista unas 2 leg.; por O. con el mar y la ensenada á que da nombre; por S. S. E. con Calatagan (á 3 leg.); y al E. se halla el monte Butulao (á 5 leg.) El TERRENO es fértil, bañado por los r. Bayolbot, grande y chico, el de Catinga, Lian y algun otro. Las principales PROD. son arroz y abacá, teniendo ademas otras en menor cantidad. IDD.: la fabricacion de algunas telas de algodon y abacá, la caza, eria de ganados y la agricultura. POBL. 2,234

alm., trib. que pagaba en 1845, 967, equivalentes á 2,417 ½ rs. plata, que ascienden á 24,175 rs. vn.

LIANGA: visita de Daoao, cab. de la prov. de Nueva-Guipúzcoa, en la isla de Mindano, dióc. de Cebú; SIT. en la costa á los 129° 24' long., 8° 12' lat.: su CLIMA es bastante cálido. Se compone de unas 298 casas, entre las que se halla la de comunidad, que es la mejor de todas. PROD. arroz, trigo, poco maiz y algunas otras en corta proporcion. IND.: la agrícola, la caza y la pesca del balate, ocupándose tambien algunos en estraer el oro de una mina que hay en el térm. de esta visita. Su POBL. y trib. V. el estado de la prov.

LIAÑGAM: pueblo de la isla de Mindanao, en la prov. de Misamis, dióc. de Cebú; empezó á formarse en el año 1849, y en la actualidad tiene ya la casa tribunal y otras 14 de fábrica mas sencilla.

LIB

LIBACAO: visita del pueblo de Malinao, en la isla de Panay, prov. de Capiz, dióc. de Cebú; SIT. en la costa N. de la isla, terreno llano, despejado, y CLIMA templado y saludable. Tiene tribunal, en el cual está la cárcel, una pequeña igl., escuela con una corta dotacion pagada de los fondos de comunidad, y como unas 354 casas. En el art. de la matriz se incluyen su POBL. y trib.

LIBAGAO: islita adyacente á la de Mindoro; tiene poco mas de ½ leg. de larga, y media milla de ancha; se halla SIT. próxima á la punta Pandan, en la costa S. E. de la referida isla de Mindoro, y su centro en los 125° 5' 30'' long., 12° 12' 30'' lat.

LIBANCABANAN: islita adyacente á la de Masbate.

LIBAS: anejo del pueblo de Sulat, en la isla y prov. de Samar, dióc. de Cebú. Tiene tribunal, en el que está la cárcel, una pequeña y sencilla igl., escuela de primeras letras escasamente dotada, y como unas 487 casas. Su TERM. confina por el N. con el de la matriz, en cuyo art. incluimos la POBL. y los trib. de esta dependencia: sus PROD. y la ocupacion de los hab. son tambien considerados aunadamente con las de la matriz.

LIBAS ó LIVAS: islote adyacente á la isla de Samar; es muy pequeño é insignificante, y su centro se halla sit. en los 128° 34' long., 12° 32' lat.

LIBMANAN: pueblo con cura y gobernadorcillo, en la isla de Luzon, prov. de Camarines-Sur, dióc. de Nueva-Cáceres; sit. en los 126° 45' long., 13° 38' 30'' lat., á la orilla der. del r. de Vicol, que toma por esta parte el nombre de Libmanan hasta salir del térm. de este pueblo; en terreno llano y resguardado de los vientos del E. por el monte Isaroc; su clima es benigno. Tiene unas 1,174 casas, inclusas la de comunidad, en la cual está la cárcel, y la parroquial, que son las principales del pueblo; el edificio mas notable del mismo es la igl. parr., esta se halla servida por un cura regular, quien está ausiliado por un coadjutor secular. Hay escuela de primeras letras, dotada de los fondos de comunidad. El cementerio que está fuera del pueblo, es muy capaz y está bien sit. El térm. confina con el de Sipocot al N. O. (2 leg.); por E. con el de Guipayo (á 3 leg.); por N. con la bahía de San Miguel, y por S. y O. no tiene límites marcados. El terreno es fértil y llano hácia el E., montuoso y feraz al S. O.; por esta parte se encuentra el monte Bantuin, á 2 leg. dist. del pueblo. Sus prod. son arroz y abacá con abundancia, cacao, ajonjolí, cocos, frutas, legumbres, etc. ind.: la agrícola sobre todas, la fabricacion de sombreros de nito, esteras de palmas, varias telas de nipis, sinamayes ó guimaras, y otras de algodon; algunas de estas se tiñen de diferentes colores, y hacen con esto su comercio, como tambien con el sobrante del arroz. pobl. 7,066 alm.; trib. que pagaba en 1850, 1,744, que ascienden á 4,360 rs. plata, equivalentes á 43,600 rs. vn.

LIBOG: pueblo con cura y gobernadorcillo, en la isla de Luzon, prov. de Albay, dióc. de Nueva-Cáceres; sit. en los 127° 26' long., 13° 13' 40'' lat., en terreno llano, próximo a la playa N. del seno de Albay, y á la orilla izq. de un riach. que corre al S. O. del pueblo para desaguar en dicho seno; su clima es templado. Entre las casas de este pueblo se distinguen la parroquial y la de comunidad por ser de mejor fábrica que las demas las cuales son de caña, y de tablas algunas. Todas componen el número de 863; la igl. es de mediana fábrica, y se halla servida por un cura secular. El cementerio está fuera del pueblo, en terreno ventilado, siendo bastante capaz; la cárcel está en la misma casa tribunal. Hay escuela de primeras letras, dotada de los fondos de comunidad. El term. confina por S. O. con Albay, cab. de la prov. (á 2 leg.); por S. con el seno de Albay; al O. tiene el volcan de este nombre, y por E. el canal que forma la isla de Cacraray con la costa de esta parte de la prov. El terreno es fértil y se halla regado por algunos riach.; abundan sus montes en buenas maderas, caza y frutales; las tierras cultivadas producen arroz, abacá, maiz, caña dulce, ajonjoli, pimienta, etc. ind.: con preferencia se dedican á la agricultura, y tambien fabrican telas de varias clases, por lo que no carecen de prensas, y telares. pobl. 3,519 alm., 714 trib., que ascienden á 7,140 rs. plata, equivalentes á 17,850 rs. vn.

LIBONG: pueblo con cura y gobernadorcillo, en la isla de Luzon, prov. de Albay, dióc. de Nueva-Cáceres; sit. en los 127° 5' 25'' long., 13° 16' 50'' lat., en terreno llano, próximo á la orilla del r. La Inaya, al E. del lago de Bato, resguardado de los vientos N. E. por los montes de Buhi y Masuraga; su clima es templado y saludable. Hay unas 520 casas, el tribunal, donde se halla la cárcel, y la parroquial son los mejores edificios, esceptuando la igl. parr.; esta se halla servida por un cura regular. Hay escuela de primeras letras, dotada de los fondos de comunidad. El cementerio está á corta dist. de la pobl. El term. confina por S. O. con Oas, cuyo pueblo dista 3 ½ leg.; al O. tiene el lago de Bato, y por el E. y S. no están marcados sus confines. El terreno en general es llano, y se halla regado por varios r. que van á desaguar al referido lago de Bato. El maiz, abacá, caña dulce, añil, cocos y mongos son sus prod. ind.: la agrícola, la pesca y fabricacion de algunas telas, en cuya tarea se ocupan tambien las mugeres. pobl. 2,032 alm., 436 trib., que ascienden á 1,877 ½ rs. plata, equivalentes á 18,775 rs. vn.

LIBUNAO: visita ó anejo del pueblo de Pinabacdao, en la isla y prov. de Samar; sit.

en los 128° 35' 30" long., 11° 35' 30" lat., á la orilla izq. de un r., terreno llano, y CLIMA templado y saludable. Dista ¼ de leg. de su matriz, con la cual damos su POBL., PROD. y trib.

LIBUTAD: guardia ó bantay, en la isla de Luzon, prov. de la Pampanga; SIT. en los 124° 26' 30" long., 15° 12' 10" lat., á la orilla izq. del r. grande de la Pampanga, en el térm. del pueblo de Arayat, al N. E. del cual se halla.

LIBUTAD: barrio de la villa de Bacolor, en la isla de Luzon, prov. de la Pampanga, arz. de Manila; hállase á corta distancia de su matriz, en cuyo art. incluimos su pobl. y trib.

LIC

LICIAO: punta de la costa N. de la isla y prov. de Samar; SIT. en los 128° 20' long., 12° 28' 10" lat., en el térm. del pueblo de Catadman.

LICUSON: punta de la costa N. E. de la isla de Masbate; SIT. en los 127° 21' 30" long., 12° 18' 30" lat., al N. del puerto de Tangay y al E. del pueblo de Mobo, en cuyo térm. se encuentra.

LID

LIDLIDA: ranchería de infieles, en la isla de Luzon, prov. de Ilocos-Sur, térm. del pueblo de Candon; desconocemos el número de alm. que contiene y el reconocimiento que paga.

LIG

LIGAN: rio de la isla de Luzon, en la prov. de Tayabas; nace en la vertiente setentrional del pico de Banajao, en los 125° 23' long., 14° 5' lat.; dirígese al N. E., aumenta su caudal un afluente que recibe ³/₄ distante de su origen, é inclinándose al N. va á desaguar en la bahía de Lamon á los 125° 26' long., 14° 9' 30" lat.

LIGAO: pueblo con cura y gobernadorcillo, en la isla de Luzon, prov. de Albay, dióc. de Nueva-Cáceres; SIT. en los 127° 11' 20" long., 13° 15' 50" lat., en terreno llano,

á la orilla del rio Inaya y al O. del volcan de Albay ó Mayon. Tiene casa parroquial y de comunidad, las mejores del pueblo; la cárcel se halla en esta última y las demas, comprendidas las de sus barrios y visitas ascienden al número de 2,428. Tiene tambien una escuela cuyo maestro se paga de los fondos de comunidad; la igl. parr. es de mediana fábrica, y se halla servida por un cura regular. El cementerio, que está á corta distancia de la igl., es capaz y ventilado. Recíbese en este pueblo el correo de Albay una vez á la semana. El camino que por Ligao conduce desde Oas á Gusnabolan es regular cuando no llueve, pero se pone muy malo en tiempo de lluvias. El TÉRM. confina por N. O. con Oas, cuyo pueblo dista 2 millas; por S. E. con Guinobatan (á 2 leg.); por E. y O. no se hallan marcados los limites. El TERRENO es fértil, particularmente en el valle del referido rio Inaya; es montuoso por lo demas. Entre las PROD. del pais las principales son arroz y abacá; las otras son maiz, caña dulce, añil, varias clases de frutas y legumbres. IND.: algunos tejidos de abacá y la caza. POBL. 11,353 alm., 2,651 trib., que ascienden á 26,510 rs. plata, equivalentes á 66,275 rs. vn.

LIGUASIN: lago de la isla de Mindanao, en el territorio dominado por el sultan; es de bastante consideracion, y en sus playas se ven algunas poblaciones de bárbaros.

LIL

LILIO: rio de la isla de Luzon, prov. de la Laguna; nace en la vertiente setentrional del monte Majayjay, á los 125° 7' 40" long., 14° 4' 50" lat.; corre en direccion al N. regando el térm. del pueblo que le dá nombre cuyos habitantes aprovechan sus aguas para los usos domésticos; tiene este rio desde su origen hasta su desagüe en el rio de Santa Cruz, unas 2 leg.

LILIO: pueblo con cura y gobernadorcillo, en la isla de Luzon, prov. de la Laguna, dióc. de Manila; SIT. en los 125° 6' 25" long., 14° 8' lat., en terreno llano, á la orilla del rio á que da nombre; hállase defendido de los vientos S. y O. por los montes San Cristóbal y Mavacat; su clima es templado. Tiene unas

958 casas entre las que se cuentan la parroquial y la de comunidad donde se halla la cárcel; una escuela de primeras letras pagada de los fondos de comunidad. La igl. parr. es de mediana fábrica y se halla servida por un cura regular. El cementerio es bastante capaz y ventilado. Atraviesa por este pueblo el camino que conduce desde Majayjay á Nacarlang y recibe por el primero el correo de Pagsajan, cab. de la prov., una vez en la semana. Confina el term. por N. con el de Magdalena, cuyo pueblo dista 1 ¼ leg.; por O. con el de Nacarlang (á ½ leg.); por N. E. con el de Majayjay (á 1, y por S. no se hallan marcados sus confines. El terreno es fértil, bañado por varios rios que facilitan el riego de las sementeras; llano al N. y montuoso al S. por cuya parte hay buenos bosques, donde se encuentra caza mayor y menor. prod. arroz, maiz, abacá, y en poca cantidad caña dulce, ajonjoli, añil, legumbres, y frutas de varias clases. ind.: la agrícola con especialidad y la fabricacion de algunas telas. pobl. 5,704 alm., y en 1845 pagaba 1,432 trib., que importan 14,520 rs. plata, equivalentes á 36,500 rs. vn.

LILIPUTAN: punta de la costa oriental de la isla de Samar; sit. en los 129° 7' 30" long., 11° 52' 30" lat., en el térm. del pueblo de Lauang.

LILOAN: pueblo con cura y gobernadorcillo, en la isla, prov. y dióc. de Cebú; sit. en la costa oriental de la isla, en terreno montuoso y ventilado. Tiene unas 966 casas con la parroquial y la de comunidad, donde se halla la cárcel. La igl. es de mediana fábrica, y se halla servida por un cura regular; la escuela de primeras letras tiene una corta asignacion sobre los fondos de comunidad. El cementerio es capaz y ventilado. El terreno es desigual, sus prod. son arroz, bastante maiz, algodon, caña dulce, varias legumbres y frutas. La principal ind. es la agrícola, luego la fabricacion de algunas telas para el consumo de la pobl., la caza y la pesca. pobl. 5,801 alm., y en 1845 pagaba 941 ¼ trib., que ascienden á 9,415 rs. plata, equivalentes á 23,537 ½ rs. vn.

LILOAN: visita del pueblo de Maasim, en

la islita de Panahoa, adyacente á la de Leyte, y adscrita á la prov. que forma esta, dióc. de Cebú; pobl. y trib. se incluyen en el art. de la matriz.

LIM

LIMASAGUA: islita adyacente á la costa S. de la isla de Leyte, en la parte interior del estrecho de Surigao; en ella encontró Magallanes unos hab. de carácter pacífico y jeneroso, que le facilitaron cuanto necesitaba, y premió sus servicios concediendo á su jefe el título de *príncipe*. Desde este punto salió aquel ilustre caudillo para tomar posesion de la isla de Mindanao en nombre de la corona de España, y despues el príncipe de Limasagua le acompañó á la isla de Cebú, donde gobernaba un pariente de aquel indio. Hoy esta isla se halla desierta.

LIMAY: riach. de la isla de Luzon, en la prov. de Bataan; tiene su origen en la falda de la sierra de Mariveles, á los 124° 15' 20" long., 14° 32' 30" lat.; dirigese al S. E., hasta llegar á ¼ leg. de su nacimiento, donde se convierte al S. N. E. para ir á desaguar en la bahia de Manila, á los 124° 18' 20" long., 14° 35' lat., despues de haber corrido poco mas de 1 leg.

LIMBONES: puerto de la costa O. de la isla de Luzon, y N. O. de la prov. de Cavite; sit. en la parte S. de la entrada de la bahia de Manila, entre los 124° 16' 25" long., 124° 18' id., 14° 14' 40" lat., 14° 17' id. Forma la parte O. de su boca la isla de su mismo nombre; el encumbrado monte llamado Pico de Loro lo defiende de los vientos del S. E. Es de bastante comodidad y de mucho fondo: en él desagua un r. que nace en el espresado monte Pico de Loro, y parece haber facilitado su accion la incursion que las aguas maritimas han hecho en la costa.

LIMBONES: islita adyacente á la costa N. O. de la prov. de Cavite; sit. al O. del puerto de su mismo nombre (v.), y su centro en los 124° 16' 30" long., 15° 40' lat.; tiene cerca de 1 milla de larga y ½ de ancha; se halla despoblada, y dista de la referida costa ½ leg.

LIMINABUAIA: punta de la isla de Luzon, en la costa S. O. de la prov. de Camarines-

Sur; sit. en los 126° 37' 30" long., y los 13° 50' 20" lat.

LIMUAY: monte de la isla de Luzon, en la prov. de Ilocos-Norte; su altura es de bastante consideracion, y su cúspide se halla en los 124° 32' 30" long., 18° 14' 50" lat. Es un desprendimiento de la gran cordillera de los Caraballos-Norte, habitada de los Apayaos.

LIN

LINABU: r. de la isla y prov. de Mindoro; tiene su orígen al pie de un elevado monte, en los 124° 51' 30" long., 13° 21' lat.; dirigese al N., bañando el térm. del pueblo de Calapan, cap. ó cab. de la prov., al S. E. del cual pasa para ir á desaguar en el mar por la costa N. E. de la misma, en los 124° 52' 30" long., 13° 24' lat., despues de haber corrido poco mas de una leg.

LINACAPAN: visita del pueblo de Culion, en la prov. de Calamianes, dióc. de Cebú; hállase en continente distinto del de la matriz, pues se encuentra en la isla de su mismo nombre; los prod. pueden verse en el art. de la prov., y la pobl. y los trib. se hallan comprendidos en el de la matriz.

LINAO: islita adyacente á la de Samar; sit. entre las de Bayan y Ticlin, en los 129° 15' 20" long., 12° 6' lat.; tiene ¼ leg. de larga y ⅛ de ancha, y dista 2 leg. de la costa E. de Samar.

LINAO: lago de la isla de Mindanao, prov. de Caraga; es bastante considerable; en él desaguan varios r. y se comunica por medio de un r. caudaloso llamado Butuan, con la gran laguna de Mindanao, que se cree ser denominante de la isla. En la playa S. E. de este lago se halla la visita de su mismo nombre.

LINAO: presidio y visita del pueblo de Butuan, en la isla de Mindanao, prov. de Caraga, dióc. de Cebú; sit. en la playa del lago de su nombre sobre el r Butuan, donde fué establecido para impedir que los moros bajasen por el r. á destruir los pueblos de la costa: pertenecia entonces al pueblo de Layaloya, que fué destruido por las acometidas de aquellos bárbaros, y solo se conservó este presidio. Al paso que los Manubos, infieles hab. de los mon-

tes, se han ido prestando á los esfuerzos de la evangelizacion y civilizacion, se ha minorado el antiguo peligro de este punto, que tambien era asaltado por ellos, y han venido á escudarlo contra los moros. Con esto se ha formado una pobl. que ya cuenta unas 117 casas, y tiene tribunal, una pequeña y sencilla igl., y escuela dotada, aunque muy pobremente, de los fondos de comunidad. Su pobl. y trib. se hallan incluidos en el artículo de la matriz.

LINGATING: pueblo de la isla de Mindanao, prov. de Misamis, dióc. de Cebú; empezó á formarse en el año 1849, y todavía no tiene mas que tribunal y 15 casas particulares, de las que no todas se hallan concluidas de construir

LINGAYEN: cab. de la prov. de Pangasinan y residencia de su alc. m., en la isla de Luzon, dióc. de Nueva-Segovia; sit. en los 123° 41' 20" long., 16° 1' lat., en la costa del gran golfo de su mismo nombre, entre este golfo que se halla al N., y uno de los considerables esteros del r. de Agno Grande (al S.), en el cual desaguan varios rios caudalosos: terreno llano, despejado á las brisas marítimas del N. O., y clima muy húmedo, aunque no por esto deja de ser sano para los naturales hechos á él. Débese esta pobl. á los trabajos apostólicos de los PP. Agustinos que empezaron la evangelizacion de la prov., y en el año 1611 lo dieron á los Dominicos en arras de un contrato sobre el órden con que habian de celebrar estas órdenes religiosas la fiesta del Corpus. Tiene como unas 3,495 casas, y forma una espaciosa calle sobre el camino que desde la prov. de Ilocos-Sur viene por la costa hasta la gran boca del Agno. Entre estas casas se distinguen la Real, que es la habitacion del alc. m. de la prov., la parroquial, y los tribunales que son dos, habiendo en este pueblo un gobernadorcillo de naturales y otro de mestizos; en estos mismos tribunales ó casas de comunidad están sus respectivas cárceles. La igl. parr. es asi mismo un buen edificio y está dedicada á los Santos Reyes: junto á esta se halla el cementerio, que es capaz y ventilado. Hay cuatro escuelas de instruccion primaria de las cuales son dos de niños y las otras dos de niñas, estando las cuatro dotadas de los fondos de la igl. parr. También es notable el Pariancillo, que es el punto de comercio de la pobl. Los mestizos tienen buenas casas de piedra y tabla y se distinguen igualmente las de algunos empleados españoles. Junto á las casas hay generalmente buenas huertas donde se cultivan y cojen muchas clases de legumbres y frutas, que son un notable recurso para la pobl. á una con el abundante pescado de sus r. y golfo. Las aguas del r. no son potables por penetrar en él los esteros marítimos; la pobl. se sirve de pozos para beber y los usos domésticos. Los caminos son buenos; sin embargo en tiempo de lluvias se ponen bastante dificultosos por inundarse en los terrenos hondos: en el que se dirige á Ilocos tiene un buen puente frente á Binmaley, cuyo pueblo dista como $^1/_2$ leg., y otro mayor en el que va á Salasa, pueblo dist. 1 leg. Recibe semanalmente el correo de Manila que dista 55 leg. El TERM. confina por E. con el de Binmaley; por O. con el de S. Isidro, pueblo que se halla 1 leg. al O. N. O.; por S. con el de Salasa, y por el N. con las aguas del dilatado golfo de su nombre. El TERRENO es bastante bajo y fértil; PROD. arroz, añil, maiz, caña dulce, algodon, y cantidad de vino de nipa, á cuya fabricacion se dedican bastante los naturales y lo venden al colector del gobierno, como artículo estancado. Tambien hay buenos pastos y se crian ganados caballar, vacuno, bufalar, y de cerda. Los naturales se distinguen en la construccion naval, cuya IND. unida al COM. activo que hacen los mestizos, dan notable importancia á la pobl. Esta tiene 20,972 alm., y en 1845 pagaba 2,856 trib., que importaban 28,560 rs. plata, ó sean 71,400 rs. vn.

LINGAYEN: golfo de la costa O. de la isla de Luzon; SIT. entre las prov. de la Union, Pangasinan y Zambales; su embocadura al N. E. la forman la punta de San Fernando en los 123° 47' 50'' long., 16° 50' 30'' lat. y el estremo N. del cabo de Bolinao donde se halla SIT. el pueblo de este mismo nombre, en los 123° 29' long., 21° 20' lat.; tiene de bojeo unas 29 leg. y en él se encuentran las islas de Baguiguan, Balicanabaj, Cabaluyan, Purra y otras. Penetra por el S. hasta los 16° 2' 50'' lat., en la long.

de 123° 51', y por el E. hasta los 124° 4' 50'' long., en la lat. de 16° 10' 30''. Tiene como unas 10 leg. de N. á S. y 11 de E. á O.

LINGIG ó LINGUI: visita del pueblo de Bislig, en la isla de Mindanao, prov. de Nueva-Guipúzcoa, dióc. de Cebú; SIT. en la costa junto a la boca de un buen r., y CLIMA aunque cálido saludable. Tiene una pequeña y sencilla igl., tribunal en el cual está la cárcel, y un corto número de casas. Sus PROD., POBL. y trib. se han comprendido en el artículo de la matriz.

LINITAN: islita adyacente á la costa S. de la isla de Mindanao.

LINOA: islote junto á la costa oriental de la isla y prov. de Samar, al O. de la punta de Matarinao; SIT. en la embocadura de una ensenada, formada por esta misma punta, sobre los 129° 9' 20'' long., 11° 10' 10'' lat.; es muy pequeño, y dista solo $^1/_4$ de leg. de la referida punta Matarinao.

LINTIAN: punta de la costa N. E. de la isla de Romblon, adscrita á la prov. de Capiz; SIT. en los 125° 58' long., 12° 57' lat.

LIP

LIPA: pueblo con cura y gobernadorcillo, en la isla de Luzon, prov. de Batangas, dióc. de Manila; se fundó en el año de 1580; SIT. en terreno montuoso y resguardado de los vientos N. E. por el monte Sosoncambin, y de los del O. por el de Macolog, próximo á la orilla del rio á que da nombre, en los 124° 49' 50'' long., 13° 56' 20'' lat.; el CLIMA es húmedo y no muy saludable, pues se padecen generalmente paperas, y algunas otras afecciones de que no suelen libertarse los forasteros que llegan á este pueblo, si bien es verdad que se curan con facilidad, acudiendo con tiempo en su remedio. Se fundó este pueblo en 1605, y en el dia tiene 3,285 casas, entre las cuales se distinguen la parroquial y la de comunidad, donde se halla la cárcel, por ser las mejores del pueblo. Hay una escuela de primeras letras, cuyo maestro tiene una asignacion pagada de los fondos de comunidad; el cementerio está en buena situacion. La igl., que es de mediana fábrica, se fundó bajo la advocacion de San Sebastian, y se halla servida por un cura regular. El TERM. confina por N. N. O. con el de Tanauan, cuyo pueblo dista unas 3 leg.; por S. S. O. con el de San José (á 2 ¼ id.); al E. se halla el pico Malaravat y al O. la laguna de Taal. El TERRENO es fértil; PROD. arroz, trigo, maiz, café, cacao, añil, pimienta, lentejas y varias frutas. IND.: los naturales se dedican, á mas de la agricultura, á la fabricacion de telas para velámen, y otras mas finas de varias clases. POBL. 19,708 alm., 4,069 trib., que importan 40,690, rs. plata, equivalentes á 101,725 rs. vn.

LIPA: rio de la isla de Luzon, prov. de Batangas; nace en los 124° 49' long., 13° 57' lat.; pasa al N. E. del pueblo de su mismo nombre bañando su término y va á desaguar al N. O. del de Rosario en el rio Calumpan, á los 124° 52' 20'' long., 13° 52' 30'' lat. Es este rio de grande utilidad para el pueblo del Rosario, cuyos vecinos han hecho en él una presa con la cual fertilizan sus tierras con el riego.

LIPA: rio de la isla de Luzon, en la prov. de Cavite; nace en los 124° 32' long., 14° 9' 30'' lat., en las vertientes de la cordillera que se halla al S. E. de la prov. y que la divide de la de Batangas; dirígese primero al N. E. y luego al N. para ir á juntar sus aguas con las del rio de Macavayan en los 124° 31' long., 14° 12' 40'' lat., despues de haber corrido poco mas de 1 leg.

LIPA: riach. de la isla de Luzon, en la prov. de la Laguna; tiene su orígen 1 ¼ leg. al N. O. del pueblo de su mismo nombre, en los 124° 47' 20'' long., 13° 58' 20'' lat.; corre poco mas de ¼ leg. al S. O. y desagua en la laguna de Taal.

LIPATA: barrio del pueblo de Talisay, en la isla, prov. y dióc. de Cebú; sus PROD., POBL. y trib. se han comprendido en el artículo de la matriz.

LIPATA: puerto de la costa O. de la isla de Panay, prov. de Antique.

LIPATA: ensenada de la isla y prov. de Samar; su centro se halla en los 128° 47' long., 11° 9' lat.; tiene poco mas de ⅝ leg. de bojeo y penetra en la costa como ¼ milla.

LIPATA: bahia de la costa E. de la isla de Cebú.

LIPATA: punta de la isla de Luzon, en la costa S. E. de la prov. de Albay; dirigiéndose al N. despues de haber doblado la embocadura occidental del estrecho de San Bernardino. Se encuentra dicha punta en los 127° 37' 50'' long., 12° 33' lat. (térm. de Manog).

LIPATA: punta de la costa N. O. de la isla y prov. de Samar; SIT. en los 127° 56' 50'' long., 12° 28' 40'' lat.

LIPAY: pueblo de infieles, en la comandancia político-militar del pais de igorrotes; linda con la prov. de Pangasinan, y se cuentan en él 195 trib. y 477 alm.

LIS

LISOC: islita adyacente á la isla de Samar; es bastante pequeña y su centro se halla en los 129° 6' long., 11° 43' lat.; dista ¼ leg. de la costa oriental de dicha isla.

LIY

LIYAGAN: rancheria de infieles, en la isla de Luzon, prov. de Ilocos-Sur, térm. del pueblo de Candon; desconocemos su POBL. y el reconocimiento que paga.

LOA

LOAY: r. de la isla de Luzon, prov. de Tayabas; nace en los 126° 9' long., 13° 27' lat.; se dirige al S. O., corriendo poco mas de 1 leg., y va á desaguar en el mar por la costa S. O. de la prov., en los 126° 5' 40'' long., 13° 24' 30'' lat., despues de haber bañado el térm. del pueblo de Malunay.

LOAY: pueblo con cura y gobernadorcillo, en la isla de Bohol, adscrita á la prov. y dióc. de Cebú; SIT. en el litoral de la isla, a orilla del r. Lobog, en terreno llano, y CLIMA cálido. Este pueblo se erigió en curato el año 1799, construyéndose en él una igl. de mediana fábrica, bajo la advocacion de la Santísima Trinidad; se halla servida por un cura regular. Tiene unas 1,049 casas de particulares, ademas la parroquial, la de comunidad, donde está la cárcel, y la escuela de instruccion primaria para niños y niñas; su maestro tiene una corta asignacion, sobre los fondos de comunidad. Los pueblos colaterales á este, son Bimiao y Baclayon. El TERRENO es fértil y lo riega el mencionado r. Lobog ; sus PROD. son arroz, tabaco, añil, cacao, algodon y abacá. IND.: la agrícola, la caza, la fabricacion de algunas telas para el consumo de la pobl., y la pesca del balate y algunas perlas. POBL. 5,660 alm., y en 1845 pagaba 1.024 trib., que importan 10,240 rs. plata, equivalentes á 25,600 rs. vn.

LOB

LOBO : pueblo de la isla de Mindanao, prov. de Misamis, dióc. de Cebú ; empezó á formarse en el año 1849, y todavia no tiene mas que tribunal y 26 casas, de las cuales aun están algunas por concluir.

LOBOC : pueblo con cura y gobernadorcillo, en la isla de Bohol, prov. y dióc. de Cebú; SIT. en los 127° 42' 20" long., 9° 52' lat., en el Mediodia de la isla, terreno llano y á la orilla izq. de un r.; su CLIMA es cálido, pero saludable. En 1769 empezaron á administrar este pueblo los PP. Recoletos, y en el dia tiene unas 2,285 casas, con las de su visita San Isidro. Entre estas solo hay la de comunidad y la parroquial, que se distingan de las demas por estar mejor construidas; en la primera se halla la cárcel, y la escuela de primeras letras en otra casa, propiedad del comun. La igl. es de mediana fábrica, se fundó bajo la advocacion de San Pedro Apóstol, y pertenece á la administracion de los RR. PP. Recoletos. El térm. confina con los de Loay y Baclayon. El TERRENO es llano en general y bastante fértil; PROD. arroz, cacao, camote, abacá, algodon y un poco de tabaco. Abundan ademas sus montes en escelentes maderas y caza mayor y menor. IND.: la caza, la pesca, la fabricacion de algunas telas de algodon y abacá, y principalmente la agricultura. POBL. 12,611 alm., y en 1845 pagaba 2,234 ½ trib., que ascienden á 22,345 rs. plata, equivalentes á 55,862 ½ rs. vn.

LOBOO : guardia ó bantay, en la isla de Luzon, prov. de Batangas; SIT. en el centro de la prov., en terreno quebrado y fragoso, á los 124° 57' 50" long., 13° 42' lat.

LOBOO, llamada tambien OLOLOO : punta de la costa meridional de la isla de Luzon y de la prov. de Batangas; hállase en el estrecho de Mindoro, á los 124° 53' 10" long., 13° 57' lat.

LOC

LOCTUGAN : anejo del pueblo de Capiz, cab. de la prov. de su nombre, en la isla de Panay, dióc. de Cebú; hállase aislado entre dos brazos del r. Panay, en terreno llano, despejado, y CLIMA templado y saludable. Tiene una pequeña igl., tribunal, en el que está la cárcel, escuela dotada de los fondos de comudad, y unas 546 casas. Sus PROD., POBL. y trib. se han comprendido en el artículo de la matriz.

LOCULAN : visita del pueblo de Misamis, cab. de la prov. de su nombre, en la isla de Mindano, dióc. de Cebú; dista como unas 2 leg. de la matriz, y en el art. de esta comprendemos sus PROD., POBL. y trib.

LOL

LOLOMBOY : barrio del pueblo de Bacave, en la isla de Luzon, prov. de Bulacan, dióc. de Manila; SIT. en los 124° 56' 20" long., 14° 48' lat., terreno llano, á orilla de un r., y CLIMA templado. POBL. y trib. los damos con la matriz.

LOM

LOMAS (Las) : son muy notables las lomas ó colinas que se hallan al N. de Manila, dist. como unos ¾ y pertenecientes á Sampaloc, Sta. Mesa y Tondo, aunque no por otra circunstancia, que la de ser donde los chinos y demas gentes que no pertenecen á la comunion católica y se hallan establecidas en Manila y pueblos vecinos tienen su cementerio. Varias veces han pretendido estas gentes construir sus enterratorios cercados y en toda forma, mas no se les ha consentido. Estas lomas son de escasa elevacion y estan cubiertas de arbolado.

LOMBOY : barrio del pueblo de Santo Tomás, en la isla de Luzon, prov. de la Union, dióc. de Nueva-Segovia; se compone de muy pocas casas, las cuales, asi como la POBL. y trib., van incluidas en el artículo de la matriz.

LOMOCLOC: islita adyacente á la costa S. O. de la isla y prov. de Samar, de la que dista unas 100 brazas; es bastante pequeña, y su centro se halla en los 128° 30′ 30″ long., 11° 43′ 50″ lat.

LON

LOÑGOS: barrio del pueblo de San Isidro, en la isla de Luzon, prov. de Bulacan, dióc. de Manila; cuenta muy pocas casas, y sus naturales se ocupan por lo general en cultivar sus tierras. POBL. y TRIB. los damos en el artículo de la matriz.

LOÑGOS: barrio del pueblo de Calumpit, en la isla de Luzon, prov. de Bulacan, dióc. de Manila; hállase á corta dist. de su matriz, en cuyo artículo damos su POBL. y trib.

LONGOS: punta de la costa N. E. de la parte inferior de la isla de Luzon, prov. de Camarines-Norte, en los 126° 52′ 20″ long., 14° 15′ 40″ lat.

LONGOS: pueblo con cura y gobernadorcillo, en la isla de Luzon, prov. de la Laguna, dióc. de Manila; SIT. en los 125° 11′ long., 14° 20′ 30″ lat., en terreno llano, y CLIMA templado. Tiene 262 casas, inclusas la de comunidad y la parroquial. La igl. es el único edificio notable; hállase servida por un cura regular. Hay una escuela de primeras letras, dotada de los fondos de comunidad. Confina el TERM. por N. con el de Paete, cuyo pueblo dista ½ leg., y por S. S. E. con Lumbang (á 1). El TERRENO es muy fértil, y sus PROD. son mucho arroz, cacao, café, pimienta, añil, abacá, algodon, cocos, mangas y otras varias clases de frutas y legumbres. IND.: la agrícola, la fabricacion de algunas telas. POBL. 1,536 alm., y en 1845 pagaba 546 ½ trib., que ascienden á 5,465 rs. plata, equivalentes á 8,662 ½ rs. vn.

LONI: r. de la isla de Luzon, prov. de Tayabas; nace en los 126° 8′ 30″ long., 13° 29′ 25″ lat.: dirígese al S. O. y va á desaguar al mar, teniendo su boca en la costa S. O. de la prov., á los 126° 6′ 50″ long., 13° 21′ 40″ lat.

LOOC: r. de la isla y prov. de Samar; nace en los 128° 43′ long., 11° 19′ lat., al pie de las montañas que se elevan al E. de este punto; toma su direccion al S. O., y despues de correr un espacio de ¼ leg., se une al rio llamado de Sojoton.

LOOC DE ABO: visita del pueblo de Bantoon, que está en la isla de este nombre, adscrita á la prov. de Capiz, dióc. de Cebú; hállase esta dependencia en continente distinto, situada en la isla de Tablas, á los 125° 39′ long., 12° 17′ lat., en la playa de la ensenada de Looc, que se forma en la costa O. de la referida isla. Tiene 260 casas, entre las que se cuenta la de comunidad que es la de mejor fábrica. Su POBL. es de 1,564 alm., las cuales hemos contado con las de la matriz, (á 10 leg.) igualmente que los trib.

LOOG: ensenada de la isla de Tablas; SIT. entre los 125° 35′ 30″ long., 125° 58′ 30″ id., 12° 16′ lat., y 12° 20′ 30″ id., en la costa occidental de dicha isla; sus riberas están cubiertas por la parte del N. O. de escollos y bajos, y sobre la del E. se encuentra situada la visita denominante de esta ensenada; tiene de bojeo cerca de leg. y media.

LOON: pueblo con cura y gobernadorcillo, en la isla de Bohol, adscrita á la prov. y dióc. de Cebú; SIT. sobre la costa occidental de dicha isla, en una altura ó cerro donde le combaten todos los vientos; su CLIMA es bastante cálido. Administran este pueblo los PP. Recoletos; tiene con su anejo Catarbacan unas 1,897 casas con la parroquial y de comunidad, que son las mejores; en esta última se halla la cárcel. Hay tambien una escuela de primeras letras, cuyo maestro tiene una asignacion pagada de los fondos de comunidad. La igl. es de mediana fábrica, se fundó bajo la advocacion de Nuestra Señora del Cerro, y se halla servida por un cura de la mencionada órden. El TERM. confina con los de Malabuyoc y Calapa, siendo el terreno fértil, con estensas llanuras. PROD. arroz, tabaco, algodon y otras varias. IND.: la agrícola, la caza, la pesca y la fabricacion de algunas telas.

El carácter de estos naturales no desmiente el de sus antepasados de la isla, son muy indómitos, y algunos suelen fugarse con los remontados, que son aquellos indios que se internan en la isla, habitando los montes y espesuras de los bosques. POBL. 10,765 alm., y en 1845 pagaba 2,088 trib., que ascienden á 20,880 rs. plata, equivalentes á 52,200 rs. vn.

LOQ

LOQUILOCON: monte de la isla y prov. de Samar; hállase su cumbre en los 128° 44' 30'' long., 12° 50' 30'' lat., es de bastante elevacion, y se encuentran en él espesos bosques de donde se sacan buenas maderas de diferentes clases, miel, cera, caza, etc.; al pie de este monte por la parte del O. se halla la visita de Paranas llamada Cangjayanan.

LOR

LORENZO (San): barrio del pueblo de Malilipot, en la isla de Luzon, prov. de Albay; SIT. en los 127° 23' 30'' long., 13° 19' 30'' lat., en terreno llano, sobre la costa oriental de la prov. y la occidental del seno de Tabaco, CLIMA templado y saludable; dista ¼ de leg. de su matriz, que se halla al S. en la misma costa, a 4 leg. de la cap. de la prov. POBL., prod. y trib. se dan en el artículo de la matriz.

LORENZO DE ILAYA (San): visita del pueblo de Dapitan (á 4 leg.), en la isla de Mindanao, prov. de Misamis, dioc. de Cebú. POBL., prod. y trib. se presentan juntamente con los de la matriz.

LORENZO (San): barrio del pueblo de Gapan, en la isla de Luzon, prov. de Nueva-Ecija, dióc. de Manila; SIT. en terreno llano, cerca de su matriz, en cuyo artículo damos su POBL. y trib.

LORENZO (San): visita ó anejo del pueblo de Gatarán, en la isla de Luzon, prov. de Cagayan; SIT. en los 125° 12' long., 18° 9' 40'' lat.; en terreno desigual, próximo á la orilla izq. del r. grande de Gagayan, en su fertil cuenca. Sus prod., POBL. y trib. van incluidos en los de la matriz. Conócese tambien esta visita con el nombre de Magapig.

LORO (Pico de): en la isla de Luzon, prov. de Cavite; elévase á una altura muy considerable, en los 124° 23' long., 14° 13' 30'' lat.

LOS

LOS BAÑOS: pueblo con cura y gobernadorcillo, en la isla de Luzon, prov. de la Laguna, arz. de Manila; SIT. en los 124° 54' 20'' long., 14° 9' 40'' lat., en la falda del monte Maquiling, cerca de la Laguna, libre casi á todos los vientos; siendo su CLIMA templado y saludable. Los indios llaman á este sitio *Maynit*, cuyo nombre es sinónimo de nuestra voz adjetiva *caliente*; y se le ha impuesto en razon de las muchas aguas termales que en él se encuentran, así como han sido tambien las que han dado á la pobl. el nombre de *Los Baños*. Por los años de 1589 era una pequeña visita del pueblo de Bay, y practicando un reconocimiento por esta parte el prelado de los PP. Franciscanos, ideó el establecimiento de los baños que hubo de cambiar el estado y nombre de la pobl. En el año 1590 reconoció y analizó sus aguas un inteligente religioso de esta órden, y en 1595 se estableció una casa pobremente construida de caña y cogon para servir de abrigo al religioso que administraba las aguas y á los dolientes que acudian á recibir sus beneficios. La fama que por estos adquirieron, trajo pronto una numerosa concurrencia, y perteneciendo Maynit á la administracion del cura párroco de Bay, religioso agustino, mediaron algunas diferencias entre este y el franciscano que administraba los baños; pero se cortaron pronto mirando solo ambas religiones al bien general interesado en la prosperidad del establecimiento. El P. administrador franciscano procedió á la ereccion de un hospital é igl. que por entonces se hicieron de caña y cogon en sitio llano á la orilla de la laguna denominado *Dampalit* y le dió el nombre de *Hospital de Ntra. Sra. de Aguas santas de Maynit*: para su gobierno interior y recepcion y distribucion de las limosnas que se recaudaban, fue nombrado un mayordomo que debia obrar con consejo y órden del P. á cuyo cargo estuviese el hospital. La caridad de los fieles que atestiguaban los sacrificios hechos por los religiosos empeñados en sacar todo el partido posible de este establecimiento en beneficio de la humanidad, le fue haciendo considerables donaciones, con lo que se establecieron en las posesiones del hospital muchos colonos y se erigió un pueblo en el cual, para su administracion espiritual, se puso un religioso franciscano. En el año 1613 el provincial de los agustinos con la autorizacion competente, cedió la completa administracion espiritual del sitio de los Baños, Aguas Santas ó Maynit al P. administrador. En 1627 el superior gobierno de la colonia concedió á este establecimiento la reserva de polos y servicios de 40 trib. que debian emplearse en beneficio del hospital, pasándose ademas órden al encomendero de Bay para que entregase anualmente á este por lo que tocaba al prorateo de sus trib., la cuarta parte. En 1671 se emprendió su fábrica de piedra y se hizo un magnifico establecimiento con cuanto requeria su instituto. En este estado lo entregaron los PP. franciscanos al Real Patronato, con lo que recibió un administrador que dirigiese el establecimiento segun el sistema de sus fundadores. Se introdujo el descuido, fuéronse perdiendo las obras dispuestas para el aprovechamiento de las aguas; desaparecieron por iguales razones las rentas del hospital, y este mismo edificio paró en ser presa de las llamas el dia 17 de abril de 1727. A últimos de aquel siglo describió este punto el muy ilustrado agustino Martinez de Zúñiga. Aquel historiador halló un convento de poca comodidad para un párroco y los enfermos que acudian á tomar los baños: en razon de esto dice que habian construido los PP. franciscanos una buena igl. y estaban levantando un nuevo edificio para el párroco y los enfermos de distincion, con lo que suponia que dejándose el convento viejo para hospital habria la comodidad suficiente. «No sé (continúa aquel escritor) cómo los PP. franciscanos podrán hacer estos gastos y conservar los edificios que hay en este sitio, porque el pueblo no llega á 100 trib. y no hay probabilidad de que se aumente mucho porque no tiene tierras. Entre la laguna y el monte no hay un palmo que pueda cultivarse; en la falda del monte es donde hay algunos llanos de donde pueden sacar su escasa subsistencia los naturales.»

Presenta luego algunas reflexiones acerca del interés de este establecimiento, el servicio que en él se debe á los PP. franciscos etc., y sigue la descripcion del pueblo diciendo que está plantado en la falda del monte Maquiling; su TERRENO es montuoso, incapaz de producir arroz y otros frutos de las islas sino en corta cantidad. Del monte se sacan algunas maderas, miel, cera, varios géneros de palmas y raices, como camote, gabe, ubi y otras que comen los indios. Hay tambien una tierra blanca semejante al yeso mate de España que se usa en Manila para blanquear y pintar. En la laguna se coje bastante pescado aunque de mala calidad, y estas prod., juntamente con algunos tejidos que hacen las mujeres, es lo que sustenta este pueblo miserable.... Se encuentran por este monte varios pozos de agua hirviendo, pero lo que hace ó forma los baños es un pequeño arroyo que corre por un canal de piedra viva que se conoce abierto á mano y pasa frente al convento; conforme va bajando el agua espuesta al viento, va perdiendo algo de su calor, pero no tanto que no llegue hasta la misma laguna capaz de escaldar la mano..... «Por bajo del hospital tiene el agua á su salida 67° de calor, segun el termómetro de Reaumur. Estas aguas se distribuyen en diferentes baños cuyo calor varia, siendo el de la menor de 29°; los baños de vapores 55° y los grados de calor varian segun las estaciones.» Esto se lee en el encabezamiento del análisis de estas aguas hecho en Manila en 3 de abril de 1797 Segun aquel analisis contienen estas aguas sobre 6 libras, ó sean 3 pintas.

Sal marina calcárea. . .	60 granos.
Sal marina de magnesia. .	2 ½
Sal marina comun. . . .	26
Selénites.	4 ½
Hierro.	½
Cal arcilla otra indisoluble.	8

$$101 ½$$

Sin embargo de las mejoras que se hacian en tiempo de Zúñiga y de los proyectos á que pudiese haber dado lugar el resultado del referido análisis sobre las innumerables esperiencias que ya recomendaban estas aguas, todavía es menos satisfactorio el actual estado de Los Baños, no obstante haberse aumentado su poblacion hasta el número de unos 500 trib. El hospital se halla arruinado como las habitaciones para vapores y baños y las canalizaciones necesarias, el convento destechado por todas partes sin ventanas ni balcones, y con el madérmen medio podrido; las casas, que vienen á ser en número de 235, son sumamente mezquinas, escepto la que es propiedad del Sr. Carvallo, la cual, aunque está algo deteriorada, es de fábrica de piedra: la corta pobl. de Los Baños desaparece del pueblo desde el lunes para ocuparse en la labranza y no regresa hasta el domingo. La pesca es la clase de IND. á que se dedica el menor número de sus habitantes. En el pueblo se carece de todo lo necesario para la subsistencia del individuo. El párroco y los españoles que allí se encuentran necesitan surtirse de todos los artículos de primera necesidad, de los pueblos de Biñan, Bay y Santa Cruz, pues de lo contrario tendrian que limitar su alimento al arroz que en corta cantidad se cosecha en el territorio de su jurisd. Podemos, pues, asegurar sin temor de equivocarnos, que el pueblo de Los Baños es por todos conceptos uno de los mas miserables de la prov., y que el que vaya á él por un período de tiempo cualquiera tendrá que sufrir mil clases de privaciones aun de aquellos artículos que son indispensablemente necesarios al hombre para vivir.» Asi se esplicaron los ilustrados redactores del diario de Manila en su número 217 despues de haber manifestado al pormenor en los números 202, 204 y 206 lo que habian sido antiguamente estos baños, y lo que debian haber sido siempre; presentando luego un bien razonado y apreciable proyecto de restauracion.

LUA

LUAGNE: r. de la isla de Panay, prov. de Iloilo; hállase á su orilla el pueblo de Januinay, y desagua en el mar.

LUAN: pueblo de la isla de Mindanao, sujeto al sultan que domina gran parte de esta isla.

LUBANG: pueblo con cura y gobernadorcillo, en la isla de su mismo nombre, adscrita á la prov. de Mindoro, dióc. de Manila; SIT. en los 123° 48' 10" long, 13° 50' 20" lat., en la costa N. E. de dicha isla, terreno llano, y CLIMA cálido. Tiene unas 1,007 casas, la de comunidad y la parroquial son las mejores. La igl. es de mediana fábrica, y se halla servida por un cura secular. Hay cárcel, la cual está en la casa de comunidad, escuela de primera enseñanza y cementerio bastante capaz y ventilado. Comprende el término toda la isla, y su TERRENO es montuoso hácia el interior. Sus PROD. son arroz, cacao, café, pimienta y varias clases de legumbres y frutas. Encuéntranse en sus playas por ciertas épocas gran porcion de huevos de tortuga y de tabones, los cuales sirven de alimento á los naturales. Su IND. se reduce casi toda á la agricultura, dedicándose algunos, y con especialidad las mugeres, á la fabricacion de varias telas, y otros á la caza y á la pesca. POBL. 6,040 alm., y en 1845 pagaba 1,139 ¼ trib., que ascienden á 11,395 rs. plata, equivalentes á 28,487 rs. vn.

LUBAO: pueblo con cura y gobernadorcillo, en la isla de Luzon, prov. de la Pampanga, dióc. de Manila; SIT. en los 124° 50' long., 14° 57' lat., á la orilla izq. del r. de su nombre, en terreno llano, y CLIMA húmedo, á causa de lo pantanoso del terreno Se fundó este pueblo en 1575, y en el dia tiene unas 1,750 casas, entre las que son las mas notables la casa parroquial y la de comunidad, donde está la cárcel; la igl. parroquial, bajo la advocacion de San Agustin, es de mediana fábrica, y se halla asistida por un cura regular. Hay tambien escuela de primeras letras dotada de los fondos de comunidad. El TERM. confina por N. con el de Santa Rita, cuyo pueblo dista 1 ¼ leg. El TERRENO es llano, y PRODUCTIVO en arroz, caña dulce, añil y otros art. en menor cantidad; hállase regado por algunos riach. La IND. consiste principalmente en la agricultura, habiendo tambien algunos que se dedican á la caza y otras ocupaciones, siendo con especialidad la de las mugeres la fabricacion de algunas telas. POBL. 9,905 alm., y en 1845 pagaba 2,103 trib., que ascienden á 21,030 reales plata, equivalentes á 52,575 rs. vn.

Sobresalió mucho este pueblo en los adelantos morales del pais, pues antiguamente se enseñaba en él gramática y retórica; habian llevado una imprenta comprada en el Japon, y los adelantos que se hacian eran notables; pero en el dia nada de esto existe.

LUBAS: ranchería de infieles, en la isla de Luzon, prov. de la Union; sit. en el pais de igorrotes, próximo al monte Alang, en direccion al distrito de Banguet.

LUBAS: barrio del pueblo de Talisag, en la isla, prov. y dióc. de Cebú; sit. á unas 2 leg. de la matriz, en terreno montuoso, hácia cuyo punto se asegura la existencia de una gran mina de carbon de piedra. La pobl., prod. y trib. se consideran juntamente con la matriz.

LUBUNGAN: pueblo con cura y gobernadorcillo, en la isla de Mindanao, prov. de Misamis, dióc. de Cebú; sit. en los 126° 44' long., 8° 25' 50" lat., en terreno llano, ventilado, y clima cálido. Tiene este pueblo 3 visitas llamadas Dipolog ó Didolog, Dicayo y Mivag, y con ellas unas 242 casas; la de comunidad y parroquial se distinguen de las demas por estar mejor construidas; en la primera está la cárcel, y la escuela del pueblo en otra casa propiedad del comun. La igl. parr. es de mediana fábrica, y se halla servida por un cura regular. Confina el term. por O. y N. E. con el mar, y por lo demas se estiende hácia el interior de la prov. sin que tenga marcados sus límites. El terreno es llano por las inmediaciones de la costa, y montuoso por lo demas. prod. arroz, algodon, abacá, cacao, caña dulce, legumbres y frutas. ind.: la agrícola, la cria de ganados vacuno y de cerda, la fabricacion de varias telas, y la estraccion del oro que consiguen por medio del lavado de las arenas, en algunos r. que arrastran partículas de este precioso metal. pobl. 765 alm., y en 1845 pagaba 289 trib., que ascienden á 2,890 rs. plata, equivalentes 7,225 rs. vn.

LUC

LUCAS (San): rio de la isla de Luzon, prov. de Batangas; nace en los 124° 55' long., 14° 1' 40" lat.; dirígese al N. O., pasando al N. E. del pueblo de Tanauan, y al S. E. del de Santo Tomás, en cuyo punto, 124° 47' 50" long., 14° 3' lat., cambia su nombre por el de Tanauan (v.)

LUCIA (Santa): pueblo con cura y gobernadorcillo, en la isla de Luzon, prov. de Ilocos-Sur, dióc. de Nueva-Segovia; sit. en los 124° 4' long., 16° 56' 30" lat., á la orilla der. de un r., en terreno llano, y clima templado y saludable, no padeciéndose por lo comun otras enfermedades que las regionales cuales son: calenturas intermitentes, disenterias y algunas enfermedades cutáneas. En el dia tiene este pueblo unas 1,646 casas de las cuales hay 3 de cal y canto, que son de propiedad particular; las demas son de muy sencilla construccion, si se esceptúan aquellos edificios públicos que son de mejor fábrica, como la casa parroquial, la de comunidad, llamada tambien tribunal, donde hay dos cárceles, la igl. parr. que se halla servida por un cura regular, el convento contiguo á esta, una escuela para niños, dotada de los fondos de comunidad, y á la cual concurren mas de 800 de estos, y otra escuela para niñas, á la que asisten unas 900. El cementerio se halla 1/4 de leg. en las afueras del pueblo, bastante bien sit.; es muy capaz y ventilado. Tiene este pueblo 10 barrios ó anejos, y son: Nagtablaan, San Basilio, Pias, Cuburb-buos, Atabay, Calioaquio, Corrooy, Balidbid, Surioan, Arangin y Mapaltat: asimismo depende de este pueblo en lo ecl. el de Santa Cruz. Los caminos que conducen á todas estas dependencias son bastante malos, y transitables solo á las caballerías, sin que puedan ir por ellos carruage alguno. Los que conducen á Candon y Santa Cruz son bastante buenos en tiempo de secas, pero tambien se ponen intransitables cuando las lluvias. Confina el term. con Santa Cruz al S. (á 1 1/4 leg.); al N con Candon (á 3 leg.); al O. con el mar, y al E. con los montes que dividen esta prov. de la del Abra. El terreno es bastante llano por el lado de la costa, y va haciéndose montuoso, segun se va internando. Todo él es muy fértil, y la parte que se halla sin cultivo sirve para que vayan á pastar á ella los animales, hasta despues de la cosecha del arroz, que es cuando bajan á las sementeras. Se hallan en esta jurisd. los montes Gaiagayan, Ampuyao Tirad. Matalictic y Paoc; son todos ellos muy fragosos y están cubiertos de espesos bosques que dan escelentes maderas de construccion como el narra, sagat, balaba, balingagta, canarem, bacalao, candarama, etc. PROD. arroz, maiz, cacao, caña dulce, algodon, abacá, legumbres y frutas. La IND. consiste principalmente en la agricultura, la fabricacion de algunas telas de abacá y algodon, la caza, la pesca, la corta de maderas que hacen en los montes, y la estraccion del oro de algunos riach. que arrastran pequeñas particulas ó pepitas. El COMERCIO se reduce á la esportacion del arroz y sobrante de otros art., é importacion de algunos de que carecen. POBL. 9,879 alm., y en 1845 pagaba 1,918 trib., que ascienden á 19,180 rs. plata, equivalentes á 47,950 rs. vn.

LUCIA (Santa): visita del pueblo de Arayat, en la isla de Luzon, prov. de la Pampanga, dióc. de Manila; tiene un teniente de justicia; incluimos su POBL. y trib. en el artículo de la matriz.

LUCIA (Santa): barrio del pueblo de Calumpit, en la isla de Luzon, prov. de Bulacan, dióc. de Manila; SIT. en terreno llano y á corta dist. de su matriz, en cuyo artículo damos su POBL. y trib.

LUCIA (Santa): barrio del pueblo de Angat, en la isla de Luzon, prov. de Bulacan, dióc. de Manila; SIT. á corta dist. de la matriz, en cuyo artículo damos su POBL. y trib.

LUCIA (Santa): rio de la isla de Luzon, prov. de Ilocos-Sur; tiene su orígen en los 121° 5' long., 16° 56' 30'' lat.; dirige su curso hácia el S. O., y pasando al S. del pueblo que le dá nombre, va a desaguar por la costa occidental de dicha isla, en los 124° 2' 50'' long., 16° 55' 10'' lat.

LUCSIN: guardia ó bantayan, en la isla de Luzon, prov. de la Union; SIT. en los 121° 6' long., 16° 26' 30'' lat., próximo á la orilla de un r. y entre dos montes que la resguardan de los vientos del S. O. y N. E.; tiene dos caminos buenos; el uno conduce á Tabao, y el otro á Pi'auan, y luego á Agóo.

LUCSUHIN: barrio del pueblo de Ibaan, en la isla de Luzon, prov. de Batangas, dióc. de Manila; SIT. en terreno llano, orilla de un r. y próximo á su matriz, en cuyo artículo damos su POBL. y trib.

LUCSUHIN: islita adyacente á la costa N. E. de la parte inferior de la isla de Luzon, prov. de Camarines-Sur; hállase su centro en los 127° 28' long., 13° 52' 30'' lat.: tiene como ½ leg. de larga, y ¼ de ancha.

LUCTUGAN: visita de Capiz, cabecera de la prov. (á 1 leg.), en la isla de Panay, dióc. de Cebú, á la orilla del r. Panay: PROD., POBL. y trib. se incluyen en el art. de la matriz.

LUCUTAN: ranchería de infieles, en la isla de Luzon, comandancia político-militar de Igorrotes, en la parte que linda con la prov. de Pangasinan, y su reconocimiento presenta 125 trib. y 307 almas.

LUE

LUEGAS: islita adyacente á la costa O. de la isla de Panay, prov. de Antique.

LUG

LUGALUG: barrio del pueblo de Balauang, en la isla de Luzon, prov. de Ilocos-Sur, dióc. de Nueva-Segovia; SIT. á corta distancia de su matriz, en cuyo artículo damos su POBL. y trib.

LUGAN: guardia ó bantay, en la isla de Luzon, prov. del Abra; SIT. en los 124° 10' long., 17° 50' lat.

LUGAN: monte en la isla de Luzon, en la prov. del Abra; pertenece al térm. de Tayun, y su mayor altura se encuentra en los 124° 6' 40'' long., 17° 30' 40'' lat., está todo cubierto de espesos bosques donde se encuentran diferentes clases de madera, y mucha caza, tanto mayor como menor.

LUGBAN: isla adscrita á la prov. de Capiz, junto á la costa occidental de la isla de Romblon, entre esta y la de Tablas; su centro se halla en los 125° 54' 10'' long., 12° 56' 50'' lat.; encuéntrase á la entrada del puerto de Romblon, tapando su embocadura por la parte de Occidente.

LUGBANG ó LUCBAN: pueblo con cura y gobernadorcillo, en la isla de Luzon, prov. de Tayabas, dióc. de Nueva-Cáceres; sit. en los 125° 15' 50" long., 14° 8' lat., á la orilla de un r., terreno llano, y clima templado. Tiene unas 2.338 casas, siendo las mejores entre todas ellas la casa parr. y la de comunidad, donde se halla la cárcel. La igl. es de buena construccion y se halla servida por un cura regular. Hay ademas una escuela de primeras letras y el cementerioque está fuera de la pobl. Confina el term. por N. O. con la prov. de la Laguna; por O. con el pueblo de Lilio (á 3 leg.), y por S. y E. no estan marcados sus límites. El terreno es muy fértil y lo riegan varios riach. que atraviesan por él. prod. arroz, maiz, caña dulce, mangas, cocos, abacá, ajonjolí, añil y otras en muy corta cantidad. ind: esta se reduce principalmente á la agricultura y á la fabricacion de algunas telas de lo que se ocupan especialmente las mugeres. pobl. 6,968 alm., y en 1845 pagaba 2,805 trib., correspondientes á 28,050 rs. plata, que ascienden a 70,125 rs. vn.

LUGSUN: r. de la isla de Luzon, en la prov. de Cavite; tiene su orígen al pie de la cord. que divide esta prov. de la de Batangas, en los 124° 40' long., 14° 13' lat.; diríjese hácia el N. y despues de unas 3 leg. de curso va á desaguar al r. de San Agustin, en los 124° 37' long., 14° 21' 20" lat.

LUGUI: r. de la isla y prov. de Samar; tiene su origen al pie de un elevado monte que se halla habitado por negros cimarrones, por la parte occidental, sobre los 129° 42' long., 11° 27' lat.; toma en un principio su direccion al S. y cambiándola luego al S. E. reune sus aguas con las del r. Sojoton, en los 128° 43' long., 11° 23' lat., despues de un curso de 2 leg. y de haber recibido varios afluentes por su der. é izq.

LUI

LUICIANA: visita ó anejo del pueblo de Majayjay, en la isla de Luzon, prov. de la Laguna, dióc. de Manila; sit. no muy lejos de su matriz, orilla de un r., en terreno llano y con buena ventilacion. Su pobl. y trib. lo damos con la matriz. (v.)

LUIS (San): pueblo con cura y gobernadorcillo, en la isla de Luzon, prov. de la Pampanga, arz. de Manila; sit. en los 124° 31' long., 14° 59' lat., á la orilla der. del rio Grande de la Pampanga, en terreno llano, y clima templado y saludable. Se fundó en 1761, y en el dia tiene como unas 1,407 casas construidas de caña casi todas, siendo solo la casa parroquial y la de comunidad las que se distinguen entre ellas. En esta última está la cárcel, y el cementerio se halla sit. no muy lejos de la igl., la cual es de mediana fábrica, fundada bajo la advocacion de San Luis y servida por un cura regular. El term. confina por N. con el de Candava (á 1 ½ leg.); por S. con el de San Simon á 2 millas; al E. tiene el pinac de Candava (á ¼ leg.), y por O. linda con Minalin (á 2 ¾ id.) El terreno es fértil y sus prod. son arroz, en poca cantidad, caña dulce, añil, ajonjoli y mucha fruta. La ind. se reduce casi toda á la agricultura, empleándose tambien algunos en la pesca, fabricacion de telas, á lo que se dedican tambien las mugeres, y beneficio de la caña dulce, y añil, y en la estraccion del aceite del ajonjolí. pobl. 8,443 alm., y en 1845 pagaba 1,540 trib., correspondientes á 15,400 rs. plata, que ascienden á 38,500 rs. vn.

LUIS (San): visita del pueblo de Carig, en la isla de Luzon, prov. de Nueva-Vizcaya; sit. en los 125° 4' 10" long., 16° 40' 30" lat., terreno elevado y ventilado. Su pobl. y trib. con la matriz.

LUM

LUMABANG: visita del pueblo de Bayombong., en la isla de Luzon, prov. de Nueva-Vizcaya, dióc. de Nueva-Segovia; sit. en los 124° 46' long., 16° 32' 30" lat., á la orilla izquierda del r Magat, en terreno llano, y clima lluvioso y frio. Tiene unas 148 casas y la de comunidad que es la mejor, donde se halla la cárcel. Hay tambien escuela, cuyo maestro tiene una asignacion pagada de los fondos de comunidad. El term. confina por N. N. E. con Bagabag, cuyo pueblo dista 2 leg.; por S. con su matriz Bayombong (á 1 ¼ leg.), y por S. y E. no tiene marcados los límites de su térm. El terreno es fértil y montuoso, solamente es llano por las inmediaciones del r. Magat que riega el térm.; sus PROD. son arroz, maiz, algodon, abacá, cocos, buri, algunas legumbres y frutas. La principal IND. es la agrícola, dedicándose tambien algunos á la fabricacion de varias telas, que es la general ocupacion-de las mugeres, y otros á la caza y pesca. POBL. 891 alm., y en 1845 pagaba 195 trib., que ascienden á 1,950 rs plata, equivalentes á 4,875 rs. vn.

LUMBANG: pueblo con cura y gobernadorcillo, en la isla de Luzon, prov. de la Laguna, dióc. de Manila; SIT. en los 125° 17' 20'' long., 14° 17' 50'' lat., al pie de la cordillera que viene del N de la isla, terreno montuoso, y CLIMA templado. Tiene unas 897 casas y ademas la parroquial y la de comunidad, que son las mas notables del pueblo; en esta última está la cárcel; fuera de la pobl. está el cementerio que es bastante capaz. La igl. parr. se halla servida por un cura regular; es de construccion sencilla. Tambien hay una escuela de primeras letras, cuyo maestro tiene una asignacion pagada de los fondos de comunidad. Confina el TÉRM. por N. con Longos, cuyo pueblo dista 1 leg.; por S. con la cab. (á 1 id.); por O. con la laguna de Bay, y por E. no tiene límites marcados. El TERRENO es montuoso y muy fértil; PROD. mucho arroz, añil, caña dulce, cacao, café, pimienta, ajonjolí, abacá, y otros art. en menor cantidad. IND.: esta se reduce con especialidad á la agricultura y ademas al tejido de varias clases de tela, la caza y la cria de ganados POBL. 5,311 alm., y en 1845 pagaba 1,186 trib., que ascienden á 11,860 rs. plata, equivalentes á 29.650 rs. vn.

LUMITIAD: r. de la isla de Luzon, prov. de Tayabas; nace en los 125° 31' 20'' long., 14° 15'' lat.; corre poco mas de 1 leg. al E, y desagua en la bahía de Lamon, entre las puntas Maguitig y Manaucan á los 125° 35' 30'' long., 14° 36'' lat.

LUN

LUNBUJAN: afluente del r. de Ulut, en la isla y prov. de Samar; tiene su orígen en los 129° 40' long., y se dirige hácia el Mediodia,

corriendo un corto espacio para ir á prestarle sus aguas al referido r. Ulut.

LUNGUD: ranchería de infieles, en la isla de Luzon, comandancia político-militar de Igorrotes, en la parte que de esta confina con la prov. de Ilocos-Sur; su reconocimiento en 1849 presentó 153 trib., 582 alm.

LUNUAY: monte de la isla de Luzon, en la prov. de Ilocos-Norte; hállase su cumbre en los 124° 33' long., 18° 14' 30'' lat.; forma parte de la cordillera del Norte de esta isla, por la parte que comprende el pais de los *apayaos*; es muy frogoso y abunda bastante en caza mayor y menor.

LUP

LUPAO: visita del pueblo de San José, en la isla de Luzon, prov. de Nueva-Ecija, dióc. de Manila; SIT. en los 124° 31' 40'' long., 15° 35' lat., en terreno llano, próximo al r. de su nombre; hállase algun tanto resguardado de los monzones del N. E., por los elevados montes Caraballos que están á unos 4 leg.: su CLIMA es benigno; tiene unas 172 casas, contándose entre ellas la de comunidad que es la mejor de todas. Hay un teniente de justicia. Comunicase con este pueblo por medio de un camino bastante regular, y tambien hay otro opuesto á este que se dirige á Tayog, en la prov. de Pangasinan. Sus colaterales son este ultimo al N. N. O. (á 3 leg.); el de San José al S. E. (á 3) y el de Funcan (á 2 ¼): el TERRENO, que es muy fragoso, se halla regado por los r. Lupao y Catdblagan; el monte Moron y otros facilitan buenas maderas para la construccion de casas y para la carpintería. PROD.: las principales son las del arroz y tabaco, cogiéndose poco de las demas, como son: añil, abacá, ajonjolí, etc. IND: la agrícola y la fabricacion de algunas telas. POBL. 1,033 alm.

LUPAO: rio de la isla de Luzon; tiene su orígen en la prov. de Nueva-Ecija, al N. N. E. del pueblo de su mismo nombre, en los 124° 34' long., 16° lat.; toma direccion al S., pasando muy próximo al pueblo mencionado por la parte del E., y volviendo luego al S. O. entra en la prov. de la Pampanga para ir á desaguar al rio chico de este nombre en los

124° 20' long., 15° 59' 30'' lat., despues de haber corrido unas 10 leg. En las grandes avenidas de este rio, forma juntamente con el de Catdblagan, la laguna llamada de Canaren.

LUPI: pueblo con cura y gobernadorcillo, en la isla de Luzon, prov. de Camarines-Sur, dióc. de Nueva-Cáceres; sit en 126° 54' long., 13° 45' lat., en terreno llano, y clima templado. Tiene unas 147 casas, la de comunidad donde se halla la cárcel y la parroquial. Hay escuela de primeras letras; el cementerio es bastante capaz, esta fuera de la pobl. La igl. parr. es de mediana fábrica y se halla asistida por un cura secular, el cual administra tambien el de Ragay. El term. tiene señalados sus confines solo por el S. S. E. que linda con el de Sicopot. El terreno es montuoso y muy fertil; hállase regado por varios riach., hay tambien estensas llanuras; las prod. de arroz, cacao, ajonjoli, caña dulce y abacá, son las principales del pais. La ind. consiste en su mayor parte en la agricultura y en la fabricacion de las telas llamadas nipis, sinamayes y algunas otras, y en la de sombreros de nito y esteras de palma, con cuyos artículos hacen su com. Tiene de pobl. este pueblo y el de Ragay 897 alm., y pagan 282 trib., que importan 2,820 rs. plata, equivalentes á 7,050 rs. vn.

LUS

LUSAN ó CALABOSO: r. de la isla de Luzon, en la prov. de la Laguna; nace en los 124° 44' long., 14° 15' lat.; se dirge al N., corre unas 2 leg., y pasando al E. de Viñang, va á desaguar á la laguna de Bay en los 124° 45' 40'' long., 14° 21' lat.

LUT

LUTANGAN: islita adyacente á la costa S. O. de Mindanao; sit á la boca de la gran bahia Kamaladan.

LUTAO: bajo ó escollo del mar de Visayas, próximo á la costa S. O. de la isla y prov. de Samar; sit por los 128° 28' long., y los 11° 44' 30'' lat.

LUTAOS: anejo del pueblo de Parian, en la isla, prov. y dióc. de Cebú, de cuya cap.

son como unos arrabales. pobl., prod. y trib. se comprenden en el articulo de la matriz.

LUS

LUSAY: punta de la costa oriental de la isla de Masbate, en los 127° 54' long., 12° 13' lat., en el term. del pueblo de Palamas.

LUSUUÑGAN: riach. de la isla de Samar; nace en los 129° 5' long., 11° 40' lat., se dirige al E., y corriendo un corto espacio, va á desaguar en el mar por la costa oriental de la isla.

LUV

LUVAS: puerto de la isla de Luzon, prov. de Albay, en el seno de este mismo nombre; hállase por los 127° 27' long., 15° 7' 10'' lat., en la costa oriental de dicha prov., y en el term. de Albay, cap. ó cab. de la misma.

LUY

LUYALUYA: rio de la isla de Luzon, prov. de Tayabas; nace en los 125° 25' 30'' long., 14° 7' lat., al pie del pico de Banajao, por la parte del N., corre en esta direccion unos ¾ leg., y desagua en la bahia de Lamon á los 125° 25' long., 14° 9' 50'' lat.

LUYOS: barrio ó anejo del pueblo de Cabiao, en la isla de Luzon, prov. de Nueva-Ecija; sit. en los 124° 27' 30'' long., 15° 13' 20'' lat., en terreno llano, á la orilla izq. del rio Cabiao, clima benigno: su pobl., prod. y trib. figuran con los de la matriz, de la cual dista 1 leg.

LUYOS: afluente del r. chico de la Pampanga, en la prov. de este nombre; nace en los 124° 17' long., 15° 31' 15'' lat., corre al E. N. E., unas 2 leg. antes de unirse al mencionado rio.

LUZ

LUZON: grande isla del mar Pacífico, la principal del archipiélago filipino; sit. entre los 125° 22', y 127° 55' 50'' long., 12° 10' y 18° 45' lat.: tiene una forma semicircular, pues con un espesor que gradualmente se va estrechando segun va descendiendo de polo, está comprendida entre los 124° 29', y los 125° 57' 15" long., en su estremo N., cuya costa mira algun tanto al N. N. E. por estar mas bajo el principio de la costa oriental que el de la occidental: el centro de su estension de N. á S. se encuentra entre los 125° 43' long., y los 125° 13' id. Su térm. inferior se halla vuelto á Oriente, alcanzando á los 127° 51' id., está comprendido entre los 12° 32', y 13° 13' lat.; por esto unos la comparan á una escuadra y otros á un brazo doblado. Tiene esta grande isla sobre sus costas numerosas adyacentes que contestando á muchos senos y radas que hay en ellas, parecen desprendimientos de la misma, cortados á la accion de las recias mareas, que las combaten durante los monzones; ó á los sacudimientos volcánicos que atestigua la naturaleza de muchas de ellas. La isla de Luzon se presenta en el Pacífico encabezando una hermosa parte de la Malesia, que forma la mas considerable del mundo marítimo. Luzon, con las innumerables islas Visayas que se estienden al S., y las Batanes, Babuyanes, etc. al N. de ella, patentiza la catástrofe de un gran continente que se sumergiera; prevaleciendo á las aguas, las montañas, los territorios defendidos por ellas y las mesetas mas elevadas. Prescindiremos ahora de las conjeturas con que se apoya este concepto, por haberse presentado ya debidamente en el preliminar de esta obra, donde hemos anticipado gran parte de lo que si bien hubiera encontrado aqui un lugar á propósito, no era fácil comprenderlo en un artículo de diccionario; con lo que podremos aligerar ya nuestro actual trabajo en esta parte.

El nombre de esta isla es generalmente considerado como espresivo de una de las costumbres particulares de sus hab.: entre los indios, *losong* es el mortero ó pilon de madera donde descascaran y casi muelen el arroz que es su principal alimento. Como se emplea con tanta frecuencia, pues no se suele preparar nunca mas arroz que el necesario para el consumo del dia, en todas las casas tienen su *losong* colocado á la puerta. Tambien hay quien dice que antiguamente se empleaban estos instrumentos para tocar al arma ó á rebato en algunas urgencias ó aprietos, siendo bastante á propósito para ello por oirse de lejos el sonido que produce el golpe dado á ellos con la mano que se tiene para la trituracion del arroz, la cual es tambien de palo. Mas para decir esto creemos que no hayan tenido otra razon que la espresada de hallar su sonido á propósito, aunque nunca pensasen los naturales en servirse de él para este objeto, y no deja de ser difícil que este instrumento haya sido por razon alguna el denominante de la isla; pues si el verlo en todas partes hubiese bastado á los estrangeros para llamarla isla de los Luzones (habiendo adulterado la voz *losong* en luzon), parece muy natural que en vez de recibirse esta voz propia del pais, aunque adulterada, se hubiese adoptado la equivalente en la lengua particular del que la denominase. Aun concedido asi, tampoco es facil que habiéndose llamado isla de los Luzones por los morteros ó luzones que habia en ella, viniese despues á ser Luzon, pues ni podian llegar estrangeros á ella, cuyo idioma tuviese una razon que se prestase á esto. Se entiende muy bien que los morteros de Luzon sean recibidos como luzones en cualquier lengua, pero solo cabe en el mas bárbaro idiotismo sin consecuencia que la isla de los Luzones sea Luzon, sino el nombre de aquellos un patronímico ó gentilicio formado de este. Sin embargo, el doctor Morga, Argensola, Colin, Fr. Juan Francisco de San Antonio y otros muchos, afirman haber tenido el nombre de isla de los Luzones, impuesto por los comerciantes estrangeros que llegaron á ella, especialmente por los japones y los chinos, y tampoco es de probar otra cosa, en atencion á que estas cuestiones solo pueden servir como ocasiones de acreditar la erudicion é ingenio de los escritores, dejando siempre la verdad en las tinieblas, que los tiempos han derramado sobre ella. Lo cierto es que el nombre de Luzon es de naturaleza indígena, por lo que es el único cuyo patronímico se ha dado en Oriente á sus naturales y aun á los de todas las Filipinas: esta es igualmente la razon por qué ha sido tambien adoptado por los europeos, y no puede menos de prevalecer á cualquier otro nombre que se le impusiera, como sucedió en el de Nueva-Castilla, que afirman algunos haberle sido dado por los conquistadores, y quedó pronto confinado en varios documentos solamente.

Esta grande isla, cuya corografía hemos visto detalladamente en el preliminar citado, y por cuya razon la consideramos aqui solo en términos generales, á fin de no incurrir en la difusion á que nos obligaria la necesidad de estendernos sobre otros pormenores, reservados allí para este artículo, puede examinarse dividida en tres partes para la mayor facilidad de su conocimiento: esta division en tres vastos distritos, es la que generalmente se hace al determinar en un sentido comun los grandes distritos geográficos de esta isla. Estos distritos son los llamados Costa, Contra-Costa, é Interior. Aunque por el de Costa suele entenderse solo la parte de Manila, tambien se significa por él todo el dilatado territorio que desde la punta Pata bañan las aguas occidentales ó del mar de la China y estremo N. de la gran cordillera occidental de los Caraballos, en las aguas setentrionales de la isla, hasta la punta de Santiago, que forma el térm. S. O. de Luzon, y la que desde este punto baten las meridionales ó del mar de Visayas, hasta la punta Tagirán ó de Calantab, en la boca interior del estrecho de San Bernardino. En este concepto daremos á este distrito, por lo que hace á lo mediterráneo, todo lo que cae al occidente de la espresada cordillera de los Caraballos occidentales, hasta el encumbrado Caraballo-Sur, donde se enlazan aquellos con los orientales ó de Sierra-Madre, asi llamada por ser la que corre de N. á S. por toda la estension de la isla, y desde el espresado enlace del Caraballo-Sur tomaremos esta gran cordillera por el térm. oriental primero, y luego setentrional, quedando solo fuera del distrito de Costa la estension de como unas 90 leguas cuadradas al Mediodia del Caraballo-Sur, cuya comarca pertenece á la prov. de Nueva-Ecija, que corresponde al distrito de la Contra-Costa. Acerca de la denominacion de Costa que se da á este gran distrito, en razon de la violencia que parece sufrir este nombre, cuya aplicacion natural parece escluir todo aquello que no sea maritimo, y aun la idea de una forma in-

sular donde por Costa se presentan todos sus términos ó confines generales, debemos advertir primeramente que se llama Costa por antonomasia ó escelencia, siendo la primera que reconocieron los conquistadores de la isla, la primera que se ocupó y redujo al dominio de España, la única que en cierto tiempo perteneció á este dominio, la que tiene los mejores puertos y fondeaderos, la mas abierta constantemente á la navegacion, por no hallarse espuesta como las otras al monzon del N. E., y á las grandes mares que se estrellan en la Contra-Costa. Es de observar despues, que en algunos puntos tiene este distrito una gran dilatacion continental ó mediterránea, por ejemplo en la parte donde se halla la estensa y rica prov. de la Pampanga, donde suponemos como de costa una comarca distante de ella mas de 16 leg. en todas direcciones: la razon de esto es, que habiendo sido marítimas ó de costa las primeras adquisiciones hechas en esta parte de la isla, por lo que se le dió entonces con toda propiedad este nombre, se fue dilatando su aplicacion al paso que se dilataban las conquistas hasta llegar á presentar la repugnancia geográfica que no deja de tener en el dia. La estension de este distrito tomada de N. á S., ó sea desde la punta Pata hasta la de Santiago, viene á ser de unas 104 leg., y desde esta última punta hasta el térm. S. E. 71 leg., formando por consiguiente una estension total de 175 leg. En lo ancho se presenta una gran variedad: en las primeras 52 leg. tiene como unas 6 donde menos y 13 donde mas, formando una superficie de unas 472 leg. cuadradas, cuya superficie se halla dividida en las prov. de Ilocos Norte, Ilocos-Sur, La Union, y comandancia de la parte inferior del Agno. Al S. de esta parte, que es la comprendida entre las aguas occidentales, y la cordillera de los Caraballos llamada Central y Norte, cuya cordillera hemos designado antes llamándola de los Caraballos occidentales, toma mucha estension mediterránea, y en las otras 52 leg. que hay hasta la punta de Santiago, tiene como unas 17 leg. donde menos, fuera de aquella parte donde se forma la hermosa y dilatada bahía de Manila, y comunmente pasa de 20. El desarrollo de la superficie viene á ser de unas 792 leg. cuadradas, las cuales se hallan divididas en las prov. de Pangasinan, Zambales, Pampanga, Bataan, Bulacan, Tondo, La Laguna, Cavite y Batangas. Desde este punto, que es donde termina el gran cuerpo de la isla, formando una especie de istmo que lo enlaza con la parte inferior ó S. E. de la misma, es ya tan estrecha é irregular la continuacion de este distrito, separado de la Contra-Costa por la gran cordillera general de la isla, que apenas sería notable la diferencia de entrambos distritos, si esta diferencia no estuviese mayormente determinada por la distincion de mares que los bañan, por cuya razon la actual prov. de Camarines-Norte fue antes un partido llamado de la Contra-Costa; asi es que en una estension de mas de 54 leg., apenas puede calcularse la superficie de 178 leg. cuadradas, correspondientes á la espresada prov. de Tayabas y á las de Camarines-Norte, Camarines-Sur y Albay. El total de la superficie que atribuimos á la primera de las tres partes en que hemos dicho íbamos á considerar dividida la isla, asciende por consiguiente á 1,439 leg. cuadradas.

La segunda seccion de las tres referidas y marcadas por el órden general de las montañas de la isla, y sobre todo por la marcha que siguió la conquista, es mucho menos considerable. Reconocida y ocupada primeramente la costa occidental de la isla cuando se tramontaron los Caraballos y se llegó á la parte bañada por las aguas orientales, se le denominó Contra-Costa por ser la opuesta á la en que se tenian los primeros establecimientos, sin que obstase á esto la violencia de la espresion geográfica tomada en su sentido propio, pues no deja de ser repugnante su aplicacion á un territorio litoral conviniendo solo con propiedad á las cordilleras, que en cierto modo cabe decir deslindan este territorio y lo mediterráneo. Comprende esta seccion todo lo que cae al E. de la gran cordillera general de la isla que forma su estremo N. E. en el Cabo del Engaño, y el térm. S. E. en la punta Tagilan antes mencionada. Desde el referido Cabo del Engaño corre al S. con las denominaciones de Gran-Cordillera ó Sierra-Madre, hasta el centro de la isla, donde se encumbran los Cara-

ballos-Sur que forman el enlace de todo el sistema de montañas: desde estos montes toma por algun trecho bastante inclinacion al E. cuya inclinacion desaparece despues para pronunciarse de un modo muy notable al llegar á la prov. de Tayabas, desde donde corre con grandes irregularidades y prominentes desprendimientos, hasta su referido térm. S. E. La estension comprendida entre ambos estremos viene á ser de 156 leg., de las cuales las 57 primeras deslindan de un modo bien conocido el distrito llamado de la Contra-Costa, lo que no sucede así por lo restante, pues considerada como de contra-costa la prov. de Nueva-Ecija á la que pertenece toda esta parte superior del espresado distrito, comprende tambien una considerable comarca al Mediodia del Caraballo-Sur, y en lo sucesivo lo irregular de la linea que describe hace ya tan dificil su determinacion, que apenas se ha adoptado mas que para determinar el antiguo partido de la Contra-Costa, comprendida al mismo tiempo en la prov. de Camarines, y que hoy forma lo principal de la de Camarines-Norte. Ahora considerándola de un modo geográfico é incluyendo en este distrito la referida comarca, que al S. de los Caraballos meridionales se estiende al O. de la espresada cordillera, viene á contener como unas 848 leg. cuadradas correspondientes á las prov. de Nueva-Ecija, La Laguna, Tayabas, Camarines-Norte, Camarines-Sur y Albay.

La tercera seccion, ó sea el distrito que hemos llamado del Centro, contenido en su mayor parte entre las dos grandes cordilleras de los Caraballos orientales y occidentales, que termina en la costa occidental de la isla formando el Cabo del Engaño el uno, y la punta Pata el otro, y se enlazan en el centro de la isla donde se encuentra el Caraballo-Sur, tiene sobre unas 2,199 leg. cuadradas. La parte contenida entre las espresadas cordilleras, forma las dilatadas prov. de Cagayan y Nueva-Vizcaya: el resto considerado en el espesor de los montes que deslindan esta seccion de la isla y las dos antes mencionadas, así como los valles y cañadas que forman entre sí, perteneco á las mismas prov. y á las de Nueva-Ecija, Abra, y en fin á todas, fuera de las que son playeras en toda su estension, como sucede con las de Ilocos. Reunidos estos tres cálculos sobre la estension particular de cada una de las tres secciones mencionadas, viene á resultar una estension de 4,484 leg. cuadradas en la superficie general de la isla. Además de las estensas y fragosas montañas de que hemos hecho mérito en la precedente division de la isla, hay tambien otras muchas cordilleras de gran consideracion, como son los montes Zambables, que se hallan al estremo occidental de la isla, cogiendo de N. N. O. á S. S. E., las que forman la mayor parte de los límites orientales de la prov. de Ilocos-Sur, las que recorren en varias direcciones las prov. de Ilocos-Norte, Abra, Cagayan, Nueva-Ecija, Batangas, Tayabas etc. Todas estas montañas tienen un grande influjo en el clima de la isla, y las principales cordilleras modifican el efecto de las estaciones, de modo que parece llegar á regirlas. Por lo general es muy benigno este CLIMA, aunque no tanto como comunmente se cree por los que no han esperimentado otro que el delicioso propio de los alrededores de Manila: alli el calor es únicamente el que con su esceso les ha hecho sentir que en estas islas no reina una perpetua primavera como es comun opinion al hablar de ellas, obligándoles á buscar otros puntos mas templados en tiempo de secas. En las prov. de Ilocos son bastante frescos muchos meses del año, y regularmente sucede lo mismo en la mayor parte de los terrenos montuosos. En el pueblo de Santa Catalina y desde Bangui á San Nicolás, cayó granizo en 1749 y 1803. Los curas párrocos de los pueblos que estan en los montes de La Laguna y otras prov., suelen vestirse de paño como en Europa, y su clima se asemeja bastante al que se disfruta en muchos puntos de España. Los pueblos que ocupan las orillas de la Laguna de Bay, son los que gozan un clima de mayor estabilidad, pues la direccion de los montes hace que el viento del E. sople casi constantemente en la Laguna, y sin el rigor de otros puntos: lo mismo sucede en las costas con las virazones y terrales, que se hacen sentir casi siempre en horas determinadas segun los monzones y las mareas. Todos los vientos periódicos pro-

pios de la zona tórrida, en que la accion solar es siempre activa, son los que vienen marcando del modo mas notable las estaciones, y no es estraño que sea tan grande el influjo del sistema de montañas de Luzon, en el clima propio de las diferentes comarcas de la isla, y la misma division que de esta hemos hecho en sentido geográfico, no deja de ser admisible hasta cierto punto, por lo que respecta al clima. La parte de la Contra-Costa se halla tan espuesta al monzon de N. E., que hallándose regida por él casi una tercera parte del año, pues viene á empezar este viento por el mes de noviembre y no suele cambiar hasta marzo, es notable en todos los sitios que no cuentan con la defensa de otros mas elevados, pues ni aun la gran vegetacion de las montañas presenta la robustez y lozanía propias de lo general de la isla; pero entre tanto, en la parte occidental de los montes y en los valles y llanuras que á su abrigo se dilatan por las otras dos secciones de la isla, se disfruta un cielo alegre y despejado, y una temperatura tan fresca, que no solamente se suspende la abundante traspiracion que se esperimenta la mayor parte del año, sino que aun gusta arroparse con algun chaleco de abrigo; y hay dias en que se llega á tomar por muchos, ropa interior de franela. Al cesar por marzo estos vientos, empieza la estacion de secas, y como á mediados de abril carga la fuerza de los calores, que hasta mediados ó fines de junio es insufrible: entonces dominan los vientos del E., cuyo rigor se hace tambien mas sensible en la Contra-costa, mientras que en los puntos elevados de las otras dos divisiones de la isla, apenas se notan los rigores del estío. Donde los vientos del E. llegan libremente, se desea con mucha impaciencia la estacion de las lluvias para libertarse del calor. En julio suele esperimentarse la primera colla del S. O., y el tránsito de vientos es mucho mas violento en esta época que en las otras del año; suelen ocurrir grandes tempestades, huracanes ó tifones, cuya violencia es increible; á veces ocurren horrorosos baguios soplando el viento en todas direcciones y recorriendo con prodigiosa rapidez y fuerza todos los puntos de la rosa náutica. El mes de octubre es comun-

:

mente el mas propenso, sin que deje de haber tambien varios en otros meses, aunque no son conocidos en todos los puntos del archipiélago: en Zamboanga ha ocurrido uno en marzo del presente año de 1850, y es el primer baguio de que se tiene noticia en el país: son muy raros los baguios que se esperimentan en menor lat. de 9 ó 10° N. ó S. Tambien es muy violento el viento del S. O. sobre el distrito de la Costa, al modo que el N. E. y E. lo es sobre la Contra-Costa. La estacion de las lluvias es la mas larga de las tres en que parece consistir la mas notable division del año en este país, y como sucede que mientras dominan los vientos del N. E. muchas comarcas del centro y costas gozan buenos dias á par de los chubascos y huracanes sufridos por la Contra-Costa durante el monzon del S. O. y los vientos del N. O., ocurre que la Costa y centro se hallan padeciendo sus insufribles humedades y tempestades violentas, mientras en la Contra-Costa se tienen dias serenos y apacibles. Tal es la influencia del sistema de montañas de esta isla en su clima modificando los vientos regulares á que atribuyeron muchos filósofos antiguos lo habitable de la zona tórrida, no obstante la gratuita suposicion de varios filósofos modernos, que mal conocedores de la antigüedad no dudaron asegurar que habia sido inhabitable en el concepto de todos los filósofos antiguos. El sistema de montaña cortando los vientos y obligándoles á tomar diferentes rumbos, hace que sea en estremo vario su efecto en las diferentes comarcas en que aparece dividida por sus montes la isla, asi es, que mientras en unas partes se ve un cielo oscurecido y dominan los chubascos y las tempestades, en otras se gozan serenos y hermosos dias. Los meses de junio, julio y agosto y parte de setiembre suelen reinar las lluvias hácia el O., y desde octubre se trasladan al E. y N. El asombroso arbolado de que se hallan cubiertas las referidas montañas acaba de darles una grande accion sobre el clima, pues facilitando la condensacion de los vientos acaba de hacer estrema la humedad del país. La naturaleza del suelo es tambien de sumo efecto en el clima por su porosidad y lo cenagoso que es, mayormente en las tierras

bajas; todo está lleno de lodazales, pantanos, rios y lagunas, á causa de la abundancia de las aguas, ya saladas, ya dulces y de lluvia. En tiempo de secas se endurece tanto la tierra que se abren formidables grietas, y si se retardan las lluvias y se prolongan los calores, se llena de materias inflamables que en lloviendo un poco y cerrándose los respiraderos rebientan en horribles terremotos tan peligrosos en el mar como en tierra, donde suelen abrirse grandes bocas y ocurren numerosos estragos: ya hemos dicho en el preliminar de esta obra que los terremotos de 1645, 1796, 1824 y 1838, han formado épocas de calamidad para esta isla, ademas de los cuales puede citarse aun el de 1699, prescindiendo de otros muchos de menos consecuencia que han sido y son frecuentísimos: en el artículo MANILA nos ocuparemos de ellos por ser el punto donde produjeran los mayores estragos. Tambien ocurren algunos temblores de tierra en tiempo de lluvias, pero, mitigando una humedad tan escesiva como la propia de aquellas estaciones, la accion de los fuegos subterráneos son menos violentos; no tan endurecida la tierra, opone menos resistencia al enrarecimiento del aire subterráneo y su salida no es destructora como en tiempo de secas. Son tan visibles estos efectos de la naturaleza especial del suelo bajo la enérgica accion de la zona, que penas hay montes que no manifiesten una condicion volcánica. Tres volcanes se cuentan todavía en estado de alguna ignicion, cuales son, el Mayon y el de Bulusan en la prov. de Albay, y el de Taal en la de Batangas, y tanto de estos como de otros muchos se refieren grandes estragos producidos al rebentar ya en raudales de lava, ya en caudalosos rios, arrastrando el ímpetu de sus aguas piedras enormes. Hay muchos ejemplos de haberse hundido estensas comarcas quedando convertidas en lagunas. Las lagunas de mas bogeo y nombre son la de Bay, donde desaguan mas de 15 rios y en la que nace el Pasig. que á 6 leg. de su origen desagua en el mar bañando la capital del archipiélago; la laguna de Taal ó de Bombon que se halla 20 leg. de Manila y tiene en su centro una islita con otra pequeña laguna formada en el cráter del mencionado volcan de Taal, los caudalosos rios de Quingua y San Mateo salen de otra laguna tambien considerable. Entre los rios, los principales son el que nace en los montes de Santora y corre por el centro de la isla á desaguar en la costa setentrional junto al pueblo de Aparri: llámase comunmente este rio Cagayan, aunque los españoles le han impuesto en recuerdo de los de su patria los de Tajo, Duero y Ebro. Nómbrase despues de este el rio grande de la Pampanga, y tambien son muy considerables el Pasig, el grande de Agno, el Abra etc.

Entre las abundantes aguas de esta isla se encuentran muchas termales sumamente apreciables; las mas afamadas son las del pueblo de Mainit en la prov. de La Laguna, donde se construyó un hospital de suntuosa fábrica, el cual se quemó en el año 1726. En la travesía de los montes desde Mauban á Tayabas hay otra fuente de estas aguas tambien muy estimada y concurrida de los indios. En las cercanías del volcan de Albay ó Mayon, hay otras así mismo termales que parece que brotan del propio volcan, y entre estas corren unas que tienen la estraña propiedad de petrificar cuanto da en ellas. Tambien cerca de Manila hay otro manantial en cuyas aguas sucede lo mismo, brotan de una cantera de cal que está entre Pagsanjan y Majayjay y en ella se observan las mas estrañas petrificaciones. Sería interminable el hacer mencion de todas las aguas minerales que brotan en la vasta estension de esta isla, siendo un testimonio de la riqueza que encierran las entrañas de sus montes, así como las partículas que asoman en la superficie y las muchas que arrastran las aguas entre las arenas: era tanto el oro que antiguamente se sacaba de las minas y lavaderos por el tosco sistema propio de los indios, que unos años con otros ascendia al valor de 100,000 pesos. En 1578 por Real cédula de 12 de agosto se concedió á los indios el quintar el diezmo del oro que sacaban: en 1626 el alférez D. Diego de Espina descubrió la gran mina de Paracale, y por Real provision de 22 de setiembre de 1636 se mandaron guardar los privilegios de los naturales dedicados al aprovechamiento de sus minas. Son tantas las que

hay de este metal precioso que apenas hay r. cuyas arenas no lo contengan en cantidad considerable, ni su estraccion por medio del lavado no sea de bastante utilidad. Tambien abundan las minas de hierro y las hay de plomo, de cobre colorado y blanco etc. No faltan canteras de finísimo marmol, de yeso, de cal, de pizarra, de granito, en suma cuanto puede apetecer del reino mineral el hombre, todo se halla en las montañas de esta isla.

No es menos rico el reino vegetal, pues un país tan húmedo y templado no puede menos de presentar el aspecto mas fértil y ameno: cruzado por todas partes de caudalosos rios, en prados, campos, montes y selvas, todo es arboleda, frondosidad y frescura, sin que ni rara vez se vean los árboles desnudos de sus hojas ni los campos dejen de estar cubiertos de verdor y de flores; apenas se conoce especie de árbol ó planta, apreciable por su madera ó sus frutos, que no se halle aquí en abundancia. Los mas importantes por sus maderas, son el incorruptible y fuerte molavin, el dongol, el ébano, el fino santor viejo, el tindalo y el asana, el acle, anuving, dalindingan, banaba, vitig, maladuhat, calamar, sanay, culinmanuc, malaputat, malatumbaga, el baticolin, el lanotan, el mangachapuy, el guijo, el antipoto, el tanguilo, el lauan mulato, el tigos, el bogos y el goyong-goyong etc. Estos corpulentos árboles sirven de apoyo á innumerables clases de enredaderas; el bejuco sirve para infinitos objetos á los indios: abunda el árbol que dá el algodon y el yonote, el abacá, el anabo, el balibago, y el labuyo suplen al cáñamo de España. Las cañas pueden competir con las maderas mas fuertes y de ellas solas enlazadas con el bejuco se hacen casas, camarines y andamios de gran firmeza y altura; hay muchas diferencias de cañas y tienen su nombre particular cada una, como la tinic, bobon-sina, caña houo, la anos etc. El palo Maria es de una utilidad asombrosa por sacarse de él aceite y brea y emplearse como un escelente bálsamo para las heridas, llagas y otras dolencias; el palo manungal y el de naga son tambien medicinales; el árbol que da la fruta oleosa llamada lumban, el pile y otros muchos son tambien muy útiles, distinguiéndose con especialidad el sibucao, ó palo tinte. Entre los árboles frutales y las plantas son sumamente apreciables el santor, el mabono, el bilimbin, las camias, la macupa, el banquirin, el nangca, la manga, en suma los que dan los apreciados tampoyes, el ate, la anona, el duhat, los tamarindos, y sobre todo los apreciadísimos cocos. Abundan la caña fístula, la coloquíntida, muchas contra-yerbas, nuez moscada, pimienta negra, pimienta de San Ignacio, llamada faba febrífuga, sangre de dragon, sándalo rubio, gengibre y otras innumerables plantas medicinales, admirables bálsamos, yerbas y gomas. Aun hay otras muchas plantas alimenticias y medicinales, y aunque los indios no se ocuparon en la horticultura hasta verlo en los chinos y los españoles, tambien producen buenas hortalizas, las calabazas, una especie de judías á que dan el nombre de sitaos, camotes, rábanos, mongos, una especie de habas grandes á que llaman balay-patani, la mostaza, algunas plantas del itmo y bonga, para la formacion del buyo y varias otras raices, es lo que comunmente se halla en las huertas de los indios; los chinos, los mestizos y los españoles cultivan ademas cuanto es apetecible para el sustento, la medicina y el regalo. Deben citarse aun fuera de aquellos productos de que luego se hará mencion por ser los mas considerables del país, el árbol llamado col del maluco, que nace y se cria sin cultivo y sus hojas son muy apreciadas y buenas en diferentes usos; la balsamina, llamada en el país apalea y amargosa, cuyo fruto que suele tener de largo un codo, se come en ensaladas y en guisados y es muy estomacal. Entre las enredaderas de los bosques deben tambien citarse algunas que son tenidas por muy especiales febrífugos por lo que se les ha dado el nombre de Macabuhay, el pandacaque, el sambon, el romero, el lagundi, la manzanilla, la hoja morada, la doradilla, el amuyon, el alipayon etc. Son innumerables los árboles, plantas y yerbas que acuden al sustento y medicina de la pobl., aromatizando el ambiente y sirviendo de pasto y abrigo á infinitas especies de animales. Son tantos los que hay ponzoñosos acuáticos, terrestres y anfibios, que esto,

unido á las muchas plantas que hay tambien venenosas, hace preciso ir con mucho cuidado al viajar por este país, y llevar siempre antídotos por lo que pueda suceder. El terrible anfibio conocido con el nombre de caiman habita muchos lugares de la playa y de los rios, y no son pocas las víctimas humanas que su voracidad sacrifica. Son muchas las especies de culebras, y en su mayor parte muy venenosas: las hay pequeñas, delgadas y verdes, y estas son las mas temibles por lo eficaz de su veneno; otras hay tan grandes que en llegando á enroscarse en el mayor caiman consiguen ahogarle: estas culebras se conocen con el nombre de saba. El lagarto, llamado sajita volante, que al medio dia está amarillo y en lo demás verde, y consigue dar un vuelo de bastante distancia y la mayor velocidad, teniendo la configuracion y el aparato mas á propósito para ello es tambien muy venenoso. Las iguanas, cuya forma es muy semejante á la del caiman aunque son mucho menores en cuerpo, no son temibles, pues no hacen daño si no consiguen entrar en los gallineros, en cuyo caso se comen las gallinas; por lo demás son útiles, pues persiguen á otros muchos animales ponzoñosos y dañinos: los chacones son tambien una especie de lagartos cuyas uñas son tan agudas que se asegura prenden en un espejo; hacen presa con los dientes y no la sueltan si no se les pone delante un ramo verde al que saltan al momento. Hay muchos galápagos y tortugas é innumerables ranas, entre las cuales se halla una especie en los montes que son sumamente grandes y se cazan con perros, como los conejos y las liebres. Siempre ha habido perros, gatos, venados, jabalíes, micos, y una clase de monos llamados machines, que son tan grandes que algunos han reñido, segun se afirma, á brazo partido con un hombre y le han dado la muerte. Tambien son propios del país los gatos de Algalia. Los caballos y vacas han sido introducidos por los españoles que tambien han intentado hacer lo mismo con los asnos, aunque estos no han prevalecido; se asegura que las cabras fueron llevadas de Sumatra y los carabaos de la China, aunque particularmente estos son en nuestro concepto indígenas y se hallan en gran número en los montes, siendo en su estado indómito tan feroces y temibles, como son mansos y útiles una vez domesticados; tambien son innumerables las especies de aves que se hallan en esta isla, entre las cuales se hallan muchas cuya descripcion parece verdaderamente fabulosa: las mas apreciables para la caza son los gallos monteses, particularmente los valientes llamados labuyos, la gran variedad de tórtolas etc. Despues de la incalculable utilidad que puede sacarse de los montes por medio de la estraccion de sus hermosas maderas, de sus resinas, gomo-resinas, frutas y raices alimenticias, y el beneficio de sus minas de metales preciosos y metalillos, el aprovechamiento de sus canteras y de la caza, bastante á sostener por sí sola una poblacion considerable, hay todavía otro artículo tambien de suma importancia, cual es la abundancia de miel y cera que depositan las abejas en cualquier parte, donde hallan el necesario abrigo para la formacion de sus panales. Pero si importantes son todas estas consideraciones, los encumbrados montes de la isla en ningun concepto lo son mas que por los numerosos rios que en ellos tienen sus fuentes y se precipitan á fecundizar las llanuras promoviendo la vegetacion que aun con sus frescas emanaciones dulcifica el clima, y ofreciéndole al indio el segundo artículo en que se afianza su alimento, cual es la pesca. Esta, ademas de abundar en las aguas marítimas que bañan las costas de la isla, se halla tambien de un modo muy considerable en sus rios y lagunas: el delicado sábalo es notable entre los pescados que abundan en las aguas de esta isla. Es mucho el pescado de las lagunas de Bay y de Taal, y sobre todo de la gran bahía de Manila. La costa occidental se halla abierta siempre á la pesca, lo que no sucede con la Contra-Costa siendo peligrosísima, ó mejor, hallándose cerrada durante la fuerza del monzon del N. E. En cambio de esto, en la Contra-Costa es donde se cogen los escelentes atunes que se llevan á Manila, lo mismo que otros pescados especiales por su gran suavidad y sustancia; tambien se halla en la Contra-Costa abundancia de coral blanco, encarnado y negro.

Donde tan pródiga se mostrára la naturaleza reuniendo cuantos objetos puede apetecer el hombre para subvenir á sus necesidades y regalo, tampoco ha faltado una poblacion antiquísima que aprovechase tantas ventajas naturales. Si fuesen orillables los orígenes del Senaar que leemos en las santas escrituras y en los grandes ilustradores de la geografía sagrada, podria en cierto modo decirse que la raza salvaje y casi indomable que todavía puebla las mayores fragosidades de la isla y es conocida con el nombre de Aeta ó Negrita, es la indigena y propia del pais; su fisonomía y todos sus rasgos característicos podrian ser aducidos en apoyo de esta suposicion, si los respetables testos citados no la condenasen previamente por gratuita y errónea: en la fisonomía y carácter de los negritos aparecen como innatos los efectos de la toponomía del pais que habitan. No nos fijaremos en el reconocimiento de esta ralea primitiva ni en el de las otras castas que aparecen como secundarias en la isla por hacerlo de propósito en sus respectivos artículos, limitándonos ahora á considerarlas de un modo muy general, lo mismo que lo hacemos acerca de la descripcion de la isla por haber sido bosquejada ya en el preliminar de esta obra, y aparecer detalladamente en los artículos de las 20 prov. en que actualmente se halla dividida esta isla. La fuerza de las tempestades, huracanes y baguíos á que están sujetos aquellos mares, facilitó sin duda el arribo de nuevas gentes á Luzon siendo alojados á sus costas; el establecimiento de la raza tagala en el litoral, el odio implacable con que el negrito de las montañas la mira como á todo aquel que no es de su familia, sirven para conjeturar que una encarnizada lucha dió la propiedad de las costas y las mejores llanuras á los advenedizos, y los indigenas se remontaron en las fragosidades para conservar en ellas su aislamiento y su independencia. El cruzamiento de las diferentes castas que se establecieron en las costas y el que tuvo lugar con los negritos remontados, facilitando sus alianzas la desgracia de otros que se vieron obligados á remontarse como ellos mismos, fueron origen principal de la gran variedad de castas y tribus que hay en esta isla;

muchas de las diferencias que aparecen entre estas castas son tambien resultado de la diversidad de climas que habitan, influencias tópicas á que estan sujetas, variedad de alimentos propios de sus localidades etc. Estas diferencias debidas especialmente á la localidad, pueden verse en los artículos de las localidades mismas ó sea en los de las 20 prov. citadas; las principales propias de la variedad de castas se verán en los artículos particulares de los negritos ó aetas, igorrotes, apayaos, adamitas ó adamtas, guinaanes, tagalos, calanasanes, tinguianes, calingas, ifugaos, mayoyaos, quianganes, silipanes, gaddanes, ilongotes, ibilaos, catalanganes, isinayes, hiabanes, italones etc. Todas estas castas, no menos que la originaria negrita, las mas secundarias é hijas del cruzamiento de los advenedizos entre sí, sobre sus rasgos característicos innatos, recibieron los propios de las diferentes impresiones naturales de los distintos puntos en que se esparcieron; ya hemos indicado las causas que modificarian aun su fisonomía propia: su carácter moral y sus conceptos, sus usos y costumbres, todo recibiria idénticas modificaciones, como relacionado en cierto modo con las localidades y sujeto á sus respectivas leyes. Siendo propia del país en general una naturaleza sumamente impresionable, desde luego se debió desplegar el genio supersticioso que cada uno de dichos pueblos dió á la idolatría sus dioses particulares, aunque todos los reconocieron siempre subordinados á un Ser supremo.

Los efectos de la superticion suplieron en gran manera la falta del orígen mas natural de las cuestiones y guerras cual es la oposicion de intereses, pues las escasas necesidades, propias de su estupidez salvaje, podian ser satisfechas sin rivalidad; era un país cuya fertilidad hacia que prevaleciesen á las necesidades las cosas que debieran servirlas. La superticion y las bárbaras tradiciones que esta engendrára ó abortase, hacian que estos se despedazasen mutuamente en perpetuas guerras. Entretanto, el Rey católico de España y el de Portugal sin saber la existencia de esta grande isla, determinaron el derecho de su descubrimiento y conquista y la autoridad

pontificia ratificó el tratado de ambas coronas que en tanto bien de la comunion evangélica y de este país era preciso redundase.

Fernando de Magallanes descubrió el archipiélago, y puso esta isla al alcance de la civilizacion y de la unidad religiosa: el sultan de Borneo habia determinado igualmente establecer esta unidad en el archipiélago, y sus equivocados apóstoles habian emprendido ya sus trabajos, que particularmente en Mindanao, habian de oponerse por siglos á los progresos de la civilizacion europea y de la conquista evangélica. Mas adelante habia llegado el genio de oposicion á estos principios encaminados por distinto rumbo, pues ya se habia establecido en Luzon y posesionado sobre la gran bahia que hace el punto mas interesante de la isla, con mucha anticipacion al arribo de los españoles á ellas, y mientras el distinguido general Miguel Lopez de Legaspi, bien aconsejado por el prudente Urdaneta, iba reconociendo las Visayas y dejando en ellas los virtuosos misioneros que habian de conseguir su evangelizacion; otro pueblo europeo que á la sazon glorioso y floreciente en la náutica rivalizaba á la España en estos mares, se preparaba en Luzon á resistir con su influencia los progresos de Legaspi, aun mas decididamente que en las otras islas. Portugal defendia que las Filipinas se hallaban en la demarcacion de su conquista, como la España miraba por suyas las Molucas desde que Magallanes habia desenbierto el verdadero meridiano natural en la isla Tercera; la colonia portuguesa de las Molucas, viendo asomar á Magallanes en estos mares, por el rumbo de Occidente, y teniendo noticias de las Filipinas, se propuso servir á su madre patria, haciendo frente en ellas á la conquista española y al desarrollo de su poder en Oriente. Con poco trabajo pudieron aprovechar los portugueses lo impresionable del carácter de los indios, previniéndoles á recibir poco favorablemente á los españoles y á guardar poca fé en sus tratados de donde probablemente resultaron los primeros sucesos que tuvieron lugar en la conquista de Luzon.

Al avistar Legaspi esta isla, encargó especialmente el reconocimiento de ella á su sobrino el capitan Juan de Salcedo, que despues fué maestre de campo, y entonces acompañó al que lo era llamado Martin de Goyti, y comandaba 120 españoles y algunos indios agregados á la columna. Esta espedicion se dirigió á Luzon en primeros de mayo de 1570; llegó á la bahía de Manila, penetró en la isla por el r. Pasig, admirando la belleza del territorio que baña, y desde luego Salcedo juzgó por muy conveniente la fundacion de un establecimiento junto á su boca. Este capitan, prudente como esforzado, procuró relacionarse con dos jefes ó reyezuelos, en cuyas manos halló el gobierno de los pueblos vecinos: estos jefes titulados *Rajas* en el pais, se llamaban Soliman y Matanda, siendo el primero sobrino del segundo. Ambos le recibieron con la mayor amistad, pero en medio de la confianza que parecia deber inspirar esta, Soliman atacó de improviso las embarcaciones españolas que le rechazaron vigorosamente poniéndole en fuga. Seguidamente los españoles se dirigieron contra un pequeño fuerte indio, sit. á la orilla del r.; su construccion era á la europea, estaba defendido por 12 cañoncitos y algunos pedreros, que sin duda habia sido facilitado por los portugueses á los indios, y un artillero portugués que probablemente habria dirigido la fortificacion y dirigia asimismo la defensa; el fuerte era de madera, fué asaltado, y el espresado portugués murió en el asalto y los indios huyeron precipitadamente. El Raja Matanda no tuvo parte alguna en estos acontecimientos, despues de los cuales tuvo que retirarse la espedicion, tanto por causa del tiempo, como por haber recibido órden del general para ello. Legaspi resolvió definitivamente en Panay la conquista de Luzon, y salió con su escuadra dirigiéndose á este objeto en 15 de abril del mismo año 1570. Todas las fuerzas de Legaspi, al arrojarse á tan considerable empresa, se reducian á 280 hombres, con los cuales llegó al puerto de Cavite, y con su prudencia logró, no solo renovar la alianza establecida por Salcedo con Matanda, sino que otra vez trajo á ella á Soliman, y alternando con el mejor tino y acierto entre el rigor y la dulzura, elevó la conquista de la isla á una altura contra la que no podian menos que estrellarse las miras de oposicion que antes ha-

bian asomado, y que á pesar de todo no cesaban. Mientras Legaspi se afanaba en plantear el órden y base del porvenir del archipiélago en Manila, Salcedo y los PP. misioneros recorrian el N. de la isla, y dejaban en todas partes la semilla de la civilizacion y el cristianismo que debia desarrollarse con asombroso resultado. En el art. de Manila veremos cuáles fueron las sábias disposiciones de aquel insigne general para el buen gobierno y prosperidad de las nuevas adquisiciones españolas: alli veremos tambien cuánto hace á la generalidad de estas adquisiciones y no se haya presentado debidamente en el preliminar: en el presente artículo nos limitaremos á reseñar solamente los efectos que la conquista produjo con especialidad para esta isla, y fueron comunes á ella.

Legaspi halló ya un comercio muy antiguo establecido en esta isla por los chinos y japones, y haciendo cuanto le fué posible por asegurarlo y desarrollarlo, lo elevó desde luego en Manila á una considerable importancia. La conquista seguia entretanto con la mayor pujanza por todas partes; habiendo acudido á secundar los esfuerzos evangelizadores de los PP. Agustinos, los Franciscanos y los Dominicos. Juan de Salcedo, despues de recorrer el N. de Luzon, hizo lo mismo con su parte S. E., y los acertados trabajos de Legaspi, tan bien secundados por sus dignos compañeros, lograron que cuando una muerte repentina arrebató aquel hombre insigne en daño de la colonia, de la madre patria y de la humanidad toda (20 de agosto de 1572), se habian reducido en esta isla las prov. de Ilocos, Pangasinan, Pampanga, Camarines y otras, y se habia abierto la puerta al gran comercio de China, cuyo comercio fué la base del considerable que vino á irse haciendo en estas islas, de tantas comodidades y proporciones para florecer en este ramo; prestándose tan cómodamente á la navegacion con la hermosa bahía de Manila, sobre la cual se erigió la ciudad metropolitana del archipiélago y centro de la conquista de esta isla; los cómodos y seguros fondeaderos que en esta bahia tienen las prov. de Cavite, Tondo, Bulacan, Pampanga y Bataan, cuyos territorios fueron las primeras adquisiciones hechas en la isla; y al paso que la conquista se iba elevando al N., el puerto de Subig y los fondeaderos de Iba, Masingloc, Bazol y Balinao en la prov. de Zambales; el gran golfo de Lingayen con sus fondeaderos de Suel, San Isidro, Lingayen, Santo Tomás, etc. en la prov. de Pangasinan; Santiago, San Esteban y Vigan en la prov. de Ilocos-Sur; Currimao, Cauit, Dirique y Bangui en la de Ilocos-Norte: al revolver la conquista sobre la parte S. E., el gran seno de Balayan, con el fondeadero de su mismo nombre y el de Taal; la cómoda ensenada de Batangas en la prov. así llamada; la bahía de Lamon y la ensenada de Apat en la de Tayabas; los senos de Ragay y de Sogod entre esta prov. y la de Camarines-Norte; la rada de Daet en esta última prov.; la gran bahía de San Miguel entre la misma prov. y la de Camarines-Sur; los senos de Lagonoy, Tabaco, Albay y Sorsogon en la de Albay: por último, elevándose otra vez al N. en la costa sententrional de la isla el puerto de Aparri en la de Cagayan, y descendiendo por la Contra Costa el puerto de Tumango y el seno de Casiguran en la de Nueva-Ecija.

Poco despues de la muerte de Legaspi, habiéndole sucedido Guido de Labezares en el gobierno de la colonia, fué atacado esta por un famoso corsario chino llamado Li-Ma-Hong; Salcedo consiguió quemarle su flotilla y batirlo en tierra, con lo que la mayor parte de los invasores fueron obligados á remontarse y establecerse en las fragosidades donde se cruzaron con los indígenas, y dieron origen á una de las costas que dejamos nombradas: los otros huyeron en algunos lijeros pancos que consiguieron construir para trasladarse á la isla de Tacaotican, que era el centro de sus piraterías. Con ocasion de estos trastornos los reyezuelos indígenas Soliman y Matanda, de quienes hemos hablado, intentaron separarse del predominio de los españoles, pero quedaron nuevamente reducidos á la obediencia, y marchando á una las acertadas disposiciones del gobierno y el celo de los misioneros, la civilizacion y la conquista fueron trasmontando las cordilleras mediterráneas, y penetrando en lo interior de la isla. Por largo tiempo para llegar á la prov. de Cagayanes se costeó toda la altura de la isla, buscándose la entrada por la barra de Aparris:

despues se escusó este gran desvío, abriéndose un camino por las fragosidades anteriores, y se pusieron en comunicacion directa las prov. de Pangasinan y Cagayan. Por este medio se facilitaron mucho los progresos de la civilizacion y conquista en el interior de la isla, y mientras estas daban á la dominacion españo la los fértiles valles y las hermosas llanuras que se iban descubriendo entre las grandes cordilleras de los montes caraballos y sus fragosos desprendimientos, en la parte primeramente reducida se desarrollaban la agricultura y las artes bajo el cuidado de los PP. misioneros: por unas partes se veian aparecer nuevas pobl. sumisas y tributantes, aunque sin perder sus formas salvajes; por otras se organizaban numerosas pobl. cristianas: y por todo se talaban los montes en cuanto era necesario para dar las debidas salubridad y seguridad á los pueblos; se daba salida á las aguas estancadas, y tanto estas como los r. y arroyos se disponian para acudir al riego de las hermosas sementeras que se dilataban por donde antes apenas se conocia la huella del hombre: todo marchaba á la prosperidad bajo la direccion del infatigable celo de los PP. misioneros. Por medio de un cultivo inteligente, las cosechas de arroz se hicieron grandes y casi infaltables; se introdujeron el maiz, el trigo, y poco á poco cuantas producciones eran conocidas por los conquistadores y civilizadores del pais, que á la vez iban descubriendo y aprovechando un sin número de ellas utilísimas y desconocidas para los indígenas, como hemos visto en el preliminar, y resulta de los art. especiales de las 20 prov. en que se halla dividida la isla. Conocido es que, abierto á los chinos el comercio de esta isla, muchos de ellos tomarian asiento y residencia en la misma, como sucedió en efecto, y su cruzamiento con los naturales dió origen á un nuevo pueblo, cual fué el de los mestizos de Sangley, cuyo nombre Sangley vale tanto como comerciante dado á los chinos que vienen á estas islas por ser principalmente dedicados al comercio. La mezcla de los europeos dió tambien origen á la nueva familia mestiza, resultiva del cruzamiento de estos y los indios. Estas razones, y sobre todo las ventajas de la vida civil, entre las cuales fué la principal el poner término á la encarnizada guerra, que recíprocamente se hacian antes los pueblos salvajes, dieron un aumento prodigioso á la pobl. de la isla.

Poco mas de siglo y medio se progresó en la conquista y en el desarrollo natural y propio de la pobl. á favor de las ventajas sociales, elevó á 410,300 por lo menos el número de alm. empadronadas en las 12 prov. que en aquel tiempo (año 1735) contaba la division politica de la isla; estas prov. eran Tondo, Bulacan, Pampanga, Ilocos, Pangasinan, Cagayan, La Laguna, Cavite, Batangas, Tayabas, Camarines y Albay. Del espresado número de alm., 164,120 reunian sin escepcion alguna las condiciones que se esplican en el art. tributos para contribuir á las cajas del Estado; eran por consiguiente los trib. que se recaudaban en esta isla 82,060. Desde aquella época fué tan considerable el incremento de la pobl. que á últimos del siglo pasado contaba ya 990,864 alm., y pagaba 205,254 trib. Con este incremento fué necesario ir aumentando el número de las prov. que llegaron á ser 14, creándose las de Bataan y Zambales. Todas estas prov. se hallaban divididas en 3 dióc., perteneciendo las de Tondo, Cavite, La Laguna, Batangas, Bulacan, Pampanga, Bataan y Zambales, á la metropolitana de Manila; Ilocos, Pangasinan y Cagayan á la de Nueva-Segovia; Camarines, Albay y Tayabas, á la de Nueva Cáceres. La agricultura, las artes mecánicas y el comercio siguieron el mismo desarrollo; y el gobierno de la colonia, impulsándolo con grande acierto, supo al mismo tiempo sacar el partido posible en beneficio del Estado. La gran produccion del tabaco apareció especialmente en la prov. de Cagayan, no solo libertando de un crecido situado á la madre patria, sino afianzándole una renta considerable; la fabricacion de vinos ó licores de coco y nipa empezó á rendir tambien notables productos: la estancacion de estos art. fué de la mayor utilidad, pudiendo acudirse con sus productos al sosten y acrecentamiento de la colonia. Pero antes de pasar á reconocer cuál haya sido este acrecentamiento en el siglo presente por lo que respecta á la pobl. y trib. de esta isla, réstanos recordar que en medio del gran desarrollo ad-

quirido en el siglo pasado, deploró esta isla los tristes acontecimientos á que dió lugar la invasion inglesa de 1762, mas que por cuanto la trabajáran sus armas por la insurreccion que promovieron sus inspiraciones, la cual duró en varios puntos de la isla desde el mismo año 1762 hasta bien avanzado en 1775 con la mayor obstinacion y numerosos desastres. El carácter impresionable de los indios se presta demasiado á las maquinaciones dirigidas contra su tranquilidad y bienestar, lo que le hace indispensable la mayor y mas activa vigilancia contra ellas. Habiendo reseñado en el preliminar de esta obra lo principal de aquellos acontecimientos; debiendo volver á ocuparnos de ellos al hacerlo especialmente de Manila, y correspondiendo muchos á distintas localidades que tienen sus art. particulares, baste decir en este lugar que los ingleses intentaron apoderarse de la isla por medio de las armas, y promoviendo la sublevacion de los naturales por todos los medios posibles; pero que el celo de los religiosos y el esfuerzo y prudencia del digno oidor D. Simon de Anda y Salazar, opusieron un obstáculo insuperable á sus intentos, dando lugar á que se viesen muy lejos de conseguirlo, cuando un tratado puso fin á aquella guerra. Habiendo evacuado los ingleses á Manila, el civismo de los españoles consiguió restablecer la tranquilidad, aunque no sin gran trabajo de los religiosos y prudencia y decision de las autoridades.

Por las mismas razones que nos han dispensado de dar aqui mayores detalles de aquellos acontecimientos, escusamos tambien los relativos á los diferentes órdenes y conceptos en que debieran considerarse esta isla y su descripcion, si no hubiera de figurar en un diccionario, entre cuyos art. deben parecer tambien los de sus prov., y en ellos la creacion de estos y su desarrollo, tanto en la agricultura y sus producciones, como en todo ramo de industria, y por cuanto es mas propio de la misma, ó sea del art. de la localidad, por ser cosa que pertenezca especialmente á ellas, si no hubiéramos tomado en cuenta lo que hace á las prov. en comun en el preliminar citado; si no perteneciese mejor al art. Manila cuanto hace relacion á los sistemas gubernativo y administrativo, y á todos los ramos de prosperidad pública generalmente considerados. Volvamos, pues, á examinar la parte correspondiente á esta isla en el progreso general de la colonia, sin descender á los pormenores que según el sistema que hemos adoptado pertenecen á la descripcion de las prov. de su division política ó á la de las localidades contenidas en ellas, porque otra cosa nos obligaria á incurrir en difusion y repeticiones.

Ya hemos visto cuál fué el aumento de poblacion y de trib. que se presentó en esta isla desde el año 1755 hasta fines del siglo pasado, siendo la pobl. de los últimos empadronamientos á la de los primeros como 2 $\frac{1}{6}$ á 1. Hasta el año 1818 ascendieron á 1.407,422 las alm., y á 292,251 los trib., siendo estos á aquellas como 1 á 4 $\frac{6}{7}$, lo que supone un aumento de un 42 $\frac{1}{23}$ por 100 en las alm., y un 45 $\frac{5}{7}$ por 100 en los trib., y esta diferencia en el aumento recibido por ambos números, acredita que no eran reemplazados por el desarrollo de la pobl. todos aquellos que de la clase de exentos pasaban á la de trib. Con motivo de este aumento en la pobl. y en los trib., se crearon otras dos prov., cuales fueron las de Nueva-Ecija y Nueva-Vizcaya. Estas dos creaciones fueron especialmente debidas á los progresos de la evangelizacion y conquista que en muchas partes de la isla daban numerosas almas á los empadronamientos, asi como en otras eran debidas al desarrollo propio de las pobl. ya organizadas. Esto fué lo que con especialidad ocasionó despues la creacion de otras dos prov., dividiéndose en dos la fértil, manufacturera y comercial de Ilocos, y en otras dos la de Camarines, tambien rica en los tres ramos. Con estas 18 prov. contaba la isla en 1845 una pobl. de 2.265,193 empadronadas, ademas de un considerable número de infieles calculados, entre los cuales solo los tinguianes reducidos en los montes de Ilocos y Abra se hacian subir á 9,488, y pagaba 459,761 trib., sin contar los correspondientes á los infieles reducidos por no ser uniforme su reconocimiento. Ademas habia en Manila y estramuros una pobl. blanca de mas de 5,795 alm., y se hacian subir los chinos á mas de 5,556; siendo por consiguiente el total de la pobl. empadro-

nada de unos 2.284,212 alm., que eran á los trib. como 4 $\frac{44}{45}$ á f. El progreso que venia significado en el aumento habido desde el año 1818, supone un movimiento de un 60 $\frac{13}{44}$ por 100 en las alm., y 57 $\frac{1}{5}$ por 100 en los trib. en los 27 años. Este movimiento esplicado, tanto por medio del desarrollo de las pobl. antiguas, como por las nuevas adquisiciones hechas sobre los naturales independientes, ha motivado despues la creacion de otras dos prov., denominadas del Abra la primera, y de la Union la última; viniendo á ser en número de 20 las de la actual division política de la isla. Sus últimos empadronamientos presentan una POBL. de 2.534,613 alm., y 512,425 trib., que son á aquellas como 1 á 4 $\frac{44}{45}$.

En este total de almas se cuentan 319 españoles, 5,242 mestizos de estos, 9,372 chinos, y 56,925 mestizos de chinos ó sangleyes. Ademas, y fuera del espresado número de almas, se cuentan 89,945 infieles reducidos.

LUZON: punta de la costa occidental de la isla de su nombre, en la prov. de Bataan; fórmase de una ramificacion de la elevada sierra de Mariveles, que avanza hasta este punto, en los 124° 2' 30'' long., 14° 50' lat.

LLAM

LLAMAS: pueblo de nuevos cristianos, en la isla de Luzon, prov. de Ilocos-Sur, dióc. de Nueva-Segovia; depende en lo civil y ecl. del pueblo de Narvacan, al E. del cual se halla, y á cuyo cura párroco, Fr. Nicolás Venrell, se debe el aumento de pobl. de este nuevo pueblo, que hace poco tiempo era una rancheria de infieles. POBL. y trib. los damos inclusos con los de la matriz.

LLAN

LLANA HERMOSA: pueblo con cura y gobernadorcillo, en la isla de Luzon, prov. de Bataan, dióc. de Manila; SIT. en los 124° 11' 30'' long., 14° 50' lat., á la orilla de un r., en un hermoso terreno llano, por lo que le han dado este nombre, y bajo un CLIMA templado y saludable. Tiene unas 598 casas de particulares; y ademas la casa parroquial y la de comunidad, donde se halla la cárcel, que son las dos que mas se distinguen en el pueblo por ser de mejor construccion que las demas. Hay una escuela de primeras letras y un cementerio bastante capaz que está fuera de la pobl. La igl. parr. se fundó bajo la advocacion de San Pedro, mártir, y en el dia la sirve un cura regular. Pasa por este pueblo la carretera real, y recibe de la cab. el correo semanal establecido en la isla. Confina el TERM. por N. N. O. con el de Dinalupijan, cuyo pueblo

dista 1 ¼ leg.; por S. S. E. con el de Orani (á ¾ leg.); y por E. con la prov. de Bulacan. El TERRENO es llano, riéganlo varios r., y sus PROD. son arroz, caña dulce, algodon, añil, maiz, legumbres, frutas y otros art. en menor cantidad. La IND. agricola es la principal, ocupándose tambien las mugeres en la fabricacion de varias clases de telas. POBL. 2,339 alm., y en 1845 pagaba 522 trib., que corresponden á 5,220 rs. plata, equivalentes á 13,050 rs. VN.

M

MA

MA: pueblo de la isla de Mindanao, perteneciente al Sultan de dicha isla, en la comarca de Bewan; hállase en los 128° 23' long., 7° 4' lat., á la orilla izq. de un r., en terreno llano, con buena ventilacion, siendo su CLIMA bastante cálido.

MAA

MAAGOS: barrio del pueblo de Hagonoy, en la isla de Luzon, prov. de Bulacan, arz. de Manila; SIT. á corta distancia de la matriz, en cuyo art. se incluyen su POBL. y trib.

MAASIM: pueblo con cura y gobernadorcillo, en la isla de Panay, prov. de Iloilo, dióc. de Cebú; SIT. en los 126° 14' long., 11° 4' 30" lat., al pie de unos montes bastante elevados y á la orilla de un r.; su CLIMA cálido. Se fundó este pueblo en 1755, y en el dia tiene con sus barrios y visitas unas 1,274 casas, la parroquial que se distingue entre todas por ser de mejor fábrica, y la de comunidad que tambien es regular; en esta última se halla la cárcel. La igl. parr. es de buena fábrica, está bajo la advocacion de Santiago Apostol y la sirve un cura regular. Confina el TERM. por N. con el de Lambunao, cuyo pueblo se halla 2 ¼ leg. al N. E.; por S. con el de Santa Bárbara, á 2 leg.; por S. E. con el de Cabatuan, á 1 ¼ leg.; por O. alcanza el térm. á los montes que dividen las

MAA

prov de Iloilo y de Capiz, y por S. O. linda con Alimodian á 2 leg. El TERRENO es llano y fértil; báñalo el r. arriba mencionado, y su principal PROD. es la del arroz, teniendo ademas otras varias, como son maiz, cacao, algodon, café, pimienta, legumbres, cocos y otras frutas. POBL. 7,645 alm., y en 1845 pagaba 1,260 trib., que ascienden á 12,600 rs. plata, equivalentes á 31,500 rs. vn.

MAASIN: pueblo con cura y gobernadorcillo, en la isla y prov. de Leyte, dióc. de Cebú; SIT. sobre la costa meridional de la isla, en los 128° 28' long., 9° 58' 30" lat., su CLIMA es cálido y el terreno llano. Tiene con sus barrios y visitas Liloan y Cabalian unas 2,148 casas, sin contar la parroquial que se distingue entre todas por estar mejor construida, y la de comunidad donde se halla la cárcel; la igl. parr. es de buena fábrica y está servida por un cura secular. Hay escuela de primeras letras para la enseñanza de niños, y un cementerio fuera de la pobl. El TERM. confina por N. con el de Hilongo y sus visitas, y por S., E. y O. con el mar. El TERRENO produce abacá, algodon, pimienta, ajonjoli, tabaco, y sobre todo arroz, que es el principal artículo del pais. POBL. 13,169 alm., y en 1845 pagaba 2,704 ½ trib., correspondientes á 27,045 rs. plata, equivalentes á 67,612 ½ rs. vn.

MAASIN: r. de la isla de Mindanao; tiene

poco mas de una leg. de curso en direccion al S. E. y desagua en la bahía de Illano.

MAASIN: punta S. O. de la isla de Leyte; hállase en los 128° 22' 30" long., 9° 59' 30" lat.

MAASIM: riach. que baña el térm. del pueblo que le da nombre, en la isla y prov. de Leyte; es de corto curso y desagua en el mar por la costa S. O. de la isla.

MAB

MABARA: islita adyacente á la costa occidental de la de Masbate, en la ensenada de Inunacan; es muy pequeña y su centro se halla en los 126° 49' 50" long., 12° 34' 26" lat.

MABALACAT: mision de la prov. de la Pampanga, en la isla de Luzon, arz. de Manila; tiene un cura y un gobernadorcillo, y está sit. sobre el camino que conduce desde Coliat á la mision de Capas, en los 124° 15' long., 15° 10' 30" lat., en terreno desigual, á la orilla del riach. Sipan: su clima es templado. Tiene con su visita Bambang unas 747 casas, la parroquial, la de comunidad, donde se halla la cárcel, y la igl. parr. que es el mejor edificio del pueblo, y está servida por un cura regular. Hay una escuela de primeras letras cuyo maestro tiene una corta asignacion sobre los fondos de comunidad. El term. confina por N. con el de su visita Bambang, y el de esta con el de la mision de Capas, á 2 leg.; por E. con el de Arayat, á 2 ½ id.; por S. E. con el de Coliat, á 1 ³/₄ leg., y por O. no tiene límites marcados. El terreno es llano por la parte de Oriente y montuoso al Occidente, donde se encuentran los montes Tandivay, Binagatan, Pamalay y otros. El arroz es la principal prod. de este pueblo, aunque tambien se coje abacá, algodon, ajonjoli, pimienta y otros varios articulos. La ind. de sus hab. se reduce á la agricultura y á la fabricacion de algunas telas en la que se ocupan las mugeres. pobl. 4,482 alm., y en 1845 pagaban 903 trib., correspondientes á 9,080 rs. plata, que equivalen á 22,700 rs. vn.

MABATO: punta de la costa de la gran laguna de Bay, en la isla de Luzon, prov. de la Laguna, térm. del pueblo de Jalajala; sit. en los 125° 4' long., 14° 21' lat.

MABATO: punta de la costa O. de la gran laguna de Bay, en la isla de Luzon, prov. de Tondo; sit. en los 124° 44' long., 14° 30' lat.

MABATOBALO: pueblo con cura y gobernadorcillo, en la isla de Luzon, prov. de Camarines-Sur, dióc. de Nueva-Cáceres; sit. en los 127° 4' long., 13° 51' 10" lat., en terreno montuoso, á la orilla de un r., siendo su clima húmedo á causa de los pantanos de Baao que se hallan al S. de este pueblo, por lo que tambien suele padecerse algunas enfermedades hijas de la insalubridad de sus aires. Tiene unas 100 casas, siendo los principales edificios la casa de comunidad donde se halla la cárcel, la parroquial, y la igl. que es de buena fábrica y se halla servida por un cura secular. Hay una escuela de primeras letras cuyo maestro tiene una corta asignacion sobre los fondos de comunidad; el cementerio se halla fuera de la poblacion; los caminos que parten de este pueblo son tres, el uno que conduce á Tigaon, el otro á Pili, y el tercero á Bula. El term. confina por N. con el monte Isaro; por N. E. con el térm. de Tigaon; por N. O. con el de Pili; por E. con el monte Elizario; por S. O. con el térm. de Bula, y por S. con los mencionados pantanos de Baao, en el térm. del pueblo que les da nombre. El terreno es montuoso y lo riegan numerosos r., aunque de escaso caudal, nácidos del referido monte Isaro. Sus prod. son arroz, maiz, abacá, pimienta, ajonjoli, legumbres y frutas. Su ind. la agricola y la fabricacion de algunas telas ordinarias. pobl. 815 alm., y en 1845 pagaba 205 trib., que corresponden á 2,050 rs. plata, equivalentes 5,125 rs. vn.

MABIO: visita del pueblo de Angat, en la isla de Luzon, prov. de Bulacan, arz. de Manila; sit. en los 124° 50' 20" long., 14° 59' lat., en terreno montuoso y dist. unas 4 leg. de su matriz, en cuyo art. damos su pobl. y trib.

MABIO: punta de la costa S. O. de la prov. de Tayabas, en la isla de Luzon; hállase en los 125° 42' 12" long., 13° 44' 30" lat.

MABITAC: pueblo con cura y gobernadorcillo, en la isla de Luzon, prov. de la Laguna, arz. de Manila; sit. en los 125° 8' 30" long., 14° 28' lat., en terreno llano, dist. una milla de la luguna de Bay; su clima es templado. Tiene nn convento ó casa parroquial, que se distingue entre las demas del pueblo, cuyo número asciende á unas 215; la casa de comunidad tambien es buena, y en ella se halla la carcel. La igl. parr. es de buena fábrica y está servida por un cura regular. La escuela tiene su dotacion de los fondos de comunidad. Cruza por este pueblo el camino que conduce desde Pangui á Santa María, el cual se halla en buen estado. El terreno confina por N. con el de Santa María, cuyo pueblo está á 1 leg.; por E. con el de Simoloan á 2 millas; por S. E. con el de Pangui á ½ leg.; por S. O. con la laguna de Bay, y por O. no tiene límites marcados. El terreno es en general montuoso; riegalo un r. que pasa al O. del pueblo, y desagua en la laguna; su principal prod. es la del arroz, aunque tambien se dan otras, como el abacá, ajonjolí, pimienta etc. No tienen otra industria sus naturales, sino la agricultura y la pesca, ocupándose las mugeres en la fabricacion de algunas telas. pobl. 1,290 alm., y en 1845 pagaba 386 trib., que corresponden á 3,680 rs. plata, equivalentes á 9,200 rs. vn.

MABO: baluarte de la isla y prov. de Samar; hállase á la derecha de la boca del rio de mismo nombre, en los 127° 56' long., 12° 29' 50" lat.

MABO: rio de la isla y prov. de Samar; nace en los 128° 5' 30" long., 12° 29' lat., dirígese al O. y desagua en el mar á los 12° 29' lat., 127° 57' long., frente á la isla de Puerco ó Dalupiri. Su curso por el térm. del pueblo de Caladman es de unas 2 ½ leg.

MABUNTUC: ranchería de infieles, en la isla de Luzon, prov. del Abra, térm. del pueblo de Pidigan.

MAC

MACAABUT: rio de la isla y prov. de Samar; tiene su origen en los 129° 6' 20" long., 11° 10' 40" lat.; dirige su curso al N. E. y va á desaguar, despues de haber corrido ½ leg., por la costa S. E. de la isla, frente á la isla de Anajao.

MACABALO: visita del pueblo de Magatan, en la isla de Luzon, prov. de la Pampanga; sit. en los 124° 17' 30" long., 15° 20' lat., en terreno llano á la orilla izq. del riach. á que da nombre, dist. 1 leg. al N. de su matriz, en cuyo articulo incluimos su pobl. y trib.

MACABALO: riach. v. paruo, r.

MACABAR: ranchería de infieles, en la isla de Luzon, prov. de Albay, térm. del pueblo de Gubat; sit. en los 127° 49' long., 12° 52' lat.; desconocemos el reconocimiento que paga.

MACABEBE: pueblo con cura y gobernadorcillo, en la isla de Luzon, prov. de la Pampanga, arz. de Manila; sit. en los 124° 22' 20" long., 14° 55' lat., en una islita formada por los muchos esteros que hay por el térm., y por el r. de su nombre, en cuya orilla se halla en terreno llano y clima templado. Se fundó este pueblo en 1594, y en el dia tiene unas 2,671 casas de particulares, la de comunidad donde se halla la cárcel, y la parroquial que es la mejor del pueblo. La igl. parr. es de buena fábrica y está bajo la advocacion de San Antonio Abad, servida por un cura regular. Tiene este pueblo tres caminos, el uno que conduce á Sesmoan, el otro á Minalin, y el tercero á Apalit. Confina el term. por N. con el de Minalin, cuyo pueblo dista 1 ½ leg.; por N. O. con el de Sesmoan á 2 leg.; por E. con el de Apalit, á 2 id., y por S. con la bahía de Manila. El terreno es llano y pantanoso, los esteros que mas arriba hemos dicho se encuentran en el térm., se forman de las aguas que bajan de las alturas del N. y en varias ramificaciones paran en el mar por distintas bocas de las cuales las principales son la llamada de Tilapatíd y la barra de Bodbod, que facilitan la entrada de las aguas saladas. Las orillas de estos rios y esteros estan llenas de nipales y matorrales; sus aguas no sirven para beber, por lo que los naturales tienen que ir á buscarlas al r. de Calumpit y Hagonoy. prod. arroz, ajonjolí, maiz, caña dulce, añil, muchas legumbres y bastante fruta. La principal IND. es la agrícola , pero tambien hay muchos ingenios para beneficiar la caña dulce , varias fábricas para el beneficio del añil y algunas prensas de aceite de ajonjolí : otros se dedican á la pesca, fabricacion de vino y vinagre de nipa y al corte de maderas, con todo lo cual comercian en las prov. inmediatas. POBL. 16,030 alm., y en 1845 pagaba 2,816 trib., que hacen 28,160 rs. plata, equivalentes á 70,400 rs. vn.

MACAHALAR : bahía de la costa setentrional de la isla de Mindanao; fórmanla por el O. la punta Sulaban, en los 128° long., 8° 37' 30'' lat., y por el N. la punta Sicapa, en los 128° 17' long., 8° 54' lat.; penetrando al S. hasta los 8° 52' lat., en los 128° 17' long.; tiene unas 20 leg. de bojeo, y en sus costas estan situadas las visitas Goupot, Sapolon, Aguzan, Tagaloan y otras. Al S. de esta última hay una bahia conocida con el mismo nombre que la visita, á la que proporciona algunas ventajas.

MACABEBE : rio de la isla de Luzon, en la prov. de la Pampanga; nace en los 125° 25' long., 14° 53' 40'' lat.; dirígese al O., y pasando al S. del pueblo que le da nombre, cambia su curso al Mediodia y va á desaguar por la playa setentrional de la gran bahia de Manila , en los 126° 20' long., 14° 47' 40'' lat.

MACABUJAY : especie de mimbre ó bejuco que se aprovecha bastante en varias provincias.

MACAJUCAD : cascada del rio Ulut , en la isla y prov. de Samar; hállase entre las de Cabunga y Diit, del mismo r.

MACALABA : islita adyacente á la costa occidental de la prov. de Zambales, al S. O. del puerto de Masingloc; su centro se halla en los 123° 52' long., 15° 26' 30'' lat.

MACALAYA : rancheria de infieles, en la isla de Luzon, prov. de Albay; SIT. en los 127° 24' long., 12° 52' 30'' lat. Desconocemos su número de almas y el reconocimiento que paga.

MACALAYO : islote á 1/4 leg. de la costa E. de la isla y prov. de Samar; es muy pequeño, y su centro se halla en los 129° 7' 30'' long., 11° 55' 30'' lat.

MACALELON : visita del pueblo de Pitogo, en la isla de Luzon , prov. de Tayabas, dióc. de Nueva-Cáceres, SIT. en los 125° 48' 40'' long., 15° 43' 40'' lat., á la orilla del r. Buyao, junto á su boca, sobre la costa S. O. de la isla; CLIMA templado y saludable. Hállase poco mas de 1 leg. al S. E. de su matriz, en cuyo artículo incluimos su POBL. y trib.

MACALELON : bajo junto á la costa S. O. de la prov. de Tayabas; hállase entre los 125° 44' 30'' long., 125° 47' 50'' id., 15° 42' lat., y 15° 44' id., ¼ leg. al S. de la Costa.

MACALISON : islita adyacente á la costa occidental de la isla de Panay; hállase en los 125° 57' long., 11° 25' 50'' lat.

MACAPAT : cascada del rio Ulut, en la isla y prov. de Samar; hállase despues que se pasa la de Dacun en el mismo rio , y antes de llegar á la de Hagisagan.

MACAPILAO : punta S. O. de la isla de Siquijor; hállase en los 127° 5' 30'' long., 9° lat.

MACAPILAY: anejo del pueblo de Siquijor, en la isla de este nombre, adscrita á la prov. y dióc. de Cebú; hállase á corta distancia de su matriz, en cuyo artículo damos su POBL. y trib.

MACARAGUI : islita adyacente á la costa N. E. de la isla de Masbate; su centro, por el que es montuosa, se halla en los 127° 51' long., 12° 15' lat.

MACASIN : pueblo bárbaro de la isla de Mindanao, en la parte dominada por el Sultan, próximo á la costa S., en los 127° 41' long., 7° 34' lat., en terreno llano, y CLIMA cálido.

MACASUÑGIAO : islita adyacente á la costa S. O. de la prov. de Samar; es muy pequeña, y su centro se halla en los 128° 26' 30'' long., 11° 48' lat.

MACATI : islote á ¼ leg. de la costa E. de la isla y prov. de Samar; su centro se halla en los 129° 8' long., 11°56' 20'' lat.

MACATI : v. PEDRO MACATI.

MACATIRA : islita adyacente á la costa occidental de la prov. de Zambales; hállase su centro en los 123° 27' 30'' long., 15° 45' 30'' lat. Tiene cerca de ¼ leg. de larga y una milla de ancha; su terreno es montuoso y dista ¼ leg. de la costa de Zambales.

MACATO: pueblo con cura y gobernadorcillo, en la isla de Panay, prov. de Capiz, dióc. de Cebú; sit. en los 126° 16' 50'' long., 11° 35' lat., en terreno llano y á la orilla de un r. Tiene unas 667 casas de particulares, la de comunidad donde se halla la cárcel, y la parroquial que es de buena fábrica. El mejor edificio del pueblo es la igl. parr. que se halla servida por un cura secular. Confina el térm. por N. con el de Tangalin á 1 ½ leg.; por S. con los montes que separan esta prov. de la de Antique; por N. O. con Ibajay, y por S. E. no están marcados sus confines. El terreno es montuoso, riegan sus sementeras algunos r. que corren por el térm. fertilizando sus tierras, y haciéndolas productivas en arroz, maiz, ajonjoli, pimienta, algodon, caña dulce, algun tabaco, legumbres y frutas: el primer articulo es el principal de todos. La ind. se reduce á la agricultura y á la fabricacion de algunas telas. pobl. 2,127 alm., y en 1845 pagaba 1,194 trib., que hacen 11,940 rs. plata, equivalentes á 29,850 rs. vn.

MACATUL: cascada del rio Ulut, en la isla y prov. de Samar; hállase entre los riach. Buac y Lumbujan que desaguan en dicho rio Ulut; el primero al S., y el segundo al E. de la cascada.

MACAVAYAN: r. de la isla de Luzon, en la prov. de Cavite; nace en los 124° 32' 40'' long., 14° 9' 30'' lat. y junta sus aguas con las del r. de Lipa, en los 124° 31' long., 14° 12' 40'' lat.

MACINCOLA: islita del grupo de Tawi-Tawi, en el archipiélago de Joló; hállase en los 124° 18' long., 5° 27' lat.

MACOLOG: monte de la isla de Luzon, en la prov. de Batangas; su cima se halla en los 124° 41' long., 13° 54' 50'' lat., á ½ leg. distante de la laguna de Taal, térm. del pueblo de San José.

MACOLOTE: v. macolog.

MACOTO: punta de la costa S. O. de la prov. de Camarines-Sur; hállase en los 126° 53' 10'' long., 13° 2' lat.

MACTAN: isla adyacente á la costa oriental de la de Cebú, á cuya prov. se halla adscrita; sit. entre los 127° 19' long., 127° 28' 40'' id., 10° 19' 30'' lat., 10° 27' 30'' id.; su estension viene á ser de unas 2 ½ leg. cuadradas y es bastante fértil su suelo capaz de sostener una pobl. numerosa é importante. Así resulta que desde lo mas antiguo á que alcanzan nuestras memorias sobre el pais, figuran los isleños de Mactan con cierta importancia y emulacion respecto de los cebuanos. Cuando Magallanes llegó á Cebú acompañado del príncipe de Limasagua, pariente del que gobernaba los cebuanos, los halló en guerra con los de Mactan, mediando entre elllos una enemistad irreconciliable y se determinó á terciar en favor de los de Cebú. Pasó á Mactan con 50 hombres, y despues de haber conseguido muchas ventajas sobre estos isleños, supieron comprometerlos en unos manglares, donde recibió un dardo emponzoñado que le ocasionó la muerte el dia 26 de agosto de 1521. Despues los PP. Agustinos emprendieron la reduccion de estos isleños y su historia es la historia general de la prov., aunque nunca han cesado completamente las antiguas rivalidades que hoy mismo se manifiestan en Cebú, acusando á los de Opon de ser los descendientes de los que mataron á Magallanes.

MACUGIL: punta de la isla de Luzon, en el puerto de Sorsogon, prov. de Albay; hállase en los 127° 31' long., 12° 53' 30'' lat., en el térm. del pueblo de Juban.

MACULABO: isla adyacente á la costa N. E. de la prov. de Camarines-Norte; tiene unas 3 millas de larga y 2 de ancha; su centro se halla en los 126° 25' 26'' long., 14° 31' lat.

MACUPA: árbol de la altura y corpulencia de un peral; sus hojas son grandes, la flor colorada y su fruta del tamaño de una pera pequeña, encarnada y sabrosa.

MACHIBAT: punta N. E. de la isla de Camiguin, una de las Babuyanes, prov. de las islas Batanes; hállase en los 126° 55' long., 19° 1' 10'' lat.

MAD

MADALIG: barrio del pueblo de Magsingal, en la isla de Luzon, prov. de Ilocos-Sur, dióc. de Nueva-Segovia. Su pobl. y trib. van incluidos en el artículo de su matriz.

MADRE: sierra á la que se da tambien el nombre de Gran Cordillera. Llámase así con bastante propiedad por ser la principal de la isla de Luzon, siéndolo tambien de todo el archipiélago Filipino. Esta Gran Cordillera es una ancha cadena de encumbradas montañas que se estiende desde los 16° lat. hasta los 18° 37' id., donde van á formar el cabo del Engaño, sirviendo de límite á las prov. de Nueva-Vizcaya, Cagayan y Nueva-Ecija, en las 50 leg. que abarca de N. á S. Tiene su mayor elevacion hácia el S., donde se halla el Caraballo, núcleo que parece ser de las demás cordilleras, que se estienden por toda la isla. Despréndese de esta parte la Cordillera central, que despues toma el nombre de Cordillera del Norte, y sigue en direccion paralela á la de la Gran Cordillera; sale de entre una y otra la llamada Ramificacion del *Mamparan*, que se interna en la prov. de Nueva-Vizcaya, estendiendo sus ramales hasta la prov. de Cagayan; las cordilleras que se siguen hácia el S. vienen á ser la continuacion de la Sierra-Madre, aunque de un modo mas variable. Hasta el confin por esta parte de la prov. de Nueva-Ecija, su direccion es recta al S., pero al llegar á la prov. de la Laguna, cambia al E. desde el monte *Majayjay*, hasta el térm. de Guinayangan en la prov. de Tayabas, en la que se divide en dos, la una se estiende hácia el S. para ir a formar la cabeza de Bondog, y la otra al N., volviendo en el térm. de Viñas su ramificacion al E., por toda la prov. de Camarines-Norte, y luego al S. E. por la de Camarines-Sur, viniendo á concluir en el monte *Bulusan* de la prov. de Albay, terminando en el Estrecho de San Bernardino: de modo que la línea que recorre la Sierra-Madre con su ramificacion de N. á S., hasta el monte *Majayjay* de la prov. de la Laguna, y desde este monte hasta el de *Bulusan* de la prov. de Albay, es de unas 160 leg. Pero concretándonos solamente á la parte comprendida desde el Caraballo-Sur al Cabo del Engaño, encontramos por el espacio de 50 leg., las mas unidas, las mas fragosas y las mas elevadas de todas las montañas de la isla. El terreno que estas ocupan es por un promedio de 250 leg. cuadradas. Está habitada por rancherías de infieles catalanganes, bandidos de varias prov., negritos, bravos, ilongotes, italolones y otras castas.

La fragosidad de estos montes les proporciona á estas tribus, muchas de ellas nómades, lo necesario para la subsistencia, pues abundan sobre manera las raices alimenticias, las frutas silvestres y la caza, únicos alimentos, por lo regular, de los habitantes de esta sierra, la cual es tan rica en maderas, que apenas habrá una clase de las numerosas que se hallan en Filipinas, que no se encuentre en ella. Tiene bosques de un espesor admirable, árboles cuyos troncos son de un diámetro y elevacion increibles, y montes que por algunos de sus lados parecen cortados á cuchillo. Hay muchos donde abundan tambien los minerales, pues algunos rios que bajan de estos montes, arrastran pepitas de oro; se encuentran canteras de piedras muy buenas, de cal, yeso, pizarra etc., siendo mucha tambien, como ya hemos dicho, la caza mayor y la menor.

MADULAG: visita del pueblo de Banga, en la isla de Panay, prov. de Capiz, dióc. de Cebú; SIT. en terreno llano y no muy lejos de su matriz, en cuyo artículo damos su POBL. y trib.

MADULLUM: pueblo de la isla de Mindanao, perteneciente al sultan de esta isla; SIT. al O. del gran lago que hay en el centro de la referida isla, en terreno llano, y CLIMA bastante cálido.

MADUMBA: pueblo de la isla de Mindanao, perteneciente al sultan de esta isla; SIT. al N. del fuerte de Malicho, al S. del pueblo de Madullum y al O. del llano de Marartay; en terreno llano, con buena ventilacion, aunque de un CLIMA bastante cálido.

MADUNGAN: monte de la isla de Luzon, en la prov. de Ilocos-Norte; hállase su cúspide en los 124° 28' long., 18° 3' 50'' lat.

MAE

MAEMBIS: rio de la isla de Luzon, en la prov. de La Laguna; nace en los 125° 9' long., 15° 5' lat., al pie del monte Majayjay; corre hácia el N., y cambiando luego su direccion al N. E. toma el nombre de CARALAO para ir á desaguar al rio de Pagsanjan, en los 125° 8' 20'' long., 14° 13' 20'' lat., al E. del pueblo de Magdalena.

MAESTRE DE CAMPO: isla adyacente á la costa oriental de la isla y prov. de Mindoro; hállase comprendida entre los 125° 23′ long., 125° 26′ id., 12° 54′ 40″ lat., 12° 57′ 30″ id. Su TERRENO es montuoso, encontrándose alguna caza, como tambien diferentes clases de maderas, entre las que las hay muy buenas para construccion; su figura parece un quilátero.

MAG

MAGALANES: punta de la isla de Luzon, en la costa O. de la prov. de Batangas (seno de Batangas); SIT. en los 124° 56′ 30″ long., 13° 47′ lat.

MAGALANG: pueblo con cura y gobernadorcillo, en la isla de Luzon, prov. de la Pampanga, arz. de Manila; SIT. en los 124° 17′ 30″ long., 15° 17′ 40″ lat., en terreno llano, á la orilla del Sapan Balayan; CLIMA templado y saludable. Tiene con sus barrios y visitas unas 1,040 casas, la parroquial y la de comunidad que son las mejores del pueblo, estando la cárcel en esta última. La igl. parr. es de buena fábrica, y se halla servida interinamente por un cura secular. Tiene este pueblo buenos caminos que conducen, uno á Macabalo al N., otro á Bamban al S. O., y otros dos al S. E., uno que conduce al pueblo de Arayat y el otro al de Méjico. Confina el TERM. por S. O. con el de Mabalacat; por S. E. con el de Arayat; por E. con el de Cabiao; por O. con el de la mision de Capas, y por N. con el de La Paz. El TERRENO es llano y los muchos rios que le riegan lo hacen bastante fértil, siendo su principal PROD. la del arroz, si bien hay algunas otras, aunque no en tanta cantidad. POBL. 6,242 alm., y en 1845 pagaba 1,302 trib., que hacen 13,020 rs. plata, equivalentes á 52,550 rs. vn.

MAGALDAN: pueblo con cura y gobernadorcillo, en la isla de Luzon, prov. de Pangasinan, dióc. de Nueva-Segovia; SIT. en los 124° 3′ 40″ long., 16° 2′ lat., á la orilla del rio Angatatan, terreno llano, y CLIMA templado. Tiene unas 2,592 casas, la parroquial, que es la mejor del pueblo, y la de comunidad que tambien se distingue entre las

demas; en esta última está la cárcel. Hay una escuela de primeras letras dotada de los fondos de comunidad, y una igl. parr. de buena fábrica, servida por un cura regular. Comunícase este pueblo con los de Santa Bárbara, Dagupan y San Jacinto, por medio de caminos regulares, y recibe de Lingayen, cap. de la prov., el correo semanal establecido en la isla. Confina el TERM. por N. con el de San Jacinto, cuyo pueblo se halla á ½ leg.; por E. con el de Manao á 1 ¼ id.; por O. con el de Dagupan á 2 id.; por S. con el de Santa Bárbara, á 1 ¼ id, y por N. O. con el golfo de Lingayen. El TERRENO es llano, y sus PROD. son arroz, maiz, abacá, pimienta, añil, caña dulce, ajonjoli, legumbres y frutas. La principal IND. es la agrícola; tambien benefician el añil y la caña dulce, dedicándose algunos á la pesca, y las mugeres á la fabricacion de varias telas que sirven luego para los usos domésticos. POBL. 14,355 alm., y en 1845 pagaba 2,797 trib., que hacen 27,970 rs. plata, equivalentes á 69,925 rs. vn.

MAGALIT: estero formado por los rios Pandacaquit y Balayan, en la isla de Luzon, prov. de la Pampanga, térm. del pueblo de Magatan.

MAGAPIT: v. LORENZO (San).

MAGARAO: pueblo con cura y gobernadorcillo, en la isla de Luzon, prov. de Camarines-Sur, dióc. de Nueva-Cáceres; SIT. en los 126′ 52′ 20″ long., 13° 36′ 30″ lat., en terreno llano, á la orilla de un rio; su CLIMA es templado. Tiene unas 825 casas, siendo los principales edificios del pueblo la casa parroquial, la de comunidad y la iglesia, que se halla servida por un cura regular. Hay escuela de primeras letras á la que concurren bastantes alumnos, teniendo su maestro una asignacion sobre los fondos de comunidad. Los caminos que conducen desde este pueblo á los de Naga, cabecera de la prov., Quipayo, y Canaman, son buenos en tiempo de secas, pero cuando las lluvias empiezan se ponen bastante malos. Confina el TERM. por E. con el monte Isaro; por S. con el térm. de la cabecera de la prov. que se halla á ½ leg.; por S. O. con el de Cesmoan, á ¾ id., y por N. con el de Quipayo, á

4 leg. El TERRENO es llano y lo fertilizan algunos r. PROD. arroz, abacá', algodon, ajonjoli, caña dulce, legumbres y frutas. IND.: la agricultura y la fabricacion de algunas telas, en las que especialmente se ocupan las mugeres. POBL. 4,950 alm., 1,361 ½ trib., que hacen 15,615 rs. plata, equivalentes á 34.057 ½ rs. vn.

MAGASAUANTUBIG: r. de la isla de Mindoro; nace en los 124° 57' long., 15° 16' 30'' lat.; dirígese al N. y desagua en el mar por la costa N. E. de la isla; su curso es de 4 ½ leg.

MAGAT: rio de la isla de Luzon, en la prov. de Nueva-Vizcaya; nace en las vertientes setentrionales de los Caraballos-Sur, en los 124° 42' long., 16° 10' 50'' lat.; dirígese al N., pasa al E. de Anitao donde se le reune el r. de Masalupa al N. de Bambang, por cuyo térm. se dirige al N. E. regando los de Bayombon, Lumabang y Bagabag; vuelve otra vez hácia el N. en el de este último, hasta que llega á los 17° 3' 40'' long., en los 125° lat., en cuyo punto cambia la direccion al E. pasando entre Fucao y Calanusian, para ir á desaguar en el r. Grande de Cagayan, á los 125° 21' long., 17° 3' lat. Comunmente no se conoce este r. con el nombre de Magat, sino en la última direccion que tiene de O. á E., pues en en lo demas toma el nombre del pueblo ó visita por cuyo térm. corre. Recibe un número considerable de afluentes y su curso es de unas 50 leg.

MAGATAO ó SAN CARLOS DE MARIGATAO: pueblo con cura y gobernadorcillo, en la prov. de las islas Batanes, dióc. de Nueva-Segovia; SIT. en terreno llano, y CLIMA templado. Tiene un corto número de casas, siendo las principales de ellas la parroquial y la de comunidad, donde se halla la cárcel. La igl. es de mediana fábrica y está servida por un cura regular. Comprende el TERM. toda la isla en que se halla situado, cuyo TERRENO es algo montuoso y poco productivo. POBL. 1,442 alm.

MAGDALENA: pueblo con cura y gobernadorcillo, en la isla de Luzon, prov. de La Laguna, arz. de Manila; SIT. en los 125° 6' 30'' long., 14° 12' 20'' lat., en terreno desigual, á la orilla de un rio; su CLIMA es templado. La igl. parr. es de buena fábrica, y la sirve un cura regular. La casa de comunidad y la parroquial se distinguen entre las demas del pueblo que ascienden á unas 628. Confina el TERM. por N. con el de Santa Cruz; por S. con los de Lillo y Nacarlang; por S. E. con el de Majayjay; por O. con el de Pila, y por N. E. con el de Pagsanjan, cab. de la prov., distante 1 ½ leg. El TERRENO es desigual; hállase regado por varios riach., y sus PROD. son arroz en abundancia, maiz, abacá, ajonjoli, algodon, legumbres y frutas. La IND. consiste en la fabricacion de algunas telas que hacen las mugeres; siendo pobl. esencialmente agrícola. POBL. 2,567 alm., y en 1845 pagaba 726 trib., que hacen 7,260 rs. plata, equivalentes á 18,150 rs. vn.

MAGDALENA (puerto de): en la costa N. E. de la isla de Masbate; es bastante seguro estando defendido de los monzones del N. E. y S. O.; hállase por los 127° 11' long., 12° 25' 10'' lat.: en su playa S. E. está sit. el pueblo que le da nombre.

MAGDUA: punta de la costa N. E. de la isla de Luzon, en la prov. de Camarines-Norte; hállase en los 126° 39' long., 14° 6' 50'' lat.

MAGLALABON: punta de la costa S. O. de la isla de Samar; hállase en los 128' long., 12° 19' lat.

MAGLITAD: riach. de la isla de Samar; nace en los 129° 5' long., corre 1 ½ milla al E. y desagua en el mar: hállase al S. del barrio de Bugás, en el térm. del pueblo de Libas.

MAGLOLOBO: visita del pueblo de Balañgiga, en la isla y prov. de Samar; SIT. sobre la costa S. de la isla, en los 129° 5' long., 11° 8' lat.; dista unas 4 ½ leg. de su matriz, en cuyo artículo damos su POBL. y trib.

MAGLOOTGAN: islita del grupo de Tawi-Tawi, en el archipiélago de Joló, hállase en los 124° 18' 30'' long., 5° 27' lat.

MAGNAUA: monte de la isla de Samar; SIT. en el térm. del pueblo de Libas; su mayor elevacion en los 129° 4' 20'' long., 10° 47' 30'' lat.

MAGNOC: visita del pueblo de Bulusan, en la isla de Luzon, prov. de Albay, dióc. de

Nueva-Cáceres; sit. en los 124° 44' 20'' long., 12° 28' 40'' lat., á la orilla del rio Grande, sobre la costa oriental de la prov., en terreno llano y clima templado. Dista unas 4 ½ leg. de su matriz, en cuyo artículo incluimos su pobl. y trib.

MAGPAJÓ: cascada del rio Ulut; en la isla y prov. de Samar; hállase al N. del monte Loquilocon.

MAGSUJUN: anejo del pueblo de Bangajon, en la isla y prov. de Samar; sit. sobre la costa S. O. de la isla, en los 128° 17' 50'' long., 11° 58' lat.; dista unas 3 ½ leg. de su matriz, en cuyo artículo damos su pobl., prod. y trib.

MAGTAON: monte de la isla de Samar; hállase su cima en los 128° 55' 40'' long., 11° 41' 50'' lat.; es de bastante altura, y en los espesos bosques de que está poblado se encuentran escelentes maderas para construccion de buques, y mucha caza, tanto mayor como menor.

MAGUBAY: visita del pueblo de Catarman, en la isla y prov. de Samar; sit. en los 128° 19' long., 12° 15' 30'' lat., terreno llano, á la orilla derecha de un rio, su clima es cálido. Las prod., pobl. y trib. se consideran con los de la matriz.

MAGUIGTIG: punta de la costa N. E. de la prov. de Tayabas, en la isla de Luzon; hállase á los 125° 40' long., 15° 2' 40'' lat.

MAGUINAO: rio de la isla de Luzon, prov. de Batangas; nace en los 124° 42' 30'' long., 13° 51' 50'' lat., dirigese al S., pasa al O. del pueblo de Bauang, y desagua en la ensenada de Batangas, al S. de dicho pueblo, en los 124° 41' 50'' long., 13° 46' 30'' lat.

MAGUINDALEM: barrio del pueblo de Piddig, en la isla de Luzon, prov. de Ilocos-Norte, dióc. de Nueva-Segovia; sit. no muy lejos de su matriz, en cuyo artículo incluimos su pobl., prod. y trib.

MAGUTAN: rancheria de infieles, en la isla de Luzon, prov. de Nueva-Vizcaya; sit. en los 124° 47' long., 16° 48' lat.

MAH

MAHABA: una de las islas de Surigao, ad-yacente á la costa N. E. de la prov. de Nueva-Guipuzcoa; tiene poco mas de 2 leg. de E. á O. y ½ de N. á S.; su centro se halla en los 129° 32' long., 9° 29' lat.

MAHARGA: v. maroga.

MAHAYHAY ó MAJAYJAY: rio de la isla de Luzon, en la prov. de la Laguna; tiene su orígen al pie del elevado monte Majayjay, corre en direccion al N., pasando al E. del pueblo que da nombre al referido monte, y va á desaguar en el r. de Pagsanjan, á los 125° 10' long., 14° 12' 30'' lat.

MAHAYHAY: con esta escritura se halla muchas veces el nombre del monte y del pueblo que en otros lugares geográficos se lee Majayjay; en todas las lenguas son permutables las aspirales, y en la pronunciacion de los indios apenas se distinguen la h y la j. (v. majayjay.)

MAHAÑGIN: punta de la costa S. O. de la isla de Marinduque; en los 125° 43' 30'' long., 13° 13' lat.

MAHINOG: visita del pueblo de Catarman, en la isla de Mindanao, prov. de Misamis, dióc. de Cebú; sit. en la costa setentrional de la isla, en terreno llano, y clima cálido. Sus prod. son arroz, maiz, caña dulce, abacá, algodon, varias clases de frutas y legumbres; la ind. se halla reducida á la fabricacion de algunas telas, en la cual se ocupan las mugeres; siendo la pobl. esencialmente agrícola. pobl. y trib. se dan en el art. de la matriz.

MAI

MAILLAGUA: punta de la costa oriental de la isla y prov. de Mindoro; hállase en los 125° 9' long., 12° 50' 10'' lat.

MAINIG: barra del r. Pasag, en la costa meridional de la prov. de la Pampanga, bahia de Manila; hállase hácia los 124° 18' 6'' long., 14° 48' lat.

MAINIT: visita del pueblo de Butuan, en la isla de Mindanao, prov. de Caraga, dióc. de Cebú; sit. en la costa á los 129° long., 9° 11' lat., terreno llano, distante unas 13 leg. de su matriz, en cuyo art. damos su pobl. y trib.

MAINIT: monte de la isla de Luzon, en la

prov. de Tondo; hállase en el térm. del pueblo de Bosoboso, y su mayor elevacion en los 124° 59′ 30″ long., 14° 40′ lat.

MAIPAJO: caño que corre desde el pueblo de Tondo, á desaguar en la laguna de *Dagaldagalan*, en la isla de Luzon, prov. de Tondo.

MAITEGUIT: anejo del pueblo de Taytay, en la isla de Paragua, prov. de Calamianes, dióc. de Cebú; sit. no muy lejos de su matriz, en cuyo artículo damos su pobl. y trib.

MAJ

MAJABAGO: rio de la isla de Panay, en la prov. de Capiz; nace en los 126° 19′ long., 11° 28′ lat.; dirijese al N. E. y desagua en el mar por la costa N. de la isla, en los 126° 24′ long., 11° 32′ lat.

MAJABIBUJAGUIN: punta de la costa N. E. de la prov. de Tayabas, en la isla de Luzon, á los 125° 52′ 15″ long., 13° 4′ 30″ lat.

MAJACOB: cascada del rio Ulut, en la isla de Samar, como 1 leg. al O. del monte *Paric*.

MAJACOB: anejo del pueblo de Catbalogan, en la isla y prov. de Samar, dióc. de Nueva-Cáceres; sit. en los 128° 26′ 50″ long., 11° 49′ 50″ lat., en terreno montuoso, sobre la costa S. O. de la prov.: tiene buena ventilacion, y su clima es templado y saludable. pobl., prod. y trib. van incluidos en el art. de la matriz.

MAJAYJAY: pueblo con cura y gobernadorcillo, en la isla de Luzon, prov. de la Laguna, arz. de Manila; sit. en los 125° 8′ 50″ long., 14° 10′ lat., al N. del monte á que da nombre, á la orilla del rio Ollon, en terreno llano, y clima templado y saludable, hallándose bien resguardado de los vientos del S. por el referido monte, y de los N. E. por la cordillera que baja de la prov. de Nueva-Ecija y entra en la de la Laguna. Tiene unas 1,755 casas con las de su visita Luisiana; hay una escuela de primeras letras cuyo maestro se paga de los fondos de comunidad. La igl. parr. es de buena fábrica, y se halla servida por un cura regular; la casa parroquial y la de comunidad son las mejores del pueblo. Tiene caminos regulares que conducen á

los pueblos de Lillo, Magdalena y Lugbang, y recibe de la cab. de la prov. el correo semanal que hay establecido en la isla. Confina el term. por S. O. con los de Lillo y Nacarlang; por N. con el de Magdalena 1 leg. al N. O., y con el de la cab. de la prov. (Pagsanjan), 2 leg. al N.; por E. con el de Lugbang, á 2 leg., y por el S. se encuentra el mencionado monte Majayjay. El terreno es montuoso y lo riegan muchos rios que bajan del espresado monte. Sus prod. son arroz, maiz, caña dulce, abacá, algodon, ajonjoli, legumbres y varias clases de frutas. ind.: es pueblo agrícola; sin embargo tambien se fabrican algunas telas de algodon y abacá. pobl. 10,518 alm. con las de Luisiana, y en 1845 pagaba 2,950 trib., que corresponden á 29,500 rs. plata, equivalentes á 73,750 rs. vn. Este pueblo era ya de numeroso vecindario cuando llegaron á Luzon los españoles y se redujo al dominio de la corona, como se verá en el siguiente artículo.

MAJAYJAY: monte de la isla de Luzon; sit. en la cordillera que divide las prov. de la Laguna y Tayabas; hállase su cumbre en los 125° 9′ long., 14° 1′ lat., al O. del pico de Banajao; es uno de los mas notables de la isla desde la misma época de la conquista, pues al aproximarse Juan de Salcedo al pueblo que le da nombre, sus habitantes se salieron de él y se fortificaron en este cerro determinados á resistirle; pero como toda fuerza indisciplinada, y mayormente con el natural abandono de los indios, fueron sorprendidos por las fuerzas españolas que dominaron la posicion por su parte menos escabrosa, sin que se les opusiese obstáculo alguno, y los indios huyeron derrotados, despues de lo que se allanaron al reconocimiento de la autoridad española, volviendo á ocupar su pueblo en fuerza de los trabajos que á esto dedicaron las misiones. No fueron solamente los indios los que eligieron esta posicion para su defensa mirándola como inespugnable, pues tambien los españoles la tuvieron por tal en algun tiempo, y era comun opinion en Manila, que en caso de invasion podian fortificarse los españoles en este cerro y defender en él sus caudales. Dominando este error al invadir los ingleses la colonia el año 1762, se ordenó que parte de la plata del archipiélago se colocase en este cerro: por fortuna no se cumplió esta órden, á lo que se debió que no cayese en manos del comandante inglés apostado ya en la prov. de Batangas para apresarla. Mas estendidos despues los conocimientos militares, se vino á reconocer que la fortaleza de este cerro no puede ser tenida en mas que por un punto estratégico para un dia de accion; no siendo defendible por su accesibilidad, por carecer de agua y por hallarse en un territorio escaso de víveres, donde seria dificil provisionarse debidamente.

MAJAJAQUE: punta de la isla de Luzon, prov. de Cagayan; hállase en el estremo N. E. de dicha isla y prov., á los 125° 57' 30" long., 18° 56' 20" lat

MAJAJAQUIN: guardia ó bantay de la isla de Luzon, en la prov. de Tayabas; sit. en los 125° 45' 35" long., 13° 58' 20" lat., sobre la playa S. E. de la bahía de Lamon.

MAJILAYAN: rio de la isla de Luzon, prov. de Camarines-Norte; nace en los montes de la prov. de Tayabas, y desagua en el seno de Lamon.

MAJONO: anejo del pueblo de Palapag, en la isla y prov. de Samar; hállase en los 128° 55' 50" long., 12° 34' 50" lat., en terreno llano, sobre la costa N. de la isla, como 1 leg. al E. de Palapag, su matriz, en cuyo art. incluimos sus prod., pobl. y trib.

MAJOYOT: visita del pueblo de Amblan, en la isla y prov. de Negros, dióc. de Cebú; hállase una leg. distante de la costa oriental de la isla, y una id. al S. E. de su matriz, en cuyo art. damos su pobl. y trib.

MAL

MALABAGO (islas de): adyacentes á la costa oriental de la prov. de Iloilo, todas ellas distan poco entre sí y tambien de la referida costa; hallándose el centro de la mayor, denominante de las otras, en los 126° 55' 30" long., 11° 51' 40" lat.

MALABAGO: ranchería de infieles, en la isla de Luzon, prov. de Albay, térm. del pueblo de Gubat; sit. sobre la costa oriental de dicha isla y prov., en los 127° 49' long., 12° 55' lat.

MALABOC: rio de la isla de Luzon, prov. de Tayabas; tiene su orígen al pie del monte Majayjay, por su parte meridional, corre en esta direccion unas 5 leg., y desagua en el mar á los 125° 10' 5" long., 13° 52' lat.

MALABON (Santa Cruz de): pueblo con cura y gobernadorcillo, en la isla de Luzon, prov. de Cavite, arz. de Manila; sit. en los 124° 31' 30" long., 14° 26' lat., sobre la costa N. O. de la prov., en la playa de la bahía de Manila, terreno llano, y clima templado. Hay una igl. parr. de buena fábrica, servida por un cura secular. Tiene este pueblo, ademas de la casa de comunidad, donde se halla la cárcel, y de la parroquial que es la mejor, unas 1,519 casas de particulares contando tambien las de sus barrios. De este pueblo al del Rosario hay un buen camino aunque en tiempo de lluvias se pone en mal estado. Confina el term. por S. E. con el del Rosario, á 1 leg.; por S. O. con el de Naig á 3 ¼ id., y por N. y O. con la bahía de Manila. El terreno en general es llano y numerosos r. lo fertilizan. Sus prod. son arroz, maiz, caña dulce, algodon, legumbres y frutas. La ind., como pueblo agrícola, se reduce á la fabricacion de algunas telas de algodon y abacá. pobl. 7,912 alm., y en 1845 pagaba 1,371 trib., que hacen 13,610 rs. plata, equivalentes á 34,275 rs. vn.

MALABON (San Francisco de): pueblo con cura y gobernadorcillo, en la isla isla de Luzon, prov. de Cavite, arz. de Manila; sit. en los 124° 37' 20" long., 14° 21' 40" lat., en terreno llano, á la orilla de un r. y su clima es templado. Tiene unas 1,482 casas, entre las cuales se distinguen la parroquial y la de comunidad donde se halla la cárcel. La igl. es de buena fábrica y está servida por un cura secular. Comunícase este pueblo con el de Santa Cruz por medio de un camino bueno en tiempo de secas. Hay una escuela de primeras letras, cuyo maestro está dotado de los fondos de comunidad. Confina el term. por N. con el de Imus, cuyo pueblo se halla á 1 ¼ leg.; por N. O. con el del Rosario á 1 ¼ id.; por E. con el de Tunasan á 2 id.;

por O. con el de Naig, á 4 ½ id., y por S. con el de Silan á 5 leg. El TERRENO es montuoso y fértil; riéganlo varios r. haciéndolo muy PRODUCTIVO en arroz, que es la principal cosecha del pais. Tambien se coge caña dulce, algodon, ajonjoli, legumbres y varias clases de frutas. IND.: la agricultura y la fabricacion de algunas telas. POBL. 8,896 alm., y en 1845 pagaba 2,127 ½ trib, que hacen 21,275 rs. plata, equivalentes á 53,287 ½ rs. vellon.

MALABRIGO: punta de la costa S. de la isla de Luzon, en la prov. de Batangas, á los 124° 57' long., 13° 54' 40'' lat.

MALABUYOC: pueblo con cura y gobernadorcillo, en la isla, prov. y dióc. de Cebú; SIT. en la costa, terreno llano, y CLIMA templado. Tiene unas 715 casas, la parroquial que se distingue entre todas y la de comunidad donde está la cárcel. La igl. parr. es de buena fábrica y la sirve un cura secular. La escuela de primeras letras, única que hay en el pueblo, tiene una dotacion de los fondos de comunidad. El TERRENO es fértil y sus PROD. son arroz, caña dulce, algodon, mangas, cocos y otras varias frutas y legumbres. La IND. consiste en la fabricacion de algunas telas, en lo que se ocupan con especialidad las mugeres. POBL. 4,500 alm., y en 1845 pagaba 4,074 trib., que hacen 10,740 rs. plata, equivalentes á 26,850 rs. vn.

MALACANAO: una de las islas de Cuyo; tiene poco mas de una leg. de larga y ³/₄ id. de ancha; su centro se halla en los 124° 49' long., 11° 44' lat.

MALACIMBO: islita en el seno de Sorsogon; hállase su centro en los 127° 34' 15'' long., 12° 52' 40'' lat.; es pequeña, y dista solo unas 30 brazas de la costa S. de dicho seno.

MALAFATUBIG: riach. de la isla de Samar; nace en los 128° 10' long., 12° 9' 30'' lat., dirigese hácia el S. O. y desagua en el mar despues de haber corrido ¹/₂ leg.

MALAGA: visita del pueblo de Cabalian, en la isla y prov. de Leite; hállase en los 128° 48' long., 10° 20' lat., sobre la costa E. de la isla, en terreno llano, con buena ventilacion, y CLIMA templado y saludable. POBL., PROD. y

trib., en el artículo de la matriz van incluidos.

MALAGA: r. de la isla de Luzon, prov. de Batangas; nace en los 124° 55' long., 13° 58' 30'' lat., corre al S. poco mas de 1 leg. y desagua en el seno de Balayan, al O. del pueblo de Calaca.

MALAGA: riach. de la isla y prov. de Samar; nace en los 128° 5' long., 12° 15' 30'' lat., dirigese al O. y desagua en el mar despues de haber corrido cerca de 1 leg. en esta direccion.

MALAGA (bahía de): en la costa oriental de la isla y prov. de Leite, en la que penetra una leg. al O. en una lat. de 14'' ó sea de los 10° 17' 30'' lat., á los 10° 51' 50'' id.

MALAGABAN: una de las islas Calamianes; tiene 1 leg. de larga y ½ de ancha, hallándose su centro en los 125° 57' long., 11° 42' lat.

MALAGAZAN: V. PASON MOLAVIC.

MALAGUI: barrio de nuevos cristianos, en la isla de Luzon, prov. del Abra, térm. del pueblo de Tayum; SIT. en los 124° 14' long., 17° 28' lat., en terreno desigual, á la orilla de un r. y dist. 1 leg. de su matriz, en cuyo art. damos su POBL., PROD. y algunos trib. que paga.

MALAGUI: punta de la costa N. E. de la prov. de Camarines-Norte, en la isla de Luzon, á los 126° 54' long., 14° 14' lat.

MALAGUINUAN: islita adyacente á la costa N. de la prov. de Camarines-Norte, al E. de la de Pantanonaguan; su centro se halla en los 125° 50' 55'' long., 14° 48' 40'' lat., tiene 2 millas de larga y 1 de ancha.

MALAGUNUAN: islita adyacente á la costa oriental de la prov. de Nueva-Ecija; hállase su centro en los 125° 51' 30'' long., 14° 55' lat.

MALAHO: punta de la costa S. O. de la isla de Samar, á los 128° 9' 40'' long., 12° 7' 20'' lat.

MALAIUANAG: rio de la isla de Luzon, prov. de Batangas; tiene su origen al pie del monte Batulao, en los 124° 27' long., 14° 1' 6'' lat.; corre 1 ¹/₂ leg. en direccion al O., y junta sus aguas con las del r. Caitinga, en los 124° 23' 20'' long., 14° 25' lat.

MALAJOC: punta de la costa O. de la isla de Samar, á los 127° 59' long., 12° 22' lat.

MALAMOC: riach. de la isla de Luzon, prov. de Cavite; nace al E. de Cavite el Viejo; dirígese haciendo una curva, primero al N. y luego al O. y va á desaguar, en la ensenada de Bacor, al S. de Cavite.

MALAMOY: punta de la costa oriental de la isla de Luzon, prov. de Nueva-Ecija; hállase en los 126° 5' long., 18° 15' lat.

MALAMPAYA: ensenada de la costa occidental de la isla de Paragua, en la parte sujeta al dominio español; fórmase por una lengua de tierra que sale al mar, pronunciándose al N. donde forma punta en los 123° 4' long. 11° 6' lat., quedando entre esta y la costa O. de la isla, obstruida la embocadura de la ensenada por varias islas, que se van encontrando en mayor número cuanto mas se avanza al N. Tiene unas 12 leg. de bojeo y penetra 5 id. al S.

MALANAO: laguna de la isla de Mindanao, comprendida entre los 127° 51' long., 128° 4' id., 7° 54' lat., y 8° 7' id.; tiene unas 15 leg. de bojeo, y sus orillas se hallan habitadas por los Illanos, encontrándose en ellas los pueblos de Diragon, Sumalon, Guata y otros.

MALANAO: punta de la islita de Taal, en la laguna de este nombre, prov. de Batangas; sit. en los 124° 59' long., 14° 58' 45'' lat., estremo S. O. de la isla.

MALANAO: isla adyacente á la costa oriental de la isla de Paragua; hállase en los 122° 40' 40'' long., 9° 58' lat.

MALANDO: r. de la isla de Luzon, en la prov. de Cavite; nace en los 124° 36' 50'' long, 14° 10' lat., dirígese al N. y junta sus aguas con las del r. Tinalay, en los 124° 34' long., 14° 15' 30'' lat.

MALANIPA: islita adyacente á la costa oriental de la prov. de Zamboanga de la que dista unas 5 ½ leg., tiene ¾ leg. de larga y una milla de ancha; su centro se halla en los 125° 57' long., 6° 55' lat.

MALAO: visita del pueblo de Dapitan, en la isla de Mindanao, prov. de Misamis, dióc. de Cebú; sit. sobre la costa N. O. de la isla, en los 126° 41' long., 8° 20' lat., distante de su matriz unas 7 leg. al O. S. O. de la misma, en cuyo art. incluimos su pobl. y trib.

MALAPACUA: isla adyacente á la costa N. de la prov. de Cebú; tiene 4 leg. de larga y 1 y ½ de ancha, hallándose su centro en los 127° 42' long. 11° 17' lat.

MALAPAJO: árbol que se cria en algunos montes de las islas Filipinas; su madera es resinosa y oleosa.

MALAPOOTBAS: islita del grupo de Joló, en el archipiélago de este nombre; hállase en los 124° 7' 30'' long., 6° 1' 30'' lat.

MALAQUI: punta de la costa N. de la parte inferior de la isla de Luzon, en la prov. de Camarines-Norte, térm. del pueblo de Indang; hállase en los 126° 54' 50'' long., y 14° 15' 50'' lat.

MALAQUINTUBIG ó SULSUQUIN: r. de la isla de Luzon, prov. de Batangas; tiene su origen al pie del monte Macolog, en los 124° 44' 30'' long., 13° 54' 30'' lat., toma su direccion al S., recibe por la izq. las aguas del r. Pausan, que se le une á unas 2 leg. de su nacimiento, y va á desaguar al rio de Calumpan, en los 124° 47' long., 13° 47' lat.

MALARAYA: monte de la isla de Luzon, prov. de Batangas; hállase su cumbre en los 124° 58' long., 14° 2' 30'' lat.

MALARAYAT (pico de): en la isla de Luzon, sobre el límite de las prov de Tayabas y Batangas; es conocido tambien con el nombre de pico de *Lipa* por hallarse en el térm. del pueblo así llamado; su mayor elevacion está en los 124° 54' long., 13° 58' lat.

MALASIMBO: monte de la isla de Luzon, prov. de Bataan; es de poca elevacion, y su cima se halla en los 124° 5' long., 14° 53' lat., térm. del pueblo de Dinalumpijan.

MALASIMIC: barrio del pueblo de Ibaan, en la isla de Luzon, prov. de Batangas, arz. de Manila; sit. á corta distancia de su matriz, en cuyo artículo damos su pobl. y trib.

MALASIÑA: monte de la isla de Luzon, en la prov. de Tayabas; hállase en el térm. del pueblo de Dolores ¾ leg. al S. del mismo, y su cúspide en los 125° 6' 20'' long., 13° 59' lat.

MALASIQUI: pueblo con cura y gobernadorcillo, en la isla de Luzon, prov. de Pangasinan, dióc. de Nueva-Segovia; sit. en los 125° 58′ long., 15° 56′ lat., en terreno llano, á la orilla izq. de un r.; su clima es templado y saludable. El edificio mas notable del pueblo es la igl. parr., que es de buena fábrica, y se halla servida por un cura regular. Entre las 1,539 casas que cuenta, se distinguen la parroquial y la de comunidad, donde se halla la cárcel. Hay una escuela de primeras letras, cuyo maestro tiene una asignacion sobre los fondos de comunidad. Confina el term. por N. con Calasiao, cuyo pueblo dista una leg.; por N. E. con Santa Bárbara, á 2 id.; por S. E. con Bayamban, á 1 ½ id.; por S. O. con Mañgataren, á 2 ½; y por N. O. con San Carlos, á 1 leg. Para todos estos pueblos hay buenos caminos que hacen fácil su comunicacion. El terreno es llano y fértil, y su principal prod. es la del arroz; siendo pueblo puramente agrícola. pobl. 8,034 alm., y en 1845 pagaba 1,675 trib., que corresponden 416,750 rs. plata, equivalentes á 41,875 rs. vn.

MALASUSO: monte de la isla de Luzon, prov. del Abra, térm. del pueblo de Banguet; hállase su cumbre en los 124° 5′ 30″ long., 17° 25′ lat.

MALATANA: rio de la isla de Luzon, prov. de Tayabas; nace en los 126° 9′ long., 15° 29′ lat.; toma su direccion O., bañando el térm. del pueblo de Mulanay, y desagua en el mar, á los 126° 5′ long., 15° 27′ 30″ lat.

MALATE: pueblo con cura y gobernadorcillo, en la isla de Luzon, prov. de Tondo, arz. de Manila; sit. en los 124° 58′ 50″ long., 14° 34′ 40″ lat., sobre la playa de la bahía de Manila, y muy cerca de la ciudad, al S. de la cual se encuentra interponiéndoseles la Ermita, con cuyo pueblo está casi unido; el terreno es llano, y el clima templado. La calle Real se halla en la misma linea que la de la Ermita, que se halla al N. N. O., paralela á la orilla del mar; tiene con las de su anejo Pasay y las de su barrio Maitubig, unas 2,090 casas, la parroquial y la de comunidad donde se halla la cárcel. Hay tambien una escuela de primeras letras cuyo maestro tiene una asignacion sobre los fondos de comunidad:

de esta escuela salen numerosos escribientes que se emplean en las oficinas de Manila. La igl. parr. es de buena fábrica; no es la primitiva que se arruinó habiendo sido fundada en el año 1588 bajo la advocacion de Nuestra Señora de los Remedios; pertenece á la administracion de los PP. Agustinos, aunque la disputaron los seculares habiéndola tenido algun tiempo, fue devuelta á aquellos en virtud de Reales cédulas: está situada á la orilla de la bahia, y á la izquierda del camino, haciendo dar á este un pequeño rodeo el pretil del patio. Unido á esta se encuentra el convento ó casa parroquial, que es toda de piedra como la igl., aunque ambos edificios son pequeños y bajos. A espaldas de la igl. se ha construido pocos años hace un cementerie para el pueblo. A corta distancia de la misma y al E. N. E. está el sepulcro del naturalista Pineda que acompañó en su espedicion al general Alava, y murió en Ilocos. En este pueblo se ha construido modernamente un cuartel de infantería con pabellones para los oficiales. Al S. del pueblo y sobre la misma playa de la bahía, se encuentra el fuerte de San Antonio Abad y el barrio de Maitubig al E. del mismo; pasando entre uno y otro la carretera que conduce á los pueblos de Parañaque, Las Piñas, Bacon, y Cavite. A espaldas de la igl. hay otra carretera que se dirige á los pueblos de Santa Ana, San Fernando de Paco ó de Dilao etc. Confina el term. por N. con el pueblo de la Ermita; por N. E. con el térm. de Dilao; por S. E. con el de Pasay, que es visita de esta parroquia (v. pasay); por S. con el de Parañaque, y por O. con la gran bahía de Manila. El terreno es llano y fértil; hay varios esteros al E. de la pobl., pero como sus aguas son saladas, los naturales se sirven de las de los pozos que abren por las inmediaciones del pueblo. Sobre los mencionados esteros hay dos puentes de piedra, uno que facilita el paso entre los referidos barrios de Maitubig y fuerte de San Antonio Abad, y otro en la carretera que hay á espaldas de la igl. Sus prod. son fabriles, pues los ya mencionados esteros que se estienden al E. del pueblo inundan é inutilizan un terreno de mas de 6,000 varas cuadradas, de modo que no les deja tierras de labor ni de pastos: no sucede esto en las fértiles tierras de su visita Pasay, como puede verse en su artículo. Hay salinas, situadas al E. de la pobl.; pero estas no dan mas que unos 400 cavanes de sal al año. Su principal IND. consiste en la fabricacion de las telas de Piña (v. tom. 1.°, § 7.°, pag. 212 de este Diccionario), resaltando sobre todo sus magníficos bordados. Es admirable la paciencia con que trabajan estos encajes, sin otros instrumentos que las agujas de coser y algunos bolillos de madera: con estos tejidos y con la sal es con lo que hacen su com. con Manila. POBL. 12,524 alm., y en 1845 pagaba 2,647 ½ trib., que corresponden á 26,475 rs. plata. equivalentes á 66.187 ½ rs. vn. No podemos menos de tributar á este pueblo un grato recuerdo antes de concluir su artículo, habiendo desempeñado su administracion espiritual el autor de este Diccionario Fr. Manuel Buzeta.

MALAUEG: pueblo con cura y gobernadorcillo, en la isla de Luzon, prov. de Cagayan, dióc. de Nueva-Segovia; SIT. en los 124° 45' long., 17° 42' 25'' lat., á la orilla izq. del r. chico de Cagayan, en terreno llano, y CLIMA templado. Tiene con sus visitas Santa Cruz y Mallanan, unas 250 casas, inclusas la parroquial y la de comunidad, donde está la cárcel, que son las principales del pueblo. El edificio mas notable de este es la igl. parr., que es de mediana fábrica, y está servida por un cura regular. Hay una escuela de primeras letras, cuyo maestro se paga de los fondos de comunidad. El TERM. confina por E. con el de Piat, cuyo pueblo dista unas 6 leg.; por S. E. con el de Tuao, á 4 leg.; y por N., S. y O. no están marcados sus limites. Por el S. del pueblo está el camino que conduce á su visita Santa Cruz, que dista 1 ½ leg., y al E. del mismo siguiendo la orilla del r. arriba mencionado, está el otro camino que se dirige á Mallanan, dist. 5 ½ leg. El TERRENO es montuoso y bastante fértil. Sus PROD. son arroz, maiz, tabaco, caña dulce, ajonjolí, frutas y legumbres: es pueblo puramente agrícola. POBL. 1,575 alm., y en 1845 pagaba 424 trib., que hacen 2,240 rs. plata, equivalentes á 10,600 rs. vn.

MALAUIGI: punta de la costa S. de la isla de Marinduque; hállase en los 124° 58' long., 13° 15' lat.

MALAVNAVI: isla adyacente á la costa meridional de la prov. de Zamboanga; hállase su centro en los 125° 34' long., 6° 43' lat., al N. O. de la de Basilan, de la que dista poco mas de ¼ leg.

MALAYLAY: riachuelo. v. PASAG, rio.

MALAYO: punta de la costa S. O. de la isla de Samar; á los 128° 26' 30'' long., 11° 49' lat., en el térm. de Catbalogan.

MALAYOG: punta de la costa S. O. de la isla y prov. de Samar; hállase en los 128° 5' 30'' long., 12° 14' lat.

MALAZOR: punta de la costa N. E. de la prov. de Tayabas; en la isla de Luzon (bahía de Lamon), á los 125° 25' long., 14° 43' lat.

MALBOG: rio de la isla de Luzon, prov. de Tayabas; nace en los 126° 14' 30'' long., 13° 29' lat.; dirígese al E. regando el térm. del pueblo de Soboncogon y va á desaguar en el mar por la costa E. de la prov., á los 126° 48' long., 13° 27' lat.

MALEBEGAS: islote junto á la costa S. de la isla de Mindanao; hállase en los 126° 35' long., 70° 14' lat.; pertenece al sultan de dicha isla.

MALIBAGO: visita del pueblo de Barugo, en la isla y prov. de Leyte, dióc. de Cebú; SIT. en terreno llano, á corta dist. de la costa de la referida isla, y no muy lejos de su matriz, en cuyo art. damos su POBL. y trib.

MALIBAY: visita del pueblo de Parañaque, en la isla de Luzon, prov. de Tondo, arz. de Manila.

MALIBOG: rio de la isla de Mindoro; nace en los 125° 5' long., 12° 43' 40'' lat.; tiene de curso 1 ½ leg., y desagua en el mar por la costa oriental de dicha isla al N. O. de Bongabon.

MALICAT: monte de la isla de Luzon, prov. de Tondo; hállase su cumbre en los 124° 55' long., 14° 42' lat.

MALICHO: baluarte ó fuerte, en la costa S. de la isla de Mindanao; hállase en los 127° 46' 30'' long., 7° 42' 30'' lat.

MALILIPOT: pueblo con cura y gobernadorcillo, en la isla de Luzon, prov. de Albay, dióc. de Nueva-Cáceres; sit. en los 127° 25' 20" long., 13° 19' lat., sobre la costa N. E. de la prov., en la orilla del seno de Tabaco. su clima es templado y saludable. Tiene con sus barrios y anejos unas 550 casas de particulares, y ademas la parroquial y la de comunidad donde se halla la cárcel, que son las principales del pueblo. La igl. es de mediana fábrica y se halla servida por un cura secular. Hay una escuela de primeras letras, dotada de los fondos de comunidad. Confina el term. por S. E. con el de Bacacay, cuyo pueblo dista 1 1/4 leg.; por S. O. marca sus límites el volcan de Albay; por el N. confina con el térm. de Tabaco á 1/4 leg.; por el O. con la prov. de Camarines-Sur, y por el E. con el seno de Tabaco. El terreno es montuoso y fértil, siendo su principal prod. la del arroz; es pueblo puramente agrícola. pobl. 3,301 alm., 643 trib., que hacen 6,430 rs. plata, equivalentes á 16,075 rs. vn.

MALIMBO: rio de la isla de Luzon, en la prov. de la Pampanga; nace en los 124° 25' long., 14° 53' 10" lat.; dirígese al S. bañando el térm. del pueblo de Hagonoy, corre unas 5 leg. y desagua en la bahía de Manila á los 126° 22' 10" long, 14° 46' 30" lat.

MALIMPAO: riach. de la isla de Samar; es de muy escasa importancia por ser muy corto su curso; nace al O. del monte *Paric*, corre 1/4 leg. al N. y desagua en el rio *Ulut*.

MALINALU: barrio del pueblo de Bacolor, en la isla de Luzon, prov. de la Pampanga, arz. de Manila. Sus prod., pobl. y trib. los damos en el artículo de la matriz.

MALINAO: pueblo con cura y gobernadorcillo, en la isla de Luzon, prov. de Albay, dióc. de Nueva-Cáceres; sit. en los 127° 22' long., 13° 23' 20" lat., en terreno llano, sobre la costa N. E. de la prov.; su clima es templado. Tiene con sus barrios Quinali y Sipit, unas 1,626 casas, siendo las principales del pueblo la parroquial y la de comunidad llamada tambien tribunal donde está la cárcel. La igl. parr. es el mejor edificio del pueblo, y se halla servida por un cura secular. De los fondos de comunidad se paga al maestro de una escuela que hay de instruccion primaria. Confina el term. por N. N. O. con el de Tibi,

cuyo pueblo dista unas 2 leg.; por S. con Malilipot á 1 id.; por O. con la prov. de Camarines-Sur, y por E. con el mar. El terreno es desigual y bastante fértil. Entre sus varias prod. el arroz es la que mas abunda. Su ind. se reduce á la caza y aun mas á la pesca. pobl. 9,756 alm., 1,701 trib., que hacen 17,015 rs. plata, equivalentes á 42,553 1/2 rs. vn.

MALINAO: pueblo con cura y gobernadorcillo, en la isla de Panay, prov. de Capiz, dióc. de Cebú; sit. en los 126° 48' long., 11° 38' 40" lat., en terreno llano, á la orilla derecha de un rio y clima cálido. Su vecindario alcanza á unas 1,400 casas, inclusas las de su visita Libacao, siendo de ellas las principales la parroquial y la de comunidad donde está la cárcel. Hay una escuela pagada de los fondos de comunidad, y una igl. parr. de mediana fábrica, servida por un cura secular. Confina el term. por N. con el de Ibajay; por S. con el de Calibo; por N. O. con el de Macato, y por E. con el mar. Su terreno es fértil y produce mucho arroz, algun algodon, abacá, ajonjolí, caña dulce, varias clases de legumbres, mangas, cocos y otras frutas. ind.: ademas de la agricultura se dedican algunos á la caza y á la pesca, y las mugeres á la fabricacion de varias telas que les sirven para los usos domésticos. pobl. 10,242 alm. con las de su visita Libacao, y en 1845 pagaba 1,550 trib., que hacen 15,500 rs. plata, equivalentes á 58,750 rs. vn.

MALINTA: barrio del pueblo de Polo, y hacienda de los PP. Agustinos calzados, en la isla de Luzon, prov. de Tondo, arz. de Manila; sit. en los 124° 59' long., 14° 43' 20" lat., en terreno montuoso, próximo á la orilla derecha de un caudaloso estero marítimo, pasado el cual empieza á elevarse un pequeño cerro, en el cual está la casa del lego encargado de recaudar los arriendos. Esta casa es de piedra y teja, construida despues que en la guerra con los ingleses invasores de la colonia en 1762 se destruyó la que antes se hallaba, junto al estero que pasa por el O. de Meysilo, en un sitio delicioso y ameno, como el que ocupa el actual edificio es árido, despoblado y pedregoso, sin otra circunstancia favorable que la de tener un manantial de agua buena para beber, aunque también estaba á bastante distancia. Esta hacienda se estiende hasta los montes de San Mateo por un terreno muy dilatado y sin embargo es muy escaso su producto. La mayor parte ó es monte ó una tierra llena de cascajillo menudo impropio para el arroz, y sobre ser de mala tierra, no tiene regadío y la cosecha es muy eventual: cuando esta se pierde se rebaja el precio á los arrendadores á proporcion de las pérdidas sufridas. Antiguamente los PP. tenian en el monte buenos ganados vacuno y caballar, pero en la citada guerra de los ingleses, los indios lo destruyeron todo y no se ha conseguido su restauracion. Despues de la guerra se pusieron vacas compradas en Ilocos y Batangas, se hizo una casita para un lego que cuidase de los baqueros, mas todo fue inútil: al estancarse el tabaco se hizo esta hacienda el paso de los contrabandistas para las provincias de Bulacan y Pampanga, de donde se hacia principalmente el contrabando, y entre estos y los cazadores de los pueblos vecinos con sus perros destruyeron todo el ganado, matándolo en gran parte y auyentándolo á los montes, de modo que á principios de este siglo ya se habia estinguido la cria caballar, y apenas quedaban cien cabezas del vacuno. Todo este terreno está lleno de cuestas no muy ásperas; pero que lo hacen improductivo para el arroz. Sin embargo el monte es de una tierra buena, muy parecida á la de la prov. de Batangas, propia para todas las producciones: puede dar mucho arroz del que se siembra por mayo y se coje por setiembre. El trigo, maiz, y todo género de legumbres pueden prosperar mucho. Tambien es muy propia esta tierra para pimienta, café, cacao, azúcar, y toda especie de frutas de la tierra. El rio de Meysilo que la baña por toda la parte del S., y las muchas fuentes que hay por su centro, la hacen igualmente muy á proposito para la produccion del añil, pudiendo darlo en gran cantidad y beneficiarse cómodamente: como la tierra es alta se pueden hacer dos cosechas como sucede en Batangas y en todos los parajes donde las aguas no destruyen los retoños.

En la casa vieja de esta hacienda estuvo algun tiempo el campo español contra los ingleses, que como queda dicho, ocuparon á Manila el año 1762. El almirante Cornick se habia ido con su escuadra para la costa; muchos de los franceses que habian hecho prisioneros en Pondicheri, y habian traido por fuerza en la espedicion, tuvieron tiempo para desertarse y unirse con nuestra fuerza: de los ingleses mismos habian muerto muchos con los escesos que cometian en Manila, y se habian reducido á tan corto número, que no se hallaban en disposicion de intentar la conquista de las provincias. El Sr. Anda, por el contrario, con la plata que habia salvado, juntó bastantes tropas, y Bustos las disciplinaba. Los vecinos que habian quedado prisioneros y los religiosos les enviaban armas y municiones de guerra. Viéndose con esto bastante fuerte mandó á Bustos que pusiese su campo en Malinta la vieja, dos leg. cortas de Manila. El sargento Bretaña, francés que habia desertado de los ingleses, servia en nuestro ejército de capitan: á este se encomendó la disposicion del campamento. La casa de la hacienda, que era de cantería, se destinó para los oficiales, y la tropa se acomodó en unos camarines que se hicieron provisionalmente de caña y nipa. Se hicieron estacadas y otras obras de fortificacion, se colocaron en ellas cinco cañoncitos y quedó el campo bastante fortificado. Desde este sitio salian hasta los mismos arrabales de Manila, de modo que en una ocasion encontraron al preboste de los ingleses y le quitaron los caballos del coche, y otra vez estuvo muy espuesto á caer en sus manos el gobernador inglés. En el pueblo de Quiapo tuvieron una accion con los ingleses, y se llevaron la campana, que era lo que intentaban, para fundir cañones: tenian tan consternados á los enemigos que nadie se atrevia á alejarse de Manila por la parte del N. Hostigado el gobernador inglés, y reducido al mayor apuro porque Bustos le interceptaba los víveres y le tenia como bloqueado, resolvió desalojarlo de Malinta. El 27 de junio de 1763, antes de amanecer, despachó con toda reserva un destacamento para que cayese de improviso sobre el campamento. Constaba este de la fuerza de 550 fusileros, 50 caballos y muchos chinos, con la artillería de campaña. Al rayar el alba se presentó esta fuerza delante de la casa. No se les reconoció hasta que estaban encima, de modo que pudieron romper el fuego antes de ponerse en órden las cortas fuerzas acampadas; sin embargo, no habian conseguido los ingleses su intento de sorpresa, y desde el campo español se les hizo frente con sus pequeños cañones mientras se formaba la tropa, y se entabló la accion de Malinta. Entre ambas fuerzas estaba el rio de Meysilo, cuyo paso fue defendido de modo que no lo consiguieron los ingleses aunque sostuvieron el empeño hasta las 11 del dia. En esta accion tuvieron las fuerzas españolas 2 muertos y 7 heridos, de los que murieron despues 5: los ingleses tuvieron 15 heridos, de los que murieron 5 ó 6 en el hospital. Los ingleses se retiraron á Meysilo, desde donde se volvieron á Manila: Bustos, calculando que aquellos repetirian su intento, y que no podria conservar la posicion, quemó la casa, destruyó el campamento y se retiró á Polo. El CLIMA es templado.

MALIS: barrio del pueblo de Guiguinto, en la isla de Luzon, prov. de Bulacan, arz. de Manila. Su POBL. y trib. los damos en el artículo de la matriz.

MALITAN: riach. de la isla de Luzon, en la prov. de Batangas; nace al S. E. de la cab. de esta prov. á distancia de ½ leg., corre al O. cerca de 1 y desagua en la ensenada de Batangas, á los 124° 44' long., 13° 43' lat.

MALITBUG: pueblo de nuevos cristianos, en la isla de Mindanao, prov. de Misamis, dióc. de Cebú; se fundó en 1849, y en la actualidad tiene 24 casas, de las cuales hay todavia pocas concluidas. La agricultura y la pesca son las ocupaciones de sus naturales, los cuales estan exentos de pagar trib., hallándose la administracion de sus almas á cargo de un cura regular.

MALIU-UALIU: baluarte ó fuerte, SIT. en los 129° 9' 10'' long., 11° lat., en la costa S. de la isla de su mismo nombre.

MALIU-UALIU: islita junto á la costa S. de la isla de Samar; hállase en los 129° 8' 30'' long., mas 1' 10'' id. al E., y los 11° lat. mas 55'' al N. Sobre la costa del S. hay un baluarte ó fuerte que sirve para defender las costas de esta parte de la prov., de los ataques de los moros.

MALOCONAN: barrio del pueblo de Sizton, en la isla y prov. de Negros, dióc. de Cebú; SIT. á corta distancia de su matriz, en cuyo artículo incluimos su POBL. y trib.

MALOLÓ: monte de la isla de Polillo, adscrita á la prov. de la Laguna; hállase hácia el centro de la isla, y su cima en los 125° 39' long., 14° 56' 10'' lat.

MALOLOS: pueblo con cura y gobernadorcillo, en la isla de Luzon, en la prov. de Bulacan, arz. de Manila; SIT. en los 124° 29' 30'' long., 14° 58' 30'' lat., entre varios esteros que le rodean, terreno llano pero bajo y fácil de inundarse; su CLIMA saludable y cálido. Se fundó este pueblo en 1580; su igl. parr. es magnífica, y está preciosamente adornada; tiene una hermosa torre para el reloj. La Purísima Concepcion es la Santísima Patrona de esta igl. y la sirve un cura regular, vicario foráneo. El cementerio es tenido por el segundo de las islas en razon de su mucho mérito. Cuéntanse con las de sus barrios y anejos unas 5,712 casas, entre las que se distinguen la parroquial y la de comunidad, llamada tambien tribunal, donde se halla la cárcel. Hay una escuela de primeras letras, cuyo maestro tiene una asignacion pagada de los fondos de comunidad. En cuatro de los esteros de sus inmediaciones hay otros tantos puentes de piedra, los cuales se deben al infatigable celo, actividad y amor al pais y á sus habitantes que han tenido los curas párrocos de este y otros pueblos, particularmente al R. P. Fr. Melchor Fernandez, que á su muerte ha dejado perpetuas memorias en la prosperidad del pais: á él se deben con especialidad el cómodo y hermoso muelle de mampostería que facilita el gran tráfico de este pueblo, el mayor de la prov., y el puente que hay á su entrada construido de arquería. Confina el TERM. por N. N. E. con el de San Isidro, cuyo pueblo dista 1 ¼ leg.; por E. con el de Quingua, dist. 1 leg. al E. y al E. N. E.; por S. E. con el de Guiguinto, á 1 ½ leg., y por O. con el de Paombon, á ½ leg. Dista de Bulacan, cab. de la prov., 1 ½ leg. al N. O. de la misma. El TERRENO es llano y fértil; sus PROD. son arroz, maiz, algodon, caña dulce, añil, legumbres y muchas clases de frutas. La IND. consiste en el hilado del algodon y en la agricultura. Hay tambien varios ingenios para beneficiar el azúcar, fábricas para la elaboracion del añil y para la cal de conchas. El COM. es considerable, vendiendo sus productos en los pueblos de esta prov., en los de la Pampanga y en Manila. Ademas hay en este pueblo todas las semanas un dia señalado para el mercado, al que concurre bastante gente de los contornos. POBL. 54,312 alm., y en 1845 pagaba 6,625 ½ trib., que hacen 66,255 rs. plata, equivalentes á 165,637 ½ rs. vn.

MALONCON: isla adyacente á la costa oriental de la prov. de Nueva-Ecija; hállase entre los 126° 6′ long., 126° 9′ 20″ id., 18° 14′ lat., 18° 14′ 54″ id. Tiene 1 leg. de larga y ½ id. de ancha, y dista de la costa 1 milla.

MALONDO: visita del pueblo de la Paz, en la isla de Luzon, prov. de la Pampanga, arz. de Manila; SIT. en los 124° 18′ long., 15° 22′ lat., á la orilla de un rio á que da nombre, en terreno llano y CLIMA templado. Pasa por esta visita la carretera real que conduce desde Tarlag á Magatan. Su POBL., PROD. y trib. los damos en el artículo de la matriz.

MALOZA: visita de Pasanhan, en la isla de Basilan, adscrita á la prov. de Zamboanga; hállase sobre la costa S. de la isla, en los 125° 37′ long., 6° 31′ lat.

MALUBAROG: punta de la costa N. de la isla y prov. de Samar; hállase en los 128° 25′ 10″ long., 12° 31′ lat.

MALUGNON: visita del pueblo de Mambulao, en la isla de Luzon, prov. de Camarines-Norte, dióc. de Nueva-Cáceres; SIT. en los 126° 24′ 10″ long., 14° 20′ lat., sobre la costa N. de la prov., en una península que forma la irregularidad de la referida costa, terreno llano, y CLIMA templado. Su POBL., PROD. y trib. los damos en el artículo de la matriz.

MALUGNON: punta de la costa N. de la prov. de Camarines-Norte, en la isla de Luzon; hállase en los 126° 24′ long., 14° 20′ 10″ lat.

MALUNAY: pueblo con cura y gobernadorcillo, en la isla de Luzon, prov. de Tayabas, dióc. de Nueva-Cáceres; SIT. en los 126°

4′ 10″ long., 13° 31′ 40″ lat., en terreno llano, sobre la costa S. O. de la prov., CLIMA templado y saludable. Tiene unas 111 casas con las de sus anejos Bondog y Malatana. La casa parroquial y la de comunidad son las principales del pueblo. Hay una escuela de primeras letras dotada de los fondos comunes; la igl. parr. pertenece á la administracion de los clérigos seculares. El TÉRM. confina por N. E. con el de Catananan; por O. con el mar, y por S. E. y E. no estan marcados sus confines. El TERRENO en general es montuoso, y se halla regado por algunos riach. que le fertilizan; sin embargo tiene pocas PROD., siendo el arroz la mas considerable. IND.: la caza, la pesca y la fabricacion de algunas telas. POBL. 667 alm., trib. 299 ½, que hacen 2,995 rs. plata, equivalentes á 7,487 ½ rs. vn.

MALUT: punta S. O. de la isla de Paragua; hállase en los 121° 9′ long., 8° 15′ lat.

MALLAGUA: punta de la costa E. de la isla y prov. de Mindoro; hállase en los 125° 9′ 30″ long., 12° 50′ 20″ lat., en el térm. del pueblo de Naujan.

MAM

MAMALIN BANCOL: rio de la isla de Luzon, en la prov. de la Laguna; nace en los 125° 8′ long., 14° 5′ lat., en las vertientes setentrionales del elevado monte Majayjay; dirígese al N. pasando al E. del pueblo de Lillo, cuyos habitantes aprovechan sus aguas para el riego de las sementeras, por medio de buenas presas; cambia luego su direccion al N. O., recibiendo un gran número de afluentes por su márgen izq. hasta llegar á los 115° 4′ long., 14° 12′ lat., desde cuyo punto recibe el nombre de SANTA CRUZ, y se dirige al N., pasando al O. de este pueblo para desaguar en la gran laguna de Bay, á los 125° 6′ long., 14° 17′ 45″ lat., á ¼ milla distante del referido pueblo.

MAMALOT: rio de la isla de Luzon, en la prov. de Camarines-Norte; nace en los 126° 4′ 56″ long., 14° 24′ lat.; dirígese al N. y desagua en el mar.

MAMAY: barrio del pueblo de Namacpacan, en la isla de Luzon, prov. do Ilocos-Sur, dióc. de Nueva-Segovia; sit. no muy lejos de su matriz, en cuyo artículo damos su pobl. y trib.

MAMANAO: punta de la costa N. de la isla de Bapurapu, adscrita á la prov. de Albay; hállase en los 127° 52' long., 13° 15' lat.

MAMANOOL: islita del grupo de Joló, en el archipiélago de este nombre; sit. en los 126° 21' long., 6° 2' lat.

MAMATAD: visita del pueblo de Cabiao, en la isla de Luzon, prov. de Nueva-Ecija; sit. en los 124° 27' 25" long., 15° 12' 40" lat., en terreno llano y á la orilla izq. del r. de Cabiao, de cuyo pueblo dista poco mas de una leg., y en cuyo artículo damos su pobl. y trib.

MAMAJE: visita del pueblo de Boljoon, en la isla, prov. y dióc. de Cebú; sit. en la costa meridional de la isla; tiene buena ventilacion, y su clima es templado y saludable. Su pobl. y trib. se incluyen en el artículo de la matriz.

MAMBANUANG: barrio del pueblo de Gapan, en la isla de Luzon, prov. de Nueva-Ecija, arz. de Manila; su pobl. y trib. van incluidos en el artículo de la matriz.

MAMBARU: rio de la isla de Panay, en la prov. de Antique; nace 1 ½ leg. al S. E. de Pandan, dirígese al O. y desagua en el mar por la costa occidental de la isla despues de haber corrido poco mas de 1 leg.

MAMBOO: pueblo de moros, en la isla de Joló; sit. sobre la costa meridional de dicha isla, en los 124° 53' long, 5° 51' lat.

MAMBUKAO: visita del pueblo de Catarman, en la isla de Mindanao, prov. de Misamis, dióc. de Cebú; sit. sobre la costa de la isla, en terreno llano, y clima cálido. su pobl. y trib. van incluidos en el art. de la matriz.

MAMBULAO: pueblo con cura y gobernadorcillo, en la isla de Luzon, prov. de Camarines-Norte, dióc. de Nueva-Cáceres; sit. en los 126° 23' long., 14° 16' 50" lat., en terreno llano, sobre la costa N. de la prov. y la playa E. del puerto á que da nombre; su clima es templado Los principales edificios del pueblo son la igl. parr. que es de mediana fábrica, y se halla servida por un cura secular, la casa parroquial, y la de comunidad donde se halla la cárcel. Hay una escuela de primeras letras,

cuyo maestro se paga de los fondos de comunidad. Cuenta este pueblo unas 472 casas, inclusas las de sus barrios y anejos. El térm. confina por E. con el de Paracale, cuyo pueblo dista 1 ¼ leg.; por O. con el de Capalonga, á 6 ½ id.; por N. con el mar, y por S. se estiende considerablemente sin tener límites marcados, encontrándose por esta parte la cordillera del centro de la prov. cubierta de espesos bosques, y habitada por algunas tribus de negros errantes. El terreno en general es montuoso; riéganlo varios rios que bajan de la sierra de Bagacay, dirigiéndose al N. y desaguando en el mar. Al S. del pueblo se encuentran algunas minas de hierro, y luego la referida sierra de Bagacay. Al N. sobresale una península que forma dos puntas, una al N. O., la de Pinagujan, y otra al N. E., la de Malugnon, y en cada una de ellas hay una visita; al O. del pueblo se halla el puerto de su nombre, y siguiendo la costa al O. se encuentran las visitas Dajican y Manjó. prod. arroz, maiz, caña dulce, ajonjoli, abacá, algodon, varias clases de legumbres, cocos y otras frutas. ind.: la pesca, la fabricacion de varias telas en la que se ocupan con especialidad las mugeres, algunos se dedican en estraer metales de las minas. pobl. 2,843 alm., trib., 722 ½, que hacen 7,285 rs. plata, correspondientes á 18,212 ½ rs. vn.

MAMBURAO: visita del pueblo de Puerto-Galera, en la isla y prov. de Mindoro, arz. de Manila; sit. en los 124° 16' 40" long., 15° 16' lat., sobre la costa S. O. de la isla; su clima es cálido y saludable. pobl. y trib. van incluidos en el artículo de la matriz.

MAMBUSAO: pueblo con cura y gobernadorcillo, en la isla de Panay, prov. de Capiz, dióc. de Cebú; sit. en los 126° 47' long., 11° 24' lat., á la orilla derecha de un rio, terreno llano y clima templado. Tiene con sus barrios y anejos unas 1,053 casas, entre las que se cuentan la parroquial y la de comunidad, que son las mejores del pueblo. La igl. parr. es de mediana fábrica: la escuela de primeras letras tiene una asignacion pagada de los fondos de comunidad; la igl. se halla servida por un cura secular. Confina el térm. por N. N. E. con el de Balete; por E. S. E.

con el de Batang, matriz de aquel; por S. con el de Sigma, y por O. no tiene limites marcados. El TERRENO en general es llano y fértil; sus PROD. son bastante arroz, maiz, algodon, abacá, ajonjoli, algun tabaco, legumbres y frutas, y su IND. la agrícola y la fabricacion de alguas telas, en la que se emplean las mugeres. POBL. 6,317 alm., y en 1845 pagaba 2,501 trib., que hacen 25,010 rs. plata, correspondientes á 62,525 rs. vn.

MAMBULAO (puerto de): en la costa N. de la parte inferior de la isla de Luzon, prov. de Camarines-Norte; hállase comprendido entre los 126° 20' 30" long., y 126° 22' id., 14° 16' lat., y 14° 17' 50" id.; sobre la playa del O. se encuentra SIT. el pueblo que le da nombre.

MAMBURAO: rio de la isla y prov. de Mindoro; nace en los 124° 23' long., 13° 17' lat.; dirigese al S. O. y desagua en el mar despues de haber corrido poco mas de 1 leg.

MAMPIN: isla adscrita á la prov. de Zamboanga, junto á la costa S. E. de la grande isla de Mindanao; hállase en los 125° 50' long., 6° 5' 7" lat.

MAN

MANABO (San José de): visita del pueblo de Bucay, cab. de la prov. del Abra, en la isla de Luzon, dióc. de Nueva-Segovia; SIT. en los 124° 12' long., 17° 19' 10" lat., á la orilla der. del r. Abra, y en un CLIMA templado. Su POBL., PROD. y trib. van incluidos en el art. de la matriz.

MANAGAYSAN: punta de la costa N. E. de la isla de Masbate; hállase en los 127° 34' long., 12° 12' 10" lat.

MANALIPA: islita al E. de Zamboanga; hállase en los 125° 57' long., 6° 50" lat.

MANAMOC: una de las islas de Cuyo; tiene 1 ½ leg. de larga y ¾ de ancha; su centro se halla en los 124° 31' long., 11° 12' lat.

MANAOAG: pueblo con cura y gobernadorcillo, en la isla de Luzon, prov. de Pangasinan, dióc. de Nueva-Segovia; SIT. en los 124° 8' 50" long., 16° 2' 30" lat., próximo á la orilla del rio de Angatatan, en terreno llano, y CLIMA templado y saludable. Sus principales edificios son la igl. parr. que es de buena fábrica, y se halla servida por un cura regular, la casa parroquial, y la de comunidad, llamada tambien tribunal, donde se halla la cárcel. Hay una escuela de primeras letras pagada de los fondos de comunidad. El número de casas, con las de sus barrios y anejos, ascienden á unas 1,541. Tiene caminos regulares que facilitan su comunicacion con los pueblos de San Jacinto, Santo Niño, Magaldan, Asingan y otros, y recibe por el primero el correo semanal de la cab. de la prov. Confina el TÉRM. por N. con el de San Fabian, de la prov. de la Union; por E. con el de Asingan, á 4 ½ leg.; por O. con el de San Jacinto, á ¾ id., y por S. O. con el de Santa Bárbara á 2 ¼. El TERRENO es llano, aunque se encuentran algunos montes al N. E.; riéganlo el rio de Pan, el de Tolon, y el referido de Angatulan, tambien hay algunos esteros. Su principal PROD. es la del arroz, y su IND. se reduce casi á la agrícola. POBL. 9,247 alm., y en 1845 pagaba 1,560 trib., que hacen 15,600 rs. plata, correspondientes á 54,000 rs. vn.

MANAOL: rio de la isla y prov. de Mindoro; nace en los 125° 1' 30" long., 12° 32' 15" lat., distante 1 leg. al S. O. de Mausalay; dirigese al S. E., y pasando al N. E. de la visita de Manciol, desagua en el mar por la costa S. E. de dicha isla.

MANAPA: una de las islas Babuyanes, prov. de las islas Batanes; es pequeña, se halla al E. de la de Baring, al N. E. de la de Fuga, y su centro en los 124° 52' 30" long., 18° 58' lat.

MANAYOASAYAO: punta de la costa oriental de la isla y prov. de Cebú; hállase en los 127° 38' long., 10° 53' lat.

MANAYONG: barrio del pueblo de Namacpacan, en la isla de Luzon, prov. de Ilocos-Sur, dióc. de Nueva-Segovia; en el artículo de su matriz damos su POBL. y trib.

MANCARIS: punta de la costa S E. de la isla y prov. de Samar; hállase en los 128° 25' 30" long., 11° 50" lat., térm. del pueblo de Dapdad.

MANCASUAN: punta de la costa N. de la isla y prov. de Leite; hállase en los 128° 29' long., 11° 25' lat., en el térm. del pueblo de Babatnon.

MANCIOL: visita del pueblo de Naujan, en la isla y prov. de Mindoro; SIT. en los 125° 3' 50'' long., 12° 51' lat., terreno llano, á la orilla del rio Manciol, en la costa oriental de la isla, su CLIMA es cálido. POBL. y trib. los incluimos en el artículo de la matriz.

MANCHA (pico de): en la isla de Luzon, prov. de Cagayan; hállase á ¼ leg. de la costa setentrional de dicha isla, en los 125° 51' 30'' long., 18° 14' 20'' lat.

MANDALAGAN: visita del pueblo de Minolan, en la isla y prov. de Negros, dióc. de Cebú; SIT. en los 126° 39' long., 10° 40' 30'' lat., sobre la costa occidental de la isla, en terreno llano y distante 1 ¼ leg. al S. de su matriz, en cuyo artículo damos su POBL. y trib.

MANDALOYON ó MANDOLOYA: barrio del pueblo de Santa Ana, prov. de Tondo, y hacienda de los PP. Agustinos calzados; SIT. á la orilla derecha del rio Pasig. La casa de la hacienda se halla á corta distancia del nombrado rio, al N. del citado pueblo; es una buena casa de piedra donde habita el lego encargado de la recaudacion de los arriendos. El rio que toma el nombre de esta hacienda y viene por el E. de la casa á alguna distancia, desagua en el Pasig al S. de la misma. Es bastante estensa esta hacienda que linda con los términos de Santa Ana, San Pedro Macati, la hacienda de Santamesa y Mariquina. Sus tierras inmediatas á los rios estan bien cultivadas: por lo demás todo es monte y de poco suelo. Donde la piedra no asoma en la superficie hay pastos para ganados; pero produce muy poco la cria de vacas y caballos en razon de lo mucho que ha padecido esta industria, ya á manos de los ladrones, ya por lo que los perros ahuyentan el ganado en las caserías.

MANDAO: visita del pueblo de Mobo, en la isla de Masbate, prov. de este nombre; hállase sobre la costa O. de la isla, dando nombre á una ensenada, en los 126° 53' 30'' long., 12° 14' 50'' lat., en terreno llano, y CLIMA templado y saludable. Dista como unas 8 leg. de su matriz, en cuyo artículo damos su POBL., PROD. y trib.

MANDAO (puerto de): en la costa occidental de la isla de Masbate; hállase entre los 126° 52' 30'' long., 126° 54' 50'' id., 12° 12' 50'' lat., y 12° 16' 16'' id. En su playa está situada la visita de su mismo nombre.

MANDAUE ó MANDAVE: pueblo con cura y gobernadorcillo, en la isla, prov. y dióc. de Cebú; SIT. en los 127° 51' long., 10° 26' lat., sobre la costa oriental de la isla, en terreno llano, y CLIMA cálido. Tiene unas 1,718 casas, con las de sus barrios y anejos, y ademas la casa parroquial y la de comunidad, donde se halla la cárcel, que son las mejores del pueblo. Págase de los fondos de comunidad una asignacion al maestro de la escuela de primeras letras que hay en el pueblo. Su igl. parr. es de mediana fábrica, y se halla servida por un cura regular. El correo se recibe una vez á la semana en dia indeterminado. El TERM. confina por N. con el de Liloan; por S. con el de Cebú, cab. de la prov., por E. con el mar, y por O. no tiene marcados sus confines. El TERRENO es fértil, llano en general, y su principal PROD. es la del arrroz, con la que hacen su COM. POBL. 10,309 alm., y en 1845, segun resulta de un documento oficial que tenemos á la vista, pagaba este pueblo y el de Poro 2,082 trib., que hacen 20,820 rs. plata, correspondientes á 52,050 rs. vn.

MANDILI: barrio del pueblo de San Miguel de Mayumo, en la isla de Luzon, prov. de Bulacan, arz. de Manila; SIT. á corta distancia de la matriz, en cuyo artículo damos su POBL. y trib.

MANDURIAO: pueblo con cura y gobernadorcillo, en la isla de Panay, prov. de Iloilo, dióc. de Cebú; SIT. en los 126° 30' long., 10° 55' lat., en terreno llano, á la orilla del rio Jaular y bajo un CLIMA templado y saludable. Tiene unas 1,429 casas entre las que se distinguen, por ser las principales del pueblo, la casa parroquial y la de comunidad, donde se halla la cárcel. Hay una escuela de primeras letras, cuyo maestro se paga de los fondos de comunidad. La igl. parr. es de mediana fábrica, y se halla servida por un cura secular. Confina el TERM. por N. con el de Januay; por S. E. con el de Jaro; por S. O.

con el de Oton, y por N. O. con el de Santa Bárbara. El TERRENO en general es llano y fértil; riégalo el mencionado rio, hay algunos otros esteros. Su principal PROD. es la del arroz, teniendo tambien ajonjoli, abacá, algodon, legumbres y varias clases de frutas. IND.: la agrícola y la fabricacion de algunas telas de abacá y algodon. POBL. 8,575 alm., y en 1845 pagaba 1,508 ¹/₂ trib., que hacen 15,085 rs. plata, correspondientes á 52,712 ¹/₂ rs. vn.

MANGA: barrio del pueblo de San Isidro, en la isla de Luzon, prov. de Nueva-Ecija, arz. de Manila. POBL. y trib. los damos en el art. de la matriz, con los que van incluidos.

MANGA: una de las frutas mas importantes del pais por su abundancia y finura: son muy afamadas las mangas de Imus.

MANGABOL (pinag de): en la isla de Luzon, prov. de Pangasinan; hállase entre los 124° 3' long., 124° 9' id., 15° 48' 40'' lat., 15° 51' 50'' id.; tiene al formarse unas 5 leg. de bojeo, y á sus inmediaciones se hallan los pueblos de Paniqui y Bayambang.

MANGAD: riach. de la isla y prov. de Samar; nace en los 129° 9' 30'' long., 11° 15' 50'' lat., corre ¼ de leg. en direccion al S. y viene á desaguar frente á la isla de Mapueblos de Pasisingi, por la costa S. E. de Samar.

MANGARIN: ensenada de la costa S. O. de la isla y prov. de Mindoro; hállase comprendida entre los 124° 44' long., 124° 48' id., 12° 20' 20'' lat., y 12° 15' 50'' id.; en la playa del N. de esta ensenada se halla el pueblo que le da nombre, y la figura que presenta es muy irregular, por lo que tiene unas 5 leg. de bojeo, y su entrada es de ¹/₄ leg. de ancha.

MANGARIN: pueblo con cura y gobernadorcillo, en la isla y prov. de Mindoro, dióc. de Manila; SIT. en los 124° 46' 20'' long., 12° 20' 50'' lat., en terreno llano, á la orilla de la ensenada á que da nombre, junto á la boca de un rio, su CLIMA es cálido. Tiene unas 155 casas, inclusas las de sus visitas, y además la casa de comunidad y la parroquial, que es la mejor del pueblo; en la primera se halla la cárcel. La igl. parr. es de buena fábrica, y está servida por un cura regular. Confina el TERM. por N. con el de Irirum, cuyo pueblo está á 5 ¼ leg.; por S. y O. con el

mar, y por E. con Bulacao á 3 ¼ leg. El TERRENO es montuoso, si bien no deja de haber buenos llanos donde estan las sementeras, y es por los contornos de la costa. PROD. arroz, maiz, ajonjoli, caña dulce, pimienta, legumbres y frutas. IND.: la agrícola y la pesca, y la fabricacion de algunas telas, en lo que se ocupan con especialidad las mugeres. POBL. 922 alm., y en 1845 pagaba 176 ½ trib., que hacen 1765 rs. plata, equivalentes á 4,412 ½ rs. vn.

MANGARIO: rio. V. SAMPANG.

MANGATAREM: pueblo con cura y gobernadorcillo, en la isla de Luzon, prov. de Pangasinan, dióc. de Nueva-Segovia; SIT. en los 123° 51' 35'' long., 15° 50' lat., á la orilla de un r., en terreno llano, y CLIMA templado. Tiene unas 1,100 casas de particulares, la de comunidad, donde se halla la cárcel, y la casa parroquial que es la mejor del pueblo. La igl. parr. es de buena fábrica, y se halla servida por un cura regular. Tiene este pueblo tres caminos, el uno que conduce á Aguilar al N., el otro á Malasiqui al N. E. y el tercero á San Miguel de Camiling al E. Confina el TERM. por N. con el del pueblo de Aguilar á 2 ¼ leg.; por E. con el de San Miguel de Camiling á 2 ¼ id.; por N. E. con el de Malasique á 2 ¼ id.; y por O. se estiende el término considerablemente hasta los límites de la prov. de Zambales. El TERRENO es llano al E. y bastante elevado al O. por donde se encuentra el monte Mapita á 2 ¹/₂ leg. del pueblo, en la cordillera que divide las prov. de Zambales y Pangasinan; nace de esta cordillera un r. afluente del Agno Grande que corriendo hácia Oriente cambia su direccion al N. cuando llega á las inmediaciones del pueblo, pasando muy próximo á él de modo que lo circunda por el S. y E.; riega tambien el térm. de este pueblo el r. de Agno Grande que pasa al N. E. del mismo. PROD. arroz, maiz, caña dulce, algodon, café, pimienta, abacá, legumbres y frutas. La principal IND. es la agrícola, ocupándose las mugeres en la fabricacion de algunas telas de algodon y abacá. POBL. 6,600 alm., y en 1845 pagaba 1,442 trib., que hacen 14,420 rs. plata, equivalentes á 36,050 rs. vn.

MANGAYAONG: v. TUBIG, punta.

MANGCAVA: punta de la costa oriental de la isla de Paragua, térm. del pueblo de Taytay; á los 123° 25' long., 11° 1' 40" lat.

MANGINAO: punta de la isla de Luzon, prov. de Batangas, en la ensenada de este nombre; SIT. en los 124° 59' 30" long., 13° 46' 20" lat.

MANGLAR: terreno bajo y pantanoso ó anegado, donde se cria la planta llamada Mangle en el pais.

MANGLAVIS: punta de la costa occidental de la isla de Luzon, prov. de Ilocos-Norte; hállase en los 124° 9' long., 18° 3' 20" lat.; el monte llamado Pan de Azúcar, que se halla al S. O. del pueblo de Paoay, forma esta punta.

MANGLE: punta de la isla de Ticao, en el puerto de San Jacinto; hállase en los 127° 22' long., 12° 35' 45" lat., á la izq. de la embocadura del estero de Santa Bárbara.

MANGLUS: punta de la costa E. de la isla y prov. de Samar; hállase en los 129° 5' 40" long., 12' lat., en el térm. del pueblo de Tubig.

MANGOS: punta de la isla de Luzon, en la prov. de Pangasinan, (golfo de Lingayen); hállase á la entrada del puerto de Sual, en los 125° 45' 30" long., 16° 5' lat.

MANGPEOS: islita del grupo de Tawi-Tawi, en el archipiélago de Joló; hállase en los 124° 12' long., 5° 19' lat.

MANGUIRIN: pueblo con cura y gobernadorcillo, en la isla de Luzon, prov. de Camarines-Sur, dióc. de Nueva-Cáceres; SIT. en terreno llano, á corta distancia de Naga, cab. de la prov.; su CLIMA es templado y saludable. Tiene 154 casas, la parroquial y la de comunidad donde se halla la cárcel. Hay una escuela de instruccion primaria, con una asignacion pagada de los fondos comunes, y una igl. de mediana fábrica, servida por un cura secular. El TERRENO es montuoso y bastante fértil; su principal PROD. es el arroz; tambien hay maiz, abacá, cacao, algodon, añil, caña dulce, algunas legumbres y varias clases de frutas. IND.: ademas de la agricultura se dedican algunos al corte de maderas y á la caza, y las mugeres al hilado y tejido de algodon y

abacá. POBL., 1,464 alm., trib. 171 1/2, que hacen 1,715 rs. plata, equivalentes á 4,287 ½ rs. vn.

MANICANI: islita adyacente á la costa meridional de la isla y prov. de Samar; su centro se halla en los 129° 19' long., 10° 59' 35" lat.

MANHIRO: islote junto á la costa E. de la prov. de Tayabas, isla de Luzon; hállase su centro en los 126° 19' 30" long., 13° 15' lat.: es muy pequeño é insignificante.

MANI: planta que da una fruta oleosa, del tamaño de una avellana.

MANIB: pueblo de nuevos cristianos, en la isla de Mindanao, prov. de Misamis, dióc. de Cebú; tiene 25 casas de las que hay aun pocas concluidas, la casa de comunidad es la mejor. Se fundó este pueblo en 1849, está exento de tributar, y á sus naturales los administra en lo espiritual un cura regular.

MANICAHAN: visita del pueblo de Bayumbayan, en la isla de Mindanao, prov. de Zamboanga, dióc. de Cebú; SIT. en terreno llano, y CLIMA cálido. Su POBL. y trib. van incluidos en el artículo de su matriz.

MANICAYO: punta de la costa S. O. de la isla y prov. de Negros; hállase en los 126° 52' long., 9° 27' lat.

MANICLING: barrio del pueblo de Gapan, en la isla de Luzon, prov. de Nueva-Ecija, arz. de Manila; SIT. no muy lejos de su matriz, en cuyo artículo damos su POBL. y trib.

MANIGONIGO: isla adyacente á la costa de la prov. de Iloilo; hállase su centro en los 126° 52' 30" long., 11° 35' lat., y dista ¼ leg. de la punta Bulacavi.

MANIGUI: ranchería de infieles, en la isla de Luzon, prov. del Abra, dióc. de Nueva-Segovia.

MANILA: ciudad cap. del archipiélago filipino, residencia de su gobierno superior, capitanía general, audiencia y chancillería, sede arzobispal y demas autoridades supremas y dignidades de la colonia, de las cuales se hará especial mencion.

SITUACION Y LOCALIDAD: hállase en los 124° 37' 56" long., 14° 36' lat. N.; en la costa occidental de la grande isla de Luzon, sobre el mar de la China, en una punta, ó sea en el ángulo llano y despejado que se forma entre la gran bahía conocida tambien con el nombre de Manila y el rio Pasig, que viene á desaguar en ella por el N. de la ciudad bañando sus murallas: esta punta ó ángulo mira al N O.⁴ᵃ al N., y presenta una posicion la mas aventajada y deliciosa, sobre todo, por la grande y cómoda bahía que se dilata al O. en el espresado mar de la China; cuya bahía es capaz de contener todas las escuadras de Europa. Contribuyen á la hermosura de esta posicion, despues de la espaciosa bahía, el caudaloso rio Pasig, navegable hasta la gran laguna de Bay, donde tiene su origen; lo ameno y feraz de la comarca, y en suma, cuanto puede apetecerse del pais mas favorecido de la naturaleza. La pobl. presenta la misma forma que el ángulo donde se halla, pues se estiende de S. E.⁴ᵃ al S. al N. O.⁴ᵃ al N.

CLIMA: el rigor de la zona tórrida se halla templado en este punto por las frescas y saludables brisas marítimas, que acuden siempre en proporcion de lo que el calor enrarece la atmósfera terrestre dando lugar á la dilatacion de la mas densa y oxigenizada de la bahía; las que recibe en sentido contrapuesto cuando el fresco de la noche ocasiona que sobre la atmósfera marítima pese la terrestre densificada en los grandes elaboratorios naturales, que presentan las montañas cubiertas de espesísimos bosques, cuyas auras llegan purificadas, dejando al través de dilatadas campiñas los miasmas que pudieran hacerlas nocivas; son muy apetecibles las virazones y terrales de horas determinadas tambien por iguales causas, segun los monzones y las mareas y el viento regularizado del N. O., cuyo etesio calcularon ya los antiguos filósofos podia hacer habitable esta zona. Este viento y el S. E. mas cálido y desagradable, son los que generalmente se reciben, siendo las direcciones que el sistema de montañas impone á casi todos los vientos para llegar á esta parte de la isla.

No obstante esta regularizacion de los vientos, tambien ocurren casi anualmente huracanes y baguíos terribles, durante los cuales corre el viento por todos los puntos de la rosa náutica. Los vientos y las lluvias mitigan el calor por dos tercios del año; sin embargo en los meses de marzo, abril, mayo y junio, el calor es escesivo, sin que las auras marítimas basten á calmar los ardientes efectos del dia, que por su rigor impiden tambien se perciba fresco alguno durante la noche hasta cerca de la madrugada. En estos meses ademas impacientan bastante el polvo que se levanta por todos los paseos y aun en las calles, y los muchos cínifes que no dejan dormir sin un pabellon que liberte de sus picadas. Fuera de estas incomodidades, Manila es un punto escelente, porque su temperatura es sana, y en los otros ocho meses no se siente frio ni calor. El rigor de este cede á la estacion de las lluvias, durante la cual las humedades son escesivas y penetran por todas partes. Despues á cuanto suele obligar el frio consiste en vestir algun chaleco de abrigo, y á que las señoras suspendan el paseo de la Calzada por las tardes. Esto sucede á la accion del viento N. que contrae los poros y suspende la transpiracion que generalmente se mantiene durante la mayor parte del año, y su falta suele producir algunos espasmos y otras enfermedades: por lo demas el temperamento es sumamente sano, y sus naturales suelen disfrutar robustez y larga vida. La temperatura media acostumbra ser de 22° 21' del termómetro. El sol aparece siempre en el horizonte con solos 51' 12" de diferencia entre los dias mas cortos y mas largos del año.

RECINTO DE LA CIUDAD Y SUS FORTIFICACIONES. Tiene 1,324 toesas de circunferencia. Su longitud, que se estiende de S. E.⁴ᵃ al S. al N. O.⁴ᵃ al N., como se ha dicho, es de 524 toesas, y su mayor anchura de 250. Está rodeada de una buena muralla bastionada con sus correspondientes foso y contrafoso, por la banda que no tiene el mar ó el rio: ambos foso y contrafoso son muy anchos y profundos, con buenos puentes levadizos. Estas murallas se hallan coronadas de baluartes. Tiene seis puertas: tres de ellas al N. para salir al rio, cuyas puertas son la de *Almacenes*, la de *Santo Domingo*, y la nueva de *Isabel II*: las otras tres por la parte de tierra, de las cuales una (la del *Parian*) se halla al E., otra (la *Real*) al S., y la tercera (la de *Santa Lucia*) al O. S. O. hácia la bahía: todas estan bien defendidas con baluartes, particularmente la de tierra. Ademas de las puertas hay un postigo al N. N. O. de la puerta de Santa Lucia, tambien hácia la bahía, cerca del palacio del gobernador: este postigo no está siempre abierto. La puerta Real enfilaba antiguamente á la Plaza mayor y palacio del gobernador; por ella se hacian las entradas solemnes de los gobernadores y arzobispos; pero despues de la toma de Manila por los ingleses, en el año 1762, se trasladó al frente del colegio de San José, donde se encuentra; entonces se estrechó mucho, y la entrada pública de gobernadores y arzobispos empezó á hacerse por la puerta del Parian. La parte de tierra, como es la mas espuesta, se halla tambien mejor fortificada: mas para el mayor método en la ligera reseña que debemos hacer de las fortificaciones en general, conviene empezar su reconocimiento por la avanzada punta formada entre el rio y el mar, que es donde se halla el estremo N. O. de la pobl., defendido por la *Real fuerza de Santiago*, seguir la orilla del rio hasta el estremo N. O., donde está el *baluarte de San Gabriel*, y desde allí, descendiendo por la línea de tierra que en una direccion oblícua mira primero al N. E., despues al E. y por último al S., llegar al estremo de esta parte donde se hallan la *bateria de San Gregorio* y el *baluarte de San Diego*. Desde allí se ha de volver por la costa, siguiendo una línea que mira al S. O., á la espresada *Real fuerza de Santiago*. Esta fuerza es una ciudadela que defiende la entrada del rio y el ángulo N. O. de la ciudad: al principio no era mas que un fortin de madera, y se edificó en su nueva forma de órden del gobernador Gomez Perez Dasmariñas, que rodeó la ciudad de fortificaciones sólidas, y llenó á Manila de buenos edificios. La espresada fuerza tiene una puerta para la plaza y otra falsa para el rio. En frente, y á la otra banda de este, se halla la alcaicería de San Fernando, que no es de gran resistencia: de ella nos ocuparemos al describir los edificios de estramuros de la ciudad.

Al E. de la Real fuerza de Santiago y á corta distancia de ella, en la misma orilla del rio, se encuentra el baluarte llamado de *Tenerias*, luego en la misma direccion, la *puerta de Almacenes*; mas al E. la *batería del Hospital militar*; no lejos de esta en la misma línea, la *puerta de Santo Domingo* con su fuerte batería; despues el *baluarte de la Aduana*; luego la *Puerta de Isabel II*, y por último el *baluarte de San Gabriel*, que, como hemos dicho, termina por E. la línea de fortificacion sobre el rio. Junto á este baluarte en la parte esterior, se halla la plaza Nueva, en cuyo centro se ha construido un monumento de piedra al célebre argonauta moderno Fernando de Magallanes. Tomando desde el mencionado baluarte de San Gabriel la línea de tierra, se halla primero la *puerta del Parian*, por donde se sale en direccion al N. para ir al *puente del Pasig*, y ademas de las obras de todo el espacio que media entre el puente y ella, está defendida con especialidad por el espresado baluarte de San Gabriel. Por el S. de esta puerta sigue la hermosa calzada de que hablaremos mas adelante. Hállase al S. E. de la puerta mencionada, el baluarte llamado *del Diablo*; al Mediodia de este la *Poterna de Recoletos*; luego el *baluarte de San Andrés*; y marchando desde este punto al S. O., se halla la *puerta Real* perfectamente defendida: ya hemos dicho que en el estremo S. está el *baluarte de San Diego*, protejido por la *batería de San Gregorio*, construida en la línea esterior sobre el ángulo inferior de la plaza. Subiendo despues por la parte del mar, se encuentran el *reducto de San Pedro*, la *puerta de Santa Lucia*, el *baluarte Plano*, el *Postigo* y el *reducto de San Francisco*. Antiguamente no tenia esta parte mas fortificacion que el baluarte llamado de la *Fundicion* (hoy San Diego), y la primera que se le aumentó fué una batería llamada del *Pastel*. Las fortificaciones de la galera protejen la plaza por la parte S., ó sea de Malate y de la Ermita; un punto avanzado situado al fin de la muralla defiende este bastion de la enfilada de la bahía. La *Luneta de Isabel II* es una escelente defensa esterior por esta parte. La plaza pudiera resistir un largo sitio por sus buenas fortificaciones y por lo abundante que puede ser en todos los artículos que en semejantes casos suelen crear los conflictos: tiene pozos, cisternas llenas de agua en todo tiempo, facilidad en mantener copiosos almacenes de víveres, y sobre el Pasig, cuya embocadura está defendida por la Real fuerza de Santiago y la alcaicería de San Fernando, el puente de piedra que asegura las comunicaciones con Binondo y los arrabales. Mas adelante presentaremos en el órden militar la dotación de fuerza con que cuenta esta plaza, y cuanto concierne á su defensa propia y á su consideracion de centro militar del archipiélago.

INTERIOR DE LA POBLACION. Manila, como toda plaza fuerte, reducida á un recinto dado, consta de poco vecindario; pero su desarrollo ha sido muy grande en sus populosos arrabales, como veremos al ocuparnos en la parte esterior de la pobl. y sus contornos. Todos sus edificios se hallan formando 54 manzanas, en las cuales se distinguen los edificios públicos y religiosos de los que haremos mérito especial.

CALLES Y PLAZA. Este caserío se halla dispuesto en 17 calles y una gran plaza, cuyo largo de N. E. á S. O. es de 100 varas y de 90 su ancho de N. O. á S. O.; es un hermoso cuadrilátero de 9.000 varas cuadradas, en medio del cual hay una estátua de Cárlos IV: hállase esta plaza en la parte N. O. de la poblacion hácia la fuerza de Santiago; sus edificios por los tres frentes que forman el Real palacio, las casas consistoriales y la catedral son buenos: el cuarto desdice de los anteriores por consistir en un grupo de casas particulares mal dispuestas. El palacio del gobernador forma el frente que mira al N. E.; la catedral el que está vuelto al N. O.; las casas consistoriales el tercero al S. O., y el cuarto vuelto al S. E. las casas particulares. Esta plaza es el punto donde empiezan siempre las fiestas públicas, que luego se hacen en el campo de Bagunbayan, tan á propósito para estas espansiones populares. En la Plaza Mayor hay tambien una gran concurrencia dos

veces á la semana y todos los dias festivos, tocando en ella las músicas de los regimientos. El gobernador Aguilar la hizo Plaza de armas, convirtiendo en un jardin la que antes lo era, cuya plaza estaba en medio de la ciudad: hoy ha desaparecido todo esto y se confunde con lo demas de la pobl.

Las calles están casi todas tiradas á cordel: ocho de ellas corren de N. N. O. á S. S. E.; otras ocho de N. N. E. á S. S. O. cruzándose entre sí, cuyas secciones son las que fraccionan en las 54 manzanas mencionadas los edificios de la pobl.: la *calle de la Fundicion*, que es la mas meridional, se dirige de E. N. E. á O. S. O. La *calle de Santa Potenciana* presenta alguna irregularidad, describiendo un ángulo obtuso muy poco pronunciado al N. N. O. sobre la calle del Palacio donde concurren el ángulo S. E. del convento de San Agustin y el N. E. de la manzana que contiene el Real colegio de Santa Potenciana, siendo de estos ángulos correlativos el primero obtuso y el segundo agudo. Lo mismo sucede en sentido contrario en la *calle de la Escuela*, que forma otro ángulo todavia menos pronunciado al S. S. E. sobre la misma calle del Palacio, por ser igualmente agudo el ángulo de dicho Real colegio y obtuso su correlativo el N. E. de San Ignacio. Estas dos calles que hasta los mencionados edificios corren de E. N. E. á O. S. O., se convierten luego hasta su término inferior la de Santa Potenciana al S. S. O. y la de la Escuela al O. S. O. en la estension de 170 varas la primera, cuya estension es la del convento de San Agustin, hasta dar frente al cuartel de artillería, y en la de 215 varas la calle de la Escuela por entre dicho Real colegio y el mencionado cuartel á una parte y San Ignacio, el cuartel de infantería y el Real colegio de niñas de la compañia á otra. Tambien por el estremo opuesto se dilata mucho mas esta calle que la de Santa Potenciana, cuya calle desemboca frente al convento de San Francisco en *la calle de la Fonda* y la de la Escuela atravesándola llega hasta el estremo de la ciudad por entre la órden 3.ª y el *Parian*. La estension total de *la calle de Santa Potenciana* es de 440 varas, y la de la *calle de la Escuela* 607 id. La primera es de mayor y mas igual anchura teniendo generalmenre como unas 12 varas; la segunda se aproxima tambien á ellas por la parte del Parian, pero luego se estrecha á unas 10 que en algunos puntos son escasas. Las *calles del Farol y del Parian* llegan á cruzarse entre sí en el centro de la ciudad, dirigiéndose de N. O. á S. E. la primera, y de N. E. á S. O. la segunda. El estremo N. O. de la del Farol desemboca frente al Real hospital militar en la transversal que cruza la Plaza Mayor por la parte N. O.; y el estremo S. E. al convento de PP. Recoletos; de modo que se ve sin obstáculo desde el uno el otro edificio, lo mismo que por la calle del Parian se ven de una á otra las puertas del Parian y de Santa Lucía, que están en sus estremos: la calle del Farol tiene 825 varas de larga y 10 de ancha; la del Parian 700 id. de larga y las mismas 10 de ancha en casi toda ella, aunque hácia la puerta de Santa Lucía es mas estrecha, llegando á tener solo 8 varas en su estremo entre el convento de San Agustin y las casas particulares que forman el lienzo opuesto.

Los cuatro ángulos que determina la seccion de estas dos calles son otros tantos barrios en que se halla dividida la pobl.: el que se dilata hácia el E. S. E. es conocido por el nombre de *San Gabriel*; el del S. S. O. se llama de *San Luis*; el del O. N. O. *San Cárlos*, y el del N. N. E. *San Antonio*. Las *calles del Palacio y del Cabildo* son las mas largas, pues desde el estremo N. O. de la plaza en el barrio de San Cárlos, llegan hasta el término S. E. de la misma en el barrio de San Luis. La del cabildo desde la Maestranza y Parque de Artillería, que está junto al baluarte de Tenerías hasta la calle de la Fundicion donde desemboca por el S. O. del convento de PP. Recoletos, tiene 1,195 varas: su anchura es de 10 id.: la del Palacio desde la esplanada de la Real fuerza de Santiago, pasada la Real Audiencia donde empieza, hasta la espresada calle de la Fundicion, tiene 1,052 id.; su anchura es de 10 varas en su parte superior ó N. O.; pero despues, particularmente en el barrio de San Luis, se ensancha hasta que en su estremo consta de 15 va-

ras; estas dos calles son paralelas; la Real ó del Palacio cae al S. E. de la del Cabildo; distan entre sí como unas 80 varas, en cuyo espacio comprenden, despues del espresado edificio de la Maestranza y Parque de Artillería, y de los almacenes de la Real Hacienda y Sala de Armas, á que no alcanza la Calle Real, una manzana de casas particulares con un area de unas 7,000 varas cuadradas; la Plaza Mayor, la Catedral y otras dos manzanas de casas que entre ambas contienen mas de 17,000 varas cuadradas, en el barrio de San Cárlos; en la última de estas dos manzanas esta la intendencia: en el de San Luis contienen una manzana de buenos edificios de mas de 10,000 varas cuadradas, la Real Maestranza y parque de fortificacion y otras dos manzanas de casas que ocupan sobre 15,750 varas cuadradas. La calle del Farol de la que ya hemos hablado es otra paralela al N. E. El ángulo que forman la calle del Cabildo y la transversal en que hemos dicho desemboca por el N. O. la calle del Farol, contiene el convento de monjas de Santa Clara y el Hospital militar. Entre esta calle y la nombrada del Cabildo que por la parte S. E. distan unas 90 varas y unas 77 por la del N. O., se hallan primero las casas consistoriales llamadas tambien del Cabildo, que han dado nombre á la calle y varios edificios particulares que forman una manzana de unas 6,800 varas cuadradas; mas al centro el Consulado, y por último en el ángulo interior ó S. E. del barrio de San Cárlos presentan varias descripciones un edificio notable llamado la Panadería, que sin duda fue en otro tiempo un establecimiento de abasto para los españoles y demas europeos avecindados en la colonia; pero que ya no existe ni se distingue su edificio, hallándose en este punto una manzana de casas de unas 28,000 varas cuadradas.

Siguen entre ambas calles bastante buenos edificios pertenecientes al barrio de San Luis, y al fin se encuentra, como se ha espresado, el convento de los PP. Recoletos.

La *calle de la Fonda*, paralela á la del Farol al N. E., tiene 641 varas de larga desde la pequeña esplanada que hay cerca de la puerte de Santo Domingo entre la muralla, la universidad de Santo Tomás y el convento de Santo Domingo, hasta la calle de la Escuela donde desemboca por el S. E. frente al Parian: su anchura es de como unas 8 varas por la parte N. O. y de mas de 10 por el S. E. Entre esta calle y la del Farol en un espacio de mas de 80 varas que es su distancia se hallan en el barrio de San Antonio, al S. del baluarte de la Aduana, la universidad de Santo Tomás, luego el beaterio de Santa Rosa, ó colegio de la Madre Paula, despues la Intendencia y una gran manzana de casas: en el barrio de San Gabriel contienen dos grandes manzanas de buenos edificios particulares. En el ángulo que forma hácia la muralla sobre el rio, la seccion de esta calle y la transversal llamada del Beaterio, se hallan el *convento de Santo Domingo* y la *Aduana*.

En la misma transversal empieza *la calle de la Bomba*, que va á terminar en el barrio de San Gabriel frente á la iglesia del convento de San Francisco. Tiene 530 varas de larga y 10 de ancha. Entre esta calle y la anterior distantes entre sí de 75 á 80 varas, hay tres grandes manzanas de casas.

La *calle Cerrada* es la última paralela que cae al N. E.; empezando igualmente en la calle del Beaterio y terminando en la calle del Parian frente á la iglesia de San Juan de Dios. Tiene 220 varas de larga y 10 de ancha, con algo mas por la parte S. E. Entre esta calle y la de la Bomba, que dista unas 80 varas, hay dos buenas manzanas de casas. En el estremo de la pobl. por la parte donde está el baluarte de San Gabriel, ó sea al N. E. de la ciudad, se halla el edificio de San Juan de Letran, y entre este y el convento de San Juan de Dios, ó sea entre las calles transversales llamadas de Recogidas y del Parian y la referida Cerrada, hay una gran manzana de casas hácia la muralla.

Hemos recorrido desde la calle del Palacio por sus paralelas, la parte que cae al N. E. Al S. E. se hallan la *calle del Arzobispo* y otra menor. Entre la del Arzobispo y la del Palacio media un espacio ocupado por los edificios, de unas 80 varas de ancho por la parte N. O., y de mas por el S. E. La calle del Arzobispo tiene 510 varas de larga contando la parte que, pasado el palacio arzobispal hácia la fuerza de Santiago, carece del lienzo inferior: su anchura es por lo demas de 10 varas. Entre esta calle y la del Palacio están la Real Audiencia y cárcel de córte, el Real palacio, una gran manzana de casas y el convento de Santa Isabel. La otra calle que corre en la misma direccion, está mas al S. en el barrio de San Luis; es la en que desembocan las de Santa Potenciana y de la Escuela. Entre esta calle y la del Palacio los edificios ocupan un espacio de mas de 175 varas de ancho; tiene 325 de larga y 10 de ancha: entre esta calle y la muralla que da á la bahía están el cuartel de Artilleria y el Real colegio de niñas de la Compañía. Entre la misma calle y la del Palacio están San Agustin, el cuartel de Ligeros, el cuartel de Asia, San Ignacio, San José, el Colegio de Santa Potenciana y otros muchos edificios muy regulares. Las calles transversales ó que llevan la direccion contraria á las descritas, empezando tambien por el estremo N. O. donde está la fuerza de Santiago, despues de la pequeña que separa la Maestranza de artillería de los almacenes Reales y sala de Armas, otra no mayor al S. E. de aquella y otra ya mas considerable, que deslinda la Audiencia y el Palacio, el Hospital militar y el Cabildo, se hallan la *calle Cruzada*, que desemboca en las del Arzobispo y la de la *Fonda*; en aquella frente al Postigo y en ésta frente á la iglesia de Santo Domingo. No se descubren de un punto á otro sus estremos, hallándose interrumpida por la Catedral: tiene 550 varas de larga y 12 de ancha desde la calle del Arzobispo hasta la del Farol; despues la estrecha el Colegio de la Madre Paula, reduciéndola á 10 hasta que el ángulo N. de este edificio por su forma curbilínea deja en su estremo una plazuela irregular. Fórmase esta calle entre el palacio, la universidad de Santo Tomás y el beaterio de Santa Rosa; tambien separa las casas consistoriales y otros edificios al N. E. de la Catedral. La *calle del Beaterio* alcanza desde la del Arzobispo hasta el estremo N. E. de la ciudad: tiene 589 varas de larga y su anchura es de 10 generalmente;

presenta algunas irregularidades particularmente sobre la calle de la Fonda donde no se corresponden sus bocas perdiendo algun tanto su direccion. A esta calle dan los frentes S. E. de la contaduría mayor, la catedral, el beaterio de Santa Rosa y el convento de Santo Domingo, los lados N. O. del consulado y la intendencia. Peralela á esta es la calle de Recogidas : corre de estremo á estremo de la ciudad con 710 varas de larga y 10 de ancha: á ella dan los lados S. E. de los últimos edificios mencionados y el N. O. de Santa Isabel. Siguen luego las calles del Parian, Santa Potenciana y de la Escuela de que ya hemos hecho mérito. A la primera de estas tres dan los frentes N. O. del beaterio de Santa Catalina y el convento de San Agustin; á la segunda los del colegio que le dá nombre y la maestranza de fortificacion; y á la tercera los frentes S. E. de estos edificios; separa el referido Colegio de San Ignacio. Con esta ligera noticia acerca de la pobl. en general, veamos ahora particularmente aquellos edificios mas notables; siguiendo el mismo órden del N. O. al S. E. de la pobl. aunque sin salir de cada barrio sin haber descrito antes todos sus edificios segun se van encontrando con menos rodeo.

MAESTRANZA Y PARQUE DE ARTILLERIA. Ya hemos dicho al recorrer el recinto de la ciudad, que este edificio se halla sobre el Pasig, entre la Puerta de Almacenes y la Real fuerza de Santiago, junto al baluarte de Tenerías: ocupa un espacio de unas 4,875 varas cuadradas. Tiene todas las proporciones apetecibles para su instituto, y es un establecimiento dotado de cuanto es propio de los de su clase.

ALMACENES REALES Y SALA DE ARMAS. Este es el primer edificio que se halla despues de la Maestranza de Artillería, frente á la Puerta de Almacenes, cuyo nombre procede de esta circunstancia, facilitando la entrada de los efectos que antes se guardaban en ellos. Su estension comprende unas 6,660 varas cuadradas; es sumamente sólido, consistiendo en unas dilatadas bóvedas. Su fábrica principal es de tiempo de D. Fausto Cruzat y Góngora,

cuyo sucesor la continuó, y el tercero, interino, la perfeccionó. No tiene su uso propio en el dia en razon de las contratas establecidas para almacenar provisiones por cuenta de la Real Hacienda, y sus bóvedas se han cedido en parte al que provee de arroz la tropa, teniendo las demas otros destinos. Los almacenes de provisiones á cargo de empleados especiales se han suprimido pocos años hace: por Real órden de 5 de julio de 1805 se mandó crear el empleo de guarda-almacen con la tercera parte del sueldo del factor oficial real que por la misma quedó suprimido.

ANTIGUA CAPILLA REAL. Cerca del edificio de los almacenes reales, y junto á la espresada Puerta de Almacenes, se hallaba esta capilla, que por lo respectivo á su fábrica no es mas que un camarin grande y elevado sin adorno ninguno, destinado en el dia para almacen de tabacos. Su fundacion es del tiempo de D. Sebastian Hurtado de Corcuera, hácia el año 1640. Su titular era Ntra. Sra. de la Encarnacion. La Real audiencia celebraba en ella sus funciones eclesiásticas, y de la misma se administraba el Hospital militar, á cuyo fin fué dotada de un capellan mayor y varios coadjutores. Empezó á arruinarse en el siglo pasado, y no se trató de restaurarla: la audiencia eligió la igl. de Santa Clara, luego la de los Espulsos de la compañia, y por último se hizo una capilla en su propio edificio, como al describirlo decimos, para sus funciones religiosas.

CONVENTO DE SANTA CLARA. En la calle del Cabildo, y junto á la espresada Puerta de Almacenes, forma el lienzo de la calle opuesto al del referido edificio de almacenes, este convento, cuya estension es de unas 8,000 varas cuadradas. Este es el convento único que hay de monjas en Filipinas. La comunidad es de la observancia de San Francisco, cuya órden nombra un vicario que tiene habitaciones propias contiguas al monasterio por la parte S. E. Las fundadoras fueron de Toledo en el año 1621, llevando consigo cuatro mas que se les agregaron en Sevilla y en Méjico, por cuyo reino se hacia entonces el viaje á Manila

Fueron hospedadas en Sampaloc, donde se conserva un cuadro colocado en el claustro del convento, conmemoratorio de este suceso: en el mismo año ocuparon las monjas su convento. La comunidad debe componerse de 40 religiosas, todas españolas, ya nacidas en Europa ó ya en el país. Su manutencion consiste en 2,000 pesos anuales que le pasa la Real Hacienda, y 500 que percibe de una encomienda antigua, con 26 id. para oblata.

REAL HOSPITAL MILITAR. En la misma calle del Cabildo, pasado el convento de Santa Clara y en su misma acera, sin que entre ambos edificios medien mas que las habitaciones del vicario del monasterio, se halla este hospital, cuya estension es de unas 8,000 varas cuadradas por lo menos. En él hay una buena botica, un médico, un enfermero mayor, capellaues etc., como puede verse en el preliminar de esta obra.

CASAS CONSISTORIALES Ó DE CABILDO. Pasado el Hospital militar se halla este edificio en la plaza, formando el frente opuesto al que ocupa el palacio del gobernador. Tiene unas 6,240 varas cuadradas. Se levantó desde los cimientos por los años de 1738, y fué en aquel tiempo el mejo edificio de las islas. Es de cantería, construido á la europea, alto, con arquería baja y cubierta; sobre él se eleva una torre donde hay un reloj. Los soportales que hay en el frente de la plaza, se construyeron con objeto de que en ellos se vendiesen los abastos, aunque no se ha verificado así. El frente N. E. cae á la calle del Farol, el S. E. á la Cruzada, y á su paralela por el N. O. el de aquel lado. El edificio es muy bueno, es generalmente conocido por el Cabildo, y en él tiene sus juntas la ciudad; desde aquí ve el Excmo. Ayuntamiento las fiestas que se suelen celebrar con motivo de la llegada de los gobernadores y en otras ocasiones. En la parte baja se hallan establecidas las escribanías donde se conservan los protocolos y deben asistir los escribanos: en la misma parte baja, además del patio, se hallan la cárcel, las habitaciones del alcaide, y una oficina donde se administra gratis la vacuna. La parte alta

contiene el archivo, la sala de juntas, el salon de los bailes que da el ayuntamiento en las fiestas Reales, la capilla donde se ponian antes los reos de muerte, y algunos cuartos sin uso determinado. En este edificio se custodia el Real Pendon de Castilla, que sale una vez al año, lo que tiene lugar el dia de San Andrés; en la proclamacion y jura de los reyes se tremola en el balcon de estas Casas Consistoriales ó del Cabildo. La sociedad económica ha celebrado aquí sus sesiones cuando por algun motivo no ha podido hacerlo en el palacio. Junto á la casa de la Ciudad hay otra perteneciente á los propios del ayuntamiento: esta tiene su puerta á la calle de Santo Tomás, y en ella ha estado establecida la Escuela pia, pagada de los fondos de propios, cuya escuela se ha trasladado al piso bajo de la casa en que está la academia de dibujo. Tambien es otra dependencia del Cabildo la oficina del fiel almotacen donde se resellan anualmente los pesos y medidas.

PALACIO DEL GOBERNADOR. Ya hemos dicho que al frente de la Plaza opuesto al formado por las Casas Consistoriales, se halla el Real Palacio. Este frente es el que cae al S. O. El palacio ocupa un suelo de 7,560 varas cuadradas. Fué construido para su casa particular por D. Estasio de Venegas, privado del gobernador D. Diego Fajardo. Venegas, que abusaba de la confianza de su protector, fué conocido al fin por este, merced á la digna resolucion del provincial de San Agustin, que desengañó al deslumbrado gobernador; fué preso, y el gobierno siguiente le confiscó todos los bienes; la casa se destinó á palacio de los gobernadores. Este edificio fué reconstruido hácia el año 1690 por el gobernador D. Fausto Cruzat de Góngora, costeando esta obra con las sumas que cobró de atrasos debidos á la Real Hacienda; le aumentó la sala de la Real audiencia y las oficinas de contaduría; en los cuartos bajos puso la cárcel de córte; siendo tan espacioso este edificio que hasta últimos del siglo pasado, ademas de la habitacion del gobernador y su familia, se hallaban en el mismo edificio la secretaría del gobierno, Real audiencia y demas dependencias mencionadas;

despues se han variado bastante su distribucion y destino interiores. Es un cuadro perfecto; el lado que mira al S. O. disfruta la hermosa vista de la bahía y recibe las brisas marítimas, cuya sanidad y frescura lo hacen cómodo y delicioso. El frente opuesto forma todo el S. O. de la plaza, cuya fachada ha sido modernamente construida al estilo de Europa por el general Clavería: las otras tres tienen balcones corridos con conchas á estilo de París. El lado S. E. da á la calle Cruzada, y el N. O. á la paralela de aquella por esta parte. En los lados N. O. y S. O., tiene dos pasadizos por medio de dos arcos que le unen, el primero con el edificio de la Audiencia, y el segundo con una escalera que baja á un jardin situado hácia la muralla, cuyo jardin es bastante espacioso, pues consta de unas 1,200 varas cuadradas. El palacio tiene tres puertas, de las cuales dos dan á la plaza y la otra á la calle de la Muralla, que es en la que se encuentra la fachada que hemos dicho está mirando al mar. De las dos puertas que dan á la plaza, en la mas al S. E., ó sea en la de la izquierda mirando á palacio, se hallan el principal de la plaza y la guardia de honor de los gobernadores, siendo esta puerta por la que suele entrar y salir esta primera autoridad de la colonia: en la de la derecha están la mayoría de la plaza, la contaduría general de ejército y hacienda, las escribanías de número, de guerra y gobierno, la cobranza de tributos y otras dependencias. Corresponden á estas dos puertas dos patios, de los cuales el uno da entrada á las escribanías de gobierno, guerra y marina; el otro á las dos oficinas principales de hacienda civil y militar, que son la contaduría y tesorería generales de ejército y Real Hacienda. En la contaduría está la escribanía del juzgado de Hacienda, y en la misma se celebran las juntas de almonedas. En las ordenanzas de intendentes se previene que estas juntas se celebren en las propias casas donde estuvieren la contaduría y tesorería, con objeto de hacer compatible la asistencia de sus gefes á ellas: en la actualidad no es vocal el tesorero. En la tesorería se reunen los empleados de Hacienda en los dias de corte para subir con el superintendente á la ca-

beza á cumplimentar al gobernador. Tambien se hallan en esta oficina la tesorería de Bulas y la administracion general del papel sellado, en razon de estar desempeñados por el tesorero general estos cargos: ambos ramos han pasado á la direccion general de rentas estancadas. La escalera de palacio se halla entre dichas dos puertas, y la parte alta del edificio contiene las habitaciones del capitan general y su familia, la secretaría de guerra y gobierno, el archivo, y el gran salon donde el gobernador recibe en corte en los dias y cumpleaños de nuestos reyes y Real familia. La Real Sociedad Económica celebra sus sesiones en palacio, á no ser que alguna circunstancia especial lo impida, mientras no tenga casa propia donde reunirse, para cuya adquisicion ha sido facultada por S. M. Tambien se celebran en el mismo edificio la junta de presupuestos militares, la de hospicio y otras que preside el gefe superior de las islas.

REAL AUDIENCIA Y SUS DEPENDENCIAS. A fines del siglo último se compró de los fondos del Estado, la casa vecina al Real palacio por el lado N. O., cuya casa se valuó y pagó en 23,915 ps., 2 rs. 9 granos, á su antiguo dueño D. Juan Pablo Infantes, segun consta del decreto espedido al efecto en 14 de marzo de 1788, por el superintendente subdelegado de la Real Hacienda, D. Ciriaco Gonzalez Carvajal. Compróse esta casa para intendencia, pero suprimida la intendencia se destinó para tribunal de justicia y sus dependencias. Sin embargo del considerable precio en que se adquirió este edificio apenas puede decirse que sea regular; desde luego es insuficiente para su objeto; solo tiene unas 3,200 varas cuadradas; así se ha promovido espediente para construir otro edificio mas digno y propio, y por falta de fondos con que acudir á su mucho coste no se llevó á cabo: la sala de acuerdo es muy pequeña é irregular; sus prisiones no presentan seguridad; no es edificio de solidez ni belleza; todo es irregular en él. Hallándose como hemos dicho frente á palacio en la calle á que da su lado N. O., la parte S. O. corresponde tambien á la de la bahía, la opuesta á la calle del Palacio; y el N. O. da á varias casas particulares que completan la manzana por la parte de la esplanada de la fuerza de Santiago. Una parte de estas casas se halla tomada en arriendo por el gobierno en la espresada razon de no bastar el edificio propio del Estado para las dependencias de la audiencia. Para las ocasiones en que el gobernador tiene que comunicarse con este tribunal superior, como su presidente, hay construido un arco con un paso cubierto sobre la calle que separa estos edificios. En el de la audiencia estan, como se ha dicho, la cárcel de corte y otras dependencias, aunque con estrechez suma. Tiene el edificio una torre bastante elevada, y en ella se ha colocado un telégrafo, en cambio del que estuvo antes frente á palacio por la parte del mar. En una de sus salas se halla la capilla donde este tribunal tiene sus funciones religiosas: en ella se celebra misa diaria y un sermon semanal en la cuaresma. Antes de establecerse esta capilla, la audiencia tuvo sus funciones eclesiásticas en la capilla Real, como en su lugar decimos, y en las iglesias de Santa Clara y de los Espulsos de la compañía.

TRIBUNAL MAYOR DE CUENTAS. Hállase dando su lado S. O. en parte al jardin del palacio Real que perteneció en otro tiempo á este edificio y fué cedido por su dueño, y otra parte da frente al palacio arzobispal, en la calle denominada por este; el lado N. E. corresponde hácia la calle Cruzada, frente al palacio del gobernador; el N. E. hácia la calle del Palacio y el S. E. á la del Beaterio: es un buen edificio, que fue comprado con el objeto á que se halla destinado, despues que su anterior dueño habia cedido ya el jardin para el palacio de los gobernadores. En este edificio se reune la junta superior contenciosa.

LA CATEDRAL. Esta se halla formando el frente S. E. de la Plaza Mayor. Se fundó en 1571 erigiéndose entonces en parroquial, y su fábrica era de caña y nipa muy pobre como los demas edificios de Manila. En 1578 la elevó á la dignidad de catedral el Papa Gregorio XIII á peticion de nuestro rey Felipe II. Su primer obispo el Sr. Salazar mejoró la fábrica; los sucesores cuidaron igualmente de ella,

pero los incendios y terremotos la destruyeron y arruinaron varias veces. Su arzobispo D. Miguel Poblete puso la primer piedra de su fábrica actual y en ella se inscribió lo siguiente: «Gobernando la Iglesia Inocencio X, las Españas el rey Felipe II el Grande y estas Islas D. Sabiniano Manrique de Lara, caballero del órden de Calatrava, su titular la Concepcion de Nuestra Señora y patron San Andrés Apóstol, puso esta piedra D. Miguel de Poblete, su arzobispo metropolitano, en 20 de abril de 1654 años.»

En 31 de agosto de 1671 acabó de perfeccionarla el maestro D. José Millan de Poblete, sobrino del mencionado arzobispo, siendo á la sazon dean de esta iglesia; despues fue obispo de Nueva-Segovia. Sin embargo, todavía trabajó á fines del mismo siglo el arzobispo D. Diego Camacho y Avila: la obra anterior habia consumido 50,000 pesos, de los cuales 22,000 se debieron á la munificencia de S. M., 3,000 á la ciudad y 25,000 al arzobispo D. Miguel de Poblete. El Sr. Camacho y Avila, gastó hasta 40,000 pesos levantando la torre desde sus cimientos, y en las sacristías, sagrario del altar mayor, retablos y ornamentos. Tambien hermoseó el coro, y sobre la espresada cantidad se consumieron las recaudadas de limosnas que no se sabe á cuanto ascendieran. Todas las campanas se refundieron siendo arzobispo D. Fr. Juan Angel Rodriguez. La catedral es una buena obra de cantería; tiene de larga 40 brazas, 15 de ancha y 9 de alta, con tres puertas principales correspondientes á las tres naves de su estructura: en las dos colaterales cuenta ocho capillas por banda. Antiguamente habia en ella dos sagrarios, unó para los españoles y otro para los indios; despues vinieron á ser administrados todos en una capilla aunque conservaron dos curas párrocos. En la actualidad se ha cambiado esto tambien, de modo, que todos son administrados por el único cura de la catedral parroquia de San Andrés. El coro tiene 52 sillas de tindalo muy curiosas; la torre, aunque no es de mucha elevacion, es vistosa para el pais; hay en ella 14 campanas entre grandes y pequeñas, y contigua á la iglesia está la casa donde se junta el cabildo,

PALACIO DEL ARZOBISPO. Frente al ángulo meridional del palacio del gobernador en la calle del Arzobispo se halla el palacio que la denomina: es un edificio de unas 5,000 varas cuadradas, bueno y cómodo para habitacion del arzobispo, su secretario y sus pajes, aunque de mala apariencia, conociéndose todavía por su parte esterior que se ha formado de dos casas una mas alta que otra, imperfeccion que se ha perpetuado por fuera y afea su aspecto, no obstante que por dentro no se nota. La parte que mira al mar es muy fresca y deliciosa, regularmente es la preferida por los señores arzobispos para su habitacion: en el entresuelo están las oficinas de la secretaría y provisorato, unas á la derecha y otras á la izquierda. En la parte alta tiene una buena capilla para la celebracion de órdenes y demas ejercicios espirituales, y muy buenos salones de cumplido.

COLEGIO DE SANTA ISABEL. Siguiendo la calle del Arzobispo, entre esta la de Recogidas ó de la Intendencia y la Real ó del Palacio, se halla este edificio que fue fundado por una obra pía llamada la Santa Misericordia, establecida en Manila el año 1594 con varias limosnas otorgadas á este fin por los españoles acomodados, quienes correspondieron á las instancias de un virtuoso clérigo llamado don Juan Fernandez de Leon. Este colegio se fundó en 1632: en 1650 se formaron los primeros estatutos para su gobierno y rigieron con poca alteracion hasta el año 1813 en que se rehicieron. La fábrica es grande, suntuosa y muy cómoda para las colegialas: tiene una iglesia curiosa y bien adornada bajo la advocacion de la Presentacion de la Vírgen, el coro es espacioso con entrada por el colegio. Tiene este dos puertas en la calle del Palacio y una la iglesia, y otra en la de Recogidas á la cual da tambien una puerta de la sacristía que se comunica igualmente con el colegio. En un salon inmediato á la capilla del Señor del Tesoro que está en la parte alta, celebra sus juntas la mesa administradora de la Real casa de la Misericordia. En el mismo sitio se verifican tambien las juntas generales; pero con respecto á elecciones, en que todos los

hermanos tienen que votar por papeletas, es acto que se verifica en la iglesia. La misma ha servido en distintas ocasiones de catedral, cuando se estaba de obra en ella. El edificio, aunque antiguo, está muy bien conservado, tiene buenas habitaciones, una caida larga y ancha en proporcion formando un martillo, y otra mas angosta que comunica con la enfermería, refectorio y coro. Tambien tiene una hermosa torre ó mirador. En la parte baja hubo establecida una escuela de niñas. Es lástima que un edificio tan bueno no tenga un patio proporcionado; tiene varios, pero todos son pequeños é insuficientes. Ademas de las habitaciones de la rectora, maestras y niñas, tienen habitacion por la parte de la sacristía el padre capellan y los sacristanes. En el año de 1811 se trató de agregar á este colegio el de Santa Potenciana. Se sostiene el colegio por la hermandad de la Misericordia, con la comision que cobra por administrar las obras pías de su cargo. Este fondo llamado el *cajoncillo* está empeñado, pues hace años que suplen las obras pías y probablemente jamas se desempeñará. Tambien disfruta una encomienda en Tagudin, provincia de Pangasinan, por Real cédula de 14 de marzo de 1680, la cual le produce sobre 600 pesos anuales. Las niñas pensionadas contribuyen con sesenta pesos al año por su pupilage: ademas hay algunas pobres jóvenes conocidas con el nombre de agregadas, que por caridad se las mantiene. La rectora es la superiora del colegio, subordinada al proveedor, quien en los casos graves que ocurren consulta á la mesa, y si ésta no se cree con facultades para determinar, convoca la hermandad, y en junta general con asistencia de teólogos y juristas se acuerda lo conveniente. Ya dijimos en el preliminar de esta obra que los resultados de estos institutos no siempre corresponden á su interesante objeto, faltando en ellos la rigorosa observancia que es apetecible, los maestros que hace necesarios el progreso moral del pais etc. Las colegialas se mantienen en el establecimiento hasta que salen de él para el estado á que se inclinan, y la Santa Misericordia las dota teniendo destinados á este objeto 16,000 pesos anuales.

EL CASINO. Siguiendo la calle de Recogidas ó de la Intendencia, hácia el centro de la poblacion ó sea al N. E., se halla el Casino haciendo esquina á la calle del Cabildo. Es un edificio elevado y grande y su nombre de Casino ha prevalecido al de *Sociedad de recreo* que tomó la sociedad establecida segun su reglamento primitivo para fomentar el espíritu de asociacion y generalizar el trato fino proporcionando útiles y decorosas diversiones. A este fin tiene en arriendo la indicada casa que se estrenó adornada ya por la sociedad, en la noche del 51 de octubre de 1844 que fue la instalacion de esta. El gobernador capitan general es su protector nato. Antes se dividia en tres secciones, dramática, de música y de baile; despues se ha establecido otra de literatura.

EL CONSULADO. Dirigiéndose por la calle del Cabildo á la Plaza Mayor, antes de llegar á esta se halla formando esquina entre dicha calle y la del Beaterio este edificio que es enteramente de piedra, bastante grande y elevado con unos pequeños balcones de hierro, todo él construido con gusto al estilo europeo. Lo edificó para sí un particular en los primeros años del presente siglo, y despues lo vendió para su actual objeto: su distribucion interior se resiente de su primer destino. No lo habita nadie mas que el portero quien ocupa un cuarto entresuelo. Ademas del tribunal del consulado y sus escribanías están instaladas en este edificio la academia náutica, la escuela de comercio y enseñanza de lenguas inglesa y francesa y de partida doble. Tambien celebran aqui sus sesiones la junta de comercio y la de acreedores ó fallidos ó que han suspendido pagos cuando el tribunal lo ordena. El código y por consiguiente la institucion del tribunal, en la forma que hoy tiene, data del año 1854 en aquellas islas.

LA INTENDENCIA. Siguiendo la calle del Beaterio hasta cruzar la del Farol, en la manzana de edificios que cae á la derecha (barrio de San Antonio) está la intendencia formándose su ángulo oriental entre las calles de Recogidas, tambien llamada de la Intenden-

cia, y la de la Fonda. No es mas que un edificio regular, algo elevado pero de poca comodidad y muy caluroso; en él estuvo antiguamente la factoría general del tabaco suprimida en 1821; con este motivo el intendente D. Luis Urrejola estuvo despachando en la contaduría general antes de desocuparse esta casa; pues aunque mucho antes se habia comprado un edificio para la intendencia, suprimida que fue esta por el último tiempo del reinado de Cárlos III, se destinó á la Real Audiencia. La parte baja de este edificio se halla ocupada por la secretaría de la intendencia y superintendencia, reunidas hoy, y por el archivo. El intendente y su familia ocupan la parte alta en la que se celebran ademas las juntas relativas al ramo de Hacienda, cuales son la superior directiva de Hacienda pública; la de aranceles; la especial para la subasta del tabaco de esportacion, (tambien se celebran en la direccion de Estancadas algunas veces); la de presupuestos civiles y la de gobierno que previene la ordenanza de intendentes, aunque esta se reune pocas veces. Ademas tiene el intendente su juzgado en esta misma habitacion. El celebrarse las mencionadas juntas en la intendencia, data del 6 de noviembre de 1786 en que fue dispuesto de Real órden, desaprobando S. M. lo provisto por el intendente D. Ciriaco Gonzalez Carbajar, de acuerdo con el gobernador capitan general D. José Basco y Vargas, sobre la convocatoria á juntas en su propia habitacion; estableciendo lo prevenido en los artículos 3, 4 y 5 de la instruccion de Buenos-Aires, y no menos la nueva declaracion dictada por el mismo gobernador para que se tuviesen las juntas en la pieza del archivo de la contaduría.

COLEGIO DE SANTA ROSA Ó DE LA MADRE PAULA. Entre las mismas calles del Farol y de la Fonda, mas al N. O. ó sea hácia la parte del r., pasada la calle del Beaterio, entre esta y la Cruzada, se halla el mencionado edificio que ocupa unas 6,800 varas cuadradas. Tiene la puerta frente á la del convento de Santo Domingo y no ofrece mucha comodidad á las beatas y colegialas. Su institucion data de mediados del siglo XVIII y es de la observancia de la

Orden 3.ª de Santo Domingo. Es conocido por beaterio de la Madre Paula en consideracion á su fundadora. Esta era catalana y su caridad la condujo á Filipinas, anhelando consagrarse al bien de sus semejantes. Habiendo llegado á Manila vió que el mayor beneficio que podia prestar al público era fundar una casa de enseñanza donde mantener con limosnas cierto número de doncellas indias para educarlas en el temor de Dios, en la doctrina cristiana y todos los ejercicios propios de una muger con objeto de que pudiendo luego á su albedrío salirse del beaterio y tomar estado ó permanecer con ella en su método de vida, fuesen un principio moral que se esplicase luego con grandes ventajas sociales en el seno de las familias. La Madre Paula padeció muchas persecuciones y todas las sufrió con paciencia y resignacion. Despues de su muerte quedó el beaterio con su nombre, y es una casa de enseñanza y de retiro para las doncellas que quieren abrazarlo por algun tiempo.

UNIVERSIDAD Y COLEGIO DE SANTO TOMÁS. La referida calle Cruzada separa este edificio del últimamente descrito: su frente principal da tambien á la calle del Farol; otra calle modernamente abierta lo separa del Hospital militar, y su frente N. E. mira hácia la aduana. La estension del edificio viene á ser de unas 6,400 varas cuadradas. Tiene dos puertas y una buena torre desde la que se descubre la bahía. En la parte baja hay una imprenta propia del colegio con tipos nuevos y prensas de paten, todo traido recientemente de Europa. El colegio de Santo Tomás fue ideado por el Ilmo. Sr. Benavides, arzobispo de Manila, dominico, que dió 1,000 pesos y su librería para empezar la obra en el año 1610. D. Diego de Soria, de la misma órden, obispo de Nueva-Segovia, dió tambien su librería y cerca de 4,000 pesos fuertes, con cuyas cantidades, en el año 1619, se halló ya en estado de ser admitido por casa de la prov. de predicadores en las islas. En 1620 se hallaba ya provisto de lectores, y se abrieron los cursos de enseñanza pública. En 27 de noviembre de 1623, el rey D. Felipe IV la tomó bajo su proteccion especial. Sostuvo una competencia con el colegio de San José

de la compañía sobre preeminencia, aunque no se decidió en su favor. Llegó á tener un rector, cuatro ó cinco lectores, y como unos cincuenta colegiales seculares con manto verde y beca encarnada, y á mediados del siglo XVII se erigió en universidad, habiendo obtenido su protector, el espresado monarca, la competente bula dada por el Papa Inocencio X en 20 de noviembre de 1644. Esta universidad fué tambien condecorada con los honoríficos títulos de Real y Pontificia. Por cédula de 17 de mayo de 1680 fué asi mismo admitida bajo la proteccion Real, declarándose patrono de ella S. M. Por otra Real cédula de 7 de diciembre de 1781 se formaron los estatutos que aprobó el superior gobierno de la colonia en 20 de octubre de 1786, y son los que actualmente rigen, continuando á cargo de los religiosos dominicos sus fundadores. En este colegio Real y Pontificia universidad, hay un rector y cancelario, un decano del claustro, un catedrático de prima de teología, otro catedrático de vísperas, otro de sagrados cánones, otro de instituta, otro de derecho patrio, otro de teología moral, dos de filosofía, dos de humanidades, diez doctores, diez y seis licenciados, un maestro de ceremonias y dos vedeles. El número total de individuos matriculados en 1850, segun la Guia de aquel año, ascienden á 731, inclusos los procedentes de los Reales colegios de San Juan de Letran y de San José que asisten á la universidad: ademas de este número son los de corta edad que no se matriculan y los que escusan el hacerlo por no pagar dos reales que importan los derechos. Desconocemos el número de colegiales internos habidos en estos últimos años; en 1845 eran 40. Tampoco sabemos cuántos son los agregados, que en dicho año eran 4: los capistas ó fámulos ascendian á 12, y los cursantes esternos eran nada mas que 505. De esta universidad salen buenos legistas, canonistas, teólogos etc.

LA ADUANA. Ya hemos dicho al describir la universidad, que el frente N. E. de aquel edificio cae hácia la aduana que se encuentra aislada por todos cuatro costados en una plazuela junto al baluarte á que da nombre. Es un hermoso y grande edificio, de forma cuadrada y fábrica moderna construido á la europea, siendo una obra muy sólida de piedra. Al principio estuvo la aduana en el muelle de Santo Domingo, y habiéndose construido nuevas murallas mas cerca del rio, las cuales se unieron á las antiguas, ha quedado la aduana dentro de la ciudad, con lo que ha perdido la hermosa vista que tenia para el rio, pues la cubren las nuevas fortificaciones. La fábrica de este edificio se empezó por los años de 1823 ó 1824, bajo la direccion del ingeniero D. Tomás Cortés. Habíase mandado ya por Real órden de 16 de diciembre de 1796, que se hiciese un baluarte en la playa de Santo Domingo, el cual contuviese la aduana con sus almacenes y oficinas, como se ha verificado. Al principio estuvo el edificio techado con cinc, pero habiéndose llevado un fuerte bagnio las planchas, se retechó con teja, como hoy se halla. Tiene tres puertas y dos patios, con dos escaleras principales; contiene habitaciones para el administrador, las tres oficinas principales de la administracion, almacenes, despacho de los vistas y la dependencia que está unida al depósito mercantil con oficina y almacenes para los efectos manifestados á depósito. La minuciosa distribucion interior que tiene este edificio perjudica algun tanto á su desahogo, por lo que es escaso para su objeto y se toman en arriendo algunas bóvedas de otros edificios particulares para servir de almacenes. La aduana, considerada como uno de los grandes recursos de la colonia, deberá ocuparnos en otro lugar. En este mismo edificio, sin embargo de su indicada estrechez, se ha colocado modernamente la oficina de loterias donde se celebran los sorteos.

PLAZUELA DE ISABEL II, Y MONUMENTO DE MAGALLANES. Aunque se hallan estramuros de la ciudad, entre sus fortificaciones y el rio, y parece corresponder su descripcion á las afueras, como es el único objeto que hay de consideracion por esta parte, creemos deber mencionarlo desde luego. Comunícase la ciudad con esta plazuela por la puerta nueva que ha sido abierta al efecto. Para su defensa se ha construido sobre el rio un malecon de bas-

tante solidez, y en el centro de esta plazuela se ha levantado una columna á la memoria del célebre argonauta moderno Fernando de Magallanes. Esta columna figura ser de piedra tosca; está coronada de una esfera armilar de cobre y descansa sobre un pedestal de mármol cuya base es una pequeña gradería. Cerca de su mitad aparece interrumpida por un pequeño cuerpo horizontal que la atraviesa, y sobre el cual hay dos delfines dorados y dos anclas orladas de laurel. El nombre de Fernando de Magallanes se lee en la inscripcion del pedestal y en la esfera. Este monumento está rodeado de una berja de hierro. Cuando se pensó por primera vez en su ereccion, se trató de colocarlo en la jurisdicion de Cebú: así lo propuso el Sr. Lardival y se aprobó por Real órden de 4 de diciembre de 1840; pero el Sr. Clavería opinó por colocarlo donde hoy se encuentra y se ha realizado por haberse aprobado de Real órden de 17 de diciembre de 1847.

CONVENTO É IGLESIA DE SANTO DOMINGO. Cerca de la aduana y hácia la muralla de la que lo separa una calle nuevamente abierta, se hallan el convento é iglesia de Santo Domingo, formando un edificio aislado que da á cuatro calles, de buena fábrica, muy espacioso, pues tiene como unas 15,000 varas cuadradas. Por la parte del patio se ve un balcon corrido de buen gusto con conchas: este balcon corresponde á varias obras modernas donde los provinciales tienen sus habitaciones y sala de juntas, la cual es una de las mas anchas que hay en la ciudad. Ademas de los capítulos etc., propios de la órden principal, tienen tambien sus sesiones en este convento los hermanos de mesa de la órden Tercera y los de la cofradía de Ntra. Sra. de la Soledad. En la iglesia se celebran los actos públicos literarios de la universidad: se inauguró el dia de Córpus de 1610, en que fué su solemne dedicacion, habiendo celebrado de pontifical el Ilmo. Sr. arzobispo, D. Diego Vazquez de Mercado. En 1587 entró la mision de 14 religiosos con su presidente Fr. Juan de Castro. La primera mision, que venia con el obispo 1.° de estas islas, pereció toda de peste antes de llegar á ellas, menos el dicho obispo y un religioso llamado Fr. Cristóbal de Salvatierra. Las bulas y ereccion son de 1568. En 24 de julio de 1587 llegaron 15 religiosos cen su vicario general, los hospedó el Sr. obispo en su palacio, celebraron la fiesta del santo fundador en la catedral, y despues fueron unos á habitar el convento de San Francisco, y á otros se los llevó Fr. Cristóbal á Bataan, donde doctrinaba algunos indios: otros fueron de misioneros á Pangasinan. Quedóse el vicario en Manila para solicitar la fundacion del primitivo convento, que se hizo de madera con las limosnas del obispo y de particulares; entró en él la comunidad en 1.° de enero de 1588. A fines del siguiente año se vino á tierra esta iglesia fabricada ligeramente, pero fueron tantas las limosnas y tan viva la eficacia, que en 9 de abril de 1592 ya estaba fabricado el convento é iglesia de piedra en el mismo sitio en que está hoy. Padeció mucho en el incendio general que hubo en la ciudad; pero de su reedificacion segunda salió aun con mas solidez y hermosura.

REAL COLEGIO DE SAN JUAN DE LETRAN. El estremo N. E. de la calle del Beaterio separa este edificio de una parte del de Santo Domingo: su frente principal da á la calle Cerrada; es una manzana de unas 6,400 varas cuadradas, dando á cuatro calles; de bastante buena fábrica, aunque de poco gusto. Tiene muy buenas vistas hácia el rio, siendo el primer edificio que se presenta al entrar en la ciudad por el muelle de Santo Domingo, llamado el Istmo. Comprende la pequeña iglesia de su mismo nombre, que sirve tambien para el beaterio de Santa Catalina, con cuyo edificio se comunica el coro por medio de una galería cubierta sobre un arco que atraviesa la calle llamada Cerrada, tal vez por esto. En la misma calle Cerrada tiene la iglesia su puerta principal; la del colegio que describimos está en la calle de la Muralla; su fundacion se fecha por los años de 1620 y 1630, pero es con alguna anticipacion, pues la obra piadosa de que tuvo orígen no fué erigida en colegio hasta el año 1640. Un español, llamado Juan Gerónimo Guerrero, muy distinguido por su virtud, dedicaba todo su afan á la crianza y educacion de los huérfanos españoles, invirtiendo en sustentarlos su propio caudal y cuanto podia recoger de las limosnas con que acudian á su obra otras personas caritativas. Sus esfuerzos piadosos merecieron la proteccion del gobierno y el apoyo del supremo consejo de Indias. S. M. le otorgó una encomienda en Ilocos para ausiliar su benéfica empresa. Llegado á su ancianidad Guerrero se hizo religioso dominico y renunció á favor de su órden la casa, la encomienda y cuanto poseia, bajo la condicion de que esta se hiciese cargo del cuidado de los huérfanos como él lo habia hecho hasta entonces. Con esto los dominicos tomaron sobre sí la enseñanza de los niños, y con licencia del gobernador y del arzobispo, la casa de Guerrero se erigió en colegio bajo la advocacion de San Juan de Letran en 18 de junio del espresado año 1640. Este colegio se hallaba entonces en el Parian, desde donde se trasladó al sitio que actualmente ocupa. Su principal objeto fué el formar buenos soldados para la plaza, educando á este fin unos niños que se temia justamente anduviesen perdidos; pero despues vinieron á dedicarse todos al estudio, asistiendo á la universidad de Santo Tomás para aprender filosofía, teologia y cánones y seguir la carrera de la iglesia. Un padre dominico se encargó de su gobierno en calidad de presidente. S. M. le concedió unas encomiendas ó juros para su manutencion: sin embargo son muy cortas sus rentas, consistiendo en 600 pesos á que asciende el producto de los juros que cobra del alcalde mayor de Pangasinan un religioso dominico: la mayor parte de los colegiales pagan 50 pesos; mediante esta cantidad son admitidos en él, no solo los españoles, sino tambien los indios y mestizos de estos ó sangleyes. Con los títulos de sacristanes, porteros, libreros, y otros oficios mecánicos, hay varios que no pagan cantidad alguna. Ya hemos dicho que los colegiales hacen sus estudios en la universidad aprendiendo fuera de ella solo la gramática latina.

COLEGIO DE SANTA CATALINA DE SENA. Segun se ha dicho al describir el Real colegio de San Juan de Letran, la iglesia ó coro de aquel edificio se comunica con este por medio de un arco sobre la calle Cerrada. Su estension es de unas 6,880 varas cuadradas, y su fábrica es regular. El orígen de este colegio fué, segun unos, el haberse retirado algunas señoras Terceras de Santo Domingo á vivir en una casa de donde no salian sino para oir misa; segun otros, se fundó el año 1696 por la solicitud de la madre Francisca del Espíritu Santo y el M. R. P. Fr. Juan de Santo Domingo; el R. P. Fr. Joaquin Martinez de Zúñiga dice haber sido su fundadora Doña Antonia Esguerra en el año 1694, y no podemos menos de seguir la noticia de este ilustrado escritor con relacion á su orígen; pero habiéndose promovido cuestiones sobre la visita diocesana, se deshizo el beaterio y las madres se retiraron á vivir en el de Santa Potenciana. Despues volvieron á su anterior asilo porque el Sr. Camacho las exoneró de dicha visita con tal que profesasen clausura, lo que mereció Real cédula de aprobacion, no obstante la oposicion que á ello hicieron las monjas de Santa Clara. Tambien obtuvieron las rentas bastantes para que se pudiesen mantener quince beatas y algunas sirvientes. Las beatas debian ser españolas, hacian voto de castidad y asistian al coro. En el año 1750 una beata, conocida por la madre Cecilia, se prendó de un español y pidió al arzobispo que le dispensase del voto de castidad que habia hecho. Como no habia bula del Papa ni cédula Real para la fundacion del beaterio, la madre Cecilia no podia ser tenida como verdadera religiosa, y el arzobispo, considerando su voto de la clase de los simples, accedió á su demanda. Los PP. dominicos, á cuyo cargo está el beaterio, se opusieron al casamiento; se llevó el pleito ante el arzobispo de Mégico, y en todas partes se decidió favorablemente á la beata. A consecuencia de este ruidoso pleito el consejo de Indias determinó que se acabase el beaterio por muerte de las beatas existentes. Esto no obstante se ha conservado hasta hoy celebrándose en él los divinos oficios. Las beatas observan la tercera órden de Santo Domingo y viven muy religiosamente. Su objeto principal es la enseñanza de las jóvenes españolas en la doctrina cristiana, leer, escri-

bir, contar, y las labores propias de su sexo. Gobiérnase por una priora elegida de entre las mismas beatas.

LA ACADEMIA DE DIBUJO. Hállase á la vuelta del Colegio de San Juan de Letran, entre él y la puerta del Parian, en el segundo piso de una casa particular. Se ha instalado modernamente y tiene un director que por ahora desempeña el cargo de maestro de dibujo; la parte de pintura, cuya clase debe ser de dia, no sabemos si se ha establecido ya.

EL CORREO. Por la misma parte de la ciudad, en el estremo de la calle del Parian, se halla este establecimiento público, con poca comodidad para el vecindario por lo estraviado. Cuando el recibo y despacho del correo se hallaba como una comision á cargo de un oficial de la secretaría del superior gobierno, estaba el buzon en la calle del Cabildo, cerca de la del Parian, y por consiguiente en un punto céntrico de la ciudad. Despues que el Excmo. Sr. D. Pascual Enrile estableció carreras generales dentro de las islas y se elevó la importancia de este ramo, S. M. creó para él una oficina especial y se situó donde hoy se encuentra, pues aunque se trasladó á la última casa de la calle del Palacio, despues de algunos años se ha restituido á su local primitivo, siendo ambos igualmente impropios por hallarse en los estremos de la poblacion; la casa que ocupó no es propia del Estado sino alquilada, á pesar del tiempo é importancia que esta institucion cuenta. En el año 1767 se estableció como dependiente del correo general de Mégico, bajo la ordenanza é instrucciones dictadas en 1762, con arreglo á las mismas, todas las cartas conducidas por los capitanes, pasajeros y tripulaciones de los buques procedentes de cualquier puerto fuera del distrito del gobierno de Filipinas, debian manifestarse y entregarse al administrador del ramo, bajo distintas penas señaladas á los contraventores. A principios de 1783 toda la correspondencia, escepto la de la Península y de Nueva-España, se dirigia á la secretaría de gobierno, donde era distribuida sin que se cobrase porte alguno. Por Real cédula de 12 de octubre de 1785 se declaró la superintendencia de correos en favor del presidente de la Real audiencia de Manila: lo contencioso se ha puesto á cargo de la Real audiencia por Real disposicion modernamente espedida. Establecidos los correos semanales de Ilocos-Norte y Camarines-Sur por el Excmo. Sr. D. Pascual Enrile, se recibia y distribuia en la secretaría de gobierno la correspondencia del interior; la del estranjero corria á cargo de la comision de policía y seguridad pública. En 17 de octubre de 1837 la direccion general de correos propuso á S. M. la Reina Gobernadora un nuevo plan de administracion: S. M. oyó á la junta de mejoras del ramo, y hallando las mismas ideas en esta corporacion, lo aprobó por decreto de 5 de diciembre del mismo año. En su efecto por octubre de 1838 tomaron posesion de sus destinos el administrador y el interventor nombrados por S. M. á sueldos fijos; antes el administrador de correos desempeñaba el cargo con el 25 por 100 del producto de portes de la correspondencia de la Peninsula. Se estableció el franqueo, certificado y apartado como se hallan en España, se concentró en la administracion la correspondencia del estranjero y la del interior, y se impuso el porte á la primera. En 19 de agosto de 1839 el administrador propuso al superior gobierno de la colonia y consultó á la direccion general del ramo el plan de comunicaciones que, despues de reunidas las noticias que adquirieron los comisionados para recorrer las carreras generales de Ilocos-Norte y Camarines-Sur, conceptuó compatible con las necesidades del pais.

CONVENTO DE SAN JUAN DE DIOS. Junto á la misma puerta del Parian, comprende este edificio toda una manzana que da á cuatro calles cuales son la del Parian, la de la Bomba, la de la Muralla y la que lo separa del de San Francisco: su estension es de como unas 11,400 varas cuadradas. Tiene una iglesia nueva cuya obra ha estado paralizada muchos años y se continúa con las limosnas de algunos piadosos: su puerta, así como la de la actual iglesia, es muy pequeña, y la del convento y hospital que se halla entre ambas, caen cerca de la puerta del Parian, donde forman una plazuela al ángulo del antiguo edificio y de la nueva fábrica. La botica del hospital, que tambien es pública, tiene entrada por la calle del Parian, cuya puerta se ha abierto donde estaba la reja que antes habia para el despacho de las medicinas. La religion hospitalaria de San Juan de Dios llegó á Manila antes del año 1649, pues consta que por aquel tiempo tenia ya un hospital en Bagungbayan, el cual se trasladó despues á la isla de la Convalecencia. En el año 1656 le cedió la santa mesa un hospital que tenia donde hoy se halla el edificio que describimos. La primer piedra de este edificio se bendijo por el arzobispo D. Carlos Bermudez en 28 de noviembre de 1728. En la pág. 165 del preliminar de este Diccionario hemos espuesto el actual estado del hospital, y en la 158 el personal del convento. Estos PP. hospitalarios se mantienen de las limosnas de los fieles y de una hacienda que tienen en la prov. de Bulacan, llamada de Buenavista. Además del hospital que tienen en Manila y el de la isla de la Convalecencia que adquirieron por donacion de D. Andrés Blanco Bermudez recayendo Real cédula de aprobacion para que quedase anejo al de San Juan de Dios con capilla, sagrario y cementerio aunque no con iglesia pública, en 24 de diciembre de 1755, tienen otro hospital en Cavite, y estos son sus tres establecimientos en Filipinas. Desde muy antiguo han sido calificados de muy pobres los PP. hospitalarios, cuya condicion se halla hoy agravada como en todas las órdenes religiosas del archipiélago, y la utilidad de este instituto ha sido igualmente por todos reconocida.

SAN FRANCISCO. Como queda espresado al describir el convento de San Juan de Dios, se halla este contiguo á aquel, del que lo separa la pequeña calle en que termina la de la Bomba por su estremo S. E. Es un edificio de grande estension, pues ocupa un espacio de mas de 30,000 varas cuadradas. La iglesia es pequeña pero de mucho aseo; su titular Ntra. Sra. de los ángeles. En el patio tiene la órden Tercera su iglesia con dos puertas, una al mismo patio y otra á la calle, con habitacion para el P. comisario de dicha órden Tercera; esta iglesia ó capilla es tambien notable por su buena disposicion y aseo. Las celdas son así mismo pequeñas conforme al instituto de la órden, aunque con motivo de los calores de la region son algo mayores de lo que eran las que tenian en España. Estos religiosos llegaron á Manila en el año 1577: los PP. Agustinos los recibieron en su convento y luego se dedicaron á secundar los esfuerzos de aquellos en la evangelizacion y civilizacion del país, emprendiendo sus trabajos en las provincias de Tondo, Bulacan, La Laguna y Camarines, para estenderlos despues á otras provincias, habiendo fundado su órden en Filipinas la nueva de San Gregorio Magno; el convento que describimos fué el primero que edificaron para ser como la cabeza de la espresada provincia, en el cual pudiesen hallar descanso los enfermos y los ancianos inutilizados ya en la administracion espiritual de los indios. Su primer fábrica fué de madera y cañas costeada por un devoto que en un mes dió la obra por concluida, lo mismo que otro hizo con la iglesia. En 1586 era de madera y teja. En 1602 era ya de piedra. En su primer estado se quemó en el grande incendio que tuvo principio en las honras del gobernador Ronquillo, y la comunidad, así como la de San Agustin, pasó á Tondo. La segunda iglesia y la parte del convento incendiado se reconstruyeron á espensas del mismo devoto á que se debia la obra anterior. Con el tiempo se consumieron los barigues, y tanto por esta circunstancia como por lo imperfecto de la obra, se derribó en 1739 y en noviembre del mismo año se puso la primer piedra de la iglesia actual á la que siguió la fábrica del convento: en 5 de dichos mes y año tuvo lugar la espresada ceremonia colocando la referida piedra el capitan general gobernador D. Gaspar de la Torre y Ayala, y bendiciéndola el arzobispo D. Fr. Juan Angel Rodriguez. En el preliminar hemos visto cuál suele ser el personal de este convento. Los PP. Franciscanos tienen ademas un vicario del convento de monjas de Santa Clara que está sujeto á su prov. Igualmente tienen un hospital que primero estuvo en San Lázaro para recoger á los lazarientos ó atacados de la elefantiasis que es enfermedad muy estendida en Filípinas; despues se trasladó al sitio de Maijaligue, poco mas de un cuarto de leg. de Manila. Este hospital y el convento de monjas tienen algunas rentas, aunque tan cortas, que siempre se ven precisados á solicitar las limosnas de los fieles. El convento de Manila y la prov. carecen de renta alguna, y si pueden subsistir los 50 religiosos que suele haber en el convento es debido al espíritu piadoso de la ciudad, y á lo que suministran los religiosos que hay en los curatos.

EL PARIAN. Entre San Francisco y el convento de PP. Recoletos está el moderno Parian ó la alcaiceria de San José, construida para residencia de los chinos ó sangleyes que habitan en Manila dedicados al comercio por menor: débese al gobernador D. José Basco y Vargas que lo edificó dando lugar á varias representaciones que el ayuntamiento elevó á S. M. á causa de haberse demolido el Parian viejo que era de los propios de la ciudad. S. M. en mérito de estas representaciones contestadas por varios informes que las apoyaron, dispuso la reconstruccion del antiguo Parian para que estuviesen allí los chinos; pero no se verificó quedando abierto este. Hoy pertenece á varios particulares y á los PP. Recoletos: su coste se calcula haberse aproximado á 50,000 pesos.

CONVENTO DE LOS PP. AGUSTINOS DESCALZOS Ó RECOLETOS. Hállase en la calle del Cabildo, esquina á la pequeña transversal que se encuentra junto al Parian y en la cual desemboca la del Farol frente á la iglesia de este convento: su estension es de mas de 12,000 varas cuadradas, buena fábrica de mucha solidez, con buenas vistas por la parte S. de Manila. Tiene un segundo cuerpo al que se sube por una espaciosa escalera muy clara como la principal; tiene hermosas piezas: en una de ellas donde estuvo antiguamente la enfermería tuvieron su cuartel provisional los carabineros de seguridad pública. Ademas de los capitulos y definitorios de la órden celebra en este convento sus juntas la archicofradía de Jesus Nazareno. Todavia se han hecho modernamente obras de consideracion sobre su antigua fábrica. La iglesia es capaz, sólida y de buen gusto. Los PP. Recoletos llegaron á Manila en el año 1606, edificaron su primer convento en Bagungbayan cuyo convento se tituló de San Juan. Despues fabricaron el que describimos y fundaron su provincia bajo la advocacion de San Nicolás de Tolentino; despues que los ingleses evacuaron la ciudad de Manila ocupada en 1762, fue demolido el convento de San Juan con otros varios edificios que habia en sus inmediaciones como el antiguo pueblo de Santiago, el Hospital de San Juan de Dios, una parroquia de españoles dedicada á Nuestra Señora de Guia, un Parian etc., porque se vió que habian perjudicado mucho á su defensa cuando aquellos invasores se apoderaron de la plaza. En el convento de Manila se sostienen como unos 50 religiosos, siendo en su mayor parte los enfermos y ancianos retirados ya de la administracion espiritual de los indios. Sus rentas son tan escasas que no alcanzarian á cubrir sus necesidades, sin los ausilios que suministran los párrocos desde sus pueblos. Estos religiosos se dedicaron á la administracion de Zambales, Caraga, Misamis, Mindoro y Calamianes. Con la espulsion de los jesuitas se les entregó la administracion de la isla de Bohol; despues dejaron los pueblos de Zambales y Mindoro y se pusieron en su lugar clérigos indios; pero volvieron á tomar esta administracion á su cargo.

CONVENTO DE LA COMPAÑÍA Ó DE SAN IGNACIO. Este hermoso edificio, uno de los mejores de la ciudad, se halla en la calle del Palacio, junto á la de la Escuela formando esquina entre ambas calles. Titúlase el Colegio Máximo de San Ignacio. Ocupa un espacio de mas de 54,000 varas cuadradas. Tanto el convento como la iglesia son de sólida y hermosa arquitectura. La fachada de la iglesia es de muy buen gusto y el presbiterio está enlosado de jaspe sacado de los montes de San Mateo: se dice que la fábrica de esta iglesia de la compañía, su gran convento y el colegio de San José que tiene contiguo costó

150,000 ps. En otro tiempo el colegio que es un cuerpo del mismo edificio tenia un balconage corrido de conchas que ya no existe, habiéndose reducido los balcones á ventanas por el lado de la muralla. En cambio de esto se ha construido pocos años hace un balcon corrido de conchas en la parte del edificio que da al patio convirtiéndose en puertas las antiguas ventanas. El hermoso convento, con la espulsion de los jesuitas, fue destinado á varios objetos: su parte S. O. fue hecha cuarteles para la guarnicion, en lo que se ocupa actualmente: en la parte superior se colocó el Seminario conciliar, que en él se halla; y en la iglesia, que ha permanecido abierta al público, está la capilla Real, situada antes cerca de la puerta de Almacenes como en su lugar hemos dicho. Los jesuitas poseian otros muchos colegios, residencias y misiones en las provincias de Tondo y Cavite, y en las islas de Samar, Leyte, Bohol y Negros, á cuya administracion espiritual fueron destinados desde su llegada á Manila. Despues se estendieron tambien á Cebú y Panay. Con su espulsion, sus haciendas pasaron á temporalidades, y los curatos fueron administrados por clérigos seculares, hasta que en diferentes provincias les han sustituido otros religiosos.

REAL COLEGIO DE SAN JOSÉ. Aunque hoy se halla en la calle de Santa Potenciana, tambien llamada de San Francisco, esquina á la del Farol, á donde se trasladó hace 16 ó 17 años, siendo una casa particular, cuyos alquileres paga la hacienda militar que ha ocupado el local del colegio en la compañía, sigue conociéndose generalmente por este titulo el mismo edificio. Es un cuerpo de la hermosa fábrica del Máximo de San Ignacio. Destinóse para este colegio desde que el rey D. Felipe II dispuso su fundacion por cédula de 8 de junio de 1585, y en él se colocaron doce colegiales asignándoseles 1,000 pesos para su manutencion. Despues lo reedificó desde los cimientos, Esteban de Figueroa, quien le dió rentas y se aumentaron las becas. Sostuvo un pleito con el colegio de Santo Tomás sobre precedencia y lo ganó el de San José en el Consejo de Indias como consta de una Real provision dada en 12 de marzo de 1653. Despues de la espulsion de los jesuitas quedó cerrado, y restaurándose en el año 1777, vino á ser gobernado por clérigos, con un rector y dos ó tres catedráticos para la enseñanza de gramática y filosofia; los demas estudios se hacen en la universidad de Santo Tomás. Posee las haciendas de San Pedro Tunasan y Lian que son sus principales recursos. Ya hemos dicho que se trasladó á una casa particular en la calle de Santa Potenciana esquina á la del Farol, y este hermoso edificio que ha sido ocupado por la hacienda militar, se ha destinado en parte á cuarteles.

SEMINARIO CONCILIAR DE SAN CÁRLOS. Se estableció en el colegio de la Compañía de que hemos hablado; en él residen los clérigos que se ordenan á título de operarios, los cuales suelen ser por lo comun indios; pues los españoles acostumbran ordenarse á título de capellanías y se destinan regularmente al coro de Manila, siendo en tan corto número que no alcanzan á cubrir los empleos de la catedral y otros ejercicios eclesiásticos. En el Seminario se instruyen los clérigos en la moral y liturgía ó ceremonias de la misa, algunos pasan á estudiar en la universidad otras ciencias. A principios de este siglo, cada clérigo pagaba 6 ps. fs. al mes para mantenerse en el seminario; mas luego dejó de suceder así, habiéndose dispuesto que de todas las rentas eclesiásticas se pagasen al seminario el 3 por 100. Este seminario es tambien casa de correccion de eclesiásticos. En la parte baja del edificio se ha establecido hace poco tiempo una biblioteca militar.

CUARTELES. Hay dos edificios en Manila destinados á este objeto: ya hemos dicho al describir el antiguo convento de San Ignacio que en gran parte se halla destinado á cuarteles: el otro edificio está inmediato, hácia la muralla que da á la bahía, frente á la calle de Santa Potenciana. En este último se halla alojada la artillería; tiene unas 7,000 varas cuadradas y es bastante malo como lo son todos en Manila por su impropia distribucion y por no tener lugar alguno que ofrezca la seguridad debida en tiempo de hostilidades para el descanso de las tropas y curacion de los enfermos y heridos. Antiguamente pertenecian los cuarteles á determinados cuerpos de ejército de la colonia, y en su razon se distinguian por la denominacion ó título de los cuerpos de su especial destino. Hoy con motivo de ir turnando las tropas entre los cuarteles de la ciudad y estramuros, han perdido sus denominaciones particulares. En otro tiempo hubo no lejos del Hospital militar un cuartel de caballería titulado de Dragones: en él se alojaban los hoy llamados Cazadores de Luzon, y en razon de hallarse ruinoso el edificio se trasladaron estos á Santa Cruz, estramuros de la ciudad, y se colocaron en el convento que allí habian edificado los PP. Jesuitas dejando al cura de su iglesia la habitacion que necesitára, lo que no fue difícil por ser muy grande el edificio. En el cuartel viejo se pensó construir un buen cuartel para el mismo regimiento de Cazadores de Luzon, pero no llegó á realizarse. Despues se edificó el cuartel de caballería en la isla de Misic, donde se colocó dicho regimiento con poco mérito de las consideraciones militares que debieron haberse tenido presentes como luego veremos.

REAL COLEGIO DE NIÑAS DE LA COMPAÑÍA. Hállase al S. O. del antiguo convento de San Ignacio, del que lo separa una calle, entre el cuartel de Artillería y la fundicion que está en el ángulo de la ciudad defendido por la batería de San Gregorio. Su estension viene á ser de unas 4,000 varas cuadradas; su esterior es de poco gusto con ventanas colocadas sin órden y una puerta de arco que desdice del edificio. Se fundó en el año 1684 por una mestiza de Binondo llamada Ignacia, bajo la direccion de los PP. Jesuitas, y aunque estos no tenian su gobierno ni cuidaban del colegio ó beaterio en razon de prohibírsele sus estatutos, como oian misa, confesaban y comulgaban en el colegio de los jesuitas, se les dió vulgarmente el nombre de Beatas de la Compañía que se ha conservado aun despues de la espulsion de aquellos. Por

Real cédula de 6 de noviembre de 1761, se mandaron reformar los estatutos de este beaterio, que es una casa de retiro donde viven algunas indias honradas ocupándose en santos ejercicios. Está situado frente á la iglesia de San Ignacio, formando esquina entre las calles de la Escuela y del Palacio, á donde se trasladó por haberse arruinado, pereciendo desgraciadamente algunas colegialas en los temblores de tierra ocurridos en el año 1645. A la sazon estaba este colegio en la calle que conserva su nombre esquina á la del Cabildo donde hoy está la Real Maestranza y Parque de fortificacion. Allí se edificó en el año 1591 siendo gobernador de la colonia D. Gomez Perez Dasmariñas, y obispo de Manila el señor Salazar: D. Luis de Vivanco, factor de la Hacienda pública, dió algunas casas para su construccion, y se hizo una buena iglesia bajo la advocacion de San Andrés Apóstol; pero todo se arruinó en la época citada, y en la casa que hoy ocupa el colegio, comprada al efecto por cuenta de la Real Hacienda, se hizo un oratorio para oir misa. Junto á este edificio tenia una casita el padre capellan, y en estos últimos años se ha derribado para dar mas ensanche al colegio por aquella parte. Las becas del colegio se proveen por el gobernador, quien cuida de la disciplina interior, y el intendente de la económica, como se declaró por Real orden de 7 de noviembre de 1796. Está bajo el patronato Real, y S. M. mantiene á las colegialas que deben ser huérfanas de militares. Tambien se admiten algunas pupilas mediante la retribucion de 5 pesos fuertes al año. En el de 1811 se trató de agregar este colegio al de Santa Isabel. Su gasto anual se regula sobre 4,000 ps.

CONVENTO DE SAN AGUSTIN. Entre las calles del Parian, de Santa Potenciana, del Palacio y de la Muralla, próximo á la puerta de Santa Lucía, forma una estensa manzana aislada de mas de 25,060 varas cuadradas. Habiéndose quemado el primitivo convento edificado por los RR. PP. Agustinos que acompañaron á Legaspi en su espedicion de conquista, contribuyendo de un modo prodigioso á su feliz resultado, se construyó el edificio actual: puso la primera piedra el Ilmo. Sr. obispo de Cebú, Fr. Pedro de Agurto, y se hizo la obra bajo la direccion de un hijo del célebre arquitecto Herrera, que construyó el Real monasterio de San Lorenzo del Escorial; todo él es de espaciosas y sólidas bóvedas de sillería, y tiene un hermoso y estenso mirador para la bahia. Ademas de los capítulos y definitorios, se celebran en él las juntas de la hermandad de Nuestra Señora de la Correa. De su iglesia ha salido el Real sello en las dos veces que se ha instalado la Audiencia; en ella se ha celebrado la bendicion de banderas de los cuerpos del ejército, y se hace anualmente la del tercio, y cada dos años la de la bula. Sin duda por ser la primitiva que hubo en Manila goza estas preeminencias. Titúlase esta iglesia de la Conversion de San Pablo, que se celebra juntamente por los religiosos con el Dulcísimo Nombre de Jesus, Titular y Patrono de su provincia de Filipinas. La iglesia es de bóveda de piedra, y la fábrica mas antigua de Manila, habiendo resistido al grande terremoto que arruinó la ciudad. La sacristía, refectorio y todas las obras bajas del primer claustro como son igualmente de fuertes bóvedas, sirvieron de refugio á muchos españoles cuando los ingleses empezaron á bombardear la plaza el año 1762. Los religiosos que residen en este convento son los empleados en los oficios, dos ó tres mas para cantar la misa, algunos ancianos y enfermos que no han podido continuar ya en la administracion de las almas, y los legos. Cuando llega alguna mision se aumenta este número, pues los recienvenidos permanecen en el convento hasta que son tenidos por idóneos para la administracion de los sacramentos. Fuera de estos casos el personal del convento suele consistir en unos 50 individuos poco mas ó menos. En otro tiempo las rentas de este convento cubrian sus necesidades tanto en su estado normal como al recibir nuevas misiones; pero hoy lo mismo que los conventos de las demas órdenes religiosas, es imposible que se sostenga sin el apoyo del gobierno habiéndoles faltado los recursos de las Américas y hallándose muy menoscabados los propios ausilios que antes hallaban en la colonia, mientras que se han acrecentado los gastos por haberse aumentado las misiones y por consiguiente los dispendios de trasportes, manutencion, etc. Con ocasion de hablar de este convento que es como la cabeza de los demas de la órden fundados en Filipinas, debemos recordar que los agustinos luego que llegaron á estas islas, pusieron religiosos en las de Cebú, Masbate, Panay y Mindoro, acompañaron á Legaspi á Manila y al punto se esparcieron por toda la isla de Luzon y predicaron el Evangelio en las provincias de Tondo, La Laguna, Batangas, Camarines, Bulacan, Pampanga, Zambales, Pangasinan, Ilocos y Cagayan; afianzando sobre una base moral indestructible la dominacion española en aquellas remotas y dilatadas regiones.

REAL MAESTRANZA Y PARQUE DE FORTIFICACION. En la calle de Santa Potenciana, esquina á la del Cabildo donde en lo antiguo estuvo el Real colegio de Santa Potenciana: todavía no está concluido este edificio.

ACADEMIA NÁUTICA. Hállase instalada en el mismo edificio del consulado que en su lugar hemos descrito: se estableció con Real permiso en el año 1820 á instancia del Consulado, y en ella se enseña por sus respectivos profesores, aritmética, geometría elemental, trigonometría plana y esférica, cosmografía y pilotage, y ademas la geometría práctica aplicada á la construccion de cartas y planos hidrográficos, con el método de dibujarlos, todo por el curso de estudio de marina, escrito de Real órden para la enseñanza de dichas escuelas, por el gefe de escuadra de la Real armada, D. Gabriel Ciscar, y se dirige por un reglamento que S. M. se dignó aprobar.

ESCUELA DE COMERCIO. Asi mismo está en el edificio del Consulado: se estableció por consulta que hizo la junta de su nombre en 1.° de octubre de 1859 y aprobacion del superior gobierno de 15 de enero de 1840; su inauguracion fué en 15 de junio del mismo año; en ella se enseñan las lenguas inglesa y francesa, y partida doble.

CASA DE RECOGIDAS. A principios de este siglo habia en Manila una casa destinada á la correccion de las mugeres que el provisor enviaba á ella, pero hace ya mucho tiempo que no existe, de modo que siendo alcalde mayor de Tondo nuestro particular amigo el Sr. D. Pedro Encina, solia enviar las penadas al hospital de San Juan de Dios para que se ocupasen en lavar la ropa y otros trabajos semejantes, lo que escusaban sin dificultad con la fuga, siendo un mal que en Manila falte una cárcel capaz para sufrir las mugeres sus condenas.

IDEAS GENERALES. Fuera de estos edificios y algunos otros que hay destinados á varios objetos públicos, viniendo á componer entre todos por lo menos la tercera parte de la ciudad, lo demas presenta buenas y cómodas casas aunque de poca vista por ser bajas, no teniendo mas que un piso en razon del peligro que les amenaza por los terremotos. Tambien perjudican mucho á su perspectiva los corredores que tienen para su resguardo del sol y de las aguas. Todas estas casas son de piedra, y á fin de que puedan resistir mas á los terremotos, su construccion es particular, de modo que por sus trabazones tienen bastante semejanza con un barco puesto con la aquilla para arriba. En las calles principales se van poniendo aceras por ambos lados, facilitando que en todo tiempo se ande con bastante comodidad por ellas, aunque en su centro no dejan de hacerse algunos lodos en el invierno y bastante polvo en el verano. Por la noche estan iluminadas con faroles fijos de trecho en trecho y pagados por los vecinos sin escepcion de los religiosos. Todo en esta ciudad presenta hermanadamente la idea de una importante fortaleza y de una capital digna del hermoso pais de que es metrópoli. Estrechada en su fuerte recinto, no ha podido prestarse al desarrollo que hubiera recibido siendo un pueblo abierto: el desarrollo ó acrecentamiento de la pobl. que se ha manifestado mas ó menos en todas las prov. y que no podia faltar en el centro de donde partia el general impulso, se presenta en las afueras de Manila, donde parece que su poblacion, no pudiendo reducirse á vivir dentro de sus dobles muros y profundos fosos, se ha derramado formando grandes y numerosos vecindarios: Manila se presenta como el núcleo de una ciudad muy populosa y ofrece el recuerdo de nuestras ciudades antiguas, que por un sistema propio de la organizacion y necesidades de aquel tiempo, tenian un centro fuerte donde residian la municipalidad y los magnates, y en casos de necesidad servia de abrigo á los ciudadanos diseminados en varios cuerpos de poblacion por las cercanías: Santa Cruz, Binondo y Tondo son verdaderamente los citados vicos ó calles de nuestros antiguos; Quiapo y su barrio San Sebastian, San Miguel, San José, Sampaloc, la Ermita, Malate, San Fernando de Dilao ó Paco, Santa Ana, etc., son con toda propiedad aquellos ópidos dependientes ó mejor dicho integrantes de las ciudades. Todos estos forman pueblos por sí solos, y figurando en esta obra con sus artículos particulares, nos detendremos poco en su consideracion por cuanto no sea relativo á Manila. Todos los alrededores de esta ciudad ocupados por dichos pueblos son sumamente deliciosos y pintorescos, y á lo animado de su naturaleza se reune su variada pobl. donde aparecen mezclados y confundidos el chino, el visayo, el salvaje, el pampango, el de Ilocos, el de Cagayan, el español y algunos negociantes estrangeros; todos se distinguen mas ó menos por sus rasgos característicos particulares, y mayormente por sus respectivas lenguas.

PARTE ESTERIOR DE LA CIUDAD Y SUS CERCANÍAS. Ya hemos dicho al describir el recinto de la plaza, como saliendo por la puerta del Parian se sigue hácia el S. la hermosa calzada que ademas de su cuerpo principal y diferentes ramificaciones dirigidas á los pueblos inmediatos, da vuelta á la ciudad hasta el postigo inmediato al Real palacio: la parte que cae sobre la playa es el paseo mas concurrido por las tardes, respirándose en él las frescas brisas de la bahía que al recibir los últimos rayos del sol presenta la vista mas admirable, ostentando en su fondo la copia inversa de la hermosa isla del Corregidor y de las altas montañas de Mariveles. A este paseo suelen concurrir numerosos carruages construidos unos en Manila, otros en Batabia, Lóndres y los Estados-Unidos, todos son elegantes, tirados por dos caballos escepto los del gobernador y el arzobispo que llevan cuatro. Esta concurrencia acostumbra durar poco despues de las oraciones, pues la escesiva humedad del pais se hace temible mas tarde.

Siguiendo la playa desde el postigo hácia la boca del r., entre éste y las aguas de la bahía, se halla una punta que penetra considerablemente en el mar prolongada con varias obras, en cuyo estremo hay una fuerte batería como punto avanzado para la defensa del rio. Tomando el paseo de la playa, en sentido contrario desde dicho postigo, se llega á doblar el ángulo S. de la ciudad, defendido por la batería de San Gregorio y se entra en el campo llamado de Bagungbayan que está entre el S. de Manila y el N. del pueblo de la Ermita distante unas 540 varas. En este campo tienen las fortificaciones de la plaza un punto avanzado bastante considerable que es un polígono llamado *Luneta de Isabel II.* El camino que por este campo conduce á la Ermita pudiera ser un hermoso paseo cubierto del mas frondoso arbolado, pero es un campo militar con lo que se hace incompatible esta mejora, tanto, que todavía se encuentran en él restos de varios edificios demolidos para la mejor defensa de la ciudad. Tambien hay un espaldon para los ejercicios de fuego de la artillería. En este campo habia un pueblo llamado Santiago; en el mismo edificaron su primitivo convento é iglesia los Agustinos descalzos y todo se echó por tierra con el espresado objeto despues que los ingleses evacuaron la plaza ocupada en 1762 por cuanto habian perjudicado á su defensa. Ya se habian derribado por igual razon otros muchos edificios inmediatos á Manila á mediados del siglo XVII, temiéndose una invasion de los piratas chinos que habian ocupado la isla Hermosa. Todavía se recuerdan entre estos numerosos escombros, ademas de los edificios mencionados, un hospital de San Juan de Dios, una parroquia de españoles dedicada á Nuestra Señora de Guia, un Parian, etc. Nuestra Señora de Guia, no obstante aparecer en las memorias como ermita era una buena iglesia y sin duda dió nombre al actual pueblo de la Ermita que tendria principio en aquel antiguo santuario considerado por algunos como el primero de la isla de Luzon, venerándose en él la imágen de Nuestra Señora, que se refiere halló un soldado de Legaspi entre unas palmeras de las que todavía se ven por aquella playa llamada en el pais PANDAN. No nos detendremos en la descricion de este pueblo ni otro alguno de los que es preciso mencionar reseñando las cercanías de Manila porque todos deben ser objeto de artículos particulares, tocándose aqui solamente de un modo muy general. El pueblo de la Ermita nada ofrece notable, porque despues de haberse despejado por esta parte la plaza en 1762 no se ha permitido edificar nada elevado ni sólido: su iglesia no es mas que una capilla situada en la calle Real, á la izquierda del camino, y la casa parroquial es igualmente mezquina construida de tabla y nipa á espalda de la iglesia. La Ermita es notable por sus buenos bordados en piñas y sinamais. Pasada esta pobl. se halla la de Malate, tan próxima á la anterior que casi se confunden sus respectivos vecindarios. Malate es notable por sus bordadoras de chinelas en oro y plata y por sus muchos escribientes ocupados en las oficinas de Manila. Sobre la costa se hallan un espacioso cuartel de infantería, y al frente los nuevos pabellones construidos para la oficialidad en el gobierno del Sr. Claveria. La iglesia es de muy buenas vistas hácia la bahía, como situada en su orilla, á la izquierda del camino que para los carruages forma allí un pequeño rodeo por causa del pretil del patio: su fábrica es de piedra y asi mismo la casa parroquial que está unida á ella, aunque ambos edificios son de poca estension y bajos de techo. Poco distante, á espaldas de la iglesia, está el cementerio modernamente construido. Su primitiva iglesia se fundó bajo la advocacion de Nuestra Señora de los Remedios en el año 1588. Al E. de Malate se hallan las salinas, y en sus inmediaciones son notables: el sepulcro de D. Anto-

nio Pineda, botánico, que llegó al archipiélago por los primeros años de este siglo en la escuadra del general Alava y murió en Ilocos: sus compañeros erigieron á su memoria este sarcófago que se ve poco distante á la izquierda de la calzada que por detras de la iglesia de Malate se dirige al pueblo de Paco. La glorieta que todavía está mas próxima á la calzada, y los caseríos llamados el Egido, sobre la misma calzada y Singaton tambien sobre la calzada. Mas al S. se ven el fortin de San Antonio Abad, cerca del cual en la playa hay un almacen de pólvora, el caserío de Maitubig, y mas al centro el de Pasay. Desde Malate se dirige un hermoso camino cruzando el de Paco, hasta Santa Ana. Esta pobl. dista ½ de leg. de Manila, ocupa un sitio delicioso á la orilla del Pasig, y son muchas las familias de la capital que acuden á él á gozar su frescura en la estacion de los calores y sequías. San Pedro Macati está ¼ mas distante que Santa Ana y sus aires son sumamente frescos y puros. Acercándose despues á Manila se llega á Paco, pobl. grande y habitada de muchos pintores, tanto de objetos delicados como de casas ó de brocha gorda, y albañiles. El Crucifijo conocido por Nuestro Señor de Paco es objeto de gran devocion en el pais: la iglesia está á la orilla del r. y es una de las mayores que hay estramuros de Manila; su patio es muy grande, y la casa parroquial que está junto á ella cubriéndola por la parte que da á la entrada del pueblo, es tambien regular; toda la obra es de solidez: la fundaron los PP. Franciscanos, y es hoy parroquia de tres jurisdicciones, habiéndose incorporado á la de Dilao ó Paco las antiguas de Santiago y la Peña de Francia. El rio de San Fernando de Dilao es un estero del Pasig bastante considerable, aunque procedente de mayor que circunda á la Peña de Francia y á Pandacan, al N. E. de San Fernando ó Paco: junto á este mismo pueblo hay un pequeño lago donde termina otro estero del de la Peña de Francia. Ilang-ilang es un caserío inmediato á San Fernando, al otro lado de su rio; lo mismo que Bang-bang, el cual está al S. del anterior. Tanque es otro caserío en una isla formada por este r. ó estero: las cercanías de

Manila son un tejido de rios y esteros del caudaloso Pasig, entre hermosas sementeras y numerosos caseríos indios que se comunican por medio de buenos caminos. El r. Bago que nace no lejos de las salinas ha facilitado la formacion de un canal llamado de Balete, cerca del cual hay una batería titulada de Cárlos IV; aun se proyectó y aprobó la construccion de otro canal mas al S. en el año 1796. La calzada tiene un puente sobre este r. no lejos de la Luneta de Isabel II. Ya hemos dicho al reseñar las fortificaciones como esta luneta es un buen punto avanzado, no lejos de la Puerta Real. En la luneta está el cuartel de Ingenieros titulado de Pampangos y de ellos es una guardia que hay en ella. Tambien la guarnece un destacamento de caballería que pernocta en la misma desde el año 1843, y asimismo recibe una guardia diaria de artillería. La mencionada batería de Cárlos IV no tiene dotacion de fuerza alguna y solo acostumbra servir para ejercicios de fuego. Todavia es de ver en la parte que dejamos reseñada el cementerio de los españoles y demas vecinos de Manila, Binondo, Santa Cruz, etc., fuera de los que no pertenecen á la iglesia Romana. Está muy bien situado en el término de San Fernando de Dilao, por lo que suele llamarse cementerio de Paco aun cuando no pertenece á aquel pueblo. Hállase como á mitad del camino que se dirige á dicho pueblo sobre su izquierda. Es redondo con barandillas y azotea corrida sobre los nichos: la pared donde se hallan estos tiene de 7 á 8 pies de espesor. El pavimento está dividido en cuatro partes por dos calles enlosadas que se cruzan en el centro y terminan en otra calle circular que hay alrededor de los nichos. Los lados de estas calles están cubiertos de arbustos y de flores. Toda su construccion es elegante, ostentando sesenta y cuatro columnas de órden dórico. Tiene una buena capilla de forma oval con una bella cúpula y una buena portada de buen gusto: en esta capilla se halla el pauteon de los capitanes generales y de los prelados. Detras de la capilla están el osario y angelorum. Frente á la puerta del cementerio se halla la casa en que vive el capellan pagado de los fondos de propios. Este cementerio fue construido por el ayuntamiento de Manila despues de la epidemia que padeció la ciudad en el año 1820: el plano de la obra se formó en España y varias corporaciones de Manila contribuyeron á los gastos de su construccion. El precio de los nichos es de una onza de oro.

Hallándose toda esta parte cruzada en diferentes direcciones por numerosos rios y esteros, como hemos dicho, formándose diferentes pantanos, entre ellos podria disponerse sin dificultad para tiempo de guerra la inundacion de todos los alrededores de Manila. Ya parece haberse pensado asi, pues en varios puntos se ven aun otras arruinadas y todos los indicios del proyecto de la formacion de una línea que no dejaria de presentarse muy estratégica. El terreno comprendido entre los contrafosos de la ciudad por una parte, y el rio por otra, forma el glasis de la plaza: desde el canal de Balete, dejando á la derecha el bastion ó batería de Carlos IV, se halla el estero de Arroceros, riach. que con el canal podria en caso necesario servir á la indicada inundacion. En este estero se encuentra una esclusa con un puentecillo fortificado que establece la comunicacion entre los fosos de la ciudad y el rio Pasig. La espresada parte contenida entre la ciudad y el rio, es conocida con el nombre de la Inundacion. En el estremo de esta parte comprendida entre el rio y la muralla que termina formando una especie de semicírculo por la inflexion del rio que corriendo por algun trecho al N. O. se convierte luego al O., se halla el sitio llamado de Arroceros, cuyo sitio pertenece á la jurisdiccion del pueblo de la Ermita. Este sitio se llama de Arroceros por haber sido en otro tiempo el principal mercado de arroz, y aun hoy se juntan en sus embarcaderos bastantes bancas tanto de arroz como de frutas. Tambien se llama Tableros por ser donde principalmente se venden las tablas, barrotes y toda clase de maderas aserradas. Asi mismo se conoce por el Mercado y á veces por Parian en razon de la costumbre que se tiene de dar esta denominacion á todo sitio donde hay muchos chinos, lo que sucede en este punto, habiendo gran número de ellos dedicados al tráfico de maderas.

Los almacenes de estas, los camarines de los aserradores, y las habitaciones de los chinos, forman un grupo de malos y débiles edificios construidos sin órden y como hacinados á causa de que todo es una construccion meramente tolerada, estando rigorosamente prohibido edificar en la orilla izq. del Pasig: careciendo de solares donde estenderse este comercio, se ha ido invadiendo el mismo rio amontonando en su orilla troncos y otras materias á que se atribuye en parte la formacion del bajo que hay cerca del cuartel de infantería construido no lejos del puente del Pasig. Tambien hay siempre atracados á este mercado de tablas, grandes cascos cargados de cal, tejas y ladrillo. El cuartel que acabamos de mencionar construido en este punto á la orilla del rio, es bastante capaz y se llama del Fortin por estar inmediato á una obra de fortificacion que defiende la entrada del puente grande. Ademas se hallan en este sitio de Arroceros una fábrica de cigarros de papel y un hospital empezado á construir. La fábrica de cigarros de Arroceros es un edificio regular adquirido al efecto por la Renta de tabacos que lo compró á la junta del Hospicio á que antes pertenecia: en el patio y por el lado del rio hay varios camarines, y en ella se encuentran hoy las dos fábricas que antes habia en Binondo para la elaboracion de cigarrillos de papel y picadura, sirviéndolas esclusivamente hombres. Antes de trasladarse dichas dos fábricas de Binondo se estableció ya para la elaboracion de cigarrillos puros y se colocó en ella una máquina de vapor para picar tabaco. La construccion del nuevo hospital militar, cuya obra hemos dicho se halla empezada en Arroceros, es de sumo interés por lo insuficiente del que hay dentro de la ciudad. Siguiendo la orilla del rio se pasa por un puente el estero de Arroceros y se halla San Miguel Viejo en una isla formada por otro estero: mas al E. se halla el estero de que recibe sus aguas el canal de Balete; luego el rio que hemos dicho formar la isla de Tanque y que se enlaza al S. de Paco con el estero llamado Tripa de Gallina; pasado este estero ó rio se hallan las casas llamadas de Santibañez, y últimamente antes de llegar á Pandacan, un almacen de pólvora

llamado de Nactajan. En medio del rio, entre San Miguel Viejo y su matriz, que hemos dicho hallarse á la orilla opuesta, hay una isla llamada de San Andrés ó de Convalecencia, perteneciente á la misma jurisdiccion de San Miguel, por cuya razon es conocida con este nombre: el de isla de Convalecencia le ha sido dado con motivo de haberse trasladado á esta isla el hospital que los religiosos de San Juan de Dios fundaron primeramente en Bagungbayan. Esta isla bogea 850 varas; tiene algunas obras de defensa ya antiguas y abandonadas, cuales son dos baterías ó bastiones de piedra, uno en el estremo oriental de la isla y otro en la parte S. frente al rio de Paco. Fuera de algunos camarines que resguardan las chatas del ponton baradas allí, y varias casitas de nipa, no hay en esta isla mas edificios que el espresado convento hospital de la Convalecencia y el hospicio que al principio estuvo situado en Arroceros. El convento hospital está en la punta oriental defendido en otro tiempo por una de las mencionadas baterías que se tituló de San Rafael: tiene puerta al rio y un grande embarcadero de piedra de china. En el estremo de este edificio hay un gran mirador de fábrica moderna; el resto se halla ocupado por las celdas y dos salas de enfermería para convalecientes: ademas hay una capilla y un buen algibe. A su espalda tiene una buena huerta que ocupa el resto del terreno hasta el sitio donde hemos dicho se hallaba la otra batería que se titula de San Andrés. El hospicio estuvo primero, como se ha espresado, en Arroceros, y al hablar de aquel sitio hemos dicho ya que la renta del tabaco compró la casa para establecer la fábrica de cigarros. Despues se instaló el hospicio en otra casa llamada de Nactajan, y de allí pasó á esta isla adquiriéndose al efecto por la junta directiva del establecimiento una casa llamada de Petrus. Al comprarse esta casa se hallaba ruinosa, por lo que hubo de reforzarse con estribos y se hicieron otras obras, pudiendo pasar á habitarla el padre capellan y los pobres en el año 1848 en que lo verificaron.

Hemos recorrido ya las cercanías de Manila por la izquierda del Pasig, aunque ligeramente, como nos lo habiamos propuesto, pasando ademas á la isla de la Convalecencia, no obstante su dependencia de San Miguel que está á la derecha de dicho rio, por haber nombrado ya otras dependencias de la misma jurisdiccion que se hallan á la izquierda, y con objeto de no revolver á este lado una vez que hayamos pasado al opuesto del Pasig como vamos á hacerlo. El puente grande por donde se pasa este caudaloso rio es una gran fábrica de piedra aunque no se halla en muy buen estado, pudiendo haberse tenido presente esta circunstancia por la empresa que se ha propuesto la construccion de un puente colgante á corta distancia, cuya obra no era concebible si hubiese de permanecer de un modo duradero un paso gratuito como el facilitado por el actual puente. Pasado el puente grande se entra en la isla de Binondo formada por dos grandes esteros del Pasig, de los cuales el uno cruza por el pueblo que da nombre á la isla, y el otro por el de Santa Cruz cubriendo la parte de los edificios de ambos pueblos. No nos pararemos á describir estos pueblos ni los otros varios que hemos de mencionar en esta parte del rio, por la misma razon que no lo hemos hecho al recorrer la parte opuesta, y como respecto de ella iremos mencionando solo lo mas notable, deteniéndonos segun su consideracion en los edificios públicos. Emprendiendo el reconocimiento de esta parte por su estremo entre la bahía y el rio, llama primero la atencion la farola que se halla situada en el estremo del malecon que se adelanta en la bahía paralelo al que antes hemos dicho está coronado de una batería para defender la entrada del rio. Esta farola se estrenó en 17 de diciembre de 1843, habiéndose sustituido á la antigua que estaba en el mismo sitio, porque su luz demasiado baja se confundia con las de las casas de Tondo, lo que no sucede ahora siendo de luz fija y un alcance que se distingue desde la vigía de la isla del Corregidor, distante 27 millas, y á las 14 ó 15 se descubre desde la toldilla de los buques. El fanal ó guarda-luz es todo de hierro y cobre; la linterna se compone de ocho lámparas por el sistema de Argand con sus reflectores parabólicos y un fustro prismático que trasmite al horizonte todos los rayos de la luz: tanto el fanal como la linterna se han construido en Manila. Siguiendo al E. la orilla del rio se halla, como se ha dicho al describir la ciudad de Manila, la alcaicería de San Fernando frente á la Real fuerza de Santiago. Es un octógono construido en el año 1756 por el Sr. Arandia, aunque su conclusion no tuvo lugar hasta el año 1762; su primer destino fué para que sirviese de alojamiento á los chinos infieles y á los moros que acudian al mercado de Manila. D. Fernando Mier y Noriega, persona acaudalada en aquel tiempo, contribuyó á la fábrica de este establecimiento, y por Real órden de 16 de febrero de 1783 se previno que pagase á sus herederos la mitad de la cantidad que habia invertido. En 22 de agosto de 1786 declaró S. M. que el nombramiento de alcaide para este establecimiento se hiciese por el gobierno de acuerdo con el intendente. El incendio ocurrido en 20 de mayo de 1810 destruyó este edificio y no se trató de restablecer su piso principal temiendo que perjudicase á la defensa de la plaza: solo se procedió á cubrir el piso bajo á teja bana y con maderas de poca duracion segun se vió por el resultado. Aquí se estableció al principio la Aduana pareciendo un sitio cómodo para el despacho de entrada y salida de las embarcaciones. Tambien se alquilaban á los chinos de los champanes, como se sigue haciendo, los pantines ó bodegas sobrantes recaudando el castellano el producto que ingresa en las cajas reales dando aquel su cuenta anual. En el dia los asentistas del anfion ó fumaderos de opio tienen por contrata parte de estas bodegas. La utilidad que por este medio produce á la Hacienda pública ha sido la razon que ha sostenido la alcaicería de San Fernando, no obstante las diferentes resoluciones que atendiendo á la mejor defensa de la plaza de Manila se han tomado para su demolicion considerando que podia ser un punto de apoyo para los enemigos en caso de sitio: nosotros hallamos mejor pensado su conservacion, no solo porque no es despreciable la utilidad indicada, sino tambien por cuanto pudiera contribuir á defender la entrada del rio si fuese su fortaleza mas considerable. La defensa de la entrada del rio no puede menos de ser mirada como del mayor interés, y una buena fuerza en la alcaicería de San Fernando puede hacer mucho á este objeto. Esta fuerza pudiera ser tambien considerada en mucho si tuviera toda la importancia militar que indicamos, porque en tal caso por presidir los populosos vecindarios de Binondo y Tondo, pueblos de tanta afluencia mercantil propia del archipiélago y estrangera. Pero dejaremos estas consideraciones por corresponder mejor á la parte militar de que en su lugar nos ocuparemos, concluyendo ahora con decir lo que es esclusivo de su actual estado. En 1822 rentaba 3,000 pesos, y en su consecuencia se decretó su reedificacion, la cual tuvo efecto aunque no fué de grande importancia, y despues se han hecho varias obras. Junto á sus tapias hay un cuerpo de guardia que sirve para el resguardo de la bahía. Tambien hay por la parte del rio un camarin para carenar falúas, modernamente compuesto á espensas de la renta del tabaco. En la alcaicería ha estado siempre la capitania del puerto, viéndose sobre este edificio el asta y bandera española, y el capitan ha vivido tambien algunas veces en el mismo. Modernamente se ha construido en el muelle inmediato una pequeña oficina. Frente á la alcaicería por la parte de la poblacion de Binondo, hay unos camarines pertenecientes al ramo de propios, donde estan reunidos los herreros, que en su mayor parte son chinos, y á la espalda, en el sitio llamado de Omboy, estan la carnicería y pescadería de Binondo, situadas en un largo camarin con divisiones: el mercado establecido en este sitio es de noche. Al E. de la alcaicería se halla el sitio llamado Carenero de la barraca, que es bastante estenso y en el cual hay hácia la parte del rio un cuartel de infantería llamado tambien de la Barraca. Próximo á este sitio se hallan la pequeña iglesia de San Gabriel y la gran casa ó convento que fué hospital de los chinos cristianos cuya parroquia era la espresada iglesia, hallándose este establecimiento bajo la proteccion Real. En 1756 se estaba construyendo este hospital y en 1763 se mandó de Real órden que se le asistiese con 2,000 pesos de la caja de comunidad.-El M. R. P. dominico Fr.

Miguel de Benavides perfeccionó la obra. Su advocacion primitiva fué de San Pedro Mártir, poniéndose bajo su proteccion el convento hospital de chinos, pero despues prevaleció para todo el establecimiento el titulo de San Gabriel, que fué el propio de la iglesia. En esta iglesia, que era pública, se administraban los sangleyes por un párroco especial desde que se destruyó la iglesia del Parian. Despues el convento ú hospital vino á quedar sin su uso propio y empezó á darse en arriendo á particulares. La parroquia fué estinguida en diciembre de 1848; pero continuó habitando un religioso dominico una casa que linda con la iglesia por la izquierda de esta, pues el convento ó antiguo hospital está á la derecha: el destino de este religioso era confesar á los chinos que desconociendo el castellano y el tágalo habian aprendido la doctrina en su lengua propia. Tampoco existe ya este religioso, y la iglesia ha quedado reducida á una capilla que sirve como una ayuda de parroquia de Binondo. Desde la supresion de la antigua parroquia de chinos, el Sanctorum de estos se da al párroco de Binondo; estando los chinos á cargo de los curas que administran los pueblos donde se hallan sin distincion alguna.

Junto á San Gabriel está el muelle llamado del Rey, y no lejos el puente Grande del Pasig. Desde este puente se toma la calle Nueva, que sigue la direccion de aquel, y en ella se halla la boca de la en que está el teatro de Binondo; cuya calle es la segunda que atraviesa de la Nueva á la de San Jacinto por la derecha de la primera. Este teatro hace cuatro años que se ha construido desde sus cimientos, en el sitio llamado de San Jacinto, donde un incendio consumió una multitud de casas de nipa que el gobierno prohibió se reedificasen. El teatro tiene sus puertas á esta calle y á otra que es tambien nueva, y para evitar confusion cuando se dan funciones, la entrada se verifica por la primera de las indicadas calles y la salida por la segunda. El frente del edificio que es el que tiene la puerta de entrada, presenta por todo él un vestículo coronado de una galería alta cubierta, la cual sirve de desahogo á los concurrentes en los entreactos. En sus lados presenta dos cuerpos el edificio, conteniendo estos dos salones altos y dos cafés en la parte baja. Su disposicion interior no es la mas á propósito, de modo que hay demasiadas localidades desde las cuales no se puede ver ni aun oir con la comodidad apetecible. El costo de la obra se calcula en 50,000 pesos, cuya mayor parte ha sido facilitada á premio por las obras pias y la caja de Carriedo que administra el ayuntamiento.

La calle de la Escolta, cuya direccion es paralela á la que tiene el rio al bañar la isla de Binondo, forma un ángulo con la calle Nueva que hemos mencionado, y las calles del Rosario y de Anluague son paralelas á esta. En la última de dichas calles se halla el edificio de la administracion general de la renta del vino con sus oficinas y almacenes. Es un edificio grande con un frente á la calle, otro al rio de Binondo y dos dilatados cuerpos á sus lados. El administrador habita la parte que da al rio, la cual es de fábrica mas antigua; las oficinas ocupan la parte de la calle. Los cuerpos de edificio que estan á los lados del principal, alcanzando solo hasta el primer piso de este, son dos almacenes de azotea, en los cuales estan los toneles donde se depositan todo el vino de coco que viene de la colecturía de Pagsanjan y el rom que importa el contratista de este ramo; en los mismos almacenes se despacha á los estanquilleros. Para la introduccion y estraccion de estos efectos tiene el edificio en el rio buenos muelles enlosados de piedra de china. La parte baja hácia el rio ha sido siempre habitada por los guardas de la ronda, y en la parte de la calle estan la tesorería y escribanía. Desde mediados del año 1841, por espacio de dos años estuvo instalada en este edificio la administracion general de rentas estancadas unidas, de las que formaba parte la del vino: con este motivo se construyó entonces el almacen que hay al otro lado de la calle, y se colocó parte del antiguo taller de vasigería, destinándose para depósito de tabaco labrado. El edificio de la administracion y oficinas se halla hoy en la dependencia de la direccion de estancadas, por haberse suprimido segunda vez la administracion general de la renta de vinos y lico-

res. Este edificio es bastante bueno, aunque muy inferior al de la direccion del tabaco, y no obstante ser demasiado mala la escalera y convenir algunas otras variaciones.

En la misma calle de Anluague se hallan tambien la tercena y la administracion del Casco, establecidos en una casa alquilada por cuenta del Estado; la primera está en la parte baja del edificio.

Siguiendo desde los almacenes y oficinas de la renta del vino hácia la confluencia de los dos rios de Binondo y de Misig, se hallan la igl. parr. de Binondo, la fábrica de tabacos, el quemadero, la direccion general de esta renta, y sus almacenes y oficinas. La iglesia parroquial es de buena construccion; hasta hace pocos años tenia una sola nave con su crucero, y despues se le ha añadido otra cuya obra creemos no se habrá concluido todavía. Con esta obra se ha formado una fachada del órden dórico con puertas, frente á la calle del Rosario. La torre está formada de varios cuerpos de mayor á menor segun se va elevando, y se dice haber sido mucho mas alta en otro tiempo. El patio de la iglesia fué tambien mucho mayor, pero en el año 1838 ó 1839 fué preciso reducirlo para dar estension á la plaza de las fábricas conviniendo asi al desahogo de estas. Ya desde mucho antes habia empezado á perjudicar á la parroquial la proximidad de dichas fábricas, pues desde el año mismo en que se estableció esta renta le fué ocupada por ella la casa parroquial, donde puso almacenes y oficinas, y desde entonces los tejados y aun la torre se comunicaban con la fábrica, lo que duró por espacio de 37 años, hasta el de 1819 en que se quedó definitivamente la Renta con el espresado edificio, separándolo con el callejon de doble cerco que media entre este y el de la iglesia: la renta del tabaco construyó entonces otra nueva casa para el cura, aunque con bastante estrechez. En razon de esto, el mismo R. P. Fr. Jesualdo Miñano, ha conseguido que le cediesen una parte del camarin de cigarros mas inmediato á la casa parroquial, conviniéndose en fabricar á sus espensas, como lo ha verificado, otro camarin igual en el sitio designado por la direccion. Una vez que se verifique la dilatacion de la casa parroquial en lo que el camarin adquirido permite, quedará mas desahogada.

La casa, direccion, fábricas, almacenes y oficinas del tabaco, que se hallan próximas.á la iglesia parroquial hácia el N., ó sea hácia la parte de la isla de Misig, presentan un gran conjunto de edificios sin órden ni gusto, sin embargo de que se estiman en mas de 200.000 pesos los gastos hechos en ellos. Con esta cantidad pudiera haberse construido un edificio magnífico; pero se han hecho las obras sin plan segun lo iban exigiendo las necesidades, y al paso que se iban adquiriendo las concesiones. El gobernador Vasco, al establecer el estanco del tabaco en 1782, colocó las fábricas en unos camarines de nipa, y la casa parroquial de que acabamos de hacer mencion, la cual servia de habitacion para el director, oficina principal, contaduría y almacenes: estos, colocados en el piso bajo, perjudicaron pronto, con el calor y miasmas que exhalaban, la salud de los empleados, por cuya razon pasaron á la casa inmediata que era del cabecilla de sangleyes, á quien se alquiló en 200 pesos anuales el año 1784. En el año anterior se habian comprado ya tres casas de fábrica á cal y canto para dar estension á los camarines donde se elaboraba el tabaco, é irlo libertando del peligro de un incendio. El cercado que se hizo á estos camarines se estendió a 552 brazas y 53 puntos, y se pagó al contratista 818 pesos, 7 rs. 15 cuartos, á razon de 2 pesos 2 rs. braza, y 20 pesos importe de una puerta. Todos estos gastos fueron reconocidos en consecuencia de Real órden de 29 de abril de 1785 por la cual se mandó la construccion de camarines donde pudiesen trabajar de cinco á seis mil mugeres, y almacenes para 6,000 fardos. Con esto se dió grande impulso á las obras, y por Real órden de 22 de agosto de 1788 se aprobó el gasto, que habia ascendido á 45,065 pesos. En 1806 se mandaron derribar las casas de nipa que habian quedado cerca de las fábricas despues del grande incendio ocurrido en los estramuros de Manila. Por aquel tiempo se empezó á reconocer lo urgente que era la separacion de la iglesia y los almacenes establecidos en la antigua casa parroquial, porque teniendo sus

techos unidos era fácil la sustraccion de tabaco y barajas como se verificó una vez por una puerta contigua al coro, y otra en los depósitos sobre la sacristía por la parte del altar mayor. En 1808 se aprobó el gasto de 17,331 pesos con destino á la fábrica de cigarrillos. En 1816 el comandante de ingenieros D. Ildefonso de Aragon, que dirigió varias obras en los almacenes, manifestó la utilidad de que la casa parroquial y sacristia que se iban á hacer nuevas por cuenta de la renta del tabaco en reemplazo de las que se habia apropiado, se construyesen frente á la calle de San Jacinto, como se aprobó. En 1817 se mandó que con preferencia á todo se determinase la obra de separacion entre las fábricas y la iglesia y torre, la cual aun tenia comunicacion con los almacenes. En el mismo año se hacian otras obras y reparos en la casa direccion. En 1819 quedaron definitivamente separadas de la iglesia y torre las fábricas y los almacenes. En 1821 se levantó el piso de estos últimos, lo que costó 1,412 pesos, 3 rs. 9 granos. La junta superior aprobó en 1823 la inversion de 6,600 pesos en unir la nueva fábrica de puros con la llamada Pangalatú. El coste de ampliar la pieza de registro de la fábrica de puros, cuya obra se hizo en 1824, se calculó en 158 pesos, 2 rs, En 1827 se formó la pieza próxima á la puerta de entrada para verificar el registro de las operarias, con la adquisicion de la casa de los Mendozas: en 1829, para estender las fábricas, se invirtieron 6229 pesos 7 rs.; pero aquella casa fué ocupada por entonces por la administracion del casco. En el mismo año se hicieron reparos generales por causa de los temblores. En 1830 se ensancharon las oficinas de la contaduría y se aprobó la obra de la nueva tesorería y la demolicion de la antigua. En 1834 se aprobó el presupuesto de 4,337 pesos, 1 real y 3 granos para reparos. En el mismo año se aprobó una grande ampliacion de las fábricas y almacenes estrechando el átrio de la iglesia para dilatar á sus espensas la plaza de las fábricas: estas obras fueron valuadas en 26,528 pesos 2 rs., y rematadas en 24,800 pesos. La incorporacion de la nueva fábrica con los pisos altos de los almacenes, se valuó en 2,292 pesos 7 ½ rs. y se aprobó en 1838. Asimismo se aprobó en aquel año el gasto de 4,845 pesos, 4 rs. en recorrer el techo de la antigua fábrica de puros y el de los almacenes. Tambien se enlosó el piso de la fábrica de cigarrillos dándole mas estension, en lo que se invirtieron 2,778 pesos. Ademas de todas las cantidades espresadas que ascienden a 119,419 pesos, se han invertido otras diferentes partidas tanto en las obras y reparos como en la indemnizacion de las casas de nipa derribadas en las inmediaciones; por lo que el Sr. Diaz Arenas, cuyos trabajos nos son de grande utilidad en cuanto abraza su publicacion, calcula que puede estimarse en 200,000 pesos fuertes el costo de las fábricas y almacenes de Binondo, como antes siguiendo su parecer hemos dicho. Ya vimos al hablar del sitio de Arroceros, á la izq. del Pasig, que las fabricas de picadura y cigarrillos han sido trasladadas á aquel punto, quedando las de Binondo esclusivamente para menas superiores y ordinarias.

Fuera de la isla de Binondo, dentro de la cual se hallan los varios edificios públicos mencionados, está la mayor parte de la pobl. al otro lado del rio de su nombre, que se pasa por un puente al estremo de la calle de San Fernando opuesto á la Alcaicería. La calle de Jaboneros es paralela á la espresada de San Fernando, y mas adelante siguen otras dos en la misma direccion. Las del Santo Cristo, Ilang-ilang, Longos, Candelaria, San Sebastian, San Nicolás y Cerrada, tienen una direccion contrapuesta y van á terminar á la línea divisoria de Tondo y Binondo, escepto la Cerrada que, como lo espresa su nombre, no alcanza hasta ella. Esta línea formada como una precaucion contra los incendios, que sin ella pudieran comunicarse de un pueblo á otro, como sucedió en otro tiempo, es bastante espaciosa como una ancha calle transversal que separa las nombradas de Binondo de otras de Tondo que sigue la misma direccion. A la izq. de esta línea, marchando hácia la costa, se encuentra la Gallera, ó sea el edificio destinado para las riñas de gallos á que son tan aficionados los indios. El puente de Asaiteros se halla en el estremo N. E. de esta division, dando sobre el rio de Tondo paso á la isla y barrio

de Meisig. En esta isla formada por el rio de su nombre, el de Tondo y los esteros de Tutubang y Trozo, se forma un pequeño lago, prolongado de S. á N., dejando á la derecha el barrio y á la izquierda un cuartel de caballería donde se halla alojado el regimiento de Cazadores de Luzon. Desconocemos las razones que pudieron apreciarse para colocar aquí este cuartel, presentándosenos como el punto menos á propósito, pues lo primero que se nos ofrece es la facilidad con que pudiera dejarse encerrado en la isla el regimiento que le ocupa en cualquier acontecimiento que pudiera reclamar su accion en otra parte; reduciéndose sus salidas á un estrecho puente llamado de Tutubang, que conduce á las sementeras de la visita que le da nombre y al espresado puente de Asaiteros, tambien estrecho y de poca importancia. Ademas hay una salida para la calle de Joló.

En la divisoria hay un pozo construido el año 1844 con motivo de las fiestas que se celebraron en Manila por la mayoría de la Reina, á cuya memoria lo consagró la junta de comercio: es de agua potable, aunque su cercanía al mar la hace algo salobre: está coronado de un templete de buen gusto. Para la construccion de este pozo de agua dulce en el sitio en que mas se carece de ella, el domingo 26 de mayo del referido año, se constituyó la Junta de Comercio bajo una tienda de campaña en el sitio indicado para su construccion: sobre aquella tienda se enarboló el pabellon nacional; el presidente dió el primer golpe de azada y se tomó acta del acontecimiento.

En la parte de Tondo comprendida entre la dvisoria, el rio y la bahía, existen la visita de la Candelaria que se halla cerca de la divisoria; la del Santo Niño, que está al centro mas próximo al rio del que avanzan dos esteros hacia ella y las de San Antonio y Mamante que se hallan sobre la costa. El puente de Tondo está pasadas dichas visitas aproximándose el rio á la costa. A bastante trecho mas al N. se ve la antigua batería de San Lucio, fortificacion que hace ya tiempo se halla abandonada. Tambien sobre la costa y á alguna distancia de ella á la izquierda del rio se encuentra el caserío llamado Bancusay. Al S.

de este entre varios rios y esteros se hallan las visitas de Bancaro, San Rafael, Tutubal, San Nicolás y Santa Cruz.

Lo primero que se halla bajando del puente de Santa Cruz es la cárcel de Tondo situada á la derecha, formando un martillo con dos frentes desiguales cuya espalda está para el rio. En el mayor aparece tabicada la puerta principal y en el menor está la de la guardia. En esta parte del edificio residió hasta el año de 1849 el juzgado primero de la provincia, y en el mismo habitaba su alc. m.: despues ha pasado á una casa particular á fin de dar mas ensanche á las prisiones: la casa en que actualmente reside en concepto provisional el juzgado principal de Tondo se halla en la plaza de Santa Cruz.

POBLACION DE MANILA Y SUS AFUERAS. La ciudad propiamente dicha apenas consta de 10 á 12,000 habitantes, pero si se cuentan los numerosos vecindarios que hemos visto ser como sus arrabales, ascienden á mas de 140,000. No nos detendremos á examinar la marcha del desarrollo que ha elevado esta poblacion á tan considerable número, porque siguiendo nuestro sistema corresponden mejor estas consideraciones al art. de la prov. de Tondo, á que pertenece Manila. Esta gran poblacion debe tomarse como de la ciudad, no obstante su situacion fuera de los muros de esta, porque los cuerpos de poblacion formados por ella se hallan como hemos visto, en su mayor parte separados de la misma por un muy corto espacio; debe tambien considerarse como de la ciudad porque en todos estos pueblos residen muchos españoles, vecinos principales de ella, y haber sido todos hasta el año de 1844 de la jurisdiccion civil y criminal de los alcaldes ordinarios de la ciudad, como en su lugar veremos. En esta pobl. numerosa se presenta verdaderamente un mundo cuya vista sorprende al que llega por primera vez al pais y nunca lo considera bastante estudiado el hombre pensador. Hállase este rodeado de chinos, tagalos, bisayas, pampangos, ilocanos, cagayanes, mestizos, americanos, españoles, ingleses, franceses, etc., pues casi no hay pueblo que no tenga algunos individuos en Manila.

CARACTERES Y COSTUMBRES. Es una poblacion verdaderamente cosmopolita donde las distintas raleas aparecen solo identificadas en cuanto lo exigen la accion local y las necesidades tópicas; puede decirse que comprende distintos pueblos unos en otros con sus respectivas naturalezas, usos, costumbres, religion y gobierno. Todos estan sujetos al alcalde mayor de Tondo; pues los indios, que son los que forman la mayor parte de la poblacion, tienen sus costumbres, su lengua y sus gobernadorcillos; los chinos y sus mestizos tienen los suyos; los mestizos de españoles estan exentos del tributo; pero no entraremos en pormenores sobre esto por ser perteneciente al artículo de la prov.

LENGUA. Cada uno de todos los pueblos mencionados y reunidos en esta pobl. de naturaleza tan variada, se esplican entre sí con su dialecto particular, aunque la lengua general y aun esclusiva á cierta distancia de la ciudad es el tagalo; en la ciudad propiamente dicha y en sus estramuros, tambien se habla generalmente un español mas ó menos corrompido, siendo la lengua oficial de la colonia y general de Manila.

VESTIDO. Los estrangeros van al uso de su respectiva patria. Los indios y mestizos visten una camisa suelta fuera del pantalon, que es ancho aunque no tanto como lo era antiguamente. El color, tanto del pantalon como de la camisa, es por lo general azul. A la cintura llevan un cordel ó pañuelo como pretina, del cual los habitantes de los pueblos acostumbran colgar una especie de machete. Al cuello llevan algun rosario de oro, cadena ó escapulario del Cármen, y á la cabeza un pañuelo á manera de turbante ó un sombrero de palma ó nito. Los principales se distinguen añadiendo á este trage una chaqueta. Las mujeres indias llevan una camisa semejante á la de los hombres, aunque mas corta, pues no les baja de la cintura; la traen suelta, como ellos, está descotada pero cerrada por el pecho; las mangas son largas y anchas; luego llevan una saya y encima una tira de buena tela llamada tapis, en que se envuelven de medio cuerpo abajo. Sus chinelas son notables, pues las llevan sueltas por detras, y por delante, solo se afianza en cuanto les puede caber escasamente los dedos; estas chinelas estan bordadas de oro ó plata. En el preliminar de este Diccionario hemos hablado con bastante detencion de los trages y costumbres de los indios segun sus respectivas raleas, por lo que escusaremos entretenernos en mas pormenores. En este lugar debemos ocuparnos con especialidad en lo que concierne á los hijos del pais, mestizos de españoles, mestizos de chinos, españoles hijos del pais ó trasladados de la Metrópoli, chinos, y por último, en lo que pertenece á los manileses en general por la especialidad que la localidad imprime aun en las costumbres de los europeos, modificando las que llevaran de sus respectivas patrias.

DE LOS MESTIZOS. Se distinguen en dos clases: los nacidos de españoles y de indias que se llaman mestizos de españoles y son esentos de tributos. Los procreados por la union de chinos y de indias son la segunda clase. En unos y en otros prevalece el carácter del padre, por lo que cuando resultan hijos de la union de un mestizo español y una mestiza china son tenidos por mestizos españoles y viceversa; estos son los que algunos han llamado, no se por qué razon, tornatras, pues nos es desconocido este nombre en el pais. Tampoco les es aplicable la denominacion de criollos que les han dado varios por hallarla en las Antillas. Los mestizos de españoles suelen ser poco mas morenos que lo general de los españoles mismos; sus facciones tal vez salen aun algo mejoradas. Los oriundos de españoles y de mestizas chinas son mas activos, mas emprendedores, mas aplicados al comercio; participan mucho del carácter chino que conservan durante una larga série de generaciones, tanto en lo moral como en lo físico, segun aparece en la forma de sus ojos: asi se acostumbra decir en Manila que la sangre de los chinos es muy fuerte. Los mestizos de españoles se dedican á las artes mecánicas y á la carrera militar; por lo que hace á intereses suelen prosperar poco. Los mestizos chi-

nos, es decir, los hijos de chinos y de indias, estan sujetos al pago de tributo; tienen la tez amarillenta, la cara larga, la nariz aplastada, aunque menos que los indios, los ojos bastante esféricos y los diámetros transversales forman un ángulo obtuso sobre la nariz; son linfáticos y sin barba, su carácter es notable por su actividad: se enriquecen con el comercio como los chinos. Cuando salen á la calle suelen ir ricamente vestidos y llevan en sus camisas alfileres de perlas y diamantes cuyo valor asciende á veces á una talega. Sus mujeres con su saya y sin el tapis de las indias no despliegan menos lujo que ellos: hay algunos que han renunciado la costumbre indiana por vestir á la europea. Son todos católicos y en sus manos se halla casi esclusivamente el comercio.

DE LOS CHINOS. Los chinos puros forman en cierto modo una poblacion especial; por sus costumbres tambien se les llama *sangleyes* que significa comerciantes viajeros. En su mayor número proceden de Macao, Chancheu, Nyngpo y Canton; son en general de mediana talla. Hablan como todos los chinos de Macao, algun tanto el español y el tagalo. En sus costumbres y trages son tambien semejantes á los de Macao y de Canton: llevan en forma de blusa una camisa llamada visia y un pantalon ancho afianzado por una jareta. Se afeitan la cabeza sin dejarse mas que una pequeña coleta trenzada; á veces llevan un pañuelo atado á ella. Su calzado es negro, punta redonda y suela gruesa. El gobernadorcillo y sus alguaciles llevan por divisa de sus respectivos oficios el sombrero europeo; su baston de mando, el gobernadorcillo, y los alguaciles la vara ó bejuco. Son notables sobre todo su aplicacion y la fraternidad con que mútuamente se protegen, sin servirse para cosa alguna de nadie que no sea de su propia nacion. Trabajan sin descanso y envian las economías á sus familias. Los mas pobres viven reunidos en bastante número y comen todos como puede decirse á un plato. Los que estan en mejor posicion son lujosos; sus dependientes, cocineros, criados, etc., son tambien chinos; hay algunos que tienen carruage y solo en este caso es cuando tienen un dependiente que no sea compatriota suyo cual es el cochero. Siendo su carácter esencialmente dócil, emprendedor, industrioso, laborioso y económico, simpatizan poco los indios con ellos, pues suelen ser celosos de la mejor posicion que les ven gozar con el fruto de su trabajo. Los chinos mas pobres acostumbran estar mas desahogados que muchos indios tenidos por acomodados, lo que es debido á su aplicacion y á sus largas vigilias en el trabajo; cuando hay alguno que reducido á la última miseria no puede pagar su tributo y es puesto en prision, sus compatriotas ricos lo mantienen y aun le consiguen la libertad. Los comerciantes chinos son tenidos por buenos aritmólogos, hacen sus cálculos con la mayor prontitud por medio de unas bolitas ensartadas en unas varitas, cinco en cada una; estas varitas colocadas paralelamente en ciertos cuadros de madera, forman diez órdenes que representan por su colocacion los diferentes órdenes de unidades bajo el sistema decimal. Tambien tienen su registro y una imperfecta teneduría de libros. Fuera del comercio por mayor y menor en que los chinos rivalizan con los mestizos, son tambien especieros, fruteros, etc., y ejercen su comercio tanto en sus casas como por las calles; otros chinos son sastres, zapateros, etc.; seria difícil enumerar todos los géneros de industria á que se dedican y en todos ellos se distinguen. Tambien descuellan en otros ramos, particularmente es notable la importancia que han adquirido en la medicina, pues los médicos chinos son algunas veces llamados hasta por los españoles, y los hay que han hecho curaciones asombrosas con sus misteriosos tópicos. Estos médicos toman sucesivamente ambos pulsos, y pronuncian con tono de oráculo su dictámen determinando si la enfermedad proviene del esceso de calor ó de frio, pues para ellos todas las dolencias á que se halla sujeto el hombre provienen de la falta de equilibrio entre estos dos principios, y el restablecimiento de este equilibrio es el objeto á que se dirigen todos sus medicamentos. No hacen jamás operaciones quirúrgicas ni aplican nunca sanguijuelas: los emplastos y los tópicos son, segun dicen, sus instrumentos.

No se les paga hasta despues de la curacion, pero á veces exijen algunos anticipos por via de gastos de medicamentos. Cuando salen bien los enfermos se les colma de alabanzas, como en todas partes sucede, mas si no los salvan no se les paga sus visitas. Los medicamentos de estas gentes nos son casi del todo desconocidos, y entre ellos hay algunos que tienen propiedades verdaderamente estraordinarias. Los médicos europeos suelen cobrar en Manila un peso por visita de dia y cuatro de noche, cuarenta ó cincuenta por asistir á un parto. Hay muchos barberos, lo que no es de estrañar con las costumbres de estas gentes en no servirse de nadie sino es de los de su propia nacion.

Ya se ha dicho que se afeitan la cabeza no dejándose mas cabello que los de la parte superior de la region occipital donde llevan una larga coleta trenzada. El barbero chino no solo tiene á su cargo hacer la barba al que se pone en sus manos para su aseo, sino que le limpia igualmente los ojos, la nariz y los oidos por medio de unos brochecitos y otros varios intrumentos á propósito; la operacion que al efecto practican en los ojos suele ocasionar muchas oftalmias, pues les pasa una pequeña brocha sobre los párpados por la mucosa, el cartilago del párpado inferior y hasta por el mismo globo del ojo. Llama mucho la atencion verles en estas operaciones por la delicadeza con que las hacen.

Los chinos establecidos en Manila son algun número católicos, y ya hemos visto en otra parte de este artículo que tienen su cementerio consagrado en las Lomas, fuera del cual se entierran los que se conservan budhistas. Los entierros de estos son muy notables: colocan el cadáver en un ataud de molave con bastante cantidad de alimento, papel, una bugía y algunos otros objetos; se les inhuma á flor de tierra y luego se cubre el lugar con piedras. Durante la ceremonia llevan los chinos en señal de duelo una cinta negra al cuello. Es muy comun que tengan unos altaritos en sus casas. La procesion chinesca del dia del Corpus á la cual asisten en corporacion todos los cristianos llevando cirios en la mano, vestidos de seda, con sus autorida les á la cabeza y músicos para acompañar su canto, presenta un espectáculo muy curioso; en esta procesion desplegan un gran lujo; sale de la parroquia de Binondo á la que pertenecen todos. El dia de San Nicolás celebran una de sus mayores fiestas. En este dia se dirigen por el Pasig, tambien formando corporacion, en embarcaciones adornadas que presentan el aspecto de costosas *pagodas* flotantes ricamente decoradas, á la ermita de San Nicolás, en Guadalupe. Celebran esta fiesta en conmemoracion de un milagro que refieren, diciendo que un chino perseguido por un cocodrilo invocó el socorro del santo y el terrible anfibio quedó convertido en piedra. Todavia se enseña esta petrificacion cerca de la capilla arruinada en el sitio á donde acuden anualmente para celebrar esta fiesta. Al regresar á Manila todas las pagodas van iluminadas, y allí se come, se bebe, se recibe á todo el mundo y se atruena con sus músicas.

La música de estas gentes es muy original: una verdadera cencerrada que hiere estraordinariamente con su discordante ruido. Los chinos se reunen con frecuencia para formarla, lo que sucede con especialidad en los dias de gran fiesta, sobre todo en las que se celebran por la llegada de un nuevo gobernador. Algunas veces por la tarde, cuando la luna brilla despejada, se reunen tres ó cuatro de ellos en una de sus tiendas para rascar su destemplado bandolin de dos cuerdas y tocar su flauta de bambú.

Los juegos favoritos de los chinos son el *liampo*, los dados y las riñas de gallos. Tambien son aficionados á fumar el ópio, y por no ser esto permitido en la colonia hasta el establecimiento de fumaderos, para verificarlo solian alquilar el piso bajo de la casa de alguna persona influyente ó privilegiada, cuyas consideraciones les tuvieran al abrigo de las pesquisas de los alcaldes.

Los alimentos de los chinos son muy variados; sin embargo, se contentan con pocos platos en cada comida como estos sean abundantes. El arroz cocido con agua les sirve de pan como á los indios, y el tocino es para ellos un bocado favorito. Comen sentados en sillas, no en cuclillas como los indios, y por via de tenedores se sirven de dos varitas cilíndricas

de seis á ocho pulgadas de longitud y dos líneas de diámetro, hechas de ébano ó de marfil, cuyas varitas se llaman en Manila *sipit*. Para servirse de estos palillos ó varitas colocan uno entre los dedos pulgar é indice y otro entre el índice y el dedo del medio, con los demas dedos los dirigen cuando buscan la carne ó las legumbres, las toman y empapan en cierta salsa y las conducen á la boca; lo mismo hacen con el arroz, comiéndolo tambien con el ausilio del *sipit*. Parece que esta invencion ha sido adoptada como medida higiénica con objeto de no poder comer con esceso, obligados á tomar el alimento en muy pequeñas porciones. El pescado seco es uno de sus bocados de mas estima, y asímismo cierto manjar que llaman *cutchay*. Por lo comun no beben mas que agua pura ó té caliente; como golosinas tienen cierta gelatina vegetal, el *pansit* y algunas confituras. Las aletas de tiburon, el balate, los nidos de salanganes, los nervios de ciervo, etc., no son de uso general entre los chinos de Manila, por su demasiado precio, y suplen estos manjares con la cecina de ciervo ó de ternera.

Muchas veces se ha presentado al gobierno de la Metrópoli como muy perjudicial á la colonia su poblacion china, y diferentes Reales órdenes recabadas por este medio han tendido á estrechar la condicion de estos útiles habitantes. Sin embargo, su paciencia, su perseverancia y la multitud de medios de que han sabido valerse, han evitado que se cumpliesen aquellas en todas sus partes. El gobierno saca de los chinos considerables sumas y tampoco son inútiles á la política local; hay muchas personas sensatas que los creen necesarios en Manila y que son de parecer que no se podria pasar sin ellos; nadie, inclusos los indios, ejercerian ciertas funciones que toman sobre sí los chinos, y si se les obligase á dejar la capital dedicándolos esclusivamente al cultivo de las tierras, no dejaria de presentarse desde luego una posicion embarazosa y se correria el peligro de ser cerradas la mayor parte de las tiendas al por menor, pues los indios carecen del amor al trabajo y de la perseverancia que exige esta clase de comercio. Es verdad que en los acontecimientos del pais relacionados con la política general, los chinos se han mostrado frecuentemente dañosos; su conducta durante la invasion inglesa fué muy reprensible; sus alzamientos han puesto mas de una vez en gran peligro la colonia; pero tambien es preciso tener presente lo vejado que se ha visto siempre este pueblo y apreciar en todo su valor las graves causas que han debido obligar su conducta, siendo como son estos chinos la gente mas pacífica del mundo. Nosotros desde luego creemos que de aquellos sucesos no son los chinos solamente los responsables, y no es un principio de natural deslealtad lo que se ha esplicado en ellos, sino una exasperacion creada por la situacion en que vino á colocarlos la emulacion que se desarrollára al verles gozar tranquilos el fruto de su aplicacion y sus desvelos. Esta emulacion los ha presentado por una parte como los que dan á los indios ejemplos de corrupcion y de venalidad; por otra, llevados de antiguos errores económicos, como gentes que estraen del pais todo el numerario sin reportarle utilidad alguna en razon de que se hacen venir de su patria casi todos los objetos de sus necesidades; tambien los han acusado como pueblo temible por formar un gobierno en el seno de otro y por la facilidad que tienen, á favor de su dificultosa lengua, para formar conspiraciones sin que se les pueda penetrar su secreto, y sobre todo por el apoyo que contra el gobierno colonial podria encontrar en ellos cualquiera invasion estrangera. Felizmente nunca se ha dado el pretendido valor á estas acusaciones, y por último, el digno gobernador capitan general Clavería, persuadido de esto mismo, consultó ya al gobierno de la Metrópoli algunas ventajas para este utilísimo pueblo, y el actual gobernador capitan general D. Antonio de Urbiztondo ha mejorado de un modo muy considerable su suerte, como vimos en el preliminar del Diccionario.

COSTUMBRES GENERALES DE LOS MANILESES ESPAÑOLES E HIJOS DEL PAIS. En medio de la multitud de pueblos mencionados se hallan los europeos, en su mayor parte españoles trasladados de la Metrópoli ó hijos de la propia colonia, habitando en Manila y sus arrabales, donde conservan con poca alteracion sus costumbres originarias. Los indios no hacen distincion alguna entre los europeos, ya sean españoles naturales de la colonia ó de la Península, franceses, ingleses, etc., confundiendo todos los blancos bajo el nombre genérico de *castilas*. Los españoles hijos del pais son blancos, bien formados, de mediana talla y de una fisonomía muy agradable. Las mujeres son generalmente bonitas; tienen buenos dientes, hermosos ojos, largos cabellos, por lo general negros, que á veces les llegan hasta el suelo; son perfectamente formadas y en estremo graciosas; apenas usan corsé sino es en dia de baile ó de gran ceremonia en que se presentan perfectamente vestidas. Son aficionadas á la música y muy susceptibles en los puntos de etiqueta, como las españolas europeas, no dejan su asiento al recibir á hombre alguno, aunque sea al gobernador en persona.

Su educacion por lo demas es comunmente algo descuidada, como en todas las colonias, siendo muy sensible que no tengan los colegios planteados cual corresponde con los necesarios profesores en los diferentes ramos que una educacion esmerada exige. Los jóvenes ya se hallan en otro caso: hacen sus estudios en la universidad de Santo Tomás; poseen varias lenguas estrangeras y algunos llegan á ser abogados muy distinguidos; los hay que han estudiado en Pondichery y su educacion como su carácter hacen honor al pais. Ademas de la carrera del foro, la de las armas, la de la marina mercante y el ramo eclesiástico, presentan hijos del pais distinguidos en todos conceptos; pero estas carreras no bastan á los numerosos jóvenes que se dedican á los estudios y algunos de ellos pasan por esta razon á Europa. Su carácter es sumamente bondadoso y hospitalario; saben hacer perfectamente los honores de sus casas, pero no dejan de tener algunos los defectos inseparables del abandono á que se hallan comunmente reducidos por la naturaleza especial de la zona. Visten á la europea, son aficionados á las modas, á la música, los espectáculos, el baile, las fiestas, la equitacion, el baño, en una palabra, á todo cuanto alcanzan los placeres.

Algunas señoras conservan la costumbre de

la saya y la camisa de nipis ó de Sinamay, cuya costumbre se halla adoptada indistintamente por todos al salir del baño; con objeto de conservar lo posible su frescura las mujeres se retiran de él con los cabellos desordenados, vestidas con una blusa blanca y con ricas chinelas. En el interior de las casas los hombres llevan tambien la camisa india fuera del pantalon de tapis ó seda de Baliuag y sus chinelas bordadas. Cuando salen á la calle suelen ir bien puestos y reemplazan el sombrero de nito de Balinag por el de seda de Paris; todas las costumbres europeas se han introducido en el trato de la colonia. En lo antiguo era tal el interés con que los españoles de Manila recibian á sus compatriotas, que alegaban el título de paisanos y convecinos para llevarse los recien llegados á sus casas, presentarles en todas partes y ofrecerles dinero, crédito y hasta sus vestidos, siendo raro que no se necesitase de ellos al llegar á Manila por llevarlos en bastante provision sin conocer el uso propio del pais. Igualmente les prestaban sus caballos, sus carruages y les trataban en todos conceptos con entrañable fraternidad. Así es tambien que dándose todos por muy servidos en recibir á sus compatriotas en sus casas, no habia necesidad de fondas ni se conocia esta especulacion en Manila. Desgraciadamente los generosos sentimientos de los naturales no ha recibido la justa correspondencia; con lo que de algun tiempo á esta parte se han ido haciendo los manileses mas reservados.

Los hijos de la Península observan un método de vida que como se ha dicho difiere poco de sus primitivas costumbres. El baño es una de las primeras necesidades que á la accion del clima contraen casi todos los que llegan á Manila, tanto hombres como mujeres. Vivir en el agua es el gran placer de las hijas del pais. Al salir del baño y aun en el mismo, se deleitan en comer frutas, sobre todo mangas; un vestido blanco hecho de las ligeras telas del pais, conserva por largo tiempo su frescura. Tambien los hombres son aficionados al baño; despues se almuerza con apetito y se concluye por fumar ó masticar el betel. Los dias de fiesta se toma el baño y se hacen estos almuerzos en numerosas reuniones. En los dias de hacienda la mayor parte de los hombres salen como á las nueve de sus casas con sus cómodos trages, el empleado para ir á su oficina y el negociante á sus asuntos. Los empleados militares viven principalmente en la ciudad, los civiles en los pueblos inmediatos, y para ir á sus oficinas los que no tienen carruage, suelen ir en ciertas piraguas ó barcas de unos veinte pies de largas y una vara de anchas, cuyas lijeras embarcaciones se cruzan á veces en todas direcciones en el rio, siendo raras las desgracias ocurridas. Luego acostumbran desayunarse en la oficina, y á las dos de la tarde todos se retiran á sus casas para comer. Estas comidas se componen de una gran variedad de platos y se distinguen poco las mesas desde la del gobernador á las de sus empleados inferiores; en muchas de ellas se sirven los mejores vinos de España. Despues de comer se suele dormir la siesta. Son notables las camas del pais por su propiedad para preservar del calor de la region. A este fin se tiene un almohadon llamado *abrazador*, cuya forma es cilíndrica, como de tres y medio pies de largo y sobre diez pulgadas de diámetro, el cual sirve para facilitar la circulacion del aire entre las piernas y los brazos donde se coloca. Como á las cinco de la tarde acostumbran levantarse y luego se acude generalmente al paseo de la Calzada ó á la orilla del mar, situacion deliciosa que como se ha visto antes tiene á un lado las fortificaciones de Manila y al otro la hermosa vista de la bahía. Una gran multitud de carruages se agolpan á este paseo, pues los hay muy numerosos en Manila: á últimos del siglo pasado se contaban ya 500 entre coches, calesines y birlochos. Tambien pasean muchos á caballo. A la oracion acostumbra retirarse todo el mundo y se toma el té. Luego se hacen visitas, se acude á las sociedades ó se va á la Escolta, calle de Binondo, donde las señoras recorren las tiendas chinas y circulan las noticias del dia. A las once de la noche ó poco despues se retira todo el mundo á su casa, y las puertas de la ciudad quedan cerradas hasta las cinco de la mañana del dia siguiente; cada uno al retirarse cena ó toma un vaso de refresco y se entrega al descanso favorecido por las frescas brisas de la noche, para cuya circulacion se hallan perfectamente dispuestas las casas de Manila.

Entre las diversiones á que hemos indicado se suele concurrir despues del paseo, debe citarse en primer lugar el baile, tanto por la aficion que á él se tiene, como por la asombrosa elegancia que con su ocasion suele desplegarse. A veces se reunen mas de setenta parejas de baile, cuya elegancia ostenta una sorprendente riqueza en sederias de China, diamantes de Borneo y perlas de Joló. Las señoritas solteras no acostumbran presentarse en estas reuniones con menos lujo que las casadas y en lo general se observa ya el gusto y la etiqueta europea. Muchas familias retraidas de estas funciones por los escesivos gastos que ocasionan, tienen otros bailes de confianza donde se asiste sin ceremonia. Tambien debe citarse el Liceo, sociedad elegante, perfectamente constituida, que da tres magníficas funciones mensuales.

Con otras muchas noticias semejantes pudiéramos entretenernos largamente; pero no siendo del mayor interés, nos limitaremos ya á decir sobre las diversiones de los manileses, que ademas de las indicadas y los juegos de gallos, diversion tan comun en el país y en cuya reseña no nos ocupamos por haberla hecho ya en el preliminar, tienen sobre todo sus romerias, como la citada de los chinos á San Nicolás, y otras, prestándose tanto á este género de recreo la hermosa posicion de Manila, posicion nunca bien descrita porque apenas puede formarse idea de ella por mas que se haya disfrutado, recorriéndola mil veces. Queda ya espuesta: sin embargo demos todavía un paseo por ella como para recordarla y ver mas en conjunto cuanto en su lugar hemos detallado.

Dejemos la puerta de Santa Lucía por donde se sale á la playa, paseo de la tarde á donde hemos visto se va para respirar las frescas brisas de la bahía, admirar la magnificencia del sol cuando sus últimos rayos se reflejan sobre la isla del Corregidor y las altas montañas de Mariveles cuya copia se presenta en el fondo de las aguas: dejemos este paseo con su mul-

titud de elegantes carruages construidos en Manila, Batavia, Londres y aun en los Estados-Unidos. Doblada la punta de San Gregorio se entra en la calzada que se sigue entre los anchos fosos y el campo de Bagunbayan donde se halla la Luneta de Isabel II. Un camino conduce á la Ermita cuyo pueblo casi si se confunde con el de Malate, con su cuartel de infantería y sus salinas. Llégase luego á Pasay, pueblo donde se cultiva el betel. Tambien se halla el pequeño fuerte de San Antonio Abad y cerca de él un almacen de pólvora. Tomando á la izquierda, se encuentran los pantanos y esteros, por cuyo medio se podria en tiempo de guerra inundar todas las cercanías de Manila por esta parte. Dejando á un lado á Pasay, se llega á Santa Ana, pueblo delicioso como á tres cuartos de legua de Manila, sobre la orilla del Pasig, donde se van á disfrutar buenos dias de verano. A media legua de este pueblo se halla San Pedro Macati, cuyos aires son todavia mas puros, y ofrecen una pronta convalecencia á los enfermos de disenteria. A poca distancia se hallan Guadalupe y San Nicolás, de cuyas romerias hemos hablado. Aproximándose á Manila se encuentra San Fernando de Dilao ó Baco, pueblo crecido y de numerosos artistas, pueblo tambien de gran romería en devocion de su célebre Cristo: continuando para la ciudad se halla el cementerio que llama la atencion por su bonita estructura circular, su jardin y su graciosa iglesia donde se hallan los túmulos de los gobernadores y arzobispos. Síguese luego la calzada y cruzando el estero de Arroceros se halla una esclusa ó presa con un pequeño puente que forma la comunicacion de los fosos de la ciudad con el Pasig. Antes de llegar al puente del Pasig se halla á la derecha un bonito paseo con buenos bancos y árboles é iluminado por la noche, al que se puede acudir los dias de fiesta, para oir por segunda vez la música despues que ha tocado, en la plaza Real, como se ha dicho. Un cuartel de infantería se presenta sobre la orilla del rio. Pasado el puente, se ve estenderse á derecha é izq. la calle de la Escolta con sus tiendas donde los negociantes de Macao, Canton, Chancheu etc., venden preciosas novedades en telas, perfumerias y numerosos objetos de

Asia, América y Europa. Otros en varios puntos de la pobl., particularmente en la calle de San Fernando ejercen sus oficios de carpintero, sastre, zapatero etc. Otros por fin que parecen de origen mas elevado comercian en azúcar, añil, arroz, nidos de salanganes, holutkurias, aletas de tiburon, perlas finas, escamas de tortuga, nácar; todos estos objetos como los gruesos comercios de China son como esclusivos de los comerciantes chinos y mestizos de Binondo sobre quienes nunca puede prevalecer competencia alguna.

La calle de la Escolta bien iluminada es el punto de reunion de todo el que no tiene que hacer, juntándose á un lado del puente para observar lo que pasa sobre él al claro de la luna.

Tomando la calle de la Escolta para la derecha fuera de Santa Cruz, se hallan luego Quiapo, San Sebastian, San Miguel, San Antonio y Sampaloc. Despues se hallan Nactajan y por fin se llega á las Lomas, paseo solitario que conduce á la Balsa ó barca de bambús colocada sobre el r., la cual se mueve al ausilio de un inmenso bejuco y por la que se pasa para ir de Mariquina á Pasig ó á la famosa cueva de San Mateo, que es uno de los grandes aparatos naturales de estas islas.

Volviendo á la calle de la Escolta y siguiéndola en sentido inverso ó sobre la orilla izquierda del puente se la encuentra ocupada por chinos que ejercen el mismo comercio. Luego se hallan el bivac ó guardia estraordinaria que se hace para la seguridad del pueblo; el sitio de San Gabriel, la calle de Enluague por una parte y por otra la del Rosario toda de comercio, toda guarnecida de pequeñas, pero ricas tiendas propias de los mestizos: ambas calles conducen igualmente á la fábrica de tabacos cuyo ruido se oye de lejos. A la orilla del r. se ve la Alcaicería de San Fernando, donde los champanes chinos desembarcan sus mercancias y de donde segun las ordenanzas Reales dictadas con poco conocimiento de lo conveniente al pais, en beneficio de los que pretendian por este medio prevalecer sobre el genio traficante, industrioso y aplicado de los chinos y mestizos ya que no podian hacerlo en fuerza de su trabajo, y que por tanto no se

han observado, todos los chinos como en otro tiempo los japones, debian ser dispersados en la campiña para su cultivo. La gran calle del Santo Cristo, se halla ocupada por los especieros chinos por los drogueros, y las casas de juego. Binondo pobl. de gran número de chinos indigenas é industriosos mestizos dedicados á la confitería y al comercio de aceite y de jabon, á la joyería, á la pintura, á la platería y á la esmaltacion: además tiene casas de juego y *pansiterias* especie de bodegones donde se sirve el pansit manjar chino á que son tan aficionados en Manila. A la derecha marchando hácia Tondo se ve el hermoso cuartel de Meisig en su isla. El lugar incendiado llamado Division de Tondo, separa este pueblo de tegedores y pescadores que además es verdaderamente el jardin de Manila, pues con sus huertos y vergeles surte los mercados de naranjas, y otras frutas de innumerables especies. Gagalangin barrio de Tondo es particularmente donde se producen las buenas naranjas y el que surte el mercado de leche de vacas; tambien se viene á él tarde y mañana en carruage ó á caballo para tomar esta leche caliente. En el pequeño barrio llamado Vitas se entra en un camino de travesía cubierto de asombrosos bosques de bambús y por él se vuelve á Bancusay ó la Loma donde está el cementerio chino de que ya hemos hablado. Al regreso para Manila se halla el hospital de San Lázaro cuya proximidad á la poblacion es sensible, hallándose confundidas en su recinto la elefantiasis, el fuego de San Antonio, las escrófulas, las enfermedades morfas, las sifilíticas, la sarna la *frambesia*, el *pian*, las bubas secas y húmedas, etc., enfermedades todas asquerosas justamente miradas con horror y cuyos desdichados pacientes son recogidos por los caritativos franciscanos de la estrecha observancia, quienes les prestan todos sus cuidados. Pero dejemos este sitio de miseria; para terminar tambien este paseo, que debe ocupar dos tardes completas á quien lo realice, y volvamos á Manila cruzando el Pasig cuyos grandes brazos reciben los rios de Tondo, San Sebastian, Sampaloc, San Juan del Monte, Pasay, Santa Ana y San Fernando, r. que riegan las cercanias de Manila y fertilizan su suelo ya de suyo tan fecundo. Pequeños puentes facilitan el tránsito de todos estos r. en los cuales se bañan los habitantes de las casas situadas en sus orillas, proporcionando á muchas de ellas que en las mismas tengan construidos sus baños y á todas que se sirvan buenos pescados en sus mesas. No hablamos de la construccion de estas casas por haberlo hecho en el preliminar y en los artículos de los pueblos á que respectivamente corresponden.

ORDEN MUNICIPAL. La organizacion de la municipalidad de Manila data de 24 de junio de 1571 en que el adelantado Miguel Lopez de Legaspi la constituyó de los ciudadanos españoles mas distinguidos, avecindados en la ciudad. Esta organizacion tuvo lugar á imitacion de los municipios de la Península Ibérica, cuyo origen tan venerados recuerdos tiene para el pais, y cuya sábia organizacion, digna de ser estudiada por todos los publicistas é imitada por todos los pueblos capaces de ciudadanía, tan ópimos resultados ha producido en todos tiempos. Institucion indígena de la madre patria, reorganizada bajo los auspicios romanos á ejemplo en gran parte de la república que habia redondeado el imperio del mundo; pero institucion que por lo general basaba siempre en sus primitivas leyes, preferidas por los pueblos á las que podian recibir con el relevante título de colonia; fué importada en el estremo oriente por su civilizadora conquista y establecida en la Luzonia por el insigne general fundador de la colonia Manila. Ciudad es esta propiamente dicha, como pueblo constituido de ciudadanos españoles bajo los auspicios de un rey cuyo patronato benéfico estaba deparado al pais por los sagrados principios religiosos y políticos de la cultura europea y por los felices destinos de la nacion mas poderosa del siglo para elevarlo á la dignidad civil. Esta autoridad benéfica que con tan asombrosos resultados se habia de esplicar en el vasto archipiélago filipino, fundandó la colonia Manila y organizando este importante municipio de ciudadanos españoles, espresaba la santa y admirable naturaleza de la autoridad de un rey, por cuya voluntad se significa-

ba la voluntad de la union española, la voluntad de aquel pueblo que en Asturias encumbró á Pelayo, en el Pirineo á Garcia y en Sobralde podia hacerlo hasta de un infiel. Asi se estableció la ciudad con jurisdiccion civil y criminal propia, debiendo elegir sus prohombres para que en representacion del poder comunal y formando corporacion, por esto llamada municipalidad y ayuntamiento, ejerciese sus importantes derechos bajo los auspicios de los generales representantes de la union monárquica. En ejercicio de este poder que Legaspi cumplia en aquellas remotas regiones, se dispuso que la ciudad se titulase INSIGNE Y SIEMPRE LEAL, y se adjudicó á su jurisdiccion un rádio de 5 leguas. Por otra parte esta autoridad modificó, aunque ligeramente, la municipal, reservándose su presidencia y la eleccion directa de los alcaldes; pero reducida siempre á la indirecta hecha por la ciudad que debia proponer los individuos entre quienes habian de ser elegidos aquellos. El rey D. Felipe II aprobó en 21 de junio de 1574 los espresados títulos concedidos á Manila. En 5 de mayo de 1583 dispuso que en las visitas de cárceles los alcaldes ordinarios tuviesen asiento cerca de los oidores. En 22 de junio de 1594 mandó que se mantuviese á la ciudad en la integridad de su jurisdiccion. En 19 de noviembre de 1595 la declaró CABEZA Y CIUDAD MAS PRINCIPAL DE LAS ISLAS FILIPINAS, con las preeminencias y prerogativas de las demas ciudades capitales de sus dominios. En 20 de marzo de 1596 le concedió un escudo de armas que en la mitad de la parte superior tiene un castillo de oro en campo colorado, cerrado, puerta y ventanas de azul, con una corona encima, y en la parte inferior, en campo azul, el medio cuerpo superior de un leon unido al medio inferior de un delfin, todo de plata; lampazo de gules y su gorra derecha armada de espada, con guarnicion y puño. En 8 de mayo de 1596, reprodujo la disposicion anterior sobre la integridad de la jurisdiccion de Manila. En 26 de marzo de 1602 el rey D. Felipe III previno al gobernador diese á la *muy noble ciudad de Manila* el asiento y lugar público que mejor parecie se, procurando complacerla siempre, de modo que no hubiese razon de agravio ni de queja. En 12 de junio de 1636 el rey don Felipe IV mandó al gobernador tuviese á los regidores por sus comisionados, proveyéndolos y ocupándolos en oficios y cargos del Real servicio, y que en cuanto se les ofreciese les ausiliara, honrase y favoreciese. En 8 de diciembre de 1638 dispuso lo mismo, reproduciendo al propio tiempo lo prevenido en 5 de mayo de 1583 sobre las visitas de cárceles, y las anteriores resoluciones sobre la integridad jurisdiccional de Manila. En 21 de junio de 1641 y en 6 de junio de 1686 se volvió á mandar que se conservase á la ciudad la jurisdiccion en el rádio de 5 leguas. El rey D. Fernando VII en 23 de agosto de 1818 concedió al ayuntamiento de Manila el título de *Escelencia*, y en 23 de abril de 1826 aumentó el escudo de armas con corona real, colocada sobre la almena principal del castillo, premiando así su fidelidad. Por último, goza otros muchos privilegios que seria difuso enumerar, pues su recopilacion forma un voluminoso cedulario. Acerca de la espresada jurisdiccion de la ciudad en el rádio de 5 leguas, habiendo dos alcaldes ordinarios elegidos por el gobernador entre los propuestos por la ciudad, el de primer voto debia egercerla en el interior de la poblacion, y el de segundo voto en las afueras, conociendo, en una palabra, en todo lo civil y criminal, para cuyo último caso debian obrar asistidos de asesor. Las funciones del ayuntamiento consistian principalmente en el ramo de policia, cuidando del buen estado de las calles, los caminos, la salubridad pública, en fin, de cuanto pertenece á la poblacion en general; velando por su sanidad, abastos, pesos y medidas, con cuanto hace á la comodidad y tranquilidad. Para acudir á los gastos que estas atenciones ocasionan, tiene el ayuntamiento sus arbitrios que consisten especialmente en lo que producen el matadero, la comision de resellos, de pesos y medidas ó fiel almotacen, una pequeña contribucion para atender al alumbrado y limpieza de las calles de la ciudad y pueblo de Binondo, etc. Las cajas de comunidad á las cuales pagan anualmente medio real tanto chinos como indios, subvienen solo á las obras generales de la provincia. Las funciones del Excmo. ayuntamiento, particular-

mente en la parte gubernativa, le han sido repetidas veces disputadas por los alcaldes mayores de Tondo, dando lugar con esto á varias resoluciones, ya en apoyo de unos ya de otros. Pero al fin por Real cédula de 3 de octubre de 1841 se crearon otros dos alcaldes letrados para la provincia, incluso la ciudad, quienes, con el primero existente antes, quedaron esclusivamente encargados de toda la administracion de justicia.

El personal del Excmo. ayuntamiento de Manila consta, ademas de los alcaldes ordinarios anteriormente citados, de un regidor decano, del alférez Real, del síndico, de otro que es inspector del cementerio, del que es juez de resello, del inspector de la mayordomía de propios, de otro que es juez de policia de estramuros, del inspector de la Escuela Pía, del que lo es de las casas consistoriales, del castellano de la fuerza, que es regidor nato, y del escribano mayor. Esta corporacion tiene sus dependientes: veedor, fiel almotacen, mayordomo de propios, contador de id., dos capellanes, de los cuales uno lo es del cementerio, y un portero de la sala de acuerdos. Así se hallan distribuidos entre los miembros de esta Excma. corporacion y sus dependientes los diferentes cargos públicos que sobre ella pesan y cuyo buen desempeño es la base principal del progreso de la ciudad. No nos detendremos á examinar aquí cuáles sean estos cargos de un modo detallado, porque siendo generalmente conocidos, podemos escusarlo en mérito de la brevedad que nos impone la naturaleza de nuestra obra.

Todos estos ramos que representan el órden y la organizacion de la ciudad, se hallan en un estado de verdadera perfeccion: sobre todo el de la policia urbana, tan interesante en todos conceptos, apenas deja que desear.

La sanidad publica: Está perfectamente vigiada; para atender á ella tiene el Excmo. ayuntamiento dos facultativos titulados visitadores. Existió una junta superior de sanidad, que fué estinguida por Real órden de 5 de noviembre de 1854; pero que segun se prevenia en esta misma Real órden el gobierno la reune accidentalmente por el tiempo que juzga necesario: entonces su personal es como sigue:

Presidente: El Excmo. Sr. gobernador y capitan general.

Vice-Presidente: El alcalde de 1.ª eleccion.

Vocales natos: El regidor decano, el síndico procurador, el capitan del puerto, el comandante del resguardo, y los dos facultativos destinados por el ayuntamiento á las visitas de sanidad. Ademas tiene esta junta un secretario.

Hay tambien una junta central de vacuna creada por el superior gobierno en 20 de diciembre de 1806 á consecuencia de lo dispuesto en Real órden de 1.º de setiembre de 1803. El Excmo. Sr. gobernador capitan general la preside igualmente, y el alcalde ordinario de 1.ª eleccion es asimismo su vice-presidente: sus vocales natos son el Illmo. Sr. arzobispo, el dean de la Sta. Iglesia catedral, el canónigo mas antiguo, el alcalde ordinario de 1.ª eleccion, el regidor decano, el síndico procurador, el provincial de Agustinos descalzos, el provincial de San Francisco y el provincial de Santo Domingo. Tiene ademas dos vocales facultativos y un secretario. El Excmo. Sr. presidente, el vice-presidente, el regidor decano, el síndico, los facultativos y el secretario forman una comision permanente de esta junta. Hay en la ciudad varios médicos y cirujanos europeos y cinco farmacéuticos, tres de ellos españoles, uno de los cuales es subdelegado principal de farmacia, y dos estrangeros.

LA BENEFICENCIA PUBLICA aparece tambien á una altura digna de la colonia, por lo que ya queda dicho en el preliminar y al describir los edificios destinados á ella, en otra parte de este artículo. En esto han sido siempre paralelos el afan y cuidados filantrópicos del gobierno de la metrópoli, del de la colonia, de la municipalidad, de numerosas personas benéficas, y sobre todo de las órdenes religiosas. El hospicio de pobres de San José y el convento de San Andrés en la isla de la Convalecencia, el hospital de San Juan de Dios y el de la Ciudad en el casco de la poblacion, y el de San Lázaro, cuyos establecimientos quedan ya descritos en los lugares citados, comprueban nuestro aserto. Pueden ademas nombrarse los beaterios de Santa Catalina de Sena, de San Sebastian de Campang, de San Ignacio y de Santa Rosa, como institutos benéficos á par de educacion y recogimiento. Asimismo deben citarse tambien como institutos destinados al ejercicio de la caridad cristiana las obras pias de que tambien hemos hablado ya en el preliminar, como son la Real casa de la Misericordia, las archicofradias del Santisimo Sacramento de la ciudad y del Santisimo Sacramento de Binondo; las cofradias de Jesus Nazareno, de Ntra. Sra. de la Soledad y de Ntra. Sra. de la Correa, la congregacion de San Pedro Apostol, las venerables órdenes terceras de San Francisco y de la penitencia de Santo Domingo, y por último los fondos de obras y legados pios que con destino al mantenimiento de algunos de los institutos nombrados ó al cumplimiento del objeto de su creacion y á otras semejantes aplicaciones de piedad, están bajo la direccion de la Real Hacienda, y que distribuidos en préstamos á interés, producen el doble beneficio á la colonia de ser la principal base y un considerable móvil de su comercio.

LA INSTRUCCION PUBLICA se halla en el buen estado que desde luego se desprende de la descripcion de los numerosos establecimientos de Manila destinados á este interesante objeto. La Real y Pontificia Universidad de Santo Tomás con sus clases de teologia, cánones, instituta, derecho patrio, filosofia y humanidades, sus once doctores y diez y ocho licenciados; el Real colegio de San José con sus cátedras de filosofia y latinidad, el de San Juan de Letran con seis lectores, la escuela pia con sus dos maestros, la academia náutica, la escuela de comercio, y por último para la educacion de las señoritas, los colegios de Santa Potenciana, Santa Isabel etc., presentan este ramo en un estado floreciente; aunque es sensible que con especialidad en los colegios de las señoritas, no haya la conveniente dotacion de profesores para proporcionarles la esmerada educacion á que son acreedoras. Por lo que respecta á la literatura aun en las lenguas del pais es notable su elevacion debida al cuidado de los

dos por los de la profesion; los tres primeros religiosos. Hay varias gramáticas tagalas; tambien hay un diccionario tagalo y una gramática de las lenguas tagala, vicol, visaya é isinay; varios poemas, tragedias, epitalamios, etc. Son numerosas las obras semejantes impresas en Manila. En la lengua oficial de la colonia, esto es en español, se publicó un escelente diario titulado *el Noticioso Filipino*, y el actual diario de Manila no deja que desear comparado con gran parte de los buenos diarios de Europa. La Guia de forasteros cuya formacion se debe al gobierno del Excmo. Sr. Teniente general D. Andrés Garcia Camba, es una escelente obra, y todavía pudieran citarse otras muchas en justa importancia de la imprenta de Manila.

EN EL RAMO DE FOMENTO debe citarse la real sociedad económica de Filipinas á cuyos trabajos deben mucho la historia natural del archipiélago, la agricultura, las artes y el comercio de la colonia. Fué creada por real órden de 27 de agosto de 1780 y habiendo suspendido sus trabajos á fines del siglo se previno su restablecimiento por otras Reales órdenes de 5 de agosto de 1811 y 10 de junio de 1813. Sin embargo no quedó instalada de nuevo hasta el 8 de marzo de 1850. En 15 de diciembre del mismo año 1850 aprobó S. M. los estatutos que la rigen. El gobernador de la colonia es protector de esta sociedad y preside, con voto, sus sesiones cuando tiene á bien asistir á ellas: los oficios son electivos y de duracion bienal. Tiene un director, un vice-director, censor, vice-censor, secretario vice-secretario, tesorero y apoderado. Consta de cuatro secciones: la de historia natural tiene con su consiliario, ocho sócios de número y diez y seis corresponsales. Los numerarios de la seccion de agricultura son veinte y nueve con su consiliario y veinte y cuatro los corresponsales. La seccion de artes cuenta once sócios de número y catorce corresponsales. La de comercio su consiliario, otros veinte y un sócios de número y veinte y siete corresponsales.

Manila aunque bajo este nombre entendamos todo el rádio de la antigua jurisdiccion de la ciudad, no cabe decir que marcha al frente de los adelantos agrícolas habidos en las islas, por cuanto son otros puntos y aun otras provincias donde estos se han principalmente desarrollado, como hemos visto en el preliminar del Diccionario y en varios artículos de esta obra. Sin embargo es el punto de gran consumo; pues en ella se halla la grande afluencia y el despacho de todos los productos agrícolas y fabriles; Manila es en este concepto la promovedora de la agricultura, la industria, las artes y el comercio del archipiélago. El casco de la ciudad es una poblacion militar propiamente dicha, no obstante cuanto de ella queda espuesto en un exámen mas detallado; pero en sus afueras tambien se presenta una agricultura hermosa, una campiña perfectamente cultivada llena de feracidad y vida; ni faltan cuantas artes y oficios puede apetecer la república, ejercidos por la imponderable india ó por la infatigable laboriosidad china.

COMERCIO. Poco nos resta decir en este lugar, espuesto ya en el preliminar de la obra, el movimiento actual de este importante ramo, cuyo centro es Manila como en todos los demás conceptos en que puede ser considerada la colonia, reseñado allí mismo el órden por el cual se ha ido elevando hasta el dia y congeturando cual pueda ser en el apogeo á que parece llamado por las condiciones del pais. Al ocuparnos por ahora del centro de este movimiento con su hermosa bahía, con su productiva aduana, con su activo y rico mercado, presentaremos ante todo la parte digámoslo asi oficial de este ramo de tanta consideracion y riqueza. Hay en Manila un Real tribunal de comercio, instalado en 1.º de enero de 1834, en virtud de Real cédula de 26 de julio de 1832 por la cual se mandó observar en Filipinas el nuevo código de comercio que se publicó en Manila el 15 de julio de 1835; cesando en su consecuencia el antiguo Consulado establecido en 1772: este Consulado por Real cédula de 6 de diciembre de 1769 gozaba el mismo arbitrio de averías concedido á los demas consulados. Se componía de un prior, dos cónsules y cuatro diputados elegi-

ejercian la jurisdiccion consular y los otros cuatro en union con los primeros, se dedicaban á promover el bien del comercio en comun. Consultadas por esta corporacion sus ordenanzas particulares obtuvieron la sancion Real en 26 de agosto de 1828; pero por falta de algunos requisitos en su comunicacion no llegó á tener efecto. El nuevo tribunal consta de un prior, un primer cónsul, un segundo idem, un primer subdelegado, un segundo idem, un asesor y un escribano secretario. Tambien hay un juzgado de avenencias que consta de un juez avenidor, un secretario y seis dependientes, cuales son un escribano de diligencias, dos procuradores asistentes, dos alguaciles y un portero. Aun debe citarse la junta de comercio. Fué creada por superior decreto espedido en 1.º de febrero de 1835. Sustituyó á la llamada de gobierno que tuvo el Real consulado hasta la publicacion del código vigente. Fué aprobada por Real órden de 3 de marzo de 1836. Su personal se compone de los individuos que forman el Real tribunal de comercio inclusos los suplentes; del prior, cónsul, y sustituto del año anterior y de cuatro comerciantes elegidos por el gobierno, los cuales son amovibles por mitad al año. El prior en ejercicio preside la junta y se reune dos veces al mes ó mas si fuere necesario, en los dias que no hay tribunal. En ella se trata de cuanto se relaciona con el aumento y prosperidad del comercio y navegacion nacional. Su instalacion data de 26 del mismo mes en que fué creada.

En el año 1846 se contaban en Manila los siguientes comerciantes matriculados: D. José Azcárraga, D. José Varela, D. José Menchacatorre, D. Matias Saenz Vizmanos, D. Jacinto María Alcovendas, D. Angel de Mier, D. Ceferino Hernandez, D. José María Rea, D. Martin Varanda, D. Antonio Rocha, D. Inocencio Escribano, D. Juan Lopetedi, D. José Celis, don José Oyanguren, D. José Santiago Gruet, don Tomás Balbas y Castro, D. Ramon Aguaras, D. Manuel Ruiz de Villegas, D. Pascual Cía, D. Luis Perez Dominé, D. Lorenzo Moreno Conde, D. Mariano Rojas, D. Fernando Aguirre, D. Juan Bautista Marcaida, D. Cristóbal Arlegui, D. José Pablo Fernandez, D. Manuel Moreno y Laynes, D. Camilo Fernandez de Cas-

tro, D. Calisto Caviedes, D. José Gabriel Gonzalez Esquivel, D. Rafael Calderon, D. Francisco Esteban, D. Ciriaco Bautista, D. José María Tuason, D. Manuel Arrieta, D. Francisco Plácido de Orbeta, D. Mamerto Muñoz, don Mariano Tuason, D. Vicente Carrancoja, don Luciano Perez de Tagle, D. Antonio Ayala, D. Benito Gonzalez, D. Antonio Dumas, don José María Bustamante, D. Marcos Martinez, D. José Muñoz de Bustillos, D. Agapito Nieto, D. Juan Gandía, D. Florencio Suarez, D. Narciso Padilla, D. Francisco Salanova, D. Pedro Vidal, D. José de las Cagigas, D. José de Icaza, D. Ignacio de Icaza, D. Juan de Andrade, don Leandro Gruet, D. Julian del Valle, doña María Verzosa de Súnico, D. Antonio Pereda, D. Pedro Perez de Tagle, D. Zacarías Aristegui, D. José Bosch, D. Fulgencio Barrera, D. José Vieda, D. Juan Bautista Irisarri.

Como base especial del importante comercio de Manila y de todas las ventajas que reune esta rica colonia, puede verse la descripcion de la hermosa bahía espuesta á continuacion de este artículo. Bástenos por ahora recordar el gran movimiento mercantil que constantemente presenta. El comercio de Manila, como queda dicho en el preliminar citado, se divide en tres clases, de las cuales una es el de cabotage, propio del archipiélago, cuyo comercio agolpa en este mercado las numerosas producciones filipinas y presenta el Pasig continuamente cubierto de chalupas, paraos, cascos, barcas, uilalos y pancos, que llegan ó salen para todos puntos ó importan en la ciudad las provisiones que necesita el diario consumo de sus habitantes. La segunda clase comprende el gran comercio que se hace con los paises situados al E. del Cabo de Buena Esperanza y al O. del de Hornos. La tercera es el comercio de España y demas paises remotos. En el mismo lugar citado hemos visto detalladamente cuanto concierne á estos tres comercios y lo mas interesante del reglamento que rige la bahía de Manila y su puerto con sus dependencias, y debiendo presentar á continuacion un escelente cuadro sinóptico estadístico de las Islas Filipinas, con un estado demostrativo de todos los artículos importados y esportados en un año, clasificados por especies, procedencias y valores, trabajo curiosísimo debido á la laboriosidad é ilustracion de nuestro muy querido amigo D. Agustin de Algarra, podemos referirnos á su contenido.

ORDEN CIVIL Y POLÍTICO. Manila, como metrópoli de las posesiones españolas en el Asia, es la residencia y asiento del superior gobierno de estas; es el centro civil y político de veinte provincias en el mismo continente de la grande isla de Luzon y de otras quince fuera de ella, regidas todas por alcaldes mayores ó gobernadores político-militares bajo la autoridad suprema del vice-patrono Real gobernador de Manila. Las capitales de dichas treinta y cinco provincias encabezadas por esta ciudad y sus respectivas distancias, forman la escala número 5. Ya hemos visto en el cuadro sinóptico estadístico que precede, y en el artículo general de Filipinas, cuán considerable número de almas forma la poblacion de estas provincias. Manila es su centro civil y político, y el gobernador vice-patrono para el desempeño de sus altas funciones civiles y políticas, tiene una secretaría de gobierno, que lo es á la vez de la capitanía general, y una seccion de gobierno compuesta de seis oficiales, de los cuales dos son cuartos, dos oficiales auxiliares, un archivero, un intérprete de lenguas, un escribano y un receptor. Asimismo tiene un juzgado de gobierno con su asesor, escribano y receptor. Es el gobernador de Manila vice-patrono Real en aquellas dilatadas posesiones, es su inmediato jefe supremo, capitan general de las Islas, presidente de su Real audiencia, juez subdelegado de la renta de correos, postas y estafetas, director general de las tropas, etc.

Pero esta centralizacion del poder en Manila, por su sábia organizacion, está lejos de ser onerosa al pais como pudiera suceder á no hallarse reducida á los acertados límites que determina la admirable legislacion de Indias. Este gobierno se halla perfectamente escalonado en sus funciones, de modo que al penetrar la accion central en el seno de los pueblos y en los actos mas minuciosos, apenas resulta apercibida, sin que por esto llegue á debilitarse, con lo que produce todos los ape-

tecibles resultados, sin que aparezca los sensibles que serian inevitables bajo otro sistema. Queda ya espuesto cual sea este en el preliminar de la obra, por lo que no entramos en su descripcion. La concentracion gubernativa de Manila ha sido menor que respecto de la Luzonia en las Visayas, cuyas islas han formado por largo tiempo un gobierno intendencia especial. A la sábia legislacion de Indias, á las acertadas disposiciones del patronato Real y á los constantes desvelos de la respetable y benéfica autoridad de los vice-patronos sobre la grandiosa y sólida base de la evangelizacion del pais, debida á los heróicos sacrificios de las misiones, corresponde el satisfactorio estado civil y político de las islas. No ha sido necesario menos que la concurrencia de tan poderosos móviles sociales para que hayamos venido á considerar reducido como á un millon el número de los infieles en el archipiélago, para que contemos próximamente cuatro millones de súbditos españoles en aquellas islas y para que esta gran poblacion se rija y gobierne con tanto órden, con tan asombrosa economía, generalmente encarecida por propios y estraños. Veamos para terminar esta parte del artículo el siguiente.

CATÁLOGO DE LOS SEÑORES GOBERNADORES DE MANILA CON ESPRESION DEL TIEMPO DE SUS RESPECTIVOS MANDOS Y DE LO MAS NOTABLE PERTENECIENTE Á LOS MISMOS.

1.° EL MUY ILUSTRE SEÑOR DON MIGUEL LOPEZ DE LEGASPI, vizcaino, Adelantado de las islas de los Ladrones, y conquistador de las Filipinas. Siendo escribano mayor del cabildo de Méjico, fue electo; y en 27 de noviembre de 1565 emprendió su viaje, saliendo del Puerto de Natividad. El 27 de abril del siguiente año entró en Cebú donde fundó la villa del Santísimo Nombre de Jesus. Redujo muchos pueblos, y pasó á la conquista de Manila, de cuya pobl. tomó posesion en 19 de mayo de 1571. En 24 de junio del mismo año la erigió en ciudad y la hizo cabeza de todas las islas Filipinas. Gobernó con mucho acierto, y, teniendo casi redondeada la conquista, murió repentinamente en esta ciudad, el dia 20 de agosto de 1572, á causa, segun se cree, de cierto disgusto que le ocasionaron los asuntos de su gobierno.

2.° GUIDO DE LAVEZARES: siendo tesorero de la Real Hacienda entró á mandar interinamente por despacho cerrado de la Real audiencia de Méjico, que se halló en la escribanía del Gobierno. Acabó de pacificar la prov. de Ilocos: fundó la villa Fernandina; dió varias encomiendas á los beneméritos, y defendió á Manila de Li-Ma-Hong, corsario chino, que llegó con 62 champanes y la acometió valerosamente por dos veces. Felipe II premió estas hazañas de los tres años, que duró su gobierno, despachándole el nombramiento de maestre de campo perpétuo, y confirmándole las encomiendas que se habia adjudicado.

3.° EL M. I. SR. D. FRANCISCO DE SANDE, natural de Cáceres y alcalde de la audiencia de Méjico: tomó posesion de su gobierno por agosto de 1575. Fundó en Camarines la ciudad de Nueva-Cáceres, fué en persona á Bornéo donde colocó en el trono á su legítimo soberano, á quien su hermano habia quitado el Reino. Envió un capitan á la conquista de las islas de Joló y Mindanáo, cuyos naturales le recibieron de paz, aviniéndose á tratados, que luego no cumplieron. Su genio emprendedor llegó á tanto, que hasta ideó la conquista de la China; pero el rey Prudente le prohibió esta empresa, encargándole que, lejos de ello, se conservase en buena armonia con aquel imperio. Su gobierno duró cuatro años.

4.° EL M. I. SR. D. GONZALO RONQUILLO DE PEÑALOSA, natural de Arévalo, alguacil mayor de córte en Méjico, sobrino del famoso alcalde de Valladolid Ronquillo: solicitó este gobierno, prometiendo llevar á su costa 600 hombres, y, obtenido, llegó á Filipinas, el año de 1580. Acabó de reducir la provincia de Cagayan, echando de ella un corsario japon, y fundó la ciudad de Nueva-Segovia. En la isla de Panay fundó la villa de Arévalo. Intentó el descubrimiento de la navegacion para Nueva-España por el sur; pero no lo consiguió. En su tiempo llegó de primer obispo de Manila el Sr. Salazar, con quien tuvo algunas diferencias sobre la observancia de lo dispuesto por un sínodo; se crée que por estos disgustos cayó enfermo, y murió á los tres años de su gobierno.

5.° D. DIEGO RONQUILLO, sobrino del gobernador anterior: quedó de interino por nombramiento de su tio, hecho segun cédula que tenia para ello. El dia 28 de febrero de 1583 hizo las honras de su tio en la iglesia de San Agustin, donde se habia enterrado, y se pusieron tantas luces en la tumba, que por un descuido, se prendió fuego, se quemó la iglesia, y casi toda la ciudad. Solo duró su gobierno un año, en el cual pacificó algunos pueblos y empezó á cobrar tributos de muchos indios, que no lo pagaban.

6.° EL M. I. SR. D. SANTIAGO DE VERA, alcalde de córte en Méjico: tomó posesion de este gobierno por mayo de 1584. En el mismo mes se creó la Real audiencia de Manila: y este gobernador fué su primer presidente. Continuó dando al moluco los socorros que habian empezado á enviarle sus antecesores y pacificó algunos pueblos tagalos, que escitados por los de Borneo, intentaron sublevarse. Edificó la primera fortaleza de piedra que ha tenido Manila, y fundió alguna artillería, en el sitio que todavía tiene el nombre de la *fundicion*. En su tiempo, un corsario inglés apresó la nave Santa Ana, junto á California: siguiendo á Filipinas quiso quemar un galeon, que se estaba construyendo en Iloilo; pero no pudo. El año 1588 se alzaron los indios de Leite, y fueron reprimidos y castigados. En 1589, último año de este gobierno, se perdieron en el puerto de Cavite, con un baguío, las dos naves que habia para el comercio de Nueva-España.

7.° EL M. I. SR. D. GOMEZ PEREZ DASMARIÑAS, gallego, caballero de la órden de Santiago: entró en Manila por mayo de 1590, y el mismo año despachó para Acapulco la nave, en que habia llegado. Llevó órden de reformar la Real audiencia y, con las economías de esta disposicion, crear un cuerpo de 400 soldados. En su consecuencia, el año de 1591, se embarcaron para España los oidores y su presidente don Santiago de Vera. Este gobernador cercó á Manila de fuertes murallas, edificó la fuerza de Santiago y guarneció la plaza con buena artilleria. Hizo otras muchas obras, y envió de embajadores al emperador del Japon los PP. Franciscanos, que despues padecieron martirio. Quiso hacer en persona la espedicion del Moluco: salió de Manila por octubre de 1593, y, á los tres años y medio de su gobierno, habiéndose separado su galera de las otras por un viento recio, al salir de la boca de Mariveles, se sublevó la tripulacion, que era de chinos, quienes le mataron, y se dirijieron con la galera á Conchinchina.

8.° D. PEDRO ROJAS, licenciado, tomó interinamente el mando por muerte de Dasmariñas; pero lo dejó en diciembre del mismo año.

9.° D. LUIS PEREZ DASMARIÑAS hijo del difunto D. Gomez: fue tambien gobernador interino por nombramiento de su padre: tomó el mando por el mes de diciembre de 1593, haciéndole entrega de él el oidor Rojas, asesor de gobierno, que lo ejercia desde la muerte de Dasmariñas. El gobierno de D. Luis Perez Dasmariñas tuvo lugar, porque, habiendo vuelto un padre Franciscano, y el secretario de gobierno, á quienes los chinos alzados habian llevado en la galera y echado en tierra en la provincia de Ilocos, dijeron que el gobernador les habia encargado se abriese un cajon, que habia dejado en San Agustin, y allí se halló la patente de su hijo, á quien todos reconocieron por gobernador. Este gobernador fué en persona á la prov. de Cagayan, entró por el r. de Itui, tramontó los montes de los Igorrotes, con lo cual los indios quedaron mas afianzados, y dejó religiosos dominicanos para su administracion. Auxilió al capitan Esteban Rodriguez en su espedicion á Mindanao, que se desgració, con la muerte de este capitan.

10.° D. ANTONIO DE MORGA. Tomó el mando en junio de 1595 y lo ejerció hasta junio de 1596.

11. EL M. I. D. FRANCISCO TELLO DE GUZMAN, natural de Sevilla, entró á gobernar por julio de 1596. En su tiempo se restableció la Real audiencia, de cuya corporacion el gobernador fué nombrado presidente; se erigió en arzobispal la iglesia de Manila, y Cebu, Nueva-Cáceres, y Nueva-Segovia, en sus sufragáneas. Continuó la conquista de Mindanao, y en el puerto llamado de la Caldera, se estableció un presidio con cien soldados; pero habiéndoles mandado retirarse, el año de 1599, sus naturales juntos con los joloanos y tampocanes, hicieron muchos daños en la isla de Panay y otras Visayas. En 1600 salió el oidor Morga contra el holandés Oliver de Nort, que estaba en la boca de Mariveles con dos naves. Morga le apresó la almiranta, y la Capitania huyó maltratada. Hubo aquel año muchos temblores de tierra. Durante todo este gobierno, se hicieron varias espediciones militares, que tuvieron mal éxito y se perdieron algunas naves de Acapulco, en todo lo cual no fué culpable el gobernador, cuyo celo fué generalmente reconocido y acabó felizmente su gobierno.

12. EL M. I. SR. D. PEDRO DE ACUÑA, gobernador que acababa de ser de Cartagena de Indias: entró en Manila por mayo de 1602. Los moros infestaron en su tiempo las provincias de Tayabas y Batangas, y la isla de Mindoro: mientras el gobernador andaba por las Visayas contra ellos, el capitan Gaspar Perez salió de Manila para combatirlos; pero llegó tarde. Sosegó el alzamiento de los chinos, que quisieron apoderarse de Manila, en la víspera de San Francisco, y fué en persona á la conquista de Ternate, que ejecutó con felicidad, trayéndose á su Rey prisionero á Manila. En su ausencia se alzaron los japones, que se habian establecido en esta ciudad para el comercio; pero á persuasion de los religiosos, se sosegaron sin ser necesario recurrir á las armas. Por el mes de junio de 1606, asistiendo al despacho de las naves de Nueva-España, le asaltó de repente tan grave dolor de estómago, que le quitó la vida, el dia de San Juan Bautista.

13. D. CRISTOBAL TELLEZ DE ALMANSA, oidor de la Real audiencia, que habia quedado en el mando militar durante la espedicion de Ternate: tomó de nuevo el baston, despues de la muerte del Sr. Acuña; pero solamente en lo militar, ejerciéndolo la Real audiencia en lo político. Se alzaron otra vez los japones, y el gobernador interino los venció, les destruyó el Parian, que tenian en Dilao, y no se les permitió vivir juntos hasta el año de 1621. Gobernó con bastante acierto. El Rey aprobó su conducta y le dió las gracias.

14. D. RODRIGO DE VIVERO: fué nombrado por el Rey gobernador interino de estas islas, y llegó á Manila el año de 1608. Tenía mucha práctica en el gobierno político de los indios adquirida en Nueva-España, por lo cual hizo unas instrucciones muy útiles para los alcaldes mayores. Gobernó con mucha aceptacion; pero entregó el baston antes de un año. S. M. le premió con el título de conde del Valle, y con el gobierno de Panamá.

15. EL M. I. SR. D. JUAN DE SILVA, del hábito de Santiago: habia servido en las guerras de Flandes y fué de gobernador á Manila por la Pascua de Flores de 1609. Llevó consigo cinco compañías de infantería española, con las cuales reprimió el orgullo de los moros, y venció á los holandeses en Playa-honda con fuerzas muy designales. Hizo algunas fortificaciones en la plaza, fundió artillería, fabricó bajeles, y fué al Malayo con una escuadra: pero viendo que tenian mayores fuerzas los enemigos, se retiró prudente á Manila para hacer nuevas provisiones de guerra. Unido con el virey de la India quiso atacar á los holandeses, que infestaban estos mares: pero hallándose en Malaca con diez galeones y seis galeras, le atacó una enfermedad, de la cual murió en pocos dias, el año de 1616. Su cuerpo, por disposicion de su testamento, se llevó á Jerez de los Caballeros, donde habia mandado que se fundase un convento de Carmelitas Descalzos. Gobernó siete años con mucho acierto y lucimiento; pero molestó mucho á los indios con los cortes continuos de maderas, y otros servicios personales.

16. D. ANDRES ALCAZAR: tomó al pronto el mando interino, (en lo militar, correspondiendo en lo político á la Real audiencia) por muerte del gobernador Silva, antecesor de don Gerónimo del propio apellido.

17. D. GERÓNIMO DE SILVA, estaba nombrado por el Rey para el gobierno interino por muerte del propietario; pero, hallándose en Ternate, tomó el baston, ínterin llegaba, el licenciado D. Andrés Alcazar, presidente de la Real audiencia, en cuyo tiempo D. Diego Quiñones, cabo superior de Pintados, rechazó á los holandeses que querian invadir la provincia de Iloilo, en la isla de Panay, y D. Juan Ronquillo ga-

nó una batalla naval á los mismos holandeses en Playa-honda. Acabadas estas espediciones llegó D. Gerónimo de Silva de Ternate, envió los siete galeones de la armada de Ronquillo, que habian quedado mal tratados, á que se reparasen en la isla de Marinduque; pero les sobrevino una tormenta, y se perdieron todos en las puntas de Lobo y Galban.

18. EL M. I. SR. D. ALONSO FAJARDO, de la órden de Alcántara: entró á gobernar en 8 de junio de 1618. Llevaba órden de aliviar á los indios en las obras y cortes, y lo ejecutó de modo, que los naturales le amaban como á padre. Los holandeses infestaban por aquel tiempo nuestros mares continuamente; el gobernador mandó que los galeones de Acapulco mudasen todos los años sus viages, y con esta práctica consiguió que escapáran siempre sin ser apresados de los enemigos. Reprimió un alzamiento en Bohol, envió embajadores al Japon, que no concluyeron nada. Tuvo grandes disgustos domésticos, hasta el punto qne le pusieron en ocasion de dar muerte violenta á su muger, cosiéndola á puñaladas despues de haberla hecho confesarse. El autor de los estravíos de la gobernadora tuvo la dicha de escaparse, y evitar una muerte acaso mas trágica. Desde este lance le oprimió la melancolía y no le dejó hasta su muerte, en el año de 1624.

19. D. GERÓNIMO DE SILVA: tomó el mando en lo militar como presidente de la Real audiencia y á pocos meses salió contra los holandeses que estaban en Playa-honda con siete navíos; les hizo huir; pero ni les siguió, ni apresó alguno. La Real audiencia lo procesó por esto y lo puso en la fuerza de Santiago donde estuvo hasta que llegó otro gobernador interino, y lo compuso todo.

20. D. FERNANDO DE SILVA, gobernador interino nombrado por el virey de Méjico, marqués de Cerralvo de quien era pariente: llegó á Manila el año 1625 y fué recibido con aceptacion, porque habia estado en Filipinas en otro tiempo y era conocido por hombre prudente y templado. Empezó á dar muestras de buen gobernador, y sintió Manila que el gobierno solo le durára un año escaso.

21. EL M. I. SR. D. JUAN NIÑO DE TABORA, comendador de la órden de Calatraba, del consejo de guerra de S. M. y maestre de campo: entró á gobernar en Manila, el 29 de junio de 1626. Llevó 600 hombres de tropa, y dinero, con lo que pudo formar una buena armada, que infundió tal terror á los holandeses, que en todo su gobierno no aparecieron por aquellos mares. Envió contra Joló al maestre de campo D. Lorenzo Olaso, gran soldado de Flandes: acometió éste á los joloanos en su famoso Cerro, donde hizo el oficio de soldado mejor que el de caudillo, y se volvió á Manila con gran pérdida. El año de 1631 llegó de visitador de las islas don Francisco Rojas, oidor de Méjico: el gobernador lo protejió en su visita; pero murió al año de la llegada del visitador, de una relajacion de estómago, causada de las aguas y soles que sufrió en las idas á Cavite en cumplimiento de su empleo. Fué gran gobernador, murió á 22 de julio de 1632: hizo el puente de Manila, reparó las murallas y no le resultó cargo alguno en la residencia que se le tomó despues de muerto.

22. D. LORENZO DE OLASO: entró á gobernar interinamente en lo militar por nombramiento que tenia de Méjico; su gobierno duró un año. En lo político gobernó la Real audiencia.

23. D. JUAN CEREZO DE SALAMANCA, gobernador interino por nombramiento del virey de Méjico: tuvo el baston dos años, reprimió con valor el orgullo y osadia de los moros é hizo otras muchas obras de utilidad general.

24. EL M. I. SR. D. SEBASTIAN HURTADO DE CORCUERA: llegó á Manila en 25 de junio de 1635, conquistó á Mindanao y á Joló, y reprimió el alzamiento de los chinos con poca gente militar, siendo mas de 30,000 los alzados. Empezó la revelion por noviembre de 1639, y no se acabó hasta marzo de 1640. Hizo grandes ahorros en la Real Hacienda, fundó la capilla Real, y manifestó mucho valor en los nueve años que duró su gobierno. En su tiempo se perdió la isla Hermosa, y acaeció el estrañamiento del arzobispo Guerrero, en que tuvo la mayor parte este gobernador, favoreciendo á los jesuitas. En su residencia le resultaron graves cargos, por los cuales su sucesor lo tuvo cinco años en la fuerza de Santiago, hasta que, vista su residencia en el consejo de Indias, S. M. lo puso en libertad y le dió el gobierno de Canarias.

25. EL M. I. SR. D. DIEGO FAJARDO: tomó posesion de su gobierno en 11 de agosto de 1644; envió contra los holandeses al general Ugalde, el cual con solas dos naves, peleó contra cuatro navios enemigos, por marzo de 1646, contra cinco, por julio del mismo año, y contra siete, por el mes de agosto, y en todas ocasiones auyentó de aquellos mares los piratas. Este gobernador era muy rigido y austero, dado á la virtud, y gran cristiano; pero se fiaba mas de lo necesario de su valido Venegas, hasta que el provincial de San Agustin le desengañó, y entonces le formó causa, lo encerró en la fuerza de Santiago, y no volvió á valerse de ningun privado, sino que por sí mismo repartia las gracias, y hacia justicia á todo el mundo. Robusteció las murallas de Manila, perfeccionó el baluarte de San Diego, socorrió á Ternate. Su gobierno duró nueve años. En este gobierno se desamparó el presidio de Joló y acaeció el famoso terremoto de San Andrés.

26. EL M. I. SR. D. SABINIANO MANRIQUE DE LARA, uno de los mejores gobernadores de Filipinas: entró á gobernar en 25 de julio de 1653, hizo muchos viages para que los indios no fuesen agraviados en los cortes de maderas; se presentó en la Pampanga para sosegar una rebelion, y aquietó á los ilocos, y pangasinanes, que se habian sublevado. Cog-Sin, corsario chino, que habia conquistado la isla Hermosa de los holandeses, le envió á un padre Dominico, de embajador, para que le entregase las islas, pero este gobernador le respondió como debia y comenzó á prepararse para la defensa. Derribó algunos conventos é iglesias de las cercanias de Manila, levantó los presidios de Ternate, Zamboanga y Calamianes para reforzar la capital, é hizo otros preparativos, que no fueron necesarios, porque asaltó á Cog-Sin una enfermedad, que le quitó la vida. Los chinos que habia en Manila, se insolentaron y sublevaron por este tiempo con las victorias de su paisano Cog-Sin; el gobernador los venció y castigó. De este modo se portó en su gobierno con gran crédito suyo y esplendor de nuestras armas; sin embargo le resultaron varios cargos en su residencia y se le multó en sesenta mil pesos; apeló al consejo de Indias y se le absolvió enteramente. Vuelto á Málaga, su patria, se ordenó de sacerdote y murió dejando mucho crédito de virtud.

27. EL M. I. SR. D. DIEGO SALCEDO, maestre de campo: tomó posesion de su gobierno en 8 de setiembre de 1663 y en 28 de setiembre de 1668 fué preso por la inquisicion. El vecindario de Manila lo aborrecia por los malos tratamientos que dió al arzobispo Poblete y porque era muy interesado. Los descontentos se valieron del comisario del Santo Oficio; éste le formó causa y lo prendió por la noche. Lo remitió preso á Méjico y murió en la altura el año de 1669. La inquisicion de Méjico anuló la sentencia del comisario, lo llamó para su tribunal, y murió en el mismo golfo que el gobernador. El Rey castigó á todos los que cooperaron á esta prision.

28. D JUAN MANUEL DE LA PEÑA BONIFAZ, intruso, entró á gobernar interinamente, engañando á sus compañeros los oidores. Estaba dispuesto que por falta de gobernador propietario entrase á mandar la Real audiencia en lo político y el oidor mas antiguo en lo militar; los oidores Coloma y Mansilla se disputaban la antigüedad, alegando el uno la antelacion de los despachos, y el otro la de la posesion. El Sr. Bonifaz les propuso, que le entregasen el baston y que entonces decidiria él la controversia; pero luego que se vió revestido de capitan general, no quiso dejar el mando, y para mantenerse en su puesto, gastó estraordinariamente de la Real Hacienda, contentando á todo el mundo. Aun no le duró un año su gobierno, poque llegó el propietario, que le confiscó sus bienes, lo declaró intruso y proveyó auto de prision; pero se habia puesto ya en salvo retirándose al convento de Recoletos donde murió.

29. EL M. I. SR. D. MANUEL DE LEON, maestre de campo: entró á gobernar por setiembre de 1669, gobernó con grande piedad, equidad y justicia, y dejó toda su hacienda repartida en obras pias. Murió en la noche del 11 de abril de 1677.

30. D FRANCISCO COLOMA, entró á gobernar en lo militar, y la Real audiencia en lo político. La controversia de antigüedad, que tenia con su compañero, se habia decidido á su

favor, y le daba derecho al baston; pero lo disfrutó poco tiempo, porque murió á los seis meses.

31. D FRANCISCO SOTOMAYOR Y MANSILLA sucedió á su competidor en el gobierno de Manila y le duró desde 25 de setiembre de 1677 hasta 21 de setiembre del año siguiente que llegó el propietario.

32. EL M. I. SR. D. JUAN DE VARGAS HURTADO, de la órden de Santiago: entró en el gobierno á 21 de setiembre de 1678, reedificó el colegio de Santa Potenciana, hizo otras varias obras útiles, hasta 24 de agosto de 1684, que le llegó sucesor. En su tiempo acaeció el destierro del Sr. Pardo, á Lingayen; el del provincial de Santo Domingo á España y de otros religios Dominicos, que sostenian que todos los que habian concurrido al estrañamiento del arzobispo eran escomulgados. Con la venida del nuevo gobernador se restituyó á su silla el arzobispo, y formó proceso al Sr. Vargas, le mando que asistiese á las iglesias de la catedral, el Parian y Binondo, con una soga al cuello y pies descalzos, en trage de penitente, todos los dias de fiesta por algunos meses, y no queriendo aceptar tan dura penitencia, se vió obligado á vivir solo en una casa del rio sin tratar con nadie, como escomulgado vitando, hasta que se le permitió embarcarse para Nueva-España, á donde no llegó por haber muerto en el viage.

33. EL M. I. SR. D. GABRIEL DE CURUZCALEGUI Y ARRIOLA, general de galeones y del consejo de guerra: tomó posesion del gobierno de las islas en 24 de agosto de 1684. Trató inmediatamente de la restitucion del arzobispo á su silla, y consiguió de los oidores que le alzasen el destierro. Estos se arrepintieron luego de lo que habian hecho, porque, entrando con alguna frecuencia en casa del juez de residencias, y sospechando el gobernador que querian quitarle el baston, les condenó á todos á destierro á varias partes de la isla. Uno de los oidores se refugió en el colegio de la Compañia, y luego mandó el arzobispo que se le sacase de sagrado y permitió que estuviesen continuamente los soldados molestando á los jesuitas en su colegio, hasta que el oidor se presentó, no obstante que temia ser decapitado. En lo demas fué muy pacífi-

co este gobernador y el Sr. Curuzcalegui tuvo la aceptacion general hasta que murió por abril de 1689.

34. D. ALONSO FUERTES, como decano de la Real audiencia, entró á gobernar en lo militar, y en lo político aquel tribunal como estaba mandado por Reales cédulas. En este interinato se volvió para España el famoso ministro D. Fernando Valenzuela, que habia estado desterrado en Manila, de órden de Cárlos II; y pasando por Méjico, murió de la coz de un caballo.

35. EL M. I. SR. D. FAUSTO CRUZAT Y GONGORA, de la órden de Santiago, navarro: empezó su gobierno en 19 de julio de 1690; reedificó el palacio de los señores gobernadores, principió los almacenes é hizo otras muchas obras. No obstante todos sus gastos, dejó bien provistas las cajas Reales, cedió medio millon de pesos que debian las cajas de Méjico á las de Manila, y arbitró 110,000 pesos anuales que se empezaron á rebajar del situado que tenian las cajas de Manila sobre las de Nueva-España. Acabó felizmente y con aplauso su gobierno, que le duró once años, hasta la venida de su sucesor.

36. EL M. I. SR. D. DOMINGO DE ZUBALBURO, maestre de campo, de la órden de Santiago, nombrado gobernador de Manila por setiembre de 1694, á donde no llegó hasta 8 de diciembre de 1701. En su tiempo se hizo el reparo del puerto de Cavite, que costeó la ciudad de Manila, se construyeron algunos galeones, se reedificó la polvorista y se prosiguió la fábrica de almacenes, que habia empezado su antecesor. Fue su gobierno muy quieto y tranquilo; pero el gobernador tuvo el disgusto de verse privado del mando por sus condescendencias con el Sr. Tournon á quien recibió en Manila y le permitió ejercer sus facultades como *legado ad[látere*, sin que presentase los despachos: la Real audiencia se los pidió y contestó que estrañaba mucho que los señores oidores le preguntasen quién era. Con esta respuesta aterró á todo el mundo, se le permitió cuanto queria y se le dejó fundar un colegio con el nombre de San Clemente. Llevó el Rey tan á mal todo esto, que ordenó se demoliese el colegio de San Clemente, multó en mil pesos

á los oidores y privó de sus empleos al decano y al gobernador; pero cuando llegó el sucesor, el Sr. Zubalburo tenia ya concluido su gobierno.

57. EL M. I. SR. D. MARTIN DE URSUA Y ARISMENDI, conde de Lizárraga, entró á gobernar en Manila á 25 de agosto de 1709. Minoróse mucho el número de los chinos, aunque no tanto como lo apetecian las grandes prevenciones que siempre ha tenido contra sí este pueblo. Era este gobernador muy celoso y gobernó con aplauso universal hasta el dia 4 de febrero de 1715 en que acabó su vida con sentimiento de todos.

38. D. JOSE TORRALBA, oidor decano, entró á gobernar interinamente en lo militar y la Real audiencia en lo político; perfeccionó la fábrica de los almacenes, hizo junto á ellos un baluarte con puerta al rio, y fundió los mayores cañones que se habian visto en las murallas de Manila. Gobernó dos años y medio. Acabado su gobierno se presentó el fiscal de la Real Hacienda, haciéndole cargo de 700,000 pesos que decia faltaban en cajas Reales. El gobernador lo puso preso, y habiendo llegado una Real cédula en que se le mandaba que inmediatamente aprontase 20,000 pesos y diese fiador de otros 20,000, le agravó la prision, poniéndole un par de grillos. Finalmente, el Consejo de Indias le privó de su oficio y lo desterró de Manila y de Madrid, concediéndole volver á España con tal que pagase primero 120,000 pesos; pero no teniendo con que pagar, se quedó en las islas y murió pidiendo limosna.

59. EL M. I. SR. D. FERNANDO BUSTILLO, llamado comunmente el Mariscal, porque fue el primer mariscal de campo que gobernó las Islas Filipinas: tomó posesion en 9 de agosto de 1717. Fue muy celoso de la Real Hacienda, llevó con el mayor teson las recaudaciones; pero hizo grandes gastos en embajadas que solo servian para ostentacion de su persona. Procedió á la prision de muchas personas notables para realizar los indicados cobros y otros objetos; los principales de la ciudad estaban ó presos ó fugitivos, sin librarse de sus violencias los señores oidores, que tambien fueron presos los que no se refugiaron en los con-

ventos. Solo el Sr. Torralba fue el favorecido, porque el gobernador queria tener Real audiencia para aprovecharse del poder de este tribunal. Sacó este magistrado de la prision y despachaba, formando Real audiencia él solo, cuantas provisiones Reales le dictaba el gobernador. Con motivo de estas violencias corrió una voz de que querian alzarse los de Manila. El gobernador publicó un bando en que mandaba que á las señas de un cañonazo con bala, acudiesen todos á palacio, y se decia que queria matar á los españoles y retirarse con todos sus caudales. El dia 11 de octubre puso preso al arzobispo, al cabildo eclesiástico, á los prelados de las religiones y á otros varios clérigos y religiosos, con lo cual reventó la mina y se formó en Manila un tumulto que siguió al palacio del gobernador, el cual, queriendo hacer resistencia, fue muerto, como tambien su hijo mayor, que era castellano de la fuerza de Santiago y vino al socorro de su padre.

40. EL ILLMO. SR. D. FRANCISCO DE LA CUESTA, arzobispo de Manila, salió de la fuerza de Santiago y tomó el baston á instancia del tumulto. Pertenecia el gobierno á la Real audiencia; pero todos los oidores renunciaron su derecho, por parecerles que en las circunstancias, no podia estar el baston en mejores manos. El arzobispo mandó sepultar los cadáveres de padre é hijo, con el honor que les correspondia, y envió á Méjico, á costa de la Real Hacienda, los hijos que habia dejado el gobernador y quisieron irse con los parientes, que tenian en aquella ciudad. La Real audiencia hizo averiguaciones sobre lo que habia pasado en el tumulto, y dió cuenta al Rey con el proceso.

41. EL M. I. SR. D. TORIBIO JOSE COSIO Y CAMPO, marqués de Torre-Campo: entró en el gobierno á 6 de agosto de 1721; recibió cédula del Rey para que castigase á los que habian dado la muerte al Mariscal: consultó sobre este punto al padre Totanés, Franciscano, y le respondió, que supuesto que esta cédula era emanada de voces vagas, que se habian recibido en Madrid por la via de Indias, y que la Real audiencia habia informado á S. M., esperase el resultado dando parte al Rey de su determinacion. Cuando llegó segunda órden en virtud de las diligencias practicadas por la Real audiencia, volvió al prudente consejo del padre Totanés, y este religioso halló un nuevo efugio á esta segunda órden, diciendo, que supuesto que habia dado parte á la Córte de su determinacion, esperase las resultas. De este modo quedó impune el tumulto de Manila y el gobernador se captó la benevolencia de los manileses: gobernó con mucha aceptacion hasta la venida de su sucesor.

42. EL M. I. SR. D. FERNANDO VALDES Y TAMON, brigadier, de la órden de Santiago: entró en el gobierno á 14 de agosto de 1729; puso en práctica la fusilería, en lugar de la mosquetería, que usaban los soldados del tercio y, con castigo, les obligó al cuidado de las armas, de que se hacia poco caso. Reparó las murallas de Manila, fabricó galeones y despachó algunas armadas contra los moros de Joló y Mindanao. Trató de conquistar las islas de Palaos, y mandó que se hiciese desde Marianas una espedicion; pero se desgració como habia sucedido en tiempo del conde de Lizárraga. El gobierno le duró diez años, en los cuales estuvo bien quisto del público y lo acabó con suma felicidad.

43. EL M. I. SR. D. GASPAR DE LA TORRE, natural de Flandes, de padres españoles: entró en el gobierno por julio de 1739. Trató al fiscal Arroyo con el mayor rigor, estrechándolo en la fuerza de Santiago hasta que murió. En su tiempo apresó el almirante Jorge Anton la nave de Acapulco, llamada la Covadonga. No supo este gobernador captarse la benevolencia de sus súbditos porque creia que le importaba poco; pero cuando se vió mal quisto, lo sintió tanto que empezó á entristecerse, de que le resultó una disenteria, enfermedad regional y peligrosa que le quitó la vida en 29 de setiembre de 1745.

44. EL ILLMO. SR. D. FR. JUAN ARRECHEDERA, obispo electo de Ilocos: entró á mandar por la disposicion de la Córte, que llamaba al arzobispo y en su defecto el obispo mas cercano. Sosegó un pequeño alzamiento en la provincia de Batangas, y dispuso y fortificó las plazas de Manila y Cavite, para resistir á los ingleses con quienes estábamos en guerra, caso que fuesen á batirlas. En su tiempo llegó á Manila el sultan

de Joló, queriendo hacerse cristiano, y escusándose de administrarle el bautismo el señor Trinidad, que habia llegado de arzobispo á Manila, lo envió á su obispado donde lo bautizaron los PP. Dominicos, en el pueblo de Panique. Le duró el gobierno interino cerca de cinco años, en los cuales hubo en Manila bastante sosiego.

45. EL M. I. SR. D. FRANCISCO JOSE DE OBANDO, natural de Cáceres, en Estremadura, marqués de Obando: tomó posesion del gobierno por junio de 1750. El arzobispo tenia cédula del Rey para espulsar los chinos de las islas; pero no la presentó en el interinato del Sr. Arrechedera porque le halló muy apasionado por ellos y esperó al nuevo gobernador; mas se suscitó una competencia de etiqueta y bastó esta para que tampoco se pusiese en práctica tan dura resolucion. Este gobernador dispuso una armada para restituir á su trono al sultan de Joló; llegó á Zamboanga y allí se formó causa á dicho sultan por motivo de infidencia; se le remitió á Manila y se le puso en la fuerza de Santiago. Los moros se alborotaron mas con este hecho; el gobernador preparó una armadilla y queria salir en persona contra ellos; pero la Real audiencia fue de parecer de que no convenia que espusiese su persona. Los que salieron contra los moros hicieron muy poco, y las islas quedaron en un deplorable estado, cuando acabó su gobierno. Tuvo una residencia muy penosa, se embarcó en la nave de Acapaluco, y murió en el camino, antes de llegar á España.

46. EL M. I. SR. D. PEDRO MANUEL DE ARANDIA, mariscal de campo, natural de Ceuta y descendiente de Vizcaya: entró á gobernar por julio de 1754; formó el regimiento del Rey, puso en buen estado el cuerpo de Artillería é hizo una entrada en los montes de los Igorrotes que tuvo mal éxito. Consiguió algunas ventajas de los moros: el sultan de Joló le dispensó muchas distinciones, y lo hubiera puesto en su trono, si le hubiera durado mas el gobierno. Formó unas instrucciones contra los párrocos, que no aprobó S. M., reformó el arsenal de Cavite y el barco de Acapulco, con lo cual se fue haciendo odioso á todos y él mismo llegó á fastidiarse de todo. Su muerte, que acaeció en 31 de mayo de 1759, fué poco

sentida: murió de una melancolía que le doró algunos meses. El primer año fue un escelente gobernador; despues quiso aparentar desinterés, pero su testamento le condena, pues testó de doscientos y cincuenta mil pesos, que repartió en obras de caridad.

46. EL ILLMO. SR. FR. D. MIGUEL LINO EZPELETA, obispo de Cebú, tomó el gobierno interino, con oposicion de algunos oidores. El arzobispo Rojo, que llegó á poco, pretendió que se le entregase el baston; pero no lo consiguió hasta que, sabida la muerte del Sr. Arandia en la Córte, llegó cédula de S. M. para que entrase á gobernar interinamente el arzobispo.

48. EL ILLMO. SR. D. MANUEL ROJO, arzobispo de Manila: tomó el baston en calidad de interino el año de 1761. Inmediatamente cortó un pleito muy ruidoso, que habia en Manila contra Orendain, privado que habia sido del señor Arandia; estaban mezclados en él, el Sr. Provisor y el Sr. Villacorta, por haber sacado este señor oidor, de sagrado, al reo. Los demas oidores estaban recusados, y casi no se encontraba juez que lo sentenciase. El año siguiente, llegaron los ingleses, tomaron á Manila, y el arzobispo, hecho prisionero, tuvo la debilidad de entregarles las islas, lo que no estaba en su poder. Fueron tantos los disgustos que le produjeron su posicion y este hecho arrancado por el miedo, con la espada en la garganta, que murió en Manila, de pesadumbre, prisionero de guerra, á 30 de enero de 1764.

49. D. SIMON DE ANDA Y SALAZAR, oidor de la Real audiencia, anciano admirable por su valor y prudencia: salió de Manila para encargarse del mando y defensa de las islas, poco antes de entregarse la plaza á los ingleses. La defensa que hizo, fue asombrosa, como puede verse en el órden histórico. El tiempo de su mando fue desde octubre de 1762 á marzo de 1764.

50. D. FRANCISCO DE LA TORRE, primer teniente de rey de Manila: traia los despachos para gobernar interinamente, y llegó muy á tiempo, porque los ingleses iban á evacuar á Manila y los españoles no estaban acordes sobre quién debia entrar en el gobierno, cesando el conflicto que habia conferido el mando á Anda, y habiendo muerto el arzobispo: su

llegada quitó las disputas y libró acaso á Manila de una guerra civil. Tomó el baston en 17 de marzo de 1764, y en el abril siguiente, recibió la plaza de los ingleses por medio del Sr. Anda. Empezó á restablecer y ordenar lo mucho que se habia destruido con la guerra, y gobernó con bastante aceptacion, hasta la llegada del gobernador propietario.

51. EL M. I. SR. D. JOSE RAON, mariscal de campo: tomó posesion del gobierno de Manila en 1765; restableció el órden y reparó lo que habian destruido los ingleses. El sultan de Joló colocado en su trono por el inglés, despues de evacuada Manila, no se acordó de los beneficios que habia recibido de los españoles, ni de la religion que habia profesado en su bautismo, y sus súbditos juntos con los de Mindanao, hicieron muchas entradas en las islas, que nuestro gobernador no se hallaba en estado de reprimir. Acabado su gobierno con la venida del sucesor, sufrió una dura residencia. Acaeció en su tiempo la espulsion de los Jesuitas; se le acusó de que se habia divulgado este asunto en que tanto encargaba el secreto nuestro soberano, y de que no parecia un escritorio, que constaba 'en el inventario: se le puso preso en su casa, donde murió sin volver á España.

52. EL M. I. SR. D. SIMON DE ANDA Y SALAZAR: oidor que habia sido de Manila, el cual defendió las islas de los ingleses, por lo que S. M. le hizo consejero de Castilla, volvió á Manila de gobernador, el año 1770. Puso preso á su antecesor, á varios oidores, al secretario de gobierno, al coronel y otros. Unos murieron en la prision, otros fueron á España en partida de registro y á otros los desterró á varias provincias. Sostuvo al arzobispo D. Sancho en órden á la visita y patronato, con un empeño que le acarreó grandes disgustos, y murió en el año 1776, de evacuaciones, en la hacienda de padres Recoletos de Imus.

53. D. PEDRO SORIANO, entró á mandar por muerte del Sr. Anda, como teniente de rey que era de Manila; gobernó con mucho acierto hasta la venida del gobernador propietario, y S. M. le dió las gracias.

54. EL M. I. SR. D. JOSE BASCO, capitan de navío: tomó el gobierno en julio de 1778.

Fortificó á Manila y Cavite, aumentó las tropas é hizo varios preparativos, por si amagaban aquellas posesiones los ingleses, con quienes teníamos guerra. Entabló el estanco del tabaco en toda la isla de Luzon, y formó una armadilla de vintas para que estuviese continuamente en corso contra los moros. Fue muy desinteresado, y se hizo respetar mucho. Lo único que le hizo poco favor en su gobierno, fue el haber enviado bajo partida de registro á España tres oidores, por recelo de que le querian quitar el baston. Consultó tambien á la córte sobre la precision de remover del mando al coronel y otros sugetos, á los cuales embarcó en el navío San Pedro, que habia varado frente de Parañaque con un baguio, y habia quedado muy maltratado. Todos aquellos sugetos murieron en el mar, y no se ha sabido mas del barco. Despues de mas de diez años de gobierno, entregó el baston al teniente de rey D. Pedro Sarrio para embarcarse para Europa con licencia que para ello tenia de la corte de Madrid. Salió á últimos de noviembre de 1787, y haciendo el viage por el Cabo de Buena-Esperanza, llegó á España con toda felicidad: el rey lo hizo jefe de escuadra y le dió el gobierno de Cartagena.

55. D. PEDRO SARRIO, gobernó segunda vez interinamente las Islas Filipinas medio año, que tardó en llegar á Manila el propietario. Su gobierno fue pacífico como el anterior, y se sintió que fuese tan corto.

56. EL M. I. SR. D. FELIX BERENGUER DE MARQUINA, capitan de navio: tomó posesion de su gobierno por mayo de 1788: tuvo con la Real audiencia algunas competencias de poca consideracion; fue muy pacífico. En su gobierno fue terriblemente atacada de viruelas la colonia y dió grandes sumas de dinero á los párrocos para que lo repartiesen á los pobres. Cesó su gobierno con la venida del sucesor, despues de haber gobernado mas de cinco años. Le resultaron algunos cargos en la residencia; pero habiéndose embarcado para España, le absolvió S. M. y le premió, haciéndole teniente general y virey de Méjico.

57. EL M. I. SR. D. RAFAEL MARIA DE AGUILAR, coronel, de la órden de Alcántara, gentil-hombre de cámara con entrada: llegó á Cavite el dia de San Agustin, 28 de agosto de 1793, y á

primeros de setiembre hizo su entrada pública y tomó las riendas del gobierno de Filipinas: mejoró las fortificaciones de las plazas de Cavite y Manila, y levantó muchas tropas de indios para defender las islas de los ingleses, que se temia fuesen á tomarlas. El rey premió sus desvelos, haciéndolo mariscal de campo. Este gobernador rigió con mucha tranquilidad las islas, y puso el mayor esmero en la policía: aunque la guerra, que en su tiempo agitó á la metrópoli, y otros obstáculos, le impidieron el remedio de muchos abusos y el completo restablecimiento de este importante ramo. Sin embargo, no se le debe poco en el enlosado de las calles, en el alumbrado y en la composicion de puentes y calzadas.

Los sucesores de este digno gobernador en el presente siglo, han seguido todos con igual esmero trabajando por la prosperidad de la colonia, sin economizar sacrificio alguno por bien del pais y de la metrópoli, y á sus incansables trabajos han correspondido los satisfactorios resultados, segun el estado de prosperidad á que aparecen elevadas aquellas islas. Fecundos han sido en sábias disposiciones y en interesantes acontecimientos todos los gobiernos, tanto, que seria interminable su reseña: por ello, lejos de puntualizarla mas que con relacion á los gobiernos anteriores, presentaremos solo aquellos de mayor nota, deseando no recargar mas este artículo.

Al M. I. Sr. D. Rafael María de Aguilar sucedieron:

58. D. MARIANO FERNANDEZ DE FOLGUERAS, interino, en agosto de 1806.

59. D. MANUEL GONZALEZ DE AGUILAR, en marzo de 1810.

60. D. JOSE GARDOQUI DE FARAVEITIA, en setiembre de 1813.

61. D. MARIANO FERNANDEZ DE FOLGUERAS, interino en 1816.

62. D. JUAN ANTONIO MARTINEZ, en octubre de 1822.

63. EL EXCMO. SR. D. MARIANO RICAFORT, en octubre de 1824.

64. EL EXCMO. SR. D. PASCUAL ENRILE, en diciembre de 1830.

65. EL EXCMO. SR. D. GABRIEL DE TORRES, en marzo de 1835.

66. D. JOAQUIN DE CRAME, interino, en abril de 1835.

67. D. PEDRO ANTONIO SALAZAR, interino, en setiembre de 1835.

68. EL EXCMO. SR. D. ANDRES GARCIA CAMBA, en agosto de 1837. Débense á este distinguido gobernador capitan general de Filipinas, considerables mejoras, que durante su ilustrado mando ha recibido el pais. La Guia de forasteros de Filipinas es tambien un recuerdo de este general, quien dispuso su formacion.

69. EL EXCMO. SR. D. LUIS LARDIZABAL, en diciembre de 1838.

70. El EXCMO. SR. D. MARCELINO ORAA, en febrero de 1841.

71. EL EXCMO. SR. D. FRANCISCO DE PAULA ALCALA, en 12 de junio de 1843. Bajo el mando de este digno gobernador capitan general, se ha desarrollado de un modo increible la prosperidad de la colonia, elevándose estraordinariamente el ramo de Hacienda, y recibiendo el pais abundantes recuerdos que perpetuarán en él su nombre. Uno de los hechos que deben citarse es la ocupacion de la isla de Basilan, realizada por este general, quien formó el proyecto de fortificacion de la misma isla, llevado á cabo por el Excmo. Sr. conde de Manila, con la aprobacion del gobierno de S. M.

72. EL EXCMO. SR. D. NARCISO CLAVERIA, en 16 de julio de 1844. Entre los grandes recuerdos que la colonia conservará siempre de este benemérito general, es preciso citar la célebre é importante conquista de la isla de Balanguingui, en su lugar descrita. Este hecho de armas, que por largo tiempo puso la colonia al abrigo de la piratería de los joloanos, fue justamente premiado por S. M. concediéndole el título de conde de Manila. Todavia el Sr. D. Agustin de Algarra nos invita (y nosotros con gusto le complacemos) á hacer una nueva mencion honorífica de este distinguido general hija de la mas justa gratitud á su digna memoria despues de su muerte. Este jefe superior al recibir en aquellas islas los deportados políticos, compañeros del Sr. Algarra, los liberales progresistas honrados, que á consecuencia de los sucesos de 1848, fueron conducidos á Filipinas, los acogió con verdaderas pruebas de

españolismo, caballerosidad y filantropia: *aqui no existen*, les dijo, *opiniones políticas: aqui no hay mas que españoles desde el momento en que se pisa este suelo, y Vds. serán tratados por mí y por todos como compatriotas desgraciados, como españoles y caballeros.* Llamó á los Sres. Algarra y Azaña y les recordó su antigua amistad brindándoles con ella fuera de los colores políticos, que en España los habian dividido por desgracia. Efectivamente, las palabras de la primera autoridad de aquel Archipiélago tuvieron exacto cumplimiento, y añade el Sr. Algarra que este noble ejemplo fué seguido espontáneamente por las demas autoridades superiores de la isla, jefes y subalternos de todos los ramos, los religiosos misioneros y todos los habitantes y naturales de aquel pais de paz, de ventura y de fraternidad, por cuya razon el Sr. Algarra aprovecha esta ocasion de tributar su eterna gratitud, no solo á la memoria del general Clavería, sino tambien á los demas señores á que se refiere en general por no ser demasiado prolijo en detalles que no son de este lugar; si bien no puede menos de hacer mencion particular del superintendente Sr. Belza, del oidor Sr. Elordi, del alcalde de Bulacan Señor Berminghan y del Sr. Baranda del comercio, de quienes recibió servicios muy particulares que motivan deberes de gratitud eterna que cumplir por parte del Sr. de Algarra.

73. EL EXCMO. SR. D. ANTONIO DE URBIZTONDO, marqués de la Solana, sucesor del conde de Manila en este gobierno año de 1850, ha conquistado la isla de Joló, como hemos visto en su artículo.

ORDEN ECONÓMICO Y ADMINISTRATIVO. En Manila, como cabeza de estos considerables ramos en toda la colonia, hay una intendencia general de ejército y superintendencia subdelegada de Hacienda pública. Esta superintendencia estuvo hasta el año de 1784 unida al gobierno y capitanía general. Las funciones de la intendencia general y cuanto concierne al gobierno y direccion de la Hacienda pública, se desempeñaba por la junta superior gubernativa de Hacienda, con arreglo á las leyes; y Reales disposiciones: por las mismas se determi-

naba igualmente las atribuciones de la superintendencia y de los oficiales Reales. La secretaría de esta intendencia general de ejército y superintendencia subdelegada de Hacienda pública tiene actualmente la planta que recibió en 1.º de julio de 1844 y fue aprobada por Real órden de 30 de mayo de 1845. Consta de un secretario, cinco oficiales y un archivero. Desde dicho año de 1784, en que fue separada la superintendencia, han ejercido el cargo de intendentes generales de ejército y Hacienda y superintendentes subdelegados de la misma los señores que siguen:

El Sr. D. Ciriaco Garvajal, tomó posesion á fines de 1784.—El Sr. D. Feliz Berenguer de Marquina, gobernador y capitan general, en 1788.—El Sr. D. Rafael María de Aguilar, idem en 1793.—El Sr. D. Mariano Fernandez de Folgueras, idem, (interino), en agosto de 1806.—El Sr. D. Manuel Gonzalez, idem, en 1810.—El Sr. D. José de Gardoqui, idem, en setiembre de 1813.—El Sr. D. Mariano Fernandez de Folguera volvió á interinar á fines de 1816.—El Sr. D. Luis Urrejola, en octubre de 1820.—El Excmo. Sr. D. Mariano Ricafort, gobernador y capitan general, á quien se trasfirió la superintendencia en octubre de 1825. —El Sr. D. Francisco Enriquez, que sucedió al Sr. Urrejola en la intendencia general y al señor Ricafort en la superintendencia, la cual por Real cédula de 27 de octubre de 1829 se mandó fuese en lo sucesivo servida por el intendente de ejército y Real Hacienda de estas islas: tomó posesion en 9 de setiembre de 1830.—El Excmo. Sr. D. Luis Urrejola, volvió á servir la superintendencia en 11 de julio de 1836.—El Sr. D. Juan Manuel de la Matta, en 5 de julio de 1841.—El Excmo. señor D. Francisco de Paula Alcalá, en virtud de decreto del Regente del reino espedido en 26 de setiembre de 1842, por el cual se dispuso la reunion de la superintendencia subdelegada de Hacienda al superior gobierno y capitania general de estas islas en 17 de julio de 1843.—El Excmo. Sr. D. Feliz Dª Olhaberriague y Blanco, en 8 de junio de 1844.—El Sr. D. Gervasio Gironella, en 15 de setiembre de 1845.—El Sr. D. Miguel Belza, en 5 de enero de 1848; cuyo jefe superior de Hacienda ha dado una nueva organizacion á la administracion, habiendo merecido la Real aprobacion en 10 de agosto de 1849; y últimamente, el Sr. D. Juan Manuel de la Mata, que lo es en la actualidad, año de 1851.

Para no repetir la historia de la Hacienda y Administracion dada detalladamente en el tomo primero desde la página 127 á la 154, nos limitaremos á presentar los estados (números 6 y 7) de las rentas y cargos de la tesorería general en un año, tomando por tipo el de 1847.

ORDEN MILITAR. Queda ya oportunamente descrito cual sea este en las Islas Filipinas, desde la página 110 á la 126 del tomo primero, presentando las fuerzas de que consta, tanto terrestres como marítimas, bajo la autoridad suprema del capitan general vice-patrono de la colonia. Manila, como metrópoli del archipiélago, es la residencia de esta autoridad, que desde ella preside la tranquilidad, seguridad y defensa de mas de mil doscientas islas, sin comprender las del archipiélago de las Marianas, tambien sujeto á su mando. Entre el considerable número de las islas espresadas hay mas de cuarenta de importancia; solo Luzon presenta una superficie de mas de 4000 leg. cuadradas. La grande estension de estos dominios, su numerosa poblacion compuesta de súbditos españoles, que se aproxima á cuatro millones de almas, y su incalculable riqueza hacen esta seguridad de la mayor importancia. Mas de un millon de naturales, todavía independientes y en su mayor parte feroces poblando estensos territorios en Luzon, Mindanao y otras islas; los numerosos pueblos bárvaros de aquellos mares, dedicados al corso como los de Joló, recientemente castigados, la proximidad del asombroso imperio de la China, que mas de una vez ha presentado poderosos corsarios sobre nuestras costas Filipinas; el gran poder que en los mismos mares ostentan otras naciones europeas, cuyo rompimiento pudiera llegar al estremo Oriente, ya que no asomase en el mismo antes que entre sus metrópolis, por cualquier circunstancia, todo hace que el centro de la colonia, militarmente considerado, se presente como el punto de ma-

yor gravedad é importancia. Esto motiva que Manila sea una plaza fuerte, como se ha descrito; que en ella tenga su residencia ordinaria un capitan general, que, con el carácter de vice-patrono Real, pueda declarar la guerra, hacer la paz etc., cuyas circunstancias bastan por sí solas para que el gobierno de la metrópoli necesite el mayor acierto en el nombramiento de los jefes militares, á quienes confie este distrito de tan difícil y peligroso desempeño, donde la menor ligereza puede producir males incalculables; por esto solo es preciso que el capitan general de Filipinas, á cuanto exigen la ciencia y el arte de la guerra como circunstancias que deben adornar á los capitanes generales, reuna los vastos, casi ilimitados, conocimientos que exige la politica. Y si solo como capitan general es preciso que se halle dotado de tan estraordinarias circunstancias, ¿hasta qué punto no le son necesarias en razon de sus demás prerogativas como vice-patrono? El gobierno de la metrópoli llena sin dificultad estas circunstancias, pudiendo elegir siempre entre un buen número de generales españoles, todos dignos; pero no le es fácil acudir tan satisfactoriamente á otras cosas peculiares de este ramo, que tambien se presentan como necesidades. Por ejemplo, reconocida la importancia de esta capitanía general, asombra que su dotacion de fuerzas se halle reducida á las escasísimas reseñadas en el lugar citado. Al observarlo el viajero, es bien seguro que no podrá menos de recordar en honor de España, la prudencia del principio que tiene por verdaderamente feliz á la república, cuya seguridad se afianza en la justicia. La autoridad española, en sus posesiones asiáticas consiste en el ejercicio de un patronato benéfico, y si no cuenta con fronteras herizadas de picas y espadas para atender á su mantenimiento, cuenta, sí, con cuatro millones de naturales, cuyas poblaciones se han reunido al aspirar el elemento religioso de la madre patria, y se han organizado bajo las sábias leyes de la misma, recibiendo la vida civil que estas les comunicáran. El indígena que tiene su hogar por la madre patria, defendiéndolo, combate por ella. La autoridad española, mientras no degenere, tomando formas que no sean préviamente exigidas por la marcha progresiva del pais, es una autoridad indestructible. Por esto no se hace sentir á la metrópoli que las cajas Reales no permitan el aumento de las fuerzas militares; ni aun cuando lo permitiesen tendria que renunciar á su adjudicacion á la apertura de caminos y canales, y demas mejoras que, facilitando las comunicaciones y el desarrollo de todos los ramos de la industria del pais, deben acrecer su bien estar, las utilidades que este rinde á España, su accion gubernativa, sus simpatías, su verdadera fuerza. Una autoridad de esta especie es un sagrado para las naciones que conocen el derecho de gentes, y si alguna circunstancia estraña les autorizára para obrar contra ella, su accion resulta rica, impotente y pasajera: la Inglaterra triunfó de Manila y sus valientes defensores, el año de 1762; pero el pais bloqueó á Manila hasta que fué evacuada, no obstante la desunion y desconfianza que por distintos medios reprobados por los principios de la guerra, se supo introducir entre sus habitantes.

Facilitadas las comunicaciones, estendida la agricultura á inmensos bosques, cuyas fértiles tierras deben producir abundantes y ópimos frutos, en cambio de lo que hoy son, abrigo de numerosos reptiles que infestan los caminos y los pueblos y de los malhechores que asaltan á los viageros y á veces caen sobre las poblaciones: elevado el movimiento fabril y comercial, como corresponde á las asombrosas proporciones de estas islas; desapareciendo el aislamiento de los pueblos y los obstáculos que se oponen á la pronta reunion de sus habitantes, desaparecerán tambien las piraterías y será el pais muy bastante á su propia defensa, mayormente si se procediera á darle una organizacion militar como tuvieron nuestros pueblos peninsulares en la época de la reconquista contra el poder agareno. Tal vez se opusiese á este útil pensamiento alguna desconfianza hija de ideas poco justas y esactas acerca del pais; pero recuérdese á este propósito la época en que la historia fecha nuestra propia infancia civil, la época que fué para nosotros como la actual es en cierto modo para el indio, y se hallará que un Escipion afianzó el poder de la república entre los ilergetes y los suessetanos,

volviéndoles honrados sus caudillos y sus armas despues de haberlos vencido, y otro Escipion por no hacerlo asi Roma con los celtiveros, hubo de arrostrar una larga guerra de esterminio. La benéfica autoridad española vé crecer rápidamente bajo sus auspicios una colonia poderosa y rica, vé desarrollarse un gran pueblo: otro sistema destruiria en breve todas las ventajas adquiridas; quizá no tardaria en reconocer la propia Manila, que como centro general de la colonia, venia á resultar harto impotente á pesar de sus buenas fortificaciones. Por esto es preciso insistir siempre en la marcha seguida por los distinguidos capitanes generales vice-patronos, que han pensado elevar la consideracion y las ventajas de la metrópoli en el pais, encumbrando las consideraciones y las ventajas de este. Así solo no será preciso establecer una dominacion militar, que por su injusticia, para mantenerla, haya de repetir la metrópoli aquellos sacrificios que bajo la casa de Austria agotaron sus tesoros y aniquilaron todos los ramos de prosperidad pública. Sin olvidar estas consideraciones sería muy de apetecer que Manila fuese una plaza militar aventajada; pero desgraciadamente no es asi, ni tampoco es fácil que se consiga, no obstante los perjuicios que este pensamiento produce á la ciudad.

Hay trazada de Real órden una línea de fortificacion que comprende todo el pueblo de Binondo, parte del de San José, lo principal de Santa Cruz y todo el de Quiapo, escepto el barrio de San Sebastian, concluyendo en el puente llamado de la Quinta. Esta línea que con toda propiedad puede llamarse imaginaria, indica un proyecto irrealizable, porque ni hay ni es posible que se reunan fondos para llevarlo á cabo, y aunque los hubiese, porque este desarrollo de la fortificacion exigiría un aumento en la dotacion militar de la plaza, que no se podría sostener por las cajas de la colonia. Además, aunque todo se lográra, Manila nunca sería un punto militar que pudiera defenderse por sí mismo y sin el ausilio de una escuadra respetable que impidiera la entrada en la bahía como está reconocido por el gobierno, que aprobó el proyecto de la construccion de una plaza fuerte y una fábrica de pólvora en la Pampanga. Entre tanto esta imaginaria línea de fortificacion impide que á sus inmediaciones se construya edificio alguno, como si ya existiera y hubiese de dificultar su defensa. Con esto se opone el desarrollo de la poblacion, y á que á las orillas del Pasig se formen almacenes de depósitos, donde con mucha comodidad y economía podria establecerlos el comercio, proporcionando á la vez un desahogo á la ciudad cuyos vecinos tendrian casas de recreo á las orillas del rio.

ORDEN JUDICIAL. En esta ciudad reside tambien el Tribunal superior que con la denominacion y facultades de audiencia y chancillería Real, tiene á su cargo la administracion de justicia en Filipinas, conociendo en todo lo civil y criminal y siendo á la vez una corporacion consultiva en lo de mayor importancia que presenta el Gobierno, como queda dicho en el preliminar de esta obra, donde hemos dado la reseña de este ramo, pudiendo escusar aqui sus pormenores tomados ya en consideracion oportunamente. El personal de este Tribunal superior y sus dependencias es como sigue: el Excmo. Sr. Gobernador capitan general de las islas es su presidente: un regente; cinco magistrados y un supernumerario: dos fiscales; un teniente del gran canciller, un capellan, dos agentes fiscales, dos relatores, un defensor de presos, un escribano de cámara y secretario de acuerdo, un oficial sustituto del escribano de cámara, otro idem encargado de la recepcion de causas y del archivo, un escribano receptor, un portero de estrado, cuatro procuradores y dos alcaides.

Los Sres. oidores de este Tribunal desempeñan por turno los juzgados de bienes de difuntos y espulsion de casados, de esclavitudes y libertades, de hospitales y casas de recojimiento, de ministros inferiores, y de protocolos.

Con ocasion de hablar de la Real audiencia de Manila podemos dar cabida en este lugar al siguiente

CATÁLOGO DE SRES. ABOGADOS DE MATRICULA EN MANILA.

D. Gregorio Bautista, residente en la Laguna; Dr. D. Jose María Jugo, agente fiscal de lo civil; D. Julio Güevara, D. Luis Tomás Justiniano, D. José Ramirez Florentino, D. Policarpo de Luna, residente en la Pampanga; D. Agustin de Leon, residente en Bulacan; D. Narciso Padilla, D. Emeterio de Leon, Señor D. Juan Francisco Lecaroz, oidor honorario; D. Manuel Flores Grey, D. José Corrales, D. Teodorico de la Cruz Pantoja, Sr. D. José Ramon Marini, ausente en la Península: D. Fruto Ventura, D. José Engracio de San Luis, D. Ramon Fernandez de Luna, promotor fiscal del gobierno, intendencia de Visayas; Don Felipe Vidal Marifosqui, relator; D. José María Mondragon, archivero de la Real audiencia; D. Vicente Santiago Arcinas, D. Serapio de San Mateo, D. Cosme Señoran, residente en Cavite; D. Juan Chavarria, D. Estevan Salvador, D. Francisco de San Mateo, D. Vicente Ramos Marini, ausente en la Península: Don Ambrosio José Gonzalez, agente fiscal del crímen; D. Vicente Velez Escalante, residente en Ilocos-Norte; D. Simplicio Peña, residente en la Pampanga; D Tomás Fuentes, D. José Salanova, D. Gumersindo Rojo, ayudante de milicias en la Pampanga; Sr. D. Manuel Telesforo de Andrés, D. José Oyanguren, alcalde mayor de Guipúzcoa; D. Antonio Espina, residente en Bulacan; D. Manuel Ponce de Leon, D. Pedro Porras, escribano de número de la provincia de Tondo; D. Fernando de las Cajigas, D. José Noverto Roco, D. Hipólito Perez de Tagle, D. Gervasio Sanchez, D. Agustin Santayana, D. Pedro Hallegg de Barutell, D. Francisco de Paula Gonzalez, D. Joaquin Iturralde, Sr. D. Ventura del Arco, asesor interino de Hacienda; D. José de Icaza, D. Manuel Franco, residente en Bulacan; D. José Arrieta, teniente gobernador de Zamboanga; D. Eduardo Resurreccion é Hidalgo, D. Toribio de Vega, D. Vicente Arrieta, relator; Don Hilario de la Hoz, residente en Iloilo; D. Aniceto María Muñoz, alcalde mayor de Nueva-Ecija; D. Juan de Mendoza y Fontoya, alcalde mayor de Ilocos-Norte; D. Mateo Garcia, residente en la Laguna; D. Ignacio de Icaza, secretario del Excmo. ayuntamiento; D. Vicente Villalonga y Guart, ausente en la Peninsula; D. Antonio Pagés y Don, fiscal del juzgado de

Guerra; D. José Julian Amesola, defensor general de presos de la Real audiencia; D. Vicente Escalante, D. José de Torres y Busquer, Sr. D. Lino Amusco, fiscal de Marina; Sr. don Ramon Somoza, dean de esta Santa Iglesia catedral; Dr. D. Ignacio Ponce de Leon, Señor D. Mariano Valero y Soto, D. Narciso Doyaque, ausente en la Península; D. Genaro Trapero, D. Miguel Wenceslao Soriano.

ORDEN ECLESIASTICO. Manila es en este como en los demas ramos, la ciudad metropolitana de los paises españoles en Oriente. Es su sede arzobispal y tiene por sufragáneos los obispados de *Nueva-Cáceres*, *Nueva-Segovia y Cebú*, cuyas descripciones pueden verse en sus respectivos artículos. El territorio que preside como propio, comprende las diez provincias civiles mas próximas á Manila, á saber: *Tondo*, *Bulacan*, *Pampanga*, *Nueva-Ecija*, *Batangas*, *Laguna*, *Cavite*, *Bataan*, *Zambales y Mindoro*, con mas la pequeña isla del Corregidor que se halla fuera de dichas prov. formando una comandancia polico-militar. No alcanza con estas prov. tanta estension como sus sedes sufragáneas; pero es la que reune mayor número de almas.

El territorio que comprende se estiende como 100 leg. de N. á S. y mas 29 de lat. á O., distando el pueblo mas lejano de su cap. por el N. unas 40 leg. y como 60 por el S. Confina por N. con la dióc. de Nueva-Segovia; por E. con la de Nueva-Cáceres, y por el S. con la de Cebú; sus confines occidentales son marítimos. El número de parr. de esta dióc. los curas seculares y regulares que las sirven y el número de pueblos que contienen aparecen en el estado núm. 8.

Para la mejor adm. ecl. del terr. comprendido en este arz. los curas párrocos de algunos pueblos estienden tambien su jurisdiccion á 18 vicarías ó partidos foráneos, que son: en la prov. de Tondo, el de Mariquina; en la de Bataan, el de Balanga: en la de Cavite, el de Bacor: en la de Mindoro, Calayan y Santa Cruz: en la de Batangas, el de Taal, San Pablo y el Rosario: en la de la Laguna, Limban, Calauan y Cabuyas: en la de Bulacan, Quingua y Marilao: en la de Zambales, Iba: en la de Pampanga, San Fernando y Candaba: en la de Nueva-Ecija, Puncan y Baler. Los curas de los pueblos espresados son los vicarios foráneos de sus respectivos partidos quienes reciben órdenes é intrucciones del vicario general y del diocesano indistintamente, sujetándose cada uno á sus atribuciones. Es preciso advertir que esta division en partidos está sujeta á continuas variaciones á voluntad del obispo que gobierna la mitra, ya con relacion al número, ya tambien con respecto al pueblo. Cuando se dice que los vicarios foráneos dependen inmediatamente de los vicarios generales ó provisores, no debe entenderse en manera alguna, que estos constituyen una autoridad ó jurisdiccion intermedia entre el vicario foráneo y el arzobispo, sino que son el conducto por el cual deben comunicarse con dicho prelado.

El prelado actual de esta igl. metropolitana es el Excmo. Ilmo. Rmo. Sr. D. Fray José Aranguren, del Consejo de S. M., caballero gran cruz de Isabel la Católica, Senador del Reino y teniente vicario general de los Reales ejércitos de mar y tierra de todas nuestras posesiones orientales, consagrado en 31 de enero de 1847. El cabildo de esta santa y metropolitana iglesia, única que existe en Filipinas, se compone de cinco dignidades, tres canónigos, dos racioneros, dos medios y el competente número de ministros, cuyas dotaciones pueden verse en el estado que sigue.

ESTADO *de las dotaciones del clero de la catedral de Manila.*

PERSONAL.	Ps. fs.	Rs.pl.
El Arzobispo.	5,000	
El Dean.	2,000	
4 Dignidades á 1,450 ps.	5,800	
3 Canónigos á 1,230 id.	5,690	
2 Racioneros á 1,100 id.	2,200	
2 Medios id. á 915 id.	1,830	
1 Maestro de ceremonias.	400	
2 Curas rectores á 500..	1,000	
1 Sacristan.	250	
Otro id.	150	
1 Pertiguero.	190	
MATERIAL.		
Para el correo del Arzobispo.	14	6
Al Cabildo para la música, fábrica de iglesia, vino, cera y aceite.	2,860	
Al cura de la catedral para aceite y vino .	26	
TOTAL. . . .	25,410	6

La curia ecl. se compone del Excmo. é Illmo. Sr. Arzobispo, del provisor y vicario general, del promotor fiscal, de un secretario de cámara y vice-secretario, de un archivero y de dos notarios receptores de la clase de seculares. El juzgado provisoral se halla formado por el provisor que al mismo tiempo es vicario general y juez de capellanes: este es el encargado de actuar en los negocios eclesiásticos acompañado de notarios. Antes no tenia este funcionario la investidura de licenciado en leyes y se asesoraba de un abogado de matrícula de la Real audiencia. La creacion del promotor fiscal ha sido posterior á la de los juzgados ecl., y su institucion es debida á la autoridad de los pontífices, quienes han encargado con especialidad á dichos funcionarios la defensa de la integridad de los matrimonios y otras obligaciones propias de sus empleos. El cargo de provisor en los primeros tiempos se ejercia constantemente por los padres Agustinos, en uso de la *omnímoda* facultad otorgada por los papas. Mas tarde las atribuciones de aquellos pasaron á los padres Franciscanos de acuerdo con ellos; mas considerándose facultado el arzobispo de Méjico para nombrar jueces eclesiásticos, que fuesen los vicarios y provisores de estos dominios, envió dos clérigos con autorizacion para que ejerciesen dichos oficios; mas el gobernador con su calidad de vice-patrono Real, amparó á los regulares en sus privilegios, mandando al P. Alfaro que fuese él solo quien ejerciese dicho destino. Despues cuando ya se crearon las mitras sufragáneas y la de Manila, fue elevada á la dignidad de metropolitana, con la gerarquía arzobispal, se regularizó el nombramiento de provisores.

La administracion espiritual de cualquiera de los obispados vacantes corresponde al arzobispo metropolitano, y éste es quien tiene facultad de nombrar provisor ó vicario capitular; en el caso de que estuviese tambien esta silla vacante, el gobierno de la dióc. corresponde al obispo mas inmediato, y hallándose los dos á igual distancia pertenece al mas antiguo. Conforme á una Real cédula de 22 de abril de 1705, está mandado que los gastos que ocasionen á sus prelados las visitas episcopales hayan de costearse por cuenta de la Real Hacienda. La forma de la recaudacion de los espolios se dispuso por Real cédula de 24 de junio de 1821.

El clero secular se divide en parroquial y no parroquial. Compréndese en esta clase el personal empleado en la catedral metropolitana; á la misma corresponden los cuatro provisores de las otras dióc.

El provisor ó vicario general de esta diócesis tiene el título de juez de capellanes, que no tienen los de los demas ob.

Por regla general los provisores de las respectivas dióc. son directores de los seminarios conciliares, mas no sucede así con el de este arz. que en el dia es dean de la catedral; los presidentes de dichos establecimientos por lo regular son tambien procuradores de los mismos. El comisario de Cruzada y promotor fiscal de la curia ecl., son en la actualidad individuos de coro de la catedral de Manila, así como tambien el rector del colegio de San José y el secretario y vice-secretario del arz.; pero esta circunstancia no constituye regla general por ser gracia puramente personal. Existen entre los empleados de la curia eclesiástica de Manila cinco notarios mayores, de los que uno se halla jubilado, otro despacha los negocios relativos al tribunal de Cruzada, y los tres restantes forman parte de las curias ecl. sufragáneas de este arz. Ademas hay dos secretarios de las curias diocesanas de Manila y Cebú; el de esta última es de moderna creacion, así como tambien lo son un vice-secretario del arz., un pro-secretario del ob. de Nueva-Cáceres, un archivero tambien del arzobispado, un comisario general de Cruzada, ocho capellanes Reales, incluso el mayor, un supernumerario y el P. sacristan; doce empleados en los seminarios de las cuatro mitras con el nombre de directores, presidentes, rectores, vice-rectores, lectores y sacristanes. A este número hay que aumentar otros diez procedentes de los tres colegios y universidad,

con el título de rector, catedráticos, lectores, secretario y maestro de ceremonias y 50 capellanes, en cuyo número van comprendidos los que sirven en los cuerpos del ejército, los destinados á los colegios, hospitales y hospicios, y los que costean algunas corporaciones como la audiencia, etc.; en este número no se incluyen los de la capilla Real, porque su institucion es proveer de sacerdotes á sus divisiones y á los buques de la armada cuando faltan de esta clase, ascendiendo su total á 95.

Relativamente á los seminaristas no puede determinarse su número, en razon á que todos los años varía; pero adoptando un término medio por los alumnos que en 1842 y 48 habia en el seminario conciliar de Manila que eran unos 25 entre presbíteros, diáconos, subdiáconos, minoristas y tonsurados, puede calcularse que serán en los cuatro seminarios sobre unos 100 los alumnos, que agregados á los 95 anteriores, pertenecientes tambien al clero secular, ascienden á 195. Ademas hay en cada una de las mitras algunos otros ecl. seculares empleados, á las inmediatas órdenes de los diocesanos, con el nombre de pajes, cruceros, etc., cuyo número no se puede determinar, como tampoco el de aquellos que se han ordenado á título de patrimonio, capellanías de sangre ó de clase, etc. Por Real cédula de 1.º de junio de 1799 se ordenó que los curas debian pagar el 3 por 100 para sostener los seminarios.

Antes de terminar esta reseña es de manifestar igualmente, que hay algunas disposiciones comunes á ambos cleros secular y regular, como aquellas que los hacen indiferentes para el desempeño de ciertos cargos ó comisiones, cuales son las vicarías foráneas, las capellanías de presidios, fortalezas, etc.

Desde que se fundó Manila hasta que tuvo su primer obispo transcurrieron diez años. Su primer prelado fué sufragáneo de la silla metropolitana de Méjico; pero 17 años despues y 27 desde la fundacion de la ciudad, por el año 1596, y mediante bula de Clemente VIII espedida á propuesta del rey D. Felipe II, se separó de aquella sede, habiendo sido erigida en metropolitana de las tres sufragáneas que en el dia tiene.

Veinte y dos prelados han ocupado esta sede desde su fundacion hasta el presente y son los siguientes:

El Illmo. Sr. *Fray Domingo de Salazar*, natural de la Rioja, religioso Dominico del convento de Salamanca, pasó á la América, donde estuvo de misionero 40 años. Despues fué nombrado procurador general de su provincia en la córte de Madrid, y tuvo la satisfaccion de predicar delante de Felipe II á favor de los indios, y aunque el nuncio de su Santidad manifestó poco agrado por el sermon, S. M. se prendó tanto de él que le propuso para primer obispo de Manila, donde llegó por los años de 1581, habiendo erigido su silla en sufragánea de la de Méjico el 21 de diciembre de dicho año, y la iglesia mayor de Manila en catedral, bajo la advocacion de la vírgen de la Concepcion. Señaló prebendas y dignidades y dió constituciones para el gobierno de su iglesia. El primer dean fué el licenciado D. Diego Vazquez de Mercado. Este venerable prelado defendió mucho á los religiosos y á los indios contra los abusos de los encomenderos; pero molestó á los primeros con los escrúpulos que formaba de que administrasen á los indios sin estar sujetos á la visita diocesana, sin embargo de que su ilustrísima habia estado administrando en Nueva-España 40 años, sin escrúpulo en la misma forma que lo hacian los religiosos en Filipinas. Este y otros puntos que se trataron en un sínodo ó junta de 90 eclesiásticos y algunos seculares prácticos en el gobierno de los indios, le acarrearon muchas desazones y disgustos; pero lo que mas sintió fué que se reformase la Real audiencia que se habia establecido en Manila á solicitud suya el año de 1584. Suprimido este tribunal el año de 1591 pasó á España, donde consiguió que se restableciese y que su silla se erigiese en metropolitana á peticion del mencionado monarca Felipe II por breve de Clemente VIII de 14 de agosto de 1595, creándose los obispados de Nueva-Cáceres, Nueva-Segovia y Cebú. S. M. presentó para arzobispo al Illmo. Sr. Salazar, pero antes que en Roma se le despachasen las bulas, murió en el colegio de Santo Tomás de Madrid á 4 de diciembre de 1594, de edad de 82 años.

El Illmo. y Rmo. Sr. *D. Fray Ignacio de Santibañes*, de la órden de San Francisco, natural de Búrgos, fué presentado para primer arzobispo de Manila; pasó á Nueva-España, donde se consagró el año de 1596 y tomó posesion de su silla el 28 de mayo de 1598. Inmediatamente erigió en metropolitana esta diócesis y como sufragáneos suyos los obispados de Nueva-Cáceres, Nueva Segovia y Cebú, segun queda dicho, en virtud de breve de Clemente VIII de 14 de agosto de 1595. Empezó á gobernar con mucho celo y acierto; pero le atacó una disenteria, de la que murió el 14 de agosto del mismo año.

Sucedió á este el Illmo. y Rmo. Sr. *D. Fray Miguel de Benavides*, Dominico, natural de Carrion de los Condes, misionero de Filipinas en China; vino á España en compañia del señor obispo Salazar, y S. M. le nombró para primer ob. de Nueva-Segovia ó Ilocos, habiendo sido trasladado á la mitra arzobispal, de la que tomó posesion el año de 1603. Hallándose en su arz. recibió una Real cédula de S. M. el Rey de España para que los naturales le prestasen de nuevo libre y espontánea sujecion: los indios no hallaron reparo en ofrecerse súbditos del Rey de España, y el arz. tomó posesion solemne de todo el archipiélago filipino á nombre de la Corona de Castilla y Leon. Fue sumamente benéfico y celoso de que se administrase cual convenia á los indios, habiéndose distinguido en todo género de virtudes. Principió el colegio de Santo Tomás con sus limosnas, y despues de haber alcanzado muchos méritos murió en gran opinion de santidad el 26 de julio de 1605. Cuatro años antes predijo en la Puebla de los Angeles, las maravillas de la muerte del B. Fr. Aparicio, como aparece de su causa al folio 1590.

El Illmo. Sr. *D. Diego Vazquez de Mercado*, natural de Arébalo, en Castilla la Vieja, de la familia de los Ronquillos, fué el primer dean de Manila, como hemos dicho, y el que sustituyó al anterior: pasó á Nueva-España y al poco tiempo obtuvo en propiedad el curato de Acapulco, habiéndose graduado de doctor en cánones en la Universidad de Méjico; S. M. lo presentó obispo de *Yucatan*, y despues lo trasladó al arz. de Manila, de cuya mitra tomó posesion el año de 1610, vispera del Corpus: este prelado perfeccionó la catedral, en cuya tarea y desembolsos le secundaron los vecinos de Manila.

Siguió á este el Illmo. Sr. *D. Fray Miguel Garcia Serrano*, de la órden de San Agustin, natural de Madrid segun unos, y de Chinchilla segun otros; fué uno de los primeros misloneros que redujeron á la fé católica los naturales de Filipinas. Hallándose de comisario y procurador de su provincia en Madrid, lo presentó S. M. para el obispado de Nueva-Segovia, se consagró en Méjico y llegó á Filipinas el año de 1616. A los dos años fué promovido al arz. de Manila, de cuya silla tomó posesion el 24 de agosto de 1619. En su tiempo llegaron las monjas de Santa Clara á las cuales favoreció mucho, habiendo obtenido un breve de Urbano VIII para que se observase en Manila el concilio mejicano y otro breve del mismo pontífice para que la fiesta del Corpus se trasladase á tiempo de secas, lo cual no llegó á ponerse en práctica en Manila. Sin embargo, en los curatos del arz., dicha práctica ha estado en uso, hasta que á principios de este siglo fué abolida por el provisor. El prelado que nos ocupa fué muy devoto del Santísimo Sacramento, y habiendo sido robado éste de la catedral el año de 1628, se entristeció tanto de sus resultas, que enfermó y murió el dia del Corpus de 1629. Se cuenta de este señor, que al pasar la procesion por delante de su palacio, se puso de rodillas en la cama, y al cruzar por frente á su cuarto la custodia, dijo: *Alla voy, Señor*, y en seguida de pronunciadas dichas palabras espiró.

El Illmo. Sr. *D. Fray Hernando Guerrero*, de la órden de San Agustin, natural de Alcaráz segun unos, y de Madrid segun otros, ocupó esta vacante. Este dignísimo prelado despues de haber trabajado como infatigable operario evangélico en el cultivo de la jóven viña del Señor, en las Islas Filipinas, en ocasion que venia á España de comisario, encontró al pasar por Méjico la cédula de S. M. en que lo proponia para el obispado de Nueva-Segovia: sin embargo siguió á Madrid á dar cumplimiento á las órdenes que llevaba de su provincia y á su regreso volvió con las bulas y una mision de religiosos. Se consagró en Cebú el año de 1628, y gobernó siete años su ob. de Ilocos, hasta que fué trasladado al arz. de Manila, de cuya mitra tomó posesion el año 1635. Durante su gobierno tuvo muchas contiendas con los jesuitas, los cuales le ocasionaron tantas desazones y disgustos, que un simple clérigo escogido por ellos para juez conservador, tuvo el atrevimiento de escomulgarlo. El gobernador Corcuera, al parecer muy apasionado de la compañía, lo desterró, se supone que por consejo suyo, á Mariveles, de donde no pudo salir hasta que firmó unas condiciones que abatian su dignidad. Para colmo de sus desdichas ocurrió á este desventurado prelado, que hallándose visitando el arz. cerca de Mindoro, le asaltó un pirata moro llamado Camucon, le cogió las insignias pontificales, y aunque pudo escapar, se asustó tanto, que de resultas cayó enfermo, y murió el dia 1.° de julio de 1641 á los 75 años de edad, habiendo cruzado una vida llena de amargura y de disgusto.

El Illmo. Sr. *D. Fernando Montero*, natural de Búrgos, fué el primer cura del palacio de Felipe IV en la época en que se erigió en parroquial su Real capilla. Le nombró S. M. para obispo de Nueva-Segovia, y despues de consagrado en Méjico, recibió la Real cédula de presentacion para el arz. de Manila. Llegó á Filipinas por julio de 1645, desembarcó en el puerto de Lampon y caminando por tierra, le atacó un tabardillo del cual murió en el pueblo de Pila, provincia de la Laguna, antes de llegar á tomar posesion de su mitra.

El Illmo. Sr. *D. Miguel Poblete*, natural de Méjico, en cuyo punto desempeñó los mayores empleos, fué propuesto para el ob. de Nicaragua que renunció, y en seguida lo fué para el arz. de Manila. A la sazon era doctor y catedrático de aquella universidad, y hallándose presidiendo un acto académico, le fué entregada la Real cédula de presentacion para dicho arz; sin embargo de la agradable noticia que acababa de recibir, siguió en el ejercicio sin que ninguno de los concurrentes notasen nada. Se consagró en aquella misma capital, y llegó á Manila el 22 de julio de 1653. En la primera cuaresma dió la bendicion y absolucion

:

á toda aquella tierra, conforme á un breve de Inocencio X, conseguido á peticion de los vecinos de Manila que creian maldecida y escomulgada dicha tierra por los escandalosos desórdenes que habian ocurrido. Este venerable prelado empezó la fábrica de la catedral, que en el dia existe en Manila, habiéndola adelantado bastante. Protegió mucho á los religiosos, dividió los territorios de los curatos y quiso que se reuniese un concilio Manilense. El gobernador Salcedo le ocasionó muchas pesadumbres, las que sin duda fueron causas de que dicha autoridad superior se atrajese el ódio universal de toda la colonia. Murió el 8 de diciembre de 1667 con gran opinion de santidad, habiéndose colocado en su féretro una palma en señal de la castidad que habia guardado durante toda su vida.

El Illmo. Sr. D. *Fray Juan Lopez*, de la órden de Santo Domingo, natural de Martin Muñoz en Castilla la Vieja, administró á los indios de Filipinas, y habiendo enfermado, pasó á Méjico á restablecer su salud. Desde allí pasó á Europa de procurador de su provincia en la Córte de Madrid y Roma, y hallándose en este último punto, recibió la Real cédula de S. M., en que lo presentaba para el ob. de Cebú. Obtenidas las bulas de Su Santidad, volvió á España y juntando una numerosa mision de religiosos, pasó á Nueva-España, donde se consagró y tomó posesion de su diócesis, el 31 de agosto de 1665. Antes de ser trasladado á la silla azobispal, visitó dos veces dicho ob. durante los seis años de su gobierno, no habiendo tomado posesion de la silla metropolitana hasta el 21 de agosto de 1671. El gobernador, por varias disensiones que tuvo con su Illma. le negó los estipendios, asi como tambien al cabildo. Acudió aquel á S. M., y con el fin de que en otra ocasion los gobernadores no tuviesen pretesto para semejante proceder, e Rey despachó una Real cédula para que los estipendios de los ecl. se librasen por las cajas de Méjico por cuenta separada. Esta Real cédula lo halló ya muerto cuando llegó á Manila, pues acaeció su muerte el 12 de febrero de 1674: fué muy virtuoso; pero de un genio sumamente vivo y pronto, cuyo carácter le atrajo muchas desazones.

El Illmo. Sr. D. *Fray Felipe Pando*, natural de Valladolid, administró á los indios antes del año de 1676 en que se despachó la cédula de presentacion para el arz. de Manila, de cuya mitra tomó posesion inmediatamente, á pesar de no estar consagrado, por espresa disposicion de S. M. Hasta el año de 1681 no se le remitieron las bulas, en que fué el Sr. Barrientos como de auxiliar, habiéndose consagrado el 28 de octubre á los 71 años de edad. Habia conseguido dos jubileos para el dia de la consagracion, mas estaba la colonia tan disgustada de su gobierno rígido, que asistieron muy pocos ni á la consagracion ni á ganar el jubileo. Tenia de asesor ó consultor este prelado al P. Verard, dominico, doctor en ambos derechos; y éste ejercia tal influencia en su ánimo, que por el dictámen ó parecer de éste llegó á desobedecer hasta veinte provisiones Reales: por lo cual la Real audiencia lo desterró á Pangasinan. Relevado el gobernador que regia los destinos del archipiélago, se levantó el destierro, y despues muy unido con el nuevo gobernador, hizo castigos muy severos y duros en los clérigos con quienes habia tenido las principales cuestiones; de resultas de lo cual volvió á ser estrañado. Fueron tantos y de tal magnitud los disturbios que ocurrieron durante su gobierno, que seria prolijo el ennumerarlos: sin embargo no se le puede negar la justicia de que fué muy virtuoso y rígido, no solo con los demas, sino es consigo mismo. Este prelado murió de repente el 31 de diciembre de 1689.

El Illmo. Sr. D. *Diego Camacho*, canónigo magistral de Badajoz, de donde era natural, electo arz. de Manila, se consagró y tomó posesion de su diócesis el 31 de setiembre de 1697. Este prelado se bajó mas de lo que permitian su decoro y dignidad al patriarca Tournon, cuando este último, como hemos dicho en otro lugar, visitó de paso las islas Filipinas, y S. M., enterado de todo lo ocurrido, desaprobó su conducta. Hizo muchos esfuerzos para ver si podia sujetar á los regulares á la visita y patronato, empeño que manifestó desde el primer dia de su gobierno. Con este motivo se originaron muchas disenciones en Manila, habiendo llegado el caso de que los regulares quisieron dejar todos los curatos; mas no habiendo clérigos que pudieran sustituirles, el gobernador le mandó que sobreseyese en lo tocante á la visita. Fué muy limosnero y llevó con resignacion que S. M. lo trasladase al ob. de Guadalajara, con mengua de su dignidad, por las condescendencias que habia tenido con el patriarca Tournon. Pasó á su nueva diócesis de la que tomó posesion el 25 de marzo de 1706, y despues de haber visitado varias veces su ob. y hecho muchas limosnas, murió en el año de 1712.

El Illmo. Sr. D. *Fray Francisco Cuesta*, de la órden de San Gerónimo, natural de Colmenar de Oreja, prov. de Madrid, hecho arz. de Manila, pasó á Méjico donde se consagró, y siguiendo á las islas Filipinas, tomó posesion de su arz. el 12 de agosto de 1712. Gobernó por espacio de 16 años con mucha paz y quietud su arz. y con mucha aceptacion de toda la colonia. En su tiempo acaeció la muérte del mariscal, y habiendo ido los ejecutores á la fuerza de Santiago donde lo tenia preso el gobernador difunto, lo sacaron y le hicieron tomar el baston de mando del archipiélago. Este prelado se resistió y no quiso aceptarlo hasta que no hubo reunido una junta de las principales personas y dignidades de la colonia; y entre estas los oidores, que ó estaban presos ó refujiados en los conventos, habiéndole cedido el derecho que tenian de gobernar las islas por muerte de los gobernadores propietarios. De resultas de la muerte del mariscal, S. M. lo trasladó al obispado de Mechocan, donde hizo su entrada pública el 18 de abril de 1724. El 31 de mayo del mismo año á los 42 dias de su entrada solemne, murió de edad de 63 años.

El Illmo. Sr. D. *Cárlos Bermudez Gonzales de Castro*, natural de la Puebla de los Angeles, se consagró en Méjico para arz. de Manila el 17 de junio de 1725, y por falta de embarcacion que fuese á Filipinas no tomó posesion de su arz. hasta el 25 de agosto de 1728. Al pasar por las islas Marianas saltó en tierra donde confirmó á varias personas y bautizó á varias criaturas. Duró muy poco en el gobierno de de su mitra, pues el escesivo celo por el bien espiritual y corporal de su rebaño, le

atrajo una enfermedad de la que murió el 13 de noviembre de 1729. Por disposicion suya comunicada á su testamentario, su corazon fué llevado al convento de San Lorenzo de Méjico.

El Illmo. Sr. D. *Fray Angel Rodriguez*, de la órden de Trinitarios, natural de Medina del Campo, llegó á Lima el año 1731, en compañia del Excmo. Sr. D. Fray Diego Morcillo Rubio, de su mismo hábito, arz. de Lima, en calidad de su confesor; mas S. M. lo presentó para arz. de Manila. Recibió las ejecutorias del consejo el 29 de febrero de 1732; pero no permitiendo el virey que saliese embarcacion alguna para Acapulco, no pudo ir á Manila á tomar posesion de su mitra hasta el 24 de enero de 1737. Este prelado gobernó su ob. con mucha paz y sosiego, habiendo aceptado en todas sus sabias y prudentes disposiciones, el talento claro que le distinguia. Formalizó el coro de la catedral, introduciendo el canto claro, formando para esto él cantorales que no habia y enseñándolo á los cantores que lo ignoraban. Prohibió las procesiones nocturnas y reformó algunas fiestas de las llamadas de una cruz para que estuviesen abiertos los tribunales y no parasen los negocios de la curia. Se interesó con el gobernador en favor del fiscal Arroyo, que estaba refujiado en el convento ó iglesia de PP. Recoletos, y le persuadió que se presentase en la fuerza esperando que el gobernador le trataria con humanidad; mas viendo sus esperanzas frustradas, y creyéndose hasta cierto punto causante de los males que esperimentaba dicho fiscal por el rigor con que aquel lo trataba, le empezó una melancolía que le produjo una enfermedad grave, aunque al parecer era leve. El médico que lo asistia, le recetó un vomitivo, pero no pudiendo arrojarlo, murió aquel mismo dia por la noche.

El Illmo. Sr. D. *Pedro de la Santisima Trinidad*, de la órden de San Francisco, en cuya religion entró siendo consejero de Indias, por el único y solo objeto de retirarse del mundo. S. M. el Rey lo presentó para arz. de Manila y pidió á Su Santidad que le obligase á recibir el arz. Se consagró en España, se hizo su entrada pública en Manila el 27 de agosto de 1747. Antes de salir para esta capital se proveyó de una Real cédula para echar fuera del archipiélago los chinos establecidos; mas habiendo encontrado de gobernador de la colonia al Sr. Arrichedera, obispo electo de Nueva-Segovia ó Ilocos, no la presentó en razon á que siendo dicho señor obispo de la órden de Santo Domingo y siendo su religion la que administraba á los chinos, les tenia algun cariño. Luego que llegó el Sr. Obando de gobernador, presentó la Real cédula que tampoco surtió efecto por varias disputas que se suscitaron entre el gobernador y el arz.: habiendo ocurrido tambien otras varias controversias con el sucesor de aquel Sr. Arandia, cuyas desazones, junto con los achaques que padecia, le ocasionaron la muerte, que acaeció el 28 de mayo de 1755.

El Illmo. Sr. *D. Manuel Rojo*, natural de Tuba en el Reino de Méjico, donde era provisor cuando S. M. lo presentó para el arz., se consagro en Nueva-España y tomó posesion de su silla metropolitana el 22 de julio de 1759, hallándose á la ;sazon gobernando las islas por muerte del Sr. Arandia, el Sr. Ezpeleta ob. de Cebú. En el año 1761, sabida en la Córte de España la muerte de Arandia, mandó S. M. que se encargase del gobierno de Filipinas el arz. Rojo, quien luego que tomó posesion de él, cortó un pleito sumamente ruidoso que habia en Manila, en el cual estaban mezclados los oidores y el provisor, por haber fulminado éste escomunion contra el oidor Villacorta, que habia sacado de sagrado á Orendain, reo de esta causa. El año 1762 llegaron los ingleses á Manila y tomaron la plaza por asalto, como hemos manifestado ya en otro lugar de este artículo. El arz. capituló con ellos saliendo bajo palabra de honor de la fuerza de Santiago. Durante la defensa de la plaza se portó muy bien, y el único error notable que cometió fué, que al dia siguiente de la toma de la plaza, presentaron los ingleses unas capitulaciones de su parte en que pedian cuatro millones de pesos, y que se les entregasen las islas, añadiendo que de no acceder á su peticion, las tropas que tenian sobre las armas pasarian á cuchillo á todos los españoles. Amedrentado el arz. firmó las espresadas capitulaciones y mandó comisionados para que se trajesen la plata que se habia retirado á la prov.

de la Laguna de Bay, para dársela á los ingleses; pero los PP. Franciscanos, con un celo dignísimo de aplauso y alabanza, no permitieron llevarla á Manila. Además de esto despachó circulares para que todos obedeciesen á los ingleses, lo cual no le era lícito, siendo como era prisionero de guerra, y estando el oidor Anda defendiendo las prov. de dichos enemigos con una energía y teson admirable: mas los desaciertos de su gobierno en esta parte preciso es considerar que mas que desaciertos fueron concesiones que se le arrancaron con la espada en la garganta; sin embargo estos errores, y los disgustos que le causó la pérdida de la plaza, le ocasionaron tanta melancolía y tristeza que enfermó y murió el 30 de enero de 1763. Los ingleses lo apreciaron mucho por sus virtudes y candor, y á esto debió que le hicieran unos funerales magníficos.

El Illmo. Sr. *D. Basilio Sancho de Santa Justa y Santa Rufina*, aragonés, de las Escuelas Pias, predicador de S. M. el Rey, y procurador de su prov. en la Córte. Presentado por S. M. para arz. de Manila, consiguió consagrarse en Madrid, y embarcándose en una fragata sueca, llegó á Manila por el Cabo de Buena-Esperanza y tomó posesion de su ob. el año 1767. Luego entabló una mision y predicó nueve dias seguidos recorriendo todos los vicios y declamando contra ellos con vigor. Despues trató de sujetar á los regulares á la visita y patronato; pero tenia en contra al gobernador D. José Raon y no pudo conseguirlo por entonces. Solo los PP. Dominicanos demasiado condescendientes, se sujetaron á la visita diocesana, y obligándoles con razon el gobernador á que se sujetasen del mismo modo al Patronato Real, dejaron todos los curatos del arz. Habiendo llegado despues de gobernador el Sr. D. Simon de Anda y Salazar, y favoreciendo al arz. sobre este punto, hubo grandes disturbios. Los PP. Agustinos fueron removidos de la Pampanga, y el provincial y difinitorio fueron enviados bajo partida de registro á España. El Rey, enterado de lo ocurrido, declaró este hecho como un atentado injusto, mandando que se devolviese la Pampanga á los PP. Agustinos y se repusiese en sus oficios al provincial y definidores; pero ordenando al propio tiempo á estos que se sujetasen á la visita y patronato, cuya disposicion llegó á ver ejecutada en todo el arz. su Illma. antes de morir. En su tiempo fué cuando se entregaron al clero todos los curatos de los jesuitas espulsados, los de los dominicos, recoletos, y la Pampanga de los Agustinos. Para proveer tantos curatos de ministros doctrineros fué preciso al señor arz. ordenar tantos indios, que fué uno de aquellos abusos mas represensibles que pueden cometerse por un prelado. Con este motivo se decia en Manila vulgarmente que no se encontraban bogadores para los pancos, porque á todos los habia ordenado el arz. Murió en diciembre de 1787.

El Illmo. Sr. D. Fr. *Antonio de Orbigo y Gallego*, de la órden de San Francisco, natural de Orbigo en el antiguo Reino de Leon, siendo procurador de su provincia, fué electo obispo de Nueva-Cáceres ó Camarines, á donde llegó y tomó posesion el 16 de octubre de 1789. Muerto el Illmo. Sr. Sancho, fué trasladado al arz. de Manila el año de 1789. Recibió el palio en el santuario de Ntra. Sra. de Guadalupe de PP.Agustinos, y tomó posesionde la silla metropolitana por octubre del mismo año. Este prelado fué hombre muy docto, bueno y pacífico, habiéndose grangeado, merced á estas buenas cualidades, la estimacion de todos. Visitó su arz. y estando en este ejercicio estuvo una vez muy en peligro de haber sido apresado por los moros en la misma bahía de Manila. Murió el 16 de mayo de 1790, y se enterró en San Francisco al dia siguiente en razon á haber pedido que no se embalsamase su cuerpo: otros arz. han solicitado lo mismo antes de morir; pero despues de muertos no se les ha guardado la palabra, con el fin de tenerlos espuestos en el féretro tres dias seguidos como es costumbre.

El Sr. D. *Ignacio Salamanca*, natural de Manila, doctor y dean de su santa iglesia catedral, fué promovido al ob. de Cebú. Se consagró en Manila y pasó á su ob. el año 1794: S. M. el Rey lo promovió al arz. de Manila; pero murió en la capital de su dióc. por el mes de febrero de 1802 antes de haber recibido los despachos de su nueva dignidad.

El Excmo. Sr. D. *Fray Juan Antonio de Zulaibar*, natural de la villa de Ziamuni, en el Señorío de Vizcaya, de la órden de Santo Domingo, é hijo del convento de San Pablo de Búrgos y catedrático de teología de la Universidad de Alcalá, se consagró en Manila el 8 de setiembre de 1804.

D. *Fray Hilarion Diez*, tomó posesion de su arz. en 15 de setiembre de 1826.

El Excmo. é Illmo. Sr. D. *Fray José Seguí*, tomó posesion en 15 de setiembre de 1830.

El Excmo. é Illmo. Sr. D. *Fray José Aranguren*, que tan dignamente ocupa la silla arzobispal, tomó posesion en 19 de marzo de 1846.

Entre las distinciones honoríficas y de mayor importancia que en varias épocas se han conferido á los prelados metropolitanos de Manila, es la principal que por Reales cédulas antiguas se disponia que sucediesen en el mando á los gobernadores, cuando estos faltasen, trasmitiéndose este privilegio á los obispos en la forma antes espresada, en el supuesto de estar vacante el arz. Despues se concedian estas facultades á la audiencia en la parte política, y al oidor mas moderno en lo militar; habiendo constantemente seguido este tribunal en este ejercicio, hasta que por otra disposicion moderna se ha dispuesto que en caso de faltar por ausencia, enfermedad ó muerte el gobernador capitan de la colonia, haya de encargarse del mando de la misma, el 2.° cabo que lo es siempre un jefe de los de la clase de generales.

Con arreglo á las disposiciones superiores citadas obtuvieron el mando superior gubernativo de estas islas los Sres. arz. D. Fr. Francisco de la Cuesta y D. Fr. Manuel Rojo; y los ob. D. Fr. Juan Arrechedera y D. Miguel Ezpeleta.

Entre los hechos notables ocurridos en esta dióc., debe citarse la celebracion de un sínodo provincial en tiempo de su primer ob. (año 1581.) Esta celebracion se acordó en vista de la apremiante necesidad de arreglar algunos puntos de la iglesia, y en la mas urgente é imperiosa de corregir los abusos que los encomenderos cometian, infringiendo las leyes y faltando abiertamente á todo lo prevenido por ellas. Dicho sínodo fué presidido por su Illma., y asistieron á él como vocales, cuantos varones doctos é ilustres, de virtud y ciencia, habia en aquella sazon en las islas, no solamente del estado eclesiástico sino tambien del seglar.

CLERO REGULAR. Hecha ya una ligera reseña de lo perteneciente al arz. de Manila; y presentada una idea general del estado y número del clero secular, réstanos ahora dar la del clero regular, cuyos conventos cabezas de sus respectivas provincias se hallan en esta ciudad. En ella residen cuatro provinciales de las provincias titulares del *Santo Niño Jesus*, de Agustinos Calzados; de *San Nicolás de Tolentino*, de Agustinos Descalzos llamados mas comunmente Recoletos; de *San Gregorio Magno*, de Franciscanos; y *del Santísimo Rosario*, de Dominicos. Además de estas cuatro órdenes hay un vicario provincial ó superior de la prov. *de San Rafael*, de religiosos hospitalarios de San Juan de Dios, cinco secretarios de provincia, cinco procuradores generales, cuatro priores y un guardian de San Francisco; tres sub-priores, y un presidente tambien de San Francisco: á estos hay que aumentar dos definidores, los procu-

radores de los conventos, y varios otros empleados religiosos: algunas veces los definidores son curas párrocos, que residen fuera de Manila, empleados de los conventos ó colegios: mas como esto es accidental, nos ha parecido lo mas oportuno colocarlos en esta clase. Además de los individuos espresados empleados en los conventos y comprendidos en esta clase, hay un rector cancelario, un vice-rector de la Universidad y colegio de San Juan de Letran, y siete catedráticos de la Universidad, de la órden de Santo Domingo.

En las prov. hay sobre 500 curas párrocos próximamente que componen algo menos de las $^3/_5$ partes del total de parroquias de Filipinas; pero como algunos párrocos están sirviendo dos curatos á la vez, puede regularse en unos 340 el número de pueblos administrados por estos; consistiendo la diferencia en el número de religiosos y pueblos que tienen á su cargo en que hay algunos de estos últimos que no tienen curas párrocos especiales, por no tener todavía construidas sus iglesias.

Con objeto de no cargar mas este artículo con noticias ya consignadas en otros de de este Diccionario, reasumiremos cuanto hace á las órdenes religiosas en Filipinas en el siguiente estado.

ESTADO GENERAL de las misiones de Asia, con espresion del número de sus religiosos y de los pueblos, tributos y almas que administran por sí ó por medio de clérigos seculares á falta de misioneros.

Fechas de los estados de las respectivas órdenes religiosas que han servido para la formacion de este.	ÓRDENES RELIGIOSAS.	PROVINCIAS DE LAS ÓRDENES.	Provincias civiles en que se hallan los pueblos de las provincias religiosas.	NÚMERO DE PUEBLOS.	Religiosos que administran la cura de almas y compañeros que se hallan aprendiendo idioma.	Clérigos interinos por falta de misioneros.	TRIBUTOS.	ALMAS.
1851	Agustinos Calzados.	Del dulce nombre de Jesus.	13	454	119	27	501,516 ½	4.359,208
1849	Agustinos Descalzos ó Recoletos.	San Nicolas de Tolentino.	15	90	82	19	78,509 ½	427,752
1848	Dominicos.	Santísimo Rosario.	7	64	59	»	74,922	571,080
1849	Franciscanos.	San Gregorio Magno.	10	101	97	4	159,148	577,235

Ademas de los religiosos que, como resulta del precedente estado, se hallan en el servicio parroquial de los pueblos filipinos, tienen las espresadas provincias, segun los mismos estados de las respectivas órdenes, los que comprende el que sigue:

AGUSTINOS CALZADOS.

CONVENTOS..

De Manila: *Religiosos.*
- Empleados. 8
- Retirados por edad. . . . 3
- Enfermos habituales. . . 4
- Estudiantes. 15
- Hermanos legos. 4

De Ntra. Sra. de Guadalupe. 1
Del Santo Niño de Cebú. 1

COLEGIO DE VALLADOLID. *Religiosos.*
- Empleados. 4
- Retirados. 1
- Estudiantes. 43
- Novicios. 5

AGUSTINOS DESCALZOS.

CONVENTOS..

De Manila: *Religiosos.*
- Empleados en él.. . . . 5
- Retirados por enfermedad. 5
- Conventuales sacerdotes. . 6
- Coristas. 2
- Legos. 10
- Donados. 4

De S. Sebastian: *Relig.*
- Sacerdotes. 5
- Legos. 1
- Donados. 1

De Cavite.. . . . .
- Sacerdotes. 1
- Legos. 1

De Cebú. . . . .
- Sacerdotes. 2
- Legos. 1

COLEGIO DE MONTEAGUDO. . . . .
- Empleados. 4
- Lectores y estudiantes. . 25
- Legos. 11
- Novicios. 20
- En la corte de Roma. . . 1

DOMINICOS. . . . . . .

CONVENTOS.

De Manila: *Religiosos.*
- Empleados. 6
- Enfermos. 4
- Para el coro. 21
- Legos. 11

De San Pedro Telmo de Cavite. 2

COLEGIOS EN FILIPINAS..

Santuario de San Juan del Monte. 1
Colegio de San Juan de Letran. 1

Colegio de Sto. Tomas.
- Empleados.. 2
- Lectores. 7
- Legos. 4

MISIONES EN CHINA EN FO-KIEN. .
- Obispos españoles. . . . 2
- Religiosos. 6
- Idem indígenas. 7

MISIONES DE TUN-KIN. . . .
- Obispos españoles. . . . 2
- Religiosos. 9
- Idem indígenas. 27

Convento de Manila: *Religiosos.*	Empleados.	6
	Sacerdotes conventuales..	4
	Legos.	4

FRANCISCANOS.	Real monasterio de Santa Clara: *Vicarios*	2
	Real hospital en San Lázaro.	1
	Santuario de San Francisco del Monte.	1
	Hospicio de San Pascual, en la isla del Romero.	2
	En la enfermeria de Santa Cruz, de la Laguna, *Lego.*	1
	En la enfermería de Naga, *Lego.*	1
	Religiosos que se hallan aprendiendo lengua.	5
	Lego.	1

Los colegios que estas órdenes religiosas tienen en España para educar y preparar la juventud que se consagra á las misiones, son casas de la mas estricta regla, en las cuales se observa una perfecta vida comun con igualdad absoluta en todo lo que hace á la subsistencia. Los sacerdotes que en ellos residen, no pueden recibir limosna alguna ni aun con aplicacion al Santo sacrificio de la misa. El recogimiento, el esmero en el estudio eclesiástico y demas facultades análogas al penoso y grave ministerio á que han de ser destinados sus individuos, han sido y son siempre la admiracion de cuantos visitan estos importantes establecimientos. Son los planteles donde se cultiva la brillante juventud de dichas órdenes, educándola con especial cuidado en las máximas de beneficencia, celo, caridad y amor á los indios. De estos establecimientos salen los religiosos para el trabajoso é importantísimo ministerio parr. de Filipinas. Antes salian igualmente de todos ellos para las misiones de China; pero la falta de misioneros aun para la administracion espiritual de los filipinos, como se ha visto por el precedente estado de su administracion, ha hecho que en el dia sean únicamente los PP. Dominicos los que sirven aquellas misiones, educando tambien su juventud para ellos en el colegio de Ocaña.

HISTORIA. *Manila antes de ser colonia española.* Grande podriamos decir que era la antigüedad de Manila, si, viendo mencionada en Ptolomeo la isla de *Maniola*, como hemos dicho en la pág. 5 del tomo I, pasásemos á creer con otros muchos escritores, que aquella isla situada, segun el antiguo geógrafo, allende el Ganges, es la grande isla de Luzon como parece probable, y que aquel nombre le hubiere sido impuesto, por hallarse en ella la ciudad que actualmente nos ocupa. Pero nada pasaria de una suposicion. Relativamente el nombre Manila, por lo general se esplica como voz compuesta por contraccion ó crasis de las voces tagalas *Mairon Nila*, de cuya composicion pudo decirse por sincopa Manila. Estas voces ó sea el nombre formado de ellas, valen tanto como si en nuestra lengua dijéramos hay nila. Nila es cierta planta ó arbusto que se halla en los manglares, y, abundando con especialidad en los que cubrian las playas de la bahía, parece muy natural que los tagalos diesen este nombre al pueblo primitivo, por esplicar una razon topográfica, y que los viageros lo tomasen de ellos. No es tan fácil que el adelantado Miguel Lopez de Legaspi se lo impusiese por la razon misma, como aseguran algunos, y lo natural es que, hallando ya la pobl. con este nombre, se limitase á adoptarlo y conservarlo. Confirmase esto con la certeza que tenemos de que Legaspi halló ya una pobl. considerable en este punto, y al aparecer la actual con un nombre propio del pais, es dificil creer fuese recibido de los conquistadores, que llevaban distinta lengua para esplicar las mismas razones topográficas. Por igual razon, figurando en Ptolomeo la isla de *Maniola*, dado que fuese esta Luzon, creemos que el viagero de quien tomase este nombre el geógrafo, debió recibirlo del propio pais, ora esplicase la razon topográfica indicada, ora la existencia de la pobl. sobre que Legaspi erigió la colonia española. Una posicion tan ventajosa bajo cualquier aspecto que se considere, no podia menos de haberse atraido numerosos naturales, que, establecidos en ella, disfrutáran sus grandes proporciones hasta el punto que la escasa civilizacion del pueblo tagalo en aquel tiempo les permitiera. Asi fué que, cuando Juan de Salcedo, maestre de campo y sobrino del general, recorriendo el hermoso rio Pasig, juzgó que seria conveniente formar un establecimiento cerca de su embocadura, hubo de entrar en negociaciones con los reyezuelos que halló en el pais, como queda dicho en el preliminar. Estos reyes indígenas le recibieron amistosamente; pero con la doble idea de deshacerse de él y de los suyos por medio de un golpe de mano. En efecto, á poco intentó darlo Soliman, cuyo nombre es sumamente notable en un reyezuelo del pueblo tagalo, y que pudiera dar mucho que pensar en obra de otra naturaleza que la nuestra, para descubrir su origen, tal vez en la intrincada historia de las conquistas y vicisitudes de los pueblos musulmanes, cuyo poder se elevó á veces á un asombroso poderío en el Oriente, y que no menos con las emigraciones causadas por las guerras civiles, que por sus rápidas y dilatadas conquistas, nos ha dejado recuerdos por todas partes. Este caudillo indio atacó de improviso las embarcaciones españolas; pero fué vigorosamente rechazado y puesto en fuga. El maestre de campo se dirigió en seguida con 80 hombres contra un pequeño fuerte indio, que halló situado en el mismo punto donde hoy está la real fuerza de Santiago. El fuertecito se resistió obstinadamente: un artillero dirigia su defensa, y por la señal de la cruz que presentaba al ver arrollados los indios en el asalto, pidiendo cuartel, se comprendió bien su naturaleza europea. El asalto fué dado con tanto vigor, que los indios hubieron de salvarse en la fuga, dejando incendiado el fuerte. En este se hallaron doce cañones y algunos pedreros que sin duda los portugueses habían facilitado á los indios, quienes no sabian servirse de ellos. Ya hemos visto en el preliminar citado, como los portugueses nos disputaron la conquista de Filipinas. El reyezuelo ó rajáh, como se titulaban estos en el pais, llamado Matanda, que vale tanto como anciano, tio de Soliman y que tenia su asiento en Tondo, no tomó parte en este atentado; aun se asegura que mientras lo perpetraba su sobrino, no dejó de hondear una bandera blanca sobre su casa. Despues de estos sucesos,

habiendo empezado á cambiarse el viento y anunciándose las primeras collas de los monzones que no permitirian la continuacion de los reconocimientos, la espedicion se retiró al puerto de Cavite y de allí á la isla de Panay.

Claramente resulta de lo dicho la existencia de una importante pobl. india sobre la bahía y el Pasig, donde hoy se halla la gran pobl. de Manila, colonia española que ha conservado la posicion y nombre de aquella pobl. indígena. Tambien resulta que al arribo de la primera espedicion española habian precedido ya ciertas negociaciones portuguesas con los indígenas, quienes tal vez no solo debian á los señores de las Molucas los cañoncitos y pedreros hallados por Salcedo en el fuertecillo asaltado, sino tambien la construccion de este mismo fuerte y quizá la insurreccion y atentado del jóven Rajáh.

Tampoco habian sido las negociaciones portuguesas las primeras que tuvieron con los estrangeros los indios de Manila como lo acredita el comercio que hallaron los españoles con todas las islas de la Malasia y aun con el Japon y la China, como queda dicho en la página 69 del tomo I.

Por consiguiente Manila, remontándose á investigar sus orígenes como pueblo asiático, pudiera presentar una larga historia anterior á la que le es propia como colonia española. Pero aquella historia, aun cuando se hubiera escrito, no pudo conservarse confiada á la corta duracion de unos caractéres trazados en las hojas del plátano, como era la escritura indígena. Sabemos solo que ocurrieron grandes acontecimientos, pero ni siquiera sabemos ni hallamos verosimil que ni aun consitudinariamente se historiasen, atendido el estado moral en que se halló aquel pueblo.

La fisonomía, lengua, y costumbres de aquellos manileses, comunes al numeroso pueblo tagalo ó habitante de las riberas que ocupan dilatadas costas en Luzon, manifiestan su origen del mar Pacifico. La irreconciliable amistad en que se hallaban con el pueblo negrito, verdaderamente indígena del archipiélago, indicaba la sangrienta guerra por medio de la cual los tagalos ocuparon estas costas y obligaron á los negritos á retirarse á las escabrosidades para sostener allí su independencia. Los vasos de cierta tierra morena, dorados algunos y llenos de caractéres, cuyos vasos se hallaron con otras cosas notables al hacerse la conquista, atestiguaban el comercio de este pais con el continente asiático: las pruebas tanto de este comercio como del que se hacia con todas las islas Malayas acreditan á la vez la existencia de cierta civilizacion especial, como varias tradiciones tambien propias del pais, inducen á creer que no siempre se habia hallado este pueblo en aquel atraso, siendo quizá los residuos de una ilustracion avanzada que sucumbiera al través de largas vicisitudes sufridas.

Ya hemos dicho cuanto pudiera conjeturarse del nombre Soliman que tenia el Rajáh de los manileses en lo que no nos ocupamos por conceptuar imposible, mayormente con la brevedad que exige un artículo del Diccionario, establecer una opinion sobre esto debidamente cimentada.

El islamismo desarrollado en Borneo, desde un tiempo que tampoco es fácil puntualizar, sabemos intentó estenderse por todo el archipiélago filipino; mas ignoramos si su predicacion pudo alcanzar hasta la Luzonia para que esto trajese á Manila el espresado nombre y lo diese á uno de sus Rajáh, y aun lo tenemos por increible, pues yacia aislado de todo principio religioso propio de aquella conquista moral, cuyos únicos efectos han asomado en la remota Mindanao, y aun solo sobre sus costas mas al alcance de los esfuerzos del mahometismo. Despues consta por las relaciones históricas de nuestra conquista, que los portugueses dueños de las Molucas y émulos de los españoles en Oriente, acudieron á Manila antes que nuestros espedicionarios preparando contra ellos el ánimo de los naturales y facilitándoles los posibles medios de resistencia.

Todavia puede atribuirse á la historia de Manila, como pueblo indígena, lo que dejamos dicho concerniente á la primera espedicion española á la Luzonia, cual fue la de Salcedo, y aun tambien la llegada del general Legaspi con cuanto ocurrió hasta que este general la erigió en colonia española y la hizo ciudad como luego veremos.

La espedicion de Legaspi salió de la isla de Panay, dirigiéndose á la gran bahía de Manila el 15 de abril de 1570. Sus fuerzas se componian de 280 hombres. Tocó en la isla de Mindoro á cuyos habitantes impuso el tributo real; socorrió un champan chino que estaba en peligro de perecer en el estrecho, y los chinos, agradecidos por este servicio, entablaron relaciones mercantiles con el gobernador de Filipinas. Llegó al puerto de Cavite y los habitantes se reconocieron súbditos españoles. Allí se preparó para llevar á cabo su proyecto de desembarcar en Manila y atacar á los tagalos, pueblo numeroso y que ya conocia los combates de los españoles, habiendo sido socorrido por los portugueses. El Rajáh Soliman debia temer el castigo merecido por su traicion; era preciso considerarlo como enemigo declarado; habia tenido bastante tiempo para prepararse á la defensa y la empresa de Legaspi era bastante difícil contando con fuerzas tan escasas como las que tenia á su mando. Por tanto el prudente general, sin olvidar las precauciones militares, acudió á los recursos de su política, y al llegar á Manila, como si nada anteriormente hubiere ocurrido, hizo publicar por medio de sus intérpretes que su objeto era concluir una alianza con los tagalos, quienes podian mirar á los españoles como amigos verdaderos y que recibiria con placer á cuantos fuesen á visitarle. En consecuencia de este acertadísimo bando se le presentó desde luego el Rajáh Matanda, tambien llamado Lacandola, rey de Tondo, y Legaspi lo recibió haciéndole los honores correspondientes á su rango y diciéndole que habia llegado de órden de su Rey para convertirle á la religion de un solo Dios, y que á este fin el Rey le enviaba sacerdotes cuya palabra le rogaba oyese con confianza para luego obedecer sus preceptos. A esto añadió que si los tagalos consentian en el reconocimiento de la soberanía española podian contar siempre con los ausilios y la proteccion de esta poderosa monarquía. A continuacion fingiendo notar por primera vez la ausencia del Rajáh Soliman, manifestó cierto asombro de ello, diciendo que este príncipe habia hecho mal en no visitarle con su tio, y protestando que seria tan bien recibido como si nada hubiese pasado con la espedicion anterior. Soliman, noticioso de esto, se apresuró en acudir; fue presentado por su anciano tio y ambos se reconocieron súbditos del Rey de España.

Gran paso fue este para la conquista de aquel hermoso pais. La paz se presentaba como asegurada, y Legaspi dispuso sin tardanza la ereccion de una ciudad española que pudiera ser el centro político-religioso de aquellas vastas adquisiciones.

MANILA, CIUDAD ESPAÑOLA, METRÓPOLI DEL ARCHIPIÉLAGO FILIPINO. Legaspi, conservando su nombre al antiguo pueblo de Manila, determinó echar en él los cimientos de su ciudad ideada. Al efecto ordenó á los indios la reconstruccion del fuerte colocado á la embocadura del Pasig, donde hoy está la Real fuerza de Santiago; se edificó un palacio para mansion de los gobernadores; un convento con su iglesia para los religiosos Agustinos, cuya solicitud evangélica habia sido la base de aquella conquista; luego hizo construir 150 casas para otros tantos vecinos españoles, y el gobernador declaró que esta ciudad seria la silla del gobierno espiritual y temporal de Filipinas. El dia 15 de mayo de 1571 se hizo la ceremonia de la toma solemne de posesion de Manila como ciudad; se celebró una misa en honor de Santa Potenciana, cuya festividad celebra la iglesia en dicho dia, y fue elegida esta santa por Patrona de la colonia. La tradicion recuerda que como para completar la alegria de los españoles manileses por aquel fausto acontecimiento, en el mismo dia se halló milagrosamente la imágen de N. Sra. de Guia, á cuyo culto se erigió la ermita de que hemos hablado al describir las afueras de Manila; en la sacristia de la catedral se conserva un cuadro que representa aquel precioso hallazgo, que fue ocasion para que los españoles diesen grandes fiestas á los indígenas.

Mientras esto pasaba se iba por otra parte preparando un disgusto á los manileses, pues el reconocimiento de la soberanía española hecho por el Rajáh Soliman, no tenia la buena fé apetecible, y, mal hallado siempre el indio con todo asomo de dependencia, no cesaba de instigar á su tio para traerlo á la insurreccion: ademas los indios de Macabebe y de Agonoy se reunieron en Bancusay, cerca de Manila, y se dirigieron con 40 caracoas á Tondo para hacer graves cargos al Rajáh Matanda ó Lacandola porque se habia aliado con los españoles. El general, sabedor de las disposiciones hostiles que tomaban estos indios, les despachó una diputacion, para saber si permanecerian fieles ó no, á lo que respondió el jefe: «Que el sol se dividiese en dos y que él fuese aborrecido de sus mugeres, si jamás llegaba á ser amigo de los Castilas.» Despues de haberse espresado así, pareciéndole muy tardo salir por la puerta, para volver á su caracoa, se lanzó por la ventana de la casa, gritando: «Yo os espero en Bancusay.» Legaspi envió al momento contra ellos á su maestre de campo y á Martin de Goyti con 80 españoles. Una sola accion decidió la guerra. Los indios fueron completamente dispersados; su jefe, que era de un valor estraordinario, murió en el combate, y un hijo de Lacandola fue hecho prisionero. El general, despues de haber declarado que los prisioneros merecian la muerte por su traicion, publicó una amnistía general. Esta generosa conducta hizo mucho en el ánimo de los indios, que se hallaban aterrados por la pérdida de su caudillo. El rey de Tondo tuvo por lo mas prudente someterse; la poblacion de las cercanías le imitó, y todos se apresuraron en acudir á reconocer la soberanía española. Asi fué que por la prudente combinacion de la firmeza y la clemencia del gobernador, se consiguió dilatar su mando hasta las provincias de la Pampanga y Pangasinan, provincias lejanas de la capital y cuyos hab. hablaban ya distinta lengua. Es de notar que la sábia conducta de Legaspi no solo le valió las simpatías de los indios, sino que tuvo igualmente la mas ventajosa influencia sobre las tropas de la espedicion, que no se entregaron á desórden alguno cosa estraordinaria en conquistadores.

Manila, cuyos primeros edificios construidos por los españoles eran tambien de madera como los demas del pais, padeció mucho por un baguio y luego fue presa de un incendio: despues se reedificó con arreglo al plano que para ello dió el célebre arquitecto que habia diri-jido la grande obra del Escorial. Por entonces fué cuando el gobernador formó la municipa-lidad y exijió á todos sus miembros el jura-mento de fidelidad al Rey. En seguida de-terminó las demarcaciones y solares de la plaza pública, del palacio del gobernador, del convento de San Agustin y de muchos otros edificios: igualmente concedió á cada ciudada-no el necesario terreno para la construccion de su casa. Este distinguido general, si notable por sus talentos militares y como navegante, no lo era menos como político. Ya hemos di-cho cómo se bienquistó con los chinos y luego les franqueó el puerto de Manila, con lo que el comercio de la China, ademas de los objetos apetecibles para el consumo de la poblacion, proporcionó desde luego ricos cargamentos para Nueva-España, que produjeron inmensos beneficios. Para consolidar y estender en lo posible estas relaciones, envió varios presen-tes al virey de Ockin.

Mientras que Legaspi se afanaba por elevar la consideracion de esta colonia á favor de sus buenas disposiciones políticas, Juan de Salce-do se ocupaba en estender su autoridad por el Norte de Luzon acompañado de los misioneros Agustinos: otros Agustinos aseguraban esta misma autoridad por todas las Visayas.

Felipe II, instruido de estos felices sucesos por Legaspi, comprendió que para redondear tan grande empresa no era una numerosa ar-mada sino un cuerpo de misioneros, el ausilio que el prudente gobernador necesitaba: con es-to se aumentaron las misiones de los PP. Agus-tinos, y los Franciscanos y Dominicos acudie-ron igualmente en su ausilio. Tal era la situa-cion de los negocios cuando el 20 de agosto de 1572 murió el general Legaspi, cuyo venerando recuerdo será eterno, tanto para la colonia, co-mo para la madre patria.

Durante el mando de Guido de Lavezares, su-cesor de Legaspi, corrió Manila el peligro de caer en manos del famoso pirata chino Li-Ma-Hong, que desde la pequeña isla de Tacootican donde se habia salvado de la armada Imperial dirijida contra él, resolvió apoderarse de esta ciudad. Al efecto despachó á su lugar-teniente Sioco, encargándole que se presentase delante

de la nueva colonia defendida apenas por 60 es-pañoles, y sorprenderla durante la noche, con muerte de todos sus defensores. Por fortuna la violencia de un viento Norte le impidió apro-ximarse á la costa, y no pudo efectuar su des-embarco hasta las ocho de la mañana del 30 de noviembre de 1574. El gobernador la defendió vigorosamente y Sioco tomó la resolucion de reembarcarse con objeto de invitar á Li-Ma-Hong á que acudiese en persona para repetir el ataque. Este corsario se hallaba en Cavite y no llegó contra Manila hasta dos dias despues, cuyo retardo salvó á los españoles, pues tuvie-ron tiempo para prepararse á la defensa y fue-ron reforzados por Juan de Salcedo, que desde Vigan acudió rápidamente en su socorro. Al aproximarse los enemigos, todos los habitantes se encerraron en la fortaleza; Li-Ma-Hong en-tró facilmente en la ciudad y la redujo á ceni-za; mas cuando quiso atacar el fuerte halló una resistencia que estaba lejos de esperar. Todos sus esfuerzos resultaron inútiles, siéndo-le imposible apoderarse de ella, y se reembarcó con una pérdida de 200 hombres. Dirijióse en-tonces sobre la costa de Pangasinan donde construyó un fuerte, defendido por dos órdenes de empalizadas, y exijió tributos á los natura-les. Sabido esto en Manila, el gobernador en-vió contra él al esforzado Juan de Salcedo con 250 españoles y 2500 indios. Este distinguido capitan sorprendió á los chinos, les quemó su flotilla, les atacó y venció en tierra, y forzó sus primeros atrincheramientos. Durante la noche Li-Ma-Hong consiguió fortificarse en el recin-to interior, y Salcedo, considerando que no po-dia forzar su posicion sin el sacrificio de un gran número de hombres, determinó el bloqueo del fuerte para reducirlo por hambre, medio tanto mas seguro, siéndoles imposible la reti-rada por carecer de embarcaciones. No cor-respondió á la prudencia de este plan su resul-tado, pues los chinos por medio de varias sa-lidas que hacian por la noche, se fueron pro-curando madera con que al cabo de tres me-ses consiguieron prepararse algunas barqui-llas aunque débiles y votar nuevamente á la is-la de Tacaootican.

Por el mismo tiempo el almirante imperial Ho-Mol-Cong, llegó á Manila, donde fué muy bien recibido, y á su regreso llevó consigo los dos religiosos Fray Martin de Rada y Fray Gerónimo Martin, que fueron los primeros misioneros que entraron en la China.

En 1577, Sirela, rey de Borneo, llegó implorando el socorro del gobernador contra su hermano que le habia usurpado el trono; ofreciéndole que si se lo volvia, reconocería la soberanía española. D. Francisco de Sande, que á la sazon era gobernador de Manila, accedió á su demanda y consiguió derrocar al usurpador: despues envió una espedicion contra las islas de Mindanao y de Joló, que fueron reducidas; mas ni las tropas ni los religiosos de que podia disponer el gobierno de la colonia eran bastantes para aprovechar con oportunidad estas ventajas.

Por aquella época se suscitaron diferentes cuestiones entre los empleados del gobierno y los misioneros, porque muchos de aquellos empezaron á pensar demasiado en sus fortunas, y estos se opusieron á que se vejase á los indios. Noticioso el Rey de estas deplorables disensiones, espidió una ordenanza en favor de los naturales del pais.

En 1581 desembarcó un corsario Japon sobre la costa de Cagayan, de donde no fué posible desalojarle sin una gran pérdida, pues se resistió encarnizadamente con los suyos.

Las disensiones entre los misioneros y los empleados llegaron á tal estremo, no obstante la Real cédula espresada, que el provincial de San Agustin se embarcó para Méjico desde donde suplicó al Rey permitiese que todos los religiosos de su órden se retirasen á Nueva-España; siéndoles imposible permanecer testigos de las estorsiones que á pesar de la espresada Real ordenanza, los empleados hacian sufrir á los indios. Los disgustos que estas cuestiones produjeron al gobernador D. Gonzalo Ronquillo le condujeron prematuramente al sepulcro, y su muerte fué ocasion de una terrible catástrofe. Durante la ceremonia de sus funerales uno de los cirios que rodeaban el catafalco, le prendió fuego y se incendió la iglesia de San Agustin, que fué reducida á cenizas con una gran parte de la ciudad.

En 1594 el gobernador D. Santiago de Vera constituyó la Real audiencia y castigó una in-

surreccion que descubrió, fraguada por emisarios de Borneo: para mas seguridad en el porvenir, construyó la fortaleza de Ntra. Sra. de Guia en las afueras, que dotó de varias piezas de artillería fundidas por un indio pampango.

En 1587 llegaron á Manila los primeros religiosos de la órden de Santo Domingo, y tres años despues el gobernador Gomez Perez Dasmariñas que cercó la ciudad de buenas murallas, construyó de fábrica mas fuerte la fuerza de Santiago; dotó la plaza de buena artillería y llenó la poblacion de escelentes edificios.

Al principio del siglo XVII se habian establecido ya en Luzon un gran número de chinos, y en su mayor parte parecian dispuestos á abrazar el cristianismo. Por el mes de mayo de 1603 llegaron á esta ciudad tres mandarines, con objeto, segun decian, de reconocer qué verdad podia tener la noticia que se habia dado al emperador, de ser la isla de Cavit ede oro macizo. Pareció tan ridículo esto, que no se dudó fuese un pretesto, y se temió que por verdadero objeto de su viaje tuviesen el ponerse de acuerdo con los chinos establecidos en el pais para secundar alguna espedicion contra la colonia. El gobernador les acompañó en persona á Cavite, y despues de haberles convencido de la inesactitud de la noticia que se les habia dado segun lo aseguraban, les obligó á reembarcarse para su pais.

Durante el gobierno del M. I. Sr. D. Pedro de Acuña, que tomó posesion del mando en el año 1602, intentaron los chinos apoderarse de Manila por la víspera de San Francisco; pero la conspiracion fué descubierta por una muger filipina que vivia con uno de los conjurados. Estos se reunieron á media legua de la ciudad donde formaron sus atrincheramientos. El gobernador intentó reducirlos por medios suaves; mas no pudiendo conseguirlo, tomó otras medidas. Los chinos desbarataron un destacamento de 150 españoles que fué enviado contra ellos, y con este triunfo se adelantaron á poner sitio á la ciudad: dieron un asalto vigoroso; pero fueron rechazados, y haciendo una salida los defensores de la plaza, sin darles lugar á reponerse del desórden en que se retiraban, consiguieron deshacerlos completamente. Se calcula que esta insurreccion costó la muerte de 23,000 chinos, y los pocos que no perecieron fueron despues castigados: Eng-Cang, que era su caudillo, sufrió la pena de horca. De todos los chinos que habia en la isla, solo 2,000 no tomaron parte en el alzamiento.

Poco despues que los chinos, en ausencia del gobernador, se alzaron tambien los japones que se habian establecido en Manila para hacer el comercio; pero á persuasion de los religiosos se sosegaron sin ser necesario recurrir á las armas.

En el año 1607 volvieron á alzarse los japones, y el gobernador D. Cristobal Tellez de Almansa los venció, les destruyó el Parian que tenian en Dilao y no se les permitió vivir juntos hasta el año 1621.

En 1606 los holandeses bloquearon el puerto de Manila; pero fueron obligados á retirarse con pérdida de tres embarcaciones de las cinco de que se componia su escuadra. A consecuencia de este acontecimiento el gobernador D. Juan de Silva hizo una tentativa contra Java y entabló una alianza con el virey portugués contra los holandeses á quienes se ganó una batalla naval en 14 de abril de 1617.

Hácia el año 1635 llegaron á Manila muchos ricos japones convertidos al cristianismo, huyendo de la persecucion que se les hacia en su pátria.

Por noviembre de 1639 hubo otro alzamiento de los chinos, y no se consiguió su reduccion hasta marzo de 1640, porque eran mas de 50,000 los insurrectos y el gobernador contaba con muy poca fuerza militar.

En 1645 sufrió Manila un espantoso terremoto que destruyó casi toda la ciudad, contándose mas de 600 víctimas sepultadas entre las ruinas de su casa; de todos los edificios públicos solo pudieron resistir á los sacudimientos el convento y la iglesia de los PP. Agustinos y el de los Jesuitas.

Durante el gobierno del Sr. D. Saviniano Manrique de Lara, Manila se vió amenazada de ser atacada por el famoso corsario chino Cong-Sing, que se apoderó de la isla Hermosa, y jefe de una flota de mas de mil embarcaciones montadas por cien mil hombres, intimó al gobernador de Filipinas que le rindiese homenaje; pero la muerte atajó sus proyectos á este pirata.

En tiempo del gobernador D. Domingo de Zubalburo, la llegada del patriarca de Antioquía, despues cardenal Tournon, á Manila, produjo graves disgustos á las autoridades de esta ciudad. En 1699 sufrió uno de los mayores terremotos que ha esperimentado.

La poca política con que se manejó D. Fernando Bustamante, que tomó posesion del mando en 9 de agosto de 1717, cubrió de luto esta ciudad, dando lugar á que un tumulto se ensangrentase en su persona y en la de su hijo mayor, que era castellano de la fuerza de Santiago. La prudencia del Illmo. arz. que tomó el baston á instancias del tumulto, y no menos la del nuevo gobernador marqués de Torre-Campo, hicieron que no fuesen mayores las desgracias consiguientes á aquel tumulto, que estalló en la mañana del 19 de octubre de 1719.

En 1772 la ciudad de Manila habia llegado á una admirable prosperidad; sus estensas relaciones de comercio alcanzaban á las Molucas, Borneo, varias partes de la India, Malaca, Siam, la Cochinchina, la China, el Japon, en una palabra casi todos los paises comprendidos entre el istmo de Suez y el estrecho de Behring. Pero á fines del mismo año vino á sufrir esta ciudad un contratiempo que habia de postrarla por algunos años. Los ingleses, á la sazon en guerra con España, se presentaron en su puerto con fuerzas considerables. El gobernador interino Illmo. Sr. arz. D. Manuel Rojo aun no habia recibido aviso alguno de la declaracion de guerra, ni por consiguiente se habia preparado á la defensa: la primer noticia le fué dada por la flota enemiga. La guarnicion de la plaza se componia del regimiento del Rey, que al completo debia de constar de 2,000 hombres, pero que no tenia mas de 550 plazas en la guarnicion á causa de los destacamentos, desercion y enfermedades. Tampoco habia mas que unos 80 artilleros, todos indios, que apenas conocian el servicio de las piezas. En esta situacion, el 22 de setiembre de dicho año 1772, se presentó de improviso la flota inglesa compuesta de 15 bajeles y montada por 6,830 hombres de buena tropa. Al pronto, en la total ignorancia en que se estaba de los negocios públicos, se tomó por una flota de champanes chinos; se tomaron algunas precauciones defensivas, y se envió un oficial para saber del comandante de la escuadra cuál era su nacion y cuál el objeto de su llegada sin haberse anunciado préviamente. Este mensaje regresó á la mañana siguiente acompañado de dos oficiales ingleses que anunciaron ser la conquista de las islas el objeto de la flota. A esto se contestó que la colonia se defenderia. En la noche del 23 al 24 los enemigos efectuaron su desembarque cerca del reducto de San Antonio Abad; se hizo una tentativa por rechazarlos: pero fué en vano: en la mañana del 24 se empezó á hacerles fuego; pero con poco efecto: los sitiadores se hallaban cubiertos por varios edificios donde se ocupaban en atrincherarse. A fin de impedirles estos trabajos, se resolvió hacer en la noche siguiente una vigorosa salida; se confió esta empresa á M. Faller, oficial francés que estaba al servicio de España: no tardó mucho este bizarro militar en reconocer que las fuerzas enemigas eran muy superiores á las suyas para desalojarlas; mas no dejó por esto de combatir durante toda la noche, y no volvió á la plaza hasta las nueve de la mañana siguiente. Hubo entonces una suspension en las hostilidades, enviando los sitiadores un parlamento á la ciudad. En la tarde del 25 se reprodujo el bombardeo, y la plaza hizo algunos disparos de metralla que causaron bastantes bajas á los sitiadores. Por la mañana del 28 el general inglés pidió la cabeza de un oficial que habia él enviado en parlamento dos dias antes y habia sido degollado por los indios: juntamente reclamó que se le entregase el autor de este atentado, amenazando con horribles represalias si se le negaba. Los sitiados cumplieron con esta demanda, y el arz que desempeñaba las funciones gubernativas y dirigia la defensa de la ciudad, se hizo ver á caballo en el campo enemigo, mas sin resultado alguno. El 29 la escuadra inglesa recibió un refuerzo de tres grandes bajeles armados. Habia en esta armada como unos 350 franceses que habian sido obligados á servir en ella en Pondichery. Estos no deseaban

mas que la ocasion de volverse contra los ingleses y enviaron dos confidentes á la ciudad para tratar el mejor medio de realizar su proyecto y pasarse; pero aquellos dos desgraciados fueron tenidos por ingleses, y, desconfiando de ellos, lejos de recibirlos, se les dejó matar por los indios. Entre tanto los ingleses tuvieron noticia de lo que se trataba y tomaron sus precauciones para prevenir toda traicion de parte de los franceses. El 3 de octubre, habiendo entrado en la plaza considerables fuerzas de indios pampangos, se resolvió practicar una salida: se realizó y fué muy sangrienta; mas no produjo ventaja alguna para la defensa. A la madrugada del dia siguiente consiguieron los sitiadores abrir brecha en el bastion de la fundicion. Con este motivo se tuvo un consejo de guerra en que todos los militares fueron de parecer de que era preciso capitular; mas los representantes del comercio, los de la ciudad y otras personas notables estuvieron por que se continuase la defensa. Desgraciadamente el arz. se dejó llevar de esta opinion que tantos desastres produjo á Manila. El 4, creado ya un verdadero convencimiento de que la ciudad no tardaria en ser obligada á rendirse, se dió el título de lugar-teniente del gobernador al oidor D. Simon de Anda y Salazar, á fin de que pudiera salir de Manila y establecer la silla del gobierno en cualquiera otra parte de la isla y encargarse de su defensa. En efecto, á las diez de la noche del mismo dia se embarcó en una lancha con algunos remeros, un criado tagalo, 500 ps. en numerario y 40 hojas de papel timbrado. Con solo estos recursos salió aquel admirable anciano para emprender la defensa de las islas contra un enemigo poderoso que tenia 16 buques de guerra en la bahía, y que con las brillantes fuerzas que habia echado en tierra estaba en vísperas de tomar la capital. Entre tanto Anda sin ejército, sin marina de especie alguna, sin nada absolutamente, con mas de 60 años de edad, llegó á Bulacan resuelto á no permitir progreso alguno á los vencedores de Manila, si como no lo dudaba conseguian triunfar de esta ciudad. En efecto, á las seis de la mañana del 5 de octubre salieron de sus atrincheramientos los sitiadores y marchando en tres columnas, se dirijieron á dar el asalto por la brecha que estaba apenas practicable; 40 franceses de los de Pondichery subieron los primeros y no hallaron resistencia alguna. El fuerte fue obligado á rendirse, y la ciudad fue entregada al saqueo, que duró 40 horas, durante las cuales no se perdonaron ni las iglesias, ni el palacio arzobispal, ni el de los gobernadores. La pérdida de los españoles durante el sitio fué de tres oficiales, dos sargentos, 50 soldados de línea y 50 milicianos del comercio sin contar los heridos; de los indios hubo 300 muertos y 400 heridos. Los sitiadores perdieron mas de 1,000 hombres, entre los cuales se contaron 16 oficiales. Las baterías de los bajeles arrojaron sobre la ciudad mas de 5,000 bombas y y mas de 20,000 balas. Parecia que despues de un saqueo de 40 horas y la capitulacion concedida á la guarnicion del fuerte, el enemigo pudo haberse dado por satisfecho; mas todavia no fué asi. Durante el saqueo el comandante inglés notificó al arz. que sus tropas iban á pasar á cuchillo todos los habitantes de la pobl. si no se le entregaban al momento dos millones de pesos en numerario y otros dos millones en títulos sobre el tesoro de España. Fué preciso acceder y se consagraron á esta contribucion todos los fondos de las obras pias y la plata de las iglesias.

Mientras que tenian este trágico fin los sucesos de Manila, Anda reunió en Bulacan al alcalde de la prov., los religiosos y demas españoles, les manifestó sus títulos y fueron reconocidos con entusiasmo. La noticia de la rendicion de Manila llegó á aquella pobl. por la tarde del mismo dia, y Anda espidió una proclama declarándose gobernador y capitan general de las Islas Filipinas: como centro de su gobierno elijió el pueblo de Bacolor en la Pampanga. Este esforzado y prudente anciano sostuvo una guerra de 15 meses, y á pesar de las dificultades que se oponian á sus empresas, entre las cuales fueron de la mayor consideracion las insurrecciones fomentadas por los ingleses, con especialidad entre los chinos, y el espíritu de insubordinacion que se estendió mas ó menos por todas las prov., Anda consiguió tener como bloqueados á los ingleses en Manila; pues apenas salian fuera de las mura-llas sin peligro de caer en manos de los defensores del pais, como puede verse en el artículo Malinta y otros de este Diccionario. Los ingleses, olvidando los buenos principios de la guerra, llegaron á prometer 5,000 ps. á quien pusiese á Anda vivo en sus manos. Entre tanto, el 3 de julio de 1763 llegó á Manila una fragata inglesa con la noticia del armisticio concluido entre las potencias beligerantes y la órden de suspender las hostilidades. En marzo del siguiente año se supo haberse firmado la paz, y en su consecuencia los ingleses evacuaron á Manila, con lo que volvieron los españoles á la completa posesion de todas las Filipinas.

Los ingleses dejaron en bastante mal estado la plaza de Manila; pero el gobernador D. José Basco y Vargas la restauró y todavia robusteció sus fortificaciones. Con la leccion recibida entonces, se despejaron despues sus afueras, y se puso en el estado de defensa que hemos visto en otra parte de este artículo.

Asimismo queda su historia desde aquel tiempo trazada en la descripcion del progreso en que ha venido la ciudad bajo cualquier aspecto considerada; no habiéndole alcanzado las sucesivas guerras de la Metrópoli, ni sido de importancia las momentáneas conmociones que alguna vez se han presentado en el pais. Tampoco son de numerar por lo muy frecuentes los terremotos que la amagan, ni los baguíos que ocurren casi todos los años, aunque sí debe hacerse especial mencion del terrible ocurrido el año 1831, dando lugar á desgracias cuya relacion parece desde luego fabulosa á quien no conoce la fuerza de los vientos en aquellas regiones.

nota. Terminado este artículo debemos una pública manifestacion de gratitud por el ausilio que en su redaccion nos ha prestado el Sr. D. Pedro Encina, alcalde que fué de la prov. de Toudo, en la cual adquirió grandes simpatías por su rectitud en la administracion de justicia, por sus desvelos consagrados á la prosperidad del pais, por su tino en el trato con las autoridades, con los curas, los misioneros y todo el público de Manila. Tambien debemos mucho al distinguido teniente coronel de Artillería D. Ignacio de Verrueta, director que fué de la maestranza.

MANILA (bahía de): hállase esta asombrosa bahía, que es un verdadero mar en el centro de la isla de Luzon, entre los 124° 12′ y 124° 39′ 30″ long., 14° 17′ 50″, 14° 47′ 30″ lat. Su boca se encuentra entre el alto monte llamado *Pico de Loro* que forma su parte S. en la prov. de Cavite, y la encumbrada montaña de Mariveles, que en la prov. de Bataan forma su parte N. Parece dividida esta boca en dos por la isla del Corregidor, que se halla en ella mas próxima á la costa N., de modo que la boca del S. resulta considerablemente mas dilatada. Otras varias islas se hallan asimismo á la entrada de la bahía, pero muy inferiores todas á la del Corregidor, cuales son las llamadas, Pulo Caballo, hácia el centro de la boca de la bahía, el Fraile, Litauan y Limbones, hácia el S.; la Monja, los Cochinos, etc. al N. La boca de la bahía en su parte interior viene á ser como de unas 6 1/2 leg. de ancha entre los 14° 17′ 30″, y los 14° 26′ 50″ lat., sobre la long. de 124° 19′; está vuelta al S. O., y desde que en la parte interior de esta boca ceden los estribos de la citada sierra de Mariveles, se dilata la bahía hácia el N. hasta la lat. que dejamos espresada, en la cual se halla la boca del r. Orani, siendo el punto mas setentrional de esta hermosa bahía.

costas. Cinco prov. participan inmediatamente de las incalculables ventajas de esta gran bahía, formando sus costas: la de Bataan forma la del N. de su boca y la O. del centro de la bahía. Lo primero que se encuentra en ella es el puerto de Mariveles entre las puntas Silanghin y Gorda; luego se hallan la ensenada de Sisiman, las puntas de San Miguel, Caucave y Taguig, las bocas de los r. Limay y Orion, el pueblo de este mismo nombre, la boca del r. de Santo Domingo, la punta Masaca, la boca del r. Balibago, los pueblos del Pilar y de Balanga (cap. de la prov. de Bataan), la boca del r. de Talisay, los barrios de Tuyo y Sungil, la boca del r. de Samar, los pueblos de Abucayo y de Samar, los barrios de Lalaguikuan y Paran, el pueblo de Orani y la boca del r. de su nombre. Desde este punto empieza la costa N. de la bahía, perteneciente á la prov. de la Pampanga: en ella se hallan las barras de Pasag (del r. Betis), Maynig, Panlovenas, Botbot y Navao; las bocas de los r. Pasag, Macabebe, Malimbo y Grande de Hagonoy, desde donde empieza la costa de la prov. de Bulacan donde están las barras de Binamban, Masacol, Santa Cruz, Meicapis y Dapdap, donde concluye la prov. de Bulacan y empieza la de Tondo; en esta se encuentran las barras de Binuanga y San José, hacienda de San José, pueblo de Navotos, barra de Vitas, restos de la antigua batería de San Luis, el pueblo de Tondo y sus visitas Mamante, y San Antonio, el de Binondo, la boca del r. Pasig, la ciudad de Manila, los pueblos de la Hermita y Malate, el barrio de San Antonio Abad, los pueblos de Pasay, Malibay, Parañaque y las Piñas. En la costa de la prov. de Cavite, se hallan el de Bacor, Cavite el Viejo, ensenada de Dahalican, Cavite, San Roque, la punta llamada Sangley; entre esta y la de la Rivera, la ensenada de Cañacaod, el pueblo de Santa Cruz, el telégrafo de Salinas, la boca del r. Libon, las puntas de Salinas y Tibac, el telégrafo de Calibuyo, el pueblo de Naig, la barra de Marigondon, la punta de Patogan y el puerto de Limbones al mediodia de la boca.

estension y fondo. Esta hermosa, abrigada y cómoda bahía tiene como unas 55 leg. de bojeo: su centro, que se halla en los 124° 25′ 30″, tiene unas 18 brazas de profundidad y en una cicunferencia de unas 9 leg., viene á ser casi toda la misma ó donde menos de 15 brazas, siendo regularmente el fondo de esta bahía de fango como lo es por la parte S. de Masacol á distancia de 1/2 leg. donde tiene una profundidad de 5 brazas, y en los alrededores del bajo de San Nicolás que se halla entre los 124° 25′, y 124° 26′ 20″ long., 14° 26′, 14° 27′ 5″ lat., en una profundidad de 19 ó 20 brazas; la de este bajo es por medio de él, de dos, cuatro y cinco brazas. Para presentar la profundidad de algunos de los puntos de la bahía, comprendiéndose tambien los puertos que hay en ella, hemos creido conveniente presentar el siguiente estado:

CUADRO que presenta las brazas de agua que hay en algunos puntos de la bahía de Manila, para poder conocer por estos cuál es la profundidad en general de dicha bahia.

LONG. DE 124° Minutos.	Segundos.	LAT. DE 14° Minutos.	Segundos.	PROFUNDIDAD. Brazas.	LONG. DE 124° Minutos.	Segundos.	LAT. DE 14° Minutos.	Segundos.	PROFUNDIDAD. Brazas.
10	40	26	,	11			32	20	21
10	50	25	10	30	24	58	46	10	5
10	40	25	50	15			46	50	1
10	35	25	25	12			29	,	19
10	20	25	50	18	25	30	30	19	20
11	,	26	20	25			53	50	18
11	40	24	50	27			44	40	5
12	,	24	30	31			24	40	5
12	6	25	55	24			25	40	6
12	30	25	40	12	27	25	26	10	5
12	30	24	35	52			26	50	6
12	40	24	,	25			27	,	3
13	10	24	40	35			27	50	12
13	,	26	10	10			28	20	12
13	10	26	50	9	27	20	38	25	14
13	40	25	50	28			59	50	12
13	45	26	30	12			46	20	1
13	50	25	,	41			27	50	6
13	55	24	10	8			27	50	10
13	50	27	,	20	27	30	28	40	12
14	5	24	10	15			42	,	9
14	10	27	,	11			27	,	14
14	45	25	10	52			25	50	31
14	40	26	10	30			18	40	20
15	8	26	55	11	15	40	19	45	6
15	,	26	10	30			25	10	20
15	4	19	40	29			25	50	35
15	8	20	20				27	40	15
15	6	21	,	27	15	10	22	40	23
14	58	22	,	26			28	,	12
15	10	22	50	25			15	50	19
15	,	23	50	15	16	55	46	50	30
15	25	17	,	52			26	40	30
15	30	17	50				28	5	15
15	24	18	10	} 53			15	40	12
15	34	19	10				15	5	7
16	,	16	15	25			16	30	15
15	,	25	,	11	17	20	47	,	25
23	54	57	,	15			18	,	2
25	,	16	,	12			23	,	8
24	54	27	40	20			23	40	16
25	,	27	50	(*) 00					
		28	,	00					

(*) Esta situacion es la del bajo de San Nicolás, por medio del cual hay una profundidad de 2, 4, 5 y 6 brazas. (v. SAN NICOLAS, bajo.)

LONG. DE 124°		LAT. DE 14°		PROFUNDIDAD.
Minutos.	Segundos.	Minutos.	Segundos.	Brazas.
17	24	29	10	15
		25	»	10
		26	»	29
		26	40	30
		27	55	31
17	28	29	»	17
		29	40	12
		50	»	8
		30	35	8
		31	40	5
		46	30	5
18	»	45	»	5
		52	10	14
		25	50	21
		25	»	10
		24	40	25
		25	20	52
		21	50	25
		20	40	25
25	5	22	»	2
28	10	28	40	11
		29	20	12
		40	»	8
54	15	33	20	12
		34	40	12
		35	50	11
		37	»	12
55	»	34	»	10
		54	40	10
		55	20	10
		56	10	10
		56	50	10
		37	»	9
		37	50	9
36	40	51	20	7
		55	30	8
		37	20	6
		59	»	5
56	50	31	50	6
		56	15	6
		55	15	7
		37	»	5
		59	10	4
35	20	55	»	2
17	40	17	40	7
18	20	45	»	5
18	13	20	»	20
18	10	20	»	21
18	15	24	35	10
		19	»	16
		19	40	19
19	44	20	20	13
		20	50	21
		21	50	24

LONG. DE 124°		LAT. DE 14.°		PROFUNDIDAD.
Minutos.	Segundos.	Minutos.	Segundos.	Brazas.
19	40	22	20	25
		26	40	25
		27	50	25
		28	45	25
		29	55	24
19	56	52	»	20
		54	»	18
		55	50	16
		37	50	15
		59	30	12
19	50	40	40	10
		43	10	8
		44	15	7
20	28	18	50	6
20	50	27	»	25
		21	50	16
22	»	22	10	16
		23	50	16
		21	20	10
		19	50	4
		22	»	15
22	50	24	50	5
		25	50	19
		52	55	18
		42	10	5
25	20	20	50	5
		21	»	7
23	50	20	40	2
		21	20	20
24	55	22	40	5
55	50	51	50	2
		52	20	4
		55	50	5
		55	10	8
16	40	54	10	6
16	54	55	»	5
16	20	56	»	4
16	20	56	50	5
16	56	57	50	4
16	»	58	10	6
15	40	58	40	6
16	40	40	40	8
15	10	41	50	2
13	50	45	50	9
16	»	46	50	5
17	»	48	»	5
16	40	48	»	1
15	50	48	50	2
14	»	48	10	1
15	20	37	50	5
57	40	25	50	5
50	50	42	15	5
25	»	41	15	4
16	40	44	25	5
17	»			

Las aguas de la bahía son turbias; pero sin embargo en los sitios cuyo fondo es de piedra y arena, son bastante cristalinas, viéndose las conchas y piedrecillas que hay en él cuando no es muy grande la profundidad. Hay un gran número de clases de pescados, que los indios pescan de diferentes modos; todos son muy sabrosos, particularmente el lenguado, la corvina, las anguilas, que las hay de tres clases, el tanguingui, el bauyus, la mojarra, las agujas, las lisas, el algodon y el bacoco que es una especie de besugo. Hay además otros muchos pescados estraordinarios por sus circunstancias especiales.

MANITO: pueblo con cura y gobernadorcillo, en la isla de Luzon, prov. de Albay, dióc. de Nueva-Cáceres; sit. en los 127° 32' 40" long., 13° 8' 50" lat., en la costa oriental de la isla, sobre la playa del seno de Albay, á la orilla de un riachuelo que corre al S. y desagua junto á la punta de Capuntucan: el terreno es llano y el clima templado y saludable. Tiene, con las de sus barrios, unas 137 casas, la parroquial, la de comunidad donde está la cárcel, una escuela de instruccion primaria dotada de los fondos de comunidad, y una iglesia parr. de mediana fábrica; pertenece al clero secular. Fuera de la poblacion se halla el cementerio, bien situado. Los caminos son bastante malos: las comunicaciones de este pueblo con sus inmediatos y con la cabecera de la provincia, cuando los monzones lo permiten, son por mar. De esta última recibe el correo una vez á la semana en dias indeterminados. Confina el term. por S. E. con el de Bacon, que dista unas 5 leg.; por S. con el de Sorsogon, cuyo pueblo dista unas 5 ¼ leg., y por O. y N. con el seno de Albay. El terreno es montuoso; en las inmediaciones de la costa hay algunas llanadas donde crecen escelentes sementeras. Al S. S. O. están los barrios de Cahuit y Pinagbucan, el primero á ¼ leg. y á 1 el segundo. Al S. E. del pueblo se eleva el monte Borin y mas al mediodia en la misma direccion, el de Pocdol que deslinda el término de Bacon y el del pueblo que describimos. En ellos abundan las maderas, cañas y bejucos de diferentes clases, miel y cera, alguna caza mayor y menor. Las tierras cultivadas producen arroz, caña dulce, ajonjolí, abacá, algodon, legumbres, cocos, mangas y otras clases de fruta. ind.: la pesca y la fabricacion de varias telas. Ademas se ocupan algunos en el corte de madera, en la caza y en recoger pepitas ó partículas de oro que arrastran las aguas de algunos riachuelos del término; teniendo á este efecto algunos lavaderos de las arenas. Las mugeres se dedican al hilado y tejido de algodon y abacá. pobl. 869 alm., 258 trib., que hacen 2,580 rs. plata, equivalentes á 5,940 rs. vn.

MANJO: visita del pueblo de Mambulao, en la isla de Luzon, prov. de Camarines-Norte, dióc. de Nueva-Cáceres; sit. en los 126° 17' long., 14° 16' 30" lat., en terreno desigual, á la orilla de un riach. y distante 2 ¼ leg. de su matriz, en cuyo artículo incluimos la pobl. y los trib. de esta dependencia.

MANJUD: punta de la costa N. E. de la isla de Samar; hállase en los 128° 58' long., 12° 50' 30" lat., térm. del pueblo de Palapag.

MANJUYOD: anejo del pueblo de Tayasan, en la isla y prov. de Negros, dióc. de Cebú; sit. en el litoral de la isla, no muy lejos de su matriz, en cuyo artículo damos su pobl. y trib.

MANLABU: cascada del rio Ulut, en la isla de Samar; hállase despues de la de Balagun y antes de la de Pipiacan.

MANOG: puerto de la isla de Luzon, en la costa S. E. de la prov. de Albay, estrecho de San Bernardino; hállase su centro en los 127° 45' 50" long., 12° 54' 50" lat., al S. del pueblo que tiene su mismo nombre, y al O. S. O. de la isla de Ticlin: es bastante seguro; pero en él solamente pueden entrar embarcaciones de poco porte.

MANOLIGAO: visita del pueblo de Bislig, en la isla de Mindanao, prov. de Nueva-Guipúzcoa, dióc. de Cebú; sit. sobre la costa de la isla, en terreno llano y ventilado. Su pobl. y trib. van incluidos en el artículo de la matriz.

MANONGOL: rio de la isla de Luzon, en la prov. de Albay; tiene su origen al E. del monte Pocdol, en los 127° 40' long., 13° 2' lat.; dirígese al E. hasta llegar cerca del pueblo de Bacon; cambia entonces al N., y, pa-

MAP —296— MAP

sando al O. de dicho pueblo, va á desaguar en el seno de Albay, á los 127° 45' long., 13° 5' lat.

MANOOK MANKO: islita del grupo de Tawi-Tawi, en el archipiélago de Joló; hállase al S. de la isla de Simonon, de la que dista 2 millas, y al E. de la de Siboot, en los 123° 54' long., 4° 56' lat.

MANQUINDAYA: rio de la isla de Luzon, en la prov. de Bataan; nace en los 123° 56' 30" long., 14° 53' lat; corre poco mas de una leg. y desagua en la ensenada de Subig á los 123° 55' 30" long., 14° 52' lat.

MANSALAY: anejo del pueblo de Naujan, en la isla y prov. de Mindoro; SIT. en los 125° 4' 20" long., 12° 35' 30" lat., en terreno llano, á la orilla de un rio y próximo á la costa E. de la prov. Tiene buena ventilacion, y su CLIMA es templado y saludable. Su POBL., PROD. y trib. van incluidos en el art. de la matriz.

MANTABOOAN: islita del grupo de Tawi-Tawi, en el archipiélago de Joló; hállase en los 125° 59' long., 5° 3' lat.

MANTALLIOS: anejo del pueblo de Dolores, en la isla de Luzon, prov. de Tayabas, dióc. de Nueva-Cáceres; SIT. en los 125° 2' 50" long., 14° 1' 20" lat., terreno montuoso, próximo á la orilla izq. del rio Larasin; su CLIMA es templado. Tiene un corto número de casas, las cuales, así como la POBL., PROD. y trib., van incluidos en el art. de la matriz.

MANUEL (San): punta de la isla de Ticao, en el puerto de San Jacinto; hállase en los 127° 22' 15" long., 12° 33' 30" lat.

MANYAYAONG: punta de la costa meridional de la prov. de Tayabas, en la isla de Luzon, térm. del pueblo de Pagbilao; hállase en los 125° 53' 30" long., 13° 52' 50" lat.

MANZALE: riach. de la isla de Mindoro; es de poca consideracion y desagua en el mar por la costa oriental de la isla en los 125° 12' long., 12° 51' 30" lat.

MAP

MAPAGPUG: monte de la isla de Luzon, prov. de Nueva-Ecija; es de bastante elevacion, y su cúspide se halla en los 124° 54' 30" long., 14° 59' 50" lat.

MAPAIT: rio de la isla de Luzon, prov. de Batangas; nace en los 124° 53' 40" long., 14° 5' lat., corre ¼ leg. en direccion al N. y se convierte luego al E.; sigue por espacio de 1 leg., hasta desaguar en el rio Bulan á los 124° 56' 20" long., 14° 5' 30" lat.

MAPALUG: monte de la isla de Luzon; hállase su cúspide en los 124° long., 14° 37' lat.; deslinda las prov. de Tondo y la Laguna.

MAPANAS: punta de la costa N. E. de la isla de Samar, en los 128° 55' long., 12° 51' 10" lat.

MAPATA: punta de la costa occidental de la isla de Panay, en la prov. de Antique, á los 125° 42' long., 10° 58' lat.

MAPILIO: punta de la isla de Luzon, prov. de Batangas; hállase en los 124° 37' 50" long., 13° 43' 40" lat.

MAPISONG: visita del pueblo de Gapan, en la isla de Luzon, prov. de Nueva-Ecija; SIT. en los 124° 43' long., 15° 22' 30" lat., en terreno llano y distante 1 ¼ leg. de su matriz, en cuyo artículo damos su pobl. y trib.

MAPISONG: monte de la isla de Luzon, en la prov. de Nueva-Ecija; hállase al E. S. E. de Gapan, al S. S. E. de la visita Mapison, que le da nombre, y su cúspide en los 124° 46' long., 15° 18' 20" lat.

MAPITA: monte de la isla de Luzon, en la prov. de Zambales; hállase en la cordillera que divide esta prov. de la de Pangasinan, hácia los 123° 45' long., 15° 50' lat.

MAPOLA: visita del pueblo de Butuan, en la isla de Mindanao, prov. de Caraga, dióc. de Cebú. POBL., prod. y trib. van incluidos en el artículo de la matriz.

MAPON: r. de la isla de Luzon, en la prov. de Tayabas; nace 1 ¼ leg. al N. del pueblo de Lugbang, en los 125° 12' long., 15° 11' lat. Diríjese al E. y pasa á S. del pueblo de Mauban poco antes de su desagüe, que se verifica en la bahía de Lamon.

MAPUNGUT: r. de la isla de Mindanao, en la prov. de Misamis; desagüa, despues de un corto curso, en la ensenada de Pan.

MAPUPUG: monte de la isla de Luzon, en la prov. de Bulacan; su cúspide se halla en los 124° 54' long., 14° 59' 46" lat.

MAQUILING: monte de la isla de Luzon, el cual se eleva deslindando las provincias de la Laguna y Tayabas en los 124° 53′ long., 14° 6′ lat. donde presenta su cúspide una altura de 1,148 varas, 21 ½ pulgadas sobre el nivel del mar, y sobre el de la Laguna que lo baña en su base 1,090 varas, 6 ½ pulgadas según las observaciones hechas por D. Gerónimo Piñeiro de las Casas, en 28 de abril de 1841.

MAQUINALO: anejo del pueblo de Catadman, en la isla y prov. de Samar; SIT. en los 128° 21′ long., 12° 30′ lat., á la orilla izq. de un rio., ya próximo á su boca, sobre la costa N. de la prov., en terreno llano; es.á ventilado y en CLIMA templado y saludable. Sus PROD. POBL. y trib. se incluyen en el artículo de la matriz.

MAQUINATEN: monte de la isla de Luzon, prov. del Abra; su mayor elevacion se encuentra en los 124° 19′ 30″ long., 17° 42′ lat.

MAR

MARADISON: islita adyacente á la costa occidental de la prov. de Antique; su centro se halla en los 125° 35′ 30″ long., 11° 21′ lat.

MARAGUSAN: punta de la costa oriental de la isla de Leyte, en los 128° 57′ long., 10° 13′ lat.

MARALAG: punta de la costa N. O. de la isla de Mindanao, en la prov. de Misamis, á los 126° 28′ long., 8° 17′ 50″ lat.

MARALANG: r. de la isla de Catanduanes, adscrita á la prov. de Albay; nace en los 127° 58′ long., 13° 45′ lat., diríjese al O. y desagua en el mar á los 127° 51′ long., 13° 44′ 30″ lat.

MARALIBALI: visita del pueblo de Moron, en la isla de Luzon, prov. de Bataan; SIT. sobre la costa occidental de la prov.

MARAQUID-DAQUID: bajo ó escollo, junto á la costa S. O. de la isla y prov. de Samar; hállase por los 128° 45′ 10″ long., 11° 7′ 50″ lat.

MARAQUITDAQUIT: punta de la costa oriental de la isla y prov. de Leyte, á los 128° 45′ long., 11° 5′ lat.

MARAYAT ó MARARAYAP: monte de la isla de Luzon; deslinda las prov. de Batangas y Tayabas en los 124° 53′ 40″ long., 13° 57′ 13″ lat.; es muy grande, elevado, aislado y sin enlace con monte alguno. Este nombre de Mararayap que quiere decir en la lengua del pais lugar de limoneros, lo debe á los que se han criado en él. Algunos han creido que se hallan en este monte minas de cobre, pero hasta el presente no se han descubierto: al N. O. del monte se eleva un pico llamado por los indios Susungcambing, que en su idioma quiere decir teta de cabra, por ser su figura parecida á esta. El religioso franciscano P. Soler, en las persecuciones que sufrió por el gobernador D. Manuel de Leon, obtuvo licencia de sus prelados para vivir donde quisiese y se retiró á este monte donde hizo una vida ejemplar con la oracion, los cilicios y otras penitencias, conservándose aun la memoria de este virtuoso franciscano entre algunos de los indios. Conócese tambien este monte con el nombre de *Lipa*.

MARCELINO (San): anejo del pueblo de Subig, en la isla de Luzon, prov. de Zambales, arz. de Manila. POBL., PROD. y trib. van incluidos en el art. de la matriz.

MARCOS (San): barrio del pueblo de Calumpit, en la isla de Luzon, prov. de Bulacan, arz. de Manila. POBL., PROD. y trib. estan incluidos en el art. de la matriz.

MARGARITA (Santa): barrio del pueblo de Narvacan, en la isla de Luzon, prov. de Ilocos-Sur, dióc. de Nueva-Segovia. POBL., PROD. y trib. van incluidos en el art. de la matriz.

MARIA (Santa): pueblo con cura y gobernadorcillo, en la isla de Luzon, prov. de Ilocos-Sur, dióc. de Nueva-Segovia; SIT. en los 124° 5′ 30″ long., 17° 15′ lat., en la carretera que se dirige de Lingayen á Vigan, en un llano rodeado de montes que moderan la fuerza de los vientos del N. y N. E. en los meses de noviembre y diciembre, y en los otros del año los del S. y S. E, teniéndolo á cubierto de los demas. Las enfermedades mas comunes son tisis, escorbutos y afecciones cutáneas. Fundóse este pueblo en el año 1769 y en el dia tiene como unas 1,985 casas, construidas como todas las de los indios, algunas de tablas y la mayor parte de cañas y nipa. Los edificios mas notables son el tribunal, que es de piedra y teja; en su piso bajo está la cárcel. Este edificio se halla en la plaza del mercado, donde se venden verduras, huevos, carne, pescado etc., y algunas veces suelen poner tiendas de géneros los mestizos. Frente al tribunal hay tres casas de igual fábrica, y son propiedad de particulares, asi como otras dos que se estan concluyendo. Hay una escuela de primeras letras pagada de la caja de comunidad: ademas hay otras escuelas particulares para niños y niñas. La igl. es de piedra, con su torre de lo mismo, y sacristia, toda ella de muy buena fábrica: esta igl. pertenece á la administracion de los regulares: se fundó bajo la advocacion de Nuestra Señora de la Asuncion. Cerca de la igl. sobre un montecito, se halla el convento ó casa parroquial que tambien es buen edificio. Como á unos 200 pasos se encuentra el cementerio que es de piedra, bastante capaz y ventilado; este tenia su capilla, pero un temblor de tierra la arruinó hace algunos años. En Santa María se recibe el correo del N. (Narvacan) todos los martes á las 7 ú 8 de la mañana; el de Manila, por Santiago, todos los jueves al mediodia, saliendo para Narvacan en la misma hora, lo mismo que sucede cuando llega de Narvacan y sale para Santiago. El TÉRM. confina por N. con el de Narvacan (á 1 ½ leg.); por S. con el de San Estéban (á 2); por E. con la cordillera que separa esta prov. de la del Abra, y por O. con el mar. Comprende este pueblo en su jurisdiccion los barrios de Patac al S. (distante 1 leg.); San Gelacio, San Ignacio y San Francisco, bajo de campana; los de Tanggaoan, Silag, Minonoric, Bitalag, Gusing, Subsubosob, Dingtan y Cabaritan, se hallan á mayor distancia, esparcidos por las sementeras; pero estos no se componen mas que de una choza, donde habitan los indios durante el tiempo que recogen sus cosechas. Poco mas de dos leg. al S. E. se halla la mision de Coveta, y antes de llegar á ella se encuentran tres rancherías de infieles, llamadas Lucaban, Mambug y Bato, distantes la que mas 1 leg. Hay tambien por esta misma parte y por la del E., otras muchas rancherías que

pertenecian á esta jurisdiccion, y pasaron á la prov. del Abra cuando la creacion de esta prov.; sin embargo no se ha mudado el cobrado de todas ellas, cuales son Baang, Tiagan, Langcuas, Buguz, Lipay, Camalig, Burburan, Banaao, Bago, Tamac, Ballising, Laoed, Butot, Bangiagan, Matanubong, Tuquipa, Paring, Pangasan, Tayao, Barit, Banao y otros. Tiene este pueblo dos puertos; el uno está al O. del pueblo, y es capaz de embarcaciones de alto bordo; el otro está al N. de este, pero no pueden entrar en él mas que pequeñas embarcaciones por la estrechez de su embocadura ó barra, la que fácilmente se podria abrir ó ensanchar, quedando de este modo un cómodo y seguro puerto capaz aun de las embarcaciones mayores, como lo fue en otro tiempo, habiéndose construido en él dos fragatas. El TERRENO es muy fértil, y la mayor parte de regadio, gracias á la actividad y celo de su digno cura párroco que lo es actualmente el R. P. Fr. Juan Cordaño, el que impetrando el ausilio del superior gobierno de la colonia, dió cima despues de seis años de trabajos, á la realizacion de su proyecto, con un resultado bastante halagüeño, pues en 1804, cuando dicho cura párroco se encargó de este pueblo, sus cosechas estaban continuamente espuestas á perderse por la falta de riego; así es que no pagaba mas que 994 trib. y en el dia paga 2,596. No debemos callar la parte activa que tomó tambien en esta empresa el alc. m. que era D. Pedro Urmeneta. Hay muchos montes, especialmente hácia el E. donde estan los de *Silag, Pasongol, Pingsal* y otros; por el O. junto á la playa, hay otros dos montes llamados *Banggoy* y *Pasilan* y entre estos dos un mogote llamado centinela: todos estos montes abundan en escelentes maderas, como son el narra, molavin, banaba, caudaroma, casiray, panurapin, aban, bulala, lusuban, gasatan, batocanag, panglongbuyan, dalacan, pacac, salug, buneg, bangar, dir-au, taculao, apnit, uplay, casabang, robles etc.; algunos medicinales como los abucos, casabang y otros. Pasa por el térm. al E. y N. el r. llamado *Maynganay*; es de agua salada por recibir los esteros marítimos, lo mismo que otros dos riach. que corren junto al pueblo: los naturales tienen que valerse de algunos pozos abiertos en las cercanías del pueblo. Atraviesa la carretera real el rio nombrado, teniendo este un puente de madera bastante regular, el cual sirve para facilitar el camino hasta Narvacan: PROD. arroz, trigo, ajonjolí, algodon, añil, sibucao, maiz, azúcar, etc. Las mas grandes son las de arroz y maiz, siendo esta última tan considerable, que provee las necesidades de los pueblos de Santa, Bantay, Santa Catalina, San Vicente y otros muchos. Hay abundantes frutales, como son la manga, el lomboy, los naranjos dulces y agrios, santol, soa, plátanos de muchas clases, catuday, que los naturales usan como verdura, y piñas con las que hacen dulce: igualmente se coje algun cacao, y hay muchos cocales que con el tiempo podrán acrecentarse aun mas, y producir aceite en abundancia. En los montes, ademas de las maderas nombradas, hay bastante caza mayor y menor, como búfalos, javalíes, venados, tórtolas y gallos: los venados se encuentran principalmente por los montes del E. En el de *Pingsal* hay una mina de oro, pero no la esplotan los naturales. IND.: las mugeres se dedican á hilar y tejer telas de seda y algodon, y pañuelos de todas clases, tanto, que ya estos no desmerecen en nada de los que se trabajan en algunos de los otros pueblos afamados. COM.: de todos los artículos espresados se hace una esportacion notable despues de cubiertas las necesidades del pueblo. Son pocos los artículos que se importan por carecerse de ellos. POBL., 41,900 alm., 2,596 trib., que ascienden á 25,960 rs. plata, equivalentes á 64,900 rs. vn.

MARIA (Santa): pueblo con cura y gobernadorcillo, en la isla de Luzon, prov. de La Laguna, arz. de Manila; SIT. en los 425° 6' 25" long., 14° 28' 40" lat., á la orilla izq. de un rio, en terreno llano, y CLIMA templado y saludable. En la actualidad tiene este pueblo unas 456 casas; la igl. parr., que es de buena fábrica, pertenece á la administracion de los regulares. La casa parroquial y el tribunal son de mediana fábrica. Hay una escuela de instruccion primaria con una corta asignacion sobre los fondos de comunidad. Confina el TERM. por S. S. E. con el de Mabitac, que dis-

ta 1 1/2 leg.; por O. con el de Pinilla á 3 leg.; por S. con la laguna de Bay, y por N. con la prov. de Nueva-Ecija. El TERRENO es montuoso, habiendo tambien algunas llanuras por las inmediaciones del referido rio y de otro que desagua en él, corriendo al E. del pueblo. En las tierras de labor se cosechan arroz, maiz, algodon, caña dulce y abacá. La caza, la fabricacion de algunas telas de algodon y abacá, en la que se ocupan con especialidad las mugeres, son los ramos que forman su IND. POBL. 812 alm., y en 1845 pagaba 244 trib., que hacen 2,440 rs. plata, equivalentes á 6,100 rs. vn.

MARIA (Santa): pueblo con cura y gobernadorcillo, en la isla de Luzon, prov. de Bulacan, arz. de Manila; SIT. en los 124° 38' long., 14° 48' 30" lat., á la orilla derecha de un rio, al Mediodia de unos montes que le defienden de los vientos N. y N. O.; su CLIMA es templado y saludable. Tiene unas 4,190 casas, la parroquial, la de comunidad donde está la cárcel, una escuela de instruccion primaria dotada de los fondos de comunidad, y una igl. parr. de buena fábrica, bajo la advocacion de Santa María, servida por un cura regular. Confina el TERM. por N. con el de Pandi, que dista 1 1/2 leg.; por S. con el de Marilao, á 2 id.; por E. con el de San José, á igual dist., y por O. con el de Bigaá que dista 1 leg. El terreno es montuoso. Hay dos puentes á la salida de este pueblo, uno por la parte S. que facilita el camino de Bocaue, y otro al O. en el que conduce á Bigaá: el primero se halla sobre el rio que hemos mencionado, y el segundo sobre un afluente que se le une por el N. En los montes se hallan diferentes clases de maderas, caza mayor y menor, miel y cera. En el TERRENO cultivado las producciones son arroz, maiz, caña dulce, frutas, legumbres, algodon, abacá y pimienta. La IND. se reduce á la fabricacion de algunas telas ordinarias. POBL. 7,160 alm.; en 1845 pagaba 1,456 trib., que hacen 11,560 rs. plata, equivalentes á 28,900 rs. vn.

MARIA (Santa): islita inmediata á la costa O. de la isla de Mindanao; hállase su centro en los 125° 40' 50" long., 7° 32' 50" lat.

MARIANAS (islas): Hállanse formando un

pequeño archipiélago de 17 grupos de isletas y varios islotes, en el Océano oriental ó mar del Sur, sobre los 145° long. ó sea á los 17° del estrecho de San Bernardino. Estiéndese este archipiélago de N. á S. de modo que su parte meridional se halla sobre los 12° lat., y sigue describiendo una línea no solo hasta los 17° lat., sino hasta los 33° 20' si se cuentan las islas descubiertas hasta la de Sta. Tecla. Diez y siete son tambien las principales de estas islas, de las cuales hay pocas pobladas: las mas considerables son las de San Juan ó Guajan, Rota, Saipan y Tinian. El clima y los aires de estas islas son saludables, el suelo fértil, aunque montuoso, pues no faltan buenos terrenos muy propios para el cultivo del arroz, trigo, maiz y todo género de frutos. Sin embargo son cortas las cosechas, porque la pobl. es tambien escasa para el cultivo de sus tierras, y quizá la misma falta de pobl. ha dado lugar á la grande abundancia de ratones á que atribuyen los naturales la destruccion de sus plantios. El sustento ordinario de estos isleños consiste en la Rima ó árbol de pan que produce una fruta muy gruesa, la cual ha sido adoptada por los naturales de las islas del mar del Sur, en lugar del pan para nosotros. Hay tambien camotes y otras raices, escelentes plátanos, buenas sandías etc. Las maderas son bastante escasas en lo general de las islas, y no muy buenas, aunque tambien se cria en algunos montes varias especies de gran duracion y fuerza para construccion de edificios y embarcaciones. No tenemos noticia de que se haya descubierto en estas islas minerales. Se hallan generalmente muy trabajadas por los terremotos; de modo que con solo los sufridos en los meses de enero, febrero y marzo del año 1849 podemos presentar el siguiente cuadro de las terribles convulsiones á que se hallan sujetas.

ENERO DE 1849.

Dias.	Horas.	Minutos.	
	2	30 mañana.	
	4	14	
	5	51	
	7	22	
	9	8	
	10	20	
	11	40	
	2	35 tarde.	
26	2	55	18
	3	17	
	5	53	
	6	10	
	7	10 noche.	
	7	55	
	10	12	
	11	4	
	11	52	
	12	21	
	1	50 mañana.	
	2	28	
	3	2	
	6	54	
	7	21 (go.)	
	8	20 fuerte y lar-	
27	8	27	14
	10	26	
	11	21	
	1	50 tarde.	
	3	5	
	3	40	
	9	38 noche.	
	11	15	
	1	36 mañana.	
	2	17	
	2	58	
	3	59	
	5	22	
	8	16	
28	10	5	15
	11	37	
	2	11 tarde.	
	2	50	
	5	26	
	4	17	
	11	25	

Dias.	Horas.	Minutos.	
	1 . . . 16		
	5 . . . 22		
	11 . . . 55		
29.	2 . . . 29 tarde.		10
	3 . . . 18		
	9 . . . 13 noche.		
	11 . . . 16		
	1 . . . 15 mañana.		
	5 . . . 11		
	8 . . . 5		
	8 . . . 10		
30.	10 . . . 18		10
	12 . . . 58		
	3 . . . 45 tarde.		
	3 . . . 55		
	4 . . . ›		
	4 . . . 43		
	1 . . . 7 mañana.		
	2 . . . 55		
	3 . . . 8		
	4 . . . 12		
31.	7 . . . 18		9
	8 . . . 9		
	8 . . . 33 noche.		
	8 . . . 42		
	11 . . . 26		

FEBRERO DE IDEM.

Dias.	Horas.	Minutos.	
	2 . . . 10 mañana.		
	4 . . . 28		
	5 . . . 17		
1.º	4 . . . 12 tarde.		7
	4 . . . 38		
	7 . . . 53 noche.		
	10 . . . 52		
	1 . . . 25 mañana.		
	3 . . . 15		
2	3 . . . 20		6
	5 . . . 4		
	10 . . . 34		
	7 . . . 28 noche.		
3	8 . . . 15 mañana.		2
	2 . . . 34 tarde.		
4	6 . . . 15 tarde.		1
5	58 . . . 19		2
	12 . . . 20		

Dias.	Horas.	Minutos.	
	2 . . . 11 mañana.		
6	5 . . . 19		4
	6 . . . 52		
	9 . . . 30 noche.		
7	5 . . . 41 mañana.		2
	9 . . . 11		
8	3 . . . 10 mañana.		2
	3 . . . 14		
	5 . . . 6 tarde.		
10	5 . . . 24		4
	7 . . . 40		
	10 . . . 28 noche.		
12	9 . . . 57 noche.		1
14	7 . . . 13 noche.		1
17	2 . . . 42 mañana.		2
	8 . . . 41 noche.		
21	3 . . . 17 tarde.		2
	8 . . . 50 noche.		
22	5 . . . 19 tarde.		
	2 . . . 46 mañana.		
24	3 . . . 11		3
	8 . . . 44		
25	5 . . . 54 tarde.		1
27	2 . . . 48 mañana.		2
	5 . . . 37 muy grande.		
28	2 . . . 54 mañana.		2
	4 . . . 3 tarde.		

MARZO DE IDEM.

Dias.	Horas.	Minutos.	
1.º	1 . . . 50 mañana.		1
2	12 . . . 9 mañana.		1
5	5 . . . 27 mañana.		1
8	7 . . . 53 mañana.		1
10	8 . . . 14 mañana.		2
	3 . . . 11 tarde.		
11	2 . . . 53 tarde.		1

125

Hay en estas islas muchas volcanes; la llamada de la Asuncion se presenta en su mayor parte cubierta de lava.

Los naturales son semejantes á los filipinos; hablan un dialecto parecido al de los visayas de quienes los hacen descendientes algunos. El R. P. Fr. Joaquin Martinez atribuye la pobl. de estas islas á alguna embarcacion procedente de las de Palaos ó Carolinas, que llegára á la ventura, como la que se presentó en el año 1721. Sin embargo, no solo parecen ambas conjeturas poco razonadas, sino de insignificante resultado para despejar el orígen de los indios mariánicos, que para nosotros, así como el de los palaos y el de los visayas, puede trasponerse á todas las razones que debieran servir de base para investigarlo.

El primer europeo que arribó á estas islas fué el célebre navegante Magallanes el año 1521, siendo las primeras tierras del Océano Pacífico donde abordó despues de los grandes trabajos de su admirable espedicion. Tomó víveres en ellas, y en razon de haber sido robado por los indígenas, dió·á estas islas el dictado de los ladrones. En 1528 estuvo en ellas Alvaro de Saavedra, y Miguel Lopez de Legaspi tomó posesion de las mismas en nombre de la corona de España, mandando decir misa á los PP. Agustinos en 25 de enero de 1565. Desde aquella época quedaron unidas al gobierno superior de Filipinas y en la misma puede fecharse el orígen ó principio de la prov. de Marianas, que puede verse en el artículo siguiente.

MARIANAS (provincia de): La mas oriental de las prov. españolas: es un gobierno político militar, dependiente del superior gobierno y cap. g. de Filipinas, de la Real audiencia de Manila y del ob. de Cebú. La pequeña ciudad de San Ignacio de Agaña, en la isla de Guajan, es la capital de las Marianas y la residencia de su gobernador, quien tiene un teniente gobernador, una pequeña fuerza militar y algunos dependientes inferiores en Umata, Ayat, Rota y otros pueblos. El gobernador dicta las resoluciones y los gobernadorcillos las ejecutan. Esta prov. se halla exenta de tributos, y asi sus empleados y sus tropas, las que vienen á ser en número de 160 hombres, se sostienen por medio de un situado sobre las cajas de Manila. Es pobre; mas no porque sea estéril ni carezcan de ingenio sus hab., debiendo atribuirse solo al poco amor al trabajo que todavía se ha podido desarrollar en estos, y á su escaso número, como indicamos en el artículo anterior. El terreno tiene buenos distri-

tos sumamente fértiles, y ademas de la rima y el coco, que son los principales fiadores del sustento de los naturales, fuera tambien de los camotes y otras raices alimenticias, se produce algun arroz, maiz, caña dulce, maranta, batatas, sagu, nuez, moscada salvaje, etc., producciones muy estimables que pudieran desarrollarse por medio del cultivo.

Algunos restos de antiguos monumentos, que especialmente se presentan en las islas de Tinian y de Rota, han hecho pensar que no siempre se han hallado estas islas en la abyeccion social en que fueron conocidas por los españoles, y de que todavía se esfuerzan por ir saliendo: se ha conjeturado que en alguna época muy remota, naciones civilizadas establecidas en estas islas, construyeron palacios donde hoy apenas se hallan miserables chozas de bambú. Sin embargo, no apareciendo en ellos señal alguna de las que suelen perpetuarse en las ruinas de los edificios chinos ó japones, ni siendo probable que pertenezcan mejor á otras gentes, y reduciéndose á cierto número de columnas y otros semejantes fracmentos de edificios, pudieron pertenecer á la primer construccion española en las islas, habiendo quedado reducidos á tales fracmentos los edificios á que pertenecieran, con motivo de las diferentes insurrecciones que tuvieron lugar en el país.

El general Legaspi, primer gobernador de Filipinas, reunió á la Corona de España esta prov. comprensiva de las islas antiguamente llamadas de los Ladrones. Desde luego intentaron emprender la conversion de sus naturales algunos misioneros de los que iban en la espedicion mandada por aquel distinguido general; mas no se les pudo permitir como destinados á la evangelizacion de las Filipinas. Despues fué cuando la Reina doña María Ana de Austria costeó la mision de los PP. jesuitas que se encargaron de esta conquista espiritual; asignando además la suma de 21,000 pesos para la manutencion y defensa de la colonia y otros 3,000 para la fundacion de un colegio dedicado á la instruccion de los indios. Por estos medios se quiso establecer una importante escala para el comercio de Nueva-España, y en honor de la Reina que tanto hiciera en beneficio de estas islas, se sustituyó á su antiguo nombre el de Marianas, contraccion de María Ana, nombre de aquella augusta Reina. Desde que se estableció el comercio de Manila con Nueva-España, fueron ya estas islas su escala regular: en ellas se hacia aguada y se tomaban refrescos á la vuelta de la nave de Acapulco: los designios de la Reina se dirigieron á dar á esta escala toda la elevacion propia de la importancia de su situacion aventajada. La ciudad de Agaña en la isla de Guajan, fué erigida en centro de esta importante colonia avanzada, dependiente de la principal Manila. Los frecuentes alborotos de los indios mariánicos, que al pronto no recibieron muy bien á los españoles, resistieron bastante los progresos de su empeño civilizador, y se hubieron de lamentar algunas desgracias, hasta que en el año 1674 consiguió reducir á los isleños el capitan Damian de Esplana que llegó á Guajan con el situado de estas islas en una lancha despachada por el galeon Nuestra Señora del Buen Socorro y hubo de quedar en ellas, habiendo sido obligado el galeon por un temporal á separarse. Desde entonces no hubo ya sublevacion alguna general por algun tiempo; pero los indios todavía mataron algunos españoles, particularmente religiosos, dedicados á la conversion y educacion de las rancherías. En 1678 el Sr. Vargas, pasando á encargarse del gobierno de Filipinas y con arreglo á una Real órden dictada al efecto, dejó en Marianas 50 hombres de tropa al mando de D. Juan de Salas, gobernador de esta prov. Este y su sucesor tuvieron que sujetar de nuevo varios alzamientos, despues de lo que no se repitieron hasta el año 1690, en el cual estuvo la colonia en peligro de perderse.

En aquel año pasó de gobernador á Manila D. Fausto Gruzat y Góngora, y en Marianas naufragó una embarcacion que iba en su compañia. Los náufragos, que se salvaron, se unieron á los soldados del presidio y se conjuraron para alzarse contra el gobernador; pero convertido por un religioso el que debia encabezar la sublevacion, avisó á la autoridad y pudieron trastornarse los planes de la conjuracion. Sin embargo, no quedó esta sin deplorables consecuencias, pues la desavenencia de

los españoles animó á los indios que se sublevaron dando muerte á los Jesuitas y á los españoles que vivian indefensos en sus pueblos. El gobernador salió contra los alzados, los venció y les obligó á vivir precisamente en las islas de Guajan, Saipan y Rota, con cuya providencia logró asegurar la tranquilidad.

En estos trastornos, que duraron 24 años, murieron algunos indios, mas no tantos como han querido suponer varios escritores; los indios nunca las hubieron frente á frente con los españoles, su resistencia siempre era hecha de lejos; y toda su defensa, cuando se veian perseguidos, consistia en la fuga.

En lo antiguo estas gentes andaban en completa desnudez, y á últimos del siglo pasado fueron adoptando para estar en sus chozas ó en sus sementeras un taparabo, y alguna ropa para ir á la iglesia; tan despacio fué estendiéndose por las rancherías y poblacion rural la cultura de los pueblos cimentados en las islas por los españoles. Mucho se ha dicho de la pérdida de poblacion sufrida por estas islas desde su reunion á la Corona y al paso que se ha ido estendiendo la civilizacion en ellas; pero es un error mayormente notable en el autor de la historia franciscana, y el P. Murillo. No negaremos que en principios del siglo XVII fuese cercenada por una epidemia, pero todas las demas razones que alegan son conocidamente fabulosas, y el aserto en general se halla contradicho por los resultados. Segun la misma historia franciscana, en el año 1733 la pobl. de las Marianas ascendia solo á 2,697 almas. Despues de la espulsion de los PP. Jesuitas la administracion espiritual de estas islas pasó á cargo de los PP. Recoletos, y segun los estados de su administracion fué progresivamente acrecentándose aquel número, de modo que á principios del presente siglo contaban ya 7,555 alm., cuyo número representa un aumento anual de 73 alm. En aquella época costaba 27,000 pesos á las cajas Reales el mantenimiento de esta provincia, y el ilustrado historiador de Filipinas, Fr. Joaquin Martinez de Zúñiga, decia que se podia sostener, si se quitaba el gobernador, con 8 ó 10,000 solamente. En la primera mitad del presente siglo no ha sido tan considerable el aumento de poblacion en esta prov., mas tampoco cabe decir que se haya disminuido su número de almas, pues lejos de esto se han aumentado á 8,569, lo que supone un incremento de 1,014 almas en los 50 años. Segun la guia del año 1850 el estado de pobl. de esta prov. es el siguiente:

PUEBLOS.	ALMAS.
Agaña.	5,620
Anigua. . . .	217
Asan.	190
Tepungan. . . .	75
Sinajaña. . . .	250
Munguning. . . .	102
Pago.	273
Agat.	287
Finata.	224
Merizo.	358
Juarajan. . . .	346
Isla de Rota. . .	582
Isla de Laipan. .	267
Isla de Pinian. .	·
Total.	8,569

Estos naturales son buenos y hospitalarios aunque generalmente miserables: á la llegada de las embarcaciones europeas, facilita la comunicacion con ellos la circunstancia de que muchos hablan el español, aunque su lengua natural es el chamorro. Ya hemos visto cuál es el abandono de la agricultura en esta provincia; su industria se reduce á algunos tejidos que se hacen en Agaña, y el comercio es asimismo casi nulo, no consistiendo mas que en la venta de víveres y algunos productos del pais á las embarcaciones que tocan en él.

MARIBAGO: visita del pueblo de Lavin, en la isla y prov. de Negros, dióc. de Cebú; SIT. sobre la costa oriental, en los 126° 41′ 30″ long., 9° 25′ lat., distante 2 ½ leg. al S. E. de su matriz, en cuyo artículo damos su POBL. y trib.

MARIBOJOC: pueblo con cura y gobernadorcillo, en la isla de Bohol, adscrita á la prov. y dióc. de Cebú; SIT. en la costa meridional de la isla, en terreno llano y CLIMA no muy cálido. Tiene unas 1,967 casas, la parroquial, la de comunidad, donde está la cárcel, una escuela de instruccion primaria dotada de los fondos de comunidad, y una igl. parr. de buena fábrica, servida por un cura regular. El cementerio se halla fuera de la pobl. bien situado. Comunícase este pueblo con sus inmediatos por medio de caminos que se hallan no en muy buen estado, y recibe de la cabecera de la prov. un correo semanal en dias indeterminados. El TERM. confina por N. E. con el de Paminuitan; por O. con el de Loon; por E. con el de Tagbiliran, y por S. con el mar. El terreno es montuoso y fértil, por junto á la costa, tiene buenas llanuras donde se hallan las sementeras, y en lo demas del terreno hácia la parte del N. abundan los montes donde se cria bastante caza, maderas muy buenas para construccion, miel, cera, y varias clases de cañas y bejucos. En el TERRENO cultivado las PROD. son arroz, maiz, ajonjolí, caña dulce, algodon, abacá, legumbres y frutas. La IND. consiste en la agricultura, en la pesca del balate y en la fabricacion de telas de algodon y abacá. POBL. 11,805 alm., y en 1845 pagaba 1,965 trib., que hacen 19,650 rs. plata, equivalentes á 48,125 rs. vn.

MARICABAN: isla adyacente á la costa meridional de la prov. de Batangas, á la embocadura de la ensenada de este nombre entre los 124° 30′ long., 124° 37′ 50″ id., 13° 37′ lat., y 13° 40′ 50″ id. Tiene poco mas de 2 ½ leg. de larga y ½ id. en su mayor anchura, siendo el desarrollo de su superficie de 1 leg. cuadrada. Es montuosa y en ella abundan las maderas. Antiguamente habia cierto número de casas por la punta Janaojanao; pero las correrías que hacian los moros de Joló y Mindanao les obligaron á internarse en ella, hasta que últimamente la abandonaron.

MARICABAN: ensenada de la costa oriental de la prov. de Tondo (isla de Luzon), en la laguna de Bay; hállase entre los 124° 43′ long., 124° 44′ id., 14° 50′ lat., y 14° 52′ id. al S. S. O. del pueblo de Taguig.

MARIGONDON: pueblo con cura y gobernadorcillo, en la isla de Luzon, prov. de Cavite, arz. de Manila; sit. en los 124° 25' 50'' long., 14° 17' 30'' lat., á la orilla derecha del rio á que da nombre, en terreno desigual, ¼ leg. distante de la playa de la bahía de Manila; su clima es templado y saludable. Tiene unas 2,120 casas, la parroquial, la de comunidad donde está la cárcel, una escuela de instruccion primaria dotada de los fondos de comunidad y la igl. parr. que es de buena fábrica y pertenece á la administracion espiritual de los regulares. Fuera de la pobl. está el cementerio bien situado. Recibe el correo de la cabecera de la prov. Confina el term. por S. E. con el de Yudan cuyo pueblo dista unas 5 ½ leg.; por N. E. con el de Santa Cruz de Malabon; por S. con la prov. de Batangas; por N. con el térm. de Naig, y por O. con el mar. El terreno es montuoso, riéganlo el referido rio de Marigondon y otros menores; unas 2 leg. al S. O. de este pueblo se encuentra el pico de Loro que es de bastante elevacion, viene á formar este pico con las puntas Catunpany Patogan que salen á la boca de la bahía de Manila, el puerto de Limbones; hállase luego, siguiendo por la misma costa y entrando en la bahía, la barra de Marigondon, todo esto en la jurisd. de este pueblo; la barra del rio Naig deslinda esta jurisd. y la del pueblo de Naig. Las prod. son arroz, trigo, cacao, café, pimienta, algunas legumbres y frutas. Hay tierras de pasto. ind.: la cria de ganados, la pesca y la fabricacion de algunas telas. pobl. 13,125 alm., y en 1845 pagaba 2,432 ½ trib., que hacen 24,325 rs. plata, equivalentes á 60,812 ½ rs. vn.

MARIGONDON: r. de la isla de Luzon. en la prov. de Cavite; nace en los 124° 27' 50'' long., 14° 8' lat., corre cerca de una leg. de S. E. á N. O. con el nombre de Caisitingan, reúnesele por el E. el de Sinalio, y dirigiéndose al N. N. E. recibe tambien por su derecha el de Burahan; corre hasta unas 3 leg. en esta direccion y volviéndose otra vez al N. O. se le reune otro rio bastante caudaloso por los muchos afluentes que recibe, y pasa al S. y O. del pueblo que le da nombre, desaguando luego por la costa N. O. de la prov. en la bahía de Manila, á los 124° 23' 10'' long., 14° 18' 30'' lat. Su curso es de unas 6 leg.

MARIGONDON (barra de): en la costa N. O. de la prov. de Cavite, á la entrada de la bahía de Manila por la parte S. S. E.; hállase hácia los 124° 25' 50'' long., 14° 19' lat.

MARIGONDON (barra de) ó MADILICAS: barrio del pueblo de Marigondon, en la isla de Luzon, prov. de Cavite, arz. de Manila, sit. en los 124° 23' 30'' long., 14° 18' 30'' lat., en terreno llano playero de la bahía de Manila, á la derecha de su entrada, próximo al desagüe del rio de Marigondon donde se forma la barra de este, por lo que tambien se le conoce con el nombre que primeramente espresamos; su clima es templado y saludable. El corto número de sus casas, el de sus almas, sus producciones y tributos van incluidos en el artículo de la matriz. La pobl. de este barrio trae su origen de una colonia de indios cristianos de Ternate, formada por los Padres jesuitas, quienes teniendo que abandonar aquella isla y habiéndoles cobrado estos indios convertidos un particular afecto, se los trajeron á Manila, y el gobierno de la colonia les concedió el terreno que hoy ocupan en esta costa de la prov. de Cavite. Esto sucedió por los años 1660, y, á pesar del tiempo trascurrido, aun se conservan entre ellos el tipo de los naturales de las Molucas. Cuando la espedicion de Balanguingui, varios de los cautivos que se rescataron por nuestras tropas eran naturales de este barrio.

MARIJATAG: anejo del pueblo de Tandag, en la isla de Mindanao, prov. de Nueva-Guipúzcoa, dióc. de Cebú. Su pobl. prod. y trib. van incluidos en el artículo de la matriz.

MARILAO: pueblo con cura y gobernadorcillo, en la isla de Luzon, prov. de Bulacan, arz. de Manila: sit. en los 124° 37' long., 14° 45' lat., á la orilla de un estero, en terreno llano, con buena ventilacion y clima templado y saludable. El nombre de este pueblo procede de un arbusto que se cria por su término, cuya madera sirve para teñir de pajizo que en el idioma del pais se dice Manilao. Tiene unas 680 casas, situadas á la orilla del estero que hay al S. del pueblo, la parroquial y la de comunidad. Hay escuela de primeras letras y una igl. parr. de buena fábrica que se construyó á principios de este siglo y se halla servida por un cura regular. Al S. del pueblo sale un camino que conduce á Meicanayan y al N. N. O. del mismo hay otro que dirige al barrio de Lolomboy y hacienda de este mismo nombre. Pónese en bastante mal estado en tiempo de lluvias este último camino, pues atraviesa por las sementeras cuyos terrenos son siempre cenagosos. Confina el TERM. por N. con Santa María y el de Bocaue al N. N. O. distante el primero 2 leg. y el segundo 1; por S. con Maicauayan á ¼ leg.; por N. O. con el de Bulacan cabecera de la prov. á 1 ⁵/₄ id.; y por N. E. con el de San José á 2 ½ leg. El TERRENO es montuoso hácia el O., aunque no deja de tener buenas llanuras al E. donde se encuentran varios esteros formados por el mar de la bahía de Manila, y al S. E. del pueblo, sobre el estero que hemos mencionado, hay un puente que facilita el camino á Meicauayan. Hay otro que conduce al pueblo de San José; pero este es de herradura. Junto al camino que sale al N. N. O. del pueblo y va á parar al de Guiguinto se halla el barrio de Lolomboy, y la casa de la hacienda de este nombre que pertenece á los Padres dominicos es de piedra y teja, y sirve de habitacion al lego encargado de la recaudacion. Tiene un tambobon ó panera donde guardan el arroz. Las otras PROD. del pueblo son maiz, algodon, varias legumbres y frutas. La agricultura y la fabricacion de algunas telas es lo que principalmente forma su IND. El COM. se reduce á la esportacion del sobrante de estos artículos é importacion de algunos de los que se carece. POBL. 3,825 alm., y en 1845 pagaba 768 ½ trib., que hacen 7,685 rs. plata, equivalentes á 19,212 ½ rs. vn.

MARINDUQUE: isla del archipiélago filipino, adscrita á la prov. de Mindoro, aunque está mas próxima al continente de la de Tayabas; se halla SIT. al N. E. de Mindoro, al S. de Luzon, y al N. de la isla de Tablas: se estiende desde los 125° 31' long. hasta los 125° 51' id.; y desde los 13° 11' 10" lat. hasta los 13° 33' 30" id. Tiene unas 8 ½ leg. de larga, ó sea de N. O. á S. E. y como unas 6 leg. de S. O. á N. E. en su mayor anchura. Las leg. cuadradas de su superficie vienen á ser 32, tomadas por un promedio. Hállanse las puntas *Marlanga* y *Tablaso* al S. E., y las de Garza y Ambauce, la primera al N. O. y la segunda al N. Estiéndese la costa E. de esta isla desde la punta *Ambauce* hasta la de *Marlanga*; en ella se encuentran la ensenada de este último nombre, y la punta *Tablaso*: desde la de *Marlanga* á la de *Garza* se halla la costa S., donde está el puerto de *Malauigi*: sigue luego la costa O., y en ella se encuentran el pueblo de *Gapan*, las puntas *Obung, Caluit, Ilutay*, el pueblo de *Mogpog*, el anejo *Cauit*, la fortaleza del pueblo de *Boag*, y la punta *Calinan*: vuelve despues frente al N. hasta la ensenada de *Sayao*, donde empieza la costa N. E., que va á concluir en la punta *Ambauce*. El TERRENO de esta isla es bastante elevado, montuoso y fértil: en sus bosques se crian buenas maderas para la construccion de embarcaciones; hay varias clases de palmas y bejucos, cocos y otras frutas. Recójese tambien mucha miel, cera y brea. Riegan el terreno varios riach. de poca consideracion, aunque de bastante utilidad para los naturales, aprovechándose bien sus aguas. El monte *Marlanga*, que al S. de la isla va á formar la punta de su mismo nombre, es de una considerable elevacion; hay en él lo mismo que en los demas de la isla, caza mayor y menor. El puerto de *Malaigi*, en la costa S. de la isla, proporciona á los buques que se dirigen de Manila á las Visayas un cómodo y seguro abrigo. Las PROD. de esta isla son las mismas que las de Mindoro; el arroz es la principal de todas ellas, de modo que despues de cubierto todo lo necesario para el consumo de sus habitantes, esportan todavia una cantidad considerable. Hay en esta 4 pueblos que son *Gazan, Santa Cruz de Napa, Mogpog* y *Boag*: estos dos últimos forman una sola jurisdiccion, teniendo entre ambos un cura y un gobernadorcillo. La POBL. total de todos asciende á 19,969 alm., y paga 3,817 trib., de modo que son los trib. á las alm. como 1 á 5 ²/₉. Siendo esta su pobl., y el desarrollo de su superficie de 32 leg. cuadradas, corresponden á cada una de estas 624 alm.

MARIPIPI: visita del pueblo de Biliran,

en continente distinto ó sea en la isla de su mismo nombre, adscrita á la prov. de Leyte, dióc. de Cebú; SIT. sobre la costa de la isla, en terreno llano, y CLIMA templado y saludable. El número de sus casas, su POBL., prod. y trib. van incluidos en el artículo de la matríz.

MARIPIPI: isla adscrita á la prov. de Leyte; hállase entre los 127° 57' 30'' long., 128° 1' 30'' id., 11° 46' 40'' lat., 11° 46' id.; su TERRENO es montuoso y fértil; pertenece á la jurisdiccion de Biliran, pueblo que se halla en continente distinto y tiene una visita en esta isla, llamada tambien Maripipi.

MARIQUINA: pueblo con cura y gobernadorcillo, en la isla de Luzon, prov. de Tondo, arz. de Manila; SIT. en los 124° 46' 40'' long., 14° 38' 40'' lat., á la orilla derecha del rio de San Mateo, en terreno llano y defendido de los vientos N. E. por los montes de San Mateo; su CLIMA es templado y saludable. Tiene con las de sus barrios y anejos unas 4.606 casas, la parroquial, la de comunidad donde se halla la cárcel, una escuela de primeras letras dotada de los fondos comunes y la igl. parr. que es de buena fábrica y la sirve un cura secular. Tiene buenos caminos que conducen á los pueblos de San Mateo y Pasig y otro de herradura que sale al N. y se dirige á un barrio. Recíbese en este pueblo el correo diario de la cabecera de la prov. Confina el TERM. por N. con el de San Mateo, cuyo pueblo dista 1 ¼ leg.; por S. S. E. con el de Antípolo á 3 leg.; por S. con el de Cainta á 2 ¼ id.; por S. O. con el de Pasig á 4 leg., y por E. con el de Bosoboso que dista unas 7 leg. El TERRENO es llano sin embargo de que no faltan montes al N. O. y S. E.; riégalo el ya mencionado rio de San Mateo que rodea este pueblo por el N. O. y N. hallándose en esta última direccion y sobre el mismo rio su puente que facilita el paso á un barrio situado ¼ de leg. distante á la opuesta orilla y como á ½ leg. de la iglesia de este pueblo. Tambien hay un estero conocido con el nombre de Nauca que divide los términos de San Mateo y del pueblo que describimos. PROD. maiz, palay, algodon, caña dulce, cacao, varias clases de legumbres y mucha fruta. En los montes de esta jurisdiccion hay buenas canteras, alguna caza, varias clases de madera de mala calidad, careciéndose de la nipa que es tan comun en casi todos los pueblos de esta isla, por cuya razon tienen que llevarla de Manila para construir edificios. El ya referido rio de San Mateo proporciona á los naturales un agua cristalina y saludable de la que se sirven para todos los usos. IND.: ademas de la agricultura que es la principal ocupacion de los naturales, se dedican estos al beneficio de la caña dulce, teniendo 30 ingenios al efecto. Hay cierto número de pedreros que trabajan en las canteras, otros que se emplean en la fabricacion de algunas telas, sin embargo de que á esto se dedican mas particularmente las mugeres; por último, el COM. consiste en la espendicion en el mercado de Manila de las producciones indicadas. POBL. 9,637 alm., y en 1845 pagaba 1,739 ½ trib., que hacen 17,395 rs. plata, equivalentes á 44,487 ½ rs. vn.

MARIQUIÑA: r.; V. MAYBONGA, r.

MARIRIG: islote que se halla á la entrada del puerto de Sorsogon, á la izq. de su embocadura, y muy próximo á la costa.

MARIVELES: pueblo con cura y gobernadorcillo, en la isla de Luzon, prov. de Bataan, arz. de Manila; SIT. en los 124° 10' long., 14° 27' 20'' lat., entre dos riachuelos que desaguan en el puerto á que da nombre este pueblo, sobre la playa del mismo, en la costa S. de la referida prov., á la izq. de la entrada de la bahía de Manila y al N. O. de la isla del Corregidor, que antiguamente tenia el mismo nombre de este pueblo y la sierra que se eleva al N. del mismo. Tiene unas 235 casas; la igl. parr. es de buena fábrica; se halla servida por un cura regular. Hay tambien una escuela de instruccion primaria dotada de los fondos de comunidad, un convento ó casa parroquial, y la de comunidad, donde está la cárcel. El cementerio es bastante ventilado. Al E. N. E. del pueblo sale un camino que conduce á los barrios de Camaya y Tictic situados en la playa del puerto sobre la que está tambien este pueblo su denominante. Confina el TERM. por N. E. con el de Orion, distante unas 5 leg.; por N. O. con el de Morong á unas 7 ½ id.; por E. S. con la gran bahía de Manila; y por O. y S. con el mar. El TERRENO es de los mas montuosos de la isla; la sierra á que da nombre este pueblo se halla al N. como hemos dicho, y lo resguarda de los vientos del setentrion; bajan de ella algunos riachuelos que fertilizan el terreno, siendo el de junto á las costas el que se cultiva, por ser algo mas llano. Sus PROD. son arroz, maiz, caña dulce, algodon, abacá, algunas legumbres y frutas. Su principal IND. es la pesca que la hay en abundancia, habiendo formado los naturales de este pueblo una pesquera en la que cogen muchas clases de pescados. Tambien se dedican algunos á la fabricacion de varios tejidos, siendo las mugeres las que mas se ocupan en esto, asi como en el hilado del algodon. POBL. 1,402 alm., y en 1845 pagaba 588 trib., que hacen 5,880 rs. plata, equivalentes á 9,700 rs vn.

MARIVELES (puerto de): en la costa meridional de la prov. de Bataan: hállase entre los 124° 10′ long., y 124° 12′ 50″ id., 14° 26′ lat., y 14° 27′ 40″ id., formando su boca al S. O. la punta Silanghia, y al N. O. la punta Gorda. Costeando este puerto por la parte del S. O. se encuentra despues de la punta Silanghin, la de Dilao y la de Quinanohuan, que forman entre una y otra la ensenada de este último nombre; siguen luego la punta Blanca y el pueblo de Mariveles sobre la costa hasta donde mas penetra el mar; al N. O., continuando por el N., se encuentran antes de la playa de Tictic, las puntas de Sampalo y Talisay, y el barrio de Mariveles llamado de Camallo, al O. del Tictic, que tambien se halla en la playa. Bajando otra vez al S. E. se halla la punta Pugdurhagnan, y luego la referida punta Gorda: tiene este puerto de bogeo unas 2 leg.; de N. O. á S. E. ½ leg., y poco menos de S. O. á N. E.

MARIVELES (sierra de): hállase comprendida entre los 124° 4′ long., 124° 15′ id., 14° 30′ lat., 14° 35′ id., en la isla de Luzon, prov. de Bataan, en la parte meridional de esta prov. al O. de la bahía de Manila y al N. N. O. de la islá que en otro tiempo tenia su mismo nombre, y que hoy se conoce con el de isla del Corregidor.

MARIVELES (isla de): cambió su nombre en el de isla del CORREGIDOR. (v.)

MARLANG: rio de la isla de Catanduanes, adscrita á la prov. de Albay; nace en los 126° 57′ 20″ long., 13° 45′ 20″ lat.; dirígese al O., y corre mas de 3 leg. para desaguar en el mar por la costa occidental de dicha isla.

MARLANGA: punta S. O. de la isla de Marinduque; hállase en los 124° 46′ 50″ long., 13° 11′ 20″ lat.

MARLANGA: ensenada de la costa oriental de la isla de Marinduque, adscrita á la prov. de Mindoro; hállase comprendida entre los 12° 15′ 5″ lat., y los 12° 18′ 40″ id., en los 124° 48′ long., penetrando hasta los 124° 47′ id.

MARLANGA: monte de la isla de Marinduque, adscrita á la prov. de Mindoro; hállase en el estremo S. E. de dicha isla y forma la punta de su mismo nombre. Es muy fragoso, y su cúspide se encuentra en los 124° 45′ 20″ long., 13° 13′ 50″ lat.

MAROG: punta de la costa oriental de la isla de Luzon (estrecho de San Bernardino), en la prov. de Albay; hállase en los 127° 45′ long., 12° 34′ lat.

MAROONGAS: islita del grupo de Joló, en el archipiélago de este nombre, distante ¼ leg. de la costa N. O. de la isla denominante del grupo y del archipiélago; hállase en los 124° 53′ 50″ long., 6° 1′ lat.

MARQUIL: punta de la costa S. E. de la isla de Panay, en la prov. de Iloilo; hállase en los 126° 33′ long., 10° 57′ lat.

MARRA: pueblo de moros en la isla de Mindanao; SIT. en los 128° 18′ long., 6° 18′ 50″ lat.

MARTIN (San): pueblo de nuevos cristianos, en la isla de Mindanao, prov. de Misamis, dióc. de Cebú. Se fundó en 1849, y en el dia tiene 44 casas, y la de comunidad, que es la mejor de todas ellas. Sus naturales se dedican al cultivo de las tierras, y se hallan exentos de pagar trib.

MARTIN (San): fuerte, en la isla de Luzon; SIT. en los 124° 10′ 50″ long., 17° 4′ lat., en la cordillera que divide la prov. de Ilocos-Sur de la del Abra, 2 ½ leg. al E. del pueblo de Candon, para resguardo del camino que desde la prov. de Nueva-Vizcaya, atraviesa la del Abra y entra en la de Ilocos-Sur.

MARTINEZ : barrio del pueblo de Bucay, cap. ó cab. de la prov. del Abra, en la isla de Luzon ; sit. á los 124° 13′ 30″ long., 17° 24′ 30″ lat., en terreno llano, á la orilla de un rio ; clima templado. Su pobl., prod. y trib., se incluyen en el art. de la matriz.

MARUNCO : barrio del pueblo de Angat, en la isla de Luzon, prov. de Bulacan : hállase á corta distancia de su matriz, en cuyo art. damos su pobl., prod. y trib.

MAS

MASACA : punta de la isla de Luzon, en la costa E. de la prov. de Bataan (bahía de Manila) ; sit. en los 124° 15′ long., 14° 40′ lat.

MASADIT : montes de la isla de Luzon, en la prov. del Abra ; hállanse unas 2 leg. al E. del pueblo de Bucay, en el territorio habitado de los guinaanes infieles.

MASAHIN : rio de la isla de Luzon, en la prov. de Batangas ; nace en los 124° 56′ long., 13° 48′ 50″ lat., corre hácia el N., y cambiando luego su direccion al E., va á desaguar en el mar por la costa oriental de la prov., á los 125° 7′ 10″ long., 13° 47′ 10″ lat.

MASALACOT : monte de la isla de Luzon, en la prov. de Tayabas ; hállase al S. del de Majayjay, térm. del pueblo de Dolores, y su cúspide en los 125° 8′ 10″ long., 15° 58′ 25″ lat.

MASALUPA : rio de la isla de Luzon, prov. de Nueva-Vizcaya ; nace en los 124° 37′ long., 15° 9′ lat., en las vertientes setentrionales del Caraballo-Sur, corre en direccion al N., y junta sus aguas con las del rio de Magat, en los 124° 41′ long., 15° 20′ lat., el cual lleva en este punto el nombre de Aritao, por hallarse en el térm. de este pueblo.

MASANAT : monte de la isla de Luzon, prov. de Tondo ; hállase su cumbre en los 124° 52′ 40″ long., 14° 44′ 40″ lat.

MASANAY : rio de la isla y prov. de Negros ; nace en los 126° 34′ long., 10° 53′ lat., corre como unas 2 leg. de E. á O., y desagua en el mar por la costa occidental de la isla.

MASANTOR : barrio del pueblo de Maca-

bebe, en la isla de Luzon, prov. de la Pampanga, arz. de Manila. Su pobl., prod. y trib. inclúyense en el art. de la matriz.

MASARAGA : monte de la isla de Luzon, prov. de Albay ; hállase su cúspide en los 127° 45′ long., 13° 18′ 30″ lat.; está cubierto de espesos bosques, y se encuentra en él bastante caza de diferentes clases.

MASBATE : rio de la isla de su nombre; nace al S. O. de Buracan, dirígese al S. E. y va á desaguar por la costa meridional de la isla, en los 127° 24′ long., 12° 1′ 30″ lat.

MASBATE : isla comprendida entre los 126° 47′ long., 127° 35′ id., y los 11° 49′ lat., 12° 36′ id. Por su posicion y geonomía presenta su origen como de una de las prominencias ó mesetas del antiguo continente, que, en algun tiempo, quedó fraccionado en las numerosas islas Filipinas: todavía parece regida por la parte S. E. de la grande isla de Luzon, como las islas de Ticao y Burias, que asoman intermedias, siendo todas ellas como unos desprendimientos de aquella, separados por las incursiones maritimas, ó por los grandes canales formados en las partes mas profundas del continente primitivo, ó á la accion de los volcanes y terremotos. Hállase Masbate al S. de la parte S. E. de la espresada isla de Luzon que forma la prov. de Albay, al S. E. de la de Burias, de la cual la separa un canal de como unas 2 leg., por el que pasaba la famosa nave de Acapulco para el comercio de Nueva-España. Al N. tiene la de Ticao, que con la propia Masbate, forma una comandancia político-militar, como puede verse en el artículo siguiente: al S. E. las islas de Biliran y Leyte, con las que parece tener cierto enlace sumergido en las aguas, á cuya superficie asoman varias islitas, indicándolo, y al S. tiene las islas de Cebú y Negros. La punta Iliutotolo, que es la mas meridional de la isla, en la lat. nombrada de 11° 49′ y en los 126° 47′ long., viene á estar en el mismo paralelo de long., que la punta Buqui ó N. O. que se halla en los 12° 35′ 20″ lat. Entre estas dos puntas corre la costa O., en la que tomada desde su mayor altura se hallan la punta Daijacan, los islotes de Gata ó Senirancabibi, mas al O. el de Mababa, á alguna distancia de la costa; luego, en esta, la ensenada de Inunucan y en ella el islote Nabilog y otros varios: la isla y punta Gitunbur cierran esta ensenada por el S. A menor altura y separado de la costa se halla el bajo que por su poco conocida situacion, se llama todavía Dudoso. En la costa se presenta luego la punta Pobolongan y despues la Nonugan, prominencia notable, que defiende de los vientos del N. O. la ensenada de Alas y puerto Mandao, que penetra bastante en lo mediterráneo, ofreciendo una situacion ventajosa á la visita de Mandao establecida sobre él: la isla Camasuso se halla á la entrada de este puerto, y á alguna distancia al O. hay dos bajos, cuya situacion, particularmente la del inferior, tampoco es muy conocida. La punta Camasuso está al S. de la islita de este nombre, que parece dividir la ensenada. Despues van asomando en la misma forma los estribos occidentales de la prominencia que avanza al S. de la isla hasta formar la nombrada punta de Hintotolo. Al O., S O. de esta punta hay una islita del mismo nombre, y á mayor distancia se vé la considerable de Panay. Doblada la punta de Hintotolo, se halla una ensenada notable donde hay varios bajos y á su boca dos islitas llamadas Naro. Por toda la costa S. se hallan varios bajos no muy lejos de tierra, y en ella aparecen, pasada la referida bahía hácia el E., las bocas de los rios Indan y Bituin, la punta de Daraga, la boca del r. Talabon, la del Masbate, que facilita una espaciosa entrada á los esteros maritimos, la del Oro tambien ancha y baja, accesible á dichos esteros, la del Bijuco y otras varias hasta la punta que forma el estremo S. E. de la isla. En la costa oriental se forma una ensenada de bastante abrigo, haciendo el mar una incursion hácia el N. O. defendida de los vientos del N. E. y E. por la punta Cataingan. A poca distancia de esta punta se convierte la costa al N. O. y en ella se hallan el baluarte de Canjuas, la punta Cañando, el pueblo de Palanas á la orilla der. de la boca del r. de su nombre, las puntas de Cabilisan, Magaysan, Lusay y Afif ó N. E., en la cual se halla una visita tambien llamada de Afif. Esta punta parece encadenada por medio de varios bajos é islotes con la punta S. E. de Ticao, dando la

forma de un gran seno al canal que separa las dos islas de la comandancia. En el estremo S. E. de dicho gran seno se encuentra, sobre la costa, el barrio de Palanas llamado Naro, denominando una ensenada de bastante abrigo.

La punta Tabunan separa esta ensenada de la de l'egon, sobre la que hay un baluarte y varios caserios: la punta Panique asoma luego; despues la Balatucan, luego el puerto Tangay, las puntas Licuson y Sagansaguan, la ensenada de Moho sobre la que tiene su asiento el pueblo que le da nombre con su mina y lavadero de oro: en la boca de esta ensenada hay una islita llamada Bontod; la punta Ibingay la separa del puerto de Palanog sobre el que se halla el barrio de este mismo nombre con sus baluartes y varios caserios. Mas al N. O. se encuentra la punta Bagabaut formando la parte oriental del puerto de Magdalena bastante abrigado y ofreciendo una cómoda posicion á la visita que lo denomina: el arroyo Polot desagua en la boca de este puerto. A poca distancia, sobre la misma costa, se halla un baluarte llamado del Pueblo Viejo, porque se cree ocupar el asiento primitivo del actual pueblo de Baleno, que está muy inmediato y desde el cual avanza algun tanto al N. la punta de Quinapuyan. Siguen luego las puntas de Ragapala y Capandan y el barrio de Araroy, mirando al N., al lado derecho de la entrada del puerto de Barreras: frente al mencionado pueblo asoma próximo á la costa sobre la superficie de las aguas, un escollo formado por un gran pedrusco. La boca del puerto de Barreras espresado mira al N. E. sobre los 127° long., donde forma su lado izquierdo la punta Lanan ó Colorada, que vuelta al E. S. E., facilita la formacion de un seno bajo ella á la misma entrada del puerto: este puerto penetra por una estension considerable en lo mediterráneo, y recibe varios rios, sobre cuyas orillas se ven algunos caserios como son el de Langi, el de Lanan, y una vigía. La costa que sigue desde la punta Colorada hasta la punta Buguí, estremo N. O. de la isla, aparece bastante despejada, presentándose solo en ella las puntas Tinapian y Guinagdan. Sobre la referida punta Buguí asoma próximo á la costa un islote llamado del Diablo.

Toda la isla es montuosa, formando su centro una cordillera bastante elevada que con una direccion semicircular termina en las puntas S. O. y S. E. de la isla y se va escalonando hácia el N. O., aunque no con tanta elevacion como por el centro, hasta la punta Buguí; las demas puntas son estribos de estas mismas cordilleras y los senos mencionados en la corografía de la isla, las incursiones marítimas por los valles ó terrenos bajos que han sido accesibles á las aguas. La superficie total de esta isla viene á ser de unas 200 leg. cuadradas. Sus montes se hallan cubiertos de un hermoso arbolado, produciendo diferentes clases de apreciables maderas y bejucos, gomas, resinas, miel y cera, caza mayor y menor. Tambien hay en ellos minas de oro, y sus rios arrastran entre sus arenas numerosas partículas de este metal, por lo que los indios tienen algunos lavaderos de dichas arenas para recogerlas. Sus tierras son á propósito para cualquier produccion, aunque son pocas las que se hallan reducidas á cultivo.

Mientras el general Legaspi se disponia para la conquista de Manila, pasó á la de esta isla el capitan Andrés de Ibarra acompañado del padre Fray Juan Alba, Agustino, que despues se quedó en ella con solo seis soldados, habiéndose retirado Ibarra á Manila. Los isleños de Masbate se redujeron con mucha facilidad á la religion y Corona de España. Eran en muy corto número y todos se reunieron formando un pueblecito. Todavia existía solo aquel pueblo á últimos del siglo pasado en que aparece administrado por un clérigo indio y adscrito con la isla á la provincia de Albay, en la que permaneció hasta el año 1846 que se creó la comandancia político-militar de Masbate y Ticao, habiéndose aumentado considerablemente la poblacion de ambas islas, pues solo Masbate contaba ya 5,489 almas, formando tres pueblos, cuales eran los de Mobo, Palanas y Beleno, como puede verse en el artículo siguiente.

MASBATE y TICAO: comandancia político-militar creada por decreto de 19 de octubre de 1846, segregando de la prov. de Albay las dos islas conocidas por los dos espresados nombres y poniéndolas á cargo de un gobernador político-militar especial dependiente, como los demas de su clase, de las autoridades superiores de Manila; en lo eclesiástico pertenecen estas islas al ob. de Nueva-Cáceres. Al formarse este gobierno contaba cuatro pueblos, tres de los cuales en Masbate y uno en Ticao; este era San Jacinto sobre su cómodo puerto, que antiguamente era escala para los buques de Nueva-España que no podian cruzar el estrecho de San Bernardino por temor á los vendavales y corrientes de ciertas estaciones del año. Los otros tres pueblos llamados Mobo, Baleno y Palanas, contaban 1,920 alm. el primero, con 413 tributos; 1,720 alm. el segundo, con 335 ½ tributos; 1,849 alm. el tercero, con 277 tributos; San Jacinto tenia 2,505 alm. y 385 tributos; el total de alm. de este gobierno era de 7,994 y de 1,410 el de los tributos. Háse aumentado despues el establecimiento militar de San Luis, que en la actualidad cuenta 244 alm.; pero no ha sucedido en este gobierno político-militar como en las demas provincias de Filipinas, cuya creacion se ha visto siempre dar un grande impulso al desarrollo de la poblacion y riqueza del pais; la poblacion de Masbate y Ticao ha decaido, pues en la actualidad no tiene mas que 7,867 almas, perteneciendo 244 á San Luis, 2,228 á San Jacinto, 2,512 á Mobo, 1,909 á Baleno y 1,132 á Palanas. Esto no obstante vemos acrecido el número de tributos, lo que ha debido suceder al paso que han ido desapareciendo las exenciones por edad; hoy son 1,685 ½ los tributos. Descritas ambas islas constitutivas de este distrito político-militar en sus respectivos artículos, creemos poder escusar el dar mayor estension á este.

MASI: visita del pueblo de San Juan, en la isla de Luzon, prov. de Cagayan, dióc. de Nueva-Segovia; sit. en los 124° 57' 6'' long., 18° 28' 20'' lat., próximo á la orilla izq. de un r., en terreno llano y CLIMA templado y saludable. Dista poco mas de ½ leg. de la costa setentrional de la referida isla. El número de casas, almas, PROD. que tiene y trib. van incluidos en el art. de la matriz.

MASI: punta de la costa S. O. de la isla y prov. de Leyte; hállase á la der. de la boca del r. de su mismo nombre, en los 128° 19' long., 9° 59' lat.

MASI: r. de la isla y prov. de Mindoro; nace en los 124° 26' long., 13° 15' 30" lat.; dirigese al O. y desagua en el mar despues de un corto curso.

MASILAO: anejo del pueblo de Silan, en la isla de Luzon, prov. de Cavite, arz. de Manila; SIT. en los 124° 58' long., 13° 10' 50" lat., á la orilla del r. Pasan-cabullo; su CLIMA es templado y saludable. Dista una leg. al S. O. de su matriz, en cuyo art. incluimos su POBL., PROD. y trib.

MASIN: monte de la isla de Luzon, en la prov. de Bulacan; hállase su cima en los 124° 42' long., 15° 1' lat.

MASIN: islote próximo á la costa S. E. de la isla y prov. de Mindoro, de la que dista una milla; su centro se halla en los 124° 59' 40" long., 12° 13' 54" lat.

MASIN: r. de la isla de Luzon, en la prov. de Tayabas; tiene su órigen al pie del monte Masalacot, en los 125° 7' 20" long., 13° 58' lat., toma su direccion al S., corre unas 2 leg. y va á juntar sus aguas con las del r. Quiapo en los 125° 5' 40" long., 13° 52' 10' lat.

MASIN: riach. de la isla y prov. de Mindoro; nace en los 124° 20' 30" long., 13° 15' 50" lat., dirigese al S. O., recibe otro riach. ó afluente poco antes de su desagüe, efectúa éste en los 124° 19' long., 13° 13' 40" lat.

MASIN: riach. de la isla y prov. de Mindoro; es de muy poca consideracion y desagua en el mar por la costa oriental de la isla, en los 125° 11' long., 12° 46' lat.

MASINAN: punta de la costa S. O. de la isla de Luzon, en la prov. de Albay; hállase en los 127° 53' 20" long., 12° 36' 40" lat.

MASINAO: r. de la isla de Luzon, en la prov. de la Laguna; nace de los montes donde se hallan las minas de hierro llamadas de Calumpan, dirigese al Mediodia, baña el término del pueblo de Santa Maria, corre unas 2 ¼ leg. y junta sus aguas con las del rio de Parannahalan.

MASINGAL: pueblo con cura y gobernadorcillo, en la isla de Luzon, prov. de Ilocos-Sur, dióc. de Nueva-Segovia, SIT. en los 124° 1' 30" long., 17° 48' 25" lat., á la orilla izq. de un rio, en terreno llano y arenisco, sobre la costa occidental de la isla; distante ¼ de

hora de la orilla del mar; su CLIMA es templado y saludable. Este pueblo se fundó en 1576; en la actualidad tiene unas 965 casas, la parroquial, la de comunidad donde está la cárcel, una escuela de primeras letras con una dotacion de los fondos de comunidad; la igl. parr. es de buena fábrica: la sirve un cura regular, y se halla bajo la advocacion de San Guillermo, y fuera del pueblo se halla el cementerio bien situado. Confina el TERM. por N. N. con el de Lapo, que dista 1 leg.; por S. con el de Sto. Domingo, á 2 leg.; por E. con la prov. del Abra, y por O. con el mar. El TERRENO es llano por la costa y montuoso al E. por donde se encuentran los montes Casatigan, Banig, Baibayatin, en la cordillera que divide la prov. de Ilocos de la del Abra, y el monte Batew al S. E. del pueblo. En las tierras de labor se cosecha arroz, algodon y añil, cogiéndose tambien legumbres, frutas, abacá y alguna otra PROD. La agricultura y la fabricacion de mantelerías y algunos otros tejidos es lo que constituye su IND., y el COM. se forma de la esportacion de estos productos tanto agrícolas como fabriles. POBL. 5,855 alm., 1,520 trib., que hacen 15,200 rs. plata, equivalentes á 37,650 rs. vn.

MASINGLÓC: puerto de la costa occidental de la isla de Luzon, en la prov. de Zambales; hállase comprendido entre los 123° 32' long., y 123° 37' id., 15° 27' 20" lat., y 15° 27' 30" id.; está bien resguardado de los vientos, y es muy peligroso por los muchos escollos que hay en él. Tiene dos entradas, la una entre la isla de Macalaba y la del Salvador, y la otra entre esta y la costa firme. Deja otra la isla de Macalaba y sobre la costa de Zambales, pero es muy peligrosa por hallarse obstruida con escollos y bajos que la hacen dificultosa.

MASINLÓC: pueblo con cura y gobernadorcillo, en la isla de Luzon, prov. de Zambales, arz. de Manila; SIT. en los 123° 57' long., 15° 53' lat., en la playa de una ensenada no lejos de Tugui, en la costa occidental de la isla, defendido de los vientos N. E. por la cordillera de los montes Zambales; su CLIMA es templado y benigno. Tiene como unas 40 casas, la parroquial, la de comunidad donde está la cárcel, una escuela de instruccion primaria dotada de los fondos de comunidad, la igl. parr., bajo la advocacion de San Andrés Apóstol, servida por un cura regular, quien ademas administra una visita llamada de San Vicente, 2 ½ leg. al N. de la matriz. El cementerio está bastante bien situado. El pueblo recibe el correo semanal de la cabecera de la prov. Fue fundado este pueblo el año 1607, por los PP. Agustinos Recoletos, que convirtieron, á costa de mil penalidades, como unos 800 infieles y los redujeron á vida civil en este punto. Los naturales son humanos, devotos, piadosos y obedientes á las autoridades civiles y eclesiásticas. El TERRENO que poseen es montuoso, y sus TÉRM. confinan con los de Iba, que dista 5 leg. por el S., y con los de Santa Cruz, que está á 3 ½ id. por el N. En los montes de estos términos se crian escelentes maderas, de las cuales los hab. aprovechan particularmente el ébano, baticulí, molave, tíndalo, narra, ácle, y yacal. Hay abundantes cocos, cañas, bejucos, nipa y cabo negro. Cruzan el territorio varios rios, entre los que son los mas notables el tinantopí, el táltal y el Sto. Niño. Cerca de la visita de San Vicente hay dos lagunas abundantes en buena pesca: tambien hay caza mayor y menor en los montes como en todos los del archipiélago. Los naturales de este pueblo se dedican esencialmente al cultivo de sus tierras, que les producen arroz, caña dulce, cacao, y sibucao. Tambien crian ganado vacuno, y el sobrante que de estos artículos obtienen, el carbon que fabrican, y las maderas que sacan de sus montes, les proporcionan algun comercio. POBL. 3,959 alm., 772 trib., que importan 7,720 rs. plata, equivalentes á 18,850 rs. vn.

MASINO: afluente del rio Quiapo, en la isla de Luzon, prov. de Tayabas; tiene su origen al Mediodia del monte Malasino en los 125° 6' long., 13° 57' lat., dirígese al S., y une sus aguas con las del referido rio en los 125° 5' 40'' long., 13° 52' lat.

MASINQUE: punta de la isla de Luzon, en la costa S. O. de la prov. de Tayabas, térm. del pueblo de Catanauan; hállase en los 125° 55' 30'' long., 13° 34' lat.

MASIPIL: rio de la isla de Mindanao, en la prov. de Misamis; tiene su orígen unas 5 leg. al S. de la punta Divata, corre 1 leg. al E. y desagua en el mar á los 128° 57' long., 8° 50' lat.

MASIQUIT ó MASAGUIC: monte de la isla de Luzon, en la prov. de Tondo; hállase su cumbre en los 124° 49' 30'' long., 14° 41' 30'' lat. TÉRM. del pueblo de San Mateo.

MASISBOONG: barrio del pueblo de Pasuquin, en la isla de Luzon, prov. de Ilocos-Norte, dióc. de Nueva-Segovia. Hállase á corta distancia de su matriz, en cuyo artículo incluimos su POBL., PROD. y trib.

MASISIÑGI: islita adyacente á la costa S. E. de la isla de Samar; hállase en los 129° 8' 40'' long., mas 1° 10' id. al E., y los 11° 13' 30'' lat., mas 40'' id. al N.; es bastante pequeña, no teniendo mas que ¼ leg. de ancho y ½ leg. de largo.

MASOCOL (barra de): en la costa meridional de la prov. de Bulacan, en la bahía de Manila; hállase hácia los 124° 28' long., 14° 46' lat.

MASSI: D. Ildefonso de Aragon, en el plano topográfico que formó el año 1820, presenta en la prov. de Leyte una visita, un rio y una punta con este mismo nombre, que generalmente se lee en los documentos geográficos de MAASIM. (v.)

MASULOCOT: monte de la isla de Luzon, en la prov. de Tayabas; es de bastante elevacion, y su cúspide se halla en los 125° 8' 30'' long., 13° 58' 20'' lat. Está todo cubierto de espesos bosques, y en ellos se crian buenas maderas de construccion y de ebanistería, y abundante caza.

MASUNAY: rio de la isla y prov. de Negros; nace al S. de Mandalagan, como á una leg. de distancia, corre al O. y va á desaguar al mar por la costa occidental de la isla.

MASUPE: barrio del pueblo de Balanang, en la isla de Luzon, prov. de Ilocos-Sur, dióc. de Nueva-Segovia; dista poco de la matriz, y sus PROD., POBL. y trib. se dan en el artículo de esta.

MAT

MATABAO: islita adyacente á la de Masbate; tiene cerca de una leg. de larga y ⅓ de ancha; su centro se halla en los 127° 28' 30'' long., 12° 20' lat.

MATABO: barrio del pueblo de Guinobatan, en la isla de Luzon, prov. de Albay, dióc. de Nueva-Cáceres; SIT. en los 127° 14' 30'' long., 13° 11' 30'' lat., en terreno llano, próximo á la orilla del rio La Inaya; su CLIMA es cálido. Dista 2 millas al N. O. de la matriz, en cuyo art. incluimos su POBL., PROD. y trib.

MATABOLINON: anejo del pueblo de Cagsaua, en la isla de Luzon, prov. de Albay, dióc. de Nueva-Cáceres; SIT. en los 12° 7' 22'' long., 13° 10' 30'' lat., á la orilla de un riach., en terreno llano, con buena ventilacion y CLIMA templado y saludable. Dista 1 leg. al N. O. de su matriz, en cuyo art. damos su POBL., PROD. y trib.

MATACAN: ensenada de la costa N. de la isla de Polillo, adscrita á la prov. de la Laguna; hállase comprendida entre los 125° 30' 20'' long., y 125° 57' id., 15° 2' 30'' lat., y 15° 5' id.

MATAGUI: rio de la isla de Luzon, en la prov. de Camarines-Norte; nace en los 126° 5' long., 14° 15' 20'' lat., corre ⅓ leg. al N., y pasa al E. del pueblo de Capalonga, poco antes de su desagüe en el mar.

MATAGDA: islita á la izq. de la entrada del puerto de Sorsogon; hállase á unas 80 varas de la costa.

MATAGUB: V. JANIUAY Ó JANIVAY.

MATAHA: islita del grupo de Basilan, en el archipiélago de Joló; hállase al S. de la de Peclas y al O. de la de Basilan.

MATAIN: rio de la isla de Luzon, en la prov. de Bataan; nace en la cordillera de los montes Zambales que dividen la prov. de este nombre de la de la Pampanga, por la cual corre en un principio, entra luego en la de Bataan, corre unas 2 leg. y va á desaguar al puerto de Subig.

MATALA: barrio del pueblo de Ibaan, en la isla de Luzon, prov. de Batangas, arz. de Manila; SIT. en terreno llano, CLIMA templado y á corta distancia de su matriz, en cuyo art. incluimos la POBL., PROD. y trib.

MATALAIS: islita del grupo de las de Cuyo; hállase en los 124° 48' 20'' long., 11° 11' 11'' lat.

MATALAN: una de las islas de Cuyos, adscrita á la prov. de Calamianes; se halla en los 124° 45' long., mas 5' id., 10° 8' lat. mas 3' id.; tiene de superficie cerca de 1 leg. cuadrada, y su TERRENO es bastante fragoso y fértil.

MATALANTAN: afluente del rio de Cabiao, en la isla de Luzon, prov. de Nueva-Ecija; nace al pie del monte Mapison, corre unas 2 leg. al S. O., y junta sus aguas con las del mencionado rio, 1 ½ leg. al N. del pueblo de San Miguel de Maynmo.

MATALIA: isla adscrita á la prov. de Zamboanga; hállase su centro en los 125° 24' long., 6° 33' lat.; dista unas 2 leg. al O. de la de Basilan.

MATALON: visita del pueblo de Hilongos ó Jilongos, en la isla y prov. de Leyte, dióc. de Cebú; SIT. en la costa de la isla, terreno llano, y CLIMA templado y saludable. Dista poco de la matriz, en cuyo art. damos su POBL., PROD. y trib.

MATALONDON: punta de la costa meridional de la prov. de Tayabas; hállase en los 125° 35' 30'' long., 13° 51' 30'' lat.

MATALVI: visita del pueblo de Palanig, en la isla de Luzon, prov. de Zambales; SIT. en los 125° 58' long., 26° 15' lat., en terreno llano y CLIMA templado; dista unas 2 leg. de su matriz, en cuyo art. damos su POBL. y trib.

MATANANAP: barrio del pueblo de Tabaco, en la isla de Luzon, prov. de Albay, dióc. de Nueva-Cáceres; SIT. en los 127° 24' long., 13° 22' lat., sobre la costa N. E. de la referida prov., terreno llano y CLIMA cálido. POBL., PROD. y trib. van incluidos en el art. de la matriz.

MATANDAMATEN: islita adyacente á la costa N. E. de la prov. de Camarines-Norte; su centro se halla en los 126° 42' 10'' long., 14° 18' 40'' lat.

MATANDA NAYON: punta de la costa N. E. de la isla y prov. de Mindoro; hállase en los 125° 1' 30'' long., 13° 18' lat.

MATANG: anejo del pueblo de Sulat, en la isla y prov. de Samar; SIT. en los 129° 6' long., 11° 56' lat., en la costa E. de la isla, á la orilla derecha de un riach., junto á su desembocadura; tiene buena ventilacion, y su

CLIMA es templado y saludable. PROD., POBL. y trib. los incluimos en el art. de la matriz.

MATAQUI: rio de la isla de Luzon, en la prov. de Camarines-Norte; nace en los 126° 5' long., 14° 15' lat., corre al N. como 1 ½ leg. bañando el térm. del pueblo de Capalong, y desemboca al E. del mismo en los 126° 5' long., 14° 19' 30'' lat.

MATABABIS: una de las islas que forman el grupo de Cuyo; hállase al N. de la denominante del grupo, y su centro en los 124° 49' long., 11° 7' lat.

MATARINAO: punta de la costa N. E. de la isla y prov. de Samar; hállase en los 129° 40' long., 11° 10' 30'' lat., térm. del pueblo de Quinapandan.

MATASNABAYAN: anejo del pueblo de Calaca, en la isla de Luzon, prov. de Batangas, arz. de Manila; SIT. en los 124° 52' long., 13° 54' 50'' lat., terreno llano, en la playa del seno de Balayan; su CLIMA es templado y saludable. El número de sus casas, alm., PROD. que tiene, IND., trib. etc., va comprendido en el art. de la matriz.

MATATANGIL: punta de la isla de Luzon, en la costa O. de la prov. de Batangas (seno de Balayan); SIT. en los 124° 35' 20'' long., 13° 44' 40'' lat.

MATATIAN: afluente del rio Chico de la Pampanga, en la isla de Luzon, prov. de la Pampanga; nace en los 124° 15' long., 15° 55' lat., y despues de 2 ½ leg. de curso en direccion al E., se junta al mencionado rio.

MATEO (San): pueblo con cura y gobernadorcillo, en la isla de Luzon, prov. de Tondo, arz. de Manila; SIT. en los 124° 47' 50'' long., 14° 40' lat., á la orilla izq. del rio á que da nombre, su terreno llano y CLIMA templado y saludable. Tiene unas 1,065 casas, la parroquial y la de comunidad. Hay una igl. parr. de buena fábrica bajo la advocacion de San Mateo y la sirve un cura secular; la escuela de instruccion primaria dotada de los fondos de comunidad, está muy concurrida por los niños del pueblo: fuera de este se halla el cementerio en buena situacion. Los caminos que dirigen de este pueblo á los inmediatos se hallan en buen estado; en el que va al pueblo de Mariquina hay un puente sobre el

estero Nauca que separa los términos de estos dos pueblos. Recíbese de Manila el correo diario establecido en la prov. El TERM. confina por N. N. O. con el pueblo de San José que se halla en la prov. de Bulacan; por N. O. con el de Santa Maria en la misma prov.; por S. con el de Mariquina que dista ½ leg.; por E. con el de Bosoboso á unas 3 leg., y por O. con el de Polo en la referida prov. de Bulacan: deslinda este térm. y el de la prov. de Bulacan, por el N. el estero de Camandag que desde las vertientes setentrionales del monte Payatas sigue hasta las occidentales del monte de su mismo nombre; al Oriente de este estero se encuentra el monte Paniqui inmediato á la orilla der. del caudaloso rio de San Mateo: los esteros de Sapanglan y de Panique al N., paralelos al ya referido: del de Paniqui sale otro al Oriente pasando entre los montes Macanasa y Satocsungan y va á parar al monte Macaburaboc donde nace el rio que lo forma. Ademas de estos esteros hay un número considerable de ellos, como son los de Caibunga, Nauca y Mali en las cercanías del pueblo; al N. E. y mas distante el de Niog y otros varios. El rio de San Mateo que va á desaguar al de Pasig y cuyo caudal es de bastante consideracion, nace en el lago de Lampon, marca los limites de la prov. de Tondo por el Oriente, circunda al monte Blanco, entra por el N. de la prov. en el térm. de este pueblo, corre al O. hasta llegar á corta distancia del barrio Balete, en cuyo punto baja al Mediodia pasando al Occidente de dicho barrio y de este pueblo que le da su nombre. Balete dista unas 4 millas al N. N. E.; tiene un corto número de casas, y un teniente de justicia está encargado de la recaudacion de los tributos. Al N. N. E. de este barrio siguiendo el curso del rio de San Mateo, á distancia de una hora, se encuentran los montes Panitinan y Sasocsungan, los cuales se hallan juntos. A la orilla izq. del rio, que es donde se hallan, y á distancia de unas 50 varas está la boca de la famosa cueva de San Mateo que penetra en el interior del monte Panitan: esta boca figura una puerta arqueada cubierta de enredaderas que con el sol ofrecen un aspecto agradable. Donde se halla esta boca presenta el monte, que es de mármol, una fachada ó paredon bastante alto y perpendicular que remata en la figura de una capillita, cuyo estremo superior es la cima del monte: la cueva tiene de ancho unas 4 varas, y unas 6 de alto, aunque en algunas partes es mucho mas ancha y elevada; el suelo es llano, á la izq. de su entrada hay un pequeño ahujero. El techo aparece lleno de adornos naturales formados por la filtracion del monte. En algunos sitios hay arcos sobre los que puede pasarse como por debajo: en otras partes se ven pendientes casi pirámides hasta de dos varas cuyas bases están en el techo. A la derecha de la entrada de la cueva hay una escalera por la que subiendo se entra en un aposento grande: á la der. sigue otro camino y andando de frente por este aposento se encuentra otra escalera que baja al principal corredor. Por algunos sitios es cenagoso el suelo, pero esto sucede en pocas partes, pues en lo general es llano y de piedra dura, sin embargo de que dando golpes sobre ella suena á hueco como si hubiese por debajo otro camino. Adelantando por esta galeria como ¼ cuarto leg. se oye un gran ruido, y luego se descubre un r. de agua muy clara, que es el que lo produce. Sigue la cueva por la madre del r. hácia el N. O., y este continúa su curso al S. El cañon de la bóveda presenta igualmente en algunos puntos bovedillas menores y medias naranjas que se forman, representando una arquitectura de órden gótico: puede citarse esta admirable cueva entre los grandes prodigios naturales, que se contemplan en las Filipinas. En tiempo de lluvias ruedan del monte Panitan grandes láminas de mármol, de cuya apreciable piedra es el monte, y se recogen para hacer cal por los de Balete, donde hay hornos al efecto. Los únicos animales que se encuentran en la cueva que hemos descrito, son muchos murciélagos que duermen colgando de una de sus alas en la pared.

En los montes que hemos mencionado y en todos los demas de esta jurisdiccion se crian muchas clases de maderas, en cuyo corte se emplean los naturales, conduciéndolas luego por el r. al mercado de Manila. Carecen de la nipa, pero hay muchas cañas bojas, bejucos y palmas bravas. Abunda la miel, la cera y la caza de javalíes, venados, tórtolas y otras aves de distintas clases; hay tambien buenos barnices como el Malapalo y Panao, frutales de varias clases, como el nogal, etc. En el rio Impit, en los esteros de Puray, Paniqui, Sapanglan y Camandag se recoge bastante oro, con especialidad en este último donde se encuentran pepitas de alguna consideracion. En el TERRENO reducido á cultivo las PROD. son arroz, caña dulce, añil, cacao, tabaco y legumbres. La IND. consiste en la agricultura, en la caza, corte de maderas, fabricacion de la cal y en la de varias telas. COM.: la esportacion de estos productos que se venden en el mercado de Manila, y la importacion de algunos de los que se carecen. POBL. 6,450 alm., y en 1845 pagaba 1,135 ½ trib., que hacen 11,535 rs. plata, equivalentes á 28,537 ½ rs. vn.

MATEO (San): cueva: V. MATEO (San), pueblo.

MATEO (San): visita del pueblo de Arayat, en la isla de Luzon, prov. de la Pampanga, arz. de Manila; tiene un corto número de casas, y un teniente de justicia encargado de recaudar los trib. que paga, los cuales, así como la POBL. y PROD., los incluimos en el art. de la matriz.

MATEO (San): rio de la isla de Luzon, en la prov. de Tondo; nace en el lago de Lampong (prov. de La Laguna), dirigese al N. y entra inmediatamente en la prov. de Tondo, sirviendo de límite á esta prov. por toda la parte oriental, en que la separa de la prov. de Nueva-Ecija; dirigese al N. O. y viene á rodear todo el monte Blanco, desde donde sigue su curso hácia el S. O. con algunas inflecciones al E., baña los pueblos de SAN MATEO, MARIQUINA y MAYBONGA, cuyos nombres toma, segun el término por el que pasa, siendo este último el que baña próximo ya á su desagüe, que se verifica en el rio PASIG, á los 124° 44' long., 14° 35' lat., despues de haber corrido, bajo los diferentes nombres que toma, unas 13 leg.

MATITIG ó MATICTIC: anejo del pueblo de Angat, en la isla de Luzon, prov. de Bulacan, arz. de Manila; sit. en terreno elevado, y rodeado por el S., E. y O., de un rio que fertiliza las tierras de los contornos; tiene buena ventilacion, y clima templado y saludable. Hállase á 1 leg. de su matriz, en cuyo artículo incluimos la pobl., prod. y trib.

MATIGUM: riach. de la isla de Luzon, en la prov. de La Laguna; nace en los 125° 6' long., 14° 26' 50'' lat., dirígese hácia el S., y despues de haber corrido ¼ leg. desagua en la gran laguna de Bay, al O. del pueblo de Mabitag.

MATINBUB: punta de la costa E. de la isla de su nombre; hállase en los 129° 29' 50'' long., 9° 18' lat.

MATINGUB: islita adyacente á la costa oriental de la prov. de Caraga; tiene otras dos mas pequeñas al S. E. con las que forma un puerto no muy abrigado; su centro se halla en los 129° 36' long., 9° 6' lat.

MATINGUB: puerto de la isla de su nombre, una de las de Surigao; hállase poco resguardado de los vientos N. E., defendiéndolo de los del S. E. otras dos islitas que hay por esta parte y que forman con la ya referida este puerto; tiene una buena bahía y se halla por los 129° 36' 10'' long., y 9° 5' 56'' lat.,

MATINGUB: bahía de la costa S. E. de la isla asi llamada; hállase en el puerto de su mismo nombre y es de corta estension.

MATITIT: r. de la isla de Luzon, en la prov. de Tayabas; nace en las vertientes meridionales el elevado pico de Marayat, en los 124° 54' 20'' long., 13° 56' 20'' lat., dirígese al S. S. E. y une sus aguas con las del r. Purin, en los 124° 55' 30'' long., 13° 52' 20'' lat.

MATOCO: monte de la isla de Luzon, en la prov. de Batangas; hállase en la costa S. de la prov. formando la punta del mismo nombre', y su cúspide se encuentra en los 124° 43' long. 13° 38' 30'' lat.

MATOCO: punta de la costa S. de la isla de Luzon, en la prov. de Batangas; hállase en los 124° 42' 30'' long., 13° 37' 20'' lat.; forma por la parte del E. la ensenada de Batangas, donde da principio la costa S. O.

MATONDO: visita del pueblo de Magalan, en la isla de Luzon, prov. de la Pampanga; sit. en los 124° 17' 30'' long., 15° 20' lat., en terreno llano, á la orilla de un afluente á que da nombre, al N. de su matriz de la que dista unas 2 leg., y en cuyo art. incluimos su pobl. y trib.

MATONDO: riach., v. potlin, rio.

MATUBAROG: punta de la costa N. de la isla y prov. de Samar; hállase en los 128° 26' long., 12° 51' lat., en el térm. de Pambujan.

MATUBUL: r. de la isla de Mindanao; nace al S. O. del pueblo moro de Tamontaca, dirígese al O. y va á desaguar en la gran bahia de Illana.

MALUGALO: monte de la isla de Luzon, en la prov. de Tondo; hállase su cumbre en los 124° 52' 30'' long., 14° 58' lat., térm. del pueblo de Antipolo.

MATUGUINAAO: monte de la isla y prov. de Samar; es de una altura considerable; se halla cubierto de frondosos arbolados, y su cúspide se encuentra en los 128° 36' long., 12° 8' 40'' lat.

MATULIN: isla al N. de la de Catanduanes, es muy pequeña y su centro se halla en los 128° 4' long., 14° 8' 30'' lat.

MATUMAHUAN: islita á la entrada del puerto de Sorsogon, adyacente á la costa de la prov. de Albay; hállase su centro en los 127° 25' 20'' long., 12° 51' 30'' lat.; dista de la costa S. de dicha prov. ¼ leg.

MATUNGAO: barrio del pueblo de Bulacan, cabecera de la prov. de este nombre, en la isla de Luzon, arz. de Manila. Su pobl., prod. y trib, los damos en el art. de la matriz.

MATUYAN: punta de la costa setentrional de la isla de Luzon, prov. de Cagayan; hállase en los 125° 48' long., 18° 25' lat.

MAU

MAUANAN: anejo del pueblo de Malaueg, en la isla de Luzon, prov. de Cagayan, dióc. de Manila; sit. en los 124° 54' long., 17° 41' lat., en la falda de un monte, próximo á la orilla der. del r. chico de Cagayan; su clima es templado y saludable. Hállase al E. de Malaueg, que dista unas 3 leg.; al N. O. de Tuao, con cuyo pueblo confina, y el cual dista 1 leg., y al E. se halla la Ermita, anejo de Piat.

Para todos estos pueblos tiene caminos que se encuentran en buen estado. El número de casas, su POBL., PROD. y trib. lo incluimos en el artículo de la matriz.

MAULANAT: islita adyacente á la costa N. de la prov. de Camarines-Norte; su centro se halla en los 125° 57' long., 14° 30' lat.

MAURARO: barrio del pueblo de Guinobatan, en la isla de Luzon, prov. de Albay, dióc. de Nueva-Cáceres; SIT. en los 127° 16' 30" long., 13° 9' 10" lat., en terreno llano inmediato á un riach.; su CLIMA es cálido y saludable. Dista ½ leg. al S. de su matriz, en cuyo artículo se incluye su POBL., PROD. y trib.

MAURARO: pueblo con cura y gobernadorcillo, en la isla de Luzon, prov. de Albay, dióc. de Nueva-Cáceres; SIT. en los 127° 16' 30" long., 13° 9' lat., á la orilla de un riach., en terreno desigual, resguardado de los vientos N. E. y S. O., con buena ventilacion y CLIMA templado y saludable. Tiene 507 casas, la parroquial y la de comunidad ó de justicia, donde se halla la cárcel. La igl. parr. es de mediana fábrica y la sirve un cura regular. Hay una escuela de instruccion primaria con una dotacion de los fondos comunes. Confina el TÉRM. por N. con el de Guinobatang, que dista ½ leg.; por E. con Camalig, á ½ id., y por S. y O. no tiene límites marcados. El TERRENO es montuoso, aunque no faltan llanadas donde hay buenas sementeras; PROD. arroz, maiz, añil, caña dulce, algunas legumbres y varias clases de frutas. IND.: el beneficio del añil, la fabricacion de algunas telas ordinarias y la caza. POBL. 1321 alm., y en 1845 pagaba 261 trib., que hacen 2,610 rs. plata, equivalentes á 6,525 rs. vn.

MAV

MAVACAT: monte de la isla de Luzon; hállase en el estremo N. E. de la prov. de Batangas, deslindando por esta parte los confines de esta prov. y la de la Laguna; su cúspide se encuentra á los 125° 2' long., 14° 7' 30" lat.

MAVOTAS: r. de la isla de Luzon, en la prov. de Tayabas; nace en los 125° 20' 20"

long., 14° 3' lat., dirígese al S., corre 5 leg. y desagua en el mar por la costa meridional de la prov.

MAY

MAY: r. de la isla y prov. de Leyte; nace en los 128° 28' long., 10° 55' lat., dirígese al E. y se divide en dos brazos que van á desaguar al mar, por la costa oriental de la prov.

MAYA: r. de la isla y prov. de Leyte; tiene su orígen en los 128° 17' 50" long., 10° 58' lat., dirige su curso hácia el E. por un espacio de 9 leg., y va á desaguar al mar por la costa E. de la isla, en los 128° 39' long., 10° 55' lat. Este r. pasa en un principio al S. del pueblo de Dagami, bañando su término.

MAYABO: r. de la isla de Luzon, en la prov. de Tayabas; nace en los 125° 49' long., 13° 49' lat., corre unas 2 leg. y pasando al S. E. del pueblo de Pitogo, desagua junto al mismo, en el mar por la costa S. O. de la prov.

MAYAO: r. de la isla de Luzon, en la prov. de Tayabas; nace en los 125° 23' long., 13° 57' lat., corre unas 2 leg. y desagua en el mar por la costa meridional de la prov.

MAYAO: en el plano topográfico de las islas Filipinas del Sr. D. Ildefonso de Aragon, aparece este nombre marcando sin duda alguna ranchería que debió existir en el lugar que se le coloca, y es, al S. de la visita Bulacao, sobre la costa S. E. de la isla de Mindoro.

MAYASAS: puerto de la isla de Luzon, en la prov. de Tayabas; hállase en el golfo de Guinayañgan, y comprende desde los 126° 17' á los 126° 20' long., y desde los 13° 52' á los 13° 55' lat.: es muy seguro y capaz para embarcaciones de alto porte; internándose en él mas hácia el N. se encuentra sobre su costa O. el pueblo de Mayasas.

MAYBIÑGAG: barrio del pueblo de Pambujan, en la isla y prov. de Samar; SIT. en los 128° 54' 10" long., 12° 54' 30" lat., terreno llano, en la costa N. de la isla y al E. de Pambujan (su matriz) de la que dista como ¼ cuarto de leg. y en cuyo artículo incluimos sus PROD. POBL. y trib.

MAYBONGA: r. de la isla de Luzon: v. MATEO (San).

MAYBUÑGA: barrio del pueblo de Pasig, en la isla de Luzon, prov. de Tondo, arz. de Manila; sit. no muy lejos de su matriz, en cuyo artículo incluimos las prod., pobl. y trib.

MAYDUUN: islas adyacentes á la costa oriental de la isla y prov. de Samar; hállanse al S. E. de la punta de Burujan y al N. de la isla de Agdaan.

MAY-DULUNG: anejo del pueblo de Lanang, en la isla y prov. de Samar; sit. en los 129° 7' 30'' long., 11° 31' 50'' lat., en terreno llano, sobre la costa E. de la isla; tiene buena ventilacion, y su clima es templado y saludable. Dista 2 leg. al N. de su matriz en cuyo artículo incluimos su pobl., prod. y trib.

MAYJAN: anejo del pueblo de Sorsogon, en la isla de Luzon, prov. de Albay; sit. en los 127° 42' long., 12° 57' 30'' lat., sobre la costa E. del puerto de Sorsogon, en terreno llano, con buena ventilacion y clima templado y saludable. pobl., prod. y trib. los incluimos en el artículo de la matriz.

MAYNAGA: ensenada de la costa meridional de la prov. de Batangas, en el interior de la gran ensenada de este nombre; hállase por los 124° 38' 20'' long., y 13° 45' 20'' lat.

MAYNIG: barra, en la costa meridional de la prov. de Bulacan, bahía de Manila, hállase por los 124° 18' long., 14° 49' lat.

MAYON: volcan de la isla de Luzon, en la prov. de Albay; su cráter se halla en los 127° 20' 10'' long., 13° 14' 40'' lat., al O. del pueblo de Libog y al N. O. del de Albay, cabecera de la prov., con cuyo nombre tambien es conocido. Es de una elevacion bastante considerable; la cordillera en que se encuentra sirve de límite á las prov. de Camarines-Sur y Albay y está habitada por igorrotes y negritos.

Siempre han sido temibles las funestas erupciones de este volcan por los grandes estragos que ha causado: en 1766 hubo una memorable por lo horrorosa que fue; desde la madrugada del 23 de octubre de dicho año empezó á soplar el viento O.; á las ocho de la mañana del mismo dia arreció con mas violencia acompañado de una espesa lava que duró hasta las cuatro de la tarde, en cuya hora cambió al E. el viento de arriba, quedando por abajo el mismo huracan hasta las siete de la tarde que cambió al O. N. O. con tal violencia que todo lo arrasaba y destruia: duró este huracan hasta las tres de la mañana del dia inmediato, hora en que cambiando al S. con no menos fuerza arruinó todas las casas que habian quedado hasta entonces del pueblo de Albay y algunas de los inmediatos. El volcan desde las dos de la mañana habia empezado á vomitar un torrente de agua que corria con una impetuosidad asombrosa y entraba en el mar por la ribera que se estiende desde el pueblo de Libog al de Albay. El pueblo de Malinao desapareció completamente y sus sementeras quedaron destruidas y cubiertas de capas de arena. Sufrieron en esta erupcion grandes estragos los pueblos de Albay, Cagsagua, Camalig, Ligao, Guinobatang y Polangui, estos dos últimos visitas de Mauraro. El torrente que se desprendia del volcan corrió unas 2 leg.; y á su paso arrebató unas 50 casas situadas al pie del monte, de las cuales dejó algunas medio enterradas en la arena pudiéndose salvar de este modo los que se hallaban dentro de ellas. Al siguiente dia en que ya se habia apaciguado el viento y cesado el torrente que salia del volcan, aparecieron 18 cadáveres en el pueblo de Albay y 30 en el de Malinao. En 1814 hubo otra erupcion no menos espantosa en la que fue destruido el pueblo de Albay, despues de la cual se fundó el referido pueblo en el sitio que hoy ocupa.

MAYONDON: punta de la costa N. de la prov. de la Laguna, isla de Luzon; encuéntrase en la gran Laguna de Bay, al N. del pueblo de los Baños en los 124° 54' 30'' long., 14° 13' lat.

MAYOR: V. zapato.

MAYOYO: el plano topográfico que formó D. Ildefonso de Aragon en 1820, presenta este nombre como el de una rancheria ú otro objeto; sit. en los 124° 42' long., 16° 25' lat., en la parte de la prov. de Nueva-Vizcaya (entonces Cagayan), que aun no estaba reducida.

MAY-PANDANG: baluarte de la isla y prov. de Samar; sit. en los 129° 5' 40'' long., 11° 40' lat., sobre la costa E. de la isla, en el término del pueblo de Borongan.

MAYPILIT: riach. de la isla y prov. de

Samar: hállase al N. O. del monte Paric, en dirección al mismo y desemboca en el rio de Ullut, despues de haber corrido cerca de un cuarto de leg.

MAYSILO: antigua hacienda de los PP. Jesuitas, en la prov. de Tondo, al N. de Manila. Era muy pingüe, comprendiendo los terrenos pertenecientes hoy al pueblo de Caloocan y al barrio de Tambobong que conserva su nombre de Maysilo. Con la espulsion de aquellos PP. pasó esta hacienda á temporalidades, y el gobierno vendió parte de ella á un mestizo, cuya parte fue la que en la actualidad pertenece á Caloocan. Este nuevo propietario emprendió en ella la fábrica de una ermita pequeña para colocar allí de capellan un pariente suyo; pero no lo llevó á efecto, porque el cura de Tondo se opuso á la introduccion de un capellan en medio de su jurisd. para que le quitase un punto cuya administracion no le era difícil, y le dejase la mas penosa de los sitios de Maysilo, Piedad, Cruz, Noligas y otros muchos, hasta el pueblo de San Mateo; si al mismo tiempo se hubiera hecho cargo de todos estos puntos podia haberse considerado favorecido, mientras no estaba en el caso de consentir lo que se apetecia que hubiera hecho mas defectuosa la demarcacion del curato de Tondo que por entonces lo era ya en estremo, como podrá verse en su artículo. Despues erigido en curato Caloocan y adjudicados varios de los puntos referidos al pueblo de Tambobong se corrigieron en parte estos defectos. En principios de este siglo aun era Maysilo dependencia de Tondo. Esta hacienda ha sido siempre célebre; porque primero, sus antiguos dueños los PP. Jesuitas tenian en ella una buena casa de piedra que le servia de recreo en vacaciones: su situacion era bastante solitaria, cerca de un arroyo de buen agua para beber y bañarse; en el contorno habia un buen número de casas de indios diseminadas. Despues fue por largo tiempo un territorio temible á los pasageros, porque no habiendo en él un pueblo organizado, sino gentes que á pretestos de colonos de los dueños de las tierras se establecian en ellas en menoscabo de las poblaciones vecinas, hallaban entre ellos bastante

seguridad los malhechores. Ultimamente adquirió gran celebridad este sitio por un encuentro que tuvieron en él los ingleses invasores de la colonia en 1762, y algunas fuerzas españolas que se habian establecido en este punto para hostilizar desde él á los enemigos posesionados de Manila. En su consecuencia los ingleses se apoderaron de la casa de Maysilo y la quemaron.

MAYSILO: barrio del pueblo de Tambobong, en la isla de Luzon, prov. de Tondo, arz. de Manila; sit. en los 124° 50' long., 14° 42' 50'' lat., á la orilla de un estero maritimo que le separa de otro barrio llamado de Tinajeros, con el cual se comunica por un puente conocido tambien por este mismo nombre.

Antiguamente pertenecia este barrio á la hacienda de su mismo nombre, que era de los Jesuitas, y comprendia tambien las tierras de Caloocan (v. MAYSILO, hacienda). Atraviesa por él la Calzada Real que conduce á las prov. Tiene un corto número de casas, las cuales, asi como su POBL., PROD. y trib., van incluidas en el art. de la matriz.

MAYSULAO: barrio del pueblo de Calumpit, en la isla de Luzon, prov. de Bulacan, arz. de Manila; hállase á corta distancia del referido pueblo, en cuyo art. damos su POBL, PROD. y trib.

MAY-TIGBAO: anejo del pueblo de Sulat, en la isla y prov. de Samar; sit. en los 129° 6' 20'' long., 11° 55' 20'' lat., sobre la costa E. de la isla, en terreno llano, y CLIMA benigno. La POBL., PROD. y trib. la incluimos en el artículo de la matriz.

MAYTO: barrio del pueblo de Calumpit, en la isla de Luzon, prov. de Bulacan, arz. de Manila; hállase á corta distancia del referido pueblo, en cuyo artículo damos su POBL., PROD. y trib.

MAYUMO: v. MIGUEL DE MAYUMO.

MAYUT: r. de la isla de Luzon, en la prov. de la Laguna; nace al pie del elevado monte de Majaijay, corre en direccion al N., bañando el térm. del pueblo que da nombre al monte y va á desaguar al r. de Pagsanjan, en los 125° 11' long., 14° 11' 50'' lat., ½ leg. distante al N. E. del referido pueblo de Majaijay.

MAZADU: monte de la isla de Luzon, en la prov. del Abra; hállase su cúspide en los 124° 16' long., 47° 21' 50'' lat.; por la parte del N. y al pie del mismo se halla sit. la ranchería de infieles reducidos que tiene el mismo nombre.

MAZADU: ranchería de infieles reducidos, en la isla de Luzon, prov. del Abra; sit. en los 124° 13' 40'' long., 17° 22' 40'' lat., al pie del monte de su mismo nombre por la parte del N., dista poco mas de 1 leg. de la cabecera de la prov. (Bucay), en cuyo artículo van comprendidos los trib. que paga esta ranchería.

MED

MEDAPA: pueblo de la isla de Mindanao, perteneciente al sultan de esta isla; sit. en los 128° 9' long., 6° 32' lat.

MEDIA LUNA (bancos de): en el mar de la China, unas 20 leg. al O. de la isla de Paragua, en los 120° 22' long., 8° 45' long., estendiéndose estos bajos unos ½ leg. en todas direcciones.

MEDIO (isla del): llámase propiamente así por hallarse entre las de San Andrés, al O.; Escarpada, al E.; la de Capul, al N. E., y la isla de la Aguada y la de Darsena, al Mediodia. Su centro está en los 127° 43' long., 12° 22' 50'' lat.

MEE

MEENIS: islita del grupo de Joló, en el archipiélago de este nombre; hállase en los 124° 47' long., 6° 7' 50'' lat.

MEI

MEIBALI: monte de la isla de Luzon, en la prov. de Ilocos-Norte; hállase su cima en los 124° 31' long., 18° 5' 50'' lat.

MEICAPIS: barra en la costa meridional de la prov. de Bulacan, en la bahía de Manila; hállase hácia los 124° 30' long., 14° 46'½ 20'' lat.

MEICAUAYAN: pueblo con cura y gobernadorcillo, en la isla de Luzon, prov. de Bulacan, arz. de Manila; sit. en los 124° 37' 50'' long., 14° 44' lat., á la orilla de un riach., en terreno llano, con buena ventilacion, y clima templado y saludable. Tiene unas 1,516 casas, la de comunidad donde se halla la cárcel, una escuela de instruccion primaria con una dotacion de los fondos de comunidad, y la igl. parr. que es de buena fábrica, y la sirve un cura regular de la órden de San Francisco. El convento ó casa parroquial es de los mejores que tiene esta órden en los pueblos de estas islas, su figura es cuadrilonga, hallándose todas las celdas por una banda, y por la otra una espaciosa galería ó claustro con muy buenas vistas, claro y alegre. Recíbese en este pueblo correo semanal de la capital de las islas. Confina el térm. por N. con el de Marilao que dista ¼ leg.; por S. con el de Polo á ½ id.; por S. O. con el de Obando á igual distancia, y por E. se estiende el térm. unas 3 leg. hasta el límite de esta prov. con la de Tondo. El terreno es montuoso por la parte del E., y llano al O., donde hay un estero á corta distancia del pueblo; al N. de este corre el referido riach., sobre el cual hay un puente que facilita la comunicacion con el pueblo de Marilao al que dirige un camino que se halla en buen estado. Hay otro camino al S. de la poblacion, que conduce al pueblo de Polo, que tiene algunas casas por los lados é hileras de árboles frutales y otro puente en la jurisd. de este último pueblo. Del camino que dirige á Marilao, sale otro que atraviesa los montes que se elevan hácia el O. para ir al pueblo de San José que antiguamente fue visita del que describimos. En los referidos montes se encuentran diferentes clases de maderas, entre las que abunda el narra; hay caza mayor y menor, miel, cera y canteras de piedra de las cuales se abastecen Manila, Cavite y todos los contornos. Estas les produce bastante dinero á los indios y mestizos, pues como ya hemos dicho, es escelente por su dureza, superando en mejor calidad á la del monte Guadalupe. Las prod. son arroz, maiz, abacá, algodon, varias clases de frutas y legumbres. Su principal ind. es la agricultura, dedicándose otros á la pesca, al trabajo de las canteras, y las mugeres á la fabricacion de algunas telas de algodon y abacá. pobl. 9,400 alm., y en 1845 pagaba 1,750 ½ trib., que hacen 17,505 rs. plata, equivalentes á 43,762 ½ rs. vn. Despues de la accion de Malinta que tuvieron nuestras tropas contra los ingleses, trasladóse el campo de las primeras á este pueblo desde donde no cesaban de hostilizar á los ingleses haciendo varias correrías hasta el estremo de llegar hasta la misma puerta de almacenes y coger una galera que tenian alli los enemigos, los cuales, ya porque no tuviesen el suficiente número de tropas, ó ya por las negociaciones que se estaban entablando entre la España é Inglaterra ó por cualesquiera otras miras políticas, se mantenian solo á la defensiva, sin embargo de que en Manila iban escaseando los viveres considerablemente y estaban en una gran carestia.

MEL

MELIAN: r. de la isla de Luzon, en la prov. de Batangas; nace en los 124° 43' long., 13° 44' 30'' lat., diríjese al O., y despues de un corto curso va á desaguar en la ensenada de Batangas.

MEN

MENOR: v. zapato.

MEO

MEOLMEOL: punta de la costa occidental de la isla y prov. de Samar; hállase en los 127° 54' 20'' long., 12° 34' 20'' lat.

MER

MEREIRA: punta de la costa setentrional de la isla de Luzon, en la prov. de Ilocos-Norte; viene á formarla una de las ramificaciones del Caraballo-Norte, y se halla en los 124° 30' long., 18° 43' 20'' lat.

MES

MESA (isla de la): al N. N. O. de la de Maripipi y al S. E. de la de Masbate; es pequeña, y su centro se halla en los 127° 54' long., 11° 51' 30'' lat.

MESA (Santa): v. santa mesa.

MESETA: llámase propiamente asi una al-

tura ó monte cuya cúspide forma una llanada ó meseta de mas de ¼ leg. de larga y cerca de ¼ id. de ancha; hállase en la isla de Luzon, prov. de Albay, por los 127° 45' long., 12° 42' 40'' lat.

MET

METOC: r. de la isla de Luzon, en la prov. de Camarines-Sur; nace en los 127° 15' 10'' long., 13° 6' lat., en las vertientes meridionales del monte Quituinan; diríjese al S. E. y luego al S. para juntar sus aguas con las del r. Camayon.

MEX

MEXICO: pueblo con cura y gobernadorcillo, en la isla de Luzon, prov. de la Pampanga, dióc. de Manila; sit. en los 124° 21' 30'' long., 15° 4' 15'' lat., á la orilla der. de un riach., en terreno llano, y clima templado y saludable. Se fundó este pueblo en 1587, y en la actualidad tiene 1826 casas, una iglesia parroquial, que es de buena fábrica, servida por un cura secular, una escuela de instruccion primaria á la que concurren bastantes alumnos, y la cual tiene una dotacion de los fondos de comunidad. Hay tambien un convento ó casa parroquial, situado junto á la iglesia, y la casa tribunal ó de comunidad donde está la cárcel. El cementerio está fuera de la pobl.; los caminos se hallan en buen estado, uno conduce al pueblo de San Fernando, siguiendo la infleccion del r. que pasa al N. E. del pueblo, haciendo una curva al E. para volver luego al O y llegar al pueblo de San Fernando que está al S. del que describimos; el otro camino que sigue igualmente paralelo al r. de Santa Ana, va á parar al pueblo de este nombre. Confina el térm. por N. con el de Santa Ana, que dista 1 ¼ leg. al N. N. E.; por S. con el de San Fernando á ¼ leg.; por E. con el de Candava á 2 ½ id., y por O. con el de los Angeles, á ¼ leg. El terreno es llano y fértil; riéganlo algunos rios que forman entre sí varios esteros. Las prod. son: mucho arroz, de cuyo grano se suelen coger dos cosechas en un año; tambien es abundante la de la caña dulce y otras en menor cantidad, como la del maiz, añil, ajonjoli y cacao. Hay varias clases de frutas y legumbres. El beneficio del añil, de la caña dulce, la fabricacion de algunas telas, en la cual se emplean las mujeres, y el cultivo de sus tierras, es lo que forma la ind. Su principal com. consiste en la venta de la azúcar y en la del arroz. POBL. 10,956 alm., y en 1845 pagaba 2,201 ½ trib., que hacen 22,015 reales plata, equivalentes á 55,073 ½ reales vellon.

MEY

MEYS AUTOR: barrio del pueblo de Bulacan, cab. de la prov. de este nombre, en la isla de Luzon, arz. de Manila; SIT. á corta distancia de su matriz, en cuyo artículo damos su POBL., PROD. y trib.

MIA

MIAGAO: r. de la isla de Panay, en la prov. de Iloilo; nace en los 125° 54′ 54′ long., 10° 46′ lat.; diríjese al Mediodia, baña el térm. del pueblo, de quien recibe el nombre; corre unas 4 leg. y desagua en el mar por la costa S. E. de la isla en los 125° 54′ 44″ long., 10° 37′ 15″ lat.

MIAGAO: pueblo con cura y gobernadorcillo, en la isla de Panay, prov. de Iloilo, dióc. de Cebú; SIT. en los 125° 54′ 54″ long., 10° 40′ 15″ lat., en un montecillo, á la orilla de un riach., á quien da nombre; tiene buena ventilacion y una hermosa vista por la altura en que se encuentra; su CLIMA es templado y saludable. Se fundó en 1716, y las 2,974 casas que tiene estan situadas en dos llanos y todas bajo campana. La iglesia parroquial es de buena fábrica, hállase bajo la advocacion de Santo Tomás de Villanueva y la sirve un cura regular de la órden de Agustinos calzados. Hay una escuela de instruccion primaria, la casa parroquial, la de comunidad, donde está la cárcel, y á corta distancia de la iglesia el cementerio. Comunícase este pueblo con sus inmediatos por medio de caminos que no estan en muy buen estado, y recibe de la cabecera de la prov. un correo semanal. Tiene un baluarte de piedra bien construido y suficiente para la defensa del pueblo. Confina el TERM. por N. O. con la cordillera que divide esta

prov. de la de Antique; por S. con el mar; por S. O. con el térm. del pueblo de San Joaquin; por N. E. con el de Igbaras, y por E. con el de Guinbal. El TERRENO es montuoso y poco productivo, sin embargo de que lo bañan los rios Miagao y Tumacboc; á pesar de esto hay algunas sementeras que PROD. algun arroz, aunque no el suficiente para la manutencion de los naturales, pero en cambio tiene bastante sibucao; hay poco maiz, algodon, caña dulce, tabaco, varias legumbres y frutas. IND.: la aplicacion de los naturales á esta suple á la esterilidad del terreno y á su corta estension; dos terceras partes de la pobl. se dedican al cultivo de las tierras, y la otra ofrece un espectáculo muy digno de alabanza verla en las calles fabricando paños y otras telas en los telares que ellos llaman de cintura, los cuales hacen un ruido por todo el pueblo que dura hasta muy entrada la noche. Estos tejidos aun cuando no son generalmente de los mas finos, sí son los mas á propósito para la venta en los pueblos de Albay y Camarines, con los que hacen su COM. POBL. 11,852 alm., y en 1845 pagaba 2,901 trib., que hacen 29,010 reales plata, equivalentes á 75,525 rs. vn.: en la actualidad tiene tributos 5,477 ½.

MIASSIN: r. de la isla de Mindanao, en el territorio del sultan de esta isla; nace en los 127° 8′ long., 7° 41′ lat.; toma su direccion al S. y desagua en el mar de la bahia de Illanos.

MIG

MIGUEL (San): pueblo con cura y gobernadorcillo, en la isla de Luzon, prov. de Tondo, arz. de Manila; SIT. en los 124° 40″ long., 14° 37′ 50″ lat., á la orilla der. del r. Pasig, en la islita de su mismo nombre, formada por los esteros de este r.; su CLIMA es templado y saludable. Las 642 casas de que consta se hallan situadas por la orilla del referido Pasig. La iglesia parroquial, que hace 15 años se construyó, es de buena fábrica; tiene una bonita fachada, su techo es de teja, y de un mal camarin que era en esta época se convirtió en una iglesia decente, gracias al celo y actividad del P. Fray Esteban Mena, del órden de S. Francisco, que era su cura párroco. En la actualidad lo es otro de la misma órden. Hay una escuela de instruccion primaria; la casa de comunidad, donde está la cárcel; un hospicio, que es el que estaba antiguamente en el sitio de Arroceros y se trasladó al territorio de este pueblo en la isla de S. Andrés ó de Convalecencia, en la casa llamada de Petruz, la cual estaba ruinosa, pero se reforzó con estribos y se hicieron otras obras, quedando habilitada como lo está en el dia; hallábase el hospital mientras estas obras se ejecutaban en la casa de Nactajan que se alquiló á este efecto. Hállase este pueblo al alcance de los fuegos de la plaza de Manila, al E. de la cual se encuentra y de la que lo separa el r. Pasig: el term. por el N. O. confina con el pueblo de Quiapo, con el que se comunica por el puente de Quinta que se halla en la calzada que conduce á él; por el N. con el pueblo de San Sebastian; al N. N. E. el de Sampaloc; por E. con el de Pandacan, y por S. E. con el de San Fernando de Dilao ó Paco. La isla de San Andrés ó de la Convalecencia cuyo bojeo es de unas 850 varas, se halla en medio del r. Pasig, tiene dos baterías de piedra, la una llamada de San Andrés en el estremo meridional de la isla, y frente al r. de Paco, y la otra llamada de San Rafael en la cabeza oriental de la misma. A la espalda de esta batería por la parte occidental se halla el hospital que es un buen edificio, tiene una puerta que sale á la orilla del r. con un grande embarcadero de piedra de China. En el estremo de este edificio se ve un gran mirador de fábrica moderna, hay capilla, dos salas de enfermería y lo demas lo ocupan las celdas. No les falta el agua de un buen algibe que tiene, y á la espalda de la casa, en el terreno que queda hasta la opuesta orilla de la isla ó sea la del S., hay una gran huerta. Las casas del pueblo que, como hemos dicho, estan á la orilla del r., siguen la direccion de este formando una curva que empieza en el puente de Quinta y concluye en la casa de campo llamada de Malacañan; compróse esta casa hace algunos años para recreo de los capitanes generales de estas islas, los cuales se van á pasar á ella la estacion de los calores. Esta posesion abarca un terreno bastante estenso, tiene una huerta y un jardin con

un baño á la orilla del r. La casa no es muy grande, de aspecto elegante y bonita vista particularmente por la parte del r. donde tiene un mirador y una galeria con grandes columnas. Lo demas del terreno de esta jurisdiccion es bastante reducido, pues todo él no da mas que unos 400 cabanes de arroz, apenas lo suficiente para la manutencion de sus naturales. ind.: hay algunos escribientes, bordadores, de los que los hay muy buenos para trabajar en oro y plata, sastres, labanderos, banqueros, sacateros, carpinteros y labradores, las mugeres se ocupan en la fabricacion y venta de varios géneros, habiendo otras corredoras, bordadoras y cigarreras de la fábrica del tabaco. pobl. 4,462 alm., y en 1845 pagaba 671 tributos, que hacen 7,610 rs. plata, equivalente á 19,025 rs. vn.

MIGUEL (San): pueblo con cura y gobernadorcillo, en la isla de Luzon, prov. de Ilocos-Norte, dióc. de Nueva-Segovia; sit. en la falda de un monte de poca elevacion, por la parte occidental, y próximo á la orilla de un r. que corre al O. Los vientos O. y N. E. son los reinantes; su clima es algo frio, y las enfermedades que se padecen mas comunmente provienen del pulmon, otras del estómago, algunas calenturas intermitentes, erupciones cutáneas y frecuentes casos de demencia. Hay dos calles principales, una que se estiende de E. á O. y la otra de N. á S. Tiene otras varias transversales que cruzan en distintas direcciones. Forman estas calles unas 900 casas; tiene casa Real donde se halla la escuela de instruccion primaria, cuyo maestro disfruta en la actualidad una dotacion de 42 ps. pagados de los fondos de comunidad. Hay tambien en el pueblo otras escuelas particulares para la enseñanza de niñas, la casa parroquial, la de comunidad, la cárcel y la igl. parr. que es de buena fábrica, y á la que le falta poco para su conclusion: hállase bajo la advocacion de Sta. María y la sirve un cura regular: su techo es de caña y lo demas de cal y canto, lo mismo que los otros edificios de que hemos hecho particular mencion. Recientemente se ha construido un cementerio que se halla á corta distancia del pueblo y al E. S. E. del mismo. Las aguas que se usan en el pueblo son las del r.

que mas arriba indicamos, las cuales son de buena calidad. El camino que conduce de la cab. á Pigdig, y Dingras, se halla en buen estado, si bien no hay puente para atravesar el r. y hay que pasarlo por medio de una balsa que facilita la comunicacion de una á otra orilla. Otro camino que dirije al pueblo de Vintar atravesando los montes, es bueno solamente para caballerias. El correo se recibe todos los dias de la cab. y el de Manila llega todos los viernes y sale los lunes. Confina el TERM. por N. con Vintar, que dista 1 ½ leg.; por E. con San Nicolás y Loag, cab. de la prov. á 1 leg.; estiéndese este térm. poco mas de 2 leg. de N. á S. y 1 de E. á O. El TERRENO es llano, aunque hay algunos montes de poca elevacion como el de Quimbet y Cunig, al E. del pueblo; el de Sumiling, al N.; el de Simmilla al S., y al E. de este el de Gusud, todos á corta distancia del pueblo. Hay en ellos algunas canteras de cal, arbustos y raices alimenticias; tambien algunas tierras de pasto en las que se mantienen algunos ganados que se crian en el pueblo. En el terreno cultivado las PROD. son arroz, maiz, caña dulce, algodon, legumbres y frutas. Los naturales del pueblo se ocupan en la pesca y el cultivo de las tierras; las mugeres en los tejidos de mantelerias y mantalonas que son de bastante mérito, á pesar de no servirse para su fabricacion sino de unos telares muy sencillos, siendo esto lo que forma su IND. La venta de los referidos tejidos y de algun arroz forma su comercio. POBL. 7,083 alm. 1,612 trib., que hacen 16,112 rs. plata, equivalentes á 40,842 rs. vn.

MIGUEL (San): pueblo con cura y gobernadorcillo, en la isla de Panay, prov. de Iloilo, dioc. de Cebú; SIT. en una hermosa campiña, próximo á la orilla del r. Manani; su CLIMA es templado y saludable. Se fundó en 1825, y en la actualidad tiene unas 1,325 casas, la parr., la de comunidad donde se halla la cárcel, una escuela de instruccion primaria con una dotacion de los fondos de comunidad; la igl. parr. es de buena fábrica y se halla bajo la advocacion del Arcangel San Miguel, servida por un cura regular de la órden de los PP. Agustinos; fuera de la pobl. el cementerio bien sit. Los caminos que facilitan la comunicacion de este

pueblo con sus inmediatos no son muy buenos, especialmente cuando las lluvias en cuya época se ponen intransitables. Recibese en este pueblo de la cab. de la prov. un correo semanal en dias indeterminados. El TERM. confina con los de Alimodian, Cabatuan, Sta. Bárbara y Angoi. El TERRENO es llano, riégalo el r. Ayaman que nace en la cordillera que dividen esta prov. y la de Antique y corre al E. S E. para unirse con el r. Salo cuyo nombre conserva. En el terreno reducido á cultivo las prod. son arroz, maiz, caña dulce, algun tabaco, café, pimienta, cacao, varias clases de legumbres, mangas y otras frutas, aunque todas estas son en corta cantidad por la corta comprension de su TERM. que hace pobre al pueblo. IND.: la agricultura, los tejidos de algodon y abacá, cordelería y salacots es lo que forma esta, consistiendo en la venta de estas producciones fabriles y en la compra de otras el COMERCIO de este pueblo, que tiene un gran mercado semanal que se cree el tercero de la prov. POBL. 5,062 alm., 1,414 trib., que hacen 14,110 rs. plata, equivalentes á 30,325 rs. vn.

MIGUEL (San): pueblo de la isla de Luzon, en la prov. de Pangasinan: V. CAMILING.

MIGUEL (San): visita del pueblo de Cattalogan, cab. de la prov. de Samar, en la isla del mismo nombre; SIT. en los 128° 53' long., 11° 48' lat., sobre la costa S. O. de la prov.: dista 1 leg. de su matriz, en cuyo art. damos su POBL. y TRIB.

MIGUEL (San): visita del pueblo de la Paz, en la isla de Luzon, prov. de la Pampanga; SIT. en los 124° 13' long., 15° 50' 50" lat., en terreno llano y CLIMA templado. Dista unas 2 leg. de su matriz, en cuyo art. incluimos su pobl. y trib.

MIGUEL (San): bahía en la costa N. de la parte inferior de la isla de Luzon, formada entre la costa oriental de la prov. de Camarines-Norte y la occidental de la de Albay; hállase estrechada su boca por la punta Calvigo al O. en los 126° 40' 50" long., 14° 8' lat., y al E. por la punta Sapelitan en los 126° 59' long., 14° 7' 50" lat. Entre una y otra punta ó sea á la entrada de la bahía se hallan las islas de Calingo, Canton y otras mas pequeñas; al O. de esta última, junto á la costa de la prov. de

Albay, la de Siruma, mas al S. la de San Miguel, y en la misma direccion, avanzando una y media leg., la de Tauclad, y últimamente el islote Cauil. Sobre la misma costa de la prov. de Albay, ó sea la Oriental de la bahía, se halla Siroma, visita del pueblo de Tinanbac que está mas hácia el S. Siguen despues otras visitas de este pueblo y del de Calabanga en la prov. de Camarines-Sur donde se halla el desagüe del r. de Ponoh que forma la barra de Cabusao en la costa de dicha prov., cuyo punto es hasta donde penetra la bahía en una lat. de 14° 42'. Volviendo al N. costeando la prov. de Camarines-Norte se encuentran en ella la punta Colasi y la visita que le da nombre en la jurisd. del pueblo de Daet, cab. de la prov.: tambien se encuentran las puntas Lablican y Tamico. Tiene de bojeo unas 34 leg., estendiéndose de N. á S. 7 id., y de E. á O. unas 5.

MIGUEL (San): puerto de la costa N. O. de la isla de Ticao; su centro se halla en los 126° 13' long., 12° 40' lat.; tiene algunos bajíos que lo hacen peligroso, por lo que regularmente las embarcaciones que entran en él se dirijen pegados á la costa E. que es la mas segura. Su bojeo es de unas 2 leg.

MIGUEL (San): r. de la isla de Bulacan, nace en los 124° 42' 50'' long., 15° 10' lat., de la reunion de los r. Tártaro y Bulaon (v.): dirijese al S. O., pasa al S. del pueblo de San Miguel de Mayumo, del que toma el nombre, y volviendo al O. N. O. se reune con el r. Bulo, y desagüa en el Pinac de Candava á los 124° 35' long., 15° 10' 20'' lat.

MIGUEL (San): r. de la isla de Luzon, en la prov. de Albay: nace en los 127° 7' long., 57° 50' lat., en las vertientes orientales del elevado monte Isaro, corre 2 leg. en direccion al S. bañando la visita que le da nombre, y va á desaguar al seno de Lagonoy, en los 127° 11' 50'' long., 15° 38' lat.

MIGUEL (San): isla adyacente á la costa N. E. de la prov. de Albay, formando con esta y la isla de Cacaray el seno de Tabaco, al que presenta la costa meridional; hállase entre los 127° 24' 50'' long., 127° 50' 50'' id. (punta Buga), 15° 20' lat., y 13° 24' 30'' id.; su terreno es montuoso y en él se crian varias

clases de árboles; tiene 2 leg. de larga y ¾ de ancha.

MIGUEL (San): visita del pueblo de San José, en la isla de Luzon, prov. de Albay, dióc. de Nueva-Cáceres; SIT. en los 127° 9' 20'' long., 13° 57' 20'' lat., á la orilla der. del r. á que dá nombre, en terreno montuoso y CLIMA cálido; la principal IND. de sus hab. consiste en la agricultura. Su POBL. y trib. van inclusos en los de la matriz.

MIGUEL (San): isla adyacente á la costa occidental de la prov. de Camarines-Sur; hállase en la bahía de su nombre y su centro en los 126° 54' 30'' long., 13° 54' lat.; tiene de larga ¾ leg. y de ancha una milla.

MIGUEL (San): punta de la isla de Luzon, en la costa S. de la prov. de Bataan; SIT. en los 124° 14' 40'' long., 14° 26' 50'' lat.

MIGUEL (San): islita adyacente á las de Masbate y Ticao; es muy pequeña, y su centro se halla en los 127° 15' 50'' long., 12° 44' lat.

MIGUEL (San): barrio del pueblo de San Miguel de Mayumo, en la isla de Luzon, prov. de Bulacan, arz. de Manila. Sus PROD., POBL. y trib. van incluidos en el art. de la matriz.

MIGUEL (San): barrio del pueblo de Balauang, en la isla de Luzon, prov. de Ilocos-Sur, dióc. de Nueva-Segovia; hállase á corta distancia de la matriz, en cuyo art. incluimos su POBL. y trib.

MIGUEL (San): visita del pueblo de Barugo, en la isla y prov. de Leyte, dióc. de Cebú; SIT. en la costa setentrional de la isla, en terreno llano, y CLIMA templado. Tiene un teniente de justicia encargado de recaudar los pocos trib. que paga, los cuales, asi como la POBL. y PROD., incluimos en el art. de la matriz.

MIGUEL (San): islita al S. del bajo de Quesada, en los 123° 35' 30'' long., 8° 18' 50'' lat.

MIGUEL (San): punta de la costa N. O. de la isla y prov. de Leyte; hállase en los 128° 25' long., 11° 21' lat., en el térm. del pueblo de Barugo.

MIGUEL DE MAYUMO (San): pueblo con cura y gobernadorcillo, en la isla de Luzon, prov. de Bulacan, arz. de Manila; SIT. en los

124° 40' 20" long., 15° 9' 55" lat., á la orilla del r. á que da nombre, en terreno llano y CLIMA templado y saludable. Tiene unas 1,670 casas, la de comunidad, donde está la cárcel, el convento ó casa parroquial, que se halla junto á la iglesia, la cual es de buena fábrica y la sirve un cura regular. Hay escuela de instruccion primaria á la que concurren muchos alumnos, cementerio fuera de la pobl. y caminos en buen estado que dirijen á los pueblos de Gapan y Angat. Por este último punto se recibe el correo de la cab. una vez á la semana.

Hace pocos años pertenecia este pueblo á la prov. de la Pampanga; pero cuando se estrecharon los límites de esta prov. estendiéndose los de la de Bulacan, pasó á la jurisd. de esta última. Confina el TERM. por N. y E. con la prov. de Nueva-Ecija; por N. O. con el térm. de Cabiao, en la referida prov., á distancia de 4 leg. al E.; tiene el Pinac de Candaba, y al S. los térm. de San Rafael y Angat, que distan unas 6 leg. cada uno. El TERRENO es llano en general; encuéntranse al E. los elevados montes que dividen esta prov. y la de Nueva-Ecija; entre ellos sobresale la cima del Tarro, que se halla en los 124° 48' 30" long., 15° 11' lat. Al N. N. E. de este monte y á corta distancia se hallan las minas de hierro y carbon de Gulsigud-Babuy, al S., y el de Payatas al N.; en todos ellos y los demas que hay en el térm. se hallan buenas clases de madera para construccion, abundante miel y cera, criándose tambien muchas especies de cañas y bejucos y abundante caza mayor y menor. En el terreno cultivado las PROD. son arroz, tabaco, maiz, algodon, abacá, legumbres, frutas y cañas dulces. IND.: los naturales se dedican á la fabricacion de varias clases de telas, á la caza, á recoger el oro que arrastran las aguas de los rios que corren por el térm. en pequeñas partículas ó pepitas, y la mayor parte al cultivo de las tierras. POBL. 7,000 alm., y 1,931 trib.

MIL

MILAOR: pueblo con cura y gobernadorcillo, en la isla de Luzon, provincia de Cama-

rines-Sur, dióc. de Nueva-Cáceres; SIT. en los 126° 51' 30" long., 13° 31' 10" lat., á la orilla del r. Vicol, en terreno llano, y CLIMA templado y saludable. Tiene unas 1,038 casas, entre las que se cuenta la parroquial y la de comunidad ó de justicia donde está la cárcel. Hay una igl. parr. de buena fábrica servida por un cura regular, y de los fondos de comunidad se paga al maestro de la escuela de instruccion primaria que tambien hay en el pueblo. Comunícase este con sus inmediatos por medio de caminos regulares y recibe de la cab. de la prov. el correo en dias indeterminados. Confina el TERM. por N. con el de Pamplona; por E. con el de la visita de San José; por O. con San Fernando y por S. E. con Minalabag. El TERRENO es llano por muchas de sus partes y montuoso por las otras, en las cuales se crian maderas de diferentes clases y caza mayor y menor: en las tierras de labor las PROD. son arroz, maiz, abacá, cacao, algodon, añil, legumbres y frutas; siendo la agricultura su principal IND. POBL. 3,890 alm., 851 1/4 trib., que hacen 8,515 rs. plata, equivalentes á 21,287 1/4 rs. vn.

MIN

MINAANUD: islita adyacente á la costa E. de la isla de Samar; hállase SIT. en los 129° 9' 30" long., mas 4" id. al E., y los 11° 28' lat., mas 1' 25" id. al S. Dista una milla al N. E. del pueblo de Lanag, que se halla sobre la costa E. de la isla.

MINADCON: islote próximo á la costa S. E. de la isla y prov. de Samar; hállase en los 129° 7' 50" long., 11° 10' 50" lat.

MINAG: anejo del pueblo de Lubungan, en la isla de Mindanao, prov. de Misamis, dióc. de Cebú. En el art. de la matriz incluimos su POBL., PROD. y trib.

MINALABAG: pueblo con cura y gobernadorcillo, en la isla de Luzon, prov. de Camarines-Sur, dióc. de Nueva-Cáceres; SIT. en los 126° 52' 30" long., 15° 51' lat., á la orilla de un r., en terreno llano, y CLIMA templado y saludable. Tiene unas 554 casas, la parroquial y la de comunidad donde se halla la cárcel. Hay escuela y una igl. parr. de mediana fábrica.

servida por un cura regular. Los caminos que conducen á los pueblos inmediatos no son muy buenos, y recibe por ellos el correo de la cab. de la prov. en dias indeterminados. Confina el TERM. por N. con el de Camaligan, que dista 1 leg.; por S. E. con el de Bulacan á 2 ½ id., y por O. con San Fernando á ½ leg. El TERRENO es montuoso y productivo. En sus montes se crian buenas maderas de varias clases; tiene muchas y buenas tierras de labor donde las principales PROD. son el abacá y el arroz, cogiéndose tambien cacao, ajonjolí, añil, caña dulce, legumbres, cocos y otras varias frutas. IND.: es notable la de este pueblo por la fabricacion de sus telas de nipis, sinamayes y otras; y las jarcias y cables que se hacen con los filamentos mas bastos del abacá: además se ocupan en la agricultura, en la caza, y algunos en el corte de madera. COM.: las referidas telas de nipis y sinamayes se venden en Manila, y el arroz y algunas otras prod. la esportan para otras prov. POBL. 5,992 alm. y 840 trib.

MINALAR: islote junto á la costa de la isla y prov. de Samar; hállase su centro en los 129° 8' 50" long., 11° 10' 10" lat.: dista ½ leg. al E. del de la visita Pambujan.

MINALIN: pueblo con cura y gobernadorcillo, en la isla de Luzon, prov. de la Pampanga, arz. de Manila; SIT. en los 124° 22' long., 14° 58' lat., á la orilla der. de un r., terreno llano, y CLIMA templado y saludable. Se fundó este pueblo en 1614, y en la actualidad tiene unas 760 casas todas inmediatas á la igl. parr. que es de buena fábrica, y se halla bajo la advocacion de Santa Mónica, sirviéndola un cura regular. Hay una escuela de instruccion primaria dotada de los fondos de comunidad, un convento ó casa parroquial que está junto á la iglesia, y la casa tribunal ó de comunidad donde se encuentra la cárcel. Pasa por este pueblo el camino que conduce desde Macabebe á Santo Tomás: hay otro al N. O. que se dirije á Bacolor de donde recibe el correo semanal establecido en la isla. Confina el TERM. por N. con el de Santo Tomás, que dista cerca de 1 leg.; por S. con él de Macabebe, á 1 ½ id.; por O. con el de Betis, á 1 ¼ leg.; por E. con el de San Luis, á

2 ½ id., y por N. O. con el de Bacolor, cab. de la prov., á 1 ¼ leg. El terreno es llano y lo cruzan varios esteros que se forman entre unos y otros rios por lo bajo del terreno. En tiempo de secas escasean algo las aguas, por lo que los naturales tienen que abrir pozos para conseguirla. El TERRENO reducido á cultivo produce arroz, maiz, caña dulce, cacao, añil y varias clases de fruta. IND.: los naturales benefician la nipa sacando de ella vino y vinagre, tienen algunos ingenios para la fabricacion del azúcar, cultivan sus tierras, benefician igualmente el añil y se dedican á la fabricacion de algunas telas que sirven para los usos domésticos, siendo las mugeres las que con especialidad se ocupan en esta. COM.: la esportacion de estos productos menos aquella parte indispensable para cubrir las necesidades del pueblo, y la importacion de los artículos de que carece, es lo que forma este. POBL. 4,438 alm., y en 1845 pagaba 916 ½ trib., que hacen 9,165 rs. plata, equivalentes á 22,912 ½ rs. vn.: tiene en la actualidad 4,970 alm. y 1,100 trib.

MINANGAS: punta de la costa O. S. O. de la isla de Luzon, en la prov. de Bataan; hállase en los 123° 58' 30" long., 14° 47' lat.

MINANUECAN: punta de la costa N. E. de la prov. de Tayabas (bahía de Lamon), en la isla de Luzon; hállase en los 125° 37' 40" long., 14° 59' 20" lat.

MINASAÑGAY: islita adyacente á la costa E. de la isla de Samar; hállase frente á la boca del r. Bulalacay, y su centro en los 129° 7' 40" long., y 11° 51' lat.

MINDANAO: punta S. de la isla de este mismo nombre; hállase en los 128° 52' long., 5° 30' 50" lat., al N. de las islas de Serangani que distan de esta punta, la que mas como 2 leg.

MINDANAO: r. de la gran isla de este nombre; nace en la laguna llamada tambien de Mindanao, diríjese primero al S. y luego al E., corre unas 8 leg. y va á desaguar en la bahía Illana, costa S. de la isla.

MINDANAO: barra del r. de que toma su nombre; hállase en la bahía Illana, que está en la costa occidental de la isla de Mindanao, unas 6 leg. al E. de la bahía de Bongo.

MINDANAO: isla del archipiélago Filipino, comprendida entre los 125° 50' long., donde se halla la punta Alimpan, y 129° 44' id.; 5° 31' lat., punta de Mindanao; 9° 49' 30" id., punta de Banajan. Despues de la de Luzon es la mayor del referido archipiélago, en el mediodia del cual se halla. Presenta esta isla tres grandes frentes: uno desde la punta Balangonan, á la de Banajan, otro desde esta al cabo de San Agustin, y el 3.° desde la punta de Mindanao á la de Balete, de manera que su figura viene á ser la de un triángulo. Subiendo desde la punta de Mindanao que es la meridional de la isla, por la costa oriental de la misma, hasta la punta Banajan, que es la mas setentrional, se encuentra primero en lo que corresponde al terr. de Serangani, y 1 leg. dist. de la costa el bajo ó islote llamado Linitan; síguese luego describiendo un medio círculo por la figura de esta costa, cuya curva va á formar con la punta de Agundat, al N. E., la bahía de Tagloc, en la que hay dos islitas al N. de las que desagua el r. Tho y otros varios que tributan sus aguas á las de la bahia; la playa del N. de esta pertenece ya al terr. de Calagán donde sobresale al E. hasta ponerse en la misma long. que la bahía del espuntamiento, el cabo de San Agustin ó Pandajitan. Desde esta última bahía empieza ya la parte recientemente conquistada de la prov. de Nueva-Guipúzcoa, cuya costa está coronada de multitud de islitas, que se encuentran junto á la costa, la cual hace frente á la isla de San Juan: las visitas de Bisilic, Tago, Jinituan y el desagüe del r. Bulig, se hallan en la misma costa. En la de Caraga la punta de Cavite, las visitas, Bayuyo, Parasan, Calagdon y Cabubungan, todas sobre la costa; al E. de esta última las islas de Lurragao, y la S. E., y á igual dist. de unas 7 leg., las de Matingub, que forman el puerto de este mismo nombre. Sigue esta cadena de islitas que todas toman el nombre de Surigao, paralelas casi al N. N. E.: de la costa y dist. de la misma unas 7 leg. El pueblo de Surigao se halla sobre la costa del puerto de su mismo nombre, en la cabeza setentrional de esta grande isla; hay que pasar para retroceder al S. costeando ahora la parte occidental de la isla, el estre-

cho de Surigao, y unas 15 leg. al S. se entra en la bahía de Butuan, cerrada al O. por la punta Divada, que con la de Sipaca forma una ensenada; al N. O. de esta se encuentra la isla de Camiguin, adscrita á la prov. de Misamis, á la que pertenece la costa que empezamos á describir; despues de la referida punta Sicapa se halla al O. la de Layaban, que forma con la primera la embocadura ó entrada de la bahía de lligan; en esta bahía desaguan un número considerable de r., cuales son el lligan, Agun, Ninamon, Lupagan, Leangan, Bagumboran, Mipanqui, Mindug, Lagran, Panaon y otros. Sigue por unas 12 leg. la costa recta al O., encontrándose las bocas de los r. Inamucha, Langaran, y Dicayo: luego la punta Silla y la de Taglo que se halla en la misma long. que la de Macapitao, en la isla del Fuego ó Siquijor. Entrando en la ensenada que forma la referida punta Taglo con la de Sicayap, encuéntrase á la der. la punta Botong, luego la embocadura de los r. Pulaven y Poro, y en la misma playa se halla sit. el pueblo de Dapitan, uno de los principales de la prov. Al S. de la punta Sicayap y en la misma costa está sit. la visita Lubungan, al S. O. la de Malao, encuéntrase luego la punta Blanca, la de Divait y la de Marlang, hasta donde alcanza la jurisd. de esta prov. y empieza la parte de la isla mas occidental que la habitan varias tribus independientes. Por esta costa se halla la bahía de Sindangan, las puntas Galera, Gorda, Balangonan y Nunuyan; posteriormente á la de Sibuca se encuentra la de Alimpampan, que es la mas occidental de la isla y se halla en la jurisd. ó térm. de la prov. de Zamboanga. En la costa de esta, que mira ya al mediodia, aparece el puerto de la Caldera, en el interior de una ensenada y al abrigo de los vientos del E. por la punta Panghintan; entre esta y la plaza de Zamboanga desagua el r. Balilmasan, viniendo á ser el estremo S. de esta prov. la punta Balete. Desde aqui sigue la costa al N. E. despues de contestar con esta prominencia en que se halla la prov. de Zamboanga al archipiélago de Joló que se estiende al S. O. Empieza desde luego en esta parte de la isla, las tierras sujetas al dominio del sultan de la misma, y en el pedazo de costa que le pertenece desde Zamboanga hasta el terr. de los Illanos están sit. los pueblos de Bugi y de Tappo, que está sobre la bahia Lamaladan. En la espaciosa bahía de Illano, que es la mayor de cuantas se hallan en las costas de esta isla, se entra poco despues de doblada la punta de Flechas, y en ella hay varias islas, siendo la principal la de Bunwut que dista unas 3 ½ leg. de la ciudad de Selangan que es la residencia del sultan, y se halla sit. á la orilla de un caudaloso r. que se comunica con los lagos de Liguasin y Buloan. Antes de llegar á esta punta se halla un gran seno llamado Boyan, muy cómodo y abrigado, y cuyas orillas se hallan cubiertas de un gran número de pueblos. Presenta la costa su frente al O. en esta parte donde está sit. la ciudad por razon de la gran bahía, siguiendo asi hasta la punta de Bamban, en que la linea de dicha costa se convierte al S. O. hasta la punta de Mindanao desde donde la tomamos. Al mediodia de la punta hay un grupo de islas que dista poco de ella, llamadas de Serangani. Habiendo dado ya una ligera idea de las costas de esta isla, si examinamos ahora su estension encontraremos que viene á ser la de N. á S. de unas 85 leg. y muy poco menos de E. á O. Pero su figura irregular, como ya hemos dicho, hace que el desarrollo de su superficie venga á ser de unas 3,200 leg. cuadradas. El TERRENO por el centro de la isla es bastante escabroso; hay algunas lagunas de consideracion como son, la de Mindanao ó de Linao que se halla unas 8 leg. al O. de la visita de Baganga, en el terr. dominado por el sultan; la de Lano, tambien en el mismo terr., al S. de la prov. de Misamis; la de Buguey al N. E. de la plaza de Zamboanga y dist. de ella unas 46 leg.; los lagos de Lignasin y Buloan al S. E. de Selangan, y el de Sapongan en la prov. de Caraga.

En el lago de Linao ó Mindanao que generalmente se cree haber dado el nombre á la isla siendo como un verdadero mar en el centro de ella, desaguan varios r. y tiene su origen el caudaloso de Butuan cuya boca hemos visto al describir la costa setentrional en la bahía de su nombre. La laguna de Lano ó de Malanao se comunica tambien con el mar por medio de un r. caudaloso llamado Ninanton, cuya boca se halla en la bahía de Iligam y el lago de Buguey por medio de otro r. no menos caudaloso que tiene su boca maritima en el gran seno de Kamaladan. Algunas descripciones dan tambien comunicacion al gran r. de Selangan que desagua en la bahía de Illano con la gran laguna de Mindanao; mas creemos que ha debido ser por error aunque en nuestro concepto no seria dificil darles el pretendido enlace. Estas grandes lagunas y los caudalosos r. que tienen sus bocas en ellas y en las costas maritimas acreditan las estensas partes bajas que tiene esta dilatada isla y no menos las espaciosas bahias que forman en sus referidas costas las incursiones maritimas. La parte mas elevada es la oriental de la isla, con lo que ha sido menos accesible su costa á la accion de las aguas, no obstante ser aquella donde con mas fuerza se estrellan las gruesas mares agitadas por los monzones: el estremo N. de dicha parte oriental parece ser la continuacion de la parte alta del antiguo Continente convertido en el actual archipiélago siguiendo el órden del estremo meridional de la isla de Luzon, las islas de Samar y Leyte. Hácia el O., perdiendo su elevacion la isla, la ha invadido el mar por S. y N., de modo que la bahía de Illano y la laguna de Panguil, que se forma en la bahía de Iligan y se hallan contrapuestas, dejan reducida la isla á un istmo distando muy poco entre sí. Otras numerosas bahias é innumerables r. que se precipitan de los montes sobre las costas pudiéramos mencionar; pero lo escusamos en razon de hallarse en los articulos especiales de las prov. y territorios que hemos mencionado en los cuales se hace la descripcion mas detallada. El CLIMA de esta isla es cálido y muy húmedo; rigen los vientos del N. E. y S. O.; las lluvias son muy frecuentes y copiosas, los temporales muy comunes y muy repetidos los terremotos. Sus montes son generalmente volcánicos y á veces ocurren terribles erupciones.. El calor y la humedad de la region con un suelo feraz en lo general de la isla, la presentan cubierta de espesísimos bosques: sus montes están poblados de altos y corpulentos árboles entre cuya gran diversidad de maderas se hallan no pocas muy apreciables, ya por su firmeza y duracion, ya por su estraordinaria finura : las cañas bojas, el útil bejuco y otras innumerables enredaderas hacen inpenetrables estos bosques : tambien son de grande estima las frutas, raices alimenticias, gomas, resinas, etc., que se hallan por todas partes. El suelo, además de su riqueza vegetal, encierra abundantes minas de oro, mercurio y azufre, lo que particularmente sucede en los montes de la prov. de Nueva-Guipúzcoa y de Caraga. Las abejas elaboran en estos montes sus ricos panales : la caza es otra de las riquezas que contiene, asi como lo es la pesca en los r. y lagunas de los paises bajos. Tantos elementos de riqueza pudieran sostener una pobl. incalculable; pero desgraciadamente no solo se hallan virgenes todos ellos, sino que en gran parte se convierten contra la escasa pobl. existente. La falta de roturacion en los montes aumenta la humedad de un modo escesivo las muchas sustancias que se corrompen en ellos, las aguas detenidas y otras mil cosas semejantes producen un ambiente insalubre para los hab. y poco propio para que las escasas prod. que cultivan en las cercanías de los pueblos lleguen á un estado de verdadera sazon : todo esto se nota principalmente en la parte donde la civilizacion española ha conseguido formar las prov. de Misamis, Caraga y Nueva-Guipúzcoa por ser lo mas elevado de la isla, asi sus hab. se hallan sujetos á frecuentes calenturas intermitentes, tercianas y otras enfermedades. El estremo S. O. donde se ha creado la prov. de Zamboanga es ya mas sano y en sus hab. se observa mayor actividad natural. El defecto de esta actividad, que es propio de cuantos pueblan aquellas lejanas regiones, hará mucho mas duradero los otros males que dejamos indicado, pudiendo esperarse solo de la lenta marcha de la civilizacion la accion que necesitan para abrir sus montes y preparar las plantaciones y campiñas, que lejos de cargar su atmósfera la purifiquen, presenten la nueva vida del país y produzcan mas saludables alimentos. Los piratas del sultanato, las tribus bárbaras que pueblan las fragosidades son otro obstáculo

para el progreso de nuestros pueblos. Al describir la prov. de Caraga hemos presentado una estension conveniente de estos obstáculos de la civilizacion y cultura del país y la sit. de nuestros pueblos en él, ya considerados en sí mismo, ya con relacion á los mahometanos y demas bárbaros, pues con poca diferencia es una misma en ambos conceptos la sit. de los pueblos de las prov. de Misamis, Nueva-Guipúzcoa, Caraga y aun Zamboanga, no obstante su establecimiento militar y su sit.: no puede menos de ser asi cuando en una isla de 3,200 leg. cuadradas de superficie, como hemos dicho, apenas alcanzan unas 310 los limites de nuestras prov., perteneciendo todo lo demas á los pueblos que, ora saltan y talan nuestras posesiones, ora ofrecen un asilo á los indios que por no tributar ó no sufrir trabajos personales buscan en las escabrosidades su independencia primitiva. Ya hemos visto en el citado artículo de Caraga, como hay tambien entre las tribus bárbaras de Mindanao, ciertas gentes que tienen su civilizacion especial y su cultura. Esto mismo sucede con los mahometanos regidos por el sultan de Selangan : los primeros llamados Tago-Baloayes que quiere decir, hab. de los montes Balooyes, son pacíficos accesibles á la civilizacion europea, por lo que no han esquivado el trato de nuestros pueblos, cediendo muchos á la avangelizacion; pero los segundos, organizados esencialmente para la pirateria, son enemigos poderosos y temibles. Estos mahometanos pueden atribuirse en parte á la predicacion que se sabe introdujo en las Filipinas el sultan de Borneo antes que las descubriese Magallanes, pero en lo principal son de origen advenedizo de atribuir especialmente á su naturaleza de corsarios, sin fé en sus tratados, la sumision de estas gentes; cuando se ha intentado ha sido momentánea.

Magallanes tomó posesion de esta isla en nombre de la corona de España el domingo de Pascua de Resurreccion del año 1521, celebrando esta ceremonia en el territorio del pueblo de Butuan, cuyos hab. recibieron la luz evangélica por medio de los padres Agustinos y han permanecido siempre fieles á la madre patria. Desde entonces se empezó la conquista civilizadora de la isla, llevando por todas partes la luz del evangelio y amor de la madre patria los PP. misioneros; pero contrarestados sus trabajos por la morisma, fanatismo é inconstancia de otros pueblos bárbaros, no pocas veces han sido víctimas de su piedad religiosa, y los efectos de su celo se presentan aun tan limitados. Varias veces han acudido las armas en apoyo de esta conquista, particularmente en tiempo de D. Sebastian Hurtado de Corcuera, gobernador de Filipinas que, como hemos visto en el artículo de Manila, redujo las islas de Joló y Mindanao; pero todo esto ha sido siempre pasajero, no hallándose ni el ejército de la colonia ni sus cajas Reales en estado de mantener los presidios necesarios á la conservacion del pais. El ilustrado comandante de ingenieros D. Ildefonso de Aragon, escribió y publicó un plan de conquista para la completa adquisicion de esta isla, trabajo de mucho mérito, pero que difícilmente contestaria á todas las necesidades de la empresa y mucho menos á las que surgirian luego de la costosa conservacion de sus resultados. Mientras escribimos este artículo se halla al frente de una espedicion sobre Mindanao el distinguido militar señor Oscariz que tanto hizo al lado del reverendo padre Alama en la reduccion de Nueva-Vizcaya.

MINDANG: punta de la isla y prov. de Samar; hállase en los 129° 6' long., 11° 59' 30" lat., en la costa E. de la isla, térm. del pueblo de Borougan.

MINDORO: despues de Luzon y Mindanao es una de las principales islas del archipiélago Filipino; se halla sit. al S. de la primera, de la que la separa el estrecho de su mismo nombre, y al N. E. de las islas llamadas de Calamianes; comprende desde los 123° 58' (Cabo de Calavite) hasta los 125° 15' 50" (Punta Dumali) en long., y desde los 12° 12' (Punta Buriucan) hasta los 13° 31' 50" (Punta Escareeo) en lat. Tiene de N. á S. unas 26 leg. de larga, y de E. á O. unas 16 ½ en su mayor anchura; pero sujetándose á un promedio, en vista de la figura que presenta, se le puede calcular una superficie como de 250 leg. cuadradas. El clima es vario segun la diversidad tópica de la isla: está espuesta á los fuertes vientos del N. E. y especialmente á los del S. O., dividiendo la isla en dos zonas regidas por estos vientos la cord. de sus montes centrales: por lo demas es bastante saludable. El cabo de Calavite, estremo N. O. de la isla, es una prominencia al N. O. Desde este cabo empieza la costa O., en la que se encuentra primeramente la ensenada de Paluan (á 2 ½ leg.), la cual penetra en la costa hácia el N. desde los 13° 21' hasta los 13° 25' lat., 124° 7' long., en cuyo punto está sit. el pueblo llamado tambien de Paluan; siguiendo luego la misma direccion, se encuentran las puntas de *Mirigit*, á la izq. de la ensenada, y la de Tubile, el anejo llamado de *Mamburao*, la punta *Caranisa*, la boca del r. *Masin* y la punta *Pagbabajan* y la de *Talabasi*; ½ leg. al E. de esta desagua el r. de su mismo nombre, desde cuyo punto, dirigiéndose la costa mas verticalmente al S., viene á formar la del O. de la isla, en la cual se encuentran la boca del r. *Arnay*, y la del *Pandan*, frente á ésta, y distante ½ leg. de la costa se hallan las islas de Pandan; en la costa se avanza la punta del mismo nombre, despues se encuentran el pueblo y puerto de *Sablayan* y la punta de Palompon, desde la que empieza otra vez la costa S. O. en la que se encuentran el anejo de Dango, el de Irirum, la boca del rio *Nayayon*, las puntas de *Lamintao*, *Rumbun* y Bugsanga, la ensenada de *Mangarin*, la isla de *Ilim*, frente á la boca de la ensenada de Mangarin, la punta de *Laniaga*, la ensenada de *Panican* y la punta Luruncan, estremo S. de la isla. Desde esta punta subiendo hácia el N. E. se encuentran en la costa S. E. el puerto y anejo de Bulacao, las islitas de *Tilad*, *Alibotan* y *Astao* próximas á ella, la punta de Laurigan, las islitas de *Masin* y *Tambaron*, tambien junto á la costa, la punta Pandan, las bocas de los r. *Talibon*, *Abaabo* y *Bancal*, la punta *Colasi*, la boca del r. *Monoal*, la punta Soboncogon, la de Alaya y la de Dayagan, donde concluye la costa S. E. y empieza la del E., hallándose en esta el desagüe del r. Causayan, la punta *Abangabon*, las bocas de los r. *Socol*, *Malibog* y *Sumagui*, la punta Maillagua, la boea del r. *Tinadingan*, el anejo de Bongabon, la punta Balete y la de Dumali, estremo E. de la isla, desde donde empieza la costa N. E., en la que se encuentran primeramente la ensenada y anejo de *Pola*, la punta Anajao, la de *Tujot*, la de *Matanda Nayon*, cuyo nombre recuerda la existencia de un pueblo antiguo, las bocas de los r. *Naujan*, *Buluagan*, *Magasauantubig*, *Reguiba*, *Nabutas*, *Linuba-suban*, *Dulangon* y *Talinad*, la punta *Balete*, y al S. S. O. de ésta el pueblo de *Calapan*, cap. ó cab. de la isla y prov., el puerto llamado *Galera*, el pueblo del mismo nombre, y la punta *Escarceo*, estremo N. de la isla. Desde esta punta se estiende la costa al O., formando de este modo la del N. de la isla, en la que están las puntas de *Bocto*, *Bagalayag*, y del Monte, desde la que vuelve ya la costa dando frente al N. O. en unas 3 leg. hasta el cabo de Calavite, donde empieza la costa S. O. como hemos dicho. Visto el litoral de la isla, cuyo desarrollo viene á ser de unas 120 leg., pasaremos á examinar el terreno en general. Mucha parte de este nos es desconocida todavía, pues como siempre los hab. de los pueblos playeros se han mantenido á raya sin atravesar los montes que á corta dist. de la costa se elevan y encadenan con las elevadas cordilleras, que parten del centro de la isla, no se ha adelantado mucho en el conocimiento de la parte interior de la isla. El monte Calavite se presenta como un desprendimiento de las cord. centrales, dirijido al N. O.; la punta y el cabo de Calavite son sus estribos. Este monte es de mucha elevacion, y desde él se domina toda la costa O. de la isla; en sus espesos y frondosos bosques se crian numerosas clases de maderas muy apréciables. El monte *Talipanan* al N. de la isla, y cerca de la costa forma la punta Escarceo; es tan fragosa como el de Calavite y se presenta igualmente como término de otra cord. que viene del S.; al E. y O. de la isla se elevan asimismo grandes cadenas de montañas; sin embargo, por las inmediaciones de las costas quedan entre las

sierras y la orilla del mar, llanos que algunos son de bastante consideracion, particularmente al S. Todas las tierras próximas se hallan regadas por numerosos r., siendo los principales y mas conocidos, los de *Mamburao*, *Masin*, *Talabasi*, *Arnay*, *Pandan*, *Manaol*, *Socol*, *Tinadiungan*, *Pinagmaglayan*, *Naujan*, *Buluagan*, *Magasauantubig*, *Reguiba*, *Nabutas*, *Linabu*, *Suban*, *Dulangon*, *Talmad* y *Abra de Iloc*; habiendo además de estos un número considerable de ellos, que no mencionamos por carecer de nombre unos, y por ser de poca consideracion los otros. Las prod. naturales no dejan de ser de bastante consideracion en esta isla; los espesos bosques de que están cubiertos sus fragosos montes, suministran á los indígenas muchas y muy buenas maderas de diferentes clases; las hay á propósito para la construccion de buques, otras que se emplean en las de casas; tambien se halla el apreciable ébano, el estimado palo campeche, etc. Hay muchas especies de palmas, como el burí, el yoro y el lauimdan. De las diferentes frutas que se crian en la isla, la mas apreciada por los naturales es el coco, del que sacan aceite, vino y vinagre: tambien lo comen tanto verde, como cuando están en sazon, y como entonces tiene en su interior un agua fresca y dulce, le dan en algunas ocasiones á los enfermos, para lo cual le echan un poco de anís. Los indios sacan de lo mas alto del tronco de este árbol, el corazon que se halla cubierto de cortezas, y al que ellos dan el nombre de *palmito*; es muy tierno, por lo que lo parten con facilidad, y lo comen cocido en ensalada ó escabechado, sabiéndoles muy bien de todos modos. El sagú, produccion del burí, sirve de pan en muchas partes de esta isla: de él sacan un líquido que llaman *tuba*, la cual fermentada, viene á ser una clase de vino flojo, del que hacen tambien vinagre. Sacan además de esta planta una melaza que cuecen, y hacen de ella unas cajitas que llaman *chaucacas*, las cuales se parecen á nuestras cajitas de jalea. El yoro viene á ser lo mismo que el burí, sacan de él vino ó vinagre, y tambien sagú, pero no produce la melaza que el primero. El panindan se aprovecha sacando de él sagú, y el corazon ó palmito. El bejuco, especie de enredadera muy larga, y de bastante fortaleza, tan útil para el alimento de los naturales como para el trabajo; con el agua que destila puede apagar el indio su sed, come sus retoños cocidos ó en ensalada, y la especie de junco que forma de una gran largura, les sirve para atar cuanto necesitan. Del tronco se sirven tambien para diferentes cosas. Hay muchas especies de bejucos, y todas de utilidad. Además de tantas frutas silvestres hay innumerables raices alimenticias: la del nami es digna de mencionarse, pues siendo venenosa, la preparan de modo que pueden comerla sin riesgo alguno. La planta es como una enredadera, y la raiz una especie de cebolla mayor que la cabeza de un hombre; para quitarle el veneno la parten, la tienen una noche en agua salada, y otra en agua dulce, y la secan despues al sol; concluidas estas operaciones, la muelen, sacando de ella una harina con la que hacen el pan. El *ube*, cuya raiz pesa algunas dos arrobas, tambien se come cocido; el *gabe* se tiene por algunos en lugar de verdura; el *camote*, el *tuguis*, la *sincamas*, la llamada *tubayan* y otras muchas de la especie de batas, todas ellas sirven de alimento á los naturales, y son

bastante saludables. La caza les facilita otros alimentos variados, porque en sus montes se cria mucha de diferentes clases, como gallos, tórtolas, venados, búfalos, jabalíes y otro gran número de animales silvestres y aves, que con la pesca de que abundan las costas y los muchos huevos de tortuga y del estraordinario pájaro llamado Tabon que se hallan en las playas, afianzan la subsistencia de los frugales indios. En los territorios de la isla reducidos á cultivo se coje buen cacao, café, pimienta, arroz y todo género de frutas y legumbres: sin embargo de ser Mindoro bastante montuoso hay grandes llanos, en particular cerca de las playas capaces de producir en gran cantidad dichos artículos y cuanto se obtiene de la agricultura en otras islas. El árbol llamado Calinga que abunda en sus montes, es una especie de sinamomo, del cual se saca un escelente espíritu de canela. Es grande la fertilidad de esta isla en todos conceptos, pero su escasa pobl. y su indolencia hacen que todavía sean aprovechadas en muy corta escala tantas ventajas como en ellas se reunen. Por el siguiente estado puede verse cuál es el número de sus pueblos, cuál el de alm. que estos contienen, y el producto de sus trib.

ESTADO *de la poblacion de la isla de Mindoro en* 1850.

PUEBLOS.	ALMAS.	TRIBUTOS.	RS. PLATA.	RS. VELLON.
Calapan.	2,878	586 ½	5,865	14,662 ½
Puerto Galera.	853	249	2,490	6,225
Paluan.	325			
Sablayan é Irirum.	752	221	2,210	5,525
Mangarin.	922	189 ½	1,895	4,757 ½
Naujan.	3,191	664 ½	6,645	16,612 ½
TOTAL.	8,921	1,910 ½	19,105	47,762 ½

Los habitantes de esta isla en su fisomia, lengua, usos y costumbres, manifiestan ser parte de la nacion tagala. Cuando los conocieron los españoles eran muy belicosos.

Habiendo llegado Miguel Lopez de Legaspi á Panay, le pidieron socorro los habitantes de Adan contra los piratas de Mindoro que les hician muchos daños. De aqui se ha creido que estos naturales por aquel tiempo se dedicaban al corso; pero siendo esto impropio de las costumbres del pueblo tagalo y del caracter apacible que aun se observa en los que todavia conservan su independencia primitiva en las fragosidades de la isla y son conocidos con el nombre de manguianes, creemos que los piratas serian advenedizos establecidos en la isla para hacer desde ella sus correrias como ha sucedido mas tarde. Legaspi envió contra ellos á su nieto Juan de Salcedo con 30 españoles y muchos indios, con los cuales llego á Mindoro, tomó á fuerza de armas el pueblo de Mamburao, persiguió á los naturales hasta la isla de Luban, y les obligó á rendir vasallage á la corona de España. Los habitantes de Mindoro fueron los primeros á quienes el general impuso tributo que á la sazon consistia en el pago de 8 rs. plata al año por familia : tuvo esto lugar cuando tocó en la isla pasando á la conquista de Luzon. Cerca de Mindoro hallaron los españoles un champan chino que se hallaba en peligro de naufragar y habia sido en parte saqueado por los habitantes de esta isla, y desde Manila les mandó despues que restituyesen íntegro el valor de las mercancias robadas. Habia entonces bastante poblacion en Mindoro y los PP. Agustinos emprendieron su reduccion y educacion en las máximas del evangelio : no tardaron en conseguir la conversion de los pueblos de la playa; pero no pudiendo atender á todas partes hubieron de ceder su administracion espiritual á los clérigos seculares, quienes la desempeñaron hasta el año 1678 en que la tomaron á su cargo los PP. Recoletos, de cuyo cuidado volvieron al de los espresados clérigos aunque para tomarlo de nuevo bajo su celo. A esta variacion de ministros evagélicos atribuye, en gran parte, el respetable Zúñiga, lo poco que hasta su tiempo se progresára en la conversion de los manguianes; sin embargo, la principal razon ha sido la falta de seguridad con que se ha vivido siempre en esta isla, habiendo sido repetidas veces asaltada por los moros y aun elegida por estos para centro y emporio de sus correrias. La costa que se estiende desde la punta Dumali, que es la mas oriental, hasta la de Barruncan, estremo S. de la isla, por espacio de 18 leg., con sus muchas ensenadas y pequeños abrigos, ofrecia la apetecible seguridad á los moros, quienes se escondian en los r. y surgideros desde donde hacian sus rebatos y cautivaban á los moradores, de modo que fué preciso abandonarles toda la playa : las ensenadas de Pinamalayan, Visig y Masanlong que estaban antes pobladas, quedaron completamente desiertas para servir solo de refugio á dichos piratas. Poco menos sucedió en la estensa costa que desde la punta de Barruncan corre á la de Calavite por unas 30 leg. de un terreno muy fértil y hermoso, lleno de r. y ensenadas, capaz de dar en abundancia toda clase de producciones. A 8 leg. de aquella punta se hallaba antiguamente el pueblo de Ililim que fué arruinado por los moros y del cual se conserva una visita con su mismo nombre en la islita, llamada tambien de Ililim, adyacente á la costa. Desde aquel antiguo pueblo hay como unas 2 leg. de terreno hermosísimo hasta entrar en la ensenada de Usnanga, donde está la boca del r. Mampong : sigue la ensenada de Tuvili donde desaguan los caudalosos r. de Amnay, Sta. Cruz y Mamburao, desde donde no hay ya mas ensenada hasta la punta de Calavite sino la de Paloan. Todos los pueblos que habia en estas 30 leg. de fertil costa fueron destruidos por los moros que por fin llegaron á establecerse alli de asiento. Asi sucedia en el siglo pasado que ya no podian hacer aquellos piratas sus grandes espediciones de otro tiempo, y les fué preciso buscar algunos puntos que les sirviesen de guaridas en las temporadas de sus correrías hasta que se iban á Joló á vender los objetos de su rapiña. En esta isla eligieron dos sitios á propósito de las diversas estaciones del año. Mientras regian los vientos del E. y N. habitaban las costas de Mamburao, y durante los monzones del S. O. el sitio de Baleto. En estos puntos se mantenian de las raices alimenticias que sacaban del monte, del sagú y de otros frutos propios de la isla. Desde alli hacian sus correrias, y como se ha dicho, robaban, cautivaban y hacian mil daños:

cuando hacian prisionero algun religioso, pedian por lo menos 1,000 ps. por su rescate y no lo concedian á menos precio de 500 ps. á los indios principales. Estos piratas no solo eran temibles á los pueblos reducidos sino tambien á los desgraciados manguianes del seno de los montes, pues unos y otros eran objeto de su comercio. Por esto sucedia que cuando lograban algunos fugarse del cautiverio penetrando en los montes, al ser vistos por los manguianes huian de ellos por su caracter pacífico, mientras no les hacian entender con sus ademanes que necesitaban su socorro, con lo que los recogian y les prestaban la mayor hospitalidad posible en su miseria. Siendo gobernador de Manila el Sr. Anda en 1772, se propusó echar los piratas de esta isla y envió contra ellos á Mamburao 4 compañias de tropa y numerosos indios. Desembarcó esta fuerza en el r. de Mamburao, saltando en tierra y fué sobre un fuerte de palizada que habian construido los moros en el cual tenian algunos cañones y pedreros. Luego que se acercaron nuestras tropas, empezaron á jugar los moros algunas piezas de artillería para resistirles, y por estar cansada la gente, no se creyó oportuno dar desde luego el asalto, con lo que se retiraron en órden á tomar algun descanso: acometieron despues el baluarte, pero los moros lo habian abandonado llevándose cuanto pudieron consigo. Sin embargo todavia se hallaron bastantes riquezas procedentes de un champan que habia sido apresado por los piratas, estos se internaron y diseminaron por los montes, y siendo imposible su persecucion, nuestras tropas les quemaron el fuerte, las casas y los pancos y regresaron á Manila. Los moros no tardaron en reponerse de este golpe volviendo á sus antiguas correrías. Otras varias veces se acudió contra ellos, particularmente cayendo sobre Balete, donde se hallaban con mas frecuencia los piratas, y siempre frustraban en los montes el efecto de nuestras espediciones. Por fin se dispusieron varias armadillas de Vintas dedicadas á su persecucion, con lo que desde luego perdieron la seguridad que antes disfrutaban

en Mindoro, los indios fueron perdiéndoles el miedo, y fiados en este apoyo volvieron á ocupar sus costas, edificaron algunos fuertecillos para defender sus establecimientos, y por fin se consiguió estinguirlos totalmente de la isla. El gobernador de Manila, D. Rafael Maria de Aguilar, volvió á establecer un corregidor en Mindoro con especial encargo de fomentar los establecimientos cristianos y auxiliarlos para poblar la isla. El buen resultado de esta empresa no solo se indicó en la propia isla sino en todas las provincias inmediatas á la capital donde hacian antes muchos daños los moros establecidos en Mindoro. El corregidor fijó su residencia ordinaria en Calapan, pueblo bastante defendido de los moros por medio de una fortaleza, pero no podia alejarse mucho sin peligro de caer en manos de aquellos piratas. Despues no vinieron á ser ya temibles como establecidos en la isla, habiéndose conseguido echarles de ella, mas nunca han faltado por aquellos mares causando frecuentes perjuicios á los habitantes de las playas de Mindoro. El desarrollo de la autoridad española en el archipiélago y el de la prosperidad en la isla que se esplica en el aumento de su poblacion, en agricultura, en industria, y en comercio, son los principios que al fin producirian la completa y definitiva seguridad no conseguida aun en tantos años. Cual sea este estado de desarrollo se presentará con mas propiedad en el artículo siguiente.

MINDORO (prov. de): Una de las prov. españolas en el archipiélago filipino, dependiente del gobierno superior de la colonia y en lo eclesiástico del arz. de Manila. Hállase á cargo de un gobernador politico-militar y su categoría es de entrada. Comprende la isla de su nombre sus adyacentes, entre las cuales son las mas notables las llamadas Luban é Ilim y la de Marinduque, á pesar de hallarse mas cerca de la prov. de Tayabas, sita en el continente de la Luzonía: todas estas islas son descritas en sus correspondientes artículos, y la pobl. y trib. que en ellas contiene la prov. resultan del estado que sigue:

ESTADO *de la poblacion de la provincia de Mindoro en 1850, con espresion de los tributos que pagaba en 1845.*

PUEBLOS.	ALMAS.	TRIBUTOS.	RS. PLATA.	RS. VELLON.
Calapan.	2,722	559 ¼	5,595	13,987 ½
Puerto Galera	1,215	219 ½	2,195	5,487 ½
Paluan.	525	»	»	»
Sablayan.	752	152	1,520	3,800
Mangarin.	922	176 ½	1,765	4,412 ½
Naujan.	3,191	561 ½	5,615	14,037 ½
Boac.	11,080	2,033 ½	20,335	50,837 ½
Santa Cruz.	7,222	1,295	12,950	32,375
Gasan.	1,667	308	3,080	7,700
Lubang.	6,040	1,139 ½	11,595	28,487 ½
TOTAL.	35,136	6,445	64,450	161,125

Hay ademas en el continente de la capital algunas rancherías de indios infieles llamados *manguianes.*

Ya hemos visto en la descripcion de la isla, centro de la provincia, haber sido conquistada por Juan de Salcedo, y reducida al pago de tributos por el general Legaspi. Desde entonces pudiera tomarse el principio en esta provincia, ó por lo menos desde que por primera vez fué puesto un corregidor al frente de ella; sin embargo como devastada por los moros, quedó reducida su poblacion cristiana á un número insignificante, y aun esta se vió abandonada por largo tiempo, sin que en muchos puntos tuviese ni siquiera ministros evangélicos, casi pudiera tomarse desde que el gobernador Aguilar puso de nuevo un corregidor en ella; pero en atencion á que ya entonces la poblacion habia prosperado á fovor de las medidas anteriormente adoptadas y siempre se habia conservado el carácter de jurisdiccion especial, debe tomarse desde mas lejos, por lo menos desde donde alcanzarian los datos de autenticidad para reconocer su desarrollo hasta la situacion en que hoy se presenta. Al describir la isla principal de la provincia, hemos visto cuáles son sus producciones naturales, cuál la nacion indígena que la ocupa, y cuál su historia; pero consi-

derada esta en grandes rasgos por lo que hace al progreso de su poblacion, bueno sería examinarlo ahora algo mas detenidamente: por lo que hace á la agricultura é industria en general, basta decir que han marchado paralelas con el progreso de la poblacion: el comercio es insignificante, reduciéndose á la esportacion del sobrante de sus productos, que se vende ó cambia por otros objetos en el mercado de Manila. La pobl. de las demas islas encabezadas por Mindoro es de la misma naturaleza y costumbres; sus prod. son tambien muy semejantes.

En el año 1735, segun la historia franciscana, contaba esta jurisd. 10,170 alm., y pagaba 2,034 trib., que eran á aquellas como 1 á 5. En principios de este siglo contaba, segun el historiador agustino Martinez de Zúñiga, 15,845 alm., y eran 3,169 los trib., conservando la proporcion anterior.

En los 65 años trascurridos entre ambas fechas resulta haberse aumentado la pobl. y trib. en esta prov. en 5,675. En 1818 era la pobl. de 18,796 alm., y de 3,717 los trib.: el incremento en los 18 años fué de 2,951, con una diferencia proporcional muy pequeña entre alm. y trib. El estado de la prov. era á la sazon el que manifiesta el cuadro núm. 9.

22

En 1845 habian ascendido las alm. á 28,795, y á 6,445 los trib., resultando un aumento de 9,999 en las alm., y de 2,728 en los trib.; tales fueron los efectos de la mayor seguridad que habia llegado á adquirir la pobl. de la prov. contra las piraterías: habia estado antes como paralizada si se compara con el desarrollo en que se presentaba la de otras prov. vecinas. Segun la guia de 1850 continuó elevándose este progreso de la pobl. de modo que en dicho año habian ascendido á 35,436 las alm., lo que supone un incremento de mas de 4 por 100 anual, y comparados con los trib. de 1845, guardan muy aproximadamente la proporcion resultiva de las precedentes comparaciones.

MINDUG: r. de la isla de Mindanao, en la prov. de Misamis; nace al N. N. O. de la cab. de esta prov. á distancia de una leg., dirijese al E. y desagua en el mar á los 127° 8' 50" long., 8° 24' lat., despues de haber corrido poco mas de 1 leg.

MINICAN: anejo ó visita de Zamboanga, en la isla de Mindanao, dióc. de Cebú. La POBL., PROD. y trib. van incluidos en el articulo de la matriz.

MINIGIL: isla al N. de la de Catanduanes, distante ¼ milla de la costa de esta; es de corta estension, figura triangular y su centro se halla en los 127° 59' long., 14° 4' 16" lat.

MINILOG: V. PULO MINILOG.

MINO: isla adscrita á la prov. de Cebú; hállase junto á la costa N. E. de la isla de Bohol, en los 127° 56' 50" long., y los 128° id., 10° 8' lat., 10° 15' id. Su terreno es bastante montuoso, viniendo á tener de superficie como unas 2 leg. cuadradas. En los bosques, que abundan en esta isla, se encuentran escelentes maderas y bastante caza, tanto mayor como menor; además, cañas, bejucos, palmeras de muchas clases, frutales silvestres, etc.

MINOLO: punta de la costa N. de la isla y prov. de Mindoro; hállase en los 124° 38' 30" long., 13° 32' lat.

MINSO: puerto de la isla de Luzon, en la prov. de Albay; hállase en los 127° 27' 40" long., 13° 40' lat., en la costa N. del seno de Lagonoy; es bastante seguro, aunque no muy capaz.

MINULAN: pueblo con cura y gobernadorcillo, en la isla y prov. de Negros, dióc. de Cebú; SIT. en la costa occidental de la isla, terreno llano, y CLIMA no muy cálido, saludable. Tiene unas 545 casas, la parroquial y la de comunidad ó de justicia; en esta última se halla la cárcel. La igl. parr. es de buena fábrica y la sirve un cura regular: está bajo la advocacion de San Nicolás de Tolentino. En un punto llamado Sondol, 3 leg. del pueblo, se ha establecido un barrio de monteses reducidos, en número de 65, de los cuales 55 han recibido el bautismo. Hay una escuela de primeras letras, bastante concurrida, la cual está dotada de los fondos de comunidad. Tiene este pueblo malos caminos y recibe de Jimamailan, cab. de la prov., el correo semanal en dias indeterminados. El TERM. se estiende bastante hácia el centro de la isla, por donde no tiene límites marcados. El TERRENO es llano en su mayor parte y bastante fértil, encontrándose en sus montes buenas maderas de construccion y ebanistería, miel, cera y caza mayor y menor. Sus colaterales son el pueblo de Silay al N. y Bacolod al S. En las tierras de labor se coje arroz, maiz, ajonjolí, algodon, abacá, caña dulce, legumbres y frutas. La IND. consiste principalmente en la agricultura y en la fabricacion de algunas telas. POBL. 3,731 alm., y en 1845 pagaba 819 ½ trib., que hacen 8,195 rs. plata, equivalentes á 20,842 rs. vn.

MIR

MIRIGIL: punta de la costa S. O. de la isla y prov. de Mindoro; hállase en los 124° 9' 20" long., 13° 20' lat., formando por la parte del E. la ensenada de Paluan.

MIRO: barrio del pueblo de Cavagan, en la costa occidental de la isla de Luzon, prov. de Zambales, arz. de Manila; SIT. en los 123° 55. 50" long., 17° 23' 30" lat., en terreno llano, á la orilla de un riach., CLIMA templado, y á 1 milla de su matriz, en cuyo artículo incluimos su POBL., PROD. y trib.

MISAMIS: pueblo con cura y gobernador-cillo, en la isla de Mindanao, cab de la prov. de Misamis, dióc. de Cebú; sit. en los 127° 30' long., 8° 25' 10" lat, en la costa setentrional de la isla y prov., en una lengua de tierra que se encuentra en la ensenada de Pangue, clima cálido, pero saludable. Tiene este pueblo un anejo llamado Luculan; su administracion espiritual se halla á cargo de los PP. Recoletos desde el año 1769. En el dia tiene, con las de su visita, unas 672 casas, la parroquial, la de comunidad y la casa Real, donde habita el alcalde mayor de la prov. La igl. parr. es de buena fábrica y se halla bajo la advocacion de la Concepcion de Ntra. Sra.; está servida por un cura regular. En este pueblo suele estar á veces el presidio ó defensa militar de la prov. Confina el term. por E. con el de Fligan que dista 8 leg.; por O. con el de Dapitan á 20 id., y por N. con el mar. El terreno es llano hácia las costas y montuoso en lo demas. prod. cacao, arroz, abacá, legumbres, frutas y algunas otras en menor cantidad. La principal ind. es la agricultura, fabricándose tambien algunas telas ordinarias y ocupándose otros en la pesca. pobl. 3,830 alm.; este pueblo está exento de trib. y solamente sus visitas pagan 314 trib., que hacen 3,140 rs. plata, equivalentes á 7,400 rs. vn.

MISAMIS (provincia de): una de las cuatro demarcaciones políticas en que se halla dividido el terr. reducido en la isla de Mindanao; forma una alcaldía mayor de entrada cuya cap. ó cab. es el pueblo de Misamis que la denomina, donde reside el alcalde mayor á cuyo cargo se hallan la adm. de justicia, gobierno, etc.: en lo ecl. pertenece al ob. de Cebú. Los confines de esta prov. tocan por la parte del E. con los de la de Caraga; por el S. se estienden hasta unas 6 ú 8 leg. hácia el centro de la isla, y por O. y N. la limita el mar de Visayas, pues esta prov. ocupa al O. de la de Caraga la parte setentrional de la referida isla de Mindanao.

El desarrollo de su superficie es de unas 120 leg. cuadradas, con unas 80 leg. de costa. Presentan estas grande abrigo á las embarcaciones por las incursiones que hace el mar, y prestan suma utilidad á los principales pue-blos ó visitas de esta prov. La visita Tagaloan es la primera que se encuentra por la costa, despues de pasada la jurisd. de la prov. de Caraga, en la bahía de Macahalan formada por la punta Sicapa en esta última prov., y la punta Sulaban, que con la de Layaban estrecha la boca de otra gran bahía llamada Iligan. En la primera de estas dos bahías que tiene unas 20 leg. de bojeo, y al S. de Tagaloan, se halla la del mismo nombre, luego la visita Agutay, la boca del r. Cagayan, y doblando la punta Sulaban, en la bahía de Iligau, el pueblo y puerto de este mismo nombre, la visita Panaon, las bocas de los r. Agus, Nitanton, Lupagon, Leangan, Bagumburan, y la ensenada de Panguil; el pueblo y presidio de Misamis, cab. de la prov.; las bocas de los r. Mindug, Lagran y Panaon tambien se hallan en esta bahía por la playa de Occidente. Desde la punta Layaban hace frente la costa en línea mas recta al N. y se encuentran las bocas de los r. Inamocan, Lagran y Duajo, la punta Silla, la de Taglo, que forma, con la de Sicayop al O., una ensenada en la que están las bocas de los r. Taglo, Poro y Pulanven y el pueblo de Dapitan en una altura ó cerrillo que hay junto á la playa. Frente á la referida punta Taglo y dist. unas 4 leg. al N. se halla la islita llamada Silino, y á igual dist. de la punta Sicayap y en la misma direccion, otra mayor que la de Silino. Desde esta última punta presenta ya la costa su frente al N. O.; unas 4 leg. al S. O. de la misma y sobre la playa está la visita Lubungan; encuéntrase luego Piao y Malao, las puntas Blanca, Divait y la de Maralag, que es hasta donde alcanza la jurisd. de esta prov., pues en la parte que se estiende al S. O. hasta la plaza de Zamboanga, habitan diferentes tribus independientes. Los confines terrestres no puede decirse con propiedad que se hallen determinados á no ser por la espresada parte de Caraga, pues por el centro y O. están abiertos al progreso de la conquista y civilizacion del pais. Sin embargo, fuera del espresado distrito y aun de la parte que sus pueblos han conseguido abrir y reducir á cultivo, es tanta la fragosidad de los montes y de la mas desarrollada vejetacion que se halla enlazada de un modo casi impe-

:

netrable por los bejucos y otras numerosas enredaderas que se encaraman por los altos y corpulentos árboles, que puede creerse limitada la prov. por una valla natural á cuyo abrigo conservan su independencia salvaje las rancherías indígenas. Estos pueblos independientes, lejos de oponerse á los españoles, se hallan en armonía con nuestros pueblos y cambian los objetos de sus necesidades: además siendo enemigos de los moros, pueden considerarse como una avanzada de la seguridad de la prov. por la parte mediterránea. En los espesos bosques de esta prov. se crian abundantes y apreciables maderas por su solidez y finura; diferentes frutos y raices alimenticias que aprovecha la frugalidad del indio: hay tambien búfalos, venados, jabalíes, diferentes especies de monos y otros animales raros, muchas abejas que elaboran abundante miel y cera. El TERRENO es muy fértil, su CLIMA cálido y escesivamente húmedo, con lo que presenta generalmente una vejetacion natural tan desarrollada, y reducido á cultivo, es el mas á propósito para toda clase de prod. Los muchos y caudalosos r. que lo cruzan facilitarian las ventajas del riego en casi todas sus partes: abundando en miñas de oro los montes, arrastran estos r. muchas partículas de oro entre sus arenas y son el objeto mas cómodo de la ind. del indio, poco apto en su estado de atraso, para las tareas que le exigiesen una actividad contradicha por la accion de la zona. La pesca de estos r., de los esteros marítimos y de los senos y bahias sobre que generalmente se hallan los pueblos, es otro de los fiadores de su subsistencia, mientras no se estienda la roturacion, no se abran comunicaciones fáciles, no se desarrollen el cultivo de las tierras y numerosos ramos de ind. á que se presta el pais: con esto respirarian los naturales un ambiente mas saludable que no participaria de las emanaciones de los bosques y aguas detenidas; no se verian con tanta frecuencia trabajados por las calenturas y tercianas que hoy padecen ni les serian tan temibles las piraterías pudiendo reunirse y acudir mas fácilmente á su defensa. Algunos pueblos, donde no es tan notable el general atraso en el aprovechamiento de los recursos del pais, ofrecen ya ejemplos satisfactorios de lo que puede ser algun dia toda la prov.: en ellos se cojen buenas cosechas de arroz y cacao, cocos y todo género de frutas; algodon y abacá de que hacen muchos y buenos tejidos aunque solo para el consumo de la prov., mientras no se descuida tampoco la recoleccion de la cera en los montes, del oro en los r., de sigueyes en las costas: la pesca del balate es un ramo de ind. sumamente productivo. El desarrollo de las ventajas del pais marchará á una con el de la pobl. y su cultura. El actual estado de esta pobl. es el siguiente.

ESTADO *de la poblacion de la provincia de Misamis en 1850, con espresion de los tributos que pagaba en 1845.*

PUEBLOS.	ALMAS.	TRIBUTOS.	RS. PLATA.	RS. VELLON.
Misamis. . . . . Locolan.	4,537	764	7,640	19,100
Iligan, Initao, Nanuan ó Naauan, Alubijid, Molugan, y Pictan ó Pigtao. . . .	5,251	»	»	»
Cagayan. . . . . Ipanan. . . . . Guza ó Gusa. . . . . . . Aguzan.	9 880	1,722	17,220	43,050
Jasaa ó Jasaan. . . . . . Tagoloan. . . . . Balinhasay ó Balingasac y La- gonlog. . . . . Salay. . . . . Quiniguitan ó Quinouitan. .	6,973	1,101	11,010	27,525
Mision de Pinagauian. . . Catarman ó Cataarman . Mamhukao ó Mambujao. .	8,559	»	»	»
Mahinog ó Maginog. . . Sagay. . . . . Guinsilibam.	4,006	»	»	»
Dapitan. . . . . Ilaya. . . . . Didolog ó Dipolog. . . . Luhungan. . . . . Langaran.	8,182	925	9,250	23,125
TOTAL. . . .	47,388	4,512	45,120	112,800

Este estado de la pobl. de la prov. da una idea bien satisfactoria de su desarrollo y prosperidad particularmente en el presente siglo.

Fué esta prov. uno de los primeros distritos que en Filipinas recibieron el patronato de la Corona de España; los del pueblo de Dapitan abrazaron afectuosamente á los primeros conquistadores y les acompañaron á Cebú, por lo que el rey les reservó de trib. y les concedió muchos privilejios. Los PP. Agustinos empezaron los trabajos de su evangelizacion, en cuyas penosas tareas les sucedieron los PP. Jesuitas quienes lograron la reduccion de la prov. á las máximas sagradas. Espulsados los jesuitas tomaron la adm. de estos pueblos los PP. Recoletos que la conservan. Desde el principio se establecieron varios presidios ó fortalezas aunque pequeñas, y se destinó una corta guarnicion para la conservacion y defensa del terr. mantenida por medio de un situado. Pertenecia á la prov. de Cebú, pero despues se aumentaron los presidios y situado y se erigió en corregimiento especial, cuya situacion económica era en principios del presente siglo bastante onerosa á la colonia. Sus rentas consistian en 11,278 trib, ó sean 225,560 rs. vn. que pagaba una pobl. de 56,590 alm.: el gasto de las cajas Reales en la manutencion del corregimiento y sus presidios ascendia á 121,689 ps. Las continuas correrías de los moros que por todas partes han llevado con frecuencia la muerte, la asolacion y el cautiverio, redujeron mucho el número de la pobl. y trib. espresado, hasta el año de 1818, sin que contribuyese poco á ello la defectuosa adm. que justamente deplorára el respetable Zúñiga.

Era la situacion de la prov. en aquella época como manifiesta el estado núm. 10.

La pobl. se habia disminuido nada menos que en 30,164 alm., número que representa un descenso próximamente de un 3 por 100 al año. La baja en los trib. fué de 7,908, equivalentes á una pérdida de 3 por 100 próximamente. Desde aquella época volvió á irse elevando tanto el número de alm. como el de trib., de modo que en 1845 eran 44,679 aquellas, y 7,049 estos: habia sido el aumento de las primeras en número de 18,455, que supone un desarrollo de mas del 2 por 100 al año: eran los trib. á las alm. como 1 á 6 °/₈, lo que manifiesta mas que nada el incremento de la pobl., pues escedia la proporcion ordinaria entre los tributantes y exentos. Ya hemos visto por el estado actual de la prov. como ha ido ascendiendo todavía la pobl. hasta el 1850, incremento que es de esperar se desarrolle en proporcion siempre de las mejoras de nuestra adm. y la cultura del país.

MISUA: pueblo de nuevos cri-tianos, en la isla de Mindanao, prov. de Misamis, dióc. de Cebú; se fundó en 1849, y en el dia tiene 18 casas, de las cuales no todas estan concluidas. Hay casa de comunidad y un baluarte para la defensa del pueblo en el caso de que sea atacado por los moros. Sus naturales se dedican al cultivo de las tierras y á recoger la miel y cera que hallan en los montes, donde tambien hay abundante caza. Como pueblo de reciente creacion está exento de pagar trib.

MIT

MITALAGIB: pueblo de nuevos cristianos, en la isla de Mindanao, prov. de Misamis, dióc. de Cebú; se fundó en 1849, y en la actualidad tiene 15 casas, no todas concluidas, y la de comunidad que es la mejor construida. Sus naturales se dedican al cultivo de las tierras y estan exentos de trib.

MOA

MOALBOAL: visita del pueblo de Budiang, en la isla, prov. y dióc. de Cebú; sit. en ter-

reno llano y clima templado. El número de sus casas, su pobl., prod. y trib. se dan en el artículo de la matriz.

MOB

MOBO: pueblo con cura y gobernadorcillo, en la isla de Masbate, comandancia militar de esta isla y la de Ticao, dióc. de Nueva-Cáceres; sit. en los 127° 17' 30" long., 12° 18' lat., á la orilla de un riach. ½ leg. distante á la ensenada de su mismo nombre, en la costa N. E. de la isla; tiene buena ventilacion y un clima templado y saludable. Hay unas 351 casas, la parroquial, la de comunidad, donde se halla la cárcel, una escuela de instruccion primaria y la igl. parr. que es de mediana fábrica y la sirve un cura secular. Comprende el term. la parte mas estrecha de la isla desde la ensenada de Uson hasta la referida de Mobo, y confina por N. O. con el térm. de Palanog, á 1 ½ leg., y por S. E. con el de Naro, á 5 id. El terreno es montuoso y muy fértil; riéganlo varios riach. que arrastran con sus aguas algunas partículas de oro y proporcionan á los naturales una ind. en recogerlas, asi como tambien estraen este mismo metal de una mina que hay de él al Mediodia del térm.; fabrican ademas algunas clases de telas, cortan las maderas, que abundan en los montes, recogen la miel y cera que hay en los mismos y cultivan las tierras, que les prod. arroz, maiz, trigo, cacao, caña dulce, algodon, abacá, legumbres y frutas. pobl. 2,312 alm., 461 ½ trib., que hacen 4,615 rs. plata, equivalentes á 11,537 ½ rs. vn.

MOBO: r. de la isla y prov. de Samar; nace en los 128° 2' 30" long., 12° 29' 30" lat., corre unas 2 ½ leg. en direccion al O. y desagua en el canal que forma la isla de Puerco, con la referida de Samar, á los 127° 55' 30" long., 12° 29' lat.

MOBO (ensenada de): en la costa N. E. de la isla y prov. de Masbate; hállase por los 127° 18' long., 12° 19' 30" lat.; la punta Ibinga, y que forma la boca por la parte del O., se halla en los 127° 17' 30" long., 12° 21' lat., y el punto que mas se interna alcanza á los 127° 16' 50" long., 12° 18' 30" lat.

MOCABARI: guardia ó bantay, en la isla de Luzon, prov. de Albay; hállase en los 127° 50' long., 12° 49' 30" lat., sobre la costa del mar, y al N. de Poro, barrio de Bulacan, en cuyo TÉRM. se halla.

MOCABARI: punta de la costa E. de la isla de Luzon, en la prov. de Albay; hállase en los 127° 49' 45" long., 12° 49' lat.

MOCPOG: visita del pueblo de Boac, en la isla de Marinduque, adscrita á la prov. de Mindoro, arz. de Manila; SIT. en los 125° 35' long., 13° 29' lat., á la orilla de un r., próximo á su desagüe en el mar, en la costa N. O. de la referida isla, terreno llano, y CLIMA templado y saludable. Tiene un camino de herradura, que sale al E. del pueblo, y sigue en esta direccion, atravesando los montes del centro de la isla para llegar á Sta. Cruz, cuyo pueblo se halla en la costa oriental de la isla, y á distancia de 2 leg.; al S. del pueblo sale otro camino que se encuentra en mejor estado que este, dirije á la matriz que dista poco mas de 1 leg., y en cuyo articulo incluimos su POBL., PROD. y trib.

MOE

MOELMOEL: punta de la costa O. de la isla y prov. de Samar; hállase en los 127° 55' long., 12° 54' lat., en el térm. del pueblo de Catarman.

MOL.

MOLAVE: riachuelo de la isla de Luzon, prov. de Cavite; tiene su origen al N. del pueblo de Sta. Cruz, corre en direccion al N. y desagua en la ensenada de Bacor, al S. S. O. de la plaza de Cavite.

MOLAVEN: punta de la isla de Luzon, en la prov. de Batangas (laguna 'de Taal); SIT. en los 124° 40' long., 13° 52' 40" lat.

MOLAVIG: v. PASON.

MOLAVIN: una de las clases de madera mas comun y apreciada en Filipinas.

MOLO: pueblo con cura y gobernadorcillo, en la isla de Panay, prov. de Iloilo, dióc. de Cebú; SIT. en los 126° 21' 40" long., 10° 49' lat., en una islita que forman dos esteros del mar,

próximo á la costa S. E. de la isla, en terreno llano, y CLIMA no muy cálido. Tiene unas 2,161 casas, la parr., la de comunidad donde está la cárcel, una escuela de instruccion primaria, cuyo maestro tiene una dotacion de los fondos de comunidad, una iglesia parr. de mediana fábrica servida por un cura secular, y á corta distancia de esta el cementerio. Recíbese en este pueblo, de la cab. de la prov., un correo semanal en dias indeterminados. Confina el TÉRM. por N. N. E. con el de Mandorrevo, que dista ½ leg.; por E. con el de Iloilo, cab. de la prov., á 1 id.; por N. E. con el de Jaro á 1 id.; por O. con Arévalo, á igual dist. El TERRENO es llano, cruzan por él los esteros que forman la islita donde está SIT. este pueblo, como asi mismo el de Iloilo y la villa de Arévalo. Las PROD. son arroz, maiz, caña dulce, algun algodon, legumbres, frutas y cacao de superior calidad. La IND. consiste en la agricultura, la pesca, y fabricacion de varias clases de tela. POBL. 12,847 alm., y en 1845 paba 1,813 ½ trib., que hacen 18,135 rs. plata, equivalentes á 45,337 ½ rs. vn.

MOLOVOLO: barrio del pueblo de Boljoon, en la isla, prov. y dióc. de Cebú; hállase á 1 ½ leg. de su matriz, en cuyo art. incluimos su POBL., PROD. y trib.

MOLUGAN: visita de Iligan, en la isla de Mindanao, prov. de Misamis, dióc. de Cebú; SIT. en terreno llano y CLIMA cálido. Dista 14 leg. de su matriz, en cuyo art. van incluidos su POBL. y trib.

MOM

MOMBON: islote rodeado de escollos, al S. de la isla y prov. de Samar; dista poco mas de ½ leg. del pueblo de Guiñan que se halla al N.; su centro se encuentra en los 129° 40' long., 10° 54' lat.

MON

MONDIVIN: monte de la isla y prov. de Leyte; hállase en el térm. del pueblo de Palompon, al N. N. E. del mismo; es de mucha elevacion, y en los espesos bosques de que está poblado se encuentran muy buenas maderas y mucha caza mayor y menor.

MONGO: especie de lentejas; tienen un gusto sabroso, son algo mas redondas que estas y la planta que la produce se asemeja á la del yero. Su cosecha es abundante en muchos pueblos de Filipinas.

MÓNICA (Santa): barrio del pueblo de Hagonoy, en la isla de Luzon, prov. de Bulacan, arz. de Manila; SIT. á corta distancia de la matriz, en cuyo artículo damos su POBL., PROD. y trib.

MÓNICA (Santa): barrio del pueblo de Lapo, en la isla de Luzon, prov. de Ilocos-Sur, dióc. de Nueva-Segovia; hállase no muy lejos de la matriz, en cuyo artículo incluimos su POBL., PROD. y trib.

MÓNICA (Santa): anejo del pueblo de Taytay, en la isla de Paragua, prov. de Calamianes dióc. de Cebú. Su POBL., PROD. y trib. los incluimos en el artículo de la matriz.

MONJA (la): islita adyacente á la costa S. de la prov. de Bataan; hállase al S. S. E. del puerto de Mariveles y al O. de la isla del Corregidor, á la entrada de la bahía de Manila, en los 124° 12' 40'' long., 14° 24' lat. Es muy pequeña.

MONTE (punta del): en la costa N. de la isla y prov. de Mindoro; hállase en los 124° 5' 30'' long., 13° 31' 30'' lat.

MONTE (San Francisco del): santuario y convento de los PP. Franciscanos; SIT. en los 124° 41' long., 14° 40' lat., á la izq. del r. de Mandaloya; al S. hay un almacen de pólvora. Tiene una hacienda conocida con su mismo nombre, pero es muy montuosa y poco fértiles sus tierras. Dista como 3/4 leg. al N. E. de Manila, comprendida entre el territorio conocido por las Lomas, Sampaloc, Santamesa y San Juan del Monte. El convento de PP. Franciscanos es una especie de eremitorio ó santuario como el de Guadalupe de los PP. Agustinos Calzados.

MONTE (San Juan del): santuario y convento de los PP. Dominicos; SIT. en terreno elevado, á los 124° 42' 5'' long., 14° 57' 20'' lat., pasa al S. el r. Mandaloya, y tiene una hacienda conocida por su mismo nombre, la cual tambien pertenece á la referida órden. Son tierras montuosas y producen poco. Dista cerca de 1 leg. al E. de Manila, hallándose

despues del territorio conocido por las Lomas. El convento viene á ser como el de Guadalupe de los PP. Agustinos Calzados.

MONTE (San Pablo del): V. PABLO DEL MONTE.

MONTIN-ILOG: r. de la isla de Luzon, en la prov. de la Laguna; tiene su origen á los 124° 42' long., 14° 15' lat.: diríjese al N. haciendo luego una curva al E. para unir sus aguas con las del r. Lusacan ó Calaboso, despues de haber corrido unas 2 1/4 leg.

MONTINLUPA: pueblo con cura y gobernadorcillo, en la isla de Luzon, prov. de Tondo, arz. de Manila; SIT. en los 124° 41' 30'' long., 14° 25' lat., á la orilla der. de un riach., junto á la playa occidental de la laguna de Bay, con buena ventilacion, y CLIMA templado y saludable. Tiene unas 566 casas, la parroquial, la de comunidad donde se halla la cárcel, una escuela de instruccion primaria y la igl. parr. que es de mediana fábrica y la sirve un cura regular. Salen de este pueblo tres caminos ó calzadas que se hallan en buen estado; el uno que conduce al pueblo de Tagui, de cuyo pueblo era anejo antiguamente aun cuando era administrado por el cura de Tunasan, el otro que conduce á este pueblo, y el tercero que dirije al de las Piñas que se halla en la playa de la bahía de Manila. Confina el TÉRM. por N. con el de Taguig, que dista unas 2 1/4 leg.; por S. con el de San Pedro de Tunasan, en la prov. de la Laguna, á poco mas de 1/2 leg.; por O. con el de Imus, en la prov. de Cavite, á 2 id., y por E. con la laguna de Bay. El TERRENO es llano por junto á la orilla de la laguna, pero montuoso en lo demas, ó sea al N. O. del pueblo donde se eleva el terreno formando un monte de unas 2 leg. de N. á S. y como 1/2 leg. de E. á O. En él hay buenas tierras de pasto, y su travesía era bastante peligrosa en otros tiempos cuando aun no se habia erigido en parroquia el pueblo que describimos; pues hallándose sus casas diseminadas y sin cura que reuniese sus hab. no podia cada uno aisladamente resistir los ataques de los malhechores que vagaban por las cercanías robándoles á veces sus ganados que iban á vender luego á Tagui y Malibay. Por esto se veian precisados á no enemistarse con ellos ; por lo cual algunos calificaban de hombres malos á los naturales de este pueblo. Las tierras de este pueblo pertenecen en su mayor parte á los PP. Agustinos, dejándoles su arriendo muy poca utilidad. En ellas se cosecha arroz, maiz, algodon, legumbres y algunas frutas. La IND. consiste en la agricultura, en la pesca y en la fabricacion de algunas telas que es la ocupacion de las mugeres. POBL. 3,101 alm., y en 1845 pagaba 559 trib., que hacen 5,590 rs. plata, equivalentes á 13,475 rs. vn.

MONTINTUBIG: afluente del r. de Calumpan, en la isla de Luzon, prov. de Batangas; nace en los 124° 46′ long., 13° 56′ 20″ lat., corre al S. S. E. y une sus aguas con las del mencionado r. en los 124° 49′ 30″ long., 13° 50′ lat.

MONTINTUBIG: r. de la isla de Luzon, en la prov. de Batangas; nace en las vertientes meridionales del monte de Batulao, á los 124° 27′ long., 14° 6″ lat., corre 1 ½ leg. y junta sus aguas con las del r. que va á desaguar en el seno de Balayan, al O. del pueblo así llamado, cuyo nombre toma.

MONTUFAR: punta de la costa N. E. de la prov. de Albay; hállase en los 127° 54′ 20″ long., 13° 3′ lat.

MONTUFAR: baluarte del pueblo de Sogod (1 ½ leg. al E. del mismo), en la isla de Luzon, prov. de Albay; hállase en los 127° 51′ 20″ long., 13° 2′ 20″ lat.

MONTUGAN: visita del pueblo de Bolabog, en la isla de Luzon, prov. de Albay, dióc. de Nueva-Cáceres; SIT. en los 127° 25′ 20″ long., 12° 59′ lat., entre dos r., terreno desigual y CLIMA cálido. POBL. PROD., y trib. los incluimos en el art. de la matriz, de la que dista 3 leg.

MOO

MOOLIGI: llámanse asi dos islitas del grupo de Cagayan-Joló, que se hallan á muy corta distancia una de otra, al S. E. de la isla denominante del grupo, de la que distan muy poco.

MOR

MORON: pueblo con cura y gobernadorcillo, en la isla de Luzon; prov. de Bataan, arz.

de Manila; SIT. en los 123° 58′ long., 14° 42′ lat., á la orilla der. de un r.; tiene buena ventilacion, y CLIMA templado y saludable. Hay 566 casas, la parr., la de comunidad, escuela de instruccion primaria, igl. parr. de buena fábrica, bajo la advocacion de Ntra. Señora, y está servida por un cura secular. Tiene un camino que conduce á los pueblos de Balanga y Subic y recibe de la cab. de la prov. el correo semanal. Confina el TERM. por S. E. con el de Bagac á 2 ½ leg.; por N. con el de Subig que dista unas 4 leg.; por E. con la cordillera central de la prov. que concluye en la sierra de Mariveles, y por O. con el mar. Tiene este pueblo un barrio con su ermita, que es el de Bagac, dist. 4 horas. El TERRENO es montuoso; crianse en él buenas maderas para construccion, bastante caza, y alguna miel y cera que depositan las abejas en los sitios mas á propósito que encuentran para ello. En el terreno reducido á cultivo, las producciones son arroz, maiz, alguna caña dulce, ajonjolí, varias clases de legumbres, frutas y abaca; la agricultura y la pesca es lo que forma su IND. Con el sobrante de sus prod. hacen su COM. POBL. 2,782, alm., y en 1845 pagaba 573 ½ trib., que hacen 5,735 rs. plata, equivalentes á 14,547 ½ rs. vn.

MORON: monte de la isla de Luzon, en la prov. de Nueva-Ecija; hállase su cumbre en los 124° 24′ long., 15° 51′ lat., sirviendo de límite en la parte que ocupa, á la referida prov. y la de Pangasinan.

MORONG: pueblo con cura y gobernadorcillo, en la isla de Luzon, prov. de la Laguna, arz. de Manila; SIT. en los 124° 57′ long., 14° 30′ lat., próximo ál desagüe de un riach., en la playa de la Laguna de Bay, terreno llano y defendido de los vientos N. y N. E. por los muchos montes y lo elevado del terreno que sigue al N. y N. E. Su CLIMA es templado y saludable. Tiene unas 1,085 casas, la parroquial, la de comunidad, donde está la cárcel, una igl. parr. de buena fábrica, servida por un cura regular, y una escuela de instruccion primaria con una dotacion de los fondos de comunidad. Tiene un camino en buen estado que sale al S. del pueblo, sigue por la playa de la Laguna al E. del mismo y se dirije al pueblo de Tanay. Confina el TERM. por N. con el de Bosoboso, en la prov. de Tondo; por O. con el de Binangonan, que dista 2 leg.; por E. con los térm. de Baras y Tanay, cerca de 1 leg. dist. cada uno, y por S., con la laguna de Bay. El TERRENO es fértil, montuoso y abundante en maderas de varias clases; hay alguna caza y se coje miel y cera en los montes de de su jurisd. Las tierras cultivadas PROD. arroz, caña dulce, algodon, abacá, algunas legumbres y frutas. IND.: la agricultura y la pesca que hacen en la Laguna son las principales de este pueblo, cuyas mugeres se ocupan en fabricar algunas telas de algodon y abacá. POBL. 6,497 alm., y en 1845 pagaba 1,547 trib., que hacen 13,470 rs. plata, equivalentes á 33,675 rs. vn.

MUG

MUGEN: ranchería de infieles reducidos, en la isla de Luzon, prov. del Abra; SIT. en los 124° 29' long., 16° 55' 30" lat., en la falda de los montes de la cordillera central de la isla. Desconocemos el reconocimiento que paga.

MUGMUG: visita del pueblo de Agaña, en una de las islas Marianas, que forman la prov. de este nombre, dióc. de Cebú; SIT. no muy lejos de su matriz, en cuyo artículo van incluidos sus trib. y POBL.

MUGO: llámase así la parte de llanura que se estiende al N. O. de Gapan, despues de la visita de Tambo y á la otra banda del r. de Cabatuan, en la isla de Luzon, prov. de Nueva-Ecija.

MUJ

MUJABA: islita entre la costa S. O. de la isla de Samar y la N. de la de Buad; es muy pequeña y su centro se halla en los 128° 29' long., 11° 42' 20" lat.

MUJAI: punta de la costa N. O. de la isla de Guimaras; hállase en los 126° 12' long., 10° 36' 30" lat.

MUL

MULANAY: pueblo con cura y gobernadorcillo, en la isla de Luzon, prov. de Tayabas, dióc. de Nueva-Cáceres; SIT. en los 126° 4' 20"

long., 13° 31' 30" lat., terreno llano, á la orilla izq. de un r., en la costa S. O. de la prov.; CLIMA templado y saludable. Tiene unas 111 casas, la parroquial, la de comunidad, donde está la cárcel, una escuela de instruccion primaria dotada de los fondos de comunidad, una igl. parr. servida por un cura secular y un cementerio fuera de la pobl. Comunícase este pueblo con sus inmediatos los de la costa, por el mar, y recibe de la cab. de la prov. el correo semanal en dias indeterminados. Confina el TERM. por N. O. con el de Catanauan; por N. E. con los montes del centro de la prov., y por O. y S. O. con el mar. El TERRENO es montuoso; hay sin embargo algunas llanuras donde estan las sementeras. En los montes se crian maderas para la construccion de pequeñas embarcaciones, caza, alguna miel y cera que depositan las abejas en los sitios que hallan mas á propósito. En el terreno cultivado las PROD. son arroz, maiz, caña dulce, legumbres, frutas, algodon, abacá y ajonjolí. La agricultura y la pesca son las principales ocupaciones de los habit. POBL. 1,229 alm., 299 ½ trib., que hacen 2,995 rs. plata, equivalentes á 7,487 ½ reales vellon.

MUM

MUMBARI: riach. de la isla de Panay, en la prov. de Antique; nace en los 125° 37' long., 11° 28' lat.; toma su direccion al O., y corriendo poco mas de 1 leg. desagua en el mar por la costa occidental de la prov.

MUN

MUNGAJUN: monte de la isla y prov. de Samar, térm. del pueblo de Hiabong; hállase su cima en los 128° 30' 20" long., 11° 54' 50" lat.; es de bastante elevacion, y en los espesos bosques de que está poblado se encuentran escelentes maderas, muchas clases de cañas, palmas y bejucos.

MUNGLAN: monte de la isla de Luzon, en la prov. de la Union; hállase su cumbre en los 124° 7' 30" long., 16° 27' lat., al E. de Lucsin.

MUNGLAO: ranchería de infieles reducidos, en la isla de Luzon, prov. del Abra;

hállase en los 124° 10′ long., 15° 27′ lat.

MUNGMUNG: anejo del pueblo de San Ignacio de Agaña, en la isla de Guayan, una de las Marianas, dióc. de Cebú; hállase ¼ leg. dist. del referido pueblo, en cuyo artículo incluimos su POBL., PROD. y trib.

MUNIQUI: pueblo de nuevos cristianos, en la isla de Mindanao, prov. de Misamis, dióc. de Cebú. Se fundó en 1849, y en el dia tiene 24 casas de las que no todas están acabadas de hacer, y la de comunidad que está concluida es la mejor construida. Sus naturales se dedican unos al cultivo de las tierras, otros á la caza y otros á la pesca, estando todos exentos de pagar trib.

MUR

MURCIÉLACOS: llámanse así dos islitas adyacentes á la costa N. de la isla de Mindanao; dista una de otra 1 ½ leg.; la mayor se halla en los 126° 16′ long., 8° 6′ lat., y la menor en los 126° 1′ 50″ long., 8° 6′ 50″ lat.

MURIGODON: punta de la costa S. O. de la isla de Luzon, en la prov. de Camarines-Sur; hállase en los 127° 4′ 50″ long., 12° 52′ 50″ lat.

MUS

MUSINLOC: r. de la isla de Mindanao, en la prov. de Zamboanga; hállase su orígen en los 125° 55′ long., 7° 10′ lat.; corre de N. á S. formando un semicírculo y desagua en el mar por la costa S. E. de la prov.

MUT

MUTILA: pueblo de la isla de Mindanao, sujeto al sultan de dicha isla; se halla en los 128° 36′ 30″ long., 7° 7′ lat., en terreno llano, y á la orilla de un r. Su CLIMA es bastante cálido.

MUTINGTUBIG: barrio del pueblo de Ibaan, en la isla de Luzon, prov. de Batangas, arz. de Manila; dista poco de su matriz, en cuyo artículo incluimos su POBL., PROD. y trib.

MUTIONG: anejo del pueblo de Paranas, en la isla y prov. de Samar; SIT. en los 128° 35′ 15″ long., 11° 46′ 40″ lat., sobre la costa, terreno llano, buena ventilacion, y CLIMA templado y saludable. PROD., POBL. y trib. van incluidos en el artículo de la matriz.

MUY

MUYO: terreno comprendido en el térm. del pueblo de Gapan, en la prov. de Nueva-Ecija, isla de Luzon; hállase entre los anejos de este pueblo, Langla y San Damian. Llámase comunmente sitio de *Muyo*.

N

NABAO: r. de la isla de Luzon, en la prov. de Bulacan; nace próximo á la playa setentrional de la gran bahía de Manila, donde desagua despues de un corto curso.

NABAO: barra del r. de su mismo nombre, en la bahía de Manila; hállase por los 124° 25′ long., 14° 46′ 50″ lat.

NABILOG: islita adyacente á la costa occidental de la isla de Masbate; tiene una milla de larga y poco menos de ancha; su centro se halla en los 126° 50′ long., 12° 28′ lat.

NABOTAS: barrio del pueblo de Tambobong., en la isla de Luzon, prov. de Tondo, arz. de Manila; SIT. en los 124° 57′ long., 14° 41′ 55″ lat., á la orilla del r. Tambobong, en terreno llano, al S. O. y á muy corta distancia de su matriz, próximo á la playa oriental de la bahia de Manila; las tierras de este barrio pertenecen á la hacienda de su mismo nombre; tiene unas 50 casas que forman 3 calles principales, y el número de las almas, así como sus prod., lo incluimos en el artículo de la matriz.

NABOTAS (hacienda de): comprende las tierras que están al N. del barrio de este mismo nombre y se hallan entre el r. de Tambobong y la playa de la bahía de Manila, al N. O. del pueblo de Tambobong. Tiene una hermosa casa, al S. del referido barrio y al O. del de Banculasi, en la referida playa de la bahía de Manila.

NABUA: pueblo con cura y gobernadorcillo, en la isla de Luzon, prov. de Camarines-Sur, dióc. de Nueva-Cáceres; sit. en los 127° 2' 40" long., 13° 27' 50" lat., próximo á la orilla de un r. llamado de Rubi, en terreno llano y clima templado. Tiene 1,490 casas, la parroquial, la de comunidad, donde se halla la cárcel, una igl. parr. de buena fábrica, servida por un cura regular, y una escuela de instruccion primaria concurrida por bastantes alumnos, teniendo esta una dotacion de los fondos de comunidad. Recíbese en este pueblo el correo semanal establecido en la isla y tiene caminos en mal estado que conducen á los pueblos vecinos. Confina el term. por N. con el de Bacao, que dista 1 y ¼ leg. al N. N. O.; por S. con el de Bato, á igual dist.; por E. con el de Iriga, á unos ¾ leg., y por O. se estiende el térm. hasta la costa S. O. de la prov. El terreno es llano y lo riegan varios r. que lo fertilizan, entre ellos el de Bicot que corre al O. del pueblo. prod. arroz, maiz, caña dulce, ajonjolí, pimienta, frutas y legumbres. ind.: la agricultura y la fabricacion de algunas telas de algodon y abacá. pobl. 8,952 alm., y en 1845 pagaba 1,840 trib., que hacen 18,400 rs. plata, equivalentes á 46,000 rs. vn.

NABUALAN: anejo del pueblo ó mision de la Paz, en la isla de Luzon, prov. del Abra. Dista poco de su matriz, en cuyo artículo incluimos su pobl., prod. y trib.

NABUTAS: r. de la isla de Mindoro; nace en los 124° 52' 50" long., 13° 19' lat.; diríjese al N. E., corre 1 ¼ leg. y desagua en el mar.

NAGA: pueblo con cura y gobernadorcillo, en la isla, prov. y dióc. de Cebú; sit. en los 127° 12' 50" long., 10° 14' 50" lat., sobre la costa S. E. de la referida isla, en terreno llano y clima templado. Este pueblo se fundó en 1829, formándose de los barrios de Tinaan y Tulayan que se juntaron en el sitio llamado de Naga, del que tomó su nombre. Tiene unas 1,661 casas, la de comunidad, donde está la cárcel, y la parroquial que se halla junto á la igl. parr. que es de buena fábrica y está bajo la advocacion de San Francisco de Asis. La administracion espiritual de este pueblo pertenece á los PP. Agustinos Calzados. Hay una escuela de instruccion primaria y un cementerio fuera de la poblacion. Tiene una visita llamada Pitalo y tres rancherías comprendidas en su jurisd. que son: Langlad, Salang, y Panadtaran. Confina el term. por N. E. con el de Talisai que dista poco mas de 1 leg.; por S. O. con el de Carcar á 3 id.; por O. con la cordillera que se eleva por el centro de la isla, y por E. con el mar. El terreno es fértil y llano en su mayor parte; en los montes de su jurisd. se crian muy buenas maderas, y por la parte de O., en direccion á Pinanomajan, hay una mina de oro y otra de carbon de piedra. prod. arroz, maiz, tabaco, cacao, caña dulce, algodon, legumbres y frutas. ind.: la agricultura, la pesca, y la fabricacion de algunas telas, con todo lo cual hacen su com. con los pueblos vecinos y especialmente con Cebú. pobl. 8,851 alm., y en 1845 pagaba 1,483 trib., que hacen 14,830 rs. plata, equivalentes á 37,075 rs. vn.: tiene actualmente 10,474 alm. y 1,887 trib.

NAGA: pueblo con cura y gobernadorcillo, cab. de la prov. de Camarines-Sur, en la isla de Luzon, dióc. de Nueva-Cáceres; sit. en los 126° 52' long., 13° 55' lat., en terreno llano, próximo á la orilla de un estero; su clima es bastante sano y templado: en la actualidad tiene 441 casas, la parroquial y la de comunidad, donde está la cárcel; la casa Real donde habita el alc. m. de la prov. es de piedra; la igl. parr. que tambien es de buena fábrica, y una escuela de instruccion primaria con una dotacion de los fondos de comunidad. La adm. espiritual de este pueblo se halla á cargo de los regulares. Confina el TERM. con los de Sta. Cruz, Camaligan y Tabuco, que componen lo que se llama ciudad de Nueva-Cáceres. El TERRENO es llano y fértil. En el corto espacio que comprende el térm. los hab. labran su suelo que les PROD. arroz, maiz, caña dulce, cacao, tabaco, algodon, legumbres y frutas. La IND. consiste en la agricultura, en la pesca y fabricacion de telas que hacen las mugeres. POBL. 2,646 alm., y en 1845 pagaba 787 tributos, que hacen 7,870 rs. plata, equivalentes á 19,725 rs. vn.

NAGA: r. de la isla y prov. de Samar; nace en los 128° 55' long., 11° 22' lat.; corre 1 leg. al O. y desagua en el mar por la costa occidental de la isla.

NAGA: afluente del r. Chico de la Pampanga; nace en los 121° 18' long., 15° 24' lat.; corre 1 ¼ leg. al N. E. y junta sus aguas con las del referido r.

NAGA: punta de la costa oriental de la isla de Romblon; hállase en los 125° 58' long., 12° 32' 20" lat.

NAGASUMBAOCAN: ranchería de infieles, en la isla de Luzon, prov. de Ilocos-Sur; SIT. al E. del pueblo de Magsiñgal y dist. poco mas de 1 leg. del mismo.

NAGAVICAGAN: punta N. O. de la isla de Luzon, en el cabo Bojeador, prov. de Ilocos-Norte; hállase en los 124° 12' long., 18° 27' lat.

NAGBANGEDAN: pueblo que existió en la prov. del Abra; era barrio de Bangued y estaba SIT. al S. E. de este pueblo, dist. ¼ milla, en la montaña de su mismo nombre. En la actualidad este sitio se halla todo cubierto de arbustos.

NAGBANGEDAN: montaña de la isla de Luzon, en la prov. del Abra; hállase en el TERM. de Bangued, ¼ leg. al S. E. de este pueblo.

NAGBUBURAC: r. de la isla y prov. de Samar; nace en los 129° 5' long., 11° 54' 30" lat.; corre ½ leg. al E. N. E. y vá á desaguar en el mar por la costa oriental de la isla, despues de haber bañado el térm. del pueblo de Sulat.

NAGCARLANG: pueblo con cura y gobernadorcillo, en la isla de Luzon, prov. de la Laguna, arz. de Manila; SIT. en los 125° 5' long., 14° 8' 30" lat., entre dos riachuelos, terreno llano, y CLIMA templado. Tiene 1,469 casas, la parroquial que está junto á la igl. de este pueblo que es de buena fábrica y la sirve un cura regular. En la casa de comunidad, que asi como la parroquial, es de las mejores del pueblo, está la cárcel. Hay escuela de instruccion primaria con una dotacion de los fondos de comunidad, y ademas de esta escuela hay algunas otras de particulares. A corta dist. de la igl. se encuentra el cementerio que está bien sit. y tiene bastante ventilacion. Las comunicaciones de este pueblo con los inmediatos se efectúan por medio de buenos caminos, y se recibe el correo semanal que hay establecido en la isla. Confina el TERM. por N. con los de Pila y Magdalena, dist. el primer pueblo 1 ¼ leg., y 2 el segundo; por N. O. con el de Bay dist. 2 leg.; por O. con el de Calauang á igual dist.; por E. con el de Silio á ¼ leg., y por S. con la prov. de Batangas. El TERRENO es llano y lo riegan varios r. que bajan del monte de San Cristoval que se halla 1 ¼ leg. al S. del pueblo; al O. y en la jurisd. del mismo se eleva el de Mavacat, en el que se crian algunas maderas buenas para la construccion de embarcaciones. En el terreno cultivado las PROD. son arroz, ajonjolí, algun maiz, caña dulce, algodon, abacá, legumbres y frutas. La IND. consiste en la agricultura, beneficio del ajonjolí, de la caña dulce y en la fabricacion de algunas telas que emplean en los usos domésticos. POBL. 8,817 alm., y en 1845 pagaba 1,813 trib., que hacen 18,130 rs. plata, equivalentes á 45,325 rs. vn.

NAGCURALAN: barrio del pueblo de Paoay, en la isla de Luzon, prov. de Ilocos-Norte, dióc. de Nueva-Segovia; SIT. en la costa occidental de la prov., próximo al desagüe del r. de Paoay, terreno llano y CLIMA igual al de su matriz. La IND. de los naturales consiste principalmente en la fabricacion de sal y en la pesca, que diariamente van á venderla al mercado del pueblo, en cuyo artículo incluimos su POBL. y trib.

NAGPABUHAN: puerto de la costa N. E. de la prov. de Tayabas; hállase en el seno de Guinayangan, y su centro en los 126° 10' 20" long., 13° 39' 30" lat. Es bastante pequeño, pero abrigado y seguro.

NAGPARTIAN: anejo del pueblo de Bangi, en la isla de Luzon, prov. de Ilocos-Norte, dióc. de Nueva-Segovia; sit. en los 124° 18' 20" long., 18° 31' 13" lat., en una meseta que forman los montes que vienen encadenados desde el de Baruyen hasta el Cabo Bojeador, rodeado de bosques y escarpadas colinas; su clima es templado, siendo los vientos reinantes los N. y N. E. que por lo regular vienen acompañados de fuertes aguaceros. Las enfermedades mas comunes son tercianas y tisis. Antiguamente estuvo sit. este pueblo en el sitio Bangbanglo y en la actualidad se halla donde ya hemos espresado. Tiene 132 casas y una iglesia que se halla bajo la advocacion de San Juan de Sahagun; es de piedra con techo de palmera y está asistida por el cura de la matriz. Próximo á la iglesia se hallaba la casa parroquial que se quemó en el año de 1838, sin que hasta la presente se haya reedificado. La casa de comunidad ó tribunal es de caña con techo de palmera, y en ella está la cárcel. Hay dos escuelas, una para niños y otra de niñas, ni una ni otra tienen dotacion por los fondos de comunidad, y el cura de la matriz les da una retribucion de su bolsillo propio para que llenen este cometido. Fuera de la pobl. está el cementerio, bien sit. y con ventilacion. Los caminos son bastante malos y de la cab. de la prov. se recibe un correo semanal. Confina el term. por S. con el de Pasuquin, á unas 5 leg.; por N. E. con Bangi, su matriz, á 3 id., y por O. y N. con el mar, á 1 ½ leg. El terreno es fértil y montuoso; en los montes se crian muchas clases de maderas buenas para la construccion de casas; hay canteras y una clase de tierra arcillosa de color encarnado y oscuro, que molida sirve para dar colores. Próximo al monte Saoit hay una dehesa que tendrá unas 2,000 brazas cuadradas. Críase ganado vacuno, y en los referidos montes se encuentra caza de jabalíes y de carabaos. La piedra de que hacen la cal se coje en la playa que se estiende desde Bobon hasta Dirique. prod. arroz, maiz, mijo, frijoles, cajeles, caña dulce y algunas frutas. ind.: esta consiste en la agricultura y en la fabricacion de petates y bayones bastos; tambien cojen en las costas por los meses de noviembre y diciembre una prod. marina compuesta de unas fibras flexibles en forma de lama, que crece naturalmente en las rocas y se llama *Ganet*; la secan al sol y se la comen asi cruda, otros la cuecen con pescado; pero segun se ha observado parece que esta comida es muy indigesta. Hay en esta visita unas 840 alm., y los trib. que pagan en la actualidad son 252 ½: unidos estos con los que al presente tiene la matriz segun el documento mas moderno obtenido, forman la suma de 1,012; asi como son 3,903 las almas.

NAGREBEAN: barrio del pueblo de Balauang, en la isla de Luzon, prov. de Ilocos-Sur, dióc. de Nueva-Segovia; sit. no muy lejos de su matriz, en cuyo articulo incluimos su pobl., prod. y trib.

NAGSABARAN: barrio del pueblo de Pasuquin, en la isla de Luzon, prov. de Ilocos-Norte, dióc. de Nueva-Segovia; sit. próximo á la matriz, en cuyo articulo incluimos su pobl., prod. y trib.

NAGSINGCAUAN: barrio del pueblo de Cabugao, en la isla de Luzon, prov. de Ilocos-Sur, dióc. de Nueva Segovia; sit. no muy lejos de su matriz, en cuyo articulo incluimos su pobl., prod. y trib.

NAGTABLAAN (Mision de): en la prov. de Ilocos-Sur, isla de Luzon, dióc. de Nueva-Segovia; depende esta mision del pueblo de Sta. Lucia, y los progresos que hace en el aumento de los fieles cristianos son cada dia mayores.

NAGTUYO: r. de la isla de Luzon en la prov. de Bataan; nace en los 124° 2' 30" long., 14° 53' 20" lat.; dirijese al S. y retrocediendo luego al N., toma la direccion al O. y desagua en el r. de Sta. Rita despues de un curso de unas 3 leguas.

NAGUBAT: islita adyacente á la costa S. E. de la isla de Mindoro; hállase su centro en los 125° 4', long., 12° 9' 30" lat., tiene ½ leg. de larga y 1 milla de ancha, dista de la referida costa 2 leg., y su arribo á ella es peligroso por la parte del N., hácia donde hay muchos bajos y escollos.

NAGUILIAN: pueblo con cura y goberna-

dorcillo, en la isla de Luzon, prov. de Pangasinan, dióc. de Nueva-Segovia; sit. en los
124° 40' 20" long., 16° 3' 40" lat., á la orilla
izq. del r. de Pan, en terreno llano, cercado de
montes y espesos bosques; su clima es templado. Tiene unas 615 casas que forman 5 calles principales, una igl. de mediana fábrica,
servida por un cura indio; inmediata á esta se
halla la casa parroquial, que asi como la de
comunidad es de las mejores del pueblo: en
esta última está la cárcel. Hay una escuela de
instruccion primaria para niños con una dotacion de los fondos de comunidad y otra para
niñas. Los caminos que desde este pueblo conducen á los inmediatos se hallan en buen estado. Confina el term. por N. con el de San
Fabian, en la prov. de la Union, dist. unas 3
leg.; por E. con el de Asingan, que dista
unas 4 ½ id.; por O. con el de San Jacinto
dist. ½ leg., y por S. con el de Manaog, dist.
1 milla. El terreno es llano por la parte que
se halla sit. el pueblo y montuoso al N. E.;
riégalo el r. Pan, entre el cual y el de Anga-
talon se forma un estero al E. del pueblo que
se halla sit. muy próximo á su orilla. prod.
arroz, maiz, sibucao, cacao, y algodon,
varias clases de frutas y legumbres. La principal ind. es la agricultura, dedicándose
tambien algunos al beneficio de la caña dulce
y del ajonjolí. Las mugeres se ocupan en la
fabricacion de algunas telas de algodon y abaca. pobl. 5,083 alm., y paga 754 ½ trib., que
hacen 7,545 rs. plata, equivalentes á 16,862
½ rs. vn.

NAGUILIAN: pueblo que existió en la prov.
del Abra; pertenecia á la ranchería de Patoc,
de la que era como un barrio, y estaba sit. á
corta dist. de la misma, sobre una montaña
1 leg. al S. E. del pueblo de Banuged.

NAGUMBUAYA: punta S. E. de la isla de
Catanduanes; hállase en los 128° 4' long., 13°
31' 30" lat.

NAGURAN: islote adyacente á la costa meridional de la isla de Masbate; hállase su centro en los 127° 7' 30" long., 12° 40' lat.

NAI

NAIG ó NAIC: pueblo con cura y gobernadorcillo, en la isla de Luzon, prov. de Cavite, arz. de Manila; sit. en los 124° 25' 30"
long., 14° 19' lat., á la orilla del r. de su mismo nombre, en terreno llano y clima templado. Tiene unas 900 casas, la parroquial y la
de comunidad, donde está la cárcel. La igl.
parr. es de mediana fábrica y la sirve un cura
secular; hay tambien dos escuelas, una para
niños y otra para niñas. El cementerio está
fuera de la pobl., con buena situacion y ventilado. Confina el term. por S. con el de Marigondon, y por N. y O. con el mar. El terreno es elevado y bastante fértil; sus prod.
son arroz, algunas legumbres y frutas; la ind.
consiste en la agricultura y en la pesca. pobl.
5,599 alm., y en 1845 pagaba 875 ½ trib., que
hacen 8,755 rs. plata, equivalentes á 21,887 ½
rs. vn.

NAIG: r. de la isla de Luzon, en la prov.
de Cavite; nace en las vertientes de la cord.
que divide esta prov. de la de Batangas, en
los 124° 56' long., 14° 9' 30" lat.; diríjese al
N. N. O., cambiando luego su direccion al O.,
pasa al S. del pueblo que le da nombre y desagua en la bahía de Manila por la costa N. O.
de la prov. en los 124° 24' 30" long., 14° 20'
30" lat., despues de haber corrido unas 7 leg.

NAILOG: r. de la isla de Sibuyan; nace en
los 126° 8' long., 12° 20' lat.; corre unos ½
leg. al N. O., pasa al N. E. de la visita que le
da nombre, y desagua en el mar por la costa
setentrional de la isla.

NAILOG: visita del pueblo de Cagidiócan,
en la isla de Sibuyan, adscrita á la prov. de
Capiz; sit. en los 126° 8' 40" long., 12° 51'
lat., en la costa setentrional de dicha isla,
terreno llano y dist. unas 3 ½ leg. al N. O. de
la matriz, en cuyo articulo incluimos su prod.,
prod. y trib.

NAJ

NAJALIN: punta de la costa oriental de
la isla de Cebú; hállase en los 127° 32' long.,
10° 52' 30" lat.

NAJANLOT: r. de la isla de Panay, en la
prov. de Capiz; nace próximo á la costa setentrional de la isla, corre unas 2 leg. y desagua
en el mar.

NALASIN: barrio del pueblo de Magsingal, en la isla de Luzon, prov. de Ilocos-Sur, dióc. de Nueva-Segovia; SIT. en terreno llano y no muy lejos de la matriz, en cuyo artículo incluimos su POBL., PROD. y trib.

NALASIN: barrio del pueblo de Pasuquin, en la isla de Luzon, prov. de Ilocos-Norte, dióc. de Nueva-Segovia; SIT. en terreno llano y CLIMA igual al de su matriz, en cuyo artículo incluimos su POBL., PROD. y trib.

NALASIN: barrio del pueblo de Vigan, en la isla de Luzon, prov. de Ilocos-Sur, dióc. de Nueva-Segovia; SIT. no muy lejos de su matriz, cuyo artículo contiene su POBL., PROD. y trib.

NALBA (laguna de): en la prov. de la Union, isla de Luzon, TERM. del pueblo de Namacpacan; tiene unas 300 varas de largo, 100 de ancho y 3 de profundidad. Hállase á unos 12' al S. del referido pueblo.

NALBO: barrio del pueblo de Magsingal, en la isla de Luzon, prov. de Ilocos-Sur, dióc. de Nueva-Segovia; SIT. en terreno llano y CLIMA igual al de su matriz, en cuyo artículo incluimos su POBL., PROD. y trib.

NALBO: barrio del pueblo de Namacpacan, en la isla de Luzon, prov. de Ilocos-Sur, dióc. de Nueva-Segovia; su POBL., PROD. y trib. los incluimos en el artículo de la matriz.

NALBÚ (ensenada de): en la costa occidental de la prov. de Ilocos-Sur; hállase entre los 17° 11' 50" lat., 17° 17' 50" id., en los 124° long.

NALUMPISAN: r. de la isla de Luzon, en la prov. de Cavite; nace en las vertientes de la cord. que divide esta prov. de la de Batangas, en los 124° 36' 30" long., 14° 7' 40" lat.; diríjese al N. N. O., corre unas 3 leg. y va á unir sus aguas con las del r. de Caitambo.

NALUPA (San Antonio de): pueblo con cura y gobernadorcillo, en la isla de Panay, prov. de Antique, dióc. de Cebú; SIT. en los 125° 42' long., 11° 26' 40" lat., en la costa occidental de la prov., terreno llano, y CLIMA no muy cálido. Este pueblo cuya adm. espiritual se halla interinamente á cargo de un cura secular, tiene unas 491 casas, la de comunidad, donde está la cárcel, la parroquial, junto á la iglesia, que es de mediana fábrica, y

á corta dist. de la cual se halla el cementerio. Hay una escuela de instruccion primaria con una dotacion pagada de los fondos de comunidad, y otra escuela para las niñas. Confina el TERM. por N. con el de Culasi, que dista unas 2 ¼ leg.; por S. con el de Bugason, á igual dist.; por E. con la cord. que divide esta prov. de la de Capis, y por O. con el mar. El TERRENO es llano por las inmediaciones de la costa, pero montuoso al E. donde se halla la referida cord., en la que hay buenas maderas de que hacen algunas cortas para construir sus embarcaciones; abundan tambien de varias clases de cañas y mimbres y hay bastante caza. PROD. arroz, maiz, cacao, algodon, legumbres y frutas. La principal IND. consiste en la agricultura y en el tejido de algodon y abacá. POBL. 5,448 alm., y en 1845 pagaba 500 trib., que hacen 5,000 rs. plata, equivalentes á 12,500 rs. vn.

NALUPA: isla adyacente á la costa occidental de la prov. de Antique, de la que dista 5 ¼ leg.; hállase su centro en los 125° 42' long., 11° 56' lat.

NAM

NAMACPACAN: pueblo con cura y gobernadorcillo, en la isla de Luzon, prov. de la Union, dióc. de Nueva-Segovia; SIT. en los 124° 1' 50" long., 16° 42' 10" lat., en terreno llano, próximo á la orilla del mar, del que dista unas 2 millas; su CLIMA es templado y sano. Fundóse este pueblo en 1690, y en la actualidad tiene unas 1,251 casas, la parroquial y la de comunidad, donde se halla la cárcel. Hay una escuela de instruccion primaria y una igl. parr. bajo la advocacion de Sta. Catalina virgen y mártir. La adm. espiritual de este pueblo pertenece á los PP. Agustinos Calzados. Confina el TERM. por N. E. con el de Bangar, dist. 1 leg., y el cual se halla en la prov. de Ilocos-Sur.; por S. E. con el de Balaoang, dist. unas 2 millas; por S. O. con el de Bagnotan, á 4 id., y por N. con el mar. El TERRENO es montuoso y fértil por algunas partes y por otras arenisco. Hállanse en los montes que comprende la jurisd. de este pueblo algunas maderas de diferentes clases, como la narra, el tíndalo, molave y banaba, cañas, espina, boja y raices alimenticias, y en los montes se cria mucha caza de venados, puercos y gallos monteses. Unos 12' de camino en direccion al S. se encuentra la laguna de Nalba que tiene 500 varas de larga y 100 id. de ancha. PROD. caña dulce, arroz, maiz, añil, algunas legumbres, frutas, algodon, pimienta, café y cacao. IND.: además de la agricultura se emplean tambien en las fabricaciones del aceite de coco, sal, cal y tejidos de algodon, criándose tambien muchos cerdos y gallinas. Con estas prod. hacen su COM. con Manila. POBL. 7,890 alm. y 1,753 ½ trib.

NAMAGPACAN: punta de la costa occidental de la isla de Luzon, en la prov. de la Union, térm. del pueblo de quien recibe el nombre; hállase en los 125° 51' long., 16° 46' lat.

NAMALPALAN: barrio del pueblo de Masingal, en la isla de Luzon, prov. de Ilocos-Sur, dióc. de Nueva-Segovia; SIT. en terreno llano y CLIMA igual al de su matriz, en cuyo artículo incluimos su POBL., PROD. y trib.

NAMAMAGUIA: r. de la isla de Luzon, en la prov. de Ilocos-Sur; nace en los 124° 2' long., 17° 7' lat., al S. del pueblo de Santiago; diríjese al O., corre unos ¾ leg. y va á desaguar en el mar por la costa occidental de dicha prov.

NAMANUCO: punta S. E. de la isla de Bohol; hállase en los 128° 5' long., 9° 49' lat.

NAMANUCO: monte de la isla de Bohol; su figura y vestigios parecen ser un volcan apagado; pero nosotros no tenemos datos positivos de que en efecto lo haya sido, sino por las señales que presenta. Su cúspide se halla en los 127° 55' long., 9° 46' lat., y va á formar la punta de su mismo nombre.

NAMARABAR: monte de la isla de Luzon, en la prov. del Abra; hállase en el térm. de Bangued al E. de este pueblo.

NAMBOONGAN: barrio del pueblo de Sto. Tomás, en la isla de Luzon, prov. de Pangasinan, dióc. de Nueva-Segovia; SIT. en terreno llano y á corta dist. de la matriz, en cuyo artículo incluimos su POBL., PROD. y trib.

NAMILUGEN: monte de la isla de Luzon, en la prov. del Abra; hállase unas 4 leguas al

E. del pueblo de Tayun, y su cúspide en los 124° 22' long., 17° 59' 50'' lat.

NAMUCAN: punta de la costa meridional de la isla de Mindanao; hállase en los 126° 1' long., 7° 15' lat.

NAN

NANCA: árbol que se cria en algunos pueblos de Filipinas; su fruta, que es de las mayores que se conocen, nace por el tronco ó por las ramas mas gruesas, tiene la figura de una botija, parece una piña por la corteza esterior, con la diferencia que los tubérculos que presenta son mayores y mas redondos que los de esta; abriéndola se encuentra entre una carnosidad estoposa, una especie de piñones grandes y blancos. Algunas frutas de estas pesan 40 libras.

NANCA: estero formado por el r. de San Mateo, en la isla de Luzon, prov. de Tondo; hállase paralelo al r. de Ampit, y separa los términos del pueblo de San Mateo y del de Mariquina.

NANGAYCAYAN: monte de la isla de Luzon, en la prov. del Abra, térm. de Bangued; hállase al N. E. y dist. ¼ de leg. de dicho pueblo. En la falda de este monte está SIT. el barrio llamado Patucannay.

NAO

NAOHAN: pueblo con cura y gobernadorcillo, en la isla y prov. de Mindoro, arz. de Manila; SIT. en los 124° 59' 55'' long., 13° 15' 50'' lat., á la orilla izq. del r. á que da nombre, en terreno llano, dist. ¼ leg. de la costa N. E. de la isla y con un CLIMA bastante sano y templado. Tiene unas 554 casas, la parroquial, la de comunidad, donde está la cárcel, una escuela de primeras letras con una dotacion de los fondos de comunidad, y una igl. parr. de buena fábrica servida por un cura regular. Hay una escuela de instruccion primaria con una dotacion de los fondos de comunidad y algunos otros de particulares. Las comunicaciones de este pueblo con sus inmediatos son por el mar, y se recibe de la cab. de la prov. un correo semanal. Confina el TERM. por N. O. con el de Calapan, cab. de la prov., dist. unas 5 leg.; por S. O. con el de Mangarin, en el otro estremo de la isla y dist. unas 40 leg. por mar, y por E. con el mar. Tiene este pueblo cuatro visitas que se encuentran todas por la costa bajando hácia el S. de la isla; la primera es la de Pola, en la costa N. E. y en la ensenada de su mismo nombre, dist. unas 4 leg.; luego la de Pinamalayan, en la costa oriental de la isla y á unas 6 id.; despues la de Mansalai, á unas 17 id., y por último, la de Bolalacao á unas 52 id., sobre la costa meridional de dicha isla. El TERRENO es montuoso; riégalo el referido r. de Naujan, que nace en la laguna de este mismo nombre, la cual se halla 1 ½ leg. al S. del pueblo; en sus montes se crian varias clases de maderas, y en la parte reducida á cultivo las PROD. son arroz, maiz, ajonjolí, varias legumbres y frutas. IND.: los naturales de este pueblo se ocupan en la agricultura, beneficio del ajonjolí y fabricacion de telas. POBL. 3,191 alm., y en 1848 pagaba 645 ½ trib., que hacen 6,455 rs. plata, equivalentes á 16,137 ½ rs. vn.

NAP

NAPALISAN: islita adyacente á la costa S. O. de la prov. de Samar; hállase en los 128° 21' 50" long., 11° 53' lat.; dista poco mas de ¼ milla de la costa.

NAPASET: barrio del pueblo de Balanang, en la isla de Luzon, prov. de Ilocos-Sur, dióc. de Nueva-Segovia; SIT. en TERRENO llano y á corta dist. de su matriz, en cuyo artículo se incluyen su POBL., PROD. y trib.

NAPIDAD: monte de la isla de Luzon, en la prov. de Ilocos-Norte; hállase en el térm. de Bangui, al E. de este pueblo.

NAPINDAN: barra, en la laguna de Bay; hállase al N. O. de la misma, en la boca de uno de los esteros que se forman en el nacimiento del Pasig, por los 124° 46' long., 14° 34' 50" lat.

NAPO (Santa Cruz de): pueblo con cura y gobernadorcillo, en la isla de Marinduque, adscrita á la prov. de Mindoro, arz. de Manila; SIT. en los 125° 57' 50" long., 13° 29' lat., en la costa N. E. de la isla, terreno bastante desigual y CLIMA templado. Tiene unas 1,200 casas, la parroquial y la de comunidad, donde está la cárcel; la igl. parr. es de mediana fá-

brica y la sirve un cura secular. Hay dos escuelas, una para niños y otra para niñas, y un cementerio fuera de la pobl. De la cab. de la prov. se recibe un correo semanal en dias indeterminados. El TÉRM. confina por O. y S. O. con el de Mogpog, y por N. y N. E. con el mar. El TERRENO es montuoso, y las PROD. son arroz, maiz, varias frutas y legumbres; su principal IND. es la agricultura, ocupándose algunos en la pesca y las mugeres en la fabricacion de algunas telas. POBL. 7,222 alm., y en 1845 pagaba 1,295 trib., que hacen 12,950 rs. plata, equivalentes á 32,375 rs. vn.

NAPO: punta de la costa S. O. de la isla de Luzon, en la prov. de Bataan; hállase en los 123° 59' long., 14° 59' 10" lat., térm. del pueblo de Morong.

NAPOCGLOJAN: islita adyacente á la prov. de Samar; es muy pequeña; se halla próxima á la costa S. O. de la misma, y su centro en los 128° 25' long., 11° 50' lat.

NAR

NARANJOS (islas de los): adyacentes á la costa meridional de la prov. de Albay. La descripcion de estas islas, que son seis, la damos en el artículo especial de cada una de ellas. Llámase de San Andrés la mayor, que es la que está mas al N.; luego sigue la del Medio, y despues las de Raso, Darsena, Escarpada y de la Aguada.

NARBACAN: monte de la isla de Luzon, en la prov. de Nueva-Vizcaya; su cúspide se encuentra en los 124° 56' 50" long., 16° 23' lat.

NARCISO (San): pueblo con cura y gobernadorcillo, en la isla de Luzon, prov. de Zambales, arz. de Manila; SIT. en terreno llano, próximo á la costa de dicha prov.; su CLIMA es templado y saludable. Tiene unas 614 casas, la parroquial, la de comunidad y una igl. de buena fábrica servida por un cura regular. Hay escuela y cementerio, la primera con una dotacion de los fondos de comunidad y el segundo está fuera de la pobl., bien sit. y con ventilacion. Las comunicaciones de este pueblo con sus inmediatos no se hallan en muy buen estado y se recibe en el mismo de la cab. de la prov. un correo semanal. El TERREno es montuoso y bastante fértil. En los montes que comprende su jurisd. se crian muy buenas maderas. Corresponden á la misma las tierras de San Felipe, visita de este pueblo que tiene unas 1,717 alm. y se halla á corta distancia. El terreno cultivado PROD. arroz, maiz, caña dulce, ajonjolí, algodon, abacá, muchas frutas y legumbres, consistiendo su IND. en el cultivo de estas mismas tierrras, beneficio del ajonjolí, y caña dulce, y fabricacion de algunas telas que emplean en los usos domésticos, haciendo con ellas, asi como con las otras prod., su COM. con los pueblos vecinos. POBL. 2,488 alm., y desconocemos de estas cuáles son las que tributan.

NARCISO (San): pueblo con cura y gobernadorcillo, en la isla de Luzon, prov. de Tayabas, dióc. de Nueva-Cáceres; SIT. en terreno llano y CLIMA templado. Tiene unas 100 casas, la de comunidad y la parroquial, que está junto á la igl. parr., la cual es de buena fábrica y se halla servida por un cura secular. Comunícase este pueblo con sus inmediatos por medio de caminos en no muy buen estado, y recibe de la cab. de la prov. el correo semanal que hay establecido. El TERRENO es montuoso, habiendo tambien algunas llanuras donde los naturales tienen las sementeras. PROD. arroz, maiz, ajonjolí, legumbres y frutas. IND.: la agricultura y la fabricacion de varias clases de telas. POBL. 1,114 alm., 283 ½ trib., que hacen 2,835 rs. plata, equivalentes á 7,087 ½ rs. vn.

NARO: visita del pueblo de Palanas, en la isla de Masbate; SIT. en los 127° 31' 30" long., 12° 11' 40" lat., próximo al desagüe de un riach., en la playa de la ensenada á que da nombre, en terreno llano, y dist. unas 2 leg. al N. N. O. de la matriz, en cuyo artículo incluimos su POBL., PROD. y trib.

NARO (ensenada de): hállase en la costa N. E. de la isla de Masbate, formando su embocadura la punta Tabunan en los 127° 28' long., 12° 15' lat., y la punta de Afif, en los 127° 31' 50" long., 12° 14' 20" lat.; sus aguas penetran hasta los 12° 12' lat., en los 127° 31' long.

NAROSODAN: monte de la isla de Luzon, en la prov. de Ilocos-Norte; hállase en el térm. de Bangui al mediodia de este pueblo.

NARVACAN: pueblo con cura y gobernadorcillo, en la isla de Luzon, prov. de Ilocos-Sur, dióc. de Nueva-Segovia; SIT. en los 124° 1' 30" long., 17° 18' lat., á la orilla der. del r. Cuyape cercado de montes, en terreno llano, y su CLIMA es sano y templado. En la actualidad tiene con las de su visita Claveria 5,248 casas, la de comunidad donde está la cárcel, y la parroquial que se halla bajo la advocacion de Sta. Lucía V. y M., y es de buena fábrica. Hay una escuela para niños y otra para niñas, y ademas de estas dos que tienen una dotacion de los fondos de comunidad otras varias de particulares. Los caminos se encuentran en buen estado y confina el TÉRM. por N. con el de Sta. Catalina, cuyo pueblo dista unas 3 leg; por S. con el de Santa María á 1 ¼ id.; por E. con la cord. que divide esta prov. de la del Abra, y la cual está habilitada por rancherías de infieles, y por O. con el mar. En la playa de este se halla la visita de este pueblo llamada Claveria 1 leg. al N. O. El TERRENO es montuoso y bastante fértil; separan este término del de Santa los montes llamados Iloqueñas. Tiene un puente sobre el referido r. Cuyape que corre al S. En los montes hay buenas maderas, abunda el abutrá, macabujay, gogo, caña, boj, buri y otras. Hay mucha caza de búfalos, venados, gallos silvestres y cerdos, y por estos mismos montes se encuentran varias rancherías de tinguianes infieles. PROD. arroz, maiz, legumbres frutas, algodon, ajonjolí y y mucha caña dulce. Es pueblo bastante INDUSTRIOSO; benefician el ajonjolí, sacando de él buen aceite, la caña dulce; fabrican sal, lonas para velamen; dedicanse otros al corte de maderas; hay fábricas de curtido, y algunos artesanos. Las mugeres se ocupan en la fabricacion de las telas y en hacer cecina de venado y de vaca. Con el corte de maderas, al que se dedican muchos, y con las demas producciones hacen su COM. con Manila. POBL. 18,245 alm. y 3,478 ½ trib.

NAS

NASIPIT: anejo del pueblo de Butuan, en la isla de Mindanao, prov. de Caraga, dióc. de Cebú; SIT. en terreno llano y CLIMA igual al de su matriz, en cuyo artículo incluimos su POBL., PROD. y trib.

NASNI: visita del pueblo de Quipia, en la isla de Luzon, prov. de Albay, dióc. de Nueva-Cáceres; SIT. en los 127° 21' 25'' long., 12° 58' 30'' lat., á la orilla der. de un r. en terreno llano y CLIMA templado. Dista 5 leg. al S. E de su matriz, en cuyo artículo incluimos su POBL., PROD. y trib.

NASO: punta meridional de la isla de Panay: hállase en los 125° 50' long., 10° 25' lat.

NASSIPING: pueblo con cura y gobernadorcillo, en la isla de Luzon, prov. de Cagayan, dióc. de Nueva-Segovia; SIT. en los 125° 41' 30'' long., 17° 58' lat., á la orilla der. del r. grande de Cagayan, en terreno llano y CLIMA templado. Los vientos reinantes son los N., N. E. y S., y las enfermedades mas comunes, tercianas, cuartanas y calenturas intermitentes. Tiene 40 casas, y 60 de su anejo Galtaran, la de comunidad donde está la cárcel, y la parroquial junto á la iglesia que se halla bajo la advocacion de Sta. Catalina vírgen y mártir; es de cal y canto hasta el piso y lo demas de tabla, siendo ya muy viejo este edificio. Hay una escuela de instruccion primaria para la enseñanza de los niños del pueblo y otra para las niñas, una casa Real, almacen de tabaco, y un cementerio que está fuera de la pobl., con buena sit. y ventilacion. Hay caminos de herradura que conducen á Galtaran y Alcalá; recíbese un correo semanal de la cap. de la isla y de la cap. de la prov. dos en la semana. Confina este TERM. por N. con el de Layo, cuyo pueblo dista unas 6 leg.; por S. con el de Alcalá, á 2 id., y por E. y O. se estiende el térm. considerablemente sin tener marcados los límites. El TERRENO es llano por las inmediaciones del referido r. grande de Cagayan, y montuoso en lo demas, bañándolo algunos afluentes de este r., en cuya orilla der. siguiendo su curso hácia el N. y dist. unas 5 leg., se encuentra Gasaran, visita de este pueblo, y al N. de esta pasando el r., otra visita llamada San Lorenzo ó Magapig. Las PROD. de este pueblo son tabaco, maiz, varias clases de frutas y legumbres. Su IND., la agricultura y la fabricacion de algunas telas que emplean en los usos domésticos. POBL. 1,660

alm., 500 de este pueblo y 1,160 de su visita Galtaran, que es donde reside el cura que administra estas alm., por ser de mas pobl. esta visita, cuyos trib. y los de la matriz ascienden á 407, que hacen 4,070 rs. plata, equivalentes á 18,315 rs. vn.

NASUAN: anejo del pueblo de Iligan, en la isla de Mindanao, prov. de Misamis, dióc. de Cebú; SIT. en terreno llano y CLIMA igual al de su matriz, en cuyo artículo incluimos su POBL., PROD. y trib.

NASUGBÚ: pueblo con cura y gobernadorcillo, en la isla de Luzon, prov. de Batangas, arz. de Manila; SIT. en los 124° 18' 40'' long., 14° 5' 30'' lat., próximo á la playa de la ensenada á que da nombre, en la costa occidental de la prov., entre los r. Bajolbot Grande y Dumacsan que corren, el primero al S. y el segundo al N., en terreno llano y CLIMA sano y templado. Tiene 490 casas, y además la de comunidad donde está la cárcel, la parroquial junto á la iglesia de este pueblo que es de mediana fábrica y la sirve un cura secular. De los fondos de comunidad se le tiene señalada una asignacion al maestro de la escuela de primeras letras, cuya asignacion varía segun el número de alumnos que tiene dicha escuela. Confina el TERM. por N. con la prov. de Cavite; por E. con el r. Caititingan, que divide la mencionada prov. de Cavite de la de Batangas; por S. E. con el térm. del pueblo de Lian, que dista 1 leg., y por O. con el mar. El TERRENO es elevado, y tiene buenas llanuras; al E. y dist. unas 2 leg. se encuentra el monte Cairilao en la jurisd. de este pueblo, la que baña el referido r. de Dumacsan que corre de E. á O. En la parte reducida á cultivo las PROD. son arroz, maiz, caña dulce, añil, muchas clases de legumbres y frutas. Su principal IND. consiste en la agricultura, en la pesca y en la fabricacion de varias clases de telas que es el trabajo á que se dedican las mugeres. POBL. 2,945 alm., y en 1845 pagaba 1,182 trib., que hacen 11,820 rs. plata, equivalentes a 29,550 rs. vn.

NASUGBÚ: ensenada de la costa occidental de la prov. de Batangas; hállase entre los 14° 5' lat., y 14° 4' 33'' id., en la long. de 124° 18' al O. del pueblo que le da nombre.

NATABTAB: barrio del pueblo de Hagonoy, en la isla de Luzon, prov. de Bulacan;
• sit. al N. de la igl. parr. de dicho pueblo y
dist. unas 100 brazas de la misma, á la otra
banda del r. ó sea á la orilla der., hallándose
la iglesia del pueblo á la izq. Su pobl., prod.
y trib. los incluimos en el artículo de la matriz.

NATO: r. de la isla de Luzon, en la prov.
de Batangas, térm. del pueblo del Rosario.

NATUNTU: islote adyacente á la costa
N. E. de la isla de Samar, de la que dista
¼ leg.; su centro se halla en los 129° 1′ 55″
long., 12° 19′ 56″ lat.

NATUAGAN-NUANG: monte de la isla de
Luzon, en la prov. de Ilocos-Norte; hállase
en el térm. de Bangui al N. E. de este pueblo.

NATUNTUGAN: isla adyacente á la costa
oriental de la de Samar; es bastante pequeña,
y su centro se halla en los 129° 5′ long., 12°
19′ lat.

NAU

NAUALAMPALAY: punta N. E. de la isla
de Batan; hállase en los 127° 48′ long., 13°
15′ 45″ lat.

NAUALAMPAY: punta de la costa oriental
de la isla de Batan; hállase en los 127° 49′
long., 13° 16′ lat.

NAUJAN (laguna de): al S. del pueblo que
le da nombre y dist. 1 ¼ leg.; está comprendida entre los 124° 58′ 50″ long., y 125°
3′ 20″ id., 13° 8′ lat., y 13° 12′ 20″ id.; tiene
de bojeo unas 4 ¼ leg., y de ella nace el r. de
su mismo nombre.

NAUJAN: r. de la isla de Mindoro; nace en
la laguna de su mismo nombre, en los 124° 59′
long., 13° 11′ 20″ lat.; diríjese primero al N.,
recibe varios afluentes, cambia luego la direccion al N. E., pasa al S. del pueblo que le
da nombre y va á desaguar al mar despues de
un curso de unas 4 leg.

NAUNAN: visita del pueblo de Iligan, en
la isla de Mindanao, prov. de Misamis, dióc.
de Cebú; sit. en terreno llano y clima templado. Hállase no muy lejos de su matriz, en cuyo
artículo incluimos su pobl., prod. y trib.

NAYAYON: bajo próximo á la costa occidental de la isla de Mindoro; hállase por los
124° 54′ 10″ long., 12° 52′ 50″ lat., á dist. de
una ¹/₂ leg. de la referida costa.

NAYON: barra del r. de este mismo nombre, en la costa oriental de la prov. de Batangas;
hállase por los 125° 7′ 50″ long., 13°47′ lat.

NAYON: v. matanda.

NEG

NEGROS (Isla de), antiguamente Buglas,
por un r. así llamado que corre por ella: cam-
biósele el nombre en razon de los negritos
que se hallaron en sus montes mientras sus
costas estaban pobladas de indios Visayas. Es
una de las islas que por la costumbre de pintarse el cuerpo observada en dichos indios
recibieron el nombre de Visayas dado á estos
por ser en su lengua el equivalente á nuestra diccion pintados. Forma en lo civil y político una alc. m. de ascenso, y en lo ecl. pertenece al obispado de Cebú. Está sit. entre
los 126° 2′ long., 127° 2′ id., 9° 5′ lat., 10°
58′ id., al O. de la isla de Cebú, de la que la
separa un canal que tiene dos leguas de ancho en la boca del N. y una en la del S. á
S. E. de las islas de Panay y de Guimaras de
las que las separa otro canal tambien de unas
2 leg. en su centro. Bajo los 10° lat., forma
la isla una especie de codo que es donde se
halla su mayor anchura y donde se elevan
sus principales montes. Tiene como 57 leg. de
larga; su ancho es en unas partes de 6, en
otras de 8 y en el citado codo de 10: el desarrollo de la superficie viene á ser de unas
260 leg. cuadradas. Sus costas son bastante
regulares con pocas ensenadas y bahías: la
punta mas notable es la del referido codo
llamada Sofoton. Su centro es montuoso cubierto de espeso arbolado de diferentes clases: en él se halla caza de muchas especies,
miel y cera. De sus montes corren varios r.
á las costas facilitando el riego de sus fértiles
tierras: el r. Ilog, á cuya orilla se halla la
antigua cabecera de la isla, es grande y hermoso. No solo produce arroz para el consumo
de sus habitantes, sino que surte de él la isla
de Cebú y otras. Tambien hay mucho cabo-
negro del que se fabrican cables para las
embarcaciones; hay abundantes cocos de los
que se hace algun aceite: el cacao es una de
sus mejores prod. con la que se hace bastante comercio, como con la cera que se reco-

ge en los montes: tambien se vende mucho pescado, el cual se lleva especialmente á Ilo-ilo. Los naturales se ocupan ademas en fabri-car algunos lompotes que son ciertas telas de algodon, y sinamayes ó guinaras que son te-jidos de abacá: con estas producciones y ma-nufacturas viven tan frugalmente como los demas indios. Los PP. Agustinos empezaron su evangelizacion, y los jesuitas que entraron en la isla por los años de 1628 acabaron de reducirla á la religion cristiana. Despues de su espulsion se encomendó á los PP. Do-minicos quienes al poco tiempo la entrega-ron á los clérigos indios. Por largo tiempo su administracion politica estuvo dividida en-tre los corregimientos de Cebú é Iloilo: des-pues fue erigida en un corregimiento especial como veremos en el articulo siguiente. El nú-mero de pueblos que en la actualidad hay en ella, las alm. que contienen y los trib. que pagaba en 1845 son como aparece en el esta-do que sigue.

ESTADO *espositivo de los pueblos de la isla de Negros, con espresion de las costas en que se hallan, su número de almas en 1850, y tributos que pagaba en 1845.*

PUEBLOS.	ALMAS.	TRIBUTOS.	RS. PLATA.	RS. VELLON.
COSTA OCCIDENTAL.				
Ilog.	1,506			
Isui, visita de Ilog.	508			
Cavayan id. id.	622	706	760	17,650
Guiljungan id. id.	217			
Dancalan id. id.	592			
Cavancalan.	1,165	»	»	»
Jimamailan.	1,547			
Suay, visita de Jimamailan.	564	1,228	12,280	30,700
Talaban id. id	482			
Hinigaran.	997	»	»	»
Bago.	2,077			
Sumag, visita de Bago. . .	949	1,217	12,170	30,425
Bacolod..	4,154	1,787	17,870	54,675
Minuluang.	1,496			
Silay.	1,228	1,185	11,850	29,575
Buen Retiro, visita de Silay..	449			
COSTA ORIENTAL.				
Guijulngan, mision, Bauyan id. Cocot.	132	50	500	1,250
Tanjay..	2,024			
Tinubaan, visita de Tanjay.	80			
Jimalalod id. id. . .	393			
Tayasan id. id. . .	296	2,000	20,000	50,000
Ayungoo id. id. . .	300			
Manjuyod id. id. . .	744			
Baiz id. id. . .	458			
Asublan.	976	»	»	»
Ayuquitan, visita de Amblan..	23,556	8,171	81,710	194,275
Sibulan.	1,371	765 ½	7,655	19,087 ½
Dumagete..	5,574	2,478 ½	24,785	61,962 ½
Bacong.	1,855	»	»	»
Dauin.	1,093			
Siaton.	1,513	1,423	14,230	35,575
TOTAL.	35,727	12,856	128,560	510,900

NEGROS (provincia de): una de las Visayas en el archipiélago filipino, ob. de Cebú. Fué creada en principios del siglo pasado, segregándose la isla de Negros de los corregimientos de Cebú y de Iloilo á los cuales estaban adscritos sus pueblos segun las costas en que se hallaban: la occidental pertenecia al segundo y la oriental al primero. Entonces se puso un corregidor especial en esta isla para que entendiese en todos los ramos de su gobierno, adm. de justicia y recaudacion de trib.: hoy es una alc. m. de ascenso. Al principio la autoridad de esta jurisd. residió en el pueblo de Ilog: despues se trasladó al de Jimamailan, actual cab. de la prov. En el artículo descriptivo de la isla hemos visto el número de pueblos, alm. y trib. de esta prov., sus prod., ind. y com.: réstanos ahora un ligero exámen del progreso por cuyo medio se ha ido elevando á su actual situacion. En un pais cuya naturaleza se presta pródigamente á cuanto el trabajo del hombre quiere exigir de ella, conocido es que el progreso en la pobl. se esplica en todos los ramos de la prosperidad pública: este progreso y el de la civilizacion al que deben dirigirse todos los trabajos del gobierno político y eclesiástico de la colonia son los que responden del gran porvenir de aquellas regiones.

En principios del presente siglo contaba esta prov. 28,705 alm., y pagaba 5,741 trib., que eran á aquellas como 1 á 5. En los 18 primeros años ascendieron á 35,445 las alm., y 7,356 los trib., conservando la misma proporcion con poca diferencia: habian ascendido en el número de 6,740 las alm., y de 1,615 los trib., lo que supone un aumento de 1 ¼ por 100 al año. Además de los naturales habia en aquella época entre españoles y sus mestizos 200, cuyo número va incluido en los anteriores de trib. y alm.: estos residian, 25 en Dumaget, 133 en Amblan, 25 en Ilog, 23 en Jimamailan, 37 en Bacolod, y 23 en Silay. En 1845 eran 67,535 las alm., y 12,736 ½ los trib., de modo que se habian aumentado en 32,090 aquellas, y 5,380 ½ estos, significando un incremento de 1 ¼ por 100 al año en las alm., y solos 3/10 escasos en los trib., lo que indica el desarrollo de la pobl. de los últimos años preponderando el número de exentos: asi se ve que eran ya los trib. á las alm. como 1 á 5 y ½ por lo menos. Si es esacta la pobl. actual que hemos presentado en el artículo de la isla tomándola de la guia de 1850, desconocemos la razon del gran descenso que ha sufrido la pobl. de la isla en solos 5 años: creemos mejor que se haya padecido error, pues no hay prov. en Filipinas que no haya prosperado desde aquella época, y segun el referido documento que solo presenta 35,727 alm.. ha perdido la prov. de Negros nada menos que 31,808 hab. A nuestro entender seria mas acertado hacer al número anterior aplicacion del progreso en que hemos visto antes la pobl. de la prov. que es el menor observado en lo general de las prov. desde aquella época, y en su consecuencia podríamos asegurar que es de 67,895 el número de sus alm.; sin embargo es preciso respetar el documento oficial que tenemos á la vista y dejamos citado.

NER

NERI: pueblo de nuevos cristianos, en la isla de Mindanao, prov. de Misamis, dióc. de Cebú. Se fundó en el año 1849, y en la actualidad tiene 25 casas, muchas de ellas son materiales de arriba y otras con harigues. Tiene tambien una casa de comunidad que es la mejor construida de todas las del pueblo. POBL. 150 alm., que estan exentas de tributar por ser pueblo de reciente creacion.

NGA

NGARAG: barrio del pueblo de Cabagan, en la isla de Luzon, prov. de Cagayan, dióc. de Nueva-Segovia; SIT. al S. O. y á corta dist. de su matriz, en cuyo art. incluimos su POBL., PROD. y trib.

NIC

NICOLAS (San): pueblo con cura y gobernadorcillo, en la isla de Luzon, prov. de Ilocos-Norte, dióc. de Nueva-Segovia; SIT. en los 124° 14' 8'' long., 18° 40' lat., en la calzada Real de la prov., en terreno llano, bajo y pantanoso. Los vientos que reinan por lo comun en los meses desde noviembre hasta marzo, son N. E., N., y N. O.; los que reinan desde abril hasta junio son variables, y los de junio á octubre son los S. O., siendo esta la época de los monzones, que vienen por esta parte. Las enfermedades que mas generalmente se padecen son pasmos, calenturas, sarnas y otras enfermedades cutáneas; tambien se padece bastante de dolores de estómago. El clima es benigno. Fundóse este pueblo en 1584, y en la actualidad tiene 1,755 casas, entre las que hay 31 de tabla, las demas son de caña con techo de paja. Todas estas casas forman 89 calles, de las que 7 son anchas y tiradas á cordel y las demas de unas 4 ó 5 varas de ancho. En las aceras de estas se encuentran hileras de árboles frutales que dan buena sombra y un suave aroma. Los edificios mas notables de este pueblo son la casa de comunidad que es de cal y canto, con techo de caña; la igl. parr. que se halla bajo la advocacion de San Nicolás de Tolentino, y es de mampostería con techo de caña, tiene una sola nave de 24 varas de ancha, 74 de larga y 14 de presbiterio; la casa parroquial que es de tabla, pero muy vieja y amenaza ruina; un camarin de caña donde está la escuela de niños; esta escuela tiene dos maestros con titulos del alc. m. de la prov. y una dotacion de los fondos de comunidad. Estos tienen obligacion de enseñarles á sus alumnos á leer, escribir, el idióma castellano, la doctrina cristiana y las primeras reglas de la aritmética; hay tambien algunas otras escuelas particulares y una para los niños. En el año 1848 se mandó construir el cementerio que está fuera de la pobl. y al O. de la misma. Los naturales se sirven para los usos domésticos de las aguas del r. Gaco, que son de buena calidad y corren de E. á O. inmediatas al pueblo. Confina el term. por N. con el de Laoag, cab. de la prov., que dista ½ leg.; por E. con el de San Miguel ó Sarrat dist., 1 leg., y por S. con el de Bataca 3 ¼ leg. Hácia este último punto sale el camino real que atraviesa la prov. y en él hay un puente de mampostería. Los caminos que desde este pueblo conducen á los de Loag y Sarrat, se ponen intransitables en los meses desde junio hasta noviembre, en cuya época sale de ma-

dre el r. Gaco. El terreno es bastante fértil, y en la parte reducida á cultivo, que es de corta estension, las prod. son arroz, cañadulce, maiz, algodon y abacá. ind.: ademas de la agricultura se dedican tambien, aunque con especialidad las mugeres, á la fabricacion de basijas de barro, pipas, ladrillos etc., fabrican aceite, javon, sal, y se dedican algunos al beneficio del buyo ó betel. pobl. 9,690 alm., que pagan 2,343 ½ trib., equivalentes á 25,435 rs. plata, correspondientes á 58,587 ½ rs. vn.

NICOLAS (San): pueblo con cura y gobernadorcillo, en la isla de Luzon, prov. de Pangasinan, dióc. de Nueva-Segovia; sit. en los 124° 21' 10" long., 16° 6' 20" lat., á la orilla izq. de un r., en terreno desigual, y clima templado, hallándose resguardado de los vientos N. E. por la cord. central. Tiene 889 casas que forman varias calles; hay una igl. parr. de buena fábrica y la sirve un cura regular; junto á esta se halla la casa parroquial bien construida y es de cal y canto. Hay tambien una escuela de primeras letras, cuyo maestro tiene una dotacion de los fondos de comunidad, y la casa de comunidad ó tribunal donde está la cárcel. Confina el term. por S. con el de Tayo que dista 1 leg.; por S. O. con el de Asingan á 2 id.; por N. con la prov. de la Union, y por O. con la referida cord. que divide la prov. de Pangasinan de la Nueva-Vizcaya, sirviendo de límites los montes Cabalisian en la jurisd. de este pueblo y el de Lacisig en el de Tayol. El terreno es fértil y montuoso; riéganlo, ademas del r. arriba mencionado, el de Agno Grande y algunos afluentes de este. En los montes hay buenas maderas de construccion y bastante caza de venado, jabalíes, gallos monteses, tórtolas etc. prod. arroz, maiz, caña dulce, frutas y legumbres. Los naturales se dedican al cultivo de las tierras, á la caza, al corte de maderas y á la fabricacion de algunas telas, aunque regularmente en esta se ocupan las mugeres. pobl. 5,100 alm., y en 1845 pagaba 720 trib., 7,200 rs. plata.

NICOLAS (San): pueblo con cura y gobernadorcillo, en la isla, prov. y dióc. de Cebú; sit. en los 127° 19' long., 10° 15' lat., en la costa S. S. de la referida isla, terreno llano y clima cálido. Se fundó en 1574, y en la actualidad, tiene unas 3,417 casas, la parroquial y la de comunidad donde se halla la cárcel. Hay una escuela, un cementerio y algunas de las referidas casas son de piedra y tabla. La iglesia parroquial es de buena fábrica y se halla bajo la advocación de San Nicolás de Tolentino. La admin. espiritual de este pueblo está á cargo de los padres agustinos calzados. Las comunicaciones con los pueblos vecinos se efectúan unas por mar y otras por caminos que se encuentran no en muy buen estado : confina el TERM. por N. con el de Talisai á igual distancia y por E. y S. con el mar. El TERM. en general es llano y fértil, riéganlo algunos rios que desaguan por la indicada costa y en los montes de la jurisdiccion de este pueblo se crian varias clases de madera, encontrándose tambien alguna miel y cera. Del monte Buhisan se saca oro y en su cima se encuentra el talco. En la parte reducida á cultivo las prod. son, arroz, maiz, caña dulce, tabaco, algodon, algun cacao, legumbres y frutas. IND. además de la agricultura es de gran consideracion la pesca que hace con abundancia de muchas clases de pescado ; tambien se beneficia la caña dulce ocupándose otros en el labado de las arenas para estraer las partículas de oro que arrastran las aguas de algunos riach. que bajan por el monte Buhisan. Hacen su COM. con el palay que se esporta, tabaco, azúcar y otras producciones tanto naturales como fabriles. Los naturales de este pueblo fueron los primeros de la isla que abrazaron la religion cristiana y se sujetaron al dominio español, guardando siempre una gran fidelidad al gobierno que los distinguió con algunos privilegios concedidos bajo el reinado de don Felipe II. Antiguamente, se conocia este pueblo con el nombre de Cebú. POBL. almas 22,032 trib. 4,265.

NICOLAS (SAN) : visita del pueblo de Libmanan, en la isla de Luzon, prov. de Camarines Sur, dióc. de Nueva Cáceres ; SIT. en los 126° 46′ 55″ long. 13° 36′ 30″ lat., próximo á la orilla derecha de un rio, en terreno llano y clima igual al de su matriz, de la que dista 1 leg. al S. E. y en cuyo art. incluimos, su POBL. prod. y trib.

NICOLAS (SAN) : visita del pueblo de Tondo, en la pov. de este nombre, isla de Luzon,

arz. de Manila ; SIT. al S. E. de la iglesia parroquial del referido pueblo, en terreno llano y clima igual al de su matriz, en cuyo art. incluimos el número de las almas que tienen y trib. que paga esta visita.

NICOLAS (SAN) : visita del pueblo de Arayat, en la isla de Luzon, prov. de la Pampanga, arz. de Manila ; tiene un teniente de justicia y está SIT. en terreno llano y á corta distancia de su matriz, su POBL. prod. y trib. los incluimos en el art. de la misma.

NICOLAS (SAN) : barrio del pueblo de Gapan, en la isla de Luzon, prov. de Nueva Ecija, arz. de Manila ; SIT. no muy lejos de la cual incluimos su POBL. prod. y trib.

NICOLAS (SAN) : barrio del pueblo de Bulacan, cab. de la prov. del mismo nombre en la isla de Luzon ; SIT. en terreno llano y á corta distancia de su matriz, en cuyo art. incluimos su POBL. prod. y trib.

NICOLAS (SAN) : barrio del pueblo de Narvacan, en la isla de Luzon, prov. de Ilocos Sur ; dióc. de Nueva Segovia. Su POBL. prod. y trib. los incluimos en el art. de la matriz.

NICOLAS (SAN) : barrio del pueblo de Taal, en la prov. de Batangas, isla de Luzon, arz. de Manila ; SIT. á la orilla izq. del rio de Pansipit, próximo á la playa de la laguna de Bomban ó de Taal, al S. E. de las ruinas del antiguo pueblo de este nombre que se hallaba en la opuesta orilla del rio ; al N. de su matriz de la que dista 1 leg. en los 124° 37′ long. 13° 55′ lat., en terreno llano y clima templado. Las prod. POBL. y trib., los incluimos en el art. de la matriz.

NICOLAS (SAN) : anejo del pueblo de San Ignacio de Agaña, en la isla de Guajan, prov. de las islas Marianas, dióc. de Cebú, pobl. con la de la matriz.

NICOLAS (SAN) : bajo en la bahía de Manila, distante 1 1⁄2 leg. de la playa S. E. de la misma ó sea del telégrafo de Salinas que se halla sobre esta playa ; hállase entre los 124° 25′ long. y 124° 26′ 50″ id., 14° 26′ 30″ lat. y 14° 27′ 50″ id., un circuito irregular, por cuyo centro se encuentra hasta 5 brazas de profundidad, 4 por el N., 4 por el S., y 2 brazas por el estremo N. E.

TOM. II.

24

NIEVES: barrio del pueblo de Gapang, en la isla de Luzon, prov. de Nueva Ecija, arz. de Manila, sit. en terreno llano y clima igual al de su matriz, en el artículo de la cual incluimos su pobl. prod. y trib.

NIG

NIGUI: barrio del pueblo de Hagonoy, en la isla de Luzon, prov. de Bulacan, sit. al S. E. y á muy corta distancia de su matriz en la orilla izq. del rio Hagonoy; tiene una ermita llamada de San Miguel Arcánjel, y se dice en ella todos los años una misa en el dia de este arcángel. Su pobl. prod. y trib. los incluimos en el art. de la matriz.

NIN

NINANONON: rio de la isla de Mindanao, en la prov. de Misamis; nace en los 127° 58' long. 8° 6' lat., en la laguna de Malanao; dirígese al N. N. O. corre unas 4 leg. y desagua en el mar por la costa setentrional de la isla.

NINIPO: punta meridional de la isla de Leite, hállase en los 128° 40' long. 10° 51' lat.

NINOG: visita ó anejo del pueblo de Libas, en la isla y prov. de Samar; hállase sit. en los 129° 5' 30" long. 11° 42' 30" lat. en la costa E. de dicha isla y en la del S. de una ensenada ó puerto denominante de su matriz; en terreno llano con buena ventilacion, y su clima aunque cálido se halla templado por las brisas del mar. Dista una 1|2 leg. de Libas, en cuyo art. damos su pobl. prod. y trib.

NIÑ

NIÑO (Santo): barrio del pueblo de Bangui, en la isla de Luzon, prov. de Ilocos Norte, dioc. de Nueva Segovia; su pobl. prod. y trib. los incluimos en el art. de la matriz.

NIO

NIOGAN: barrio del pueblo de Angat, en la isla de Luzon, prov. de Bulacan, arz. de Manila, sit. en terreno llano y clima igual al de su matriz, en el art. de la cual incluimos su pobl. prod. y trib.

NIPA: punta de la costa setentrional de la isla de Panay, prov. de Capiz; hállase en los 126° 30' long. 11° 33' lat.

NON

NONOC: visita del pueblo de Surigao cab. de la prov. de Caraga, en la isla de Mindanao dioc. de Cebú; sit en terr. llano no muy lejos de su matriz en cuyo art. incluimos su pobl. prod. y trib.

NONOYAN: pueblo de moros, en la isla de Mindanao; sit. al S. E. de la punta de su mismo nombre en la costa occidental de la isla, en terreno desigual y clima cálido.

NONOYAN: punta de la costa occidental de la isla de Mindanao; hállase en los 12 5° 41' long. 7° 38' lat.

NONUGAN: punta de la costa occidental de la isla de Masbate; hállase en los 126° 47' 30' long. 12° 15' lat.

NOO

NOOSA: una de las islas que forman el grupo de Tawi-Tawi, en el archipiélago de Joló; es muy pequeña y su centro se halla en los 12 3° 27' long. 5° 5' 40" lat.

NOR

NORTE (CORDILLERA DEL) O CORDILLERA CENTRAL: esta cordillera que partiendo desde el caraballo Sur al caraballo Norte separa las provincias de la Union y el Abra, de la de Nueva Vizcaya, y la de Cagayan de la de Ilocos Norte y la referida del Abra, forma con la gran cordillera ó Sierra Madre el cuerpo principal de todo el sistema de montañas de la gran isla de Luzon. El monte Lagsig que se halla en el caraballo Sur, núcleo de numerosas ramificaciones, es el punto desde donde estendiéndose al N. y haciendo la division de las provincias que hemos indicado, va á formar la punta Pata con el monte Caraballo ó sea con la cordillera del caraballo Norte que presenta el estribo de esta que describimos. Llámase del Norte desde que entra en la prov. de Cagayan hasta su estremo setentrional, y central desde el caraballo Su hasta concluir la prov. de Nueva Vizcaya, qu propiamente es la parte central de lo principal del cuerpo de la isla. Tiene unas 66 leg. de estension, ocupando por lo regular la aglomeacion de los montes que la forman unas 7 leg. considerando su latitud; de modo que viene á ser de 462 leg. cuadradas la superficie que ocupan estos montes. Los mas conocidos entre ellos son los de *Lagsig*, *Cabalisian*, *Pnitiam Sangan*, *Guinguin*, *Posden*, *Alipupu*, *Uteg*, *Balatino*, *Sagan*, *Cusa*, *Maquinaten*, *Pibagran*, *Bimungran*, *Meibali*, los de *Camandigan*, los de *Gasgas*, *Aganmamalá*, *Lunuai*, *Bimungan*, *Caburlanga*, *Adang*, *Caraballo* y *Patapa*. Habitan en lo mas fragoso y enriscado de ellos algunas naciones indígenas, como son la de los *adamitas*, *apayaos*, *guinanes*, *bubiks*, *ibilaos*, *ifugaos*, *gaddanes*, *calaguas* y *calingas*. Se forman en rancherías situadas en parages innaccesibles, y se alimentan de raices, frutas silvestres, y los que se hallan en sitio donde se encuentra cera y miel, se sustentan tambien con esta última. Encuéntranse en estos montes casi todas las clases de maderas que se crian en Filipinas; hay gran variedad de vejucos y cañas y la caza abunda sobre manera, tanto la mayor como la menor.

NUE

NUEVA CACERES: antigua ciudad de la isla de Luzon, provincia de Camarines-Sur, donde la fundó el gobernador D. Francisco Sande para ser cab. de la prov. y del obisp. que conserva su nombre en los documentos, aunque generalmente es llamado de Camarines. No ha quedado de esta ciudad otra cosa que el pueblo de indios llamado Naga, que es la actual cabecera y sede episcopal.

NUEVA CACERES ó CAMARINES (obisp. de): uno de los tres de la actual division eclesiástica de la isla de Luzon: comprende toda su parte oriental y las islas adyacentes que luego veremos. Se estiende desde el mar de occidente en la boca del estrecho de Mindoro, donde confina con el arzobispado de Manila, lo mismo que por lo interior por donde corren sus límites setentrionales y únicos que tiene mediterráneos, hasta el mar de Oriente en el extremo S. E. de la prov. de Caraga, confines tambien del arz. Sin embargo en la prov. de Nueva-Ecija tiene jurisdiccion en el pueblo de Baler y en el de Casi-

guran, y en los de Polillo y Binangonan de Lampoy en la Laguna. Por lo demás está rodeado de mar y lleno de ensenadas. Empezando por la boca del citado estrecho donde linda con el arz.; lo primero de la jurisd. ecl. de Nueva Cáceres es la ensenada que forman la punta de Galban perteneciente á la provincia de Batangas, y la cabeza de Boudol; sigue la ensenada de Peris hasta Guinagangan, que está en el mismo recodo de la ensenada, donde acaba la provincia de Tayabas. Despues sigue el pueblo de Bañgsa perteneciente á la provincia de Camarines, pasada la cual se encuentra la provincia de Albay, y va siguiendo la costa hasta que se halla la ensenada de Solsogon: detrás de esta se encuentra la de Bulsnan y luego la de Albay, pasado ya el embocadero de San Bernardino, que se forma entre la islita llamada Baga-Rey y la punta de Montufar. Sigue la ensenada de Mulinao y la punta de Tigbi donde empieza otra vez la provincia de Camarines. Esta punta con la de Lognoy forman la boca de la ensenada de Bala, y pasada la punta de San Miguel se encuentra la ensenada de Naga, donde se fundó la ciudad de Nueva Cáceres. La punta de Siroma forma esta grande ensenada que tiene 76 leguas de boques con la punta de Talisay. A 6 leguas de esta punta se halla la ensenada de Dait, en la cual entra un rio muy caudaloso que viene de las tierras altas. Prosiguiendo esta costa hay una pequeña ensenada, donde entra un rio que viene del monte de Paracale, bien conocido por sus minas de oro. Como á 6 leguas de este rio se encuentra la punta del Diablo, así llamada por los bajos que se introducen en la mar y son muy peligrosos. Pasada esta punta está el rio de Capalonga, donde acaba la provincia de Camarines y comienza otra vez la de Tayabas. Aquí se introduce el mar tierra adentro, y forma con el mar de Visayas un istmo de solas 5 leguas. Este pequeño golfo se halla en el mar de Gumara, es muy bravo y en su costa se hallan los pueblos de Gumara, Alimonan y Mambau; siguiendo hácia el Norte se encuentra la isla de Polo, la ensenada de Lampon y los pueblos de Baler y Casiguran, últimos de esta jurisd. ecl. que hemos dicho se hallan en la provincia de Nueva-Ecija. Despues se encuentra la punta de San Ildefonso, término en que se unen los obispados de Nueva Cáceres y Nueva Segovia. Este obispado se fundó por bula de Clemente VIII, expedida en 14 de Agosto de 1304. Señaláronse al obispado 4,000 pesos de renta anuales sobre las cajas reales de Méjico, por no haber diezmos en Filipinas en razon de no pagarlos los indios y dedicarse poco los españoles al cultivo de las tierras. Al cura de la catedral se señalaron 180 pesos y al sacristan 92. Tambien se crearon dos capellanes de honor para su asistencia en la celebracion pontifical, señalandoseles la renta de 100 pesos á cada uno. El obispo tenia su silla en Nueva Cáceres, prov. de Camarines, donde la fundó el gobernador D. Francisco Lasande; pero no ha quedado de esta ciudad mas rastro que el pueblo de indios llamado Naga, que es la cabecera de provincia y donde se halla tambien la sede. Tiene la Catedral y Palacio episcopal de piedra, y seminario conciliar para clérigos del pais. Su jurisdiccion se estiende á las provincias enteras de Camarines N. y S., Tayabas, Albay, la comandancia político-militar de Masbate y Tiaco, las islas de Buzias y Catanduanes y los pueblos de Baler y Casiguran en Nueva Ecija, Palillo y Bingugonan de Lampong en la Laguna. En este vasto territ. comprende la jurisd. ecl. de Nueva Cáceres las prov., curatos y pueblos siguientes: Estado núm. 11.

Ademas de las asignaciones que desde un principio se hicieron, segun hemos dicho, á este ob. y que en la actualidad se pagan de las cajas reales de la colonia, se abonan á la mitra 500 pesos para socorro de curas pobres; 400 para atender á la fábrica de la catedral y otros objetos, y 135 pesos 2 reales plata para cera, aceite, etc., cuyo total importe es de 5,516 pesos, 7 rs. plata, 37 mrs.

El nombre de este obispado se conserva solo en los documentos oficiales, prevaleciendo el de Camarines por el nombre de la prov. donde reside el obispo. La silla de Nueva Cáceres ó Camarines cuenta desde su fundacion 23 prelados como se verá por el catálogo siguiente:

1.° El Ilmo. Sr. D. Francisco de Ortega, del órden de San Agustin, fué electo el año 1600, habiendo sido antes nombrados tres PP. Franciscanos que no quisieron admitir este obispado.

2.° El Ilmo. Sr. D. Baltasar Covarrubias, del órden de San Agustin, recibió la presentacion de S. M. el año 1604, en el que entró á gobernar su iglesia, aunque por poco tiempo, pues murió en 1607 sin que se hubiese consagrado.

3.° El Ilmo. Sr. D. Pedro Matías, del órden de San Francisco, provincial que habia sido de su órden, y electo obispo de Cebú al mismo tiempo que lo era de Nueva Cáceres el Ilustrísimo Sr. D. Fr. Pedro de Arce del órden de San Agustin; pero no sabiendo la lengua visaya el primero de estos dos, permutó con el otro su obispado y entró á gobernarle en el año 1611. Murió en el de 1613 sin haberse consagrado.

4.° El Ilmo. y Rmo. Sr. D. Pedro Godinez, Franciscano, natural de Salamanca. Fué nombrado obispo, pero no gobernó esta diócesis.

5.° El Ilmo. y Rmo. Sr. D. Diego de Guevara, del órden de San Agustin. Habia sido prior de Manila y primer vicario provincial en el Japon, fué nombrado obispo en el año de 1618, y gobernó su iglesia hasta el de 1621 en el que murió repentinamente.

6.° El Ilmo. y Rmo. Sr. D. Luis de Cañizares, mínimo. Hallábase en Granada cuando fué nombrado obispo por Real cédula de 4 de abril de 1624. Púsose en marcha para su diócesis, y al llegar á Méjico le alcanzó otra Real cédula por la que se le nombraba obispo de Onduras.

7.° El Ilmo. y Rmo. Sr. D. Francisco de Zamudio, del órden de San Agustin; fué nombrado obispo en 1633, y gobernó hasta el año de 1639 en que murió de repente.

8.° El Ilmo. y Rmo. Sr. D. Nicolás de Zaldívar, agustino, fué nombrado en el año de 1642, y gobernó hasta el de 1646, en el que murió sin haberse consagrado.

9.° El Ilmo. Sr. D. Antonio de San Gregorio entró á gobernar en 1653.

10. El Ilmo. Sr. D. Baltasar de Herrea de Jesus. Fué por algunos años religioso de San Agustin, y siendo Difinidor en su provincia de Filipinas, pasó al órden de San Francisco, en el que fué dos veces Difinidor, hasta que en 1674 siendo comisario visitador, le llegó la cédula de presentacion para obispo. Murió en 1675 en el convento de Manila.

11. El Ilmo. y Rmo. Sr. D. Andrés Gonzalez, del órden de predicadores, entró á gobernar su iglesia en 7 de agosto de 1679 y siguió en el mando de ella hasta el 14 de febrero de 1709 en que falleció. Dejó una grata memoria por su gran humanidad y caridad, siendo uno de sus lauda-

bles hechos, la obra pia que dejó eu la Sta. Mesa de Misericordia, con el destino de universal limosna para todos los pobres enfermos del obispado de Camarines, cuyo dispendio habia de correr por cuenta del señor obispo y provincial de S. Francisco.

12. El Ilmo Sr. D. Domingo de Valencia, natural de Manila y Dean de la catedral de esta ciudad, entró á gobernar en 21 de agosto de 1715 y falleció el 21 de julio 1719, sin haber recibido aun las bulas.

13. El Ilmo. Sr. D. Felipe de Molina y Figueroa, de la villa de Arévalo en Iloilo, entró á gobernar esta diócesis en el año 1723 y duró su mando hasta el de 1738 en el que murió el dia 1.° de mayo, de resultas de una enfermedad que contrajo por el agua que le cayó en una procesion que se hizo en rogativas al cielo para que no escasease las lluvias.

Para no prolongar mas este catálogo nos limitaremos á presentar los nombres y fechas de los demás prelados que han presidido la dióc.

D. Isidro Arévalo, en. 1742
D. Fr. Manuel Matos, en. 1756
D. Fr. Antonio de Luna, en 28 de febrero. «
D. Francisco Masegra sin tomar posesion murió en la Laguna. . . . . . «
D. Fr. Antonio Gallegos, en 27 de abril de 1780
D. Fr. Domingo Collantes, en 21 de Enero de. 1790
D. Fernando Perdigon, en 8 de enero de 1816
D. Fr. Juan Antonio de Lillo, en 13 de Enero de. 1833
El Exmo. é Ilmo. Sr. D. Tomás Ladron de Guevara, electo, tomó posesion en 1.° de Abril de. 1842
El Ilmo. Sr. D. Fr. Manuel Grijalvo, electo, tomó posesion en 15 de abril de 1848

Las visitas diocesanas deben hacerse por cuenta de la Real Hacienda, conforme á la Real cédula de 22 de abril de 1705. Cuando la silla episcopal quede vacante, careciendo como carece de Cabildo, su gobierno corresponde al Excelentísimo Sr. Arzobispo Metropolitano, quien nombra Provisor ó Vicario capitular, y si al propio tiempo estuviese tambien vacante la silla arzobispal, el gobierno perteneceria al sufragáneo mas inmediato; y en igual distancia el mas antiguo.

La forma de administrar y recaudar los espolios se previno en Real cédula de 24 de junio de 1712, como se ha dicho en otros lugares de esta obra.

NUEVA CASTILLA: Cuando el adelantado Miguel Lopez de Legaspí sujetó al dominio español la isla de Luzon, le dió este nombre en recuerdo de la corona por la cual hacia la conquista: obtuvo para ello la aprobacion del Real Consejo de Indias; pero los indígenas hicieron prevalecer el nombre de Luzon, como ellos siempre la llamaron.

NUEVA-ECIJA: prov. de la isla de Luzon, obisp. de Nueva-Segovia; es una alcaldía mayor de entrada, cuya autoridad tiene á su cargo el desempeño de la administracion de justicia, recaudacion de tributos, gobierno, etc. Ocupa la parte oriental del gran cuerpo superior de la isla ó sea la contracosta, como hemos visto en el art. de la prov. de Cagayan, á la que perteneció antiguamente. Descrito su territorio en aquel artículo, y siendo reciente su creacion, poco tenemos que decir de ella al presente. Es un vasto territorio, sumamente dominado por los vientos N. E. que por gran parte del año tiene encerrada su costa. Su CLIMA por lo demas es bastante sano, sus montes poblados de árboles de diferentes clases, aunque prosperan poco en la parte mas regida por dichos vientos: su temperamento templado, tiene buenos territorios regados por numerosos rios: estos abundan en pesca, como sus montes en caza mayor y menor, miel y cera. Tambien hay en ellos numerosas rancherías de infieles, á quienes todavía no han alcanzado la evangelizacion y cultura, que deparan la prosperidad del archipiélago. La poblacion cristiana es aun escasa; pero se halla en un considerable desarrollo. En el año 1848 su estado era el siguiente:

PUEBLOS.	Núm. de almas según los padrones.	Industrias contribuyentes de N. y Mest.	Reservado.	Núm. de trib. ó familias contribuyentes
Lautor y Bongabong.	2989	1686	241	843
Cabanatuan.	4746	2772	346	1586
Pantabangan.	555	192	108	96
Puncan y su anexo Caranglan.	719	316	77	158
Binangonan de Lampong.	3609	1452	193	726
Palanan.	467	225	50	112
Casiguran.	360	108	72	55
Baler.	882	231	203	115
Isla de Polillo.	1199	523	83	264
TOTAL.	15306	7505	1377	3752

Hasta el año 1845 decayó considerablemente esta prov., de modo que según la Guia de aquel año, su situacion era como sigue:

PUEBLOS.	ALMAS.	TRIBUTOS.
Taler y Casegnan.	1180	219
Casiguran.	1150	153 1|2
Binangoñan.	4731	1013
Polilio.	1188	310
Palanan.	916	963
TOTAL.	9165	2658 1|2

Pero despues se le adjudicaron varios pueblos con el importante distrito de Gapan, y su situacion vino á ser como sigue:

PUEBLOS.	ALMAS.
Cabanatuan.	9,207
Bougabon.	2,254
Santor.	1,452
Palurapis.	1,085
Supao.	1,053
S. José.	608
Umingan.	4,734
Puncan.	339
Caranglan.	1,066
Pantabangan.	1,073
SUMA.	22,751

Suma anterior.	2,751
Baler.	1,280
Casignan.	98
Casiguran.	1,036
Gapan.	17,105
S. Isidro.	7,803
Cabiao.	8,438
S. Antonio.	7,712
Aliaga.	2,612
TOTAL.	69,135

NUEVA GUIPUZCOA: provincia que se ha formado recientemente de lo que antes era la parte meridional en la de Caraga; es un gobierno político-militar de entrada cuya autoridad especial que reside en Davao tiene á su cargo todos los ramos de administracion y gobierno: en lo eclesiástico pertenece al obispado de Cebú. Comprende toda la parte Sur de la antigua provincia nombrada, segun lo decretado en 27 de febrero de 1847, en cuyo efecto se formó un distrito especial en esta parte, y por nuevo decreto de 29 del mismo mes del año 1850 se erigió en prov. con el nombre de Nueva Guipuzcoa. Desde entonces forma un gobierno político-militar como queda dicho, adjudicándosele los pueblos de Tanda, Tago, Lianga, Mision de San Juan, Bislig, Tinatuan, Catel, Puinablang, Dapuan y Baganga, como tambien todo lo que comprende el seno de Davao, cuyo pueblo es la cab. de esta nueva provincia. Quedando debidamente descrito el territorio que forma esta prov. en el artículo de Caraga y siendo tan reciente su formacion, debemos limitarnos en el presente á manifestar que en nuestro concepto esta prov. bien administrada no menos en lo civil que en lo eclesiástico, con buenas doctrinas oportunamente establecidas para traer los infieles de los montes á la comunion católica, con el necesario apoyo contra las correrías de los moros, con el estímulo al trabajo que dan la civilizacion y la cultura, llegará á ser un dia una provincia de suma importancia.

NUEVA-SEGOVIA: ant. c. de la isla de Luzon prov. de Cagayan sit. en los 125° 17' long. 18° 15' 20" lat. á la orilla derecha del caudaloso rio Cagayan ó Tajo, donde la fundó el gobernador don Gonzalo Ronquillo de Peñalosa el año 1581, para ser la capital de la prov. y del estenso obispado que todavía conserva su nombre á pesar de haberse trasladado la sede á Vigan prov. de Ilocos-Sur, como la capitalidad política á Lallo, que al principio no era mas que un barrio de la ciudad, y despues á Tuquegarao, donde hoy reside. Esta ciudad ha quedado enteramente desierta sin dejar apenas vestigios de su existencia, y aun el pueblo de Lallo, que parecia haberla reemplazado, ha desmerecido bastante con la pérdida de la capitalidad.

NUEVA-SEGOVIA (obispado de): Uno de los tres de la isla de Luzon. Comprende las prov. de Cagayan, Nueva Vizcaya, Pangasinan, la Union, Ilocos Sur, Ilocos Norte, Abra y las Islas Batanes. Se estiende esta dioc. por toda la parte setentrional de la isla desde los 123° 21′ long. costa occidental donde es la punta llamada Pedregales, hasta los 126° 5′ id. en la oriental ó contra-costa, donde se abanza la punta Maamo y desde los 16° 17′ lat. hasta los 18° 38′ id. Confina por S. con el arz. de Manila al que pertenecen las prov. de Lambales, Pampanga, por lo mas occidental y N. E. Por S. E. desciende hasta los 15° 30′ lat. punta Dicapinisan, y Nueva Ecija con el de Nueva Cáceres ó Camarines en los límites superiores de la prov. de Tayabas. Por E. confina tambien con el arzob. en la citada prov. de Nueva Ecija: sus límites por O. y N. son marítimos. Empezando por donde acaba esta última prov. que puede considerarse en la punta de Dicapinisan, nada mas notable ofrece la contra-costa que las ensenadas de Dibut y Baler hasta la de Casiguran, no presentando ningun objeto digno de mencionarse. Saliendo de esta última ensenada hay que doblar el cabo de San Ildefonso en que antiguamente empezaba la jurisdic. ecl. de este obispado. Continuando al N. á cosa de unas 16 leg. de navegacion, se encuentra el puerto de Tumango, el mas seguro y capaz de toda esta costa brava, y á corta distancia de él se hallan el pueblo de Palanan y las misiones de Disalayon y Danilican ó Divilican.

Despues hasta el cabo del Engaño, ya no se encuentra mas que algunos pequeños surgideros que apenas ofrecen seguridad á los buques, por hallarse todos ellos espuestos á los vendabales. Tampoco en la costa N. que empieza en dicho cabo del Engaño, así llamado por lo engañoso de sus corrientes, se halla ensenada ni puerto alguno hasta el pueblo de Aparri, distante unas 15 leg. Este pueblo está á córta distancia de la antigua ciudad de Nueva Segovia, conocida por los naturales con el nombre de Laen. A cosa de otras 15 leg. del mencionado pueblo de Aparri, se encuentra la cabeza de los montes Caraballes, cuya punta llamada Balaynacira ó Pata, penetra en S. mar y es la mas setentrional de la isla. En este punto acaba la prov. de Cagayan y empieza la de Ilocos Norte en el pueblo de Pancian, que se halla á 9 horas del de Bangui. Despues se dobla el cabo Bojeador, donde empieza la costa occidental de la isla en la que se encuentran las prov. de Ilocos Norte y Sur, la de la Union y Pangasinan llenas de pueblos numerosos, hasta llegar al cabo de Bolinao, donde confina este obispado con el arzob. al que pertenece la prov. de Zambales. Esta sede sufragán. de la metropolitana de Manila, se erigió por breve de su Santidad Clemente VIII, el 14 de agosto de 1595. Antiguamente tenia el obispo su silla en Nueva Segovia, cab. de la prov. de Cagayan; pero en el dia reside en Vigan, cab. de Ilocos Sur, donde estaba en otro tiempo la villa denominada Fernandina. La dotacion de esta mitra es de 4,000 ps. fs. al diocesano, 184 ps. al cura de la catedral, 92 al sacristan y 100 á cada uno de los capellanes de coro. La jurisd. se estiende como hemos dicho á las 8 prov. de Cagayan, Nueva Vizcaya, Pangasinan, La Union, Ilocos Sur, Ilocos Norte, el Abra y las islas Batanes, cuyas descripciones hallarán en sus respectivos artículos, del mismo modo que por el estado que | sigue pueden verse el número de parroquias que cuenta este obispado y el de curas seculares y regulares que las sirven.

El nombre que encabeza este artículo se conserva solamente en los documentos oficiales, siendo mas frecuente el llamarse obispado de Ilocos, por el nombre de la prov. donde reside el diocesano. Esta silla episcopal cuenta desde su creacion 23 prelados, como aparece en el catálogo que estampamos á continuacion.

D. Fr. Miguel Benavides, primer obispo de esta diócesis, tomó possesion en. . 1590
D. Fr. Diego de Soria, en. 1601
D. Fr. Miguel García Serrano, en 7 de julio de. 1617
D. Juan de Rentería, en. 1621
D. Fr. Hernando Guerrero, en. . . . 1629
D. Fr. Diego de Aduarte, en. . . . 1635

D. Fr. Rodrigo de Cárdenas, en 22 de
julio de. 1653
D. José Millan de Poblete, en 10 de
julio de. 1671
D. Lucas Arquero de Robles, en 6 de
noviembre de. 1677
D. Francisco Pizano Orellana, en 23 de
diciembre de. 1681
D. Fr. Diego de Yoreze Irala, en 9 de fe-
brero de. 1708
D. Fr. Pedro Mejorada, en 11 de agosto de 1715
D. Gerónimo de Herrera y Lopez, en 16
de agosto de. 1723
D. Fr. Juan de Arechedera, en. . . . 1745
Dr. don Juan de la Fuente Yepes, en 28
de julio de. 1755
D. Fr. Bernardo de Ustariz, en 15 de ju-
lio de. 1761
D. Fr. Miguel García, en 20 de junio de 1767
D. Fr. Juan Ruiz de San Agustin en 13
de mayo de. 1782
D. Fr. Agustin Pedro Blaguier, en 29 de
mayo de. 1799
D. Fr. Cayetano Pallas, en 6 de setiem-
bre de. 1808
D. Fr. Francisco Alban, en 12 de junio de 1818
El Ilmo. y Rmo. Sr. D. Fr. Rafael Ma-
soliver, en 15 de abril de. 1843
El Ilmo y Rmo. Sr. D. Fr. Vicente Bar
reiro, en mayo de. 1849

Está prevenido por Rl. Cédula de 22 de abril
de 1705 que las visitas diocesanas deben hacerse
por cuenta de la Rl. Hacienda. Igualmente está
mandado por disposiciones superiores, que
cuando la mitra que nos ocupa quede vacante,
careciendo como carece de cabildo, que su gobierno ecl. corresponde al Excmo. é Ilmo. Arzobispo Metropolitano de Manila, á quien está con-
ferida la facultad de nombrar Provisor ó Vicario
capitular; pero en el caso que se hallase al
propio tiempo vacante la silla arzobispal, el
gobierno de la diócesis pertenece al sufragáneo
mas inmediato, confiriéndose al mas antiguo
en el caso de encontrarse dos de dichos sufragáneos á igual distancia.

La forma de la administracion y recaudacion
de los espolios, se halla prevenida en la Rl.
Cédula de 24 de Junio 1712, como queda consignado en otro lugar de esta obra.

NUNSINGAN: laguna de la isla de Mindanao,
en el territorio de los Ilanos; hállase su centro
en los 127° 28' long. 7° 47' lat., tiene poco mas
de media leg. de bojeo y sus aguas se comunican
con las de otra laguna por medio de un canal
de 2 leg. de largo.

NUS

NUSA: niogote en el lago de Lano de la isla
de Mindanao; hállase en los 128° 13' long. 7°
52' lat.

NUN

NUNUYAN: punta de la costa occidental de
la isla de Mindanao: hállase en los 125° 42' long.
7° 40' lat.

NUE

NUEVA VIZCAYA: una de las provincias de
nueva creacion en la Luzonía; es un gobierno político militar de entrada, cuya autoridad tiene á
su cargo todos los ramos de administracion y
gobierno; en lo eclesiástico pertenece al obispado de Nueva Segovia. Comprende un vasto territorio en el centro de la isla, que hasta el
año 1839 formó la parte meridional de la estensa provincia de Cagayan. El alcalde mayor
de aquella provincia, en vista de las dificultades que se oponian al apetecible desempeño
de su cargo en tan dilatado territorio, propuso
la formacion de la que nos ocupa, y el capitan
general don Luis Lardizabal la decretó en el
mismo espresado año 1839. Este territorio es
el en que abrieron sus misiones de Ituy los padres Agustinos y de Panigui los Domínicos, á
cuyos trabajos se debió el principio de la evangelizacion de estas regiones centrales, en que
mas tarde el padre Alamo se ha hecho un in-
marcesible renombre, así como su digno gobernador señor Oscariz, quienes consiguieron
por medio de la caridad y persuasion lo que no
habian logrado diferentes espediciones militares,
reduciendo al pueblo Moyoyas, que desde sus
bosques impacientaban sin cesar á los cristianos y hacian numerosas victimas. Descrito bajo
todos aspectos este territorio en el art. de la
prov. de Cagayan, á que hasta la espresada fecha perteneciera, podemos limitarnos á recordar al presente, que al formarse constaba del t.l

pueblos, que en 1818 presentaban ya la poblacion y los tributos siguientes:

Mision de Ituy.	Almas.	Tributos.
Aritao.	1,146	190
Dupax.	2,255	433
Banibang.	2,833	446
Bayombong.	1,599	383

Misiones de Panigui.		
Lumabang.	687	166
Bagabag y su fuerza. .	1,277	254
Carig y su fortaleza del Santo Niño.	862	152
Camarag.	1,129	214
Angadanan.	773	160
Cavayan.	1,386	159
Calaningan.	693	76
TOTALES. . .	14,631	2,665

En 1847 habia ascendido esta poblacion á
21,460 alm. y á 5,103 los tributos, de modo
que se habia aumentado en 6826 el número de
sus habitantes. Se calcula que al formarse la
provincia eran estos 19,754 y 4,686 los tributos.
Desde 1845 ha sido corto el incremento de la poblacion cristiana, aunque numeroso el de infieles reducidos á tributo: el citado artículo de la
provincia de Cagayan y lo reciente de la creacion de esta nos dispensan de dar mayor estension al presente, pudiendo terminarlo con
el siguiente estado de la poblacion de la prov.,
formado con arreglo al número de almas, que
manifiesta la Guia de 1850 y el de los tributos
resultivos de la del 47.

Pueblos.	Almas.	Tributos.
Camarg.	1,564	381 ½
Aritao.	1,225	321
Dupax.	2,553	565
Bambang.	3,451	746
Bayombourg. . . .	1,776	453 ½
Lumabang.	873	214
Bagabag.	1,250	312
Carig.	765	200
Augadanan.	1,058	304 ½
Canayan.	1,210	340 ½
Calanusian. . . .	657	191 ½
Jurao.	490	143 ½
Gama.	1,227	300 ½
Ilagan.	2,841	736 ½
Palanan.	800	200
Alamo.	515	»
	22,236	5,419

OAS: pueblo con cura y gobernadorcillo, en
la isla de Luzon. prov. de Albay y dioc. de Nueva
Cáceres; sit. en los 127° 9' 30" long. 13° 15,
lat. á la orilla derecha del rio de la Yusya, en
terreno llano y clima templado. Tiene 2,126 casas, siendo algunas de estas de tabla y nipa, la
mayor parte de caña y nipa, y la principal ó mejor construida de todas ellas, es la casa parroquial, así como la de comunidad donde está la
cárcel. Hay una iglesia parroquial servida por
un cura regular cuya fábrica es buena; tambien
hay una escuela de instruccion primaria para la
enseñanza de los niños del pueblo, la cual tiene
una dotacion de los fondos de comunidad, y además de esta hay otras de particulares. Confina
el TERM. por N. con el de Polangui que dista
1 leg.; por S. E. con el de Ligao á igual distancia, por O. con el volcan de Albay, y por S. O.
no tiene límites marcados. El TERR. es montuoso y lo riegan algunos rios además del referido
de la Yusga. Sus PROD. son arroz, maiz caña dulce, ajonjolí, café, pimienta, algodon, abacá, mucha clase de legumbres y frutas. Su principal
IND. consiste en la agricultura, dedicándose tambien las mugeres á la fabricacion de diferentes
clases de tela. POBL. 12,756 alm. y en 1845 pagaba 2, 228 trib. que hacen 22,280 rs. plata.

OAS: rancheria de infieles en la isla de Luzon,
prov. de la Union, SIT. en los 124° 24' long. 18°
25' 30" lat.

OBA

OBANDO: pueblo con cura y gobernadorcillo,
en la isla de Luzon, prov. de Bulacan, arzobi-
pado de Manila, SIT. en los 14° 44' 30" lat. 124°
37' long. á la orilla de un Estero de su nombre,
que conduce próximamente al mar, cercado de
Manglares hácia el Oeste, y de su colateral Polo
á S. E. como á un cuarto de legua: carece de
tierras de labor, pero sus naturales que son laboriosos, ejercen la agricultura en la gran hacienda de Pandi y en otros sitios de la provincia: se
dedican tambien á la pesca algunos, y sus mugeres al tráfico de arroz, frutas y hortalizas que
conducen á la capital.

Es el último pueblo de la provincia si el viajero llega á él desde Bulacan, y el primero,
pasando al mismo desde la provincia de
Tondo.

Fundóse siendo gobernador de las islas el

marqués de Obando, de que tomó su nombre; su terreno es llano y el clima templado, tiene sobre 1,570 casas, en las que se cuentan algunas de piedra y tabla, siendo las principales la Parroquial y la de comunidad, donde se halla establecida la cárcel. La iglesia es de buena fábrica, y sumamente concurrida, con especialidad en el mes de mayo, en cuya época asisten los fieles á tributar oblaciones, y ofrecer sus preces á la Vírgen, vulgarmente llamada por los naturales Nuestra Señora del Salambao. Se cree por tradicion que esta imagen fué estraida del mar en la red de un pescador. La administracion está á cargo de un cura regular.

Tambien existe en dicho pueblo una escuela de instruccion primaria dotada de los fondos de comunidad. Igualmente posee un escelente cementerio bien situado.

Poblacion, 12,756 almas. En 1845 pagaba 2,228 tributos.

OBI

OBIAN: una de las islas que forma el grupo de Joló en el archipiélago de este nombre; tiene de larga unas 4 millas y 1|2 leg. de ancha; su centro se halla en los 124° 9′ long. 6° 5′ 30″ lat.

OBISPO: rio de la isla de Luzon en la prov. de Cavite; nace en los 124° 33′ 20″ long. 14° 22′ lat., diríjese al N. O., corre unas 2 leg. y desagua en la bahía de Manila, formando la punta Tibac.

OBISPO: rio de la isla de Luzon en la prov. de Batangas; nace en las vertientes meridionales del monte Batulao en los 124° 26′ 10″ long. 14° 20′ lat.: diríjese al S. O. y reune sus aguas con las del rio de Caitinga.

OBO

OBOG: monte de las isla de Luzon, en la prov. de Ylocos Norte; hállase en el term. de Baugin, al N. E. de este pueblo.

OBU

OBUNG: punta de la costa occidental de la isla de Marinduque; hállase en los 125° 34′ 30″ long. 13° 20′ 15″ lat.

OCTES: rio de la isla de Luzon, en la prov. de la Laguna; nace en los 123° 9′ 30″ long. 14° 6′ 50″ lat. en las vertientes setentrionales del monte Majaijay; corre unas 2 leg. al N. y desagua en el rio de Sta. Cruz.

OCTOG: punta de la costa S. O. de la prov. de Camarines Sur; hállase en los 126° 17′ 30″ long. 13° 47′ 30″ lat., en el seno de Guinayangan, formando con la punta Omon la boca de la ensenada de Bagay.

ODI

ODIANGAN: visita del pueblo de Romblon, en la isla de Tabla, adscrita á la prov. de Capiz; sir. en la costa oriental de la isla; terreno llano y clima templado. Su pobl. prod. y trib. los incluimos en el art. de la matriz.

OGED: barrio de Donzol en la isla de Luzon prov. de Albay, dioc. de Nueva Cáceres; sir. en los 127° 14′ 30″ long. 12° 53′ 40″ lat., en la costa meridional de la prov. en terreno llano y clima igual al de su matriz, de la que dista 1|2 leg al N. y en el art. de la cual incluimos su pobl. prod. y trib.

OGM

OGMUG: visita del pueblo de Palompon, en la isla y prov. de Leite, dioc. de Ceben; sir. en la costa occidental de la isla, terreno llano y clima igual al de su matriz al S. de la que se halla, y en el art. de la cual incluimos.

OLA

OLANDAN: punta en la costa meridional de la isla de Mindanao; hállase en los 128° 8′ long. 6° 1′ 15″ lat.

OLANGO: isla adyacente á la costa oriental de a de Cebú, de la que dista unas 3 leg.; su centro se halla en los 127° 32′ long. 10° 18′ 30′ latitud.

OLOLOO: punta de la costa meridional de la isla de Luzon, en la prov. Batangas; hállase en los 124° 54′ 50″ long. 13° 36′ lat.

OLO

OLOPANDO: ensenada de la costa occidental de la prov. de Bataan, isla de Luzon; hállase en l puerto de Suleig, entre los 123° 56′ long. y

123° 58' 30". id. 140° 49' lat. 14° 51' id.: desagua en ella el rio de Binigtican y algun otro riachuelo muy pequeño.

OLU

OLUTAYA: isla adyacente á la costa setentrional de la prov. de Capiz de la que dista una milla; hállase su centro en los 126° 35' long. 11° 34' 30" lat.

OLL

OLLON: rio de la isla de Luzon en la prov. de la Laguna; nace en las vertientes setentrionales del monte Majaijay en los 125° 9' lon. 14° 550" lat.; corre unas 2 leg. al N. y va á desaguar al rio de Pagsansan.

OMO

OMON: punta de la costa S. O. de la prov. de Camarines Sur; hállase en el seno de Guinayangan, formando con la punta Octog, la boca de la ensenada de Bagay, al O. del pueblo de Ragay, en los 126° 16' 30" long. 13° 48' 40" lat.

ONI

ONISAN: mogote que sobresale en el mar, al S. de la isla de Guimaras y distante de ella poco mas de 1 leg.; hállase en los 126° 14' long. 10° 21' 30" lat.

OPO

OPON: pueblo con cura y gobernadorcillo, en la isla de Magtan, adscrita á la provincia y dioc. de Cebú; sit. en los 127° 30' 30" long. 10° 20 20" lat. en la costa meridional de la referida isla: su clima es saludable y templado; tiene como unas 1,500 casas sin contar las de su visita Talamban, en donde reside un teniente de justicia la parroquial y de comunidad en que está establecida la cárcel, son de buena fábrica, igualmente que la iglesia servida por un cura regular, Tiene escuela de instruccion primaria. El terreno es fértil y produce arroz, maiz, caña dulce, algodon, algun café, añil, legumbres y frutas. Su industria es la pesca y algunos tejares, en los que se elaboran telas para el uso de los naturales. Este pueblo es tristemente célebre en la historia por haber sido los antiguos naturales de la isla de Mactan, á que pertenecen, los que dieron muerte al insigne Fernando de Magallanes. Tiene al Oeste á la ciudad de Cebú, como una hora de distancia.

Poblacion 7,880 almas y 1,524 1|2 tributos.

OPON: islote adyacente á la costa oriental de la isla de Luite de la que dista 2 millas su centro se halla en los 128° 56' long. 10° 21' lat.

OQUI: arroyo de la isla de Luzon, en la prov. del Abranace, al E. del monte Fayal, en el térm. del pueblo de Baugued y desagua en el rio del Abra.

ORA

ORA: rio de la isla de Catanduanes, que está adscrita á la prov. de Albay; nace en el centro de la isla, en los 127° 58' long. 13° 51' lat. Diríjese al N. N. E., baña los pueblos de Viga y Payo y desagua en el mar por la costa setentrional de la isla, en los 128° 30" long., 13° 59' lat., despues de haber corrido 3 leg.

ORAAN: islote en el archipiélago de Joló; hállase su centro en los 124° 2' long., 5° 41' lat.

ORANI: pueblo con cura y gobernadorcillo, en la isla de Luzon, prov. de Bataan, arz. de Manila, sit. en los 124° 13' 20" long., 14° 49' 30" lat. á la orilla izquierda de un rio en terr. llano y sobre la playa del N. O. de la gran bahía de Manila; su clima es bastante sano y templado. Tiene 799 casas, siendo de ellas las mas principales ó mejor construidas, la de comunidad donde está la cárcel, y la parroquial; hay tambien algunas de tabla, otras de piedra y tabla y la mayor parte de caña y nipa. La iglesia parroquial de este pueblo está servida por un cura regular y su fábrica es buena. Hay una escuela de instruccion primaria para la educacion de los niños, y un cementerio fuera de la poblacion, de la cual salen dos caminos, uno para el pueblo de Llana Hermosa y otro para el de Samal, recibiéndose de la cab. de la prov. el correo semanal que hay establecido en toda la isla. Confina el tram. por N. con el de Llanahermosa, cuyo pueblo se halla á unas 2 millas; por S. con el de Samar á 1|2 leg.; por N. E. con la prov. de la Pampanga, y por S. E. con la bahia de Manila. El tram. es montuoso al O. y llano en lo demás. Riega el térm. el rio de Tapulao y al de Orani, con el cual y el mar de la bahía de Manila se forman muchos esteros. prod. arroz, maiz, pimienta, café, caña dulce, legumbres y muchas clases de frutas. Su IND. consiste en la agricultura, en la pesca y en la fabricacion de algunas telas; y el COM. lo hacen de estas prod. con los pueblos inmediatos y con Manila. Pobl. 4.795 alm. y en 1845 pagaba 890 trib. que hacen 8,900 rs. de plata.

ORANI: rio de la isla de Luzon, en la prov. de la Pampanga; nace en las vertientes meridionales del monte Arayat, corre al S., pasa por las inmediaciones de los pueblos de Santa Ana, Méjico, San Fernando, Betis, Guagua y Cesmoan, tomando sus nombres conforme recorre sus términos, hasta que entra en el del pueblo de Orani, para desaguar al E. de este en la bahía de Manila.

ORAS: visita del pueblo de Catubig en la isla y prov. de Samar, dióc. de Cebú; SIT. en los 129° 4' 20" long., 11° 10' 15" lat., en la costa oriental de la isla junto al desague del rio á que dá nombre, en terreno llano y distante unas 10 leg. al S. E. de su matriz en cuyo art. incluimos su POBL. prod. y trib.

ORAS: rio de la isla y prov. de Samar; nace en os 128° 48' long., 12° 20' lat., corre unas 5 leg. al S. E. y volviendo luego su curso al E. corre otras 2 leg. para desaguar en la ensenada de Uguls, por la costa oriental de la isla.

ORAS: punta de la costa meridional de la prov. de Albay en la isla de Luzon; hállase en los 127° 17' 10" long. 12° 54' lat.

ORIENTAL: islita adyacente á la costa E. de la isla de Paragua; dista 4 leg. de la misma y su centro se halla en los 122° 14' long. 8° 58' lat.

ORIGON: islote adyacente á la costa setentrional de la de Tablas; hállase su centro en los 125° 43' long. 12° 42' 35" lat.

En el terr. que se cultiva las prod. son arroz, caña dulce, algun maiz, algodon, abaca, cacao, café, pimienta, cocos y otras frutas y legumbres. La pesca, el cultivo de las tierras, el beneficio de la caña dulce y la fabricacion de algunas telas son las diferentes clases de IND. que ejercen los naturales. Con las referidas producciones, tanto fabriles ó naturales, hacen el COM. con Manila y pueblos vecinos. Poblacion: En 1848, 5823, y 1,169 trib.

ORI

ORION: pueblo con cura y gobernadorcillo en la isla de Luzon, prov. de Bataan, arz. de Mani-

la; SIT. en los 124° 15' 30" long. 14° 38' 10" lat. á la orilla izquierda del rio á que da nombre en la playa occidental de la bahía de Manila, en terr. llano y clima templado. Tiene unas 1,080 casas, una iglesia parroquial, de buena fábrica, servida por un cura regular, y junto á esta la casa parroquial á corta distancia de la de comunidad donde está la cárcel. Hay una escuela de instruccion primaria con una dotacion de los fondos de comunidad, y fuera del pueblo el cementerio que está bien situado. Comunícase este pueblo con sus inmediatos por medio de buenos caminos y recibe de la cab. de la prov. el correo semanal establecido en la isla. Confina el TERM. por N. con el de Pilar, cuyo pueblo dista poco más de 3|4 leg.; por O. con el de Morong distante unas 7 leg.; por el S. con el de Mariveles á unas 5 1|2 id., y por E. con la bahía de Manila. El TERR. es bastante montuoso y lo riegan ademas del rio referido el de Sto. Domingo al N., el de Limai al S., y otros varios que bajan de la sierra de Mariveles y van á desaguar á la bahía de Manila. Al O. del pueblo se forma un estero entre los rios Orion y Sto. Domingo; pasado el cual y á distancia de 1 1|2 leg. se encuentra el monte llamado Morra de Orion. En 1848, almas 5,828, trib. 1,169.

ORION: rio de la isla de Luzon, en la prov. de Bataan; nace en los 124° 11' 30" long., 14° 36' 30" lat. en las vertientes setentrionales de la sierra de Mariveles; diríjese al N. O. y desagua en la bahía de Manila, pasando antes por el S. del pueblo de Orion del cual toma su nombre.

ORM

ORMOT: visita del pueblo de Palompon, en la isla y prov. de Leite, dióc. de Cebú; SIT. en la costa occidental de la isla, en terreno llano y bajo un clima templado. Dista unas 2 leg. al S. de su matriz en cuyo artículo damos su POBL. prod. y trib.

OSA

OSAADA: una de las islas que forman el grupo de Joló en el archipiélago de este nombre; hállase su centro en los 124° 17' 30" long. 6° 3' 30" lat.

OSLOOB: pueblo con cura y gobernadorcillo en la isla prov. y dioc. de Cebú, sit. en los 127° 52' 30" long. 9° 38' 20" lat. en terreno montuoso, próximo á la costa oriental de la isla; su clima es algo cálido y saludable. Tiene unas 600 casas entre las que se cuenta la parroquial y la de comunidad donde se halla la cárcel. Hay establecida una escuela de primeras letras dotada de los fondos de comunidad. Comunícase este pueblo con los inmediatos por medio de malos caminos y recibe de la cab. de la prov. el correo en dias indeterminados. Confina el term. por N. con el de Bolohon y por S. E. y O. con el mar. El term. es montuoso y fértil; en las tierras de labor se cosecha arroz, tabaco, maiz, cacao, café, algodon, cocos, otras frutas y legumbres. En los montes se crian varias clases de maderas buenas para la construccion, alguna caza, y tambien se encuentran higueras silbestres que producen la tan apreciada goma laca. La industria consiste en la agricultura, en la fabricacion de algunas telas, corte de maderas y la pesca. Pobl. 4,477 almas, y trib. 858.

OSL

OSLOT: punta de la costa oriental de la isla de Cebú; hállase en los 126° 55' long. 9° 34' lat.

OTO

OT Ó LAUIGAN: punta de la costa setentrional de la isla y prov. de Samar; hállase en los 128° 30' 20" long. 11° 38' 20" lat.

OTON: pueblo con cura y gobernadorcillo en la isla de Panay, prov. de Iloilo dióc. de Cebú sit. en los 126° 15' 30" long. 10° 48' latitud á la orilla de un rio sobre la costa S. E. de la isla, terreno llano, y clima cálido. Distante de Arévalo una hora y otra de Tigbanan. Llegan á este pueblo la ria de Iloilo, que se junta con otro brazo de mar que aisla á la villa de Arévalo, Moloy Iloilo y parte de Ogtong. Si en este pueblo se abriese un canal, fácil de practicar pues que solo dista el mar de la ria unas 150 brazas, se facilitaria la comunicacion con el puerto de Iloilo y de todos los pueblos del Norte á Sur de la isla. Tiene hermosas calzadas en todas direcciones, y en la playa baluartes de piedra. Los naturales se dedican á la labranza y pesca, y man-

tienen un gran tráfico con los tejidos de algodon de varias clases, en los que se ocupan mucho las mugeres. Su mercado que se verifica todos los martes es el segundo de la provincia. Tiene sobre 2,832 casas, entre las que descuellan como mas notables la parroquial y la de comunidad donde se halla la cárcel: hay escuela de primeras letras y una iglesia de buena construccion fundada bajo la advocacion de la Concepcion de Ntra Señora, prod. arroz, maiz, caña dulce, algodon, pimienta. ind. la pesca de que abunda mucho sus costas, benef. de azúcar y tegidos de varias clases de algodon.

Poblacion 16,395 almas y tributantes 3,279.

OUI

OUINAUAN: ranchería de infieles en la isla y prov. de Samar; sit. en la costa occidental de la isla, en los 128° 7' long. 12° 11' 25" latitud.

PAB

PABABAG: una de las islas que forman el grupo de Tawi-Tawi, en el archipiélago de Joló; hállase su centro en los 123° 23' 30" long. 5° 7' lat.

PABLO (SAN): rio de la isla de Luzon, en la prov. de la Laguna, nace en las vertientes setentrionales del monte Sungay, en los 124° 44' 20" long. 14° 9' 50" lat., corre al N. E. y se divide en tres brazos que van á desaguar en la laguna de Bay. Este rio que tambien se conoce con el nombre de tibay-tibay, tiene de curso unas 5 leg.

PABLO (SAN): pueblo con cura y gobernadorcillo en la isla de Luzon prov. de Batangas arz. de Manila, sit. en los 124° 59' long. 14° 4' 3" lat. en terreno montuoso al S. del lago de Sampaloc del que dista media milla, y próximo á la orilla de un rio que corre al S. y se une con el de Mapait. Tiene este pueblo unas 3,015 casas que forman varias calles, una cárcel en la casa de comunidad, una iglesia parroquial servida por un cura regular y dos escuelas una para niños y otra para niñas. El cementerio se halla fuera de la poblacion en buena situacion y ventilado. Confina el term. por N. con el de Calauang en la prov. de la Laguna distante una leg. por O. con el de Tanauan que dista unas 4 leguas; por

N. O. con el de Nagcarlang en la prov. de la Laguna distante unas 3 leguas, y por S. con el de Tiaon en la prov. de Tayabas distante 3 1¡2 id. El terreno es montuoso, por cuya razon los caminos son malos é impracticables para los carruajes; hállase al N. el referido Lago de Sampaloc: al N. N. O. el de Imoc; al E. el de Calibato y otro al N. N. O. del barrio Pauli mas pequeño que los ya mencionados. Los rios de Balayoz, Casia, Cacati, Balanga, Mapait, Larasain y otros riegan el TERR. haciéndolo bastante fértil. Las producciones de su agricultura son arroz, maiz, añil, legumbres y frutas. Su IND. la agricultura y la fabricacion de algunas telas: y tambien en la cria de ganado caballar y vacuno.

Poblacion 18,090 almas, y en 1845 pagaba 3,865 tributos, que hacen 38,650 rs. plata.

PABOLONGAN: punta de la costa occidental de la isla de Masbate, hállase en los 126° 27' 30" long. 12° 19' 30" lat.

PAC

PACAO: rio de la isla de Masbate; nace en los 127° 18' long. 12° 10' lat.; corre una leg., y desagua en el mar por la costa S. de la isla.

PACUBALO: isla adyacente á la costa setentrional de la prov. de Camarines Norte: tiene 1 leg. de larga y 1 milla de ancha; su centro se halla en los 126° 29' 30" long. 11° 22' 20" latitud.

PAE

PAETE: pueblo con cura y gobernadorcillo, en la isla de Luzon, prov. de la Laguna, arz. de Manila; SIT. en 125° 10' 56" long. 11° 21' 53" lat. á la orilla derecha de un rio próximo á su desagüe en la laguna, en la playa de la cual se halla este pueblo; en territorio llano y clima sano y templado. Tiene 503 casas, la de comunidad donde está la cárcel y la parroquial. Hay una escuela de instruccion primaria, con una dotacion de los fondos de comunidad y una iglesia parroquial servida por un cura regular. A corta distancia de esta, se halla el cementerio bastante bien situado. Confina el TERM. por N. con el de Paquil á 1¡2 leg.; por S. con el de Loñgos á igual distancia; por E. con el de san Antonio á 3¡4 legua y por O. con la laguna de Bay. El TERR. es llano por las inmediaciones de la playa de la

laguna y montuoso al E. En sus montes se crian diferentes clases de maderas, cañas y bejucos y alguna caza. En las tierras cultivadas, las producciones son arroz, caña dulce, maiz, varias clases de frutas y legumbres. La IND. de los naturales consiste en la agricultura, fabricacion de la azúcar y en hacer algunas telas que emplean luego en los usos domésticos; POBL. 3,023 almas y en 1845 pagaba 641 1¡2 trib. que hacen 6,415 rs. plata.

PAG

PAGAGUAYAN: una de las islas de Cuyo, en el mar de Visayas; hállase entre las islas de Matarabis, Cuyo y Cocora, es bastante pequeña y tiene su centro en los 124° 50' long. 11° 5' lat.

PAGABAT: visita del pueblo de Cagidiocan, en la isla de Sibuyan adscrita á la prov. de Capiz, SIT. en los 126° 11' 20" long. 12° 2 ' lat., sobre la costa S. O. de la isla, en terreno llano y distante 2 leg. al S. O. de la matriz en cuyo art. incluimos su pobl. prod. y trib.

PAGATPAT: barrio del pueblo de Quipayo, en la isla de Luzon, prov. de Camarines Sur, dióc. de Nueva Cáceres SIT. en los 126° 53' long. 13° 37' 40" lat. á la orilla derecha de un riachuelo, en terreno llano y distante una milla al S. S. O. de su matriz, en cuyo artículo incluimos su POBL. prod. y trib.

PAGBAGNAN: puerto de la costa oriental de la isla de Samar; está poco defendido de los vientos N. E. y su centro se halla en los 129° 7' 30" long. 11° 51' 30" lat.

PAGBABAJAN: punta de la costa occidental de la isla de Luzon, hállase en los 1 4° 20' long. 13° 11' 30" lat.

PAGBILAÓ: pueblo con cura y gobernadorcillo, en la isla de Luzon, prov. de Tayabas, dióc. de Nueva Cáceres; SIT. en los 125° 10' long. 13° 57' lat. á la orilla derecha de un rio, en terreno montuoso 3¡4 leg. distante de la costa meridional de la prov.; su clima es templado. Tiene 244 casas la parroquial y la de comunidad donde está la cárcel. Hay una escuela de instruccion primaria con una dotacion de los fondos de comunidad; una iglesia parroquial de buena fábrica, servida por un cura regular, y á corta [dista]ncia de esta se halla el cementerio muy bien situado. Confina el TERM. por el N. con el de Mauban, dividiendo estos dos términos la cordillera de montes que atraviesa de O. á E. por el centro de la prov., por S. E. con el de Pitogo, que dista unas 6 1|2 leg., por O. con el de la cab. de la prov. á 3 leg. y por S. con el mar. El TERM. es montuoso, riéganlo un número considerable de rios que bajan de la cordillera y en sus montes se crian buenas maderas y alguna caza. El TERM. reducido á cultivo las PROD.; son arroz, maiz, caña dulce. IND. la fabricacion de algunas telas, de la cual se ocupan las mugeres, y la agricultura que es la principal del pueblo. POBL. 1,485 almas, y en 1845 pagaba 628 tributos que hacen 6,280 rs. plata.

PAGBILAO (puerto de): en la costa meridional de la prov. de Tayabas, fórmalo la punta de su mismo nombre y la isla de Capulan al E., hállase entre los 125° 52' long. 125° 28' id. 13° 52' lat. y 13° 55' 10" id. Es bastante seguro y está resguardado de los vientos N. E. Al N. de este puerto y en el mismo se encuentra el islote llamado Patayan, y unas 2 millas distante de la costa firme se halla situado el pueblo denominante de este puerto.

PAGBILAO: punta de la costa meridional de la prov. de Tayabas; forma con la isla de Capulan, la embocadura del puerto de su nombre, y se halla jen los 125° 25' 25" long. 13° 52' latitud.

PAGNAGATAN: bajo que se estiende en forma de media luna al S. de la isla que le da nombre, hállase desde la costa meridional de dicha isla, hasta una leg. al S. de la misma.

PAGNAGATAN: isla adyacente á la costa meridional de la isla de Mindoro de la que dista unas 6 1|2 leg.; su centro se halla en los 124° 56' long. 11° 50' 30" lat. El arribo á sus costas es bastante peligroso por estar rodeada de escollos.

PAGO: Pueblo anejo á la ciudad de Agaña en las islas Marianas, bajo la advocacion del Ntra. Señora de Guadalupe, está situado en la costa E. próximo á la playa, al pié de un gran cerro. Le baña el rio de su nombre que nace en el monte Sigua ó Sagua, al S. de Tachisña; corre cuatro millas con direccion de E. O. á S.

A media legua, por la banda de S. se encuentra el rio mas caudaloso de la isla, por los muchos arroyos que se le agregan, llamado Tarofo-
fo. Nace en el monte Mangui, corre cinco millas, siendo su direccion de O. á E., y desemboca en el puerto llamado tambien Tarofofo, fondeadero muy capaz y de figura de herradura. No suelen los buques fondear en él porque estando descubierto al viento E., es difícil la salida desde el mes de noviembre al de julio.

A S. O. del monte Tachuña nace el rio Ilig, que teniendo su principio en el monte Tenhu corre 3 millas y media y desemboca á la banda S. de Pago á distancia de una legua.

Los colaterales de este pueblo son Inarachan por el S. y Agaña por el N., á la distancia de 5 leguas el primero y á la de 2 el segundo.

Poblacion, 501 almas.

PAGSAMACANAN: ensenada de la costa Septentrional de la isla de Luzon; fórmase por el cabo del Eugaño al E. en los 126° 52' long. 18° 57' 40" lat., y la punta N. E. de la isla de Palazi en los 123° 53' 30" long. 18° 41' 20" lat. que son los dos puntos que marcan su embocadura; al N. de esta hay muchos bajos y escollos, como así mismo por la costa de ella en la que penetra hasta salir por el S. O. formando la referida isla, que en un principio debió formar parte del Eugaño á cuyo continente estaria unida.

PAGSANGAHAN: rio de la isla de Luzon. en la prov. de Tayabas; nace en los 126° 14' long. 13° 17' lat., corre unas 2 leg. y desagua en el mar por la costa S. de la prov.

PAGSANGAJAN: visita del pueblo de Baybay, en la isla y prov. de Leite dióc. de Cebú, SIT. en la costa occidental de la isla, en terreno llano y clima igual al de su matriz, que se halla unas 3 leg. al O., y en el art. de la cual incluimos su prod. POBL. y trib.

PAGSANJAN: pueblo con cura y gobernadorcillo, cab. de la provincia de la Laguna, en la isla de Luzon, arz. de Manila; SIT. en los 125° 9' 30" long. 14° 15' lat. próximo á la orilla izquierda del rio á que da nombre en terr. llano distante una legua de la playa S. E. de la laguna de Bay; su clima es sano y templado. Tiene 914 casas, la de comunidad donde está la cárcel, la parroquial, y la casa real que es de piedra y es la mejor del pueblo. La iglesia parroquial es de buena fábrica y la sirve un cura regular. Hay una escuela de instruccion primaria con una dotacion de los fondos de comunidad y otra particular. Los caminos que desde este pueblo conducen á los inmediatos se hallan en buen estado, y para los demás pueblos de la prov. sale todas las semanas un correo que hay establecido. Confina el TERM. por N. con el de Lumbáng, cuyo pueblo dista 1 1|2 leg.; por S. con el de Majaijai á unas 2 1|2 leg.; por S. O. con el de Magdalena á 1 3|5 id.; por E. con el de Cavinti distante 1 leg.; por O. con el de Santa Cruz á igual distancia; y por N. O. con la laguna de Bay. El TERM. es llano, encontrándose tambien algunos montes por la parte del S. y E. en lo que comprende su term. Las PROD. son arroz, maiz, café, pimienta, caña dulce, frutas y legumbres. IND. además de la agricultura se dedican los naturales á la fabricacion de algunos tejidos, con especialidad las mugeres, y con los productos indicados hacen su COM. con los demás pueblos de la prov. y con Manila. POBL. 5,856 almas, y en 1845 pagaba 1,104 trib. que hacen 11,040 rs. plata.

PAGTAPANAN: punta de la costa meridional de la prov. de Bataan; hállase el O. de la punta de Cochinos en los 124° 10' 30'' long. 14° 26' latitud.

PAGULAYA: punta de la costa S. E. de la isla de Panay, prov. de Iloilo, hállase en los 126° 36' long. 10° 58' lat.

PAHAT: visita del pueblo de Sorsogon, en la isla de Luzon, prov. de Albay, dióc. de Nueva Cáceres SIT. en los 127° 41' 30'' long. 12° 58' lat. á la orilla izq. de un rio, en la costa oriental del puerto de Sorsogon, terreno llano y clima igual al de su matriz, que dista unos 3|4 leg. al N. O. El número de casas, la POBL. prod. y trib. de esta visita los incluimos en el art. Sorsogon.

PAI

PAITUDLAND: punta meridional de la isla de Pasiján; hállase en los 127° 53' long. 10° 35' lat.

PAJ

PAJO: fruta de las islas Filipinas. Viene á ser una de las variaciones de la manga, diferenciándose de esta, en que es mas pequeña y tiene un ágrio subido. Es muy estomacal.

PALA: punta de la costa S. O. de la prov. de Tayabas; hállase en los 125° 39' 30'' lat. formando con la punta Sandoval la ensenada de Catanauan.

PALABIG: punta de la costa S. O. de la prov. de Tayabas; hállase en los 125° 4' 56'' long. 13° 27' 20'' lat.

PALAD: bajo, junto á la costa S. O. de la prov. de Taiabas, y distante mas 200 brazas de la misma; hállase por los 125° 54' long. 13° 34' lat.

PALANAN: pueblo con cura y gobernadorcillo en la isla de Luzon, prov. de Nueva Vizcaya, div. de Nueva Segovia; sit. en los 125° 30' 30'' long. 16° 39' lat. en terr. montuoso sobre la costa oriental de la prov. distante una leg. de la orilla del mar; su clima es templado y saludable. Tiene 121 casas, la de comunidad y la parroquial. Para la educacion de los niños de este pueblo hay una escuela de instruccion primaria con una dotacion de los fondos de comunidad. La iglesia parroquial es de mediana fábrica y la sirve un cura secular. Próximo á esta se halla el cementerio, muy bien situado y con bastante ventilacion. Confina el TERM. por O. con el de Corig distante unas 8 leg., por E. con el mar, y por N. S. S. O. se estiende considerablemente hasta llegar á los términos de la prov. de Cagayan al N. y Nueva Ecija al S. El TERM. es montuoso, elévase al O. la gran cordillera ó Sierra Madre, estendiéndose por todo el term. sus ramificaciones, que vienen á formar las puntas Dihapiqué y Tariglig, entre las que se encuentra el puerto del Tumango que se halla al N. E. del pueblo. Riegan tambien el terreno algunos rios que bajan de esta cordillera á desaguar por la costa, en cuyas inmediaciones tienen los naturales sus tierras de labor: pobl. almas 804. Prod. maiz, arroz, caña dulce, ajonjolí, pimienta, tabaco, frutas, legumbres y algodon. Los naturales ejercen la IND. en la agricultura, caza, corte de maderas y fabricacion de algunos tejidos. POBL. 729 almas.

PALANAN: rio de la isla de Luzon, en la prov. de Nueva Ecija, nace al pié de la gran cordillera ó Sierra Madre, en los 125° 49' long., 17° 2' 30'' lat.; diríjese al E., corre poco mas de 4 leg., y desagua en la ensenada de su mismo nombre.

PALANAN (ensenada de): en la costa oriental de la isla de Luzon, prov. de Nueva Ecija; hállase entre los 129° 59′ 58″ long. y 126° 4′ id., 17° 32′ lat. 17° 6′ 30″ id.; en ella desagua un rio que tiene su mismo nombre.

PALANAS: pueblo con cura y gobernadorcillo, en la isla de Masbate, comandancia militar de este nombre, dióc. de Nueva Cáceres; sit. en los 127° 35′ long. 12° 9′ lat. á la orilla de un rio, junto á su desagüe en el mar, por la costa N. E. de la isla, terreno llano y clima benigno. Tiene 172 casas, la parroquial y la de comunidad, donde está la cárcel. Hay una iglesia parroquial servida por un cura secular, y una escuela de instruccion primaria con una dotacion de los fondos de comunidad. Confina el TERM. por O. con el de Mobo que dista unas 5 1|2 leg., al N. N. O.; y por S. N. y E. con el mar. Al N. O. sobre la costa y en la playa de la ensenada que le da nombre, se encuentra la visita de Naro, distante 1 1|2 leg., al N. de esta otra en la punta Añig, y al O. de Naro se halla la de Uson, tambien sobre la playa de la ensenada á que da nombre. El ter. es montuoso y por él corren algunos rios que lo fertilizan. Sus prod. son arroz, maiz, caña dulce, frutas y legumbres. ind. Los naturales se dedican con especialidad á la agricultura, lavado de las arenas para la estraccion de las partículas de oro que estas arrastran y fabricacion de telas de algodon y abaca. POBL. 1032 almas y en 1845 pagaba 277 trib. que hacen 2,770 rs. de plata.

PALANOG (puerto de): en la costa N. E. de la isla de Masbate; es muy pequeño, pero bastante seguro; su centro se halla en los 127° 15′ 30″ long. 12° 20′ 35″ lat.

PALANQUITIN: punta de la costa occidental de la prov. de Zambales; hállase en los 123° 33′ 30″ long. 150° 26′ 40″ lat.

PALAPA: monte de la isla y prov. de Samar, hállase su cumbre en los 128° 47′ long. 12° 20′ lat.

PALAPA (puerto de): hállase situado en la costa setentrional de la isla de Samar; formándolo la isla de Bateg al N. y la referida costa al S.; tiene un buen fondeadero, pero está descubierto á los vientos N. E. que son bastante temibles.

PALAPAG: pueblo con cura y gobernadorcillo, en la isla y prov. de Samar, dióc. de Cebú, sit. en los 128° 45′ 30″ long. 13° 34′ 40″ lat. sobre la costa setentrional de la isla; en terreno llano, á la orilla izq. de un rio; su clima es tem-

pado y saludable. Tiene unas 610 casas, la de comunidad y la parroquial, que son las dos mejores del pueblo; en la primera que tambien se llama tribunal ó de justicia es donde está la cárcel. La iglesia parroquial es de buena fábrica y se halla servida por un cura regular. El term. confina por O. con el de Laoag, que dista unas 2 leg.; por S. con el de Catubig, distante unas 3 1|2 id.; y por O. y N. son el mar. El TER. es montuoso y fértil; en los montes se crian buenas maderas de construccion y ebanistería y alguna caza. En la parte reducida á cultivo las prod. son arroz, maiz, café, pimienta, legumbres y frutas. IND. la agricultura, la pesca, y el hilado y tejido de algodon en el que se emplean las mugeres. POBL. 3,062 alm. y en 1845 pagaba 684 1|2 trib. que hacen 6,845 rs. de plata.

PALASPAS: guardia ó bantay, en la isla de Luzon, prov. de Tayabas; sit. sobre la costa S. O. de dicha prov. en los 125° 31′ long. 13° 53′ 15″ lat.

PALATUAN: ensenada de la costa meridional de la prov. de Albay; comprendida entre los 127° 18′ 30″ long. y 127° 21′ id. 12° 51′ lat. y 12° 53′ id.; tiene 1 1|2 leg. y forma su embocadura la punta Cuteut al O. y la de Bantique al E.

PALAUIG: bajo que se halla próximo á la costa occidental de la prov. de Zambales; distante 1|4 leg. de esta, entre los 123° 31′ long. 123° 32′ 2″ id., 15° 23′ 30″ lat. y 15° 25′ id.

PALAUIT: visita ó anejo del pueblo de Ibacab, de la prov. de Zambales, en la isla de Luzon, arz. de Manila; sit. en los 223° 34′ long. 15° 26′ lat. á la orilla izquierda de un rio en terr. llano y clima templado, dista unas 3 leg. de su matriz al N. 4ª al N. N. O. de la cual se halla, y con la que damos en su artículo las prod. POLL., y trib. de esta visita.

PALAVI: isla adyacente á la costa setentrional de la prov. de Cagayan; hállase entre los 125° 48′ 30″ long. 125° 53′ 20″ id., 18° 37′ lat. y 18° 4 ′ 20″ id.; tiene de N. E. á S. E. ó sea de larga unas 2 leg. y 1|2 de ancha por un promedio, de modo que su superficie es de 1 leg. cuadrada. El terr. es montuoso, en él se crian varias clases de madera y caza.

PALAVI: rio de la isla de Luzon, en la prov. de Cagayan, nace al pié de los montes que van á formar el cabo del Engaño, como N. de la gran cordillera ó sierra Madre, en los 225° 52' 30" long. 18° 32' 30" lat. diríjese al N. O., corre unas 2 leg. y desagua en el mar á los 125° 49' 30" long. 18° 35' lat. formando la punta de su nombre.

PALAVI: punta de la costa N. de la isla de Luzon, en la porcion de tierra de la prov. de Cagayan, que sale al S. E. y forma el cabo del Engaño, en la costa opuesta donde se halla este, ó sea en la occidental de esta porcion de tierra que sale al mar, en los 125° 48' 40" long. 18° 35' lat.

PALEMLEM: monte de la isla de Luzon, en la prov. de Ilocos Norte; hállase en el térm. del pueblo de Bangi, al S. E. del mismo.

PALEO: Barrio de Magangan, en la isla de Luzon 1.ª division del país de igorrotes; sit. no muy lejos del referido pueblo.

PALGALDUAN: una de las islas Calamianes, cuyo centro se halla en los 123° 48' long. 11° 56' 30" lat., es muy pequeña y dista 1 leg. al N. de la de Linacapan.

PALMAS (monte de): en la isla de Luzon, hállase en los 124° 53' 30" long. 14° 35' 10" lat., es bastante elevado y en la parte que ocupa deslinda los límites de las provincias de Tondo y la Laguna; críanse en él varias clases de bejucos y su nombre se le debe á las muchas palmas que hay en él.

PALO: pueblo con cura regular y gobernadorcillo, en la prov. de Leite, dióc. de Cebú, sit. en los 128° 37' 20" long. 11° 8' 30" lat., próximo á la orilla de un rio, en terreno llano y bajo un clima algo cálido y saludable. Tiene mas de 1.134 casas, la parroquial que es la mejor del pueblo y la de comunidad llamada tribunal ó de Justicia, que tambien se distingue entre las demás: en esta última se halla la cárcel. Hay una escuela de instruccion primaria cuyo maestro tiene una asignacion pagada de los fondos comunes, y sus alumnos son en número bastante crecido. Confina el térm. con E. por el mar; por N. con el de Taclovan (cab. de la prov., por N. O. con el de Barugo y por S. con el de Dulag. El terreno es llano en su mayor parte y fértil, hallándose regado por algunos rios. En los montes crian buenas maderas, caza mayor y menor, miel, cera y brea. En las tierras de labor las prod. arroz, maiz, caña dulce, algodon, abacá, pimienta, ajonjolí, legumbres y frutas. Ind. la agricultura, la caza, la

pesca, el corte de madera y el hilado y tejido del algodon, que es la ocupacion de las mugeres. POBL. 6,927 alm. en 1845, y pagaba juntamente con Tananan 1,492 1|2 trib. que hacen 14,925 rs. plata.

PALO: punta de la costa occidental de la prov. de Camarines Sur; hállase en los 126° 51' long. 13° 15' lat.

POL

PALOG: visita del pueblo de Bucay, cab. de la prov. del Abra, en la isla de Luzon, dióc. de Nueva Segovia; sit. en 124° 9' 30" long. 17° 25' 30" lat. distante 1 leg. al N. O. de su matriz en cuyo art. incluimos su POBL. prod. y trib.

PAT

PATOMPO: islas adyacentes á la costa oriental de la prov. de Camarines Sur; son 4 y distan muy poco de la referida costa.

PAL

PALOMPON: islote adyacente á la costa N. E, de la isla de Marinduque de la que dista 1 milla; su centro se halla en los 125° 42' long. 13° 30' lat.

PALOMPON: pueblo con cura y gobernadorcillo, en la isla y prov. de Leite, dióc. de Cebú sit., en los 128° 2' 40" long. 11° 1' lat. en la costa occidental de la isla, terreno llano y clima templado por los aires del mar y saludable, tiene con las de sus visitas unas 1,366 casas, entre la que se cuentan la parroquial y la de comunidad llamada tribunal, que son las mejores del pueblo; en esta última se halla la cárcel. Hay una escuela de instruccion primaria cuyo maestro tiene una asignacion pagada de los fondos comunes. La igl. parroquial es de buena fábrica y está servida por un cura secular. Confina el térm. por N. con el de Leite, anejo de Carrigara, cuyo pueblo dista unas 9 leg. al N. E., por E. con el de Dagami, á 7 id., por S. con el de Baybay, á unas 5 leg., y por O. con el mar. El terr. es llano y fértil; sus prod. son arroz, maiz, algodon, abacá, caña dulce, ajonjolí, frutas y legumbres. Ind. la agricultura, la caza, la pesca y la fabricacion de algunas telas, en la que se ocupan especialmente las mugeres, igualmente que en el hilado del algodon. POBL. 8,199, alm. y en 1845 pagaba 2,078 1|2 trib. que hacen 20,785 rs. plata.

PALOMPON (puerto de): en la costa occidental de la isla de Levite; hállase doblando la punta de Canahuayan, que forma su embocadura.

PALOMPON: punta de la costa occidental de la isla de Luzon; hállase en los 124° 30' long. 12° 36' 30" lat.

PALOS: islote adyacente á la costa oriental de la isla de Leite, de la que dista 1|2 leg.; su centro se halla en los 128° 54' long. 11° 11' latitud.

PALUAN: pueblo con cura y gobernadorcillo, en la isla y prov. de Mindora, arz. de Manila, sit. en los 124° 7' 50" long. 13° 25' lat. sobre la costa S. O. de la isla en la playa de la ensenada á que da nombre; su terreno llano y clima templado. Tiene unas 54 casas, la de comunidad donde está la cárcel y la parroquial que se halla junto á la igl. que en la actualidad no tiene cura que la sirva, administrando las almas de este pueblo el cura de Puerto Galera. Hay una escuela y un cementerio á corta distancia de la iglesia. Confina el term. por E. con el Puerto Galera cuyo pueblo dista unas 12 leg. por S. S. E. con el mar. El terr. es fértil, riéganlo varios rios que bajan de la cordillera que se estiende por el mismo térm. de este pueblo, desde el monte Calavite hácia el centro de la isla; uno de estos rios que nace en las vertientes meridionales del referido monte Calavite que está al N. del pueblo, baja al S. y pasando por el N. E. de Paluan le rodea por esta parte y desagua en la ensenada de su nombre. Además del de Calavite hay otros muchos montes, en todos los que abunda la madera, la caza, la miel y la cera. Las prod. son arroz, maiz, trigo, algodon, legumbres y frutas. La ind. la agricultura, la caza y la pesca; ocupándose las mugeres en la fabricacion de telas ordinarias. POBL. 325 alm.

PALUAN: ensenada de la costa S. O. de la isla de Mindoro; fórmala el cabo Calavite, al O. y la punta Mirigil al E. Hállase entre los 124° 3' leng. 124° 10' 20" id., 13° 20' 30" lat. y 13° 24' 44" id.; tiene unas 5 leg. de bojeo, por la costa del E. y O. se encuentran muchos escollos, y sobre la playa del N. está situado el Pueblo que le dá su nombre.

PALUMBANES: islas adyacentes á la costa setentrional de la prov. de Camarines Sur; son tres de casi una misma estension y la que menos dista 3 leg. de la referida costa.

PALUSAPIT: visita del pueblo de S. José, en la isla de Luzon, prov. de Nueva Ecija, arz. de Manila; sit. en los 124° 43' long. 15° 53' lat. en terr. elevado próximo á la orilla izquierda del rio de S. José; su clima es templado. Dista unas 2 leg. al N. E. de su matriz, en cuyo artículo incluimos su pobl. producciones y tributos. Tiene unas 181 casas, la de comunidad donde está la cárcel, una escuela de instruccion primaria, y una iglesia próxima á la cual se halla el cementerio, tiene caminos en buen estado que dirigen uno á Pautabangan, otro á Puncan, y el que conduce á la matriz.

PAM

PAMAGPACAN (sitio de): llámase así el terr. comprendido entre el sitio de Mugo y el rio chico de la Panpanga, en la prov. de este nombre térm. del pueblo de la Paz.

PAMALAY: monte de la isla de Luzon, en la cordillera que divide las prov. de Zambales y la Pampanga; hállase en esta última prov., y su cúspide en los 124° 10' 11" long. 15° 20" id.

PAMBAN: visita del pueblo de Caramoan, en la costa setentrional de la prov. de Camarines Sur; sit. en los 127° 21' 40" long. 13° 54' lat. en la playa del puerto de Siririn, en terreno llano, á la orilla izq. de un rio, y distante 4 leg. al O. N. O. de su matriz, en cuyo art. incluimos su POBL. prod. y trib.

PAMBUG: rio de la isla de Luzon, en la prov. de Albay, nace en los 127° 18' 40" long. 13° 14' 40" lat., corre unas 2 1|2 leg. al S. O. y desagua en el rio de la Inaya.

PAMBUJAN: visita del pueblo de Lavang, en la isla y prov. de Samar, dióc. de Cebú; en la costa setentrional de la isla, bajo un clima templado y saludable. Dista   leg. al   de su matriz, en cuyo art. damos su POBL. prod. trib.

PAMINGUITAN: pueblo con cura y gobernadorcillo, en la isla de Bohol, adscrita á la prov. y dióc. de Cebú, sit. á media legua de la mar, en terreno montuoso y á las márgenes de un rio, tiene como unas 1,000 casas de sencilla construccion, distinguiéndose entre estas la parroquial y la de comunidad á donde se halla la cárcel; hay escuela de primeras letras. La iglesia es de mediana construccion, en la que se venera el Santo Niño Jesus: está servida por un cura regular. Los naturales se dedican al cultivo de la tierra que producen escasas cosechas. La ind. consiste en la pesca y en el comercio de distintos géneros, celebrándose todos los jueves un mercado muy provisto y divertido. A él concurren los indígenas y comerciantes, no solo de varios puntos de Bohól, sino tambien de Cebú y de otras partes para vender ó permutar sus artículos y renglones de comercio, ó para comprar los que necesitan.

Dista de Tagbiláran 2 leguas por el S., de Malabohoe 1 legua por el N.

Poblacion almas 4, 225 y 810 tributos.

PAMITINAN: monte de la isla de Luzon en la prov. de Tondo, térm. del pueblo de San Mateo, hállase á la orilla derecha del rio de San Mateo, por cuyo lado presenta una fachada casi perpendicular, como si fuese un gran paredon del frente de una igl., cuya puerta aparece ser la boca de la cueva que mas abajo describimos. La cúspide se halla en los 121° 52' long. 14° 45' 30" lat.

PAMITINAN (cueva de): en el monte de su mismo nombre, isla de Luzon, prov. de Tondo, término del pueblo de San Mateo, en cuyo art. damos circunstanciadamente la descripcion de esta cueva como puede verse; por lo que nos escusamos de repetir una relacion que ya dejamos hecha en el referido art. de Mateo (San).

PAMPANDOYAN: punta de la costa occidental de la isla de Paragua, hállase en los 121° 26, long. 8° 58' lat.

PAMPANG: punta de la costa N. E. de la isla de Samar; hállase en los 129° 9' 30" long. 12° 15, 30" lat.

PAMPANGA (rio Grande de): tiene su orígen este rio del rio Chico de su mismo nombre (V.) una media legua al E. del monte Arayat; corre unas 12 leg. en direccion al S. y va á des-aguar al mar de la bahía de Manila, los 124° 23' long. 14° 43' 10" lat. En las orillas de este rio se encuentran situados los pueblos de Candava, San Luis, San Simon, Apalit, Calumpti y Hagonoy, de cuyo último pueblo toma el nombre cambiando el suyo por el de rio Grande de Hagonoy.

PAMPANGA (provincia de): Es alcaldía mayor al N. de Manila en el centro de la isla de Luzon. Su estension de N. á S. es de 20 leguas, y de E. á O. de 15. Su jurisdiccion comprende 24 pueblos. Linda por el S. E. con la prov. de Bulacan, por el N. E. con la de Nueva Ecija, por el N. O. con la de Pangasinán y por el O. con la de Zambales. Su capital es el pueblo de Bacolor á 13 leguas de Manila, y en él reside su Alcalde mayor. El gobierno espiritual corresponde al arzobispo de Manila. Esta provincia se divide en alta y baja. Su temperamento es generalmente benigno y saludable, mayormente en la parte alta, que disfruta de aires mas puros y de mejores aguas: esta se halla poco poblada, no así la parte baja que es únicamente fértil y deliciosa, porque las huertas, árboles y plantíos que rodean sus pueblos templan los ardores del sol y causan una vista agradable con sus flores y frutos. Por todas partes brota la tierra yerbas, plantas y raices de diferentes especies así alimenticias como medicinales. Es abundantísima la cosecha de arroz y de maiz, del cual en algunos términos se practican dos ó tres recolecciones al año, porque segado el arroz de un campo, le dan una reja y enseguida plantan en él maiz hallándose á los dos meses en sazon: lo cogen, dan á la tierra otra reja y lo vuelven á plantar de maiz, y á los dos meses levantan esta segunda cosecha; por manera que benefician en un año y en una misma tierra, una cosecha de arroz que generalmente da en años regulares de 80 á 100 por 1, y dos cosechas de maiz, y si se retrasan las aguas tres.

El tabaco que allí llaman gapan, (cuyo nombre toma de un pueblo así nombrado que ha sido últimamente agregado á la prov. de Nueva Ecija) se recolecta mucho y de superior calidad por cuenta de la Rl. Hacienda. Es tambien abundante la cosecha de añil en pasta para el comercio interior, y en tintarron para el consumo de las fábricas del país

La caña dulce es el ramo de mayor utilidad despues del arroz, y sobre ser muy fina se coge en tanta abundancia, que además de las innumerables cañas que se consumen en la prov. y de que hacen diferentes géneros de confitura y otras composiciones apreciables, se estraen cargamentos enteros por el puerto de Manila para los de Europa. Abunda tambien el ajonjolí, del cual, así como del hunbác y tangantangan, sacan aceite para el surtido de la provincia. El cacao apenas basta para el que necesitan sus moradores. Las lentejas se cosechan con mucha abundancia para su consumo y para la estraccion. La manga abunda tanto, que del sobrante se cargan muchos barcos para Manila y otras partes. En casi todos los pueblos de la prov. se hallan pántanos de las especies que se conocen que son 87, y su tráfico es diario dentro y fuera de ella. Hay muchísimos árboles de buri, de cuya fruta se hace un pan muy bueno; de su flor se saca el licor que llaman tuba, de que se hace vino y vinagre, y por decocion se saca miel y azúcar para confituras, y de sus hojas se hacen petates ó esteras muy útiles y vistosas. La nipa se halla con abundancia en la Pampanga baja. El coco escasea en esta provincia, pero la palma, que produce la fruta que llaman bonga, es general en todos los pueblos. Se cultiva en algunos el buyo, pero no es tan aromático ni gustoso como el de la provincia de Tondo. El plantío del café es muy raro, y hay poblaciones que ni aun conocen este fruto, pero abunda el árbol que llaman *gogo*, de que se hace jabon, y el llamado *caon*, que es una especie de palma, de cuyo tronco se saca cierta lana que sirve para las almohadas y otros usos, y de la que tambien se hace la yesca. En sus montes, además de una multitud de escelentes maderas para ebanistería y construccion, existen minas abundantes de buen hierro, lavaderos de oro, pizarras, gomas, resinas y barnices escelentes. Los venados, búfalos, zorras, javalíes y otros varios animales silvestres se encuentran en tanta abundancia que en solo un año el pueblo de Tarlác cogió mas de 3,000. En el año de 1818 habia en los 24 pueblos de esta provincia 13,000 cabezas de ganado vacuno, 12,000 id. caballar, y 23,000

búfalos de que principalmente usan para las faenas agrícolas y para los trasportes, cuyo número será en el dia mayor por la multitud y superioridad de sus pastos. El ganado lanar no tiene aprecio entre los indios, y por esto es muy escaso el que hay en esta provincia; no así el cabrío á cuya cria se han dedicado en vista de lo mucho que aumenta, y de que el clima y los pastos son análogos á este ganado. Sobre estar la provincia abastecida completamente de carnes, comercia con el ganado vacuno y bufalar, con sus cueros y astas y con cerdos caseros y silvestres. Hay en ellas varias alfarerías ó fábricas de vasijas de barro, de jabon, hornos de cal, de conchas, de piedra, de tejas y ladrillos, muchos telares y toda clase de artesanos. La mayor parte de sus naturales se emplean en la agricultura, y de los restantes, unos en las fábricas mencionadas, en las de aceite, en el beneficio del añil y del azúcar, en los cortes de maderas, cañas y bejucos: otros en la pesca, en la caza, en la construccion de cascos ó bancas, que son lanchas ó barcos pequeños, y otros en el comercio con las provincias limítrofes. Las mugeres se ocupan en la agricultura, en las prensas de aceite de ajonjolí, hunbáno y tangantangan, y en la alfarería; pero particularmente en el tejido de mantas, rayadillo, tapíz, sinamais de seda y algodon, en el hilado de éste, en la costura y en el comercio interior. El idioma de esta provincia es el Pampongo. La riqueza, solidez y hermosura de los templos y casas parroquiales, y la policía de sus pueblos, fueron en otro tiempo la admiracion de los viajeros, mas el infeliz estado actual de los mas de ellos puede verse en los informes que dió al Gobierno el Excmo. Sr. Capitan General D. Rafael María de Aguilar despues de haber visitado esta provincia. Ya su antecesor el Sr. Basco habia informado lo que convenia al bien del estado en este asunto, y en su consecuencia recibió órden de S. M. Cárlos III para que los PP. agustinos que habian civilizado á aquellos naturales se volviesen á hacer cargo de su administracion, á lo que no fué posible por entonces dar cumplimiento por la misma escasez de ministros. Mas el Sr. D. Fernando VII por su Real cédula dada en Aranjuez á 8 de Junio de 1826, volvió á mandar que se encargasen de su administracion los PP. agustinos: efectivamente, desde que así suceden , pues en la actualidad tienen á su cargo 16 pueblos, ha tomado diferente giro en su estado próspero la provincia. Es muy notable la especie de nacionalidad que presenta esta provincia con su dialecto particular, su carácter y aun fisonomía, no obstante su proximidad á Manila. Así es que desde el principio de la conquista descolló el indio pampango en la historia de la colonia. A pocos dias de haberse apoderado Legaspi de Manila, el vecindario de Macabebe, pueblo de esta provincia, aliado con el de Hagonoy, prov. de Bulacan y su limítrofe, bajó á Tondo, y entrando por la barra de Yangeisay, fué á casa de Lacandola, reyezuelo de aquel pueblo, para obligarle á revelarse. Con esto los pampangos al recibir una embajada de Legaspi que les brindaba con su amistad, le hicieron una enérgica declaracion de guerra aplazándolo para la barra de Bangusain. Legaspi envió contra ellos á su maestre de campo Martin de Goiti, con 80 españoles, y consiguió derrotar á los indios en la espresada barra. Seguidamente emprendió el maestre de campo la conquista de esta prov., y en pocos dias sujetó varios pueblos y rancherías; pero llegando al pueblo conocido despues por el nombre Betis, no pudo reducirlo, como tampoco el de Lugbao, prevenidos ambos por los reyezuelos Lacandola y Soliman: se aproximaba la estacion de las lluvias y pareció á Egoiti mas prudente dejar la conquista para mejor ocasion. En efecto, pasadas las lluvias, volvió sobre la Pampanga y en pocos dias consiguió la reduccion de toda la prov. Los PP. agustinos se hicieron cargo de su evangelizacion é indudablemente pusieron ministros en ella. La conquista de la Pampanga se fecha por últimos del año 1571 y por mayo de 1572. En el primer capítulo que celebraron los PP. agustinos en Manila, pusieron un religioso en Lugbao y otro en Calumpit, para catequizar esta prov. y la de Bulacan. Despues se fueron aumentando los religiosos, y en poco tiempo redujeron á la fé toda la Pampanga, escepto los infieles que hallaron en los montes, de los cuales todavía se conservan algunos sin convertirse. Además de los indios pampangos, nacion especial como hemos dicho, hallaron en dichos montes rancherías de negritos ó aetas, conocidos con el nombre de balugas en el dialecto pampango. Los pampangos vivian á las orillas de los rios,

como los tagalos, y sus nombres patronímicos significan lo mismo esta idea geográfica en sus respectivas lenguas. Tambien tenian una misma especie de gobierno verdaderamente patriarcal, y la falta de unidad entre las familias daba ocasion á contínuas guerras que cercenaban la poblacion y le impedian el progreso en que se han presentado bajo el patronato español como luego veremos. Siempre han conservado su carácter fuerte mas de lo comun entre los indios, y aun en medio de las rebeliones, de las que han tenido lugar varias, han presentado una circunspeccion bastante notable, no cometiéndose nunca los desacatos que han tenido lugar en otras provincias. Fué tambien muy notable esta en la guerra contra los ingleses en el año 1763: su situacion, el génio especial de sus habitantes y su poblacion numerosa han presentado siempre á esta prov. como de un carácter de suma importancia.

En 1818 contaba la estadística siguiente:

PUEBLOS.	ALMAS.	TRIBUTOS.
25	106,321	23,848

Por las sumas anteriores se comprenderá que en aquella época eran los tributos con respecto á las almas de 1 á 4 $\frac{1}{2}$.

Haciéndonos cargo ahora de las almas que presenta la guia de 1850 y los tributos de la de 1847, aparece la situacion de la provincia del modo siguiente:

PUEBLO.	ALMAS.	TRIBUTOS.
24	156,272	46,013 $\frac{1}{2}$

Son los tributos á las almas con 1 á 3 $\frac{1}{2}$ lo que probaria una paralizacion en la marcha progresiva de la poblacion de la provincia que habia dado lugar á que se menoscabase el número de los exentos por falta de edad de un modo considerable. Pero es de advertir que en el espresado término fueron segregados de esta provincia los pueblos de Gapan, S. Miguel, Cabias, S. Isidro y S. Antonio que pasaron á la de Nueva Ecija y con ellos 44,915 almas y 7,487 tributos que acumulándose á las sumas de la demostracion anterior producirian una poblacion de 201,187 almas y presentarian en el número de 53,500 $\frac{1}{2}$ los tributos, que serian aquellas como 1 al 4, póco menos, lo que si bien prueba siempre cierta paralizacion en el progreso del número de las almas comparado, con el que siguiera el de los tributos, es mucho menos considerable: es el estado propio de los paises cuya situacion política va saliendo del período, digámoslo así, embrionado en que no hace mucho se hallaba por lo general la colonia.

Ya hemos visto en los artículos particulares de los pueblos que han sido segregados de la provincia de la Pampanga y en el artículo general de la de Nueva Ecija en la que se halla cuál es el actual estado de poblacion y tributos de aquellos pueblos.

PAMPLONA: pueblo con cura y gobernadorcillo, en la isla de Luzon, prov. de Camarines Sur, dióc. de Nueva Cáceres; sit. en los 126° 51' long. 13° 32' 20'' lat. á la orilla derecha de un rio, terreno llano y clima templado. Tiene 82 casas y 117 su visita Pasacao; hay casa parroquial, otra de comunidad, donde está la cárcel, y una iglesia parroquial servida por un cura secular. De los fondos de comunidad se le paga al maestro de la escuela de instruccion primaria de este pueblo una asignacion que tiene señalada, la cual varía conforme al número de alumnos: confina el térm. por S. con el Minalabac que dista unos ¼ leg. y antes del cual se halla el barrio ó visita llamado Pasacao en la jurisdiccion del pueblo que describimos; por S. S. O. con el térm. del pueblo de San Fernando á unas 2 millas; y por N. con el de Camaligan á igual distancia. El terr. es montuoso y fértil; en los montes se cria bastante caza y buenas maderas, encontrándose tambien miel y cera. En el terreno reducido á cultivo las prod. son, arroz, maiz, caña dulce, algodon, abacá, legumbres y frutas. Los naturales se dedican al corte de maderas, fabricacion de telas, y sobre todo á la agricultura que es la que forma su principal ind. POBL. 492 alm. y en 1845 pagaba 108 trib. que hacen 1,080 rs. plata.

PAN

PAN: rio de la isla de Luzon, en la prov. de la Union; nace en los 124° 16' long. 16° 26' 20'' lat., corre por el térm. del pueblo de San Fabian

en direccion al S. hasta llegar próximo al pueblo de Naguilian al N. O. de cuyo pueblo pasa dirigiéndose luego al O. y al N. de los pueblos de Manaoag, San Jacinto y Santo Niño, desde cuyo último pueblo su direccion al N. y va á desaguar al golfo de Lingayen en los 124° 4' long. 16° 10' 30'' lat. despues de pasar al S. del pueblo de San Fabian y de haber corrido unas 18 leg.

PAN: ensenada de la costa setentrional de la isla de Mindanao, en la prov. de Misamis, comprendida entre los 127° 39' 30'' long. 127° 41' 30'' id. 8° 5' lat. y 8° 20' id.

PANAGUICAN: visita del pueblo de Santa Rita, en la isla y prov. de Samar, dióc. da Cebú; sit. en los 129° 1' long. 11° 18' lat. en la costa occidental de la isla, terreno llano y clima igual al de su matriz que se halla á unas 3 leg. al N., y en el art. de la cual incluimos su POBL. prod. y trib.

PANALID: punta de la costa occidental de la isla y prov. de Samar; hallase en los 127° 59' 15'' long. 12° 20' 20'' lat.

PANAMPATAM: punta de la costa oriental de la prov. de Nueva Ecija; hállase en los 125° 12' long. 15° 10' lat.

PANANGPANCANO: una de las islas que forman el grupo de Tawi-Tawis en el archipiélago de Joló; hállase al S. de la isla denominante del grupo y distante unas 3 leg.

PANAON: isla adyacente á la costa S. E. de la isla de Leite, de la que dista ¼ leg.; tiene unas 9 leg. de larga y 3 id. ancha; su centro se halla en los 128° 50' long. 6° 53' lat.

PANAY: Pueblo con cura y gobernadorcillo, en la isla de su nombre, prov. de Capiz, dióc. de Cebú; sit. en los 129° 34' 30'' long. 11° 27' lat. en terreno llano, á la orilla de un rio, sobre la costa setentrional de la isla, y bajo un clima algo cálido. Tiene unas 1,604 casas, la parroquial y la de comunidad que son las mejores del pueblo: en esta última, que tambien se llama casa tribunal ó de justicia, es donde se halla la cárcel. La iglesia parroquial es de buena fábrica y se halla servida por un cura regular. Confina el térm. por O. con el de Panitan, que dista 1 ½ leg.; por S. y S. E. con la cordillera que divide esta prov. de la de Iloilo; y por N. con el mar. El err. es llano,' aunque no deja de encontrarse algunos montes hácia el S.; penetra en él algunos esteros y por la costa hay varias ensenadas. Sus prod. son arroz, maiz, cacao, ajonjolí, pimienta caña dulce, algodon, abacá, mangas, cocos y otras frutas y legumbres. Su principal ind. es la agricultura, ocupándose tambien algunos en la pesca, en la caza y en la fabricacion de algunas telas, aunque por lo regular á esto último se dedican las mugeres. POBL. 11,113 almas, y tributos 2,783.

PANAY: (isla de) segundo órden del archipiélago Filipino y la mayor y mas poblada despues de la de Luzon. Báñala al E. y S. E. el mar de la isla de Negros; al O. el de la de Cuya; al N. y N. E. la de la de Romblon y de Tablas, y al S. O. el de las Cagayanes. Tiene 19 leguas de largo y 12 de ancho. Se halla dividida en tres provincias, que son la de Capis; Iloilo y Antique: cada una es alcaldía mayor. La provincia de Capis comprende 11 pueblos y las pequeñas islas de Romblon, Sibuyan, Banton, Tablas, Simara y Maestre de Campo. El pueblo de Capis es su cabezera ó capital, y la residencia de su alcaldía mayor.

La provincia de Antique comprende 6 pueblos y una isleta llamada Cagáyan chico. Su cabecera es el pueblo de S. José, en el que reside su Alcalde mayor.

La provincia de Iloilo tiene 29 pueblos y la cabecera es el de su nombre, en el que reside su alcalde mayor. El gobierno espiritual de esta isla pertenece al obispado de Cebú.

El clima de Panay presenta las mismas variedades que se observan en los paises comprendidos dentro de los trópicos: generalmente es húmedo y cálido en las llanuras y máxime en los terrenos bajos y pantanosos. Su feracísimo suelo produce gran variedad de plantas; entre los árboles se distinguen molavi, el ébano y el sibocao ó palo de tinte: entre las plantas, una infinidad de enredaderas que se enlazan entre los árboles corpulentos. Se cultivan con buen éxito el algodon, el maiz, el cacao, la pimienta, el café, el tabaco, la caña dulce y el arroz, siendo estos dos últimos artículos de mucha consideracion por su escelente calidad y por su estraordinaria abundancia, de modo que provée de arroz á otras islas que carecen de él y se glorían de haber suministrado este renglon de primera necesidad

en aquel pais á la escuadra del adelantado. De Miguel Lopez de Legaspi, cuando fondeada en la rada de la isla de Cebú padecia suma escasez de víveres. Se cogen tambien varias legumbres y muchas frutas de un gusto delicado. Las praderas ocupan gran parte de su superficie, y en ellas se cria algun ganado. Los animales silvestres son bastante numerosos, particularmente los búfalos, venados, gamos, jabalíes, y algunos otros que se ven en los terrenos montuosos; sus bosques están poblados de caza menuda, formando su adorno las cotorras, las picoverdes y otras muchas aves de hermoso plumaje. Sus rios abundan tanto de cocodrilos, que los naturales se ven precisados á tomar varias precauciones para que no zozobren sus pequeños barcos á la violencia de las coletadas de dichos anfibios. En sus costas hay varios puertos con pequeñas bahías, en las que fondean las embarcaciones mercantes: los de Capis, Antique ó Iloilo, son los mejores y mas concurridos. Sus rios y playas abundan de pescados y mariscos, y entre ellos una tortuga de gran tamaño, que sale anualmente en gran número á deshobar á la arena: se encuentra tambien el carey, cuya concha es tan apreciable en el comercio.

En esta isla se fabrican hermosos tegidos de algodon y de abacá. Las mugeres son las que generalmente se dedican á este ramo de industria: asombra la multitud de piezas que se tejen por su delicadeza y hermosura: las llamadas Nipis son dignas del mayor elogio y solo la paciencia de las indias bisayas pudiera dar de sí tan escelentes obras; los hombres se dedican á la agricultura, al beneficio de la caña dulce, á las fábricas de aceite de varias plantas, que solo sirve para el alumbrado, á los cortes de madera, cañas y mimbres, á la pesca, á la construccion de sus embarcaciones, á fabricar cal, á diversas artes mecánicas, y al comercio que hacen con las otras islas y con la capital Manila. Los géneros que esportan son arroz, cera, azúcar, café, pimienta, cacao, algodon, sibucao, carey, nácar, balate, muchos tegidos y otros artículos, ocupando bastantes brazos de marina. Del sibocao que se cria en la provincia de Iloilo se esportan anualmente grandes cantidades para la China.

Cualquiera que considere la situacion geográfica de esta isla, la fertilidad de su suelo, la diversidad y abundancia de sus productos agrícolas é industriales, la notable estension de sus costas y demás ventajas favorables para el comercio, no podrá menos de conocer la utilidad y riqueza que pudieran suministrar á sus naturales tantos artículos de consideracion. Mas por desgracia tanta riqueza apenas pasa de nominal, encerrada en los estrechos límites de las provincias del Bisaismo, por estar obstruido y entorpecido el tráfico á causa de la cruel piratería que ejercen continuamente por aquellos mares los moros mindancios y otros. Las islas bisayas, cuyos moradores fueron los primeros que se cometieron al gobierno español, y á los que han dado constantemente pruebas nada equívocas de su fidelidad y adhesion á nuestros soberanos, sufren una persecucion tan desastrosa de estos piratas, que les pone en una situacion miserable y lastimosa. Los estragos que cometen muchos años hace en sus costas y poblaciones los bárbaros mahometanos que habitan las islas de Mindanao, Basilán, Joló, y los moros malanaos, ilanos y otros, son á la verdad tantos, que es mas fácil llorarlos que describirlos; pues además de saquear sus poblaciones y reducirlas á pavesas, degüellan á los viejos é inútiles, destruyen los ganados y sementeras, y se llevan á sus tierras anualmente mas de mil cautivos de ambos sexos, los cuales por ser la mayor parte pobres, viven sin esperanza de ser rescatados y forzados á consumir su miserable vida entre las mas duras fatigas, y á veces entre tormentos. Los indios bisayas son belicosos, manejan con mucha destreza y agilidad su campilán (sable grande de buen temple, á manera de machete prolongado), y están siempre dispuestos á sacrificar heróicamente su vida antes que rendirse y ser cautivos.

PANAY: isla adyacente á la costa N. E. de la de Islanduanes, la cual se halla adscrita á la prov. de Albay; dista muy poco de la referida costa, tiene 1 leg. de larg. y 1¡2 de ancha por un promedio, hallándose su centro en los 178° 2′ long 14° 2′ lat.

PANCIAN: ranchería de infieles redecidos en la isla de Luzon, prov. de Ilocos Norte, térm. del pueblo de Buaguí, sit. en los 124° 40′ 10′′ long. 18° 40′ 40′′ lat. en la costa N. de la referida prov. Desconocemos el reconocimiento ue paga.

PANCIAN: rio de la isla de Luzon, en la prov. de Ilocos Norte, nace en el monte Palemlem y riega el térm. del pueblo de Bangi.

PANDACAGUIT: afluente del rio de Magalit, en la isla de Luzon, prov. de la Pampanga; nace al N. del pueblo de Coliat, y despues de correr unas 2 leg. desagua en dicho rio.

PANDACAN: pueblo con cura y gobernadorcillo, en la prov. de Tondo, arz. de Manila; sit. en los 124° 39′ 40′′ long. 14° 35′ 30′′ lat., en la islita á que da nombre, formada por el rio Pasig y un estero, en el que entra otro llamado Tripa de Gallina. El clima es templado y saludable, tiene con las de sus barrios unas 726 casas, entre las que sobresalen la casa parroquial, y la de comunidad, donde se halla la cárcel. El mejor edificio del pueblo es la iglesia parroquial que está bien construida y la sirve un cura regular. Hay una escuela de primeras letras que tiene una asignacion para la plaza del maestro pagada de los fondos comunes. A muy corta distancia de la iglesia por la parte N. N. O. y en la orilla opuesta, marca el térm. por N. el rio Pasig que separa el térm. de Sampaloc. de este; por S. E. confina con el de Santa Ana; por S. con el de San Fernando de Dilao ó Paco, y por O. con el de San Miguel, de cuyos pueblos dista el que mas 1¡4 leg. El terr. es llano; el Pasig que lo riega proporciona á sus hab. el agua para beber, y facilita su comunicacion con los pueblos vecinos, sin embargo que tiene un buen camino que conduce á San Fernando de Dilao, y además otros dentro de la misma islita. Prod. arroz, caña dulce en poca cantidad, legumbres y frutas. Ind. la agricultura, la fabricacion de ladrillo y teja, la de encajes angostos de varios colores de algodon, la limpia del palai y ademas hay algunos zapateros, banqueros y artistas, Pobl. 5,750 alm. y en 1845 pagaba 1,001 trib. que hacen 10,010 rs. plata.

PANDALUAAN: isla adyacente á la costa meridional de la de Mindanao, de la que dista 1¡4 leg.; tiene 2 millas de larga y 1 de ancha, su centro se halla en los 126° 5′ long. 70° 12′ lat.

PANDAN: pueblo con cura y gobernadorcillo, en la isla de Islanduanes, adscrita á la prov. de Albay, dióc. de Nueva Cáceres; sit. en los 127′ 54′′ long. 14° 5′ lat. á la orilla derecha de un rio, próximo á su embocadura, en la costa N. O. de la isla, terreno llano y clima templado. Tiene 231 casas y 136 de que consta su visita. La iglesia parroquial es de mediana fábrica y la sirve un cura secular; junto á esta se halla la casa parroquial y la cárcel está en la casa de comunidad. Hay una escuela de instruccion primaria y un cementerio. Confina el térm. por S. E. con el de Payo, que dista 3 leg.; por S. con el de Birac, que se halla al otro estremo de la isla distante unas 10 leg. y por O. y N. con el mar. Hállase tambien sobre la costa occidental de la isla, al S. de este pueblo y á unas 4 leg. su visita Caramuran junto al desague del rio Hiamlong. El terr. es montuoso y fértil; riéganlo algunos rios que bajan de los montes que se elevan por el centro de la isla: prod. arroz, maiz, caña dulce, ajonjolí, frutas y legumbres. Ind. la agricultura es la ocupacion principal de los naturales, entre los que hay tambien algunos que se dedican al corte de madera, así como las mugeres se ocupan en la fabricacion de varias clases de telas. POBL. 1,385 alm. y en 1845 pagaba 249 1|2 trib. que hacen 2,495 rs. plata.

PANDAN: pueblo con cura y gobernadorcillo, en la isla de Panay, prov. de Antique. dióc. de Cebú; sit. en los 125° 37' 30" long. 11° 42' 50" lat. al pió de la cordillera que viene á formar la punta Potol y divide las prov. de Capiz y Antique, bajo un clima no muy cálido, y saludable. Tiene unas 574 casas, la parroquial y la de comunidad llamada tambien tribunal, donde se halla la cárcel. La igl. parroquial es de buena fábrica y su administracion espiritual está á cargo de un cura secular. Confina el térm. por S. con el de Culasi, cuyo pueblo dista unas 5 leg.; por E. con la referida cordillera que marca el confin de la prov. de Capiz, y por O. y N. con el mar. El terr. es montuoso aunque no faltan buenas llanuras por la parte que está hácia la costa; en los montes abundan las maderas para construccion y de ebanistería, la caza, la miel y la cera. La pesca, la agricultura, la caza y la fabricacion de algunas telas para los usos domésticos, es lo que forma la ind.: prod. ajonjolí, maiz, algodon, abacá, legumbres, frutas y mucho arroz, siendo este último artículo el que forma su principal com., POBL. 2,807 almas.

PANDAN: visita del pueblo de Catbalogan en la isla y prov. de Samar, sit. en los 128' 53" long. 11° 43' lat., en la costa occidental de la isla, terreno llano y clima igual al de su matriz que dista 1 1|2 leg. al N. O. El número de casas, la pobl. prod. y trib. que tiene esta visita, los incluimos en el art. de Catbalogan.

PANDAN: islas adyacentes á la costa occidental de la prov. de Mindoro; son dos, la una tiene dos millas de larga y la otra poco menos; hállanse muy próximas á la costa y al N. de la punta de su mismo nombre de la que dista la que está mas cerca ¼ leg.

PANDAN: rio de la isla de Mindoro; nace en los 124° 37' 30" long. 12° 52' 40" lat., dirígese al O.,corre 3 leg., recibe un considerable número de afluentes y va á desaguar al mar por la costa occidental de la isla.

PANDAN: rio de la isla de Luzon, en la prov. de Tayabas; nace al S. E. de Talolon, y desagua en la bahía de Lamon.

PANDAN: punta de la costa occidental de la isla de Luzon; hállase en los 124° 28' long. 12° 46' 40" lat.

PANDAN (punta de): en la costa occidental de la isla de Panay, en la prov. de Antique; hállase en los 125° 44' long. 11° 36' 30" lat.

PANDAN: punta de la costa oriental de la isla de Catanduanes, adscrita á la prov. de Albay; hállase en los 128° 8' 10" long. 13° 49' lat.

PANDAN: punta de la costa meridional de la isla de Mindoro; hállase en los 125° 1' long. 12° 15' lat.

PANDAN: punta de la costa oriental de la isla de Albay; hállase en los 127° 46' long. 12° 35' 30" lat. y forma con la punta Viga la ensenada de Magnog.

PAN DE AZUCAR: isla adyacente á la costa oriental de la prov. de Iloílo, de la que dista ¼ leg.; hállase su centro en los 126° 51' long. 11° 17' lat.; tiene 1 leg. de larga y 2 millas de ancha.

PANDI: hacienda de los PP. domínicos, pertenecen á ella las tierras del Sitio de Balete que están dentro de la jurisdiccion del pueblo de Bigaa, en la isla de Luzon, prov. de Bulacan. Tienen 1 leg., encargado de cobrar el terrazgo de las sementeras que pagan los indios en arroz, y para almacenar este hay un camarin de piedra y teja.

PANDOOKAN: una de las islas que forman el grupo de Joló, en el archipiélago de este nombre; tiene 1 ½ leg. de larga y 1 milla de ancha: su centro se halla en los 124° 22' long. 6° 12' 20" lat.

PANGADO O PASIPIT: rio de la isla de Luzon, en la prov. de Batangas; nace en los 124° 47' long. 13° 55' 30" lat., dirígese al S. E. corre unas 2 leg. y vá á desaguar al rio de Calumpan.

PANGAL: ranchería de infieles reducidos, en la isla de Luzon, prov. del Abra; hállase en los 124° 12' 20" long. 17° 30' lat. Desconocemos el reconocimiento que paga.

PANGANAT: una de las islas que forman el grupo de Joló en el archipiélago del mismo nombre; hállase su centro en los 124° 55' long. 6° 30' lat.

PANGAO: punta de la costa setentrional de la prov. de Tayabas; hállase en los 125° 46' 30" long. 14° 15' lat.

PANGAO: punta de la costa N. E. de la prov. de Tayabas, en la bahía de Lamon; hállase en los 125° 32' 50" long. 14° 3' 20" lat.

PANGASINAN (prov. de): situada al N. de Manila. Confina por el S. con la prov. de la Pampanga, por el N. con la de Ilocos, por el O. con la de Zambales y por el E. con los montes de los Igorrotes, Ilongotes y Alaguetes. Tiene 23,, leg. de largo y 13 en su mayor anchura. Su jurisdicion comprende 29, pueblos y el gobierno espiritual pertenece al obispado de Nueva Segovia. Es su cabecera ó capital, y residéncia de su alcaldía mayor el pueblo de Lingayin, 30 leguas distante de Manila.

Al S. O. del cabo de Bolinao, en la ensenada de Pangasinán, está el puerto de Sual, cuya entrada es fácil y sin ostáculo alguno, su fondo arenoso, de figura circular, de poco mas de media legua de diámetro, defendido de todos los vientos, y los buques pueden arrimarse bastante á tierra. Toda la prov. es una estendida llanura, formando un declibe imperceptible desde la cordillera de los montes de los Igorrotes hasta los de Zambales y hácia los pueblos playeros, que todos están contiguos y con bellas calzadas, adornadas de árboles en toda su estension. Los vientos del mar son muy saludables; no asi los de S. E.: sin embargo, su temperamento es suave y apacible y maravillosa la fecundidad; y aunque se ha aumentado mucho la poblacion,

todavía es susceptible de una tercera parte mas, atendida la feracidad de su terreno y la gran porcion que se halla inculta La cadena de montes que llaman de los Igorrotes, al N. de Pangasinán, es de grande utilidad á esta provincia: de ella salen varios rios que fertilizan la tierra, siendo el mas caudaloso el llamado Ano, por el que bajan las maderas de construocion, las palmas bravas, el cabo negro, las cañas, los bejucos y demas artículos que producen los bosques: entre sus arenas arrastra cantidad considerable de partículas de oro, que deposita en la espaciosa llanura del pueblo de Asingan, cuyos habitantes se dedican una parte del año á la separacion de estas partículas, valiéndose para ello de la espuma jabonosa del gogo, y en años de grandes avenidas obtienen hasta treinta granos de oro de cada cien libras de arena. Todos los arroyos que salen de estos montes arrastran oro en proporcion á sus aguas: en ellos y á distancia de una jornada de Asingan se halla la célebre mina de oro que benefician esclusivamente los igorrotes, indios infieles que los habitan y en su centro hay una mina de cobre dorado que tambien benefician los mismos. Los montes del O. ó Zambales están llenos de minerales y se hallan en ellos el arsénico y el azufre en casi toda su pureza: hay tambien minas de hierro y piedra iman. De una piedra de ocho libras desgafada del monte que los naturales llaman de Oro, se sacó muy cerca de media onza de este metal: sus corrientes arrastran tambien partículas de oro. Se ven en dichos montes grandes manadas de búfalos, vacas, venados, cerdos y gallinas, pero los indios de estas provincias se utilizan poco de ellos por no tener inclinacion á la caza. La ocupacion principal de los naturales es la agricultura, á la que se dedican con preferencia los hombres: las mugeres y aun los niños; concurren á la plantacion del arroz; recogido el cual, siembran el maiz, las lentejas y otras legumbres. Muchos pueblos se dedican al cultivo de la caña dulce, y son tan feraces algunas tierras, que recogida la caña, las siembran de arroz y se cria y produce muy bien. La cosecha de algodon es escasa y de inferior calidad. Los espresados pueblos playeros, se dedican tambien á la pesca que es abundante en toda la costa, y aun en los rios y lagunas. Las fábricas de sal y aceite de coco dan ocupacion á muchos operarios; asi hombres como mugeres; de cuyos artículos, como tambien de azúcar y pescado seco, surte esta provincia á las de Ilocos, Pampanga alta, á muchos pueblos de la Nueva Ecíja y á las misiones de Cagayán. Las fábricas de curtidos son bastante regulares: la baqueta es muy tersa y fuerte; el curtido negro sale de un color permanente y de duracion, y las badanas sueltas y suaves. Estos artículos se espenden principalmente en Manila. La fábrica de embarcaciones ocupa una gran parte de los habitantes de Lingayan y de otros pueblos. Las mugeres, ademas de los trabajos domésticos, se ocupan en hacer sombreros de vejuco y de nito de la forma que se les pide, bastos y finos, y ejecutan en ellos todos los dibujos que se les presentan; hacen tambien esteras de pandan, y algunas se ocupan en el hilado y tejido de algodon, que la mayor parte traen de la provincia de Ilocos, por ser poco y de débil consistencia el que se cosecha en Pangasinan; pero este ramo de industria es de muy escasa consideracion por ser muy corto el número de telares. Cada indio de esta prov., con solo su gran cuchillo, es el arquitecto de su casa, hace todos los utensilios que necesita, y todos los instrumentos para la agricultura, á escepcion del arado, y no hay india que no sepa cortar y coser con finura y delicadeza toda la ropa que usa su familia; de modo que es raro el indio que no se presenta los dias festivos con vestido decente, segun su clase, y bordado por su muger ó sus hijas; hay algunos artesanos, como zapateros, sastres, carpinteros, escultores, plateros, herreros y otros. En esta prov. se habla el idioma Pangasinán, y administran en ella los PP. domínicos y agustinos calzados.

Esta prov. fué descubierta y conquistada al mismo tiempo que las de Ilocos. Há habido en ella algunos alzamientos que son los únicos recuerdos notables de su historia. Por los años de 1755, se insurreccionaron sus habitantes, lebantaron tropas y eligieron por rey á un indio llamado Manlong. Mataron al alcalde mayor, pero no hicieron daño alguno á los PP. Domínicos que los administraban, tal es el respeto que siempre han tenido á los religiosos. El Gobernador don Sabiniano Manrique de Lara, embió tropas contra el alzamiento y en breve consiguieron apaciguarlo. Durante la guerra con los ingleses que

se apoderaron de Manila, hubo otra sublevacion que duró desde 3 de noviembre de 1762, hasta marzo de 1763. Empezó pidiendo los indios que se les mudase el alcalde mayor y las justicias de los pueblos y que se les quitase el tributo. La primera espedicion que se dirijió contra hellos, hubo de retirarse, pero se embió mas tropa, se los derrotó, y aunque se hicieron fuertes en los montes, bajo la direccion de diversos cabecillas quedaron por fin reducidos. Grande fué la pérdida que en aquella ocasion sufrió la poblacion de la provincia, de modo que desde el primero empadronamiento que se hizo se hecharon de menos mas de 20,000 personas: en verdad que muchos volvieron despues porque se habian refujiado en otros pueblos. Los habitantes de esta provincia presentan claramente divididos en dos naciones. Los que viven en los pueblos de Bagnotan y los que siguen hasta Sto. Tomás, son de la familia Ilocana, hablan su idioma y en nada se diferencia. Los vecindarios de los demás pueblos hasta la Pampanga son los verdaderos Pangasinanes, nacion distinta de las otras de las islas que tiene sa dialecto particular aunque de alguna semejanza á los demás filipinos. Los pueblos ilocanos viven agrupados bajo campaña, los pangasinanes tienen sus casas en hilera sobre los caminos cuyo método de poblacion es el mas propio para aquellas islas, pudiendo tener cada casa su huerta junto á ella. Los PP. Agustinos empezaron su evangelizacion y desde 1611, se hicieron cargo en su administracion los domínicos á quienes la cedieron aquellos en arras de sus contrato sobre la celebracion en la fiesta del Corpus. En la época de la conquista tenia muy poca poblacion este territorio. En el año 1735, solo contaba la provincia en Pangasinan que á la sazon comprendia lo que hoy forma la de Zambales, 73,305 almas y pagaba 14,661 tributos. En principios del presente siglo tenia ya 102,305 almas y pagaban 20,556 tributos, no obstante los que habian perecido en el alzamiento y la segregacion de la prov. de Zambales, con lo que se hace tanto mas de notar un incremento tan asombroso.

En el año de 1818, constaba esta prov. de la estadística siguiente.

PUEBLOS.	ALMAS.	TRIBUTOS.
28	119,322	26,722

Por las sumas que anteceden, se comprenderá

que en aquella época eran los tributos con respecto á las almas de 1 á 4 ¼ con corta diferencia segun la guia de 1850; la poblacion de la provincia se ha aumentado desde aquella época un 3 por 100 como se verá en la siguiente nota estadística.

PUEBLOS.	ALMAS.	TRIBUTOS.
31	212,476	48,321 ¼ (1).

PANGASINAN: una de las islas que forman el grupo de Joló, en el archipiélago de este nombre; tiene ¼ legua de larga y una milla de ancha; su centro se halla en los 124° 42′ long. 6° 4′ lat.

PANGIL: pueblo con cura y gobernadorcillo, en la isla de Luzon, prov. de la Laguna, arz. de Manila; sit. en los 123° 10′ long. 14° 23′ 40″ lat., en terreno llano y entre dos riach. que va á desaguar en la laguna de Bay próximo á la playa de la cual se halla situado este pueblo. Tiene 413 casas, la parroquial y la de comunidad donde está la cárcel. Hay una escuela para a educacion de los niños del pueblo, que tiene una dotacion pagada de los fondos de comunidad, y además de esta escuela hay tambien otras de particulares. La iglesia parroquial es de buena fábrica y la sirve un cura regular; no muy lejos de esta se halla el cementerio, bastante bien situado y con buena ventilacion. Comunícase este pueblo con sus inmediatos por medio de caminos que se hallan en buen estado, y se recibe en el mismo de la cab. de la prov. un correo semanal que hay establecido. Confina el térm. por N. N. E. con el de Siniloan que dista ¼ leg.; por N. O. con el de Mabitac á ¼ id.; por S. E. con el de Paquil á 1 milla; y por O. con la laguna de Bay. El terr. es llano por las inmediaciones de la playa de la laguna, y montuoso al E., donde se eleva la ramificacion de la gran cordillera ó sierra Madre que baja del N. y llega hasta la prov. de Tayabas. En sus montes se crian buenas maderas de construccion, de ebanistería, etc. Encuéntrase bastante caza, tanto mayor como menor, y se coge alguna miel y cera que las abejas van á depositar á los sitios que encuentra mas á propósito para ello. En el terr.

___

(1) Ultimamente han sido segregados varios pueblos de esta provincia para formar parte de la que nuevamente se ha creado con el nombre de la Union.

reducido á cultivo se cogen buenas cosechas de arroz, algun maiz, caña dulce, abacá, algodon, ajonjolí, coco, nipa y otras frutas. Su industria principal es la agricultura, dedicándose tambien al beneficio de la caña dulce, estraccion del aceite del ajonjolí, y las mugeres se ocupan de la fabricacion de algunas telas, con cuyas prod. hacen su com. POBL. 2,658 alm. y en 1845 pagaba 637 ¼ trib., que hacen 6,375 rs. . e plata.

PANGIL: punta de la isla de Luzon, en la prov. de Batangas, laguna de Taal; hállase en los 124° 39′ 40″ long. 13° 54′ 50″ lat.

PANGLAO: pueblo con cura y gobernadorcillo, en la isla de su mismo nombre adócrita á la prov. y dióc. de Cebú; sit. al O. de la isla de Danis de la que dista 2 leg. en terreno llano y estéril para toda clase de producciones, tiene como unas 850 casas en general de sencilla construccion, distinguiéndose entre ellas la parroquial y la de comunidad á donde se halla la cárcel é iglesia parroquial servida por un cura regular, y una escuela de educacion piim ria. POBL almas 3,743 y 964 ¼ tributos.

PANGLAO: isla adscrita á la prov. de Cebú, de cuya costa oriental dista unas 5 leg., tiene 1 ¼ leg. de larga y 1 milla de ancha; su centro se halla en los 127° 17′ 30″ long. 9° 4″ lat. y en ella está situado el pueblo de su mismo nombre.

PANGOTARA: una de las islas que forma el grupo de Joló en el archipiélago de este nombre; tiene 3 leg. de larga y 1 id. de ancha, y su centro se halla en los 121° 17′ 30″ long. 6° 14′ lat.

PANGOY: v. Salungi.

PANGUIRAN: islote ½ leg. distante de la costa setentrional de la prov. de Camarines Norte; su centro se halla en los 126° 21′ 30″ long. 14° 23′ lat.

PANGULO: visita del pueblo de Albay, cab. de la prov. de este nombre, en la isla de Luzon; sit. en los 127° 26′ 30″ long. 13° 5′ lat. en la costa oriental de la isla, seno de Albay; distante 2 leg. al S. S. E. de la matriz, en el art. de la cual incluimos su POBL. prod. y trib.

PANGUSAN ó DIABLO: punta N. E. de la isla de Mactan; hállase en los 127° 53′ long. 10° 19′ 50″ lat.

PANIQUE: punta de la costa N. E. de la isla

de Masbate; hállase en los 127° 24' long. 12° 15' 15'' lat.

PANIQUI: pueblo con cura y gobernadorcillo, en la isla de Luzon, provincia de Pangasinan, dióc. de Nueva Segovia; sit. en los 124° 8' long. 55° 47' 30'' lat.; tiene como unas 470 casas, la parroquial y la de comunidad donde se halla la cárcel, y una escuela de primeras letras; su terreno es llano y clima bastante templado, pasan dos brazos de rio que traen su orígen de N. E. en los que hay dos puentes para la comunicacion del pueblo; en los puntos Quiquiblatan y Caturay pasan otros cuatro arroyos que traen su orígen del monte llamado Bulaylay, provincia de N. E.: en sus bosques situados á la parte del Norte se encuentran escelentes maderas para construccion de edificios y muebles, como son el Molabe, Narra, Vanala y Acal, y otras varias clases; hay tambien árboles frutales de cocos, mangas, cajeles, narangitas, limones, tamarindo, cacao, café y algodon. Caminos: el que conduce desde este pueblo á la cabecera de provincia es escelente, siendo los demás que cruzan por la poblacion unos malos senderos para la gente de á pié y de á caballo; hay un correo diario á la cabecera de la provincia y el general que viene semanalmente de la capital· Produce arroz en abundancia. Ind. la principal consiste en la compra y venta de algunas telas; y en la cria de caballos, vacas y carabaos. El cementerio está fuera de la poblacion y bien ventilado: confina este pueblo por el N. con el de Bayambang, por el O. con Palusapit, por el Mediodia con Gerona y por el P. con el de S. Miguel de Camilin. Pobl. almas 2,900, trib. 715.

PANIQUI: islita adyacente á la costa N. E. de la prov. de Camarines Sur; tiene ½ leg. de larga y ¼ leg. de ancha; dista ¼ milla de la referida costa y su centro se halla en los 127° 10' long. 14° 41, lat.

PANITAN: pueblo con cura y gobernadorcillo en la prov. de Capis, dióc. de Cebú, sit. en los 126° 32' 20'' long. 11° 28' 30'' lat. en terreno montuoso sobre la ribera del rio Panay: su clima cálido; en sus montes hay escelentes maderas para construccion; y en sus riberas se cria bastante ganado vacuno; tiene como unas 1,800 casas en general de sencilla construccion distinguiéndose como mas notables la

parroquial y la de comunidad á donde se halla la cárcel: hay escuela de primeras letras dotada de los fondos de comunidad, e iglesia parroquial de mediana fábrica, servida por un cura regular; confina con los pueblos de Dumarao, Dumalag, y Panay.

Productos: arroz, maiz, caña dulce, tabaco, algodon, cacao, legumbres y frutas.

Industria: varios tegidos de telas ordinarias.

POBL. Almas 7,572; tributos 1,834 ¼.

PANJAN: punta de la costa setentrional de la prov. de Tayabas, término del pueblo de Apad; hállase en los 125° 45' 20'' long. 14° 12' 20'' lat.

PANJURINAN: punta de la costa N. E. de la prov. de Albay; hállase en los 127° 46' long. 13° 4' 30' lat.

PANLOVENAS: barra del rio de Macabebe, en la bahía de Manila; hállase en la playa del N. de la misma por los 124° 20' 40'' long. 14° 47 latitud.

PANOCOAN: afluente del rio que corre al S. de Paracale, en la isla de Luzon, prov. de Camarines Norte.

PANOO: pueblo de moros en la isla de Paragua, sit. en la costa occidental de la isla, terreno llano y clima cálido.

PANOON: rio de la isla de Mindanao, en la prov. de Misamis; nace próximo á la costa setentrional y desagua en el mar, despues de un corto curso.

PANSAN: rio de la isla de Luzon, en la prov. de Batangas, terr. del pueblo de San José; nace en las vertientes meridionales del monte de Macolog, en los 125° 46' 40'' long. 13° 53' lat. diríjese al S. corre 1 leg., reune sus aguas á las del rio de Malaguintubig, y tomando el nombre de Sulsuquin sigue en la misma direccion, por espacio de otra leg., hasta que va á desaguar al rio de Calumpan.

PANSIPIT: rio de la isla de Luzon, en la prov. de Batangas; trae su orígen de la laguna de Taal, en los 124° 37' long. 13° 55' 40'' lat., diríjese primero al S. O. y luego al S. y desagua en el mar á los 125° 36' long, 13° 51' 30'' lat.

PANSOL: rio de la isla de Luzon, en la prov. de Batangas, term. del pueblo de Lipa.

PANTABANGAN: pueblo con cura y gobernadorcillo, en la isla de Luzon, prov. de Nueva Ecija, arz. de Manila; sit. en los 124° 53' 40' long. 15° 51' lat. en terr. montuoso y clima templado. tiene 180 casas entre las que se cuentan la parroquial y la de comunidad donde está la cárcel. Hay una escuela de instruccion primaria y una iglesia parroquial servida por un cura regular. Tiene buenos caminos que conducen á los pueblos inmediatos á este, donde se recibe de la cab. de la prov. un correo semanal que hay establecido. Fuera de la poblacion está el cementerio bastante bien situado y con ventilacion; cofina el térm. por N. O. con el de Caranglan que dista unas 5 ¼ leg.; por O. con el de San José, cuyo pueblo dista unas 5 ½ leg.; por E. con el de Baler, distante 5 id. y por S. con el de Boñgaboug visita de Santo, á unas 6 leg. El terr. es montuoso y bastante fértil. En los montes se crian varias clases de maderas y alguna caza. Las producciones son arroz, maiz, caña dulce, algodon legumbres y frutas. Su principal ind. es la agricultura, ocupándose las mugeres en la fabricacion de telas. POBL. 1,073 alm. y en 1845 pagaba 194 trib. que hacen 1,940 rs. plata.

PANTAD: barrio del pueblo de Taytay en la prov. de Tondo; sit. una milla distante al S. S. E. de su matriz. en cuyo artículo incluimos su POBL. prod. y trib.

PANTAON: visita del pueblo do Libong, en la isla de Luzon, prov. de Albay dióc. de Nueva Cáceres; sit. en los 126° 55' long. 12° 9' 40'' lat. sobre la costa S. O. de la referida prov. en terreno llano y clima templado. La POBL. prod. y trib. los incluimos en el art. de la matriz.

PANTAON: punta de la costa S. O. de la prov. de Camarines Sur; hállase en los 126° 53' 30'' long. 13° 9' 20'' lat.

PANTAON: rio de la isla de Luzon, en la prov. de Camarines Sur; nace próximo á la costa occidental de la prov. y desagua en el seno de Ragay.

PANTAY: barrio del pueblo de Vigan, cab. de la prov. de Ilocos Sur, en la isla de Luzon, dióc. de Nueva Segovia; sit. no muy lejos de la matriz, en terreno llano y clima igual al de Vigan, en cuyo art. incluimos su POBL. prod. y trib.

PANUNAHUA: isla adyacente á la costa oriental de la prov. de Samar, de la que dista ½ leg. Su centro se ha en los 129° 10' long. 12° 40' latitud.

PAOAA: Pueblo con cura y gobernadorcillo en la isla de Luzon prov. Ilocos. N. dióc. de Nueva Segovia sit. en los 124° 11' 55'' long. 18° 3' 50'' lat. en terreno llano, con hermosas vistas y clima templado: hay en este pueblo dos lagunas una al N. E. llamada Pase y otra al N. que llaman Nalvuan, esta última es de grande profundidad y en ambas abunda la pesca: tiene sobre 3,00 casas distinguiéndose entre estas como mas notables la parroquial y la de comunidad; hay escuela de educacion primaria dotada de los fondos de comunidad, é iglesia parroquial de buena fábrica, administrado por los PP. Agustinos Calzados, recibe semanalmente el correo de la cabecera de la prov. Productos: arroz en pequeña cantidad, maiz, caña dulce, añil, algodon en abundancia, y muchas frutas y legumbres.

Industria: telares de algodon, en los que fabrican hermosos tegidos finos y ordinarios como son cotonías, regadillos, sobre camas, lona sencillo y otras varias. La pesca, la caza, el beneficio del azúcar, del añil, y la elavoracion de la cal son otros ramos que constituyen la riqueza de este pueblo, comerciando con el escedente de sus productos en las prov. de Zambales, Pampanga y Manila, conduciéndolos por agua desde el puerto de Currimao. Confina con los pueblos de Badoc y Batac.

POBL., almas 14,413, tríbutos 3,180 ½.

PAO

PAOMBONG: pueblo con cura y gobernadorcillo en la isla de Luzon, prov. de Bulacan, arzobispado de Manila: sit. en los 124° 28' 30'' long. 14° 49' 40'' lat. en terreno llano y muy frio, inundado de esteros que lo hacen anegadizo: tiene como unas 1,100 casas en general de sencilla construccion, distinguiéndose entre estas como mas notable la parroquial y la de comunidad á donde se halla la cárcel: hay escuela de primeras letras dotada de los fondos de comunidad, é iglesia parroquial de bonita fábrica, y muy decentemente adornada, gracias al infatigable celo del tiempo que la administró el P. F. Juan Baque del órden de S. Agustin, y actualmente cura del pueblo de Pasig: el cementerio está fuera de la poblacion y bien ventilado, recibe el correo semanal de la cabecera de la prov.

Productos, arroz, maiz, varias frutas y legumbres: ind., es de bastante consideracion, se hace mucho vinagre, ricos quesos, grande acopio de leña, y de la planta que cultivan llamada Nipa, fabrican vino, trafican con los artículos espresados en todos los pueblos de la prov. y en muchos de la de Tondo conduciéndolos en pequeñas embarcaciones. Confina con los pueblos de Hagonoe, Calumpit, y Mololos. POBL.: almas 5,626, trib.1,131 ¼.

PAP

PAPAYA: visita del pueblo de Gapan, en la isla de Luzon, prov. de Nueva Ecija, arzob. de Manila: sit. en los 124° 47′ long. 15° 23′ 30″ lat. en terr. desigual y clima templado, distante unas 3 leg. al E. N. E. de la matriz, en cuyo art. damos su pobl., producciones y trib.

PAPAYA árbol cuya fruta sale pegada al tronco y debajo de la copa, que es muy hermosa con hojas grandes y algo semejantes á las de higuera: la carne de esta fruta es amarilla y se corta á rebanadas como el melon, al cual se parece porque los botánicos llaman *árbol melonífico*, al que los produce.

PAQ

PAQUIL: pueblo con cura y gobernadorcillo, en la isla de Luzon, en la prov. de la Laguna arzob. de Manila; sit. en los 125° 10′ 35″ long. 14° 23′ 5″ lat. á la orilla izquierda de un rio que vá á desaguar en la laguna de Bay, próximo á la playa de la cual se halla este pueblo, en terr. llano y clima templado. Tiene 270 casas, una iglesia parroquial de buena fábrica, servida por un cura regular, la casa de comunidad donde está la cárcel y la parroquial junto á la iglesia. Hay para la educacion de los niños una escuela de instruccion primaria con una dotacion de los fondos de comunidad; y fuera del pueblo á corta distancia se encuentra el cementerio muy bien situado. Confina el térm. por N. O. con el de Paugil; por N. con el de Sinoloan, por S. con el de Paete, y por O. con la laguna de Bay. El terr. es bastante montuoso al E., y llano por las inmediaciones de la playa de la Laguna donde se cogen las cosechas de arroz que es la principal prod. de este pueblo. Tambien se cria la caña dulce, el ajonjolí, el algodon, algunas legumbres

y varias clases de frutas. Ind.: la agricultura, beneficio de la caña dulce y del ajonjolí, y fabricacion de algunas telas de algodon y abaca, POBL. 1,620 alm. y en 1845 pagaba 430 trib. que hacen 4,300 rs. plata.

PAR

PARAAN: una de las islas que forman el grupo de Joló, en el archipiélago de este nombre; s muy pequeña y su centro se halla en los 121° 40′ long. 5° 26′ lat.

PARACAL: pueblo con cura y gobernadorcillo, en la isla de Luzon, prov. de Camarines, Norte, dióc. de Nueva Cáceres; sit. en los 126° 26′ 50″ long. 11° 16′ 10″ lat. entre dos rios que van á desaguar por la costa N. de la prov. en cuya costa se halla, en terr. llano y clima templado. Compónese este pueblo de unas 491 casas con una iglesia parroquial servida por un cura indio, junto á esta se halla la casa parroquial, y en la de comunidad es donde está la cárcel. Hay una escuela de instruccion primaria, y á corta distancia de la iglesia está el cementerio. Confina el térm. por S. E. con el de Indang cuyo pueblo dista ½ leg. por E. con el de Mambulas, á 1 ¼ id. por N. con el mar, y por S. con el término de Labo del cual lo deslinda la sierra de Bagacai, en las que se encuentran las minas de Paracales, de las que hablamos en su art. especial. Las prod. del terr. reducido á cultivo, son arroz, maiz, caña dulce, ajonjolí, varias clases de frutas y algunas legumbres. La ind. consiste principalmente en la agricultura, fabricacion de telas de algodon y abacá, y en la pesca. POBL. 2,946 alm. y en 1845 pagaba 750 trib. que hacen 7,500 rs. plata.

PARACALES: (minas de): las hay de hierro magnético que son las principales, y se hallan al medio dia del pueblo de este nombre, por la sierra de Bagacay; parece tambien que las hay de plata, y las de oro, consisten en las partículas ó pepitas que arrastran de este metal, algunos riachuelos que bajan de la referida sierra. La fama que han logrado estas minas, es mayor de lo que ellas merecen en realidad. Actualmente se ha formado en esta córte de Madrid, una sociedad, con objeto de esplotarlos, habiendo mandado ya á aquella prov. de Camarines Norte, una comision dirigida á este fin.

PARAN: barrio del pueblo de Orani, en la isla de Luzon, prov. de Bataan; sit. en los 124° 13' 30" long. 14° 49' lat. en terr. llano, á la orilla de un riachuelo, y distante ¼ leg. al S. S. O. de su matriz, en cuyo artículo incluimos su pobl. prod. y trib.

PARANAS: visita del pueblo de Jiabong, en la isla y prov. de Samar, dióc. de Cebú, sit. en terr. llano y bajo un clima no muy cálido y saludable. Hállase no muy lejos de su matriz, en cuyo artículo damos su pobl. prod. y trib.

PARANGANO: isla del grupo de Tawi-tawi, en el archipiélago de Joló; hállase su centro en los 124° 20' long. 5° 18' 30" lat.

PARANNAHALAN: monte de la isla de Luzon en la prov. de la Laguna; hállase su cumbre en los 125° 7' long. 14° 26' 30" lat., distante una ¼ leg. al O. N. O. de Mabitac.

PARAÑAQUE: pueblo con cura y gobernadorcillo en la prov. de Tondo, arzob. de Manila: sit. en los 124° 40' long. 14° 21' 20" lat., fundado en 1580 bajo la advocacion de S. Andrés apóstol, sobre la playa de la bahía de Manila, de cuya capital dista unas 2 leguas, y 1 escasa de sus colaterales Laspiñas y Pasay: su temperatura es benigna, á consecuencia de los vientos puros que recibe del mar. Tiene unas 2,400 casas, en general de sencilla construccion, distinguiéndose entre estas como mas notables la parroquial y la de comunidad donde se halla la cárcel existen tambien algunas de piedra y tabla, propiedad de mestizos; la iglesia parroquial es de buena arquitectura, servida por un cura regular de la órden de S. Agustin: el cementerio está situado á oportuna distancia de la poblacion, y se halla bien ventilado: sus caminos que conducen á Manila, Cavite y otros pueblos, son buenos y pueden transitar cómodamente los carruajes, ventaja debida al terreno llano de esta parte de la isla: sus barrios ó anejos, llamados Malibay Mabong y Maricaban, presentan un divertido y ameno paseo, por sus hermosas huertas pobladas de árboles frutales, como son limones naranjos y plátanos, cuyas hojas, sobre recrear la vista, da deliciosa sombra en todas las horas del dia.

Productos: arroz, cacaguate ó mani, (cuya fruta es como una avellana) caña dulce, maiz,

alcaparras, alcaparrones, y romero, que cultivan y venden en Manila.

Industria: la pesca, las salinas, que dan la mejor sal que producen las islas, el hilado y tejido de algodon, en el que bordan diversos y vistosos dibujos, y fabrican tambien encajes de los mejores que se conocen en Asia: además del correo semanal, recibe uno diario de la cabecera de la provincia: hay escuela de primeras letras dotada de los fondos de comunidad. Pobl. almas, 12,560, trib. 2,478.

PARAPAC: monte de la isla de Luzon, en la prov. de Ilocos Norte; hállase en el térm. de Bangí al Mediodia de este pueblo. Encuéntranse en este monte unas piedras cuadradas y lustrosas de color de acero, á que los naturales del referido pueblo les conceden cierta virtud medicinal, co o para el mal de orina y para los partos.

PARASAN: visita del pueblo de Catbalogan, en la isla y prov. de Samar, dióc. de Cebú, sit. en los 128° 40' long. 11° 42' lat. en la costa occidental de la isla, en terreno llano, distante unas 2 leg. al S. E. de su matriz, en cuyo art. incluimos su pobl. prod. y trib.

PARASAN: isla adyacente á la costa occidental de la de Samar, de la que dista 2 leg.; tiene de larga ó sea de N. á S. unas 4 leg. y de ancha poco mas de 2 millas; su centro se halla en los 128° 40' long. 11° 35' lat.

PARIAN: pueblo con cura y gobernadorcillo, en la isla, prov. y dióc. de Cebú, sit. en los 127° 19' long. 10° 19' lat. en terreno llano que forma uno de los arrabales de la ciudad de Cebú en cuyo recinto habitan los chinos y sus descendientes; contiene bastante riqueza por ser moradores activos para el comercio, y los únicos que cuentan para el giro con capitales de alguna consideracion. La situacion es llana y su vista agradable: su forma es irregular. Tiene unas 900 casas, en general de sencilla construccion, distinguiéndose como mas notables la parroquial y la de comunidad adonde se halla la cárcel; hay escuela de primeras letras dotada de los fondos de comunidad, é iglesia parroquial servida por un cura secular. Poblacion: almas 4,718, y pagaba en 1845 985, trib.

PARID: visita del pueblo de Tuleig, en la isla y prov. de Samar, dióc. de Cebú; sit. en terreno llano y bajo un clima templado y saludable; dista poco de su matriz, en cuyo artículo damos su pobl. prod. y trib.

PARIGAO: punta de la costa S. O. de la prov. de Camarines Sur; hállase en los 127° 7' long. 12° 57' lat.

PARNO: rio de la isla de Luzon en la prov. de la Pampanga; nace al pié del monte Binagatan, en los 124° 8' 30'' long. 15° 10' 30'' lat.; dirígese al N. E., pasa al S. E. de la visita llamada Bamban y de la de Macabalo, cuyo nombre toma, y va á desaguar por la orilla derecha del rio chico de la Pampanga despues de haber corrido unas 7 leg. Conócese tambien este rio con el nombre de Macabalo.

PARON: punta de la costa oriental de la isla de Luzon, y N. E. de la prov. de Albay, en el seno de este nombre; hállase en los 127° 30' long. 45° 8' 40'' lat.

PAROOL: una de las islas que forman el grupo de Joló en el archipiélago de este nombre; hállase su centro en los 125° 23' 40'' long., 6° 1' latitud.

PAS

PASACAO: visita del pueblo de Pamplona, en la isla de Luzon, prov. de Camarines Sur, dióc. de Nueva Cáceres, sit. en los 126° 51' 30'' long. 13° 31' 20'' lat. á la orilla izquierda de un rio en terreno llano y clima templado. Dista cerca de ¼ legua al S. de su matriz, en cuyo artículo incluimos el número de sus casas, el de sus almas sus producciones y tributos. Tiene esta visita una iglesia, que la asiste el cura de Pamplona; hay tambien una escuela, y á corta distancia de la iglesia se halla el cementerio.

PASAG: rio de la isla de Luzon, en las vertientes orientales de la cordillera de los montes Zambales, en el térm. del pueblo de Porac, cuyo nombre toma, corre al S. E. recibiendo varios afluentes, y las aguas del rio Betis ó de San Fernando que baja del N. y va luego de formar muchos esteros facilitando la entrada en la tierra al mar de la bahía, á desaguar en la misma, en los 124° 18' long. 14° 46' 30'' lat.

PASAG: barra del rio de su mismo nombre, en la bahía de Manila; hállase en la playa del N. de esta por los 124° 17' 30'' long. 14° 48' latitud.

PASALEN: rio de la isla de Luzon, en la prov.

de Ilocos Norte; nace en los 124° 42' 30'' long. 18° 39' lat., corre unas 2 leg. escasas al N. y desagua en el mar por esta costa de la isla.

PASAN: punta de la costa setentrional de la isla de Maricaban.

PASANDUYON: ranchería de infieles reducidos, en la isla de Luzon, prov. de Tayabas, térm. del pueblo de Catanauan; sit. en los 125° 51' 55'' long. 13° 37' 30'' lat. en la costa S. O. de la referida prov.

PASANHAN: visita del pueblo de Bagumbayan en la isla de Basilan, adscrita á la prov. de Zamboanga, dióc. de Cebú; sit. sobre la costa de la isla en terr. llano y clima algo cálido. Su pobl. la damos en el art. de la matriz.

PASANJAN: puerto de la costa N. E. de la isla de Samar, hállase entre los 128° 57' 30'' long. 129° 2' 40'' id. 12° 18' 30'' lat. y 12° 25' 10'' id.: forma su embocadura al N. la punta Silá, y al S. la de Alibuyon.

PASAY: visita del pueblo de Malate, en la isla de Luzon, prov. de Tondo, arz. de Manila, sit. en los 124° 40' long. 14° 38' 50'' lat., en terreno llano, clima templado y saludable: sus calzadas son generalmente buenas y llanas y cruzan en varias direcciones; y á uno y otro lado de las mismas se ostentan deliciosos jardines y fructíferos huertos poblados de árboles frutales de distintas especies y hortalizas que se conducen diariamente al mercado de Manila: su suelo produce además arroz y caña dulce, que antiguamente se estraia de ella la mejor azúcar de las islas; tiene una ermita de piedra, cuya fábrica es regular, en la que se celebra en ciertos períodos del año misa y funcion: hay algunas otras casas de mediana construccion, distinguiéndose como mas notable la que posee la religion de S. Agustin.

Pobl. y trib., véanse en el artículo de su matriz.

PASCUAL (San): barrio del pueblo de Agoo en la isla de Luzon, prov. de la Union; sit. en los 124° 5' 30'' long. 16° 22' 40'' lat , d stante poco mas de ¼ leg. al N. E. de su matriz, en cuyo art. incluimos su pobl. prod. y trib.

PASCUAL (fuerte de San): en la costa oriental de la isla de Burias, hállase hácia el estremo N. de dicha isla.

PASSY: pueblo con cura y gobernadorcillo, en la isla de Panay, prov. de Iloilo, dióc. de Cebú, en los 126° 28' long. 11° 10'' lat., situado entre montes: lo baña el rio de su nombre; su clima es templado y saludable: en sus montes hay abundancia de maderas y buenos pastos; se cria ganado vacuno, y en su rio abunda estraordinariamente la pesca. Sin embargo, una circunstancia le hace terrible; en sus aguas germina en abundancia la raza del cocodrillo, cetáceo temible y que tantas desgracias atrae á la especie humana.

Tiene como unas 1,600 casas, en general, de sencilla construccion, distinguiéndose como mas notables la parroquial y la de comunidad adonde está la cárcel: tiene escuela de primeras letras dotada de los fondos de comunidad, é iglesia parroquial servida por un cura regular: el cementerio está situado fuera de la poblacion, bien ventilado.

Productos: arroz, maiz, tabaco de escelente calidad, cacao, algodon, lentejas y frutas.

Industria: muchos telares adonde se manufacturan varias telas de algodon.

Confina con los pueblos de Dumaras en la prov. de Capis, y el de Calinog.

POBL. almas 7,814, trib. 1,639.

PASSIG: pueblo con cura y gobernadorcillo en la isla de Luzon, prov. de Tondo, arz. de Manila: sit. en los 124° 45' long. 14, 39' 30" lat. en terreno llano y á la orilla del rio de su nombre: su temperamento es bueno: tiene hermosos puentes y calzadas en todas direcciones, y á ambos lados se ven jardines y huertos en abundancia.

El número de casas asciende á unas 4,000, en en general de una construccion regular, entre las que se ven como mas notables la parroquial, la de comunidad adonde está la cárcel, la del colegio de instruccion para Indias, en la que bajo la direccion de una superiora que está bajo la inspeccion del párroco, se les da una verdadera educacion cristiana y se les enseña todo lo que es propio á la muger bien educada.

Tambien existen otros edificios, que descuellan sobre los demás, construidos de cal y canto, propiedad de los mestizos.

Hay escuela de primeras letras para niños, dotada de los fondos de comunidad, é iglesia parroquial de buena fábrica servida por un cura regular; recibe este pueblo el correo diario de la cabecera de la provincia, además del general. El cementerio está fuera de la poblacion, y perfectamente ventilado.

Producciones; arroz con abundancia, caña dulce, añil, pimienta, cacao, café, esquisitas frutas, mucha hortaliza y algodon de inferior calidad.

Industria: en su término existen canteras de buena piedra que los naturales procuran beneficiar: poseen muchas embarcaciones para el tráfico con Manila y la prov. de la Laguna, y otros se dedican á las fábricas de alfarería y á los ingenios de azúcar; la pesca es otro de los artículos que se esplotan con bastante utilidad. Celebra los jueves y domingos un mercado, al que concurre mucha gente de los pueblos inmediatos, con quienes mantiene un activo comercio.

Pobl. almas 22,106, trib. 4,023.

PASIG: rio de la isla de Luzon en la prov. de Tondo; tiene su orígen en la laguna de Bay, de la que sale por cinco brazos distintos que luego vienen á reunirse al desagüe del rio de San Mateo, 1 legua al O. del pueblo de Pasig; corre 1 ½ leg. al Occidente, formando varias curvas al N. O. hasta que sigue esta direccion, pasa al N. E. de Santa Ana y volviendo luego otra vez su direccion al O.; al N. de Pandacan divide el pueblo de Binondo de la plaza de Manila y desagua en la bahía de este nombre á los 124° 37' 40" long. 14° 35' 38" lat.

PASIG: islote adyacente á la costa setentrional de la prov. de Tayabas; su centro se halla en los 125° 43' 30" long. 14° 13' 6" lat.

PASIJAN: isla adyacente á la costa oriental de la de Cebú; es una de las camotes, tiene 1 ½ leg. de larga y 1 de ancha; dista de la referida costa unas 6 leg. y su centro se halla en los 127° 54' long. 10° 37' lat.

PASONBOCOT: rio de la isla de Luzon, en la prov. de Cavite; nace en las vertientes, que dividen esta prov. de la de Batangas, en los 124° 38' long. 14° 12' lat.; corre 1 ½ leg. al N. N. O. y va á juntarse con el de Pasoncaballo.

PASONCABALLO: rio de la isla de Luzon, en la prov. de Cavite; nace en las vertientes de la cordillera que divide esta prov. de la de Batanga, en los 124° 39' long. 14° 11' 10" lat. dirígese al N. N. O. bañando la visita llamada Masilao; corre 1 ½ leg. y va á juntarse con el rio de Abatanin.

PASON-MOLAVIG CASUNDIN ó MALAGAZAN: conócese con estos tres nombres un rio de la isla de Luzon, en la prov. de Cavite, que nace de las vertientes de la cordillera que divide esta prov. de la de Batangas, en los 124° 40' long. 14° 13' 30" lat.; corre al N. unas 5 leg. y desagua en la bahía de Manila á los 124° 34' 30" long. 14° 28' lat., habiendo antes dividido su corriente en dos brazos que se vuelven á unir poco antes de su desagüe, de modo que viene á formar una isla cuyas tierras son muy fértiles y de regadío.

PASUQUIN: pueblo con cura y gobernadorcillo en la isla de Luzon, prov. de Ilocos Norte, dióc. de Nueva Segovia, sit. en los 124° 15' 40" long. 18° 16' lat. á la orilla izquierda de un rio próximo á su desagüe en la costa occidental de la prov., terr. llano y clima templado. Tiene una iglesia parroquial de buena fábrica, la cual se halla servida interinamente por un cura secular, la casa parroquial y la de comunidad son las mejores del pueblo, que se compone de unas 603. Hay escuela para la educacion de los niños y cementerio fuera de la poblacion. Prod. arroz, maiz, caña dulce, legumbres y frutas. Ind. fabricacion de telas y corte de maderas. Pobl. 4,778 almas. Tributos 1,182. Confina el térm. por N. con el de Nacpartian que dista unas 6 leg.; por S. con el de Bacarra á 2 id.; por O. con el mar, y por E. con los montes de la prov. habitados por los apayaos. El terr. es montuoso, y solo inmediato á la costa hay algunas llanuras donde los naturales tienen sus sementeras; hállase al S. del pueblo el monte Calutit que divide su térm. del de Bacarra, á la otra banda del rio á cuya orilla se halla este pueblo, y al N. del mismo está el telégrafo que da aviso de las embarcaciones que se presentan á la vista; al N. de este se halla el de Dirique en la punta que con el cabo Bogeador forman la ensenada del nombre de este telégrafo, al S. E. del cual y al N. E. del pueblo que describimos se halla el monte Gabon ó Dacuer.

PASUQUIN: (Telégrafo de) hállase al N. N. O. de este pueblo, sobre la costa occidental de la isla de Luzon, en la prov. de Ilocos Norte, sit. en los 124° 15' 20" long. 18° 17' 10" lat.

PAT

PATA: pueblo que existió hasta mediados del siglo pasado en la prov. de Cagayan; estaba sit. en la costa setentrional de la prov., á corta distancia de la visita de Pamplona llamada San Juan, cuyos habitantes son descendientes de este pueblo.

PATA: una de las islas que forman el grupo de Joló en el archipiélago de este nombre; hállase su centro en los 124° 55' long. 5° 46' lat., tiene 2 ¼ leg. de larga y 1 de ancha.

PATA: punta de la costa setentrional de la isla de Luzon, en la prov. de Ilocos Norte; hállase en los 124° 45' 15" long. 18° 43' 50" lat., siendo el extremo N. de la referida isla.

PATA: punta de la costa N. de la isla de Luzon en la prov. de Cagayan; hállase en los 121° 46' 10" long. 18° 38' 50" lat.

PATAD: bajo, junto á la costa oriental de la prov. de Tayabas, y cuya situacion no está marcada por muchos; algunos se la dan por los 126° 18' 30" long. 13° 24' 30" lat.; nosotros sin embargo no respondemos de su exactitud.

PATAG: ensenada de la costa oriental de la isla de Luzon en la prov. de Albay, comprendida entre los 127° 30' 45" long. y 127° 35' 30" id. 13° 40' 20" lat. y 13° 42' 10" id.

PATAPA: monte de la isla de Luzon en la prov. de Ilocos Norte; es bastante elevado y su cúspide se halla en los 124° 37' long. 18° 37' lat. en el térm. del pueblo de Bangui.

PATAPAT: estero de la isla de Luzon en la prov. de Ilocos Norte; hállase al E. de la ranchería de Pancian, en la costa N. de esta isla.

PATAPAT: punta de la costa N. de la isla de Luzon en la prov. de Ilocos Norte; hállase en los 124° 39' 10" long. 18° 41' 50" lat.

PATAY: rio de la isla de Luzon en la prov. de Batangas; nace en los 124° 43' 50" long. 13° 51' 50" lat., en las vertientes meridionales del monte Macolot; dirígese primero al S. y luego al S. E. para ir á desaguar al rio de Columpan, despues de haber corrido unas 3 leg.

PATAY: monte de la isla de Luzon en la cordillera que divide las prov. del Ilocos Sur y el Abra; hállase 1 ¼ leg. al E. del pueblo de Santa María, que está en la primera de estas dos prov.; su cúspide se encuentra en los 124° 8' long. 17° 15' lat.

PATAYAN: islote próximo á la costa meridional de la prov. de Tayabas; hállase en el puerto de Pagbilao, y su centro en los 125° 36' long. 13° 54' 30" lat.

PATEAN: una de las islas que forman el grupo de Joló en el archipiélago de este nombre; es bastante pequeña, y su centro se halla en los 124° 50' long. 5° 47' 10" lat.

PATEROS: pueblo con cura y gobernadorcillo en la prov. de Tondo, arz. de Manila, sit. en los 124° 44' 20" long. 14° 33' 30" lat. en terr. llano y á la orilla derecha del rio Pasig: clima templado y saludable; tiene unas 1,500 casas, en general de sencilla construccion, distinguiéndose entre ellas la parroquial y la de comunidad, adonde se halla la cárcel: hay escuela de primeras letras dotada de los fondos de comunidad, y una iglesia parroquial con una torre de hermosa arquitectura y de bastante elevacion: el cementerio está situado fuera del pueblo y disfruta de buena ventilacion: confina con los de Pasig, Taquig y el barrio de Tipas.

Productos: arroz, añil, caña dulce, maiz, café, melones, sandías, varias legumbres y abundancia de frutales. Su comercio se limita á la capital Manila, pueblos vecinos y provincia de la Laguna: su industria es de alguna consideracion: pasan de 20 las arrocerías ó fábricas para separar con máquina la cáscara del arroz, que conducen limpio diariamente al mercado de Manila, llevándolo por agua en pequeñas embarcaciones. La pesca es varia y abundante, pero su particular industria consiste en la cria de patos que los indios llaman Itic, haciendo un giro diario de comercio con la multitud de huevos que benefician en dicho mercado. Los patos están la mayor parte del dia en el rio: los alimentan con una especie de caracoles que llaman Sosó, los que van á buscar todos los dias los dueños de las paterías á mas de una legua de distancia: á la orilla del rio hay tantas divisiones hechas con cañas, cuantas son las paterías, para que no se mezclen y confundan los patos de unos dueños con los de otros. Al toque de oracion todos los patos se retiran á su respectivo domicilio, que es una choza inmediata, hecha para que duerman por la noche, y en la que por la mañana dejan una multitud de huevos. La proporcion de conducir por agua á la ciudad los art. de su comercio ó industria produce á este pueblo y á los inmediatos bastante utilidad, or lo que se emplean muchos en la conduccion

á ella de sus personas y efectos en sus pequeñas embarcaciones. Los naturales se emplean además de la cria de patos en la agricultura, en la pesca y en la alfarería, y las mugeres en el tráfico y venta de arroz y de los huevos de pato, en la agricultura y limpia de aquel. Hay en este pueblo varios artistas; tiene hermosas calles, y en cada casa su jardin con varias legumbres, flores y frutales.

POBL. 6,814 almas, trib. 1,517 ½.

PATILLO: rio de la isla de Luzon en la prov. de Cavite; nace en las vertientes de la cordillera que divide esta prov. de la de Batangas, en los 124° 36' 30" long. 14° 11' 30" lat., dirígese al N., corre cerca de 1 legua y va á juntarse con el de Cauan.

PATIO: rio de la isla de Luzon en la prov. de Cavite; nace en las vertientes de la cordillera que divide esta prov. de la de Batangas, corre 1 ½ leg. al N. O. y junta sus aguas con las del rio Alasan.

PATLING: visita del pueblo de Capas, en la isla de Luzon, prov. de la Pampanga, arzob. de Manila: sit. en los 121° 12' 40" long. 15° 18' lat. á la orilla del rio á que dá nombre, en terreno llano y clima templado. Dista ½ leg. de su matriz, en cuyo art. damos su pobl. prod. y tributos.

PATLIN: rio de la isla de Luzon, en la prov. de la Pampanga; nace al pié del monte de su mismo nombre, en los 124° 2' long. 15° 14' 40" lat.; dirígese al N. E., pasa al N. O. de la mision de Capas y luego al S E. de la visita Matondo, cuyo nombre toma, y desagua en el rio chico de la Pampanga despues de haber corrido unas 9 leguas.

PATLIN: monte de la isla de Luzon, en la prov. de la Pampanga; hállase en la jurisdiccion de la mision de Capas, y su cúspide en los 124° 1' long. 15° 16' lat.

PATNOGON: pueblo con cura y gobernadorcillo, en la isla de Panay, prov. de Antique, dióc. de Cebú. sit. en los 125° 43' long. 10° 4' 20" lat. en terr. llano y clima no muy cálido y saludable. Tiene unas 364 casas, la parroquial y la de comunidad, donde se halla la cárcel. La iglesia parroquial es de mediana fábrica, y se halla servida por un cura regular. Hay una escuela de primeras letras, cuyo maestro tiene una asignacion pagada de los fondos comunes. El térmcónfina por N. con el de Tibiao, que dista 4 ¼ leg. por S. con el de S. Pedro, á 1 ¼ id., por E. se estiende sin que tenga marcado límites hasta la cordillera que se encuentra por esta parte que divide la prov. de Iloilo de la de Antique, y por O. confina con el mar. El terr. en general es llano, riéganlo algunos rios que le hacen bastante productivo, sobre todo en el arroz ó palay que es la principal de sus prod., tambien se coge abacá, algodon, maiz, caña dulce, varias clases de frutas y legumbres. La pesca, la fabricacion de algunas telas y la agricultura, es lo que forma su ind., consistiendo casi todo su comercio en la venta del palay. POBL.: 8,000 alm., tributos 1,400.

[PATOC: ranchería de infieles reducidos, en la isla de Luzon, prov. del Abra, hállase al S. del pueblo de Banguod, á distancia de 1 leg.

PATOGAN: punta de la costa N. O. de la prov. de Cavite, formada por el pico de Loro; hállase á la derecha de la entrada de la bahía de Manila, en los 124° 19' long. 14° 18' lat.

PATUCANNAY: barrio del pueblo de Banquer en la isla de Luzon, prov. del Abra: sit. en la falda del monte Nangaycayan, ¼ leg. al N. E. de su matriz, en cuyo art. incluimos su pobl. prod. y trib.

PAU

PATAICN: ensenada de la costa meridional de la isla de Mindoro; forma su embocadura por el E. la punta Buruncan, en los 124° 52' 20'' long. 12° 11' 20'' lat. y al O. la punta Bunga de la isla de Ilim, en los 124° 45' long. 12° 8' 20'' lat.: tiene de bojes unas 5 leg. y penetran sus aguas hasta los 124° 49' 30'' long. 12° 14' lat.

PAULI: barrio del pueblo de S. Pablo del Monte, en la isla de Luzon, prov. de Batangas, arzob. de Manila, sit. en los 125° 2' 30'' long. 14° 6' lat., á la orilla derecha del rio de Calauang, en terr. llano, y distante 1 ¼ leg. al E. N. E. de su matriz, en cuyo art. incluimos su pobl., prod. y trib.

PAULI: rio de la isla de Luzon, en la prov. de la Laguna: nace en las vertientes setentrio-nales del monte de S. Cristóbal, en los 125° 5' long. 14° 4' 30'' lat., corre unas 3 leg. al N. y junta sus aguas con las del rio de Santa Cruz.

PAY

PAYAD: isla adyacente á la costa oriental de la prov. de Zamboanga, de la que dista unas 4 leg.: hállase su centro en los 125° 59' long. 6° 58' lat.

PAYAPA: barrio del pueblo de Lipa, en la isla de Luzon, prov. de Batangas; hállase á 1 leg. distante de su matriz, en cuyo art. incluimos su pobl., prod. y trib.

PAYAUI: visita del pueblo de Gubat, en la isla de Luzon, prov. de Albay: sit. en los 127° 47' long. 127° 58' 30'' lat. próximo á la orilla de un rio, en terr. elevado y clima igual al de su matriz, en cuyo art. incluimos su pobl., prod. y trib. Dista de la misma 1 leg. al N. O.

PAYJURIRAN: punta de la costa N. E. de la prov. de Albay, térm. de este nombre: hállase en los 127° 47' long. 13° 4' 23'' lat.

PAYO: pueblo con cura y gobernadorcillo, en la isla de Catanduanes, adscrita á la prov. de Albay, dióc. de Nueva Cáceres: sit. en los 128° 8' long. 13° 58' 30'' lat. junto al desagüe del rio Ora, en la costa N. E. de la isla, terr. llano y clima templado y saludable. Tiene 236 casas y 211 de que consta su visita Bagamanoc: hay escuela, casa parroquial y casa de comunidad, donde está la cárcel. La iglesia parroquial la sirve un cura secular, el cementerio está fuera del pueblo, y los caminos que salen de este no son muy buenos. Confina el térm. por N. O. con el de Pandan distante 3 leg., por S. E. con el de Viga á 1 leg. y por E. y N. con el mar. Al N. O. y sobre la misma costa se halla su visita Bagamonoc que dista 1 leg., y á la otra banda del referido rio Ora al N. E. de este pueblo se encuentra otra visita suya llamada Tambongon. El terr. es montuoso, riéganlo además del mencionado rio los de Tinago, Timoto y otros: prod., arroz, que es el artículo principal, maiz, legumbres, algodon, abacá, ajonjolí, caña dulce y frutas.

Los naturales ejercen su ind. en la agricultura, en la fabricacion de telas, y algunos en la caza. Tambien benefician la caña dulce, el ajonjolí y la nipa y coco. POBL. 1,416 alm., y en 1845 pagaba juntamente con Bagamanoc 564 trib. que hacen 5,640 rs. plata.

PAZ

PAZ: pueblo con cura y gobernadorcillo, en la isla de Luzon, prov. de la Pampanga, arz. de Manila; sit. en los 124° 19′ 30″ long. 15° 29′ lat. á la orilla del rio Garlit, terr. llano y clima templado. Tiene unas 622 casas con las de sus barrios ó anejos; hay una escuela de primeras letras con una asignacion pagada de los fondos comunes, la casa parroquial que es la mejor del pueblo, y la de comunidad donde se halla la cárcel. La iglesia es de mediana fábrica y está servida por un cura secular. Tiene este pueblo una calzada en buen estado, que conduce á su visita Garlit, por la que recibe el correo semanal de la cab. de la prov. Confina el térm. por N. con el de Tarlag á 3 ½ leg.; por S. con el de Magatán á 3 ½ id., y por E. con la prov. de Nueva Ecija. El terr. en general es llano, y lo riegan varios afluentes del rio chico de la Pampanga que corre al E. del pueblo. Sus prod. son arroz, maiz, caña dulce, añil, algodon, abacá, pimienta, legumbres y diversas clases de frutas. La agricultura es la principal ind. dedicándose tambien algunos al beneficio de la caña dulce, á la caza y á la fabricacion de telas ordinarias, en las que igualmente se ocupan las mugeres. POBL. 3,755 alm., y en 1845 pagaba 754 trib. que hacen 7,540 reales de plata.

PAZ (la): mision en la prov. del Abra, isla de Luzon, dióc. de Nueva Segovia; sit. en los 124° 10′ 30″ long. 13° 31′ 30″ lat., á la orilla de un riach. y en terr. montuoso. Tiene 635 casas, una iglesia servida por un misionero que administra tambien en San Gregorio, y una escuela de instruccion primaria con una dotacion de los fondos de comunidad. La casa parroquial está junto á la iglesia, y á poca distancia la de comunidad, donde se halla la cárcel. El cementerio está fuera de la poblacion, muy bien situado y con ventilacion. Confina el térm. por S. con el de Tayum, que dista 1 ½ leg.; por S. O. con el de Bangued, á 1 ½ id., y por N. con el monte Sagan.

El terr. es montuoso, hallándose comprendida en su jurisd. la visita San Gregorio, que dista 1 ½ leg. al S. O. En los montes se crian muchas clases de maderas, abundante caza y bastante miel y cera. En el terreno cultivado las prod. son arroz, maiz, legumbres y frutas. Su ind. se reduce casi toda á la agricultura y fabricacion de algunas telas. POBL. 998 alm., trib. 244.

PEC

PECADOS. V. Siete pecados.

PECULAN: pueblo de moros en la isla de Mindanao, sit. en la costa meridional de la misma, terr. llano y clima templado.

PED

PEDREGALES: punta de la costa O. de la isla de Luzon, estremo occidental de la misma, hállase en el cabo de Bolinao en los 123° 20′ 30″ long. 16° 18′ 20″ lat.

PEDRO (San): pueblo con cura y gobernadorcillo, en la isla de Panay, prov. de Antique, dióc. de Cebú, sit. en los 125° 41′ long. 11° 20′ lat., en terr. llano, cercado de montes ó inmediato al mar: su temperamento es cálido, tiene unas 1,650 casas, en general de sencilla construccion, siendo de ellas las mas notables la parroquial y la de comunidad, adonde está la cárcel: hay escuela de primeras letras dotada de los fondos de comunidad, é iglesia parroquial servida por un cura regular: el cementerio está fuera de la poblacion y bien ventilado. Prod., arroz, ind. la pesca, la fabricacion de sal y algunos tejidos de algodon: en sus montes hay buenas maderas de las que fabrican sus embarcaciones y estraen bastante sibucao ó palo tinte. POBL. 7,061 alm., trib. 1,667.

PEDRO (San): visita del pueblo de Bacacay, en la isla de Luzon, prov. de Albay, dióc. de Nueva Cáceres, sit. en los 127° 26′ 30″ leng. 13° 16′ 30″ lat., en terr. llano, próximo á la playa del seno de Tabaco, distante ½ leg. al S. de su matriz, en el art. de la cual incluimos su pobl. prod. y trib.

PEDRO (San): barrio del pueblo de Bacacay, en la isla de Luzon, prov. de Albay, dióc. de Nueva Cáceres; sit. en los 127° 26′ 30″ long. 13° 16′ 30″ lat., en la costa oriental de la prov., ter.

réno llano y clima igual al de su matriz, en cuyo art. incluimos su pobl, prod. y trib.

PEDRO (San): punta occidental de la isla de Romblon; hállase en [los 25° 52′ 40″ long. 12° 33′ 30″ lat.

PEDRO TUNASAN (San): pueblo con cura y gobernadorcillo en la isla de Luzon, prov. de la Laguna, arz. de Manila, sit. en los 124° 43′ 30″ long. 14° 24′ lat., en la playa occidental de la laguna de Bay, próximo á la orilla derecha del rio Salipit, terr. llano y clima suave y templado. Tiene 613 casas, la de comunidad, donde esta la cárcel, la parroquial y una escuela de instruccion primaria á la que concurren bastantes alumnos. La iglesia de este pueblo es de mediana fábrica y la sirve un cura indio. Hay dos caminos que siguen por la playa de la laguna; uno conduce á Montilupa y otro á Binan. Confina el térm. por N. con el de Montilupa, cuyo pueblo se halla en la jurisd. de la prov. de Tondo y dista ½ leg.; por O. con el de San Francisco de Malaban en la prov. de Cavite y distante unas 4 leg.; por N. O. con el de Imus, en la misma prov., á 3 leg., por S. con el de Biñan, en la prov. de la Laguna, á 2 leg.; y por E. con la laguna de Bay. El terr. es elevado, pero tiene buenas llanuras, donde colocan los naturales sus sementeras. Distante ½ leg. del N. y á la otra orilla del referido Satipit está el barrio llamado Tunasancillo, cuyas tierras pertenecen á la hacienda de este mismo nombre, y las demás de la jurisd. de este pueblo pertenecen á la hacienda de Tunasan, como puede verse en el art. de esta. Prod.: hace mas de un siglo que daban estas tierras el 100 y aun el 150 por 1, pero en la actualidad no es tan pródiga la tierra; sin embargo hay buenas cosechas de arroz, cógese caña dulce, algun maiz, cocos, mangas, otras frutas y legumbres. Ind.: La agricultura y la pesca son las principales de este pueblo, en el que tambien se beneficia la caña dulce, el algodon y la seda. Sobre esta última puede verse en el art. Tunasan lo que decimos del progreso y decadencia de esta ind. Com.; la venta del arroz, azúcar y sobrante de las demás prod. es lo que hace este. POBL. 3,678 almas y en 1845 pagaba 1,195 ½ trib. que hacen 11,955 rs. de plata.

PEDRO MACATI (San): pueblo con cura y gobernadorcillo en la isla de Luzon, prov. de Tondo, arz. de Manila, sit. en los 124° 45′ long.

14° 39′ 30″ lat. en terr. montuoso y á la orilla izquierda del rio Pasy: su clima templado y saludable: tiene como unas 1,100 casas, en general de sencilla construccion, distinguiéndose como mas notables la parroquial unida con la de la hacienda que fué de los PP. Jesuitas, y la de comunidad adonde está la cárcel: hay algunas otras de cal y canto, propiedad de mestizos y españoles, situadas á las márgenes del mencionado rio, dedicadas al recreo de los mismos. Existen grandes fábricas de ladrillo, teja y baldosas de que se surte la capital.

Prod. arroz en abundancia y azúcar en pequeña cantidad.

Ind. cordelería y alfarería.

La iglesia parroquial está servida por un cura secular, y su cementerio bien ventilado fuera de la poblacion: hay escuela de primeras letras y se recibe correo diario de la cabecera de la prov.

POBL. almas 5,000, trib. 1,150.

PEE

PEELAS: una de las islas que forman el grupo de Basilan; tiene 2 leg. de larga y 2 millas: hállase su centro en los 125° 19′ long. 6° 37′ lat.

PELL

PELLEANGAN: una de las islas que forman el grupo de Joló en el archipiélago de este nombre: tiene 1 ½ leg. de larga y ½ de ancha: su centro se halla en los 124° 39′ long 6° 5′ lat.

PEÑ

PEÑA: punta de la costa occidental de la isla de Busuagan, una de las Calamianes: hállase en los 123° 54′ long. 12° 27′ lat.

PET

PETISAN: punta de la costa N. E. de la prov. de Tayabas, en la bahía de Lamon: hállase en los 125° 29′ long. 14° 6′ 15″ lat.

PIA

PIAO: visita del pueblo de Dapitan en la isla

de Mindanao, prov. de Misamis, sit. en terreno llano en la costa setentrional de la isla, y distante unas

PIAFI: punta de la costa oriental de la isla de Luzon en la prov. de la Laguna: hállase en los 125° 20' 40" long. 14° 20' 30" lat

PIAS: monte de la isla de Luzon en la prov. del Abra: hállase en el térm. del pueblo de Baugued.

PIAS: arroyo en la isla de Luzon, prov. del Abra: nace en el monte de su mismo nombre y corre por el térm. del pueblo de Baugued.

PIAT: pueblo con cura y gobernadorcillo en la isla de Luzon prov. de Cagayan, dióc. de Nueva Segovia; sit. en los 125° 40' long. 17° 43' lat., pasa por este pueblo un rio que los naturales llaman el chico: su curso es del S. á Nordeste, con otros varios esteros de poca consideracion: el clima no es de los mas templados, por cuya razon sus naturales son atacados con frecuencia de calenturas; los vientos reinantes son los Sures y Nordestes y algunas mañanas los Oestes, tiene como unas 437 casas, en general de sencilla construccion, distinguiéndose entre estas la parroquial y la de comunidad adonde se halla la cárcel; hay dos escuelas para niños y niñas, la primera dotada de los fondos de comunidad y la segunda de los de la iglesia, esta es de mediana fábrica aunque no está concluida de recomponer por los estragos que en ella ha causado un rayo hace unos cinco años. Su cementerio está fuera de la poblacion y bien ventilado. En sus bosques por la parte del N. hay gran feracidad de árboles y mucha caza mayor y menor. Confina este pueblo por el O. con el de Malabey á tres leguas de distancia, y por el S. con el de Juao. Prod. maiz palay y tabaco en abundancia. Ind.: está reducida á la pesca de venados, puercos monteses y algunos carabaos, aprovechándose otros de las numerosas canteras de piedra, cal y yeso, que se encuentran en su territorio. Sus caminos son bastante irregulares, y recibe todos los sábados el correo de la cabecera de prov. POBL., almas 2,193, trib. en 1848 han ascendido á 437.

PIB

PIBANGBAN: monte de la isla de Luzon, en a prov. del Abra, es bastante elevado y su cúspide se halla en los 124° 19' 17° long. 47° 20' lat.

PICTAN: visita del pueblo de Iligan, en la isla de Mindanao, prov. de Misamis. dióc. de Cebú; sit. en terreno llano, junto á la costa setentrional de la isla, bajo un clima cálido y saludable. Su POBL. prod. y trib. los damos con los de la matriz.

PID

PIDDIG: pueblo con cura y gobernadorcillo en la isla de Luzon, prov. de Ilocos Norte, dióc. de Nueva Segovia, sit. en los 124° 19' 30" long. 18° 9' 50" lat. en una altura desigual y escabrosa, confinando con los montes de los infieles y con los pueblos de Dingras, Sarrat, y Vintar. Su temperamento es variable. Tiene unas 1,900 casas en general de sencilla construccion, distinguiéndose como mas notables la parroquial y la de comunidad, donde está la cárcel. Hay escuela de primeras letras é iglesia parroquial bajo la advocacion de Santa Ana, servida por un cura regular que lo es tambien de Santiago. El cementerio está fuera de la poblacion y bien ventilado. Recibe el correo semanal de la cabecera de provincia. Tres riachuelos rodean su territorio y fertilizan sus dilatadas cementeras.

Producciones: abundantes cosechas de arroz, maiz, caña dulce, añil, legumbres y frutas. Ind. la fabricacion de cal y ladrillo y algunos tejidos del poco algodon que se cosecha por las muchas nieblas y vientos N. que los destruyen, tienen tambien algunas estancias de ganado vacuno y caballar y en sus bosques se crian buenas maderas, cañas, socas y mimbres. Poblacion, almas 7,735, trib. 1,936 ½.

PIDIGAN: mision en la provincia del Abra, isla de Luzon, dióc. de Nueva Segovia, sit. en los 124° 6' 5" long. 17° 22' 30" lat. sobre una pequeña loma á la orilla del rio grande llamado del Abra; tiene como unas 289 casas, en general de sencilla construccion, distinguiéndose entre ellas la parroquial y la de comunidad adonde reside el gobernadorcillo con sus subalternos. Hay escuelas de primeras letras dotadas de los fondos de comunidad é iglesia parroquial bajo la advocacion de la Purísima Concepcion de Ntra. Señora. Tuvo principio esta mision el 14 de mayo de 1823, y fué su primer misionero y fun dador el R. P. Ex-difinidor Fr. Bernardo Lago, con los dos misioneros auxiliares los RR. PP. Fr. Lorenzo Jocan y Fr. Antonio Forgá. La estension de este pueblo es desde Manabo, hasta Palan al O. de Vigan una jornada, y otra, desde Sta. Maria hasta el frente de Fagudin caminando hácia el S., por la falda de los cerros. Prod. esta grande estension de terreno es susceptible de todas las semillas del pais: pero los naturales, ni aun conocian las semillas, hasta que las vieron sembrar al P. misionero: en la actualidad se cojen abundantes cosechas de arroz, maiz y legumbres. Ind. el comercio de maderas de que abundan sus montes, cañas, bojas, mimbres, miel y cera.

POBL. almas, 2,680, trib. 289 ½.

PIE

PIEDRAS (puerta de): en la costa occidental de la isla de Paragua, hállase en los 122° 39' long. 10° 26' lat.

PIG

PIGUIL: monte de la isla de Luzon, en la prov. del Abra, hállase en el térm. del pueblo de Raugued.

PIGUIL: arroyo que nace en el monte de su mismo nombre, en la isla de Luzon, prov. del Abra y corre por el térm. del pueblo de Raugued.

PIL

PILA: pueblo con cura y gobernadorcillo, en la isla de Luzon, prov. de la Laguna. arz. de Manila, sit. en los 125° 3' 20'' long. 14° 13' 20'' lat. á la orilla derecha de un rio en terreno llano y distante una milla de la playa S. E. de la laguna de Bay, el clima es bastante sano y templado. Tiene 602 casas, la parroquial y la de comunidad, donde se halla la cárcel. Hay una escuela de instruccion primaria y una iglesia parroquial de buena fábrica servida por un cura regular. El cementerio está fuera de la poblacion muy bien situado. Confina el térm. por N. E. con el de Santa Cruz distante 1 ½ leg., por E. N. E. con el de Pagsaujan cab. de la prov., distante 2 leg., por S. S. E. con el de Magdalena á 1 leg., por S. con el de Nagcarlang, distante 1 y ½ id., por S. O. con el de Bay, á igual distancia, y por O. y N. con la laguna de Bay. Riega el terreno

el rio de Santa Cruz que pasa al E. del pueblo, y otros varios que van á desaguar á la laguna. Todos ellos fertilizan el terr. haciéndole bastante productivo, en arroz, caña dulce, algun maiz, frutas y legumbres. Ind. la agricultura y la pesca, ocupándose las mugeres, en la fabricacion de telas de algodon y abacá. POBL. 3,611 alm. y en 1815 pagaba 1,021 trib. que hacen 1,024½ rs. plata.

PILAPINAHPAJAN: punta de la costa setentrional de la prov. de Camarines N., forma con la punta Dapdap, la ensenada de Sogod, y se halla en los 125° 56' long. 14° 16' lat.

PILAR: pueblo con cura y gobernadorcillo, en la isla de Luzon, prov. de Bataan. arz. de Manila; sit. en los 124° 14' 30'' long. 14° 42' lat., á la orilla izquierda del rio Balibago, próximo á su desagüe, en la playa occidental de la bahía de Manila. terreno llano y clima templado. Tiene ademas 517 casas, la parroquial y la de comunidad donde está la cárcel. Hay una escuela de instruccion primaria, y una iglesia parroquial de buena fábrica, que en la actualidad se halla servida interinamente por un cura indio, pues la administracion espiritual de este pueblo pertenece á una de las cuatro órdenes religiosas de Filipinas. Confina el térm. por N. con el de Balanga, cabo de la prov. que se halla ½ leg. al N. O.; por S. con el de Orion, distante unos ½ leg. por O. con el de Moron, que se halla á unas 6 leg. en la costa occidental de la prov., y por E. con la bahía de Manila. El terr. es montuoso, sin que por esto falten algunas llanuras donde los naturales tienen las sementeras y otros plantíos. Riegan las tierras el referido rio de Balibago y algunos otros que van á desaguar á la bahía. Prod. arroz, maiz, caña dulce, varias clases de legumbres y frutas. Su ind. consiste en la agricultura y fabricacion de algunas telas. POBL. 3,444 almas y en 1815 pagaba 759 ½ trib. que hacen 7,595 rs. plata.

PILAR: ranchería de infieles, en la isla de Luzon, prov. de Nueva Vizcaya, sit. en los 124° 59' 55'' long. 16° 38' 30'' lat.

PILANAN: rancheria de infieles reducidos, en la isla de Luzon, prov. de la Union, sit. en los 124° 8' 49'' long. 16° 23' 40'' lat.

PILI: pueblo con cura y gobernadorcillo, en la isla de Luzon, prov. de Camarines Sur, dióc. de Nueva Cáceres, sit. en los 126° 29' 8'' long. 13°

33' 20'' lat., entre dos rios que bajan al monte Isaro, al pié del cual y por la parte S. O. se halla este pueblo; su clima es templado y saludable. Tiene una iglesia parroquial servida por un cura regular, 102 casas, la parroquial, la de comunidad, donde está la cárcel, una escuela de instruccion primaria y un cementerio fuera de la poblacion. Confina el térm. por O. S. O. con el de Minalabac, que dista unas 2 leg.; por O. con el de Pamplona á 2 ½ id.; por O. N. O. con la cab. de la prov. á igual distancia; por E. con el de Tigaon á 3 ½ leg., y por S. con el de Baao á 2 ½ leg. El terr. es fértil, al N. E. se eleva el monte Isaro, de cuyas vertientes tienen su orígen un número muy considerable de rios que lo riegan y lo hacen productivo en arroz, maiz, frutas y legumbres. Su ind. consiste en la agricultura y fabricacion de telas de algodon y abacá, cuyas plantas son comunes en este pueblo. pobl. 612 almas y en 1845 pagaba 122 trib., que hacen 1,220 rs. plata.

PILILLA: pueblo con cura y gobernadorcillo, en la isla de Luzon, prov. de la Laguna, arz. de Manila, sit. en los 125° 30'' long. 14° 29' 30'' lat. en la playa setentrional de la laguna de Bay, terr. llano y clima templado. Tiene 560 casas, la de comunidad, donde está la cárcel, y la casa parroquial que se halla junto á la iglesia parroquial, que es de buena fábrica y la sirve un cura regular. Fuera del pueblo se encuentra el cementerio, que está bien situado y tiene buena ventilacion. Confina el término por N. N. O. con el de Tanay, cuyo pueblo dista ½ leg.: por S. con el de Jalajala, distante unas 3 leg.; por E. con el de Sta. Maria, de cuyo término lo separa la cordillera que bajando del N. penetra en la laguna de Bay, formando la punta de Jalajala: dicho pueblo dista unas 3 leg. · y por O. confina el término con la laguna de Bay. El terr. es bastante montuoso, muy fértil y productivo. En los montes se encuentran diferentes clases de madera, varias clases de caña y alguna caza. Prod. bastante arroz, caña dulce, maiz, frutas, algodon, abacá y legumbres. Ind. los naturales se dedican á la agricultura, beneficio de la caña dulce y del añil, y fabricacion de varias clases de telas. pobl. 3,238 almas y en 61845 pagaba 657 trib. que hacen 6,570 rs. plata.

PINABIGAN: punta de la costa meridional de la isla de Mindanao; hállase en los 127° 60' long. 7° 1' 30'' lat.

PINACANAUAN: rio de la isla de Luzon, en la prov. de Cagayan, nace de la gran cordillera ó sierra Madre en los 125° 34' long. 17° 44' lat. Diríjese en su nacimiento al O., hace luego á corta distancia de este una inclinacion al O. S. O. y sigue en esta direccion hasta rodear el pueblo de Tuguegarao por la parte del S., y va á desaguar al rio grande de Cagayan en los 125° 9' 30'' long. 17° 36' 40'' lat. Su curso es de 9 leguas.

PINACAPUTLAM: rio de la isla de Luzon, en la prov. de Tayabas, nace en los 125° 40' long. 13° 58' lat., diríjese al S. O., corre 1 ½ leg. y desagua en el mar al E. de la punta Calatong.

PINAGAUIAN: mision, en la isla de Mindanao prov. de Misamis. dióc. de Cebú; depende en lo civil y ecl. del pueblo de Jasaa, y está sit. próxima á la costa setentrional de la isla; pobl. y trib. y su matriz en cuyo art. van incluidos.

PINACCUCAN: guardia ó bantay, en la isla de Luzon, prov. de Albay, térm. del pueblo de Manito; sit. en los 127° 30' 10'' long. 13° 6' 30'' lat. en la costa del seno de Albay y distante 1 leg. al S. S. O. del referido pueblo.

PINAGMAGLAYAN: rio de la isla de Mindoro; nace en los 123° 8' long. 13° 2' lat., corre poco mas de una legua, y desagua en el mar por la costa oriental de la isla.

PINAGPANDIAN: punta de la costa oriental de la prov. de Nueva Ecija; hállase en los 125° 14' 30'' long. 15° 54' 40'' lat.

PINAGTANORAN: rio de la isla de Luzon, en la prov. de Batangas, nace en los 124° 47' 30'' long., 13° 54' 30'' lat., corre 1 legua al S. E. y va á desaguar al rio de Calumpan.

PINAGUAPAA: una de las islas Calaguas, adyacente á la costa setentrional de la prov. de Camarines N. distante unas 5 leg. de la referida costa; tiene 2 millas de larga y ½ leg. de ancha; su centro se halla en los 126° 33' 30''' long. 14° 28' 20'' lat.

PINAGUIDAYAN: afluente del rio que corre al S. de Paracale, en la isla de Luzon, prov. de Camarines Norte.

PINAGUJAN: visita del pueblo de Mambulas, en la isla de Luzon, prov. de Camarines Norte; sit. en una porcion de tierra saliente al mar que orma la punta de su mismo nombre en los 126° 20′ long., 14° 20′ 20″ lat., terr. llano y clima igual al de su matriz, de la que dista 1 ½ leg. al N. N. O. y en el art. de la cual incluimos su pobl. prod. y trib.

PINAGUJAN: punta de la costa setentrional de la prov. de Camarines Norte; hállase en los 126° 19′ 30″ long., 14° 20′ 40″ lat.

PINAGUNGULA: barrio del pueblo de San José, en la isla de Luzon, prov. de Batangas, arz. de Manila; sit. en los 124° 48′ long., 13° 54′ lat. al pié del monte Macolog, y á orillas del rio Malaguintuleig. Dista 1 leg. al N. N. O. de su matriz, en cuyo art. incluimos su pobl. prod. y trib.

PINALAG–DUAN: rio de la isla de Luzon, en la prov. de Tayabas; nace en el sitio de Apat, y desagua en la bahía de Lamon.

PINAMONTUGANDO LAUIS: punta de la costa S. O. de la prov. de Tayabas; hállase en los 126° 8′ 30″ long. 13° 14′ lat.

PINAMUCAN: rio de la isla de Luzon en la prov. de Batangas; nace en los 124° 46′ long., 13° 40′ lat., dirígese al O., corre cerca de 1 leg. y se divide poco antes de su desague en la ensenada de Batangas en dos brazos que van á formar la punta del mismo nombre que este rio.

PINAMUCAN: punta de la costa meridional de la isla de Luzon, en la prov. y ensenada de Batangas; hállase en los 124° 43′ long. 13° 41′ latitud.

PINANABACAO: visita del pueblo de Calbiga en la isla y prov. de Samar, dióc. de Cebú; sit. en los 129° 5′ lon., 11° 34′ lat. en terr. llano y bajo un clima templado por los aires del mar. Dista poco de su matriz, en cuyo art. incluimos su pobl. prod. y trib.

PINANAYAN: batería en la costa setentrional de la isla de Samar, térm. del pueblo de Calarman; sit. en los 127° 58′ 50″ long., 11° 34′ 50″ lat.

PINANINDING: punta de la costa meridional de la prov. de Tayabas; hállase en los 125° 24′ 20″ long. 13° 52′ lat.

PINASIGBAHAN: llámanse así las tierras comprendidas entre la orilla meridional del rio Masahin y la occidental del de Lanay; es un terr. montuoso, en la jurisd. del pueblo del Rosario, en la prov. de Batangas, y comunmente se conoce con el nombre de *Sitio de Pinasigbahan.*

PINGOOG: visita del pueblo de Butuan, en la isla de Mindanao, prov. de Caraga, dióc. de Cebú; sit. en terr. llano bajo un clima cálido y no muy lejos de la matriz, en cuyo art. damos su pobl. prod. y trib.

PINZO: monte de la isla de Luzon, en la prov. de Tayabas; hállase al S. del pueblo de Tiaon.

PIR

PIRIS (ensenada de): hállase en el seno de Guinayangan, costa oriental de la prov. de Tayabas, formada por el desague del rio Gunalinap que se halla en los 126° 9′ 30″ long., 13° 40′ 30″ lat.

PIS

PISA: punta de la costa meridional de la isla de Luzon en la prov. y ensenada de Batangas; hállase en los 124° 43′ long., 13° 38′ lat.

PITO: ranchería de infieles en la isla de Luzon, prov. de Nueva Vizcaya; sit. en los montes de la cordillera central.

PIT

PITOGO: pueblo con cura y gobernadorcillo, en la isla de Luzon, prov. de Tayabas, dióc. de Nueva Cáceres; sit. en los 125° 46′ long. 14° 48′ 10″ lat. en la costa S. O. de la prov., á la orilla del rio Mayabo, junto á su desague en el mar, terr. llano, clima templado y saludable. Tiene 154 casas y 91 de su visita Macalelon. La iglesia parroquial de este pueblo es de mediana fábrica y la sirve un cura indio, hay una escuela de instruccion primaria, y fuera de la pobl. el cementerio que tiene buena ventilacien. Las principales casas de este pueblo son la parroquial y la de comunidad donde se halla la cárcel, confina el térm. por N. con el de Talolon, visita de Gumaca, cuyo pueblo dista unas 5 leg. al N. N. O. por S. E. con el de Macalelon, su visita y este con el de Catanauan á 5 ½ leg. de Pitogo; por E. se estiende el térm. hácia el centro de la prov. sin que tenga límites marcados, y por S. y O. confina con el mar. Por N. O. confina con el mar. Por N. O. sigue el térm. de este pueblo comprendiendo toda la costa de la prov. hasta encontrar la que pertenece al de Pagbilao; por ella se encuentran las visitas Calituyan, Cabulian y otras, y al S. E. la referida de Macalelon. El terr. es desigual y montuoso, particularmente mientras mas se aleja de la costa. Produc. algodon, caña dulce, maiz; ind. beneficio del azúcar y algunas telas; pobl. almas 928.

PITOGO: islas adyacentes á la costa N. E. de la prov. de Camarines, Sur: son dos y se hallan a O. de las de Catanaguas y muy próximas á la referida costa, donde está situado el pueblo de Caramoan.

PLA

PLACER: visita del pueblo de Secrigao, cab. de la prov. de Caraga, en la isla de Mindanao, dióc. de Cebú; sit. en terr. llano, con buena ventilacion y clima cálido. Hállase no muy lejos de su matriz, en cuyo art. damos su pobl. prod. y trib.

PLÁTANO: esta fruta que sale del árbol que la produce en racimos de 80 á 100, tiene unas 5 pulgadas de larga, y es muy comun en las islas Filipinas. Dicho árbol muere conforme ha dado la fruta, pero por su pié salen otros hijos que dan la fruta al año siguiente.

POC

POCAAGUA (ensenada de): en la costa occidental de la isla de Negros, comprendida desde la punta Liuliva, y al N. hasta la de Cavayan, al S., esto es, entre los 10° 4' lat. y 10° 34' 50" id.

POCDOL: monte de la isla de Luzon, en la prov. de Albay; hállase su cumbre en los 127° 31' long. 13° 3' 25" lat.

POD

PODOC: barrio del pueblo de San Vicente Ferrer, en la isla de Luzon, prov. de Ilocos Sur, dióc. de Nueva Segovia: sit. al occidente su matriz y distante media hora, en terr. llano y clima igual al del referido pueblo, en el art. del cual incluimos su pobl. prod. y trib.

POG

POGOTE: punta N. O. de la isla de Leite; hállase en los 127° 56' long. 11° 35' lat.

POLA: rio de la isla de Mindoro: nace en los 125° 1' long. 13° 4' lat., recibe un afluente por su orilla izq. y otro por la derecha, pasa al S. E. de la visita que le da nombre y desagua en la ensenada tambien del mismo nombre, despues de haber corrido unas 3 leg.

POLA (ensenada de): en la costa N. E. de la isla de Mindoro; fórmase por la punta que se halla al N. O. de la de Dumali en los 125° 11' 30" long., 13° 10' lat. y la de Anajao en los 125° 8' 30" long. 13° 12' 30" lat.; penetra esta ensenada hasta la embocadura del rio de Pola, en los 125° 8' long. 13° 7' 40" lat. y su bojeo es de unas 4 leg.: hállase situada en la playa y junto al desagüe del referido rio la visita que le da nombre.

POLANGI: rio de la isla de Mindanao; nace en los 128° 58' long. 7° 16' lat. corre 1 1/2 leg. al S. y desagua en el rio de Mindanao.

POLANGUI: visita del pueblo de Maoraro; en la isla de Luzon, prov. de Albay, dióc. de Nueva Cáceres; sit. en los 127° 8' 30" long., 13° 16' 40" lat. á la orilla derecha de un rio, en terreno llano y clima templado. Su pobl. prod. y trib. los incluimos en el art. de su matriz. El terr. es montuoso, aunque en el sitio donde está situada esta visita se estiende una buena llanura en la que se hallan las sementeras.

POLANTUNA: rio de la isla de Luzon, en la prov. de Camarines Norte, nace al pié de los montes llamados tetas de Polantuna, en los 126° 28' long., 13° 36' lat.; recibe 10 afluentes por la orilla izq. y sus aguas despues de correr unas 5 leg. en direccion al S., afluyen tambien en un rio que corre al S. de Lipa, por lo que comunmente se llama afluente de Palantuna.

POLILLO: pueblo con cura y gobernadorcillo en la isla de su nombre, adscrita á la prov. de la Laguna, arz. de Manila; sit. en los 125° 36' 30" long., 14° 50' 30" lat. en la playa de la ensenada á que dá nombre, en la costa S. O. de dicha isla, terr. llano y clima templado. Tiene una iglesia parroquial de mediana fábrica servida por un cura regular. Hay una escuela de instruccion primaria, una cárcel que está en la casa de comunidad, y la casa parroquial que está junto á la iglesia. Tiene 201 casas que forman varias calles, y fuera de la poblacion está el cementerio bastante bien situado; comprende el term. toda la isla, en la que se halla situado este pueblo , en el medio de la cual se eleva el monte Maloló, y al S. de este otros varios , todos de bastante altura y abundantes en maderas , siendo por consiguiente montuoso el terr. y hallándose regado por los rios Upata, Monleo y otros varios. Prod. arroz , maiz , caña dulce , ajonjolí , pimienta , legumbres , algodon, y frutas. Ind. los naturales se ocupan en el cultivo de las tierras , en la pesca , corte de maderas , y las mugeres en la fabricacion de telas de algodon, y abacá Pobl. 1,214 alm. y 160 tributos,

POLO: pueblo con cura y gobernadorcillo, en la isla de Luzon, prov. de Bulacan , arz. de Manila; sit. 124.o 37' 20'' long. 14° 20' lat. en terreno llano , pasando por su centro un rio, en el que hay un hermoso puente de piedra de dos arcos, construido por el pueblo bajo la direccion de un P. Misionero que les administraba , tiene 1,591 casas, distinguiéndose como mas notables la parroquial , varias de mestizos de piedra y tabla, y la de comunidad don le está la cárcel; hay escuela de primeras letras ó iglesia parroquial de muy buena fábrica servida por un cura regular. Los caminos que cruzan por este pueblo y salen á los inmediatos son escelentes y adornados con vistosos jardines y árboles frutales : semanalmente celebran un mercado al que concurre mucha gente de la capital y provincias limítrofes. Prod. abundancia de arroz, caña dulce y algun añil, Ind. tintorerias, telares, talleres de carpinteria y zapateria, ocupándose otros en el comercio del arroz y azucar que conducen á Manila en sus pequeñas embarcaciones. Pobl. almas 9,547, en 1845 pagaba 1,792 tributos.

POLO: isla adyacente á la costa meridional de la de Bohol, de la que dista unas 2 millas; su centro se halla en los 127° 23' 30'' long., 9° 39' 40'' lat.

POLO: (estero de): en la isla de Luzon , prov. de Tondo ; hállase al S. del pueblo de su mismo nombre, y se junta á otro este rio , llamado de Tinajeros.

POLO : punta de la costa oriental de la isla de Negros; hállase en los 126° 45' 40'' long., 9° 49' 20'' lat.

POLOT: arroyo de la isla de Masbate, en el érmino del pueblo de Baleno; nace en los 127°

8' long., 12° 25' 20'' lat., corre una leg. y desagua en el mar por la costa N. E. de la isla.

POM

POMBO : monte de la isla de Luzon , en la prov. de la Union ; es bastante elevado y su cumbre se estiende de E. á O. por espacio de unas 5 leg., haciendo una curca al S. E.; hállase al E. del pueblo de Banan y distante unas 2 leg.

PON

PONGDASAN : (sitio de) en el térm. del pueblo de Bangued, en la isla de Luzon, prov. del Abra; hállanse estas tierras al S. E. y á corta distancia del referido pueblo.

PONGLO: monte de la isla de Luzon, en la prov. de Nueva Ecija ; es bastante elevado y su cúspide se halla en los 125° 2' 30'' long. 14° 44' 30'' lat. Hay en él minas de hierre.

POP

POPONTO: rio de la isla de Luzon, en la prov. de Pangasinan, nace en los 124° 10' 40'' long. 15° 51' lat. corre unas 2 leg. al O. S. O. y vá á desaguar á otro rio.

POPONTON: visita del pueblo de Catubig, en la isla y prov. de Samar, dióc. de Cebú; sit. en los 128° 38' long. 12° 21' lat. en terr. elevado y distante unas 2 leg. al S. de su matriz, en cuyo art. incluimos su pobl. prod. y trib.

POR

PORAC: pueblo con cura y gobernadorcillo, en la isla de Luzon, prov. de la Pampanga, arz. de Manila; sit. en los 124° 12' long. 15° 1' 20'' lat. á la orilla del rio á que dá nombre, en terr. montuoso y bajo un clima templado. Tiene unas 846 casas, la parroquial y la de comunidad; en esta última se halla la cárcel. Hay una iglesia parroquial de buena fábrica y se halla servida por un cura secular. La escuela de primeras letras tiene una asignacion para la plaza del maestro pagada de los fondos comunes. Confina el térm. por Nº N. E. con el de Coliat, cuyo pueblo dista 3 leg., por N. con el de Mabalacat, á 5 id. por E. con Sta. Rita, por S. E. con el de

Lubao y por O. con los montes de la prov. d Zembales. El terr. es bastante montuoso y productivo, riégalo el referido rio de Porac y algunos afluentes suyos. En sus montes se crian buenas maderas y alguna miel y cera que elaboran las abejas en los sitios que hallan apropósito para ello, Sus prod. son arroz, maiz, caña dulce, ajonjolí, legumbres y frutas. Su ind. principal consiste en la agricultura. POBL. 5,036 almas, trib. 1,150 ½.

PORAC: rio de la isla de Luzon, en la prov. de la Pampanga; nace en los 124° 7' long. 15° 4' 10'' lat., dirígese al S. E. y luego pasando al E. del pueblo de quien recibe su nombre, 1 leg. al S. del cual se le reune el afluente llamado Malaylay, toma luego los nombres de Lubao y Pasag, y desagua en la bahía de Manila. V. Pasag, rio.

PORO: pueblo con cura y gobernadorcillo en la isla de su mismo nombre, una de las Camotes que están adscritas á la prov. y dióc. de Cebú; sit. en la costa de la referida isla, en terr. llano y bajo un clima no muy cálido y saludable. Tiene 467 casas, la de comunidad, donde se halla la cárcel y la casa parroquial. La iglesia es de mediana fábrica y la sirve un cura secular. Hay una escuela de instruccion primaria pagada de los fondos de comunidad. Comunícase este pueblo con sus inmediatos por medio de caminos no muy buenos, y el térm. comprende poco terreno, siendo este fértil y productivo; encuéntranse en él algunos montes donde hay varias clases de maderas, miel, cera y alguna caza. En las tierras cultivadas las prod. son arroz, maiz, caña dulce, algodon y abacá. La principal ind. consiste en la agricultura, habiendo otras no por eso de menos consideracion para el país como son el corte de maderas, fabricacion de algunas telas de algodon y abacá, y la caza, aunque los que se dedican á esta son muy pocos: POBL. 2,804 almas, y en 1845 pagaba juntamente con Mandave 2,082 trib., que hacen 20,820 rs. plata.

PORO: isla adscrita á la prov. de Cebú; hállase su centro en los 128° long. 10° 39' lat., tiene 2 ½ leg. de larga y 1 ½ de ancha, en ella está situado el pueblo de su mismo nombre, y su terr. y prod. los espresamos en el art. del referido pueblo.

PORO: visita del pueblo de Bulusan en la isla de Luzon, prov. de Albay; sit. en los 127° 49 long. 11° 48' 30'' lat.

PORO: rio de la isla de Mindanao, en la prov. de Misamis; nace en los 127° 3' 30'' long. 8° 16' 30'' lat., corre unas 2 leg. al O. y desagua en el mar por la costa setentrional de la isla.

PORTUGUESES: punta de la costa occidental de la isla de Luzon, en la prov. de Pangasinan, golfo de Lingayen, hállase en los 123° 43' long. 16° 6' lat.

POSDEY: monte de la isla de Luzon, en la prov. del Abra; es muy fragoso y elevado y su cúspide se halla en los 124° 22' 30'' long. 17° 13' 40'' lat.

POS

POSON: isla adyacente á la costa occidental de la de Leite, de la que dista 1 leg., su centro se halla en los 128° 4' long. 10° 44' lat.

POSTA: ranchería de infieles reducidos en la isla de Luzon, prov. de Ilocos Norte, térm. del pueblo de Pasuquin; sit. en los 124° 15' 40'' long. 18° 16' lat. Desconocemos el reconocimiento que paga.

POT

POTTIN: rio de la isla de Luzon, en la prov. de la Pampanga, tiene su orígen el pié del monte Pattin, en los 124° 2' long. 15° 15' lat.: dirígese N. E. haciendo algunas inflecciones al E. y pasando al S. E. de la visita que le dá nombre á la parte que corre por su término, conociéndose en ella por el de afluente de Matandor, junta luego sus aguas con las del rio chico de la Pampanga, en los 124° 20' 30'' long. 15° 25' lat.

POTOL: punta N. O. de la isla de Panay; hállase en los 125° 35' long. 11° 47' lat.

POPOTAN: pueblo con cura y gobernadorcillo en la isla de Panay prov. de Iloilo, dióc. de Cebú, sit. en los 126° 28' long. 11° 2' lat., en un pequeño llano cercado de montes, un clima cálido y húmedo, tiene unas 3,700 casas en genera de sencilla construccion, distinguiéndose entre ellas la parroquial y la de comunidad adonde está la cárcel: hay escuela de primeras letras dotada de los fondos de comunidad ó iglesia parroquial de buena fábrica, el cementerio está situado fuera de la poblacion y bien ventilado

Producciones: arroz en abundancia, maiz, tabaco, algodon, cacao, caña dulce, cocos, café, pimienta, lentejas y otras legumbres y frutas.

Industria: El sobrante de sus productos, y en la cria de ganados: en sus bosques y montes se ocultan maderas escelentes.

POBL. almas, 15,509 trib. 3,733 y ½.

POYAC: rio de la isla de Luzon, en la prov. de Tayabas; nace en los 126° 14' long. 13° 18' lat. corre 1 ½ leg. y desagua en el mar por la costa oriental de la prov.

PUE

PUENC: rio de la isla de Luzon en la prov. de la Laguna, nace en las vertientes occidentales de la cordillera que vá á formar la punta Jalajala, corre unos ¾ leg. al O. y desagua en la laguna de Bay, á los 125° 1' long. 14° 24' lat.

PUENTE (La): visita del pueblo de Fapan en la isla de Luzon, prov. de Nueva Ecija, arz. de Manila, sit. en les 124° 32' 20'' long. 15° 24' lat. á la orilla izquierda del rio de Cabanatuan en terr. llano y distante 1 leg. al N. O. de su matriz, en cuyo art. incluimos su pobl., prod. y trib.

PUERCOS Ó CALUPIRI: isla adyacente á la costa occidental de la isla de Samar, de la que dista ½ leg,; sus costas están rodeadas de escollos y bajos que hacen muy peligrosa la orillada á ella; tiene de larga 2 ½ leg. y 1 id. de ancha; su centro se halla en los 127° 54' long. y 12° 26' lat.

PUERCOS: bajos y escollos, que se hallan á una legua de la costa oriental de la Isla de Paragua, al S. E. de la isla de Cañas y á unas 3 leg. al N. O, de la de Dumaran.

PUERTO GALERA: pueblo con cura y gobernadorcillo en la isla y prov. de Mindoro, arz de Manila, sit en los 124° 37' 30'' long. 13° 30, lat. Por decreto superior de 23 de agosto de 1843 se estableció una mision en dicho pueblo que está situada en la punta O. de la cordillera que forma la isla. En su distrito hay tres fondeaderos seguro de todo temporal, en ellos se encuentra abundante y esquisita pesca. Sus bosques contienen varias clases de maderas para construccion y muebles y sus sementeras producen toda clase de semillas. En los montes situados entre puerto Galera y Calabite, hay indicios de un volcan que en tiempos antiguos reventó en

esto valle, en el que existe una lagunilla muy profunda y próxima á la poblacion donde continuamente exhala un olor de azufre. Sus colaterales son Sablayan y Mangarin á una larga distancia por la parte del S. de la isla y Catapan, por el E. unas 6 leg. Tiene una iglesia parroquial, servida por un cura regular y su campo santo está bien ventilado. POBL. almas 930., trib. 261 ½.

PUG

PUG: punta de la costa N. E. de la isla de Marinduque; hállase en los 125° 43' 20'' long. 13° 27' latitud.

PUGDURUHAGUAN: punta de la costa meridional de la prov. de Bataan, en el puerto de Marineles; hállase en los 124° 11' 40'' long., 14° 27' lat.

PUGTOL: rio de la isla de Luzon, en la prov. de Tayabas; nace próximo á la costa setentrional de la prov. y desagua en el mar por la misma.

PUI

PUINTIAN: monte de la isla de Luzon en la prov. de Nueva Vizcaya; hállase su cumbre en los 124° 38' 30'' long. 16° 12' lat.

PUL

PULANDAGA: punta de la costa setentrional de la prov. de Camarines norte; hállase en los 126° 30' 10'' long. 14° 10' 40'' lat.

PULI: una de las islas de Cuyo; tiene de larga 1 leg. y ½ id. de ancha; su centro se halla en los 121° 40' long. 11° 3' lat.

PULO CABALLO: islote que se halla á la entrada de la bahía de Manila, al S. E. de la isla del Corregidor, y su centro en los 124° 18' 18' long. 44° 23' 30'' lat.

PULO CALAMCA: islita en la laguna de Bay; su centro se halla en los 124° 53' long. 14° 13' lat. Esta islita conocida tambien con el nombre de Dampalit, es sumamente pequeña.

PULONG BALAGIBO: islote al S. de la ensenada de Batangas y al E. de la isla de Maricaban; hállase en los 124° 38' 30'' long. 13° 39' lat.

PULONG NAPAYONG: islote en la laguna de Taal, al E. de la isla del Volcan; hállase en los 124° 49' long. 14° 2' 27" lat.

PULONG PINANGOLASISIHAN: islote al S. de la ensenada de Batangas, y al oriente de la isla de Maricaban; hállase en los 124° 39' long. 13° 38' lat.

PULO RATON: bajo junto á la costa occidental de la prov. de Zambales; hállase en los 123° 31' 30" long. 15° 46' 30" lat.

PULUMBATO: islote distante 1 ¼ leg. de la costa setentrional de la prov. de Camarines Norte; su centro se halla en los 126° 19' 30" long. 14° 24' 25" lat.

PULUPULA: ranchería de infieles reducidos en la isla de Luzon, prov. del Abra; sit. en los 124° 14' 30" long. 17° 26' 30" lat. Desconocemos el reconocimiento que paga.

PUN

PUNCAN: visita del pueblo de Caranglan en la isla de Luzon, prov. de Nueva Ecija, arz. de Manila; sit. 124° 38' 30" long. 15° 56' 35" lat., en terr. montuoso próximo á la orilla derecha del rio de San José que corre al E. bajando de N. á S.: hállase defendido de los vientos N. y N. E. por la cordillera del caraballo S. que se eleva á unas 2 leg. distantes de este pueblo, cuyo clima es templado y saludable. Tiene 106 casas y una iglesia parroquial que la sirve el cura de Caranglan, que se halla establecida en esta visita ó pueblo segun esta nueva traslacion del referido cura, que pertenece á una de las cuatro órdenes religiosas de Filipinas. Hay una escuela de instruccion primaria y un cementerio á corta distancia de la iglesia. Confina el térm. por N. N. E. con el de Caranglan que dista 2 leg.: por S. E. con el de San José que dista unas 3 ¼ leg. en esta última direccion; por O. con el de Lupao, tambien en la jurisdiccion del pueblo de San José á igual distancia; y N. O. con el de Tayog, en la prov. de Pangasinan, y distante unas 5 leg. El terr. es montuoso, teniendo sin embargo algunas llanuras por las inmediaciones del rio, que como hemos dicho mas arriba pasa al E. del pueblo. Prod.: arroz, maiz, legumbres y frutas. Ind.: la agricultura, la caza y el tegido de algunas telas. Su pobl. y trib. los damos incluidos

con los de Caranglan en el artículo de este pueblo.

PUNDAQUITAN: visita del pueblo de Bislig, en la isla de Mindanao, prov. de Nueva Guipúzcoa, dióc. de Cebú, sit. en la costa de la isla, terr. llano y clima templado. Su pobl. y trib. lo damos en el art. de la matriz.

PUNGOL: barrio del pueblo de Vigan, en la isla de Luzon, prov. de Ilocos Sur, dióc. de Nueva Segovia, sit. en terr. llano y á corta distancia de la matriz, en cuyo art. incluimos su pobl. prod. y trib.

PUNGOL: punta de la costa meridional de la isla de Luzon, en la prov. y ensenada de Batangas: hállase en 124° 38' long. 13° 44' 30" lat.

PUNGOL (barra de): en la costa occidental de la prov. de Ilocos S.: hállase por los 123° 55' long. 17° 23' lat.

PUNSO: rio de la isla de Luzon, en la prov. de Camarines Norte; nace al S. O. del pueblo de Mambulao, corre unas 2 leg. y desagua por la costa setentrional de dicha prov.

PUR

PURIN: rio de la isla de Luzon, nace en los 124° 52' 30" long. 13° 54' lat.; dirijese al S. deslindando las prov. de Tayabas y Batangas, llevando el nombre de Sapoc, vuelve luego su direccion al E., recibe por su izq. los rios de Calasuchi, y Matitit, y describiendo su medio círculo al N. recibe por el mismo lado los de Bulan, Tiaon, y Lagna, y dirigiéndose al S. E. recibe el de Taguan, tambien por su orilla izq., y va á desaguar al mar, en los 125° 8' long. 13° 48' lat. despues de haber corrido unas 8 leg.

PURRA: islita adyacente á la costa setentrional de la prov. de Zambales á la derecha de la entrada al golfo de Lingayen; hállase entre los 123° 29' long. 123° 32' 30" id., 16° 20' 10" lat., y 16 23' 40" id.; tiene de larga poco mas de 1 leg. y ¼ id. de ancha.

PUS

PUSGO: punta de la costa oriental de la prov. de Tayabas; hállase en los 126° 21' 20" long. 13° 32' 30" lat.

PUSGO (puerto de): Se conoce mas generalmente con el nombre de Mayasas. V.

PUSULGUA: rio de la isla de Luzon, en la prov. del Abra; nace al pié del monte Cusa, en los 124° 21' long. 17° 42' lat.: dirígese al S. O., rodea el monte Sagan por el N. y O. y junta sus aguas con las del rio Tineg, despues de un curso de unas 5 leg.

PUTAGA: monte de la isla de Luzon, en la prov. de Tondo: hállase en el térm. de S. Mateo, al S. de la Cueva de Pamitinan.

Q

QUIANGAN: ranchería de infieles, en la isla de Luzon, prov. de Nueva Vizcaya; sit. en los 124° 55' long. 16° 49' lat.

QUIAPO: pueblo con cura y gobernadorcillo en la isla de Luzon, prov. de Tondo, arz. de Manila; sit. á la márgen derecha del rio Pasy estramuros de la capital, su temperamento es benigno y templado; tiene hermosas calles en todas direcciones, pero la que pasa por su centro es espaciosa y nibelada con magníficos edificios de cal y canto construidos á ambos lados hasta el puente de piedra que conduce á San Sebastian colocado en un brazo del rio espresado que circunbala la poblacion, formando de la misma una pequeña isla. Carece de tierras de labor, y sus habitantes se ejercitan en varias obras de la capital y en el tráfico con la misma. Existen un número considerable de tiendas y lonjas de comercio; tambien se dedican sus naturales á la carpintería, herrería y la fabricacion de carruajes.

Tiene como unas 1,100 casas é iglesia parroquial servida por un cura regular; hay escuela de primeras letras dotada de los fondos de comunidad.

Pobl. en 1850, almas 6,708, tributos 1,100.

QUIAPO: rio de la isla de Luzon, en la prov. de Tayabas; nace al pié del monte Masalacot, por la parte meridional, en los 125° 8' long. 13° 58' 20" lat., corre unas 2 ¼ leg. al S. S. O. y desagua en el rio de Taguan.

QUIDOC. islote adyacente á la costa occidental de la isla de Saman, de la que dista ¼ leg.; su centro se halla en los 128° 44 long. 11° 36' lat.

QUILBAU: visita del pueblo de Lupi, en la prov. de Camarines Sur; sit. en los 126° 17' long. 13° 53' 30" lat., á la orilla derecha del rio á que da nombre, en terr. llano y distante 7 leg. al N. O. de su matriz, en el art. de la cual incluimos la pobl. prod. y trib. de esta visita.

QUILBAU: rio de la isla de Luzon, en la prov. de Camarines Sur; nace en los 126° 25' 30" long. 13° 55' 55" lat. Diríjese al S. O., pasa al S. E. de la visita que le da nombre, corre unas 4 leg. y desagua en el seno de Greinayangan á los 126° 18' long. 13° 52' lat.

QUILIP: rio de la isla de Luzon, en la prov. de Batangas; nace al S. del monte Tombol, corre por muy corto trecho, y desagua en el rio de Calumpan.

QUILOQUILO: rio de la isla de Luzon, en la prov. de Batangas, térm. del pueblo de Rosario.

QUIMINATIN: una de las islas de Cuyo; tiene de larga 1 ¼ leg. y ¼ id. de ancha; su centro se halla en los 124° 26' long. 10° 53' 30" lat.

QUINABAGDAI: visita del pueblo de Calviga en la isla y prov. de Samar, dióc. de Cebú, sit. en los 128° 55' long. 11° 30' lat., en la costa occidental de la isla, terr. llano y clima igual al de su matriz, en cuyo art. incluimos su pobl. prod. y trib.

QUINABALOAN: barrio del pueblo de Hagonoy, en la isla de Luzon, prov. de Bulacan, sit. al N. E. y próximo á la iglesia parroquial de dicho pueblo, en cuyo art. incluimos su pobl. prod. y trib.

QUINABLANGAN: visita del pueblo de Bislig, en la isla de Mindanao, prov. de Nueva Guipúzcoa, dióc. de Cebú, sit. sobre la costa, en terr. llano y clima cálido. Su pobl. y trib. los damos en el art. de la matriz.

QUINABUCASAN: punta de la costa setentrional de la prov. de Camarines Sur; hállase en los 127° 3' 10" long. 14° 8' 30" lat.

QUINABULASAN: punta de la costa meridional de la prov. de la laguna Bay, en cuya laguna penetra hasta los 121° 53' 50" long. 14° 26' lat.

QUINABUNGAN: rio de la isla de Mindoro; nace en los 125° 4' 40" long. 13° 20' lat., corre poco mas de 1 leg. y desagua en el mar por la costa oriental de la isla.

QUINABUYAN: isla adyacente á la costa meridional de la prov. de Camarines Sur; tiene 1 leg. de larga y 1 milla de ancha, dista unas 2 millas de la referida costa, y su centro se halla en los 127° 30' long. 13° 54' 50" lat.

QUINAGABIJAN: rio de la isla de Luzon, en la prov. de la Laguna: nace en los 125° 17' long. 14° 24' lat., diríjese primero al N. y luego al E. y desagua en el mar por la costa oriental de la prov. en los 125° 19' long. 14° 25' 10" lat.

QUINALAPAN: punta de la costa S. O. de la prov. de Albay; hállase en los 127° 30' 40" long. 12' 42" lat.

QUINALI: barrio del pueblo de Malinao, en la isla de Luzon, prov. de Albay, dióc. de Nueva Cáceres, sit. en los 127° 21' 40" long. 13° 24' 50" lat., en la costa oriental de la prov., terr. llano y clima igual al de su matriz, en cuyo art. incluimos su pobl. prod. y trib.

QUINAMALIGAN: V. Sauang.

QUINAMANUCAN: islote á media milla de distancia de la costa N. E. de la prov. de Camarines Norte; hállase su centro en los 126° 58' long. 14° 11' 30" lat.

QUINANAHUAN: ensenada de la costa meridional de la prov. de Bataan, en la playa S. O. del puerto de Mariveles; hállase entre las puntas Dilao, y la de su nombre.

QUINANAHUAN: punta de la costa meridional de la prov. de Bataan: hállase en el puerto de Mariveles, en los 124° 10' 50" long. 14° 26' lat., formando con la de Dilao que se halla al S. E, la ensenada de su nombre.

QUINAPUNDAN: visita del pueblo de Balangiga en la isla y prov. de Samar, dióc. de Cebú; sit. en terr. llano, en la costa de la isla, y no muy lejos de su matriz, en cuyo art. van incluidos sus trib. prod. y pobl.

QUINAPUNDAN: puerto de la costa S. O. de la prov. de Tayabas; está comprendido entre

los 126° 7' 20" long. y 126° 8' id. 13° 20' 40" lat. y 13° 22' id. Hállase bien defendido de los vientos N. E. y es bastante seguro.

QUINAPUSAN: una de las islas que forman el grupo de Tawi-Tawi, en el archipiélago de Joló; tiene ½ leg. de larga, 1 milla de ancha, y su centro se halla en los 124° 10' long. 5° 12' latitud.

QUINAPUYAN: baluarte del pueblo de Baleno en la isla de Masbate, sit. á muy corta distancia de este pueblo, en los 127° 7' 48" long. 12° 28' 15" lat., en la costa N. E. de dicha isla.

QUINATACAN: isla adyacente á la costa N. O. de la de Cebú, de la que dista 1 ½ leg., su centro se halla en los 127° 11' 30" long. 10° 59' 10" lat.

QUINATASAN: isla adyacente á la costa N de la prov. de Camarines Sur, al N. del puerto de Siairan; tiene 1 ½ leg. de larga y 1 id. de ancha; dista ½ leg. de la referida costa y su centro se halla en los 124° 18' 30" long., 13° 58' 40" lat.

QUINGUA: Pueblo con cura y gobernadorcillo en la isla de Luzon prov. de Bulacan, arz. de Manila, sit. á la orilla izquierda del rio de su nombre en los 124° 32' 20" long. 14° 52' 40" lat. en terr. llano, y rodeado de bosques poblados de árboles frutales: su temperatura es fresca y saludable, por cuya razon concurren anualmente en tiempo de los calores considerable número de europeos á disfrutar sus templadas auras y de los baños del rio, y muy particularmente algunos enfermos adonde suelen encontrar alivio á sus dolencias, con especialidad los que padecen de disentería.

Tiene unas 1,800 casas, en general de sencilla construccion, distinguiéndose entre estas la parroquial y alguna que otra de europeos, y la de comunidad adonde está la cárcel; tiene tambien escuela de educacion primaria dotada de los fondos de comunidad, é iglesia parroquial de buena fábrica servida por un cura regular; el cementerio está bien ventilado. Sus calzadas son las mejores de la prov. en particular las que conducen á la cabecera de la prov. Malolos y Calumpit, formando un cuadro sorprendente á los estrangeros que transitan por ellas, á consecuencia del delicioso arbolado de frutales que se ostentan á uno y otro lado.

Productos: arroz, añil, caña dulce con abundencia, legumbres y mucha fruta, en particular mangos.

Industria: considerable número de ingenios ó trapiches de azúcar, y el beneficio de añil, con cuyos productos verifican su comercio los naturales en los pueblos inmediatos.

POBL. almas, 7,447, trib. 1,865.

QUINIQUITAN: visita del pueblo de Jasaa, en la isla de Mindanao, prov. de Misamis, dióc de Çebú; sit. en terr. llano, con buena ventilacion y clima cálido. Su pobl. prod. y trib. los damos en el art. de la matriz.

QUINILUBAN (islas de): son cuatro y pertenecen al grupo de las de Cuyo; todas ellas distan muy poco unas de otras, y la mayor tiene su centro en los 124° 32' 30" long. 11° 27' lat.

QUIOT: visita del pueblo de Palompon, en la isla y prov. de Leite, dióc. de Cebú; sit. en terreno llano y clima no muy cálido. Hállase no muy lejos de su matriz, en cuyo art. damos su pobl. prod. y trib.

QUIPAYO: pueblo con cura y gobernadorcillo, en la isla de Luzon, prov. de Camarines Sur, dióc. de Nueva Cáceres, sit. en los 126° 53' long. 13° 38' 25" lat. á la orilla de un estero formado por los rios que corren en su jurisdiccion, en terr. leno y clima templado. Tiene unas 112 casas, la de comunidad donde está la cárcel, y la casa parroquial que se halla próximo á la iglesia. Esta es de buena fábrica y la sirve un cura regular. No muy lejos y fuera de la poblacion está el cementerio en una loma ó altura. Comunícase este pueblo con los inmediatos por medio de caminos que casi siempre se hallan en mal estado, y recibe de la cabeza de la prov. un correo semanal; confina el térm. por N. E. con el de Calabanga distante una milla, por S S. O. con el de Magarao á ¼ leg., por O. con el de Libmanan á 3 leg. y por O. con el de San José, deslindando el térm. de uno con otro el monte Isaro que dista del pueblo que describimos unas 3 leg. El terr. es llano menos por el O. donde se encuentra el referido monte del que bajan numerosos rios que fertilizan las tierras, haciéndolas bastante productivas aquellas que se hallan reducidas á cultivo, en las que se cogen buenas cosechas de arroz, poco añil, caña dulce, ajonjolí, abacá, varias legumbres y fruta. La industria principal es de agricultura, ocupándose algunos en el beneficio del añil, y las mugeres en el hilado y tegido del algodon y abacá. POBL. 1,280 almas, y en 1845 pagaba 461 trib., que hacen 4,610 rs. plata.

QUIPIA: visita del pueblo de Donzol en la isla de Luzon, prov. de Albay, diócesis de Nueva Cáceres, sit. en los 127° 13' 30" long. 13° 3' lat., á la orilla derecha de un rio, en terr. llano y clima templado.

QUISAO: punta de la costa occidental de la lengua de tierra que penetra en la laguna de Bay á formar la punta Jalajala; hállase en los 125° 1' 30" long. 14° 23' 30" lat.

QUISDO: visita del pueblo de Jalajala, en la isla de Luzon, prov. de la Laguna, arz. de Manila; sit. en los 125° 1' 50" long. 14° 26' 30" lat. junto al desague de un riachuelo en la costa occidental de una lengua de tierra que entra en la laguna de Bay y forma la punta Jalajala. Dista 1 ½ leg. al N. de su matriz, en cuyo art. incluimos su pobl. prod. y trib.

QUITANGU: estero formado por el rio Chico de la Pampanga y un afluente del mismo; pasa al N. O. del monte Arayat, en la jurisdiccion del pueblo de este nombre.

QUITUINAN: monte de la isla de Luzon, en la prov. de Albay, térm. del pueblo de Camalig; es muy elevado y su cumbre se encuentra á los 127° 17' 40" long. 13° 6' 20" lat.

R

RAFAEL (San): por otro nombre Camanci ó Caminci. V. con este último en su correspondiente articulo.

RAFAEL (San): barra del rio de Laoag, en la costa occidental de la isla de Luzon, prov. de Ilocos Norte: hállase en los 124° 10' 30" long. 18° 12' lat.

RAFAEL (San): punta de la costa occidental de la isla de Luzon, en la prov. de Ilocos Norte: hállase en los 124° 11' 30" long. 18° 13' 30" lat.

RAFAEL (San): V. Silanga, punta.

RAGAY: visita del pueblo de Lupi, en la isla de Luzon, prov. de Camarines Sur, dióc. de Nueva Cáceres; sit. en los 126° 24' 10" long. 13° 49' 30" lat. á la orilla derecha de un rio que nace en el declive meridional de las Tetas de Polaotunas ó sea de los montes Labao, en terr. llano y clima templado. Tiene unas 70 casas y la de comunidad, una iglesia y una escuela de instruccion primaria. El terr. es montuoso y sus producciones así como su pobl. y trib. los incluimos en el art. de la matriz.

RAGGED: isleta adyacente á la costa occidental de la isla de Paraguas; hállase á distancia de unas 4 leg. de la referida costa.

RAN

RANGAS: rio de la isla de Luzon, en la prov. de Albay: nace en las vertientes meridionales del monte Bulusan, en los 127° 42' 15" long. 12° 45' lat. corre 1 ½ leg. al S. y desagua en los 127° 41' 30" long. 12° 41' lat. en el rio de Juban. Sus aguas son minerales y tienen un temple bastante caliente.

RANGAS: punta de la costa oriental de la isla de Luzon, prov. de Albay: hállase en los 127° 30' 40" long. 13° 41' lat.

RAV

RAVIS: barrio del pueblo de Albay, cab. de la prov. del mismo nombre, en la isla de Luzon, dióc. de Nueva Cáceres; sit. en los 127° 24' 54" long. 13° 11' lat. en terr. llano y clima igual al de su matriz, en cuyo art. incluimos su pobl. prod. y trib.

REA

REAL (puerto del): en la costa oriental de la isla de Luzon, prov. de Nueva Ecija: hállase al O. de la isla de Polillo, y lo forma la punta Inaquican al N. E. y al S. E. otra punta que separa este puerto del de Lampon.

REF

REFUGIO O DARUANA: islita adyacente á la costa S. O. de la prov. de Camarines Sur: hállase su centro en los 126° 40' 25" long. 13° 29' lat.

REGISTRO· guardia, situada en el camino que conduce desde Gapan á Arayat, en los 124° 26' 30" long. 15° 11' . 0" lat.

REH

REHUIBA: rio de la isla de Mindoro: nace en los 124° 55' long. 13° 19' lat. corre 1 leg. al N. E. y desagua en el mar.

REN

RENEDI: barrio del pueblo de Indanes, en la isla de Luzon, prov. de Cavite, arz. de Manila; sit. en los 124° 34' 30" long. 14° 20' 30" lat. en terr. desigual, pero fértil y con buenas tierras de regadío. Dista unas 2 ½ leguas al N. de su matriz, en cuyo art. incluimos su pobl. prod. y trib.

RIT

RITA (Santa): rio de la isla de Luzon, en la prov. de Zambales, nace en los montes de la cordillera de esta prov.: corre al S. S. O. y desagua en el puerto de Subig en los 123° 56' 30" long. 14° 51' lat., habiéndosele antes reunido el rio Nagtuyo por su orilla izquierda.

RITA (Santa): barrio del pueblo de Cabiao, en la isla de Luzon, prov. de Nueva Ecija; sit. en los 124° 29' 20" long. 15° 14' 15" lat., á la orilla de un rio, en terr. llano y distante ½ leg. al S. O. de la matriz, en cuyo art. incluimos su pobl. prod. y trib.

RITA (Santa): visita del pueblo de Baseyo en la isla y prov. de Samar, dióc. de Cebú, sit. en los 128° 58' long. 11° 25' lat. en terr. llano y clima no muy cálido. Tiene como unas 210 casas, la parroquial y la de comunidad donde se halla la cárcel. El terr. es algo montuoso aunque tambien hay buenas llanadas donde tienen sus sementeras. Dista unas 4 leg. escasas al N. E. de su matriz, en cuyo artículo damos su pobl. prod. y trib.

RITA (Santa): pueblo con cura y gobernadorcillo en la isla de Luzon, prov. de la Pampanga, arz. de Manila, sit. en los 124° 15' long., 15° 20' lat., á la orilla de un riachuelo, en terr. llano y clima templado. Hay en este pueblo una iglesia parroquial de buena fábrica, servida por un cura regular, una escuela de primeras letras casa parroquial, otra de comunidad llamada tribunal, donde se halla la cárcel, y unas 722 de particulares. Los caminos son regulares; uno conduce al pueblo de Porac y otro al de Lubao. Confina el térm. por N. con el de Coliat, cuyo pueblo dista 3 leg., por N. E. con el de los Angeles, á 3 id., por S. E. con los de Guaga y Betis, distante una leg. cada uno, por E. con Bacolor cab. de la prov. á 1 ½ leg., por S con el de Lubao á 1 ½ id., y por O. con el de Porac á 1 id. El terr. es llano y fértil, produce arroz, maiz, caña dulce, abacá, algodon, ajonjolí, legumbres y frutas. Ind.: los naturales de este pueblo tienen por principal ocupacion la agricultura, habiendo tambien algunos que se dedican á la fabricacion de algunas telas, aunque esta por lo general es la labor de las mugeres. Pobl. 4,591 alm., trib. 1,032 ½.

ROM

ROMA: punta de la costa setentrional de la prov. de Tayabas, térm. del pueblo de Apadl hállase en los 125° 47' long. 14° 7' lat.

ROMBLON: pueblo con cura y gobernadorcillo en la isla de su nombre, adscrita á la prov. de Capiz, dióc. de Cebú, sit. en los 125° 56' long. 12° 36' 50" lat., su situacion es á la banda N. E. de la isla, próximo á la mar y en puerto muy frecuentado de buques por la seguridad que ofrece: la poblacion está defendida por una fuerza y correspondientes baluartes, debido todo á la inteligencia del P. Fr. Agustin de S. Pedro, recoleto: el terr. es poco fértil para cereales por ser montuoso, pero abunda en cocos y raices alimenticias, sin embargo, por el continuo trabajo de los naturales se cosecha algun arroz en pequeña cantidad.

Ind. Se reduce al tegido de hermosos y finos petates de todos colores.

Dista de sus colaterales Banton, pueblo en la isla de su nombre, 8 leg. y del de Cahidyocan, en la isla de Tibuyan, 12.

Tiene iglesia parroquial servida por un cura regular.

Pobl. almas 4,224, trib. 862 ½.

ROMBLON: isla adscrita á la prov. de Capiz, al E. de la de Tablas, comprendida entre los 125° 53' long. 125° 58 id. 12° 29' lat., y 12° 39' id.; tiene 3 ½ leg. de larga, 1 ½ de ancha y 8 de bojeo. En ella está situado el pueblo de su mismo nombre, en la costa occidental de la misma. Su terr. es montuoso, y del centro de la isla nace un rio que se dirige al S. O. y desagua en el mar por la costa O.

ROMBLON (puerto de): hállase en la costa occidental de la isla de este nombre, entre los 125° 51' 30" long. y 125° 55' 30" id. 12° 36' 30" lat. y 12° 37' 30 id. Es bastante pequeño pero muy seguro y defendido de todos los vientos. En la playa del E. está situado el pueblo que le da nombre.

ROMERO: visita del pueblo de Cabagan, en la isla de Luzon, prov. de Cagayan; hállase al S. E. de su matriz en el sitio de este nombre y hace muy poco tiempo que sus naturales se reunieron en poblacion. Tiene esta visita unas 334 almas, 8 de ellas han recibido el agua del bautismo, y todas ellas pagan 117 trib. El actual cura párroco de Cabagan ha mandado hacer en esta visita un camarin donde celebra la misa siempre que va á ella.

ROMINGBAO: monte de la isla de Luzon, en la prov. del Abra; hállase en el térm. de Bangued al O. de este pueblo.

ROQ

ROQUE (San): barrio del pueblo de San Roque, en la isla de Luzon, prov. de Albay; sit. en los 127° 42' 30" long. 13° 1' 20" lat. á la orilla derecha del rio Manongol, en terr. llano y clima igual al de su matriz que se encuentra una ½ leg. al N. E. y en el art. de la cual incluimos su pobl. prod. y trib.

ROQUE (San): pueblo con cura y gobernadorcillo, en la isla de Luzon, prov. de Cavite, arz. de Manila; sit. en los 124° 34' 15" long. 14° 30' lat. en una lengua de tierra que sale al mar de la bahía y que está unida á la costa firme por un estrecho arrecife donde se forma por el lado de oriente el lago de Dalagican, en un estremo que sale al E. formando otro arrecife donde se forma por el que se comunica con la plaza de Cavite que se halla al oriente de este pueblo el cual tiene unas 1,807 casas que forman unas 30 calles con una gran plaza en el centro de la pobl. En esta playa se halla la iglesia parroquial que es de buena fábrica y la sirve un cura secular. Hay además la casa de comunidad donde está la cárcel, la parroquial junto á la iglesia y una escuela de instruccion primaria. Salen al O. del pueblo tres caminos que se reunen á corta distancia en uno mismo, el cual sigue al S. y se dirige á los pueblos de Santa Cruz, Rosario, San Francisco de Malabon y otros. Al S. del pueblo se halla la punta de los Guilales en la ensenada de Bacor, al N. y á muy corta distancia la punta de Sanglei que con la de Ribera en la plaza de Cavite, forma la ensenada de Cañacaod, al N. de San Roque. Comprende el térm. de este pueblo toda la referida lengua de tierra en que se halla que, viene á ser casi una islita; su suelo es llano y la parte central de la misma es conocida con el nombre de terrenos de la Estanmela, Los naturales cogen algun arroz, maiz, legumbres y frutas, consistiendo en esto su industria así como en la pesca que hacen en abundancia, en la fabricacion de algunos tejidos. POBL. 10,816 alm., y en 1845 pagaba 1,848 trib. que hacen 18,480 rs. plata.

ROS

ROSA (Santa): pueblo con cura y gobernadorcillo, en la isla de Luzon, prov. de la Laguna, arz. de Manila, sit. en los 124° 47' 8" long. 14° 19' lat., en la playa occidental de la laguna de Bayente, terr. llano y clima templado. Tiene unas 850 casas, la parroquial, la de comunidad, donde está la carcel, y una iglesia parroquial de mediana fábrica. Hay una escuela de instruccion primaria, un cementerio próximo á la iglesia, y caminos en buen estado que conducen á los pueblos inmediatos. La administracion espiritual de este pueblo, que antiguamente dependia del de Biñan, está á cargo de los PP. Dominicos, los cuales tienen en él una hacienda que comprende casi todas las tierras del térm. del mismo. Confina el térm. por N. O. con el de Biñan, cuyo pueblo dista 2 millas; por S. E. con el de Cabuyao, á 1 leg.; por S. O. con el de Silang, en la prov. de Cavite, distante unas 4 leg.; y por O. y N. con la laguna de Bay. El terr. es desigual: sin embargo, hay llanuras para las sementeras y otros plantíos; riegan el térm. los rios de Lusacan ó Calabozo, y Lavitian ó Basaal, que nace en las vertientes setentrionales del monte Sungay y dirigiéndose al N. N. E. va á desaguar á la laguna de Bay, al S. de Sta. Rosa

y á muy corta distancia. Las tierras cultivadas producen arroz, algun maiz, muchas frutas y legumbres. La principal ind. consiste en la agricultura, ocupándose tambien algunos en la pesca y las mugeres en el hilado y tejido del algodon. POBL. 4,941 almas, y en 1845 pagaba 1,180 trib. que hacen 11,800 rs. plata.

ROSA (Santa): hacienda de los PP. Dominicos, en la jurisd. del pueblo de este mismo nombre, que pertenece á la prov. de la Laguna de Bay, por cuya playa S. O. se hallan estas tierras que son casi todas las de este pueblo. Hay una buena casa de piedra y teja donde habita el lego que la administra.

ROSA (Santa): barrio del pueblo de Bangued, en la isla de Luzon, prov. del Abra, sit. en una vega al O. y distante 1 milla de la matriz, en cuyo art. incluimos su pobl. prod. y trib.

ROSA (Santa): V. Butilao (pico de).

ROSAMEL: bajo al O. de la isla de Mindoro, distante unas 10 leg. de la punta Pandan, que corresponde á la costa occidental de la referida prov.; hállase entre los 123° 57' 20" long. 123° 58' 30" id., 12° 50' 58" lat. 12° 52' id.

ROSARIO: pueblo con cura y gobernadorcillo, en la isla de Luzon, prov. de Cavite, arz. de Manila, sit. en los 124° 33' 30" long. 26° 20' lat. en terr. llano y clima templado. Tiene 1,023 casas, la parroquial y la de comunidad, donde está la cárcel. Hay una iglesia parroquial servida por un cura secular, bajo la advocacion de Nuestra Señora del Rosario; tambien hay escuela de instruccion primaria, cementerio fuera de la poblacion y caminos en buen estado. De la cab. de la prov. se recibe en este pueblo un correo cada semana. Confina el térm. por N. con el de San Roque, distante 1 ¼ leg.; por S. con el de San Francisco de Malabon á ¼ leg.; por E. con el de Imus, á 1 ¼ id.; y por O. con el de Sta. Cruz, distante 1 milla. El terr. es llano y fértil; riéganlo los rios de Julan y Abat, que nacen de la cordillera que divide la prov. de Cavite de la de Batangas, para ir á desaguar el primero al N. de este pueblo y el segundo al O. Las prod. son arroz, maiz, caña dulce, legumbres y muchas clases de frutas. Ind.: la agricultura es la principal ocupacion de los naturales, dedicándose las mugeres al hilado y tejido del algodon y abacá. POBL. 6,137 almas.

ROSARIO: pueblo con cura y gobernadorcillo,

en la isla de Luzon, prov de Batangas, arz. de Manila, sit. en los 124° 52' 30" long. 13° 52' 30 lat., á la orilla derecha del rio de su nombre, terr. llano y clima benigno. Consta este pueblo de unas 2,090 casas, entre las que hay algunas de tabla y las demás de caña. La casa parroquial y la de comunidad son las dos mejores del pueblo; en la primera se halla la cárcel, y la segunda está junto á la iglesia parroquial que la sirve un cura indio. Hay una escuela de instruccion primaria, un cementerio y buenos caminos. Recíbese en este pueblo de la cab. de la prov. un correo á la semana. Confina el térm. por N. E. con el de Tiaon, en la prov. de Tayabas, cuyo pueblo dista 4 ½ leg.; por N. O. con el de Lipa, distante 1 ½ leg.; por S. O. con el de Ibaan, distante unas 3 leg. El terr. es montuoso y fértil; riéganlo el referido rio y otros muchos afluentes de él y del de Purin. Al Mediodia de este pueblo y distante unos ½ leg. se encuentra el monte Tombol, que es de una altura considerable y abunda en maderas de varias clases. Además de este hay otros varios, hallándose en todos ellos buenas maderas y bastante caza. Cógense buenas cosechas de arroz, que es la principal prod., algun maiz, café, pimienta, ajonjolí, frutas y legumbres. La ind. consiste en la agricultura y fabricacion de algunas telas, que es la ocupacion de las mugeres. POBL. 12,543 almas, y en 1845 pagaba 3,153 trib. que hacen 31,530 rs. plata.

ROSARIO: visita del pueblo de Aritao, en la ísla de Luzon, prov. de Nueva Vizcaya; en terr. llano y á corta distancia de su matriz, en cuyo art. incluimos su pobl. prod. y trib.

ROSARIO: rio de la isla de Luzon, en la prov. de Batangas; nace en los 121° 54' 50" long. 13° 46' 40" lat., dirígese al S. corre unas 3 leg. y desagua en el mar por la costa meridional de la prov. en los 123° long. 34° lat.

ROT

ROTA: visita del pueblo de Merizo, en la isla de su mismo nombre, una de las Marianas, que forman la prov. de este nombre, dióc. de Cebú; sit. sobre la costa, en terr. llano y clima templado. Su pobl. va incluida con la de su matriz (V.).

RUG

RUGACAY: visita del pueblo de Gumaca en la isla de Luzon, prov. de Tayabas, distante unas 2 leg. al E. N. E. de su matriz.

RUM

RUMBAN: punta de la costa occidental de la isla de Mindoro: hállase en los 124° 35' 50" long. 12° 23' 30" lat.

RUT

RUTALO: rio en la prov. de Albay; nace en los 127° 16' long. 13° 5' 10" lat. corre 1 leg. al S. O. y desagua en el rio de Quipia.

S

SAA

SAAN: punta de la costa meridional de la ísla de Joló: hállase en los 125° 4' long. 5° 50' latitud.

SAB

SABALAT: bajo, próximo á la costa occidental de la prov. de Zambales, hállase en los 123° 27' 40" long. 123° 31' id. 15° 31' 30" lat. y 15° 40' id.

SABAN: visita del pueblo de Lihong, en la isla de Luzon, prov. de Albay, dióc. de Nueva Cáceres; sit. en los 127° 5' long. 13° 15' lat., á la orilla izquierda de un rio, en terr. llano y distante 1 leg. al S. O. de su matriz, en cuyo art. incluimos su pobl. prod. y trib.

SABASON: punta N. de la isla de Lagui, adyacente á la costa setentrional de la prov. de Camarines Sur; hállase en los 127° 30' 36" long. 14° 1' 30" lat.

SABINARIO: rio de la isla de Masbate; nace en los 127° ¼' long. 12° 18' lat. corre unas 2 leg. al S. y desagua en el mar por la costa meridional de la isla.

SABINO: rio de la isla de Sibuyan; nace en

los 126° 10' long. 12° 26' lat., corre unas 2 millas y desagua en el mar por la costa S. O. de la isla.

SABLAYAN: visita del pueblo de Irirum en la isla y prov. de Mindoro, arz. de Manila; sit. en los 121° 30' 54'' long. 12° 45' 50'' lat. en la costa occidental de la isla; en terr. llano y clima templado, tiene unas 130 casas, la de comunidad, una escuela de instruccion primaria y una iglesia servida por un cura regular. Al E. de esta visita el terr. es elevado, y montuoso al N. E.: hállase unas 5 leg. al N. de su matriz en cuyo art. incluimos su pobl. prod. y trib.: son como se demuestra, arroz en poca cantidad y algunas frutas y legumbres. POBL. 846 almas, trib. 227.

SABOANPADON: punta de la costa meridional de la isla de Mindanao; hállase en los 127° 47' long. 6° 58' lat.

SABON: isla adyacente á la costa S. O. de la prov. de Camarines Sur; hállase en el seno de Guinayangan unas 100 brazas al S. de la punta Octog, y su centro en los 126° 19' long. 13° 47' lat.

SABON: punta de la costa S. O. de la prov. de Albay; hállase en los 127° 30' 10'' long. 12° 40' 10'' lat.

SAC

SACOL: islote adyacente á la costa oriental de la prov. de Zamboanga, de la que dista 1 milla; su centro se halla en los 125° 49' 40'' long. 7° lat.

SAG

SAGAN: monte de la isla de Luzon, en la prov. del Abra; rodeado por el O. y N. el rio Pasulgas, y por el S. E. el de Tuneg; su cúspide se halla en los 124° 14' long. 17° 35' lat.

SAGANSANAN: punta de la costa N. E. de la isla de Masbate; hállase en los 127° 20' long. 12° 24' 10'' lat.

SAGAY: pueblo con cura y gobernadorcillo, en la isla de Mindanao, prov. de Misames, dióc. de Cebú, sit. en la costa del S. de la isla, al pié de una elevada montaña, su terr. es montuoso y su temperatura mala: sus colaterales son Catarman, á 4 leg. de distancia por el N., y Bagenanigaseg 6 por S. Tiene unas 600 casas, en

ral de sencilla construccion, la de comunidad y primeras letras, é iglesia parroquial con su campo santo bien ventilado, servida por un cura regular. Prod. algun arroz, cacao y abacá. Ind, el sobrante de sus productos. POBL. almas 4,282: trib. 730.

SAGBUN: punta de la costa setentrional de la prov. de Tayabas, en la isla de Luzon.

SAGNAY: pueblo con cura y gobernadorcillo, en la isla de Luzon, prov. de Camarines Sur, dióc. de Nueva Cáceres, sit. en los 127° 13' 30'' long. 13° 33' 30'' lat., junto al desagüe de un rio en la costa N. E , de la prov., en terr. llano y clima templado. Tiene 134 casas, la de comunidad, donde está la cárcel, una iglesia parroquial servida por un cura regular, y fuera de la poblacion está el cementerio, con buena ventilacion y no muy lejos del pueblo. Hay una escuela de instruccion primaria con una dotacion de los fondos de comunidad, cuya dotacion varía conforme al número de alumnos que tiene. Recíbese en este pueblo de la cabecera de la prov. un correo semanal. Confina el térm. por N. con el de S. José, que dista 2 ½ leg.; por N. O. con el de Tigaon, á 2 ½ id.; por S. E. con el de Tivi, en la prov. de Albay, cuyo pueblo dista unas 3 leg.; y por E. con el seno de Lagonoy. El terr. es montuoso: en la jurisdiccion de este pueblo se halla el monte Elizario, á 1 ½ leg. al S.; corre por el térm. el rio arriba indicado, el cual recibe un número considerable de afluentes que bajan del monte Isaro, que se halla al N. E. del pueblo, distante unas 4 leg. El terreno cultivado produce arroz, maiz, caña dulce, frutas, algodon, legumbres, abacá y ajonjolí. Ind.: los naturales se dedican á la agricultura, beneficio de la caña dulce y fabricaciones de telas. POBL. 808 almas.

SAI

SAIPAN: visita del pueblo de Merizo, en Marianas, dióc. de Cebú, sit. no muy lejos de la playa; en terreno llano y clima templado. Su pobl. la damos en el art. de la matriz.

SAL

SALANGAN: pájaro que se cria en algunas de las islas Filipinas, como en las Calamianes y otras del Mediodia: es del tamaño de una golondrina y hace sus nidos en los huecos de los peñascos que hay en las orillas del mar. Estos nidos tan conocidos en todas las islas por el valor que les dan los chinos, que creen tienen una gran virtud seminal. Fórmalo este pájaro como un tejido de red, cuyos hilos son como de mas de harina y de una materia que algunos dicen ser sacada de una yerba ó tal vez algunos junquillos del mar, que curados con el aire y salpicados con las olas del mar, se ponen en el estado que hemos dicho. Despues de labados y guisados, tienen un sabor no muy desagradable.

SALASA: pueblo con cura y gobernadorcillo, en la isla de Luzon, prov. de Pangasinan, dióc. de Nueva Segovia, sit. en los 123° 48' 30" long. 16° lat., á la orilla izquierda del rio Agno Grande, próximo á su desegüe en el golfo de Lingayen, que se encuentra á unas 2 millas. su clima es templado y saludable. Tiene 950 casas, una iglesia parroquial de buena fábrica servida por un cura regular, la casa de comunidad, donde está la cárcel, y la parroquial. Hay una escuela de instruccion primaria con una dotacion de los fondos de comunidad, y fuera del pueblo á muy corta distancia está el cementerio. Confina el térm. por N. con el de San Isidro, cuyo pueblo dista 1 leg.; por N. E. con el de Lingayen, cab. de la prov., á igual distancia; por S. con el de Aguilar, que dista 1 ½ leg.; y por O. con el monte San Isidro, que deslinda esta prov. de Pangasinan de la de Zambales. El terr. es fértil y montuoso hácia esta última parte del O. donde se encuentra la cordillera de los montes Zambales, y llano por las inmediaciones del referido rio de Agno Grande. Prod. arroz, maiz, tabaco, caña dulce, varias clases de legumbres y frutas. La ind. consiste en la agricultura, beneficio de la caña dulce, en la pesca y fabricacion de telas de algodon y abacá. POBL 5,772 almas: y en 1845 pagaba 1,513 trib. que hacen 15,130 rs. plata.

SALAY: visita del pueblo de Jasaa, en la isla de Mindanao, prov. de Misamis, dióc de Cebú, sit. en terr. llano, con buena ventilacion y clima cálido. Su pobl. y trib. los incluimos en el art. de la matriz.

SALIG: punta de la costa oriental de la isla de Luzon, en la prov. de la Laguna; hállase en los 125° 25' 20" long. 14° 15' lat.

SALINAS (punta de): en la costa N. O. de la prov. de Cavite, penetrando en el mar de la bahía de Manila: fórmala el rio de Cañas y se hállaen los 124° 31' long. 14° 25' 30" lat.

SALINAS (telégrafo de): en la costa N. O. de la prov. de Cavite; sit. en la playa de la bahía de Manila, en los 124° 31' 40" long. 14° 26' 20" lat.

SALINCAPO: punta de la costa S. O. de la prov. de Tayabas; hállase en los 125° 40' 30" long. 13° 47' lat.

SALINDEG: barrio del pueblo de Vigan, cab. de la prov. de Ilocos Sur, en la isla de Luzon, dióc. de Nueva Segovia; sit en terreno llano y clima igual al de su matriz, en cuyo art. incluimos su pobl., prod. y trib. Hállase este barrio por el paseo del mismo pueblo llamado de Cristina, que sigue hasta Bulala y Ayusan. que son otros dos barrios. Hay en este barrio algunos astilleros donde se construyen varias embarcaciones pequeñas que navegan de unos á otros pueblos de la costa, como los pontines y bancas.

SAL-LANGAN: monte de la isla de Luzon en la prov. de Ilocos Norte; hállase en el térm. del Bangi, al N. E. de este pueblo.

SALOG: rio de la isla y prov. de Samar; nace próximo á la costa occidental de la referida isla, corre unos ½ leg. y desagua en el mar por la misma costa.

SALOMAGUE: punta de la costa N. E. de la isla de Marinduque; hállase en los 125° 48' long. 13° 25' 20" lat.

SALTA SANGLEY: monte de la isla y prov. de Samar; hállase al S. E. del pueblo de Calarman, distante 4 leg. y su cúspide en los 128° 25' long. 12° 17' 30" lat.

SALUNGAN: rio de la isla de Luzon, en la prov. de Albay; nace en los 127° 22' 40" long. 13° 12' 56" lat., corre poco mas de 1 leg. al E. y desagua en el seno de Albay por la costa oriental de la prov.

SALUNGI ó PANGOY: punta de la costa occidental de la prov. de Tayabas; hállase en los 126° 8' 30" long. 13° 16' lat.

SALVADOR: isla adyacente á la costa occidental de la prov. de Zambales; hállase su centro en los 123° 33' 40" long. 15° 30' 30" lat; tiene ½ leg. de larga y poco menos de ancha. Encuéntrase á la embocadura del puerto de Masingloc.

SAM

SAMAL: pueblo con cura y gobernadorcillo en

la isla de Luzon, prov. de Bataan, arz. de Manila, sit. en los 124° 13' long. 11° 48' lat. a la orilla izquierda del rio á que da nombre, en terr. llano próximo á la playa occidental de la bahía de Manila; su clima es benigno. Tiene 601 casas, la de comunidad y la parroquial; en la primera se halla la cárcel. La iglesia parroquial es de buena fábrica y la sirve un cura regular. Hay una escuela, un cementerio fuera de la poblacion y buenos caminos que conducen á los pueblos vecinos. Confina el térm. por N. con el de Orani que dista ⅓ leg.; por S. con el de Abucai á 1 leg. y por E. con la bahía de Manila. Al S. y á la otra banda del rio de Samar tiene un barrio sobre la misma playa de la bahía, y al N. E. tiene otro llamado Lalaquihuan que dista 1 milla. El terr. es llano por toda esta parte de los alrededores de la playa y montuoso al O. Sus prod. son arroz, maiz, caña dulce, ajonjolí, frutas y legumbres. Ind. la fabricacion de algunas telas, beneficio de la caña dulce y la agricultura, que es la principal ocupacion de los naturales. POBL. 3,609 almas, y en 1845 pagaba 676 trib. que hacen 6,760 rs. plata.

SAMAR: una de las islas Visayas, del archipiélago filipino; se halla sit. al N. de la de Leite, al E. de la de Masbate y al S. E. de la grande isla de Luzon, de la que le separa el estrecho de San Bernardino; comprende desde los 127° 53' hasta los 129° 23' en long. y desde los 11° 1' hasta los 12° 36' en lat. Esta isla, llamada antiguamente Ibabao, formaba en otros tiempos con la de Leite una sola prov.; pero á mediados del siglo próximo pasado fueron separadas y formaron dos alcaldías mayores, deslindando la una de la otra el estrecho de San Juanico. El nombre de Ibabao se lo daban á la parte esterior de la isla y el de Samar á la interior. La figura de esta viene á ser cuadrilonga y sus contornos muy irregulares por la parte del S. O. Tiene unas 28 leg. su mayor largura, ó sea en línea recta de N. á S., y como unas 20 leg. de anchura por la parte del N., ó sea de E. á O. La punta de Balicuatro es lo primero que se presenta al entrar en el estrecho de San Bernardino, viniendo de Manila; desde esta punta empieza la costa N. de la isla, donde se hallan los pueblos de Bobon y Catadman, las puntas de Bajay, Bunot, Malubarog, Bugtu y Labangan, el puerto de Ot ó Lauigan, la desembocadura del

rio Bato, el pueblo de Pambujan, la ensenada de Laguan, el puerto y pueblo de Palapa, la punta Oacan ó Binay y el cabo del Espíritu Santo; presentando ya la costa su frente al N. E. se sigue por ella encontrando la punta Manjud, la de Silá, el puerto de Pasanjan, la punta Alibanbang, la de Pampang y la de Binugayan, el pueblo de Tubig, la punta Sulat, la batería y puerto de Libas, la desembocadura del rio Pagbabagnan, la punta Aritagutpan, la de Calarai, el pueblo de Banongan y la punta Guimpunuan, estremo S. E. de la isla, donde concluye la costa E. y principia la del S. que se estiende hasta la punta Alipata; aqui forma un ángulo, cerrado al O. por la costa de la isla de Leite que hace una ensenada por la que se entra en el estrecho de San Juanico (costa S. O.), y despues se encuentran la punta Calutura, el pueblo de Bulingan, las visitas Quinabagday y Calompon, los pueblos de Umanas, Balugo y Parasan, en la ensenada de Buad, los pueblos de Pandan Calviga y San Miguel, la desembocadura del rio Libucan, la del rio Capalonga, la punta y pueblo de Calaballo, la punta Malaho, la de Tangao, la de Malayog, la desembocadura del rio Calocan, la punta Malajoc, la de Canaguayon, el puerto de este mismo nombre, la punta Birayon, la desembocadura del rio Mabo, la punta Liputo, la de Meolmeol, la de Pandan y la de Balicuatro. A todas estas costas se les pueden calcular unas 110 leg. y á la superficie de la isla por un promedio unas 392 leg. cuadradas. En todas las costas de esta isla hay muchos baluartes y fuertecillos que los naturales defienden para rechazar las piraterías de los moros que se acercan á sus costas; en el estrecho de San Juanico hay tambien algunos islotes que están fortificados con el objeto de defender á los pueblos de la costa del E. de las invasiones de estos piratas. El terr. es montuoso, aunque tambien hay hermosos llanos, cubiertos de sementeras; son notables entre otros por su altura y fragosidad los montes Curao, Matnginaao, Capotaan, Palapa etc. Los rios principales son el de Oras, Laguan, Bato, Timonini, Pagbabagnas, Buruhan y otros. Las prod. naturales de la isla son como las de todo el archipiélago, muchas y diferentes clases de madera, principalmente la que es apropósito para la construccion de embarcaciones, un gran número de frutales silvestres, cañas de varias clases, bejucos, raices alimenticias, la caza, la pesca, todo abunda en esta isla que no tiene nada que envidiar en estas producciones á otras del archipiélago; pero de la que hacen mas aprecio sus naturales, es de la miel y cera que tanto abunda en sus montes, encontrándose ya en los espesos bosques, ya en las canteras ó ya en fin en los sitios que la abeja ha encontrado mas apropósito para depositar esta produccion suya. No es menos apreciado el coco; esta fruta constituye parte de su industria y comercio, pues se dedican muchos á la estraccion del aceite, particularmente en Guivan; el medio de su estraccion es diferente del que emplean en otras partes para ejecutarla; consiste este en partir los cocos, echarlos en un arteson ó vasija de madera, y dejarlos al sol para que destilen el aceite; el cual nunca es tan bueno como el que estraen en otros pueblos con mas curiosidad; mas sin embargo tienen una gran venta de él en el mercado de Manila y otros puntos. Entre las plantas medicinales que se crian en la isla es famosa la que echa la pepita llamada Igasud ó frutilla de San Ignacio conocida tambien con el nombre de pepita

de Catbalonga, por criarse en las inmediaciones de este pueblo: son tantas las virtudes que le aplican, que sirven, dicen algunos, de antídotos á ciertas clases de enfermedades. El P. Murillo en el libro 8.° cap. 2.° de su Geografía histórica, hablando de ellas, dice que en Pekin las buscan los chinos con grande ansia, pues fué el mas eficaz remedio que se halló contra una epidemia de calor; y ninguno que la tomó murió. Además de esta hay otras muchas, cuyas virtudes son tambien bastante conocidas.

SAMAR: prov. Presentaremos el aumento progresivo de poblacion y tributos desde el año de 1818 hasta el de 1850.

En 1818 la estadística daba el siguiente resultado:

Pueb'os y anejos.	Almas.	Tributos.
27	57,922	12,541

No podemos dejar pasar desapercibido el aumento que consiguió esta prov. durante el gobierno de la misma del alcalde mayor señor don B. Minondo, como lo acredita el siguiente cuadro estadístico:

Años.	Tributos naturales.	Tributos mestizos.	Aumento naturales.	Aumento mestizos.	Disminucion naturales.	Disminucion mestizos.
1831	15,088 ½	172 ½ }				
1832	15,204	168 ½ }	115 ½	»	»	4
1833	15,681	165 ½	477	»	»	3
1834	16,169 ½	163 ½	488 ½	»	»	2
1835	16,671 ½	174 ½	502	11	»	»
Sumas. . . »	»		1,583	11	»	9

Esto prueba hasta la evidencia la actividad y celo recomendables del citado funcionario, y á las consideraciones que se ha hecho tan justamente acreedor.

Desde aquella época hasta el 1850 ha habido en ambos estremos de almas y tributos la siguiente diferencia segun las Guias publicadas en dicho año.

Pueblos.	Almas.	Tributos.
28	110,103	22,020 ½

SAMAR: rio de la isla de Luzon en la prov. de Bataan; nace en los 124° 8' 20" long. 14° 45' 30" lat., dirígese al N. E. y desagua en la bahía de Manila á los 124° 13' 30" long. 14° 47' 50" lat., pasando antes al S. del pueblo que le da nombre.

SAMBABUA: islas ½ leg. al S. O. de la de Maripipi; son dos y dista una de otra poco mas de una milla.

SAMBAT: barrio del pueblo de Taal en la isla de Luzon, prov. de Batangas, arz. de Manila; sit. en los 124° 39' long. 13° 50' 30" lat., en terreno llano, distante 1 leg. al E. S. E. de su matriz, en cuyo artículo incluimos su pobl. prod. y trib.

SAMBOAN: pueblo con cura y gobernadorcillo, en la isla, prov. y dióc. de Cebú; sit. en los 127° 53' 58" long. 9° 53, 56" lat., en la costa occidental de la isla, terr. llano y clima templado. Tiene casa parroquial y la de comunidad donde se halla la cárcel. La iglesia de mediana fábrica la sirve un cura secular. Hay una escuela de instrucción primaria pagada de los fondos de comunidad. Comunícase este pueblo con los inmediatos por medio de caminos no muy malos, y recibe de la cab. de la prov. el correo en dias indeterminados. Confina el térm. por E. con el de Boljoon y por O. con el mar. El terr. es montuoso hácia el centro de la isla y llano en lo demás. En sus montes se crian varias clases de madera, miel, cera, caza y algunas bigueras silvestres que dan la llamada goma laca. En las tierras de cultivo, las prod. son arroz, maiz, tabaco, cacao, café, añil, algodon, varias clases de legumbres y frutas Ind.: la agricultura es la principal ocupacion de estos habitantes, que tambien se dedican al corte de maderas, á la pesca, á la caza, y las mugeres en hilar, tejer y teñir varias clases de tela de algodon y abacá. POBL. 16,754 almas, y en 1845 pagaba 1,507 trib' que hacen 15,070 rs. plata.

SAMILO: V. Calamitian.

SAMON: visita del pueblo de Canabatuan en la isla de Luzon, prov. de Nueva Ecija, arzob. de Manila; sit. en los 124° 38' 30" long. 15° 28' 30" lat. en terr. llano á la orilla izquierda del rio de Canabatuan, y distante una milla de su matriz, en cuyo artículo incluimos las prod. pobl. y trib. de esta visita.

SAMPALO: punta de la costa meridional de la prov. de Bataan en el puerto de Mariveles; hállase en los 124° 10' 30" long. 14° 27' 20" lat.

SAMPALOC: pueblo con cura regular y gobernadorcillo, en la isla de Luzon. prov. de Tondo, arz. de Manila, situado en terr. llano y anegadizo; circundan á esta poblacion varios riachuelos y cauces que con motivo de las copiosas lluvias en ciertas épocas del año salen de madre inundando el territorio en tal disposicion que queda el pueblo enteramente aislado y sin comunicacion con sus inmediatos.

Desde el principio de la calle Real y su puente sigue una calzada al E, que doblando al S. como medio cuarto de hora, conduce al embarcadero del rio Pasy.

Productos: los naturales de este pueblo son colonos en su mayor parte de las tierras que labran, las que producen bastante arroz, aunque no lo suficiente para el consumo: todas las casas tienen sus huertos con árboles frutales y distintas hortalizas: generalmente la industria se ejerce en distintas acepciones, quién se dedica á las artes, quién á escribientes, impresores, lavanderos y sacateros.

Algunas de las mugeres se emplean en conducir para su venta en la capital los productos agrícolas, otras se dedican á sirvientas y otras á lavanderas.

Las casas de este pueblo en general son de sencilla construccion, la parroquial y de comunidad se distinguen de las demás por su mejor fábrica: hay escuela de primeras letras dotada de los fondos de comunidad, el cementerio se halla á distancia oportuna de la iglesia y la poblacion y está bien ventilado:

POBL. almas 8,207, trib. 1,500.

SAMPALOC: punta de la costa S. O. de la isla de Luzon, en la provincia de Zambales; hállase en los 123° 49' long. 14° 46' 15" lat.

SAMPALOG: lago de la isla de Luzon, en la prov. de Batangas, al N. del pueblo de San Pablo del Monte; hállase entre los 124° 58' 30" long. 124° 59' 30" id., 14° 4' 50" lat. 14° 5' 30" id.

SAMPANTANGU: punta de la costa meridional de la isla de Mindanao; hállase en los 127° 55' long. 7° 7' lat.

SAMPEDRIÑO: monte de la isla de Luzon, en la prov. de Batangas, es bastante elevado, hállase 1 leg. al occidente del pueblo de Balayan, y su cúspide en los 124° 21' long. 13° 55' 30" lat.

SAMPEDRIÑO: punta que viene á formar el monte de este nombre, penetrando en el seno de Balayan, en los 124° 24' long. 13° 50' 30" lat.

SAMUR: una de las islas Calaguas, adyacente á la costa setentrional de la prov. de Camarines Norte; tiene 1/2 leg. de larga y 1/4 id. ancha; su centro se halla en los 126° 27' 10" long. 14° 28' lat.

SAN

SANCOL: rio de la isla de Mindanao; nace

próximo á la costa oriental de la isla ; corre poco mas de 1 leg. y desagua en el mar por la referida costa.

SANDI: islita adyacente á la costa S. O. de la isla de Mindanao, de la que dista muy poco: hállase su centro en los 128° long. 6° 11' lat.

SANDOVAL: punta de la costa S. O. de la prov. de Tayabas: hállase en los 123° 52' 50" long. 13° 33' 54" lat., formando con la punta Pala la ensenada de Catanauan.

SANGUIRINO. visita del pueblo de Mauban, en la isla de Alabat, continente distinto á su matriz y adscrito á la prov. de Tayabas, sit. en los 123° 31' long. 14° 13' lat., en terr. desigual, próxima á la costa occidental de la referida isla y distante unas 2 ½ leg. de su matriz, en cuyo artículo incluimos su pobl. prod. y trib.

SANGA: una de las islas que forman el grupo de Joló, en el archipiélago de este nombre : hállase al O. de la de Tatlaran y al E. de la de Takot.

SANGAN: ranchería de infieles en la isla de Luzon, prov. de Nueva Vizcaya : hállase en los montes de la cordillera central.

SANGAY: islote adyacente á la costa oriental de la prov. de Albay, de la que dista media milla: hállase su centro en los 127° 15' long. 13° 33' 36" lat.

SANGBOY: una de las islas que forman el grupo de Basilan: es muy pequeña y su centro se halla en los 126° 16' long. 6° 48' lat.

SANGLEY (punta de): en la costa N. O. de la prov. de Cavite, bahía de Manila, hállase en el estremo N. de la lengua de tierra donde están situados el pueblo de San Roque y la plaza de Cavite, al N. O. de esta última, en los 124° 35' long. 14° 36' lat.

SANGOL: monte de la isla de Luzon, en la prov. de Ilocos Norte: hállase en el térm. de Bangi al Mediodia de este pueblo.

SANTA: pueblo con cura y gobernadorcillo en la isla de Luzon, prov. de Ilocos Sur, dióc. de Nueva Segovia, sit. en los 123° 58' 30" long. 47° 24' 25" lat. á la orilla izquierda del rio Abra, próximo á su desembocadura, terr. llano y clima templado. Tiene 1,361 casas que forman varias calles; los principales edificios son la casa parroquial, la de comunidad y la iglesia parroquial que es de buena fábrica y la sirve un cura regular. Hay una cárcel en la casa de comuni-

dad, una escuela de instruccion primaria y fuera del pueblo está el cementerio. Confina el térm. por N. O. con el de Bigan, cab. de la prov. cuyo pueblo dista poco mas de ¼ leg.; por O. con el de Cavayan á 1 milla de distancia; por S. con el de Narbacan que dista unas 3 leg., y por E. con los montes que dividen esta prov. de Ilocos de la del Abra. El terr. es fértil; al E. y S. tiene algunos montes, en los que abundan buenas maderas, y por el N. pasa el referido rio Abra regando el térm. La parte del terreno reducida á cultivo produce arroz, maiz, algodon, abacá, frutas y legumbres. Ind.: los naturales se dedican á la agricultura y las mugeres fabrican muy buenas telas de algodon y abacá. POBL. 9,171 almas, y en 1845 pagaba 2,062 trib. que hacen 20,620 rs. plata.

SANTA CATALINA V. y M.: pueblo con cura y gobernadorcillo en la isla de Luzon, prov. de Ilocos Sur, dióc. de Nueva Segovia, sit. en los 123° 57' 30" long. y en los 17° 26' lat. en terr. llano sobre la márgen izquierda del rio Abra: su temperamento es muy cálido á causa de su situacion arenosa y pedregosa y por su inmediacion á la playa por el O. A distancia de 2 millas á E. se ve la gran cordillera de los Agayagos, montes ásperos y elevados, los que producen escelentes maderas Tiene unas 200 casas, en general de sencilla construccion, distinguiéndose como mas notables la parroquial y la de comunidad; hay escuela de primeras letras dotada de los fondos de comunidad é iglesia parroquial servida por un cura regular; el cementerio se halla bien ventilado fuera de la poblacion.

Prod.: arroz, maiz, caña dulce, algodon, ajonjolí y legumbres.

Ind.: parte de sus habitantes se dedican al beneficio del azúcar y á los tejidos de algodon: otros á separar el oro de las arenas en los lavaderos del S., como á distancia de ¼ hora.

POBL. 9,518 almas, trib. 2,268 ½.

SANTA MARIA: pueblo en la provincia de la Laguna: este pueblo es conocido con diversos nombres en algunos mapas y estadísticas, ora se le nombre Calooan, ora Caboan con el que queda citado en su artículo correspondiente en nuestro diccionario.

SANTIAGO: visita del pueblo de San Estéban, en la isla de Luzon, prov. de Ilocos Sur, dióc. de Nueva Segovia, sit. en los 124° 1' long. 17°

8' 40" lat. al pié de un monte que se eleva al E. en la orilla del puerto á que da nombre; su clima es templado. Tiene unas 600 casas, la de comunidad, una escuela de instruccion primaria, una iglesia, y no muy distante de esta el cementerio bien situado y con ventilacion. Confina por S. con el térm. de Caudon que dista 1 ½ leg. y por el N. se halla San Estéban su matriz á unas 2 millas de distancia. Las producciones de esta visita, su pobl. y trib. que paga, los incluimos en el artículo de San Estéban.

SANTIAGO: anejo del pueblo de Piddig en la isla de Luzon, prov. de Ilocos Norte: su situacion, clima, productos é industria, véase la matriz.

POBL. 2,327 almas, trib. 627.

SANTIAGO (puerto de): en la costa occidental de la prov. de Ilocos Sur; hállase entre los 17° 8' 30" lat. y los 17° 9' 20" id., su embocadura en los 124° long. y penetra 30" al E.

SANTIAGO: isla adyacente á la costa meridional de la de Mindanao, de la que dista ½ leg.; tiene 1 ½ leg. de larga y 1 milla de ancha, y su centro se halla en los 125° 30' 30" long. 7° 12' 20" lat.

SANTIAGO: rio de la isla de Luzon en la prov. de Ilocos Sur; nace al N. del pueblo que le da nombre en los 124° 1' 30" long. 17° 9' 40" lat.; dirígese al S. O., corre ½ leg. y va á desaguar al puerto de su mismo nombre.

SANTIAGO: punta de la isla de Luzon, donde concluye la costa occidental de la misma y da principio á la meridional; hállase en la prov. de Batangas, en los 124° 20' long. 13° 46' lat., formando la embocadura del seno de Balayan por la parte occidental.

SANTOL: monte de la isla de Luzon en la prov. de Bulacan; hállase al E. de Matictic.

SNTOL: árbol que se cria en muchos pueblos de Filipinas; su fruta viene á ser como un melocoton pequeño, y su flor es muy pequeña. Comunmente se usa para conserva y orejones, y en sazon les gusta mucho á los indios, aunque no así á los españoles.

SANTOLAN: barrio de Maibonga, en la isla de Luzon, prov. de Tondo, arz. de Manila, sit. en los 124° 46' 20" long. 14° 38' lat., á la orilla izquierda del rio de San Mateo, en terr. llano y clima templado.

SÁNTOR: pueblo con cura y gobernadorcillo, en la isla de Luzon, prov. de Nueva Ecija, arz. de Manila, sit. en los 124° 55' 20" long. 15° 34' 30" lat., en terr. montuoso próximo á la orilla derecha de un rio á que da nombre, el cual va á desaguar en el de Bomgaboug que corre al N. O. de este pueblo, cuyo clima es bastante sano y templado. Tiene 212 casas, la parroquial, la de comunidad, una iglesia parroquial servida por un cura regular, una escuela y un cementerio fuera de la poblacion. Confina el térm. por N., despues de su visita Boñgaboug, con el de Pantabangan, cuyo pueblo dista unas 6 leg.: por S. E. con el de Cabanaman, cab. de la prov. y distante unas 5 ½ leg.: por N. O. con el de San José á unas 8 leg. y por E. con el mar. El terr. es muy montuoso por esta última parte donde se eleva la cordillera que atraviesa esta prov. de N. á S.: tiene sin embargo buenas llanuras por las inmediaciones del rio de Boñgaboug que riega el térm., así como el otro que hemos mencionado. Las prod. son arroz, maiz, tabaco, caña dulce, añil, legumbres y frutas. La agricultura, fabricacion de telas de algodon y abacá, la caza, beneficio de la caña dulce y el del añil es lo que forma su ind. POBL. 1,447 almas, trib. 418.

SAÑ

SAÑAYA (pico de): en la isla de Luzon, prov. de Tayabas, térm. del pueblo de Dolores; hállase al O. del monte Majaijay, en los 125° 8' 40" long. 14° 1' lat.

SAO

SAOIT: monte de la isla de Luzon, en la prov. de Ilocos Norte, térm. del pueblo de Bangi. hállase al O. de Nagpartian, y en él se encuentran canteras de piedra tosca, que sirve para la construccion de casas.

SAP

SAPAC: rio de la isla de Luzon, en la prov. de Batangas, térm. del pueblo de Lipa.

SAPAN: rio de la isla de Luzon en la prov. de Albay; nace en los 127° 4' 30" long. 13° 37' 35" lat. en las vertientes orientales del monte Isaro, corre unas 3 leg. al E. y desagua en el mar, pasando antes al N., del pueblo de Ti-gaon.

SAPAO: visita del pueblo de Bacub, en la isla de Surigao, adscrita á la prov. de Caraga, dióc. de Cebú; sit. en los 129° 45' long. 9° 19' lat. en la costa N. E de la referida isla, terr. llano y clima cálido. Dista unas 2 leg. de la matriz, en cuyo art. damos su pobl. y trib.

SAPAO: visita del pueblo de Capalonga, en la isla de Luzon, prov. de Camarines Norte; sit. en la costa setentrional de la referida prov. unas 3 leg. al E. de su matriz, en cuyo art. incluimos la pobl. prod. y trib. de esta visita.

SAPENITAN: punta de la costa setentrional de la prov. de Camarines Sur; hállase en los 126° 59' long. 14° 7' 30' lat.

SAPIAN: pueblo con cura y gobernadorcillo, en la isla de Panay, prov. de Capiz, dióc. de Cebú, sit. en los 126° 15' long. 11° 26' lat. en terreno llano á la orilla de un rio, y bajo un clima algo cálido y saludable. Tiene unas 1,166 casas, la parroquial y la de comunidad donde se halla la cárcel. La iglesia parroquial es de mediana fábrica y está servida por un cura secular. Hay una escuela de instruccion primaria á la que concurren bastantes alumnos, y el maestro de ella tiene una asignacion, pagada de los fondos de comunidad. El térm. confina por O. con el de Batan que dista 1 leg., por O. S. O. con el de Mambusao á 1 ½ id., por S. S. O. con el de Sigma á 1 leg., por E. con el de Dao á 3 ½ id., por S. S. E. con el de Tapas, y por N. con el mar. El terr. es llano en general y lo riega el mencionado rio que pasa al Mediodia del pueblo. Prod.: arroz, maiz, caña dulce, algodon, abacá, frutas y legumbres. La ind. consiste principalmente en la agricultura, ocupándose tambien algunos en la pesca, y las mugeres en el hilado y tejido del algodon. La venta del arroz y sobrante de los otros productos, con la importacion de algunos de los artículos de que carece, es lo que forma su com. Pobl. 6,991 almas, y en 1815 pagaba 1,000 trib. que hacen 10,000 rs. plata.

SAPO: rio de la isla de Luzon, en la prov. de Albay; nace en los 127° 20' 30'' long. 12° 55' lat. còrre cerca de 1 leg. y desagua en el mar por la costa meridional de la prov.

SAPOC: rio de la isla de Luzon, nace en los 124° 52' 30'' long. 13° 54' lat.; diríjese al S. deslindando los términos de las prov. de Ba-

tangas y Tayabas, corre unas 2 leg. y junta sus aguas con las del rio de Calasuchi.

SAPTANG: pueblo con cura y gobernadorcillo en la isla de Isbayat, una de las Batanes, que forman la prov. de este nombre, dióc. de Nueva Segovia; sit. en terr. llano sobre la costa de dicha Isla. Su clima es templado. Tiene unas 300 casas, la de comunidad, la parroquial y una iglesia que la sirve un cura regular. Hay una escuela de instruccion primaria para los niños, y fuera de la poblacion se halla el cementerio. Comprende el térm. toda la isla, cuyo terreno es bastante montuoso y poco productivo, cogiéndose solo en el que está cultivado, algun trigo y varias clases de fruta. Los naturales se dedican á la pesca y la agricultura que es lo que forma su industria. Pobl. 3,444 almas que se hallan exentas de tributos.

SAR

SARANGA: isla adyacente á la costa meridional de Mindanao, tiene 3 leg. de larga 1 ½ de ancha; su centro se halla en los 128° 43' long. 50° 24' latitud.

SARAPSAP: pueblo con cura y gobernadorcillo en la isla de Luzon, prov. de Zambales, arz. de Manila; sit. en la cúspide de una colina con deliciosas vistas á una estensa llanura; tiene hermosas calles largas y anchas, tiradas á cordel, que con el caserío que tiene á los lados, causa un efecto sorprendente.

Su posicion es muy espuesta por los vientos de la mar, del que dista media legua por la parte de N. E., confina por el E. con la prov. de Pangasinan, distando de su primer pueblo Sual 2 leg., á cuyo punta se está construyendo una buena calzada que, concluida, será el mercado que actualmente tiene los lunes y jueves de cada semana. Prod: arroz en abundancia. Ind.: se reduce esta al sobrante de sus productos agrícolas y al tráfico con las prov. inmediatas. Tiene 800 casas, en general de sencilla construccion é iglesia parroquial servida por un cura regular. Pobl. almas 3,744, trib. 875 ½.

SARIAYA: pueblo con cura y gobernadorcillo en la isla de Luzon, prov. de Tayabas, dióc. de Nueva Cáceres; sit. en los 125° 13' 40'' long. 13° 55' 20'' lat., á la orilla de un rio; su clima es templado y saludable. Tiene 676 casas, la parroquial, la de comunidad, una iglesia parroquial de buena fábrica servida por un cura regular, una escuela de instruccion primaria, un cementerio fuera del pueblo y á corta distancia, y caminos en no muy buen estado; recibiéndose de la cabeza de la prov. el correo una vez á la semana. Confina el térm. por N. con la prov. de la Laguna, de la que lo divide el monte Majayjay, por O. con el de Tiaon, que dista 4 ½ leg., y por S. con el mar. El terr. es montuoso y lo riegan varios de rios: en la parte reducida á cultivo las prod. principales son el arroz y maiz, cógense tambien muchas frutas, legumbres, algodon, abacá, caña dulce, ajonjolí, pimienta, etc. La ocupacion de los naturales por lo comun es la agricultura, siendo las mugeres las que se dedican al hilado y tejido del algodon. POBL. 4,039 almas y en 1845 pagaba 1,814 trib. que hacen 18,140 rs. plata.

SARIGUAY: punta de la costa occidental de la isla de Mindanao; hállase en los 127° 37' long. 7° 16' lat.

SARRAT: pueblo con cura y gobernadorcillo en la isla de Luzon, prov. de Ilocos N., dió. de N. Segovia, situado en terr. montuoso y su clima bastante templado y sano; confina con los pueblos de Laveg Dingras, S. Nicolás Piddig y Vintar. Su suelo está bañado por un caudaloso rio, por cuya favorable circunstancia, sus cosechas son abundantes en maiz, caña dulce, añil, escelente algodon y hortalizas: antiguamente en sus vistosas huertas, se cosechaba tabaco de muy buena calidad: pero la circunstancia de haberse estancado este artículo en la provincia, ha producido casi la total decadencia de aquella recoleccion. Ind·: la principal consiste en la multitud de finos tegidos de algodon, y en las fábricas de cal y ladrillo, motivo por el que se ostentan en el pueblo edificios notables y de sólida construccion, distinguiéndose entre estos la casa parroquial y la de comunidad: hay escuela de primeras letras, é iglesia de muy buena fábrica, servida por un cura regular.

Pobl., almas 7233, trib. 1690.

SAT

SATIFIT: rio de la isla de Luzon en la prov. de Cavite, nace en los 124° 41' long. 14° 23' 55" lat., dirígese al N. E. y luego al E. para reunirse al rio de Anaga, que divide esta prov. de la de la Laguna, y volver otra vez su direccion al N.

E. y desaguar en la laguna de Bay, al S. del barrio llamado Tanarancillo.

SAU

SAUANG Ó QUINAMALIGAN: isla adyacente á la costa setentrional de la isla y prov. de Samar, de la que dista ¼ leg.; tiene 2 millas de N. á S. é igual distancia de E. O.; su centro se halla en los 128° 2' long. 12° 38' lat.

SAUT: rio de la isla de Luzon, en la prov. de Ilocos Norte; nace en los 124° 27' long. 18° 13' 30" lat., dirígese al S. S. O. por el térm. del pueblo de Pigdig, al E. del cual corre unas 4 leg. y desagua en el rio de Laoag.

SAV

SAVIT: punta de la costa N. O. de la isla de Luzon, en la prov. de Ilocos Norte; hállase en los 124° 17' 10" long. 18° 31' 10" latitud.

SAG

SAGAO: ensenada de la costa N. E. de la isla de Marinduque; hállase entre los 123° 33' 53' long. y 125° 37' 40" id., á los 13° 33' lat.

SEB

SEBASTIAN (San): barrio del pueblo de San Vicente Ferrer, en la isla de Luzon, prov. de Ilocos Sur, dióc. de Nueva Segovia; sit. unos ¼ de hora distante al N. de su matriz, en el art. de la cual incluimos su pobl. prod. y trib.

SEBOLLA: punta de la prov. de la laguna de Bay, en la que penetra hasta los 124° 59' 30" long. en los 14° 20' lat.

SEL

SELANGAN: pueblo de moros en la isla de Mindanao; sit. en la costa occidental de la parte inferior de la isla en terreno llano y clima cálido.

SELAUSAN: punta de la costa meridional de la isla de Mindanao; hállase en los 126° long. 7° 11' lat.

SELEANGAN: rio de la isla de Mindanao, nace próximo á la costa meridional de dicha isla, corre 2 leg. y desagua en el mar.

SER

SERAOBOON: una de las islas que forman el grupo de Tawi-Tawi, en el archipiélago de Joló; hállase su centro en los 124° 1' long. 5° 6' lat.

SES

SESMOAN: pueblo con cura y gobernadorcillo, en la prov. de la Pampanga, arz. de Manila; sit. en los 124° 10' 30" long. 14° 55' lat. en terreno llano y á la orilla del rio Guaga, distante de este pueblo, á que da nombre el rio mencionado una ⅓ legua. Antiguamente tenia el gobierno de Manila en este punto un depósito de granos. La poblacion. se compone como de unas 800 casas y una hermosísima iglesia parroquial de buena arquitectura servida por un cura regular: se distinguen tambien como edificios notables la parroquial y la de comunidad en donde se halla la cárcel. Hay escuelas de primeras letras y cementerio bien ventilado. Recibe el correo semanal de la cabecera de provincia.

Productos: arroz, maiz y caña dulce. Ind.: la fabricacion del vino de Nipa, es la que ocupa en general á sus habitantes. Pobl. almas 3,806, trib. 861.

SET

SETAPO: pueblo de moros, en la isla de Mindanao; sit. en la costa meridional de la isla, terr. desigual y clima cálido.

SEV

SEVILLA: visita del pueblo de Togudin, en la isla de Luzon, prov. de Ilocos Sur, dióc. de Nueva Segovia; sit. en los 124° 8' long. 16° 50' 30" lat., próximo á la orilla izq. de un riach. en terr. llano y distante 1 ⅓ leg. al N. de su matriz, en cuyo art. incluimos su pobl., prod. y trib.

SIA

SIALO: punta de la costa occidental de la isla de Cebú; hállase en los 126° 50' long. 9° 44' lat.

SIAM: isla adyacente á la costa meridional de la isla de Paragua; hállase su centro en los 121° 1' 30" long. 8° 11' lat.: tiene 1 ⅓ leg. de larga y 1 id. de ancha, y dista de la referida costa 4 millas.

SIAPA: una de las islas Calaguas, adyacente á la costa setentrional de la prov. de Camarines Norte; tiene 2 millas de larga y ⅓ leg. de ancha, su centro se halla en los 126° 39' 15" long. 14° 22' 30" lat.

SIAPON: visita del pueblo de Baybay, en la isla y prov. de Leite, dióc. de Cebú; sit. en la costa occidental de la isla, en terr. llano y distante poco mas de una leg. al N. O. de la matriz, en cuyo art. incluimos su pobl. prod. y trib.

SIASSI: isla del grupo de Joló, en el archipiélago de este nombre; hállase su centro en los 124° 18' long. 5° 29' lat.

SIATON: pueblo con cura y gobernadorcillo en la isla de Negros, dióc. de Cebú, sit. en los 126° 42' 30" long. 9° 11' 40" lat. en terreno llano y estenso, bañado por dos caudalosos rios, uno de que lleva el nombre y el otro el Canaoay, su temperatura es benigna en los meses de enero á agosto, y en lo restante del año bastante húmeda. Tiene unas 900 casas, en general de sencilla construccion, casa parroquial ó iglesia servida por un cura regular que administra tambien el nuevo pueblo de infieles llamado Bassay, á unas 20 leg. de distancia doblando la punta Nabulano, compuesto de 423 individuos, de los cuales recibieron el bautismo 65 párvulos y 11 adultos en 19 de diciembre de 1850. Tiene este pueblo á la banda de E. un buen puesto y fondeadero para buques mayores.

En sus bosques se crian escelentes maderas para construccion, como son el ébano, el Balayon, el cedro, el Ipil, el Buticuli, el Lamti, el Lanete y el Molabe; hay caza mayor y menor y mucho ganado caballar y vacuno. Productos, abundantes cosechas de arroz y maiz. Ind.: tegidos de abacá y sobrante de sus productos agrícolas; tambien se emplean muchos en la pesca de que abunda mucho en sus playas.

Pobl. almas 4,689, trib. 936 ⅓.

SIB

SIBACO: punta de la costa occidental de la isla de Mindanao; hállase en los 127° 35' long. 7° 9' lat.

SIBACON: isla formada de los brazos que salen del rio Pasig entre los pueblos de S. José, Dinondo y Santa Cruz; dista de la capital Manila como ⅓ de legua.

SIBAGO: isla del grupo de Basilan; hállase su centro en los 126° 44' long. 6° 43' lat.

SIBALON: pueblo con cura y gobernadorcillo en la isla de Panay, prov. de Antique, dióc. de Cebú, sit. en los 125° 51' long., 10° 58' lat., en terr. llano y distante de la mar; está cercado de montes que abundan de escelentes maderas y de sibucao ó palo tinto, del que hacen gran comercio, abunda tambien de mimbres, de cañas, búfalos y otros animales silvestres; su clima es bastante cálido. El caserío de este pueblo es en general de sencilla construccion distinguiéndose como mas notables la de comunidad y la parroquial con su iglesia, servida por un cura regular.

Prod. arroz, maíz, cacao, tabaco, café, algodon, caña dulce, legumbres y frutas. Ind. los naturales de este pueblo se ocupan en la fabricacion de cal, y en los tejidos de algodon y abacá. Pobl. almas 13,292: trib. 2,787.

SIBANAN: punta de la costa oriental de la isla de Luzon, en la prov. de Albay; hállase en los 127° 18' 10'' long. 13° 30' lat.

SIBAS: ensenada de la costa oriental de la isla de Samar; hállase entre los 129° 4' 50'' long., y 129° 6' 10'' lat.

SIBAS: punta de la costa oriental de la isla de Samar; hállase en los 129° 6' 30'' long. 11° 57' lat.

SIBAUAN: isla adyacente á la costa N. E. de la prov. de Camarines Sur; tiene 1 leg. de larga, ½ de ancha, dista una milla de la referida costa, y su centro se halla en los 127° 12' long. 14° 2' 30'' lat.

SIBOG: monte de la isla de Luzon, en la prov. de Bulacan; hállase en el térm. del pueblo de Augat.

SIBONGA: pueblo con cura y gobernadorcillo en la isla, prov. y diócesis de Cebú, en los 128° 20' 10'' long. 10° 6'' lat., situado en terr. llano y próximo á la mar, distante por el N. de sus colaterales Carcar una hora, por el S. 2 y ½ de Argao. Tiene unas 1,300 casas, distinguiéndose entre ellas como mas notables la parroquial y la de comunidad: hay escuela de primeras letras é iglesia parroquial con su campo Santo bien ventilado; pertenece á la administracion de los PP. Agustinos calzados.

Prod.: las principales cosechas son, el arroz, maíz y brona.

Ind.: Se reduce á lo sobrante de sus producciones agrícolas, dedicándose algunos á la pesca.

Pobl.: almas 6,848, trib. 1,323.

SIBOOTO: una de las islas que forman el grupo de Tawi-Tawi en el archipiélago de Joló; tiene 2 ½ leg. de larga, y 1 ½ de ancha; su centro se halla en los 125° 20' long., 4° 56' lat.

SIBULAN: pueblo con cura y gobernadorcillo en la isla y prov. de Negros, dióc. de Cebú; sit. en la costa oriental de la prov., próximo á la orilla de un rio, en terr. llano y bajo un clima templado y saludable. Tiene unas 680 casas, entre las que se cuenta la casa parroquial y la de comunidad; en esta última se halla la

cárcel. La igl. parroquial es de mediana fábrica y la sirve un cura secular. Hay escuela de instruccion primaria y cementerio. Las comunicaciones de este pueblo con sus inmediatos se ejecutan regularmente por mar, y recibe el correo de la cab. de la prov. en dias indeterminados. Confina el térm. por E. y N. con el mar; por S. con el de Amblan, y por O. no tiene límites marcados. El terr. es fértil, llano por los contornos de la costa, y montuoso al O., por cuya parte se encuentran espesos bosques, donde se crian buenas maderas para construccion y otras de carpintería, como el ébano, el molave, el banaba etc., abundante caza mayor y menor, miel, cera, y brea. La ind. principal es la agricultura, ocupándose tambien en la pesca, en la caza y en el corte de maderas, y las mugeres en el hilado y tegido del algodon. En las tierras de labor las prod. son arroz, maíz, ajonjolí, pimienta, varias clases de frutas y legumbres. Pobl. 1,371 almas, y en 1845 pagaba 763 ½ trib. que hacen 7,635 rs. plata

SIBUNOG: visita del pueblo de S. Fernando, en la isla de Luzon, prov. de Camarines Sur, sit. en los 126° 44' 30'' long. 13° 27' 40'' lat., en terr. llano, sobre la costa S. O. de la prov. y distante 2 ½ leg. al S. O. de la matriz, en cuyo art. incluimos su pobl., prod. y trib.

SIBUNOG: punta de la costa S. O. de la prov. de Camarines Sur; hállase en los 126° 44' 50'' long., 13° 27' 10'' lat.

SIBUYAN: pueblo con cura y gobernadorcillo en la isla de su nombre, adscrita á la prov. de Capiz, diéc. de Cebú; sit. en terr. llano y clima templado. Tiene unas 940 casas, la parroquial y la de comunidad donde está la cárcel. Hay una escuela de instruccion primaria con una asignacion para la plaza del maestro, pagada de los fondos de comunidad. La igl. es de mediana fábrica, y se halla servida por un cura regular. Comprende el térm. toda la isla. Su terr. es montuoso, hay muchos y espesos arbolados, donde se crian buenas maderas para construccion, bastante caza, miel y cera. En las tierras de labor, sus prod. son arroz, caña dulce, pimienta, abacá, poco algodon, legumbres y frutas. La agricultura es la ind. principal, aunque tambien se dedican algunos á la pesca, y las mugeres al hilado del algo-

den y fabricacion de telas que les sirve para los usos domésticos. Pobl. 5,634 almas.

SIBUYAN: isla adscrita á la prov. de Capiz: hállase al E. de la de Tablas, entre los 126° 5' long. 126° 17' 40" id. 12° 18' 40" lat., 12° 32' id.; tiene unas 5 leg. de larga, y 3 id. de ancha. En ella está situado el pueblo Cagidiocan, y sus anejos, Cauloay, Nailog y Pagalat. El terr. de esta isla es montuoso y muy fértil. Las prod. agrícolas las espresamos en el art. de Cajidiocan.

SIC

SICABA: punta de la costa setentrional de la isla de Negros: hállase en los 127° 45' long. 10° 56' lat.

SICAO: monte de la isla de Luzon en la prov. de Bulacan; hállase en el térm. del pueblo de Angat.

SICAPA: punta de la costa setentrional de la isla de Mindanao, hállase en los 128° 34' long. 8° 56' 40" lat.

SICAYOP: punta de la costa setentrional de la prov. de Misamis; hállase en los 126° 50' long. 8° 30' 40" lat.

SICO: banco de arena que se halla á 6 ½ leg. de la costa occidental de la prov. de Antique en la long. de 125° 20' y lat. de 11° 25'.

SICOGEN: isla adyacente á la costa oriental de la prov. de Iloilo, de la que dista unas 2 leg.; hállase su centro en los 126° 57' long. 11° 25' 30" lat.

SIE

SIETE PECADOS (los): llámanse asi siete isletas que distan muy poco unos de otros, y se hallan entre la isla de Gimaras y la de Panay.

SIG

SIGBUYE: una de las islas que forman el grupo de Tawi-Tawi en el archipiélago de Joló; hállase su centro en los 124° 5' long. 5° 23' lat.; tiene 1 leg. de larga y 2 millas de ancha.

SIGMA: pueblo con cura y gobernadorcillo, en la isla de Panay, prov. de Capiz, dióc. de Cebú, sit. en los 126° 14' long. 11° 24' lat., en terr. llano y bajo un clima no muy cálido. Tiene unas 844 casas, la parroquial y la de comunidad, que

son las dos mejores del pueblo: en esta última que tambien se llama casa Tribunal ó de Justicia, es donde esta la cárcel. La escuela que hay es de instruccion primaria y tiene una asignacion para la plaza del maestro. Hay una iglesia parroquial de mediana fábrica, y se halla servida por un cura secular. Confina el térm. por N. N. E. con el de Sapian, que dista 1 leg.; por N. N. O. con el de Bataan, á 1 ½ id.; por O. con el de Mambusao, á 1 leg.; y por S. E. con el de Tapas, á 3 id. El terr. es llano en general y fértil, siendo su principal prod. la del arroz, aunque tambien tiene otras como maiz, ajonjolí, abacá, algodon, frutas, legumbres, etc., si bien estas no en tanta cantidad como la primera, que es la que viene á formar el com. de este pueblo por la venta que se hace de este grano. La ind. se reduce casi toda á la agrícola y al hilado y tejido del algodon y abacá, que es en lo que comunmente se emplean las mugeres. Pobl. 5,069 almas, y en 1845 pagaba 1,120 trib. que hacen 11,200 rs. plata.

SIGTOCAY O SOGUICAY: islita adyacente á la costa oriental de la prov. de Mindoro, de la que dista medio cuarto de leg. Tiene 2 millas de larga y ¼ leg. de ancha, y su centro se halla en los 124° 58' 20" long. 12° 22' 40" lat.

SIGUIBAN (partido de): que comprende las tierras que se estienden al S. E. de Abulug, en la isla de Luzon, prov. de Cagayan.

SIL

SIIL: visita del pueblo de Siaton, en la isla y prov. de Negros, sit. en la costa meridional de la isla, unas 2 leg. al S. S. O. de su matriz, en cuyo art. incluimos la pobl. prod. y trib.

SILA: punta de la costa N. E. de la isla de Samar; hállase en los 129° 2' 30" long. 12° 25' 25" lat.

SILAGA: rio de la isla de Samar, nace próximo á la costa occidental de la isla, corre 1 leg. y desagua en el mar por la referida costa.

SILAMBAN: rio de la isla de Paragua; nace de la cordillera que se estiende de uno á otro estremo de la isla, en los 123° 23' long. 10° 36' 30" lat., corre unas 2 leg. al E. y desagua en el mar por la costa oriental de la isla.

SILANG: pueblo con cura y gobernadorcillo, en la isla de Luzon, prov. de Cavite, arz. de

Manila, sit. en los 124° 40' 30" long. 14° 13' 40" lat., próximo al nacimiento del rio Pasonmolaving y á la izquierda del de Binicayan, en terr. desigual y clima templado. Tiene 2,074 casas, siendo los principales edificios del pueblo la iglesia parroquial, que la sirve un cura regular, la casa de comunidad, donde está la cárcel, y la casa parroquial que se halla junto á la iglesia. Hay una escuela de instruccion primaria, y fuera de la poblacion se encuentra el cementerio. Confina el térm. por N. con el de Tunasan, en la prov. de la Laguna, cuyo pueblo dista unas 4 ½ leg.; por E. N. E. con el de Cabuyao, en la misma prov. y distante unas 3 leg.: por N. E. con el de Biñau, en la referida prov., distante unas 3 ½ leg.: por O. con el de Indang, en la prov. de Cavite, distante unas 2 leg.; y por S. con la cordillera que divide esta prov. de la de Batangas. El terr. es bastante montuoso, fértil y productivo; riéganlo los rios, de Auags, Lugsum, Calobcob, Julan, Abalanin, Pasoncaballo, Pasombocol y otros que bajan de las vertientes setentrionales de la ya mencionada cordillera. En los montes se crian buenas maderas, bastante caza, y se coge alguna miel y cera. En el terr. que cultivan los naturales, se coje arroz, maiz, legumbres y frutas. Ind. la agricultura y la fabricacion de algunas telas. Pobl. 12,248 almas, y en 1845 pagaba 1,958 trib. que hacen 19,580 rs. plata.

SILANGA Ó DE SAN RAFAEL: punta S. de la isla de Ticao; hállase en los 127° 27' long., 12° 21' 20" lat.

SILANGHIN: punta de la costa meridional de la prov. de Bataan; hállase á la izquierda de la entrada del puerto de Mariveles, en los 124° 11' long. 14° 25' 56" lat.

SILANGUIN: ensenada de la costa S. E. de la isla de Luzon, en la prov. de Zambales; hállase entre los 123° 43' 50" long. y 123° 45' 30" id., 14° 48' 20" lat. y 14° 49' id.; encuéntrase á su embocadura una islita y al S. E. de esta un bajo bastante peligroso.

SILAY: pueblo con cura y gobernadorcillo, en la isla y prov. de Negros, dióc. de Cebú, sit. en los 126° 40' long. 10° 46' lat., en terr. llano sobre la costa occidental de la isla, y bajo un clima no muy cálido y saludable. Tiene unas 204 casas, la de comunidad donde se halla la cárcel; la parroquial y 75 mas de su visita Buenretiro. La iglesia parroquial es de mediana fábrica y la

sirve un cura secular. Hay una escuela de instruccion primaria, cuyo maestro tiene una asignacion pagada de los fondos de comunidad. Confina el térm. por N. con el de Talaban, por S. E. con el de Minolan, por E. no tiene límites marcados, y por O con el mar. El terr. es fértil y productivo; en los montes se crian buenas maderas de varias clases, caza mayor y menor, miel, cera y brea. En las tierras cultivadas las prod. son arroz con abundancia, cacao, café, caña dulce, algodon y mucho cabo negro, con el que hacen cables. Ind. la agricultura, la caza, la pesca y varios tejidos, en cuya fabricacion se ocupan con especialidad las mugeres. La esportacion del arroz y sobrante de otros prod. é importacion de algunos artículos de los que carecen, es lo que forma su com. Pobl. 1677 almas.

SILINO: islote adyacente á la costa meridional de la prov. de Misamis, de la que dista 2 leg.; su centro se halla en los 127° long. 8° 40' lat.

SILON: rio de la isla de Silenyan; nace en los 126° 12' long. 12° 30' 40" lat., corre cerca de ½ leg. y desagua en el mar por la costa setentrional de la isla.

SILONAY: islote adyacente á la costa N. E. de la prov. de Mindoro, de la que dista ½ leg.; hállase su centro en los 124° 52' 20" long. 13° 27' lat.

SILLA: punta de la costa setentrional de la isla de Mindanao, prov. de Misamis; hállase en los 127° 15' long. 8° 29' lat.

SIM

SIMARA: isla adyacente á la costa setentrional de la isla de Tablas; hállase entre los 125° 41' long. y 125° 43' id., 12° 48' lat. y 12° 50' 15" id. Tiene 1 leg. de larga y ½ id. de ancha.

SIMILUIN: isla adyacente á la costa oriental de la de Cebú, de la que dista ½ leg.; hállase su centro en los 126° 54' long. 9° 31' lat.

SIMIRARA: isla adyacente á la costa de la de Panay, distante unas 6 leg. de la punta Potol; tiene de larga 3 leg. y 1 id. de ancha; hállase su centro en los 125° 10' long. 11° 51' lat.

SIMISA: una de las islas que forman el grupo de Joló en el archipiélago de este nombre; tiene 1 leg. de larga y ½ id. de ancha, y su centro se halla en los 125° 17' 30" long. 5° 51' lat.

SIM-MILONG: monte de la isla de Luzon, en la prov. de Ilocos Norte; hállase en el térm. de Bangui, al N. E. de este pueblo.

SIMON (SAN): pueblo con cura y gobernador-cillo, en la isla de Luzon, prov. de la Pampanga, arz. de Manila, sit. en los 124° 29' 30" long. 14° 57' 20" lat., á la orilla del rio Grande de la Pampanga, en terr. llano y clima templado. Tiene unas 922 casas, la parroquial y la de comunidad donde está la cárcel. Hay una escuela de primeras letras, con una asignacion pagada de los fondos de comunidad. La iglesia es de mediana fábrica y se halla servida por un cura secular. Comunícase este pueblo con el de San Luis y Apalit, por medio de caminos regulares, y recibe el correo semanal establecido en la isla. Confina el térm. por N. con el de S. Luis, cuyo pueblo dista ½ leg.; por S. con el de Apalit, á 1 leg.; por O. con el de Minalin, á 3 leg.; y por E. con el de S. Rafael, á 3 leg. al E. S. E. El terr. es llano, riégalo el referido rio Grande de la Pampanga, y sus prod. son arroz, maiz, caña dulce, pimienta, ajonjolí, varias legumbres y frutas. Ind. la agricultura, el beneficio de la caña dulce y la fabricacion de algunas telas, cuya ocupacion es especial en las mugeres. El com. consiste en la venta del azúcar y sobrante de algunos otros de sus productos. POBL. 5,532 almas, y en 1845 pagaba 1,024 trib. que hacen 10,240 rs. de plata.

SIMONON: una de las islas que forman el grupo de Tawi-Tawi, en el archipiélago de Joló; hállase su centro en los 125° 34' long. 4' 58" lat., tiene unas 2 leg. de larga y 1 milla de ancha.

SIN

SINAGAÑA: visita del pueblo de Agaña, en la isla de Guajan, una de las Marianas, que forman la prov. de este nombre, dióc. de Cebú, sit. en terr. llano y no muy lejos de su matriz, en cuyo art. damos su pobl.

SINALANG: riachuelo de la isla de Luzon, en la prov. del Abra, térm. del pueblo de Bangued.

SINALIO: rio de la isla de Luzon. en la prov. de Cavite; nace en las vertientes de la cordillera que divide esta prov. de la de Batangas, en los 124° 29' 30" long. 14° 6' 40" lat., dirígese al N. O. y junta sus aguas con las del rio Caititingan.

SINANANDIGAN: punta de la costa S. de la isla de Luzon, en la prov. y ensenada de Batangas; hállase en los 124° 38' 30" long. 13° 45' lat.

SINCAR: puerto de la costa meridional de la isla de Mindanao, comprendido entre los 128° 37' 30" long. 128° 40' 30" id., 5° 34' lat. y 5° 37' id.

SINCAR: punta de la costa meridional de la isla de Mindanao; hállase en los 128° 36' long. 5° 34' lat.

SINDANGAN: bahía de la costa setentrional de la isla de Mindanao; hállase comprendida entre los 126° 7' long. 126° 28' id. 8° 2' lat. y 8° 11' id.

SINGAAN: islote del grupo de Tawitawi, en el archipiélago de Joló; hállase su centro en los 124° 9' long. 5° 42' lat.

SINILOAN: pueblo con cura y gobernadorcillo en la isla de Luzon, prov. de la Laguna, arz. de Manila, sit. en los 125° 10' 30" long. 14° 24' 40" lat., á la orilla derecha de un rio, en terr. llano y clima saludable y templado. Tiene 9,482 casas, la parroquial, la de comunidad donde está la cárcel, y la iglesia que es de mediana fábrica y la sirve un cura regular. Hay una escuela de instruccion primaria, cuyo maestro tiene una asignacion, la cual varía segun el número de alumnos, siendo pagada esta asignacion de los fondos de comunidad. Hay tambien un cementerio y caminos no muy buenos. Confina el térm. por N. O. con el de Santa Maria distante 2 leg., por O. con el de Mabitac á ½ id., por S. S. O. con el de Pangil á ½ id., por S. con el de Paquil á ½ id. y por E. con el mar. Riega el terr. que es bastante montuoso, además del rio mencionado que desagua en la laguna, el de Quinagabijan que tiene su orígen en la cordillera que baja del N., siendo ramificacion de la gran cordillera ó sierra Madre y que continúa hasta la provincia de Tayabas; este rio que es de corto curso, desagua en el mar, como otros varios de la jurisdiccion de este pueblo, por la costa oriental de la provincia. En los montes se crian buenas maderas, muchas clases de cañas, abundante caza, y se coge tambien alguna miel y cera. Prod. arroz, maiz, caña dulce, legumbres, ajonjolí, café, pimienta, algodon y frutas: ind., la agricultura es la ocupacion principal de los naturales, y la de las mugeres es la fabricacion de telas de algodon y abacá, otros se dedican al beneficio de la caña dulce, y algunos en la pesca: POBL. 5,885 almas, y en 1845 pagaba 1,199 trib. que hacen 11,990 rs. plata.

SINOCTAN: visita del pueblo de Asingan, en la isla de Luzon, prov. de Pangasinan; sit. en los 124° 19' 30'' long. 16° 38'' lat. en terreno desigual y distante unas 2 millas al S. O. de su matriz, en el art. de la cual incluimos su pobl. prod. y trib.

SINOLO: rio de la isla de Mindanao, en la prov. de Caraga; nace próximo á la costa setentrional del mismo, y desagua en el mar despues de un corto curso.

SINTENELA: monte de la isla de Luzon, en la prov. de Ilocos Norte: hállase en el térm. de Bangi al Mediodia de este pueblo.

SIO

SIOCON: punta de la costa occidental de la is. la de Mindanao: hállase en los 127° 40' long. 7° 22' 30'' lat.

SIOLAL: punta de la costa occidental de la isla de Catanduanes: hállase en los 127° 43' long. 13° 37' lat.

SIOMTIAM: rio de la isla de Luzon en la prov. de Batangas; nace en los 124° 30' long. 13° 59' 30'' lat., en las vertientes meridionales del monte Batulao, dirígese al S. y pasando al E. de Calaca va á desaguar en el seno de Balayan, junto al barrio Matasnabayan.

SIP

SIPAISAN: isla adyacente á la costa oriental de la de Negros, de la que dista ¼ leg.; hállase su centro en los 126° 49' long. 10° 29' 30'' lat.

SIPALON: islita adyacente á la costa S. O. de la prov. de Camarines Norte; hállase á muy corta distancia de la referida costa, en el seno de Guinayangan, y su centro en los 126° 8' long. 13° 54' 20'' lat.

SIPAN BALAYAN: afluente del rio chico de la Pampanga; nace en los 124° 12' 30'' long. 15° 9' 40'' lat., á corta distancia y al S. O. del pueblo de Mabalacat, dirígese al N. E., corre unas 5 leguas y va á desaguar al referido rio.

SIPIT: barrio del pueblo de Malinao, en la isla de Luzon, prov. de Albay, dióc. de Nueva Cáceres, sit. en los 127° 21' long. 13° 21' 30'' lat. en terr. llano y á muy corta distancia de otro barrio llamado Quinali, que tambien lo es del referido pueblo: el clima es igual al de su matriz, en cuyo art. incluimos su pobl. prod. y trib.

SIPOCOT: pueblo con cura y gobernadorcillo en la isla de Luzon, prov. de Camarines Sur, dióc. de Nueva Cáceres, sit. en los 126° 39' long. 13° 42' 30'' lat., entre dos ríos, terr. llano y clima benigno. Consta este pueblo de unas 124 casas, la parroquial, la de comunidad, donde está la cárcel y una iglesia parroquial servida por un cura secular. Hay una escuela de instruccion primaria, cuyo maestro tiene una dotacion por los fondos de comunidad. Hay tambien cementerio y caminos que se encuentran en no muy buen estado, recibiéndose de la cab. de la prov. un correo semanal. Confina el térm. por N. O. con el de Lupi que dista unas 2 leg.: por S. E. con el de Sibmanam, á 2 ¼ id. y por N. E. con la bahía de San Miguel. El terr. es fértil y montuoso, criándose en él buenas maderas, caza, y hallándose en los montes bastante miel y cera que van las abejas á depositarlas en ellos. En el terr. cultivado las prod. son arroz, maiz, caña dulce, ajonjolí, algodon, abacá, frutas, pimienta, café y varias clases de legumbres. Ind.: esta consiste en la agricultura, beneficio de la caña dulce y del añil, y fabricacion de telas de algodon y abacá: POBL. 743 almas.

SIQ

SIQUIJOR: pueblo con cura y gobernadorcillo en la isla de su nombre, situada al E. de la de Negros, al S. de la de Cebú y por el N. con Mindanao, tiene de bojeo sobre 15 leg., long. de N. á S. 5; lat. de E. á O., su temperatura es saludable y seca, pues rara vez llueve; en sus bosques hay escelentes maderas para construccion naval y edificios, como son el cedro, el dongon, el ipil, el molabe, el bagálnga, el Hindang y el dánglog.

Tiene unas 1,900 casas con las de sus visitas Tigbáuan y Macapilay, en general de sencilla construccion, la de comunidad y la parroquial se distinguen como mas notables, hay escuela de primeras letras é iglesia parroquial servida por un cura regular.

Prod.: arroz, maiz, cacao y raices, igualmente se crian varias especies de plátanos de los que se estrae mucho abacá. Ind.: sus naturales se dedican á la fabricacion de medriñaques y al tráfico de búfalos en la isla de Cebú. POBL. almas 10,262, trib. 1,915.

SIRLOON: islote en el archipiélago de Joló, al N. O. de la isla de Lapao, hállase su centro en los 124° 26' long. 5° 33' 30" lat.

SIROMA: visita del pueblo de Tinambac, en la isla de Luzon, prov. de Camarines Sur, dióc. de Nueva Cáceres; sit. en los 126° 58' 30" long. 14° 2' 40" lat., en la costa N. de la prov., terr. montuoso y clima templado. Hállase unas 3 ½ leg., al N. de su matriz, en cuyo artículo incluimos sus prod. pobl. y trib.

SIROROMA: islita adyacente á la costa N. O. de la prov. de Camarines Sur, á la entrada de la bahía de San Miguel y distante unas 200 brazas de la referida costa, en la que está situada la visita Siroma que le da nombre á esta islita. Tiene 1 leg. de larga y ½ milla de ancha; su centro se halla en los 126° 57' long. 14° 4' 30" lat.

SIRUMA: punta de la costa occidental de la prov. de Camarines Sur, hállase en los 126° 48' long. 13° 20' 20" lat.

SIS

SISIMAN: ensenada de la costa meridional de la prov. de Bataan, hállase á la izquierda de la entrada de la bahía de Manila, entre los 124° 12' 30" long. y 124° 13' id., en la lat. de 14° 26' 30".

SISIRAN: puerto de la costa setentrional de la prov. de Camarines Sur, hállase entre los 127° 17' 30" long. 127° 21' 30" id. 15° 53' 40" lat. y 13° 53' 10" id., está defendido de los vientos N. E. y de los del N. O. por las islas Lamit, y Quinatasan, que se encuentran hácia esta parte, tiene unas 3 leg. de bojeo y es bastante seguro.

SIT

SITANGA: visita del pueblo de Apad, en la isla de Alabat, adscrita á la prov. de Tayabas, sit. en los 125° 39' long. 14° 7' 20" lat. en terr. llano, próxima á la playa oriental de la isla, 4 leg. distante de su matriz, que se halla en continente distinto, y en el art. de la cual incluimos su pobl. prod. y trib.

SOB

SOBOBOLO: monte de la isla de Luzon en la prov. de Ilocos S. hállase su cumbre en los 124° long. 21° lat.

SOBOBOLO: (ensenada de): en la costa occidental de la prov. de Ilocos Sur, hállase entre los 17° 19' 20" lat. 17° 22' 30" id. en la long. de 124° 57' 38".

SOBONCOGON: punta de la costa E. de la prov. de la isla de Mindoro, hállase en los 125° 5' long. 12° 31' 15" lat.

SOC

SOCOL: rio de la isla de Mindoro, nace en los 125° 4' 30" long. 12° 39' 30" lat., corre unas 2 leg. al N. E. y desagua en el mar por la costa oriental de la isla, pasando antes al N. O. de Bongabon.

SOCOL: punta de la isla de Luzon, en la laguna de Bay, prov. de este nombre, hállase en los 124° 53' 18" long. 14° 10' 30" lat.

SOG

SOGOD: pueblo con cura y gobernadorcillo en la isla, prov. y dióc. de Cebú, sit. en terreno llano próximo á la costa de la referida isla: su clima es algo cálido y saludable. Tiene con la de su visita Tabogon 1,003 casas, la parroquial y la de comunidad. La iglesia parroquial es de mediana fábrica y la sirve un cura secular. Hay escuela de instruccion primaria pagada de los fondos de comunidad, los caminos no son muy buenos, y por ellos recibe el correo semanal establecido en la isla. El térm. es de poca estension, su terr. es bastante fértil, y las tierras cultivadas producen arroz, maiz, añil, ajonjolí, cocos, mangas y otras frutas. La ind. consiste en la agricultura, en la fabricacion de algunas telas de algodon y abacá, y en la caza, aunque á esta se dedican pocos. POBL. 6,018 almas. y en 1845 pagaba 1,104 trib. que hace 11,040 rs.

SOGOD: visita del pueblo de Maasin, en la isla y prov. de Leite dióc. de Cebú, sit. en la costa S. E. de la isla, á la orilla derecha de un rio, en terr. llano y clima igual al de su matriz, que dista unas 6 leg. al O. S. O., y en el artículo de la cual incluimos su pobl. prod. y trib.

SOGOD (ensenada de): en la costa setentrional de la parte inferior de la isla de Luzon, entre la prov. de Tayabas y Camarines Norte; fórmala las puntas Dapdap y la de Pilapinahuajan, la primera en los 115° 49' long. 14° 16' lat., y la segunda en los 115° 56' long. 14° 16' lat., penetra esta ensenada hasta el desague del rio Tabagon en los 125° 54' long. 14° 9' lat., y tiene unas 8 leg. de bojeo.

SOGUICAY: V. Sigtocay.

SOJ

SOJOTON: punta occidental de la isla de Negros; hállase en los 126° 2' long. 9° 50' lat.

SOL

SOLIMAN: arroyo que cruza por medio del pueblo de Banguet, en la isla de Luzon, prov. del Abra; nace al N. de este pueblo, corre al S. O., sigue al S. de la iglesia y atraviesa por las sementeras que se hallan hácia este último punto. Hay sobre este arroyo cuatro puentes de cal y canto para mayor comodidad de los vecinos del pueblo que se aprovechan de sus aguas para todos los usos domésticos.

SOLITARIA: islita adyacente á la costa setentrional de la prov. de Tayabas, de la que dista muy poco.

SOLITARIO: islote adyacente á la costa S. O. de la prov. de Camarines Sur; hállase su centro en los 127° 59' 30" long. 13° 25' lat.

SOLITARIO (El): islote adyacente á la costa N. E. de la isla de Ticao, de la que dista ¼ leg.: hállase al S. de la entrada del puerto de San Jacinto, y su centro en los 127° 23' long. 12° 33' 25" lat.

SOLOTSOLOT: punta de la costa occidental de la isla de Luzon, en la prov. de Ilocos Norte: hállase en los 124° 5' 20" long. 17° 52' 30" latitud.

SOM

SOMBRERO: isla adyacente á la costa N. O. de la de Leite, de la que dista 4 leg., su centro se halla en los 127° 47' long. 11° 44' lat.

SOMBRERO: islita adyacente á la costa E. de la isla de Paragua de la que dista 4 leg.; su centro se halla en los 122° 46' long. 9° 33' lat.

SOMBRERO: islote adyacente á la costa setentrional de la isla de Burias, de la que dista unas 2 leg.; su centro se halla en los 126° 28' 25" long. 13° 8' 53" lat.

SOMBRERO: bajo en el mar de Visayas, á 6 leg. de la costa occidental de la isla de Panay; hállase en los 125° 7' long. 10° 45' lat.

SOO

SOOLADEL: islote al S. O. de la isla de Joló en el archipiélago de este nombre; hállase su centro en los 124° 31' 30" long. 5° 46' 30" lat.

SOP

SOPOLON: visita del pueblo de Jasaa, en la isla de Mindanao, prov. de Caraga, dióc. de Cebú; sit. en la costa setentrional de la isla, no muy lejos de su matriz, en el art. de la cual incluimos su pobl. prod. y trib.

SOR

SORSOGON: pueblo con cura y gobernadorcillo, en la isla de Luzon, prov. de Albay, dióc. de Nueva cáceres; sit. en los 127° 39' 30" long. 12° 59' 10" lat., entre dos riachuelos que van á desaguar al puerto del mismo nombre que el pueblo, el cual se halla próximo á su playa, en terreno llano y clima templado. Tiene 1,219 casas y 230 de que constan sus visitas; la iglesia parroquial de este pueblo está servida por un cura secular. La casa parroquial se halla junto á la iglesia, y en la casa de comunidad está la cárcel. Hay escuela, cementerio y caminos no muy malos. Confina el térm. por N. con el de Manito, que dista unas 3 leg. al N. O., por O. con el de Quipia, distante unas 9 leg., por E. con el mar, por S. con el puerto á que da nombre, y por N. E. con el térm. de Bacon, á 2 leg. El terr. es fértil y corren por él numerosos rios; al N. O. del pueblo se eleva el pico de Sorsogon que dista poco mas de 1 leg.: sobre la playa del mencionado puerto, se encuentra la visita Bolabog, distante 2 leg. al O., y en la playa del mismo al S. O. de Sorsogon se halla otra visita llamada Pabat. Prod: arroz, maiz, caña dulce, algodon abaca, legumbres y frutas. Ind.: los naturales, se dedican á la fabricacion de telas y á la agricultura. POBL. 7,515 almas, y en 1845 pagaba 1,159 trib. que hacen 11,590 rs. plata.

SORSOGON. (puerto de) en la costa meridional de la isla de Luzon, prov. de Albay, comprendido entre los 127° 27' long. 127° 41' id. 12° 50

30'' lat., y 12° 58' 50'' id., es muy seguro y tiene de bojeo unas 14 leg., y de largo 4 ½ id.; á la derecha de su entrada se hallan las islas de Poro y Malacimbo.

SORSOGON (pico de): en la isla de Luzon, prov. de Albay, térm. del pueblo que le dá nombre; hállase su cúspide en los 127° 32' 20'' long. 13° 2' 30'' lat.

SOS

SOSONCAMBIN (pico de): en la isla de Luzon, prov. de Batangas, térm. del pueblo de Lipa; hállase en los 124° 52' 55'' long. 13° 58' lat.

SOSONDALAGA (pico de): en el centro de la isla de Taliú; hállase en los 124° 55' long. 14° 21' 50'' lat.

SUA

SUA: punta de la costa meridional de la isla y prov. de Samar; hállase en los 129° 6' long. 11° 5' 30'' lat.

SUAG: punta de la costa S. O. de la prov. de Albay; hállase en los 127° 35' 40'' long. 12° 34' 15'' lat.

SUAL: pueblo con cura y gobernadorcillo, en la isla de Luzon, prov. de Pangasinan, dióc. de Nueva Segovia, sit. en los 125° 44' 52' long. 16° 5' 30' lat, en terr. montuoso pero de buena calidad: pasa por este pueblo un rio llamado Lasag, que varía su curso como la cordillera de los montes, siendo de estós los principales el llamado Verde y el Micacaya, que con sus estremos cierran el puerto. Las calles de esta poblacion son espaciosas y cómodas: recibe el correo general de la cabecera de la prov. Prod.: palai, sibucao y maiz. Ind.: la principal es el corte de maderas y lo sobrante de sus productos agrícolas; y algunos se dedican á la caza y pesca La Iglesia parroquial está servida por un cura regular; tiene campo santo situado en una loma, cuya circunstancia le hace estar perfectamente ventilado. Pobl.: almas 2000, trib. 600.

SUAL (puerto de): en la costa occidental de la isla de Luzon, en el golfo de Lingayen costa setentrional de la prov. de Pangasinan; hállase entre los 125° 4 y 30' long. 123° 45' 30'' id., 16° 4' lat. y 16° 5' 40'' id.: en la playa meridional del mismo se halla situado el pueblo que le da nom-

bre; es bastante seguro y está defendido de los vientos N. E.

SUAL (punta de): en la costa occidental del golfo de Lingayen, al N. de la entrada del puerto de su mismo nombre, en los 125° 45' 30'' long. 16° 5' lat.

SUALIC: punta de la costa occidental de la isla de Negros; hállase en los 126° 3' long. 9° 47' 40'' lat.

SUAY: visita del pueblo de Jimamailan, cab. de la prov. de Negros, en la isla del mismo nombre, dióc. de Cebú, sit. en terr. llano, y en la costa occidental de la isla, á corta distancia de su matriz, en cuyo art. van incluidos sus trib., pobl. y prod.

SUB

SUBAN: rio de la isla de Mindoro; nace en los 124° 39' long. 13° 23' lat., corre 1 leg. al N. E. y va á desaguar por la costa setentrional de la isla.

SUBIG: pueblo con cura y gobernadorcillo en la isla de Luzon, prov. de Zambales, arz. de Manila, sit. en los 125° 51' 30'' long. 14° 52' 58'' lat. á la banda O. de la isla y en el centro de una hermosa ensenada; su clima aunque destemplado, es bastante saludable: abunda de aguas potables y corren por sus inmediaciones los rios llamados Baliti y Vabangani. Su puerto, de quien toma el nombre, es fondeable para buques pequeños; y bastante resguardado de los vientos: las prod. de su suelo están reducidas al arroz y raices farinacias; en sus bosques se encuentran buenas maderas para construccion, como son, molabe, narra, acle, baticuy, mangachapui, banabá y otras. Ind. la pesca y lo sobrante de sus productos agrícolas es el principal tráfico de estos naturales; dista de sus colaterales Maribeles por el S. 16 leg., y de S. Narciso por el N. 4. La iglesia parroquial está servida por un cura regular. Pobl.: almas 3,836: trib. 845 ½.

SUBIG (pico de): hállase á unas 6 leg. al N. N. E. del pueblo que le da nombre, en la cordillera de los montes Zambales, isla de Luzon, en los 124° 2' 40'' long. 15° ' 557'' lat.

SUBUG: rio de la isla de Luzon, en la prov. de Albay; nace en los 127° 23' 30'' long. 13° 2' 40'' lat., corre 1 leg. al E. y desagua en el seno de Albay.

SÚGUD: bahía de la costa meridional de la isla de Mindanao, comprendida entre los 127° 59' long. 128° 7' id. 7° 17' y 7° 25' lat.

SUGUIAL: monte de la isla de Luzon, en la prov. de Ilocos Norte; hállase en el térm. del pueblo de Bangi, al N. E. del mismo.

SUL

SULABAN: punta de la costa setentrional de la isla de Mindanao, prov. de Misamís; hállase en los 128° long. 8° 35' 30" lat.

SULAT: visita del pueblo de Libas, en la isla y prov. de Samar; dióc. de Cebú; sit. en la costa oriental de la isla, terr. llano y clima templado y saludable. Hállase á corta distancia y al N. de su matriz, en cuyo artículo damos su pobl. prod. y trib.

SULOT: punta de la costa oriental de la isla de Samar; hállase en los 129° 5' long. 11° 58' lat.

SULSUQUIN: rio de la prov. de Batangas. V. Pausan.

SULUAN ó BUENA SEÑAL: islita adyacente á la costa oriental de la isla de Leite de la que dista unas 16 leg.; su centro se halla en los 129° 49' 30" long. 10° 42' lat.

SUM

SUMAC: visita del pueblo Bago en la isla y prov. de Negros, dióc. de Cebú, sit. en los 126° 33' 30" long. 10° 27' 20" lat., en la costa occidental de la isla, terr. llano y clima algo cálido. Hállase á corta distancia de su matriz en cuyo art. damos su pobl. prod. y trib.

SUMACAB: visita del pueblo de Cabanatuan, en la isla de Luzon prov. de Nueva Ecija, arz. de Manila; sit. en los 124° 33' 30" long. 15° 28' lat., á la orilla izquierda del rio de Cabanatuan, en terr. llano y clima igual al de la matriz, que dista 2 millas al N. E., y con la cual incluimos en el art. de la misma su pobl. prod. y trib.

SUMAGUI: rio de la isla de Mindoro, nace en los 125° 2' 30" long. 12° 48' long.; corre unas 2 leg. y desagua en el mar por la costa oriental de la isla.

SUMAGUIL: barrio del pueblo de Sariaya, en la isla de Luzon, prov. de Tayabas, dióc. de Nueva Cáceres, sit. en los 125° 13' 40" long.

13° 52' 40" lat., en la costa meridional de dicha prov. y distante unos ¾ leg. al S. de la matriz, en cuyo art. incluimos la pobl. prod. y trib. de este barrio.

SUR

SURIGAP: grupo de islas que se halla al N. E. de la gran isla de Mindanao, y al S. E. de la de Leite; comprendido entre 129° 3' long. 129° 47' id., 9° 5' lat., y 10° 24' id.; son en número de 30 y la principal de ellas denominantes del grupo, se halla adscrita á la prov. de Caraga, tiene de larga 3 ¼ leg., y 2 id. de ancha, y en ella están situadas las visitas Cabuntug y Sapas.

SURIGAO pueblo con cura y gobernadorcillo, cabecera de la prov. de Caraga en la isla de Mindanao, dióc. de Cebú, sit. en los 129° 10' long. 9° 23' lat., en terr. llano y al N. de la isla, sobre las riberas del rio Tomanday próximo á la hermosa bahía, cuya entrada á ella es difícil para los buques á causa de las corrientes: en los montes inmediatos se crian escelentes maderas, como son ipil, molabe, mamono, sudyan, doñgon, duyoc, narra, ébano y lindas cañas blancas á propósito para bastones: dista de sus colaterales Higáquit 4 leg. por el O. y de Butuad por el E. 20.

Tiene unas 1,400 casas, en general de sencilla construccion, la de comunidad y parroquial con su iglesia servida por un cura regular. Productos: son insignificantes, pues sus naturales tienen cuantos recursos necesitan para sus necesidades con los innumerables lavaderos de oro que existen en su territorio, y en la pesca de valate, caray y concha de que abundan sus costas.

Pobl. almas 7,417, trib. 1,563 ½

SURIGAO: (paso ó estrecho de): hállase este estrecho al N. de la isla de Mindanao, á cuyo estremo setentrional ó sea á la punta Banajen contesta la punta S. de la isla de Panaon, distante unas 3 leg. que es el ancho de este estrecho, por donde se juntan los mares de Visaya y el oriental del archipiélago filipino. Antiguamente le atravesaban todas las embarcaciones que iban de Nueva España á este archipiélago.

SURCOC: arroyo que nace en al cerro de su mismo nombre, térm. de Bauqued, en la isla de Luzon prov. del Abra; pasa al S. O. de dicho pueblo, y junta sus aguas con las del arroyo llamado Soliman. Hay sobre este arroyo un puente de cal y canto, para mayor comodidad de los vecinos del pueblo.

SURCOC: cerro que se halla en el térm. de Baugued, isla de Luzon prov. del Abra, al N. O. de dicho pueblo.

SUTA: puerto de la costa oriental de la isla de Luzon, en la prov. de Albay; hállase en el seno de este nombre, doblando la punta de Cabadia.

T

TAA

TAAL: pueblo con cura y gobernadorcillo en la isla de Luzon, prov. de Batangas, en el arz. de Manila; sit. en los 124° 36' 30'' long. 51° 30' lat., próximo al mar, cuya situacion, la hermosura de sus calles, su buena plaza, la multitud de casas, entre las que se distinguen algunas de buena construccion, y sus campiñas, huertas y prados ofrecen una vista muy pintoresca: su temperamento es fresco y sano. La iglesia parroquial es de una mediana arquitectura, servida por un cura regular; su cementerio está fuera de la poblacion y bien ventilado; hay escuela de primeras letras y casa de comunidad adonde se halla la cárcel. Prod.: las principales cosechas de su suelo son el trigo, arroz, maiz, café, pimienta, añil, cacao, algodon, muchas legumbres y abundante fruta, y como el terreno abunda de flores aromáticas, y hay abejas en abundancia, se recoge mucha y muy delicada miel y cera. En sus multiplicados pastos se cria mucho ganado vacuno, caballar y de cerda. Entre los animales silvestres se distinguen varias especies de zorras, el ciervo, el ganso, el mono, el cerdo espin, el erizo y el huron; y entre los volátiles, la garza real, la grulla y la cigüeña. La ind. es de la mayor consideracion. Se beneficia el algodon, que es superior, y se coge mucho y de él se tejen en una gran multitud de telares inmensas cantidades de ropas finas y ordinarias, ocupándose en este ramo de industria innumerables personas de uno y otro sexo. Sus tintas son de bellos coloridos y permanentes. Hay varias fábricas de aceite de ajonjolí que sirve para el alumbrado, curtidos y toda clase de artistas. Muchos se dedican á la pesca que es abundante, y el pescado que se coge en la laguna de Vourbon (en cuyo centro está el volcan de que hemos hablado en su lugar correspondiente), es el mas esquisito y de mejor gus-

to que se conoce en las islas; son muy particularmente apreciables los grandes sábalos ó salmones, y mas particular el modo que tienen los indios de pescarlos, que es á palos: forman una estacada de cañas gruesas en el rio, por el que salen los pescados á desovar en el mar, y al tocar en las estacas, dan un gran salto para salvarlas, y dando en otra estacada mas alta, caen en una esplanada formada tambien de cañas, en donde los esperan los indios, y con garrotes los matan: pesan de 6 á 7 libras y el precio de cada uno no pasa de 2 rs. Hace este pueblo su comercio con los de la prov. y Manila, adonde conducen cera, miel, cebollas, ajos, trigo, mucho ganado vacuno y gran cantidad de ropas. Cerca de la iglesia está el cementerio de la virgen de Caisasay, adonde concurren todos los pueblos de la prov. que la tienen gran devocion. POBL. 41,347 almas: trib. 8,546.

TAAL: ruinas del antiguo pueblo de este nombre que fué destruido por una erupcion del volcan que se halla en el medio de la laguna de Taal, en el mes de diciembre de 1754. Estaba sit. en los 124° 36' 30'' long. 13° 55' 40'' lat., á la orilla derecha del rio de Pansipit en la playa S. O. de la referida laguna. Despues de su destruccion en dicha época, se fundó de nuevo en el sitio que hoy ocupa (V. Taal pueblo), procurando alejarlo cuanto fuese posible del referido volcan.

TAAL O DE BOMBON: laguna de la isla de Luzon, en la prov. de Batangas, comprendida entre los 124° 33' 20'' long. 124° 47' id., 13° 52' lat. y 14° 6' 30'' id.; tiene unas 5 leg de N. á S. y 3 id. de E. á O.: su bajeo es de unas 15 leg., y su profundidad se desconoce por ciertos sitios hasta donde llega. La cordillera que divide la prov. de Batangas y Cavite al N. O., y la elevacion de todo lo demás del terreno que la

TAB   —437—   TAB

circunda, la asemeja á una caldera con agua, como dice el P. Zúñiga. En el centro hay una islita llamada del Volcan, por haber uno en ella que hizo en otros tiempos grandes estragos en las inmediaciones de la laguna. La descripcion de esta isla y del volcan, y demás noticias que existen sobre una y otro, pueden verse en el art. Volcan (isla del). Hállanse en la playa del N. las ruinas de Tanavan, donde estuvo situado antiguamente este pueblo: en la del S. O. las de Taal á la orilla del rio Pansipit y al N. O. del barrio de San Nicolás, y en la playa del E. se encuentra el desagüe del rio Sala, próximo al que estuvo situado el pueblo de este nombre. Hay buenos pescados en esta laguna, como los sábalos, atunes y otros, de los cuales se aprovechan los de Taal, pescándolos como puede verse en el art. del pueblo.

TAB

TABABOT: rio de la isla de Luzon, en la prov. de Batangas, térm. del pueblo del Rosario.

TABACO (seno de): hállase en la costa oriental de la isla de Luzon, prov. de Albay, comprendido entre los 127° 23' long. 127° 31' 30" id., 13° 14' lat. y 13° 22' id. Fórmase este seno por las islas de San Miguel y Cacraray: la primera al N. y la segunda al E. juntamente con la referida costa oriental de la isla de Luzon, de cuyo continente debieron formar parte en otro tiempo estas dos islas. En la misma costa se hallan situados los pueblos de Bacacay, Malilipot y Tabaco, denominante del seno, cuyo bojeo es de unas 6 leg.

TABACO: pueblo con cura y gobernadorcillo en la isla de Luzon, prov. de Albay, dióc. de Nueva Cáceres; sit. en los 127° 18' long. 13° 21' 15" lat., próximo al desagüe de un rio en la costa N. E. de la prov. y playa, al seno á que da nombre, en terr. llano y clima benigno. Tiene este pueblo unas 1,900 casas, la parroquial y la de comunidad: en esta última se halla la Cárcel, y la primera está junto á la iglesia parroquial que es de mediana fábrica y la sirve un cura regular. Hay una escuela de instruccion primaria, y un Cementerio que está fuera del pueblo. Confina el térm. por N. con el de Malinao, distante 1 leg., por S. con el de Malilipot, á igual distancia, por

E. con el seno á que da nombre, y por O. no están marcados los límites á su jurisdiccion. Al S. S. O. de este pueblo se hallan los barrios de San Vicente y San Antonio, distante el primero un ¼ de legua, y el segundo ½ leg., al N. E. se encuentra el de Matananap á 1 milla de distancia: el terr. es montuoso, aunque hay una buena llanura por la parte de la costa, donde están las sementeras. En los montes se crian buenas maderas de construccion y alguna caza. Prod. arroz, maiz, caña dulce, algodon, frutas y legumbres. La ind. consiste en la agricultura y fabricacion de telas de algodon y abacá. Pobl. 11,381 alm. y en 1845 pagaba 1,904 trib. que hacen 19,040 reales plata.

TABAGON: rio de la isla de Luzon, nace en los 125° 55' 35" long. 14° 6' lat., diríjese al N. N. O. deslindando los límites de las prov. de Tayabas y Camarines Norte, corre una leg. y desagua en la ensenada de Sogod, en los 125° 54' long. 14° 9' lat.

TABALGUI: puerto de la costa occidental de la isla y prov. de Leite; hállase en el estremo N. E. de dicha isla, al E. de la de Gato.

TABAN: visita del pueblo de Minalabag, en la isla de Luzon, prov. de Camarines Sur, dióc. de Nueva Cáceres, sit. en los 126° 52' 30" long. 13° 29' 40" lat., á la orilla de un rio, en terr. llano, clima templado y distante unas 2 millas al S. S. E. de su matriz, en cuyo art. incluimos su pobl. prod. y trib.

TABANG: visita del pueblo de Piat, en la isla de Luzon prov. de Cagayan, dióc. de Nueva Segovia, distante de su matriz como unas dos leguas al Nordeste.

Pobl.: en 1848 se componia de 502 almas que pagaban 155 trib.

TABANGAO: rio de la isla de Luzon, en la prov. de Batangas; nace en los 121° 45' 30" long. 13° 42' 30" lat.; diríjese al O., corre unas dos millas, y va á desaguar por la costa occidental de la prov. en la ensenada de Batangas.

TABAO: ranchería de infieles en la isla de Luzon, prov. de la Union; sit. en los 124° 10' long. 16° 27' lat.

TABAY-TABAY: rio. V. Pablo (San.)

TABING CHICO: islote adyacente á la costa occidental de la isla de Leite, de la que dista muy poco, hállase al N. de la punta Tugas.

TABING GRANDE: islote adyacente á la cos-

TAB —443— TAC

ta occidental de la isla de Leite, hállase al N., y á corta distancia del otro islote llamado Tabing chico.

TABINTABISMAN: punta de la costa occidental de la isla de Samar, hállase en los 128° 48′ long. 11° 26′ lat.

TABLAS (isla de): adscrita á la prov. de Capiz, comprendida entre los 125° 35′ long. y 125° 48′ 30″ id., 12° 42′ id. Tiene 11 leg. de larga, 3 de ancha y 24 de bojeo. Su terr. es bastante montuoso, críanse en los montes diferentes clases de maderas y algunas raices alimenticias. Hállase situado en esta isla, visita del pueblo de Bantoon, llamada Looc.

TABLASO: punta de la costa oriental de la isla de Marinduque; hállase en los 125° 48′ 20″ long. 1.° 14′ 10″ lat.

TABO: visita del pueblo de Bula, en la isla de Luzon, prov. de Camarines Sur, dióc. de Nueva Cáceres; sit. en los 126° 54′ long., 13° 28′ lat., á la orilla de un rio en terr. llano y clima templado. Dista 1 leg. al O. N. O. de su matriz, en cuyo art. incluimos su pobl. prod. y trib.

TABOGON: visita del pueblo de Sogod, en la prov. y dióc. de Cebù, sit. no muy lejos de su matriz, en cuyo art. incluimos su pobl. prod. trib.

TABON: ave marítima del tamaño de una gallina, pero sin cresta, toda negra, y con el cuello y las patas bastante largas. Es muy comun su cria por las playas de la isla de Mindoro, la procreacion de este animal se efectua de un modo muy singular y digno de mencionarse. Aparecen por los meses de marzo, abril y mayo, en las playas de dicha isla, cuando no hay grandes avenidas en los rios, escarban en las riveras, cuyas arenas se hallan esponjosas, y haciendo un hoyo de un estado de hondo y de una estension proporcionada, depositan en él sus huevos, que ponen hasta el número de 40 ó 50; luego que así lo han hecho vuelven á tapar la tierra para que ellos mismos se empollen, sin necesidad del abrigo de la madre, pues á esta suple el calor de la arena calentada por el sol. Pasado el tiempo necesario vuelve la madre al sitio en que dejó sus huevos y empieza con graznidos á llamar á sus hijuelos, los cuales conforme la oyen, van escarbando la arena con sus patillas y vueltas para arriba, pues de no ha-

cerlo así se pierden, y mueren como les sucede á algunos. Estos huevos cuando están frescos, son muy sabrosos y mantecosos, y aun mas grandes que los de pava, de modo que con uno solo queda un hombre satisfecho y aun ha de costarle trabajo su digestion si no tiene un estómago fuerte. Los que están empollados son aun mas apetecibles, porque así mismo se mantienen frescos y sin echarse á perder: la clara queda convertida en el polluelo, el que tiene metido el pico en la yema, de la que se va manteniendo. Asando estos huevos cuando están así, es un bocado preferible al pichoncillo, mas gordo y regalado, segun dicen algunos.

TABONES: islita adyacente á la costa setentrional de la isla de Samar: hállase su centro en los 128° 28′ 30″ long. 12° 37′ 30″ lat. Llámase así por el pájaro de este mismo nombre, que cria en las playas de este isla.

TABUCO: barrio del pueblo de Santa Cruz, en la isla de Luzon, prov. de Camarines Sur, dióc. de Nueva Cáceres, sit. en los 126° 51′ 30″ long. 13° 34′ 30″ lat., en terr. llano próximo á la orilla de un rio: su clima es templado y saludable. Tiene una iglesia y una casa de comunidad, donde habita el teniente de justicia encargado de la recaudacion de los tributos que paga este barrio, los cuales, así como la pobl. y prod. los incluimos en el art. de la matriz.

TABUNAN: punta de la costa N. E. de la isla de Masbate, hállase en los 127° 28′ long. 12° 15′ lat.

TABUTUTU: islita adyacente á la costa oriental de la prov. de Bataan, en la bahía de Manila, y embocadura del rio de Orani; su centro se halla sit. en los 124° 14′ 10″ long. 14° 48′ lat.

TAC

TACLOBAN: pueblo con cura y gobernadorcillo, en la isla de Leite, cab. de la prov. de este nombre, dióc. de Cebú: sit. en terr. llano y clima templado sobre la costa oriental de la prov. Tiene unas 616 casas, la parroquial, la casa real, y la de comunidad, donde se halla la cárcel. La igl. parroquial es de mediana fábrica y la sirve un cura secular. Hay una escuela de primeras letras bastante concurrida por los niños del pueblo, y cuyo maestro tiene una asignacion pagada de los fondos de comunidad. Comunícase este pueblo con sus inmediatos por medio de no muy buenos caminos, y recibe el correo del esterior de la isla en dias indeterminados; confina el término con el de Canigam y el terr. es llano, la parte de él reducida al cultivo prod. arroz, maiz, caña dulce, pimienta, ajonjolí, algodon, abacá, algunas legumbres y frutas. Ind.: la agricultura, la caza y la pesca son las ocupaciones de los hombres, dedicándose las mugeres al hilado y tejido del algodon. El com. se reduce á la esportacion que se hace del arroz y otros artículos para algunas prov. y á la venta que hacen los pueblos vecinos, en esta cab., de algunas de sus producciones. Pobl. 2,494 almas y en 1845 pagaba 450 trib. que hacen 4500 rs. plata.

TACQ⌐INMANOC: monte de la isla de Luzon, en la prov. del Abra, hállase en el térm. de Banguad al N. de este pueblo.

TACUPAN: islote adyacente á la costa setentrional de la isla de Marinduque, distante unas 200 brazas de la referida costa; su centro se halla en los 125° 34' long. 13° 34' 10" lat.

TAG

TAGALVAN (bahía de) en la costa setentrional de la isla de Mindanao, prov. de Misamis; comprendida entre los 128° 10' long. 128° 24 id. 8° 34' lat. y 8° 35' 10" id.

TAGAPALA: isla adyacente á la costa occidental de la isla de Samar, de la que dista unas 3 leg.; tiene de larga 1 ½ leg. y 1 id. de ancha, hallándose su centro en los 117° 56' long. 11° 3' lat.

TAGASIPAL: isla adyacente á la costa setentrional de la de Leite; hállase entre la de Maripipi y la de Biliran.

TAGAUAAN: visita del pueblo de Surigao, cab de la prov. de Caraga, en la isla de Mindanao, dióc. de Cebú, sit. en terr. llano, próximo á la orilla de un rio, bajo un clima cálido y saludable. Pobl., prod. y trib. los damos en el art. de la matriz.

TAGANGANO: ensenada de la costa N. E. de la isla de Ticao, comprendida entre los 127° 20' long. y 127° 21' id., 12° 26' 10" lat. y 12° 37' id.

TAGBAG: V. Camarin de Tagbag.

TAGBILARAN: pueblo con cura y gobernadorcillo en la isla de Bohol, adscrita á la prov. y

dióc. de Cebú, situado á la banda del S. O. de la isla, en terr. desigual y montuoso: formando con la isla de Davis, que tiene al frente, un canal cuya conclusion á la parte del S. queda seco en bajas mareas. Las casas, en general, son de sencilla construccion, distinguiéndose como mas notables la parroquial y la de comunidad: hay escuela de primeras letras é iglesia parroquial servida por un cura regular.

Este pueblo es muy escaso de aguas potables: confina por el S. á una leg. de distancia, con su colateral Baclayon, y dos por el N. con Pamínguitan. Prod.: los naturales de este pueblo se dedican poco al cultivo de sus tierras, y sí al comercio con los pueblos ó islas inmediatas y al tejido de ropas de algodon, sayas, manteles y servilletas, que son de mucha duracion: las mestizas hacen rico pan, bizcochos y rosquetes de un gusto muy agradable. Pobl.: almas 6,821; trib. 1,333 ½.

TAGIRANG: V. Bunot punta.

TAGLO: punta de la costa setentrional de la isla de Mindanao, prov. de Misamis; hállase en los 126° 58' long. 8° 34' lat.

TAGLOC: ensenada de la costa meridional de isla de Mindanao, comprendida entre los 128° 46' long. 129° 23' id., 5° 48' lat. y 6° 10' id.

TAGMAC: monte de la isla de Luzon, en la prov. de Ilocos Norte: hállase en el térm. de Baugui, al N. E. de este pueblo.

TAGO: visita del pueblo de Tanda, en la isla de Mindanao, prov. de Nueva Guipúzcoa, dióc. de Cebú, sit. en los 139° 30' long. 8° 32' 30" lat., en la costa oriental de la isla, terr. llano y clima cálido. Dista unas 3 leg. al S. de la matriz, en cuyo art. damos su pobl. y trib.

TAGOLOAN: visita del pueblo de Jasaan, en la isla de Mindanao, prov. de Misamis, dióc. de Cebú, sit. en los 128° 18' 30" long. 8° 43' lat.; junto á la playa oriental de la bahía de Macahalar, en la costa setentrional de la isla, terr. llano y clima cálido. Su pobl., prod. y trib. los damos en el art. de la matriz.

TAGOU: una de las islas que forman el grupo de Tawi-Tawi, en el archipiélago de Joló, hállase su centro en los 124° 2' long. 5° 19' 20" lat.

TAGOWOLBO: una de las islas que forman el grupo de Basilan; su centro se halla en los 125° 26' 30" long. 6° 35' 20" lat.

TAGUAN: monte de la isla de Luzon, en la

prov. de Tayabas, nace en el monte Malasina en los 125°6'15" long. 13° 59' lat., dirígese al S., recibe por su izquierda los afluentes de Masino y Masiu, este último juntamente con el rio de Guiapo, corre unas 4 leg. y desagua en el rio de Purin.

TAGUDIN: pueblo con cura y gobernadorcillo en la isla de Luzon, prov. de Ilocos Sur, dióc. de Nueva Segovia; sit. en los 124° 4' 30" long. 16° 44' 54" lat., en terr. llano y arenisco; su temparamento es seco y templado, la iglesia parroquial es de buena fábrica y está servida por un cura regular, su campo santo está fuera de la poblacion y bien ventilado. Tiene escuela de primeras letras y casa de comunidad adonde está la carcel; recibe el correo semanal de la cabezera de prov. Prod.: esta se reduce al arroz, maiz, caña dulce, algodon, legumbres, frutas y varias plantas de que se estrae aceite para el alumbrado: en sus montes se crian maderas esquisitas, multitud de palmas, cañas y mimbres. Ind.: la principal de este pueblo consiste en el hilado y tejido de algodon; en la fabricacion de sal, cal y aceite: tambien se emplean otros en los lavaderos de oro, siendo de consideracion las partículas de aquel metal que arrastran los arroyos que bajan de sus montes en tiempo de aguas.

Posl. almas 7,548, trib. 1,666 ½.

TAGUDIN: punta de la costa occidental de la isla de Luzon en la prov. de Ilocos Sur, hállase ½ leg. al O. del pueblo, de quien recibe el nombre, en los 124° 40' long. 16° 46' lat.

TAGUEY: barrio de Magañgan, en la isla de Luzon, primera division del país de Igorrete; sit. en la falda del monte Baluba y á corta distancia del referido pueblo igorrotes.

TAGUIAN: rancheria de infieles, en la isla de Luzon, prov. de la Lluion; sit. en los 124° 10' 30" long. 16° 28' 6" lat.

TAGUIG: pueblo con cura y gobernadorcillo, en la prov. de Tondo, arz. de Manila. sit. en los 124° 44' 50" long. 14° 32' 30" lat.: muy cerca de este pueblo comienza el lago conocido con el nombre de Laguna de Bay, al O. de Manila su circunferencia de 28 leg. y de su estremo occidental sale el caudaloso rio Pasig que baña los muros de Manila. En su orilla meridional hay varias fuentes termales y una casa de baños, á la que concurren á bañarse los que padecen de reuma y de otras varias enfermedades. El agua de esta laguna es dulce y suministra tanto á este pueblo como á los otros muchos que hay en su circunferencia, abundante y esquisito pescado. Por ella navegan los barcos de la provincia de la Laguna y de los pueblos de Palig, Pateros, Taguid y de la ciudad de Manila, haciendo un comercio activo de los productos agrícolas é industriales, algunas tierras de labor situadas á la orilla de la laguna, dan dos cosechas de arroz anuales, que se crian la primera con el agua lluvia, y la segunda con la que por medio de presas se saca de la laguna, que podria ser un manantial de riqueza, si los indios supieran aprovecharse de ella; mas la falta de grandes capitales y su inaccion, son causas de que no se saque de ella la mayor utilidad. Prod.: arroz en abundancia y de buena calidad, poca caña dulce, maiz, mangas, legumbres, raices y frutas. Ind.: esta se reduce al comercio con la prov. de la Laguna á la pesca que es un ramo que les produce mucha utilidad, llevándolo diariamente á los pueblos inmediatos y á Manila, de cuya capital dista 3 leg. Las mugeres se ocupan en hilar algodon y en tejer esteras, espuertas y otros muebles de caña. La casa parroquial y la iglesia, servida por un cura regular, son de buena fábrica y el cementerio bien ventilado. Hay escuela de primeras letras y casa de comunidad en la que está la cárcel; recibe correo diario de la cabecera de la provincia.

Posl., almas 3,266, trib. 1,930.

TAGUIG: (bahía de): hállase en la laguna de Bay, al N. E. de la misma, por los 125° 44' 58" long., 14° 32' 20" lat., en su playa está situado el pueblo que le dá nombre.

TAGUIT: bajo que se halla 1 leg. distante de la costa N. O. de la isla de Tagapula, en los 128° 2' long. 12° 8' lat.

TAGUNTUM: punta S. de la isla de Catanduan; hállase en los 127° 52' 30" long. 13° 30' lat.

TAGUBISAN: monte de la isla de Luzon, en la prov. de Nueva Ecija, es muy elevado y su cumbre se halla en los 124° 54' 54" long. 14° 58' 25" lat.

TAI

TAIMANA: punta de la costa oriental de la prov. de Tayabas; hállase en los 126° 6' 30" long. 50" lat., en el seno de Guina y Angan.

TAKOOT PABOONOIRAN: islote del grupo de Joló en el archipiélago del mismo nombre; hállase su centro en los 125° 4' long. 6° 16' latitud.

TAL

TALABAN: rio de la isla de Luzon, en la prov. de la Laguna; nace en las vertientes orientales del monte de San Cristobal en 125° 7' 15" long. 14° 3' 20" lat., corre unas 3 leg. al N., y desagua en el rio de Santa Cruz al S. S. O. del pueblo de Magdalena.

TALABANG: visita del pueblo de Jimamailan, en la isla y prov. de Negros, dióc. de Cebú; sit. en terreno llano, sobre la costa occidental de la isla y bajo un clima no muy cálido. Hállase á corta distancia de la matriz, cabezera de la prov., en cuyo art. damos su pobl. prod. y trib.

TALABASI: rio de la isla de Luzon, en la isla y prov. de Mindoro; nace en los 124° 29' long. 13° 7' 40" lat., corre unas 2 leg. al S. O., recibe varios afluentes, y desagua en el mar formando la punta de su mismo nombre.

TALABASI: punta de la costa occidental de la isla de Luzon; hállase en los 124° 24' 48" long. 13° 3' 20" lat.

TALACOGON: visita del pueblo de Batuan, en la isla de Mindanao, prov. de Caraga, dióc. de Cebú; sit. en los 128° 56' long. 8° 21' lat., á la orilla izquierda del rio de Batuan, terr. llano y clima cálido. Dista unas 5 leg. de su matriz, con los trib. y alm. de la cual incluimos los de esta visita.

TALAGIR: isla adyacente á la costa occidental de la de Samar, tiene 1 ½ leg. de larga y ½ de ancha; su centro se halla en los 128° 4' long. 11° 52' lat.

TALAGO: punta de la costa meridional de la prov. de Bataan; hállase á la izq. de la entrada de la bahía de Manila y al E. de la punta de Hornos en los 124° 10' long. 14° 26' lat.

TALAMBAN: visita del pueblo de Opon, en la isla, prov. y dióc. de Cebú; sit. en los 128° 23' 30" long. 10° 24' 30" lat.; unas 2 ½ leg. dis-

tante de la costa oriental de la referida isle, en terr. llano, tiene buena ventilacion y un clima algo cálido y saludable. El térm. confina con el de la cab. por el S. E. á ¼ leg.; por N. con el de Maudave á 1 leg. escasa, y por E. con el mar. Su pobl., prod. y trib. los damos en el art. de la matriz. V. Banilac en el apéndice.

TALAUNGON: guardia ó bantay en la prov. de Albay; sit. en los 127° 48' 20" long. 12° 42' 55" lat.

TALCAGUAYAN: ensenada de la costa S. O. de la prov. de Camarines Sur; hállase en el interior del seno de Guinayangan, comprendida entre los 126° 9' 30" long. 126° 13' id., 13° 54' lat. y 13° 52' id.

TALIBON: rio de la isla de Mindoro; nace en los 124° 57' 30" long. 12° 28' 30" lat., corre cerca de 1 leg. al S., y desagua en el mar por la costa oriental de la isla.

TALIBONG: pueblo con cura y gobernadorcillo en la isla de Bohol, adscrita á la prov. y dióc. de Cebú, sit. á los 127° 55' 30" long. 10° 10' lat., en la playa de una ancha y magnífica ensenada, en terr. llano y espacioso, pues casi forma horizonte á la banda N. E. de la isla, pero muy estéril por ser arenisco y carecer de aguas: la temperatura es húmeda y calorosa, por cuya razon produce algunas enfermedades, entre ellas la conocida en el país con el nombre de Colo Colo: en sus bosques se crian buenas maderas para construccion, y entre ellas la higuera infernal, de cuyo fruto se saca un aceite equivalente al de Castor: tambien se encuentran árboles que destilan las resinas llamadas bagáchac y bulitic, que mezcladas con cal, aceite y brea, forman un betun fuerte y de consistencia para los buques: se encuentra así mismo en su territorio el magre de buena calidad.

Las casas en general son de sencilla construccion: hay escuela de primeras letras é iglesia parroquial servida por un cura regular. Prod.: su suelo produce patay, maiz, cocos, plátanos y algunas raices alimenticias. Ind.: la principal consiste en la pesca de caray, valate y pez-mulier: se emplean tambien en el tráfico de vacas y búfalos que llevan á vender á Cebú: las mugeres se emplean en el tejido de petates. POBL. 4,514 almas, trib. 898.

TALIM: isla comprendida en la prov. de la Laguna de Bay, en el centro de la cual se encuentra, entre los 124° 53′ 30″ long. y 124° 57′ id., 14° 17′ 30″ lat. y 14° 23′ 40″ id.; tiene unas 2 ½ leg. de larga y 1 de ancha.

TALIPANAN: monte de la isla de Mindoro, en el térm. del pueblo de Puerto Galera; hállase su cumbre en los 124° 29′ long. 13° 28′ lat.

TALISAY: pueblo con cura y gobernadorcillo, en la isla de Luzon, prov. de Camarines Norte, dióc. de Nueva Cáceres, sit. en los 126° 32′ 10″ long. 14° 5′ 40″ lat., á la orilla izq. de un rio, en terr. llano y clima templado. Tiene, con las de su visita San Vicente, unas 445 casas, la parroquial y la de comunidad, donde está la cárcel. Hay una escuela de instruccion primaria y un cementerio. La iglesia parroquial es de mediana fábrica y la sirve un cura secular. Recíbese en este pueblo de la cabecera de la prov. un correo semanal. Confina el término por N. con el de Indang, que dista 1 leg.; por E. con el de Labo, á 2 ½ id.; por N. E. con el mar, y por S. E. con el térm. de Daet, cab. de la prov. y distante unos ½ leg. El terr. es montuoso, pero llano por las inmediaciones de la costa, y con algunos rios que le fertilizan. El de Daet al S. E. deslinda los términos de este pueblo y la cab.; al O. se halla la visita San Vicente, que dista una leg. Prod. arroz, maiz, caña dulce, café, pimienta, frutas y legumbres. Ind. la fabricacion de algunas telas, la agricultura, el beneficio de la caña dulce y la estraccion de las partículas de oro que arrastran algunos rios. Pobl. 2,106 almas, y en 1845 pagaba 643 trib. que hacen 6,430 rs. plata.

TALISAY: pueblo con cura y gobernadorcillo, en la isla, prov. y dióc. de Cebú, sit. en la costa S. E. de la referida isla, en terr. llano con buena ventilacion y clima templado y saludable. Tiene 1,600 casas, la parroquial, la de comunidad donde se halla la cárcel, una escuela de instruccion primaria con asignacion de los fondos de comunidad, y una iglesia parroquial de buena fábrica, servida por un cura regular. Sus caminos no se encuentran en muy buen estado, y recibe de la cab. de la prov. el correo que hay del esterior una vez á la semana. Confina el término por N. E. con el de San Nicolás, que dista 1 ½ leg.; por S. O. con el de Naga, á 2 id.; por E. con el mar, y por O. no están marcados los lí-

mites. El terr. es llano, aunque tambien hay algunos montes que proporcionan madera, caza, miel y cera. En las tierras que se cultivan son las prod. palay, caña dulce, maiz, cacao, algunas frutas y varias clases de legumbres. Ind. la agricultura y la pesca son las principales: se hacen algunos tejidos de algodon y abacá, dedicándose las mugeres á esta industria, así como al hilado de la produccion de estas dos plantas. Pobl. 10,703 almas, y en 1845 pagaba 1,800 trib. que hacen 18,000 rs. plata.

TALISAY: visita del pueblo de Tanauan, en la isla de Luzon, prov. de Batangas, sit. en los 124° 42′ 10″ long 14° 6′ 40″ lat., en la playa setentrional de la laguna de Taal: hállase al O. y distante unas 2 leg. de su matriz, en cuyo art. incluimos su pobl. prod. y trib.

TALISAY: rio de la isla de Luzon, en la prov. de Bataa; nace en las vertientes setentrionales de la sierra de Mariveles, en los 121° 10′ long 14° 41′ lat., dirijese primero al N. E. y luego al E., pasando al S. de Batanga, cab. de la referida prov., para ir á desaguar en la bahía de Manila, despues de haber corrido unas 2 leg.

TALISAY: rio de la isla de Masbate: nace en los 127° 1′ 30″ long. 12° 15′ lat., corre 1 leg. al S. E. y desagua en el mar por la costa meridional de la isla.

TALISAY: punta de la costa meridional de la prov. de Bataan, en el puerto de Mariveles: hállase en los 124° 10′ 50″ long. 14° 27′ 0″ lat.

TALISAY: punta de la costa N. E. de la prov. de Albay, seno de este nombre, hállase en los 127° 48′ long. 13° 4′ 16″ lat.

TALISAY: punta de la costa oriental de la isla de Bapurapu, hállase en los 127° 53′ 30″ long. 13° 12′ lat.

TALISAY: punta de la costa S. E. de la isla de Panay; prov. de Iloilo, hállase en los 126° 25′ long. 10° 46′ lat.

TALISAYA: punta de la costa S. E. de la isla de Panay, prov. de Iloilo, hállase en los 123° 51′ long. 10° 34′ 20″ lat.

TALMAD: rio de la isla de Mindoro, nace en los 124° 36′ long. 13° 27′ lat., diríjese al N. E., corre 1 ½ leg. y desagua en el puerto Galera, por la costa N. de la isla.

TALOGO: rio de la isla de Luzon, en la prov. de Tayabas; nace al S. O. de Gumamaca y desagua en la bahía de Lamon.

TALOLON: **visita** del pueblo de Gumaca en la isla de Luzon, prov. de Tayabas; sit. en los 125° 47′ 10″ long. 13° 57′ 20″ lat., á la orilla izquierda del rio á que dá nombre, próximo á la playa S. E. de la bahía de Lamon, en terr. llano y clima igual al de su matriz, en cuyo artículo incluimos la pobl. prod. y trib. de esta visita.

TALOLON: rio de la isla de Luzon, en la prov. de Tayabas; nace en los 125° 52′ long. 13° 55′ lat.; corre unas 3 leg. al N.O., y va á desaguar á la bahía de Lamon, pasando antes al N. de la visita, quien toma el nombre.

TALON: islote en el archipiélago de Jolo, hállase su centro en los 124° 44′ 30″ long. 5° 40′ lat.

TALUCACUBAN: baluarte en la prov. de Albay, térm. del pueblo de Juban, sit. á la derecha de la entrada del puerto de Sorsogan, en los 127° 29′ 30″ long. 12° 51′ lat., sobre la costa de la referida prov.

TAM

TAMBAGAAM: una de las islas que forman el grupo de Tawi-Tawi, en el archipiélago de Joló, hállase su centro en los 124° 4′ long. 5° 22′ lat., tiene 1 leg. de larga y ½ de ancha.

TAMBAN: punta de la costa N. E. de la prov. de Camarines Sur; hállase en los 127° 5′ 30″ long. 14° 5′ 40″ lat.

TAMBARON: islote adyacente á la costa meridional de la isla de Mindoro de la que dista unas 200 brazas, su centro se halla en los 124° 59′ 56″ long. 12° 14′ 30″ lat.

TAMBO: visita del pueblo de Tabaco, en la isla de Luzon, prov. de Albay, dióc. de Nueva Cáceres, sit. en los 127° 17′ 10″ long. 13° 14′ 30″ lat. en terr. montuoso y clima igual al de su matriz, de la que dista unas 3 leg. y en el art. de la cual incluimos su pobl. prod. y trib.

TAMBO: visita del pueblo de Gapan en la isla de Luzon, prov. de Nueva Ecija, arz. de Manila; sit. en los 124° 36′ 30″ long. 15° 22′ 50″ lat., á la orilla izquierda del rio de Cabanatuan, en terr. llano y clima igual al de la matriz, en el artículo de la cual, incluimos la pobl. prod. y trib. de esta visita.

TAMBO: barrio del pueblo de Parañaque en la isla de Luzon, prov. de Tondo, arz. de Manila; sit. en los 124° 40′ 5″ long. 14° 32′ lat. á la orilla de un estero llamado Tripa de Gallina, en terr. llano, y distante ¼ leg. al N. de su matriz en cuyo artículo incluimos su pobl. prod. y trib.

TAMBO: rio de la isla de Luzon, en la prov. de Camarines Norte: nace al S. E. de Daet, y desagua en el mar al E. de este pueblo.

TAMBO ó PANGANIRAN: punta de la costa S. O. de la prov. de Camarines Sur; hállase en los 126° 54′ 30″ long. 13° 1′ lat.

TAMBOBONG: pueblo con cura regular y gobernadorcillo en la isla de Luzon, prov. de Tondo, arz. de Manila, sit. en los 124° 37′ 15″ long. 14° 42″ lat. entre rios y en una isla que termina en la barra de Bimuangan (último término del corregimiento de Tondo por esta parte) y de cuya jurisdiccion espiritual depende el pueblo y hacienda de Navotas, que tambien está colocado en otra isla formada de la costa de la Bahía, y el rio que desemboca por las barras de Vistas y San José.

Dista de Manila, dirigiéndose por la isla de Navotas, poco mas de 1 leg., y lo mismo por la Bahía, y por el estero ó rio nombrado de Tondo dos horas escasas. Linda por el Norte con los pueblos de Obando y Polo, y por el Nordeste con el de Malinta: todos tres de la prov. de Bulacan, teniendo al E. la poblacion de Calaocan, y como al Nordeste las tierras de Tinageros y Maysilo.

Está rodeado de Manglares, teniendo en el referido sitio de Tinageros camarines y hornos para la fábrica de pilones de azúcar, tinajas, jarros, teja y ladrillo: y sobre el rio que pasa por este punto hay un magnífico puente construido de piedra sillería.

Prod.: los de este pueblo son escasos, redúcense á corta cantidad de arroz, que cosechan en la divisoria de los pueblos de Polo y Calaocan, y en los sitios de Coiñguin y Maisilo algun maiz, poca caña dulce, hortalizas y frutas.

Aunque hay algunos pozos, regularmente se aprovechan sus aguas para los usos ordinarios, pero la potable la conducen de los manantiales de Malinta y Tinajeros.

Ind.: sus naturales comunmente comercian en las provs. inmediatas y en la capital con palai ó arroz cáscara, azúcar, añil, maderas, ropas y otros efectos que conducen en cascos y barquillas de varias dimensiones, cuyas embarcaciones son construidas por ellos mismos.

Tambien reportan algun beneficio con la elaboracion de la sal, que lo verifican en gran cantidad.

Su caserío es en gran número, habiendo entre ellas muchas construidas de piedra que son propiedad de los mestizos. La iglesia, casa parroquial y la de comunidad, son de buena arquitectura: hay varias escuelas de primeras letras y un magnífico cementerio bien ventilado.

Pobl.: almas 32,090, trib. 6,522 ½

TAMBOLOTON: visita del pueblo dé Romblon en la isla de Lugban; sit. en la costa de dicha isla, terr. llano y clima igual al de su matriz, en cuyo art. incluimos su pobl. prod. y trib.

TAMBU: rio de la isla de Luzon en la prov. de Camarines Norte; nace en las vertientes orientales de la sierra Culari, y desagua en la bahía de S. Miguel.

TAMBUTUAN: pueblo de moros, en la isla de Mindanao; sit. en la costa meridional de la misma, terr. desigual y clima cálido.

TAMCAYAN: ranchería de infieles, en la isla de Luzon, prov. del Abra; sit. en los 124° 36' long. 16° 50' lat.

TAMINDAGO: visita del pueblo de Carigara, en la isla y prov. de Leite, dióc. de Cebú; sit. en la costa occidental de la isla terr. llano y distante unas 7 leg. al O. de su matriz, en cuyo art. incluimos su pobl. prod. y trib.

TAMON: una de las islas que forman el grupo de Basilan, en el archipiélago de Joló; es muy pequeña y su centro se halla en los 125° 30' 30'' long. 6° 27' lat.

TAMONTACA: pueblo de moros en la is'a de Mindanao; hállase en la costa occidental de la parte inferior de la isla, junto al desagüe del rio de Mindanao.

TAMPOC: barrio del pueblo de Hagonoy, en la isla de Luzon, prov. de Bulacan; sit. al N. de la iglesia parroquial de dicho pueblo, en la orilla derecha del rio de Hagonoy, á la otra banda del cual está dicha iglesia. Pobl. prod. y trib. los incluimos en el art. de la matriz.

TAMPOYES: especie de albaricoque, aunque no de tan buen gusto como este; tiene un olor de rosa muy subido y es fruta abundante en algunos pueblos de Filipinas.

TAMURUNG: punta de la costa occidental de isla de Luzon, en la prov. de Ilocos Sur, térm.

del pueblo de Candon; hállase en los 123° 59' 50'' long. 17° 4' 40'' lat.

TAN

TANAOS: islas adyacentes á la costa setentrional de la prov. de Camarines Norte; hállanse al O. de las de Calaguas y todas á muy corta distancia de la referida costa.

TANAUAN: pueblo con cura y gobernadorcillo en la isla y prov. de Leite, dióc. de Cebú; sit. en terr. llano y bajo un clima no muy cálido, por refrescarlo los aires del mar. Tiene unas 1,700 casas con las de sus barrios y anejos; la casa parroquial y la de comunidad, llamada tambien tribunal, son las dos que sobresalen entre las demás del pueblo por estar mejor construidas; en la última es donde se halla la cárcel. La iglesia parroquial es de buena fábrica y la sirve un cura regular. Hay una escuela de instruccion primaria muy concurrida por los niños del pueblo, y cuyo maestro tiene una asignacion pagada de los fondos comunes. Casi todo el terreno es llano, aunque tambien hay algunos montes donde se crian buenas maderas para construccion y tambien de ebanistería; diferentes clases de cañas y bejucos, cera y miel, que elaboran las abejas en huecos de los troncos de los árboles ó en otros parajes que encuentran á propósito para ello, brea y caza mayor y menor. Las tierras de labor producen arroz en abundancia, maiz, algodon, abacá, ajonjolí, varias legumbres y frutas. Ind.: la agricultura, la pesca y la fabricacion de algunas telas. Pobl. almas 10,121 y trib. 1,409.

TANAUAN: pueblo con cura y gobernadorcillo, en la isla de Luzon, prov. de Batangas, arz. de Manila, sit. en los 124° 48' 30'' long. 14° 4' 50'' lat., á la orilla derecha del rio de San Lucas en terr. llano y clima templado. Se fundó este pueblo en el año de 1584, sobre la playa de la laguna de su nombre, donde tambien estaba situado el pueblo de Salá. En 1754 cuando reventó el volcan de Taal, quedaron destruidos estos dos pueblos, y reuniéndose en uno solo que tomó el nombre del primero se fundó de nuevo en el sitio que hoy ocupa. Tiene este pueblo unas 1,090 casas, la parroquial y la de comunidad donde está la cárcel. La iglesia parroquial es de buena fábrica, toda de piedra con techo de caña, la sirve un cura regular y se halla bajo la advocacion de

San Juan Bautista. Hay una escuela de instruccion primaria para los niños y otra para las niñas, y además algunas otras particulares. El cementerio está fuera de la poblacion muy bien situado y con ventilacion. Comunícase este pueblo con los de Lipa y Santo Tomás por medio de buenos caminos, y recibe de la cab. de la prov. dos correos en la semana. Confina el térm. por N. con el de Santo Tomás, cuyo pueblo dista ½ leg., por S. con el de Lipa, á unas 3 id., por E. con el de San Pablo á 4 id. y por O. con la laguna de Taal ó de Bombon. El terr. es elevado, y tiene buenas llanuras donde se hallan las sementeras. Riégalo el rio de San Lucas, el de Salas y algunos otros que van á desaguar á la laguna. En los montes se crian muchas clases de maderas de ebanistería y construccion, caza mayor y menor y mucha miel y cera. Tiene buenas tierras de pasto donde se cria ganado vacuno, caballar y de cerda. En el terreno cultivado, las producciones son trigo, arroz, maiz, cacao, café, añil, pimienta, algodon, abacá, muchas legumbres y frutas. Ind.: los naturales á mas de la agricultura se dedican tambien á la estraccion de aceite del ajonjolí, beneficio del añil, del algodon: hacen de este y del abacá muchas y hermosas telas, á las que les dan unos tintes de mucha permanencia. Como los naturales hacen este con Manila adonde llevan en caballerías las producciones espresadas, como tambien á la prov. de la Laguna. Pobl. almas 13,222, trib. 2,828.

TANAUAN: rio de la isla de Luzon, en la prov. de Batangas; nace en los 124° 53′ long. 14° 2′ lat.: dirígese al N. O., recibe por su márgen izquierda el rio de San Lucas, pasa al N. del pueblo que le da nombre, y al S. del de Sto. Tomás, cambia luego su direccion al N. E. y va á desaguar á la laguna de Bay, en la prov. de este nombre, á los 124° 52′ 20″ long. 14° 11′ 30″ lat., pasando antes al S. del pueblo de Calamba: su curso es de unas 5 leg.

TANAUAN (ruinas de): hállanse donde estuvo situado antiguamente el pueblo de este nombre, en la playa setentrional de la laguna de Taal, en los 124° 42′ long. 14° 6′ 46″ lat. Fué destruido por una erupcion del volcan de Taal, que tuvo lugar en el año de 1751, desde cuya fecha se trasladó al sitio que hoy ocupa.

TANAY: pueblo con cura y gobernadorcillo, en la isla de Luzon, prov. de la Laguna, arz. de Manila, sit: en los 124° 59′ 30″ long. 14° 30′ 20″ lat., en la playa del N. de la laguna de Bay, próximo al desagüe de un rio, en terr. llano y clima benigno y bastante sano. Tiene unas 907 casas, la parroquial y la de comunidad, donde está la cárcel. La iglesia parroquial es de buena fábrica y la sirve un cura regular. Hay una escuela de instruccion primaria con una dotacion de los fondos de comunidad, y un cementerio que está fuera de la poblacion. Confina el térm. por N. con el de Baras, cuyo pueblo dista ½ id. leg.; por O. con el de Morong, distante 1 leg.: por S. E. con el de Pililla á ½ id., y por S. con la referida laguna de Bay. El terr. es desigual, teniendo tambien algunas llanuras por las inmediaciones del rio que mas arriba hemos indicado, encontrándose en ellas las sementeras y otros plantíos. Las prod. de su industria son arroz, caña dulce, algodon, abacá, legumbres y frutas. La ind. consiste en la agricultura, beneficio de la caña dulce y fabricacion de telas de algodon y abacá. Pobl. 5.642 almas, y en 1845 pagaba 992 trib. que hacen 9,920 rs. plata.

TANCLAD: islita adyacente á la costa occidental de la prov. de Camarines Sur, de la que dista muy poco, en la bahía de San Miguel: su centro se halla en los 126° 56′ 10″ long. 13° 49′ lat.

TANDAG: pueblo con cura y gobernadorcillo, en la isla de Mindanao, prov. de Nueva Guipúzcoa, dióc. de Cebú, sit. á los 129° 31′ 30″ long. 8° 40′ 30″ lat., en terr. llano, á la banda del E., próximo á la playa y sobre las márgenes de un caudaloso rio: confina por el N. con Cantilang, á 10 leg. de distancia, y á mas de 40 por el S. con Bislig. En sus bosques se cria toda especie de madera para construccion, y tienen escelentes pastos para ganado vacuno y caballar. Ind.: esta se reduce al beneficio del abacá. Prod.: sus naturales, poco aficionados al trabajo, no cosechan mas que el arroz suficiente para su subsistencia. Las casas en general son de sencilla construccion, y la iglesia parroquial está servida por un cura regular que administra: almas 3,919, y el número de trib. asciende á 783 ½.

TANDIVAY: monte de la isla de Luzon, en la prov. de la Pampanga, térm. del pueblo de Mabalacat: hállase su cumbre en los 124° 6′ long. 15° 10′ lat.

TANDOBATO: una de las islas que forman el

grupo de Tawi-Tawi, en el archipiélago de Joló; hállase su centro en los 123° 59' long. 5° 10' 30'' lat.: tiene de larga 2 leg., y ⅓ id. de ancha.

TANDOO BAOS: una de las islas que forman el grupo de Tawi-Tawi; hállase su centro en los 124° 4' long. 5° 9' lat.: tiene de larga 2 millas, y 1 id. de ancha.

TANG: punta de la costa oriental de la prov. de Albay; hállase en los 127° 50' long. 12° 47' 10'' lat.

TANGAO: punta de la costa occidental de la isla y prov. de Samar; hállase en los 128° 5' 15'' long. 12° 11' 35'' lat.

TANGAY (puerto de): en la costa N. E. de la isla de Masbate; hállase su centro en los 127° 21' 20'' long. 12° 17' 40'' lat.; es bastante pequeño y su embocadura la forman la punta Licuson al N. O. y la de Balutinan al S. E.

TANGOO: una de las islas que forman el grupo de Tavvi-Tavvi, en el archipiélago de Joló; hállase su centro en los 123° 30' long. 5° 8' lat., tiene de larga unas 2 leg. y 1 id. de ancha.

TANGOOL: una de las islas que forman el grupo de Joló, en el archipiélago de este nombre: es muy pequeña y su centro se halla en los 125° 26' 30'' long. 6° 1' 30'' lat.

TANGUINGUI: isla adyacente á la costa meridional de la de Masbate, de la que dista unas 6 leg.; tiene 5 millas de larga y 2 id. de ancha: su centro se halla en los 127° 21' long. 11° 38' 20'' lat.

TANGUINGUI: islote adyacente á la costa setentrional de la isla de Negros, de la que dista 3 leg.; hállase su centro en los 127° 6' 20'' long. 11° 1' 20'' lat.

TANGUINGUI: islote adyacente á la costa N. de la isla de Burias; hállase su centro en los 126° 29' long. 13° 11' 10'' lat.

TANIGUITIAN: ensenada de la costa occidental de la isla de Samar; hállase entre los 127° 53' long. y 127° 56' id., 12° 30' lat. y 12° 32' id.

TANJAY: pueblo con cura y gobernadorcillo en la isla y prov. de Negros, dióc. de Cebú, sit. en los 126° 41' 30'' long. 9° 54' lat., sobre la costa oriental de la isla, en terr. llano y clima cálido. Tiene con las de sus visitas Bais, Ayangon, Tayasan, Jimalalot y Jinoboan, unas 812 casas, siendo solamente las de esta matriz 360, con la parroquial y la de la comunidad ó de justicia que son las dos mejores del pueblo; en est

última se halla la cárcel. La iglesia parroquial es de mediana fábrica y la sirve un cura secular. El térm. confina por N. O. con el de Ablau; por S. con el de Dumaguete que dista unas 6 leg., y por E. con el mar: el terr. es llano, aunque no carece de montes por el O.; en ellos se crian varias clases de maderas, brea, miel, cera y caza mayor y menor. En las tierras que tiene de labor, comprendidas tambien las de sus visitas, las prod. son arroz, maiz, caña dulce, ajonjolí, pimienta, algodon, abacá, legumbres, cocos, mangas y otras clases de frutas. La ind. principal es la agricultura, dedicándose otros á la caza, al corte de maderas, aprovechamiento de la brea, miel y cera, á la pesca, y las mugeres en general al hilado y tejido del algodon. POBL. 4,966 almas. y 2,219 trib.

TANQUE: barrio del pueblo de Tudang, en la isla de Luzon, prov. de Cavite, sit. en los 124° 31' 40'' long. 14° 18' lat.; hállase al N. y distante 1 ⅓ leg. de su matriz, en cuyo art. incluimos su pobl., prod. y trib.

TANZA (tierras de): en la jurisd. del pueblo de Caloocan, al N. E. del cual se hallan á distancia de poco mas de 1 leg.

TAÑ

TAÑON: punta S. de la isla de Cebú; hállase en los 126° 57' long. 9° 27' lat.

TAO

TAOOMABAL: islote en el archipiélago de Joló; hállase su centro en los 124° 47' long. 5° 46' lat.

TAP

TAPAL: punta de la costa N. de la isla de Luzon, en la prov. de Cagayan, hállase en los 125° 45' long. 18° 16' 40'' lat., en el térm. del pueblo de Bugey.

TAPAZ: visita del pueblo de Dumalag, en la isla de Panay, prov. de Capiz, dióc. de Cebú, sit. en los 126° 20' long. 11° 16' 30'' lat., á la orilla de un rio, en terr. llano y clima algo cálido. Dista 1 ⅓ leg. al S. O. de su matriz, en cuyo art. damos su pobl. prod. y trib.

TAPEAUTANA: una de las islas que forman grupo de Joló, en el archipiélago de este nombre; hállase su centro en los 125° 41' long. 6° 12' 30" lat.

TAPIAN: pueblo de moros en la isla de Mindanao; hállase en la costa occidental de la parte inferior de la isla de Mindanao, junto al desagüe del rio de este nombre.

TAPIAN: punta de la costa occidental de la parte inferior de la isla de Mindanao; hállase en los 127° 56' 30" long. 7° 30" lat.

TAPILA: rio do la isla de Mindanao; nace á corta distancia de la costa meridional de la misma por donde desagüa en el mar despues de haber corrido poco mas de 1 leg.

TAPOOL: una de las islas que forman el grupo de Joló en el archipiélago de este nombre; hállase su centro en los 124° 37' 30" long. 5° 40' lat.

TAPULAO: rio de la isla da Luzon, en la prov. de Bataan, nace en los 124° 6' 30" long. 14° 47' lat., al pié del pico de Butilao ó de Santa Rosa, dirígese al N. E. y va á desaguar al estero que pasa al E. del pueblo de Llana Hermosa.

TAR

TARLAANA: punta S. E. de la isla de Linacapan, una de las Calamianes; hállase en los 123° 53' 30" long. 11° 48' lat.

TARLAC: pueblo con cura y gobernadorcillo en la isla de Luzon, prov. de la Pampanga, arz. de Manila; sit. en los 124° 14' long. 15° 35' lat , próximo á la orilla de un rio, en terr. llano y clima templado. Tiene unas 250 casas, entre las que se distinguen por estar mejor construidas la casa parroquial y la de comunidad donde se halla la cárcel. La iglesia parroquial está servida por un cura regular: su fábrica es buena. Hay cementerio y escuela de primeras letras cuyo maestro tiene una asignacion pagada de los fondos comunes. Los caminos son regulares, uno conduce al pueblo de la Paz y otro á la prov. de Pangasinan. El térm. confina por N. N. O. con el de Batnug en la referida prov., por E. con la de Nueva Ecija, cuya demarcacion empieza desde el rio Chico de la Pampanga; por S. con el térm. de la Paz, á 3 leg. y por O. no tiene marcado los límites. El terr. es llano y lo fertiliza el mencionado rio Chico de la Pampanga y otros afluentes del mismo: encuéntrase tambien al N. la laguna de Canamen (V.) Entre las producciones , la del arroz es la principal de todas, cógese ademas caña dulce, maiz, abacá y algodon. Ind.: esta se reduce á la fabricacion del azúcar, á la de algunas telas, y muy principalmente á la agricultura.

Pobl. almas 6,071, trib. 1,447.

TARLAG Ó DE AOG: rio de la isla de Luzon, en la prov. de la Pampanga, nace en los 124° 7' 30" long. 15° 22' lat., corre unas 6 leg. al N. bañando el térm. del pueblo que le da nombre, y va á desaguar á la laguna de Canamen. En el año de 1832 rompió la madre de este rio 1 leg. antes de llegar á la referida laguna, y desde entonces sale por este sitio otro brazo de él, que se dirige al O.

TARRA: punta oriental de la isla de Busuanga una de las Calamianes; hállase en los 123° 59' long. 12° 26' lat.

TARRICO: punta de la costa oriental de la prov. de Camarines Norte, hállase en la bahía de San Miguel, en los 126° 43' long. 13° 58' 30" lat.

TARTARO: rio de la isla de Luzon, en la prov. de Nueva Ecija, nace en los 124° 47' 40" long. 15° 14' 40" lat., corre 3 leg. al S. O. y va á desaguar al rio de San Miguel.

TARTARO: monte de la isla de Luzon, en la prov. de Nueva Ecija, hállase su cumbre en los 124° 48' long. 15° 11' lat.

TAS

TASIRA pueblo de moros en la isla de Mindanao, sit. á la orilla izquierda del rio de este nombre, en terr. y clima cálido.

TASIRA: punta de la costa S. O. de la prov. de Albay; hállase en los 127° 31' 10" long. 13° 35' 5" lat.

TASMOOK: una de las islas que forman el grupo de Basilan en el archipiélago de Joló; hállase su centro en los 125° 37' 30" long. 6° 25' 30" lat.

TAT

TATLARAN: una de las islas que forman el grupo de Joló en el archipiélago de este nombre; hállase su centro en los 125° 32' 30" long. 6° 10' lat.

TAU

TAUIRAN: punta de la costa oriental de la

isla de Talim, en la laguna de Bay; hállase en los 124° 57' long. 14° 21' 30" lat.

TAY

TAYAB: monte de la isla de Luzon, en la prov. del Abra; hállase en el térm. del pueblo de Bangued, al N. de este pueblo.

TAYAB: arroyo de la prov. del Abra, en la isla de Luzon; nace en el monte de su mismo nombre y corre por el térm. del pueblo de Bangued hasta desaguar en el rio del Abra.

TAYABAS: pueblo con cura y gobernadorcillo, en la isla de Luzon, cab. de la prov. de su mismo nombre, dióc. de Nueva Cáceres, sit. en los 125° 16' 20" long. 13° 57' 30" lat., á la orilla de un rio, en terr. llano y clima templado y saludable. Tiene 1,800 casas, siendo las principales de ellas la casa real donde habita el alc. m de la prov., la casa parroquial y la de comunidad donde está la cárcel. Hay una escuela de instruccion primaria con una dotacion de los fondos de comunidad y algunas otras particulares. El cementerio dista poco de la iglesia, y está bien ventilado. Sale de este pueblo para los demás de la prov. todas las semanas un correo, recibiéndose tambien de los mismos otro que guarda igual período. Confina el térm. por N. con los de Lucban y Maubau, de los que le separa ó divide la cordillera que se eleva por el centro de la prov.; por E. con el de Pagbilao, que dista unas 2 ½ leg.; por S. O. con el de Sariaga á 1 id, y por S. con el mar, antes del cual se encuentran dos guardias ó bantays, que tienen un corto número de casas, las cuales hemos incluido con las demás del pueblo. El terr. es montuoso y lo riegan un número considerable de rios que nacen en la referida cordillera y en las vertientes del pico de Banajao, que se halla 1 leg. al N. O. del pueblo.

Pobl.: almas 22,265, trib. 4,712; y administra esta parroquia un cura regular.

TAYABAS: prov. de la isla de Luzon; forma un gobierno político militar, cuyo gefe tiene á su cargo todos los ramos de la administracion pública, subordinado á las autoridades superiores de la colonia: para el buen desempeño de sus atribuciones tiene un teniente de gobierno: en lo ecl.; pertenece al obispado de Camarines ó Nueva Cáceres. Hállase entre los 124° 56' long.,

donde empieza á elevarse el pico llamado Malarabat, y los 126° 24' id. situacion de la punta Pusgo en el seno de Gumayangan, punto el mas oriental de la provincia, y entre los 13° 10' lat. situacion de la cabeza de Bondog, 14° 22' id., estremo N. de la isla Calbalete adscrita á esta provincia. Comprende la especie de istmo que une la parte inferior de la isla tendida al E. S. E., con la superior situada de N. á S.: en dicho estrecho ó istmo abraza la bahía de Lamon, la isla Alabat y la ensenada de Apat sobre la costa N. de la provincia: la costa S. es un laberinto de esteros marítimos formados por las bocas de los numerosos rios que se desprenden de la cordillera de montes que recorren el centro de la provincia partiendo del encumbrado Mazaizay, en su estremo occidental y terminando en la espresada punta de Bondog: la costa oriental de esta provincia da por la parte S. en la isla al referido seno de Guinayangan, y por la parte N. de S. E. de la isla á la ensenada de Sogod. Confina, tanto por esta ensenada como por el espresado seno y por la parte mediterránea comprendida entre ambas incursiones marítimas, con la provincia de Camarines N.: los rios llamados Tabagon que desagua en la ensenada de Sogod y Cabibijan que tiene su boca en el seno Guinayangan separan estas dos provincias por lo mediterráneo. El O. E. de la que describimos, confina por la parte inferior ó mas meridional con la de Batangas, y por la superior O. N. E. con la de la Laguna. Ya hemos dicho que el pico Malarabat es en estremo occidental y la separa de la provincia de Batangas. Tambien deslinda estas dos provincias y aun la de la Laguna el monte Majayjay: la punta Malazar sobre el pueblo de Manban es su último término por la contracosta. Antiguamente se estendia mucho mas por esta parte la provincia, pues comprendia toda la contracosta que hoy pertenece á la Laguna y á Nueva Ecija hasta el cabo de San Ildefonso: lo desmesurado de esta estension y lo difíciles que son las comunicaciones por toda aquella parte, especialmente durante el largo tiempo que cada año las monzones tienen cerrada la contracosta, recomiendan lo prudente de la division actual. El terr. de esta provincia es generalmente montuoso y pedregoso, aunque en las playas y otros puntos hay escelentes llanos para el cultivo del arroz. Los montes se hallan cubiertos de altos y corpulentos árboles de numerosas especies, cuyas maderas son muy apreciables. Estos árboles se hallan como enlazados por varias clases de vejucos y otras enredaderas que hacen los bosques impenetrables. Abundan en ellos los búfalos, javalíes y otras muchas clases de animales: en otro tiempo hubo tambien vacas y caballos, que remontándose de varias estancias que ya no existen se hicieron salvajes. La caza de volatería, como patos, palomas, pogos, tillines y gallos de monte, es infinita. Entre las utilidades que los indios sacan de estos montes deben nombrarse la pez, la brea, el alquitran y mucha cera de la que elaboran las abejas silvestres. Entre las maderas, una de las mas estimadas es la del Manangat, cuya ligereza es poco menor que la del corcho, es amarilla y muy amarga, se tiene por muy estomacal y se suministra como la quina contra las calenturas intermitentes: de ella se hacen vasijas para conservar el agua con objeto de que esta tome su sabor y partículas provechosas. En los valles, las riberas, en los rios y otras partes se crian escelentes pastos, con los cuales los indios mantienen muchas aacas, caballos y otros animales: los caballos de Tayabas son muy estimados por la dureza de su casco interesante, mayormente en Filipinas, donde el calor y la humedad consumen en muy corto tiempo las herraduras. Las vacas se crian tambien en bastante número y se llevan á vender á Manila. En las tierras reducidas á cultivo se coge bastante arroz, y si hubiese brazos para abrir las grandes y escelentes campiñas que aun hay incultas y son muy á propósito para esta produccion, podria tener una grande salida. Igualmente son propias para el trigo las menestras, azúcar, añil, café, algodon, cacao y pimienta. La compañia de indias procuró fomentar los ramos pimienta y algodon, á cuyo efecto tuvo factorías en varios pueblos; sin embargo no se adelantó mucho en la produccion de la pimienta y menos en la del algodon. Se crian muchos animales domésticos, como puercos y diferentes aves; su precio es muy ínfimo porque apenas tienen estraccion. Hay además todo género de árboles frutales y hortalizas comunes al archipiélago: en los montes abundan los cocos y varios géneros de palmas y árboles, de que se fabrica y saca vino, aceite, bonote y brea.

El primero que descubrió esta provincia fué Juan de Salcedo. conquistada la Laguna, tuvo noticia de las minas de Paracale, y escogiendo algunas de sus tropas, atravesó el territorio de Tayabas y llegó á las espresadas minas, donde padeció mucho y fué preciso que Legaspi enviase gente en busca suya. Los PP. franciscanos la redujeron á la religion católica y quedaron al frente de su administracion espiritual. Los indios, en su lengua, fisonomía, usos y costumbres manifiestan ser de la alcurnia tagala. Eran muy pocos los naturales que se hallaron en este territorio al efectuarse su reduccion. En el año de 1,735 todavía no se contaban mas que como unas 10,000 almas, y los tributos que pagaba la provincia eran 2,004 solamente. A la sazon era Calaguay su cabecera: despues se trasladó al pueblo de Tayabas que hoy conserva este carácter y dá nombre á la provincia: la razon principal de esta traslacion fué el deseo de cortar las acometidas de los moros que han trabajado siempre las costas. En primeros de este siglo se habian aumentado ya tan considerablemente la poblacion y los tributos de esta provincia, que ascendian á 36,980 las almas, y 7,396 los tributos, de modo que en solo 65 años habian venido á ser por lo menos como 3 ⅓ á S. las almas, y como 3 ⅓ á S. los tributos: En 1818 eran 48,676 las almas, y 10,089 los tributos: habian ascendido nada menos que en 31 ⅓ por 100 en solos 18 años las almas, y en 36 ⅓ idem los tributos. La situacion de la provincia era en aquella época como resulta de la siguiente estadística.

PUEBLOS.	ALMAS.	TRIBUTOS.
14.	48,676.	11,089.

Todavia ha sido mayor incremento y la poblacion de esta provincia desde aquella época; así es que en el año 1845 su número de pueblos almas y tributos era como sigue:

PUEBLOS.	ALMAS.	TRIBUTOS.
16.	80,110.	17,317.

Habian ascendido en un 64 ⅓ por 100 en los 27 años las almas y en 71 ⅓ idem los tributos.

En los montes de esta prov., se crian buenas maderas de construccion, varias clases de cañas, palmas y mimbres, y tambien se encuentra alguna caza, miel y cera. Las producciones agrícolas, son arroz, maiz caña dulce, frutas, al

godon, añil, legumbres y abacá. Ind.: el beneficio de la caña dulce, la caza y la fabricacion de
algunas telas, á las que saben dar muy buenos
tintes. El com. lo hace de las referidas prod. lle-
vándolas á otras prov.

TAYABAS (baluarte de): en la costa meridional de la prov. de este nombre; sit. al del pueblo
de Tayabas, á la orilla izq. del rio que tambien
lleva el mismo nombre, en los 125° 17' 20'' long.
13° 53' 30'' lat., y á 1 ¼ leg. del referido pueblo.

TAYABAS (rio de): nace en las vertientes del
pico Banajao, se dirige primero al E. y luego al
S., pasa al Oriente del pueblo que le da nombre,
recibe un múmero muy considerable de afluentes y desagua en el mar en los 125° 17' 30'' long.
13° 53' lat.

TAYABASAN: monte de la isla de Luzon, en
la prov. de Tondo, hállase su cumbre en los 124°
54' 50'' long. 14° 44' 30'' lat.; es bastante elevado
y en él hay minas de hierro.

TAYASAN: pueblo con cura y gobernadorcillo, en la isla y prov. de Negros, dióc. de Cebú,
sit. en los 126° 50' long. 10° 11'' lat., en terr.
desigual, pero fértil y de buena temperatura; en
su distrito hay varias rancherias de infieles que
manifiestan unirse al gremio de nuestra santa
religion y hacerse súbditos de nuestro gobierno,
en agosto de 1830 administró el celoso cura regular de este pueblo el Santo Sacramento del
bautismo á 141 individuos de ambos sexos.

Prod.: los naturales se dedican al cultivo de
la tierra y cosechar en abundancia arroz, maiz,
trigo, abacá, cacao, cocos y variedad de raices
alimenticias; en sus bosques se encuentran maderas para toda clase de construccion, y cera de
superior calidad. Abundan en este pueblo manantiales de agua potable, y pasan por su centro
los rios Payabon y Tinubuan, navegables para
buques menores. La industria se reduce al sobrante de sus productos agrícolas.

Pobl. almas 4,912, trib. 953.

TAYTABOAN: isla adyacente á la costa S. E.
de la prov. de Zamboanga, de la que dista ¼ leg.;
hállase su centro en los 125° 51' long. 6° 52'
20'' lat.

TAYTAY: pueblo con cura y gobernadorcillo,
en la isla de Luzon, prov. de Tondo, arz. de Manila, en la falda de los montes de su nombre, en
clima bueno y fresco, á cuya circunstancia se

atribuye el que sus moradores gocen de mejor
color que otros habitantes de estas islas: confina con Pasig que tiene á O. 4.ª al S. Antipolo N.
34° E. y Ecinta al Nordeste.

Prod.: la principal cosecha y mas abundante
es la del arroz, que cultivan en las tierras altas
y bajas: tambien se recolecta bastante maiz, y alguna caña dulce: sus montes no son susceptibles de árboles corpulentos, por cuya razon hay
en ellos escasez de maderas.

Ind.: consiste esta en la pesca, en el hilado de
algodon y en la cria de aves caseras.

Inmediato á este pueblo á doscientas baras de
distancia pasa un riachuelo que trae su orígen
de la laguna, y de él se surten sus habitantes de
agua para los usos de la vida.

Tiene esta poblacion unas 500 casas, en general
de sencilla construccion, distinguiéndose como
mas notables la parroquial y la de comunidad
adonde está la cárcel. Hay escuela de primeras
letras é iglesia parroquial servida por un cura
secular: el cementerio está situado á oportuna
distancia y disfruta de ventilacion.

Pobl. almas 7,715, trib. 1,200.

TAYTAY: pueblo con cura y gobernadorcillo,
en la isla de Paraguá, prov. de Calamianes,
dióc. de Cebú; sit. en los 123° 20' 30'' long. 11°
11' lat. en la playa de una ensenada espaciosa
al E. de la isla; se entra al fondeadero por un
canal estrecho y espuesto para los buques que
quieran anclar en él, por los muchos bajos que
le rodean; su temperatura es buena y rara vez
se sienten temblores de tierra ni se oyen estragos causados por el rayo.

Este pueblo es la cab. de la prov., y en él
está la real fuerza y presidia de Santa Isabel,
dotada con la tropa correspondiente, siendo su
gefe el que manda la prov., y su capellan el cura
párroco regular que administra en esta poblacion. Prod.: sus naturales son indolentes y poco
aplicados al trabajo, por cuyo motivo no saben
aprovecharse de la feracidad de su suelo; su industria consiste en el poco nido que estraen de
sus bosques, y en la pesca de la famosa vicada,
pescado que bien salado y beneficiado es un
equivalente del bacalao.

Pobl. almas 1,579, trib. 473 ½.

TAYTAY: punta de la costa oriental de la isla
de Leite; hállase en los 128° 50' long., 10° 43'
30'' lat.

TAYUG: pueblo con cura y gobernadorcillo, en la isla de Luzon: prov. de Pangasinan, dióc. de Nueva Segovia; sit. en los 124° 25' 40" long. 16° 4' 28" lat. en terr. bajo, frio y húmedo, y la mayor parte de regadío, cuyas aguas proceden del rio Agno y varios arroyos: en sus bosques, que los hay en abundancia, se encuentran maderas de todas clases: se comunican con sus colaterales por medio de buenos caminos: tiene como unas 900 casas, en general de sencilla construccion, distinguiéndose como mas notables la parroquial y la de comunidad ó tribunal, que sirde de mercado: hay escuela de primeras letras y la iglesia parroquial está servida por un cura regular.

Productos: arroz en abundancia y algun maiz.

Industria: esta se reduce á la pesca en el rio Agno y en los arroyos, de los que estraen grandes anguilas: muchos de sus naturales se dedican al corte de maderas y bejucos, y otros á los lavaderos de oro.

Pobl. almas 4,370, trib. 1,000.

TAYUM: pueblo con cura y gobernadorcillo en la isla de Luzon, prov. del Abra, dióc. de Nueva Segovia; sit. en los 124° 10' 30" long. 17° 26' 20" lat. sobre una colina, en terr. llano y pedregoso, pero sano. las aguas de esta poblacion, de que se surten para beber y demás usos, se cogen en los arroyos que cruzan al Nordeste, son buenas y cristalinas: confina el térm. con Bucay por el Mediodia 2 ⅓ leg., y por el Poniente con Bangued: se comunica con sus colaterales por medio de caminos regulares, y recibe correo semanal de la cabecera de la prov.: tiene unas 1,000 casas, en general de sencilla construccion, distinguiéndose como mas notables la parroquial y la de comunidad: hay escuela de primeras letras é iglesia parroquial, fabricada de cal y canto y mediana arquitectura, servida por un cura secular: prod.: palac, maiz y fríjoles; ind.: se emplean los hombres en el corte de maderas que conducen en balsas por el rio grande de la prov. hasta Vigan, y las mugeres en el hilado de algodon que recolectan en sus huertas: pobl.: almas 3,784, tributos 941.

TAYUMAZ: barrio del pueblo de Antipolo, en la isla de Luzon, prov. de Tondo, arz. de Manila: hállase ⅓ leg. distante al N. de su matriz, en cuyo art. incluimos su pobl., prod. y trib.

TEI

TEINGA : una de las islas que forman el grupo de Basilan, hállase su centro en los 125° 18' long. 6° 52' lat.

TEINGOLAN: una de las islas que forman el grupo de Basilan ; hállase su centro en los 125° 34' long. 6° 35' lat.

TEINGOTAK: una de las islas que forman el grupo de Basilan, es muy pequeña, y su centro se halla en los 125° 26' 30" long. 6° 37' lat.

TEIPONOO : una de las islas que forman el grupo de Basilan en el archipiélago de Joló; es muy pequeña y su centro se halla en los 125° 30' 20" long. 6° 31' lat.

TEM

TEMPLE: islote adyacente á la costa setentrional de la isla de Burias, su centro se halla en los 126° 34' long. 13° 10' lat.

TEP

TEPUNGAN: visita del pueblo de Agaña, en la isla de Guajan, una de las Marianas, que forman la prov. de este nombre, dióc. de Cebú; sit. en terr. llano y clima templado. Su pobl. la damos con la de su matriz.

TER

TERESA: bajo, próximo á la costa meriodonal de la isla de Catanduanes; fué descubierto en el año 1834, y se halla entre los 127° 47' 30" long. y 127° 49' id., 13° 31' 20" lat., y 13° 22' 10" id.

TET

TETAS DE SANTA O ILOQUEÑAS: montes de la isla de Luzon, en la prov. de Ilocos Sur; hállanse al S. del pueblo de Santa, del cual toman su nombre estos montes, y al N. del pueblo de Narvacan.

TETIAN: punta de la costa occidental de la parte inferior de la isla de Mindanao, hállase en los 127° 52' long. 7° 29' lat.

TIAGAO: puerto de la costa setentrional de la isla de Panay en la prov. de Capiz; es bastante seguro, y bien resguardado de los vientos: su centro se halla en los 126° 29'' long. 11° 30' lat.

TIAON: pueblo con cura y gobernadorcillo, en la isla de Luzon, prov. de Tayabas, dióc. de Nueva Cáceres, sit. en los 125° 30' long. 13° 58' 20'' lat., en terr. llano, á la orilla del rio á que da nombre, defendido de los vientos N. E. por los montes Majaijai, S. Cristóbal y pico Sanaya: su clima es templado y saludable. Tiene 666 casas, y una iglesia parroquial de buena fábrica, servida por un cura regular. Los principales edificios de este pueblo son: la referida iglesia, la casa parroquial y la de comunidad, donde está la cárcel. Hay una escuela de instruccion primaria y un cementerio fuera de la poblacion. Confina el térm. por E. S. E. con el de Sariaya, cuyo pueblo dista unas 5 leg. por E. con el de la cabeza de la prov. á 6¼ id. y por S. N. y O. con la prov. de Batangas. El terr. es montuoso, aunque no faltan llanuras como la que se estiende al S. del pueblo, entre el referido rio de Tiaon y el de Lagnas que corre al S. E. En los montes se crian buenas maderas, varias clases de cañas y abundante caza. En el terr. reducido á cultivo, las prod. son, arroz, maiz, caña dulce, frutas y legumbres. Ind. la fabricacion de algunas telas, en la que se ocupan las mugeres, la agricultura, la caza y el beneficio de la caña dulce. Pobl. almas 3,000: trib. 900.

TIB

TIBAC: punta de la costa N. O. de la prov. de Cavite: fórmala el desague del rio Obispo, y se halla en los 124° 30' 30'' long. 14° 24' 40'' lat.

TIBIAO: visita del pueblo de Nalupa, en la isla de Panay, prov. de Antique, dióc. de Cebú, sit. en los 125° 44' long. 11° 12' lat., en terr. llano y resguardada de los vientos N. E. por la cordillera que divide esta prov. de la de Capiz, sobre la costa occidental de la isla, bajo un clima no muy cálido y saludable. Dista unas 5 leg. de su matriz, en cuyo art. damos su pobl. prod. y trib.

TIC

TICAO: isla que con la de Masbate forma una comandancia militar. Hállase comprendida entre los 127° 11' 30'' long. 127° 28' 30'' id., 12° 21' 20'' lat. y 12° 43' id.; tiene 9 leg. de larga, 2 de ancha y 12 de bojeo: en la costa oriental se halla el pueblo de San Jacinto, sit. en la playa del puerto de su mismo nombre. El terr. es montuoso y en los montes se cria bastante madera buena para leña.

TICAO: visita del pueblo de San Jacinto en la isla de su mismo nombre, sit. en los 127° 23' 15'' long. 12° 28' 54'' lat., en la costa N. E. de la isla y distante unas 2 leg. al S. E. de la matriz, en cuyo art. incluimos su pobl. prod. y trib.

TICBAO: punta de la costa meridional de la isla de Mindanao; hállase en los 127° 53' long. 7° 6' lat.

TICBIN: islita adyacente á la costa oriental de la prov. de Albay: tiene ¼ leg. de larga y ¼ id de ancha: su centro se halla en los 127° 46' 26'' long. 12° 35' lat.

TICLIN: visita del pueblo de Naujan, en la isla y prov. de Mindoro, sit. en los 125° 9' 30'' long. 12° 36' 20'' lat., á la orilla del rio á que da nombre, en terr. llano y clima templado. Pobl., prod. y trib. los incluimos en el art. de la matriz.

TICLIN: rio de la isla de Mindoro: nace en los 125° 7' long. 12° 38' 20'' lat.: corre 1 ¼ leg., pasa al N. de la visita que le da nombre, y desagua en el mar por la costa oriental de la isla.

TICTIC: barrio del pueblo de Mariveles, en la costa meridional de la prov. de Bataan y en la playa setentrional del puerto de Mariveles, sit. en los 124° 10' 40'' long. 14° 27' 33'' lat., distante medio cuarto de leg. al E. de su matriz, en cuyo art. incluimos su pobl., prod. y trib.

TICTIC (playa de): llámase así una parte de la setentrional del puerto de Mariveles, en la cual está situado un barrio que le da nombre.

TIG

TIGAON: pueblo con cura y gobernadorcillo, en la isla de Luzon, prov. de Camarines Sur, dióc. de Nueva Cáceres, sit. en los 127° 7' long. 3° 36' 10'' lat., al pié del monte Isaro, entre dos rios que bajan del mismo; su clima es templado y saludable. Tiene 188 casas, siendo de estas las principales la casa parroquial y la de comunidad donde está la cárcel. Hay una iglesia parroquial administrada por un cura secular, y una escuela de instruccion primaria con una dotacion de los fondos de comunidad. El cementerio está fuera de la poblacion, tiene buena ventilacion y está muy bien situado. Confina el térm. por N. E. con el de San José, que dista unas 2 leg.; por O. con el monte Isaro, que dista 1 ½ id.; por S. E. con el térm. de Tivi, que lo deslinda del de este el monte Elizario, á unas 2 ½ leg. El terr. es bastante montuoso y fértil; bajan por las vertientes orientales y meridionales del referido monte Isaro numerosos rios que fertilizan las tierras, haciéndolas muy productivas en arroz, maiz, caña dulce, algodon, abacá, legumbres y frutas. Ind.: los naturales se dedican á la agricultura, beneficio de la caña dulce y fabricacion de telas de algodon y abacá. Pobl. 1,108 almas, y en 1815 pagaba 461 trib. que hacen 4,640 rs. plata.

TIGBAVAN: pueblo con cura y gobernadorcillo, en la isla de Panay, prov. de Iloilo, dióc. de Cebú; sit. en los 126° 41' 30" long. 10° 44' lat., en terr. fragoso y próximo á la mar: confina con los pueblos de Camando, Tubungan y Guimbal; su temperatura es cálida y saludable. Se fundó en 1580 bajo la advocacion de San Juan de Sahagun, siendo encomienda del general Estéban de Figueroa se nombró para su administracion al P. Fr. Luis de Montoya: su suelo produce arroz, maiz, añil, pimienta, cacao, tabaco, café y mucho algodon. Ind.: sus naturales se dedican al beneficio del azúcar, al hilado de algodon y al tegido, siendo sus telas de las mas vistosas de la prov. y el principal renglon de comercio con las provincias de Albay y Camarines; tambien se emplean algunos en la pesca que abunda en un rio muy caudaloso y ameno, que pasa por las inmediaciones de este pueblo. La iglesia parroquial es de mediana fábrica y está servida por un cura regular, que lo es en la actualidad el M. R. P. exprovincial de Agustinos Calzados, Fr. Julian Martin, agraciado por sus méritos y servicios con la cruz de caballero comendador de la real y distinguida órden Americana de Isabel la Católica. Pobl.: almas 13,472, trib. 2,804.

TIGUIAS: visita del pueblo de Catubig, en la isla y prov. de Samar, dióc. de Cebú; sit. en los 129° 7' long. 12° 8' lat., en la costa oriental de la isla, terr. llano y clima igual al de su matriz, la que dista unas 11 leg. al N. O., y en

el art. de la cual inclúyese la pobl., prod. y trib. de esta visita.

TIGUTAO: rio de la isla de Luzon, en la prov. de Albay; nace en los 127° 22' long. 13° 4' 20" lat.; corre 1 ½ leg. al E. y desagua en el seno de Albay.

TIL

TILAD: islote adyacente á la costa meridional de la isla de Mindoro, de la que dista ½ leg., hállase su centro en los 124° 54' 20" long. 12° 12' 20" lat.

TILAGAG: rio de la isla de Luzon en la prov. de Batangas, térm. del pueblo del Rosario.

TILIG: punta de la costa setentrional de la isla de Lubang; hállase en los 123° 52' long., 14° 49' lat.

TIM

TIMACOTO: punta de la costa S. O. de la prov. de Camarines Sur; hállase en los 126° 55' 20" long. 12° 50' 30" lat.

TIMMANGTANG: monte de la isla de Luzon, en la prov. de Ilocos Norte; hállase en el térm. de Bangui al N. E. de este pueblo.

TIMURAGUT: rio de la isla de Luzon, en la prov. de Camarines Sur; nace en los 127° 3' long. 13° 45' lat., corre unas 2 leg. al O. y desagua en la bahía de San Miguel.

TIN

TINACLIPAN: rio de la isla de Masbate; nace en los 127° 9' 50" long. 12° 16' lat., corre unos ½ leg. y desagua en el mar por la costa meridional de la isla.

TINAJEROS: barrio del pueblo de Caloocan, en la isla de Luzon, prov. de Tondo, arz. de Manila, á la orilla del estero de su mismo nombre, en terr. llano y clima igual al de su matriz, en cuyo art. incluimos su pobl. y trib. Hállase en el camino que conduce desde Caloocan á Maysilo, que se halla al N. al otro lado del estero referido, sobre el que hay un puente de piedra en la calzada real que facilita la comunicacion con las provincias.

A fines del siglo pasado, cuando dicho pueblo de Caloocan era todavía visita de Tondo, y Maysilo y Tinajeros pertenecian á Tambobong, se pensaba en la eleccion de uno de estos tres puntos para erigirlo en matriz de los otros dos, y se creia como mas á propósito el barrio de Tinajeros, como lo espresa muy bien el P. Zúñiga en su historia de las islas Filipinas, dando razones convincentes para ello. Pero, como hemos visto, no sucedió así, erigiéndose Caloocan en parroquia y Maisilo y Tinajeros se le adjudicaron dentro de los límites de su jurisdiccion. En este último barrio que describimos, los naturales son bastante industriales; tienen fábricas de tinajas, de donde le vino el nombre á este barrio: benefician la caña dulce, fabrican tambien ollas y toda clase de barro, sin embargo de que no saben darle el barniz ó vidriado que las haga de mas duracion. Algunos se dedican á la fabricacion de la sal y otros al cultivo de las tierras, que producen arroz, caña dulce, frutas, legumbres etc. Las mugeres trabajan en los tegidos de algodon y abacá, y cierta parte de la pobl. se dedican al com. que consiste en la venta que hacen en Manila de sus prod. especialmente fabriles, comprende tambien varios efectos que llevan de la prov. de Bulacan para despues llevarlos á vender á dicha capital.

TINAJEROS (estero de): isla de Luzon, prov. de Tondo; fórmase por el mar de la bahía que penetra por esta parte de la costa, donde se halla el barrio del mismo nombre de este estero, en cuya orilla está situado y sobre el que hay un puente de piedra en la calzada real que conduce á las prov. del N. E. de la isla.

TINAGO: rio de la isla de Catanduanes, adscrita á la prov. de Albay; nace en los 128° 1' 30'' long. 14° 55' lat., corre 1 ½ leg. al N. E. y va á desaguar al mar en los 128° 5' long. 13° 57' lat.

TINAGU: rio de la isla de Luzon, en la prov. de Cagayan, nace al pié de los montes que van á formar el Cabo de Engaño, en los 125° 56' 30'' long. 18° 29' 40'' lat. dirígese al N. E. y desagua en el mar despues de un curso apenas de 1 legua. Su ria es grande, y lo mucho que el mar ha ido socabando en la costa, ha hecho un puerto conocido con el mismo nombre que el del rio.

TINAGÚ: puerto de la costa N. E. de la isla de Luzon, en la prov. de Cagayan, es pequeño y no muy seguro, en él desagua el rio de su mismo nombre, en el que entrando las aguas del mar, han formado este puerto, cuyo centro se halla en los 125° 56' 30'' long. 18° 29' 30'' lat.

TINAGU: una de las islas Calaguas, adyacente á la costa setentrional de la prov. de Camarines Norte, y distante unas 3 ½ leg. de ella, tiene 1 ½ id. de larga y 2 millas de ancha; su centro se halla en los 125° 35' long. 14° 26' lat.

TINAJUAGAN: punta de la costa setentrional de la prov. de Camarines Sur; hállase en los 127° 21' 30'' long. 13° 59' 30'' lat.

TINALMUT: punta de la costa S. O. de la prov. de Camarines Sur, hállase en los 126° 35' 40' long. 13° 31' lat.

TINALAY: rio de la isla de Luzon, en la prov. de Cavite; nace en las vertientes de la cordillera que divide esta prov. de la de Batangas, en los 124° 36' long. 14° 9' 50'' lat. dirígese al N. recibe varios afluentes por su márgen derecha, llevando por este espacio que corre, el nombre de Alalaa, hasta que se dirige al O. y pasando al S. del telégrafo de Calibuyo, va á desaguar por la costa N. O. de la prov. á la bahía de Manila en los 124° 27' 54'' long. 14° 22' 30'' lat., despues de haber corrido unas 7 leg.

TINAMBAC: pueblo con cura y gobernadorcillo, en la isla de Luzon, prov. de Camarines Sur, dióc. de Nueva Cáceres, sit. en los 126° 52' long. 13° 53' 20'' lat. á la orilla izquierda de un rio junto á su desague, en la costa occidental de la prov. playa oriental de la bahía de S. Miguel. Tiene unas 109 casas y 50 su visita Siroma. La iglesia parroquial está servida por un cura secular. Hay casa parroquial, otra de comunidad, una escuela de primeras letras, con una dotacion de los fondos de comunidad, y fuera del pueblo se halla el cementerio, bastante bien situado. Confina el térm. por E. con el de Caramoan, que dista unas 12 leg., por S. E. con el de S. José á 7 id., por S. con el de Calabanga, á 9 id., por N. con el mar, y por O. con la bahía de S. Miguel. Tiene una visita llamada Siroma, la cual tambien se halla sobre la costa á la izquierda de la entrada de la referida bahia, al N. de su matriz, y distante unas 3 leg. El terr. es montuoso; riéganlo varios rios que van á desaguar á la bahía mencionada, haciéndolo productivo en arroz, algodon, maiz, abacá, caña dulce, frutas y legumbres. Ind.: la fabricacion de algunas telas, la agricultura, y beneficio de la caña dulce, es lo que forma aquella. Pobl. 656 alm., y en 1845 pagaba 672 trib. que hacen 1,720 rs. plata.

TINAPIAN: punta de la costa setentrional de la isla de Masbate; hállase en los 126° 57' 30" long. 12° 34' 10" lat.

TINCASAN: islote adyacente á la costa setentrional de la isla de Leite, y distante 1 milla al O. de la isla de Biliran; su centro se halla en los 127° 57' 30" long. 11° 38' 30" lat.

TINGA: rio de la isla de Luzon en la prov. de Batangas; nace en los 124° 45' long. 13° 49' lat. Dirígese al S. S. E., corre 1 leg. y desagua en el rio de Calumpan.

TINGLO: rio de la isla de Mindanao, en la prov. de Misamis; nace próximo á la costa setentrional de la isla, por donde desagua en el mar, despues de haber corrido poco mas de 1 ½ leg.

TIP

TIPACOL: monte de la isla de Luzon en la prov. de Nueva Vizcaya, térm. del pueblo de Camarag; hállase su cumbre en los 124° 5' 15" long. 16° 46' lat., unas 3 leg. al O. S. O. del referido pueblo.

TIPALO: rio de la isla de Luzon en la prov. de Albay; nace en los 127° 15' long. 13° 4' 30" lat.; corre 1 leg. al S. O., y desagua en el rio de Quipia.

TIPAS (bahía de): en la laguna de Bay, formada por uno de los esteros que se encuentran en el nacimiento del rio Pasig; hállase al N. E. de la referida laguna, por los 124° 45' 5" long. 14° 38' 8" lat.

TIV

TIVI: pueblo con cura y gobernadorcillo en la isla de Luzon, prov. de Albay, dióc. de Nueva Cáceres, sit. en los 127° 19' 40" long. 13° 27' 50" lat., próximo á la embocadura de un rio que corre al S. en la costa N. O. de la prov., terr. llano al S. E. de la punta Bolo que sale al mar; su clima es templado y saludable. Tiene con las de sus barrios y visitas unas 1,105 casas, la parroquial y la de comunidad, donde se halla la cárcel; hay una iglesia parroquial servida por un cura secular, y una escuela de instruccion primaria con una dotacion de los fondos de comunidad. El cementerio está fuera de la poblacion, muy bien situado y con ventilacion. Confina el térm. por N. N. O. con el monte Elizario que deslinda este térm. del de Tigaon, en la

prov. de Camarines Sur; hállase dicho monte á distancia de unas 2 ½ leg., formando la punta Sibanan; por S. confina el térm. con el de Malinao á unas 2 leg., por O. con el lago de Buy ó Bigi, térm. del pueblo de este nombre en la referida prov. de Camarines Sur, y por E. con el mar. Hállase sobre la misma costa al N. O. la visita Joroan, distante poco mas de ½ leg.: y bajando al S., costeando la jurisd. del pueblo, se encuentra la otra visita llamada Junolo. Las prod. de este pueblo son arroz, maiz, caña dulce, añil, frutas y algunas legumbres. Su ind., la agricultura y fabricacion de telas de algodon y abacá, haciendo luego con estas y demás producciones espresadas su comercio con los pueblos vecinos. POBL. 6,631 almas, y en 1845 pagaba 1,047 trib., que hacen 10,470 rs. plata.

TOB

TOBABA: islote adyacente á la costa meridional de la isla de Samar, de la que dista 2 millas; su centro se halla en los 129° 16' long. 11° 4' lat.

TOG

TOGMONG: ranchería de infieles en la isla de Luzon, prov. de la Union, sit. en los 124° 16' long. 16° 25' 20" lat.

TOL

TOLON: rio de la isla de Luzon; nace en la prov. de la Union, al pié del monte Lebang, en los 124° 17' long. 16° 12' lat., dirígese al S., entra en la prov. de Pangasinan, cambia su direccion al O., y pasando al N. de Santa Bárbara y al N. y O. de Calasio, va á desaguar al golfo de Lingayan, despues de haber corrido unas 15 leg.

TOM

TOMAS (Santo): pueblo con cura y gobernadorcillo en la isla de Luzon, prov. de Batangas, arz. de Manila, sit. en los 124° 48' long. 14° 6' lat., terr. montuoso próximo á la orilla del rio de San Lucas; su clima es templado y saludable. Tiene unas 1,110 casas, la parroquial y la de comunidad, donde está la cárcel. Hay una escuela de instruccion primaria, y una iglesia parroquial de buena fábrica bajo la advocacion de Santo Tomás, servida por un cura regular. El cementerio se halla á corta distancia de la iglesia, en buena situacion y ventilado. Las comunicaciones de este pueblo con sus inmediatos se efectuan por medio de buenos caminos, y de la cab. de la prov. se recibe un correo semanal. Confina el térm. por N. con el de Calamba, cuyo pueblo se halla en la prov. de la Laguna, y dista de este poco mas de 2 leg.; por S. con el de Tananan que dista una ½ id.; por O. con la cordillera que divide esta prov. de la de Cavite, y por E. con el térm. de San Pablo que dista unas 4 ½ id. El terr. es montuoso y fértil, pero sin que por eso falten algunas llanadas donde los naturales tienen las sementeras. Las prod. de su agricultura son arroz, maiz, caña dulce, pimienta, café, frutas y legumbres. Su ind. consiste en la agricultura, fabricacion de telas, beneficio de la caña dulce y corte de maderas. POBL. 6,660 almas, y en 1845 pagaba 1,370 trib. que hacen 13,700 rs. plata.

TOMAS (Santo): pueblo con cura y gobernadorcillo, en la isla de Luzon, prov. de la Pampanga, arz. de Manila; sit. en los 124° 21' 40'' long. 15° 1' lat., en terr. llano y bajo un clima templado. Tiene unas 690 casas, la parroquial y la de comunidad, en esta última se halla la cárcel. La iglesia parroquial es de mediana fábrica y está servida por un cura secular. Hay escuela de primeras letras con una asignacion pagada de los fondos de comunidad. Comunícase este pueblo con sus inmediatos Minalin, San Fernando y Bacolor, cab. de la prov., por medio de caminos regulares, y recibe el correo de este último punto dos veces á la semana. Confina el térm. por N. con el de San Fernando, á ½ leg., por E. N. E. con el de Candava á 3 id.; y por O. con el de Bacolor á 1 ½ id. El terr. es llano y fértil, y sus prod. son arroz, maiz, caña dulce, pimienta, ajonjolí, algodon, abacá, varias legumbres y frutas. La principal ind. es la agrícola, habiendo tambien algunos ingenios para el beneficio de la caña dulce, y ocupándose las mugeres en fabricacion de algunas telas de algodon y abacá. Pobl., 4,163 alm., y en 1845 pagaba 832 ½ trib. que hacen 8,325 rs. plata.

TOMAS (Santo): pueblo con cura y gobernadorcillo en la isla de Luzon, prov. de la Union, dióc. de Nueva Segovia, sit. en los 124° 2' long. 16° 19' 25'' lat., en terr. llano y arenoso, próximo al mar por el O., y por el E. cercado de montes; su clima es templado.

Prod.: su suelo abunda en arroz, maiz, caña dulce, varias legumbres y frutas: en las inmediaciones del mar se crian la nipa y otras distintas plantas: las fábricas de aceite, de ajonjolí y de coco, las de cal, de concha, la pesca, la cria de animales domésticos y el hilado de algodon que se recolecta, constituyen toda su industria. Comercian tambien con los igorrotes que bajan á vender el oro de sus minas, trafican asi mismo en caballos y búfalos.

Las casas en general, son de sencilla construccion, distinguiéndose como mas notables la parroquial y la de comunidad: hay escuela de primeras letras, é iglesia parroquial servida por un cura regular, que lo es el de Agóo.

Pobl. 4,524 almas, trib. 1088 ½.

TOMAS (Santo): puerto en el golfo de Lingayen al S. del pueblo de Santo Tomás, denominante suyo; hállase entre los 124° 1' 30'' long. 124° 2' 10'' id. 16° 17' lat., y 16° 18' 20'' id. Es bastante seguro, y está defendido de todos los vientos.

TOMBOL: monte la isla de Luzon, en la prov. de Batangas; hállase su cumbre en los 124° 52' long. 13° 50' 30 lat.; pertenece al térm. del pueblo del Rosario, y es de una elevacion considerable.

TON

TONCOA: monte de la isla de Luzon en la prov. de la Laguna; hállase en la cordillera que bajando del S., penetra en la Laguna de Bay, formando la punta Jalajala. Su cumbre se encuentra en los 125° 3' long. 14° 19' 55'' lat.

TONDO: pueblo con cura y gobernadorcillo en la isla de Luzon, prov. y cab. de su nombre, sit. al N. de la capital, distante de esta ½ leg. escasa, en terr. llano y arenoso, sano y templado, sobre la playa de la barra que corre á Oeste del mencionado pueblo: confina por el S. con Binondo, por el E. con las tierras de San Lázaro, jurisdiccion de Santa Cruz; al Nordeste con las de Loma y Coliad; al N. N. con Calascon, y al Noroeste con el de Tambobon. Por el centro de la poblacion atraviesa un rio que trae su curso del de Bulacan y Pampanga, sebre el cual y frente á la iglesia y su casa parroquial, edificios suntuosos y de bella arquitectura, hay un magnífico puente construido con pilares de piedras y piso de tabla. Al costado de la espresada iglesia por la parte del Norte, se ve la casa de comunidad ó tribunal construida de cal y canto, buena arquitectura y estensas dimensiones, debido todo al celo y grandes sacrificios del alcalde mayor de la prov. Sr. D. Pedro Encina, y de su cura párroco P. F. Antonio Belasco.

Las calles que existen son espaciosas, adornadas con buenos edificios de piedra y tabla, y las que se van construyendo son al estilo de Europa.

La agricultura está reducida á un estrecho círculo por falta de terreno, limitándose sus producciones á una muy corta cantidad de arroz, caña dulce, maiz y hortalizas, que venden diariamente en el mercado de Manila.

La ind. es de bastante consideracion, en especial la pesca, que les proporciona un ramo de comercio, abasteciendo de pescado fresco á la capital y pueblos inmediatos, surtiendo tambien de seco y compuesto á las embarcaciones. Igualmente se aplican á la elaboracion de mantequilla, quesos y á la venta de estos efectos, asimismo se dedican á distintos oficios y artes, muy particularmente en los tegidos de tapiz, sayas y rayadillos de seda y algodon: hay tambien hornos de cal en el sitio de Bancusai, que fabrican de las conchas de los ostiones que estraen de la barra de Binuangan.

Las aguas de este pueblo son salobres, por cuya circunstancia se surten de las del rio Pasig y de unos pequeños manantiales que hay en el sitio de la hacienda de Baesa.

Los hombres benefician las prod. del país en las provincias limítrofes, dedicándose las mugeres á la manufactura del tabaco en las fábricas de Binondo.

Pobl. almas, 29,257, trib. 4,938 ½

TONDO: prov. de la isla de Luzon, la mas importante de todas las provincias Filipinas, hallándose en ella el centro político del archipiélago, residencia del gobierno supremo de la colonia, capitanía general, aud. ter., sede arzob. y demas autoridades y tribunales superiores de que hemos hablado en el art. de Manila. Hállase sobre la gran bahía de aquella ciudad, confinando por E. con las prov. de Nueva Ecija y la Laguna por S. con la misma de la Laguna y la de Cabite, por O. con la de Bataán en la bahía, y por N. con la de Bulacan. En el citado art. de Manila, describiendo los hermosos afueras de la ciudad, hemos visto cuanto viene á ser lo principal de la prov. La circunferencia de esta se calcula en unas 28 leg., que comprenden una hermosa campiña y fértiles territorios que se dilatan como unas 2 leg. de la capital Tondo al N. hasta el pueblo de Tambobon, que confina con el de Polo, perteneciente ya á la prov. de Bulacan; por otras 2 leg.: poco mas viene á estenderse hácia el S., comprendiendo el pueblo de las Piñas: su mayor dilatacion es hácia el E., pues alcanza hasta los montes de San Mateo y la estensa laguna de Bay. El gran número de los pueblos de esta prov. se hallan en la playa de la bahía y á orillas del caudaloso Pasig que corre por ella. Hállase atravesada de N. á S. por un monte de piedra; por lo demás su terr. es llano y escelente para arroz y todo género de plantíos: el clima es tambien templado y saludable, mitigando las brisas marítimas los ardientes rayos del sol, propios de la zona. Está espuesta á las monzones del E. S. y N. que alternativamente la rigen por todo el año. Al cambiar estas monzones ocurren grandes tempestades y terribles baguíos, particularmente al empezar los vendabales en los meses de abril y mayo, y cuando estos ceden á los nortes: escusamos estendernos sobre esta y otras muchas particularidades en razon de haberlo hecho ya describiendo á Manila. Allí hemos hablado de las ricas naranjas, de la estraordinaria variedad de frutas y hortalizas, del barrio de Gagalangin y otros puntos de la provincia; de las plantaciones de caña dulce, del buen estado de la agricultura, de los pueblos inmediatos, por lo que nos bastará decir que en esta prov. se coje mucho arroz, bastante azúcar, algun añil, cacao, pimienta, seda, maiz, patata, muchas legumbres y hortaliza y todo género de frutas del país. La ind. fabril se halla tambien mas perfeccionada que en las otras provincias de las islas; hay herrerías, fundicion de artillería, fábricas de armas de fuego y blancas, fundicion de campanas, calderos y demás útiles de metal, muchos talleres y de toda clase de artefactos; molinos de aceite de ajonjolí, que es la fruta de una planta así llamada, cuya fruta parece á la simiente de lino; tambien se elabora el banucálay, que es una planta muy jugosa con la que se hace grande abundancia de jabon. Los telares para toda clase de tejidos son innumerables. Hay artistas de todas especies: bay labradores, comerciantes y muchos empleados en los establecimientos de la capital Manila y en todas las oficinas de la hacienda pública. Las mugeres de esta prov. son las que fabrican las curiosas cadenas de oro afiligranado que llaman de junquillos de china: tambien hemos hablado en el referido art. de las ricas chinelas y otros escelentes bordados que se hacen en esta prov. Además de todos estos ramos de riqueza y la mucha pesca de sus costas y sus rios tiene abundantes salinas que no solo llenan el consumo de la prov., sino que facilitan una considerable estraccion anual. Así mismo hemos hablado del estimado buyo de Pasay, cuyas plantaciones son suficien'es para abastecer las provincias de Tondo, Bulacan y la Pampanga, que hacen su acopio en Manila. El buyo de Pasay es el preferido por su finura, suavidad y estension. Es una especie de enredadera que trepa y se enlaza como la yedra á las estacas y árboles, asiéndose á ellos con sus pequeñas raices. Su hoja tiene figura de corazon, es bastante larga, estrechándose en su estremidad. Su flor, como una espiga cerrada, se parece á la del pimentero, con quien tiene esta planta bastante afinidad: crece por todas partes, pero prospera mas en los sitios húmedos y gredosos, y se cultiva con esmero por las ventajas que ocasiona su uso habitual. A todas horas mascan los indios la hoja del buyo, cuyo amargo corrigen con la bonga que siempre mezclan: la bonga es la fruta de una palma muy alta y bastante parecida á la que produce los dátiles, que como estos, cuelga en racimos debajo del nacimiento de las hojas, y su figura y tamaño es como la de una nuez regular, pero sólida como la moscada: esta se parte en pedacitos, y se coloca en un rollito hecho de las hojas tiernas del buyo untadas con cal de conchas tostada y desleida en agua; este es el compuesto del celebrado betel del Asia que en Filipinas llaman buyo. Las personas acomodadas añaden á su composicion anís ú otras cosas aromáticas que mejoran su gusto. Es opinion del país que el uso del buyo conviene á la dentadura y al estómago: se toma despues de comer, se masca en las visitas y se

sirve en ellas como el té, el café, etc. en otras partes. En la jurisdiccion de esta prov. se halla la famosa cueva de San Mateo que hemos descrito en el artículo del pueblo de que recibe su nombre, y es verdaderamente una de las mas grandes obras de la naturaleza que solo se presentan en Filipinas.

El idioma de esta prov. es el tágalo como su pueblo indígena, el cual se halla confundido con innumerables procedentes de las demás provincias del archipiélago, con muchos chinos y numerosos hijos del cruzamiento de las razas. Por la misma razon de haber descrito estos pueblos en el art. Manila, escusamos hacerlo ahora, deseando no incurrir en difusion y repeticiones. Allí mismo vimos cómo halló el país su conquistador el general Legaspi, y todo lo correspondiente á su historia como centro de nuestras estimables posesiones asiáticas: réstanos solo considerar aquí lo que es mas propio y privativo de la prov.

En el año de 1735 no contaba la prov. de Tondo mas que 31,805 almas y pagaba 6,361 trib. que eran á aquellas como 1 á 5. Pero luego se manifestó en tanto incremento esta poblacion, principalmente por la grande afluencia de gentes de todas las provincias, atraida por el comercio y otras ventajas propias de la capital del archipiélago, que en primeros del siglo actual tenia ya cerca de 100,000 almas, y el número de trib. ascendia á 18,065 ⅓: en solos 65 años habian venido á ser como mas de 3 á 1 las almas y próximamente como 3 á 1 los trib.: el incremento habia correspondido á 1 y 1|7 por 100 al año en las almas, y con poca diferencia en los trib. Mayor fué todavía este incremento en los 18 años sucesivos, de modo que, en el 1818, resultó la poblacion en esta prov. con un aumento de 49,690 almas y 7,109 trib. como aparece del siguiente resultado:

PUEBLOS.	ALMAS.	TRIBUTOS.
29	149,931	25,175

Eran los tributos á las almas en dicho año como 1 á 6 próximamente, lo que acredita el desarrollo que iba obteniendo la clase de reservados, no sin grave perjuicio de los que no disfrutan este privilegio, pues con ellos se les recargan notablemente los servicios llamados polos, de los cuales quedan tambien exentos aquellos.

No ha sido tanto despues el aumento de los privilegiados, aunque todavía lo son en número escesivo : el de las almas y el de los tributos ha sido asombroso por la grande afluencia de gentes de todas las provincias. Así es que segun la guia del año 1843 el estado de pueblos, almas y tributos de esta provincia era como sigue, inclusa la capital de Manila:

PUEBLOS.	ALMAS.	TRIBUTOS.
27	234,013	44,892

Se habian aumentado en 104,330 las almas y 19,717 los tributos : eran estos á aquellas como 1 á 5 ½ próximamente, lo que sigue acreditando el indicado número de reservados, del cual hablamos en otra parte de este artículo. Desde el espresado año 1815 ha seguido en el mayor progreso esta pobl., de modo que segun la guia de 1850 sin contarse el vecindario de Manila, eran 281,499 las almas.

Ya vimos en el artículo Manila cuál fué el órden gubernativo de esta provincia, y cuál su administracion en general, regida por un solo alcalde y en algunos ramos por la municipalidad de la metrópoli de la colonia, y cómo se crearon despues un alcalde segundo y otro tercero, de modo que hoy se halla esta provincia á cargo de tres alcaldes mayores. Luego veremos que á nuestro entender todavía no son suficientes para el buen desempeño de sus atribuciones.

CORREOS. En la prov. de Tondo hay establecido un parte diario, que saliendo en cinco direcciones á las ocho de la noche con los pliegos de la alcaldía y cartas del correo para los pueblos, vuelve á las diez de la mañana. En cada línea corre una hoja impresa, donde se anotan los pliegos que llevan para cada pueblo. En cada uno de ellos ponen su recibo, el parte con novedad ó sin ella, y los que remiten á la alcaldía; sabiendo por este medio el gefe de la prov. todos los dias á la hora de despacho las novedades que han ocurrido en ella y si las comunicaciones que ha dirigido han llegado con oportunidad á su destino. Este servicio se presta por carga comunal. Sería de desear que se imitase esto en las demás prov.

ESCUELAS: En todas las islas es muy importante la instruccion, y sobre todo en esta prov. Las escuelas se pagan de los fondos de comunidad y segun el número de vecinos: hay es-cuela cuyo maestro apenas tiene dotacion, lo qué es un mal considerable : además, las escuelas están desempeñadas por indios que desconocen el idioma español, la ortografía, gramática y aun las cuatro primeras reglas de cuentas, teniendo el que mas mediana forma de letra. En muchas escuelas los niños escriben en hojas de plátano, y con cañas en lugar de plumas, y no puede ser otra cosa, porque los maestros tienen una dotacion mezquina, y que puede ser mayor entrando, si saben escribir en cualquiera dependencia pública ó escritorio de comercio.

CAJAS DE COMUNIDAD. Los fondos de comunidad de esta prov. como los de todas las islas, son de gran cuantía y de ellos podria pagarse un maestro que enseñara á los que lo hubieran de ser en los pueblos; dotar á estos decentemente y crear una junta de exámenes presidida por el gobernador capitan general, y compuesta del arzobispo y demás gefes principales de la administracion por estar todos interesados en crear una base de buenos subalternos. Seria tambien muy conveniente que á los alcaldes y curas párrocos se les señalara un premio, ya honorífico, ya positivo, para los ascensos en su carrera por la administracion de frutos en sus provincias ó pueblos, y por las mejoras materiales que hiciesen. La administracion de justicia necesita, ó por lo menos recibiria como de grande utilidad, las reformas siguientes:

Tres alcaldes son insuficientes para su conocimiento, á menos de hacersela desmembracion de la parte determinada por la línea que forman los pueblos de Mariquina, San Mateo, Bosobocos, Antipolo, Taytay, Cainta, Pasig, Pateros, Tagnig y Muntiulupa, de la prov. de Tondo y de la Laguna, Anyono, Binangonan, Biñan y Santa Rosa, estableciendo la cabecera de esta nueva provincia en Pasig. Tambien sería conveniente que la provincia de Tondo lo fuera de Manila; que el alcalde de ella fuera vice-presidente del ayuntamiento, exento de entender en los negocios de justicia, pero letrado, ya por haber de presidir el dicho ayuntamiento, y ya tambien porque en casos particulares pudiera encargarse de la formacion de alguna causa que por su gravedad ú otros accidentes conviniera que se despachara con rapidez y particular atencion.

Descargado el alcalde primero de las atenciones de administracion de justicia, quedaria mas espedita para el gobierno, fomento y mejora de la provincia, y presidiendo el ayuntamiento de Manila, se concluirian las continuas competencias que de tiempo inmemorial hay entre esta corporacion y los alcaldes; ofreciendo la ventaja, la division indicada, de que los pueblos que distan muchas horas de la cabecera de la Laguna, tuviesen la autoridad mas inmediata y la subdelegacion mas próxima para introducir el Real haber sin riesgo alguno; que siendo pueblos playeros de la Laguna y de montes donde regularmente se cometen los robos, estarian mas vigilados por un juez inmediato que teniendo pocos asuntos civiles, podria atender mejor á los criminales, sin perjuicio de las vias de comunicacion y mejoras locales que por la soledad del terreno no pueden multiplicarse y estarian mas sostenidas, lo que tambien sucederia en lo que hoy es Tondo, porque el gefe de aquella provincia quedaba mas espedito para atender á ella en todos ssu ramos de administracion.

Seria muy conveniente tambien que en la provincia de Tondo desaparecieran los privilegios que eximen de servicios personales, y que disfrutan mas de 17,000 personas, porque haciéndose las obras públicas de composiciones de carreteras, calles, puentes, etc., por servicio comunal, y desempeñándose los empleos de justicia del mismo modo, resulta que ni hay quien cubra aquellos, ni personas de garantías y responsabilidad para los cargos públicos.

En todas las prov. ó la mayor parte de las islas, se desean los nombramientos de gobernadorcillos, ministros de justicia y cabezas de Barangay, porque allí es una ventaja obtenerlos, porque la docilidad de los indios hace facil el gobierno y sencilla la recaudacion del Real haber, porque el gefe de la prov. es uno solo, y porque estos cargos dan importancia y representacion, lo que no sucede en Tondo, donde los gobernadorcillos y principales tienen todas las autoridades superiores de las islas que les oscurecen y les mandan; donde la recaudacion es difícil, y donde los indios, mas viciados que en otras prov. son menos dóciles y mas difíciles de gobernar; así que, un indio ó mestizo rico que en prov. se daría por honrado con la eleccion de gobernadorcillo, en los estramuros busca un nombramiento de sacristan, peon de injenieros, estanquillero, etc. para librarse de la eleccion, viniendo á recaer las cabecerías y empleos de justicia, en infelices que se empeñan con los gastos de toma de posesion, que carecen de fuerza moral, y están supeditados á los que de hecho mandan los pueblos sin responsabilidad oficial.

TONGUAY: (sitio de): terr. comprendido entre los rios Nayon y Purin, y próximo á la costa oriental de la prov. de Batangas, en la que se halla.

TONGLON: monte de la isla de Luzon, en la prov. de la Union; es bastante elevado, y su cúspide se halla en los 124° 10′ long. 16° 20′ 55″ lat.

TOO

TOOBALOOBOOK: islote en el archipiélago de Joló; hállase su centro en los 124° 6′ long. 5° 58′ 40″ lat.

TOOGBAHAS: islote en el archipiélago de Joló: hállase su centro en los 23° 58′ long., 5° 45′ lat.

TOR

TORTUGA (bajo de la): próximo á la costa occidental de la prov. de Zambales; hállase entre los 123° 29′ 30″ long. 123° 32′ id, 15° 55′ 20′ lat. y 15° 36′ id., unas 2 millas distante de la referida costa.

TOV

TOVALINA. baluarte ó fuerte en la isla de Luzon, prov. del Abra: sit. en los 124° 12′ 30″ long. 17° 1′ 10″ lat. sobre el camino llamado de contrabandistas, que penetra en la prov. de Ilocos Sur.

TRE

TRES PICOS: islote adyacente á la costa occidental de la isla de Paragua: hállase su centro en los 122° 54′ long., 10° 22′ 30″ lat.

TRES REYES: islotes adyacentes á la costa meridional de la isla de Marinduque, de la que se halla el mas lejos unas 2 leg. escasas; son 3, y el centro del mayor se halla en los 125° 35′ 20′ long., 13° 13′ 30″ lat.

TRI

TRINCHERA (la): guardia ó bantay del pueblo de S. Pablo del Monte, en la isla de Luzon, prov. de Batangas; hállase en los 124° 54′ 30″ long. 14° 4′ 30″ lat. 1 ½ leg. al O. del referido pueblo.

TROZO; isla formada por los esteros del Pasig.

TUA

TUAO: pueblo con cura y gobernadorcillo en la isla de Luzon, prov. de Cagayan, dióc. de Nueva Segovia, sit. en los 124° 56' long. 17° 38' 40" lat., en terr. llano, húmedo y caluroso: su térm. se estiende de N. á M. 3 leg., de O. á P. 5, tiene por colaterales á los pueblos de Piat, 1 leg. al N.: con Tuguegarao, 7 al O.: por el M. con un pueblo de infieles 5: y por el P. 2, tambien con una pobl. de infieles: se comunica con este pueblo por caminos regulares: las casas en general son de sencilla construccion; hay dos escuelas de primeras letras de ambos sexos, pagada la una de los fondos de comunidad; la iglesia parroquial, bajo la advocacion de los Santos Angeles, está servida por un cura regular. Prod.: tabaco en abundancia, palac y maiz. Ind.: esta se reduce al sobrante de sus prod. agrícolas: pobl. en 1848, almas 3,579 trib. 928 ½

TUAURIAN: rio de la isla de Luzon en la prov. de Albay; nace en los 127° 26' 30" long., 13° lat.: corre unas 4 leg. al S. O. y desagua en el puerto de Putiao, en los 127° 18' long., 12° 54' 30" lat.

TUB

TUBABOT: islote adyacente á la costa oriental de la isla de Samar; hállase su centro en los 129° 13' 30" long. 12° 11' 45" lat. y dista de la referida costa ¼ leg.

TUBAIN: visita del pueblo de Paracale, en la isla de Luzon, prov. de Camarines Norte; sit. en la punta de su mismo nombre, distante 1 leg. al N. de su matriz, en cuyo art. incluimos la pobl. prod. y trib. de esta visita.

TUBAY: visita del pueblo de Butuan, en la isla de Mindanao, prov. de Caraga, dióc. de Cebú; sit. en terr. llano, con buena venti'acion, y bajo un clima cálido, aunque no deja de ser saludable. Hállase á corta distancia de su matriz, en cuyo art. incluimos su pobl. y trib.

TUBIG: pueblo con cura y gobernadorcillo, en la isla y prov. de Samar, dióc. de Cebú; sit. en los 129° 2' long. 12° 4' lat., en terr. llano sobre la costa oriental de la isla, y bajo un clima cálido y saludable. Tiene unas 1,216 casas con las de su visita Parie, la casa parroquial y la de comunidad, llamada tambien tribunal, donde se halla la cárcel; estas dos son las mejores del pueblo, y la iglesia parroquial es el edificio que sobresale entre todos; es de buena fabrica y está servida por un cura regular. Hay una escuela bastante concurrida por los niños del pueblo; de los fondos comunes de este se le paga una asignacion que tiene señalada su maestro. Confina el térm. por N. con el de Palapag, que dista unas 12 leg.: por N. O. con el de Catubig: por S. con el de Libas, y por E. con el mar. El terr. es llano en general y fértil. Sus prod. son arroz, maiz, caña dulce, ajonjolí pimienta, algodon, abacá, legumbres y fruta. La principal industria consiste en la agricultura, y ademas en la pesca, ocupándose las mugeres en el hilado y tejido del algodon y abacá. Pobl.: almas 3,178, trib. 593.

TUBIG MANGAYAONG: punta de la costa meridional de la prov. de Tayabas; hállase á la derecha de la entrada del puerto de Laguimanoc, formando su embocadura en los 125° 30' 40' long. 13° 53' 20" lat.

TUBIGON: visita del pueblo de Calape en la isla de Bohol, adscrita á la prov. y dióc. de Cebú, sit. en la costa de dicha isla, terr. llano y clima algo cálido. Hállase á 3 leg. distante de su matriz, en cuyo art. damos su pobl., prod. y trib.

TUBOC: pueblo de moros en la isla de Mindanao, sit. en la costa de dicha isla, bahía de Illanos, en terr. llano y clima cálido.

TUBUAN: rio de la isla de Mindanao; nace en los 127° 55' long. 6° 51' lat., corre unas 3 leg. al O., y desagua en el mar por la costa occidental de la parte inferior de la isla.

TUBUGON: rio de la isla de Luzon en la prov. de Tayabas; nace próximo á la costa setentrional de dicha prov., y desagua en el mar por la misma.

TUBUNGAN: pueblo con cura y gobernadorcillo, en la isla de Panay, prov. de Iloilo, dióc. de Cebú, sit. en los 126° 8' 30" long. 10° 58' lat., entre montes y clima sano, su territorio es muy pintoresco: tiene escelentes aguas, muchos pastos y tierras de buena calidad: confina con los pueblos de Passi y Dumangas: tiene unas 1,000 casas, la parroquial y la de comunidad, en donde está la cárcel. Hay escuela de primeras letras é iglesia parroquial servida por un cura regular. Prod.: los habitantes cogen abundantes cosechas de arroz, tabaco, algodon, maiz, lentejas, frutas, algun cacao y poca caña dulce: sus montes abundan de maderas y de caza mayor y menor. Ind.: esta se reduce al sobrante de sus productos y al tejido de toda clase de telas de algodon. Pobl. 5,029 almas, trib. 1,210.

TUC

TUCURAN: pueblo de moros en la isla de Mindanao, sit. en la costa meridional de la misma, en terr. llano y clima cálido.

TUG

TUGAS: punta de la costa occidental de la isla de Samar; hállase en los 127° 59′ long. 11° 21′ 30″ lat.

TUGUEGARAO: pueblo con cura y gobernadorcillo, cab. de la prov. de Cagayan, en la isla de Luzon, dióc. de Nueva Segovia, sit. en los 125° 12′ long. 17° 36′ lat., en terr. llano, rodeado por la parte del S. del rio grande de Cagayan, que los naturales de este pueblo llaman de Ibanag, y por el E. de un estero llamado Pinacananan, que se reune al mencionado rio: su clima es de los mejores que gozan los pueblos de esta prov., es sano y templado. Los vientos del N. y S. son los que regularmente reinan, y las enfermedades mas comunes son pasmos, calenturas y dolores de estómago, cuya enfermedad les proviene de las humedades que recogen en las sementeras cuando tienen que levantarse muy de mañana á limpiar las plantas del tabaco. Tambien suele suceder de vez en cuando que la viruela acomete á los naturales, no perdonando ni aun á los de avanzada edad, y alguna vez, aunque es muy raro y de tarde en tarde, hay varios casos de cólera morbo. Tiene este pueblo unas 294 casas, entre las que hay 70 de tabla y las restantes de nipa. Forman estas casas unas 22 calles ó calzadas anchas y buenas para carruajes. El recinto de este pueblo es de unas 3 horas de camino, quedando comprendidos dentro de él los 10 barrios llamados Ili, Caritan, Atulayan, Annajunan, Ugac, Buntun, Palena, Bay, Libac y Capatan. Tiene una hermosa plaza, grande y espaciosa, su figura es cuadrada, y es sin duda una de las mejores que hay en todas las islas. Forma uno de sus frentes la iglesia y casa parroquial: otro la casa real: otro la de comunidad, y el cuarto las escuelas. La iglesia, que se halla bajo la advocacion de San Pedro Apóstol, y que la sirve un cura regular, es de muy buena fábrica, bastante grande, forma una nave de piedra, con una torre muy bonita y elevada. Detrás de la iglesia se halla el cementerio. La casa parroquial viene á estar en línea con la iglesia: es de piedra y bastante cómoda y espaciosa. La casa real, donde habita el alc. m. de la prov., es de mampostería y de elegante fachada.

La casa tribunal ó de comunidad es tambien uno de los mejores edificios del pueblo, toda de piedra, y á sus costados tiene dos galerías formadas de columnas: en estas galerías hay 26 tiendas de comercio, de los que vienen de otras prov. á traficar á este pueblo. Debajo de este edificio están las dos cárceles que hay destinadas para los presos de la prov.

Compónese este tribunal de un gobernadorcillo, dos tenientes, tres jueces y dos alguaciles. El edificio donde están las escuelas es parte de mampostería y lo demás de madera. En la de niñas asisten unas 1,930, y en la de niños unos 2,200. El maestro de niños tiene 30 pesos anuales pagados de los fondos de comunidad, y la maestra de niñas tiene señalado otro sueldo que se lo paga el cura. Hay además de la iglesia que hemos referido, y dentro del mismo pueblo, una ermita dedicada á San Jacinto: su fábrica es de piedra y es de una capacidad regular. Comunicase este pueblo con sus inmediatos los de Cabug, Itanes é Iguig, por medio de buenos caminos que recientemente se han ido mejorando con algunos puentes, y recibe de la cap. de las islas un correo cada semana. Confina el térm. por N. con el de Iguig, que dista unas 2 leg.: por S. con el de Cabagan, distante 3 leg.: por S. E. con el de Cabug, á 1 hora de camino: al O. el partido de Itauco, á 4 leg., y al E. se hallan los montes de la contracosta. Tiene este pueblo 3 barrios: el de Cutaggamman al E., el de Caggay al S. O., y al N. de este el de Maraque, distante cada uno 1 leg. de la matriz. El terr. es fértil y de secano: en los montes que abarca la jurisd. se crian varias clases de maderas, y hay canteras de piedra sillares y de cal. Críanse en estos montes alguna caza, muchos carabaos y ratas como gatos. Además del rio arriba mencionado, en el que abundan los pescados de varias clases y los caimanes que hay hasta de 15 y 20 varas, corren tambien por el térm. los de Abacá, Caravan y Arimannac, cuyas aguas son cristalinas y delgadas, aprovechándose de ellas los naturales para sus usos domésticos. Prod.: aunque la tierra es buena para toda especie de granos, no se siembra por lo general mas que tabaco y maiz, que son las principales cosechas: cógense tambien algunas legumbres y varias frutas. Ind.: la caza, la pesca y la cria del ganado vacuno, para la que hay varios individuos reservados de polos y servicios con el objeto que cuiden de dichos animales, la agricultura y fabricacion de algunas telas es lo que forma la ind. de este pueblo. Com.: como hemos dicho mas arriba, hay dentro de la misma pobl. 26 tiendas de los naturales de otras prov. que vienen á traficar con este pueblo, que hace el suyo con el tabaco, como prod. principal del país. Pobl. 15,466 almas, y trib. 4,306 ½.

TUJ

TUJOT: punta de la costa N. E. de la isla de Mindoro; hállase en los 125° 4' 40'' long. 13° 11' 20'' lat.

TUL

TULA: rio de la isla de Luzon, en la prov. de Tayabas; nace en los 126° 13' 30'' long. 13° 24' lat.; corre 1 leg. y desagua en el mar por la costa oriental de la prov.

TULAN: isla adyacente á la costa oriental de la de Cebú, de la que dista unas 6 leg.: es una de las camotes, y su centro se halla en los 127° 52' long. 10° 40' 30'' lat.

TUM

TUMALATAY; islita adyacente á la costa occidental de la isla de Alas; tiene ½ leg. de larga y 1 milla de ancha; hállase en la ensenada de Alas, y su centro en los 126° 50' 30'' long. 12° 12' 20'' lat.

TUMANGO: puerto de la costa oriental de la isla de Luzon, en la prov. de Nueva Vizcaya; hállase entre los 125° 31' 30'' long. 125° 40' 30'' id.,

16° 41' lat. 16° 50' id. al N. E. del pueblo de Palanan. Es bastante seguro y está defendido de los vientos N. E. y O.

TUMAUINI: pueblo con cura y gobernadorcillo en la isla de Luzon, prov. de Cagayan, dióc. de Nueva Segovia, sit. en los 125° 11' long. 17° 15' 30'' lat., en terr. llano y espacioso, bañado por el O. E. con el rio de Cagayan, á corta distancia, y por el Este con el de su nombre, á unos 20 minutos de distancia: sus aguas son claras, finas y estomacales, por cuya razon sus habitantes se surten de ellas, prefiriendo estas á las del rio grande que son gruesas y turbias.

Las casas en general son de sencilla construccion: hay dos escuelas de prim ras letras, dotadas de los fondos de comunidad, é iglesia parroquial de mampostería y buena arquitectura, bajo la advocacion de San Matías apóstol, servida por un cura regular de la órden de Sto. Domingo; el térm. de este pueblo se estiende por la banda del N. 1 y ⅓ leg., y por la del S. poco mas de 1; confina con llagan, pueblo de Nueva Vizcaya, sit. 3 leg. al S. Prod.: sus tierras son muy fecundas, y con poco trabajo producen abundantes cosechas de arroz, maiz, tabaco y otros vejetales. Ind.: muchos trafican en telas con la capital de las islas, y otros se dedican á la caza de venados y búfalos, y á la pesca de anguilas en el mencionado rio, en donde suele haber muchas desgracias á causa de la multitud de cocodrilos de que abunda. Pobl.: almas 2,593, trib. 518.

TUMAUINI: rio de la isla de Luzon, en la prov. de Cagayan; nace en los 126° long. 17° 17' lat.; corre unas 4 leg. al E. y desagua en el rio grande de Cagayan, á ⅓ hora distante del pueblo que le da nombre. Sus aguas son de las mejores de la prov.

TUN

TUNA (fondeadero de); en la costa meridional, de la isla de Mindanao, comprendido entre los 127° 52' long. 127° 51' id., 6° 18' lat. y 6° 20' id.

TUNA: punta de la costa S. O. de la isla de Mindanao; hállase en los 127° 56' long. 6° 15' 30'' lat.

TUNASAN: hacienda perteneciente al colegio de San José de Manila; comprende las tierras del pueblo de San Pedro de Tunasan, en la playa occidental de la laguna de Bay, en la prov. de este nombre; el terr. es bastante fértil y produce arroz, muchas mangas, cocos, naranjas, limones, cancias, bilimbrnes, buyo, caña dulce y otras producciones en menor cantidad que estas. Tiene una buena casa de piedra y teja, en la cual habia antiguamente una fábrica de seda. Esta ind. que en el dia es de muy escasa importancia, se fomentó considerablemente por los años de 1780 y sucesivos, siendo gobernador de estas islas el Excmo. Sr. D. José Basco y Bargas, y cuando se estableció la Real Sociedad Económica de Filipinas, el rector de dicho colegio de San José dispuso que en todas las tierras de las inmediaciones de la casa de la Hacienda se plantasen moreras, como así se hizo, no solo en estas inmediaciones, sino en casi todas las tierras de la jurisdiccion del referido pueblo, que como ya hemos dicho, pertenecen á la hacienda, así es que por todas partes se veian dilatados y hermosos plantíos de moreras. Lleváronse de China los gusanos, y muy luego empezaron á dedicarse todos á la cria de ellos, que procreaban todo el año, no sucediendo como en España, que tanto el gusano como la morera no da el fruto mas que una vez en el año. Pero sin embargo de esto y de que las tierras de esta hacienda no producian ya en las cosechas lo que en los años anteriores al que nos referimos, pues segun la historia franciscana habian producido estas tierras el 100 y hasta el 150 por 1, y en aquella época daba solo un 50 ó 60 por 1, no salió muy adelante esta ind., pues los cosecheros echaron sus cuentas y conocieron que no les reportaba gran ventaja la cria del gusano, y que obtendrian mayor utilidad aprovechando el terr. que ocupaban las moreras, aun cuando fuera sembrando camote. Luego que se convencieron de esto, empezaron á abandonar la cria de gusanos, no obstante los esfuerzos que el rector de dicho colegio hacia por fomentarla, y á pesar del cuidado que tuvieron los que componian la Sociedad Económica de Amigos del País, «un sermon viejo, como dice el M. R. P. Fr. Joaquin Martinez de Zúñiga, impreso de un Padre Agustino que referia las medidas que se habian tomado para introducir en las islas Filipinas, un ramo que podria serles de mucho lucro» por lo cual, podrian conocer que no era ya la primera vez que se habia tratado de introducir esta ind. en las islas. Habita en la casa que hemos dicho; tiene esta hacienda un administrador, que regularmente es un español, el cual se halla al cuidado de la hacienda y del cobro del terrazgo á los que las toman en arriendo.

TUNASAN (San Pedro): pueblo de la prov. de la Laguna. V. Pedro Tunasan.

TUNASANCILLO: barrio del pueblo de S. Pedro de Tunasan, en la isla de Luzon, prov. de la Laguna, arz. de Manila; sit. en los 124° 43' long. 14° 25' 30" lat., á la orilla izquierda del rio Satiestit, junto á su desagüe en la laguna de Bay, y sobre la playa de esta. Dista ¼ leg. al N. de su matriz, en cuyo art. incluimos su pobl., prod. y trib.

TUNASANCILLO: hacienda de los PP. Recoletos, en la prov. de la Laguna, jurisdiccion del pueblo de San Pedro de Tunasan: pertenecen á esta hacienda las tierras del barrio de su mismo nombre, dependiente del referido pueblo. Los PP. de dicha órden tienen en esta hacienda una buena casa de piedra y teja, y un religioso lego que la habita, el cual administra esta hacienda. A fines del siglo pasado, cuando los montes que hay entre Malibay y Montinlupa estaban infestados de ladrones, mataron estos al lego que entonces habia en esta hacienda, y la robaron llevándose todo cuanto quisieron de la casa.

TUNEG: rio de la isla de Luzon, en la prov. del Abra; nace al pié del monte Balatinao, en los 121° 25' long. 17° 33' lat., dirígese al S. O., cambia luego al N. O. para seguir al O. y juntar sus aguas con las del rio Pusulgua, en los 121° 15' 30" long. 17° 31' lat. despues de haber corrido unas 5 ½ leg.

TUR

TURCO: monte de la isla de Luzon, en la prov. de Tondo, térm. del pueblo de San Mateo, al O. del cual se halla distante ¼ leg., y su cúspide en los 124° 46' 20" long. 14° 41' 30" lat.

TUT

TUTAYBUANGIN: ensenada de la costa meridional de la isla de Capulan, adyacente á la prov. de Tayabas; hállase entre los 125° 29' long. y 125° 30' id., 13° 51' lat. y 13° 52' 40" id. Tiene 1 ½ leg. de bojeo.

TU barrio del pueblo de Balanga, cab. de la prov. de Bataán, en la isla de Luzon, arz. de Manila; sit. en los 124° 13′ long. 14° 43′ 30″ lat., en terr. llano á la orilla de un estero y distante 1 milla al N. N. O. de su matriz, en cuyo art. incluimos su pobl. prod. y trib.

U

UBA

UBAI: visita del pueblo de Taliban, en la isla de Bohol, adscrita á la prov. y dióc. de Cebú; sit. en la costa setentrional de dicha isla, en terr. llano; tiene buena ventilacion y un clima no muy cálido. Hállase á corta distancia de la matriz, en cuyo art. incluimos su pobl. prod. y trib.

UGA

UGAMUT: ranchería de infieles en la isla y prov. de Samar; sit en la costa setentrional de la isla, en los 128° 7′ 30″ long. 12° 31′ lat.

UGU

UGUIS: ensenada de la costa oriental de la isla de Samar; hállase comprendida entre los 129° 4′ long. 129° 8′ 40″ id., 12° 8′ 40″ lat. y 12° 11′ 40″ id.

UGUIT: visita ó anejo del pueblo de Subic, en la isla de Luzon, prov. de Zambales, arzobispado de Manila; sit. en terr. llano, no muy lejos de su matriz, en cuyo art. incluimos su pobl. prod. y trib.

UGUT: baluarte de la visita Oged, térm. del pueblo de Quipia, en la isla de Luzon, prov. de Albay, sit. en la costa meridional de la prov. y á medio cuarto de leg. de la referida visita, en los 127° 14′ 30″ long. 12° 53′ lat.

UGUT: rio de la isla de Luzon en la prov. de Albay; nace en los 127° 18′ long. 13° 2′ lat., corre unas 3 ½ leg. y desagua en el mar por la costa meridional de la isla.

ULA

ULA: barrio del pueblo de Lipa, en la isla de Luzon, prov. de Camarines Sur; sit. en los 126° 34′ long. 13° 44′ lat., en terr. llano y clima igual al de su matriz, que dista ½ leg. al E, y

UMA

en el art. de la cual incluimos la pobl. prod. y trib. de este barrio suyo.

ULANDON: pueblo de moros, en la isla de Mindanao, sit á la orilla derecha del rio de este nombre, en terr. llano y clima cálido.

UMA

UMAQUI-IN: visita del pueblo de Bais, en la isla y prov. de Negros, dióc. de Cebú; sit. en la costa oriental de la isla, 1 leg. al N. de Tayasan, visita del mismo pueblo. Las prod. pobl. y trib. los incluimos en el art. de la matriz.

UMATA: villa en la isla de Guában, una de las Marianas, con iglesia parroquial bajo la advocacion de San Dionisio Areopagita, servida por un cura regular de la órden de PP. Agustinos descalzos, está situada en la banda S. O. próximo al mar, en terr. desigual, y á la falda del monte Ilíchu.

En su bahía hay un fondeadero con dos castillos sin artillería; los buques que anclan en él, están espuestos á los vientos O. y S. Baña sus cercanías el rio llamado Salupa, que lleva la mejor agua de la isla, y donde los barcos hacen aguada por la facilidad de atracar á él las lanchas y botes. Su curso es por terr. pantanoso, con direccion al O Al N. E. de la villa, á 1 y ½ leg. de distancia, existe una cantera de piedra blanca y fuerte, parecida al mármol; á la banda N. se encuentra otra, á cuya piedra llaman los naturales madre del diamante, por su particular brillo.

Son sus colaterales, hácia el N. el pueblo Agat, á 3 leg. de distancia, y hácia el S. el de Merizo, á ½ id

UMAUAS: visita del pueblo de Calbiga en la isla y prov. de Samar, dióc. de Cebú; sit. en la costa oriental de la isla, terr. lano y baj un clima no muy cálido por refrescarlo los aire del mar, haciéndolo saludable. Su pobl. prod. y trib, los damos en el art. de la matriz.

UMI

UMINGAN: pueblo con cura y gobernadorcillo, en la isla de Luzon, prov. de Nueva Ecija, arz. de Manila; sit. en terr. llano y clima templado. Tiene unas 772 casas, la de comunidad y la parroquial. Hay una escuela de niños y otra de niñas, una iglesia parroquial servida por un cura regular, y fuera de la pobl. el cementerio que está bien situado El terr. es fértil, y la parte reducida á cultivo las prod. son: arroz, maiz, café, pimienta, varias frutas y legumbres; su ind. se reduce casi toda á la agr.cultura y á la fabricacion de telas en que se emplean las mugeres, y su pobl. es de unas 4,634 alm. En 1,815 pagaba este pueblo 701 trib. que hacen 7,010 rs. plata.

UMIREY: rio de la isla de Luzon en la prov. de Nueva Ecija; nace en los 123° 10' long. 14° 51' 40" lat., corre 2 leg. al N. E. y desagua en la ensenada de Dingala, por la costa oriental de dicha isla.

UNG

UNGAY: punta de la costa S. E. de la isla Bapuraou; hállase en los 127° 52' long. 13° 8' lat.

UNGUT: afluente del rio Chico de la Pampanga, nace 1 ¼ leg. al S. del pueblo de Tanlag en los 124° 13' 10" long. 15° 30' 50" lat., corre unas 3 leg. al E. N. E. y junta sus aguas con las del referido rio.

URA

URAJARAO: isla adyacente á la costa meridional de la de Panay; hállase á muy corta distancia de la punta Naso.

USO

USON: visita del pueblo de Palanas, en la isla de Masbate, sit. en los 127° 27' 10" long. 12° 11' 30" lat., en terr. llano, sobre la playa de la ensenada á que da nombre, y distante unas 3 leg. al N. O. de la matriz, en cuyo art. incluimos su pobl. prod. y trib.

USON: (ensenada de): hállase en la costa N. E. de la isla de Masbate, comprendida entre los 127° 24' 30" long., y 127° 27' id. 12° 11' lat., y 12° 14' 30" id.; tiene de bojeo unas 3 ¼ leg. y en la playa oriental de esta ensenada está situada la visita que le da nombre.

UTU

UTUL: monte de la isla de Luzon, en la prov. de Ilocos Norte; hállase, en el térm. de Bangi, al Mediodia de este pueblo.

V

VAL

VALENTIN: punta de la costa S. E. de la isla de Panay, prov. de Iloilo, hállase en los 125° 47' long. 10° 30" lat.

VAS

VASIAO: visita del pueblo de Santa Rita en la isla y prov. de Samar, dióc. de Cebú, sit. en los 129° 2' long. 11° 16' lat., en la costa occidental de la isla, terr. llano y distante unas 3 ¼ leg. al S. de su matriz, en el art. de la cual incluimos su pobl. prod. y trib.

VER

VERDE: isla adyacente á la costa setentrional de la prov. de Mindoro, está comprendida entre los 124° 42' 20" long. 124° 46' id. 13° 51' lat., y 13° 29' 10" id. Tiene 1 ¼ leg. de larga y ½ id. de ancha, hállase 1 leg. al S. de la punta Matoco en el medio del estrecho de Mindoro.

VERDE: isla adyacente á la costa oriental de la de Paragua, de la que dista ½ leg. tiene 1 id. de larga y 1 milla de ancha; su centro se halla en los 123° 14' long. 10° 12' lat.

VERGARA: véase en el Apéndice á Davas.

VIC

VICENTE FERRER (San): pueblo con cura y gobernadorcillo en la isla de Luzon, prov. de

Ilocos Sur, dióc. de Nueva Segovia, sit. en los 123° 55' 20'' long. 17° 20' 30'' lat. en la costa occidental de la prov., terr. llano y arenisco, y clima sano. Los cuatro vientos principales son los que reinan generalmente, y las enfermedes que mas se padecen son calenturas, dolores de estómago y tisis. Este pueblo era antiguamente barrio del de Vigan y se llamaba Toanon; pero desde el año 1795 en que se erigió en pueblo, formó jurisdiccion por sí solo y tomó el nombre que tiene en el dia, por ser este santo tutelar del pueblo. La iglesia parroquial de este, que es de cal y canto con techo de caña, se halla servida por un cura secular. La casa tribunal tambien es de cal y canto con techo de caña, y en ella está la cárcel. De la misma construccion es el edificio de la escuela, que tiene un maestro con una dotacion de los fondos de comunidad. Hay ademas otra escuela para niñas, cuya maestra tiene señalados 12 duros anuales por el cura de la parroquia. Tambien se ven otros varios edificios de buena arquitectura, propiedad de los naturales del pueblo. Tiene dos barrios, uno que dista ½ hora de camino al E. del pueblo, y otro al N. distante unos ¼ de hora: el primero se llama Podoc y el segundo San Sebastian. El cementerio está fuera de la poblacion y tiene un cercado de caña. Tiene un buen camino que dirige á los pueblos de Vigan y Bantay, y otros que conducen á los barrios que hemos referido. Las calles de este pueblo, no están empedradas y no son muy anchas; sin embargo, por ellas puede atravesar muy bien un carruage. En medio del pueblo está la iglesia y una plaza, que es bastante regular, donde se hace todas las tardes el mercado de arroz, pescado, legumbres y bagon, que es lo que les sirve para condimentar las comidas. De la cab. de la prov. se recibe un correo diario y otro semanal de la cap. de la isla. Confina el térm. por N. con el de San Ildefonso, visita de Bantay que se halla á igual distancia que su visita, ó sea á ¼ leg., por O. S. O. con el térm. de Vigan, cab. de la prov., distante ½ leg; por S. con el de Santa Catalina, á ½ leg., y por O. con el mar á igual distancia. El terr. es arenisco, y no tiene regadío; apenas tiene algunas sementeras de Palay, de modo que las cosechas mejores no alcanzan mas que para 3 meses para el consumo del pueblo. No tiene rios, por lo que los naturales tienen que valerse, para beber, del agua de los pozos que abren al efecto. Introdúcense en la tierra por uno y otro lado de la poblacion dos brazos ó gargantas de mar, lo que les proporciona á los naturales dedicarse á la salinería á la pesca de anzuelos y á la de cerco de cañas y ramajes. Hay ganado vacuno y caballar, siendo este último el mas preferido. La principal prod. es la del añil, pues este es el art. que, puede decirse mantiene á la poblacion que en un año comun saca de él unos 10,000 p. f.; el palay se coje, como ya hemos dicho, en muy corta cantidad, así como las hojas de buyo y la planta llamada maguey que sirve para hacer cuerdas para los buques y para otros usos. Ind.: la agricultura, á la que se dedican unos, otros á la salinería, que tambien es uno de los principales artículos de riqueza de este pueblo, otros á la escultura y otros á la pesca. Pobl. 6,885 almas, trib. 1,502 que hacen 15,020 rs. plata, equivalentes 37,550 rs. vn.

VICENTE (San): visita del pueblo de Talisay, en la isla de Luzon, prov. de Camarines Norte, dióc. de Nueva Cáceres; sit. en los 126° 34' 30'' long. 14° 7' 30' lat., á la orilla derecha de un rio, en terr. llano y clima templado; tiene un corto número de casas, una iglesia, una escuela de instruccion primaria, y un teniente de justicia encargado de la recaudacion de los tributos, los cuales así como sus producciones y pobl. los incluimos en el art. de la matriz.

VICENTE (San): visita del pueblo de Oas, en la isla de Luzon, prov. de Albay, dióc. de Nueva Cáceres; sit. en los 127° 7' long. 13° 14' 35'' lat., en terr. llano y distante unos ½ leg. al O. de su matriz, en cuyo artículo incluimos su poblacion prod. y trib.

VICENTE (San): visita del pueblo de Buji, en la isla de Luzon, prov. de Camarines Sur; sit. en los 127° 12' long. 12° 19' 40'' lat., en terreno montuoso distante 1 ½ leg. al S. de la matriz, en el art. de la cual incluimos su pobl. prod. y trib.

VICENTE (San): barrio del pueblo de Tabaco, en la isla de Luzon, prov. de Albay, dióc. de Nueva Cáceres; sit. en los 127° 22' 40'' long. 13° 20' 40'' lat., en la costa N. E. de la prov., terr. llano y clima templado. Dista ½ de leg. al S. O. de la matriz, en cuyo art. incluimos la pobl. prod. y trib.

VICENTE (San): punta de la costa O. de la isla de Palavi, adyacente á la costa setentrional de la prov. dé Cagayan; sit. en los 125° 49' 20" long. 18° 40' 30" lat.

VICOL: rio de la isla de Luzon en la prov. de Camarines Sur; nace en los 127° 1' 10" long. 13° 34' 30" lat., en las vertientes meridionales del monte Isaro, corre unas 7 leg. al S., recibe un número considerable de afluentes, y desagua en el lago de Bato.

VIG

VIGA: punta de la costa oriental de la prov. de Albay; hállase en los 127° 48' long. 12° 30' 20" lat., formando con la punta Pandan la ensenada de Magnog.

VIGA: pueblo con cura y gobernadorcillo, en a isla de Catanduanes, adscrita á la prov. de Albay, dióc. de Nueva Cáceres; sit. en los 127° 88' 30" long. 13° 57' lat., á la orilla izq. del rio Ora, en terr. desigual y clima templado. Tiene 355 casas, la parroquial y la de comunidad donde está la cárcel, y la casa parroquial que se halla junto á la iglesia parroquial, que es de mediana fábrica y la sirve un cura secular. Hay una escuela de instruccion primaria con una dotacion de los fondos de comunidad, y fuera de la pobl. está el cementerio muy bien situado y con bastante ventilacion. Recíbese en este pueblo de la cab. de la prov. el correo semanal en dias indeterminados. Confina el térm. por N. E. con el de Payo, á 1 leg.; por N. E. con el de Pandan á 3 id; y por S no tiene límites marcados. El terr. es fértil y montuoso. Las producciones agrícolas son arroz, maiz, caña dulce, ajonjolí, café, pimienta, frutas y algunas legumbres. Ind. la fabricacion de varias telas, la caza, beneficio de la caña dulce y la agricultura. Pobl. 2,130 almas, y en 1843 pagaba 542 trib. que hacen 5,420 rs. plata.

VIGAN: por otro nombre Villa Fernandina, en memoria del rey Don Fernando VI, que la erigió en ciudad: es la residencia del obispo de Nueva Segovia desde 1755 en que se trasladó la silla episcopal de Cagayan á ella: está situada á los 17 ó 35 L. N., y 126 ó 40 long; Este del meridiano de Cádiz, fundada sobre una eminencia, con amena vista al rio Labra, que dividido en dos brazos, baña su suelo; su estension es de 1 ½ leg.; linda con los pueblos de Bantay, Santa Cavayan, S. Vicente y Sta. Catalina, no distando

mas que 500 pasos del primero, y 1 hora escasa de los segundos; pasa por el centro de estos el rio mencionado, en el que hay varios puentes de madera para la comunicacion de sus vecinos, quienes los reemplazan con balsas de cañas en la estacion de lluvias: son grandes los perjuicios que causan las crecientes de este rio en los pueblos inmediatos á su curso. El terr. de esta poblacion es de greda ó arcilla, tiene muchas y escelentes calles que se cruzan, y una hermosa calzada llamada el paseo de Cristina, en la que se ven tres magníficos puentes de mampostería. Las casas, que en general son sencillas, pasan de 100 las construidas de cal y canto, distinguiéndose como mas notables el palacio episcopal, la real residencia de la primera autoridad de la provincia, las del ayuntamiento, las de la de rentas de tabaco y vino, el cuartel, la cárcel pública, el seminario conciliar y la iglesia catedral: hay dos escuelas públicas de naturales y mestizos chinos, dotadas por sus respectivas cajas de comunidad: tiene dos espaciosas plazas que se iluminan en noches oscuras. Prod. arroz y añil. Ind.: sus habitantes se dedican á la pesca, á la fabricacion de teja y ladrillo, á la construccion naval de buques menores y á otros varios oficios, como sastres, carpinteros, zapateros y albañiles; las mugeres se ocupan en los tejidos de algodon y en otros oficios propios de su sexo. La parroquia de esta ciudad está servida por un cura secular, y la provincia gobernada por un alcalde mayor, que lo es en la actualidad el señor don Felipe Gobantes, quien poseido de grandes conocimientos y recomendable españolismo, ha mandado levantar últimamente en la plaza Mayor una columna en memoria del célebre Juan Salcedo, conquistador de aquella provincia, tiene quince varas de elevacion, y sobre ella descansa una urna sostenida por una serpiente. Pobl.: almas 18,532; trib. 3,706.

VIL

VILAR: pueblo con cura y gobernadorcillo, en la isla de Bohol, adscrita á la prov. y dióc. de Cebú; sit. en terr. llano y próximo á la costa de la referida isla: tiene buena ventilacion y un clima no muy cálido y saludable. Entre las 628 casas que cuenta, la parroquial y la de comunidad son las que sobresalen por estar mejor construidas; en la última que tambien se llama casa tribunal ó de justicia, es donde se halla la cárcel. La iglesia parroquial es de buena fábrica, y la sirve un cura regular. Hay una escuela de primeras letras concurrida por bastantes alumnos, y de los fondos comunes se le paga una asignacion que tiene señalada el maestro. Comunícase este pueblo con los inmediatos por caminos no muy buenos, y recibe de la cabecera de la prov. el correo en dias indeterminados. El térm. es de corta estension; el terr. fértil, y en las tierras cultivadas las prod. son un poco de arroz, algodon, abacá, cacao, añil, algunas legumbres y varias clases de frutas. Ind.: la agricultura y la fabricacion de algunas telas ordinarias, en la que se emplean por lo regular las mugeres. Pobl.: 3,736 almas, y en 1815 pagaba este pueblo 610 trib. que hacen 6,100 rs. plata.

VILL

VILLANGAAN: islote en el archipiélago de Joló; hállase su centro en los 123° 58' 20" long. 5° 41' lat.

VILLASIS: pueblo con cura y gobernadorcillo en la isla de Luzon, prov. de Pangasinan, dióc. de Nueva Segovia, sit. en los 124° 18' 36" long. 15° 56' 45" lat., en terr. secano y rodeado de bosques; su término se estiende de N. á Medio dia 3 y ½ leg., y de O. á P., 2 y ½: se comunica por caminos regulares con sus colaterales, recibe el correo semanal de la cabecera de provincia. Las casas en general son de sencilla construccion, distinguiéndose como mas notables la de comunidad y la parroquial. Hay escuela de primeras letras é iglesia parroquial bajo la advocacion de S. Antonio Abad, servida por un cura regular.

Prod... arroz, maiz, cocos, plátanos y otros árboles frutales. Ind.. se reduce al sobrante de sus productos y á la caza de venados.

Pobl: en 1848 habia 1,668 almas que pagaban 569 ½ tributos.

VIN

VINTAR: pueblo con cura y gobernadorcillo, en la isla de Luzon, prov. de Ilocos Norte, dióc. de Nueva Segovia, sit. en los 124° 13' 30" long.

18° 13' lat., en terr. llano y cercado de montes, su temperamento es fresco, confina con los pueblos de Bacarra y Lavag, distando del primero media hora, y del segundo una, pasa por su centro un rio considerable de agua cristalina que fertiliza sus campos, y hace que las conchas sean buenas y abundantes. El caserío de esta poblacion es en general de sencilla construccion, distinguiéndose como de mejor arquitectura la parroquial y la de comunidad adonde está la cárcel. Hay escuela de primeras letras é iglesia parroquial servida por un cura regular: por el Sur existen algunas rancherías de tinguianes y negritos.

Su suelo produce arroz, maiz, caña dulce, ajonjolí, legumbres, frutas, algodon y añil; sus montes abundan de varias clases de maderas, siendo las principales el molave y la narra.

Ind: sus moradores se ocupan en los tegidos de algodon y en lo sobrante de sus productos. Pobl. almas 8,078 trib. 1,586 ½.

VINUANGA: punta de la costa setentrional de la prov. de Tayabas, en la isla de Luzon.

VININGAN: visita del pueblo de Puncan, en la isla de Luzon, prov. de Nueva Ecija, arz. de Manila; sit. en los 124° 36' 20" long. 16° 3' 30" lat., en la falda del monte Lagsig, y distante unas 3 leg. al N. de su matriz, en cuyo artículo incluimos su pobl. prod. y trib.

VIÑ

VIÑAN ó BIÑAN: hacienda de los PP. Dominicos, en la jurisd. del pueblo de Biñan, en la prov. de la Laguna; las tierras de este pueblo pertenecen casi todas á la hacienda; tienen un lego que habita una buena casa, construida al efecto, y este está encargado de cobrar el terrazgo. Producen estas tierras bastante arroz y muchas clases de frutas, como puede verse en el artículo de Biñan, pueblo.

VIÑAN: pueblo de la prov. de la Laguna. V. Biñan.

VIÑAS (sitio de): comprende las tierras que se estienden á la orilla izq. del rio del mismo nombre, en el térm. del pueblo de Apat, hay en este sitio varias casas que forman un barrio llamado tambien Viñas, perteneciente al referido pueblo, en cuyo art. incluimos sus prod. pobl. y trib.

VIÑAS : rio V. Cabibijan.

VIR

VIRA: monte de la isla de Luzon , en la prov. de Ilocos Norte : hállase en el térm. del pueblo de Bangi, al N. E. del mismo.

VIRI : una de las islas de Balicuatro , adyacente á la costa setentrional de la isla de Samar; tiene de larga 1 ½ leg., y ½ id. de ancha , su centro se halla en los 128° long. 12° 41′ 10″ lat.

VIT

VITAS (barra de): en la bahía de Manila; hállase al N. de la embocadura del Pasig por los 121° 39′ 40″ long. 14° 39′ 40″ lat.

VOL

VOLCAN (isla del): en la laguna de Taal, prov. de Batangas; hállase entre los 121° 38′ 20″ long. 124° 42′ 30″ id., 13° 58′ 50″ lat. y 14° 3′ id.: tiene unas 3 leg. de bojeo, su figura es triangular y se presenta á la vista como un monte sumergido en la laguna, y cortada su cúspide por el lugar donde tiene 1 leg. de circunferencia, y á unas 600 varas sobre el nivel del mar de la laguna. En la cumbre que se forma á esta altura y circunferencia, se encuentra un gran boqueron ó cráter que debió ser del volcan, y por el que se ve una laguna, que viene á ser tambien próximamente de 1 leg. de circunferencia. Esta laguna es de una profundidad insondable, y sus aguas son verdinegras y dan señales de estar impregnadas de partículas sulfúreas, se hallan casi al mismo nivel que las de la laguna de Taal; la tierra de las paredes que las circundan y que forma una pendiente muy rápida, están quemadas y con algunos canales, por donde se conoce han salido los arroyos de lava hirviendo. La profundidad de esta laguna es tanta, que tirando á ella grandes piedras, no se oye el ruido que producen al caer en el agua. El esterior del monte y todo lo demás del terr. de esta isla, se encuentra cubierto por una capa de dos dedos de gruesa, efecto de la lava que ha formado esta especie de argamasa bastante dura; debajo de esta capa, la tierra está quemada, sucediendo lo mismo por todos los sitios en que se socava. La

única planta que se cria es una yerba de la altura de un hombre, que los naturales llaman cogon; tambien se crian algunos venados, gallos y palomas. Las aguas que bajan de las alturas de la isla han arrancado por algunos sitios esta lava, y en ellas nace la yerba que antes hemos dicho, la cual sirve de pasto á los animales citados. Por la falda del monte, y próximo á la playa de la laguna de Taal, se encuentran muchas piedras pomez, de color de azufre y de herrumbre de hierro.

Según lo que nos dice el P. Fr. Gaspar de Sa Agustin, en su historia de Filipinas impresa en 1768, los naturales del antiguo pueblo de Taal cultivaban la tierra de esta isla, haciendo en ella plantaciones de algodon, «y de otras muchas cosas propias al uso de la vida civil.» Por esta época parece que no hubo grandes erupciones; haciendo á este efecto contínuas rogativas los curas de los pueblos de las orillas de la laguna, especialmente el del pueblo de Taal; se decia de vez en cuando una misa por el cura de este pueblo, sobre la misma cumbre del volcan, y por último se llevó una cruz muy grande, de una madera llamada anovin, y tan pesada, que se necesitaban mas de 400 hombres para conducirla, colocándola en la cima del monte ó volcan. Llegó luego el año 1716, y con él una de las grandes erupciones de este volcan. Copiamos al pié de la letra lo que sobre ella escribia el cura de Taal, Fr. Francisco Pingarron, por ser la noticia mas detallada que existe de aquella época; dice así: «A 24 de setiembre de 1716 á las 6 de la tarde, siendo alcalde mayor Andrés Mercado, y prior de aquí Fr. Francisco Pingarron, se oyeson en el aire muchos tiros, que parecian de artillería, y que venian de hácia Manila; y á poco rato se divisó el fuego, que reventó el volcan que está en la isla de la laguna de Bongbon, de la parte que mira al pueblo de Lipa, en una punta que llaman Calavite, que parecia arder toda la punta. Despues fué dicho fuego introduciéndose por dentro á la laguna, en distrito de 3 leg., en derechura del monte que llaman Macot, despidiendo el agua y ceniza en grandísimos borbollones, como torres que se levantan en el aire, que daba muchisimo miedo el verlo, Porque tambien causaba al mismo tiempo grandes temblores de tierra, alborotándose la laguna, cuya agua hacia grandísimas olas que daban en las playas, que parecia un gran baquiro ó huracan, azotaban en frente de este convento y robaron diez brazas de tierra de estas playas, sobre que se temió que peligrase el edificio que era de cal y canto. Y de esta forma perseveró el dia jueves, viernes y sábado, hasta el domingo en que se acabó de consumir toda la materia, combustible de nitro, azufre, etc., que ocasionaba el fuego; y con esto mató todo el pez chico y grande, que arrojó á la playa el tumbo del agua, como si lo hubieran cocido, por haberse calentado el agua como en un caldero hirviendo, con tan mal olor azufrado que apestaba los pueblos que circundan á dicha laguna. El dia domingo salió el sol y llovió con muchos truenos, relámpagos y algunos rayos que cayeron: y el agua de dicha laguna estaba negra que parecia tinta, y todo causaba grandísimo terror, hasta que en dicho dia domingo fué Dios servido por su infinita misericordia de que se-

renase el tiempo, quedando solo el mal olor de azufre y de tanto pez muerto.»

En 1754 hubo otra erupcion mayor aun que la que refiere la relacion anterior, pues en ella fueron aniquilados los pueblos de Sala, Lipa, Tanaban y Taal, de cuyos dos últimos pueblos existen aun las ruinas. Reventó el volcan con una furia espantosa: producia un ruido enorme, temibles terremotos y una oscuridad tan grande por la mucha ceniza y arena muerta que arrojaba, que puestas las manos delante de los ojos, no se veian: esta ceniza cubrió todos los tejados y calles de Manila, sin embargo de hallarse á unas 20 leg., pasando aun mas allá hasta las prov. de Bulacan y la Pampanga, dirigiéndola el viento hácia esta parte. Desde aquella época no ha habido otra erupcion por el estilo, y desde hace muchos años se encuentra este volcan en el estado que lo hemos presentado mas arriba.

Y

YAB

YABO: barrio del pueblo de Lipa en la isla de Luzon, prov. de Camarines Sur, sit. en los 126° 36' long. 13° 44' lat., en terr. llano y distante unas 2 millas al E. de su matriz, en el art. de la cual incluimos la pobl., prod. y trib. de este barrio suyo.

YBI

YBINGAY: punta de la costa N. E de la isla de Masbate; hállase en los 127° 17' 30" long. 12° 21' lat.

YEN

YENUN: rio de la isla de Luzon en la prov. del Abra; nace en los 124° 23' long. 17° 22' lat., corre unas 4 leg. al O. y va á desaguar al N. de Manabo.

YND

YNDAN: pueblo con cura y gobernadorcillo en la isla de Luzon, prov. de Camarines Norte

YUG

dióc. de Nueva Cáceres; confina por el E. con el de Labo á 1 ½ leg. de distancia: sus caminos son regulares, distinguiéndose entre ellos uno que se comunica con el mencionado pueblo de Labo. Las casas en general son de sencilla construccion, distinguiéndose como mas notables la parroquial y la de comunidad: hay escuela de primeras letras é iglesia parroquial servida por un cura secular. En sus montes se crian excelentes maderas y gran porcion de caña y bejuco.

Prod.: arroz, abacá, añil, cacao, cocos y frutas.

Ind.: se reduce al beneficio del sobrante de sus productos, y á la fabricacion de diversas telas, con especialidad los sinamais.

Pobl. en 1850, 3,429 almas, trib. 700.

YUG

YUGAN: visita del pueblo de Ibanco, en las islas Batanes que forman la prov. de este nombre, dióc. de Nueva Segovia.

Z

ZAMBALES (prov. de): la mas occidental de las prov. de la isla de Luzon; forma una alcaldía mayor de ascenso, cuyo gefe reside en el pueblo de Iba, cab. de la prov., y tiene á su cargo todos los ramos en la administracion pública. En lo eclesiástico pertenece al arzob de Manila. Hállase entre los 14° 45' lat , situacion de la punta Saupaloc, y los 16° 24' id , estremo Norte de la isla Purra en la banda occidental del golfo de Lingayén, adscrita á esta prov. y entre los 123° 20' long. donde se encuentra la punta Pedregales, estremo N. E. en la prov., y los 124° 4' id., donde se encumbra el pico de Sabig. Confina por el S. con la prov. de Bataan, antigua jurisdiccion de Maribeles; por E. con la de la Pampanga y la de Pangasinan, á la que antiguamente pertenecia el territorio de la de Zambales; por N. E. con la de la Union, en el golfo de Lingayén, cuyo mar forma las costas de ambas provincias, y por O. con el mar de la China. La historia franciscana describe perfectamente esta dilatada costa de la provincia en esta forma: Desde la punta de Balinao prosigue la costa al Sur, donde se encuentran la punta de Agua, punta de Payo, isla de Culebras y las Dos Hermanas. Y por entre estas tres islas se encuentran las dos ensenadas, una que forma la punta en Payo, y la otra que forma la punta de Masingloc, ambos buenos surgidores y resguardados por todos los vientos, salvo el vendabal, á que está descubierto. Desde el cabo de Bolinao hasta el de Masingloc, costeando al S. O. á 9 ¼ leg., está la playa Hondas ó Pagnaveo, bien conocida de los navegantes, y en esta dicha costa se hallan tres bajos distantes de tierra como 1 leg., y distante uno de otro 4 ¼ desde el del N. al del S. Desde playa Honda se camina el rumbo de Sudeste para llegar á la punta de Capona; y á la del Fraile se da la vuelta al Sueste para entrar en el puerto de Subit, cuya boca hace Nordeste Sudeste, y tiene de ancho como 1 ¼ leg., y busca esta ensenada 12 leg., ensanchándose en lo interior de ella hasta 3 ¼ leg. En medio de la boca, y siguiendo el rumbo derecho, hay tres islotes en fila, distantes uno del otro 1 ¼ leg, que

vienen á hacer ¼, que corta la ensenada á lo largo, y aquí acaba la prov. de Pangasinan y empieza la jurisd de Maribeles desde Mozong, (parte primera, cap. 23 del libro 1.°). El territorio de esta prov. es una estensa faja que se dilata siguiendo la falda de los montes zambales, que corren del N. N. E. al S. S. E. por mas de 20 leg.: esta cordillera deslinda la prov. que nos ocupa y las de la Pampanga y Pangasinan, marcando el límite occidental de estas y el oriental de la primera, hasta que por el S. penetra por el centro de la provincia de Bataan á formar en su estremo meridional las encumbradas montañas de Maribeles, y por el N., internándose en la misma prov. de Zambales, va á terminar en el cabo de Bolinao. Estos montes son los que han facilitado por sus estremos la formacion del espacioso golfo de Lingayén á una parte, y la hermosa bahía de Manila á otra, resistiendo á la accion de las aguas que ha formado estas dos considerables incursiones. No es mucha la espesor de estos montes, aunque son bastante encumbrados y fragosos, pero entre ellos y la playa se estiende un terreno bastante á mantener mas de 100,000 almas.

Los montes se hallan cubiertos de toda clase de árboles, entre los cuales crecen muchos, cuyas maderas son muy estimadas: entre ellos se ven diferentes géneros de palmas y bejucos con los que los indios construyen sus casas y hacen otras cosas. Tambien hay en otros montes búfalos, venados, jabalíes y otras especies de animales: abundan la cera y miel elaboradas por las abejas silvestres. Las costas abundan en pescados, y en ellas se recoge algun ámbar: el puerto de Subig es uno de los mejores de las islas. Entre los montes y el mar hay hermosas tierras que producen arroz, trigo, añil, azúcar y todo género de legumbres y frutas propias del archipiélago.

El primero que descubrió la provincia de Zambales fué Juan de Salcedo. Conquistada Manila, y con ella las provincias inmediatas, determinó este infatigable militar reconocer el N. de la isla. Armó á sus espensas una espedicion y al general Legaspi le dió 45 soldados con los que salió de Manila el 20 de mayo de 1572. Al tercer dia de navegacion llegó á Bolinao, donde encontró un Champang de Saugleyes que habian cautivado á un principal y otros indios para llevarlos á Olnisa. Juan de Salcedo quitó á los chinos estos cautivos y los puso en libertad. Los indios que no estaban acostumbrados á estas generosidades, se prendaron de tal modo de esta accion de los españoles, que se hicieron voluntariamente vasallos del rey de España. De allí á tres años consta de la historia que el sargento Mozones andaba por esta provincia recogiendo sin duda el tributo de los naturales. Los PP. agustinos emprendieron los trabajos de su evangelizacion estableciéndose en las dos estremidades de sus montes Bolinao y Mariveles. Despues entregaron estos pueblos á los PP. Recoletos, quienes fueron desde ellos reduciendo poco á poco todos los indios de la provincia que eran montaraces, de modo que ya son en muy corto número los que faltan por convertir. En el año de 1578 se les quitó esta administracion, asignándoseles en cambio la de Minduro y dándose la de Zambales á los Dominicos; pero les fué devuelta sin que por esto se les quitase la referida isla. En el gobierno del señor Basco renunciaron esta administracion con el pueblo de Maribeles y se pusieron clérigos indios, no sin que se cometiesen algunos errores en la disposicion.

Los indios de Zambales tienen un dialecto particular aunque semejante á los demás de las islas. Ya en tiempo de la conquista tenian escritura y había entre ellos algunos poetas enteramente semejantes á los Tagalos con quienes se identificaban en usos, costumbres casamientos y religion: eran con corta diferencia el mismo ingenio, bastante tardos para comprender las ideas abstractas. Para mantener la paz de los naturales y tener á raya las invasiones de los Cimarrones negros, Igorrotes y otras varias gentes del interior, se construyó una fortaleza de la que habla la historia Franciscana en el capítulo 38 de la parte 1.ª lib. 1.° en estos términos: «La fuerza de Playa Onda ó Real, que es de Paynaben, demora en la provincia de Pangasinan, distante de Manila 17 leg. á su N. E., 40 del O. de San Bernardino y lat. 15° y 10'. Esta fuerza es de piedra, de 28 brazas en cuadro por fuera y 24½ de circunferencia por dentro. Su puerta mi-

ra al O. hácia el rio de Peynaben, y distante de él 6 brazas y media; está la costa N. S. 19 brazas: tiene su fortificacion artillería y guarnicion y es bien necesaria así para contener la paz de los naturales Zambales, como para impedir las continuas invasiones de Cimarrones negros Igorrotes y otras varias naciones bárbaras de tierra adentro» El R. P. Fray Joaquin Martinez de Zúñiga decia en principios del presente siglo lo siguiente acerca de esta fortaleza: «En el dia es poco necesaria esta fuerza porque son muy pocos los indios infieles, los monteses y los negritos. En la provincia de la Pampanga he visto que una estacada de caña basta para contener sus escursiones. Podia servir contra los moros; pero felizmente la provincia de Zambales es poco acosada de estos piratas. Su situacion á lo largo de una costa brava, batida de las olas de alta mar, ofrece pocas comodidades á estos rateros que siempre quieren tener buroneras donde meterse.» Veamos todavía cómo sigue aquel ilustrado escritor hablando á este propósito de la provincia que nos ocupa. «Sin embargo estos enemigos causan perjuicios á los Zambales, porque no pueden llevar en balsas ó bancas las ricas maderas que producen los montes, ni hacer el comercio de Manila en embarcaciones pequeñas, pues están espuestos á ser cautivados al doblar la punta ó á la entrada de la bahía de Manila; por esta causa la prov. es pobre y poco comerciante; la cera, la brea, el ámbar, la tapa de venado, el bejuco y maderas esquisitas, es preciso venderlo todo á traficantes que lo compran á un ínfimo precio para conducirlos en buques mayores.

En 1818 se hallaba la provincia en la situacion siguiente:

PUEBLOS.	ALMAS.	TRIBUTOS.
13	18,841	3,718

Segun la Guia del año de 1847, que se refiere á documentos suministrados en el de 1846, la situacion de la prov. era como sigue:

PUEBLOS.	ALMAS.	TRIBUTOS.
10	95,260	8,494

ZAMBOANGA (pueblo y plaza de): llamado tambien Bagongbayan, con iglesia parroquial bajo la advocacion de Ntra. Sra. del Pilar; se adjudicó á los PP. Recoletos, como tambien la capellanía del presidio, y el destino de coadjutor de la misma, cuando los jesuitas, á quienes pertenecía fueron espulsados de las islas. Todos los vecinos del pueblo, á escepcion de los descendientes de sus primeros pobladores, tributan y están sujetos á los polos y servicios que sufren los demás indígenas: está situado en terr. llano, teniendo al N. una cordillera de montes que le dominan: su temperatura es de las mejores que se conocen en el archipiélago Filipino; su atmósfera limpia y despejada, presenta un cielo hermoso, y todos los visos de la mas bella primavera: este pueblo parece estar privilegiado entre los demás de la Occeanía en que tantos destrozos causan los huracanes y fuertes tempestades: á la banda S. O. de la pobl. y á distancia de 3 millas, hay dos islas pequeñas llamadas de Sta. Cruz, y en los arenales de sus playas se encuentran en abundancia huevos de un pájaro llamado Tabon, del que ya hemos hecho mencion.

En la isla de Basilan, distante 4 leg. al S., se ha construido un fuerte llamado de Isabel II que domina la ensenada é isla de Malamani, guarnecido por una compañía de tropa con sus correspondientes gefes, de los cuales el superior es el gobernador de la prov., y defendido por una division de Marina sutil. Al pié de él se ha fundado el pueblo denominado Isabela, erigido en cabecera de la prov. A la banda O. y mediando solo el rio denominado Pasanhan, existe una poblacion de moros sujetos al gobierno español, aunque tambien se la denomina Isabela. Los bosques de esta jurisdiccion abundan en maderas para toda clase de construccion. Pobl. almas, 8,220, trib. 1,582. Tuvo á su cargo la cura de almas de esta pobl. el celoso y virtuoso P. F. Guillermo Agudo, actual comisario de su órden en esta córte.

ZAMBOANGA (plaza y prov. de): es la mas occidental de la isla de Mindanao, comprendida entre el país dominado por los mahometanos sobre la costa meridional, y el poblado por las tribus indígenas infieles en la costa occidental, bañada por el mar de Mindoro, como hemos visto en el artículo general de la isla y en el preliminar de esta obra. Es un gobierno político militar, cuyo gefe reside en la plaza de Zamboanga, cabecera de la prov., y además del mando de las armas tiene á su cargo todos los ramos de la administracion pública, auxiliado de un teniente gobernador para el buen desempeño de sus atribuciones. En lo ecl. pertenece al obisp. de Cebú. Aunque en realidad sus límites no se hallan determinados, pues que están abiertos al progreso de la conquista y la civilizacion, distando considerablemente de esta prov. la de Misamis al N. E., y la de Nueva Guipúzcoa al E. con dilatados y casi desconocidos territorios.

En todo este término, no obstante ser reconocido por propio de la prov., apenas es dado decir que poseemos otra poblacion que la de Zamboanga, la cual es bastante reducida, pues fuera de la plaza y sin tomar en cuenta su guarnicion, no tenemos mas que 8,191 almas, que habitan los barrios de Bagumbayan, Polon, Mariscaban, Boalan y Dumalon: en la isla de Basilan, adscrita á esta prov. se halla el barrio ó visita de Pasanhan, con 421 almas. A esto se reduce la prov. de Zamboanga, y á esto el número de sus naturales, los cuales están exentos de tributos, y son tenidos por los indios mas esforzados del archipiélago, efecto en gran parte de sus continuas luchas con los mahometanos, si bien su carácter y su desarrollo físico bastan ya para hacerlos notables. El clima es cálido, como propio de los 7° 8' lat. donde se halla la cabecera; pero las brisas marítimas y los vientos del interior que le suceden, templan los efectos del ardiente sol de la zona. Sus tierras son fértiles, sus aires saludables y sus aguas las mejores de las islas. Sin embargo, el abandono de los habitantes para el trabajo hace que el suelo no rinda las ventajas que le son propias, y unidas á esto las continuas correrías de los moros, han hecho que en vez de irse desarrollando la situacion política de la prov., se halle hoy en peor estado que en otros tiempos, y muy cercenado el antiguo número de sus habitantes. Su seguridad contra los piratas ha sido siempre el especial objeto del superior gobierno de la colonia; pero apenas han correspondido los resultados. En el año 1,589 se estableció un presidio en el puerto de la Caldera; que está á 1 legua de la plaza; allí se construyó un puentecillo de madera para la proteccion de las embarcaciones, y se guarnecia por un destacamento; pero al año siguiente se abandonó retirándose la guarnicion. En 1634 don Juan Zerezo gobernador interino, á persuasion de los jesuitas, trató de construir el presidio de Zamboanga; hubo muchas contradcciones, pero al fin se llevó á efecto. Se disputó también sobre el sitio donde debia colocarse la fortaleza: querian algunos que se pusiese en la boca del rio Sebugney, otros en la Sabanilla, y muchos en la boca del rio Ruhayen, que viene de la Laguna de Mindanao, que da el nombre á la isla, y es semejante á la Laguna de Bay.

Todos estos lugares están muy poblados de moros, y en cualquiera de estos sitios que se hubiese puesto el presidio, hubiera contribuido mas á su reduccion, y particularmente despues que los venció D. Sebastian Corcuera. Pero se resolvió ponerle en el sitio donde está, para atajarles el paso en las espediciones que hacian contra las demás islas, y creian algunos que colocando otro presidio en Ipolote, en la isla de Paragua, los moros no se atreverian á pasar entre estas dos plazas. Para ver lo absurdo de este modo de pensar no hay mas que inspeccionar el mapa y se hallará que la mar entre estos dos lugares se estiende cerca de 100 leg., que son bien difíciles de guardar aunque hubiese grandes escuadras en cada uno de estos puertos. D. Juan de Chaves fué nombrado para la fundacion de Zamboanga; envió algunos compañeros para saquear los pueblos de los moros, y plantó su nueva fortaleza segun el plan que formó el P. Vera, jesuita, en el lugar en que la vemos. El sitio es hermoso, pero quedaba indefenso el puerto de la caldera, y la playa no tenia agua. El primer inconveniente se remedió poniendo un castillo de madera en el puerto y enviando un destacamento de la plaza; y el segundo trayendo el agua de un rio por medio de un canal, por donde viene con tanta abundancia, que pasa por las murallas y desagua en la mar despues de haber regado un gran terreno. En el año 1662 se desamparó este presidio para retirar su guarnicion á Manila, que era amenazada de Coysen, corsario chino, que tomó la isla Hermosa: y á 19 de junio de 1712 lo mandó reedificar S. M.; pero no se verificó hasta el año de 1718, en que D. Fernando Bustamante, llamado el Mariscal, bien conocido por su muerte trágica, lo reedificó contra el parecer de los de Manila. La descripcion de esta plaza figura al pormenor la historia Franciscana, en la parte 1.ª, lib. 1.º, cap. 38, donde dice: «Su fábrica es de piedra y de figura cuadrilátera, cuyo fondo es de 69 varas de largo y 55 de ancho, en que está formada la plaza de armas. Tiene 4 baluartes á sus cuatro esquinas, con los nombres de San Francisco, San Felipe, San Fernando y San Luis. Desde San Felipe hasta San Fernando corre el lienzo Sur cuarta al Sueste, Norte cuarta al Nordeste 59 varas y una cuarta; y desde San Francisco á San Luis, el otro lienzo en la misma distancia y rumbo; y los otros dos lienzos corren Oeste cuarta, al Sudoeste y Leste cuarta, al Nordeste 58 varas y una cuarta. Desde el recinto de la puerta de San Felipe, hay 11 varas hasta una plataforma redonda que sale afuera 19 varas fondo, con sus dos orejones á los lados. En la plaza de armas, al lado derecho, está el cuerpo de guardia y calabozo, y á la izquierda la capilla; y en los lienzos de una banda y otra, están los alojamientos y almacenes, y á la esquina la subida para el baluarte. La puerta tiene su mirador con su barrita y está mirando al Leste cuarto al Nordeste. Desde el castillo se sale por un postigo á la ciudadela, cerrada con dos baluartes, distantes uno de otro 251 varas. El uno es de Santa Bárbara, de 8 varas y una cuarta en cuadro, y 5 id. de alto. El otro es de Santa Catalina, de 8 á 9 varas largo sus lienzos. Desde el baluarte de Santa Bárbara hasta el de San Francisco, se cierra la ciudadela con 215 varas, y dentro de ella á esta banda, está el hospital y cuerpo de guardia de los pampangos. Desde el baluarte de Santa Catalina hasta el de San Fernando, cierra la otra línea 208 varas de largo, y á esta banda, dentro de la ciudadela, está el colegio é iglesia de los PP. de la compañía y casa del gobernador. Y desde San Fernando hasta la plataforma, sigue una estrada de 100 varas de largo con su foso.» . . . . . .

En principios del presente siglo, al describir los viajes del general Alava, el R. P. Fr. Joaquin Martinez de Zúñiga, decia: «Hay en Zamboanga un gobernador que manda lo militar y administra lo civil, un destacamento del fijo de Manila, algunos presidiarios desterrados y las gentes que se mantienen de lo que produce esta tierra. Está colonia solo tiene 5,162 almas entre indios, españoles, soldados y presidiarios, y no hay esperanza de que crezca mucho. El rey gasta anualmente mas de 25,000 pesos. Un pueblo que tiene buenas tierras y un situado de 25,000 pesos en plata, debia ser en poco tiempo rico y numeroso; pero este situado no entra en manos de este pueblo, á escepcion de algunos animales que crian en sus casas estos colonos, y el poco arroz que se coge en sus sementeras: toda su subsistencia viene de afuera...» Desde aquella época, lejos de mejorar la situacion política de esta prov., se presenta considerablemente menoscabada, no obstante la mayor seguridad que han conseguido sus naturales por medio de las importantes conquistas de las islas de Basilan y Balanguingui. Hemos visto que segun el citado historiador contaba 5,162 almas esta prov. en principios del siglo actual: en los estados de la poblacion de Filipinas, correspondientes al año 1818, que dió á luz el Excmo. Ayuntamiento de Manila, vemos que en la plaza de Zamboanga se numeraban con inclusion de la fuerza de la caldera, y contando la fuerza de dos compañías españolas, una pampanga, la artillería, la marina y los individuos que de varias castas viven en ella y su pueblo Bagumbayan, 8,640 almas solamente. Segun la guia de 1847, todavía era mas limitado este número, pues se reducian á 7,190 las almas. Desde entonces ha vuelto á elevarse la poblacion algun tanto, pues con arreglo á la guia de 1850, es como sigue:

PUEBLOS.	ALMAS.
Bagumbayan. . . .)	
Bulon. . . . : .	
Manicahan. . . .	} 8,194
Boalam.	
Dumalon. . . . .)	
Pasanhan en Basilan.	424
Total.	8,618

Ya hemos visto en el preliminar de esta obra y en varios de sus artículos, cómo sigue todavía el situado de esta provincia pagándose medio real plata por cada tributo indio, con el título de donativo de Zamboanga. La aplicacion de los naturales de la provincia, tampoco presenta desarrollo alguno, como es propio de las colonias que se sostienen por medio de situados.

ZAP

ZAPAMG: visita del pueblo de Gapan en la isla de Luzon, prov. de Nueva Ecija, arz. de Manila; sit. en los 124° 30′ long. 15° 20′ 50″ lat., en terr. llano á la orilla derecha del rio de Cabanatuan, y distante 1 ½ leg. al O. de su matriz, en el art. de la cual incluimos la pobl. prod. y trib. de esta visita.

ZAPATO MAYOR: islote adyacente á la costa setentrional de la prov. de Capis; hállase su centro en los 126° 45′ long. 11° 45′ lat.

ZAPATO MENOR: islote adyacente á la costa setentrional de la prov. de Capiz, de la que dista unas 3 leg.; hállase su centro en los 126° 40′ long. 11° 42′ lat.

ZAPOTE (chico): fruta que es bastante comun en algunos pueblos de las Filipinas, su tamaño es como el de una camuesa chica y su color el de una pera parda. Esta fruta se llevó de América, como tambien la del Zapote Prieto, fruta que es mucho mayor que la anterior, su cáscara es delgada, y todo el interior es una médula blanda como manteca, y muy negra; es algo desabrida.

ZAPOTE: rio de la isla de Luzon en la prov. de Cavite, térm del pueblo de Bacoon; nace en los 124° 39′ 25″ long. 14° 27′ lat., deslinda el térm. de este pueblo del de las Piñas, en la prov. de Tondo, corre al N. O. 1 ½ leg., y desagua en la bahía de Manila á los 123° 38′ long. 14° 29′ 20″ lat.

ZIT

ZITA (partido de): hállase en la isla de Luzon, prov. de Cagayan, en la gran cordillera ó Sierra madre; comprende todas las montuosas tierras que se estienden al E. de Tuguegarao.

FIN.

OBSERVACIONES.

I.

En el prospecto de nuestro Diccionario ofrecimos á sus lectores dar un mapa general de las islas, sin tener entonces en cuenta que se estaba publicando uno en esta córte, que en verdad no podiamos nosotros mejorarle, por ser el mas exacto que hasta ahora se ha publicado, el cual se formó en vista del que en escala mayor dió el benemérito D. Antonio Morata, piloto que fué de la Real Armada y de la comision hidrográfica destinada á levantar los planos del Archipiélago Filipino, y actualmente secretario de la Intendencia de Manila: por este motivo hemos obviado la publicacion del mapa referido; y con objeto de no defraudar á nuestros lectores, nos ha parecido oportuno dar, en su lugar, los retratos de SS. MM. y el plano general de Manila, que no habiamos ofrecido.

II.

Siendo de poca ó ninguna importancia el análisis de algunos anejos ó visitas, cuyo número de almas, tributos, industria y productos se incluyen en sus respectivas matrices, se omite por esta razon su nomenclatura.

III.

Es muy de advertir que para la perfecta pronunciacion de algunos de los nombres de ciertos pueblos de las islas Filipinas, tienen la misma fuerza la H que la J; por esta circunstancia algunos pueblos se significan tan pronto con una como con otra de estas dos letras, siendo uno mismo su sonido. Igual acontece con la R y la D, pues en el dialecto indio estas dos letras figuran con igual identidad y significacion.

IV.

El autor de esta obra, como ya se dice en el prólogo, no ha hecho mas que leves indicaciones para la redaccion del preliminar y de algunos otros estremos, de consiguiente no responde de la mayor ó menor exactitud en la descripcion, situacion y estension del Archipiélago, que en el referido preliminar se consignan, hasta su fólio 21. Tampoco ha sido de su cargo la reduccion de tributos á reales plata y de estos á reales vellon.

V.

Siendo tan agena á la pronunciacion castellana la mayor parte del nomenclator de los pueblos que constituyen las islas Filipinas, no se deben estrañar algunas equivocaciones que haya podido cometer la imprenta en este sentido, las que se han procurado subsanar lo posible, así en el Apéndice como en las observaciones y en la fé de erratas.

VI.

Al terminar este Diccionario, réstanos llamar la atencion de nuestros suscritores á fin de que tengan muy en cuenta que esta obra es la primera en su clase que se ha dado de aquel país, circunstancia por la cual no dudamos adolecerá de algunos defectos, hijos sin duda de los primeros pasos que se han dado en un camino erial y que ha tenido que abrirse esclusivamente de nuevo; cábenos, sin embargo, la satisfaccion de haber sido los primeros en emprender tan difícil senda, en cuyo tránsito, y para llegar á su término, mucho nos han servido la gran copia de noticias y apuntes que nos proporcionaron al efecto los Ilmos. Diocesanos, el clero regular, empleados, alcaldes mayores que fueron, y son en la actualidad, y otras personas ilustradas; á todos, pues, les rendimos un voto de gracias en nuestro nombre y en nombre de los adelantos de las Islas Filipinas, puesto que la publicacion del Diccionario no deja de ser una conocida mejora para aquel país.

VII.

Consultando la comodidad de los lectores y de la encuadernacion, se ha creido oportuno colocar los estados al final del apéndice, como se ha practicado en el tomo primero.

APENDICE,
AMPLIACION Y RECTIFICACIONES
AL DICCIONARIO GEOGRAFICO, ESTADÍSTICO E HISTÓRICO
DE LAS
ISLAS FILIPINAS.

ABULUG: de este pueblo, que se hizo mencion en el lugar que le corresponde, hay que verificar las siguientes ampliaciones. Las aguas de que se surte proceden de un manantial situado á corta distancia; son cristalinas y delgadas; igualmente se surte de un rio que pasa á media hora de distancia de la poblacion, conocido en el mapa con el nombre mismo de Abulug, es bastante caudaloso; trae su orígen de los montes de Malaneg y de Ilocos, y va á desaguar al mar. El término de esta poblacion se estiende de N. á S. como unas 8 leg., y de O. á P. cuatro, su terreno es bastante fértil, pero la mayor parte está inculto por escasez de brazos: confina por el N. con el mar, y por el S. con parte de la jurisdiccion de Pamplona, del que dista 3 horas.

AGAÑA: en el art. correspondiente á esta ciudad, se hace mencion de algunos árboles frutales, como son el coco y la rima; existe tambien otro conocido con el nombre de dúgdug que á su fruta llaman Federico: asimismo hay algunos cuyas maderas se dedican á la construccion, siendo las principales y de mas consistencia las que proceden del Ifir.

A la parte del O. de la isla, y á 3 leg. de distancia de la ciudad, está situado el puerto principal de S. Luis de Apra, inmediato al pueblo de Agat y en su distrito. Se divide en dos fondeaderos, interior esterior: el primero, aunque pequeño, es seguro en todas las épocas del año, aun en los mas fuertes temporales; pero pa-

ra entrar en él es preciso que marque la direccion del buque un buen práctico. Su posicion es entre un grande arrecife que sale á la banda N., y un islote enfrente, llamado de Santa Cruz. El esterior no presta tanta seguridad á los barcos en tiempos duros, por las muchas bajuras que le rodean. En el mencionado islote hay un castillo artillado con seis piezas de grueso calibre.

En el año de 1850 se estableció, con la correspondiente autorizacion del gobierno supremo, en el mencionado puerto de Apra y playa de Súmay, una casa de comercio y factoría.

Pobl. almas 6,519.

AGA

AGAT: visita: segun aparece en el art. que le corresponde, se ha erigido en pueblo bajo la advocacion de Santa Rosa de Lima; está situada en terreno llano y fértil, próximo á la playa, en la costa O. de la isla. A sus inmediaciones y por el N. de la poblacion, corre el rio Fogoña ó Allúba, ó Ayúha con direccion al N. E.

Son sus colaterales la ciudad de Agaña por el S. la villa de Umáta á 3 leg. de distancia, de camino dificultoso y espuesto en tiempo de lluvias por cuatro cuestas pendientes y varios rios peligrosos. Hay una buena bahía, pero descubierta á los vientos O. y S.

La iglesia está servida por un cura regular con presentacion del vice-patrono.

Pobl. almas 300.

AGNO: á lo referido en el lugar correspondiente, se adiciona y amplía con las siguientes noticias. Fundado á las márgenes del rio de su nombre en una pequeña llanura, circundado de montes poco elevados, el rio es la mayor riqueza de este pueblo por la circunstancia de ser navegable para buques menores, hasta la distancia de 3 leg. tierra adentro, y ofrecerles puerto seguro de los vientos, aunque espuestos en tiempo de lluvias, á consecuencia de las grandes avenidas: la barra ó entrada es peligrosa al que de ella no tenga práctica, por existir un bajo de piedra en su centro, y otro de arena á la banda del N. Cerca de la pobl. hay una escelente cantera de piedra berroqueña. En 1851 se componía su pobl. de 2,533 almas, y tributaban 624.

AGO

AGO: despues de escrito é impreso el artículo que le corresponde en el Diccionario, ha sido agregado este pueblo á la prov. de la Union: desde entonces ha aumentado su pobl. 804 almas, y 181 trib.

AGU

AGUILAR: existe en los montes de esta pobl. una mina aurífera, por esplotar. Hay que rectificar el número de sus almas, y los trib. que satisface: las primeras son 3,556, y los segundos, 1,016.

ALC

ALCALA: la cura de almas y administracion de este pueblo pertenece á la mision de PP. Dominicos; su fundacion data desde el año de 1844, en cuya época contaba 697 almas, y en la actualidad son 1,043, sin embargo de lo que espresa en su artículo el diccionario.

ALI

ALIAGA: en los detalles que de este pueblo se dieron en el lugar que le corresponde del Diccionario, se dijo que estaba servido por un cura secular; en la actualidad está á cargo su administracion de un cura regular de la órden de Agustinos calzados, á quien corresponde. El número exacto de sus almas es el de 4,166, y el de sus trib. 1,010.

ALIMODIAN: en lugar del número de almas y trib. que aparece en el Diccionario con referencia á este pueblo, léase como sigue: almas 7,114, trib. 1,805.

AMB

AMBLANG: A los detalles dados en el lugar correspondiente, hay que adicionar que este pueblo dista por la banda del Sur, 1 legua de su anejo Oyuquitan, y no Ayuguitan.

Sus naturales, poco inclinados al trabajo, no utilizan como debieran la fértil tierra que habitan, ni esplotan de ella lo que pudieran, porque acostumbrados á sustentarse con el meollo de la palma búli, ó burí, que abunda estraordinariamente, y que beneficiada de distintos modos les sirve de pan, abandonan el cultivo de sus tierras. Sin embargo, recogen medianas cosechas de palay, maiz, caña dulce, abacá y cacao.

Su industria consiste en la elaboracion de bayones y petates bastos, de la hoja del espresado burí. Se dedican tambien á la pesca.

Utilizan las maderas de sus bosques, y tienen las necesarias para la construccion de sus edificios: aquellas consisten principalmente en el tindalo, el ipil, el molabe y otras.

A distancia de 7 leguas, caminando hácia el monte, hay una laguna de mas 2 leguas de circunferencia, cuyo fondo no se ha encontrado con una sondalesa de 200 varas de largo.

ANG

ANGAT: no está exacta la estadística en su artículo del Diccionario; hay que practicar la siguiente rectificacion.

Poblacion: almas 10,220, tributos 2,391.

ANI

ANIGNI ó ANINIY, pues de los dos modos se escribe y nosotros lo designamos con el último en su oportuno lugar: forma jurisdiccion civil y eclesiástica con el pueblo de Cagayancillo, en la isla de su nombre, pertenece su administracion á los PP. Agustinos calzados, consistiendo su estadística en 2,471 almas, y 506 tributos.

ANT

ANTIQUE: El censo de poblacion y número

de tributos de este pueblo son los siguientes: almas 7,061, tributos 1,667.

ANTONIO (San): provincia de Nueva Ecija, pertenece á la administracion de PP. Agustinos calzados, y su poblacion se espresa á continuacion: almas 6,433, tributos 933.

APA

APALIT: el censo de su poblacion y tributos es como aquí se espresa: almas 8,623, tributos 2,026.

APARRI: el terreno de este pueblo es llano sin árbol alguno; no obstante, á la orilla del rio y como á media hora de distancia, principian á verse nipales y palmas en abundancia que forman bosques situados en tierras pantanosas, por lo que de ellas no se utiliza mas que la estraccion del vino de las nipas, y la aplicacion de las palmas para la techumbre de las casas; se estiende este territorio de Norte al Sur desde el mar hasta el pueblo de Camalaniugan ½ de legua: de Este á Oeste desde el término de Bugay hasta el de Abalug 3 ¾: confina por el Norte con el mar, al Sud con Camalaniugan, del que dista 1 ¼ legua, al Este con Bagay, 4, y al Oeste con Abulug 3 ½.

Faltando las aguas en este pueblo, faltan las cosechas, pues su término es todo absolutamente de secano, y si bien es verdad que se siembra el palay, se verifica esta operacion en tiempo de lluvias. Aunque quisieran utilizar para el riego las aguas del rio grande, las del llamado Linao y las de otros dos esteros que corren cercanos al pueblo, no reportarian beneficio alguno, antes les seria de grave perjuicio, por contener estas aguas partículas salobres en gran cantidad, tanto, que si con la fuerza de los huracanes ó bagyos se introducen estas aguas en algunos campos sembrados de arroz, los secan y matan como ha acontecido varias veces desde 1845.

El agua potable de que con precision tienen que proveerse para los usos de la vida, contiene tambien partículas salobres, y no es por cierto saludable para los que á ella no están acostumbrados.

Su censo de poblacion y tributos son los siguientes, y no como aparece en su lugar: almas 5,955, tributos 1,191.

ARAYAT: la designacion que se hizo de su poblacion y tributos no es exacta; rectifícanse del siguiente modo: almas 6,089, trib. 1,809 4.

ARG

ARGAO: el número de sus habitantes y tributos es como sigue: almas 12,206, trib. 2,167.

ARI

ARINGAY: esta poblacion ha sido agregada últimamente á la provincia de la Union; tiene por visita ó anejo á Caba, de la que dista 1 leg. al S. E. Su estadística, contando con su espresado anejo, es la siguiente: almas 10,884, tributos 2,274.

BAC

BACARRA: está equivocado el número de almas y tributos: léase como á continuacion se espresa: almas 14,237, trib. 3,884 4.

BACOLOR: el último y mas exacto censo de este pueblo es como sigue: almas 9,023, tributos 2,038.

BACON: ampliamos los datos que con respecto á este pueblo aparecen en su artículo.

Los montes y bosques próximos á la poblacion, si bien es cierto que se encuentran ya algun tanto escasos de maderas, sin embargo, suministran á los moradores las necesarias para sus edificios.

A distancia de ¼ leg. del pueblo, corre un riachuelo que le surte de agua potable. Tiene por colaterales á Dumaguete, su antigua matriz, por el N., y á Dauin por el S.

BACOOR: este pueblo, como ya hemos dicho en su correspondiente art., pertenece á la prov. de Cavite, y su iglesia no está servida, como equivocadamente se dice, por un cura regular, y sí por un secular.

BAD

BADOC: el censo de poblacion y número de tributos no es exacto como aparece en su art.; se rectifica en esta forma: almas 7,154, tributos 1,864.

BAG

BAGNOTAN: este pueblo que hemos colocado

en la prov. de Pangasinan, ha sido segregado últimamente de ella y agregado á la de la Union, y su poblacion es como á continuacion se espresa: almas 6,346, trib. 1,331.

BAL

BALANGA: el número de tributos en este pueblo ascendia en 1848 á 1,575.

BALANANG: adscrito en su art. correspondiente á la prov. de Ilocos Sur, fué agregado últimamente á la de la Union, y su poblacion se compone actualmente de almas 7,062, tributos 1,735.

BALINCAGUING: rectificamos el artículo que á este pueblo corresponde, ampliándolo con los siguientes detalles.

Se halla circundado de montes, el terreno que ocupa es anegadizo en tiempo de lluvias, dista del mar por el N. 2 horas. Sus naturales se dedican á la agricultura como ya se dijo: tiene hermosos pastos y diferentes clases de maderas que se encuentran en sus poblados bosques, como son: yacál, banabá, mangachpuy, camagen y ébano.

En el terreno que media entre este pueblo y la visita de Dasol, se halla una mina que, segun los reconocimientos practicados en ella parece ser de cobre. Todas las cercanías del pueblo se componen de una cantera de piedra semejante á la berroqueña, muy blanca y de grano muy fino. Sus colaterales son Santa Cruz por el S., á distancia de 7 leg.; Agno por el O. 6, y Sarápsap por el N. 1 ½. Su poblacion, con los dos anejos Dasol y Potot, se compone de almas 5,990 y trib. 1,407.

BALIÑGASAG: en el terreno de esta administracion que pertenece á los PP. Recoletos, hay nueve rancherías de monteses infieles nuevamente reducidos, á saber: San Martin, Cabucúñgan, Blanco, César, Clavería, La Canal, Gimeno, Casúlug y Talisáyan, distantes de la matriz de 2 á 14 leg.

La poblacion y tributos son como á continuacion se espresa: almas 4,812, trib. 710.

BALINAG: su censo de almas y tributos es como sigue: almas 23,013, trib. 5,196 ½.

BAN

BANGBANG: el número de almas y tributos

de este pueblo se componia en 1848: almas 3,431, trib. 746.

BANGAJON (prov. de Samar): este pueblo, del que hacemos mencion en su matriz Dapdap, no están conformes sus detalles con las últimas noticias que acerca del mismo se han adquirido; por esta razon rectificamos el censo de almas y tributos; en 1850 constaba con la matriz, segun la guia de forasteros, de 7,774 almas y 1,460 tributos.

BANGAR: este pueblo que pertenecia á la provincia de Ilocos Sur, ha sido eliminado de ella y agregado á la de la Union, y tiene el número de almas y tributos que á continuacion se espresa: almas 8,682, trib. 1,799.

BANGUED: su censo de poblacion y tributos se rectifica del modo siguiente: almas 7,983, trib. 1,667.

BANGUI: este pueblo pertenece á la administracion de PP. Agustinos calzados, y su poblacion y tributos es como se espresa á continuacion: almas 3,063, trib. 779 ½.

BANI: antiguamente visita de Bolinao; fué erigido en párroquia el año de 1834. En su término, al paso que se encuentran algunas llanuras, se hallan igualmente terrenos desiguales y barrancosos.

Su temperatura es húmeda, por cuya circunstancia en algunos meses del año suele perjudicar á la salud. A corta distancia de la poblacion corre un rio navegable para embarcaciones menores. Su poblacion y tributos son como aquí se espresa: almas 2,031, trib. 568 ½.

BANILAD: pueblo con cura y gobernadorcillo en la isla y prov. de Cebú, conocido anteriormente con el nombre de Talamban, situado sobre las playas del mar en un clima templado y saludable: es de las poblaciones mas antiguas de las islas; existe en su jurisdiccion un gran llano, al que da su nombre, perfectamente cultivado, que produce abundantes cosechas de azúcar, palai y maiz: la industria consiste en los tejidos de abacá y nito, ocupándose algunos de sus naturales en estraer oro de subidos quilates de un pequeño rio que corre por las faldas de sus montes: confina con Mandave y Cebú á ½ de legua de distancia de cada uno: las casas en general son de sencilla construccion, distinguiéndose como mas notables la parroquial y la de comunidad: hay escuela de primeras letras é iglesia de mediana fábrica servida por un cura regular.

POBL. almas 5,115, trib. 1,025.

BANTAY: el censo de almas y trib. con su anejo S. Ildefonso, son como sigue: almas, 9,369 trib. 2,029½.

BAR

BARANEN ó BURANEN: este pueblo se encuentra variado su nombre segun aparece, en varios impresos, como guias, estadísticas etc.

BARBARA (Santa): prov. de Iloilo: el censo de pobl. y número de trib. son como aquí aparece: almas, 8,213, trib. 2,828.

BARILI ó BARILIS: de los dos modos aparece el nombre de esta pobl. en diversas listas, estadísticas y guias.

BAROTAC (Nuevo): este pueblo, de que hemos hecho mencion en su corespondiente artículo, citando asimismo sus dos visitas Anilao y Banate, no tiene la pobl. ni trib. que en el citado art. se designan, y rectificando, insertamos á continuacion su verdadero censo en ambos sentidos:

Barotac.	Almas el primero.	10,829
	Tributos.	2,320 ¼
Anilao.	Almas.	2,119
	Tributos.	580
Banate	Almas.	2,218
	Tributos.	819

BAT

BATAC: con este nombre aparece en varios impresos el que se designa en el Diccionario con el de Batan, en la prov. de Capis.

BATAC: prov. de Ilocos N., confina, como hemos indicado en su art. correspondiente, con los pueblos de Pávay, y San Nicolás, y su censo de pobl. y número de trib. son los que se espresan á continuacion: almas 17,590, trib. 4,183.

BAU

BAUANG: este pueblo que antiguamente pertenecia á la prov. de Pangasinan, fué agregado últimamente á la de la Union, y la administracion está á cargo de los PP. Agustinos calzados, su pobl. y trib. es la que á continuacion se espresa: almas 5,636, trib. 1,399.

BAUANG: prov. de Batangas, pertenece su administracion á los PP. Agustinos calzados,

y el número de almas y trib. es como sigue: pobl. almas 35,052: trib. 6,123.

BAY

BAYAMBANG: prov. de Pangasinan: el número de almas y trib. de esta pobl. es el siguiente: almas 5,000, trib. 1,300.

BET

BETIS: el censo de pobl. y trib. que pagan, son como siguen: almas 2,977: trib. 659.

BIG

BIGA: que tambien se escribe en varios impresos Viga, corresponde á la isla de Catanduanes, adscrita á la prov. de Albay.

BIGAA: el censo de pobl. y número de trib., son como á continuacion se espresa: almas 5,313, trib. 1,860.

BIL

BILAR ó VILAR: prov. de Cebú, de las dos maneras se escribe; nosotros lo designamos en su oportuno lugar con la última.

BIN

BINALONAN: pueblo de la prov. de Pangasinan, del que hemos hecho mencion en el lugar que le corresponde: tenemos que adiccionar los siguientes detalles:

A solicitud del R. P. Fr. Julian Isaga, cura de Manaoag, parroquia cuyos feligreses estaban diseminados, se erigió y fundó el pueblo de que trata este art. en el año de 1830; son dignos de elogio la constancia y trabajos que en esta ocasion acreditó el referido eclesiástico, el que falleció antes de ver enteramente concluida la obra que habia con tanta gloria comenzado: sucedióle el R. P. Fr. Ramon Fernandez, ambos del órden de Sto. Domingo, quien secundó las benéficas miras de su antecesor, consiguiendo que en 1838 concediese el superior gobierno á dicho pueblo de Binalonan, justicia, cura y terreno; y desde esta fecha data su completa fundacion: se halla situado entre Manaoag y Asingan.

Las cercanías y territorio de Binalonan eran en 1830, eriales desiertos é incultos, sitios intransitables; y desde entonces se han convertido en el punto céntrico del comercio de muchos pueblos de la prov. y de otras, teniendo caminos y comunicaciones espeditas para llegar á él. Almas 6,194; trib. 1,520.

BIN

BINMALEY: tiene este pueblo el número de almas y trib. que se espresan á continuacion: almas en 1848, 17,189; trib. 4,196.

BINONDO: en el art. que le corresponde á este pueblo y en el de Manila, citamos los gobernadorcillos de mestizos y chinos, y no hicimos mencion del llamado gobernadorcillo de naturales, siendo el principal el de esta clase, lo que ahora rectificamos. POBL. en 1848: almas 25,249, trib. 4,723.

LOL

BOLINAO: omitimos en su art. hacer una descripcion detallada de su puerto, la que hacemos ahora.

Es este seguro y de fácil entrada, con un fondeadero para buques de todo porte: la ensenada ó canal que le constituye está formado por la isla de Porro y por la que da el nombre al pueblo; las que, separadas del continente, dejan un espacio navegable sin peligro alguno, hasta la distancia de 8 á 10 leg. Su pobl. se espresa á continuacion: almas 5,508, trib. 1,324.

BOLJOON: tiene este pueblo el censo de pobl. y número de trib. siguientes: almas 5,859, trib. 1,117.

BUE

BUENAVISTA (San José de): prov. de Antique: el censo de sus almas y número de trib. son como se espresan á continuacion: almas 5337, trib. 1,033.

BUL

BULACAN: el número de almas y trib. son con exactitud los siguientes: almas 10,794, trib. 2,338.

BUR

BURANEN ó Baranen: de los dos modos se escribe en diferentes guias y estadísticas: en su art. correspondiente aparece de la última manera: pertenece á la prov. de Laite.

BUT

BUTUAN: además de la descripcion hecha en el lugar oportuno acerca de este pueblo, tenemos que añadir los siguientes detalles:

Su terreno aunque llano segun se dijo, es pantanoso y rodeado de riachuelos, por cuya circunstancia y las copiosas lluvias que allí se esperimentan, constituyen su temperatura en húmeda con esceso.

Para llegar á la pobl. es preciso navegar 1 ½ leg. por el rio llamado Agusan, sumamente profundo y caudaloso, el que tiene su orígen en el monte de dicho nombre, del distrito de Nueva Guipúzcoa, adonde se supone que existe una mina de oro, por las muchas arenas auríferas que el espresado rio arrastra en su curso. Tiene de pobl. 7,758 almas, y paga trib. 1,754 ½.

CAB

CABATUAN: el censo de pobl. y número de trib. son exactamente como á continuacion se espresan: almas 13,279, trib. 3,200.

CABIAO: el número de almas y trib. consta de 7,859 de las primeros, y de 1,294 de los segundos.

CABUGAO: prov. de Ilocos Sur, sit. como hemos dicho en su art. correspondiente, á la márgen izquierda del rio que lleva su nombre: su censo consta de 8,106 almas y 1,746 ½ trib.

CAG

CAGYAN: isla de Mindanao, prov. de Misamis: en este pueblo está la residencia del gefe de la prov. con superior permiso; dicha poblacion puede llamarse la córte de las Bisayas por su posicion topográfica, por sus calles anchas, limpias y rectas, y por los muchos edificios de buena arquitectura con que está enriquecido el ornato público.

Las visitas que se citaron en el art. correspondiente están reducidas á tres, que son: Iponan, Gusa y Agusan. Se cuentan además en su territorio treinta y cinco rancherías, nuevamenle redúcidas. En el rio que lleva el mismo nombre del pueblo, se nota un fenómeno digno de citarse: anualmente por los meses de diciembre, enero y febrero, baja por sus aguas una multitud de pescados tan diminutos, que apenas se distingue su configuracion, y es tal su afluencia, que el dia que vienen á deshovar, la barra del rio se intercepta, y algunas embarcaciones menores quedan baradas, los barquichuelos procedentes de Bohol, hasta el número de cuarenta y mas, que se reunen en aquella época, regresan con cuatrocientas y á veces mayor número de tinajas llenas de estos pececillos. Pobl.: alm 11,095; trib. 2,019, que es su censo exacto últimamente, y no el que se dijo en el art. del Diccionario.

CAGAYAN: bahía de la costa setentrional de la isla de Mindanao, la que describimos con el nombre de Maccalar, al fól. 192 del II tomo de nuestro Diccionario, que además de no hallarse en su correspondiente lugar, se padeció por la imprenta la equivocacion de designarla con distinto nombre del que tiene.

CAGAYANCILLO: No es exacto el censo de poblacion ni tributos fijados en su artículo, y sí lo es como ahora aparece: almas 3,275, trib. 843. Pertenece á la administracion de PP. Agustinos calzados, en la prov. de Antique.

CAH

CAHIDYOCAN ó CAJIDYOCAN en la isla de Sibuyan, de que ya nos hicimos cargo en el lugar que le corresponde, tenemos que ampliar los siguientes detalles:

Segun el aspecto que esta isla presenta por varias partes, indica que encierra en sus entrañas variedad de metales: el mar, del que dista muy poco, suminista á los habitantes infinitos recursos que encierra en su seno, dándoles abundante pesca de varias especies, y entre ellas el estimable sigay, de mucho mérito en la india.

CAL

CALAPAN: capital de Mindoro. No está exacto el censo de poblacion ni el número de tributos con que se le designa en el artículo del Diccionario; en su consecuencia, lo rectificamos á

continuacion, segun los últimos datos: almas 2,750, trib. 559 ½.

CALAPE: el número de almas y trib., segun los datos mas posteriores, son como siguen: almas 3,276, trib. 595.

CALASIAO: prov. de Pangasinan. En el año de 1683 se quemaron todos los edificios públicos, á consecuencia de un alzamiento. En este pueblo se hallan estacionadas partidas de tropa y del resguardo de Hacienda para la persecucion del contrabando; sin embargo, algunos individuos de los que componen estas fuerzas, han solido causar ciertos vejámenes á los naturales.

CALINOG: segun los datos últimamente recibidos, el censo de poblacion y número de tributos son los siguientes: almas 8,316, trib. 1,600.

CALUMPIT. Su poblacion y número de tributos, segun los mas posteriores datos, es como sigue: almas 9,125, trib. 2,325.

CAM

CAMALANIÚGAN: además de los datos descritos en su artículo, tenemos que añadir el siguiente relato.

Antiguamente este pueblo quedaba á la izquierda del rio grande por tener su curso al Este, á la falda de la cordillera que hay en la division de este y el pueblo de Lalló, desembocando al Norte, y por encima de Buguey; por manera que este pueblo y el de Aparri quedaban enteramente aislados; mas en una grande avenida rompió el rio su cauce desaguando por donde hoy tiene su curso, legando en memoria de su antigua direccion una mina de conchas de almejas llamadas gucab en idioma de la prov.; de estas conchas se hace cal, y tambien sirve para fortificar los caminos.

Segun el último censo, su pobl. y trib. son como sigue: almas 2,117, trib. 423.

CAMANDO: segun los mas posteriores datos tiene almas 8,249, trib. 2,381.

CAMILING: tenemos que adiccionar los siguientes detalles: El rio de que hemos hecho mencion que lleva su curso por este pueblo, se llama Telvang, el que haciendo y dando diversas vueltas de S. á N., baña por su izquierda la pobl. El número de almas y trib. en 1848 resultaba ser el siguiente: almas 7,162, trib. 1,648 ½.

CANDON: la fundacion de que se habla acerca de este pueblo en el art. que le corresponde, no es exacta, puesto que con mas seguros datos se sabe que esta tuvo lugar en el año de 1,597: su pobl., segun las últimas noticias, es la siguiente: almas 16,773, trib. 4,450 ½.

CANOUAN ó CANOAN: situado como se dijo en la isla de Siguihor llamada tambien de Fuegos, en terr. montuoso y próximo al mar, con un puerto seguro para buques de todo porte: á distancia de ½ de legua de la pobl., en un sitio llamado Cauasan, hay una cascada ó despeñadero natural, de donde se desprende á 5 varas de altura un golpe de agua tan fuerte, que en la piedra viva adonde desciende, ha formado dos grandes estanques de mas de 2 varas de profundidad. Su pobl. segun los últimos datos es de 5,373 almas, y 931 trib.

CAO

CAOAYAN: no se puso en su lugar correspondiente este pueblo por carecer de los oportunos datos, y habiéndose recibido posteriormente, se hacen de él los siguientes detalles Siendo visita ó anejo del pueblo de Vigan, cabecera de prov. y dióc. de Nueva Segovia, se separó de su matriz por los años de 1823, erigiéndose en pueblo; se compone de cinco barrios, que son Casayan, Guadalupe, Anunag, Pudoc y Puro, situados en unas isletas que forma el rio, que trae su origen del centro del Abra: dista de la capital Vigan hácia el N. ½ leg., y del pueblo de Santa al E. 1 id. Desde el pueblo se dirige una calzada á la playa, y en su estremidad existe una fortaleza nuevamente construida de cal y canto: las casas en general son de sencilla construccion, distinguiéndose como mas notables la parroquial, la de comunidad y la escuela de primeras letras, dotada de los fondos del comun: la iglesia parroquial es de buena fábrica, y está servida por un cura secular. El terr. es de escasas prod., por cuyo motivo sus naturales se dedican á la pesca, marinería y carpintería: empleándose tambien otros en el hilado y tegidos de algodon. Pobl. almas 6,643, trib. 1,348 ½.

CAP

CAPAS: Mision en la prov. de la Pampanga

antiguamente estaba agregada al pueblo de Mabalacat; el lugar que antes ocupaba esta mision se hallaba próximo á un caudaloso rio que la anegaba con frecuencia, por cuyo motivo fué trasladado al punto que ocupa hoy, distante de aquel ½ leg. en una estensa llanura; proporciona á sus habitantes abundantes cosechas de distintas producciones.

Pobl. segun los posteriores datos: almas 1,679, trib. 332.

CAPIS ó CAPIT: como aparece en su art. correspondiente: segun los últimos datos que del censo de su poblacion y tributos se han recibido, resulta que con sus dos visitas Lostugan y Uvisan, componen las siguientes: almas 17,393, tributos 4,213.

CAR

CARCAR: este pueblo, que como hemos dicho, está situado en una pequeña eminencia, á poca distancia del mar, tiene en su territorio considerables llanuras, y cuatro baluartes de piedra en sus playas para defenderse de los moros: su poblacion, segun los últimos datos, asciende á 10,826 almas y 2,206 trib.

CARLOS (San): segun los últimos datos que se han recibido, la poblacion y tributos son como sigue: almas 20,383, trib. 4,716.

CAS

CASIGURAN. prov. de Nueva Ecija: está administrado por un cura secular.

CAT

CATALINA DE BABA (Santa): prov. de Ilocos Sur: tenemos que adicionar á lo que dejamos consignado en el artículo de este pueblo los siguientes detalles:

Siendo barrio de Vigan, fué erigido en pueblo por los años de 1795 bajo la advocacion de Santa Catalina vírgen y martir; su administracion está á cargo de un cura secular.

Se halla rodeado de aguas por todas partes, dista del mar como media hora al O. Por el N. con la ensenada que lleva el nombre de Oacdaran, de la que está separada como unos diez minutos, y por el S. con el rio Dile á igual distancia.

En las playas de esta comprension suele encontrarse partículas de oro en polvo, entre una arena de color negro. Su poblacion, segun las últimas noticias, es la de almas 7,600, tributos 1,520.

CATARMAN ó CALADMAN: en la prov. de Samar; de ambos modos se le denomina en diferentes estadísticas.

CATARMAN: ó CATARMAAN: (provincia de Misamis) de ambos modos se escribe, y con el último se designa en su artículo correspondiente.

CATILAN ó CAUTILAN: como se le nombra en su artículo del Diccionario. De esta poblacion se han recibido últimamente nuevos detalles que consignamos á continuacion:

En su distrito se cria una especie de madera semejante al molabe, pesadísima y de la que los indios fabrican anclas para sus embarcaciones, es tal su dureza, que resiste á los filos del acero; la duracion de esta madera es incalculable; se encuentran pilares de la misma, que despues de haber permanecido mas de cien años enterrados en lugares cenagosos y á la intemperie, se halla tan íntegra y sana como cuando salió del bosque.

En un sitio llamado Calid, existe una dilatada mina de oro muy superior.

Su pobl. es, segun los últimos datos, almas 4,310, trib. 1,045.

CATMON: tenemos que adiccionar á lo que ya digimos acerca de este pueblo, los detalles siguientes:

Enfrente del mismo hay una hermosa bahía, en la que pueden fondear buques de todo porte con la mayor seguridad: su entrada es un tanto dificultosa para los poco prácticos, pues solo tiene de ancho ciento veinte brazas. El censo de poblacion y número de tributos segun los últimos datos, son como siguen: almas 5,310 trib. 1,002.

CAV

CAVANCALAN ó CABANCALAN: conocido en varias estadísticas con la diferencia que se nota.

CRU

CRUZ (Santa): anejo de Santa Lucía, prov. de Ilocos Sur. Su pobl. y número de tributos es, segun los últimos datos, almas 8,272, tributos 1,071.

CRUZ (Santa) ó NAPO (prov. de Mindoro): en varias estadísticas se escribe indistintamente, ya con uno, ya con otro nombre: nosotros lo designamos con el último en su correspondiente lugar.

CUL

CULIAT: segun las últimas noticias, el censo de poblacion y número de tributos son como siguen: almas 4,588, trib. 1,153.

DAG

DAGUPAN: A lo que digimos en su art. correspondiente, tenemos que añadir los siguientes detalles:

Los principales rios de la provincia se reunen y pasan por esta poblacion; el Agno, el Signocolan, el Tolon y el Angalacan, forman juntos una corriente caudalosa que va á desaguar al golfo de Linga; habiendo tenido su orígen en lo interior de las cordilleras de los montes que circundan esta provincia por Este y Oeste; sus aguas son buenas, tanto para beber, cuanto para riegos; mas cuando se aproximan al mar, á 1 leg. de distancia, se vuelven salobres, á consecuencia de las grandes mareas que suben á gran trecho de la barra. Muchos son los puentes de caña que cruzan estos distintos rios, habiendo algunos de ellos de mas de 200 varas de largo, y 5 ó 6 de ancho.

Dícese que en su territorio existen minas de oro y cobre, pero todavía no se han esplotado.

DAN

DANAO: Este pueblo es el que mejor aspecto presenta en ornato público entre todos los de su provincia: sus calles están tiradas á cordel, y el piso es escelente, tanto que forman bien construidas calzadas por donde sin peligro alguno se puede pasear en carruaje.

Tambien en su término se han construido varios puentes de piedra, fuertes y de elegante arquitectura, que facilitan el tránsito por sitios que anteriormente, en tiempo de lluvias, eran enteramente impracticables.

Estas conocidas mejoras son debidas á la actividad y celo de los gefes de la provincia, y á los curas párrocos que han secundado con acierto sus disposiciones: tambien se han prestado á ellas, conociendo su propia utilidad, los naturales, los que sin violencia de ningun género contribuyen con su trabajo á embellecer la poblacion.

Igualmente está enriquecida con buenas aguas potables de fuente; corren á sus inmediaciones dos rios llamados Cotcot y Danao, que traen su orígen de una laguna situada al O.

Á 1 hora de distancia, y en el sitio llamado Dulangan, se halla una mina de oro sin esplotar.

DAP

DAPITAN: últimamente se han recibido mayores dátos de este pueblo que transcribimos á continuacion:

Distante 4 leguas por mar, y por tierra 1, se ha unido á Dapitan últimamente la poblacion llamada Taglimao, sit., en una ensenada ó recodo que hace el mar á la banda de E. En ella viven 530 individuos, entre los cuales muchos han recibido el bautismo el año de 49 y 50, y los restantes se están disponiendo para recibirle. Prestan con gusto sus trabajos en la construccion de la iglesia, casa parroquial y demás edificios, y són obedientes á las insinuaciones del párroco, que los vigila constantemente y los trata con paternal cariño.

El censo de poblacion y número de tributos de Dapitan es como sigue: almas 5,717, tributos 434 ½.

DAV

DAVAO: conocido este pueblo con el nombre de Vergara, capital de la provincia de Nueva Guipúzcoa en la isla de Mindanao, y escribiéndose por algunos con B, y siendo una poblacion nueva, han producido todas estas circunstancias la equivocacion de haberse hecho su descripcion en distintos artículos de nuestro diccionario: ahora; reasumiendo los datos que se han recibido acerca de él, los narramos del modo siguiente:

Por decreto superior de 27 de febrero de 1847, se creó esta nueva poblacion y cabecera de la provincia, fundada en el centro de la ensenada lamada Davao al S. de Mindanao.

Desde marzo de 1848 se halla servido el espresado pueblo por un ministro Recoleto.

Segun documento copiado del plan general de almas del obisp. de Cebú, formado en 17 de junio de 1850, los habitantes de Davao hacen el total de 139 individuos de todas clases, estados y sexos.

DIN

DINGLE: segun los últimos datos últimamente recibidos, ha dejado de ser anejo de Laglag y la administra un solo cura párroco de PP. Agustinos calzados.

Pobl. almas 4,580 trib. 1,105.

DOM

DOMINGO (Santo): á los datos que dimos de este pueblo, que pertenece á la prov. de Ilocos Sur, tenemos que añadir los siguientes:

Inmediata á sus playas, está situada al Nordeste la isla llamada Puropinguit; es abundante en pesca, cuya circunstancia la utilizan los habitantes de Santo Domingo en gran cantidad que estraen.

DUM

DUMALAG: segun los mas posteriores datos, el censo de poblacion y número de tributos son como sigue:

Almas 7,910 trib. 2,059.

DUMANGAS: el censo de poblacion y número de tributos son como sigue, segun las últimas noticias: almas 14,467, trib. 3,400.

DAMARAN: pueblo en la isla de su nombre, adscrita á la prov. de Calamianes, como ya digimos en lugar oportuno; y rectificamos el censo de almas y tributos siendo el número de las primeras el de 1,081, y el de los segundos 336.

Pertenece la cura de almas á los PP. Recoletos.

EST

ESTEBAN (San): El número de almas y tribu de esta poblacion y su anejo Santiago, prov. de Ilocos Sur, es como á continuacion se espresa: almas 5,835 trib. 1,188.

FAB

FABIAN: (San): prov. de Pangasinan. Tenemos que añadir, que en su territorio existen buenas canteras de piedra sillar, y se fabrica abundante porcion de cal en sus playas. Pobl. almas 10,345, trib. 2,730.

FER

FERNANDO (San): provincia de la Pampanga segun los posteriores datos, resulta ser su censo de 10,320 almas y 2,445 ½ trib.

FERNANDO (San): agregado últimamente á la prov. de la Union, como se ha dicho en su art. correspondiente, tiene de censo y número de tributos las siguientes: almas 4,864, trib. 1,248.

GAT

GATARAN: La estadística que se ha designado á este pueblo en su artículo correspondiente no es exacta, la última que data del año 1,848 es como sigue: almas 1,134, trib. 299.

GUI

GUIBAN ó GUIVAN: escrito de las dos formas en varios impresos.

GUIMBAL: El censo de su poblacion y número de tributos segun datos, es como sigue: almas 14,540 trib. 2,602.

GUINDULMAN: á lo que digimos en el artículo que corresponde á este pueblo tenemos que adicionar lo siguiente:

Su territorio lo bañan y fertilizan dos rios y varios manantiales de sanas y escelentes aguas.

Sus bosques producen maderas muy apreciables como son el Molabe, el tindalo, el hambabaye y el estimable bágo-bágo que destila la Guta-gamba.

Su poblacion, segun los últimos datos, es la siguiente: almas 10,645, trib. 1,224.

HAG

HAGONOY: la fundacion de este pueblo principió por los años de 1580 á 81 como ya digimos en su correspondiente artículo.

La calzada que conduce desde el mismo al de Calumpit es en todos conceptos de delicioso aspecto, sobre ser espaciosa, á uno y á otro lado es

tan rica la vegetacion, que ostenta á la vista del viajero un continuado y hermoso vergel.

Segun los últimos datos, su poblacion y número de tributos son como aquí aparecen: almas 16,397, trib. 3,603.

HAS

HASAN ó JASAHAN (provincia de Misamis): conocido con ambas denominaciones; en el diccionario se describe con la última. Tenemos que añadir acerca de este pueblo los detalles que á continuacion se espresan:

Existe en su distrito y á distancia de media legua por el O. una poblacion de nuevos cristianos llamada Villanueva.

El número de almas y tributos, segun los últimos datos, es de 3,262 de las primeras y 635 de los segundos.

HIG

HIGAQUIT ó GIGAGUIT (prov. de Caraga): seconoce con los dos nombres, y con el último lo designamos en nuestro art. correspondiente.

Fué erigido en pueblo en 1850. Su sit. es en terr. llano, y muy á propósito para la siembra de cereales y caña dulce: sus playas abundan de pesca y sus montes de buenas maderas.

Pobl., segun los últimos datos: almas 4,015, trib. 508 ½.

HIM

HIMAMAYLAN ó JIMAMAILAN (prov. de la isla de Negros): de los dos modos se escribe el nombre de este pueblo, con el último se hace de él relacion en su oportuno lugar.

Su poblacion, segun los últimos datos: almas 4,466 trib. 910.

HIN

HINIGARAN (provincia de Negros): este pueblo pasó á la administracion de los PP. Recoletos por superior decreto de 1.º de marzo de 1850.

Está situado en terreno llano y próximo al mar á la banda O. de la isla. Se hallan agregados á él dos visitas, llamadas Pontevedra y Binablangan. Su suelo produce arroz y maiz, y su industria principal consiste en la pesca.

Pobl. almas 3,037 trib. 717.

IBA: provincia de Zambales; á lo qué digimos en su artículo correspondiente tenemos que adicionar los siguientes detalles:

Ocho rios corren por el distrito de este pueblo y son: Painaben, Balilis, Calanañgan, Quinoteot, Cóllat, Quinapunitan, Bagaugtaliñga Bañgana-latang y Diñguin, que baña á la poblacion por la banda del S.

Dista del mar por la parte del O. un cuarto de legua, y por el N. E. está resguardada por una cordillera de montes que dista 3 leguas, habitada por negros errantes.

El censo de su poblacion y número de tributos son como sigue: almas 4,380 trib. 1,355.

IBANA: pueblo con cura y gobernadorcillo, en las islas Batanes, dióc. de Nueva Segovia; el clima de esta isla es templado y saludable y sus prod. son bastantes escasas. Las casas en general, son de sencilla construccion, distinguiéndose como mas notables, la parroquial y la iglesia, que es de mediana fábrica y está servida por un cura regular. Pobl. incluso su anejo, Ja-yan, ascendia en 1848 á 2,188 almas.

IGB

IGBARAS: El censo de almas y número de tributos, son como sigue, segun los últimos datos; almas 10,856, trib. 2,880.

ILA

ILAGAN: pueblo con cura y gobernadorcillo en la isla de Luzon, prov. de Nueva Vizcaya, dióc. de Nueva Segovia, sit. en terreno llano y circundado de Montes; confina con el pueblo de Gamo que se halla á 2 leg. de distancia; el terreno generalmente, es fértil por la circunstancia de bañarlo varios rios: en sus bosques se encuentran escelentes maderas de construccion, muchas clases de bejucos y de cañas.

Productos: tabaco, maiz, arroz y distintas legumbres.

Industria: la esportacion de tabacos es la principal.

Las casas en general son de sencilla construccion, tiene escuela de primeras letras é iglesia parroquial servida por un cura regular.

Pobl. almas en 1848, 2,841 trib. 736 ½.

ILIGAN: prov. de Misamis: á lo que referimos de este pueblo en su lugar oportuno, tenemos que adicionar lo siguiente:

En su visita llamada Pigtao, á 21 leg. de distancia, existe una mina de oro á la que concurren indígenas de distintos puntos con el objeto de esplotarla.

A 1 leg. de distancia de esta visita, hay una poblacion llamada Roa, de monteses nuevamente reducidos, que podria constar de 200 individuos, si se reuniesen todos.

Su poblacion, segun los últimos datos, consta de 3,834 almas y 297 trib.

ILO

ILOG (prov. de negros): este pueblo de que hemos hecho mencion en varios artículos de nuestro diccionario, está situado en la costa occidental de la isla, en terreno desigual y clima templado: tiene por anejos Dancalan, Guilangan, Cauyan é Isin. Nada de notable se encuentra en esta poblacion: tiene casa de comunidad, é iglesia parroquial servida por un cura secular.

Pobl. almas 3,028, trib. 605 ½.

INA

INABAÑGAN y no Inabagan, como se lee en varios impresos, por cuya razon tambien se ha designado así en su artículo correspondiente del diccionario, al que hacemos la siguiente adicion:

En el distrito de este pueblo á la distancia de 4 leg, y en el lugar llamado Duáñgan, existe una mina de oro sin esplotar. En el monte Córle que está en su término, hay un manantial cuya agua tira á color azulado y es ácido su sabor.

Segun los últimos datos, el número de almas es el de 3,888, y el de trib. 1,037.

IPO

IPONAN y no Ipanan, que con este último se le designa en su artículo correspondiente, pueda ya constituirse en poblacion con curato, por tener todas las circunstancias que la ley exije para el caso: el número de almas y tributos está incluido en el de su matriz, que es Cagayan, prov. de Misamis.

ISI

ISIDRO (San): prov. de Bulacan: según los datos últimos, la estadística de su poblacion es como sigue: almas 8,916, trib. 1,961.

ISIDRO (San): prov. de Nueva Ecija: el censo de poblacion y tributos, segun los últimos datos, es el siguiente: almas 8,150, trib 2,039.

ISIN ó ISIU: escrito de ambos modos, y con el último se le designa en nuestro artículo del Diccionario.

JAB

JABONGA ó HABONGA: designado de las dos formas en varias estadísticas, anejo del pueblo de Butuan en la prov. de Caraga; se halla á distancia de 12 leg. de la matriz; está rodeado de bosques, cuya circunstancia origina el que no sea su clima muy sano. En un monte de su jurisdiccion, llamado Mabajo, existe una mina de oro de escelente calidad. Tiene en la actualidad 254 trib.

JAC

JACINTO (San): prov. de Pangasinan. En este pueblo hay varios lavaderos de oro que sus naturales benefician. El número de almas de esta poblacion en 1848 era como sigue: almas 5,257, y 1,363 tributos.

JAN

JANIVAY: segun los datos últimos, el censo de poblacion y número de tributos son como sigue: almas 12,412, trib. 3,113.

JAR

JARO: el censo de poblacion y tributos es el siguiente: almas 25,471, trib. 5,819.

JOA

JOAQUIN (San). segun los últimos datos, su poblacion y tributos son como siguen: almas 7,973, trib. 1,501.

JOSE (San): prov. de Nueva Ecija: su poblacion y tributos, segun los datos mas posteriores, aparecen en esta forma: almas 4,159, tributos 780.

JOSE (San): prov. de Batangas: su poblacion y tributos, segun los datos posteriores, son como sigue: almas 11,843, trib. 2,545 ½.

JUA

JUAN (San): prov. de la Union: segun el último censo, aparece en él la siguiente estadística: almas 4,846, trib. 1,188.

LAG

LAGLAG: el número de almas y tributos que resultan de los últimos datos, es como sigue: almas 4,815, trib. 1,200.

LAM

LAMBUNAN: su censo de poblacion y número de tributos es como sigue: almas 7,972, trib. 1,481.

LAO

LAOAY: en la isla de Bohol; á los datos que ya dimos en el lugar oportuno, tenemos que añadir que su situacion es sobre una pequeña colina, á la que se sube por una escalera de piedra, próximo al mar y sobre las riberas del rio mas caudaloso de la isla.

Tiene de poblacion 6,164 almas, y tributos 1,152 ½.

LAS

LAS-PIÑAS: la estadística de este pueblo, segun los mas posteriores datos, es como aquí se demuestra: almas 3,093, trib. 761 ½.

LAU

LAUAG ó LAUAG: los últimos datos dan el siguiente censo: almas 29,056, trib. 7,213.

LIP

LIPA: el censo de poblacion, segun los últimos datos, es como sigue: almas 20,423, tributos 4,558.

LOON: este pueblo, fundado bajo la advocacion de Nuestra Señora del Cetro, y del que hicimos mencion en su lugar oportuno, consta el el número de su poblacion, segun los últimos datos, de 11,473 almas, y 2,060 trib.

LOS

LOSTUGAN ó LOCTUGAN: prov. de Capis; de ambos modos se escribe el nombre de este pueblo: nosotros en su artículo correspondiente lo designamos con el último.

LUB

LUBUNGAN: á los datos que dejamos consignados en su artículo correspondiente, tenemos que añadir los detalles siguientes:

Sus tres visitas, de que ya hicimos mencion, son las siguientes: Dicáyo, Mináng y Dipólog: en la primera existen como unos 240 habitantes infieles nuevamente reducidos, y en la segunda sobre 300 que están en el mismo caso Pobl. almas 1,926, trib. 317 ¼.

LUC

LUCIA (Santa): prov. de Ilocos Sur. Con arreglo á los últimos datos rectificamos su censo de pobl.: almas 9,440, trib. 2,134.

MAA

MAASIM: prov. de Iloilo. Rectificamos el censo de la pobl. segun los últimos datos, en la forma siguiente: almas 6,482, trib. 1,450.

MAB

MABALACAT: á los detalles que se dejan consignados en el lugar oportuno, tenemos que adicionar las siguientes noticias:

En una espaciosa llanura está fundado este pueblo, la que se halla rodeada de esteros, y á la falda de los montes que forman la cordillera de Zambales, por cuya razon su temperatura es húmeda y mal sana.

Sus habitantes se dedican al cultivo de la tierra que en gran parte es de regadío: recolecta abundancia de palay, caña dulce, la que benefi-

cian por medio de ingenios, ajonjolí y varias clases de legumbres; tambien se dedican á la caza de venados. Su pobl. consiste, segun los últimos datos, en 4,416 almas y 937 ½ trib.

MAC

MACAVEVE ó MACABEBE como se le designa en su art. correspondiente. Segun los últimos datos, consta su estadística ó censo de 11,033 almas, y 3,129 ½ trib.

MAG

MAGALAN: su censo de pobl. conforme con los datos mas posteriores, consiste en 5,036 almas, 1,150 ½ trib.: pertenece á la administracion de los PP. Agustinos calzados.

MAGATAREN: el censo de pobl. y número de trib. exacto, es el siguiente: almas 6,550, trib. 1,550.

MAL

MALABOHOC: En la isla de Bohol, prov. de Cebú. Segun los últimos detalles que de esta pobl. se han recibido, se halla sit. á la banda O. de la isla, inmediato al mar y en el centro de la ensenada del mismo nombre. Su temperatura es buena, y el terr. montuoso, inferaz y muy poco productivo; se recolecta muy poco algodon, palay, maiz, cacao y tabaco: ajos con abundancia.

Las mugeres se dedican á tejer telas de algodon, así para su consumo como para la esportacion: consisten estas en cambayas, pañuelos, tohallas, servilletas, etc. No existe en sus bosques madera alguna de construccion.

A distancia de ½ de hora, caminando hácia el N., brota una fuente de aguas saludables que proveen á dicho pueblo.

Sus colaterales son Pansinguitan por el S. á 1 leg. de distancia, y Loon por el N. á 3. Pertenece su administracion á los PP. Recoletos. Pobl. almas 12,105, trib. 2,331 ½.

MALAVEG: á lo que se ha dicho en el lugar oportuno, tenemos que adicionar los siguientes detalles:

En su territorio se encuentra abundancia de piedra de cal; su principal ind. consiste en los muchos molinos de chocolate, maiz y trigo: tambien fabrican aceite de cocos, cuya cosecha es abundante en su territorio; su pobl. con arreglo á los últimos datos es de 1,728 almas, y 590 trib.

MALOLOS: su pobl. con arreglo á las noticias posteriores es como sigue : almas 29,518, trib. 7,081.

MAM

MAMBULAO (puerto): por equivocacion de la imprenta se ha pospuesto este art. que debia anteceder á Mamburao y Mambusao:: véanse los folios 208 y 209 del tomo 2.°

MAMBURAO: rio de la isla y prov. de Mindoro; tambien por equivocacion de imprenta se pospuso en el diccionario: véanse los mismos folios citados en el art. anterior.

MAN

MANAOAG: á los detalles que dimos en su oportuno lugar acerca de este pueblo, tenemos que añadir: que bañan su territorio los rios Angalacan, Aloragal, Balonguing. Pho, Panaga y otros menores con varios arroyuelos; todos tienen su origen en los montes inmediatos y se unen al rio primeramente nombrado.

En este pueblo se venera la imágen de Ntra. Sra. del Rosario de Manaog, que en el idioma del país significa llamar. Es tradicion entre aquellos naturales, que esta efigie al principio de la conquista se apareció á un indígena llamándolo: esta piadosa creencia hace que se venere á la virgen tributándola ofertas y oblaciones diariamente, y á su intercesion acuden cuando sobreviene al país alguna desgracia: Pobl. segun los últimos datos: almas 9,000 trib. 1,500.

MANDAVE: ampliando los datos que dimos en su lugar correspondiente, decimos que á la parte de N., en el sitio llamado Garin, parece que se presentan indicios de existir una mina de oro. Pobl. segun los datos posteriores: almas 8,112, trib. 1,622 ½.

MANGALDAN ó Magaldan, como se lee en varias estadísticas, y con cuyo nombre lo designamos en el lugar oportuno del diccionario: á lo espuesto en el mismo tenemos que adicionar los siguientes detalles:

Llámanse los rios que pasan por este pueblo, Angalacan y Tolong; en este último hay construida una famosa presa de mamposteria, cuya

zanja viene á parar al pueblo, despues de dos horas de distancia por la parte del S.: estas aguas riegan y fertilizan la mayor parte del terr. de este pueblo y porcion de otros colaterales. Segun las últimas noticias, consta su pobl. de 12,869 almas, y 3,190 trib.

MAR

MARAGONDON ó Marigondon: de ambos modos se ve escrito en diferentes escritos y estadísticas: en el art. correspondiente del Diccionario se le designa con el último.

Su pobl. y trib. segun los datos posteriores, es de almas 13,277, y 1,836 trib.: administra esta parroquia un cura secular.

MARIGONDON; conocido tambien con el nombre de Barra de Marigondon, en la prov. de Cabite, con cuya significacion aparece en el art. que le corresponde.

MARIVELES: segun los últimos datos que se han recibido de este pueblo, el número de almas y trib. ascienden á 4,421 las primeras, y 1,089 ½ los segundos.

MARIBOJOC: en su lugar correspondiente lo designamos con este nombre siendo el verdadero Malabohoc.

MAU

MAUBAN: pueblo con cura y gobernadorcillo en la isla de Luzon, prov. de Tayabas, dióc. de Nueva Cáceres, sit. al N. de Atimonan, del que dista unas 6 leg.; el terr. es bastante fértil y sus montes producen buenas maderas: las principales producciones son arroz, maiz, cocos, abacá y varias legumbres. La ind. se reduce al sobrante de sus prod. agrícolas, la fabricacion de telas ordinarias y la pesca: las casas generalmente son de sencilla construccion, distinguiéndose como mas notables la parroquial y la de comunidad; hay escuela de primeras letras, é iglesia parroquial servida por un cura regular. Segun los últimos datos que de este pueblo se han recibido, su pobl. se compone de 6,970 almas y 1,582 trib.

MIG

MIGUEL (San): conocido con el nombre de ANGOI con el que se designa en el lugar que le corresponde en el diccionario, por la circunstancia de nombrarse asi en algunos mapas parciales litografiados, siendo procurador general de

Agustinos calzados el M. R. P. F. Manuel Blanco en 1831. Adicionamos á lo espresado lo siguiente:

El rio Ayanan que como ya se dijo trae su origen de los montes que dividen la provincia de Iloilo de la Antique, y uniéndose en el pueblo de Jaro con el rio Salo, va á desaguar en el mar.

El censo de poblacion y tributos son exactamente los siguientes: poblacion, almas 5,062, tributos 1,11.

MON

MONTINLUPA ó MUNTINLUPA: Este pueblo del que hemos hecho mencion en su artículo correspondiente, le administra un cura secular, y segun los últimos datos, su poblacion consta de 3,280 almas, y 590 trib.

NAA

NAAUAN ó Naunan (prov. de Misamis): este anejo del pueblo de Iligan se halla escrito de ambos modos en diversos impresos, se le designa con el último en su lugar correspoudiente.

NAG

NAGA: (provincia de Cebú): segun los últimos datos que de este pueblo se han recibido, su poblacion es como sigue: almas 10,771, tributos 1,887.

NAM

NAMAPACAN: A la descripcion que en su lugar correspondiente hicimos de este pueblo, tenemos que añadir, que sus naturales estraen considerable número de pescado y muy particularmente de anguilas en la laguna de que hemos hecho mencion, y que dista del pueblo unos doce minutos.

NAO

NAOHAN. A la descripcion que dimos de este pueblo tenemos que añadir; que por el centro del mismo, atraviesa un rio caudaloso que trae su origen de una laguna de agua dulce á 5 leguas de distancia en la que se crian ricos y sabrosos pescados, y á sus inmediaciones brotan aguas minerales con las que se encuentra alivio para diferentes dolencias.

Segun los últimos datos, su poblacion consta de 1,910 almas, y 680 ½ tributos.

NAR

NARCISO (San): prov. de Zambales: A lo que dejamos dicho en su artículo oportuno, tenemos que añadir segun los últimos datos recibidos, y como pueblo recientemente erigido, que sus rios y esteros son todos de aguas potables como igualmente los pozos: y conducidas estas por medio de canales y presas, constituyen su terreno en fértil y hermoso, á consecuencia de sus abundantes riegos, produciendo grandes cosechas de arroz, de calidad superior.

Su poblacion consta de 3,836 almas, y 843 ½ tributos.

NARVACAN (prov. de Ilocos Sur): Tenemos que adicionar á lo que ya digimos de este pueblo en su oportuno lugar, que al celo del párroco misionero regular que actualmente está encargado de su administracion, se deben las mejoras siguientes.

La reduccion de dos pueblos infieles al catolicismo llamados Banrell y Llamas, á distancia de 2 leguas de la matriz los que se comunican con la misma por medio de cuatro buenas calzadas. Se debe tambien al celo del espresado párroco la aclimatacion de varias plantas y semillas, como la patata de Málaga y el beneficio del añil.

La iglesia parroquial espaciosa y de muy buena fábrica, es de los mejores edificios que se notan en esta poblacion.

NAS

NASIPING ó NASSIPING (prov. de Cagayan): De ambos modos se escribe el nombre de este pueblo, en el lugar correspondiente del diccionario se le designa de la última manera. Pertenece su administracion á los PP. Dominicos.

NIC

NICOLAS (San): prov. de Ilocos, Norte. En este pueblo, que su administracion está á cargo de los PP. Agustinos calzados, estubo de misionero cura párroco el eminente escritor F. Luis Marzon de la misma órden.

NICOLAS(SAN): prov. de Pangasinan. A causa de su reciente separacion de la matriz (Tayug) no fueron las mas exactas las noticias que se adquirieron acerca de esta pobl., y dimos en su lugar correspondiente, por cuyo motivo y con mayor número de datos, hacemos la siguiente descripcion. Su término ó jurisdiccion se estiende de N. á S. como unas 4 leg., y de E. á O. 1¼. En el barrio llamado Anglat al Sudoeste y á 1 leg. de distancia, estubo en otro tiempo una ranchería de infieles de los llamados Ibilaos: su terr. es feráz y de regadio existen fuentes de agua potable y de escelente calidad. Su situacion es en terr. llano circundado de montes, encontrándose en sus faldas considerable número de canteras de piedra viva, granito y caliza. La pobl. consta en la actualidad de 5,100 almas, y 1,020 tributos.

PAC

PACO ó Dilao; prov. de Tondo, arz. de Manila, sit. en terr. llano y como á 1 milla de la capital Manila por el S., y á la margen izquierda del rio Pesig: sus anejos ó visitas principales son, La Peña de Francia y Dilao. Confina con los pueblos de Sta. Ana, Pasay, Malate y la Hermita. Su jurisdiccion parte desde el Puente de Sta. Mónica, cuya fábrica es de piedra silleria formando una bóveda y dista del contrafoso de las fortificaciones de Manila 320 varas terminando en otro puente tambien de bóbeda, que está á 2,800 varas, sobre la calzada de Sta. Ana. Cuando sobrevienen grandes lluvias, se inunda el terr. de esta pobl. por cuya circunstancia no es muy saludable su clima. Hay á su entrada por la parte que conduce á Manila, un escelente puente de piedra, que fue costeado por los fondos de propios de aquella capital, el que se construyó bajo la direccion del obrero mayor D. Alejandro Parreño. Sus naturales se dedican á la agricultura y en su mayor número á las artes, traficando algunos aunque en pequeña escala, por los pueblos de la prov. de la Laguna. Las mugeres se dedican á costureras, labanderas, cigarreras, corredoras y tenderas de ropas ordinarias; algunas se ocupan en la agricultura. Las casas en general, son de mediana construccion, distinguiéndose como mas notables la parroquial, la de comunidad y algunas otras de recreo, propiedad de los europeos establecidos en Manila: la iglesia es de muy buena fábrica, y está servida por un cura regular. En 1850 la pobl. ascendía á 7,629 almas, y 1,100 tributos.

PAM

PAMPLONA: pueblo con cura y gobernadorcillo en la isla de Luzon, prov. de Cagayan, dioc. de Nueva Segovia, en terr. llano circundado de montes en los que se encuentran buenas maderas para construccion, cónf. con Abulug, á dos leg. de distancia; su suelo es fértil y ameno por los rios que lo bañan, y produce arroz, maiz, y tabaco.

Ind El sobrante de sus prod. agrícolas, ocupándose algunos en la pesca, de que abundan sus rios, y en la caza.

Las casas son de sencilla construccion; hay escuela de primeras letras, é iglesia parroquial, servida por un cura regular.

En 1818, su censo de pobl., era el siguiente: Almas 2,353, trib. 591.

QUI

QUIAPO: segun los últimos datos, referentes á este pueblo, su número de almas asciende á 7,055.

REN

RENTA DE TABACO: en 1,840 se publicaron los presupuestos, gastos é ingresos con respecto á esta renta, refiriéndose á las islas de Cuba, Puerto Rico y Filipinas, y se imprimieron en la Imprenta Nacional de esta córte; al hacernos cargo de dicha renta en el Diccionario, fól. 138, copiamos en todas sus partes los indicados presupuestos, gastos é ingresos, en lo concerniente á Filipinas; es decir, que no fué aquella redaccion de nuestro esclusivo parecer, concretándonos al documento publicado. Hacemos esta aclaracion mayormente ahora, que tenemos entendido que el gobierno de S. M., solícito siempre por la prosperidad del comercio y de las islas, ha puesto en práctica mejoras considerables en este ramo.

SAR

SARIAYA: segun los datos posteriores, referentes á este pueblo, su estadística es como sigue: almas 8,997, trib. 1,861¼.

, SIMILOAN: prov. de la Laguna. El número de casas de este pueblo se halla equivocado en su artículo correspondiente por error de imprenta, siendo su pobl., segun los últimos datos, la siguiente: almas 4,888, trib. 1,292 ‡, y sobre igual número de casas.

TRI

TRIBUTOS: haciéndonos cargo de esta contribucion en el Diccionario, fól. 138, no consignamos la circunstancia de que la cuota señalada, es general á todas las islas, sin embargo, hay alguno que otro pueblo y prov., que no guarda idéntica proporcion con los demás, por privilegios que gozan, pero esta escepcion es insignificante, y no debe formar regla general.

UNI

UNION (prov. de la): es la última creada de las Filipinas, en la isla de Luzon, ob. de Nueva Segovia. Se ha formado de la parte setentrional de la prov. de Pangasinan, segregándose de esta á la nuevamente creada, la costa que desde el confin de la prov. de Ilocos desciende sobre el golfo de Lingayen, y de la parte Mediterránea que se halla poblada por los Igorrotes y los Apayaos, perteneciente antes á la comandancia militar del país de infieles. Confina esta prov. con las mencionadas de Pangasinan por el S., de Ilocos Sur por el N., con la de Labra por esta misma parte, con la comandancia del Agno y con la prov. de Nueva Vizcaya por el E., y con el nombrado golfo de Lingayen por el O. E. Su territorio es muy fragoso y elevado por el centro donde se encumbran los montes Apayaos é Igorrotes, y descuellan los llamados Lebang, al S. sobre los Ibalaos, y al N. de este el de San Fabian, el Tonglon, el Pombo y otros muchos. Todos estos montes se hallan cubier.os de la mas robusta vegetacion, poblado de toda clase de animales y aves, propias del archipiélago: en sus valles habitan numerosas rancherías de los espresados indígenas, y en las playas hay buenas poblaciones que poseen fértiles llanos donde crecen ricas sementeras. En los artículos de las provincias á que antes ha pertenecido este territorio, queda debidamente descrito; y en las mismas figuran los pueblos que hoy forman la prov. de la Union. Lo reciente de la creacion de esta prov., que todavía no figura ni en la Guía oficial de la colonia, nos escusa de dar mas pormenores sobre ella.

FE DE ERRATAS.

PAG.	COLUM.	ART.	LINEA.	ESTADOS.	DICE.	LEASE.
8	1	:	52	:	du	de
10	1	:	5	:	leno	llano
15	1	:	21	:	colocadas	colocada
17	2	:	8	:	poeo	poco
21	1	:	1	:	abelfa	adelfa
33	2	5	:	:	Esteban	Estevan
55	1	:	8	:	calicad	calidad
id.	1	:	22	:	demesticas	domésticas
60	2	:	31	:	conhaten	combaten
66	1	:	1	:	engalonadas	engalanadas
80	2	:	20	:	uu	un
81	1	:	42	:	arz.	obs.
99	2	:	8	:	Balangai	Barangai
103	1	:	32	:	Bada	Rada
id.	1	:	33	:	1370	1570
104	2	:	35	:	1716	1616
127	1	:	37	:	corral	coral
132	2	6	:	:	bajios	bajos
142			54	1°	Binagonan de Lampoug	Binañgonan de Lampon.
153	2	:	29	:	necesaria	necesario
159	1	:	43	:	idd.	ind.
id.	2	:	5	:	Mindano	Mindanao
166	2	:	38 y 39	:	enterratorios	enterramientos
172	1	:	7	:	balaba	banaba
id.	id.	:	8	:	bacalo	baticulí
173	1	4	:	:	Luciana	Luisiana
190	2	2	:	:	Nabatobalo	Mabatobato
210	2	4	:	:	Manduriao	Mandurriao
213	2	:	1	:	viutos	vientos
216	1	:	27	:	balla	halla
id.	1	:	33	:	couvento	convento
219	1	:	27	:	mejo	mejor
221	2	:	5	:	Felipe II	Felipe IV
222	2	:	28	:	annales	anuales
id.	id.	:	39	:	pupulage	pupilage
231	id.	:	3	:	Sobralde	Sobrarve
232	id.	:	41	:	vigieda	vigilada
276	1	:	id	:	é	el
280	1	:	29	:	definidores	difinidores
id.	2	:	2	:	définidores	difinidores
281	1	:	22	:	recueros	recuerdos
283	2	:	id	:	1772	1762
id.	2	:	47	:	1772	1762
339	1	:	18	:	Fligan	Iligan
354	1	:	10	:	Bolalacao	Bulalacao
361	1	:	1	:	1574	1581
366	1	:	:	1°	Lautor	Santol
id.	1	:	:	2°	Caseguan	Casignan
id.	1	:	:	3°	Bougabon	Bungabon
id.	1	:	:	id	Pantabaugan	Pantabangan
369	1	:	:	1°	Banibang	Bambang
id.	1	:	8	:	Panigui	Paniqui
id.	1	:	:	2°	Canayan	Cabayan
id.	1	:	:	id	Jurao	Furao
375	1	5	:	:	Agañal	Agaña
378	2	3	:	:	Palompo	Palompo
379	1	:	16	:	Mindora	Mindoro
391	2	1	:	:	Paoaa	Paoay
392	2	2	:	:	Paracal	Paracale
412	1	1	:	:	Quiniguitan	Quinuguitan

PAG.	COLUM.	ART.	LINEA.	ESTADOS.	DICE.	LEASE.
424	2	:	:	:	ARS	SAR
425	2	3	:	:	Sagao	Sayao
445	2	:	15	:	Bimuanga	Binuangan
id.	2	:	20	:	Vistas	Vitas
450	2	:	34	:	Bosobocoa	Bosoboso
id.	id.	:	35	:	Tagnig	Taguiig
id.	id.	·	37	:	Añyono	Angono
461	1	:	10	:	Paloc	Palay
468	1	:	15	:	a	la
470	2	:	35 y 35	:	oyeson	oyeron
id.	2	:	46	:	causaba	causaba
472	1	:	2	:	as	las

APENDICE.

6	2	5	:	:	Cagyan	Cagayan
8	2	1	:	:	Capit	Capis
9	1	3	:	:	Catilan	Cantilang
id.	2	:	20	:	Linga	Lingayen
10	2	6	:	:	Esteban	Estevan

R EN 1818.

	AUTIZADOS.	CASADOS.	DIFUNTOS.	FAMILIAS CONTRIBU- YENTES.	CURAS QUE ADMINISTRAN.
Sinait. . .	211	77	147	1,311	Clérigo presbítero.
Cabugao. .	322	124	354	1,796	Id.
Lapoc. . .	190	20	181	895	Id.
Masingal. .	286	29	217	1,370	Agustino descalzo.
Bantay y su vi	284	130	136	1,691	Id.
Santo Domingu	287	92	186	1,471	Clérigo presbítero.
San Vicente F	123	94	116	1,056	Id.
Santa Catalina	334	154	214	2,146	Agustino calzado.
Vigan. . .	681	156	367	3,424	Clérigo presbítero.
Santa Catalina	158	41	56	875	Id.
Narbacan. .	514	76	188	2,092	Agustino calzado.
Santa Maria.	304	55	95	1,491	Id.
San Esteban.	105	25	31	409	Clérigo presbítero.
Santiago. .	818	24	36	511	Id.
Candong. .	407	156	132	1,854	Agu tino calzado.
Santa Lucía y de Ronda.	364	105	188	1,845	Id.
Tagudin y Ou	364	105	188	1,310	Id.
Mision llama	7	2	2	»	
Mision de Arg	4	2	2	»	
Bangas y sus	288	59	105	1,291	Id.
Villa-Cruz y	»	»	83	»	
Namacpacan.	228	41	»	1,182	Id.
Balaoan. .	281	60	98	1,351	Id.
Tayum en el .	118	17	63	653	Id.
Bangued en	199	31	80	918	Id.
	6,177	1,675	3,265	30,948	

lo en el año de **1818.**

	CASADOS.	DIFUNTOS.	NUMERO DE TRI-BUTOS Ó FAMI-LIAS CONTRIBU-YENTES.	CURAS QUE ADMINISTRAN.
Iloilo, puer cion de l	52	89	797	Clérigo presbít.°
Molo. . .				
Mandurriao	55	144	1,578	Id.
Barotac, c	62	126	1,983	Id.
Octon.. .	67	137	600	Id.
Tigbauan..	125	120	1,791	Águstino calz.°
Guimbal y	72	113	1,624	Id.
Miagao. .	123	180	2,104	Id.
San Joaqui	112	130	2,048	Id.
Igbaras. .	63	57	590	Id.
Camando..	116	127	1,664	Id.
Alimodian	59	76	987	Id.
Ma-asin. .	115	157	2,129	Id.
Cabatuan..	76	85	1,440	Id.
Xaro. . .	205	312	3,235	Id.
Santa Bárb	125	258	3,435	Id.
Janiuay. .	83	109	1,800	Id.
Lambuao..	104	123	2,079	Id.
Calinog. .	56	73	520	Id.
Pasi y su v	57	63	480	Id.
Laglag y su	76	93	1,318	Id.
Pototan. .	74	99	1,126	Id.
Dumangas	112	190	1,500	Id.
	699	118	1,600	Id.
	2,688•	2,979	36,431	

LAGUNA EN 1818.

	BAUTIZADOS.	CASADOS.	DIFUNTOS.	NÚMERO DE TRIBUTOS Ó FAMILIAS CONTRIBU-YENTES.	CURAS QUE ADMINISTRAN.
	451	66	133	892	Franciscano.
Pagsanjan,	102	43	95	991	Id.
Lumban..	74	25	63	544	Id.
Paete. .					
Longos co	54	17	39	472	Id.
Monte..	24	6	23	314	Id.
Paquil. .	58	7	51	515	Id.
Panguil..	102	44	126	955	Id.
Siniluan..	21	10	25	262	Clérigo presbítero.
Mavitao..	14	5	23	118	
Santa Maria	41	17	21	417	Franciscano.
Cavinli. .	296	61	282	2,474	Id.
Majayjay.	95	36	153	1,084	Id.
Lilio. . .	175	38	160	1,278	Id.
Nagcarlan.	246	75	156	1,164	Id.
Santa Cruz.	40	18	28	334	Clérigo presbítero.
Bay. . .	32	15	56	305	Id.
Pueblo y ha	63	28	45	558	Id.
Piyla.. .	36	8	33	250	Id.
Los Baños.	64	26	72	479	Id.
Calamba..	104	41	67	877	Id.
Cabuyao.	120	40	111	880	Dominico.
Santa Rosa.	249	74	169	1,299	Id.
Biñan. .	72	16	64	556	Id.
San Pedro 7	91	24	49	548	Franciscano.
Pililla. .	117	34	76	676	Id.
Tanay. .	171	30	58	642	Id.
Binangonan	161	83	84	873	Id.
Moron. .	45	7	72	243	Clérigo presbítero.
Baras. .	30	10	11	159	Id.
Pueblo y ha					
	2,870	921	2,293	20,144	

de Leyte en 1818.

)s.	CASADOS.	DIFUNTOS.	NUMERO DE TRI-BUTOS Ó FAMI-LIAS CONTRIBU-YENTES.	CURAS QUE ADMINISTRAN.
Taclovan, cabece	42	147	1,145	Clérigo presbít.°
Tanavan. . . .	86	399	1,077	Id.
Dulag y Abuyog.	62	104	1,115	Id.
Baravuen, Haro	51	49	432	Id.
Barugo y San Mi	114	102	513	Id.
Carigara y su visi	63	113	1,127	Id.
Palomipon, Ogm	28	74	413	Id.
Hilongos. . . .				
Bato.				
Matalom. . .	37	94	616	Id.
Cajanguaan. .				
Indan. . . .				
Dagami. . .	74	282	989	Id.
Isla de Panamao.				
Biliran. . . .				
Isla de Maripipi.	11	30	169	Id.
Maripipi. . .				
Isla de Panahon.	.	.	.	Id.
Ma-asin, Sogod.				
Cabalin, Liloan.	24	80	728	Id.
T	592	1,474	8,124	

205 ⎯ O DE BASCO.—Islas Batanes.

529 ⎯ GNACIO DE AGAÑA.—Islas Marianas.

055 ⎯ **MADRID.**————————**ESPAÑA.**

ON

les cuando van por el

g.:

te un tanto propor-

que

VALOR**eral de Ejército y Hacienda en el año de**

PROVINCIAS.	Juego de gallos en arrendamiento. Ps. fs. rs. pl. m.	Derechos de títulos de ministros de justicia. Ps. fs. rs. pl. m.	Derechos de nombramientos de cabezas de barangay. Ps. fs. rs. pl. m.	Importe total de la recaudacion por todos los conceptos espresados. Ps. fs. rs. pl. m.
Albay.	1,476	561	»	37,392 6 8
Bulacan. . .	2,415	693 5 17	276 2	62,943 4 32
Batangas.. . .	1,700	667	54	57,558 1 51
Bataan.. . . .	252 4	141 3 17	104	12,151 3 26
Cavite. . . .	1,023	208	165 6	5,615 » 31
Camarines-Sur.	706 5 11	926 7 6	252 3	47,641 2 17
Camarines-Norte.	130 2 22	140 » 17	130	7,562 7 22
Laguna. . . .	1,625	403 7 17	100	50,027 4 5
Mindoro. . . .	66 5 11	160 1 17	52	8,841 4 28
Nueva-Ecija..	115	174 5	153 4	8,542 6
Pampanga. . .	4,130	997 1	290 7	71,254 4 27 ½
Tayabas. . . .	1,324	253 5 17	89 3	24,735 5 17
Tondo.. . . .	10,750	633 2	»	185,257 » 22
Cagayan. . . .	759 5 26	87 5	152 6	19,593 7 13
Nueva-Vizcaya. .	»	52 3	6 4	5,107 1 21
Ilocos-Sur. . .	1,300	893 7 17	117	70,811 4 17
Ilocos-Norte.. .	412 4	474 6	73 1	50,937 5 17
Pangasinan. . .	5,000	409 » 17	144 5	82,106 1 15
Zambales.. . .	152 2	114 2	»	13,133 6
Tributo recaudado por la capitanía del puerto.	»	»	»	1,051 7 25
	33,318 5 2	7,992 7 6	2,139 1	849,558 5 6

ral en el año de 1847.

'IDADES PARCIALES.			CANTIDADES TOTALES.		
ERTES.	REALES.	MRS.	PESOS FUERTES.	REALES.	MRS.
POR ▮ ▪	▪	▪	76,100	▪	▪
,567	3	26			
,127	7	11			
POR 7,140	▪	▪	97,456	4	23
,763	5	20			
,057	4	▪			
▪	▪	▪			
,693	1	▪			
7,006	3	17			
,624	6	20			
3,194	▪	▪			
POR E,512	5	24	2.638,260	6	18
453	4	27			
,391	6	2			
3,239	2	11			
,145	▪	19			
,282	▪	20			
POR E 2,700	▪	▪	19,935	5	2
,553	4	16			
400	▪	▪			
			2.831,753	▪	9

ES *curatos qstan servidas, con espresion*

	cus.	CURAS PARROCOS.
	Fr. Benito Riva	D. Vicente Ponce de Leon. . . . .
	— Alberto Pla	— Juan Buenaventura.. . . .
	— Francisco F	— Domingo Dairin. . . . .
	— Manuel Riva	Fr. D. Mariano Gomez de los Angeles.
	— Domingo d	D. Guillermo Royo. . . .
	D. Mariano Mi	Br. D. Julian de Castro. . . .
	— Martin de l.	D. José Diocno. . . .
	Fr. Miguel Fust	Br. D. Anastasio de los Reyes. . . .
	— Santiago de	— Vicente Lopez.. . . .
	D. Ubaldo Igna	D. Miguel Yom. . . . .
	idem.	— Jacinto de Borja. . . .
		— Mamerto Mariano. . . .

	Fr. Nicolas Mar		
	— José Alonso,		
	— Modesto Se		
	— Andres Vega		
	— Francisco Fe		
	— Tomas Zala		
	— Juan Antonic		
	— Benito del Q		
	D. Fermin de L		
	Fr. Cárlos Tena.		
	— Juan Carrillo		

curatos.	Servidos por Regulares.	Id. por Seculares.
D. Rufino de la	15	11
— Mariano Gon	18	2
Fr. Pedro Payo.	15	8
Lic. D. Felix Val	7	3
D. Epifanio Mar	9	2
Br. D. Cipriano	6	6
Fr. José Guadala	27	7
— José Mora.	7	8
— Tomás Cisan	1	11
— Máximo Rico	6	4
— Antonio del		
— Andrés Mad		
— José Soto.		
D. Agustin San		
Fr. Manuel Gonz		
— Victoriano d	111	62
— Manuel Beni		
— Vicente Bell		
— Francisco G		

MINDORO EN 1818.

	BAUTIZADOS.	CASADOS.	DIFUNTOS.	NUMERO DE TRIBUTOS Ó FAMILIAS CONTRIBU-YENTES.	CURAS QUE ADMINISTRAN.
Calapa co, S gon.	69	32	75	489	Agustino calzado.
Nauja yan , Bong Isla	44	12	84	462	Idem.
Santa	116	19	100	804	»
Boac.	125	30	58	954	»
Gaza	41	9	33	158	»
Luba	221	24	161	849	»
	616	126	511	3,717	

DE MISAMIS.

AS PAR os s.	BAUTIZADOS.	CASADOS.	DIFUNTOS.	NUMERO DE TRIBUTOS Ó FAMILIAS CONTRIBU- YENTES.	CURAS QUE ADMINISTRAN.
Plaza y pr 8	67	18	22	167	} Agustinos Des- calzos.
Loculan. 0	69	15	19	494	
Presidio d					
PA 7	251	28	39	343	} Idem.
Dapitan ,					
Lobungan 8	121	15	68	350	
Dohinog					
PA					
Cagayan gan, A lingasa 6	336	104	46	1,588	Idem.
Mubiju					
Catarm 6 siliban	229	29	51	826	Idem.
6	1,103	209	265	3,360	

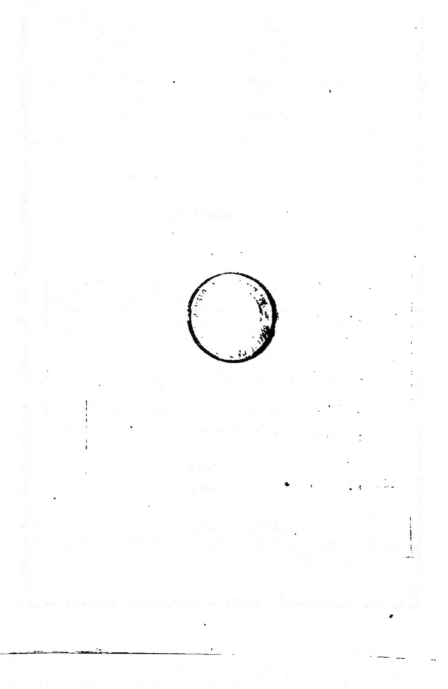

PROVINCIAS.	PUEBLOS.	CURAS PARROCOS.
AYABAS.	Mauban.	Fr. José María del Fregenal.
	Atimonan.	Fr. Esteban Mena.
	Gumaca.	Fr. Francisco Costa.
	Calauag.	D. Alejo de S. José.
	Apad.	
	Pagbilao.	Fr. Victoriano de Peraleja.
	Pitogo.	D. Apolinario de Luna.
	Macalelon.	
	Catanauan.	D. Antonio Gonzalez.
	Malunay.	D. Pedro de S. Antonio.
	San Narciso.	D. Francisco de S. Buenaventura
	Guinayangan.	D. Bonifacio Estevez.

RESUMEN.

PROVINCIAS.	Número de Curatos.	Servidos por Regulares	Idem por Seculares
Camarines S.	38	17	14
Camarines.	8	0	7
Abay.	35	8	22
Comandancia de las Islas de			
Masbate y Ticas.	5	0	5
Tayabas.	17	9	6
TOTAL. . . .	103	34	54

NOTA.

Además están los pueblos de Baler y Casiguran en la
provincia de Nueva Écija, y los de Polillo y Binangonan
en la Laguna.

PROVINCIAS PROVINCIAS.		PUEBLOS.	CURAS PARROCOS.
CAGAYAN.	ILOCOS. Sur.	Bantay y S. Ildefonso.	Fr. Agustin Echavarri.
		Sto. Domingo.	D. Miguel Padilla.
		Masingal.	Fr. José Inés.
		Lapo	D. Gerónimo Bonifacio.
		Cabugao.	Fr. Rafael Cid.
		Sinait.	D. Próspero de Quintos.
		Mision de Coveta.	D. Juan Matta.
	ILOCOS. Norte.	Laoag.	Fr. Isidro Champaner.
		S. Nicolás.	Fr. José Quilez.
		Batac.	Fr. Antonio Jorda.
		Paoay.	D. Andrés
		Badoc.	Fr. José Torices.
		S. Miguel.	Fr.
		Dingras.	Fr. Juan Ignacio Casal.
		Piddig y Santiago.	Fr. Felipe Fernandez.
		Bintar.	Fr. Melchor Castel.
		Bacarra.	Fr. Juan Ignacio Casal.
		Pasuquin.	D. Domingo Reyes, interino.
		Nagpartian y Bangui	D. Cecilio Maria Lopez, id.
NUEVA VIZCAYA.	ABRA.	Bucay y S. José.	Fr. Ramon Carvajal.
		Banguet.	D. Manuel Vidal de la Cruz.
		Tayum.	D. Pio Mercado.
		Pidigan.	Fr. Manuel Gimenez.
		S. José.	D. Miguel de los Reyes.
		La Paz S. Gregorio.	Fr. Santiago Araujo.
	ISLAS BATANES.	Basco.	Fr. Remigio Tamayo.
		Magatao.	Fr. Nicolás Gonzalez.
		Ibana, Yugan.	Fr. Fabian Martin.
		Saptang, Isla de Isbayat.	Fr. Antonio Vicente.

RESUMEN.

PROVINCIAS.	Número de Curatos.	Servidos por Regulares	Idem por Seculares
gayan.	20	14	1
Vizcaya.	16	11	1
ngasinan.	36	28	4
cos, Sur.	25	11	8
cos, Norte.	14	9	3
bra.	7	3	3
as Batanes.	6	4	»
TOTAL.	124	80	20

PANGASINAN

...sumo en un año, con espresion de sus produc-
tos y valor\[es\] al comercio en general; en el concepto de que
á los artic\[ulos tam\]bien para el consumo, en razon á que mi objeto solo es d\[e\] que va puesta al final del prólogo de esta obra

Efectos de la 9TE	Efectos estrangeros introducidos directamente en bandera Estrangera.		
Procedencia	Procedencia	Articulos	Valores.
		Aceyte	474 " "
			2.845 6 "

Pesos	Rs	Cents
1.162.349	5	18
3.425.350		20
7.664.620	6	1

Diferencia de mas en lo
importado 672.929—5—68

No \[E\]studios y vista la correspondencia de
Filipinas de aquel Archipielago vá en aumento progres\[i\] á los muchos elementos de riqueza que
encierra. \[H\] acerca de las notas de mejoras pro-
puesta\[s\]

2ª L\[a\] Ecmo. Señor D." José Muñoz Conde
de Rever uno de los medios eficaces para el desarrollo de la riqueza de España cuantiosos capitales, por cuanto la Sociedad
Retamos . Algarra.

cedencias, destin de todas las mercancias importadas y espor-
n el depósito n y los gastos de administracion en un año

... y ntin	12.	"	100.
res	6.	"	230.
Hijos de Cabots, Lanchas y Falúas	25.	152.	802.
	43.	152.	1,130.
Hijos de Cay del Resguardo marítimo			450.
	43.	152.	1,630.

...s oficiales del Bergantin y Vapores y unos
...blancos y el resto indígena hay además varias
...urbanas y francos sin armar y los Oficiales son
...a. El cons ...ordenes del Capitan general Gobernador
...n aumento.

...S en el AÑO $\frac{1}{4}$, IL Y POLÍTICA.

...LIDOS.

...das la principal es Luzon, que consta de 20
...encuentra el pueblo de Binondo centro del comercio
...l donde reside el Gobierno y tribunales superiores
...que es a la vez Gobernador político-militar y Sub-
...ar y tambien Subdelegado todas ellas compren-
...Gobernadorcillo indio, autoridad palanca, de anual
...a la propuesta que hacen los indios que han sido
...en por adjuntos unos doce indios titulados...
...ancherías de cuarenta ó mas contribuyentes dando
...er ser de mayor importancia hay tres Alcaldes

	Peninsulares	Tropa	Estrangeros	Chinos
	3	43	114	346

1115.

...ica y gubernativa de la provincia, y el 2° y 3° se
...de en Manila, y el otro en el 1° en las afueras
...uno mestizo Sangley y otro China, ambos con su
...cucion, y entenderse con el Alcalde mayor 1°

... de **MANILA**

...DE **MADRID**

...ble vegetación; el temperamento causa mucha im-
...dos dóciles y muy hábiles para toda imitacion
...las tejidos y bordados, preciosas petacas y son
...blecido unas nueve máquinas de agua con
...pais son Tabaco, Arroz, Azucar, Añil, Alg-
...rey, Rom, Abacá, especie de cánamo y otros
...nas tres ó cuatro casas se cuentan 2 de Fran...
...tos 56 segun ...entre las 1ª hay unas 10 inglesas, americanas
...ca la pasan bien, y sus Gefes, Alcaldes Poder...
...s 36 minutos ...atenciones al corriente y del sobrante las fibra...
...se remesa a nuestras fábricas. En Ale...
...gica y Estados-unidos.

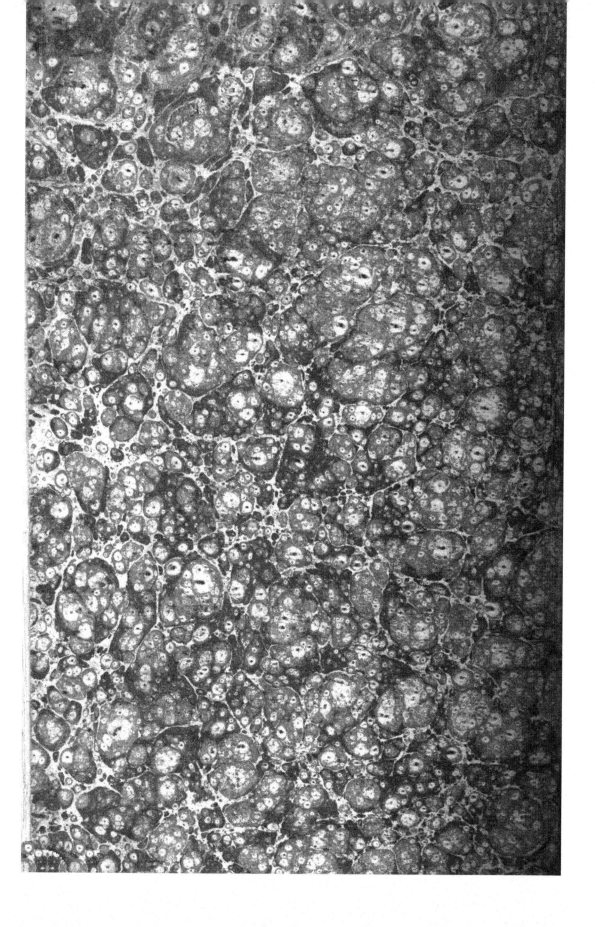